KB179903

Perl Cookbook

실용적인 펄 프로그래밍 레시피

Perl Cookbook 2nd Edition
by Tom Christiansen and Nathan Torkington

Perl Cookbook: 실용적인 펄 프로그래밍 레시피

초판 1쇄 발행 2017년 2월 20일 **지은이** 톰 크리스티안센·네이던 토킹턴 **옮긴이** 박근영·이종진·신나라 **펴낸이** 한기성 **펴낸곳** 인사이트 **편집** 조은별 **제작·관리** 박미경 **용지** 월드페이퍼 **인쇄** 현문인쇄 **제본** 자현제책 **등록번호** 제10-2313호 **등록일자** 2002년 2월 19일 **주소** 서울시 마포구 잔다리로 119 석우빌딩 3층 **전화** 02-322-5143 **팩스** 02-3143-5579 **블로그** http://blog.insightbook.co.kr **이메일** insight@insightbook.co.kr **ISBN** 978-89-6626-302-8 책값은 뒤표지에 있습니다. 잘못 만들어진 책은 바꾸어 드립니다. 이 책의 정오표는 http://www.insightbook.co.kr에서 확인하실 수 있습니다. 이 도서의 국립중앙도서관 출판예정도서목록(CIP)은 서지정보유통지원시스템 홈페이지(http://seoji.nl.go.kr)와 국가자료공동목록시스템(http://www.nl.go.kr/kolisnet)에서 이용하실 수 있습니다.(CIP제어번호: CIP2017000769)

프로그래밍인사이트

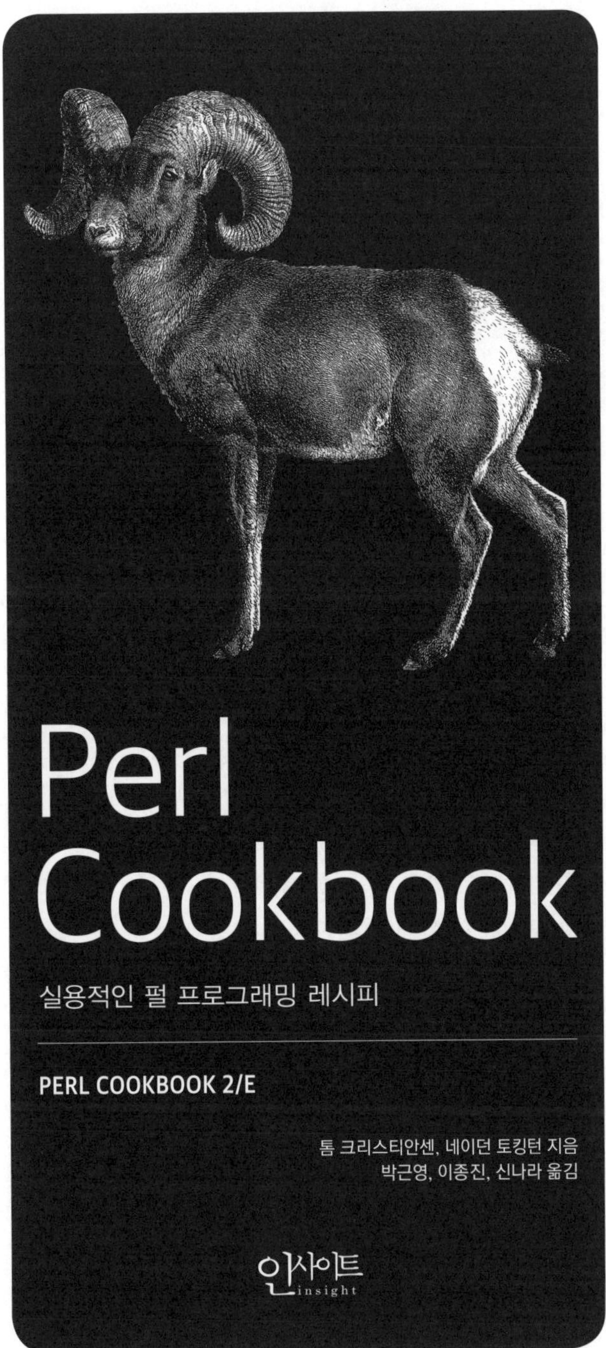

Perl Cookbook

실용적인 펄 프로그래밍 레시피

PERL COOKBOOK 2/E

톰 크리스티안센, 네이던 토킹턴 지음
박근영, 이종진, 신나라 옮김

인사이트
insight

차례

옮긴이의 글

2014년 어느 날인가 인사이트에서 *Perl Cookbook*을 번역할 사람을 찾는다는 이야기를 듣게 되었다. '*Perl Cookbook*은 2판 이후로 새로운 판본이 나오지도 않았을 텐데' 하고 의아해 했지만, 출판사를 찾아가보기로 했다. 그곳에서 브리태니커 백과사전 한 질을 한 권으로 묶어놓은 것과 같은 웅장한 덩치의 오라일리 책이 우리를 맞이해주었다. 그리고 2년이 넘는 번역 프로젝트가 시작이 되었다.

이 책의 원서는 2002년에 발간되었다. 그 당시에는 펄 5.8이 등장하여 많은 시스템에서 안정적으로 사용되었다. 2010년 펄 5.12 이후로는 매년 정기적으로 메이저 버전이 업데이트 되고 있으며, 2017년에 이르러서는 펄 5.26이 등장할 예정이다. 이미 펄 6 구현체인 라쿠도(Rakudo, Rakudo Perl 6)도 정식으로 배포되어, 많은 개발자가 펄 6 생태계를 꾸려나가고 있다. 이처럼 세월이 흐르면서 본문에서 소개하는 몇 가지 참고할 만한 URL들이 동작하지 않거나, 원문에 몇 가지 오류가 있기도 했다. 이런 부분들은 주석과 본문을 수정하여 보충하였다.

펄을 다루는 다양한 방법들은 긴 시간이 지났음에도 굳건한 호환성을 유지한 채로 이용할 수 있다. 그리고 그러한 방법들이 여러 매체를 통해서 펄 사용자들에게 전해져 오고 있으며, 많은 사용자들의 피드백과 함께 펄의 생태계는 지금껏 발전해왔다. 물론 앞으로도 그럴 것이다.

펄 애플리케이션 배포와 설치에서도 다양하고 새로운 방법이 제안되었고, 이를 통하여 관련 절차들이 간소화되자 펄 생태계는 폭발적으로 성장하였다. 2009년에는 펄 객체지향의 새로운 패러다임으로 제시된 Moose를 시작으로, "현대적인 펄(Modern Perl)"이라는 기치를 내세우고 있다. 또한 펄은 새롭게 등장하는 프로그래밍 언어나 프레임워크가 내세우는 패러다임의 근간을 제공해주었을 뿐만 아니라, 밖으로부터 발전한 패러다임을 적극적으로 수용해오면서 펄의 에코 시스템에 녹여냈다.

원서가 첫 발간된 2002년부터 14년의 시간 동안 웹은 거침없이 성장해오고 있다. 그래서 CGI와 mod_perl을 소개하는 것에도 많은 고민이 필요했다. 그 시간 동안 발전해온 현대적인 웹 애플리케이션 프레임워크나 PSGI(Perl Web Server Gateway Interface Specification)와 같은 웹 서버 인터페이스 명세에 대해서도 소개하고 싶었지만, 원서가 지향하는 바를 훼손하고 싶지 않았다. 그렇지만 CGI와 mod_perl의 동작원리를 알아두는 것도 현대적인 변화를 수용하는 좋은 디딤판이 될 것이다.

마지막으로 이 책을 번역하는 과정에서 많은 도움을 주신 분들에게 감사의 말씀을 드린다. 가장 먼저 인사이트의 한기성 대표님께 깊은 감사를 드린다. 좋은 책을 번역할 기회와 더불어 끝없는 인내심과, 직접 원고를 봐주시는 지극한 정성에 옮긴이들은 깊은 감명을 받았다. 그리고 초반부터 함께 해주신 조은별 편집자님께도 감사드린다.

*Perl Cookbook*의 번역을 소개해 준 스마트스터디의 박현우 님과 번역하는 동안에 많은 의견을 준 펄 커뮤니티 여러분들에게도 감사드린다.

이 책의 풍부한 설명과 실전 예제로 현업에서 느끼는 많은 애로사항을 해결하는 데에 도움이 되기를 진심으로 희망한다.

셸 스크립트를 제외하면 처음 접한 스크립트 언어가 펄이었다. 간단한 서버 작업이나 실험 결과 데이터를 내가 원하는 형태로 가공하는 일에서부터 위키 형식의 홈페이지를 운영하는 일까지, 오랜 기간 펄은 내게 없어서는 안 될 좋은 도구였고 지금도 마찬가지이다. 처음 펄을 익힐 때와 비교하면 현재는 셀 수 없이 많은 스크립트 언어가 생겨났고, 고유의 철학과 잘 만들어진 프레임워크들을 내세우며 경쟁하고 있다. 이런 가운데 펄이 어떻게 노익장을 과시할지, 또 어떤 모듈과 프레임워크가 CPAN에 선을 보일지 지켜보는 것은 즐거운 일이다. 이런 즐거움을 독자들도 같이 느낄 수 있기를 바란다.

긴 시간 같이 고생한 이종진 님과 신나라 님, 펄 커뮤니티의 모든 분께 진심으로 감사드린다. 한결같이 응원하고 배려해준 아내와, 아빠가 방에 틀어박혀 원고를 교정하는 동안 보채는 일 없이 얌전히 엄마 품에서 잠이 드는 석 달배기 아이에게 깊은 감사와 사랑을 전한다.

—박근영

일본에서 일하면서 현업에서 처음으로 접한 언어가 펄이었다. 당시에 항상 끼고 있던 책이 펄 쿡북"들"이었다(일본의 쿡북 번역본은 두 권으로 분권되어 있다). 그 때는 내가 이 책을 번역하리라고 전혀 생각치도 못했지만, 상황이 묘하게 이렇게 되었다. 이 책이 당시의 나처럼 펄을 처음으로 접한 이는 물론이고, 익숙하게 펄을 사용해온 사용자들에게도 자극을 줄 수 있는 좋은 내용이리라 자부한다.

이 번역 프로젝트에 무한한 인내와 책임을 보여준 박근영, 신나라 님과 함께 할 수 있어서 영광이다. 십여 년을 펄 커뮤니티에 발 담그면서 많은 사람과 함께 많은 이야기를 하며 많은 조언을 얻을 수 있었다. 다시금 펄 커뮤니티의 모든 분에게 감사한다. 아쉽게 먼저 하늘나라로 떠난 故 윤호정에게 미약한 노력의 산물을 늦게서야 바친다. 그리고 사랑하는 가족 모두에게 감사한다.

—이종진

이 책의 번역을 함께 하면서 펄과 프로그래밍에 대한 이해도 향상에 큰 도움이 되었다. 초심자인 나에게도 이해하기 쉽게 설명되어 있는 만큼 초보 개발자부터 베테랑 개발자까지의 니즈를 만족시킬 수 있는 좋은 책이 되었으면 좋겠다.

이제 막 개발에 첫발을 디딘 나에게 이렇게 멋진 프로젝트에 참여할 수 있는 기회를 주신 박근영 님과 이종진 님에게 감사드린다. 부족한 글쓰기와 나약한 나의 멘탈케어에 큰 도움을 준 권도은, 이은별, 조인영과 미스테리어스 그리고 사랑하는 가족 모두에게 감사한다.

—신나라

시작하며

흔히 은유의 함정에 빠지기 쉽다고들 한다. 하지만 그 중에는 은유의 함정에 빠지기에 충분히 멋진 표현들도 있다. 이 책의 요리에 관한 비유도 그중 하나다. 유일한 문제는 내가 베티 크로커의 어머니 격으로 느껴진다는 정도겠지만, 이것은 개인적인 문제이니 독자 여러분에게는 관계없는 이야기겠지. 본서에서 다루고 있는 내용들이 매우 중요하기 때문에 내가 여기서 무엇을 말하든 결국엔 쓸모없는 소리가 될 것이다.

그러나 쓸모없는 소리라고 생각하면서도 꼭 말하고 싶은 것이 있기 마련.

요리는 아마 가장 소박한 예술일 것이다. 하지만 나는 그 소박함이 약점 아닌 강점이라고 생각한다. 위대한 예술가는 끊임없이 예술 재료(소재)를 준비해야 한다. 위대한 요리사도 마찬가지다. 재료가 소박할수록 평범함을 뛰어넘기 위해선 예술가 자신도 더 소박해져야만 한다. 음식과 언어는 모두 서로 관계도 통일성도 없는 소박한 원료들로 이루어져 있는 듯 보인다. 그럼에도 불구하고 약간의 경험과 창의력만 있다면 감자나 파스타, 펄과 같은 재료들도 "더할 나위 없이" 만족스러운 예술 작품의 토대가 된다. 그것도 단순히 작품을 만들어내는 수준이 아니라, 당신의 삶의 여정을 조금 더 즐겁게 만들어 줄 수 있는 정도로 말이다.

또 요리는 가장 오래된 예술 중 하나다. 현대 예술가 중에는 일시적 성격의 예술(ephemeral art)이 최근에서야 생겼다고 생각하는 사람도 있겠지만, 요리는 줄곧 일시적 성격의 예술로서 존재해왔다. 작품을 조금 더 오래 보존하기 위해 노력할 순 있겠지만, 결국 파라오와 같이 묻어버리고는 후에 파내는 게 고작일 것이다. 펄 프로그래밍 또한 일시적 성격을 띠고 있고 그런 성격 때문에 많은 비판을 받아왔다. 어쩌면 패스트푸드처럼 "빠르게 대충" 만들어진다고 할 수도 있으나 "패스트푸드라고 꼭 그렇게 나쁜 음식은 아니다"라는 견해 위에 이미 몇 십억 달러의 시장이 존재한다(고 믿고 있다).

간단한 것은 간단하게 실현하고, 아울러 복잡한 것도 실현 가능해야 한다. 모든 패스트푸드의 레시피보다도 수없이 많은 슬로푸드의 레시피가 존재한다. 캘리포니아 주에 사는 이점 중 하나는 거의 대부분 나라의 요리를 간단하게 먹을 수 있다는 것이다. 어떤 문화든 "방법에 여러 길이 있다"는 점은 같다. 러시아에는 "보르시치(borshch) 레시피는 보르시치 요리사의 수만큼 존재한다."는 말이 있고 나 또한 그 말을 믿고 있다. 내 어머니가 만든 보르시치에는 비트[1]가 들어있지 않았으니까! 하지만 그래도 괜찮다. 괜찮은 것 이상으로 괜찮다. 보르시치에는 다양한 문화적 차이점이 있고, 그런 다양한 문화를 접할 수 있는 것은 재밌고 유익하고 도움이 되며 흥미로우니까 말이다.

이 책에서 톰(Tom Christiansen)과 냇(Nathan Torkington)이 제시하는 해법이 자신의 해법과는 다를 수도 있을 것이다. 가끔은 두 사람이 같은 문제에 대해 각각 다르게 대처하는 경우도 있다. 하지만 그래도 괜찮다. 반복해서 말하지만, 그것은 약점이 아닌 강점으로 작용하기 때문이다. 나 또한 이 책을 읽기 전엔 몰랐던 몇 가지에 대해 새로 배우기도 했다. 펄에 대해서 아직까지 모르는 것이 있고, 항상 새로운 배움이 있길 바라고 있다. 내가 펄 문화를 마치 하나의 정적인 개체인 것 마냥 말하고 있지만, 실제로는 많은 건전한 서브 컬처가 존재한다. 서브서브 컬처나 슈퍼 컬처, 다양한 조합의 주변 문화까지 말할 필요도 없을 것이다. 이런 문화들은 모두 서로의 속성과 방법을 이어가고 있고, 매우 복잡하다. 나도 항상 혼란스러울 지경이다.

이런류의 쿡북은 독자 여러분 대신에 요리를 해주는 것이 아니다(그럴 수도 없고). 또한 어떻게 요리를 하는지에 대해 알려주는 것도 아니다(도움은 되겠지만). 문화의 다양한 조각들 중에 유용한 것들을 찾아내 알려주고, 아무도 보지 않을 때 냉장고에서 자란 '사이비 문화'를 걸러내는 방법을 알려 줄 것이다. 다음은 독자 여러분이 자신들의 경험과 취향, 창의력, 전문지식 등을 통해 다른 사람에게 이런 아이디어를 넘겨 줄 차례다. 여러분만의 독자적인 레시피를 생각해낼 수도 있을 것이다. 그리고 그 레시피를 넘겨받은 사람이 다시 그만의 방법으로 레시피를 만들어 당신의 의견을 물어볼지도 모른다. 그럴 땐 놀라지 말고 얼굴을 찌푸리는 일은 절대로 하지 말자.

이 책의 레시피에는 얼굴을 찌푸릴 만한 것은 하나도 없다. 부디 읽어보기를 바란다.

—래리 월(Larry Wall)

1998년 6월

1 (옮긴이) beet, 서양붉은순무

서문

투자가들은 사업가를 경계하는 눈으로 바라보았다. 회의적인 표정이었다가 호기심 어린 표정이었다가를 반복했다.

"확실히 자네의 대담한 계획은 기대가 되네." 투자가 중 한 사람이 말을 꺼냈다. "그러나 비용을 이렇게 투자하는 데도 정말로 성공할지 어떨지 확신이 안 서네. 우리 전문가들은 자네의 데이터를 믿기 어려워한단 말이야. 이래서야 우리 자금을 자네 손에 맡길 수는 없지. 우리가 모르는 것을 뭔가 알고 있다면 알려주게나."

"하나 있습니다." 사업가는 답했다. "달걀을 떠받치지 않고 세울 수 있는 방법을 알고 있습니다. 혹시 방법을 알고 계신지요?" 그렇게 말하며 그는 숄더백에 손을 넣고 안에서 신선한 달걀을 꺼냈다. 그리고 투자가 중 한 사람에게 건넸다. 투자가들은 그 단순한 명제에 도전했지만 누구도 성공하지 못했고, 끝내 모두가 포기하고 말았다. "자네가 요구한 것은 불가능하네! 달걀을 세울 수 있는 사람 같은 건 아무도 없어." 그들은 화를 내며 말했다.

사업가는 분개한 투자가들에게서 달걀을 돌려받아, 뾰족한 부분을 아래로 향하도록 쥐고 질 좋은 오크제 테이블 위에 올렸다. 그리고 달걀을 적당한 힘으로 테이블에 눌러서 달걀 끝을 1센티 정도 부쉈다. 그가 달걀에서 손을 떼자, 달걀은 완벽한 균형을 가진 채 서 있었다. "이래도 불가능합니까?"

"그런 비겁한 방법을!" 투자가는 화난 목소리로 외쳤다. "처음부터 그런 방법을 알고 있었다면 누구라도 할 수 있네!"

"맞습니다." 사업가는 되받아쳤다. "하지만 이건 모든 일에 대해서도 마찬가지입니다. 누구라도 방법을 모른다면 불가능하다고 생각하겠지만, 일단 방법을 알게 되면 왜 그런 간단한 방법을 생각하지 못했을까 생각하죠. 전 그 모두가 쉽게 따라할 수 있는 간단한 방법을 알려드리겠습니다. 저를 신용해주시겠습니까?"

이 사업가라면 무언가 해낼 것이라고 납득한 투자가들은 결국 그의 프로젝트에 자금을 제공했다. 이렇게 해서 안달루시아의 파로스라는 작은 항구에서 깨진 달걀이라는 독창적인 아이디어를 가진 사업가에 선도되어 세 척의 배 – 니냐호,

핀터호, 산타마리아호 - 가 출항했다. 이 사업가의 이름은 크리스토퍼 콜럼버스. 그 이후 많은 사람이 그의 뒤를 따랐다.

프로그래밍 문제는 콜럼버스의 달걀 이야기와 비슷하다고 할 수 있다. 방법을 제시하지 않으면 달걀(프로그램)이 몇 번이나 깨지는(실패하는) 것을 보면서도 전혀 인도(완성)에 도착하지 못하고 영원히 헤맨 채로 있을 수 있다. 이것은 펄 등의 독특한 문법을 가진 언어에서는 특히 더 그럴 수 있다.

이 책은 펄의 완전한 레퍼런스 책이 아니다. 레퍼런스 책이 필요한 사람은 *Programming Perl*을 추천한다. *Programming Perl*에서는 연산자, 키워드, 함수, 프래그마, 모듈 등의 정확한 정의를 간단하게 알 수 있다. 그리고 모든 펄 배포판에는 방대한 양의 온라인 레퍼런스 매뉴얼이 담겨 있다. 이 매뉴얼이 없는 경우는 시스템 관리자에게 물어보거나, *http://www.perl.com*의 "Documentation" 페이지를 확인하도록 하자.

또한 이 책은 지금까지 펄을 사용한 경험이 없는 초심자 프로그래머를 위한 입문서도 아니다. 입문서가 필요한 사람은 *Learning Perl*[1]을 추천한다. *Learning Perl*은 펄의 사용법을 친절하게 해설한다(마이크로소프트 윈도우를 사용하고 있는 사람에게는 윈도우판인 *Learning Perl for Win32 Systems*를 권한다).

*Perl Cookbook*은 펄을 '보다 자세히' 배우고자 하는 사람을 대상으로 한다. 완전한 레퍼런스 책도, 완전한 튜토리얼 책도 아니지만 양쪽을 모두 다룬다. 따라서 펄 기초를 마스터하면서, 기초적인 요소를 조합하여 프로그램을 완성하는 방법을 잘 모르는 사람에게 가장 적합하다. 이 책은 실용지향이며, 22장, 400개 이상의 절과(애정을 담은 표현으로 '레시피'라고 부르고 있다), 여러 해결책으로 구성되어 있다. 이 해결책은 초심자 프로그래머부터 베테랑 프로그래머까지 모든 프로그래머가 만나는 문제에 분명히 도움이 될 것이다.

이 책은 필요한 부분을 찾아 읽는 것도, 첫 페이지부터 순서대로 읽어나가는 것도 가능한 구성으로 되어 있다. 각 레시피에서는 특정 주제에 대해서 충분한 정보를 제공하지만, 그 주제와 관련한 심화 정보가 필요하다면 마지막에 실린 관련 정보의 참조처를 참고하면 된다. 각 장의 레시피는 앞부분에 있는 레시피일수록 더 보편적으로 쓰이고 간단한 레시피를 수록해 놓았다. 각 장에 대해서도 마찬가지로, 앞에 있는 장일수록 간단한 내용을 다룬다. 펄 초심자에게는 기본적인 데이

1 (옮긴이) 번역서로는 『거침없이 배우는 펄』(김도형 김희원 김기석 옮김, 2010, 지앤선)이 있다.

터형이나 연산자에 대해서 설명하는 장의 레시피가 본인이 찾던 바로 그 레시피가 될 것이다. 각 레시피, 각 솔루션을 고심해서 읽어나가면 점점 펄 베테랑 개발자를 위한 내용이 된다. 군데군데 펄 마스터 개발자도 고무시킬 만한 내용도 숨어 있다.

각 장은 그 장의 주제와 관련한 개요 설명부터 시작한다. 개요 설명 뒤에 그 장의 본문이 되는 레시피가 이어진다. 펄의 슬로건인 TMTOWTDI(There's More Than One Way To Do It: 어떤 일을 하는 데에는 하나 이상의 길이 있다)의 정신에 입각하여, 거의 대부분의 레시피에서 동일한 문제나 밀접하게 관련된 문제들을 다른 여러 방법으로 해결해준다. 짧고 간결하게 정리된 해결책부터, 깊게 파고든 미니 튜토리얼 형식을 갖춘 해결책까지 다양하다. 여러 해결책이 있는 경우는 각각의 해결책의 장점과 단점을 함께 해설한다.

이 책은 지금까지의 쿡북처럼 필요한 페이지만을 읽을 수 있게 되어 있다. 뭔가 모르는 것이 있다면 그 문제에 대한 레시피를 찾아보면 좋을 것이다. 자신의 문제에 딱 맞는 해결책을 찾아낼 수 없어도 문제 해결을 위한 힌트를 얻을 수 있을 것이다.

각 장의 마지막에는 하나 이상의 프로그램을 싣고 있다. 각 레시피 중에 작은 프로그램이 포함되어 있는 것도 있지만, 장의 마지막에 있는 큰 프로그램은 그 장에서 설명한 중요한 포인트와 다른 장에서 설명한 테크닉을 조합한 것이다. 그런 의미에서는 실제 프로그램과 같다. 모두 유용하게 쓸 수 있으며, 대부분은 일상에서 사용가능하다. 개중에는 이 책을 쓸 때에 도움이 되었던 프로그램도 포함되어 있기도 하다.

이 책의 내용

1장부터 5장까지는 펄의 기본 데이터형에 대해서 설명한다. "1장 문자열"에서는 부분 문자열에 대한 접근 방법, 문자열 안에서의 함수호출 전개 방법, 콤마로 나눈 데이터의 해석 방법에 대해서 설명한다. 그리고 유니코드 문자열에 대해서도 설명한다. "2장 수"에서는 기묘한 동작을 보이는 부동소수점 수, 콤마로 숫자 값을 나누기, 유사난수 등에 대해서 설명한다. "3장 날짜와 시간"에서는 숫자 형식에서 문자열 형식으로의 변환 방법과 타이머 사용 방법 등에 대해서 실제 예제를 들어가며 설명한다. "4장 배열"에서는 리스트에서 유일한 요소를 추출하는 방법, 리스트 요소를 효율적으로 정렬하는 방법, 리스트 요소를 랜덤하게 정렬하는 방법 등, 리스트와 배열을 다루는 방법에 관해서 설명한다. "5장 해시"에서는 가장 편리한 데이터형인 해시(연상배열)의 기초에 대해서 실제 예제를 통해서 설명한다. 삽입된 순서로 해시에 접근하는 방법, 값으로 해시를 정렬하는 방법, 하나의 키에 여러 값을 연결하는 방법, 바뀌지 않는 해시를 만드는 방법 등에 대해서 설명한다.

"6장 패턴 일치" 레시피에서는 셸의 와일드카드를 정규표현 패턴으로 바꾸는 방법, 문자와 단어를 일치시키는 방법, 여러 행에 일치시키는 방법, 탐욕적 일치의 회피 방법, 중첩 또는 재귀적인 패턴 일치, 애매한 일치 등에 대해서 설명한다. 6장은 이 책 중에서 가장 긴 장이지만, 더 설명할 수 있었다면 더 설명했을 것이다. 정규표현이 이 책 전반에서 다뤄지고 있기 때문에, 이 장의 내용은 이 책에서 가장 중요하다고 할 수 있다. 펄을 펄답게 만드는 부분이다.

7장에서 9장에서는 파일 시스템에 대해서 설명한다. "7장 파일 접근"에서는 파일을 오픈하는 방법, 동시 접근이 발생하는 경우에 파일을 락하는 방법, 특정 파일을 수정하는 방법, 변수에 파일핸들을 담는 방법 등에 대해서 설명한다. "8장 파일 콘텐츠"에서는 변수에 파일 핸들을 담는 방법, 임시 파일을 관리하는 방법, 성장하는 파일의 끝을 감시하는 방법, 파일에서 특정 행을 읽어들이는 방법, 유니코드 문자셋, 마이크로소프트 윈도우의 문자셋처럼 대체적인 문자 인코딩을 다루는 방법, 바이너리 I/O에 임의 접근하는 방법 등에 대해서 설명한다. "9장 디렉터리"에서는 파일을 복사, 이동, 삭제하는 방법, 파일의 타임스탬프를 다루는 방법, 디렉터리 안의 모든 파일을 재귀적으로 처리하는 방법 등에 대해서 설명한다.

10장에서 13장에서는 프로그램을 유연하고 강력하게 하는 방법에 대해서 설명한다. "10장 서브루틴"의 레시피에서는 고정적인 지역 변수를 만드는 방법, 레퍼런스로 매개변수를 넘기는 방법, 간접적으로 함수를 호출하는 방법, `switch`를 잘 이용하는 방법, 예외를 처리하는 방법 등에 대해서 설명한다. "11장 레퍼런스와 레코드"에서는 데이터 구조에 대해서 설명한다. 장의 전반부에서는 데이터의 레퍼런스, 함수의 레퍼런스를 다루는 기본적인 방법에 대해서 설명하며, 장의 후반부에서는 복잡한 데이터 구조체를 만드는 방법, 만든 데이터 구조를 저장장치에 저장하는 방법, 복구하는 방법 등에 대해서 설명한다. "12장 패키지, 라이브러리, 모듈"에서는 프로그램을 개별 파일로 분할하는 방법을 설명한다. 구체적으로는 변수나 함수를 모듈 전용으로 하는 방법, 모듈에 대해 경고를 커스터마이즈하는 방법, 내장 모듈을 치환하는 방법, 존재하지 않는 모듈을 적재하려고 할 때의 에러를 포착하는 방법, *h2ph*, *h2xs* 툴을 사용해서 C 코드, C++ 코드와 데이터를 주고받는 방법 등에 대해서 설명한다. "13장 클래스, 객체, tie 변수"에서는 생성자,

파괴자를 가지고 다른 클래스를 상속한 객체 기반의 모듈을 만들고, 사용자 정의형을 만드는 기본적인 방법에 대해서 설명한다. 그리고 링 구조, 연산자 오버로드, tie 데이터형 등에 대해서 실제 예제를 들어가며 설명한다.

14장에서 15장에서는 인터페이스(데이터베이스의 인터페이스, 사용자 인터페이스)에 대해서 설명한다. "14장 데이터베이스 접근"에서는 DBM 파일을 다루는 방법, SQL 모듈이나 DBI 모듈을 사용해서 데이터베이스에 질의를 하고, 갱신하는 방법 등을 설명한다. "15장 대화형 프로그래밍"에서는 화면을 청소하는 방법, 명령행 스위치, 단일문자 입력을 처리하는 방법, *termcap*, *curses*를 사용해서 커서를 움직이는 방법, 그림이나 도표 데이터를 다루는 방법 등을 설명한다.

16장에서 22장에서는 다른 프로그램, 다른 서비스와의 통신에 대해서 설명한다. "16장 프로세스 관리와 프로세스 간 통신"에서는 다른 프로그램을 실행해서 그 출력을 수집하는 방법, 좀비 프로세스나 이름 있는 파이프를 다루는 방법, 시그널 관리를 하는 방법, 실행 중인 여러 프로그램끼리 변수를 공유하는 방법 등에 대해서 설명한다. "17장 소켓"에서는 스트림 접속을 확립하는 방법과 데이터그램을 사용하는 방법을 설명한다. 이런 방법들을 사용해서 클라이언트와 서버 프로그래밍용의 저레벨 네트워크 응용 프로그램을 만드는 방법을 설명한다. "18장 인터넷 서비스"에서는 메일, FTP, 유즈넷 뉴스, XML-RPC, SOAP 등의 고레벨 프로토콜에 대해서 설명한다. "19장 CGI 프로그래밍"의 레시피에서는 웹 폼을 처리하는 방법, 에러를 포착하는 방법, 셸 이스케이프를 회피해서 보안성을 높이는 방법, 쿠키나 쇼핑카트를 관리하는 방법, 폼을 파일이나 파이프에 저장하는 방법 등에 대해서 설명한다. "20장 웹 자동화"에서는 웹 페이지를 얻는 방법, 스크립트로 웹의 송신을 자동화하는 방법, 웹 페이지에서 URL을 추출하는 방법, HTML 태그를 삭제하는 방법, 새로운 링크나 사용할 수 없는 링크를 검출하는 방법, HTML을 해석하는 방법 등, 웹의 비대화식 이용방법에 대해서 설명한다. "21장 mod_perl"에서는 Apache에 내장된 펄 인터프리터인 mod_perl에 대해서 설명한다. 구체적으로는 폼의 매개변수를 얻는 방법, 리다이렉션을 발행하는 방법, 아파치(Apache) 로그 기능을 커스터마이즈하는 방법, 인증을 처리하는 방법, Mason이나 Template Toolkit을 사용해서 최신 템플릿을 만드는 방법 등에 대해서 설명한다. "22장 XML"에서는 세계표준 데이터 포맷이 된 XML에 대해서 설명한다. 구체적으로는 XML의 타당성을 검증하는 방법, XML을 구문해석해서 이벤트나 트리로 분해하는 방법, XML을 다른 데이터 포맷으로 변환하는 방법 등을 설명한다.

2판에서 새로워진 점

이 책(2판)은 5년 전에 출판된 초판보다 200페이지 정도 늘었고, 전체적으로 두꺼워졌다. 완전히 새로운 레시피가 80개 이상 추가되었고, 초판에 있었던 100개 이상의 레시피를 새롭게 고쳐 썼다. 그리고 초판에는 없던 장이 두 개 추가되었다. 하나는 현재 널리 보급된 웹 서버 아파치의 펄 인터프리터인 mod_perl에 관한 장이며, 또 하나는 구조화된 데이터를 교환할 때 표준적인 데이터 포맷이고 현재 점점 중요도가 높아지는 XML에 관한 장이다.

이 책의 성장은 펄 자체의 성장을 반영하고 있다. 초판에서는 버전 5.004에 대해서 설명했지만, 2판에서는 버전 5.8.1에 대해서 설명한다. 그래도 코어 언어에 관한 문법의 변경점은 거의 없다. 문법 변경점으로는 전역변수를 선언할 때에 허술한 use vars 키워드가 아닌 영리한 our 키워드를 사용할 수 있게 된 점, open이 개선되어 파일 이름으로 사용할 수 없는 문자가 포함된 파일이라도 적절하게 처리할 수 있게 된 점, open의 첫 번째 인자에 미정의된 스칼라 변수를 지정했을 때 익명 파일핸들을 자동으로 할당하게 된 점 등이다. 2판의 해결책이나 예제 코드에는 이런 변경점이 반영되어 있기 때문에 펄의 새로운 기능에 대해서 학습할 수 있다.

펄의 주요한 하위 시스템 중 몇 가지는 완전히 재구축되었고, 기능성, 안정성, 이식성 등이 개선되었다. 스레드용 하위 시스템(레시피 7.14 참고), 안전한 시그널용 하위 시스템(레시피 16.17 참고) 등, 몇 가지 하위 시스템은 이전보다 독립적이다. 이 하위 시스템은 보통 시스템 프로그래밍에서만 사용한다.

펄이 유니코드를 통합지원하게 됨에 따라, 유니코드에 대한 수많은 변경점이 펄과 이 책에 추가되었다. 이로 인해 가장 크게 바뀐 것은 문자열(현재는 멀티바이트 문자열이 사용된다)와 I/O(현재는 스택할 수 있는 인코딩 계층이 사용된다)에 관한 부분이다. 그래서 1장과 8장에는 문자열과 I/O의 변경점을 제대로 이해할 수 있도록 새롭게 입문 성격의 설명을 추가했다. 이 두 개의 장에서는 문자열과 I/O의 변경점에 관한 많은 레시피가 있지만, 이 변경점들은 이 책의 모든 레시피에 반영되어 있다.

그 밖에 변경된 것은 모듈군이다. 맘껏 사용할 수 있는 편리한 모듈이 많이 추가되었다. 2판에서는 이런 모듈의 변경도 반영되었다. 이 모듈들은 현재 펄 코어와 함께 표준 배포되었다. 이전은 모듈을 개별로 찾아서 다운로드, 설정, 빌드, 테스트, 설치해야 했지만, 이제는 표준 배포판에 포함되어 있고, 펄 자체를 설치하면 자동으로 설치되도록 바뀌었다.

새로운 코어 모듈 중 몇 가지는 프래그마이다. 프래그마는 펄의 컴파일 환경, 런타임 환경을 변경한다. 이 프래그마에 대해서는 "레시피 1.21 상수 변수", "레시피 12.3 use를 실행 시점까지 미루기", "레시피 12.15 경고를 커스터마이즈하기" 등으로 실제 예제를 통해서 설명한다. 그리고 새롭게 추가된 모듈 중 몇 가지는 코드의 개발, 디버그를 지원하는 프로그래머 툴이다. 이 모듈들에 대해서는 "레시피 11.11 데이터 구조를 출력하기", "레시피 11.13 데이터 구조를 디스크에 저장하기", "레시피 11.15 약한 레퍼런스를 사용하여 순환 데이터 구조 처리하기", "레시피 22.2 XML을 DOM 트리로 변환하기" 등으로 설명한다. 새롭게 추가된 그 밖의 모듈은 내부 데이터형을 기본적으로 다룰 수 있는 것이다. 이 모듈들에 대해서는 "레시피 2.1 문자열이 올바른 숫자인지 검사하기", "레시피 4.13 리스트에서 조건을 만족하는 첫 번째 원소 찾기", "레시피 4.18 배열의 내용 뒤섞기", "레시피 5.3 키나 값을 수정할 수 없는 해시 만들기", "레시피 11.15 약한 레퍼런스를 사용하여 순환 데이터 구조 처리하기" 등에서 설명한다. 그리고 네트워크용 새로운 모듈도 코어 배포판에 추가되었다. 이 모듈들에 대해서는 18장에서 설명한다.

펄의 동작환경

이 책은 펄 버전 5.8.1을 사용하여 기술되어 있다. 즉, 메이저 릴리스가 5, 마이너 릴리스가 8, 패치 레벨이 1인 펄에 대해서 해설하고 있다는 것이다. 이 책의 대부분의 프로그램과 예제 코드는 BSD, Linux, SunOS 환경에서만 동작 테스트를 했으나 그 외의 시스템에서도 동작한다. 펄은 플랫폼에 의존하지 않도록 설계되어 있다. 범용적인 프로그래밍 언어로서 펄을 사용하는 경우에 변수, 패턴, 서브루틴, 고레벨 I/O 등의 기본적인 요소만으로 프로그램을 구성한다면, 그 프로그램은 펄이 동작하는 어떤 환경에서든 동작할 것이다. 이 책 첫 부분의 삼분의 이는 범용적인 프로그래밍 언어로서 펄을 사용한다.

펄은 원래부터 고레벨 시스템 프로그래밍용의 크로스플랫폼 대응 언어로 개발되었다. 원래 목적과는 다르게 사용된 지 오랜 시간이 지났지만 지금도 펄은 네이티브 유닉스 환경이나 그 밖의 플랫폼에서 시스템 프로그래밍으로 많이 사용된다. 14장에서 18장까지의 레시피 대부분은 기존 시스템 프로그래밍에 대한 설명이다. 그리고 이식성을 최대로 높이기 위해서 POSIX(Portable Operating System Interface)에 의해 정의된 오픈 시스템에 대해서도 주로 설명한다. POSIX에는 거의 모든 유닉스 계열 시스템과 그 밖의 많은 시스템이 포함된다. 따라서 대부분의 레시피는 POSIX에 준거한 시스템에서라면 수정할 일이 없거나 조금의 수정만으로 실행 가능하다.

펄은 벤더 고유의 모듈을 사용하면 POSIX 이외의 시스템의 시스템 프로그래밍에도 사용할 수 있다. 그러나 이에 대해서 이 책에서는 설명하지 않는다. 벤더 고유의 모듈은 이식할 수 없으며 필자들은 이런 시스템을 자유롭게 다룰 수 없기 때문이다. 사용할 수 있는 펄에 벤더 고유의 모듈이 포함되어 있는 경우는 부록 문서를 참고하여 사용 방법을 확인할 수 있다. 제일 먼저 *perlport*(1)의 매뉴얼 페이지를 확인하면 된다. 이 매뉴얼 페이지에 있는 SEE ALSO 섹션을 확인하면 *perlmacos*(1), *perlvms*(1) 등의 플랫폼 별로 문서가 있다.

그러나 걱정할 필요는 없다. 시스템 프로그래밍에 관한 레시피의 대부분(특히 데이터베이스, 네트워크, 웹 인터랙션에 관한 레시피)은 POSIX 계열이 아닌 시스템에서도 동작한다. 이것은 이런 레시피에서 사용하고 있는 모듈이 플랫폼 의존성을 감춰주기 때문이다. 그러나 멀티태스크에 의존하고 있는 레시피나 프로그램(특히 POSIX 계열이 아닌 시스템에서는 아직 표준이 아닌 강력한 `fork` 함수에 의존하는 레시피나 프로그램)은 POSIX 계열이 아닌 시스템에서도 동작하지 않는다. 그러나 Mac OS X는 현재 `fork`를 네이티브로 지원하고 있고, 윈도우 시스템의 펄도 `fork` 시스템 콜을 적절하게 에뮬레이트한다. 이 책에서는 구조화 파일이 필요한 경우에는 유닉스의 편리한 */etc/passwd* 데이터베이스를 사용한다. 텍스트 파일을 읽어들일 필요가 있는 경우는 */etc/motd*를 사용한다. 출력을 만드는 프로그램이 필요한 경우는 *who*(1)를 사용한다. 이것들은 단순히 원리를 설명하기 위해서 선택한 것일 뿐이기에 이런 파일이나 프로그램이 없는 시스템에서도 유효하다.

그 밖의 서적

펄에 대해서 보다 자세히 공부하고 싶은 사람은 아래에 열거한 관련 서적을 권한다.

Programming Perl Larry Wall, Tom Christiansen, Jon Orwant 공저, O'Reilly & Associates 간행(Third Edition, 2000년)

펄 프로그래머가 반드시 가지고 있어야 할 책이다. 펄을 만든 래리 월이 공저자로 이름을 올리고 있는 유명한 레퍼런스 책으로 펄 문법과 함수, 모듈, 레퍼런스, 호출 가능한 옵션 등에 대해서 신뢰할 수 있는 정보를 제공한다.

Mastering Algorithms with Perl Jon Orwant, Jarkko Hietaniemi, John Macdonald 공저, O'Reilly & Associates 간행(2000년)
CS 알고리즘의 다양하고 도움이 되는 테크닉을 싣고 있다. 모든 알고리즘은 검증된 것이니 고통스러운 검증작업은 필요 없다. 구체적으로는 그래프, 텍스트, 집합 등에 관한 기초적이고 편리한 알고리즘을 다룬다.

Mastering Regular Expressions Jeffrey Friedl 저, O'Reilly & Associates 간행(Second Edition, 2002년)
실용적인 시점에서 정규표현을 설명한다. 일반적인 정규표현이나 펄의 패턴 해설만이 아니라, 다른 일반적인 언어에서 사용되는 정규표현과 비교대조도 한다.

Object Oriented Perl Damian Conway 저, Manning 간행(1999년)
초급부터 상급 객체지향 프로그래머까지를 대상으로 펄로 강력한 객체 시스템을 만들기 위한 일반적인 기술과 고도의 기술을 설명한다.

Learning Perl Randal Schwartz, Tom Phoenix 공저, O'Reilly & Associates 간행(Third Edition, 2001년)
프로그래밍 지식을 가지고 있으면서 펄을 전혀 모르는 사람을 위한 튜토리얼 책이다. *Perl Cookbook*이 어렵고 이해하기 힘든 사람은 우선 이 책을 먼저 읽는 것을 권한다. 윈도우 사용자에게는 *Learning Perl for Win32 Systems*(Erik Olson 저, O'Reilly & Associates 간행)을 추천한다.

Programming the Perl DBI Tim Bunce, Alligator Descartes 공저, O'Reilly & Associates 간행(2000년)
펄 관계형 데이터베이스 인터페이스에 대해서 설명한 유일한 책이다. DBI 모듈 저자가 직접 썼다.

CGI Programming with Perl Scott Guelich, Shishir Gundavaram, Gunthe Birznieks 공저, O'Reilly & Associates 간행(Second Edtion, 2000년)
CGI 프로그래밍 세계에 대해서 제대로 설명되어 있다.

Writing Apache Modules with Perl and C Lincoln Stein, Doug MacEachern 공저, O'Reilly & Associates 간행(1999년)

아파치 웹 서버의 기능을 확장하는 방법을 설명한다. 웹 프로그래밍 가이드 책이다. 구체적으로는 터보충전기가 붙은 mod_perl을 사용해서 CGI 스크립트 실행속도를 빠르게 하는 방법, 펄로 접근가능한 아파치 API로 웹 서버를 확장하는 방법 등을 설명한다.

Practical mod_perl Stas Bekman, Eric Cholet 공저, O'Reilly & Associates 간행(2003년)

mod_perl의 종합 가이드 책이다. mod_perl 설치 방법, 설정 방법, mod_perl을 이용한 개발 방법 등을 설명한다. mod_perl 프로그래밍에 대해서 다른 책에서 다루지 않은 세세한 부분에 대해서도 설명되어 있다.

The mod_perl Developer's Cookbook Geoff Young, Paul Lindner, Randy Kobes 공저, SAMS 간행(2002년)

모든 mod_perl 개발자가 반드시 가지고 다녀야 할 책이다. 이 책처럼 쿡북 형식으로 쓰여 있다. mod_perl 개발자가 실행하려고 하는 대부분의 모든 업무에 대해서 설명되어 있다.

펄 관련 서적은 아니지만 이 책을 집필할 때에 도움이 된 책을 열거한다. 다음 책을 참고하거나 뒤져보며 힌트를 얻기도 했다.

The Art of Computer Programming Volumes I-III(Fundamental Algorithms, Seminumerical Algorihms, Sorting and Searching) Donal Knuth 저, Addison-Wesley 간행(Third Edition, 1998년)

Introduction to Algorithms Thomas H. Cormen, Charles E. Leiserson, Ronald L. Rivest 공저, MIT Press and McGraw-Hill 간행(1990년)

Algorithms in C Robert Sedgewick 저, Addison-Wesley 간행(1992년)

The Art of Mathematics Jerry P. King 저, Plenum 간행(1992년)

The Elements of Programming Style Brian W. Kernighan, P. J. Plauger 공저, McGraw-Hill 간행(1998년)

The UNIX Programming Environment Brian W. Kernighan, Rob Pike 공저, Prentice-Hall 간행(1984년)

POSIX Programmer's Guide Donald Lewine 저, O'Reilly & Associates 간행(1991)

Advanced Programming in the UNIX Environment W. Richard Stevens 저 , Addison-Wesley 간행(1992년)

TCP/IP Illustrated(Volumes I-III) W. Richard Stevens 외 다수 저, Addison-Wesley 간행(1992-1996)

HTML: The Definitive Guide Chuck Musciano, Bill Kennedy 공저, O'Reilly & Associates 간행(Third Edition, 1998년)

Official Guide to Programming with CGI.pm Lincoln Stein 저, John Wiley & Sons 간행(1997년)

Web Client Programming with Perl Clinton Wong저, O'Reilly & Associates 간행(1997년)

The New Fowler's Modern English Usage R. W. Burchfield 편, Oxford 간행(Third Edition, 1996년)

이 책에서 사용되는 표기법

프로그램의 표기법

이 책에는 수많은 예제가 실려 있으며, 그 대부분은 더 큰 프로그램의 일부가 되는 코드의 조각들이다. #!로 시작하는 몇몇 예제들은 완전한 프로그램이니 간단하게 구분할 수 있을 것이다. 예를 들면, 다음과 같은 줄로 시작한다.

```
#!/usr/bin/perl -w
use strict;
```

그리고 새로운 프로그램은 다음과 같은 줄로 시작한다.

```
#!/usr/bin/perl
use strict;
use warnings;
```

그 밖의 명령행에서 입력이 필요한 예제도 있다. %로 시작하는 줄은 셸 프롬프트를 나타낸다.

```
% perl-e 'print "Hello,world.\n"'
Hello,World.
```

이것은 유닉스의 표준 명령행을 나타낸다. 유닉스 명령행으로 문자열을 인용하는 경우, 주로 홑따옴표를 사용한다. 그리고 인용부나 와일드카드의 사용법은 시스템에 따라 다르다. 예를 들어, MS-DOS 환경과 VMS 환경의 명령행 인터프리터에서는 스페이스나 와일드카드를 포함하는 인수를 그룹화하기 위해서 홑따옴표가 아닌 겹따옴표를 사용해야 한다.

이 책에서 사용되는 서체

이 책에서는 다음과 같은 서체를 사용한다.

Bold(볼드)

명령행 스위치를 나타낸다. 따라서 -w는 경고 스위치이고, -w는 파일 테스트 연산자로 구별할 수 있다.

Italtic(이탤릭)

매뉴얼 페이지, 경로이름, 프로그램 이름들을 나타낸다. 그리고 본문에서 처음으로 등장하는 용어의 강조에도 사용한다.

`ConstantWidth(등폭)`

함수 이름, 메서드 이름, 인자를 나타낸다. 예제 코드 안의 등폭은 사용자가 입력한 텍스트를 나타내고 본문에서의 등폭은 코드의 일부를 나타낸다.

ConstantWidthBoldItalic(등폭 볼드 이탤릭)

생성된 출력을 나타낸다.

경고, 주의를 나타낸다.

문서에 관한 주의사항

펄에 관한 가장 완전한 최신 문서는 펄 자체에 속해 있다. 그 문서는 상당한 양을 자랑하며, 프린터로 인쇄하면 1000쪽이 넘을 것이다(또한 자연파괴에도 굉장한 공헌을 하겠지). 다행히도 이 문서를 인쇄할 필요는 없다. 온라인으로 간단하게 검색할 수 있는 형식의 문서이기 때문이다.

이 책에서 자주 등장하는 "매뉴얼 페이지"는 이 온라인 매뉴얼을 나타낸다. 이렇게 부르는 것은 그저 관습적인 명명이기 때문에, 읽기 위해 유닉스 스타일의 *man* 프로그램이 필요하진 않다. 펄의 *perldoc* 커맨드로 읽을 수 있으며 유닉스 이외의 시스템에서 편리하게 쓸 수 있도록 HTML 형식으로 설치할 수도 있다. 그리고 설치 후엔 직접 *grep*할 수도 있다. HTML 버전의 매뉴얼 페이지는 웹에 공개되어 있다(*http://www.perl.com/CPAN/doc/manual/html/*).

펄 문서 이외의 문서를 참고하려면 "시스템 매뉴얼의 *kill*(2)를 참고"와 같은 형식으로 표현한다. 이것은 "Unix Programmer's Manual의 섹션2(시스템 호출)"에 있는 *kill*의 매뉴얼 페이지를 참고"와 같은 의미이다. 이 매뉴얼 페이지는 유닉스 이외의 시스템에서는 사용할 수 없지만, 원래 이런 시스템 호출은 유닉스에서만 사용할 수 있으므로 특히 문제될 것은 없다. 또한 수많은 단체가 웹에 시스템 호출이나 라이브러리 함수의 매뉴얼 페이지를 제공하고 있으므로 이런 문서들이 필요해진 경우 웹에서 쉽게 얻을 수 있다. 예를 들어, "crypt(3) manual"이라는 키워드를 검색하면 관련된 매뉴얼을 많이 확인할 수 있을 것이다.

문의처

이 책에 관한 의견, 질문은 다음 주소, 전화번호, 팩스 번호로 받고 있다.

원서의 내용에 관해서(영어)

O'Reilly Media, Inc.
1005 Gravenstein Highway North
Sebastopol, CA 95472
(800) 998-9938 (미국 또는 캐나다)
(707) 829-0515 (국제전화/국내전화)
(707) 829-0104 (팩스)

이메일로도 의견을 접수하고 있다. 메일링 리스트의 투고나 카탈로그 청구는 다음 메일 주소로 문의하면 된다.

info@oreilly.com (영어)

이 책의 내용에 관한 의견과 질문은 다음 메일 주소로 접수하고 있다.

bookquestions@oreilly.com

이 책 전용 웹 페이지도 준비했다. 이 웹페이지에는 오탈자 표, 예제, 그 밖의 추가 정보를 제공한다. 그리고 이 책에서 소개한 예제 코드는 웹 페이지에서 다운로드할 수 있으므로 손으로 하나하나 입력할 필요는 없다. 다음 URL로 접근할 수 있다.

http://www.oreilly.com/catalog/perlckbk2/

이 책에 대한 여러 정보와 그 밖의 책에 대해서는 O'Reilly 사의 웹사이트를 참고하도록 한다.

http://www.oreilly.com/

1판 감사의 말

저자들을 알게 모르게 뒤에서 지원해준 많은 사람들이 없었다면 이 책은 존재하지 않았을 것이다. 그 조력자들 중 단연 최고는 책의 에디터인 Linda Mui이다. 그녀는 한 손엔 당근을, 다른 한 손엔 채찍을 쥐고 저자들을 이끌어 주었다. 그녀는 매우 뛰어난 편집자이다.

펄의 저자인 Larry Wall이 이 책의 내용을 마지막으로 확인해주었다. 그는 이후 변경될 예정인 부분에 대한 기술이 없는지 어떤지를 확인하고, 용어나 표현방법에 대해서도 조언해주었다. 이 책을 읽다보면 Larry의 목소리가 들리는 느낌이 들지도 모른다.

Larry의 부인인 Gloria가 본업은 문예평론가였음에도 불구하고 이 책을 한 글자, 한 구절 꼼꼼하게 읽어주고 대부분의 구절들을 좋아해주어서 놀랐다. 그녀와 펄 여류시인인 Sharon Hopkins 씨가 저자들이 "이해하기 어렵고 복잡"하고 "절망적으로 난해"한 문장들을 끝없이 계속 써내려가는 것을 저지해주었다. 덕분에 매우 복잡했던 문장은 PDP-11 어셈블러나 중세의 스페인어를 모르는 사람도 이해할 수 있을 정도로 읽기 쉬워졌다.

Mark-Jason Dominus, Jon Orwant, Abigail 세 명이 우리들이 이 책을 쓰는 데 걸린 시간과 같은 시간을 쏟아서 이 책을 끈기 있게 리뷰해 주었다. 펄 응용 프로그램에 관한 그들의 엄밀한 기준, 무서울 정도의 지식, 실용적인 경험은 헤아릴 수 없을 정도의 도움이 되었다. Doug Edwards가 처음부터 7개의 장의 모든 코드를 확인해주었다. 그리고 누구도 눈치 채지 못한 미묘한 한계값을 발견해주었다. 그리고 그 밖에 이 책을 검수해준 사람들의 이름을 열거한다. Andy Dougherty, Andy Oram, Brent Halsey, Bryan Buus, Gisle Aas, Graham Barr, Jeff Haemer, Jeffrey Friedl, Lincoln Stein, Mark Mielke, Martin Brech, MAtthias Neeracher, Mike Stok, Nate Patwardhan, Paul Grassic, Peter Prymmer, Raphael Manfredi, Rod Whitby.

이 외에도 많은 사람들에게 검수를 받았다. 펄을 재미있게 하는 것은 펄 커뮤니티이다. 커뮤니티는 공유정보를 제공해준다. 욕심을 내세우지 않는 많은 개인이 모였고, 그들이 가진 기술적 지식을 저자들에게 제공해주었다. 어떤 사람은 이 책의 모든 장을 읽고 정식으로 리뷰해 주었다. 전문 분야 이외의 부분으로 막혀있을 때에 그들에게 작은 기술적 질문을 했지만 그 질문에 대해서 통찰력 있게 답을 해준 사람도 있었다. 그리고 몇몇 사람은 자신들이 직접 만든 코드를 보내주기도 했다. 협력해 준 사람들의 이름을 열거한다(이 외에도 많은 사람들이 협력해 주었다). Aaron Harsh, Ali Rayl, Alligator Descartes, Andrew Hume, Andrew Strebkov, Andy Wardley, Ashton MacAndrews, Ben Gertzfield, Benjamin Holzman, Brad Hughes, Chaim Frenkel, Charles Bailey, Chris Nandor, Clinton Wong, Dan Klein, Dan Sugalski, Daniel Grisinger, Dennis Taylor, Doug MacEachern, Douglas Davenport, Drew Eckhardt, Dylan Northrup, Eric Eisenhart, Eric Watt Forste, Greg Bacon, Gurusamy Sarathy, Henry Spencer, Jason Ornstein, Jason Stewart, Joel Noble, Jonathan Cohen, Jonathan Scott Duff, Josh Purinton, Julian Anderson, Keith Winstein, Ken Lunde, Kirby Hughes, Larry Rosler, Les Peters, Mark Hess, Mark James, Martin Brech, Mark Koutsky, Michael Parker, Nick Ing-Simmons, Paul Marquess, Peter Collinson, Peter Osel, Phil Beauchamp, Piers Cawley, Randal Schwartz, Rich Rauenzahn, Richard Allan, Rocco Caputo, Roderick Schertler, Roland Walker, Ronan Waide, Stephen Lidie, Steven Owens, Sullivan Beck, Tim Bunce, Todd Miller, Troy Denkinger, Willy Grimm.

펄에게도 감사의 말을 전해야겠다. 당연하지만 펄이 없었다면 이 책이 쓰일 일은 없었을 것이다. 펄을 사용해서 이 책을 만드는 데 도움이 되는 간단한 툴을 많이 만들었다. pod 형식의 텍스트를 리뷰용의 *troff* 형식으로 변환해서 표시하고, 제본용 FrameMaker 형식으로 변환하는 툴을 펄로 만들었다. 그리고 이 책 안의 프로그램 코드의 조각은 모두 펄 프로그램으로 구문 확인을 하고 있다. 드래그& 드롭으로 레시피를 옮기기 위한 그래픽 툴도 펄의 Tk 확장을 사용해서 만들었다. 이런 툴들 이외에도 RCS 락을 확인하는 툴, 중복하는 단어를 검출하는 툴, 특정 문법 오류를 검출하는 툴, 체크 담당자에게서의 메일을 저장하는 메일 폴더를 관리하는 툴, 색인과 목차를 만드는 툴, 여러 행으로 넘기는 텍스트를 검색하는 툴, 특정 섹션에만 있는 텍스트를 검색하는 툴 등, 헤아릴 수 없을 정도로 작은 규모의 툴을 만들었다. 이런 툴들 중 몇 개는 이 책 안에서도 소개하고 있다.

Tom으로부터의 감사의 말

우선 유럽에서의 휴가를 포기하고 이 원고에 있는 많은 오류를 정정해준 Larry와

Gloria에게 감사한다. 그리고 지난 2년간 계속 계속해서 교정 작업에 힘쓸 수 있게 도와준 친구와 가족 - Bryan, Sharon, Brent, Todd, Drew - 에게도 감사한다.

매주 운전해야 하는 스트레스를 견디며 우리 집에 와주고 매운 채식주의자 요리와 재미있는 이야기를 제공해준 Nathan에게도 감사한다. 내가 의식적으로 피하고 있던 문제에 접근할 힌트를 주었다.

표면에 나서서 찬사를 받을 일이 없는 이 세계의 거장들 – Dennis, Linus, Eric, Rich – 에게도 감사의 말을 전한다. 그들은 OS와 *troff*에 관한 귀찮은 나의 질문에 중요한 시간을 할애해서 명쾌하게 답해주었다. 그들의 조언과 비화는 여기에서 소개할 수는 없지만, 그들의 이 분야에 대한 공헌이 없었다면 이 책을 집필하는 일은 결코 없었을 것이다.

펄 강사들에게도 감사한다. 그들은 뉴저지 주와 같은 위험한 곳에 발을 디디고, 나를 대신해서 펄 강사를 맡아주었다. Tim O'Reilly와 Frank Willison에게도 감사의 말을 전한다. 이 책을 출판하는 일을 나에게 권해준 것은 그들이다. 그리고 출판일을 서두르는 것보다도 품질을 올리는 것을 우선해주었다. Linda에게도 감사한다. 그녀는 정말로 정직한 편집자이다. 그녀는 무섭고 흉포한 양을 키우는 목동처럼 우리들을 지도해주었다. 그녀가 있어준 덕분에 이 책을 출판할 수 있었다.

누구보다도 어머니 Mary에게 감사한다. 그녀는 초원의 녹화운동이나 고등학교에서의 컴퓨터와 생물 교사를 관두고 내 일과 가정생활이 원만하게 될 수 있도록 헌신해 주었고, 덕분에 이 책의 집필과 연구에 충분한 시간을 쏟을 수 있었다.

마지막으로 요한 세바스찬 바하에게 감사의 말을 전한다. 그의 음악 덕분에 나는 모든 것을 정확하게 보고, 마음의 평안을 가지며 수없이 많은 감명을 얻을 수 있었다. 그의 음악은 나에게 있어서 정신과 육체적인 면에서 가장 좋은 약이다. 이후 이 *Perl Cookbook*이 보이면, 머리와 손에 깊게 스며드는 BMV 849를 떠올릴 것이다.

Nat으로부터의 감사의 말

가족의 사랑과 인내가 없었다면 미국의 교외에서 풀을 뜯는 것이 아닌, 10피트의 큰 파도 속에서 낚시바늘에 먹이를 꽂고 있었을 것이다. 너무나도 감사할 따름이다. 친구들 – Jules, Amy, Raj, Mike, Kef, Sai, Robert, Ewan, Pondy, Mark, Andy – 은 나에게 많은 것을 가르쳐 주었다. Nerdsholm의 주민들에게도 감사의 말을 전한다. 그들은 기술면에서 정중하게 조언해 주었고, 게다가 와이프를 소개해 주었다(와이프에 관한 조언은 해주지 않았지만). 근무처인 Front Range Internet 사에도 감사한다. Front Range Internet 사는 나에게 결코 손 뗄 수 없는 굉장한 일을 선사해주었다.

Tom은 훌륭한 공저자이다. 그가 없었다면 이 책은 읽기 어렵고, 난잡하고, 평범한 것이 되어 있었을 것이다. 와이프인 Jenine에게도 감사의 말을 전한다. 이 책의 집필 의뢰를 받았을 때는 결혼 1년차였지만, 집필을 시작하고 나서 거의 만날 수 없었다. 아마 누구도 이 마지막 문장을 그녀보다 잘 음미할 수 없을 것이다.

2판 감사의 말

기술 확인을 담당한 많은 사람들에게 감사의 인사를 전한다. 그들이 시간과 지식을 제공해준 덕분에 보다 좋은 책을 만들 수 있었다. 기술 확인은 정식 기술 확인 담당자가 아닌 일반 사람들에게도 도움을 받았다. 공식적인 기술 확인 담당자는 막대한 양의 초고, 개정 부분을 손봐주었고 많은 사람이 자신의 전문 분야에 관한 부분을 상세히 수정해주었다. 이 책에 잘못된 것 없다면, 모두 그들 덕분이다. 잘못된 것을 찾았다면, 그들이 리뷰 후에 알려줄 것이다.

스스럼없이 도와준 많은 사람의 이름을 아래에 열거한다(이 밖에도 많은 사람이 협력해주었다). Adam Maccabee Trachtenberg, Rafael Garcia-Suarez, Ask Bjorn Hansen, Mark-Jason Dominus, Abhijit Menon-Sen, Jarkko Hietaniemi, Benjamin Goldberg, Aaron Straup Cope, Tony Stubblebine, Michel Rodriguez, Nick Ing-Simmons, Geoffrey Young, Douglas Wilson, Paul Kulchenko, Jeffrey Friedl, Arthur Bergman, Autrijus Tang, Matt Sergeant, Steve Marvell, Damian Conway, Sean M. Burke, Elaine Ashton, Steve Lidie, Ken Williams, Robert Spier, Chris Nandor, Brent Halsey, Matthew Free, Rocco Caputo, Robin Berjon, Adam Turoff, Chip Turner, David Sklar, Mike Sierra, Dave Rolsky, Kip Hampton, Chris Fedde, Graham Barr, Jon Orwant, Rich Bowen, Mike Stok, Tim Bunce, Rob Brown, Dan Brian, Gisle Aas, Abigail.

높은 인내심을 가진 편집 담당자 Linda Mui에게도 감사의 말을 전한다. 그녀는 우리들이 '최종 원고'를 내는 위험하기 짝이 없는 일에 전력을 쏟아주었다.

Tom으로부터의 감사의 말

우리들을 위해서 프로그래밍의 세계를 보다 좋은 곳으로 만들어 준 Larry Wall, 형편없는 문장을 좋은 문장으로 만들어 준 Nathan, 불굴의 인내력으로 슈뢰딩거의 고양이 같은 저자들을 앞으로 나가게 해준 편집 담당 Linda Mui에게 감사의 말을 전한다. 이 책은 이 세 명이 없었다면 아마 세상에 나올 수 없었을 것이다.

이 책을 더 이상 읽을 일이 없는, O'Reilly의 베테랑 편집장으로 우리의 친구인 Frank Willison에게 특별한 감사의 말을 전한다. 그는 2년 전에 세상을 떠났다. 이 책의 수많은 말들은 그의 지도 아래에 만들어진 것이다. 그의 견식 있는 많은 책들은 전설로 남겨야할 것으로, 저자에게 있어서는 순금보다도 중요한 보물이다. 함께 일을 했던 수년간 그에게는 끊임없는 자극과 격려를 받았었다. 그는 매우 활발한 성격으로 사람을 끌어당기는 매력이 있었다. 그리고 폭넓은 학식과 취미를 가지고 위트가 풍부한 유머(때로는 예리하고 때로는 재밌고, 그리고 때로는 예리하게 재미있는)를 가진 사람이기도 했다. 내가 아는 그 누구보다도 편한 삼촌처럼 생각했고 그래서 그만큼 그가 더 그립다.

Nat으로부터의 감사의 말

철학자 헨리 데이비드 소로는 다음과 같은 말을 남겼다. "흔히들 우정이라고 부르는 것은 불량배들끼리 서로 칭송하는 것에 불과하다". 이 말이 맞다면 나에게는 칭송하지 않으면 안 될 두 명이 있다. Jon Orwant와 Linda Mui다. 그들에게는 감사의 말을 잊어서는 안 될 정도다. Jon Orwant는 O'Reilly & Associates에서 나의 일을 관리하고 지도해주었다. 그리고 Linda Mui의 도움으로 이 일을 계속할 수 있었다.

Tom의 의욕으로 세세한 부분에 대해 마음을 써주고, 곤란함에 맞서는 의지가 없었다면 1판과 마찬가지로 2판도 없었을 것이다. Tom에게는 Unicode의 탄환에 맞서줘서 정말로 고마울 따름이다.

그리고 마지막으로 가족에게 감사의 말을 전하고자 한다. 이 책을 집필하는 동안 Jenine는 거의 싱글맘과 다름없는 생활을 했다. William이 "우리 아빠는 낮에도 저녁에도 일만 한다"라고 슬퍼하며 친구들에게 말했을 때에는 정말 너무나도 마음이 아팠다. Raley가 처음으로 기억한 두 단어의 문장 중 하나가 "아빠 일"이었던 것도 마음이 아팠다. 모두에게 감사의 말을 전한다.

1장

P e r l C o o k b o o k

문자열

그는 지각없는 말들이나 늘어놓고 있습니다.

— 욥기 35장 16절

1.0 개요

문자열을 다루려면 저레벨에서 불편하게 작업해야 하는 프로그래밍 언어들이 많이 있다. 한 줄 한 줄 처리하기 위하여 포인터를 다뤄야 하거나, 이 문자열 저 문자열을 다루기 위하여 바이트 단위로 작업해야 하기도 한다. 이런 언어들을 쓰다 보면 정신이 다 없어진다. 그러나 절망하지 말라. 펄은 저레벨 언어도 아니고 행과 문자열을 쉽게 다룰 수 있는 언어다.

펄은 텍스트를 쉬우면서도 강력하게 조작할 수 있도록 *설계되었다*. 사실, 펄로 텍스트를 조작하는 방법은 너무도 다양해서 하나의 장 안에서 다 설명할 수 없을 정도다. 텍스트 처리에 대해 다루고 있는 다른 장의 레시피들을 같이 참조하라. 특히 6장과 8장에서는 이 장에서 다루지 않은 흥미로운 기법들을 논의한다.

펄에서 데이터를 다루는 기능적인 단위는 스칼라, 즉 하나의 (스칼라) 변수에 저장된 값이다. 스칼라 변수는 문자열, 수, 레퍼런스를 담을 수 있다. 배열은 스칼라로 이루어진 목록을 담고, 해시는 스칼라 간의 연관 관계를 저장한다. 레퍼런스는 어떤 값들을 간접적으로 참조하기 위해 사용되는데, 저레벨 언어에서의 포인터와 크게 다르지 않다. 수를 저장할 때는 사용하는 시스템의 배정도(double-precision) 실수형으로 저장하는 것이 일반적이다. 펄에서 문자열은 시스템의 가상 메모리의 한계 내에서라면 길이의 제한이 없고, 우리가 넣고자 하는 어떤 임의의 데이터라도 담을 수 있다. 심지어 널 바이트가 포함된 바이너리 데이터도 담을 수 있다.

그런 점에서 보면, 펄에서 문자열은 문자의 배열도 아니고 바이트의 배열도 아니다. 문자열 내의 하나의 문자에 접근하기 위해서 배열의 첨자를 사용할 수 없으며, 대신 substr 함수를 써야 한다. 펄의 다른 데이터형과 마찬가지로, 문자열의 저장 공간은 필요할 때마다 적절히 커진다. 변수가 스코프를 벗어나거나, 그가 사용된 표현식의 계산이 끝나는 등 더 이상 사용되지 않게 되면 변수가 사용하던 공간이 가비지 컬렉션 시스템에 의해 회수된다. 다시 말해서 메모리 관리가 자동으로 이루어지므로 여러분이 신경 쓰지 않아도 된다.

스칼라 값은 정의된 상태일 수도 아닐 수도 있다. 정의되었다면 어떤 문자열이나 수, 또는 레퍼런스를 저장하고 있을 것이다. 정의되지 않은 경우의 값은 undef 한 가지뿐이다. 그 외의 다른 값들은 모두 정의된 값이며, 숫자 0이나 빈 문자열의 경우도 마찬가지다. 여기서 어떤 값이 정의되었다는 사실이 그 값의 불리언 값이 참이라는 것을 의미하는 건 아니다. 어떤 값이 정의되었는지 검사하기 위해서는 defined 함수를 써야 한다. 불리언 값이 참인지는 &&와 || 같은 연산자를 사용하거나 if 또는 while 블록의 검사 조건 안에 넣어서 검사할 수 있다.

다음 두 가지 문자열은 정의된 값이지만 거짓으로 판정된다. 하나는 빈 문자열("")이고, 다른 하나는 숫자 영(zero)을 담고 있는 한 글자짜리 문자열("0")이다. 그 외에 정의된 값들("false", 15, \$x 등)은 다 참으로 판정된다. "0"이라는 문자열이 거짓으로 판정되는 것에 놀랄지도 모르겠다. 이것은 펄에서 문자열과 수가 필요에 따라 서로 자동으로 변환되는 특성 때문이다. 0., 0.00, 0.0000000 등의 값은 모두 수이고, 인용부호로 둘러싸지 않고 사용한다면 모두 거짓으로 판정된다. 어떻게 표현하든 0이라는 수는 거짓이기 때문이다. 그렇지만 이 값들에 인용부호를 붙여 문자열 리터럴로 사용하거나, 명령줄이나 환경 변수 또는 입력 파일에서 읽어들인다면 이때는 *참*으로 판정된다.

이런 변환은 어떤 값을 숫자로 사용할 때 자동으로 이루어지기 때문에 문제가 되는 일은 거의 없다. 그렇지만 그 값이 단 한 번도 숫자로 사용된 적이 없는 상태에서 참인지 거짓인지를 검사한다면 예상하지 못한 답을 얻을 수 있다. 불리언 검사를 할 때는 어떤 변환도 강제로 일어나지 않기 때문이다. 이럴 때는 변수에 0을 더하여 펄로 하여금 명시적으로 문자열을 수로 변환하도록 지시할 수 있다.

```
print "Gimme a number: ";
0.00000
chomp($n = <STDIN>);  # 이제 $n은 "0.00000"을 담고 있다;

print "The value $n is ", $n ? "TRUE" : "FALSE", "\n";
That value 0.00000 is TRUE

$n += 0;
print "The value $n is now ", $n ? "TRUE" : "FALSE", "\n";
That value 0 is now FALSE
```

undef이라는 값은 문자열로 사용될 때는 빈 문자열("")인 것처럼 처리되고, 숫자로 사용될 때는 0인 것처럼, 레퍼런스로 사용될 때는 널(null) 레퍼런스인 것처럼 처리된다. 세 가지 경우 모두 거짓으로 판정된다. 만일 경고 기능을 켜두었다면, 정의된 값을 사용해야 의미가 있는 곳에 정의되지 않은 값을 사용했을 때 표준 에러 채널을 통해 경고가 뜰 것이다. 단지 참이나 거짓만 따지는 경우는 굳이 특정한 값이 있어야만 할 필요가 없기 때문에 이 경고가 뜨지 않는다. 연산자들 중에도 정의되지 않은 값을 담고 있는 변수에 대해 사용해도 이 경고를 띄우지 않는 것들이 있다. 예를 들면 증감연산자 ++와 --, 복합 할당 연산자 +=, .= 등이다.

프로그램 내에서 문자열을 쓸 때는 작은따옴표, 큰따옴표, 인용 연산자 q//와 qq//, 히어 도큐먼트(here-document) 등을 사용한다. 어떤 표기법을 사용하든 간에 문자열 리터럴은 보간(interpolate)되거나 되지 않거나 둘 중 하나다. 보간된다는 것은 문자열 안에 있는 변수와 특수 기호들이 특별한 의미를 갖도록 확장된다는 말이다. 패턴이나(/regex/) 외부 명령어를 실행하는 경우($x = `cmd`)에서처럼 대부분의 경우 문자열은 보간된다.

특수 문자들이 특별히 인식되어 처리되는 경우, 특수 문자 앞에 백슬래시를 붙이면 이 특수 문자를 평범한 리터럴로 사용하게 된다. 이렇게 처리하는 것을 "이스케이프" 또는 "백슬래시 이스케이프"라고 부른다.

작은따옴표를 사용하면 보간되지 않는 문자열 리터럴을 만들 수 있다. 이 경우에도 특수 문자 조합 중 세 가지는 여전히 특별히 처리된다. 문자열을 끝내는 ', 문자열 내에서 작은따옴표를 나타내는 \', 백슬래시 자체를 나타내는 \\이다.

```
$string = '\n';                     # \ 와 n, 두 개의 문자
$string = 'Jon \'Maddog\' Orwant';  # 작은따옴표 자체
```

큰따옴표를 사용하면 변수의 내용이 보간되고 (그러나 문자열 내에서 함수를 호출하는 구문까지 실행되지는 않는다. 이것을 해결하는 방법은 레시피 1.15를 참고하라) 백슬래시 이스케이프도 적용된다. 예컨대 "\n"(줄바꿈 문자), "\033"(팔

진수 33인 코드값에 해당하는 문자), "\cJ"(컨트롤-J), "\x1B"(십육진수 0x1B 인 코드값에 해당하는 문자) 등이 있다. 이러한 특수 문자 조합의 전체 목록은 *perlop*(1) 매뉴얼 페이지나 *Programming Perl* 5장의 "Specific Characters" 절에서 볼 수 있다.

```
$string = "\n";                     # "줄바꿈" 문자
$string = "Jon \"Maddog\" Orwant";  # 큰따옴표 자체
```

문자열 안에 백슬래시 이스케이프나 치환할 변수가 없다면 어느 따옴표를 쓰든 차이가 없다. 'this'와 "this" 중 어느 쪽을 쓸지 선택할 때, 어떤 펄 프로그래머들은 이것이 문자열임을 두드러지게 하기 위해 큰따옴표를 쓰는 것을 선호한다. 이 경우 여러분의 코드를 읽는 사람이 작은따옴표를 역따옴표로 잘못 읽는 일도 방지할 수 있다. 펄 인터프리터 입장에서는 아무 차이가 없으면서 코드를 읽는 사람에게는 도움이 되는 것이다.

q//와 qq// 인용 연산자를 쓰면 각각 작은따옴표와 큰따옴표를 사용한 것처럼 문자열을 만들면서도, 따옴표가 아닌 임의의 문자를 구분자로 사용할 수 있다. 보간되지 않는 문자열 안에 작은따옴표가 들어가야 하는 경우, 일일이 작은따옴표 앞에 백슬래시를 붙여 이스케이프하는 것보다 q//를 사용하는 게 더 쉽다.

```
$string = 'Jon \'Maddog\' Orwant';   # 작은따옴표가 들어있다
$string = q/Jon 'Maddog' Orwant/;    # 똑같은 문자열이지만 더 알아보기 좋다
```

/를 쓰는 경우처럼 앞뒤에 같은 문자를 사용하거나, 다음 네 가지 괄호 문자 쌍 중에 하나를 골라 쓸 수 있다.

```
$string = q[Jon 'Maddog' Orwant];   # 작은따옴표 자체
$string = q{Jon 'Maddog' Orwant};   # 마찬가지
$string = q(Jon 'Maddog' Orwant);   # 마찬가지
$string = q<Jon 'Maddog' Orwant>;   # 마찬가지
```

히어 도큐먼트는 셸 프로그래밍에서 차용한 표기법으로, 대량의 텍스트를 문자열로 만들 때 사용된다. 종료 식별자를 어떻게 인용 처리했느냐에 따라서 이 텍스트를 작은따옴표로 인용한 것처럼 처리할 수도 있고 큰따옴표로 인용한 것처럼 쓸 수도 있으며, 심지어 실행할 외부 명령어인 것처럼 다룰 수도 있다. 보간되지 않는 히어 도큐먼트의 경우, 작은따옴표를 사용한 문자열에서 여전히 치환했던 세 가지 백슬래시 문자 조합마저도 치환하지 않는다. 아래에서는 히어 도큐먼트를 사용하여 텍스트 두 줄을 큰따옴표를 사용한 문자열로 만든다.

```
$a = <<"EOF";
This is a multiline here document
terminated by EOF on a line by itself
EOF
```

히어 도큐먼트의 끝을 나타내는 EOF 뒤에는 세미콜론이 붙지 않는 것에 유의하라. 히어 도큐먼트에 대한 더 자세한 내용은 레시피 1.16에서 다룬다.

국제 문자 코드(Universal Character Code)

컴퓨터 입장에서 이야기 하자면, 모든 데이터는 그저 개개의 숫자들이 연속적으로 나열된 것이고, 이 숫자들은 일련의 비트들이다. 심지어 텍스트 문자열도 결국은 코드값 숫자들이 일렬로 나열된 것이고, 이것을 웹브라우저나 이메일 클라이언트, 인쇄 프로그램, 편집기 등에서 문자로 해석하는 것이다.

메모리의 용량이 지금보다 훨씬 작고 가격은 훨씬 비쌌던 시기로 되돌아가보면, 당시의 프로그래머들은 메모리를 아끼기 위해서 할 수 있는 모든 수단을 사용하였다. 문자 여섯 개를 36비트 워드에 욱여넣는다거나 문자 세 개를 16비트 워드에 집어넣는 기법이 흔히 쓰였다. 심지어 오늘날에도 문자들을 나타내기 위해 사용되는 코드값은 보통 7비트나 8비트를 넘지 않는다. 이것은 각각 ASCII 문자 집합이나 Latin1 문자 집합에서 볼 수 있는 길이다.

이렇게 문자 하나에 비트를 많이 할당하지 않으려 하니 결과적으로 표현할 수 있는 문자도 많지 않다. 8비트 컬러를 사용하는 이미지 파일을 생각해보라. 이 경우 팔레트에 서로 다른 색상을 256가지밖에 쓸 수 없다. 이와 비슷하게 하나의 *옥텟*(octet, 8비트짜리 바이트를 의미한다)에 하나의 문자가 저장되는 경우, 한 문서에 담을 수 있는 문자와 구두점과 기호들은 256가지를 넘을 수 없다.

ASCII는 *American* Standard Code for Information Interchange라는 이름에서 알 수 있듯이 미국식 영어에서 꼭 필요한 것들만 다루고 있기 때문에, 미국 밖에서 이용하기에는 여러 가지 제약이 따랐다. 그 결과, 여러 나라에서 7비트 ASCII를 기반으로 하여 자기 나라에서 사용하기 위한 8비트 인코딩 규칙을 별도로 만들게 되었다. 문자에 코드값을 할당하는 체계들이 우후죽순 생겨났고 이들은 모두 동일하게 제한된 범위의 숫자를 재사용하여 서로 충돌하였다. 그 말은 같은 숫자가 서로 다른 시스템에서 서로 다른 문자를 의미하게 되었다는 뜻이고, 또한 동일한 문자가 시스템에 따라 서로 다른 코드값에 대응된다는 뜻이다.

로케일(locale)은 이런 문제를 비롯하여 언어 또는 국가가 달라서 생기는 문제점들을 해결하기 위한 시도였으나 문자 집합을 결정하는 부분에 대해서는 그다지 효과가 없었다. 로케일은 문자 집합과 관련 없는 문제, 예를 들어 화폐 단위나 날짜와 시간을 표시하는 형식과 순서 같은 문제에 대해서는 합리적인 해결책이다. 그러나 서로 다른 문자 집합에 대해 동일한 8비트 이름공간을 재사용해야 한다는 문제를 해결하는 데에는 효과적이지 못했다.

이런 이유로 한 문서에 라틴 문자, 그리스 문자, 키릴 문자를 동시에 넣으려고 하면 큰 난관에 부딪히게 된다. 동일한 코드값이 각 시스템마다 다른 문자를 의미하게 되기 때문이다. 예를 들어서 코드값 196은 ISO 8859-1(Latin1) 인코딩에서는 분음 부호가 위에 붙은 대문자 A(Ä)를 의미하지만, ISO 8859-7에서 이 코드값은 그리스 문자 대문자 델타(Δ)를 의미한다. 따라서 문자 코드값을 ISO 8859-1 로케일에 따라 해석하는 프로그램을 통해 볼 때와 ISO 8859-7 로케일에 따라 해석하는 프로그램을 통해 볼 때 서로 다른 문자로 보이게 된다.

그렇기 때문에 하나의 문서에 서로 다른 문자 집합을 같이 넣기 어렵다. 어찌어찌하여 같이 넣는다 해도, 그 문서의 텍스트를 제대로 처리할 수 있는 프로그램이 거의 없을 것이다. 문서에 어떤 문자가 있는지 알려면 그 문자들이 속해 있던 문자 체계가 어떤 것들인지도 알아야 하고, 여러 문자 체계를 혼합하는 것도 쉽지 않다. 문자 체계를 잘못 추측할 경우 화면이 뒤죽박죽되거나 더 나쁜 상황에 빠질지 모른다.

펄의 유니코드 지원

유니코드 얘기로 넘어가자.

유니코드는 각종 기호는 물론 가상의 문자까지 포함하여 온 세상에 있는 모든 문자 집합을 통합하려는 시도에서 만들어졌다. 유니코드에서 각각의 문자는 서로 다른 코드값에 대응되고 이 코드값을 *코드 포인트*(code point)라고 부른다.

여러 언어가 섞인 문서를 만드는 게 예전에는 아예 불가능했지만, 이제는 쉽게 만들 수 있게 되었다. 문서당 고작 128개 또는 256개 문자만 사용할 수 있다는 제약이 없어진 것이다. 유니코드를 쓰면 수만 개의(또는 더 많은) 서로 다른 문자들을 하나의 문서 안에서 아무 혼란 없이 사용할 수 있다.

예를 들어 Ä와 Δ를 섞어 사용하려고 할 때 발생하던 문제가 이제는 해결되었다. 앞의 글자 Ä는 유니코드에서 공식적으로 "LATIN CAPITAL LETTER A WITH DIAERESIS"란 이름이 부여되어 있고, 코드 포인트 U+00C4(유니코드에서 선호되는 표기법이다)가 할당되어 있다. 뒤의 글자 Δ는 "GREEK CAPITAL LETTER DELTA"란 이름으로 코드 포인트 U+0394가 할당되어 있다. 서로 다른 문자는 서로 다른 코드 포인트가 할당되며, 더 이상 충돌할 여지가 없다.

펄은 버전 5.6부터 유니코드를 지원해 왔으나 버전 5.8 릴리스가 되어서야 비로소 안정적이고 유용해졌다고 평가받는다. 이것은 펄에 인코딩 처리를 지원하는 입출력 레이어가 추가된 것과 관련이 있다. 이에 대해서는 8장에서 자세히 다룬다.

패턴 일치를 포함하여 펄의 모든 문자열 관련 함수와 연산자들은 이제 옥텟이 아니라 문자에 대해 동작한다. 어떤 문자열의 길이를 알기 위해 length 함수를 사용하면 문자열이 몇 개의 바이트로 이루어져 있는지를 알려주는 것이 아니라 그 문자열 안에 몇 개의 글자가 있는지를 알려준다. substr을 사용하여 문자열의 처음 세 글자를 추출할 경우, 이 추출 결과는 세 바이트일 수도 있고 아닐 수도 있다. 사용자는 그게 몇 바이트인지 알 수도 없고 신경 쓸 필요도 없다. 만일 여러분이 하부에서 바이트 단위로 어떻게 표현되는지 신경을 쓰고 있다면, 불필요하게 깊이 들여다보고 있는 게 아닌지 돌아볼 필요가 있다. 내부 표현 방식은 코드를 작성하는데 아무런 영향을 끼치지 않아야 한다. 만일 영향을 끼치고 있다면 그것은 펄의 구현에 여전히 고쳐야 할 곳이 있다는 뜻이다. 우리 저자들은 그런 부분을 없애는 일을 하고 있다.

코드 포인트 값이 256 이상인 문자들도 지원하기 때문에, chr 함수는 더 이상 인자가 256 미만이어야 한다는 제약을 받지 않는다. ord 함수 역시 256보다 작은 정수만 반환한다는 제약이 없어졌다. 예를 들어 chr(0x394)을 수행하면 그리스 대문자 델타(Δ)를 얻을 수 있다.

```
$char = chr(0x394);
$code = ord($char);
printf "char %s is code %d, %#04x\n", $char, $code, $code;
```

char Δ is code 916, 0x394

저 문자열의 길이를 검사하면 1이라고 나올 것이다. 그저 한 글자이기 때문이다. "글자"라고 표현한 것에 유의하라. 문자열의 길이를 바이트 단위로 말하지 않았다. 분명히 저 문자열을 시스템 내부에서 표현할 때는, 코드값의 크기가 8비트 이상이므로 8비트 이상의 공간이 필요할 것이다. 그러나 프로그래머 여러분들은 추상화된 문자들을 다루고 있지 물리적인 옥텟들을 다루고 있는 게 아니다. 이런 하위 수준의 상세한 부분은 펄에게 맡기는 것이 최선이다.

문자와 바이트를 같은 것으로 생각해서는 안 된다. 바이트와 문자를 바꿔 사용하는 것은 C 프로그래머가 정수와 포인터를 분별없이 바꿔 사용하는 것과 같은 급의 잘못이다. 어떤 플랫폼에서는 내부적으로 사용하는 표현법이 일치할지 모르지만, 그것은 그저 우연에 불과하다. 추상적인 인터페이스와 물리적인 구현을 합쳐 생각하게 되면 언젠가는 여러분을 괴롭히는 문제가 되어 돌아올 것이다.

유니코드 문자들을 펄 리터럴로 넣는 방법은 여러 가지가 있다. 운 좋게도 여러분이 사용하는 텍스트 편집기를 사용하여 직접 유니코드 문자를 펄 프로그램에 넣을 수 있다면, use utf8 프래그마를 사용하여 펄에게 유니코드 문자를 넣었다고 알려줄 수 있다. 또 다른 방법은 펄에서 보간되는 문자열에 \x 이스케이프를 사용하여 코드 포인트 값을 십육진수로 \xC4와 같이 적는 것이다. 코드 포인트 값이 0xFF보다 큰 경우는 십육진수 세 자리 이상이 필요하고, 이때는 중괄호로 묶어 주어야 한다.

```
print "\xC4 and \x{0394} look different\n";
char Ä and Δ look different
```

레시피 1.5에서는 charnames를 사용하여 \N{NAME}과 같은 형식의 이스케이프를 문자열 리터럴에 넣는 법을 설명한다. 예를 들어 Δ를 나타내기 위해 \N{GREEK CAPITAL LETTER DELTA}, \N{greek:Delta}, 또는 \N{Delta}라고 쓸 수 있다.

펄 프로그램 내에서만 유니코드를 사용한다면 이 정도로 충분하다. 그러나 다른 프로그램과 상호작용하는 경우에는 알아야 할 게 조금 더 있다.

ASCII나 ISO 8859-*n*과 같은 구식의 단일 바이트 인코딩을 사용하던 때는, 여러분이 어떤 코드값 *NN*에 해당하는 문자를 출력하면 코드값 *NN*이 저장된 한 바이트가 표시됐다. 그 바이트가 실제로 어떻게 보이는지는 글꼴과 로케일 설정을 비롯한 몇 가지 요소에 따라 결정되었다. 그러나 유니코드를 쓰는 경우엔 이렇게 논리적인 문자 번호(코드 포인트)를, 출력될 물리적인 바이트에 똑같이 복제하지 않는다. 대신에 사용 가능한 출력 형식에 맞춰 코드 포인트 값이 인코딩된다.

내부적으로 펄은 UTF-8이라 불리는 형식을 사용한다. 그러나 유니코드에 사용할 수 있는 인코딩 형식은 그 외에도 여러 가지가 있으며 펄은 이런 다른 형식들도 잘 처리한다. use encoding 프래그마를 쓰면 현재 작성 중인 스크립트가 어떤 인코딩으로 작성되어 있는지, 또는 표준 파일핸들은 어떤 인코딩을 사용하는지 알려줄 수 있다. use open 프래그마를 쓰면 모든 핸들에 대해 기본적으로 적용할 인코딩을 지정할 수 있다. open이나 binmode에 특별한 인자를 주어 특정 핸들에 사용할 인코딩 형식을 명시할 수도 있다. -C 명령행 옵션을 주어 모든 핸들에 (또는 표준 입출력 핸들에만) 사용할 인코딩과 프로그램 실행 인자들 자체에 적용할 인코딩을 지정할 수 있다. PERLIO, PERL_ENCODING, PERL_UNICODE 등의 환경 변수를 써서 이러한 사항들에 대한 정보를 펄에 제공할 수도 있다.

1.1 부분문자열 접근하기

문제

어떤 문자열의 전체가 아니라 일부분만을 읽거나 수정하고자 한다. 예를 들어 필드 길이가 일정하게 고정된 레코드를 읽어서 각 필드의 내용을 뽑아내고자 할 수 있다.

해결책

substr 함수를 사용하여 문자열의 특정한 부분을 읽거나 쓸 수 있다.

```
$value = substr($string, $offset, $count);
$value = substr($string, $offset);

substr($string, $offset, $count) = $newstring;
substr($string, $offset, $count, $newstring); # 바로 위와 동일
substr($string, $offset)         = $newtail;
```

unpack 함수를 사용하면 읽을 수만 있지만, 추출해야 할 부분문자열이 많을 때는 더 빠르다.

```
# 5바이트 문자열을 읽고, 3바이트를 지나치고,
# 8바이트 문자열을 두 번 읽고, 나머지 전부를 읽는다
# (주의: ASCII 데이터에만 적용되고, 유니코드에는 아님)
($leading, $s1, $s2, $trailing) =
    unpack("A5 x3 A8 A8 A*", $data);

# 5바이트마다 분리
@fivers = unpack("A5" x (length($string)/5), $string);

# 문자열을 한 바이트 문자들로 쪼갬
@chars  = unpack("A1" x length($string), $string);
```

논의

문자열은 그 자체가 기본적인 데이터 타입이며, 다른 기본 데이터 타입의 배열 같은 것이 아니다. 다른 프로그래밍 언어에서 하는 것처럼 개별 문자들에 접근하기 위해서 배열의 첨자를 사용할 필요 없이 unpack이나 substr 같은 함수를 사용하여 개별 캐릭터 또는 문자열의 일부분에 접근할 수 있다.

substr의 두 번째 인자인 오프셋을 통해 여러분이 접근하려는 부분문자열이 시작하는 위치를 나타낼 수 있다. 양수의 경우는 문자열의 앞에서부터, 음수의 경우

는 문자열의 뒤에서부터 세게 된다. 오프셋이 0이라면, 부분문자열은 제일 앞부분부터 시작한다. 세 번째 인자 카운트는 부분문자열의 길이이다.

```
$string = "This is what you have";
#         +012345678901234567890  앞에서부터 센 인덱스 (좌에서 우로)
#          109876543210987654321- 뒤에서부터 센 인덱스 (우에서 좌로)
#           0은 10, 20 등을 의미한다.

$first  = substr($string, 0, 1);  # "T"
$start  = substr($string, 5, 2);  # "is"
$rest   = substr($string, 13);    # "you have"
$last   = substr($string, -1);    # "e"
$end    = substr($string, -4);    # "have"
$piece  = substr($string, -8, 3); # "you"
```

substr로 문자열의 일부분을 읽는 것뿐 아니라 변경도 할 수 있다. substr은 독특하게도 *좌변값(L-Value)이 될 수 있는*, 다시 말해서 반환값에 다른 값을 할당할 수 있는 함수이다. 기록해 두는 의미로 언급하자면 이런 함수에는 이 외에 vec, pos, keys가 있다. 관점에 따라서는 local, my, our 역시도 좌변값이 될 수 있는 함수라고 볼 수 있다.

```
$string = "This is what you have";
print $string;
This is what you have
substr($string, 5, 2) = "wasn't"; # "is"를 "wasn't"로 변경
This wasn't what you have
substr($string, -12)  = "ondrous";# "This wasn't wondrous"
This wasn't wondrous
substr($string, 0, 1) = "";       # 첫 번째 글자를 삭제
his wasn't wondrous
substr($string, -10)  = "";       # 마지막 10개의 글자를 삭제
his wasn'
```

=~, s///, m//, tr/// 연산자들을 substr과 같이 사용해서 문자열의 일부분에만 연산을 적용할 수 있다.

```
# 부분문자열을 =~로 검사
if (substr($string, -10) =~ /pattern/) {
     print "Pattern matches in last 10 characters\n";
}
# "is"를 "at"으로 치환하되, 처음 다섯 글자만을 대상으로 한다
substr($string, 0, 5) =~ s/is/at/g;
```

심지어 할당문의 양변에 여러 개의 substr을 사용하여 값을 맞바꿀 수도 있다.

```
# 첫 글자와 마지막 글자를 맞바꿈
$a = "make a hat";
(substr($a,0,1), substr($a,-1)) = (substr($a,-1), substr($a,0,1));
print $a;

take a ham
```

unpack은 좌변값이 될 수 있는 함수는 아니지만 한번에 많은 값을 추출할 때는 substr보다 훨씬 빠르다. 분해하려는 레코드의 필드 배치 상태를 알려주는 서식 문자열을 명시하라. 위치 표현의 경우 소문자 "x"와 숫자를 같이 써서 지정한 개수의 바이트만큼 앞으로 건너뛰고, 대문자 "X"와 숫자를 쓰면 지정한 바이트만큼 뒤로 되돌아온다. "@"를 쓰면 레코드 내에서 지정한 오프셋까지 건너뛴다. (유니코드 문자열이 포함된 데이터의 경우 이 세 가지 동작은 조심해서 써야 한다. 이 동작들은 철저하게 바이트 기준이며, 멀티바이트 데이터를 다루면서 바이트 단위로 이동하는 것은 매우 위험하다.)

```
# unpack으로 칼럼을 추출
$a = "To be or not to be";
$b = unpack("x6 A6", $a);  # 6바이트 건너뛴 후 6바이트를 추출
print $b;
or not

($b, $c) = unpack("x6 A2 X5 A2", $a); # 6바이트 전진, 2바이트 추출; 5바이트 후진, 2바이트 추출
print "$b\n$c\n";
or
be
```

때로는 특정한 열을 기준으로 데이터를 분리하고 싶을 수 있다. 예를 들어서 8, 14, 20, 26, 30번째 열에서 잘라내는 식이다. 이 숫자들은 각 필드가 몇 번째 열에서 시작하는지를 나타낸다. 우리가 직접 unpack 서식을 계산하여 "A7 A6 A6 A6 A4 A*"처럼 쓸 수도 있겠지만, 이런 작업은 게으름의 미덕을 지닌 펄 프로그래머에게는 고통스러운 일이다. 다음의 cut2fmt 함수를 사용하라.

```
sub cut2fmt {
    my(@positions) = @_;
    my $template   = '';
    my $lastpos    = 1;
    foreach $place (@positions) {
        $template .= "A" . ($place - $lastpos) . " ";
        $lastpos   = $place;
    }
    $template .= "A*";
    return $template;
}

$fmt = cut2fmt(8, 14, 20, 26, 30);
print "$fmt\n";
A7 A6 A6 A6 A4 A*
```

unpack 함수는 매우 유용하며 텍스트 처리에 쓰이는 걸로 끝나지 않는다. 이 함수는 텍스트와 바이너리 데이터를 서로 변환할 때도 사용된다.

이 레시피에서는 모든 문자 데이터가 7비트 또는 8비트 데이터라서 pack 함수의 바이트 기반 연산이 예상한 대로 동작한다고 가정하였다.

더 알아보기

- *perlfunc*(1) 문서와 *Programming Perl*의 29장에서 다루는 pack, unpack, substr 함수
- 레시피 1.24에 나오는 cut2fmt 서브루틴
- 레시피 8.24에 나오는, 바이너리 데이터를 다루는 unpack

1.2 기본값 설정하기

문제

어떤 스칼라 변수에 따로 설정된 값이 없는 경우에 한해서만 기본값을 설정하고자 한다. 어떤 변수의 기본값을 코드에 명시해 두고, 명령행 인자나 환경 변수 값이 있으면 그 값을 쓰고 없으면 기본값을 쓰도록 하는 경우는 종종 발생한다.

해결책

|| 또는 ||= 연산자를 사용한다. 문자열과 숫자 모두에 쓸 수 있다.

```
# $b 값이 참이라면 $b를 사용하고, 아니라면 $c를 사용한다
$a = $b || $c;

# $x의 현재 값이 참이 아니라면 $y의 값을 $x에 할당한다
$x ||= $y
```

0, "0", ""도 유효한 값으로 받아들이는 경우라면 defined를 사용한다.

```
# $b 값이 정의되어 있다면 $b를 사용하고, 아니라면 $c를 사용한다
$a = defined($b) ? $b : $c;

# 최신 버전의 펄에는 defined-or 연산자가 새로 추가되었다
use v5.9;
$a = $b // $c;
```

논의

두 기법(defined와 ||)의 큰 차이는 무엇을 검사하는가 하는 점이다. 전자는 값이 정의되었는지 여부를 검사하고 후자는 그 값이 참인지를 검사한다. 펄에서 0, "0", "" 이 세 가지 값은 정의된 값이지만 거짓으로 간주된다. 변수에 이 값 중 하나가 들어가 있는 경우 그 값을 보존하고 싶다면 ||를 쓰면 안 된다. 이 경우는 삼항 비교 연산자와 defined를 사용하여야 한다. 값이 정의되었는지 여부가 아니라 참, 거짓 여부만 따지면 되도록 프로그램을 구성하면 더 편한 경우가 많다.

대부분의 다른 언어에서 || 연산자는 1 아니면 0만을 반환하지만, 펄에서 || 연

산자는 매우 흥미로운 특성이 있다. 첫 번째 피연산자(좌변)의 값이 참이면, 그 피연산자를 반환한다. 만일 거짓이라면 두 번째 피연산자를 반환한다. && 연산자 역시 마지막으로 평가된 식의 값을 반환하지만, 이 특성을 이용하기 위해 사용되는 일은 ||에 비하면 드물다. 이 연산자들은 피연산자가 문자열이든 숫자든 레퍼런스든 상관없이 모든 스칼라에 적용된다. 이 연산자들은 전체 식을 참 또는 거짓으로 결정되게 하는 첫 번째 값을 반환하며, 이러한 특성은 반환값의 참, 거짓 여부에는 영향을 끼치지 않으면서도 반환값을 보다 유용하게 쓸 수 있게 해준다.

이러한 특성 덕에 어떤 변수, 함수 또는 더 긴 표현식에다 앞부분의 값이 올바르지 않을 때 뒤에 있는 기본값을 적용하도록 할 수 있다. 다음은 ||를 쓰는 예제다. `$bar`의 값을 `$foo`에 할당하되 만일 `$bar`의 값이 거짓이면 `"DEFAULT VALUE"`를 대신 할당한다.

```
$foo = $bar || "DEFAULT VALUE";
```

다음 예문에서는 프로그램에 넘어온 첫 번째 인자를 `$dir`에 할당하며, 만일 인자가 없다면 `"/tmp"`를 할당한다.

```
$dir = shift(@ARGV) || "/tmp";
```

`@ARGV` 배열의 내용이 변경되지 않도록 하며 동일한 결과를 얻을 수도 있다.

```
$dir = $ARGV[0] || "/tmp";
```

만일 `$ARGV[0]`의 값으로 `0`이 오는 것도 유효하다면, ||를 사용하면 안 된다. 0은 거짓으로 평가되어 버리기 때문이다. 펄에 있는 유일한 삼항 연산자인 `?:`("훅 콜론(hook colon)" 또는 간단히 "훅"이라고 부름) 연산자를 써야 한다.

```
$dir = defined($ARGV[0]) ? shift(@ARGV) : "/tmp";
```

의미는 살짝 다르지만, 아래와 같이 쓸 수도 있다.

```
$dir = @ARGV ? $ARGV[0] : "/tmp";
```

`?:` 연산자의 첫 번째 피연산자는 스칼라 컨텍스트에서 평가되므로, 결과적으로 `@ARGV` 배열의 원소의 개수를 검사하게 된다. `@ARGV`라는 식이 거짓이 되는 경우는 원소가 하나도 없을 때이고, 이때는 `"/tmp"`를 할당한다. 그 외의 경우(사용자가 인자를 주었을 때)는 첫 번째 인자를 할당한다.

다음 코드는 `%count` 해시에 있는 값을 증가시키는데, `$shell`의 값을 키로 사용하거나 만일 `$shell`의 값이 거짓이라면 `"/bin/sh"`를 대신 사용한다.

```
$count{ $shell || "/bin/sh" }++;
```

다음 예제처럼 여러 개의 대체값을 연달아 나열할 수도 있다. 첫 번째로 참 값이 되는 식이 사용된다.

```
# 유닉스 시스템에서 현재 사용자 이름 찾기
$user = $ENV{USER}
     || $ENV{LOGNAME}
     || getlogin()
     || (getpwuid($<))[0]
     || "Unknown uid number $<";
```

&& 연산자도 유사하게 동작한다. 첫 번째 피연산자가 거짓이라면 첫 번째 피연산자를 반환한다. 그렇지 않다면 두 번째 피연산자를 반환한다. 거짓인 값을 사용해야 하는 경우는 참인 값을 사용하는 경우에 비해 많지 않기 때문에, 이런 용도로 &&를 사용하는 일은 흔하지 않다. && 연산자를 사용하는 예는 레시피 13.12와 14.19에서 볼 수 있다.

||= 할당 연산자는 이상해 보일 수 있지만 다른 복합 할당 연산자와 동일하게 동작한다. 펄에서 쓰는 거의 모든 이항 연산자들에 대해서, `$VAR OP= VALUE` 형태는 `$VAR = $VAR OP VALUE`의 의미이다. 예를 들어 `$a += $b`는 `$a = $a + $b`와 같다. 따라서 ||=는 어떤 변수의 현재 값이 거짓일 때만 다른 값을 할당하게 된다. || 연산자는 간단히 불리언 값만 검사—즉, 참인지 여부만 검사—하기 때문에, 정의되지 않은 값이 오더라도 따로 경고를 출력하지 않는다. `warnings` 프래그마가 적용되어 있다 해도 마찬가지다.

다음 예제는 `$starting_point` 변수의 값이 이미 설정되어 있지 않다면 `"Greenwich"`로 설정한다. 이번에도 마찬가지로 `$starting_point` 변수는 `0`이나 `"0"` 값이 들어있지 않거나, 들어있는 경우 다른 값으로 바뀌어도 괜찮다고 가정하고 있다.

```
$starting_point ||= "Greenwich";
```

이런 할당문에서 || 대신 `or`를 사용할 수는 없다. 우선순위가 너무 낮기 때문이다. `$a = $b or $c`는 `($a = $b) or $c`와 같으며, `$b`의 값을 무조건 `$a`에 대입하게 된다. 이것은 우리가 원하는 게 아니다.

||나 ||=의 이런 특별한 용법을 스칼라가 아닌 배열이나 해시에도 사용하려 하면 안 된다. 이 연산자는 좌변을 스칼라 컨텍스트에서 평가하기 때문에 제대로 동작하지 않는다. 대신 다음과 같이 해야 한다.

```
@a = @b unless @a;          # @a가 비어 있을 때만 복사
@a = @b ? @b : @c;          # @b가 비어 있지 않다면 @b를 @a에 할당, 아니면 @c를 할당
```

향후에 펄에 //, //=, err 연산자가 추가될 예정이다. 여러분이 이 글을 읽고 있을 때는 이미 추가되었을 수도 있다. 이 defined-or 연산자는 논리적 or 연산자 ||와 유사하게 동작하는데, 차이점은 참, 거짓 여부가 아니라 정의되었는지 여부를 검사한다는 점이다. 다음은 서로 동등한 코드들이다.

```
$a = defined($b) ? $b : $c;
$a = $b // $c;

$x = defined($x) ? $x : $y;
$x //= $y;

defined(read(FH, $buf, $count))  or die "read failed: $!";
read(FH, $buf, $count)          err die "read failed: $!";
```

이 세 연산자는 펄 5.9에 이미 들어가 있는 상태이나, 이 홀수 버전 릴리스는 개발 버전이고 상용으로 쓰기에는 적합하지 않다. 안정 버전인 5.10에도 이 연산자들이 포함될 것으로 예상되고 있으며, 거의 확실하게 펄 6에도 포함될 것이다.[1]

더 알아보기

- *perlop*(1) 문서와 *Programming Perl* 3장에서 다루는 || 연산자
- *perlfunc*(1) 문서와 *Programming Perl* 29장에서 다루는 defined와 exists 함수

1.3 임시 변수를 사용하지 않고 값을 맞바꾸기

문제

두 개의 스칼라 변수에 있는 값을 맞바꾸고 싶은데, 임시 변수를 사용하기는 싫다.

해결책

리스트 할당문을 사용하여 변수들의 순서를 바꾼다.

```
($VAR1, $VAR2) = ($VAR2, $VAR1);
```

논의

대부분의 프로그래밍 언어에서는 두 변수의 값을 맞바꾸기 위해서는 중간 단계를 거쳐야 한다.

1 (옮긴이) 펄 5.10과 이후 버전에는 //와 //= 연산자는 추가되었으나, err 연산자는 추가되지 않았다.

```
$temp    = $a;
$a       = $b;
$b       = $temp;
```

펄에서는 그럴 필요가 없다. 펄은 할당문의 좌변과 우변 모두를 기억하며 어느 값도 손상되지 않도록 보장한다. 그래서 임시 변수를 사용할 필요가 없다.

```
$a       = "alpha";
$b       = "omega";
($a, $b) = ($b, $a);        # 첫째가 꼴찌가 되고 꼴찌가 첫째가 되리라
```

세 개 이상의 변수도 한 번 만에 값을 교환할 수 있다.

```
($alpha, $beta, $production) = qw(January March August);
# beta를       alpha로        이동하고,
# production을 beta로         이동하고,
# alpha를      production으로 이동
($alpha, $beta, $production) = ($beta, $production, $alpha);
```

위 코드가 끝나면 `$alpha`에는 "March", `$beta`에는 "August", `$production`에는 "January"가 담겨 있게 된다.

더 알아보기

- *perldata*(1) 문서의 "List value constructors" 절
- *Programming Perl* 2장의 "List Values and Arrays"

1.4 문자를 값으로, 값을 문자로 변환하기

문제

어떤 문자가 주어지면 그 문자에 해당하는 코드값을 출력하고, 어떤 숫자가 주어지면 그 코드값에 해당하는 문자를 출력하고 싶다.

해결책

`ord` 함수를 사용하여 문자를 숫자로 변환하고, `chr` 함수를 사용하여 숫자를 문자로 변환할 수 있다.

```
$num  = ord($char);
$char = chr($num);
```

`printf`나 `sprintf`에 `%c` 서식문자를 사용하여 숫자를 문자로 변환할 수도 있다.

```
$char = sprintf("%c", $num);  # chr($num)보다 느림
printf("Number %d is character %c\n", $num, $num);
Number 101 is character e
```

pack과 unpack 함수에서 C* 템플릿을 쓰면 8비트 단위로 빠르게 변환할 수 있다. 유니코드 문자의 경우는 U*를 사용한다.

```
@bytes = unpack("C*", $string);
$string = pack("C*", @bytes);

$unistr = pack("U4",0x24b6,0x24b7,0x24b8,0x24b9);
@unichars = unpack("U*", $unistr);
```

논의

어셈블리 같이 타입이 없는 저레벨 언어들과는 달리, 펄에서는 문자와 숫자를 바꿔가며 사용할 수 없다. 서로 바꿔가며 사용할 수 있는 것은 *문자열*과 숫자이다. 이 말은 문자를 할당하고 이 할당한 문자를 숫자로 간주하여 읽는 식으로는 다룰 수 없다는 뜻이다. 그 대신 펄은 파스칼에 있던 chr과 ord 함수를 제공하며, 이를 사용하여 어떤 문자와 그 문자에 해당되는 코드값 사이의 변환을 할 수 있다.

```
$value     = ord("e");     # $value는     101
$character = chr(101);     # $character는 "e"
```

어떤 문자 하나가 있다면 그 문자는 실제로는 길이가 1인 문자열로 표현된다. 따라서 그냥 print를 사용하거나 printf 또는 sprintf에서 %s 서식을 사용하여 직접 출력하면 된다. printf나 sprintf에서 %c 서식은 숫자를 문자로 변환하는 용도로 쓰이고, 이미 문자인(결국은 문자열인) 것을 출력하는 데에 쓰지는 않는다.

```
printf("Number %d is character %c\n", 101, 101);
```

pack, unpack, chr, ord 함수는 모두 sprintf보다 빠르다. 다음은 pack과 unpack을 쓰는 예다.

```
@ascii_character_numbers = unpack("C*", "sample");
print "@ascii_character_numbers\n";
115 97 109 112 108 101

$word = pack("C*", @ascii_character_numbers);
$word = pack("C*", 115, 97, 109, 112, 108, 101);   # 동일
print "$word\n";
sample
```

다음은 HAL[2]을 IBM으로 변환하는 방법이다.

```
$hal = "HAL";
@ascii = unpack("C*", $hal);
foreach $val (@ascii) {
    $val++;                 # 각 바이트에 1씩 더함
}
```

2 (옮긴이) 스탠리 큐브릭 감독의 영화 "스페이스 오디세이"에 등장하는 인공지능 컴퓨터

```
$ibm = pack("C*", @ascii);
print "$ibm\n";                # "IBM"이 출력됨
```

기본적인 ASCII나 그 변종인 ISO 8859 문자셋들 같은 단일 바이트 문자 데이터에 ord를 사용하면 0에서 255 사이의 값을 반환한다. 이것은 C 언어의 unsigned char 데이터형에 대응된다.

펄은 이런 단일 바이트 문자뿐 아니라, 유니코드 문자도 처리할 수 있다. 255보다 큰 값을 chr, sprintf "%c", pack "U*" 등에 전달하면 유니코드 문자열이 반환된다.

앞서 봤던 연산을 유니코드 데이터를 가지고 수행하는 예다.

```
@unicode_points = unpack("U*", "fac\x{0327}ade");
print "@unicode_points\n";

102 97 99 807 97 100 101

$word = pack("U*", @unicode_points);
print "$word";

façade
```

문자들의 코드값을 출력하는 것만이 목적이면, unpack을 굳이 사용할 필요도 없다. 펄의 printf와 sprintf 함수에 v 변경자를 사용하여 다음과 같이 할 수 있다.

```
printf "%vd\n", "fac\x{0327}ade";
102.97.99.807.97.100.101
printf "%vx\n", "fac\x{0327}ade";
66.61.63.327.61.64.65
```

문자열에 들어 있는 각 문자의 코드값(유니코드 용어로는 "코드 포인트")들을 마침표로 구분해 출력한다.

더 알아보기

- *perlfunc*(1) 문서와 *Programming Perl* 29장에서 다루는 chr, ord, printf, sprintf, pack, unpack 함수

1.5 명칭이 있는 유니코드 문자 사용하기

문제

코드 안에서 복잡한 유니코드 문자의 코드 포인트를 신경 쓰지 않고 사용하고 싶다.

해결책

파일의 첫 부분에 use charnames 프래그마를 넣고, 문자열 리터럴 안에서 "\N{*CHARSPEC*}" 형태로 사용한다.

논의

use charnames 프래그마를 사용하면 유니코드 문자를 나타내는 이름들을 사용할 수 있다. 이 이름들은 컴파일 시점에 결정되는 상수이고 큰따옴표 안에서 \N{*CHARSPEC*} 형태로 쓴다. 이때 몇 가지 하위 프래그마들을 쓸 수 있다. :full 하위 프래그마를 쓰면 문자 이름들 전체에 접근할 수 있지만, 유니코드 문자 데이터베이스에 나오는 이름 그대로 대문자로 표기해야 한다. :short 하위 프래그마를 쓰면 편리한 축약 표기법을 이용할 수 있다. 콜론 태그 없이 적은 경우는 특정 언어 문자 집합의 이름으로 간주되고, 해당 언어의 문자들을 가리키는 축약 표기법을 쓸 수 있다. 이때 대소문자를 구분해야 하니 주의하라.

```
use charnames ':full';
print "\N{GREEK CAPITAL LETTER DELTA} is called delta.\n";
```

```
Δ is called delta.
```

```
use charnames ':short';
print "\N{greek:Delta} is an upper-case delta.\n";
```

```
Δ is an upper-case delta.
```

```
use charnames qw(cyrillic greek);
print "\N{Sigma} and \N{sigma} are Greek sigmas.\n";
print "\N{Be} and \N{be} are Cyrillic bes.\n";
```

```
Σ and σ are Greek sigmas.
Б and б are Cyrillic bes.
```

charnames::viacode와 charnames::vianame 함수를 사용하여 코드 포인트 숫자값과 공식 명칭 사이의 변환을 할 수 있다. 유니코드 문서에서는 코드 포인트 값이 XXXX인 유니코드 문자를 U+XXXX로 나타내므로, 다음 예문의 출력에서도 이 표기법을 사용하였다.

```
use charnames qw(:full);
for $code (0xC4, 0x394) {
    printf "Character U+%04X (%s) is named %s\n",
        $code, chr($code), charnames::viacode($code);
}
```

```
Character U+00C4 (Ä) is named LATIN CAPITAL LETTER A WITH DIAERESIS
Character U+0394 (Δ) is named GREEK CAPITAL LETTER DELTA
```

```
use charnames qw(:full);
$name = "MUSIC SHARP SIGN";
$code = charnames::vianame($name);
printf "%s is character U+%04X (%s)\n",
    $name, $code, chr($code);
```

```
MUSIC SHARP SIGN is character U+266F (♯)
```

현재 설치된 펄에서 사용하는 유니코드 문자 데이터베이스 사본의 경로는 다음과 같이 알 수 있다.

```
% perl -MConfig -le 'print "$Config{privlib}/unicore/NamesList.txt"'
/usr/local/lib/perl5/5.8.1/unicore/NamesList.txt
```

저 파일을 통해 사용 가능한 문자들의 이름을 확인할 수 있다.

더 알아보기

- *charnames*(3) 매뉴얼 페이지와 *Programming Perl* 31장
- 유니코드 문자 데이터베이스 *http://www.unicode.org*

1.6 한 번에 한 글자씩 문자열 처리하기

문제

어떤 문자열을 한 번에 한 글자씩 처리하고 싶다.

해결책

split 함수에 빈 패턴을 사용하여 문자열을 개별 문자들로 나눈다. 만일 그 문자들의 코드값이 필요하다면 unpack을 사용한다.

```
@array = split(//, $string);     # 각 원소는 각각의 문자
@array = unpack("U*", $string); # 각 원소는 코드값(숫자)
```

또는 반복문을 사용하여 한 문자씩 뽑아낸다.

```
while (/(.)/g) {          # . 는 줄바꿈 문자에는 일치하지 않는다
    # $1 변수는 추출한 문자, ord($1)은 그 문자의 코드값
}
```

논의

앞서 얘기했듯이, 펄의 기본 단위는 문자가 아니라 문자열이다. 한 번에 문자 하나씩 처리해야 할 일은 드물다. 보통은 패턴 일치 검사와 같은 펄의 고수준 연산을 사용하여 문제를 푸는 게 더 쉽다. 예를 들어 레시피 7.14에서는 명령행 인자들을 찾기 위해 일련의 치환 연산을 수행한다.

문자열을 split으로 쪼개면서 빈 문자열에 일치하는 빈 패턴을 기준으로 삼으면, 그 문자열을 구성하는 각각의 문자들로 이루어진 리스트가 반환된다. 의도적으로 사용한다면 편리한 기능이지만, 의도하지 않았는데 이렇게 될 때도 많다. 예

를 들어 /X*/ 패턴은 빈 문자열을 포함한 모든 문자열에 일치된다. 여러분이 의도한 게 아니었다면 매우 어리둥절할 것이다.

다음 예제는 문자열 "an apple a day"에 사용된 문자들을 알파벳순으로 표시한다.

```
%seen = ();
$string = "an apple a day";
foreach $char (split //, $string) {
    $seen{$char}++;
}
print "unique chars are: ", sort(keys %seen), "\n";
```

```
unique chars are:  adelnpy
```

split과 unpack을 사용하여 만들어진 배열을 가지고 원하는 작업을 할 수 있다. 배열을 사용하고 싶지 않다면, while 루프 안에서 /g 플래그와 함께 패턴 일치 연산을 수행하여 한 번에 한 글자씩 뽑아낸다.

```
%seen = ();
$string = "an apple a day";
while ($string =~ /(.)/g) {
    $seen{$1}++;
}
print "unique chars are: ", sort(keys %seen), "\n";
```

```
unique chars are:  adelnpy
```

일반적으로는 한 글자 한 글자씩 처리하는 것보다 더 좋은 방법이 있을 것이다. index, substr, split, unpack 등을 사용하는 대신에 패턴을 사용하는 것이 더 쉽다. 32비트의 체크섬 값을 손으로 계산하는 것보다는 unpack 함수를 사용하여 훨씬 더 효율적으로 계산할 수 있다.

다음 예제는 $string의 체크섬을 foreach 반복문 안에서 계산한다. 전통적인 방식으로서, 계산하기 쉬운 기초적인 체크섬 예제이다. 체크섬을 계산하는 더 좋은 방법들이 많으니 더 쓸만한 체크섬을 원한다면 펄 기본 모듈[3]인 Digest::MD5를 이용해도 좋다.

```
$sum = 0;
foreach $byteval (unpack("C*", $string)) {
    $sum += $byteval;
}
print "sum is $sum\n";
# $string의 값이 "an apple a day"였다면 "1248"이 출력된다
```

아래의 코드도 같은 일을 하지만 훨씬 빠르다.

3 이 모듈은 펄 5.8부터 표준으로 내장되었다. 그 이전 버전이라면 CPAN에서 찾을 수 있다.

```
$sum = unpack("%32C*", $string);
```

다음은 SysV 체크섬 프로그램을 흉내 낸 코드다.

```
#!/usr/bin/perl
# sum - 모든 입력 파일의 16비트 체크섬을 계산
$checksum = 0;
while (<>) { $checksum += unpack("%16C*", $_) }
$checksum %= (2 ** 16) - 1;
print "$checksum\n";
```

다음과 같이 사용할 수 있다.

```
% perl sum /etc/termcap
1510
```

GNU 버전의 *sum* 프로그램이 있다면, `--sysv` 옵션을 주어 실행해야 동일한 파일에 대해 동일한 결과가 나올 것이다.

```
% sum --sysv /etc/termcap
1510 851 /etc/termcap
```

예제 1-1에 있는 *slowcat*은 입력을 받아 한 번에 한 글자씩 처리하는 짧은 프로그램이다. 이 프로그램의 아이디어는 각각의 글자를 출력한 후 잠깐 멈춤으로써, 청중들이 읽을 수 있는 느린 속도로 글을 보여주는 것이다.

예제 1-1. slowcat

```
#!/usr/bin/perl
# slowcat - 느 릿 느 릿 한  라인 프린터를 흉내 낸다
# 사용법: slowcat [-DELAY] [files ...]
$DELAY = ($ARGV[0] =~ /^-([.\d]+)/) ? (shift, $1) : 1;
$| = 1;
while (<>) {
    for (split(//)) {
        print;
        select(undef,undef,undef, 0.005 * $DELAY);
    }
}
```

더 알아보기

- *perlfunc*(1) 문서와 *Programming Perl* 29장에서 다루는 `split`과 `unpack` 함수
- 레시피 3.10에서 시간을 재기 위해 `select`를 사용하는 법을 설명한다.

1.7 문자열의 단어 또는 글자의 순서를 뒤집기

문제

어떤 문자열의 단어들의 순서나 글자들의 순서를 거꾸로 뒤집고 싶다.

해결책

글자 순서를 뒤집으려면 스칼라 컨텍스트에서 reverse 함수를 사용한다.

```
$revchars = reverse($string);
```

단어 순서를 뒤집으려면 split, join과 함께 리스트 컨텍스트에서 reverse를 사용한다.

```
$revwords = join(" ", reverse split(" ", $string));
```

논의

reverse 함수는 마치 하나의 함수 안에 두 개의 서로 다른 함수가 들어 있는 것과 같다. 스칼라 컨텍스트에서 호출되면, 이 함수는 인자를 하나의 문자열로 모은 후에 그 문자열을 거꾸로 뒤집어서 반환한다. 리스트 컨텍스트에서 호출되면, 인자들을 역순으로 반환한다. reverse 함수를 글자 순서를 뒤집는 용도로 사용하는 경우, 스칼라 컨텍스트인지 명확하지 않다면 scalar를 사용하여 확실히 하라.

```
$gnirts   = reverse($string);       # $string의 글자들을 뒤집음
@sdrow    = reverse(@words);        # @words의 원소들의 순서를 뒤집음
$confused = reverse(@words);        # join("", @words)의 결과의 글자들을 뒤집음
```

다음은 어떤 문자열 안의 단어들의 순서를 뒤집는 예다. split의 인자로 전달되는 패턴으로 공백 문자 하나(" ")를 쓰는 것은 특별한 의미가 있다. 이 경우 split은 연속된 공백 문자를 구분자로 사용하며, 값이 없는 빈 필드가 제일 앞에 있으면 그 빈 필드는 버린다. 이것은 *awk*의 동작과 같다. 보통은 제일 뒤쪽에 있는 빈 필드들만 버린다.

```
# 단어들의 순서를 뒤집음
$string = 'Yoda said, "can you see this?"';
@allwords    = split(" ", $string);
$revwords    = join(" ", reverse @allwords);
print $revwords, "\n";
this?" see you "can said, Yoda
```

임시 변수 @allwords를 사용하지 않고 한 줄로 끝낼 수도 있다.

```
$revwords = join(" ", reverse split(" ", $string));
```

$string 안에 공백 문자가 연달아 여러 개 있었다 해도 $revwords에서는 한 개만 남는다. 만일 공백 문자의 개수까지 그대로 보존하고 싶다면 다음과 같이 한다.

```
$revwords = join("", reverse split(/(\s+)/, $string));
```

reverse의 용법 중 하나는 어떤 단어가 회문(앞에서부터 읽으나 뒤에서부터 읽으나 동일한 단어나 구)인지 검사하는 것이다.

```
$word = "reviver";
$is_palindrome = ($word eq reverse($word));
```

이것을 사용하여, */usr/dict/words* 파일에 있는 단어들 중 회문이면서 길이가 긴 단어들을 찾아내는 한 줄짜리 프로그램을 만들 수 있다.

```
% perl -nle 'print if $_ eq reverse && length > 5' /usr/dict/words
deedeed
degged
deified
denned
hallah
kakkak
murdrum
redder
repaper
retter
reviver
rotator
sooloos
tebbet
terret
tut-tut
```

더 알아보기

- *perlfunc*(1) 문서와 *Programming Perl* 29장에서 다루는 split, reverse, scalar 함수

1.8 유니코드 결합 문자를 단일 문자로 취급하기

문제

어떤 유니코드 문자열이 있는데 이 안에는 결합 문자들이 들어가 있다. 이 결합된 문자들을 논리적인 문자 하나로 취급하고 싶다.

해결책

정규 표현식에서 \X를 사용하여 처리한다.

```
$string = "fac\x{0327}ade";          # "façade"
$string =~ /fa.ade/;                 # 실패
$string =~ /fa\Xade/;                # 성공

@chars = split(//, $string);         # @chars에는 7개의 글자
@chars = $string =~ /(.)/g;          # 마찬가지
@chars = $string =~ /(\X)/g;         # @chars에는 6개의 "글자"
```

논의

유니코드에서는 어떤 기본 문자 뒤에 '공간을 차지하지 않는(non-spacing)' 문자가 한 개 이상 결합될 수 있다. 이런 문자들은 보통 발음 구별 기호이며 강세 기호, 갈고리형 부호, 틸드 등을 예로 들 수 있다. 오래된 기존 문자 시스템과의 호환을 제공하기 위해 미리 결합된 형태의 문자들 역시 따로 존재하기 때문에, 같은 글자를 적는 방법이 두 가지 이상 있을 수 있다.

예를 들어, "façade"라는 단어는 두 a 사이에 "\x{E7}" 문자 하나를 넣어서 적을 수 있다. 이 문자는 Latin1(ISO 8859-1) 문자 집합에 포함되어 있다. 이런 문자들은 펄이 내부적으로 사용하는 UTF-8 인코딩 방식에 따라 2바이트 시퀀스로 인코딩될 수도 있지만, 두 바이트라 해도 여전히 한 개의 단일 문자로 취급된다. 여기까지는 나쁘지 않다.

여기서 좀 더 복잡한 문제가 생긴다. U+00E7 문자를 적는 방법이 하나 더 있는데, 이 방법은 두 개의 코드 포인트를 사용한다. 평범한 "c" 뒤에 "\x{0327}"이 따라오는 것이다. 코드 포인트 U+0327은 공간을 차지하지 않는 결합 문자로서, 앞에 있는 기본 문자 아래에 갈고리 부호를 넣으라는 의미를 지닌다.

이렇게 여러 문자가 결합되어 있는 문자 시퀀스를 한 개의 논리적인 문자로 취급하고 싶을 때가 있다. 그러나 이 복합 문자는 두 개의 서로 다른 코드 포인트로 이루어져 있기 때문에, 펄에서 사용되는 문자 기반 연산들은 결합 문자를 독립적인 문자로 간주해 버린다. 이런 연산에는 substr, length 등의 함수와 /./, /[^abc]/ 같은 정규 표현식 메타 문자들이 있다.

정규 표현식에서 \X 메타 문자는 확장된 유니코드 결합 문자 시퀀스에 일치하며, (?:\PM\pM*)과 동등하다.

```
(?x:                # 캡처되지 않는 그룹 시작
        \PM         # 일반 알파벳처럼 M(mark) 속성이 없는 문자 하나
        \pM         # 강세 기호처럼 M(mark) 속성이 있는 문자 하나
        *           # M 속성이 있는 문자들은 원하는 만큼 있을 수 있음
)
```

문자열에 이런 것들이 섞여 있으면 간단하던 연산들도 복잡해진다. 앞서 보았던 단어의 문자 순서를 뒤집는 레시피를 생각해보라. 결합 문자가 포함된 "année"나 "niño" 같은 단어는 펄에서 "anne\x{301}e"나 "nin\x{303}o"처럼 표현할 수 있다.

```
for $word ("anne\x{301}e", "nin\x{303}o") {
    printf "%s simple reversed to %s\n", $word,
        scalar reverse $word;
```

```
    printf "%s better reversed to %s\n", $word,
        join("", reverse $word =~ /\X/g);
}
```

출력은 다음과 같다.

```
année simple reversed to éenna
année better reversed to eénna
niño simple reversed to õnin
niño better reversed to oñin
```

단순하게 뒤집은 결과에서는 발음 구별 기호가 옆에 있는 글자로 옮겨가 버렸다. 결합 문자는 언제나 기본 문자 뒤에 오게 되어 있는데 우리가 문자들의 순서를 뒤집어 버렸기 때문이다. 기본 문자와 그 뒤의 결합 문자들을 하나로 뭉친 상태에서 리스트를 뒤집도록 하여 이 문제를 피할 수 있다.

더 알아보기

- *perlre*(1) 문서, *perluniintro*(1) 문서
- *Programming Perl* 15장
- 레시피 1.9

1.9 유니코드 결합 문자가 들어간 문자열을 정규화하기

문제

두 개의 문자열이 있고 이 문자열들을 출력해 보면 똑같아 보인다. 그런데 문자열이 동일한지 검사를 하면 동일하지 않은 걸로 나오고, 심지어 길이마저 서로 다르게 나온다. 펄이 이 두 문자열을 동일한 걸로 판정하게 하려면 어떻게 해야 할까?

해결책

어느 한쪽 또는 양쪽에 유니코드 결합 문자가 있어서 서로 동일하지 않다고 판정되는 문자열들을 비교할 때는, 직접적으로 eq를 써서 비교하지 말고 Unicode::Normalize 모듈에 있는 NFD() 함수를 적용하여 그 결과를 비교한다.

```
use Unicode::Normalize;
$s1 = "fa\x{E7}ade";
$s2 = "fac\x{0327}ade";
if (NFD($s1) eq NFD($s2)) { print "Yup!\n" }
```

논의

동일한 문자를 표현하는 방법이 여러 가지가 있을 수 있다. 이런 문제는 종종 발

음 구별 기호가 있는 Latin1 문자 집합처럼 과거에 사용되던 인코딩 때문에 발생한다. 이런 발음 구별 기호들은 단일 문자(U+00E7, LATIN SMALL LETTER C WITH CEDILLA)를 써서 직접 나타낼 수도 있고, 기본 문자(U+0063, LATIN SMALL LETTER C)와 그 바로 뒤에 결합 문자(U+0327, COMBINING CEDILLA)를 사용하여 간접적으로 기술할 수도 있다.

또, 어떤 기본 문자 뒤에 두 개 이상의 결합 문자가 딸려 있는데 이 순서가 일관되지 않아서 문제가 될 수도 있다. 여러분이 ç̌를 출력하고 싶어서 "c"에 세딜라(갈고리형 기호)와 카론 두 부호를 결합한다고 상상해보자. 이것은 다음 세 가지 방법을 통해 나타낼 수 있다.

```
$string = v231.780;
#         LATIN SMALL LETTER C WITH CEDILLA
#         COMBINING CARON

$string = v99.780.807;
#         LATIN SMALL LETTER C
#         COMBINING CARON
#         COMBINING CEDILLA

$string = v99.807.780
#         LATIN SMALL LETTER C
#         COMBINING CEDILLA
#         COMBINING CARON
```

정규화 함수는 이런 여러 표기를 일관된 순서로 재배치한다. 이런 정규화 함수에는 정규 분해를 하기 위한 NFD()와 정규 분해 후 정규 결합을 하기 위한 NFC()등이 있다. 여러분이 ç̌를 나타내기 위하여 위의 세 가지 방법 중 어느 것을 택했다 하더라도, NFD를 적용하면 v99.807.780이 되고, NFC를 적용한다면 v231.780이 된다.

때로는 NFKD()나 NFKC()를 선호할 수도 있다. 이 두 함수는 앞서 본 함수들과 유사하지만 다른 점이 있다면 *호환* 분해를 한다는 점이며, NFKC()의 경우는 호환 분해 후에 다시 정규 결합을 한다. 예를 들어 \x{FB00}는 f가 두 개 붙어 있는 합자이다. 이것의 NFD 형태와 NFC 형태는 둘 다 동일하게 "\x{FB00}"이지만, NFKD 형태와 NFKC 형태는 두 개의 문자로 된 문자열 "\x{66}\x{66}"이다.

더 알아보기

- 이 장 시작 부분에 있는 "국제 문자 코드" 절
- Unicode::Normalize 모듈 문서
- 레시피 8.20

1.10 유니코드 문자열을 옥텟들의 시퀀스로 다루기

문제

어떤 유니코드 문자열이 있는데, 펄이 이 문자열을 (길이를 재거나 입출력을 할 때) 옥텟들의 시퀀스로 간주하여 처리하게 하고 싶다.

해결책

use bytes 프래그마를 사용하면 그 프래그마가 적용되는 렉시컬 영역 안에서 이뤄지는 모든 펄 연산은 문자열을 옥텟이 모인 그룹으로 간주하여 처리한다. 문자 단위로 처리하는 함수를 직접 호출할 때 이 프래그마를 사용하라.

```
$ff = "\x{FB00}";               # ff 합자
$chars = length($ff);           # 길이는 "문자 1개"
{
  use bytes;                    # 바이트 단위로 처리하도록 강제함
  $octets = length($ff);        # 길이는 "옥텟 3개"
}
$chars = length($ff);           # 다시 문자 단위로 처리
```

다른 방법으로는 Encode 모듈을 사용하는 방법이 있다. 이를 이용하여 유니코드 문자열을 옥텟으로 구성된 문자열로 변환하거나 그 역으로 변환할 수 있다. 문자 단위로 처리하는 코드가 현재의 렉시컬 영역 내에 없을 경우 Encode 모듈을 사용하라.

```
use Encode qw(encode_utf8);

sub somefunc;                   # 다른 곳에서 정의된 서브루틴

$ff = "\x{FB00}";               # ff 합자
$ff_oct = encode_utf8($ff);     # 옥텟 시퀀스로 변환

$chars = somefunc($ff);         # 문자로 이루어진 문자열을 처리
$octets = somefunc($ff_oct);    # 옥텟으로 이루어진 문자열을 처리
```

논의

이 장의 소개글에서 설명했듯이, 펄은 두 종류의 문자열을 인지한다. 따로 해석되지 않은 단순한 옥텟들로 이루어진 문자열과 유니코드 문자로 이루어진 문자열이다. 유니코드 문자열은 UTF-8을 사용하여 나타낼 경우 한 문자에 두 옥텟 이상이 필요할 수도 있다. 각각의 문자열에는 그 문자열이 UTF-8인지 옥텟들인지 나타내는 플래그가 달려 있다. 펄의 입출력 연산과 문자열 연산들(length와 같은)은 이 플래그를 검사하여 문자 단위로 처리할지 옥텟 단위로 처리할지를 결정한다.

때로는 문자 단위가 아니라 바이트 단위로 처리해야 하는 경우가 있다. 예를 들

어서, 많은 프로토콜에서 사용하는 Content-Length 헤더는 메시지 본문의 크기를 옥텟 단위로 나타낸다. 이 크기를 재기 위해서 펄의 length 함수를 사용하면 안 된다. 이 문자열이 UTF-8이라는 표식이 달려 있다면 크기가 문자의 개수 단위로 나오기 때문이다.

use bytes 프래그마를 쓰면 이 프래그마가 적용되는 렉시컬 영역 안에서는 모든 함수가 문자열을 문자 단위가 아닌 옥텟 단위로 처리한다. length는 언제나 문자열의 옥텟의 개수를 반환하고, read는 읽어들인 옥텟의 개수를 반환하게 된다. 그러나 use bytes 프래그마는 그 렉시컬 영역에만 적용되기 때문에, 다른 영역에 있는 코드(예를 들어 다른 사람이 만든 함수)의 동작을 변경할 수는 없다.

이 경우 UTF-8 문자열을 옥텟 단위로 부호화(encode)한 사본을 만들어야 한다. 물론 메모리 안에서는 두 문자열이 동일한 바이트 시퀀스로 표현되지만, 이 사본은 UTF-8 플래그가 내려져 있다는 차이가 있다. 옥텟 단위로 인코드된 사본에 대해 함수를 호출하면, 이 함수가 어느 렉시컬 영역에 있든 상관없이 이 문자열을 옥텟 단위로 처리한다.

문자 단위로 처리하도록 강제하는 no bytes 프래그마도 있고, 옥텟 단위로 인코드된 문자열을 UTF-8로 인코드된 문자열로 변환하는 decode_utf8 함수도 있다. 그렇지만 이 함수들은 생각보다 유용하지 않을 것이다. 왜냐하면 모든 UTF-8 문자열이 올바른 옥텟 문자열이 되는 것에 반하여, 모든 옥텟 문자열이 전부 올바른 UTF-8 문자열이 되는 건 아니기 때문이다.

더 알아보기

- bytes 프래그마 문서
- Encode 기본 모듈 문서

1.11 탭을 스페이스로, 스페이스를 탭으로 변환하기

문제

어떤 문자열 안에 있는 탭들을 적절한 개수의 스페이스로 변환하거나 스페이스를 탭으로 변환하고 싶다. 파일에 스페이스가 연속으로 들어 있는 경우가 많다면 스페이스를 탭으로 변환하여 파일의 크기를 줄일 수 있다. 반대로, 탭을 처리하지 못하거나 탭의 위치가 여러분이 의도한 바와 다르게 처리되는 기기에서 출력할 경우, 탭을 스페이스로 변환해야 한다.

해결책

다소 우스꽝스러운 모습의 치환을 사용한다.

```
while ($string =~ s/\t+/' ' x (length($&) * 8 - length($`) % 8)/e) {
    # 치환이 더 이상 성공하지 못할 때까지 빈 루프를 돈다
}
```

아니면 기본 모듈인 Text::Tabs 모듈을 사용한다.

```
use Text::Tabs;
@expanded_lines  = expand(@lines_with_tabs);
@tabulated_lines = unexpand(@lines_without_tabs);
```

논의

탭이 매 *N*칸(*N*은 관습적으로 8이다)마다 지정된다고 가정했을 때 탭을 스페이스로 변환하는 것은 간단하다. 교과서적인 방법은 Text::Tabs 모듈을 사용하지 않는 것이지만, 이해하기엔 다소 어려울 것이다. 또한 이 방법에서는 `$`` 변수를 사용하는데, 이 변수를 한 번만 사용해도 프로그램 전체적으로 패턴 일치 검사의 속도가 느려진다. 이에 대해서는 6장의 "특수한 변수"에서 설명한다. 다음의 알고리즘을 사용하여 입력 받은 내용 안에 있는 탭을 여덟 개의 스페이스로 변환할 수 있다.

```
while (<>) {
    1 while s/\t+/' ' x (length($&) * 8 - length($`) % 8)/e;
    print;
}
```

`$``를 쓰지 않으려면, 조금 더 복잡하지만 명시적으로 캡처 변수들을 사용하는 방법이 있다. 다음 코드는 탭을 네 개의 스페이스로 변환한다.

```
1 while s/^(.*?)(\t+)/$1 . ' ' x (length($2) * 4 - length($1) % 4)/e;
```

또 다른 방법은 `@+`와 `@-` 배열을 써서 직접 오프셋을 알아내는 것이다. 다음 코드 역시 탭을 네 개의 스페이스로 변환한다.

```
1 while s/\t+/' ' x (($+[0] - $-[0]) * 4 - $-[0] % 4)/e;
```

`1 while`로 시작하는 루프를 보면서 어째서 간단히 `s///g`를 쓰지 않았을까 궁금해할지 모른다. 그 이유는 매번 치환할 때마다 직전에 일치한 지점이 아니라 그 줄의 시작 지점부터 얼마나 떨어져 있는 곳인지 따져야 하기 때문이다.

`1 while 조건` 형태는 `while (조건) { }` 형태와 동일하지만 더 짧다. 이 표현이 처음 쓰일 당시에는 첫 번째 형태가 두 번째 형태보다 훨씬 더 빨리 실행되었다.

현재는 두 번째 형태도 첫 번째 형태만큼 빠르지만, 편리한 첫 번째 형태가 여전히 더 많이 쓰이고 있다.

Text::Tabs 기본 모듈은 탭과 스페이스 사이의 변환을 지원하는 함수들을 제공하며, `$tabstop` 변수를 익스포트하고 있어서 탭 하나당 몇 개의 스페이스로 변환할지 지정할 수 있다. 또 `$&`와 `` $` ``가 아니라 `$1`과 `$2`를 사용하므로 속도가 느려지는 부작용도 없다.

```
use Text::Tabs;
$tabstop = 4;
while (<>) { print expand($_) }
```

반대로 Text::Tabs를 사용하여 스페이스를 탭으로 바꿀 수도 있다. 여기서는 `$tabstop`의 기본값 8을 사용했다.

```
use Text::Tabs;
while (<>) { print unexpand($_) }
```

더 알아보기

- Text::Tabs 모듈 문서
- *perlre*(1)과 *perlop*(1) 문서에서 다루는 `s///` 연산자
- *Programming Perl* 28장에서 다루는 `@-(@LAST_MATCH_START)`와 `@+(@LAST_MATCH_END)` 변수
- *Programming Perl* 5장의 "When a global substitution just isn't global enough" 절

1.12 사용자가 입력한 내용에 들어 있는 변수 이름을 값으로 치환하기

문제

다음과 같이 변수 이름이 삽입되어 있는 문자열을 읽어들였다.

```
You owe $debt to me.
```

여기서 `$debt`라고 적힌 부분을 이 변수에 들어있는 값으로 치환하고자 한다.

해결책

치환하려는 변수가 글로벌 변수라면 심볼릭 레퍼런스를 사용하여 치환한다.

```
$text =~ s/\$(\w+)/${$1}/g;
```

이 변수가 렉시컬(my) 변수라면 /ee 변경자를 사용한다.

```
$text =~ s/(\$\w+)/$1/gee;
```

논의

첫 번째 기법은 기본적으로 변수 이름처럼 보이는 부분을 찾은 후, 그 변수의 값으로 치환하기 위하여 심볼릭 레퍼런스를 디레퍼런스한다. 만일 $1에 문자열 somevar가 들어있다면, ${$1}은 $somevar에 담겨 있는 값이 된다. 만약 use strict 'refs' 프래그마가 적용되어 있는 상태라면 심볼릭 디레퍼런스가 금지되므로 이 방법은 통하지 않는다.

이 예제 코드를 참고하라.

```
use vars qw($rows $cols);
no strict 'refs';                    # 아래에서 ${$1}/g를 쓰기 위하여
my $text;

($rows, $cols) = (24, 80);
$text = q(I am $rows high and $cols long);  # 작은따옴표 인용과 같다!
$text =~ s/\$(\w+)/${$1}/g;
print $text;
I am 24 high and 80 long
```

아마 여러분은 /e 치환 변경자를 써서 치환문의 대체 문자열 인자를 문자열이 아니라 코드로 취급하여 실행하는 것을 본 적이 있을 것이다. 대체 문자열이 정확히 무엇인지는 모르지만 그 문자열을 만드는 방법은 알고 있을 때 이 변경자를 사용한다. 예를 들어 다음은 어떤 문자열 안에 들어있는 숫자들을 찾아서 두 배로 늘리는 코드다.

```
$text = "I am 17 years old";
$text =~ s/(\d+)/2 * $1/eg;
```

펄이 여러분이 작성한 코드를 컴파일하다가 치환문에서 /e 변경자를 보면, 대체 문자열 자리에 있는 코드를 프로그램의 나머지 부분과 함께 컴파일한다. 이것은 실제 치환이 일어나는 것보다 한참 전에 이뤄진다. 치환이 이뤄질 때 $1은 패턴에 일치된 문자열로 치환되어 다음처럼 바뀐다.

```
2 * 17
```

다음과 같이 시도했다고 생각해보자.

```
$text = 'I am $AGE years old';      # 작은따옴표를 썼음에 유의
$text =~ s/(\$\w+)/$1/eg;           # 잘못되었음
```

펄은 충실하게 $1을 $AGE로 치환하고 코드를 수행하는데, 그 코드는 다음과 같이 생겼다.

```
'$AGE'
```

이것은 결과적으로 원래의 문자열이 되어 버린다. 변수 안의 값을 얻어내기 위해서는 이 결과를 *한 번 더* 평가해야 한다. 한 번 더 평가하려면 /e를 하나 더 추가한다.

```
$text =~ s/(\$\w+)/$1/eeg;          # my() 변수를 찾는다
```

/e를 원하는 만큼 여러 번 쓸 수 있다. 첫 번째 /e 하나만 프로그램의 나머지 부분과 함께 컴파일되고 문법 검사를 받는다. eval {블록}이 동작하는 방식과도 비슷한데 예외가 발생하더라도 잡아내주지 않는다는 점이 다르다. do {블록}과 더 비슷하다고 생각하라.

두 번째 이후의 /e들은 다르다. 런타임 이전에 컴파일되지 않는다는 측면에서 eval "문자열" 구조와 더 흡사하다. 이 기법의 자그마한 장점은 no strict 'refs' 프래그마를 쓸 필요가 없다는 것이다. 이 기법의 엄청난 장점은 심볼릭 디레퍼런스를 쓰는 경우와 달리 my를 써서 선언한 렉시컬 변수들도 찾아준다는 점이다. 심볼릭 레퍼런스는 렉시컬 변수를 참조할 수 없다.

다음 예제는 /x 변경자를 써서 치환문의 패턴 부분에 공백과 주석문을 쓸 수 있게 하고, /e 변경자를 써서 대체 문자열 부분을 코드로서 실행하고 있다. /e 변경자를 사용함으로써 에러나 그 외 수습이 필요한 상황을 제어할 수 있다.

```
# $text에 들어 있는 변수들을 값으로 치환하되,
# 만일 변수가 정의되지 않았다면 에러 메시지를 삽입한다
$text =~ s{
     \$                         # 달러 기호 리터럴를 찾고
    (\w+)                       # 단어를 찾아서 $1에 저장
}{
    no strict 'refs';           # 아래에서 $$1을 쓰기 위해서
    if (defined ${$1}) {
        ${$1};                  # 글로벌 변수만 치환됨
    } else {
        "[NO VARIABLE: \$$1]";  # 에러 메시지
    }
}egx;
```

아주 오래전에는 문자열 안에 있는 $$1은 ${$}1, 즉 $$ 변수와 그 뒤에 1로 해석되었다. 이것은 $$ 변수를 프로세스 아이디로 치환하여 임시로 사용할 파일 이름을 만드는 과정을 간편화 하기 위해서였다. 현재 이 표현은 항상 ${$1}, 즉 $1 변수의

값을 다시 디레퍼런스하는 걸로 해석된다. 위 코드에서 명시적으로 중괄호를 사용한 것은 더 명확히 나타내기 위해서이고 괄호가 없어도 틀린 건 아니다.

더 알아보기

- *perlre*(1)과 *perlop*(1) 문서, *Programming Perl* 5장에서 다루는 s/// 연산자
- *perlfunc*(1)과 *Programming Perl* 29장에서 다루는 eval 함수
- 레시피 20.9에서 치환문을 유사하게 사용한다.

1.13 대소문자 변환하기

문제

대문자로 된 문자열을 소문자로, 또는 그 반대로 바꾸고 싶다.

해결책

lc, uc 함수나 \L, \U 문자열 이스케이프를 사용한다.

```
$big = uc($little);              # "bo peep" -> "BO PEEP"
$little = lc($big);              # "JOHN"    -> "john"
$big = "\U$little";              # "bo peep" -> "BO PEEP"
$little = "\L$big";              # "JOHN"    -> "john"
```

문자 하나만 변환하고 싶다면 lcfirst, ucfirst 함수나 \l, \u 문자열 이스케이프를 사용한다.

```
$big = "\u$little";              # "bo"      -> "Bo"
$little = "\l$big";              # "BoPeep"    -> "boPeep"
```

논의

저 함수들과 문자열 이스케이프의 생김새는 서로 다르지만 동일한 일을 하며, 첫 글자나 문자열 전체의 대소문자를 지정할 수 있다. 심지어 대문자로 만드는 것과 소문자로 만드는 것을 동시에 사용하여 첫 글자만 대문자이고 나머지는 소문자가 되도록 할 수도 있다.

```
$beast   = "dromedary";
# $beast의 여러 부분을 대문자로 변환한다.
$capit   = ucfirst($beast);          # Dromedary
$capit = "\u\L$beast";               # (마찬가지)
$capall  = uc($beast);               # DROMEDARY
$capall  = "\U$beast";               # (마찬가지)
$caprest = lcfirst(uc($beast));      # dROMEDARY
$caprest = "\l\U$beast";             # (마찬가지)
```

이런 대소문자 지정 이스케이프는 주로 문자열의 대소문자를 일관성 있게 맞추는 데 사용된다.

```
# 각 단어의 첫 글자만 대문자로, 나머지는 소문자로
$text = "thIS is a loNG liNE";
$text =~ s/(\w+)/\u\L$1/g;
print $text;
This Is A Long Line
```

또한 대소문자를 구분하지 않고 문자열을 비교할 때도 쓰인다.

```
if (uc($a) eq uc($b)) { # 또는 "\U$a" eq "\U$b"
    print "a and b are the same\n";
}
```

예제 1-2에 있는 *randcap* 프로그램은 입력 받은 내용 중 20퍼센트의 글자를 임의로 대문자로 바꾼다. 이러면 열네 살짜리 WaREz d00Dz[4]들과 대화할 수 있다.

예제 1-2. randcap

```
#!/usr/bin/perl -p
# randcap: 랜덤하게 글자들 중 20%를 대문자로 바꾼다
# v5.4부터는 srand()를 호출할 필요는 없다
BEGIN { srand(time() ^ ($$ + ($$ << 15))) }
sub randcase { rand(100) < 20 ? "\u$_[0]" : "\l$_[0]" }
s/(\w)/randcase($1)/ge;

  % randcap < genesis | head -9
  boOk 01 genesis
  001:001 in the BEginning goD created the heaven and tHe earTh.

  001:002 and the earth wAS without ForM, aND void; AnD darkneSS was
          upon The Face of the dEEp. and the spIrit of GOd movEd upOn
          tHe face of the Waters.
  001:003 and god Said, let there be ligHt: and therE wAs LigHt.
```

대문자와 소문자를 구분하는 언어에서 `ucfirst()` 함수(그리고 같은 의미의 문자열 이스케이프인 `\u`)는 문자를 *titlecase*로 변환한다. 예를 들어 헝가리어에는 "dz"라는 문자가 있다. 이것을 대문자로 쓰면 "DZ"가 되고, titlecase로 쓰면 "Dz", 소문자로 쓰면 "dz"가 된다. 그 결과 유니코드에는 이 세 가지 상황을 정의하는 세 개의 문자들이 있다.

코드 포인트	표기	의미
01F1	DZ	LATIN CAPITAL LETTER DZ
01F2	Dz	LATIN CAPITAL LETTER D WITH SMALL LETTER Z
01F3	dz	LATIN SMALL LETTER DZ

4 (옮긴이) warez doodz: 상용 소프트웨어를 크랙하여 불법 공유 사이트(warez site)에 올리는 인터넷 사용자들을 가리키는 말. 이런 사이트들의 텍스트는 대소문자가 불규칙하게 뒤섞여 있는 경우가 많다. 한국 인터넷의 소위 '외계어'와 유사하다.

대소문자를 변환하기 위하여 tr[a-z][A-Z] 같이 쓰면 될 것처럼 보이지만 이것은 권장되지 않는다. 이 경우 영어를 포함해 수십 가지 언어에서 사용되는 분음 기호, 강세 표시 등의 발음 구별 기호가 붙어 있는 문자들은 변환되지 않을 것이다. 이렇게 발음 구별 기호가 있는 데이터의 대소문자를 제대로 처리하는 것은 보기보다 매우 어려운 일이다. 설령 모든 데이터가 유니코드로 되어 있는 경우라 해도 간단한 정답은 없다. 그래도 상황이 아주 나쁘지는 않다. 펄의 대소문자 처리 관련 함수들은 유니코드 데이터에 대해 완벽하게 잘 동작하기 때문이다. 이 장 개요에 있는 "국제 문자 코드" 절에 더 자세한 정보가 있다.

더 알아보기

- *perlfunc*(1) 문서와 *Programming Perl* 29장에서 다루는 uc, lc, ucfirst, lcfirst 함수
- *perlop*(1) 문서의 "Quote and Quote-like Operators" 절과 *Programming Perl* 5장에서 다루는 \L, \U, \l, \u 문자열 이스케이프

1.14 제목이나 헤드라인에 적절하게 대소문자 쓰기

문제

뉴스 헤드라인, 책의 제목 등에 적절하게 대소문자를 쓰려고 한다.

해결책

아래의 tc() 함수를 변형하여 사용한다.

```
INIT {
    our %nocap;
    for (qw(
            a an the
            and but or
            as at but by for from in into of off on onto per to with
        ))
    {
        $nocap{$_}++;
    }
}

sub tc {
    local $_ = shift;

    # 예외 목록에 있으면 전체를 소문자로, 그 외에는 첫 글자만 대문자로
    s/(\pL[\pL']*)/$nocap{$1} ? lc($1) : ucfirst(lc($1))/ge;

    s/^(\pL[\pL']*) /\u\L$1/x;  # 첫 단어는 반드시 첫 글자를 대문자로
    s/ (\pL[\pL']*)$/\u\L$1/x;  # 마지막 단어는 반드시 첫 글자를 대문자로
```

```
    # 괄호 안의 내용의 첫 단어와 마지막 단어도 마찬가지
    s/\( (\pL[\pL']*) /(\u\L$1/x;
    s/(\pL[\pL']*) \) /\u\L$1)/x;

    # 콜론이나 세미콜론 뒤의 첫 번째 단어의 첫 글자를 대문자로
    s/ ( [:;] \s+ ) (\pL[\pL']* ) /$1\u\L$2/x;

    return $_;
}
```

논의

영어에서 헤드라인이나 제목의 대문자를 올바르게 넣으려면 단순하게 각 단어의 첫 글자를 대문자로 바꾸는 걸로는 부족하다. 그런 거라면 다음과 같은 식으로도 충분할 것이다.

```
s/(\w+\S*\w*)/\u\L$1/g;
```

대부분의 표기법 지침에 의하면 제목의 첫 단어와 마지막 단어는 언제나 첫 글자가 대문자여야 한다. 그 외의 단어들은 관사, 부정사의 "to", 등위 접속사, 전치사를 제외한 단어에 한해서 첫 글자를 대문자로 표기한다.

다음은 titlecase의 특색을 보여주는 예제 코드다. tc 함수는 해결책에 나온 그대로이다.

```
# 언제나 그렇듯이 PJF의 Stephen Brust와 J.R.R 톨킨에게
# 경의와 사과를 드림
@data = (
            "the enchantress of \x{01F3}ur mountain",
    "meeting the enchantress of \x{01F3}ur mountain",
    "the lord of the rings: the fellowship of the ring",
);

$mask = "%-20s: %s\n";

sub tc_lame {
    local $_ = shift;
    s/(\w+\S*\w*)/\u\L$1/g;
    return $_;
}

for $datum (@data) {
    printf $mask, "ALL CAPITALS",       uc($datum);
    printf $mask, "no capitals",        lc($datum);
    printf $mask, "simple titlecase",   tc_lame($datum);
    printf $mask, "better titlecase",   tc($datum);
    print "\n";
}

ALL CAPITALS        : THE ENCHANTRESS OF DZUR MOUNTAIN
no capitals         : the enchantress of dzur mountain
simple titlecase    : The Enchantress Of Dzur Mountain
better titlecase    : The Enchantress of Dzur Mountain
```

```
ALL CAPITALS        : MEETING THE ENCHANTRESS OF DZUR MOUNTAIN
no capitals         : meeting the enchantress of dzur mountain
simple titlecase    : Meeting The Enchantress Of Dzur Mountain
better titlecase    : Meeting the Enchantress of Dzur Mountain

ALL CAPITALS        : THE LORD OF THE RINGS: THE FELLOWSHIP OF THE RING
no capitals         : the lord of the rings: the fellowship of the ring
simple titlecase    : The Lord Of The Rings: The Fellowship Of The Ring
better titlecase    : The Lord of the Rings: The Fellowship of the Ring
```

어떤 지침에서는, 전치사는 세 글자, 네 글자, 또는 다섯 글자보다 더 긴 경우에만 첫 글자를 대문자로 하도록 권장한다. 예를 들어 오라일리의 경우 네 글자 이하의 전치사는 소문자로만 표기한다. 다음은 더 많은 전치사들의 목록이다. 필요에 따라 수정하여 쓸 수 있다.

```
@all_prepositions = qw{
    about above absent across after against along amid amidst
    among amongst around as at athwart before behind below
    beneath beside besides between betwixt beyond but by circa
    down during ere except for from in into near of off on onto
    out over past per since than through till to toward towards
    under until unto up upon versus via with within without
};
```

그렇지만 이런 접근법은 한계가 있다. 왜냐하면 말을 할 때 한 단어가 여러 용법으로 쓰이는 것을 고려하고 있지 않기 때문이다. 위 목록에 있는 전치사들 중 어떤 것은 대문자로 써야 하는 종속 접속사, 부사, 심지어 형용사로도 사용될 수 있다. 예를 들어서, "Down by the Riverside"에서는 "by"가 소문자이지만 "Getting By on Just $30 a Day"에서는 대문자이다. 또 "A Ringing in My Ears"에서 "in"은 소문자이지만 "Bringing In the Sheaves"에서는 대문자여야 한다.

또 고려해야 할 것은 전체 문자열을 소문자로 바꾸는 부분은 빼고 `\u`나 `ucfirst` 변환만 적용하는 게 나을 수도 있다는 점이다. 그래야 머리글자처럼 대문자로만 표기된 단어들이 그 특성을 잃지 않을 수 있다. "FBI"나 "LBJ" 같은 단어가 "Fbi", "Lbj"로 바뀌는 건 원하던 결과가 아닐 것이다.

더 알아보기

- *perlfunc*(1) 문서와 *Programming Perl* 29장에서 다루는 `uc`, `lc`, `ucfirst`, `lcfirst` 함수
- *perlop*(1) 문서의 "Quote and Quote-like Operators" 절과 *Programming Perl* 5장에서 다루는 `\L`, `\U`, `\l`, `\u` 문자열 이스케이프

1.15 문자열 안에서 함수와 표현식 보간하기

문제

문자열 안에 함수 호출이나 표현식의 결과를 삽입하려고 한다. 이로써 간단한 스칼라 변수를 보간하는 경우보다 더 복잡한 템플릿을 만들 수 있게 된다.

해결책

표현식을 별개의 조각으로 쪼갠 후에 다시 연결한다.

```
$answer = $var1 . func() . $var2;   # 스칼라만
```

또는 다소 오묘해 보이는 `@{[ 리스트 표현식 ]}`이나 `${ \(스칼라 표현식) }` 확장법을 사용한다.

```
$answer = "STRING @{[ LIST EXPR ]} MORE STRING";
$answer = "STRING ${\( SCALAR EXPR )} MORE STRING";
```

논의

다음은 두 가지 기법 각각을 사용한 코드다. 첫 번째 줄은 문자열을 연결하는 방법이고, 두 번째 줄은 문자열 확장 기교를 쓰고 있다.

```
$phrase = "I have " . ($n + 1) . " guanacos.";
$phrase = "I have ${\($n + 1)} guanacos.";
```

첫 번째 기법에서는 작은 문자열들을 연결하여 최종 문자열을 만들어낸다. 보간 과정을 피하면서 동일한 결과를 얻는다. `print`는 인자 목록 전체를 효율적으로 연결하므로, `print $phrase`를 할 거라면 그냥 다음과 같이 해도 된다.

```
print "I have ",  $n + 1, " guanacos.\n";
```

반드시 보간 과정을 거쳐야겠다면, 해결책에 나온 것처럼 기호로 점철된 보간법을 사용해야 한다. 큰따옴표 인용과 대부분의 역따옴표 인용구 안에서는 `@`, `$`, `\` 세 가지만이 특별히 취급된다. (`m//`과 `s///`와 마찬가지로 `qx()`에서 구분자가 작은따옴표인 경우는 큰따옴표 확장이 이뤄지지 않는다. `$home = qx'echo home is $HOME';`을 하면 펄의 `$HOME` 변수가 아니라 셸의 `$HOME` 변수의 값을 얻게 된다.) 따라서 임의의 표현식을 문자열 안에서 확장하려면 레퍼런스를 담고 있는 `${ }` 또는 `@{ }` 블록을 확장해야 한다.

다음 예를 보자.

```
$phrase = "I have ${\( count_em() )} guanacos.";
```

저 함수 호출이 스칼라 컨텍스트에서 이뤄지는 것은 아니다. 저것은 여전히 리스트 컨텍스트이다. 다음과 같이 스칼라 컨텍스트를 강제로 적용할 수 있다.

```
$phrase = "I have ${\( scalar count_em() )} guanacos.";
```

단순히 보간 후의 결과를 변수에 대입하는 것뿐 아니라 그 이상의 일도 할 수 있다. 이것은 큰따옴표 문자열에서 사용되는 일반적인 메커니즘이다. 예를 들어서, 다음 코드는 문자열 안에서 표현식을 보간한 후에 그 결과를 함수의 인자로 전달한다.

```
some_func("What you want is @{[ split /:/, $rec ]} items");
```

히어 도큐먼트 안에서도 보간될 수 있다.

```
die "Couldn't send mail" unless send_mail(<<"EOTEXT", $target);
To: $naughty
From: Your Bank
Cc: @{ get_manager_list($naughty) }
Date: @{[ do { my $now = `date`; chomp $now; $now } ]} (today)

Dear $naughty,

Today, you bounced check number @{[ 500 + int rand(100) ]} to us.
Your account is now closed.

Sincerely,
the management
EOTEXT
```

역따옴표 문자열(``)의 결과를 보간하는 것은 좀 더 까다롭다. 원치 않는 줄바꿈 문자가 나오곤 하기 때문이다. 직전 예제에서처럼 익명 배열 디레퍼런스 `@{[ ]}` 안에서 `@` 뒤에 중괄호 블록을 만들어서 프라이빗 변수를 생성할 수 있다.

이런 기법이 제대로 동작하기는 하지만 작업을 여러 단계로 나누거나 임시 변수에 모든 걸 보관해 두는 것이 대부분의 경우 읽는 사람에게 더 명확하다.

CPAN에 있는 Interpolation 모듈은 문법적으로 더 보기 좋은 형태를 제공한다. 예를 들어, 다음 코드에서 해시 `%E`의 원소는 내용을 평가한 결과로 치환된다.

```
use Interpolation E     => 'eval';
print "You bounced check number $E{500 + int rand(100)}\n";
```

다음 코드에서는 `%money`라는 해시를 쓰면 미리 선택해 둔 함수가 호출된다.

```
use Interpolation money => \&currency_commify;
print "That will be $money{ 4 * $payment }, right now.\n";
```

그리하여 다음과 같은 형태의 결과가 나온다.

```
That will be $3,232.421.04, right now.
```

더 알아보기

- *perlref*(1)과 *Programming Perl* 8장의 "Other Tricks You Can Do with Hard Reference" 절
- CPAN의 Interpolation 모듈

1.16 히어 도큐먼트 들여쓰기[5]

문제

여러 줄에 걸친 문자열을 만드는 *히어 도큐먼트(here document)* 기법을 사용할 때는 텍스트 앞에 들여쓰기가 없어야 한다. 이 때문에 코드에서 그 부분만 엉뚱한 자리에 있는 것처럼 보이게 된다. 히어 도큐먼트를 코드에 적을 때 적절하게 들여쓰기를 하면서도, 이렇게 들여 쓴 부분이 최종 문자열에는 반영되지 않도록 하고자 한다.

해결책

s/// 연산을 사용하여 앞쪽의 공백 문자를 제거한다.

```
# 한번에
($var = << HERE_TARGET) =~ s/^\s+//gm;
    your text
    goes here
HERE_TARGET
# 또는 두 단계로 나누어서
$var = << HERE_TARGET;
    your text
    goes here
HERE_TARGET
$var =~ s/^\s+//gm;
```

논의

이 문자열 치환은 직관적이다. 히어 도큐먼트의 텍스트에서 각 줄의 앞 부분의 공백 문자들을 제거한다. /m 변경자를 쓰면 ^ 문자가 문자열 내의 각 라인의 첫 부분에 일치하게 된다. /g 변경자는 패턴 일치 엔진이 이 치환 작업을 가능한 한 많이(즉, 히어 도큐먼트의 모든 줄에 대하여) 수행하도록 한다.

5 (옮긴이) 최신 버전의 펄에서는 히어 도큐먼트를 쓸 때 <<와 타깃 사이에 공백 없이 <<HERE_TARGET처럼 쓰거나, 공백이 있을 경우에는 << "HERE_TARGET"과 같이 타깃을 따옴표로 둘러싸야 한다. 이 책의 예문을 가지고 실습할 때 주의하라.

```
($definition = << 'FINIS') =~ s/^\s+//gm;
    The five varieties of camelids
    are the familiar camel, his friends
    the llama and the alpaca, and the
    rather less well-known guanaco
    and vicuña.
FINIS
```

주의할 점이 있다. 이 레시피에서는 \s를 쓰고 있는데 이것은 하나의 공백 문자를 의미하는 것뿐만 아니라 개행 문자도 의미한다. 이 말은 히어 도큐먼트의 빈 줄도 지워질 것이라는 얘기다. 이런 상황을 원치 않는다면 \s 대신에 [^\S\n]을 사용하라.

여기서는 대입문의 결과가 =~ 연산의 좌변의 피연산자로 사용될 수 있다는 특성을 이용하고 있다. 이로써 한 번에 모든 작업을 다 할 수 있지만 변수에 대입하는 경우에 한하여 가능하다. 만일 히어 도큐먼트를 변수에 담지 않고 직접 사용한다면 이 문자열은 상수 값으로 간주되고, 치환이 허용되지 않을 것이다. 애초에 히어 도큐먼트의 값을 어떤 변수에 담지 않는 이상에는 수정할 수 없다.

하지만 걱정할 필요는 없다. 이 문제를 해결할 수 있는 쉬운 방법이 있기 때문이다. 특히 프로그램 안에서 이런 작업을 빈번하게 한다면 더욱 그렇다. 서브루틴을 만들면 된다.

```
sub fix {
    my $string = shift;
    $string =~ s/^\s+//gm;
    return $string;
}

print fix( << "END");
    My stuff goes here
END

# 함수가 앞쪽에 정의되어 있으면, 괄호도 생략할 수 있다
print fix << "END";
    My stuff goes here
END
```

히어 도큐먼트를 쓸 때는 늘 그렇듯이, 각 히어 도큐먼트의 타깃(이 예제에서 END와 같이, 끝이 어딘지 나타내는 표식)은 왼쪽에 들여쓰기 없이 써야 한다. 이 타깃도 들여 쓰고 싶다면, 타깃을 쓸 때 들여 쓴 길이와 동일한 길이의 공백 문자를 따옴표 안에 넣어야 한다.

```
($quote = << '    FINIS') =~ s/^\s+//gm;
        ...we will have peace, when you and all your works have
        perished--and the works of your dark master to whom you would
        deliver us. You are a liar, Saruman, and a corrupter of men's
```

```
        hearts.  --Theoden in /usr/src/perl/taint.c
    FINIS
$quote =~ s/\s+--/\n--/;       # 마지막의 출처 부분을 다음 줄로 이동
```

만일 히어 도큐먼트의 내용이 eval에 넣으려는 코드이거나 외부로 출력하려는 텍스트라면, 각 줄 앞부분의 공백 문자들을 무턱대고 전부 삭제하지는 않을 것이다. 그랬다가는 들여쓰기를 맞춘 게 다 망가지기 때문이다. eval이야 들여쓰기가 망가져도 신경 쓰지 않겠지만, 여러분의 코드를 읽는 사람은 그렇지 않을 것이다.

이럴 때는 코드 부분의 앞에 특별한 문자열을 넣어주는 방법이 있다. 예를 들어서 다음 예제에서와 같이 각 줄의 앞에 @@@를 추가하는 방법이다. 그 뒤에는 적절하게 들여쓰기를 한다.

```
if ($REMEMBER_THE_MAIN) {
    $perl_main_C = dequote << '    MAIN_INTERPRETER_LOOP';
        @@@ int
        @@@ runops() {
        @@@     SAVEI32(runlevel);
        @@@     runlevel++;
        @@@     while ( op = (*op->op_ppaddr)() ) ;
        @@@     TAINT_NOT;
        @@@     return 0;
        @@@ }
    MAIN_INTERPRETER_LOOP
    # 여기에 필요한 코드를 추가
}
```

시 같은 경우도 들여쓰기가 망가지면 문제가 된다.

```
sub dequote;
$poem = dequote << EVER_ON_AND_ON;
       Now far ahead the Road has gone,
          And I must follow, if I can,
       Pursuing it with eager feet,
          Until it joins some larger way
       Where many paths and errands meet.
          And whither then? I cannot say.
                --Bilbo in /usr/src/perl/pp_ctl.c
EVER_ON_AND_ON
print "Here's your poem:\n\n$poem\n";
```

위 코드의 출력은 다음과 같은 식이다.

```
Here's your poem:
Now far ahead the Road has gone,
   And I must follow, if I can,
Pursuing it with eager feet,
   Until it joins some larger way
Where many paths and errands meet.
   And whither then? I cannot say.
         --Bilbo in /usr/src/perl/pp_ctl.c
```

아래의 dequote 함수는 이런 경우들을 처리하도록 만들어졌다. 이 함수는 인자로

히어 도큐먼트를 받는다. 이 함수는 각 줄이 동일한 부분문자열로 시작하는지를 검사한다. 만일 그렇다면 그 부분문자열을 제거한다. 그렇지 않다면 첫 줄의 앞부분에 있는 공백 문자의 길이를 재고 나머지 줄에서 그만큼의 공백 문자들을 제거한다.

```
sub dequote {
    local $_ = shift;
    my ($white, $leader);  # 공통된 공백 문자들과 선두 부분문자열
    if (/^\s*(?:([^\w\s]+)(\s*).*\n)(?:\s*\1\2?.*\n)+$/) {
        ($white, $leader) = ($2, quotemeta($1));
    } else {
        ($white, $leader) = (/^(\s+)/, '');
    }
    s/^\s*?$leader(?:$white)?//gm;
    return $_;
}
```

위의 패턴을 알아보기 힘들다면, /x 변경자를 사용하여 패턴을 쪼개어 주석을 붙일 수 있다.

```
if (m{
            ^                   # 문자열의 시작
            \s *                # 0개 또는 그 이상의 공백 문자들
            (?:                 # 캡처하지 않는 첫 번째 그룹 시작
                (               #   $1에 저장할 부분의 시작
                   [^\w\s]      #     공백이나 단어용 문자가 아닌 문자 하나
                   +            #     1개 이상 반복
                )               #   $1에 저장할 부분의 끝
                ( \s* )         #   0개 이상의 공백 문자를 $2에 저장
                .* \n           #   첫 줄의 끝까지 일치
             )                  # 첫 번째 그룹의 끝
             (?:                # 캡처하지 않는 두 번째 그룹 시작
                \s *            #   0개 이상의 공백 문자들
                \1              #   $1에 저장된 내용
                \2 ?            #   $2에 저장된 내용(없을 수도 있음)
                .* \n           #   이 줄의 끝까지 일치
             ) +                # 이 그룹이 1번 이상 반복
             $                  # 문자열의 끝
          }x
      )
    {
        ($white, $leader) = ($2, quotemeta($1));
    } else {
        ($white, $leader) = (/^(\s+)/, '');
    }
    s{
         ^                      # 각 라인(/m 때문에)의 시작
         \s *                   # 선두에 있는 임의의 개수의 공백 문자들
            ?                   #   단 최소한으로 일치
         $leader                # 앞에서 저장해 둔, 각 줄마다 있는 선두 부분문자열
         (?:                    # 캡처하지 않는 그룹
            $white              #    저장해 둔 공백 문자
         ) ?                    # 선두 부분문자열 뒤에 EOL이 올 경우를 대비해 옵션 처리
    }{ }xgm;
```

훨씬 읽기 쉽지 않은가? 음, 사실 쉽지 않을지 모른다. 코드의 내용을 그대로 반영하는 재미없는 주석문을 추가해봤자 별 도움이 되지 않을 때가 있다. 지금 같은 경우가 그렇다.

더 알아보기

- *perldata*(1)의 “Scalar Value Constructors” 절과 *Programming Perl* 2장의 “Here Documents” 절
- *perlre*(1), *perlop*(1), *Programming Perl* 5장의 “Pattern Matching” 절의 s/// 연산자

1.17 단락의 서식을 재조정하기

문제

화면에 다 들어가지 않는 긴 문자열이 있다. 이 문자열을 여러 줄로 쪼개되, 한 단어가 두 줄에 나눠지지는 않게 하려 한다. 예를 들어, 텍스트 파일에서 한 번에 한 단락을 읽어들인 후 잘못된 구절을 올바른 형태로 치환하는 스타일 교정 스크립트가 있다고 하자. *utilizes the inherent functionality of* 같은 구절을 *uses*로 고친다면 줄의 길이가 바뀌게 되므로 출력할 때 단락의 서식을 다시 맞춰야 할 것이다.

해결책

기본 모듈인 Text::Wrap을 사용하여 적절한 위치에 줄바꿈을 넣을 수 있다.

```
use Text::Wrap;
@output = wrap($leadtab, $nexttab, @para);
```

또는 더 쓸만한 CPAN 모듈인 Text::Autoformat을 대신 쓸 수도 있다.

```
use Text::Autoformat;
$formatted = autoformat $rawtext;
```

논의

Text::Wrap 모듈에는 `wrap` 함수가 있다. 예제 1-3에서, 이 함수는 여러 줄의 목록을 인자로 받아서 각 줄의 문자 개수가 `$Text::Wrap::columns`를 넘지 않도록 단락의 서식을 재조정한다. 여기서는 `$columns`의 값을 20으로 설정했기 때문에 어느 줄의 문자 개수도 20개를 넘지 않는다. 줄 목록 앞에 두 개의 인자가 더 있는데, 첫 번째는 출력의 첫 줄의 앞에 들여 쓸 내용이고 두 번째 인자는 나머지 줄에 들여 쓸 내용이다.

예제 1-3. wrapdemo

```
#!/usr/bin/perl -w
# wrapdemo - Text::Wrap가 어떻게 동작하는지 보여준다
@input = ("Folding and splicing is the work of an editor,",
          "not a mere collection of silicon",
          "and",
          "mobile electrons!");
use Text::Wrap qw($columns &wrap);
$columns = 20;
print "0123456789" x 2, "\n";
print wrap("    ", "  ", @input), "\n";
```

이 프로그램의 출력은 다음과 같다.

```
01234567890123456789
    Folding and
  splicing is the
  work of an
  editor, not a
  mere collection
  of silicon and
  mobile electrons!
```

wrap은 문자열 하나를 반환하는데, 제일 마지막 줄을 제외한 나머지 줄들 끝에 줄바꿈 문자가 들어 있는 형태로 되어 있다.

```
# 여러 줄을 하나의 긴 줄로 합친 후에 그 긴 줄을 적절히 줄나눔한다.
use Text::Wrap;
undef $/;
print wrap('', '', split(/\s*\n\s*/, <>));
```

Term::ReadKey 모듈(CPAN에서 구할 수 있다)이 설치되어 있다면, 현재 실행되고 있는 창의 크기를 알아낼 수 있으므로 그 크기에 맞춰 줄바꿈을 하게 조정할 수 있다. 이 모듈이 없다면, 때에 따라 다르지만 $ENV{COLUMNS}에 값이 들어있거나 *stty*(1) 명령의 출력을 해석하여 알아낼 수도 있다.

다음 프로그램은 한 단락 안에서 길고 짧은 여러 줄들의 서식을 재조정한다. *fmt*(1) 프로그램과 유사하다. 먼저 입력 레코드 구분자 $/를 빈 문자열로 설정하여 <> 연산자가 한 단락을 통째로 읽도록 하고, 출력 레코드 구분자 $\를 줄바꿈 두 번으로 설정하였다. 단락을 읽어 들인 후 줄바꿈 문자와 그 앞뒤에 있는 공백들을 스페이스 하나로 치환하여 단락을 하나의 긴 줄로 변환한다. 마지막으로 첫 줄과 나머지 줄의 들여쓰기를 전부 빈 문자열로 지정하며 wrap 함수를 호출하여 블록 단락을 만들어낸다.

```
use Text::Wrap      qw(&wrap $columns);
use Term::ReadKey   qw(GetTerminalSize);
($columns) = GetTerminalSize();
($/, $\)  = ('', "\n\n");   # 단락 단위로 읽고, 출력할 때는 줄바꿈 두 번
```

```
while (<>) {                   # 단락 전체를 읽어서
    s/\s*\n\s*/ /g;            # 사이에 있는 개행문자를 스페이스로 변환
    print wrap('', '', $_); # 서식 조정
}
```

CPAN 모듈 Text::Autoformat은 훨씬 더 영특하다. 예를 들어, 이 모듈은 제일 마지막 줄이 아주 짧게 끝나지 않도록 조절해준다. 더욱 눈여겨볼 만한 것은 여러 단계의 인용문이 깊숙이 중첩된 문장도 잘 조정해준다는 점이다. 모듈의 매뉴얼 페이지에 있는 예제를 보면 다음과 같은 원문이 있다.

```
In comp.lang.perl.misc you wrote:
: > <CN = Clooless Noobie> writes:
: > CN> PERL sux because:
: > CN>    * It doesn't have a switch statement and you have to put $
: > CN>signs in front of everything
: > CN>    * There are too many OR operators: having |, || and 'or'
: > CN>operators is confusing
: > CN>    * VB rools, yeah!!!!!!!!!
: > CN> So anyway, how can I stop reloads on a web page?
: > CN> Email replies only, thanks - I don't read this newsgroup.
: >
: > Begone, sirrah! You are a pathetic, Bill-loving, microcephalic
: > script-infant.
: Sheesh, what's with this group - ask a question, get toasted! And how
: *dare* you accuse me of Ianuphilia!
```

위 텍스트에 대해 `print autoformat($badparagraph)`라고 하는 것만으로 손쉽게 다음과 같이 변환할 수 있다.

```
In comp.lang.perl.misc you wrote:
: > <CN = Clooless Noobie> writes:
: > CN> PERL sux because:
: > CN>    * It doesn't have a switch statement and you
: > CN>      have to put $ signs in front of everything
: > CN>    * There are too many OR operators: having |, ||
: > CN>      and 'or' operators is confusing
: > CN>    * VB rools, yeah!!!!!!!!! So anyway, how can I
: > CN>      stop reloads on a web page? Email replies
: > CN>      only, thanks - I don't read this newsgroup.
: >
: > Begone, sirrah! You are a pathetic, Bill-loving,
: > microcephalic script-infant.
: Sheesh, what's with this group - ask a question, get toasted!
: And how *dare* you accuse me of Ianuphilia!
```

정말 인상적이지 않은가?

다음은 이 모듈을 사용하여 입력 스트림의 각 단락의 서식을 재조정하는 간단한 프로그램이다.

```
use Text::Autoformat;
$/ = '';
while (<>) {
    print autoformat($_, {squeeze => 0, all => 1}), "\n";
}
```

더 알아보기

- *perlfunc*(1) 문서와 *Programming Perl* 29장에서 다루는 `split`, `join` 함수
- 기본 모듈 Text::Wrap의 매뉴얼 페이지
- 레시피 15.6에서 다루는 CPAN 모듈 Term::ReadKey
- CPAN 모듈 Text::Autoformat

1.18 문자 이스케이프

문제

어떤 문자들(따옴표, 쉼표 등)이 이스케이프된 상태로 문자열을 출력할 필요가 있다. 예를 들어, `sprintf`에서 사용할 서식 문자열을 생성하면서 문자 `%`를 `%%`로 변환하고 싶다.

해결책

치환 연산을 사용하여 이스케이프할 문자 앞에 백슬래시를 붙이거나 그 문자를 중복하여 붙인다.

```
# 백슬래시
$var =~ s/([CHARLIST])/\\$1/g;
# 동일 문자 반복
$var =~ s/([CHARLIST])/$1$1/g;
```

논의

`$var`는 변환하려는 변수이다. `CHARLIST`는 이스케이프하려는 문자들의 목록이고 `\t`나 `\n`과 같은 백슬래시 이스케이프를 포함할 수 있다. 이스케이프하려는 문자가 하나뿐이라면 대괄호를 생략한다.

```
$string =~ s/%/%%/g;
```

다음 코드는 셸에 전달할 문자열을 만들면서 적절하게 이스케이프할 수 있게 해준다. (실제로는 임의의 문자열을 안전하게 셸에 전달하기 위해서는 `'`나 `"` 말고도 이스케이프해야 할 게 더 있다. 이스케이프해야 할 문자들을 정확히 아는 것은 매우 어렵고, 잘못 알았을 때의 위험성은 매우 크다. 따라서 다른 프로그램을 실행하기 위해서는 인자를 리스트로 받는 형태의 `system`이나 `exec`을 사용하는 게 더 낫다. 이것은 레시피 16.2에서 다룬다. 리스트 형태를 사용할 경우는 아예 셸을 사용하지 않게 된다.)

```
$string = q(Mom said, "Don't do that.");
$string =~ s/(['"])/\\$1/g;
```

대체할 문자열을 적는 자리에 백슬래시를 두 번 적어야 한다. 치환 연산에서 대체 문자열 부분은 큰따옴표 문자열로 간주되므로, 백슬래시 자체를 나타내기 위해서는 백슬래시를 두 번 써줘야 하기 때문이다. 다음은 VMS DCL 시스템에서 같은 일을 하는 예문이다. 여기서는 따옴표 자체를 사용하기 위해서는 두 번 써주어야 한다.

```
$string = q(Mom said, "Don't do that.");
$string =~ s/(['"])/$1$1/g;
```

마이크로소프트의 명령어 해석기는 다루기가 더 어렵다. 윈도우의 *COMMAND.COM*은 큰따옴표만 인식하고 작은따옴표는 인식하지 않으며, 다른 명령을 실행하는 역따옴표도 인식하지 않는다. 또한 문자열 리터럴에 큰따옴표를 넣으려면 백슬래시를 앞에 붙여야 한다. 그렇지만 유닉스처럼 동작하는 셸 환경을 제공하는 공개 프로그램과 상용 프로그램이 많이 있으므로 이것들을 사용할 수 있다.

정규 표현식 안에서 문자 클래스를 사용하고 있으므로 -를 써서 범위를 지정하거나 ^를 제일 앞에 써서 여집합을 의미할 수 있다. 다음 코드는 A부터 Z까지를 제외한 나머지 모든 문자를 이스케이프한다.

```
$string =~ s/([^A-Z])/\\$1/g;
```

실제로 위와 같은 코드를 쓰지는 않을 것이다. 그랬다가는 소문자 "a"가 ASCII BEL 문자 "\a"로 변환되어 버릴 테니 말이다. (보통은 알파벳이 아닌 문자를 의미하고 싶을 때는 \PL이라고 쓰는 게 더 낫다.)

알파벳과 숫자, 언더바를 제외한 모든 문자를 모두를 이스케이프하고 싶다면 문자열 메타캐릭터 \Q와 \E를 사용하거나 quotemeta 함수를 쓴다. 예를 들어 다음 세 구문은 동일한 일을 한다.

```
$string = "this \Qis a test!\E";
$string = "this is\\ a\\ test\\!";
$string = "this " . quotemeta("is a test!");
```

더 알아보기

- *perlre*(1)과 *perlop*(1) 문서, *Programming Perl* 5장에서 다루는 s/// 연산자
- *perlfunc*(1) 문서와 *Programming Perl* 29장에서 다루는 quotemeta 함수
- 레시피 19.1에서 HTML 이스케이프에 대해 다룬다.
- 레시피 19.5에서 셸에 전달할 문자열을 이스케이프해야 하는 불편을 피하는 방법을 보인다.

1.19 문자열 끝에 있는 공백 잘라내기

문제

어떤 문자열을 읽었는데 앞부분이나 뒷부분에 공백 문자가 있을지 모른다. 이 공백을 제거하고 싶다.

해결책

패턴 치환을 사용하여 공백을 제거한다.

```
$string =~ s/^\s+//;
$string =~ s/\s+$//;
```

또는 새로운 문자열을 반환하는 함수를 만든다.

```
$string = trim($string);
@many   = trim(@many);
sub trim {
    my @out = @_;
    for (@out) {
        s/^\s+//;           # 왼쪽을 잘라냄
        s/\s+$//;           # 오른쪽을 잘라냄
    }
    return @out == 1
              ? $out[0]    # 반환할 게 한 개뿐인 경우
              : @out;      # 여러 개인 경우
}
```

논의

이 문제는 다양한 방법으로 해결할 수 있지만, 대부분의 경우 여기 나온 방법이 제일 효율적이다. 이 함수는 인자로 전달받은 문자열들의 앞뒤에 있는 공백 문자를 제거하여 만든 새로운 문자열들을 반환한다. 한 개의 문자열에 대해서든 문자열들의 목록에 대해서든 잘 동작한다.

문자열의 마지막 문자를 제거하기 위해서는 chop 함수를 사용한다. chomp 함수와 혼동하지 않도록 주의하라. chomp 함수는 어떤 변수에 들어 있는 문자열의 마지막 부분이 $/ 변수의 값과 일치할 때 그 부분을 제거한다. $/ 변수의 값은 기본적으로 "\n"이다. 이 함수들은 입력 받은 내용 끝에 있는 개행 문자를 제거하는 데 사용된다.

```
# 입력한 내용을 출력하는데, 앞뒤에 > < 표식으로 둘러싼 후 출력한다
while (<STDIN>) {
    chomp;
    print ">$_<\n";
}
```

해결책에 나온 함수는 여러 가지 방법으로 더 개선할 수 있다.

첫째로, 다수의 문자열을 인자로 받았는데 반환할 때의 컨텍스트가 하나의 스칼라 값을 요구하는 스칼라 컨텍스트라면 어찌해야 할 것인가? 위 해결책에 적혀 있는 함수는 다소 바보같이 (고의는 아니지만) 전달받은 문자열의 개수를 반환한다. 하지만 이것은 그다지 유용하지 않으므로 경고나 예외를 발생시키거나, 반환할 문자열들을 하나로 합치는 것이 좋다.

앞이나 뒤가 아니라 중간에 공백이 두 칸 이상 있는 경우에, 그런 공백들을 공백 한 칸으로 줄이도록 할 수도 있을 것이다. 루프 안의 마지막 줄에 다음과 같이 적어주면 된다.

```
s/\s+/ /g;                # 마지막으로, 중간에 있는 공백들을 압축
```

이렇게 하여 " but\t\tnot here\n"과 같은 문자열은 "but not here"으로 바뀌게 된다. 다음과 같은 세 번의 치환문을

```
s/^\s+//;
s/\s+$//;
s/\s+/ /g;
```

다음과 같이 더 효율적으로 만들 수도 있다.

```
$_ = join(' ', split(' '));
```

만일 함수에 인자가 하나도 없다면, chop이나 chomp와 같이 $_ 변수를 대상으로 동작하도록 할 수도 있다. 이러한 개선점을 다 합치면 다음 함수가 된다.

```
# 1. 앞뒤에 공백 문자를 제거한다
# 2. 중간에 있는 연속된 공백은 한 칸으로 줄인다
# 3. 인자가 없으면 $_에 대해 동작한다
# 4. 스칼라 컨텍스트에서는 반환할 리스트의 값들을
#    공백으로 구분된 하나의 스칼라로 합쳐서 반환한다
sub trim {
    my @out = @_ ? @_ : $_;
    $_ = join(' ', split(' ')) for @out;
    return wantarray ? @out : "@out";
}
```

더 알아보기

- *perlre*(1)과 *perlop*(1) 문서, *Programming Perl* 5장에서 다루는 s/// 연산자
- *perlfunc*(1) 문서와 *Programming Perl* 29장에서 다루는 chomp와 chop 함수
- 레시피 2.1의 getnum 함수에서도 앞뒤의 공백을 제거하고 있다.

1.20 쉼표로 구분된 데이터 해석하기

문제

쉼표로 구분된 값(comma-separated values)들이 담겨 있는 데이터 파일을 읽고자 한다. 그런데 이 데이터 필드 값 안에 인용 처리된 쉼표나 이스케이프된 따옴표가 있을 수 있다. 대부분의 스프레드시트나 데이터베이스 프로그램은 데이터 교환을 위하여 이렇게 쉼표로 구분된 값 형식을 사용하곤 한다.

해결책

그 데이터 파일이 일반적인 유닉스에서 사용되는 인용 및 이스케이프 관례를 따르고 있다면 필드 값 안에 인용 부호를 쓸 때 `"like \"this\""`처럼 백슬래시가 붙는다. 이 경우 기본 모듈인 Text::ParseWords와 다음과 같은 간단한 코드를 쓰면 된다.

```
use Text::ParseWords;
sub parse_csv0 {
    return quotewords("," => 0, $_[0]);
}
```

만일 `"like ""this"""`처럼 인용 부호를 두 번 연달아 표기하는 형식이라면, *Mastering Regular Expressions* 2판에 나오는 다음 코드를 사용할 수 있다.

```
sub parse_csv1 {
    my $text = shift;       # 쉼표로 구분된 값을 담고 있는 레코드
    my @fields  = ();

    while ($text =~ m{
        # 인용 부호도 쉼표도 아닌 문자로만 이뤄진 텍스트
        ( [^"',] + )
         # ...또는...
         |
        # ...큰따옴표로 둘러싸인 필드: (내부에 ""가 있을 수 있음)

        " # 필드의 시작 부분의 따옴표: 저장하지 않음
         (    이제 필드의 내용은
          (?:      [^"]      # 따옴표 외의 문자 또는
              |
                   ""        # 연달아 두 번 적힌 따옴표가
           ) *  # 몇 번이든 반복되는 형태이다
         )
        " # 필드의 끝 부분의 따옴표: 저장하지 않음

    }gx)
    {
      if (defined $1) {
          $field = $1;
      } else {
          ($field = $2) =~ s/""/"/g;
      }
```

```
        push @fields, $field;
    }
    return @fields;
}
```

아니면 CPAN에 있는 Text::CSV 모듈을 사용한다.

```
use Text::CSV;
sub parse_csv1 {
    my $line = shift;
    my $csv = Text::CSV->new();
    return $csv->parse($line) && $csv->fields();
}
```

또는 CPAN에 있는 Tie::CSV_File 모듈을 사용할 수도 있다.

```
tie @data, "Tie::CSV_File", "data.csv";

for ($i = 0; $i < @data; $i++) {
    printf "Row %d (Line %d) is %s\n", $i, $i+1, "@{$data[$i]}";
    for ($j = 0; $j < @{$data[$i]}; $j++) {
        print "Column $j is <$data[$i][$j]>\n";
    }
}
```

논의

쉼표로 구분된 입력은 복잡하고 때론 기만적으로 느껴지기까지 하는 서식이다. 처음에는 간단해 보이지만, 필드 값 자체에 쉼표가 포함되어 있을 수 있기 때문에 복잡한 이스케이프 처리가 필요하다. 그 때문에 패턴 일치를 사용하기에 복잡해지고, 간단히 `split /,/`하는 식으로는 해결할 수 없다. 더 암울한 점은 인용이나 이스케이프를 하는 방법이 유닉스 스타일의 시스템과 구형 시스템 간에 서로 다르다는 점이다. 이런 호환성 문제 때문에 하나의 알고리즘으로 모든 CSV 데이터 파일을 처리하는 것은 불가능하다.

Text::ParseWords 기본 모듈은 대부분의 유닉스 데이터 파일에서 쓰는 인용 및 이스케이프 방식을 따르는 데이터를 처리할 수 있도록 설계되었다. 이 모듈은 *disktab*(5), *gettytab*(5), *printcap*(5), *termcap*(5) 등 유닉스 시스템에서 흔히 볼 수 있는, 콜론으로 구분된 데이터 파일들을 해석하는 데에 매우 탁월하다. 이 모듈에 있는 `quotewords` 함수에 두 개의 인자와 CSV 문자열을 전달한다. 첫 번째 인자는 구분자이다(여기서는 쉼표이지만 간혹 콜론인 경우도 있다). 두 번째 인자는 참 또는 거짓으로, 문자열을 반환할 때 앞뒤에 인용부호로 둘러쌀지 말지를 지정한다.

이런 형식의 데이터 파일의 경우, 인용부호로 둘러싸인 필드 값 안에서 인용부호를 표현하고 싶은 경우 백슬래시를 사용하여 `"like\"this\""`와 같이 이스케이프한다. 백슬래시가 앞에 붙어서 의미를 갖게 되는 것은 인용부호와 백슬래시 자체 뿐이다. 그 외에 백슬래시가 사용된 경우는 출력 문자열에 그대로 남아있게 된다. 기본 모듈 Text::ParseWords에 있는 `quotewords()` 함수는 이런 데이터를 처리할 수 있다.

그러나 인용부호를 두 번 연달아 써서 `"like""this"""`와 같이 이스케이프하는 오래된 시스템에서는 이 모듈을 사용할 수 없다. 이런 시스템에서는 다른 해결책이 필요하다. 첫 번째 해결책은 *Mastering Regular Expressions*, 2판(제프리 E. 프라이들(Jeffrey E. F. Friedl) 저, O'Reilly)에 나오는 정규 표현식에 기반한 것이다. 모듈을 추가로 설치할 필요 없이 어느 시스템에서나 동작한다는 것이 장점이다. 애초에 이 방법은 아무 모듈도 쓰지 않는다. 이 방법의 사소한 단점은, 숙련되지 않은 독자들이 수많은 기호들을 보며 충격에 빠질 수 있다는 점이다. 비록 주석을 자세하게 붙여놨지만 말이다.

그 다음 해결책에 나오는, 객체 지향 방식의 CPAN 모듈 Text::CSV는 복잡한 해석 과정을 이해하기 쉬운 모습으로 포장한다. CPAN 모듈 Tie::CSV_File을 사용하여 더욱 우아하게 해결할 수 있는데, 이 모듈을 쓰면 2차원 배열처럼 보이는 값을 얻어낼 수 있다. 첫 번째 차원은 파일의 각 줄을 나타내고 두 번째 차원은 각 줄에 있는 열들을 나타낸다.

여기서는 위에서 제시한 두 가지 `parse_csv` 서브루틴을 어떻게 쓰는지를 보인다. `q()`를 써서 인용하면 백슬래시를 일일이 쓰지 않아도 된다.

```
$line = q(XYZZY,"","O'Reilly, Inc","Wall, Larry","a \"glug\" bit,",5,"Error,
          Core Dumped");
@fields = parse_csv0($line);
for ($i = 0; $i < @fields; $i++) {
    print "$i : $fields[$i]\n";
}

0 : XYZZY
1 :
2 : O'Reilly, Inc
3 : Wall, Larry
4 : a "glug" bit,
5 : 5
6 : Error, Core Dumped
```

`quotewords`의 두 번째 인자를 0이 아닌 1로 쓴다면, 따옴표가 그대로 남아있게 되어 출력이 다음처럼 나온다.

```
0 : XYZZY
1 : ""
2 : "O'Reilly, Inc"
```

```
3 : "Wall, Larry"
4 : "a \"glug\" bit,"
5 : 5
6 : "Error, Core Dumped"
```

이번에는 다른 데이터 파일을 parse_csv1 함수를 사용하여 똑같이 처리한다. 필드 값 내에 따옴표를 쓸 때 백슬래시 이스케이프를 하지 않고 따옴표를 두 번 연달아 적었음에 유의하라.

```
$line = q(Ten Thousand,10000, 2710 ,,"10,000","It's ""10 Grand"", baby",10K);
@fields = parse_csv1($line);
for ($i = 0; $i < @fields; $i++) {
    print "$i : $fields[$i]\n";
}
```

```
0 : Ten Thousand
1 : 10000
2 :  2710
3 :
4 : 10,000
5 : It's "10 Grand", baby
6 : 10K
```

더 알아보기

- *perlre*(1) 문서와 *Programming Perl* 5장에서 다루는 정규 표현식
- 기본 모듈인 Text::ParseWords 문서
- *Mastering Regular Expressions* 2판의 5장에 있는 "Parsing CSV Files" 절

1.21 상수 변수

문제

값이 한번 정해지면 바꿀 수 없는 변수를 만들고자 한다.

해결책

다른 변수 안에서 보간될 수 있는 스칼라 변수가 필요한 게 아니라면, use constant 프래그마를 사용한다.

```
use constant AVOGADRO => 6.02252e23;

printf "You need %g of those for guac\n", AVOGADRO;
```

변수가 필요하다면, 문자열이나 숫자 상수 값의 레퍼런스를 타입글로브에 할당한 후 스칼라 변수를 사용한다.

```
*AVOGADRO = \6.02252e23;
print "You need $AVOGADRO of those for guac\n";
```

하지만 가장 확실한 방법은 간단한 tie 클래스를 만들고 STORE 메서드가 예외를 발생시키도록 하는 것이다.

```
package Tie::Constvar;
use Carp;
sub TIESCALAR {
    my ($class, $initval) = @_;
    my $var = $initval;
    return bless \$var => $class;
}
sub FETCH {
    my $selfref = shift;
    return $$selfref;
}
sub STORE {
    confess "Meddle not with the constants of the universe";
}
```

논의

use constant 프래그마는 가장 쉽게 이용할 수 있으나 몇 가지 단점이 있다. 가장 큰 단점은 큰따옴표 문자열 안에서 자동으로 값으로 치환되는 변수를 만들 수는 없다는 것이다. 상수의 스코프를 제한할 수 없다는 점도 또 다른 단점이다. 이 프래그마를 쓰면 지정한 이름의 서브루틴이 패키지 이름공간에 추가되게 된다.

이 프래그마의 원리는 인자를 받지 않고 항상 동일한 값(또는 값들의 리스트)을 반환하는 서브루틴을 만드는 것이다. 이것은 그 서브루틴이 현재 패키지의 이름공간에 추가되며 스코프가 제한되지 않는다는 것을 의미한다. 똑같은 일을 직접 할 수도 있다.

```
sub AVOGADRO() { 6.02252e23 }
```

현재 블록 안에서만 유효하도록 제한하고 싶다면, 익명 서브루틴을 그 이름의 타입글로브에 할당하여 임시적인 서브루틴을 만들 수 있다.

```
use subs qw(AVOGADRO);
local *AVOGADRO = sub () { 6.02252e23 };
```

그러나 이것은 마술 같이 난해해서 코드에 주석을 달아두어야 할 것이다.

타입글로브에 서브루틴의 레퍼런스를 넣는 대신 스칼라 상수의 레퍼런스를 넣는다면, 그 이름의 변수를 사용할 수 있게 된다. 해결책에 언급된 두 번째 기법이다. 이 방법의 단점은 타입글로브는 패키지 변수에만 쓸 수 있고 my로 생성한 렉시컬 변수에는 쓸 수 없다는 점이다. 펄 프로그램을 만들 때 use strict 프래그마를 사용하는 것이 권장되는데 이 프래그마를 사용하면 선언하지 않은 패키지 변수를

쓰려면 문제가 생긴다. our을 써서 변수를 선언할 수 있다.

```
our $AVOGADRO;
local *AVOGADRO = \6.02252e23;
```

세 번째 해결책으로 제시된, 간단한 tie 클래스를 직접 만드는 방식은 제일 복잡해 보이지만 사실 가장 유연한 방법이다. 게다가 원한다면 렉시컬 변수로 선언할 수도 있다.

```
tie my $AVOGADRO, Tie::Constvar, 6.02252e23;
```

이제 다음과 같이 사용할 수 있다.

```
print "You need $AVOGADRO of those for guac\n";
```

하지만 값을 수정하려 하는 것은 불가능하다.

```
$AVOGADRO = 6.6256e-34;   # 죄송합니다, 막스
```

더 알아보기

- 레시피 1.15
- 레시피 5.3
- *Programming Perl* 18장의 "Compiling Your Code" 절 후반부에서 다루는, 상수 서브루틴을 만드는 방법
- CPAN 모듈 Tie::Scalar::RestrictUpdates를 보면 다른 아이디어를 얻을 수 있다.

1.22 사운덱스(soundex) 일치 검사

문제

영어권에서 쓰는 성씨 두 개가 있는데, 이 둘의 발음이 비슷한지 비교하고자 한다. 이걸 할 수 있으면 전화번호부에서 발음이 비슷한 "Smith", "Smythe", "Smite", "Smote" 등을 한꺼번에 찾아내는 "퍼지 검색" 기능을 만들 수 있다.

해결책

기본 모듈인 Text::Soundex 모듈을 사용한다.

```
use Text::Soundex;
$CODE  = soundex($STRING);
@CODES = soundex(@LIST);
```

아니면 CPAN 모듈 Text::Metaphone을 사용할 수도 있다.

```
use Text::Metaphone;
$phoned_words = Metaphone('Schwern');
```

논의

사운덱스 알고리즘은 어떤 단어들(주로 영어권의 성씨)을 대상으로, 각 단어의 영어권 발음의 근사치를 계산하는 간단한 모델을 사용하여 작은 공간에 해시로 매핑한다. 대략적으로 말하면 각 단어는 네 글자짜리 문자열로 축소된다. 첫 번째 글자는 영어 대문자이고 나머지 세 글자는 숫자이다. 두 문자열의 사운덱스 값을 비교하여 그 둘의 발음이 비슷한지 아닌지를 추정할 수 있다.

다음 프로그램은 이름을 입력 받아서 비밀번호 파일에서 비슷한 발음의 이름을 찾아준다. 이름을 저장하는 어떤 데이터베이스에서도 동일한 방법을 쓸 수 있으므로, 그 사운덱스 값을 데이터베이스에 키로 만들 수도 있을 것이다. 물론 이 키는 고유하지는 않을 것이다.

```
use Text::Soundex;
use User::pwent;

print "Lookup user: ";
chomp($user =<STDIN>);
exit unless defined $user;
$name_code = soundex($user);

while ($uent = getpwent()) {
    ($firstname, $lastname) = $uent->gecos =~ /(\w+)[^,]*\b(\w+)/;

    if ($name_code eq soundex($uent->name) ||
        $name_code eq soundex($lastname)   ||
        $name_code eq soundex($firstname)  )
    {
        printf "%s: %s %s\n", $uent->name, $firstname, $lastname;
    }
}
```

CPAN에 있는 Text::Metaphone 모듈은 동일한 문제를 더 나은 방법으로 해결한다. soundex 함수가 문자 하나와 세 자리 숫자로 이뤄진 코드값을 써서 문자열의 앞부분만을 매핑하는 반면에, Metaphone 함수는 고정되지 않은 길이의 문자들로 이뤄진 코드를 반환한다. 예를 들자면 다음과 같다.

```
                        soundex  metaphone
Christiansen            C623     KRSXNSN
Kris Jenson             K625     KRSJNSN

Kyrie Eleison           K642     KRLSN
Curious Liaison         C624     KRSLSN
```

Metaphone 모듈을 최대한 이용하려면, CPAN에 있는 String::Approx 모듈도 같이 사용해야 한다. 이 모듈에 대해서는 레시피 6.13에서 더 자세히 다루고 있다. 이 모듈을 쓰면 일치 검사에 오차를 허용함으로써 더 좋은 결과를 얻을 수 있다. 한 문자열에서 다음 문자열로 가기 위해서 고쳐야 되는 글자의 개수를 *편집 거리(edit distance)*라고 하며, 다음 코드는 한 쌍의 문자열이 편집 거리 2 이내에서 일치하는지 검사한다.

```
if (amatch("string1", [2], "string2") { }
```

편집 거리를 계산해주는 `adist` 함수도 있다. "Kris Jenson"과 "Christiansen"의 편집 거리는 6이지만, 이 두 문자열을 Metaphone으로 인코딩한 결과의 편집 거리는 1밖에 안 된다. 마찬가지로 위 예문의 다른 한 쌍의 경우 원래 단어의 편집 거리는 8이지만 Metaphone 인코딩값을 비교하면 역시 1이 된다.

```
use Text::Metaphone qw(Metaphone);
use String::Approx  qw(amatch);

if (amatch(Metaphone($s1), [1], Metaphone($s2))) {
    print "Close enough!\n";
}
```

위 코드는 앞 예문의 문자열 쌍들에 대해 서로 일치한다고 판정할 것이다.

더 알아보기

- Text::Soundex와 User::pwent 기본 모듈 문서
- Text::Metaphone과 String::Approx CPAN 모듈 문서
- 시스템에 있는 *passwd*(5) 매뉴얼 페이지
- 도널드 E. 커누스(Donald E. Knuth) 저, *The Art of Computer Programming* (Addison-Wesley) 볼륨 3의 6장

1.23 프로그램: fixstyle

다음과 같이 옛말과 그 옛말의 현대식 표현을 짝지어 나열한 표가 있다고 하자.

Old words	New words
bonnet	hood
rubber	eraser
lorry	truck
trousers	pants

예제 1-4에 있는 프로그램은 일종의 필터로, 첫 번째 열에 있는 단어가 나올 때마다 두 번째 열에 있는 현대식 단어로 바꿔준다.

명령 행 인자를 받지 않고 실행되면, 간단한 필터로써 동작한다. 파일명이 명령 행 인자로 주어진다면, 파일의 원래 내용을 ".orig" 확장자를 추가로 붙인 파일에 저장하고, 원래 파일의 내용을 고쳐서 저장한다. 자세한 설명은 레시피 7.16을 보라. -v 명령행 옵션을 주면 어느 부분이 변경되는지를 표준 에러로 출력한다.

고쳐야 할 문자열과 대체될 문자열의 내용은 메인 프로그램의 __END__ 아래에 저장된다. 이에 대해서는 레시피 7.12에서 다룬다. 각 문자열 쌍들은 꼼꼼하게 이스케이프 처리된 후에 $code 변수 안에 축적된다. 레시피 6.10의 *popgrep2* 프로그램에서와 같다.

-t를 써서 현재 프로그램이 대화형으로 실행되는지 여부를 검사하고, 인자가 주어지지 않았을 때 키보드로부터 입력을 받도록 되어 있음을 알려준다. 이렇게 하면 사용자가 인자를 주는 걸 잊었을 때 어째서 프로그램이 멈춰있는 건지 의아해하지 않을 수 있다.

예제 1-4. fixstyle

```
#!/usr/bin/perl -w
# fixstyle - <DATA>의 첫 번째 문자열들을 두 번째 문자열로 교체
#   용법: $0 [-v] [files ...]
use strict;
my $verbose = (@ARGV && $ARGV[0] eq '-v' && shift);
if (@ARGV) {
  $^I = ".orig";          # 기존 파일들 보존
} else {
  warn "$0: Reading from stdin\n" if -t STDIN;
}
my $code = "while (<>) {\n";
# 설정을 읽은 후 eval로 실행할 코드를 구성
while (<DATA>) {
  chomp;
  my ($in, $out) = split /\s*=>\s*/;
  next unless $in && $out;
  $code .= "s{\\Q$in\\E}{$out}g";
  $code .= "&& printf STDERR qq($in => $out at \$ARGV line \$.\\n)"
                                                       if $verbose;
  $code .= ";\n";
}
$code .= "print;\n}\n";
eval "{ $code } 1" || die;
__END__
analysed        => analyzed
built-in        => builtin
chastized       => chastised
commandline     => command-line
de-allocate     => deallocate
dropin          => drop-in
hardcode        => hard-code
```

```
meta-data        => metadata
multicharacter   => multi-character
multiway         => multi-way
non-empty        => nonempty
non-profit       => nonprofit
non-trappable    => nontrappable
pre-define       => predefine
preextend        => pre-extend
re-compiling     => recompiling
reenter          => re-enter
turnkey          => turn-key
```

주의할 점이 있다. 이 프로그램이 빠르긴 하지만, 변경할 단어의 개수가 수백 개 정도로 늘어날 경우 성능이 떨어질 것이다. END 섹션의 내용이 커질수록 수행 시간도 늘어난다. 수십여 개를 변경하는 정도로는 느려지지 않을 것이며, 사실 그 경우는 예제 1-4의 코드가 더 빠를 것이다. 그러나 수백 개로 늘어나면 프로그램은 급격히 느려지게 된다.

예제 1-5의 프로그램은 변경할 단어가 적을 때는 더 느리지만 많을 때는 더 빠르게 동작한다.

예제 1-5. fixstyle2

```
#!/usr/bin/perl -w
# fixstyle2 - fixstyle과 같지만 변경할 내용이 매우 매우 많을 때 더 빠르다
use strict;
my $verbose = (@ARGV && $ARGV[0] eq '-v' && shift);
my %change = ();
while (<DATA>) {
  chomp;
  my ($in, $out) = split /\s*=>\s*/;
  next unless $in && $out;
  $change{$in} = $out;
}
if (@ARGV) {
  $^I = ".orig";
} else {
  warn "$0: Reading from stdin\n" if -t STDIN;
}
while (<>) {
  my $i = 0;
  s/^(\s+)// && print $1;          # 앞부분의 공백 문자는 그대로 출력
  for (split /(\s+)/, $_, -1) {    # 뒷부분의 공백 문자도 보존한다
        print( ($i++ & 1) ? $_ : ($change{$_} || $_));
  }
}
__END__
analysed         => analyzed
built-in         => builtin
chastized        => chastised
commandline      => command-line
de-allocate      => deallocate
dropin           => drop-in
hardcode         => hard-code
meta-data        => metadata
multicharacter   => multi-character
```

```
multiway        => multi-way
non-empty       => nonempty
non-profit      => nonprofit
non-trappable   => nontrappable
pre-define      => predefine
preextend       => pre-extend
re-compiling    => recompiling
reenter         => re-enter
turnkey         => turn-key
```

두 번째 프로그램은 각 줄을 공백 문자와 단어의 덩어리들로 쪼개는데, 빠른 연산은 아니다. 그 다음 이 단어들을 사용하여 해시에서 교체할 단어를 찾는다. 이것은 치환 연산보다 빠른 연산이다. 따라서 첫 번째 부분은 더 느리고 두 번째 부분은 더 빠르다. 실행 속도의 차이는 일치되는 데이터의 개수에 따라 달라진다.

각 단어를 구분하는 공백 문자 부분을 원본 그대로 보존하지 않아도 된다면, 두 번째 버전은 변경할 게 적은 경우에도 첫 번째 버전만큼 빠르게 실행될 수 있다. 다음 루프를 사용하면 연속된 공백 문자들을 스페이스 하나로 줄이게 된다.

```
# 매우 빠르지만, 공백 문자들이 합쳐져 버린다
while (<>) {
  for (split) {
      print $change{$_} || $_, " ";
  }
  print "\n";
}
```

위 코드의 경우 각 줄의 마지막에 공백이 추가로 붙게 된다. 이게 문제가 된다면, 레시피 16.5에 나오는 기법을 사용하여 출력 필터를 설치할 수 있다. 앞에 나온 공백 문자를 합치는 `while` 루프 앞에 다음 코드를 둔다.

```
my $pid = open(STDOUT, "|-");
die "cannot fork: $!" unless defined $pid;
unless ($pid) {             # 자식 프로세스
      while (<STDIN>) {
      s/ $//;
      print;
  }
  exit;
}
```

1.24 프로그램: psgrep

ps, *netstat*, *lsof*, *ls -l*, *find -ls*, *tcpdump*와 같은 많은 프로그램들은 너무 출력이 많아서 간단히 요약하기 힘들다. 로그파일들 역시 때로는 너무 길어져서 보기 어려울 때가 있다. 이런 출력을 *grep*과 같은 필터에 넣어서 특정한 줄들만 뽑아낼 수도 있지만, 정규 표현식과 복잡한 로직을 혼용하기 쉽지 않다. 레시피 6.18에서

어떤 고생을 하는지 보라.

우리가 진짜로 하고 싶은 것은 프로그램의 출력 내용이나 로그파일에 완전한 질의를 적용하는 것이다. 예를 들어서 *ps*에다가 "크기가 10K를 초과하는 프로세스들 중에 슈퍼유저 권한으로 실행되는 것을 제외하고 나머지를 보여줘"라거나 "가상 터미널(pseudo-tty) 위에서 실행되고 있는 명령어들은?"과 같은 식이다.

psgrep 프로그램은 이런 일을 수행한다. 위에 언급한 것보다도 훨씬 더 많은 일을 할 수 있는데, 뽑아낼 줄을 선택하는 기준이 단순한 정규 표현식이 아니라 완전한 펄 코드이기 때문이다. 각 기준들은 출력의 모든 줄에 대해 차례대로 적용되며, 인자로 주어진 기준 모두에 부합하는 줄들만 출력되게 된다. 다음은 여러 가지 조건을 적용하여 검색하는 방법들의 예다.

"sh"로 끝나는 단어를 포함하고 있는 줄:

```
% psgrep '/sh\b/'
```

실행명령어가 "sh"로 끝나는 프로세스:

```
% psgrep 'command =~ /sh$/'
```

실행되고 있는 프로세스의 사용자 ID가 10 미만인 프로세스:

```
% psgrep 'uid < 10'
```

활성화된 터미널에 연결된 로그인 셸:

```
% psgrep 'command =~ /^-/' 'tty ne "?"'
```

가상 터미널 위에서 실행되고 있는 프로세스:

```
% psgrep 'tty =~ /^[p-t]/'
```

터미널에서 분리된 상태로 실행되고 있고, 슈퍼유저 권한이 없는 프로세스:

```
% psgrep 'uid && tty eq "?"'
```

슈퍼유저 권한이 없고 크기가 큰 프로세스:

```
% psgrep 'size > 10 * 2**10' 'uid != 0'
```

위의 마지막 예문의 경우 저자들의 시스템에서 실행하니 다음과 같은 출력이 나왔다. *netscape*와 그 자식 프로세스만이 저 기준에 부합하였다.

```
 FLAGS   UID   PID  PPID PRI  NI   SIZE   RSS WCHAN      STA TTY TIME COMMAND
     0   101  9751     1   0   0  14932  9652 do_select S   p1  0:25 netscape
100000   101  9752  9751   0   0  10636   812 do_select S   p1  0:00 (dns helper)
```

예제 1-6은 *psgrep* 프로그램 코드다.

예제 1-6. psgrep

```
#!/usr/bin/perl -w
# psgrep - 사용자가 준 질의를 코드로 컴파일하여
#          ps의 출력 중 선택된 줄들을 출력
use strict;
# PS 헤더에 있는 각 필드
my @fieldnames = qw(FLAGS UID PID PPID PRI NICE SIZE
                    RSS WCHAN STAT TTY TIME COMMAND);
# 필요한 unpack 서식을 결정 (리눅스의 ps에 맞춰져 있음)
my $fmt = cut2fmt(8, 14, 20, 26, 30, 34, 41, 47, 59, 63, 67, 72);
my %fields;                         # 데이터가 저장될 곳
die <<Thanatos unless @ARGV;
usage: $0 criterion ...
  Each criterion is a Perl expression involving:
   @fieldnames
  All criteria must be met for a line to be printed.
Thanatos
# uid, size, UID, SIZE 등의 함수 별칭을 생성한다.
# 인자가 없는 void 프로토타입을 선언하기 위해서 빈 괄호가 필요하다.
for my $name (@fieldnames) {
    no strict 'refs';
    *$name = *{lc $name} = sub() { $fields{$name} };
}
my $code = "sub is_desirable { " . join(" and ", @ARGV) . " } ";
unless (eval $code.1) {
    die "Error in code: $@\n\t$code\n";
}
open(PS, "ps wwaxl |")              || die "cannot fork: $!";
print scalar <PS>;                  # 헤더 라인은 그대로 출력
while (<PS>) {
    @fields{@fieldnames} = trim(unpack($fmt, $_));
    print if is_desirable();        # 기준에 맞는 줄들을 출력
}
close(PS)                           || die "ps failed!";
# 잘라낼 위치값들을 unpack 서식 문자열로 변환
sub cut2fmt {
    my(@positions) = @_;
    my $template  = '';
    my $lastpos   = 1;
    for my $place (@positions) {
        $template .= "A" . ($place - $lastpos) . " ";
        $lastpos   = $place;
    }
    $template .= "A*";
    return $template;
}
sub trim {
    my @strings = @_;
    for (@strings) {
        s/^\s+//;
        s/\s+$//;
    }
    return wantarray ? @strings : $strings[0];
}
# 각 컬럼을 잘라낼 위치를 결정하기 위하여 사용한
# 샘플 입력 데이터
#123456789012345678901234567890123456789012345678901234567890123456789012345
#         1         2         3         4         5         6         7
```

```
# 위치:
#       8     14     20     26  30  34     41     47            59  63  67   72
#       |      |      |      |   |   |      |      |             |   |   |    |
__END__
   FLAGS    UID   PID  PPID PRI  NI   SIZE   RSS WCHAN       STA TTY TIME COMMAND
     100      0     1     0   0   0    760   432 do_select   S   ?   0:02 init
     140      0   187     1   0   0    784   452 do_select   S   ?   0:02 syslogd
  100100    101   428     1   0   0   1436   944 do_exit     S     1 0:00 /bin/login
  100140     99 30217   402   0   0   1552  1008 posix_lock_ S   ?   0:00 httpd
       0    101   593   428   0   0   1780  1260 copy_thread S     1 0:00 -tcsh
  100000    101 30639  9562  17   0    924   496             R   p1  0:00 ps axl
       0    101 25145  9563   0   0   2964  2360 idetape_rea S   p2  0:06 trn
  100100      0 10116  9564   0   0   1412   928 setup_frame T   p3  0:00 ssh -C www
  100100      0 26560 26554   0   0   1076   572 setup_frame T   p2  0:00 less
  100000    101 19058  9562   0   0   1396   900 setup_frame T   p1  0:02 nvi /tmp/a
```

이 *psgrep* 프로그램은 이 책에서 다룬 여러 가지 기법을 한데 모았다. 문자열의 앞과 뒤에 있는 공백 문자들을 제거하는 방법은 레시피 1.19에서 다루고 있다. 잘라낼 위치 값들을 unpack의 서식문자열로 변환하는 것은 레시피 1.1에 나온다. 정규표현식을 사용하여 문자열의 일치 여부를 검사하는 것은 6장 전체의 주제이다.

die에 전달되고 있는 히어 도큐먼트 속 여러 줄의 문자열은 레시피 1.15와 1.16에서 다루고 있다. @fields{@fieldnames}에 할당하는 구문은 %fields 해시 안에 여러 값을 한번에 설정하는데, 이런 해시 슬라이스에 대해서는 레시피 4.8과 5.11에서 다룬다.

프로그램 입력 데이터 샘플을 __END__ 아래에 포함시키는 것은 레시피 7.12에서 다룬다. 프로그램을 개발하는 도중에는 테스트를 하기 위한 용도로 코드 내에 포함된 입력을 DATA 파일핸들로부터 읽도록 하였다. 프로그램이 제대로 동작하게 된 다음부터는 *ps* 명령어에 연결된 파이프를 통해 읽도록 변경하였지만, 차후에 다른 곳에 이식하거나 유지보수를 할 때 도움이 되도록 원래의 입력의 일부를 남겨두었다. 파이프를 통하여 다른 프로그램을 실행시키는 것은 레시피 16.10이나 16.13 등 16장에서 다룬다.

*psgrep*은 펄이 문자열 인자를 단순한 문자열이 아니라 펄 코드 자체로 다루도록 함으로써 높은 표현력과 능력을 갖는다. 이것은 레시피 9.9에 나오는 기법과도 유사한데, *psgrep*에서는 사용자가 준 인자가 is_desirable이라는 루틴 안에 담겨 있다는 점이 다르다. 이렇게 서브루틴 안에 넣음으로써, 문자열을 펄 코드로 컴파일하는 비용이 단 한 번만 발생한다. 이 컴파일 과정은 우리가 출력을 가로채려는 외부 프로그램이 미처 실행되기도 전에 이뤄진다. 예를 들어 UID 값이 10 미만인 프로세스만 보려는 질의는 다음과 같은 문자열로 만들어진 후 eval에 의해 처리되게 된다.

```
eval "sub is_desirable { uid < 10 } " . 1;
```

끝에 있는 희한하게 생긴 ".1"은 사용자의 코드가 제대로 컴파일 되었을 때 전체 eval 구문이 참을 반환하도록 만든다. 이렇게 하면 레시피 10.12에서처럼 컴파일 에러가 있었는지 알기 위해 $@ 변수를 검사할 필요가 없다.

임의의 펄 코드를 필터에 명시하여 레코드를 선택하는 것은 놀랄 만큼 강력한 접근법이지만, 완전히 독창적인 방식은 아니다. 펄에 많은 영향을 끼친 *awk* 프로그래밍 언어가 이런 필터링에 자주 사용된다. *awk*의 문제점 중 하나는 입력이 어떤 구분자로 구분되지 않고 고정 길이의 필드들로 구성되는 경우를 쉽게 처리하지 못한다는 점이다. 또 다른 문제점은 필드에 기억하기 쉬운 이름을 붙일 수 없다는 점이다. *awk*는 $1, $2 등으로 필드를 지정한다. 그 외에도 펄은 *awk*가 할 수 없는 많은 것을 할 수 있다.

사용자가 넘겨주는 기준은 간단한 표현이어야만 하는 것도 아니다. 예를 들어 다음과 같이 호출하면 $id 변수를 사용자 *nobody*의 식별자 값으로 초기화한 후 뒤에 오는 표현식에서 그 변수를 사용한다.

```
% psgrep 'no strict "vars";
        BEGIN { $id = getpwnam("nobody") }
        uid == $id '
```

입력 레코드에 있는 각 필드를 나타내는 uid, command, size 등의 단어를, 따옴표로 인용하지도 않고 달러 기호마저 붙이지 않은 채로 어떻게 사용할 수 있는가? 변수를 통해 간접적으로 참조한 타입글로브에 클로저를 할당함으로써 심볼 테이블을 직접 조작한다. 이렇게 하여 이런 이름들의 함수가 생성된다. 함수 이름들을 생성할 때 대문자와 소문자 이름을 다 사용했기 때문에, "UID < 10"이나 "uid > 10" 어느 쪽으로든 사용할 수 있다. 클로저에 대해서는 레시피 11.4에서 다루며, 클로저를 타입글로브에 대입하여 함수 별칭을 생성하는 것은 레시피 10.14에서 볼 수 있다.

다른 레시피에 나오지 않고 여기서만 볼 수 있는 것은 클로저에 붙은 빈 괄호이다. 빈 괄호를 이용하여 어떤 표현식 안에서 문자열이나 숫자 상수 등 하나의 항을 사용할 수 있는 장소 어느 곳에서나 저 함수를 사용할 수 있게 된다. 만일 명시적으로 빈 괄호를 써서 void 프로토타입 선언을 하지 않았다면, "uid < 10"이나 "size/2 > rss"와 같은 식을 컴파일러가 해석할 때 와일드카드 글로브가 시작되거나(<) 패턴 일치가 시작되고는(/) 제대로 끝나지 않은 것으로 해석하여 혼란스

러워할 것이다. 프로토타입 선언에 대해서는 레시피 10.11에서 다루고 있다.

여기에 소개된 *psgrep* 버전은 레드햇 리눅스에 들어 있는 *ps* 명령어의 출력을 기준으로 한 것이다. 다른 시스템으로 이식하고 싶다면 헤더의 필드들이 몇 번째 열에서 시작하는지를 살펴보라. 이런 접근 방법은 *ps*에만 적용되거나 유닉스 시스템에서만 쓸 수 있는 건 아니며, 펄의 표현식을 사용하여 입력 레코드를 필터링할 때 사용하는 일반적인 테크닉이다. 레코드의 배치가 달라지더라도 쉽게 그에 맞춰 조정할 수 있다. 입력 형식은 필드들이 특정한 칼럼에 배치되어 있을 수도 있고, 공백이나 쉼표로 구분되어 있을 수도 있고, 정규 표현식을 사용하여 패턴 일치 검사를 하며 괄호를 써서 값을 뽑아내어 쓸 수도 있다.

이 프로그램에서 출력 여부를 결정하는 함수를 살짝 수정하여 사용자가 정의한 데이터베이스를 다루도록 할 수도 있다. 예를 들어 레시피 11.9에 나오는 레코드의 배열이 있다면 다음과 같이 사용자가 임의의 선별 기준을 명시하게 할 수 있다.

```
sub id()         { $_->{ID}    }
sub title()      { $_->{TITLE} }
sub executive()  { title =~ /(?:vice-)?president/i }
# 사용자가 지정한 선별 기준이 grep 절 안에 들어간다
@slowburners = grep { id<10 && !executive } @employees;
```

하지만 보안성이나 성능 문제 때문에 이렇게 코드를 직접 넣을 수 있는 기능은 14장에 나오는 데이터베이스 엔진에는 잘 들어가지 않는다. SQL 역시 이런 기능을 지원하지 않는다. 그러나 펄과 약간의 기발함만 있으면 여러분이 직접 이런 기능을 만들어낼 수 있다.

2장

P e r l C o o k b o o k

수

물론, 난수를 생성하는 산술적인 방법을 고민하는 사람은 그 누구든 죄를 짓고 있는 것이다.

— 존 폰 노이만 (1951)

2.0 개요

수는 거의 모든 프로그래밍 언어에서 가장 기본적인 데이터 타입이지만, 놀라울 정도로 다루기 까다롭다. 난수, 소수점 처리, 수열, 문자열과 숫자 간 변환 등의 모든 작업에서 문제가 발생할 수 있다.

펄은 사용자가 편리하게 이용할 수 있도록 최선을 다하며, 수를 다루는 기능도 예외는 아니다. 어떤 스칼라 값을 수로 취급하면 펄은 그것을 수로 변환한다. 그 말은 여러분이 파일에서 나이를 나타내는 데이터를 읽거나, 문자열에서 각 자리의 숫자를 추출하거나, 그 외 실생활에서 접할 수 있는 수많은 텍스트에서 수를 추출할 때에, 다른 언어에서처럼 ASCII 문자열을 숫자로 변환하는 번거로운 작업을 따로 할 필요가 없다는 뜻이다.

펄은 여러분이 문자열을 수로 취급할 때(수식에 사용할 때처럼)는 최선을 다해 문자열을 수로 해석하지만, 그 문자열이 올바른 형식의 수를 나타내지 않을 경우 그 사실을 여러분에게 알려 줄 직접적인 방법이 없다. 펄은 별다른 말 없이 숫자가 아닌 문자열을 0으로 변환하고, 변환 도중에 숫자가 아닌 문자를 만나면 변환을 중단한다. 따라서 `"A7"`은 그냥 `0`이 되고, `"7a"`는 `7`이 된다. (그러나 -w 명령행 옵션을 쓸 경우 이런 부정확한 변환을 할 때 경고를 띄울 수 있다.) 때로는 입력이 올바른지 검증하는 경우와 같이 어떤 문자열이 올바르게 수를 나타내고 있는지 확인할 필요가 있다. 레시피 2.1에서는 어떻게 그런 확인을 할 수 있는지를 설명한다.

레시피 2.15에서는 "0xff", "0377", "0b10110" 등과 같이 십육진수, 팔진수, 이진수를 나타내는 문자열에서 해당 숫자를 뽑아내는 방법을 보여준다. 이렇게 십진법 이외의 진법으로 표기된 숫자가 프로그램 코드에 리터럴 상수로 적혀 있는 경우 펄이 자동으로 변환한다. (따라서 $a = 3 + 0xff는 $a에 258을 담게 된다.) 그러나 외부에서 읽어들인 데이터의 경우는 그렇게 변환해주지 않는다. ("ff"나 "0xff"를 읽어 $b에 담은 후 $a = 3 + $b라고 해도 $a가 258이 되지는 않는다.)

정수만 이러는 게 아니라, 부동소수점 수를 다룰 때는 더 골치 아픈 일들이 많다. 컴퓨터 내부적으로는 소수점이 있는 수를 이진수 형태의 부동소수점 수로 표현한다. 부동소수점 수는 실수와 완전히 동일한 것이 아니고, 실수를 제한된 정밀도 내에서 근삿값을 취한 것이다. 실수의 범위는 무한하지만, 컴퓨터에서 실수를 표현하기 위해 사용할 수 있는 공간은 한정되어 있으며 그 공간의 크기는 일반적으로 64비트 정도이다. 따라서 실수를 그 공간 안에 넣기 위해서는 끝을 잘라내야 한다.

파일에서 숫자를 읽거나 프로그램에 리터럴 상수로 적혀 있을 때, 이 숫자들은 원래 적혀 있던 표현법(소수점이 있는 경우는 항상 십진법으로 적히게 된다)으로부터 내부적인 이진법 표현으로 변환된다. 어떤 특정한 진법을 사용하면서 쓸 수 있는 자릿수가 정해져 있는 경우, 분모가 해당 진법의 밑의 멱수인 분수들이 유한개 합쳐진 형태로 나타낼 수 있는 소수만 정확히 표현할 수 있다.

예를 들어보자. 0.13은 십분의 일과 백분의 삼을 더한 것이다. 그러나 이것은 십진법 표기다. 이진법의 경우, 0.75와 같은 수는 정확히 표현할 수 있는데, 이것은 이분의 일과 사분의 일을 더한 것이고 2와 4는 둘 다 2의 멱수이기 때문이다. 그러나 십진법 0.1은 정말 간단해 보이는 수이지만 이분의 일, 사분의 일, 팔분의 일, 십육분의 일 등의 합으로 나타낼 수 없다. 이것은 십진법에서 삼분의 일을 유한소수로 나타낼 수 없는 것처럼 십분의 일을 이진법에서는 유한소수로 나타낼 수 없다는 것을 의미한다. 여러분의 컴퓨터 내부에서 이진법으로 표현되어 있는 0.1은 정확한 0.1이 아니고 단지 근사치인 것이다!

```
$ perl -e 'printf "%.60f\n", 0.1'
0.100000000000000005551115123125782702118158340454101562500000
```

레시피 2.2와 2.3에서는 컴퓨터의 부동소수점 표현법이 좀 더 실수와 같아지도록 하는 법을 보인다.

레시피 2.4에서는 연속적인 정수들의 집합이 있을 때, 이 집합의 각 원소에 같은 연산을 수행하는 세 가지 방법을 보여준다. 로마 숫자와 아라비아 숫자 간의 변환을 레시피 2.5에서 다룬다.

여러 레시피에서 난수에 대해서 다룬다. 펄의 rand 함수는 0에서 1 사이 또는 0에서 인자로 받은 값 사이의 부동소수점 수를 반환한다. 이 장에서는 주어진 범위의 난수를 만드는 법, 난수의 무작위성을 향상시키는 법, 프로그램을 실행할 때마다 rand가 매번 다른 순서로 난수를 생성하도록 하는 법 등을 설명한다.

이 장의 마무리 부분에서는 삼각법, 로그, 행렬, 복소수, 그리고 종종 문의되는 "숫자에 일정한 자리마다 쉼표를 넣으려면 어떻게 하는가?"에 대해 설명한다.

2.1 문자열이 올바른 숫자인지 검사하기

문제

어떤 문자열이 올바른 숫자를 나타내는지 검사하고자 한다. 이것은 CGI 스크립트, 설정 파일, 명령행 인자 등을 통해 들어온 입력이 올바른지 검사할 때 흔히 생기는 문제다.

해결책

원하는 형식의 숫자에 일치되는 정규식을 만들어서 문자열을 검사한다.

```
if ($string =~ /PATTERN/) {
    # 숫자다
else {
    # 숫자가 아니다
}
if ($string =~ m{^$RE{num}{real}$}) {
    # 실수다
} else {
    # 실수가 아니다
}
```

아니면 아래에서 논의되는 다른 반올림 함수들을 사용할 수도 있다.

논의

이 문제는 우리가 숫자라고 말하는 게 정확히 무엇인지부터 따져야 한다. *정수*처럼 간단하게 들리는 것도, 정확히 어떤 것을 받아들여야 하는지 생각해보면 어려워진다. 예를 들어 "양수 앞에 + 부호를 붙이는 것은 선택적인가 필수적인가, 아니면 금지해야 하는가?"와 같은 식이다. 부동소수점 수를 표현할 수 있는 다양한 방법을 따지다 보면 머리가 과열될지도 모른다.

먼저 어떤 것을 받아들이고 어떤 것을 받아들이지 않을지 결정한다. 그러고 나서, 그것에 일치되는 정규 표현식을 만든다. 다음은 가장 흔한 케이스에 사용할 수 있도록 미리 만들어둔 해결책들이다(요리로 치면 물만 부으면 되는 상태이다).

```
warn "has nondigits"        if     /\D/;
warn "not a natural number" unless /^\d+$/;              # -3은 받아들이지 않는다
warn "not an integer"       unless /^-?\d+$/;            # +3은 받아들이지 않는다
warn "not an integer"       unless /^[+-]?\d+$/;
warn "not a decimal number" unless /^-?\d+\.?\d*$/;      # .2는 받아들이지 않는다
warn "not a decimal number" unless /^-?(?:\d+(?:\.\d*)?|\.\d+)$/;
warn "not a C float"
       unless /^([+-]?)(?=\d|\.\d)\d*(\.\d*)?([Ee]([+-]?\d+))?$/;
```

위 코드들은 "무한대(Infinity)"나 "수가 아님(NaN)"과 같은 IEEE 표기는 받아들이지 못한다. 그렇지만 IEEE 위원회의 위원이 여러분이 일하는 곳에 찾아와서 관련 문서 뭉치로 여러분의 뒤통수를 때리지 않을까 걱정된다면 모를까, 그렇지 않으면 이 이상해 보이는 형태는 더 생각하지 않아도 된다.

만약 입력 받은 숫자 앞뒤에 공백 문자가 붙어 있다면 위의 패턴들은 제대로 동작하지 않을 것이다. 적절한 처리 로직을 직접 추가하거나, 레시피 1.19에 있는 trim 함수를 사용하여 해결할 수 있다.

CPAN 모듈인 Regexp::Common에는 어떤 문자열이 숫자의 형태인지 검사하는 정규 표현식들이 많이 마련되어 있다. 패턴을 직접 궁리하는 노력을 덜 수 있을 뿐 아니라, 코드를 알아보기 더 쉽다. 이 모듈을 사용하면 기본적으로 %RE 해시를 불러오게 되며, 여러분이 사용하고자 하는 정규 표현식을 그 안에서 찾을 수 있다. 상황에 따라 앵커를 써야 하는 경우가 있으니 주의하자. 앵커를 쓰지 않으면 문자열의 아무 부분에서나 패턴을 검색하게 된다. 다음 예문을 참고하라.

```
use Regexp::Common;
$string = "Gandalf departed from the Havens in 3021 TA.";
print "Is an integer\n"            if $string =~ / ^   $RE{num}{int}  $ /x;
print "Contains the integer $1\n" if $string =~ /   ( $RE{num}{int} )  /x;
```

다음은 Regexp::Common 모듈을 사용하여 숫자를 검사하는 예제들이다.

```
$RE{num}{int}{-sep=>',?'}               # 1234567 또는 1,234,567에 일치
$RE{num}{int}{-sep=>'.'}{-group=>4}     # 1.2345.6789에 일치
$RE{num}{int}{-base => 8}               # 014에는 일치하나 99에는 일치하지 않음
$RE{num}{int}{-sep=>','}{-group=3}      # 1,234,594에 일치함
$RE{num}{int}{-sep=>',?'}{-group=3}     # 1,234 또는 1234에 일치함
$RE{num}{real}                          # 123.456 또는 -0.123456에 일치함
$RE{num}{roman}                         # xvii 또는 MCMXCVIII에 일치함
$RE{num}{square}                        # 9 또는 256 또는 12321에 일치함
```

이런 패턴 중에 제곱수 등 일부는 모듈 초기 버전에는 없었다. 모듈에 대한 일반적인 설명은 Regexp::Common 매뉴얼 페이지에 나와 있고, 숫자를 검사하는 패턴에 대한 좀 더 자세한 설명은 Regexp::Common::number 매뉴얼 페이지에서 볼 수 있다.

정규 표현식을 사용하지 않고 숫자를 식별하는 기법도 있다. 이런 기법은 시스템 라이브러리나 펄에서 제공하는, 문자열이 올바른 형태의 숫자를 포함하고 있는지 검사하는 함수를 사용한다. 물론 이런 함수를 사용할 때는 라이브러리나 펄에서 사용하는 "숫자"의 정의를 따르게 된다.

POSIX 표준을 준수하는 시스템을 사용한다면, 그 시스템에 설치된 펄은 POSIX::strtod 함수를 지원한다. 이 함수의 용법은 다소 복잡하기 때문에, 더 편리하게 접근할 수 있도록 getnum 래퍼 함수를 아래에서 보이고 있다. 이 함수는 어떤 문자열을 인자로 받아서 그 문자열을 C의 부동소수점 수로 해석할 수 있다면 그 값을 반환하고 그렇지 않으면 undef을 반환한다. 그 아래 있는 is_numeric 함수는 getnum의 프론트엔드로서 "이 숫자가 부동소수형 실수인가?"만 알고 싶을 때 사용할 수 있다.

```
sub getnum {
    use POSIX qw(strtod);
    my $str = shift;
    $str =~ s/^\s+//;              # 앞에 붙은 공백 문자를 제거
    $str =~ s/\s+$//;              # 뒤에 붙은 공백 문자를 제거
    $! = 0;
    my($num, $unparsed) = strtod($str);
    if (($str eq '') || ($unparsed != 0) || $!) {
        return;
    } else {
        return $num;
    }
}
sub is_numeric { defined scalar &getnum }
```

펄 버전 5.8.1부터 기본 모듈이 된 Scalar::Util 모듈에는 looks_like_number() 함수가 있다. 이 함수는 펄 컴파일러에 있는 동일한 이름의 내부 함수를 사용한다(*perlapi*(1) 문서를 참고하라). 이 함수는 인자가 펄 자체에서 십진수로 받아들일 수 있는 수라면 참을 반환한다. 예를 들면 0, 0.8, 14.98, 6.02e23 등이다. 반면에 0xb10101, 077, 0x392, 또는 숫자들 사이에 밑줄이 있는 경우는 받아들이지 않는다. 따라서 사용자가 그런 숫자를 입력하는 것을 허용하려면 여러분이 그 입력의 진법 등을 확인한 후 디코드하여야 한다. 예제 2-1에서 그런 예를 보이고 있다.

예제 2-1. 숫자 디코드

```
#!/usr/bin/perl -w
use Scalar::Util qw(looks_like_number);
print "$0: hit ^D (your eof character) to exit\n";
for (;;) {
      my ($on, $n);      # 원본 문자열과 그 문자열이 나타내는 숫자값
      print "Pick a number, any number: ";
      $on = $n = <STDIN>;
      last if !defined $n;
      chomp($on,$n);
      $n =~ s/_//g;                        # 186_282.398_280_685 같은 것을 허용
      $n = oct($n) if $n =~ /^0/;          # 0xFF, 037, 0b1010 등을 허용
      if (looks_like_number($n)) {
         printf "Decimal double of $on is %g\n", 2*$n;
      } else {
         print "That doesn't look like a number to Perl.\n";
      }
}
print "\nBye.\n";
```

더 알아보기

- *perlre*(1) 문서와 *Programming Perl* 5장에서 다루는 정규 표현식
- 시스템에 있는 *strtod*(3) 매뉴얼 페이지
- *perlapi*(1) 매뉴얼 페이지
- CPAN 모듈 Regexp::Common과 Regexp::Common::number 모듈 문서
- 기본 모듈 POSIX 와 Scalar::Util 모듈 문서 (*Programming Perl* 32장에서도 다루고 있다)

2.2 부동소수점 수의 반올림

문제

부동소수점 수를 소수점 아래 특정한 자리에서 반올림하고자 한다. 이런 문제는 단순히 자릿수를 줄여 정확도를 낮추고 그 대신 읽기 편하도록 할 때뿐 아니라, 실수 표현의 한계 때문에 두 수가 동일한지 비교하는 것이 어려울 때(레시피 2.3 참고)도 나타난다.

해결책

출력물을 만드는 경우라면 펄의 `sprintf`, `printf` 함수를 사용하라.

```
# 소수점 아래 셋째 자리에서 반올림
$rounded = sprintf("%.2f", $unrounded);
```

아니면 아래에서 논의되는 다른 반올림 함수들을 사용할 수도 있다.

논의

겉으로 드러날 수도 드러나지 않을 수도 있지만, 부동소수점 수를 다룰 때는 어떤 식으로든 반올림하는 작업이 거의 불가피하다. 신중하게 정의된 표준(이진 부동소수점 산술 표준인 IEEE 754)과 펄에서 합리적으로 설정된 기본 동작이 결합하여, 이런 반올림 오차를 제거하거나 하다못해 겉으로 드러나지 않도록 하곤 한다.

사실 펄이 묵시적으로 반올림한 결과도 대부분은 충분히 정확하므로 뜻밖의 결과가 나오는 일은 거의 없다. 수를 출력하기 직전까지는 반올림하지 않고 두었다가, 출력하는 시점에 펄의 기본적인 반올림 결과가 만족스럽지 않으면 printf나 sprintf 함수에 반올림을 지시하는 서식을 지정하여 명시적으로 반올림하는 것이 거의 모든 경우 최선의 방법이다. %f, %e, %g 세 가지 서식 모두, 인자로 받은 값을 소수점 몇째 자리에서 반올림할지 지정할 수 있다. 다음 예제에서는 세 가지 서식이 어떻게 동작하는지 보여준다. 각 서식을 사용하여 필드의 폭을 12칸으로 제한하고, 소수점 네 자리까지만 나오도록 정밀도를 지정하였다.

```
for $n ( 0.0000001, 10.1, 10.00001, 100000.1 ) {
    printf "%12.4e %12.4f %12.4g\n", $n, $n, $n;
}
```

위 코드의 출력은 다음과 같다.

```
1.0000e-07       0.0000        1e-07
1.0100e+01      10.1000         10.1
1.0000e+01      10.0000           10
1.0000e+05  100000.1000        1e+05
```

이게 전부라면 반올림은 별 어려운 게 아니었을 것이다. 그저 여러분이 선호하는 출력 서식만 선택하면 되었을 것이다.

그러나 실제로는 그렇게 간단하지 않다. 때로는 여러분이 진짜 원하는 게 무엇인지, 지금 어떤 일이 벌어지고 있는지를 더 깊이 생각해야 한다. 개요 절에서 설명했듯이, 10.1이나 0.1 같은 단순해 보이는 숫자도 이진법을 사용한 부동소수점 수로 표현할 때는 근사치로 저장할 수밖에 없다. 십진법 숫자 중 부동소수점 수로 *정확하게* 표현할 수 있는 수는 분모가 2의 멱수인 분수들 유한개의 합으로 나타낼 수 있는 수뿐이다. 예를 들어 다음의 코드를 보자.

```
$a = 0.625;                 # 1/2 + 1/8
$b = 0.725;                 # 725/1000, 또는 29/40
printf "$_ is %.30g\n", $_ for $a, $b;
```

이 코드의 출력은 다음과 같다.

```
0.625 is 0.625
0.725 is 0.72499999999999997779553950749 7
```

$a에 들어있는 수는 이진법으로 정확히 표현할 수 있지만, $b에 들어있는 수는 그럴 수 없다. 문자열 안에서 보간된 $_의 경우에서 보듯이, 펄에게 부동소수점 수를 출력하도록 하면서 정밀도를 따로 지정해주지 않는다면 펄은 자동으로 그 수를 여러분이 사용하는 시스템에서 지원하는 정밀도에 해당하는 자리에서 반올림한다. 이 경우 일반적으로 "%.15g"라고 출력 서식을 지정한 것과 동일하며, 출력할 경우 $b에 대입한 그 수와 동일한 결과가 출력된다.

보통은 반올림 오차는 매우 작아서 눈치챌 수 없을 정도이고, 눈치채더라도 출력할 때 원하는 정밀도를 지정해줄 수 있다. 그러나 내부적으로 저장된 근삿값은 여전히 print로 출력한 값과 아주 약간이나마 다르기 때문에 예상하지 못한 결과가 생길 수 있다. 예를 들어서, 0.125나 0.625 같은 수는 정확히 표현할 수 있지만, 0.325나 0.725는 그럴 수 없다. 이제 이 숫자들을 소수점 셋째 자리에서 반올림한다고 생각해보자. 0.325는 0.32가 될 것인가 0.33이 될 것인가? 0.725는 0.72가 될 것인가 0.73이 될 것인가?

```
$a = 0.325;                 # 325/1000, 또는 13/40
$b = 0.725;                 # 725/1000, 또는 29/40
printf "%s is %.2f or %.30g\n", ($_) x 3 for $a, $b;
```

출력은 다음과 같다.

```
0.325 is 0.33 or 0.325000000000000011102230246252
0.725 is 0.72 or 0.724999999999999977795539507497
```

0.325의 근삿값은 0.325보다 약간 크고, 반올림하면 0.33이 된다. 반면에 0.725의 근삿값은 0.725보다 약간 작고, 반올림하면 0.72가 되어 버린다.

그러면 이진법 부동소수로 정확히 표현할 수 있는 수라면 어떨까? 1.5나 7.5는 정수에 이분의 일을 더한 것이므로 정확히 표현할 수 있다. 그러나 여기에 적용되는 반올림 규칙은 여러분이 초등학교에서 배운 것과는 아마 다를 것이다.

```
for $n (-4 .. +4) {
    $n += 0.5;
    printf "%4.1f %2.0f\n", $n, $n;
}
```

위 코드를 실행하면 다음과 같이 출력된다.

```
-3.5 -4
-2.5 -2
-1.5 -2
```

```
-0.5 -0
 0.5  0
 1.5  2
 2.5  2
 3.5  4
 4.5  4
```

이렇게 되는 이유는 수치해석에서 선호되는 반올림 규칙은 "5 이상이면 올린다"가 아니라 "짝수 쪽으로 맞춘다"이기 때문이다. 이렇게 하면 반올림으로 인해 생기는 오차들의 편향이 서로 상쇄된다.

부동소수점 수에 반올림 등을 거쳐 가까운 정수로 변환하는 유용한 함수 세 가지가 int, ceil, floor이다. 펄 내장함수인 int는 인자로 받은 부동소수점 수의 정수부를 반환한다. 소수부를 무시하고 정수부만 남기고 잘라내는 것과 같다. 양수는 값이 작아지는 쪽으로 변하고 음수는 값이 커지는 방향으로 변한다. POSIX 모듈에 있는 floor 함수와 ceil 함수도 역시 소수부를 무시하나, 이 함수들은 부호에 관계없이 각각 값이 작아지거나 커지는 방향으로 값이 변한다.

```
use POSIX qw(floor ceil);
printf "%8s %8s %8s %8s %8s\n",
    qw(number even zero down up);
for $n (-6 .. +6) {
    $n += 0.5;
    printf "%8g %8.0f %8s %8s %8s\n",
            $n, $n, int($n), floor($n), ceil($n);
}
```

위 코드는 다음과 같은 표를 출력한다. 표의 첫 줄의 각 열에는 숫자를 어느 방향으로 올리거나 내리는지를 표시하고 있다.

```
number      even      zero      down        up
  -5.5        -6        -5        -6        -5
  -4.5        -4        -4        -5        -4
  -3.5        -4        -3        -4        -3
  -2.5        -2        -2        -3        -2
  -1.5        -2        -1        -2        -1
  -0.5        -0         0        -1         0
   0.5         0         0         0         1
   1.5         2         1         1         2
   2.5         2         2         2         3
   3.5         4         3         3         4
   4.5         4         4         4         5
   5.5         6         5         5         6
   6.5         6         6         6         7
```

각 열마다 숫자들의 합을 구하면, 그 합이 다른 것을 알 수 있다.

```
   6.5         6         6         0        13
```

이것이 의미하는 바는 여러분이 어떤 반올림(또는 올림이나 내림) 형태를 선택하는지, 더 정확히 말하면 어떤 반올림 오차를 선택하는지에 따라서 최종 결과에 큰 영향을 미칠 수 있다는 말이다. 이것이 여러분이 최종적으로 출력하기 직전까지는 어떠한 반올림도 미리 하지 않기를 강력하게 권장하는 첫 번째 이유이다. 게다가 어떤 알고리즘은 다른 알고리즘에 비해 이러한 반올림 오차가 누적된 결과에 더 민감하게 반응한다. 재무 계산이나 핵융합 미사일처럼 특히 정교한 프로그램의 경우, 신중한 프로그래머는 자신의 컴퓨터에 내장된 논리 로직을 사용하는 대신 자기가 직접 적절한 반올림 함수를 구현하여 사용할 것이다. (잘 쓰인 수치해석 교재도 같이 참고할 것을 권장한다.)

더 알아보기

- *perlfunc*(1) 문서와 *Programming Perl* 29장에서 다루는 `sprintf`, `int` 함수
- 기본 모듈 POSIX 문서와 *Programming Perl* 32장에서 다루는 `floor`, `ceil` 함수
- 레시피 2.3에서 `sprintf`를 사용하는 기법을 소개한다.

2.3 부동소수점 수 비교하기

문제

부동소수점 수의 산술 연산은 정확하게 이루어지지 않는다. 두 개의 부동소수점 수를 비교하여, 특정한 자리까지만 따졌을 때 두 값이 동일한지 검사하고자 한다. 대부분의 경우 두 부동소수점 수가 동일한지 비교할 때는 이렇게 *해야만 한다*.

해결책

`sprintf` 함수를 사용하여 두 수를 소수점 이하 특정한 자리까지만 나타낸 후, 그 결과로 만들어진 문자열을 비교한다.

```
# equal(NUM1, NUM2, PRECISION) : NUM1과 NUM2가 소수점 이하 PRECISION 자리까지
# 동일한 경우 참을 반환한다.
sub equal {
    my ($A, $B, $dp) = @_;
    return sprintf("%.${dp}g", $A) eq sprintf("%.${dp}g", $B);
}
```

또는, 어디부터가 소수부인지 정한 후에 두 값을 정수형으로 저장한다.

논의

이 장의 개요 절에서 논의했듯이, 컴퓨터에서 부동소수점 수를 표현하는 것은 대부분의 실수의 경우 근사치로밖에 이뤄지지 않기 때문에, 별도의 `equal` 루틴이 필

요하다. 펄의 일반적인 출력 루틴은 실수를 소수점 이하 15자리 정도에서 반올림하여 출력하지만, 값을 검사할 때는 반올림 처리를 하지 않는다. 따라서 때로는 어떤 두 수를 (반올림한 후에) 출력했을 때는 동일해 보이지만, (반올림하지 않은 상태에서) 같은지 검사하면 같지 않다고 나오는 경우가 생긴다.

이 문제는 특히 루프 안에서 반올림 오차가 조용히 누적되는 경우에 두드러진다. 예를 들어서, 변수의 값을 0으로 설정한 후에 0.1을 열 번 더하면 1이 될 거라고 생각하겠지만, 그렇지 않다. 이진법을 사용하는 컴퓨터는 0.1을 정확히 나타낼 수 없기 때문이다. 다음 예를 보자.

```
for ($num = $i = 0; $i < 10; $i++) { $num += 0.1 }
if ($num != 1) {
    printf "Strange, $num is not 1; it's %.45f\n", $num;
}
```

위 코드의 출력은 다음과 같다.

```
Strange, 1 is not 1; it's 0.999999999999999888977697537484345957636833191
```

$num이 큰따옴표를 사용한 문자열 안에서 보간될 때는 기본적인 변환 서식인 "%.15g"를 사용하여 변환되므로 1로 보인다. 그러나 내부적으로는 정확히 1은 아니다. 만일 소수점 이하 몇 자리, 예를 들어 다섯 자리만 가지고 비교를 했다면 그때는 문제가 없었을 것이다.

```
!equal($num, 1, 5)
```

금액을 표시할 때처럼 소수점 이하 자릿수가 고정되어 있다면, 값을 정수형으로 저장함으로써 이 문제를 피해갈 수도 있다. $3.50을 3.5가 아니라 350으로 저장하면 부동소수점 수를 쓸 필요가 없어진다. 출력할 때 다시 소수점을 표시해준다.

```
$wage = 536;                # $5.36/시간
$week = 40 * $wage;         # $214.40
printf("One week's wage is: \$%.2f\n", $week/100);

One week's wage is: $214.40
```

소수점 이하 15자리를 넘어서까지 비교하는 것은 거의 의미가 없다. 여러분이 사용하는 컴퓨터 하드웨어에서 그 이상의 정밀도를 보장하지 않을 것이기 때문이다.

더 알아보기

- *perlfunc*(1) 문서와 *Programming Perl* 29장에서 다루는 sprintf 함수

- *perlvar*(1) 문서와 *Programming Perl* 28장에서 다루는 `$OFMT` 변수
- Math::BigFloat 기본 모듈 문서(*Programming Perl* 32장에서도 다룬다)
- 레시피 2.2에서 `sprintf`를 사용하는 것에 대해 다루고 있다.
- *The Art of Computer Programming vol.V* 2, 4.2.2절

2.4 연속된 정수 수열에 대해 연산하기

문제

X와 Y 사이의 모든 정수에 대하여 어떤 연산을 수행하고자 한다. 예를 들어 배열의 연속된 구간에 대해 작업을 하거나 어떤 범위 안의 모든 수[1]를 처리하는 경우다.

해결책

`for` 루프를 사용하거나, `foreach` 루프 안에서 `..` 연산자를 사용한다.

```
foreach ($X .. $Y) {
    # $_에 X와 Y를 포함하여 그 사이의 모든 정수가 들어간다
}

foreach $i ($X .. $Y) {
    # $i에 X와 Y를 포함하여 그 사이의 모든 정수가 들어간다
}

for ($i = $X; $i <= $Y; $i++) {
    # $i에 X와 Y를 포함하여 그 사이의 모든 정수가 들어간다
}

for ($i = $X; $i <= $Y; $i += 7) {
    # $i에 X부터 시작해서 Y까지 7씩 증가하며 정수가 들어간다
}
```

논의

해결책에 보인 네 가지 루프 중 처음 두 가지는 `foreach` 루프에 `$X .. $Y` 구조를 사용하고 있다. 이 구조는 `$X`부터 `$Y`까지의 정수로 이뤄진 리스트를 생성한다. 여기서, 만일 여러분이 이 리스트를 단순히 배열에 할당한다면 `$X`와 `$Y`의 간격이 넓은 경우 많은 메모리를 사용하게 될 것이다. 그러나 `foreach` 루프를 사용할 경우 펄은 이를 감지하며, 임시 리스트를 저장하느라 시간과 메모리를 낭비하지 않도록 처리한다. 연속된 정수들을 순회하는 경우 동일한 일을 하는 `for` 루프보다 `foreach` 루프가 더 빨리 수행된다.

`foreach`와 `for` 루프의 또 다른 차이점은, `foreach` 루프는 루프 변수를 묵시적으

1 맞다. 모든 정수다. 모든 실수를 다 찾아내는 것은 어렵다. 칸토어(Georg Cantor, 수학자)에게 문의하라.

로 루프 내부에서 지역화(localize)하지만 for 루프는 그렇지 않다는 점이다. 다시 말하면, for 루프가 종료된 후에 루프 변수는 마지막으로 루프를 반복했을 때의 값을 유지하게 된다. 반면, foreach 루프의 경우 루프 내에서 사용된 값에는 접근할 수 없으며, 루프 변수는 루프에 진입하기 전에 담겨 있던 값을—뭔가 있었다면—그대로 담고 있게 된다. 그렇지만, 원한다면 루프 변수를 렉시컬 변수로 지정할 수도 있다.

```
foreach my $i ($X .. $Y)       { ... }
for (my $i=$X; $i <= $Y; $i++) { ... }
```

다음 코드에서는 각각의 기법을 보여준다. 여기서는 단순히 생성한 숫자들을 출력하고 있다.

```
print "Infancy is: ";
foreach (0 .. 2) {
    print "$_ ";
}
print "\n";

print "Toddling is: ";
foreach $i (3 .. 4) {
    print "$i ";
}
print "\n";

print "Childhood is: ";
for ($i = 5; $i <= 12; $i++) {
    print "$i ";
}
print "\n";

Infancy is: 0 1 2
Toddling is: 3 4
Childhood is: 5 6 7 8 9 10 11 12
```

더 알아보기

- *perlsyn*(1) 문서와 *Programming Perl* 4장의 "For Loops", "Foreach Loops" 절에서 다루는 for, foreach 연산자

2.5 로마 숫자 다루기

문제

일반적인 아라비아 숫자를 로마 숫자로, 또는 그 반대로 변환하고자 한다. 로마 숫자는 책의 각 장의 제목 앞에 붙는 숫자나 서문의 페이지 번호, 영화 크레딧의 저작권 표시 등에 쓰이곤 한다.

해결책

CPAN에 있는 Roman 모듈을 사용한다.

```
use Roman;
$roman = roman($arabic);                          # 로마 숫자로 변환
$arabic = arabic($roman) if isroman($roman);      # 로마 숫자를 아라비아 숫자로 변환
```

논의

Roman 모듈에 있는 Roman과 roman 두 함수를 사용하여 아라비아 숫자를 값이 같은 로마 숫자로 변환할 수 있다. Roman은 대문자로 변환하고 roman은 소문자로 변환한다는 점이 다르다.

이 모듈은 1부터 3999까지의 숫자만 변환할 수 있다. 로마인들은 음수나 0의 개념이 없었으며, 5000부터는 ASCII 문자 집합에 없는 기호를 사용하기 때문이다(4000은 5000에 해당하는 기호와 다른 기호를 합쳐서 표현한다).

```
use Roman;
$roman_fifteen = roman(15);                          # "xv"
print "Roman for fifteen is $roman_fifteen\n";
$arabic_fifteen = arabic($roman_fifteen);
print "Converted back, $roman_fifteen is $arabic_fifteen\n";

Roman for fifteen is xv
Converted back, xv is 15
```

다음은 올해의 연도를 출력하는 코드이다.

```
use Time::localtime;
use Roman;
printf "The year is now %s\n", Roman(1900 + localtime->year);

The year is now MMIII
```

유니코드 글꼴이 설치되어 있다면, 코드 포인트 U+2160부터 U+2183까지의 문자가 로마 숫자를 나타내는 것을 알 수 있을 것이다. 여기에는 ASCII로 표현할 수 없는 숫자들도 포함된다.

```
use charnames ":full";
print "2003 is ", "\N{ROMAN NUMERAL ONE THOUSAND}" x 2, "\N{ROMAN NUMERAL THREE}\n";
2003 is ⅯⅯⅢ
```

하지만 Roman 모듈은 이런 유니코드 문자를 사용하는 옵션이 없다.

믿거나 말거나, CPAN 모듈 중에는 로마 숫자를 산술 연산에 사용할 수 있도록 해주는 모듈도 있다.

```
use Math::Roman qw(roman);
print $a  = roman('I'); #  I
```

```
print $a += 2000;       #  MMI
print $a -= "III";      #  MCMXCVIII
print $a -= "MCM";      #  XCVIII
```

더 알아보기

- 브리타니아 백과사전의 "수학의 역사(Mathematics, History Of)" 항목
- CAPN 모듈인 Roman, Math::Roman 모듈 문서
- 레시피 6.23

2.6 난수 생성하기

문제

주어진 범위 내에서 난수를 생성하고자 한다. 배열의 인덱스 하나를 무작위로 선택하거나, 확률 게임에서 주사위를 시뮬레이션하거나, 임의의 비밀번호를 생성해내는 경우다.

해결책

펄의 rand 함수를 사용한다.

```
$random = int( rand( $Y-$X+1 ) ) + $X;
```

논의

다음 코드는 25부터 75 사이의 수 중에 하나를 선택하여 출력한다.

```
$random = int( rand(51) ) + 25;
print "$random\n";
```

rand 함수는 0부터(0도 포함된다) 인자로 받은 수까지(그 수는 포함되지 않는다)의 범위 내에서 임의의 실수 하나를 골라 반환한다. 여기서는 인자로 51을 주었고, 0 이상 51 미만의 숫자를 얻을 수 있다. 여기에 다시 정수부만 취하여 0에서 50 사이의 정수를 얻는다(50.99999...를 int에 적용하면 50이 될 것이다). 그 후 25를 더하면 결과적으로 25에서 75 사이의 정수가 된다.

이 방법을 적용한 흔한 예 중 하나는 배열에서 임의의 원소 하나를 선택하는 것이다.

```
$elt = $array[ rand @array ];
```

이것은 다음과 같다.

```
$elt = $array[ int( rand(0+@array) ) ];
```

rand는 인자가 하나인 것으로 프로토타입 선언이 되어 있기 때문에, 인자에 대하여 묵시적으로 스칼라 컨텍스트가 적용되며 스칼라 컨텍스트에서 이름이 있는 배열을 사용하면 그 배열의 원소의 개수가 된다. rand 함수는 이제 0보다 크거나 같고 인자보다 작은 부동소수점 수를 반환한다. 배열의 첨자에 부동소수점 수를 사용할 경우는 묵시적으로 정수부만 남고 버려진다(0에 가까운 방향으로 내림이 이루어진다). 결과적으로 공평한 확률로 선택된 배열 원소의 값이 $elt 변수에 담기게 된다.

주어진 문자들을 조합하여 임의의 비밀번호를 생성하는 과정도 마찬가지로 간단하다.

```
@chars = ( "A" .. "Z", "a" .. "z", 0 .. 9, qw(! @ $ % ^ & *) );
$password = join("", @chars[ map { rand @chars } ( 1 .. 8 ) ]);
```

map을 사용하여 여덟 개의 난수를 생성하여 @chars 배열의 첨자로 넣고, 배열 슬라이스를 써서 각 첨자에 해당되는 문자들을 뽑아낸 후, join으로 결합하여 하나의 비밀번호를 생성하였다. 그렇지만 이것은 좋은 난수는 아닌데, 그 이유는 이 난수의 보안성은 시드를 선택하는 방법에 따라 달라지고, 펄(오래된 버전의 경우)에서 시드를 선택하는 방법은 프로그램이 실행된 시각을 기반으로 하기 때문이다. 레시피 2.7에서 난수 생성기의 시드를 결정하는 더 좋은 방법에 대해 알아본다.

더 알아보기

- *perlfunc*(1) 문서와 *Programming Perl* 29장에서 다루는 int, rand, map, join 함수
- 레시피 2.7, 2.8, 2.9에서 난수에 관해 더 살펴본다.
- 레시피 1.13에서 난수를 사용하고 있다.

2.7 재현 가능한 난수열 만들기

문제

보통은 프로그램을 실행할 때마다 매번 다른 (의사)난수열이 생성된다. 하지만 매번 동일한 순서의 난수열이 생성되길 원할 때도 있다. 시뮬레이션을 하는 경우에 유용한데, 이를 위해서는 펄이 매번 실행될 때마다 동일한 난수 집합을 만들어야 한다.

해결책

펄의 srand 함수를 사용한다.

```
srand EXPR;    # 동일한 수열을 만들고 싶으면 EXPR 자리에 상수를 넣는다
```

논의

난수를 만드는 것은 어려운 일이다. 특수한 하드웨어를 사용하지 않는 이상, 컴퓨터가 할 수 있는 최선은 주어진 범위 내에서 "의사 난수(pseudo-random number)"를 만드는 것이다. 의사 난수는 수학 공식을 사용하여 만들 수 있다. 이 말은 *시드(seed)*, 즉 시작점이 동일하게 주어진다면, 두 프로그램이 동일한 난수를 생성하게 된다는 것이다.

srand 함수를 사용하여 의사 난수 생성기에 새로운 시드를 만들어 줄 수 있다. 인자를 주어 호출하면 그 인자가 시드로 사용되고, 인자를 주지 않고 호출할 경우에는 srand는 추측하기에 충분히 어려운 값을 골라서 시드로 사용한다.

만일 srand를 직접 사용하지 않은 상태에서 rand를 호출하면, 펄이 여러분 대신 "좋은" 시드값을 선택하여 srand를 호출한다. 따라서 여러분이 프로그램을 실행할 때마다 매번 다른 값의 난수가 나온다. 아주 예전 버전 펄은 srand를 따로 호출해 주지 않았고, 동일한 프로그램은 실행할 때마다 동일한 의사 난수 값의 수열을 생성하였다. 어떤 종류의 프로그램은 매번 다른 난수가 나오는 것을 바라지 않을 수 있다. 즉 매번 동일한 수열이 나오길 바라는 것이다. 이런 경우는 특정한 시드값을 인자로 주어 srand를 직접 호출하도록 한다.

```
srand( 42 );  # 아무 값이나 써서 고정된 시작점으로 삼는다
```

한 프로그램 안에서 srand를 두 번 이상 호출하지는 않도록 하라. 두 번 이상 호출하면 그 시점에서 그 난수 수열을 다시 시작하게 될 것이다. 물론 그게 의도한 바라면 상관없다.

펄이 기본 시드값을 잘 고른다는 것이, 생성된 난수가 용감무쌍한 크래커들을 상대할 수 있을 정도로 암호학적으로 안전하다는 것을 보장하지는 않는다. 암호학에 대한 교재를 읽어보면 암호학적으로 안전한 난수 생성기를 만드는 법을 배울 수 있을 것이다.

더 알아보기

- *perlfunc*(1) 문서와 *Programming Perl* 29장에서 다루는 srand 함수

- 레시피 2.6과 2.8
- 브루스 슈나이어(Bruce Schneier) 저, *Applied Cryptography* (John Wiley & Sons)

2.8 더욱 예측하기 힘든 난수 만들기

문제

펄에서 만들 수 있는 난수보다 더욱 예측 불가능한 난수를 만들고자 한다. 여러분 시스템에 있는 C 라이브러리의 난수 생성 시드의 한계점 때문에 가끔은 문제가 생긴다. 의사 난수의 수열은 응용프로그램에 따라서는 너무 자주 같은 수열이 반복되기도 한다.

해결책

다른 난수 생성기를 사용한다. 예를 들어 CPAN에 있는 Math::Random 모듈이나 Math::TrulyRandom 모듈 등이 있다.

```
use Math::TrulyRandom;
$random = truly_random_value();

use Math::Random;
$random = random_uniform();
```

논의

펄을 설치하는 과정에서 설치 시스템은 난수 생성을 위해 사용할 수 있는 가장 좋은 C 라이브러리 루틴을 찾으려 시도하며, *rand*(3), *random*(3), *drand48*(3) 함수를 쓸 수 있는지 검사한다. (이것은 설치할 때 수작업으로 변경할 수 있다.) 표준 라이브러리에 있는 함수들도 매우 좋지만, 오래된 구현체의 경우 `rand` 함수는 겨우 16비트의 난수만 생성하거나 알고리즘에 취약점이 있으며, 그로 인하여 충분히 임의적이지 않아서 사용 목적에 부합하지 못할 수 있다.

Math::TrulyRandom 모듈은 여러분의 시스템에 있는 타이머의 부정확한 정도를 사용하여 난수를 생성한다. 이것은 시간이 많이 걸리는 일이라서, 다수의 난수를 생성해야 할 경우에는 덜 유용하다.

Math::Random 모듈은 `randlib` 라이브러리를 사용하여 난수를 생성한다. 또한 이 모듈에는 특정한 분포를 이루는 난수를 생성할 수 있는 관련 함수들이 다양하게 포함되어 있다. 예를 들면 이항 분포, 프와송(poisson) 분포, 지수 분포 등이다.

더 알아보기

- *perlfunc*(1) 문서와 *Programming Perl* 29장에서 다루는 srand, rand 함수
- 레시피 2.6과 2.7
- CPAN 모듈인 Math::Random과 Math::TrulyRandom 모듈 문서

2.9 값이 편향된 난수 만들기

문제

난수를 생성하되 값들이 나올 확률이 동일하지 않도록 (즉 분포가 고르지 않도록) 하고 싶다. 예를 들어 웹 페이지에 임의로 선택한 배너를 표시하고 싶은데, 각 배너마다 얼마나 자주 표시할지를 나타내는 상대적인 가중치가 있거나, 정규 분포(종 모양의 곡선을 이룬다)를 따르는 동작을 시뮬레이션 하고 싶은 경우다.

해결책

가우스 (정규) 분포와 같이 어떤 특정한 함수로 나타나는 분포를 따르는 난수를 만들고 싶다면, 그 분포에 해당하는 함수나 알고리즘을 통계학 교재에서 찾아보라. 다음 서브루틴은 평균이 0이고 표준 편차가 1인 정규 분포를 따르는 난수들을 생성한다.

```
sub gaussian_rand {
    my ($u1, $u2);  # 고르게 분포되는 난수
    my $w;          # 변화량, 즉 가중치
    my ($g1, $g2);  # 가우스 분포를 따르는 난수

    do {
        $u1 = 2 * rand() - 1;
        $u2 = 2 * rand() - 1;
        $w = $u1*$u1 + $u2*$u2;
    } while ($w >= 1 || $w == 0);

    $w = sqrt( (-2 * log($w))  / $w );
    $g2 = $u1 * $w;
    $g1 = $u2 * $w;
    # 리스트 컨텍스트에서는 두 값 다, 스칼라 컨텍스트에서는 하나만 반환
    return wantarray ? ($g1, $g2) : $g1;
}
```

어떤 값들과 그 값의 가중치가 적힌 목록이 있고 그 목록에서 값을 고르고 싶다면 다음과 같이 두 단계의 절차를 거친다. 첫 번째로, weight_to_dist를 사용하여 가중치를 확률 분포로 바꾼다. 그 다음 weighted_rand를 써서 그 분포를 따른 난수 값을 고른다.

```
# weight_to_dist: 키와 가중치를 매핑하는 해시를 인자로 받아서
# 키와 확률을 매핑하는 해시를 반환
sub weight_to_dist {
    my %weights = @_;
    my %dist    = ();
    my $total   = 0;
    my ($key, $weight);
    local $_;

    foreach (values %weights) {
        $total += $_;
    }
    while ( ($key, $weight) = each %weights ) {

        $dist{$key} = $weight/$total;
    }

    return %dist;
}

# weighted_rand: 키와 확률을 매핑하는 해시를 인자로 받아
# 그 확률 분포에 따라 원소를 반환
sub weighted_rand {
    my %dist = @_;
    my ($key, $weight);
    while (1) {             # 부동소수 오차로 인한 문제를 해결하기 위해
        my $rand = rand;
        while ( ($key, $weight) = each %dist ) {
            return $key if ($rand -= $weight) < 0;
        }
    }
}
```

논의

gaussian_rand는 *박스 뮬러 변환*을 사용하여 독립적이고 균등 확률 분포를 따르는 0에서 1 사이의 난수(rand가 반환하는 값처럼) 두 개를 평균이 0이고 표준 편차가 1인 가우스 분포를 따르는 두 수로 변환한다. 평균이나 표준 편차를 다르게 하고 싶다면 gaussian_rand의 반환값에 원하는 표준 편차를 곱하고, 원하는 평균값을 더하면 된다.

```
# gaussian_rand는 앞에 나온 것을 사용
$mean = 25;
$sdev = 2;
$salary = gaussian_rand() * $sdev + $mean;
printf("You have been hired at \$%.2f\n", $salary);
```

Math::Random 모듈에는 이 알고리즘이 구현되어 있다.

```
use Math::Random qw(random_normal);
$salary = random_normal(1, $mean, $sdev);
```

weighted_rand 함수는 0에서 1 사이의 난수를 하나 고른다. 그 다음 weight_to_dist를 써서 생성한 확률표를 사용하여 방금 고른 난수에 해당하는 원소를 찾아

반환한다. 부동소수점 표현의 한계 때문에 오차가 누적되다보면 반환할 원소를 찾을 수 없는 경우가 있을 수 있다. 그런 경우 새로운 난수를 골라서 다시 시도하도록 하기 위하여 `while` 문으로 둘러쌌다.

CPAN 모듈 Math::Random에는 다양한 분포를 따르는 난수 생성 함수들이 있다.

더 알아보기

- *perlfunc*(1) 문서와 *Programming Perl* 29장에서 다루는 `rand` 함수
- 레시피 2.6
- CPAN 모듈인 Math::Random 모듈 문서

2.10 라디안 대신 도를 사용한 삼각함수

문제

펄에 기본 내장된 라디안(radian) 대신 도(degree)를 써서 삼각함수를 사용하고 싶다.

해결책

라디안을 도로, 도를 라디안으로 변환한다. (2π 라디안은 360도이다.)

```
use constant PI => (4 * atan2 (1, 1));

sub deg2rad {
    my $degrees = shift;
    return ($degrees / 180) * PI;
}
sub rad2deg {
    my $radians = shift;
    return ($radians / PI) * 180;
}
```

또는, 기본 모듈인 Math::Trig 모듈을 사용할 수도 있다.

```
use Math::Trig;

$radians = deg2rad($degrees);
$degrees = rad2deg($radians);
```

논의

삼각함수를 많이 사용해야 한다면 Math::Trig 기본 모듈이나 POSIX 모듈을 쓰는 것을 고려하라. 여기에는 펄 코어에 내장된 것보다 훨씬 더 많은 삼각함수들이 정의되어 있다. 그렇지 않다면, 첫 번째 해법에 나온 `rad2deg`와 `deg2rad` 함수를 사용

할 수 있다. π 값이 펄에 내장되어 있지는 않지만, 하드웨어가 지원하는 수준의 정확도까지 직접 계산해낼 수 있다. 위에 나온 해결책에서 `PI` 함수는 `use constant` 프래그마를 사용하여 만든 상수가 된다. π 값이 3.14159265358979 정도라는 것을 일일이 기억하는 대신 내장 함수를 컴파일 시간에 호출함으로써, 긴 숫자를 외울 필요가 없을 뿐 아니라 플랫폼이 지원하는 정밀도를 최대한 반영할 수 있다.

예를 들어 어떤 각도가 도로 주어질 때 그 각도의 사인(sin) 값을 얻고 싶다면 다음과 같이 할 수 있다.

```
# deg2rad와 rad2deg는 앞에 정의된 것이나 Math::Trig에 있는 것을 사용
sub degree_sine {
    my $degrees = shift;
    my $radians = deg2rad($degrees);
    my $result = sin($radians);
    return $result;
}
```

더 알아보기

- *perlfunc*(1) 문서와 *Programming Perl* 29장에서 다루는 `sin`, `cos`, `atan2` 함수
- 기본 모듈인 POSIX 모듈과 Math::Trig 모듈 문서 (*Programming Perl* 32장에서도 다룬다)

2.11 여러 가지 삼각함수 사용하기

문제

사인, 탄젠트, 아크코사인 등의 삼각함수 값을 계산하고자 한다.

해결책

펄에 기본적으로 내장된 삼각함수는 `sin`, `cos`, `atan2` 뿐이다. 이것을 사용하여 `tan` 함수를 비롯한 다른 삼각함수를 만들 수 있다. (어려운 삼각함수의 항등 관계에 익숙하다면 말이다.)

```
sub tan {
    my $theta = shift;

    return sin($theta)/cos($theta);
}
```

POSIX 모듈에는 다양한 삼각함수들이 있다.

```
use POSIX;

$y = acos(3.7);
```

기본 모듈 Math::Trig는 삼각함수를 완전하게 갖추고 있으며, 복소수를 대상으로 연산하거나 연산 결과로 복소수가 나오는 경우도 지원한다.

```
use Math::Trig;

$y = acos(3.7);
```

논의

위에 나온 `tan` 함수는 `$theta` 값이 π/2, 3π/2 등일 때 0으로 나누기 에러(division by zero error)가 발생할 것이다. 그 각도에 대한 코사인 값이 0이기 때문이다. 유사하게, Math::Trig 모듈에 있는 `tan` 함수를 비롯한 많은 함수들은 동일한 에러가 발생할 가능성이 있다. 이 에러를 가로채어 처리하고 싶다면 `eval`을 사용한다.

```
eval {
    $y = tan($pi/2);
} or return undef;
```

더 알아보기

- *perlfunc*(1) 문서와 *Programming Perl* 29장에서 다루는 `sin`, `cos`, `atan2` 함수
- 기본 모듈인 Math::Trig 모듈 문서
- 레시피 2.14에서 허수를 설명할 때 삼각함수에 대해 얘기한다.
- 레시피 10.12에서 `eval`을 사용하여 예외를 가로채는 법에 대해 다룬다

2.12 로그 값 구하기

문제

여러 가지 밑에 대해서 로그 값을 구하고자 한다.

해결책

밑이 *e*인 경우는 내장 함수 `log`를 사용한다.

```
$log_e = log(VALUE);
```

밑이 10인 경우는 POSIX 모듈에 있는 `log10` 함수를 쓸 수 있다.

```
use POSIX qw(log10);
$log_10 = log10(VALUE);
```

밑이 그 외 다른 값인 경우라면, 다음 항등식을 이용할 수 있다.

$$\log_n(x) = \frac{\log_e(x)}{\log_e(n)}$$

이때 x는 로그값을 구하려는 수, n은 사용하려는 밑, e는 자연로그의 밑이다.

```
sub log_base {
    my ($base, $value) = @_;
    return log($value)/log($base);
}
```

논의

log_base 함수를 사용하면 어떤 값을 밑으로 하는 로그라도 계산할 수 있다. 어떤 수를 밑으로 할지 미리 안다면, 그 밑에 대한 로그 값을 매번 계산하는 것보다 캐시로 저장하는 것이 더 효율적이다.

```
# log_base는 위에 나온 것을 사용
$answer = log_base(10, 10_000);
print "log10(10,000) = $answer\n";
log10(10,000) = 4
```

Math::Complex 모듈에 있는 logn() 루틴을 쓰면 이러한 캐싱까지 알아서 된다. 따라서 다음과 같이 쓸 수 있다.

```
use Math::Complex;
printf "log2(1024) = %lf\n", logn(1024, 2); # 인자의 순서에 주의!
log2(1024) = 10.000000
```

Math::Complex 모듈은 효율이 아주 좋지는 않으나, 향후에는 이 모듈을 C로 작성하여 속도를 향상시킬 계획이 마련되어 있다.

더 알아보기

- *perlfunc*(1) 문서와 *Programming Perl* 29장에서 다루는 log 함수
- 기본 모듈인 POSIX 모듈과 Math::Complex 모듈 문서(*Programming Perl* 32장에서도 다룬다)

2.13 행렬의 곱셈

문제

이차원 행렬 두 개를 곱하고자 한다. 수학자와 엔지니어들이 종종 해야 하는 일이다.

해결책

CPAN에 있는 PDL 모듈을 사용한다. PDL은 *펄 데이터 언어(Perl Data Language)*의 약자이며 행렬이나 수학 함수를 빠르게 처리할 수 있다.

```
use PDL;
# $a와 $b는 pdl 객체
$c = $a x $b;
```

아니면 다음과 같은 이차원 행렬 곱셈 알고리즘을 적용한다.

```
sub mmult {
    my ($m1,$m2) = @_;
    my ($m1rows,$m1cols) = matdim($m1);
    my ($m2rows,$m2cols) = matdim($m2);

    unless ($m1cols == $m2rows) {  # 예외 발생
        die "IndexError: matrices don't match: $m1cols != $m2rows";
    }

    my $result = [  ];
    my ($i, $j, $k);
    for $i (range($m1rows)) {
        for $j (range($m2cols)) {
            for $k (range($m1cols)) {
                $result->[$i][$j] += $m1->[$i][$k] * $m2->[$k][$j];
            }
        }
    }
    return $result;
}

sub range { 0 .. ($_[0] - 1) }

sub veclen {
    my $ary_ref = $_[0];
    my $type = ref $ary_ref;
    if ($type ne "ARRAY") { die "$type is bad array ref for $ary_ref" }
    return scalar(@$ary_ref);
}

sub matdim {
    my $matrix = $_[0];
    my $rows = veclen($matrix);
    my $cols = veclen($matrix->[0]);
    return ($rows, $cols);
}
```

논의

PDL 라이브러리가 설치되어 있다면, 빛처럼 빠르게 숫자를 다룰 수 있다. 이 라이브러리는 펄의 배열 조작에 비해 메모리와 CPU를 훨씬 적게 사용한다. PDL 객체를 사용할 때는, 많은 산술 연산자(+나 * 같은)들이 오버로드되어 기본적으로 원소 대 원소로 적용된다(예를 들어 *는 소위 *스칼라 곱하기* 연산자이다). 두 행렬의 곱셈을 수행하려면 오버로드된 x 연산자를 사용한다.

```
use PDL;

$a = pdl [
    [ 3, 2, 3 ],
```

```
    [ 5, 9, 8 ],
];

$b = pdl [
    [ 4, 7 ],
    [ 9, 3 ],
    [ 8, 1 ],
];

$c = $a x $b;  # x 연산자 오버로드
```

PDL 라이브러리가 없거나 간단한 문제를 풀려고 복잡한 라이브러리를 쓰고 싶지 않다면, 구식이지만 잘 동작하는 방법을 써서 직접 할 수도 있다.

```
# mmult()와 그 외 서브루틴들은 앞에 나온 것을 사용

$x = [
       [ 3, 2, 3 ],
       [ 5, 9, 8 ],
];

$y = [
       [ 4, 7 ],
       [ 9, 3 ],
       [ 8, 1 ],
];

$z = mmult($x, $y);
```

더 알아보기

- CPAN 모듈인 PDL 모듈 문서

2.14 복소수 사용하기

문제

응용프로그램에서 복소수를 다루어야 한다. 공학, 과학, 수학에서 종종 필요하다.

해결책

직접 실수부와 허수부를 따로 처리한다.

```
# 수작업으로 $c = $a * $b 계산하기
$c_real = ( $a_real * $b_real ) - ( $a_imaginary * $b_imaginary );
$c_imaginary = ( $a_real * $b_imaginary ) + ( $b_real * $a_imaginary );
```

또는 Math::Complex 기본 모듈을 사용한다.

```
# Math::Complex를 사용하여 $c = $a * $b 계산하기
use Math::Complex;
$c = $a * $b;
```

논의

3+5i와 2-2i를 직접 곱하려면 다음과 같이 한다.

```
$a_real = 3; $a_imaginary = 5;              # 3 + 5i;
$b_real = 2; $b_imaginary = -2;             # 2 - 2i;
$c_real = ( $a_real * $b_real ) - ( $a_imaginary * $b_imaginary );
$c_imaginary = ( $a_real * $b_imaginary ) + ( $b_real * $a_imaginary );
print "c = ${c_real}+${c_imaginary}i\n";
c = 16+4i
```

Math::Complex 모듈을 사용하여 다음처럼 할 수도 있다.

```
use Math::Complex;
$a = Math::Complex->new(3,5);
$b = Math::Complex->new(2,-2);
$c = $a * $b;
print "c = $c\n";
c = 16+4i
```

복소수 객체를 만들 때 생성자 cplx를 사용해서 할 수도 있고, 모듈에서 불러온 상수 *i*를 사용해서 할 수도 있다.

```
use Math::Complex;
$c = cplx(3,5) * cplx(2,-2);                # 더 읽기 쉽다
$d = 3 + 4*i;                               # 3 + 4i
printf "sqrt($d) = %s\n", sqrt($d);

sqrt(3+4i) = 2+i
```

Math::Trig 모듈은 내부적으로 Math::Complex 모듈을 사용한다. 일부 함수들이 실수축을 벗어나 복소평면까지 확장되기 때문이다. 예를 들어 2의 아크사인(arcsin 2) 값이 그렇다.

더 알아보기

- 기본 모듈인 Math::Complex 모듈 문서 (*Programming Perl* 32장에서도 다룬다)

2.15 이진수, 팔진수, 십육진수 변환하기

문제

이진수나 팔진수, 십육진수가 들어 있는 문자열("0b10110", "0x55", "0755" 등)을 그에 해당하는 수로 변환하고자 한다.

펄은 이진수, 팔진수, 십육진수가 프로그램 코드 내에 리터럴 상수로 들어있을 때만 그 숫자들을 자동으로 인식한다. 파일이나 환경 변수로부터 읽어들이거나 명령행 인자로 받은 경우는 자동으로 변환해주지 않는다.

해결책

"2e"나 "0x2e"와 같은 십육진수는 펄의 hex 함수를 사용하여 변환할 수 있다.

```
$number = hex($hexadecimal);         # 십육진수만 변환 가능 ("2e"는 47이 된다)
```

"0x2e" 같은 십육진수, "047"과 같은 팔진수, "0b101110"과 같은 이진수의 경우는 oct 함수를 사용하여 변환할 수 있다.

```
$number = oct($hexadecimal);         # "0x2e"는 47
$number = oct($octal);               # "057"은  47
$number = oct($binary);              # "0b101110"은 47
```

논의

oct 함수는 팔진수를 변환하는데, 이 팔진수는 "0350"이나 "350"처럼 앞에 "0"이 붙어있을 수도 있고 없을 수도 있다. 이름에서 연상되는 것과 달리 oct는 단지 팔진수만 변환할 수 있는 게 아니라, 앞에 "0x"가 붙어있는 십육진수("0x350")나 앞에 "0b"가 붙어있는 이진수("0b101010")도 변환할 수 있다. hex 함수는 오직 십육진수만 변환할 수 있으며, "0x255", "3A", "ff", "deadbeef" 등과 같이 앞에 "0x"가 붙어있든 붙어있지 않든 상관없이 변환할 수 있다. (각 자리의 숫자들은 대문자이든 소문자이든 상관없다.)

다음 예문은 어떤 정수를 십진수, 이진수, 팔진수, 십육진수의 형태로 받은 후 그 수를 다시 이 네 가지 진법에 따라 표시한다. 입력이 0으로 시작하는 경우 oct 함수를 사용하여 그 입력값을 변환한다. 그 다음 printf를 사용하여 이 값을 네 가지 진법으로 각각 변환한다.

```
print "Gimme an integer in decimal, binary, octal, or hex: ";
$num = <STDIN>;
chomp $num;
exit unless defined $num;
$num = oct($num) if $num =~ /^0/; # 077 0b10 0x20 등을 처리
printf "%d %#x %#o %#b\n", ($num) x 4;
```

십진법을 제외한 나머지 세 가지 진법에 대한 서식 문자 앞에 있는 # 기호는 printf에게 이번에 출력하는 정수가 어느 진법으로 표현되는지 알려주는 표시를 같이 출력하도록 지시한다. 예를 들어 255를 입력할 경우 출력은 다음과 같다.

```
255 0xff 0377 0b11111111
```

만일 # 기호를 넣지 않았다면 다음과 같이 출력되었을 것이다.

```
255 ff 377 11111111
```

다음 코드는 유닉스 파일 퍼미션을 십진수로 변환한다. 파일 퍼미션은 언제나 팔진수 값으로 주어지기 때문에, hex 대신 oct를 사용한다.

```
print "Enter file permission in octal: ";
$permissions = <STDIN>;
die "Exiting ...\n" unless defined $permissions;
chomp $permissions;
$permissions = oct($permissions);    # 퍼미션은 언제나 팔진수이다
print "The decimal value is $permissions\n";
```

더 알아보기

- *perldata*(1) 문서의 "Scalar Value Constructors" 절과 *Programming Perl* 2장의 "Numeric Literals" 절
- *perlfunc*(1) 문서와 *Programming Perl* 29장에서 다루는 oct, hex 함수

2.16 숫자에 쉼표 삽입하기

문제

숫자에 세 자리마다 쉼표를 표시하고자 한다. 사람들은 긴 숫자를 읽을 때 이렇게 쉼표로 끊어 읽는 것을 선호한다. 보고서의 경우 특히 그렇다.

해결책

소수부에는 쉼표를 찍지 않아야 하므로, 문자열을 뒤집은 후 백트래킹을 사용한다. 그 다음 정규 표현식을 사용하여 쉼표가 들어갈 자리를 찾아서 삽입한다. 마지막으로 문자열을 다시 뒤집는다.

```
sub commify {
    my $text = reverse $_[0];
    $text =~ s/(\d\d\d)(?=\d)(?!\d*\.)/$1,/g;
    return scalar reverse $text;
}
```

논의

정규 표현식을 사용할 때는 앞에서 뒤로 진행하며 작업하는 것이 뒤에서 앞으로 진행하는 것보다 훨씬 쉽다. 이런 점을 고려해서 일단 문자열을 뒤집고, 뒤에서 세 자리마다 쉼표를 삽입하는 알고리즘을 살짝 고쳐서 사용한다. 삽입이 다 되면 문자열을 다시 뒤집어서 반환한다. reverse는 스칼라 컨텍스트일 때와 리스트 컨텍스트일 때의 동작이 다르므로 여기서는 스칼라 컨텍스트를 강제로 적용했다.

이 함수는 쉼표 대신 마침표를 삽입하도록 고치기도 쉽다. 여러 나라에서 그 형

식을 사용한다.

다음은 commify 함수를 실제로 사용하는 예문이다.

```
# 읽기 쉬운 웹사이트 조회 수 카운터 :-)
use Math::TrulyRandom;
$hits = truly_random_value();       # 조회 수가 음수라니!
$output = "Your web page received $hits accesses last month.\n";
print commify($output);
Your web page received -1,740,525,205 accesses last month.
```

더 알아보기

- *perllocale*(1) 문서
- *perlfunc*(1) 문서와 *Programming Perl* 29장에서 다루는 reverse 함수
- *Mastering Regular Expressions* 2판 2장의 "Adding Commas to a Number with Lookaround" 절

2.17 복수형을 올바르게 출력하기

문제

"It took $time hours"와 같은 식으로 출력하려는데, "It took 1 hours"는 문법에 맞지 않는다. 이런 단수형과 복수형 처리를 올바르게 하고 싶다.

해결책

printf 함수와 조건부 연산자 (X ? Y : Z)를 사용하여 명사나 동사의 올바른 형태를 출력한다.

```
printf "It took %d hour%s\n", $time, $time == 1 ? "" : "s";

printf "%d hour%s %s enough.\n", $time,
        $time == 1 ? ""   : "s",
        $time == 1 ? "is" : "are";
```

또는 CPAN에 있는 Lingua::EN::Inflect 모듈을 사용한다. 이 모듈에 대해서는 아래에서 논의한다.

논의

"1 file(s) updated"와 같이 바보 같은 문구가 보이는 유일한 이유는 코드를 만든 사람이 숫자가 1인지 아닌지를 확인하지도 않을 정도로 게으르기 때문이다.

만일 출력하려는 명사의 복수형이 단순히 "-s"를 붙이는 형태가 아니라면 printf를 그에 맞춰 고쳐야 할 것이다.

```
printf "It took %d centur%s", $time, $time == 1 ? "y" : "ies";
```

간단한 경우라면 이 정도로 충분하지만 일일이 타이핑하다가 지칠 수 있다. 다음처럼 우스운 함수를 만들어야 할지도 모른다.

```
sub noun_plural {
    local $_ = shift;
    # 여기서는 순서가 정말 중요하다!
    s/ss$/sses/                             ||
    s/([psc]h)$/${1}es/                     ||
    s/z$/zes/                               ||
    s/ff$/ffs/                              ||
    s/f$/ves/                               ||
    s/ey$/eys/                              ||
    s/y$/ies/                               ||
    s/ix$/ices/                             ||
    s/([sx])$/$1es/                         ||
    s/$/s/                                  ||
                die "can't get here";
    return $_;
}
*verb_singular = \&noun_plural;    # 함수 별칭
```

예외인 경우를 알면 알수록 저 함수는 더 복잡해질 것이다. 이런 형태 변화를 처리하고 싶으면 더 유연한 해결책이 있다. CPAN에 있는 Lingua::EN::Inflect 모듈을 사용해 보라.

```
use Lingua::EN::Inflect qw(PL classical);
classical(1);                   # 이게 디폴트인 게 더 나았을 것 같다
while (<DATA>) {                # 데이터의 각 행
    for (split) {               # 그 행의 각 단어
        print "One $_, two ", PL($_), ".\n";
    }
}
# 하나 더
$_ = 'secretary general';
print "One $_, two ", PL($_), ".\n";

__END__
fish fly ox
species genus phylum
cherub radius jockey
index matrix mythos
phenomenon formula
```

출력은 다음과 같다.

```
One fish, two fish.
One fly, two flies.
One ox, two oxen.
One species, two species.
One genus, two genera.
One phylum, two phyla.
One cherub, two cherubim.
One radius, two radii.
One jockey, two jockeys.
```

```
One index, two indices.
One matrix, two matrices.
One mythos, two mythoi.
One phenomenon, two phenomena.
One formula, two formulae.
One secretary general, two secretaries general.
```

classical 부분이 없다면, 위 출력 중 일부는 다르게 나올 것이다.

```
One phylum, two phylums.
One cherub, two cherubs.
One radius, two radiuses.
One index, two indexes.
One matrix, two matrixes.
One formula, two formulas.
```

이 모듈로 할 수 있는 것은 이 뿐이 아니다. 품사에 따라 달라지는 형태의 굴절이나 동사 활용 처리, 어떤 두 단어가 단수, 복수의 차이만 있는 같은 단어인지 비교하기, 관사 *a*와 *an* 중 어느 것을 사용해야 할지 판단하기, 그 외에도 많은 기능을 제공한다.

더 알아보기

- *perlop*(1) 문서와 *Programming Perl* 3장에서 다루는 "조건부 연산자(Conditional Operator)"
- CPAN 모듈인 Lingua::EN::Inflect 모듈 문서

2.18 프로그램: 소인수 분해하기

다음 프로그램은 하나 이상의 정수를 인자로 받아서 그 수의 소인수를 뽑아낸다. 이 프로그램은 기본적으로 펄 내부의 숫자 표현법을 사용한다. 만일 인자로 받은 수가 너무 커서 부동소수점 수로 표현되면서 오차가 생길 우려가 있다면(또는 -b 옵션을 주어 실행한다면), 그때는 기본 모듈인 Math::BigInt 라이브러리를 사용하여 큰 수를 처리한다. 라이브러리를 불러오는데 `use`가 아니라 `require`와 `import`를 사용한 이유는 꼭 필요한 경우에만 불러오기 위해서이다. `use`를 사용할 경우는 컴파일 시간에 무조건 라이브러리를 불러오게 되지만, 우리는 실행 시간에 조건부로 라이브러리를 불러오도록 하였다. 이 프로그램은 암호학에서 사용하는 수준의 매우 큰 정수를 처리하는데 썩 효율적이지는 않다.

이 프로그램을 실행할 때 정수의 목록을 인자로 준다. 그러면 각 수의 소인수 목록이 출력된다.

```
% bigfact 8 9 96 2178
8          2**3
9          3**2
96         2**5 3
2178       2 3**2 11**2
```

매우 큰 수도 소인수 분해할 수 있다.

```
% bigfact 239322000000000000000000
239322000000000000000000 2**19 3 5**18 39887
% bigfact 25000000000000000000000000
25000000000000000000000000 2**24 5**26
```

예제 2-2. bigfact

```
#!/usr/bin/perl
# bigfact - 소인수 분해
use strict;
use integer;

our ($opt_b, $opt_d);
use Getopt::Std;

@ARGV && getopts('bd')        or die "usage: $0 [-b] number ...";

load_biglib() if $opt_b;

ARG: foreach my $orig ( @ARGV ) {
    my ($n, %factors, $factor);
    $n = $opt_b ? Math::BigInt->new($orig) : $orig;
    if ($n + 0 ne $n) { # 이 부분 때문에 -w 옵션은 켜지 않는다
        printf STDERR "bigfact: %s would become %s\n", $n, $n+0 if $opt_d;
        load_biglib();
        $n = Math::BigInt->new($orig);
    }
    printf "%-10s ", $n;

    # 여기서 $sqi는 $i의 제곱이다.
    # ($i + 1)**2 == $i**2 + 2*$i + 1 라는 점을 이용한다
    for (my ($i, $sqi) = (2, 4); $sqi <= $n; $sqi += 2*$i++ + 1) {
        while ($n % $i == 0) {
            $n /= $i;
            print STDERR "<$i>" if $opt_d;
            $factors{$i}++;
        }
    }

    if ($n != 1 && $n != $orig) { $factors{$n}++ }
    if (! %factors) {
        print "PRIME\n";
        next ARG;
    }
    for $factor ( sort { $a <=> $b } keys %factors ) {
        print "$factor";
        if ($factors{$factor} > 1) {
            print "**$factors{$factor}";
        }
        print " ";
    }
    print "\n";
}
```

```
# use의 동작을 흉내 내지만, 실행 시간에 이루어진다는 게 다르다
sub load_biglib {
    require Math::BigInt;
    Math::BigInt->import();          # 중요하지 않을지도?
}
```

3장

P e r l C o o k b o o k

날짜와 시간

어떤 시각을 에포크(Epoch)로부터 몇 초나 지났는지로 표시한 값이,
에포크와 그 시각 사이에 존재하는 초의 개수를 정확히 표현하고 있어야 한다고
요구하는 것은 적절하지 않다.
— IEEE 표준 1003.1b-1993 (POSIX) B.2.2.2 절

3.0 개요

시간과 날짜를 다루는 일은 중요하다. "전 달에 몇 명의 사용자가 로그인했는가?", "정오에 일어나려면 몇 초나 잘 수 있는가?", "이 사용자의 비밀번호 유효기간이 만료되지 않았는가?"처럼 흔히 볼 수 있는 질문들에 답을 하려면 놀라울 정도로 불명확한 조작과 계산을 해야 한다.

펄은 어느 특정한 시점을 표현할 때 그 시점이 *에포크(the Epoch)*라 부르는 시점에서 얼마나 지났는지를 초 단위로 표현한다. 유닉스와 다른 많은 시스템에서 에포크는 "국제 협정시(UTC, Universal Coordinated Time)[1] 기준 1970년 1월 1일 00:00"이다.

우리는 날짜와 시간에 대해 얘기할 때 종종 서로 다른 두 개념을 바꿔 말하곤 한다. 하나는 어떤 시점(날짜와 시각)이고, 또 하나는 두 시점 사이의 간격(몇 주, 몇 달, 며칠 등)이다. 에포크 기반 초 표시법은 간격과 시점을 같은 단위를 써서 나타내므로 이 간격과 시점에 대해 기본적인 산술 연산을 할 수 있다.

1 과거에 그리니치 평균시(Greenwich Mean Time, GMT)라고 불렀으나, 현재는 국제 협정시라는 표현이 선호된다.

그러나 사람들은 에포크 기반 초 표시법을 사용하는 것에 익숙하지 않다. 그보다는 연도, 월, 일, 시, 분, 초 각각의 값을 따로 사용하는 데 더 익숙하다. 게다가 월의 경우는 정식 명칭과 줄임말이 따로 있다.[2] 월 다음에 일을 표시하기도 하고 일, 월 순서로 표시하기도 한다. 다양한 형식의 시간들을 가지고 계산하기 어렵기 때문에, 보통은 사람이 입력한 문자열이나 리스트를 일단 에포크 시간으로 변환하고, 계산을 한 후, 다시 문자열이나 리스트로 만들어 출력한다.

에포크 시간은 절댓값으로 표시되는 숫자이고, 지역에 따른 시간대나 일광 절약 시간제(서머 타임) 정보는 반영되지 않는다. 에포크 시간과 일상 시간 표시를 서로 변환할 때는 항상 그 시간이 국제 협정시에 따른 시간인지 현지 지역 시간대에 따른 시간인지 따져야 한다. 국제 협정시를 현지 시간으로 변환할 때와 그 반대로 변환할 때 서로 다른 변환 함수를 사용한다.

펄의 `time` 함수는 에포크로부터 지금까지 대략 몇 초나 흘렀는지를 반환한다.[3] POSIX 표준은 `time`의 반환값에 윤초가 포함되지 않도록 하고 있다. 윤초란, 기조력에 의한 지구의 각운동량이 소실되어 자전이 느려지는 정도에 따라서 전 세계의 시계에 1초씩 집어넣어 보정하는 것이다. (자세한 내용은 *sci.astro* 뉴스그룹의 '빈번한 질문(FAQ)' 3절을 참고하라. *http://sciastro.astronomy.net/sci.astro.3.FAQ*) 에포크 시간을 연, 월, 일, 시, 분, 초 개별값들로 변환할 때는 `localtime` 함수나 `gmtime` 함수를 사용한다. 리스트 컨텍스트에서 이 함수들은 표 3-1에 나오는 아홉 개의 원소로 된 리스트를 반환한다.

변수	값	범위
`$sec`	초	0-60
`$min`	분	0-59
`$hour`	시	0-23
`$mday`	일	1-31
`$mon`	월	0-11, 0 == 1월
`$year`	연	1-138(또는 그 이상)
`$wday`	요일	0-6, 0 == 일요일
`$yday`	년도일	0-365
`$isdst`	0또는1	일광 절약 시간제 적용 중일 때 참

표 3-1 localtime과 gmtime이 반환하는 값의 의미와 범위

2 (옮긴이) January와 Jan. 등

3 실제로는 정확한 값보다 약간 적다. 더 정확히 말하면 이 책을 집필하는 시점에는 22초 느린 셈이다.

초의 범위가 0에서 60까지인 이유는 윤초를 지원하기 위해서다. 다양한 표준 기구들이 윤초를 언제 적용할지를 제안하며, 이 여분의 일초가 언제 적용될지는 그때그때 다르다.

지금부터는 연, 월, 일, 시, 분, 초 값들로 구성된 목록을 언급할 때 연월일시분초(DMYHMS)라고 쓰도록 한다.[4] 매번 "개별적인 연도, 월, 일, 시, 분, 초 값들"이라고 읽고 쓰기 번거롭기 때문이지 다른 이유는 없다. 또한 개별 값들이 꼭 저 단어에 적힌 순서대로 나열되어야 한다는 뜻도 아니다.

연도의 경우 실제 연도의 마지막 두 자리만 반환하는 것이 *아니다*. 반환되는 값은 실제 연도에서 1900을 뺀 값이며, 결과적으로 1999년까지는 이 값은 두 자리 숫자가 된다. 여러분이 직접 만들어내지 않는 이상 펄에는 2000년 문제가 발생할 여지는 구조적으로 없다. (그러나 여러분이 2038년까지 계속 32비트 시스템을 사용할 경우는 컴퓨터나 펄에서 2038년 문제가 발생할 수 있다.) 연도값 전체를 얻으려면 1900을 더해야지 `"20$year"`과 같은 식으로 하면 안 된다. 그랬다가는 연도가 `"20103"`과 같은 식으로 나올 것이다. 연도값의 범위를 바꿀 수는 없는데, 왜냐하면 이것은 여러분이 사용하는 운영체제에서 에포크 기반 시간을 저장하기 위해 사용하는 정수형의 크기에 따라 결정되기 때문이다. 작은 정수형을 쓰면 작은 범위만 다룰 수 있고, 큰(64비트 같이) 정수형을 쓰면 매우 큰 범위를 다룰 수 있다.

스칼라 컨텍스트에서 `localtime`이나 `gmtime`을 호출할 경우, 날짜와 시각을 ASCII 문자열 형식으로 반환한다.

```
Fri Apr 11 09:27:08 1997
```

기본 모듈인 Time::tm 모듈은 위의 각 항목값에 이름을 써서 접근할 수 있는 인터페이스를 제공한다. 기본 모듈 Time::localtime과 Time::gmtime은 `localtime`, `gmtime` 함수를 오버라이드하여 값의 리스트 대신에 Time::tm 객체를 반환한다. 다음 두 코드를 비교해 보라.

```
# 배열을 사용
print "Today is day ", (localtime)[7], " of the current year.\n";
Today is day 117 of the current year.

# Time::tm 객체를 사용
use Time::localtime;
$tm = localtime;
print "Today is day ", $tm->yday, " of the current year.\n";
Today is day 117 of the current year.
```

4 (옮긴이) 원문 순서로는 일월연시분초

반대로 일반적인 시각 표기를 에포크 시간으로 변환하고자 한다면 Time::Local 기본 모듈을 사용한다. 이 모듈에는 timelocal, timegm 함수가 있으며 이 함수들은 인자로 원소가 아홉 개인 리스트를 받아서 하나의 정수값을 반환한다. 인자 리스트에 담긴 각 원소의 의미와 그 원소 값의 범위는 localtime이나 gmtime에서 반환하는 내용과 동일하다.

에포크 시간의 범위는 정수형 데이터의 크기에 의해 제한된다. 에포크 시간을 32비트 부호형 정수에 저장한다면, 표현할 수 있는 날짜는 UTC 기준으로 1901년 12월 13일 20:45:52부터 2038년 1월 19일 03:14:07까지다. 2038년도에는 컴퓨터들이 에포크 시간을 더 큰 정수형에 저장하도록 바뀌어 있을 것으로 예상된다. 이 범위를 벗어난 날짜에 대해 연산을 하고자 한다면 다른 저장법을 사용하거나 연월일 개별 값을 가지고 수행해야 한다.

CPAN에 있는 Date::Calc 모듈과 Date::Manip 모듈은 이렇게 각 단위의 개별 값을 가지고 작업을 한다. 주의할 점은 연도를 나타낼 때 localtime처럼 1900을 빼야 한다거나, 달이나 주를 셀 때 항상 0에서 시작할 필요는 없다는 점이다. 언제나 그렇듯이, 매뉴얼 페이지를 참조하여 올바른 데이터를 넘겨주거나 돌려받고 있는지 확인하여야 한다. 여러분이 1,900년도 달력에 기반하여 회사의 급여액을 계산하고 있었다는 걸 깨닫게 되면 매우 당황스러울 것이다.

3.1 오늘 날짜 계산하기

문제

오늘이 몇 년 몇 월 며칠인지 알고자 한다.

해결책

localtime 함수를 사용한다. 이 함수는 아무 인자도 없이 호출되면 현재 날짜와 시각을 나타내는 값들을 반환한다. 반환된 리스트로부터 원하는 정보를 뽑아낼 수 있다.

```
($DAY, $MONTH, $YEAR) = (localtime)[3,4,5];
```

또는 Time::localtime 모듈을 사용한다. 이 경우 localtime 함수가 Time::tm 객체를 반환하도록 오버라이드된다.

```
use Time::localtime;
$tm = localtime;
($DAY, $MONTH, $YEAR) = ($tm->mday, $tm->mon, $tm->year);
```

논의

다음은 오버라이드되지 않은 localtime을 사용하여 현재 날짜를 "YYYY MM DD" 형식으로 출력하는 방법이다.

```
($day, $month, $year) = (localtime)[3,4,5];
printf("The current date is %04d %02d %02d\n", $year+1900, $month+1, $day);
The current date is 2003 03 06
```

localtime이 반환하는 리스트에서 원하는 필드만 뽑아내기 위해서 리스트 슬라이스를 사용하였다. 이 부분은 다음과 같이 적을 수도 있다.

```
($day, $month, $year) = (localtime)[3..5];
```

Time::localtime 모듈을 사용하여 현재 날짜를 "YYYY-MM-DD" 형식(ISO 8601 표준 방식이다)으로 출력하는 방법은 다음과 같다.

```
use Time::localtime;
$tm = localtime;
printf("The current date is %04d-%02d-%02d\n", $tm->year+1900,
    ($tm->mon)+1, $tm->mday);
The current date is 2003-03-06
```

객체지향 인터페이스는 짧은 프로그램에 쓰기에는 어울리지 않는 것처럼 보일 수 있다. 그러나 이런 날짜 항목들을 가지고 빈번하게 작업할 경우, 이름을 사용하여 접근하면 코드를 이해하기 훨씬 쉬워진다.

다음은 임시 변수를 쓰지 않는, 더 어지러운 코드다.

```
printf("The current date is %04d-%02d-%02d\n",
       sub {($_[5]+1900, $_[4]+1, $_[3])}->(localtime));
```

POSIX 모듈에 있는 strftime을 사용할 수도 있다. 이 함수는 레시피 3.8에서도 다룬다.

```
use POSIX qw(strftime);
print strftime "%Y-%m-%d\n", localtime;
```

gmtime 함수는 localtime과 동일한 동작을 하는데, 현지 시간대 대신 UTC 기준으로 시각을 반환한다는 점이 다르다.

더 알아보기

- *perlfunc*(1) 문서와 *Programming Perl* 29장에서 다루는 localtime, gmtime 함수
- 기본 모듈인 Time::localtime 모듈 문서

3.2 연월일시분초를 에포크 시간으로 변환하기

문제

연, 월, 일, 시, 분, 초 값들로 표시된 날짜와 시간을 에포크 시간으로 변환하고자 한다.

해결책

기본 모듈 Time::Local에서 제공하는 `timelocal`이나 `timegm` 함수를 사용한다. 변환하려는 시각이 현지 시각이면 `timelocal`을, 국제 협정시면 `timegm`을 사용한다.

```
use Time::Local;
$TIME = timelocal($sec, $min, $hours, $mday, $mon, $year);
$TIME = timegm($sec, $min, $hours, $mday, $mon, $year);
```

논의

내장 함수인 `localtime`은 에포크 시간을 연월일시분초 값으로 변환한다. 기본 모듈 Time::Local에 있는 `timelocal` 함수는 반대로 개별 값들로 구분된 연월일시분초 값을 에포크 시간으로 변환한다. 다음 코드는 오늘 날짜의 특정 시분초에 해당되는 에포크 시간을 계산한다. 오늘이 몇 년 몇 월 며칠인지 알기 위해 `localtime`을 사용한다.

```
# $hours, $minutes, $seconds는 현지 시간대 기준으로 오늘 날짜의
# 특정한 시각을 나타낸다.
use Time::Local;
$time = timelocal($seconds, $minutes, $hours, (localtime)[3,4,5]);
```

`timelocal`에 인자로 연도와 월을 전달할 때, 그 인자들의 범위는 `localtime`이 반환하는 범위와 동일하다. 다시 말해서 월을 나타내는 값은 0부터 시작하며, 연도를 나타내는 값은 실제 연도에서 1900을 뺀 값이어야 한다.

`timelocal` 함수는 연월일시분초 값이 현지 시간대에 맞춰져 있다고 가정한다. Time::Local 모듈에는 `timegm` 함수도 있는데 이 함수는 연월일시분초 값이 국제 협정시(UTC) 기준이라고 가정한다. 불행하게도, 현지 시간대와 국제 협정시를 제외한 나머지 다른 시간대로 변환하는 간편한 방법은 없다. 여러분이 할 수 있는 최선의 방법은 일단 UTC로 변환한 후에 해당 지역 시간대에 따른 차이를 초 값으로 환산하여 더하거나 빼는 것이다.

아래의 코드는 `timegm`의 용법과 더불어 연도와 월 값의 범위를 조절하는 방법을 보여준다.

```
# $day는 한 달의 각 날 (1-31)
# $month는 한 해의 각 월 (1-12)
# $year는 네 자리 숫자로 된 연도, 1967 등
# $hours, $minutes, $seconds는 UTC (GMT) 기준
use Time::Local;
$time = timegm($seconds, $minutes, $hours, $day, $month-1, $year-1900);
```

이 장의 개요에서 설명했듯이, 에포크 시간은 1901년 12월 13일 금요일 20:45:52 이전이나 2038년 1월 19일 화요일 03:14:07 이후의 시각을 나타낼 수 없다. 그런 시각을 에포크 시간으로 변환하지 않도록 하라. 이런 경우 CPAN에 있는 Date:: 모듈을 사용한다.

더 알아보기

- 기본 모듈 Time::Local 모듈 문서(*Programming Perl* 32장에서도 다룬다)
- 레시피 3.3에서 반대로 변환하는 방법을 다루고 있다.

3.3 에포크 시간을 연월일시분초로 변환하기

문제

에포크 시간으로 표현된 어떤 시각에 해당되는 연월일시분초 값들을 구하고자 한다.

해결책

`localtime`이나 `gmtime` 함수를 사용한다.

```
($seconds, $minutes, $hours, $day_of_month, $month, $year,
    $wday, $yday, $isdst) = localtime($time);
```

기본 모듈 Time::timelocal 모듈과 Time::gmtime 모듈은 `localtime`과 `gmtime` 함수를 오버라이드하여 각 항목의 값들을 이름을 사용하여 접근할 수 있게 해준다.

```
use Time::localtime;        # 또는 Time::gmtime
$tm = localtime($TIME);     # 또는 gmtime($TIME)
$seconds = $tm->sec;
# ...
```

논의

`localtime`과 `gmtime` 함수가 반환하는 연도와 월 값은 다소 이상하게 보인다. 연도는 실제 연도에서 1900을 뺀 값이며, 1월을 나타내는 월 값은 0이다. 다음 예제에서처럼, 연도와 월의 시작값을 적절히 보정하도록 하라.

```
($seconds, $minutes, $hours, $day_of_month, $month, $year,
    $wday, $yday, $isdst) = localtime($time);
printf("Dateline: %02d:%02d:%02d-%04d/%02d/%02d\n",
    $hours, $minutes, $seconds, $year+1900, $month+1,
    $day_of_month);
```

임시 변수를 사용하지 않고 Time::localtime 모듈을 사용할 수도 있다.

```
use Time::localtime;
$tm = localtime($time);
printf("Dateline: %02d:%02d:%02d-%04d/%02d/%02d\n",
    $tm->hour, $tm->min, $tm->sec, $tm->year+1900,
    $tm->mon+1, $tm->mday);
```

더 알아보기

- *perlfunc*(1) 문서와 *Programming Perl* 29장에서 다루는 `localtime` 함수
- 기본 모듈인 Time::localtime 모듈과 Time::gmtime 모듈 문서
- 레시피 3.2에서 반대로 변환하는 방법을 다루고 있다.

3.4 날짜를 더하거나 빼기

문제

어떤 날짜와 시각이 주어졌을 때, 그 시각부터 어느 기간만큼 지나거나 거슬러 갔을 때의 날짜와 시각을 알고자 한다.

해결책

간단히 에포크 시간을 더하거나 뺀다.

```
$when = $now + $difference;
$then = $now - $difference;
```

만일 주어진 시각이 연월일시분초로 나타나있다면, CPAN에 있는 Date::Calc 모듈을 사용한다. 단지 일 단위로만 계산할 거라면 `Add_Delta_Days` 함수를 쓰면 된다. (`$offset`은 더하거나 뺄 날의 수를 나타내는 양의 정수 또는 음의 정수다.)

```
use Date::Calc qw(Add_Delta_Days);
($y2, $m2, $d2) = Add_Delta_Days($y, $m, $d, $offset);
```

시, 분, 초도(다시 말해서 날짜뿐 아니라 시각도) 고려를 해야 한다면, `Add_Delta_DHMS` 함수를 쓴다.

```
use Date::Calc qw(Add_Delta_DHMS);
($year2, $month2, $day2, $h2, $m2, $s2) =
    Add_Delta_DHMS( $year, $month, $day, $hour, $minute, $second,
                $days_offset, $hour_offset, $minute_offset, $second_offset );
```

논의

다시 날짜와 시각으로 변환해야 하는 노력을 생각하지 않는다면 에포크 시간을 가지고 계산하는 게 제일 쉽다. 다음 코드는 주어진 날짜와 시각으로부터 어떤 간격(이 경우 55일 2시간 17분 5초)이 지난 후의 날짜와 시각을 계산하는 방법을 보여준다.

```
$birthtime = 96176750;                  # 1973년 1월 18일, 3:45:50 am
$interval = 5 +                         # 5 초
            17 * 60 +                   # 17 분
            2  * 60 * 60 +              # 2 시간
            55 * 60 * 60 * 24;          # 55 일
$then = $birthtime + $interval;
print "Then is ", scalar(localtime($then)), "\n";
Then is Wed Mar 14 06:02:55 1973
```

Date::Calc 모듈에 있는 Add_Delta_DHMS 함수를 사용하여 이런 변환 과정 없이 계산할 수도 있다.

```
use Date::Calc qw(Add_Delta_DHMS);
($year, $month, $day, $hh, $mm, $ss) = Add_Delta_DHMS(
    1973, 1, 18, 3, 45, 50, # 1973년 1월 18일, 3:45:50 am
             55, 2, 17, 5); # 55 일, 2 시간, 17 분, 5초
print "To be precise: $hh:$mm:$ss, $month/$day/$year\n";
To be precise: 6:2:55, 3/14/1973
```

항상 그렇듯이, 함수에 넣을 수 있는 인자값의 올바른 범위를 알고 있어야 한다. Add_Delta_DHMS 함수는 완전한 형태의 연도값을 받는다. 즉 1900을 굳이 뺄 필요가 없다. 1월을 나타내는 월 값은 0이 아니라 1이다. Date::Calc 모듈의 Add_Delta_Days 함수의 경우도 마찬가지다.

```
use Date::Calc qw(Add_Delta_Days);
($year, $month, $day) = Add_Delta_Days(1973, 1, 18, 55);
print "Nat was 55 days old on: $month/$day/$year\n";
Nat was 55 days old on: 3/14/1973
```

더 알아보기

- CPAN 모듈인 Date::Calc 모듈 문서

3.5 두 날짜의 간격 알아내기

문제

어떤 두 날짜나 두 시각이 며칠이나 차이가 나는지 알고자 한다.

해결책

두 날짜가 에포크 시간으로 표현되어 있고 그 값의 범위가 1901년 12월 13일 금요일

20:45:52부터 2038년 1월 19일 화요일 03:14:07 사이라면, 한 날짜에서 다른 날짜를 뺀 후에 그 결과로 나온 초 값을 일 단위로 변환한다.

```
$seconds = $recent - $earlier;
```

두 날짜가 연월일시분초 값으로 표현되어 있거나 에포크 시간의 범위가 제한 범위를 벗어날 수도 있다면, CPAN에 있는 Date::Calc 모듈을 사용한다. 이 모듈을 쓰면 두 날짜 사이의 간격을 계산할 수 있다.

```
use Date::Calc qw(Delta_Days);
$days = Delta_Days( $year1, $month1, $day1, $year2, $month2, $day2);
```

시각까지 고려한 차이를 구할 수도 있다.

```
use Date::Calc qw(Delta_DHMS);
($days, $hours, $minutes, $seconds) =
  Delta_DHMS( $year1, $month1, $day1, $hour1, $minute1, $seconds1,  # 둘 중 이른 시각
              $year2, $month2, $day2, $hour2, $minute2, $seconds2); # 둘 중 늦은 시각
```

논의

에포크 시간을 사용할 때 문제점은 이 큰 정수값을 사람이 읽을 수 있는 형태로 다시 바꿔야 한다는 점이다. 다음 예제는 에포크 시간을 그에 해당하는 연, 월, 일, 시, 분, 초 값으로 변환하는 한 가지 방법을 보여준다.

```
$bree = 361535725;          # 1981년 6월 16일, 4:35:25
$nat  =  96201950;          # 1973년 1월 18일, 3:45:50

$difference = $bree - $nat;
print "There were $difference seconds between Nat and Bree\n";
There were 265333775 seconds between Nat and Bree

$seconds    =  $difference % 60;
$difference = ($difference - $seconds) / 60;
$minutes    =  $difference % 60;
$difference = ($difference - $minutes) / 60;
$hours      =  $difference % 24;
$difference = ($difference - $hours)   / 24;
$days       =  $difference % 7;
$weeks      = ($difference - $days)    /  7;

print "($weeks weeks, $days days, $hours:$minutes:$seconds)\n";
(438 weeks, 4 days, 23:49:35)
```

Date::Calc 모듈을 사용하면 이런 계산을 쉽게 할 수 있다. `Delta_Days` 함수는 두 날짜가 며칠이나 떨어져 있는지를 계산하여 반환한다. 이 함수는 두 날짜의 연, 월, 일 값들을 리스트로 받는다. 두 날짜는 시간순으로 주어져야 한다. 즉 더 이른 날짜가 먼저 와야 한다.

```
use Date::Calc qw(Delta_Days);
@bree = (1981, 6, 16);      # 1981년 6월 16일
@nat  = (1973, 1, 18);      # 1973년 1월 18일
$difference = Delta_Days(@nat, @bree);
print "There were $difference days between Nat and Bree\n";
There were 3071 days between Nat and Bree
```

Delta_DHMS 함수는 인자로 받은 두 시각의 간격을 일, 시, 분, 초 값의 리스트로 반환한다.

```
use Date::Calc qw(Delta_DHMS);
@bree = (1981, 6, 16, 4, 35, 25);   # 1981년 6월 16일, 4:35:25
@nat  = (1973, 1, 18, 3, 45, 50);   # 1973년 1월 18일, 3:45:50
@diff = Delta_DHMS(@nat, @bree);
print "Bree came $diff[0] days, $diff[1]:$diff[2]:$diff[3] after Nat\n";
Bree came 3071 days, 0:49:35 after Nat
```

더 알아보기

- CPAN 모듈 Date::Calc 모듈 문서

3.6 주/월/연 내의 일 차, 연 내의 주 차

문제

에포크 시간 또는 연월일시분초 단위로 주어진 어떤 날짜가 있다. 이 날짜가 일 년 중 몇 번째 주에 해당하는지, 한 주 중 어느 요일에 해당하는지, 한 달 중 몇 번째 날에 해당하는지, 일 년 중 몇 번째 날인지 등을 알고자 한다.

해결책

에포크 시간이 주어지면 일 년 중 몇 번째 날인지, 한 달 중 몇 번째 날인지, 한 주의 몇 번째 날인지는 localtime 함수를 써서 알아낼 수 있다. 일 년 중 몇 주 차에 해당하는지는 쉽게 계산할 수 있다(하지만 표준에 따른 계산 방법은 좀 다르므로 아래 논의를 참조하라.)

```
($MONTHDAY, $WEEKDAY, $YEARDAY) = (localtime $DATE)[3,6,7];
$WEEKNUM = int($YEARDAY / 7) + 1;
```

연월일시분초 값으로 주어질 경우, 이것을 레시피 3.2에 나온 것처럼 에포크 시간으로 변환한 후에 위 해결책을 사용할 수 있다. 또는 CPAN 모듈 Date::Calc에 있는 Day_of_Week, Week_Number, Day_of_Year 함수를 사용할 수 있다.

```
use Date::Calc qw(Day_of_Week Week_Number Day_of_Year);
# $year, $month, $day가 주어졌다고 하자.
# $day는 한 달 중 몇 번째 날인지를 나타낸다.
$wday = Day_of_Week($year, $month, $day);
```

```
$wnum = Week_Number($year, $month, $day);
$dnum = Day_of_Year($year, $month, $day);
```

논의

Day_of_Week, Week_Number, Day_of_Year 함수를 사용할 때는 연도는 1900을 뺄 필요 없이 그대로 쓰면 된다. 월은 1월이 0이 아니라 1에 대응된다. Day_of_Week 함수의 반환값은 1부터 7까지이며(월요일이 1이고 일요일이 7이다), 에러가 발생할 경우(날짜가 올바르지 않다든가 하는 경우)에 0을 반환한다.

```
use Date::Calc qw(Day_of_Week Week_Number Day_of_Week_to_Text);

$year  = 1981;
$month = 6;         # (6월)
$day   = 16;

$wday = Day_of_Week($year, $month, $day);
print "$month/$day/$year was a ", Day_of_Week_to_Text($wday), "\n";
## 해결책 코드에 있는 주석 참고
$wnum = Week_Number($year, $month, $day);
print "in the $wnum week.\n";
6/16/1981 was a Tuesday
in week number 25.
```

한 해의 첫 주가 언제부터인지는 각 나라의 표준 제정 기구마다 다르게 정할 수 있다. 예를 들어서 노르웨이에서는 한 해의 첫 주는 그해에 해당하는 날짜가 나흘 이상 포함되어 있어야 한다(또 한 주의 시작은 월요일부터다). 만일 1월 1일이 있는 주에 그해에 해당되는 날이 삼일 밖에 없거나 더 적다면, 그 주는 지난해의 52번째(또는 53번째) 주로 간주된다. 미국에서는 그해의 첫 월요일이 첫 주간의 시작으로 간주된다. 이런 규정이 주어지면 여러분은 직접 알고리즘을 만들거나, 적어도 Date::Manip 모듈의 UnixDate 함수에서 사용되는 %G, %L, %W, %U 형식에 대해 살펴봐야 한다.

더 알아보기

- *perlfunc*(1) 문서와 *Programming Perl* 29장에서 다루는 localtime 함수
- CPAN 모듈 Date::Calc 모듈 문서

3.7 문자열에서 날짜와 시각 추출하기

문제

어떤 문자열 안에 임의의 형식으로 적혀 있는 날짜나 시각을 읽고 해석하여 개별적인 연, 월 등의 값을 얻고자 한다.

해결책

날짜가 이미 숫자로 적혀 있거나, 쉽게 해석할 수 있도록 규격화된 형식으로 되어 있다면 정규 표현식을 사용하여 (그리고 각 달의 명칭을 숫자로 대응시키는 해시도 같이 사용하여) 연, 월, 일의 각 값을 추출해낸다. 그리고 기본 모듈인 Time ::Local 모듈의 timelocal 함수와 timegm 함수를 사용하여 이 값들을 에포크 시간으로 변환한다.

```
use Time::Local;
# $date는 "2003-02-13"이다 (YYYY-MM-DD 형식).
($yyyy, $mm, $dd) = ($date =~ /(\d+)-(\d+)-(\d+)/);
# 현지 시간 기준으로 저 날짜의 자정에 해당하는 에포크 시간을 구한다
$epoch_seconds = timelocal(0, 0, 0, $dd, $mm-1, $yyyy);
```

좀 더 유연한 해결책을 원하면, CPAN 모듈 Date::Manip에 있는 ParseDate 함수를 사용한 후 UnixDate 함수를 써서 각 항목의 값들을 추출한다.

```
use Date::Manip qw(ParseDate UnixDate);
$date = ParseDate($STRING);
if (!$date) {
    # 올바르지 않은 날짜
} else {
    @VALUES = UnixDate($date, @FORMATS);
}
```

논의

ParseDate 함수는 다양한 형식을 유연하게 받아들인다. 심지어 "today", "2 weeks ago Friday", "2nd Sunday in 1996", "last Sunday in December"와 같은 문자열들도 처리할 수 있다. 뿐만 아니라 전자우편이나 뉴스그룹 메시지 헤더에 있는 날짜와 시간 형식도 인식한다. 이 함수는 날짜를 계산한 후 "YYYYMMDDHH:MM:SS" 형식의 문자열로 반환한다. 이런 형식의 문자열 두 개를 비교하여 두 날짜를 비교할 수 있지만, 날짜를 더하거나 빼는 등의 산술연산은 어렵다. 따라서 더 선호되는 형식으로 연, 월, 일 값을 뽑아내기 위하여 UnixDate 함수를 사용한다.

UnixDate 함수는 날짜(ParseDate가 반환한 형식)와 서식 목록을 인자로 받는다. 이 함수는 각 서식을 문자열에 적용한 후 그 결과를 반환한다. 서식 문자열은 날짜와 시각을 구성하는 값들 중 원하는 요소가 무엇인지, 그리고 그 요소가 어떤 형식으로 표현될지를 지정한다. 예를 들어서 %Y는 연도를 네 자리 숫자로 나타내는 서식이다. 다음 예제를 보라.

```
use Date::Manip qw(ParseDate UnixDate);
while (<>) {
    $date = ParseDate($_);
```

```
    if (!$date) {
        warn "Bad date string: $_\n";
        next;
    } else {
        ($year, $month, $day) = UnixDate($date, "%Y", "%m", "%d");
        print "Date was $month/$day/$year\n";
    }
}
```

더 알아보기

- CPAN 모듈 Date::Manip 모듈 문서
- 레시피 3.11에서도 이 모듈을 사용한다.

3.8 날짜 출력하기

문제

에포크 시간으로 표현된 날짜와 시간을 사람이 읽을 수 있는 형식으로 출력하고 싶다.

해결책

localtime이나 gmtime 함수를 스칼라 컨텍스트에서 사용하면, 에포크 시간을 인자로 받아서 Tue July 22 05:15:20 2003과 같은 형식의 문자열을 반환한다.

```
$STRING = localtime($EPOCH_SECONDS);
```

또는 기본 모듈인 POSIX 모듈에 있는 strftime을 쓰면 연월일시분초 값들을 받아서 원하는 형식의 문자열로 만들 수 있다.

```
use POSIX qw(strftime);
$STRING = strftime($FORMAT, $SECONDS, $MINUTES, $HOUR,
                   $DAY_OF_MONTH, $MONTH, $YEAR, $WEEKDAY,
                   $YEARDAY, $DST);
```

CPAN 모듈 Date::Manip에 있는 UnixDate 함수는 날짜를 다루도록 특화된 sprintf인 것처럼 동작한다. 이 함수는 인자로 Date::Manip 날짜 값을 받는다. POSIX::strftime 대신에 Date::Manip를 사용할 경우 시스템이 POSIX 표준을 준수하지 않아도 된다는 추가적인 장점이 있다.

```
use Date::Manip qw(UnixDate);
$STRING = UnixDate($DATE, $FORMAT);
```

논의

가장 간단한 해결책은 이미 펄에 내장되어 있다. localtime 함수를 사용하는 것이다. 스칼라 컨텍스트에서 이 함수를 쓰면 특정한 형식으로 된 문자열을 반환한다.

```
Wed July 16 23:58:36 2003
```

문자열의 형식이 제한되어 있긴 하지만 간단한 코드에는 무난하게 쓸 수 있다.

```
use Time::Local;
$time = timelocal(50, 45, 3, 18, 0, 73);
print "Scalar localtime gives: ", scalar(localtime($time)), "\n";
Scalar localtime gives: Thu Jan 18 03:45:50 1973
```

물론 localtime을 쓰려면 날짜와 시각이 에포크 시간으로 주어져야 한다. POSIX::strftime은 연월일시분초 값과 서식 문자열을 받아서 그 서식에 따라 만들어진 문자열을 반환한다. 이 서식 문자열은 printf에서 쓰이는 것과 유사하다. %로 시작하는 지시자를 써서 출력 문자열에 들어갈 필드를 지정할 수 있다. 이런 지시자의 전체 목록은 여러분이 사용하는 시스템의 strftime 함수 문서에서 볼 수 있다. strftime 함수에 전달하는 인자값의 종류와 범위는 localtime이 반환하는 값과 동일하다.

```
use POSIX qw(strftime);
use Time::Local;
$time = timelocal(50, 45, 3, 18, 0, 73);
print "strftime gives: ", strftime("%A %D", localtime($time)), "\n";
strftime gives: Thursday 01/18/73
```

POSIX::strftime을 사용할 때는 모든 값이 시스템의 국가 설정에 따라서 그 국가에서 사용되는 형태로 출력된다. 따라서 만일 프랑스에서 실행한다면 "Sunday" 대신에 "Dimanche"가 출력될 것이다. 주의할 점은 POSIX 함수 strftime의 펄 인터페이스는 날짜가 현재 지역 시간대 기준인 것으로 가정한다는 점이다.

POSIX strftime 함수를 쓸 수 없는 환경이라면 레시피 3.6에서 다뤘듯이 언제나 믿고 쓸 수 있는 CPAN 모듈 Date::Manip가 있다.

```
use Date::Manip qw(ParseDate UnixDate);
$date = ParseDate("18 Jan 1973, 3:45:50");
$datestr = UnixDate($date, "%a %b %e %H:%M:%S %z %Y");    # 스칼라 컨텍스트에서 반환
print "Date::Manip gives: $datestr\n";
Date::Manip gives: Thu Jan 18 03:45:50 GMT 1973
```

더 알아보기

- *perlfunc*(1) 문서와 *Programming Perl* 29장에서 다루는 gmtime, localtime 함수
- *perllocale*(1) 문서
- 시스템에 있는 *strftime*(3) 매뉴얼 페이지

- POSIX 모듈 문서 (*Programming Perl* 32장에서도 다룬다)
- CPAN 모듈 Date::Manip 모듈 문서

3.9 고해상도 타이머

문제

time 함수가 반환하는 초 단위보다 더 짧은 간격으로 시간을 측정하고 싶다.

해결책

펄 버전 5.8부터 기본 모듈로 포함된 Time::HiRes 모듈에는 다음 기능들이 들어가 있고, 대부분의 시스템에서 사용할 수 있다.

```
use Time::HiRes qw(gettimeofday);
$t0 = gettimeofday();
## 어떤 작업을 한다
$t1 = gettimeofday();
$elapsed = $t1 - $t0;
# $elapsed에는 $t0과 $t1 사이에 몇 초가 소요되었는지
# 부동소수점 수로 저장된다.
```

논의

다음 코드는 사용자가 엔터키를 누를 때까지 얼마나 걸렸는지 측정하여 보여준다.

```
use Time::HiRes qw(gettimeofday);
print "Press return when ready: ";
$before = gettimeofday();
$line = <STDIN>;
$elapsed = gettimeofday() - $before;
print "You took $elapsed seconds.\n";
```

```
Press return when ready:
You took 0.228149 seconds.
```

이 모듈에 있는 gettimeofday 함수는 리스트 컨텍스트에서 호출되면 초 단위의 값과 마이크로초 단위의 값 두 원소로 이루어진 리스트를 반환하며, 스칼라 컨텍스트에서 호출되면 이 두 값을 합한 부동소수점 수를 반환한다. 이 모듈에 있는 time 함수를 불러와서 같은 이름의 내장 함수를 대체할 수 있다. 이 함수는 언제나 gettimeofday를 스칼라 컨텍스트에서 호출한 것처럼 동작한다.

이 모듈은 또한 usleep과 ualarm 함수를 제공한다. 이 함수들은 펄 내장 함수 sleep과 alarm을 대체할 수 있는 함수로서, 초 단위가 아니라 마이크로초 단위로 제어할 수 있다. 이 두 함수는 인자를 마이크로초 단위로 받는다. 아니면 모듈에 있는 sleep과 alarm 함수를 불러와서 초 값을 정수로 받는 내장 함수를 대체하고, 인자로 초 값을 부동소수점 수로 넘겨줄 수 있다. 여러분의 시스템에 저레벨 itimer 루틴들이 있다면, 그 루틴에 접근할 수 있도록 setitimer와 getitimer 함수도 제공한다.

만일 시스템이 이 모듈을 지원하지 않는다면 syscall 함수를 사용하여 수작업으로 할 수도 있다. Time::HiRes 모듈과, 이와 동일한 일을 하는 syscall을 사용한 코드를 비교해보라. (이 예제가 포함된 주된 이유는 난해하고 구식인 syscall 함수를 사용하는 예를 한번 보여주려는 것이다.)

```
require 'sys/syscall.ph';

# gettimeofday가 리턴하는 구조체를 초기화
$TIMEVAL_T = "LL";
$done = $start = pack($TIMEVAL_T, (0,0));

# 프롬프트
print "Press return when ready: ";

# 현재 시각을 읽어서 $start에 저장
syscall(&SYS_gettimeofday, $start, 0) != -1
           || die "gettimeofday: $!";

# 한 줄을 읽음
$line = <>;

# 현재 시각을 읽어서 $done에 저장
syscall(&SYS_gettimeofday, $done, 0) != -1
       || die "gettimeofday: $!";

# 구조체의 내용을 리스트로 확장
@start = unpack($TIMEVAL_T, $start);
@done  = unpack($TIMEVAL_T, $done);

# 마이크로초 부분의 값을 단위에 맞춤
for ($done[1], $start[1]) { $_ /= 1_000_000 }

# 시간의 차이를 계산
$delta_time = sprintf "%.4f", ($done[0]  + $done[1]  )
                                         -
                              ($start[0] + $start[1] );

print "That took $delta_time seconds\n";
Press return when ready:
That took 0.3037 seconds
```

위 코드는 펄 안에서 시스템 콜을 직접 호출하기 때문에 길다. 반면에 Time::HiRes 모듈은 그 작업을 C로 만들어진 모듈 내에서 처리하고 펄 쪽에는 하나의 함수를 제공한다. 또한 위 코드는 복잡하다. 그 이유는 여러분이 사용하는 운영체제에 있는 시스템 콜을 직접 접근하려면 그 시스템 콜이 인자로 받거나 반환하는 내부 C 구조에 대해 이해하고 있어야 하기 때문이다. 펄 배포본에 딸려오는 어떤 프로그램들은 적절한 C 헤더 파일이 주어진다면, pack과 unpack을 사용할 때 쓸 포맷을 여러분 대신 자동으로 계산해준다. 위 예제에서 *sys/syscall.ph* 파일이 그런 용도인데, 이 파일은 *h2ph*를 사용하여 *sys/syscall.h* 헤더 파일을 변환하여 만들어낸 펄 라이브러리 파일이다. 이 파일에는 (다른 여러 가지 중에 특히) gettimeofday의 시스템 콜 번호를 반환하는 &SYS_gettimeofday 서브루틴이 정의되어 있다.

다음은 Time::HiRes를 사용하는 다른 예제로 이 모듈을 사용하여 정렬 알고리즘을 벤치마크하는 방법을 보여준다(표준 Benchmark 모듈을 쓰지 않겠다면 말이다).

```
use Time::HiRes qw(gettimeofday);
# 정렬 시간의 평균을 낸다
$size = 2000;
$number_of_times = 100;
$total_time = 0;

for ($i = 0; $i < $number_of_times; $i++) {
    my (@array, $j, $begin, $time);
    # 배열을 난수로 채운다
    @array = ();
    for ($j=0; $j < $size; $j++) { push(@array, rand) }

    # 배열을 정렬한다
    $begin = gettimeofday;
    @array = sort { $a <=> $b } @array;
    $time = gettimeofday-$begin;
    $total_time += $time;
}

printf "On average, sorting %d random numbers takes %.5f seconds\n",
    $size, ($total_time/$number_of_times);
On average, sorting 2000 random numbers takes 0.01033 seconds
```

더 알아보기

- Time::HiRes 모듈과 Benchmark 모듈 문서
- *perlfunc*(1)과 *Programming Perl* 29장에서 다루는 syscall 함수
- 시스템에 있는 *syscall*(2) 매뉴얼 페이지

3.10 짧은 슬립(sleep)

문제

일 초보다 더 짧은 시간 동안 프로세스를 슬립 상태로 만들고 싶다.

해결책

여러분이 사용하는 시스템에서 select 함수를 지원한다면 그것을 사용한다.

```
select(undef, undef, undef, $time_to_sleep);
```

어떤 시스템은 인자 네 개를 받는 select를 지원하지 않는다. 이런 경우 Time ::HiRes 모듈이 제공하는 sleep 함수를 사용할 수 있다. 인자로는 부동소수점 수로 표현되는 초 값을 넘겨준다.

```
use Time::HiRes qw(sleep);
sleep($time_to_sleep);
```

논의

다음은 select를 사용하는 예문으로, 레시피 1.6에 나온 프로그램의 좀 더 단순한 버전이다. 마치 300-보오(baud) 터미널인 것처럼 생각할 수 있다.

```
while (<>) {
    select(undef, undef, undef, 0.25);
    print;
}
```

Time::HiRes 모듈을 사용해서 다음과 같이 할 수도 있다.

```
use Time::HiRes qw(sleep);
while (<>) {
    sleep(0.25);
    print;
}
```

더 알아보기

- CPAN 모듈인 Time::HiRes 모듈과 Benchmark 모듈 문서
- *perlfunc*(1) 문서와 *Programming Perl* 29장에서 다루는 sleep, select 함수
- 레시피 1.6의 slowcat 프로그램에서도 짧은 시간 동안 슬립 상태로 만들기 위해서 select 함수를 사용하고 있다.

3.11 프로그램: hopdelta

누가 나에게 보낸 우편이 도착하는 과정이 왜 이렇게 오래 걸릴까 궁금해 본 적이 있는가? 기존의 우편의 경우, 중간에 거치는 우편 집중국에서 편지가 얼마나 오래 먼지를 뒤집어쓰는지 추적할 수 없었다. 하지만 전자 우편의 경우는 그것이 가능하다. 전자 우편 메시지에는 Received:라는 헤더가 있고, 여기에는 배달 경로에 있는 메일 전송 에이전트(mail transport agent)들이 이 메시지를 수신한 시각이 적혀 있다.

헤더에 있는 날짜들은 읽기가 어렵다. 일단 순서가 반대라서 아래에서 위로 읽어나가야 한다. 또 이 날짜들은 에이전트에 따라 다양한 형식으로 적혀 있다. 가장 큰 문제는 각 날짜가 해당 에이전트가 있는 곳의 시간대에 맞춰 적혀 있다는 점이다. "Tue, 26 May 1998 23:57:38 -0400"과 "Wed, 27 May 1998 05:04:03 +0100"라고 적힌 두 시각을 보면서 저게 사실은 겨우 6분 25초 차이라는 것을 금방 알아채기란 어렵다.

Date::Mainip 모듈에 있는 ParseDate와 DateCalc 함수가 이런 경우에 도움이 된다.

```
use Date::Manip qw(ParseDate DateCalc);
$d1 = ParseDate("Sun, 09 Mar 2003 23:57:38 -0400");
$d2 = ParseDate("Mon, 10 Mar 2003 05:04:03 +0100");
print DateCalc($d1, $d2);
+0:0:0:0:0:6:25
```

저것은 프로그램이 읽기에는 괜찮은 형식이지만, 평범한 사람들이 보기에는 여전히 불편하다. 아래 예제 3-1에 있는 *hopdelta* 프로그램은 메일 헤더를 읽은 후에 각 홉(메일이 거쳐가는 중간 지점들) 사이의 델타(즉 시간의 차이)를 분석한다. 출력은 사용자의 시간대에 맞춰서 나온다.

예제 3-1. hopdelta

```
#!/usr/bin/perl
# hopdelta - 메일 헤더를 읽고,
#            각 홉 간의 지연 시간을 출력
use strict;
use Date::Manip qw (ParseDate UnixDate);

# 헤더를 출력한다. printf는 복잡하니까 이건 format/write를
# 사용하는 게 더 나았겠다
printf "%-20.20s %-20.20s %-20.20s   %s\n",
        "Sender", "Recipient", "Time", "Delta";

$/ = '';                    # 단락 단위 읽기 모드
$_ = <>;                    # 헤더를 읽는다
s/\n\s+/ /g;                # 긴 줄이 여러 줄로 나뉜 것을 합친다

# 메일이 언제 어디에서 처음 발송되었는지를 계산한다
my($start_from) = /^From.*\@([^\s>]*)/m;
my($start_date) = /^Date:\s+(.*)/m;
my $then = getdate($start_date);
printf "%-20.20s %-20.20s %s\n", 'Start', $start_from, fmtdate($then);

my $prevfrom = $start_from;

# 이제 헤더의 내용을 아래에서 위로 읽어나가며 처리한다
for (reverse split(/\n/)) {
    my ($delta, $now, $from, $by, $when);
    next unless /^Received:/;
    s/\bon (.*?) (id.*)/; $1/s;         # 아마 qmail에서 쓰는 헤더일 것이다
```

```
    unless (($when) = /;\s+(.*)$/) {    # 날짜가 들어가는 곳
        warn "bad received line: $_";
        next;
    }
    ($from) = /from\s+(\S+)/;
    ($from) = /\((.*?)\)/ unless $from; # 발신자가 괄호 안에 들어 있는 경우
    $from =~ s/\)$//;                   # 괄호가 또 있는 경우도 있다
    ($by)   = /by\s+(\S+\.\S+)/;        # 이번 홉에서의 발신자
    # 문자열을 해석할 수 있는 형태로 변형
    for ($when) {
        s/ (for|via) .*$//;
        s/([+-]\d\d\d\d) \(\S+\)/$1/;
        s/id \S+;\s*//;
    }
    next unless $now = getdate($when);          # 에포크 시간으로 변환
    $delta = $now - $then;
    printf "%-20.20s %-20.20s %s  ", $from, $by, fmtdate($now);
    $prevfrom = $by;
    puttime($delta);
    $then = $now;
}

exit;

# 날짜를 나타내는 임의의 문자열을 에포크 시간으로 변환
sub getdate {
    my $string     =  shift;
    $string        =~ s/\s+\(.*\)\s*$//;        # 표준에 어긋나는 시간대 제거
    my $date       =  ParseDate($string);
    my $epoch_secs =  UnixDate($date,"%s");
    return $epoch_secs;
}

# 에포크 시간을 특정한 형식의 표기로 변환
sub fmtdate {
    my $epoch = shift;
    my($sec,$min,$hour,$mday,$mon,$year) = localtime($epoch);
    return sprintf "%02d:%02d:%02d %04d/%02d/%02d",
                   $hour, $min, $sec,
                   $year + 1900, $mon + 1, $mday,
}

# 초 값을 받아서 읽기 편한 형식으로 출력
sub puttime {
    my($seconds) = shift;
    my($days, $hours, $minutes);
    $days    = pull_count($seconds, 24 * 60 * 60);
    $hours   = pull_count($seconds, 60 * 60);
    $minutes = pull_count($seconds, 60);
    put_field('s', $seconds);
    put_field('m', $minutes);
    put_field('h', $hours);
    put_field('d', $days);
    print "\n";
}

# 용법: $count = pull_count(seconds, amount)
# seconds를 amount로 나눈 나머지를 호출한 쪽의 변수에 대입한다.
# 반환값은 seconds를 amount로 나눈 몫이다
sub pull_count {
    my($answer) = int($_[0] / $_[1]);
    $_[0] -= $answer * $_[1];
```

```
    return $answer;
}

# 용법: put_field(char, number)
# number의 값을 세 자리 숫자로 표시하고 뒤에 char을 붙여 출력한다
# char가 초를 나타내는 's'가 아닌 경우 number가 0이면 아예 출력하지 않는다
sub put_field {
    my ($char, $number) = @_;
    printf " %3d%s", $number, $char if $number || $char eq 's';
}

=end
```

```
Sender               Recipient            Time                   Delta
Start                wall.org             09:17:12 1998/05/23
wall.org             mail.brainstorm.net  09:20:56 1998/05/23    44s   3m
mail.brainstorm.net  jhereg.perl.com      09:20:58 1998/05/23     2s
```

4장

P e r l C o o k b o o k

배열

예술 작품은 이 물질 세계에서 내적 배열을
지닌 유일한 것이다. 내가 비록 예술 애호가는
아니지만, 예술을 위한 예술을 믿는 이유이다.
— E.M. 포스터

4.0 개요

여러분의 주머니에 뭐가 들었는지, 그리스 문자 처음 세 개가 무엇인지, 고속도로에 진입하기 위해 어떻게 가야 하는지 등의 질문을 받는다면 여러분은 어떤 목록을 나열하게 될 것이다. 즉 특정한 순서로 여러 대상들의 이름을 말하게 된다. 목록은 여러분이 인식하는 이 세계의 일부이다. 펄은 목록과 배열을 다루는 강력한 기능을 기본으로 가지고 있으며, 이를 통해 세상을 인식한 모습 그대로 코드에 옮길 수 있다.

이 장에서는 *리스트(list)*와 *배열(array)*이라는 용어를 펄 언어에서 사용하는 것과 같은 개념으로 사용한다.[1] `("alpha", "beta", "gamma")`는 그리스 문자 처음 세 개를 순서에 따라 나열한 *리스트*이다. 이 리스트를 변수에 보관하기 위해서는 `@greeks = ("alpha", "beta", "gamma")`와 같이 *배열*을 사용한다. 리스트와 배열은 둘 다 스칼라 값들이 순서를 유지하며 그룹으로 모여 있는 것이다. 차이점은

1 (옮긴이) 원문에서는 동일하게 list라고 표기하고 있으나, 이 번역서에서는 추상적인 '목록'과 프로그램의 데이터형인 '리스트'를 문맥에 따라 최대한 구분하여 표기한다.

배열은 이름이 있는 변수이고 길이를 직접 바꿀 수 있는 반면에 리스트는 수명이 매우 짧은 개념이라는 점이다. 배열은 변수이고 리스트는 그 변수에 담긴 값으로 생각할 수도 있다.

이런 구분은 다소 제멋대로인 것처럼 보일지 모른다. 그러나 실제로 그룹의 길이를 변경하는 연산(push나 pop 등)은 배열에만 사용할 수 있지 리스트에는 사용할 수 없다. $a와 4의 차이점을 생각해보라. $a++는 할 수 있지만 4++는 할 수 없다. 마찬가지로 pop(@a)는 가능하지만 pop(1,2,3)은 불가능하다.

여기서 알아야 할 가장 중요한 점은 펄에서 리스트와 배열은 둘 다 순서가 유지되는 스칼라의 그룹이라는 점이다. 리스트 또는 배열에 대해 동작하는 연산자나 함수들은 수작업으로 하는 것보다 더 빠르고 편리하게 원소에 접근할 수 있도록 설계되었다. 실제 배열의 길이를 변경하는 연산은 몇 개 되지 않으므로, 보통은 배열과 리스트를 바꿔가며 사용할 수 있다.

괄호를 중첩해서 리스트 안에 리스트를 만들 수는 없다. 만일 펄에서 그렇게 하려 한다면, 그 리스트는 *펼쳐져버린다(flattened)*. 다시 말해 다음 두 행의 코드가 동일하게 동작한다는 의미이다.

```
@nested = ("this", "that", "the", "other");
@nested = ("this", "that", ("the", "other"));
```

어째서 펄은 중첩된 리스트를 직접적으로 지원하지 않는 것인가? 부분적으로는 역사적인 이유도 있고, 이렇게 하면 임의의 내용물이 임의의 개수만큼 모여 있는 리스트에 대해 동작하는 연산(print나 sort와 같은)이 쉬워지기 때문이다.

그러면 배열의 배열이나 해시의 배열 같은 복잡한 데이터 구조가 필요한 경우는 어떻게 해야 하는가? 스칼라란 것이 단지 숫자나 문자열만 담을 수 있는 게 아님을 기억하라. 스칼라에는 레퍼런스도 담을 수 있다. 펄에서 복잡한 (다단계의) 데이터 구조는 언제나 레퍼런스를 이용하여 한데 모을 수 있다. 따라서 "이차원 배열"이나 "배열의 배열"처럼 보이는 것들은 언제나 배열 *레퍼런스*의 배열로 구현된다. C에서 이차원 배열이 배열에 대한 포인터의 배열로 만들어질 수 있는 것과 마찬가지다.

이 장에 있는 대부분의 레시피는 여러분이 배열에 무엇을 담든 상관없이 적용할 수 있다. 예를 들면 두 배열을 합치는 문제는 배열에 문자열이 담겨 있든 숫자가 담겨 있든, 아니면 레퍼런스가 담겨 있든 동일하게 적용된다. 어떤 문제는 배열에 무엇이 담겨 있냐에 따라 본질적으로 다르게 해결해야 할 수도 있다. 이런 문제에 대한 레시피는 11장에 나온다. 이 장의 레시피들은 배열에 대해 포괄적으로 다룬다.

몇 가지 용어를 더 정리해두자. 배열이나 리스트에 들어 있는 스칼라 항목들은 *원소(element)*라고 부른다. 이 원소에 접근할 때는 그 원소의 위치 또는 *첨자(index)*를 명시한다. 펄에서 첨자는 0부터 시작한다. 예를 들어 다음과 같은 리스트가 있다고 하자.

```
@greeks = ( "alpha", "beta", "gamma" );
```

"alpha"는 첫 번째 위치에 있으나, 여기에 접근하려면 $greeks[0]으로 접근해야 한다. "beta"는 두 번째 위치에 있고, $greeks[1]로 접근할 것이다. 이런 구조에 대해서 두 가지 측면에서 옹호할 수 있는데, 컴퓨터 입장에서는 표현할 수 있는 첫 번째 숫자가 0이며, 언어를 설계하는 입장에서는 0이 배열 내의 *오프셋*이지 원소가 몇 번째인지 나타내는 *서수*의 의미가 아니라는 점이다.

4.1 프로그램 안에서 리스트 명세하기

문제

프로그램 안에 리스트를 표시하고자 한다. 배열을 초기화하는 방법이기도 하다.

해결책

원소들을 쉼표로 구분하여 적는다.

```
@a = ("quick", "brown", "fox");
```

각 원소가 한 단어로 되어 있고 개수가 많다면, qw() 연산자를 사용한다.

```
@a = qw(Meddle not in the affairs of wizards.);
```

원소가 여러 단어로 이루어져 있고 개수가 많다면, 히어 도큐먼트를 사용한 후 각 행을 추출한다.

```
@lines = (<< "END_OF_HERE_DOC" =~ /^\s*(.+)/gm);
    I sit beside the fire and think
    of all that I have seen,
    of meadow-flowers and butterflies
    and summers that have been;
END_OF_HERE_DOC
```

논의

첫 번째 방법이 가장 보편적으로 쓰인다. 보통은 리터럴 상수로 초기화하는 배열은 크기가 작기 때문이다. 원소의 개수가 많은 배열을 프로그램 내에서 초기화하면 프로그램이 원소 값들로 가득 차서 읽기 힘들어지므로, 이런 배열은 별도의 라이브러리 파일에서 초기화하거나(12장을 참고하라) 값을 파일에서 읽어 들일 수도 있다.

```
@bigarray = ();
open(FH, "<", "myinfo")   or die "Couldn't open myinfo: $!";
while (<FH>) {
    chomp;
    push(@bigarray, $_);
}
close(FH);
```

두 번째 방법은 qw()를 사용하는 것이다. qw()는 펄의 의사 함수(pseudo-function) 중 하나로서 일일이 따옴표를 쓰지 않고도 인용 처리를 할 수 있게 해준다. 이 함수는 인자로 받은 문자열을 공백 문자를 기준으로 분리하여 단어들의 목록을 만든다. 이때 "단어"라 함은 공백 문자를 포함하지 않은 문자열을 뜻한다. 인자로 주어지는 문자열은 변수의 보간이나 (대부분의) 백슬래시 이스케이프가 이뤄지지 않는다.

```
@banner = ('Costs', 'only', '$4.95');
@banner = qw(Costs only $4.95);
@banner = split(' ', 'Costs only $4.95');
```

qw() 연산자를 쓸 때는 인자를 공백 문자 기준으로 분리한 값들이 서로 별개의 원소가 되는 게 맞는지 확인하라. 콜럼버스가 받은 배는 네 척이 아니라 세 척이다.

```
@ships  = qw(Niña Pinta Santa María);               # 잘못되었다
@ships  = ('Niña', 'Pinta', 'Santa María');         # 올바르다
```

세 번째 방법은 히어 도큐먼트를 사용하는 것이다. 히어 도큐먼트는 여러 행으로 이루어진 하나의 긴 문자열이다. 여기에 전역적으로 패턴 일치 연산을 적용한다. /^\s*(.+)/ 패턴은 한 행의 시작 부분에 있는 공백 문자들을 지나친 후 행의 끝까지 내용 전부를 캡처하도록 한다. /g 옵션은 이 일치 검사를 전역적으로 하도록 지시한다. /m 옵션은 ^ 앵커가 문자열의 시작 부분뿐 아니라 줄바꿈 문자 직후에도 일치하도록 하며, 여러 줄로 이루어진 문자열에 대해 작업할 때 필요하다. 이 방법을 위에 있는 배 이름에 적용해보자.

```
@ships = ( << "END_OF_FLOTILLA" =~ /^\s*(.+)/gm);
             Niña
             Pinta
             Santa María
END_OF_FLOTILLA
```

더 알아보기

- *perldata*(1) 문서의 "List Value Constructors" 절
- *Programming Perl* 2장의 "List Values and Arrays" 절
- *perlop*(1) 문서의 "Quote and Quote-Like Operators" 절
- *perlop*(1) 문서와 *Programming Perl* 5장에서 다루는 s/// 연산자

4.2 리스트를 출력할 때 원소 사이에 쉼표 넣기

문제

어떤 리스트가 있는데 그 안에 원소가 몇 개인지는 모른다. 이 리스트의 원소를 출력하는데 원소가 두 개 이상일 경우는 각 원소 사이에 쉼표를 넣고 가장 마지막 원소 앞에는 "and"를 넣어 출력하려고 한다.

해결책

다음 함수를 사용한다. 이 함수는 형식에 맞는 문자열을 반환한다.

```
sub commify_series {
    (@_ == 0) ? ''                                          :
    (@_ == 1) ? $_[0]                                       :
    (@_ == 2) ? join(" and ", @_)                           :
                join(", ", @_[0 .. ($#_-1)], "and $_[-1]");
}
```

논의

배열을 출력해보면 종종 이상하게 보일 것이다.

```
@array = ("red", "yellow", "green");
print "I have ", @array, " marbles.\n";
print "I have @array marbles.\n";
I have redyellowgreen marbles.
I have red yellow green marbles.
```

실제로 원했던 건 "I have red, yellow, and green marbles"와 같은 형태다. 위 해결책에 나온 함수는 이런 문자열을 만들어준다. 가장 마지막 두 단어 사이에는 "and"를 삽입한다. 리스트의 원소가 세 개 이상인 경우는 각 원소 사이에 쉼표를 넣는다.

예제 4-1은 위 함수를 사용하는 완벽한 예다. 한 가지 기능이 더 추가되어 있는데, 만일 리스트의 어느 원소에든 쉼표가 포함되어 있다면 원소를 구분하는 문자로 세미콜론을 사용하게 된다.

예제 4-1. commify_series

```
# commify_series - 리스트를 출력할 때 적절하게 쉼표를 넣는다
# @lists는 배열(정확히는 익명 배열의 레퍼런스)의 배열이다

@lists = (
    [ 'just one thing' ],
    [ qw(Mutt Jeff) ],
    [ qw(Peter Paul Mary) ],
    [ 'To our parents', 'Mother Theresa', 'God' ],
    [ 'pastrami', 'ham and cheese', 'peanut butter and jelly', 'tuna' ],
    [ 'recycle tired, old phrases', 'ponder big, happy thoughts' ],
    [ 'recycle tired, old phrases',
      'ponder big, happy thoughts',
      'sleep and dream peacefully' ],
    );

foreach $aref (@lists) {
    print "The list is: " . commify_series(@$aref) . ".\n";
}
# 중첩되지 않은 단일 리스트에 대해 테스트
@list = qw(one two three);
print "The last list is: " . commify_series(@list) . ".\n";

sub commify_series {
    my $sepchar = grep(/,/ => @_) ? ";" : ",";
    (@_ == 0) ? ''                                      :
    (@_ == 1) ? $_[0]                                   :
    (@_ == 2) ? join(" and ", @_)                       :
                join("$sepchar ", @_[0 .. ($#_-1)], "and $_[-1]");
}
```

이 프로그램의 출력은 다음과 같다.

```
The list is: just one thing.
The list is: Mutt and Jeff.
The list is: Peter, Paul, and Mary.
The list is: To our parents, Mother Theresa, and God.
The list is: pastrami, ham and cheese, peanut butter and jelly, and tuna.
The list is: recycle tired, old phrases and ponder big, happy thoughts.
The list is: recycle tired, old phrases; ponder
   big, happy thoughts; and sleep and dream peacefully.
The last list is: one, two, and three.
```

보다시피 마지막 쉼표는 생략한다는 관례를 어떤 경우에도 따르지 않고 있다. 쉼표를 생략하려고 하면 운이 나쁜 경우 모호한 상황이나 예외적인 상황들이 추가로 생겨난다. 예를 들어 위 예문의 내용이 마치 우리가 테레사 수녀와 신의 자식이고, 땅콩버터 위에 젤리와 참치가 섞인 채로 들어있는 샌드위치를 먹고 있다는 것으로 읽힐 수 있다.

더 알아보기

- 파울러(Fowler) 저, *Modern English Usage*
- 레시피 11.1에서 중첩된 리스트 문법을 다룬다.

- *perlfunc*(1) 문서와 *Programming Perl* 29장에서 다루는 grep 함수
- *perlop*(1) 문서와 *Programming Perl* 3장의 "Conditional Operator" 절에서 다루는 조건 연산자("?:")

4.3 배열의 크기 바꾸기

문제

어떤 배열의 크기를 늘리거나 줄이고자 한다. 예를 들어서, 직원의 배열을 봉급순으로 정렬한 다음에 가장 봉급이 많은 다섯 명의 목록만 추리고 싶다. 또는 배열이 조금씩 커지고 있는데 이 배열이 얼마나 더 커질지 미리 알고 있다면, push를 사용하여 배열 뒷부분에 값을 하나씩 밀어 넣는 것보다는 한 번에 큰 메모리를 확보해두는 것이 더 효율적이다.

해결책

$#ARRAY 변수에 값을 할당한다.

```
# @ARRAY의 크기를 늘리거나 줄인다
$#ARRAY = $NEW_LAST_ELEMENT_INDEX_NUMBER;
```

배열의 현재 끝보다 더 뒷부분에 원소를 할당하면 자동으로 확장된다.

```
$ARRAY[$NEW_LAST_ELEMENT_INDEX_NUMBER] = $VALUE;
```

논의

$#ARRAY는 @ARRAY 배열의 가장 마지막 원소의 첨자가 담겨 있는 변수이다. 이 변수에 현재 값보다 작은 값을 할당하면 배열의 길이를 줄일 수 있다. 잘려나간 뒷부분의 원소들은 영원히 잃어버리게 된다. $#ARRAY에 현재 값보다 더 큰 값을 할당하면 배열이 커진다. 늘어난 부분에 새로 추가된 원소들은 정의되지 않은 값인 undef이 담기게 된다.

하지만 $#ARRAY와 @ARRAY가 같지는 않다. $#ARRAY는 배열의 가장 마지막 유효 첨자값이고, @ARRAY(숫자로 취급하는 경우처럼 스칼라 컨텍스트에서 썼을 때)는 원소의 *개수*이다. 첨자는 0부터 시작하기 때문에 $#ARRAY는 @ARRAY보다 하나 작다.

아래 코드에서는 이 두 가지를 다 사용한다. print문에서는 반드시 scalar @array라고 써야 한다. 펄에서 대부분의 함수 인자는 리스트 컨텍스트에서 처리되

지만 우리는 @array가 스칼라 컨텍스트에서 처리되길 원하기 때문이다.

```
sub what_about_that_array {
    print "The array now has ", scalar(@people), " elements.\n";
    print "The index of the last element is $#people.\n";
    print "Element #3 is `$people[3]'.\n";
}

@people = qw(Crosby Stills Nash Young);
what_about_that_array();
```

위 코드를 실행하면 다음과 같이 출력된다.

```
The array now has 4 elements.
The index of the last element is 3.
Element #3 is `Young'.
```

다음과 같이 코드를 고쳤다고 하자.

```
$#people--;
what_about_that_array();
```

그러면 출력은 다음과 같이 바뀐다.

```
The array now has 3 elements.
The index of the last element is 2.
Element #3 is `'.
```

원소 #3은 배열이 짧아질 때 사라져버렸다. $people[3]의 값이 정의되지 않았기 때문에, 만일 경고 기능을 켜 두었다면(펄을 실행할 때 -w 명령행 인자를 쓰거나 프로그램 내에 use warnings 프래그마를 넣어서 켤 수 있다), 실행했을 때 "초기화되지 않은 값을 사용하였음(use of uninitialized value)"이라는 경고가 나왔을 것이다.

```
$#people = 10_000;
what_about_that_array();
```

위처럼 고치면 다음과 같이 출력된다.

```
The array now has 10001 elements.
The index of the last element is 10000.
Element #3 is `'.
```

"Young" 원소는 완전히 사라져버렸음을 알 수 있다. $#people 변수에 값을 할당하는 대신 다음과 같이 쓸 수도 있다.

```
$people[10_000] = undef;
```

단 이게 완전히 동일한 것은 아니다. 다음처럼 원소가 세 개인 배열이 있다고 하자.

```
@colors = qw(red blue green);
```

그리고 마지막 원소에 대해 undef을 수행하면,

```
undef $colors[2]; # green이 사라진다
```

여전히 이 배열은 원소 세 개짜리다. 단지 마지막 원소의 값이 정의되지 않은 값이 된 것뿐이다. 만일 배열에 대해 pop 함수를 사용하거나 수작업으로 $#colors 값을 바꿔서 마지막 원소를 빼준다면,

```
$last_color = $colors[ $#colors-- ];
```

그때는 배열 자체가 원소 하나만큼 짧아진다.

펄의 배열에는 특정 첨자의 원소만 있을 수는 없다. 다시 말해 10,000번째 원소가 있다면, 그 앞에 9,999개의 원소도 있어야 한다는 말이다. 이 원소들의 값이 정의되지 않았을 수도 있지만, 어쨌거나 모두 메모리를 차지하고 있다. 따라서 $array[time()] 같이 배열 첨자로 매우 큰 정수를 사용하는 것은 좋지 않은 생각이다. 이런 경우 해시를 사용하라.

더 알아보기

- *perldata*(1) 문서와 *Programming Perl 2*장 "List Values and Arrays" 절에서 $#ARRAY 표기에 대해 다룬다.

4.4 희소 배열 구현하기

문제

배열의 크기는 큰데 원소는 몇 개 없고, 원소와 원소 사이에 빈 공간이 크다면 불필요하게 메모리를 낭비하게 된다. 이런 오버헤드를 줄이고자 한다.

해결책

배열 대신에 해시를 사용한다.

논의

어떤 배열의 백만 번째 원소에 어떤 값을 할당하면, 펄은 스칼라를 저장할 백만 한 개의 슬롯을 할당한다. 오직 마지막 원소만이 의미 있는 데이터를 담고 있고, 슬롯당 4바이트 또는 그 이상의 용량을 소모하며 그 앞에 있는 모든 원소들을 undef으로 설정한다.

펄 최신 버전에서는 배열의 현재 끝 너머에 값을 할당하거나 직접 $#ARRAY를 조작해서 배열의 크기를 키울 경우, 이렇게 묵시적으로 undef으로 처리되는 경우와 명시적으로 undef을 할당한 경우를 구분할 수 있다. defined가 아니라 해시에서 사용하던 exists를 사용한다.

```
$#foo = 5;
@bar = ( (undef) x 5 ) ;

printf "foo element 3 is%s defined\n",
        defined $foo[3] ? "" : "n't";
printf "foo element 3 does%s exist\n",
        exists $foo[3] ? "" : "n't";
printf "bar element 3 is%s defined\n",
        defined $bar[3] ? "" : "n't";
printf "bar element 3 does%s exist\n",
        exists $bar[3] ? "" : "n't";

foo element 3 isn't defined
foo element 3 doesn't exist
bar element 3 isn't defined
bar element 3 does exist
```

그러나 공간을 많이 낭비하는 건 마찬가지다. 펄에서 구현된 배열은 연속된 공간을 차지하는 벡터를 유지하며, 값이 있는 가장 마지막 원소까지 모든 원소가 공간을 차지하게 된다.

```
$real_array[ 1_000_000 ] = 1;        # 4메가바이트 이상 필요
```

해시는 다르게 동작한다. 실제로 사용하는 만큼만 비용이 들며, 값이 없는 위치는 별도로 비용이 들지 않는다. 해시는 키와 값 둘 다를 보관해야 하므로 해시 원소 하나가 배열 원소 하나에 비해 저장 비용이 더 들긴 하지만, 원소가 듬성듬성 있는 희소 배열의 경우라면 절약되는 효과가 놀라울 정도로 훨씬 더 크다.

```
$fake_array{ 1_000_000 } = 1;        # 28바이트 필요
```

하지만 그 대가는 무엇일까? 해시의 키는 정렬되지 않은 채로 저장되므로, 해시의 값들이 진짜 배열에 저장되어 있을 때와 동일한 순서로 처리되게 하려면 키들을 정렬하는 작업을 추가로 해야 한다. 배열에서라면 원소들을 첨자 순서대로 처리하기 위해서 다음과 같이 할 것이다.

```
foreach $element ( @real_array ) {
    # $element를 가지고 어떤 작업을 한다
}
```

아니면 첨자값을 오름차순에 맞춰 처리할 수도 있다.

```
foreach $idx ( 0 .. $#real_array ) {
    # $real_array[$idx]를 가지고 어떤 작업을 한다
}
```

해시를 사용하는 경우에는 원소들을 첨자순으로 처리하기 위해서 다음과 같이 해야 한다.

```
foreach $element ( @fake_array{ sort {$a <=> $b} keys %fake_array } ) {
    # $element를 가지고 어떤 작업을 한다
}
```

또는 첨자값을 오름차순에 맞추어 처리한다.

```
foreach $idx ( sort {$a <=> $b} keys %fake_array ) {
    # $fake_array{$idx}를 가지고 어떤 작업을 한다
}
```

만일 원소들을 처리하는 순서가 중요하지 않다면, 이런 과정을 거치지 않아도 된다. 그냥 해시에 저장된 내부적인 순서대로 처리하면 된다.

```
foreach $element ( values %fake_array ) {
    # $element를 가지고 어떤 작업을 한다
}
```

다음과 같이 할 수도 있다.

```
# 첨자를 해시 내의 순서대로 처리
foreach $idx ( keys %fake_array ) {
    # $fake_array{$idx}를 가지고 어떤 작업을 한다
}
```

배열을 쓰기로 결정했다면, 저장 방식을 다르게 함으로써 메모리를 상당히 절약할 수 있는 매우 특별한 경우가 두 가지 있다. 이것은 대부분이 비어 있는 희소 배열뿐 아니라 원소들이 빽빽하게 모여있는 배열에도 적용된다.

첫 번째 경우는 배열에 새 원소가 계속 추가되면서 크기가 커지는 경우다. 펄에서 크기가 점점 커지는 배열을 처리하기 위해 메모리를 재할당하는 과정에서 실제로 필요한 메모리의 네 배까지 사용하게 될 수 있다. 만일 배열이 어느 정도까지 커질지 미리 알 수 있다면, 작은 첨자값보다 큰 첨자값의 원소를 먼저 할당함으로써 이런 재할당 오버헤드를 피할 수 있다.

```
for ($i = 10_000; $i >= 0; $i--) { $real_array[$i] = 1 }
```

또는 $#ARRAY 변수에 직접 값을 할당하여 배열의 크기를 미리 지정한다.

```
$#real_array = 10_000;
```

두 번째 특별한 경우는 배열의 각 원소가 오직 한 비트 값, 즉 참 또는 거짓 정보만 보관하는 경우다. 예를 들어 유즈넷(USENET) 뉴스 기사에 번호를 붙여 관리하고 있는데, 그저 어떤 번호의 기사를 읽었는지 아닌지만 알면 된다고 가정해보자. 이런 상황에서는 진짜 배열 대신에 비트벡터를 사용하는 것이 좋다.

```
my $have_read = '';
for ($i = 10_000; $i >= 0; $i--) { vec($have_read, $i, 1) = 1 }
```

어떤 기사를 읽었는지 아닌지는 다음과 같이 검사할 수 있다.

```
if (vec($have_read, $artno, 1)) { .... }
```

더 알아보기

- *perldata*(1) 문서와 *Programming Perl* 29장에서 다루는 vec 함수

4.5 배열 순회하기

문제

리스트의 각 원소에 대하여 어떠한 작업을 반복적으로 수행하고자 한다.

종종 배열을 사용하여 관심이 있는 정보를 수집하곤 한다. 예를 들어 디스크 허용량을 초과한 사용자들의 아이디 목록을 만든다거나 하는 식이다. 정보를 수집하는 일이 끝났으면, 그 배열의 각 원소에 대해 어떠한 작업을 수행할 것이다. 디스크 허용량 사례에서라면 해당 사용자들에게 서둘러 디스크 공간을 확보하라고 메일을 보낼 수 있다.

해결책

foreach 루프를 사용한다.

```
foreach $item (LIST) {
    # $item을 가지고 어떤 작업을 한다
}
```

논의

할당된 디스크 사용량을 초과하여 쓰고 있는 사용자 목록을 @bad_users 배열에 보관하고 있다고 하자. 각 유저에 대하여 complain 함수를 호출하고 싶다면 다음과 같이 한다.

```
foreach $user (@bad_users) {
        complain($user);
}
```

이 레시피가 이렇게 단순하게 적용되는 일은 드물다. 리스트를 생성하기 위해 함수를 사용할 때도 있다.

```
foreach $var (sort keys %ENV) {
    print "$var=$ENV{$var}\n";
}
```

위 코드에서는 sort와 keys를 사용하여 환경 변수 이름들을 정렬된 상태의 리스트로 만들었다. 저 리스트를 두 번 이상 사용한다면 분명히 배열에 저장해 둘 것이다. 하지만 한 번만 사용하고 말 것이라면 이렇게 즉석으로 만들어 사용하고 끝내는 것이 더 깔끔할 수도 하다.

foreach 안에서 직접 리스트를 만들어내는 것뿐 아니라, 코드 블록 안에서 더 많은 작업을 함으로써 더 복잡하게 만들 수 있다. foreach를 사용하는 흔한 작업 중 하나는 리스트의 각 원소에 대한 정보를 모은 후에 그 정보에 기반하여 어떤 일을 할지 말지 결정하는 것이다. 예를 들어 디스크 사용량 사례로 돌아가보자.

```
foreach $user (@all_users) {
    $disk_space = get_usage($user);     # 디스크를 얼마나 사용하는지 조사
    if ($disk_space > $MAX_QUOTA) {     # 허용량를 초과한다면 ...
        complain($user);                # ... 떠들썩하게 항의를 한다
    }
}
```

프로그램 흐름을 더욱 복잡하게 할 수도 있다. 코드 내에서 last를 호출하여 루프 밖으로 빠져나간다든가, next를 호출하여 다음 원소로 건너뛰거나, redo를 호출하여 블록 안의 첫 번째 구문으로 되돌아갈 수도 있다. 각각의 의미는 "이 원소에 대해서는 더 진행해도 의미 없음. 이건 내가 찾는 것이 아님"(next), "내가 찾던 것을 발견했고 나머지를 더 검사할 이유가 없음"(last), "내가 뭔가를 고쳤기 때문에 이번 루프의 계산을 처음부터 다시 하는 것이 좋겠음"(redo) 정도로 나타낼 수 있다.

루프를 도는 동안 리스트의 각 원소를 차례대로 담고 있는 변수를 *루프 변수(loop variable)* 또는 *반복자 변수(iterator variable)*라고 부른다. 만일 반복자 변수가 따로 주어지지 않는다면 전역 변수 $_가 사용된다. $_는 펄의 문자열, 리스트, 파일 함수 등 많은 곳에서 기본 변수로 쓰인다. 짧은 코드 블록 안에서는 $_를 생략하는 것이 더 읽기 좋다. (그러나 반대로 코드가 길 경우 너무 자주 생략하면 읽기 힘들어진다.)

```
foreach (`who`) {
    if (/tchrist/) {
        print;
    }
}
```

while 루프와 결합한 경우를 보자.

```
while (<FH>) {                # $_는 방금 읽은 라인의 내용이 된다
    chomp;                    # $_의 내용 끝에 \n이 있다면 제거된다
    foreach (split) {         # $_의 내용이 공백 문자를 기준으로 분리되고
                              # 이제 $_는 분리된 각각의 덩어리가 된다
        $_ = reverse;         # $_안에 있는 문자들이 뒤집힌다
        print;                # $_의 값이 출력된다
    }
}
```

이렇게 계속 $_를 사용하는 것을 보면 걱정이 될지도 모른다. 특히 foreach와 while 루프는 둘 다 반복되는 동안 반복자의 값을 $_에 넣기 때문에 foreach 루프가 끝났을 때 <FH>를 통해 읽어서 $_에 담아 둔 전체 라인이 완전히 없어져버리지 않았을까 걱정할 수 있다.

다행히, 적어도 이번 경우는 그런 걱정은 하지 않아도 된다. foreach의 반복자 변수(여기서는 $_)는 루프를 도는 동안 자동으로 보존되기 때문에 $_의 기존 값이 사라지지 않는다. 루프에 진입할 때 기존 값은 따로 저장되었다가 루프를 빠져나갈 때 다시 복구된다.

그렇지만 신경을 쓸 필요는 있다. 만일 while이 안쪽 루프이고 foreach가 바깥쪽 루프라면 여러분이 걱정했던 일이 현실로 나타날 것이다. foreach 루프와는 달리 while (<FH>) 구조는 전역변수 $_를 지역화하지 않은 상태로 기존의 값을 날려버린다! 따라서 어떤 루틴이나 블록이 이런 형태의 루프를 사용하면서 $_를 쓸 경우에는 local $_라고 선언해 주어야 한다.

만일 반복자 변수가 렉시컬 변수(my로 선언하는 변수)라면, 임시 값도 렉시컬 스코프가 적용이 되고, 그 루프 안에서만 접근 가능한 상태가 된다. 그렇지 않다면, 이 임시 값은 동적 스코프가 적용되는 전역 변수가 된다. 나중에 문제가 생기는 일을 막기 위해서 확실하게 다음처럼 적도록 하라.

```
foreach my $item (@array) {
    print "i = $item\n";
}
```

foreach 루프 구조에는 또 다른 기능이 있다. 매 반복마다, 반복자 변수는 현재 원소의 값을 복사한 것이 아니라 그 원소의 *별칭(alias)*이 된다. 그 말은 여러분이 반복자 변수의 값을 바꾸면, 실제로 리스트의 그 원소가 바뀐다는 뜻이다.

```
@array = (1,2,3);
foreach $item (@array) {
    $item--;
}
```

```
print "@array\n";
0 1 2

# @a와 @b의 모든 원소에 7을 곱함
@a = ( .5, 3 ); @b = ( 0, 1 );
foreach $item (@a, @b) {
    $item *= 7;
}
print "@a @b\n";
3.5 21 0 7
```

그러나 상수는 바꿀 수 없다. 따라서 다음과 같이 쓰는 것은 안 된다.

```
foreach $n (1, 2, 3) {
    $n **= 2;
}
```

반복자 변수가 별칭으로서 동작한다는 얘기는 리스트의 값들을 변경할 때 세 부분으로 구성되는 for 루프[2]를 써서 명시적으로 첨자를 사용하여 접근하는 것보다 foreach 루프를 사용하는 것이 더 읽기 좋고 빠르다는 것을 의미한다. 이러한 동작은 의도된 특성이며 버그가 아니다. 여러분이 이 특성에 대해 모르고 있었다면, 실수로 어떤 값을 변경시켜 왔을 수도 있다. 이제는 여러분도 알게 되었다.

예를 들어서, 해시에 있는 값들의 앞뒤에 있는 공백 문자를 제거하기 위해서 values 함수의 동작 방식을 이용할 수 있다. 이 함수가 반환하는 리스트의 원소는 그 해시에 저장된 값 *자체*이며 이 원소의 값을 바꾸면 원 해시에 저장된 값도 바뀐다. values 함수가 반환한 리스트의 내용을 다른 변수에 복사하지 않고 직접 s/// 연산을 적용하기 때문에 실제 해시 자체가 변경된다.

```
# 스칼라 값, 배열에 저장된 값들, 해시에 저장된 값들
# 모두의 앞뒤 공백을 제거한다
foreach ($scalar, @array, values %hash) {
    s/^\s+//;
    s/\s+$//;
}
```

유닉스의 본 셸(Bourne shell)에서 쓰이는 형태를 지원하기 위해서 for와 foreach 키워드는 서로 바꿔서 쓸 수 있도록 만들어졌다.

```
for $item (@array) {  # foreach $item (@array) 와 똑같다
    # 작업을 한다
}

for (@array)      {   # foreach $_ (@array) 와 똑같다
    # 작업을 한다
}
```

2 (옮긴이) for(초기식; 조건식; 증감식) 형태의 루프를 의미한다.

이런 스타일로 작성하는 사람은 아마도 유닉스 시스템을 관리하기 위해 셸 스크립트를 만들던 사람일지도 모른다. 그렇다면 이 사람은 아마 힘들게 살고 있을 테니 너무 매몰차게 대하지 말자. 어떤 일을 하는 데에는 한 가지 이상의 방법이 있다는 것을 기억하라. 위 코드는 그런 여러 가지 방법 중 하나일 뿐이다.

여러분이 본 셸에 익숙하지 않다면, `foreach`를 씀으로써 "for each `$thing` in this `@list`"를 표현하는 것이 더 명확하고, 여러분의 코드를 셸 코드라기보다 영어 문장처럼 보이도록 해 주는 것을 알 수 있을 것이다. (하지만 반대로 영어를 코드처럼 보이게 사용하지는 말라.)

더 알아보기

- *perlsyn*(1) 문서와 *Programming Perl* 4장의 "For Loops", "Foreach Loops", "Loop Control" 절
- *perlsub*(1) 문서의 "Temporary Values via local" 절
- *Programming Perl* 4장의 "Scoped Declaration" 절
- 레시피 10.13에서 `local`에 대해 다룬다
- 레시피 10.2에서 `my`에 대해 다룬다

4.6 레퍼런스를 사용하여 배열 순회하기

문제

어떤 배열을 가리키는 레퍼런스가 있다. 루프를 사용하여 그 배열의 각 원소를 가지고 어떤 작업을 하고자 한다.

해결책

디레퍼런스(dereference)한 배열에 대하여 `foreach`나 `for` 루프를 사용한다.

```
# $ARRAYREF가 가리키는 배열의 원소를 순회한다
foreach $item (@$ARRAYREF) {
    # $item을 가지고 어떤 일을 한다
}

for ($i = 0; $i <= $#$ARRAYREF; $i++) {
    # $ARRAYREF->[$i]를 가지고 어떤 일을 한다
}
```

논의

이 해결책은 배열 레퍼런스를 담고 있는 스칼라 값이 있다고 가정한 것이다. 이

경우 다음과 같은 식으로 할 수 있다.

```
@fruits = ( "Apple", "Blackberry" );
$fruit_ref = \@fruits;
foreach $fruit (@$fruit_ref) {
    print "$fruit tastes good in a pie.\n";
}
Apple tastes good in a pie.
Blackberry tastes good in a pie.
```

foreach 루프를 for 루프로 바꿔서 다음과 같이 작성할 수도 있다.

```
for ($i=0; $i <= $#$fruit_ref; $i++) {
    print "$fruit_ref->[$i] tastes good in a pie.\n";
}
```

배열 레퍼런스가 복잡한 표현식을 계산해서 나온 결과인 경우도 많다. @{ EXPR } 표기법을 사용하여 표현식의 결과를 배열로 되돌릴 수 있다.

```
$namelist{felines} = \@rogue_cats;
foreach $cat ( @{ $namelist{felines} } ) {
    print "$cat purrs hypnotically..\n";
}
print "--More--\nYou are controlled.\n";
```

여기서도, foreach를 for 루프로 바꿀 수 있다.

```
for ($i=0; $i <= $#{ $namelist{felines} }; $i++) {
    print "$namelist{felines}[$i] purrs hypnotically.\n";
}
```

더 알아보기

- *perlref*(1) 문서와 *perllol*(1) 문서
- *Programming Perl* 8장
- 레시피 11.1
- 레시피 4.5

4.7 리스트에서 중복된 원소를 제거하기

문제

어떤 리스트에서 중복된 값을 제거하고자 한다. 파일이나 외부 명령어를 실행한 결과를 가지고 리스트를 만들 때 이런 문제가 생길 수 있다. 입력 받은 내용 중 중복되는 게 있거나 이미 만들어진 배열에 중복된 원소가 있을 때 이 레시피를 사용하여 제거할 수 있다.

해결책

나타났던 항목들을 해시에 기록한 후 keys를 써서 항목들을 뽑아낸다. 코드의 길이를 줄이고 실행 속도를 높이기 위해서 펄에서 참을 판별하는 기준을 이용할 수 있다.

이해하기 쉬운 방법

```
%seen = ();
@uniq = ();
foreach $item (@list) {
    unless ($seen{$item}) {
        # 여기에 들어왔다는 말은, 이 항목을 이전에 본 적이 없다는 말이다
        $seen{$item} = 1;
        push(@uniq, $item);
    }
}
```

더 빠른 방법

```
%seen = ();
foreach $item (@list) {
    push(@uniq, $item) unless $seen{$item}++;
}
```

비슷하지만 사용자 함수를 쓰는 방법

```
%seen = ();
foreach $item (@list) {
    some_func($item) unless $seen{$item}++;
}
```

다른 빠른 방법

```
%seen = ();
foreach $item (@list) {
    $seen{$item}++;
}
@uniq = keys %seen;
```

또 다른 빠른 방법

```
%seen = ();
@uniq = grep { ! $seen{$_} ++ } @list;
```

논의

이 문제의 핵심은 "이 원소를 이전에 본 적이 있는가?"를 판별하는 것이다. 해시는 이런 형태의 검색에 사용하기에 이상적이다. 첫 번째 기법("이해하기 쉬운 방법")은 해시를 사용하여 어떤 항목을 배열에서 봤었는지를 기록하면서 고유한 값들만 있는 배열을 만들어 나가는 방법이다.

두 번째 기법("더 빠른 방법")은 펄로 이런 일을 할 때 가장 자연스럽게 사용되는 방법이다. 여기서는 이전에 보지 못했던 원소를 볼 때마다 ++ 연산자를 사용하여 해시에 새 항목을 생성한다. 이 방법에는 각 원소가 나타난 횟수가 해시에 기록된다는 부수 효과가 있다. 여기서는 단지 해시의 키가 집합처럼 중복되지 않는다는 특성만 이용하고 있다.

세 번째 예("비슷하지만 사용자 함수를 쓰는 방법")는 두 번째와 비슷하지만 원소를 바로 보관하는 것이 아니라 사용자가 정의한 함수에 인자로 전달하여 호출한다. 이 작업만 하고 더 이상 쓸 일이 없다면 굳이 고유한 원소들을 별개의 배열에 보관할 이유가 없다.

그 다음 기법("다른 빠른 방법")은 일단 리스트를 읽는 일이 다 끝난 후에 %seen 해시로부터 고유한 키들을 추출해내는 방법이다. 간편하긴 하지만 원래 리스트에 있던 원소들의 순서를 그대로 유지할 수는 없다.

마지막 기법("또 다른 빠른 방법")은 %seen 해시를 구성해 나가는 것과 고유한 원소값을 추출해내는 과정을 합치는 방법이다. 이 기법에서는 원소들의 원래 순서가 유지된다.

해시를 써서 값들을 기록하는 것에는 두 가지 부작용이 있다. 리스트가 길 경우 해시를 만들면서 메모리를 많이 사용하게 하며 keys를 사용했을 때 반환되는 리스트는 순서가 유지되지 않는다는 점이다.

다음 예문은 입력을 읽으면서 처리하는 예다. who 명령을 써서 현재 접속한 사용자 목록을 얻는다. 그 다음 사용자 이름을 추출하여 해시를 갱신한다.

```
# 로그인한 사용자 목록을 생성하되, 이름이 중복되어 나오지 않게 한다
%ucnt = ();
for (`who`) {
    s/\s.*\n//;   # 첫 번째 공백부터 줄 끝까지 지우고 사용자 이름만 남긴다
    $ucnt{$_}++;  # 이 사용자가 있다는 것을 기록한다
}
# 고유한 키들을 추출해서 출력한다
@users = sort keys %ucnt;
print "users logged in: @users\n";
```

더 알아보기

- *perlsyn*(1) 문서와 *Programming Perl* 4장의 "Foreach Loops" 절
- *perlfunc*(1) 문서와 *Programming Perl* 29장에서 다루는 keys 함수
- *Programming Perl* 2장의 "Hashes" 절
- 이 책의 5장
- 레시피 4.8과 4.9에서 해시를 비슷한 용도로 사용하고 있다.

4.8 한 배열에는 있고 다른 배열에는 없는 원소 찾아내기

문제

한 배열에는 있고 다른 배열에는 없는 원소들을 찾아내고 싶다.

해결책

@A에는 있고 @B에는 없는 원소를 찾고 싶다면 @B에 있는 원소들을 키로 하는 해시를 만들어서 검색 테이블로 사용하도록 한다. @A에 있는 각 원소가 @B에 있는지 이 해시를 사용하여 검사한다.

이해하기 쉬운 구현

```
# @A와 @B가 이미 다 만들어진 상태라고 가정하자
%seen = ();                     # B의 원소인지 검사하기 위한 검색 테이블
@aonly = ();                    # 찾아낸 답

# 검색 테이블을 만듦
foreach $item (@B) { $seen{$item} = 1 }

# @A에만 있고 @B에는 없는 원소들을 찾음
foreach $item (@A) {
    unless ($seen{$item}) {
        # %seen에 없는 원소이므로 @aonly에 추가한다
        push(@aonly, $item);
    }
}
```

좀 더 관용적으로 쓰이는 형태

```
my %seen;     # 검색 테이블
my @aonly;    # 찾아낸 답

# 검색 테이블을 만듦
@seen{@B} = ();

foreach $item (@A) {
    push(@aonly, $item) unless exists $seen{$item};
}
```

루프를 쓰지 않는 형태

```
my @A = ...;
my @B = ...;

my %seen;
@seen{@A} = ();
delete @seen{@B};

my @aonly = keys %seen;
```

논의

펄에서 어떤 스칼라가 이 리스트 또는 다른 리스트에 *들어있는지* 알아보는 다른 문제들처럼 여기에서도 해시를 사용한다. 먼저, @B를 읽어서 %seen 해시에 @B에 있는 원소들을 키로 하고 값은 1로 하는 항목들을 넣어 기록한다. 그 다음 @A의 원소를 한 번에 하나씩 %seen 해시의 키로 있는지 검사함으로써 그 원소가 @B에도 있었는지를 알아낸다.

위의 코드는 @A의 원소 중에 두 번 이상 나오는 것들이 그대로 유지된다.[3] 이 문제는 @A의 원소를 처리하고 나서 그 원소도 %seen에 넣음으로써 간단히 해결할 수 있다.

```
foreach $item (@A) {
    push(@aonly, $item) unless $seen{$item};
    $seen{$item} = 1;                       # 보았다고 표시
}
```

위 해결책에 나온 처음 두 해법은 해시를 구성하는 방법이 다르다. 첫 번째 해법에서는 @B 배열을 순회한다. 두 번째 해법에서는 *해시 슬라이스(hash slice)*를 사용하여 해시를 초기화한다. 동일한 일을 하는 다음 두 코드를 보면 해시 슬라이스에 대해 쉽게 이해할 수 있다.

```
$hash{"key1"} = 1;
$hash{"key2"} = 2;
```

위 코드는 다음 코드와 동일한 일을 한다.

```
@hash{"key1", "key2"} = (1,2);
```

중괄호 안의 리스트는 해시 키들이고, 우변에 있는 리스트는 값들이다. 첫 번째 해법에서는 @B 배열의 모든 원소를 순회하면서 그 원소를 키로 하고 값을 1로 설정한 항목을 추가함으로써 %seen 해시를 초기화하였다. 두 번째 해법에서는 간단히 다음과 같이 하였다.

```
@seen{@B} = ();
```

이 코드에서는 @B의 원소들을 %seen의 키로 삼으면서, 각 키에 해당하는 값을 undef으로 설정하게 된다. 키의 개수보다 우변의 값의 개수가 더 적기 때문이다. 이렇게 값을 undef으로 해도 잘 동작하는 이유는 검사할 때 exists로 그 키가 있는지 여부만 검사하지, 값이 참인지라거나 정의되어 있는지(defined)를 검사하는

3 (옮긴이) 해결책에 나온 세 가지 형태 중 처음 두 가지 형태의 경우만 그렇다.

게 아니기 때문이다. 꼭 참 값으로 설정해야 하는 경우라도 슬라이스를 써서 짧은 코드로 만들 수 있다.

```
@seen{@B} = (1) x @B;
```

세 번째 해법에서는 이러한 해시의 특성을 더 적극적으로 이용하여 명시적인 루프를 전부 없앴다. (루프를 쓰지 않는 것이 더 고급스러워서가 아니다. 단지 일을 하는 데 여러 방법이 있다는 것을 보여주려는 것이다.) 슬라이스 할당 구문은 @A 배열에 있던 모든 원소를 키로 만든다. 그리고 슬라이스 삭제 구문은 @B의 원소였던 키를 해시에서 제거한다. 그러면 @A에만 있던 원소만 남게 된다.

이런 작업이 필요한 매우 흔한 상황 중 하나는 파일이 두 개 있을 때 한 파일에 있는 행이 다른 파일에도 있는지 없는지 알고 싶은 경우이다. 다음은 여기 나온 레시피대로 만든 간단한 해결책이다.

```
open(OLD, $path1)        || die "can't open $path1: $!";
@seen{ <OLD> } = ();
open(NEW, $path2)        || die "can't open $path2: $!";
while (<NEW>) {
    print if exists $seen{$_};
}
```

위 코드는 두 번째 파일에 있는 각 행들 중에 첫 번째 파일에도 있었던 행들을 출력한다. if 대신에 unless를 사용하면 첫 번째 파일에는 *없고* 두 번째 파일에만 있는 행들이 출력될 것이다.

첫 번째 파일에 다음과 같은 내용이 있다고 상상해보자.

```
red
yellow
green
blue
```

그리고 두 번째 파일에는 다음과 같은 내용이 있다고 하자.

```
green
orange
purple
black
yellow
```

if를 사용했을 때의 결과는 다음과 같다.

```
green
yellow
```

unless를 사용했다면 다음과 같을 것이다.

```
orange
purple
black
```

이 작업을 명령행에서 할 수도 있다. *cat*(1) 프로그램이 있다면 쉽게 된다.

```
% perl -e '@s{`cat OLD`}=(); exists $s{$_} && print for `cat NEW`'
% perl -e '@s{`cat OLD`}=(); exists $s{$_} || print for `cat NEW`'
```

이게 유닉스의 fgrep(1) 프로그램을 흉내 낸 것이라는 걸 알아차렸을 수도 있겠다.

```
% fgrep -Ff  OLD NEW
% fgrep -vFf OLD NEW
```

더 알아보기

- *perldata*(1) 문서와 *Programming Perl* 2장의 "Variables" 절에서 해시 슬라이스에 대해 다룬다
- 이 책의 5장
- 레시피 4.7과 4.9에서 해시를 비슷한 용도로 사용하고 있다.

4.9 두 리스트 간의 합집합, 교집합, 차집합 구하기

문제

한 쌍의 리스트가 있고 각 리스트 안의 원소들은 중복되지 않는다. 이 상태에서 두 리스트에 다 있는 원소들(*교집합*), 어느 한 리스트에만 있는 원소들(*차집합*), 또는 최소 한 리스트에 있는 원소들(*합집합*)을 구하고자 한다.

해결책

다음 해결책들을 쓰려면 먼저 여기 나열된 초기화 과정을 거쳐야 한다.

```
@a = (1, 3, 5, 6, 7, 8);
@b = (2, 3, 5, 7, 9);

@union = @isect = @diff = ();
%union = %isect = ();
%count = ();
```

합집합과 교집합을 구하는 간단한 해법

```
foreach $e (@a) { $union{$e} = 1 }

foreach $e (@b) {
    if ( $union{$e} ) { $isect{$e} = 1 }
```

```
    $union{$e} = 1;
}
@union = keys %union;
@isect = keys %isect;
```

좀 더 관용적으로 쓰이는 형태

```
foreach $e (@a, @b) { $union{$e}++ && $isect{$e}++ }

@union = keys %union;
@isect = keys %isect;
```

합집합, 교집합, 대칭차집합

```
foreach $e (@a, @b) { $count{$e}++ }

@union = keys %count;
foreach $e (keys %count) {
    if ($count{$e} == 2) {
        push @isect, $e;
    } else {
        push @diff, $e;
    }
}
```

간접적으로 접근하는 방법

```
@isect = @diff = @union = ();
foreach $e (@a, @b) { $count{$e}++ }
@union = keys %count;
foreach $e (keys %count) {
    push @{ $count{$e} == 2 ? \@isect : \@diff }, $e;
}
```

논의

첫 번째 해법은 가장 직접적으로 두 리스트의 합집합과 교집합을 계산한다. 단 이 두 리스트는 각각 중복된 원소가 없는 상태여야 한다. 두 개의 해시를 사용하여 특정한 항목이 합집합이나 교집합에 포함되는지 기록한다. 일단 첫 번째 배열의 모든 원소를 합집합 해시에 참 값을 부여하여 저장한다. 그 다음 두 번째 배열의 각 원소를 처리하는데, 이때 처리하는 원소가 이미 합집합 해시에 들어있는지를 검사한다. 만일 합집합 해시에 들어있다면, 이 원소를 교집합 해시에도 넣는다. 그리고 검사 결과가 어떻든 이 원소를 합집합 해시에도 넣는다. 처리가 다 끝나면, 합집합 해시와 교집합 해시에 있는 키들을 추출한다. 키에 연관된 값은 필요하지 않다.

두 번째 해법("좀 더 관용적으로 쓰이는 형태")은 기본 원리는 처음 해법과 동일하나 펄(그리고 *awk*, C, C++, Java)에서 친숙한 ++ 연산자와 && 연산자의 특성을 이용한다. ++ 연산자를 변수의 뒤에 두었기 때문에, 그 변수의 값을 증가시키기 전에 먼저 기존 값을 검사하게 된다. 어떤 원소를 처음 볼 때는 그 원소는 합집합에 포함되어 있지 않은 상태이고, && 연산자의 좌변은 거짓이 되며, 따라서 우변은 실행되지 않고 무시된다. 같은 원소를 두 번째 보게 될 때는, 이 원소는 합집합에 포함되어 있고, 따라서 이 원소를 교집합에도 추가한다.

세 번째 해법에서는 해시를 하나만 사용하여 각 원소가 몇 번이나 보였는지를 기록한다. 두 배열의 원소를 다 해시에 기록하고 나면, 그 해시의 키들을 추출하여 합집합에 넣는다. 그 다음은 해시의 키를 한 번에 하나씩 검사한다. 연관된 값이 2인 키는 두 배열 모두에 있었다는 것이고, 따라서 교집합 배열에 넣는다. 값이 1인 키는 두 배열 중 어느 한쪽에만 있었다는 뜻이므로 차집합 배열에 넣는다. 출력되는 배열의 원소들의 순서는 입력 배열에 들어있던 순서와 같지 않을 것이다.

마지막 해법은 세 번째 해법처럼 하나의 해시만 사용하여 원소를 몇 번이나 보았는지 기록한다. 그러나 여기서는 상황에 맞춰 원소를 넣을 배열을 결정하여 그 레퍼런스를 내어놓는 수식을, 배열을 디레퍼런스하는 `@{...}` 블록 안에 넣음으로써 동적으로 두 배열 중 하나를 그때그때 선택한다.

이 레시피에서는 대칭차집합을 계산하였고 단순한 차집합은 구하지 않았다. 이런 용어들은 수학의 집합론에서 나온 것이다. *대칭차집합*은 `@A`나 `@B`의 원소이지만 둘 다에 포함되지는 않는 모든 원소들의 집합이다. 단순한 *차집합*은 `@A`에만 포함되어 있고 `@B`에는 포함되어 있지 않은 원소들의 집합이며, 이것을 계산하는 법은 레시피 4.8에서 다루었다.

더 알아보기

- *Programming Perl* 2장의 “Hashes” 절
- 이 책의 5장
- 레시피 4.7과 4.8에서 해시를 비슷한 용도로 사용하고 있다.

4.10 한 배열을 다른 배열 뒤에 붙이기

문제

한 배열의 모든 원소를 다른 배열의 뒤에 덧붙여서 두 배열을 하나로 합치려 한다.

해결책

push를 사용한다.

```
# push
push(@ARRAY1, @ARRAY2);
```

논의

push 함수는 리스트를 배열의 뒤에 덧붙이는 일에 최적화되어 있다. 펄에서 리스트가 펼쳐지는 특성을 이용하여 두 배열을 합칠 수도 있지만 push를 쓰는 것에 비해서 훨씬 많은 복사 작업이 발생하게 된다.

```
@ARRAY1 = (@ARRAY1, @ARRAY2);
```

다음은 push를 사용하는 예문이다.

```
@members = ("Time", "Flies");
@initiates = ("An", "Arrow");
push(@members, @initiates);
# @members 배열은 이제 ("Time", "Flies", "An", "Arrow")가 되었다
```

한 배열의 내용을 다른 배열 중간에 삽입하고 싶다면, `splice` 함수를 사용한다.

```
splice(@members, 2, 0, "Like", @initiates);
print "@members\n";
splice(@members, 0, 1, "Fruit");
splice(@members, -2, 2, "A", "Banana");
print "@members\n";
```

위 코드의 출력은 다음과 같다.

```
Time Flies Like An Arrow
Fruit Flies Like A Banana
```

더 알아보기

- *perlfunc*(1) 문서와 *Programming Perl* 29장에서 다루는 `splice`, push 함수
- *Programming Perl* 2장의 "List Values and Arrays" 절
- *perldata*(1) 문서의 "List Value Constructors" 절

4.11 배열 뒤집기

문제

어떤 배열의 원소들의 순서를 역순으로 뒤집으려 한다.

해결책

reverse 함수를 사용한다.

```
# @ARRAY를 뒤집어 @REVERSE 배열에 담는다
@REVERSED = reverse @ARRAY;
```

또는 뒤집힌 리스트에 대해 foreach 루프를 수행한다.

```
foreach $element (reverse @ARRAY) {
    # $element를 가지고 어떤 작업을 한다
}
```

또는 for 루프를 사용하면서 마지막 원소의 첨자부터 시작하여 아래로 내려가며 작업한다.

```
for ($i = $#ARRAY; $i >= 0; $i--) {
    # $ARRAY[$i]를 가지고 어떤 작업을 한다
}
```

논의

reverse 함수가 리스트 컨텍스트에서 호출되면 인자로 받은 리스트 원소들의 순서를 역으로 뒤집어 반환한다. 이렇게 뒤집힌 리스트의 사본을 배열에 저장할 수도 있고, 그냥 foreach를 사용하여 바로 순회하며 작업할 수도 있다. for 루프에서 명시적인 첨자를 사용하여 배열의 원소들을 역순으로 접근하여 처리할 수도 있다. 순서가 뒤집힌 사본 배열이 꼭 필요하지는 않다면 for 루프를 사용하는 것이 배열이 클 경우 메모리와 시간을 아낄 수 있다.

만일 방금 정렬한 리스트를 reverse를 써서 뒤집고 있다면, 애초에 원하는 순서로 정렬했어야 했다. 다음 예문을 보라.

```
# 두 단계: 정렬하고 뒤집기
@ascending = sort { $a cmp $b } @users;
@descending = reverse @ascending;

# 한 단계: 비교 기준을 반대로 하여 정렬
@descending = sort { $b cmp $a } @users;
```

더 알아보기

- *perlfunc*(1) 문서와 *Programming Perl* 29장에서 다루는 reverse 함수
- 레시피 1.7에서 reverse 함수를 사용하고 있다.

4.12 배열의 원소 여러 개를 처리하기

문제

한 번에 여러 개의 원소를 pop 또는 shift하려고 한다.

해결책

splice를 사용한다.

```
# @ARRAY의 앞쪽 $N개 원소를 제거한다 (shift $N)
@FRONT = splice(@ARRAY, 0, $N);
# 배열의 뒤쪽 $N개 원소를 제거한다 (pop $N)
@END = splice(@ARRAY, -$N);
```

논의

splice 함수를 사용하면 배열의 끝부분뿐 아니라 어느 위치에서든 다수의 원소를 삽입하거나 삭제할 수 있다. 배열의 길이를 변화시키는 다른 모든 연산자들은 splice를 써서 동일한 효과를 낼 수 있다.

직접적인 방법	동일한 일을 하는 splice
push(@a, $x, $y)	splice(@a, @a, 0, $x, $y)
pop(@a)	splice(@a, -1)
shift(@a)	splice(@a, 0, 1)
unshift(@a, $x, $y)	splice(@a, 0, 0, $x, $y)
$a[$x] = $y	splice(@a, $x, 1, $y)
(@a, @a = ( ))	splice(@a)

그렇지만 언제나 한 번에 원소 하나만, 그것도 끝에 있는 원소만을 배열에서 삭제하면서 반환하는 pop이나 shift와는 달리, splice는 처리할 원소의 개수를 지정할 수 있다. 그래서 위 해결책에 나온 것과 같은 코드를 쓸 수 있다.

splice를 사용하여 특정한 일을 하도록 하는 함수를 따로 만들면 편리할 때도 있다.

```
sub shift2 (\@) {
    return splice(@{$_[0]}, 0, 2);
}

sub pop2 (\@) {
    return splice(@{$_[0]}, -2);
}
```

이렇게 하면 사용할 때 어떤 동작을 할지 훨씬 분명하게 알 수 있다.

```
@friends = qw(Peter Paul Mary Jim Tim);
($this, $that) = shift2(@friends);
# $this는 Peter, $that은 Paul
# @friends는 (Mary, Jim, Tim)이 된다

@beverages = qw(Dew Jolt Cola Sprite Fresca);
@pair = pop2(@beverages);
# $pair[0]은 Sprite, $pair[1]은 Fresca
# @beverages는 (Dew, Jolt, Cola)가 된다
```

splice 함수는 배열에서 제거한 원소들을 반환하므로, shift2는 @ARRAY의 처음 두 원소를 아무 것도 없는 것으로 대체하고(즉, 지우고) 방금 지운 두 원소를 반환한다. pop2는 배열의 제일 뒤의 두 원소를 삭제하고 반환한다.

이 두 함수는 인자로 배열 레퍼런스를 받는다고 프로토타입 선언이 되어있어서 내장 함수 shift와 pop을 더 잘 흉내 낼 수 있다. 호출하는 쪽에서 명시적으로 레퍼런스를 넘겨주기 위하여 백슬래시를 사용하지 않았지만, 컴파일러가 배열 레퍼런스가 적힌 프로토타입을 보고 인자로 적힌 배열의 레퍼런스를 넘겨주도록 조절한다. 이런 방법의 장점은 효율적이고, 사용자 입장에서 투명하며, 컴파일하는 시점에 매개변수를 검사할 수 있다는 점이다. 이 방법의 한 가지 단점은 인자가 @ 기호로 시작하는 진짜 배열이어야만 하며, 배열 레퍼런스가 담긴 스칼라 변수를 쓸 수는 없다는 점이다. 레퍼런스를 담은 스칼라를 넘겨주는 경우라면 앞에 @를 붙여주어야 하고 이럴 경우 투명성이 반감된다.

```
$line[5] = \@list;
@got = pop2( @{ $line[5] } );
```

위는 대상이 리스트면 안 되고 진짜 배열이어야만 되는 또 다른 예다. \@ 프로토타입을 쓰면 그 자리에 들어오는 인자가 배열이어야 한다. $line[5]는 배열이 아니라 배열 레퍼런스이고, 그래서 "별도로" @기호가 필요하다.

더 알아보기

- *perlfunc*(1) 문서와 *Programming Perl* 29장에서 다루는 splice 함수
- *perlsub*(1) 문서와 *Programming Perl* 6장의 "Prototypes" 절
- 레시피 4.10에서 splice 함수를 사용하고 있다.

4.13 리스트에서 조건을 만족하는 첫 번째 원소 찾기

문제

리스트의 원소들 중 어떤 검사를 통과하는 첫 번째 원소(또는 그 원소의 인덱스)를 찾으려 한다. 또는, 검사를 통과하는 원소가 하나라도 있는지 알아보고자 한다. 검사 내용은 그저 존재 여부 검사일 수도 있고("이 원소가 저 리스트 안에 있는가?")[4] 더 복잡한 것일 수도 있다("직원 객체들의 목록이 봉급순으로 정렬되어 있다. 제일 봉급을 많이 받는 관리자는 누구인가?"). 간단한 경우라면 그저 원소

4 하지만 이런 경우라면 해시를 쓰는 게 낫다.

의 값만 얻어내면 되지만, 배열 자체의 내용을 변경할 필요가 있는 경우라면 해당되는 원소의 첨자도 알아내어야 할 것이다.

해결책

조건에 맞는 값을 찾기 위해서는 foreach 루프를 사용하여 모든 원소를 순회하다가 해당되는 원소를 찾으면 곧바로 last를 호출하여 빠져나온다.

```
my ($match, $found, $item);
foreach $item (@array) {
    if (조건) {
        $match = $item;  # 저장해 두어야 한다
        $found = 1;
        last;
    }
}
if ($found) {
    ## $match를 가지고 어떤 작업을 한다
} else {
    ## 찾지 못했음
}
```

해당되는 원소의 첨자를 알고 싶다면 for 루프를 사용하여 한 변수에 배열 첨자값들을 각각 넣어서 검사하고, 원소를 찾으면 last를 호출하여 빠져나온다.

```
my ($i, $match_idx);
for ($i = 0; $i < @array; $i++) {
    if (조건) {
        $match_idx = $i;    # 이 첨자를 저장한다
        last;
    }
}

if (defined $match_idx) {
    ## $array[$match_idx]를 가지고 어떤 작업을 한다
} else {
    ## 찾지 못했음
}
```

펄 버전 5.8부터 기본 모듈이 되었고, 그 이전 버전에서도 CPAN을 통해 설치할 수 있는 List::Util 모듈을 쓰면 더 쉽게 할 수 있다.

```
use List::Util qw(first);
$match = first { CRITERION } @list
```

논의

이런 일을 할 수 있는 내장 함수가 따로 없기 때문에 리스트를 순회하면서 각 원소를 검사하는 코드를 직접 만들어야 한다. foreach나 for를 사용하고, 해당되는 원소를 찾자마자 last를 써서 검색을 중지하도록 한다. last를 사용하여 루프를 중지하기 전에 원소의 값이나 첨자를 따로 저장해야 한다.

이런 문제에 grep을 쓰려고 하는 경우가 흔히 보인다. 그러나 grep은 언제나 모든 원소를 검사하고 조건에 맞는 모든 원소를 찾아낸다. 따라서 첫 번째 원소만 찾아내려고 하는 경우에는 비효율적이다. 그러나 grep이 더 빠를 수도 있긴 하다. 왜냐하면 여러분이 직접 루프를 작성하는 것보다 소스 코드가 짧아지기 때문이다. 소스 코드가 짧아진다는 것은 펄 인터프리터의 내부 연산의 개수가 적어진다는 것이고, 때로는 이것이 실행 시간에 주된 영향을 끼친다.

데이터 집합이 어느 크기 이상이 되면, 루프를 일찍 끝낼 수 있는 기회가 있을 때 끝내는 것이 더 빠를 것이다. 경험적으로 전체 리스트의 삼분의 이 정도를 검사하기 전에 끝낼 수 있다면 for를 쓰는 게 더 빠르다. 어떻게 그 전에 끝낼 수 있을지 생각해볼 가치가 있다.

찾아낸 원소의 값을 사용하고자 한다면 $match 변수에 담아두어야 한다. 그냥 $item 변수를 쓸 수는 없다. 왜냐하면 foreach는 자동으로 반복자 변수를 지역화시키며, 따라서 루프가 종료된 후에 반복자 변수가 마지막으로 보관하고 있던 값에 접근할 수 없기 때문이다. 레시피 4.5를 참고하라.

다음의 예제를 보자. @all_emps 배열에는 직원 객체의 리스트가 담겨있고, 이 리스트는 봉급을 기준으로 내림차순으로 정렬되어 있다. 우리는 가장 봉급을 많이 받는 엔지니어를 찾고자 하며 배열에서 첫 번째로 보게 되는 엔지니어를 찾으면 된다. 여기서는 그 엔지니어의 이름만 출력하면 되고, 따라서 첨자까지 알 필요는 없고 값만 알면 된다.

```
foreach $employee (@all_emps) {
    if ( $employee->category() eq 'engineer' ) {
        $top_engr = $employee;
        last;
    }
}
print "Highest paid engineer is: ", $top_engr->name(), "\n";
```

만일 첨자만 알면 되는 상황이라면 조건에 맞는 원소가 없을 경우 $i가 배열의 유효한 첨자의 범위를 벗어나게 된다는 사실을 이용하여 코드를 줄일 수 있다. 이것은 코드의 크기만 절약해주지 실행 속도를 줄여주지는 못한다. 리스트 원소들을 검사하는 시간을 고려하면 대입 연산 한 번을 안 한다는 게 큰 이득이 아니기 때문이다. 그리고 코드가 덜 명료해지는데, 원소를 찾았는지 여부를 알기 위해서 위 해결책에서는 명확하게 defined 검사를 했지만 여기서는 if ($i < @ARRAY)라는 식으로 검사하고 있기 때문이다.

```
for ($i = 0; $i < @ARRAY; $i++) {
    last if 조건;
}
if ($i < @ARRAY) {
    ## 원소를 찾았고, $i가 그 원소의 첨자임
} else {
    ## 찾지 못했음
}
```

List::Util 모듈의 `first` 함수는 전체 루프의 로직을 사용하기 편리한 하나의 함수로 캡슐화하였다. 이것은 해당되는 원소를 찾자마자 종료된다는 점에서 내장 함수 `grep`의 숏 서킷[5] 형태처럼 생각할 수도 있다. 수행되는 동안 리스트의 각 원소들은 지역화된 `$_` 변수에 담긴다. 예를 들어보자.

```
$first_odd = first { $_ % 2 == 1 } @ARRAY;
```

위의 직원 찾기 루프를 다음과 같이 만들 수도 있다.

```
$top_engr = first { $_->category() eq 'engineer' } @all_emps;
```

더 알아보기

- *perlsyn*(1) 문서와 *Programming Perl* 4장의 "For Loops", "Foreach Loops", "Loop Control" 절
- *perlfunc*(1) 문서와 *Programming Perl* 29장에서 다루는 `grep` 함수

4.14 리스트에서 조건을 만족하는 모든 원소 찾기

문제

어떤 리스트에서 조건에 맞는 원소들을 모두 찾고자 한다.

원소가 많은 리스트에서 일부를 추출하는 것은 흔한 작업이다. 직원 목록에서 엔지니어들을 모두 찾거나 "staff" 그룹에 속한 사용자를 모두 찾거나, 관심이 있는 파일이름을 모두 찾거나 하는 식이다.

해결책

`grep`을 사용하여 어떤 조건을 리스트의 모든 원소에 적용한 후 조건을 만족하는 원소들만 반환한다.

```
@MATCHING = grep { TEST ($_) } @LIST;
```

5 (옮긴이) 앞 수식의 결과가 전체 수식의 결과를 확정짓는 값일 때는 나머지 수식을 연산하지 않음.

논의

이것은 foreach를 써서도 이룰 수 있다.

```
@matching = ();
foreach (@list) {
    push(@matching, $_) if TEST($_);
}
```

펄의 grep 함수는 이렇게 루프를 돌며 작업하는 과정을 한번에 처리해 준다. 이 함수는 유닉스의 grep 명령어와 완전히 똑같지는 않다. 예를 들어 검색어가 포함된 행의 행번호를 출력하거나, 검색어가 없는 행만 출력하는 식의 옵션 같은 건 없으며, 정규 표현식을 사용한 검색만 할 수 있는 것도 아니다. 예를 들어서, 배열에서 큰 수만 뽑아내거나 해시에서 매우 큰 값에 연관된 키만 뽑아내는 경우를 보자.

```
@bigs = grep { $_ > 1_000_000 } @nums;
@pigs = grep { $users{$_} > 1e7 } keys %users;
```

다음 예에서는 *who* 명령을 실행해서 나온 결과에서 "gnat"으로 시작하는 줄만 뽑아 @matching에 넣는다.

```
@matching = grep { /^gnat / } `who`;
```

다음은 또 다른 예다.

```
@engineers = grep { $_->position() eq "Engineer" } @employees;
```

위 코드는 @employee 배열의 원소 객체들 중에 position 메서드가 Engineer라는 문자열을 반환하는 것들만 추출한다.

grep 문 안에서 더 복잡한 검사를 할 수도 있다.

```
@secondary_assistance = grep { $_->income >= 26_000 &&
                               $_->income <  30_000 }
                        @applicants;
```

하지만 검사 내용이 복잡해지면 루프를 적절히 사용하는 게 알아보기 더 쉽지 않을런지 생각해 봐야 한다.

더 알아보기

- *perlsyn*(1) 문서와 *Programming Perl* 4장의 "For Loops", "Foreach Loops", "Loop Control" 절
- *perlfunc*(1) 문서와 *Programming Perl* 29장에서 다루는 grep 함수

· 시스템에 있는 *who*(1) 매뉴얼 페이지
· 레시피 4.13

4.15 배열을 숫자 기준으로 정렬하기

문제

숫자들로 구성된 리스트를 정렬하고 싶은데 펄의 sort는 (기본적으로) ASCII 코드값순으로 정렬해 버린다.

해결책

펄의 sort 함수와 숫자 비교 연산자 <=>를 같이 사용한다.

```
@sorted = sort { $a <=> $b } @unsorted;
```

논의

sort 함수에는 코드 블록을 옵션으로 줄 수 있다. 이를 사용하면 기본 동작인 알파벳순 비교가 아니라 여러분이 직접 작성한 서브루틴을 사용하여 원소들을 비교하게 된다. 이 비교 함수는 sort가 두 값을 비교할 때마다 호출된다. 비교할 두 값은 특수한 패키지 변수인 $a와 $b에 각각 담기며, 이 두 변수는 자동으로 지역화된다.

비교 함수는 출력될 목록에서 $a가 $b보다 앞에 와야 한다면 음수를 반환하고, 두 값 중 어느 값이 앞에 와도 상관없다면 0을 반환하고, $a가 $b보다 뒤에 와야 한다면 양수를 반환하여야 한다. 펄에는 이런 식으로 동작하는 연산자가 두 개 있다. 숫자를 오름차순으로 정렬할 때 사용하는 <=> 연산자와 문자열을 알파벳순으로 정렬할 때 사용하는 cmp 연산자다. 기본적으로 sort는 cmp와 같은 방식으로 비교를 한다.

다음 코드는 @pids 배열에 담겨 있는 프로세스 아이디(PID) 목록을 정렬하고 사용자에게 그중 하나를 선택하게 한 후 그 아이디에 해당하는 프로세스에 TERM 시그널과 KILL 시그널을 보내는 코드다. $a와 $b를 <=>를 사용하여 숫자로 비교하는 코드 블록을 사용하고 있다.

```
# @pids는 프로세스 아이디들이 정렬되지 않은 채로 들어 있는 배열
foreach my $pid (sort { $a <=> $b } @pids) {
    print "$pid\n";
}
print "Select a process ID to kill:\n";
chomp ($pid = <>);
die "Exiting ... \n" unless $pid && $pid =~ /^\d+$/;
```

```
kill('TERM',$pid);
sleep 2;
kill('KILL',$pid);
```

$a <=> $b나 $a cmp $b를 사용하면 리스트를 오름차순으로 정렬하게 된다. 내림차순으로 정렬하고 싶다면, 정렬 서브루틴 안에서 $a와 $b를 바꿔주기만 하면 된다.

```
@descending = sort { $b <=> $a } @unsorted;
```

비교 루틴은 일관성이 있어야 한다. 다시 말해서 동일한 값들을 받으면 동일한 결과가 나와야 한다. 일관성 없는 루틴을 사용할 경우 무한 루프에 빠지거나 코어덤프가 발생할 것이다. 구 버전의 펄을 사용한다면 특히 그렇다.

sort SUBNAME LIST 형태로도 쓸 수 있다. 여기서 SUBNAME은 비교를 위해 사용하는 서브루틴의 이름으로 이 서브루틴 역시 -1, 0, 1 중 하나를 반환해야 한다. 속도를 향상시키기 위하여, 보통 사용되는 호출 규약 대신에 서브루틴이 실행되는 동안 비교할 두 값이 전역 패키지 변수 $a와 $b 안에 마치 마술처럼 담겨 있게 된다. 펄이 이 서브루틴을 호출하는 방식이 이렇게 특이하기 때문에, 이 서브루틴은 재귀적으로 만들어지면 안 된다.

주의할 점이 있는데, $a와 $b는 sort를 호출하는 시점에 활성화되어 있는 패키지 안에서 설정되는 것이지 SUBNAME 함수가 컴파일되는 시점의 패키지에서 설정되는 것이 아니라는 점이다. 예를 들어서 다음 코드를 보자.

```
package Sort_Subs;
sub revnum { $b <=> $a }

package Other_Pack;
@all = sort Sort_Subs::revnum 4, 19, 8, 3;
```

이 코드는 아무런 신호도 없이 정렬에 실패할 것이다. (-w 옵션을 주어 경고 기능을 켰다면 요란을 떨며 실패할 것이다.) 왜냐하면 sort를 호출하면 그 시점의 현재 패키지인 Other_Pack 패키지에 있는 $a와 $b의 값이 설정되는데, 정작 revnum 함수는 그 함수가 속한 Sort_Subs 패키지에 있는 변수를 사용하기 때문이다. 이런 이유 때문에라도 정렬 함수가 인라인으로 들어가 있는 게 더 쉽다.

```
@all = sort { $b <=> $a } 4, 19, 8, 3;
```

패키지에 대해서 더 많은 것을 알고 싶다면 10장을 보라.

더 알아보기

- *perlop*(1) 문서와 *Programming Perl* 3장에서 다루는 `cmp`, `<=>` 연산자
- *perlfunc*(1) 문서와 *Programming Perl* 29장에서 다루는 `kill`, `sort`, `sleep` 함수
- 레시피 4.16

4.16 계산 결과를 기준으로 리스트를 정렬하기

문제

어떤 리스트를 정렬하는데 단순한 문자열 비교나 숫자 비교가 아닌 복잡한 기준을 사용하고자 한다.

이런 작업은 객체를 다루거나("직원들을 봉급순으로 정렬하라") 복잡한 데이터 구조를 다룰 때("레퍼런스를 정렬하되 각 레퍼런스가 가리키는 배열의 세 번째 원소를 기준으로 정렬하라") 흔히 하게 된다. 또한 정렬 기준이 둘 이상일 때도 적용되는데, 예를 들자면 사람들을 정렬하는데 일단 생일로 정렬하고 생일이 같은 사람들끼리는 이름순으로 정렬하는 식이다.

해결책

`sort`에 필요에 따라 설정할 수 있는 비교 루틴을 사용한다.

```
@ordered = sort { compare() } @unordered;
```

필드의 값을 미리 계산해둠으로써 정렬 속도를 향상시킬 수 있다.

```
@precomputed = map { [compute(),$_] } @unordered;
@ordered_precomputed = sort { $a->[0] <=> $b->[0] } @precomputed;
@ordered = map { $_->[1] } @ordered_precomputed;
```

그리고 이 세 단계를 하나로 결합할 수도 있다.

```
@ordered = map { $_->[1] }
           sort { $a->[0] <=> $b->[0] }
           map { [compute(), $_] }
           @unordered;
```

논의

비교 루틴을 사용하는 것은 레시피 4.15에서 설명하였다. 내장 연산자인 `<=>`를 쓰는 것뿐 아니라 더 복잡한 검사도 구성할 수 있다.

```
@ordered = sort { $a->name cmp $b->name } @employees;
```

아마 여러분도 종종 foreach 루프 안에 sort가 이렇게 쓰이는 것을 본 적이 있을 것이다.

```
foreach $employee (sort { $a->name cmp $b->name } @employees) {
    print $employee->name, " earns \$", $employee->salary, "\n";
}
```

원소들을 특정한 순서로 둔 상태에서 작업할 일이 많다면, 매번 정렬하는 것보다 정렬은 한 번만 한 후 정렬된 결과를 저장해 두고 일을 하는 게 더 효율적이다.

```
@sorted_employees = sort { $a->name cmp $b->name } @employees;
foreach $employee (@sorted_employees) {
    print $employee->name, " earns \$", $employee->salary, "\n";
}
# %bonus 해시를 불러온 후
foreach $employee (@sorted_employees) {
    if ( $bonus{ $employee->ssn } ) {
      print $employee->name, " got a bonus!\n";
    }
}
```

비교 루틴 안에 여러 개의 비교 연산을 넣은 후 ||로 구분할 수 있다. ||는 쇼트 서킷 연산자이며 가장 먼저 발견되는 참 값을 반환한다. 그 말은 일단 하나의 기준으로 비교를 한 후 만일 두 원소의 순서가 동일하다면(즉 그 비교 연산의 반환값이 0이라면) 그 다음 연산을 사용하여 비교할 수 있다는 말이다. 이것은 정렬 안에 또 다른 정렬이 있는 효과가 있다.

```
@sorted = sort { $a->name cmp $b->name
                          ||
                 $b->age <=> $a->age } @employees;
```

이 코드는 먼저 두 원소의 이름을 비교한다. 이름이 같지 않다면 || 연산은 이 시점에서 멈추고 cmp 연산의 결과를 반환한다(결과적으로 원소들을 이름을 기준으로 오름차순 정렬하게 된다). 만일 이름이 같다면 ||는 계속 진행하여 <=> 연산을 수행하고 그 결과를 반환하게 된다(나이 기준으로 내림차순 정렬하게 된다). 결과적으로 일단 이름순으로 정렬되고, 이름이 같은 사람끼리는 나이가 많은 순으로 정렬된 리스트가 만들어진다.

실생활에서 볼 법한 정렬 사례를 보도록 하자. 먼저 시스템 사용자 전체 목록을 가져온다. 각 사용자는 User::pwent 클래스의 객체로 표현된다. 이 사용자들을 이름순으로 정렬한 후 출력한다.

```
use User::pwent qw(getpwent);
@users = ();
# 모든 사용자 정보를 가져온다
```

```
while (defined($user = getpwent)) {
    push(@users, $user);
}
@users = sort { $a->name cmp $b->name } @users;
foreach $user (@users) {
    print $user->name, "\n";
}
```

단순한 비교나 그런 단순한 비교 여러 개를 결합한 것 말고 더 복잡한 형태의 정렬도 할 수 있다. 다음 코드는 이름들의 리스트를 정렬하는데 각 이름의 *두 번째* 글자를 기준으로 정렬한다. 두 번째 글자가 무엇인지 알기 위해 substr 함수를 사용하고 있다.

```
@sorted = sort { substr($a,1,1) cmp substr($b,1,1) } @names;
```

다음 코드의 경우는 문자열들을 길이순으로 정렬한다.

```
@sorted = sort { length $a <=> length $b } @strings;
```

sort 함수는 두 원소를 비교해야 할 때마다 이 코드 블록을 호출해야 하고, 이런 비교 횟수는 정렬하려는 원소의 수가 많아지면 급격히 커지게 된다. 10개의 원소를 정렬할 때는 (평균적으로) 46번 비교를 하게 되지만, 1,000개의 원소를 정렬할 때는 14,000번 비교를 하여야 한다. 매번 비교할 때마다 split 같이 시간이 많이 걸리는 연산자나 서브루틴을 호출하게 되면 프로그램이 매우 느려지게 된다.

다행히 정렬하기에 앞서 이런 연산을 원소당 한 번씩만 미리 수행함으로써 이 병목을 제거할 수 있다. map 함수를 사용하여 연산의 결과를 배열에 저장하는데 이 배열의 각 원소는 원소가 두 개인 익명 배열이고, 이 익명 배열의 두 원소 중 하나는 연산에 의해 계산된 필드, 다른 하나는 원래의 필드이다. 그 다음 이렇게 만들어진 배열의 배열을 sort를 사용하여 미리 계산된 필드를 기준으로 정렬하고, 다시 map을 사용하여 원래의 데이터만 정렬된 상태로 추출한다. 이러한 map-sort-map 개념은 유용하고 널리 쓰이므로 좀 더 깊이 있게 들여다보자.

문자열의 길이를 기준으로 정렬하는 데에 map-sort-map을 적용해보자.

```
@temp   = map  {  [ length $_, $_ ]  } @strings;
@temp   = sort { $a->[0] <=> $b->[0] } @temp;
@sorted = map  {        $_->[1]      } @temp;
```

첫 번째 줄에서는 문자열과 그 문자열의 길이로 구성되는 익명 배열들의 배열을 map을 사용하여 만든다. 두 번째 줄에서는 이 임시 배열을 앞에서 계산된 문자열의 길이를 기준으로 정렬한다. 세 번째 줄에서는 이렇게 정렬된 문자열과 그 길이의 배열을 다시 문자열의 배열로 되돌린다. 이런 식으로 해서 각 문자열의 길이를 한 번씩만 계산하였다.

각 줄의 입력은 그 전 줄의 출력이기 때문에(첫 번째 줄에서 만든 @temp 배열은 두 번째 줄의 sort의 입력으로 들어가고, 그 sort의 출력은 다시 세 번째 줄의 map의 입력이 된다) 임시 배열을 따로 사용하지 않고 하나의 구문으로 결합할 수 있다.

```
@sorted = map  { $_->[1] }
          sort { $a->[0] <=> $b->[0] }
          map  { [ length $_, $_ ] }
          @strings;
```

각 연산자들이 이번에는 역순으로 나오고 있다. map-sort-map 구문을 보게 되면, 그 구문이 하는 일을 알기 위해서는 아래에서 위로 읽어야 한다.

@strings

마지막 부분은 정렬할 데이터이다. 여기서는 그저 배열 하나이지만, 어떤 서브루틴이 될 수도 있고 심지어 외부 명령을 실행하는 역따옴표 쌍이 올 수도 있다. 리스트를 반환한다면 무엇이든 상관없다.

map

아래쪽의 map은 익명 배열의 리스트를 임시로 생성한다. 이 리스트에는 미리 계산해둔 값(length $_)와 원본 원소($_)가 저장된 익명 배열들이 들어간다. 이 map이 있는 줄을 보면 정렬 기준 필드를 어떻게 계산하는지 알 수 있다.

sort

sort 줄은 익명 배열의 리스트를 미리 계산해둔 값을 기준으로 정렬한다. 이 줄에서는 리스트가 오름차순으로 정렬될지 내림차순으로 정렬될지 정도의 정보만 알 수 있다.

map

위쪽의 map은 정렬된 익명 배열 리스트를 원래 원소들이 정렬된 리스트로 되돌린다. 이 줄은 일반적으로 map-sort-map 구문이라면 다 똑같을 것이다.

다음은 좀 더 복잡한 예다. 여기서는 @fields 배열에 들어 있는 각 행들을 정렬하는데 그 기준이 각 행에 나타나는 첫 번째 숫자값이다.

```
@temp          = map  {     [ /(\d+)/, $_ ]  } @fields;
@sorted_temp   = sort { $a->[0] <=> $b->[0] } @temp;
@sorted_fields = map  {       $_->[1]        } @sorted_temp;
```

첫 번째 줄의 정규 표현식은 map이 현재 처리하고 있는 줄에 첫 번째로 나오는 숫자 부분을 추출해낸다. 리스트 컨텍스트에서 정규식 /(\d+)/을 사용하여 일치된 숫자를 추출한다.

저 코드에서 임시 배열을 쓰지 않도록 할 수 있다.

```
@sorted_fields = map  { $_->[1] }
                 sort { $a->[0] <=> $b->[0] }
                 map  { [ /(\d+)/, $_ ] }
                 @fields;
```

마지막 예제는 유닉스의 *passwd* 파일에 있는 내용처럼 콜론으로 구분된 데이터를 정렬한다. 파일의 각 줄의 네 번째 필드(그룹 아이디)를 기준으로 우선 정렬하고, 그 다음 세 번째 필드(사용자 아이디)를 기준으로, 거기까지 동일하다면 첫 번째 필드(사용자 이름)를 기준으로 정렬한다.

```
print map  { $_->[0] }              # 전체 행
      sort {
             $a->[1] <=> $b->[1]  # gid
                     ||
             $a->[2] <=> $b->[2]  # uid
                     ||
             $a->[3] cmp $b->[3]  # login
      }
      map  { [ $_, (split /:/)[3,2,0] ] }
      `cat /etc/passwd`;
```

더 알아보기

- *perlfunc*(1) 문서와 *Programming Perl* 29장에서 다루는 sort 함수
- *perlop*(1) 문서와 *Programming Perl* 3장에서 다루는 cmp, <=> 연산자
- 레시피 4.15

4.17 원형 리스트 구현하기

문제

원형 리스트를 생성하고 다루고자 한다.

해결책

보통의 배열에 unshift와 pop(또는 push와 shift)을 사용한다.

절차

```
unshift(@circular, pop(@circular));  # 마지막이던 것이 첫 번째가 된다
push(@circular, shift(@circular));   # 그 반대
```

논의

원형 리스트는 어떤 것들을 차례대로 처리하는 일을 반복적으로 수행할 때 흔히 쓰인다. 예를 들자면 어떤 서버에 현재 연결된 접속 정보 같은 것들이다. 컴퓨터 과학에서 얘기하는 원형 리스트는 포인터를 사용하고 진짜 원형 구조를 가지고 있는데, 위에 나온 코드는 그런 진짜 원형 리스트는 아니다. 대신에 마지막 원소를 첫 번째 위치로, 또는 반대로 첫 번째 원소를 마지막 위치로 옮기는 연산들을 제공한다.

```
sub grab_and_rotate ( \@ ) {
    my $listref = shift;
    my $element = $listref->[0];
    push(@$listref, shift @$listref);
    return $element;
}

@processes = ( 1, 2, 3, 4, 5 );
while (1) {
    $process = grab_and_rotate(@processes);
    print "Handling process $process\n";
    sleep 1;
}
```

더 알아보기

- *perlfunc*(1) 문서와 *Programming Perl* 29장에서 다루는 `unshift`, `push` 함수
- 레시피 13.13

4.18 배열의 내용 뒤섞기

문제

어떤 배열의 원소들을 무작위로 뒤섞고자 한다. 이 문제를 명백하게 응용하는 예는 카드 한 벌을 섞어야 하는 카드 게임을 만들 때이다. 이 외에도 배열의 원소를 무작위 순서로 처리해야 되는 상황이라면 동일하게 적용할 수 있다.

해결책

기본 모듈인 List::Util 모듈에 있는 `shuffle` 함수를 사용한다. 이 함수는 입력으로 받은 리스트의 원소를 무작위로 순서를 바꾸어 반환한다.

```
use List::Util qw(shuffle);
@array = shuffle(@array);
```

논의

무언가를 뒤섞는 일은 상상 이상으로 까다로운 작업이다. 다음과 같이 잘못 만들기 쉽다.

```
sub naive_shuffle {                              # 이렇게 하지 말라!
    for (my $i = 0; $i < @_; $i++) {
        my $j = int rand @_;                     # 임의의 원소를 하나 골라서
        ($_[$i], $_[$j]) = ($_[$j], $_[$i]);     # 둘을 바꾼다
    }
}
```

이 알고리즘은 편향된 결과를 낸다. 리스트의 원소들을 나열할 수 있는 모든 경우가 동일한 확률로 나타나지 않는다. 리스트의 원소가 세 개인 경우를 생각해보자. 위 코드에서는 난수를 세 번 생성하고 각 난수가 가질 수 있는 값은 세 가지이므로, 가능한 경우의 수는 27가지이다. 그러나 원소 세 개를 나열하는 순열의 가짓수는 여섯 가지밖에 안 된다. 27이 6으로 나누어떨어지지 않기 때문에 어떤 순서가 다른 순서보다 더 높은 확률로 선택된다.

List::Util 모듈의 `shuffle` 함수는 이런 편향성을 제거하여 더 예측하기 어렵게 뒤섞인 결과를 만들어준다.

만일 원하는 게 단지 원소 한 개를 무작위로 선택하는 것이라면 다음과 같이 한다.

```
$value = $array[ int(rand(@array)) ];
```

더 알아보기

- *perlfunc*(1) 문서와 *Programming Perl* 29장에서 다루는 `rand` 함수
- 난수에 대해서 더 자세한 내용은 레시피 2.6, 2.7, 2.8에서 다룬다.
- 레시피 4.20에서 무작위로 순열을 선택하는 또 다른 방법에 대하여 다룬다.

4.19 프로그램: words

ls 같은 프로그램을 실행하면 정렬된 출력이 각 열을 따라 나오기 때문에 세로로 먼저 읽을 수 있다. 이게 어떤 원리인지 궁금해본 적이 있는가? 예를 들어 다음과 같이 말이다.

```
awk      cp    ed    login mount rmdir sum
basename csh   egrep ls    mt    sed   sync
cat      date  fgrep mail  mv    sh    tar
chgrp    dd    grep  mkdir ps    sort  touch
chmod    df    kill  mknod pwd   stty  vi
chown    echo  ln    more  rm    su
```

예제 4-2가 이런 일을 한다.

예제 4-2. words

```
#!/usr/bin/perl -w
# words - 여러 줄을 모아서 열 단위로 표시

use strict;

my ($item, $cols, $rows, $maxlen);
my ($xpixel, $ypixel, $mask, @data);

getwinsize();

# 먼저 입력으로 들어오는 모든 줄을 모은다
# 이때 가장 긴 줄의 길이를 저장해둔다
$maxlen = 1;
while (<>) {
    my $mylen;
    s/\s+$//;
    $maxlen = $mylen if (($mylen = length) > $maxlen);
    push(@data, $_);
}

$maxlen += 1;               # 여분의 공간을 만들기 위해서

# 스크린 영역의 경계를 결정한다
$cols = int($cols / $maxlen) || 1;
$rows = int(($#data+$cols) / $cols);

# 계산을 빠르게 하기 위해 마스크를 미리 만든다
$mask = sprintf("%%-%ds ", $maxlen-1);

# 줄의 마지막 항목에 왔는지 검사하는 서브루틴
sub EOL { ($item+1) % $cols == 0 }

# 이제 각 위치마다 그 위치에 출력되어야 할 항목을 골라서 출력한다
for ($item = 0; $item < $rows * $cols; $item++) {
    my $target =  ($item % $cols) * $rows + int($item/$cols);
    my $piece = sprintf($mask, $target < @data ? $data[$target] : "");
    $piece =~ s/\s+$// if EOL();  # 줄의 마지막 공백을 넣지 않도록 한다
    print $piece;
    print "\n" if EOL();
}

# 필요하다면 한 줄 더 띄운다
print "\n" if EOL();

# 이식성 없음 -- 리눅스에서만 동작함
sub getwinsize {
    my $winsize = "\0" x 8;
    my $TIOCGWINSZ = 0x40087468;
    if (ioctl(STDOUT, $TIOCGWINSZ, $winsize)) {
        ($rows, $cols, $xpixel, $ypixel) = unpack('S4', $winsize);
```

```
    } else {
        $cols = 80;
    }
}
```

정렬된 리스트를 열을 맞춰 출력하는 가장 분명한 방법은 폭을 일정하게 맞추기 위해 적절한 여백을 두며 리스트의 각 원소를 한 번에 하나씩 출력하는 것이다. 그러다 한 줄의 끝에 다다르면 다음 줄로 넘어간다. 그러나 이런 방법은 각 행을 왼쪽에서 오른쪽으로 읽기로 했을 때만 올바르게 동작한다. 만일 각 열을 위에서 아래로 읽고 그다음 열로 넘어가는 식으로 하고 싶다면 다른 방법을 써야 한다.

words 프로그램은 열을 따라 아래로 출력되도록 하는 일종의 필터이다. 이 프로그램은 입력을 모두 읽고, 입력 중에 가장 긴 줄의 길이를 기록해 둔다. 모든 입력을 다 읽고 나면 스크린의 폭을 가장 긴 입력 레코드의 길이로 나누어서 한 행에 몇 개의 열이 출력될 수 있는지 계산한다.

그 다음 이 프로그램은 입력 레코드 하나 당 한 번씩 수행되는 루프를 시작한다. 그러나 레코드들이 출력되는 순서는 입력된 순서가 아니다. 리스트에 항목이 아홉 개라고 상상해보자.

```
틀림        맞음
-----       -----
1 2 3       1 4 7
4 5 6       2 5 8
7 8 9       3 6 9
```

words 프로그램은 첫 줄에 `(1,4,7)`, 다음 줄에 `(2,5,8)`, 마지막 줄에 `(3,6,9)`를 출력하기 위해서 필요한 계산을 한다.

이 프로그램은 현재 창의 크기를 알아내기 위하여 `ioctl` 함수를 호출한다. 단 함수가 지원되는 시스템에서만 잘 동작하고 지원되지 않는 시스템에서는 이 방법은 통하지 않을 것이다. 레시피 12.17에서는 창의 크기를 *ioctl.ph*나 C 프로그램을 사용하여 알아내는 방법을 보여주고 있다. 레시피 15.4에서는 더 이식성 있는 해결책을 보여주지만 CPAN 모듈을 설치해야 한다.

더 알아보기

- 레시피 15.4

4.20 프로그램: permute

어떤 배열의 원소를 나열할 수 있는 모든 순서를 생성하거나, 그런 순서들에 대해 어떤 코드를 수행하고자 했던 적이 있는가? 예를 들어 다음과 같이 말이다.

```
% echo man bites dog | permute
dog bites man
bites dog man
dog man bites
man dog bites
bites man dog
man bites dog
```

어떤 집합의 원소를 가지고 만드는 순열의 가짓수는 원소의 개수의 팩토리얼이다. 이 값은 극히 빠르게 커지므로 원소의 개수가 많으면 이 프로그램을 사용하기는 힘들 것이다.

집합의 크기	순열의 가짓수
1	1
2	2
3	6
4	24
5	120
6	720
7	5040
8	40320
9	362880
10	3628800
11	39916800
12	479001600
13	6227020800
14	87178291200
15	1307674368000

모든 경우에 대해 어떤 작업을 하려고 하면 매우 긴 시간이 필요하다. 사실 매우 작은 숫자에 대한 팩토리얼 값도 쉽게 이 우주에 있는 입자의 개수를 넘어선다. 500의 팩토리얼은 10의 *천* 승보다도 크다!

```
use Math::BigInt;
sub factorial {
    my $n = shift;
    my $s = 1;
    $s *= $n-- while $n > 0;
    return $s;
}
print factorial(Math::BigInt->new("500"));
+1220136... (1035 digits total)
```

아래 나오는 두 가지 해결책은 반환되는 순열들의 순서가 각각 다르다.

예제 4-3에 나오는 해결책은 리스프(Lisp) 해커들이 사용하던 고전적인 리스트 순열 알고리즘을 사용한다. 이 해결책은 비교적 이해하기 쉽지만 불필요한 복사 연산이 이뤄진다. 또한 생성한 순열을 출력하는 것 말고 다른 일은 하지 않고 있다.

예제 4-3. tsc-permute

```
#!/usr/bin/perl -n
# tsc_permute: 입력 받은 단어들의 순열을 생성
permute([split], [ ]);
sub permute {
    my @items = @{ $_[0] };
    my @perms = @{ $_[1] };
    unless (@items) {
        print "@perms\n";
    } else {
        my (@newitems,@newperms,$i);
        foreach $i (0 .. $#items) {
            @newitems = @items;
            @newperms = @perms;
            unshift(@newperms, splice(@newitems, $i, 1));
            permute( \@newitems, \@newperms);
        }
    }
}
```

예제 4-4에 나오는 마크 제이슨 도미너스(Mark-Jason Dominus)의 해결책은 더 빠르고(약 25% 정도) 더 세련되었다. 이 코드는 모든 순열을 미리 계산하지 않고 n번째 특정한 순열을 생성한다. 이 해결책은 두 가지 면에서 세련되었다. 첫째로, 팩토리얼을 계산할 때를 제외하고는 재귀 호출을 하지 않는다. 팩토리얼은 엄밀한 의미의 순열 알고리즘에는 사용되지 않는다. 둘째로, 실제 데이터 집합의 순열이 아니라 정수의 순열을 생성한다.

또한 이 해결책에서는 시간을 단축하기 위해 *메모이제이션(momoization)*이라는 기법을 사용한다. 이것은 특정한 인자에 대해 항상 특정한 결과를 반환하는 함수로 하여금 그 결과를 기억해두게 하는 것이다. 이렇게 하면 다음번에 동일한 인자가 주어진다면 별도의 계산을 하지 않고 바로 답을 낼 수 있다. `factorial` 함수는 레시피 10.3에서 나오는 것처럼 `@fact`라는 전용 배열을 사용하여 기존에 계산했던 팩토리얼 값을 저장해둔다. 이 기법은 매우 유용해서 이렇게 값을 캐시에 저장하는 부분을 대신 해주는 기본 모듈이 나와 있을 정도다. 만일 여러분이 캐시를 따로 사용하지 않는 평범한 팩토리얼 함수만 있는 상태라면, 그 함수에 캐시 기능을 다음과 같이 추가할 수 있다.

```
use Memoize;
memoize("factorial");
```

`n2perm` 함수를 호출할 때는 인자를 두 개 넘겨준다. 첫 번째는 생성할 순열의 번호이고(0부터 `factorial(N)`까지이다. 이때 N은 배열의 크기이다), 두 번째는 배열의 마지막 원소의 첨자이다. `n2perm` 함수는 `n2pat` 서브루틴을 호출하고 그 안에서 자신이 만들 순열에 대한 지시문을 계산한다. 그 다음 `pat2perm` 서브루틴에서 이 지

시문을 정수의 순열로 변환한다. 지시문은 (0 2 0 1 0)과 같은 형태의 리스트이며 "0번째 원소를 뽑아내고, 나머지 리스트에서 두 번째 원소를, 그 다음 0번째 원소를, 그 다음 1번째 원소를, 그 다음 0번째 원소를 뽑아내라"라는 의미를 갖는다.

예제 4-4. mjd-permute

```
#!/usr/bin/perl -w
# mjd_permute: 입력 받은 단어들의 순열을 생성
use strict;
sub factorial($);  # 프로토타입 선언을 위한 전방 참조

while (<>) {
    my @data = split;
    my $num_permutations = factorial(scalar @data);
    for (my $i=0; $i < $num_permutations; $i++) {
        my @permutation = @data[n2perm($i, $#data)];
        print "@permutation\n";
    }
}

# 유틸리티 함수: 메모이제이션을 쓰는 팩토리얼
BEGIN {
  my @fact = (1);
  sub factorial($) {
      my $n = shift;
      return $fact[$n] if defined $fact[$n];
      $fact[$n] = $n * factorial($n - 1);
  }
}

# n2pat($N, $len) : 길이가 $len인 $N번째 패턴을 생성
sub n2pat {
    my $i   = 1;
    my $N   = shift;
    my $len = shift;
    my @pat;
    while ($i <= $len + 1) {   # 단지 while ($N) { ... 이라고 해도 될 거였다
        push @pat, $N % $i;
        $N = int($N/$i);
        $i++;
    }
    return @pat;
}

# pat2perm(@pat) : n2pat()이 반환한 패턴을 정수의 순열로 변환한다
# 주의: splice는 이미 O(N) 복잡도이다
sub pat2perm {
    my @pat    = @_;
    my @source = (0 .. $#pat);
    my @perm;
    push @perm, splice(@source, (pop @pat), 1) while @pat;
    return @perm;
}

# n2perm($N, $len) : $len개의 대상을 가지고 만드는 순열 중 N번째 순열을 생성
sub n2perm {
    pat2perm(n2pat(@_));
}
```

더 알아보기

· *perlfunc*(1) 문서와 *Programming Perl* 29장에서 다루는 `unshift`, `splice` 함수
· *perlsub*(1), *perlref*(1) 문서와 *Programming Perl* 8장에서 다루는 클로저(closure)
· 레시피 2.6
· 레시피 10.3

5장

P e r l C o o k b o o k

해시

연관 배열을 대상으로 선형 탐색을 하는 것은
장전된 우지(Uzi) 기관단총으로
사람을 때려서 죽이려는 것과 같다.
— 래리 월

5.0 개요

사람과 컴퓨터 프로그램은 온갖 종류의 방법으로 서로 상호작용한다. 스칼라 변수는 마치 은둔자와 같아서 외로이 살면서 존재의 의미를 개인의 내부에서 찾는다. 배열은 카리스마 있는 지도자의 이름 아래 다수가 모인 집단과 같다. 그 둘 사이에 일 대 일의 관계를 쉽고 편하게 맺을 수 있는 바탕이 존재하는데 이것이 해시이다. (펄 문서 중 오래된 문서에는 해시를 *연관 배열(associative array)*이라고 적은 것도 있지만, 너무 길다. 유사한 구조를 지원하는 다른 언어에서도 종종 다른 명칭을 사용한다. 여러분도 아마 언어에 따라 다르지만 *해시 테이블(hash table)*, *테이블(table)*, *딕셔너리(dictionary)*, *매핑(mapping)*, *어리스트(alist)* 등의 용어를 들어봤을 것이다.)

불행히도, 이 관계는 동등한 관계는 아니다. 해시 안에 저장되는 관계는 영어의 "of"나 "'s"와 같은 소유격 관계다. 예를 들어 우리는 냇*의* 상사 이름이 팀이라는 정보를 넣을 수 있다. 해시를 써서 냇의 상사가 누구인지는 편하게 알 수 있지만, 팀이 누구의 상사인지 바로 알 수는 없다. 그 답을 찾는 방법은 이 장의 레시피 중 하나다.

다행히 해시는 해시만의 특별한 장점이 있다. 해시는 펄에 내장된 데이터 형이다. 해시를 사용하면 복잡한 알고리즘들을 간단한 변수 접근으로 단순화할 수 있다. 또한 색인을 빠르고 편리하게 만들 수 있고 검색을 신속하게 할 수 있다.

해시 전체를 가리킬 때는 %boss와 같이 앞에 %를 붙인다. 특정한 키에 연관된 값을 참조하고 싶은 경우에는, 이 값은 하나의 스칼라 값이므로 – 배열의 원소 하나를 참조할 때와 같이 – $가 있어야 하고 실제로도 $를 써서 접근한다. 즉 "냇의 상사"는 $boss("Nat"}이라고 적는다. 여기에 "Tim"을 대입할 수 있다.

```
$boss{"Nat"} = "Tim";
```

이런 개념들을 잘 기억해두자. 어떤 해시에 구현된 관계를 그 해시의 이름으로 사용하면 좋다. 위 예에서 여러분은 이것이 스칼라가 아니고 해시인데 달러 기호를 쓰고 있는 것에 놀랐을지 모른다. 하지만 여기서는 그 해시 안에 있는 하나의 스칼라 값을 설정하는 것이므로 달러 기호를 쓴다. 스칼라 변수에 형 식별자로 $를 쓰고 전체 배열에 @를 쓰는 것처럼, 전체 해시에는 %를 쓴다.

배열은 첨자로 정수값을 사용하지만 해시의 첨자는 언제나 문자열이다. 해시의 값은 임의의 스칼라 값이며 레퍼런스일 수도 있다. 해시의 값으로 레퍼런스를 사용함으로써 단순한 문자열이나 숫자뿐 아니라 배열이나 또 다른 해시, 객체 등 복잡한 데이터도 보관할 수 있다. (좀 더 정확히 말하면 배열, 해시, 객체의 레퍼런스를 보관할 수 있다)

리스트를 사용하여 해시 전체를 초기화할 수 있다. 이때 리스트의 원소는 키와 값 쌍으로 구성된다.

```
%age = ( "Nat",   30,
         "Jules", 31,
         "Josh",  23 );
```

다음과 같이 쓸 수도 있다.

```
$age{"Nat"}   = 30;
$age{"Jules"} = 31;
$age{"Josh"}  = 23;
```

해시를 초기화하는 코드를 읽고 쓰기 쉽게 하도록, *컴마 애로우(comma arrow)*라고도 불리는 => 연산자가 도입되었다. 대부분의 경우 이 연산자는 보기에 더 좋은 쉼표 연산자처럼 동작한다. 예를 들어서 해시를 초기화할 때 다음처럼 할 수도 있다.

```
%food_color = (
               "Apple"  => "red",
               "Banana" => "yellow",
               "Lemon"  => "yellow",
               "Carrot" => "orange"
              );
```

(방금 쓴 저 해시는 이 장의 여러 예문에서 사용된다.) 이 초기화 구문은 또한 *해시와 리스트의 동등함*을 보여주는 예이기도 하다. 해시는 어떤 점에서는 키-값 쌍들의 리스트인 것처럼 동작한다. 해시를 병합하거나 뒤집는 등 여러 레시피에서 이 특성을 사용하게 될 것이다.

쉼표 연산자와 달리, 컴마 애로우 연산자는 특별한 성질이 있다. 이 연산자는 좌변에 있는 단어를 자동으로 인용 처리한다. 즉 따옴표를 생략하고 가독성을 향상시킬 수 있다. 단어 하나가 중괄호 안에 적혀서 해시키로 쓰일 때에도 역시 자동으로 인용 처리가 된다. 따라서 `$hash{"somekey"}`라고 적지 않고 `$hash{somekey}`라고 적어도 된다. 위의 `%food_color` 해시를 초기화하는 구문을 다시 적어보자.

```
%food_color = (
               Apple  => "red",
               Banana => "yellow",
               Lemon  => "yellow",
               Carrot => "orange"
              );
```

해시에 대해 얘기할 때 알고 있어야 될 중요한 문제 하나는, 해시의 원소들은 효율적으로 검색할 수 있도록 내부에서 결정한 순서로 저장된다는 점이다. 다시 말해서 여러분이 데이터를 어떤 순서로 집어넣든 상관없이, 해시 안에서는 예측할 수 없는 순서로 뒤섞여 들어가 있게 된다.

더 알아보기

- *perldata*(1) 매뉴얼 페이지
- *Programming Perl*의 1장과 2장에 각각 있는 "Hashes" 절

5.1 해시에 원소 추가하기

문제

해시에 항목을 추가하고자 한다.

해결책

간단히 해시키에 값을 대입하면 된다.

```
$HASH{$KEY} = $VALUE;
```

논의

어떤 항목을 해시에 넣는 일은 간단하다. 해시가 기본 데이터 형이 아닌 언어들의 경우에는 여러분이 오버플로, 크기 조절, 해시 테이블 항목 간의 충돌 등에 신경 써야 한다. 펄에서는 단순히 대입만 하면 저런 것들은 펄이 알아서 처리해 준다. 어떤 항목이 이미 들어있다면(즉 어떤 값과 연관되어 있다면), 그 기존 값이 저장된 메모리는 자동으로 반환된다. 단순한 스칼라 변수에 값을 할당할 때와 마찬가지이다.

```
# %food_color는 개요 절에서 정의되어 있음
$food_color{Raspberry} = "pink";
print "Known foods:\n";
foreach $food (keys %food_color) {
    print "$food\n";
}

Known foods:
Banana
Apple
Raspberry
Carrot
Lemon
```

기존의 값을 덮어쓰지 않고 키 하나에 여러 개의 값이 연관되도록 하고 싶다면 레시피 5.8과 11.2를 참고하라.

더 알아보기

- *perldata*(1) 문서의 “List Value Constructors” 절
- *Programming Perl* 2장의 “List Values and Arrays” 절
- 레시피 5.2

5.2 해시에 어떤 키가 존재하는지 검사하기

문제

어떤 특정한 키가 해시에 존재하는지 검사하고자 한다. 그 키에 연관된 값이 무엇인지는 상관없다.

해결책

exists 함수를 사용한다.

```
# %HASH 해시에 $KEY라는 키와 연관된 값이 있는가?
if (exists($HASH{$KEY})) {
    # 있다
} else {
    # 없다
}
```

논의

아래의 코드는 exists 함수를 사용하여 어떤 키가 %food_color 해시에 들어있는지 검사한다.

```
# %food_color는 개요 절에서 정의되어 있음
foreach $name ("Banana", "Martini") {
    if (exists $food_color{$name}) {
        print "$name is a food.\n";
    } else {
        print "$name is a drink.\n";
    }
}

Banana is a food.
Martini is a drink.
```

exists 함수는 키가 해시에 *존재하는지* 여부를 검사한다. 그 키에 연관된 값이 정의된 값인지, 또는 참인지 거짓인지는 검사하지 않는다. 너무 세세하게 들어가는 것일지 모르지만 값이 존재하는지 여부, 값이 정의되었는지 여부, 그리고 참인지 여부 이 세 가지를 혼동하면 문제가 우후죽순처럼 생겨날 수 있다. 다음 코드를 보자.

```
%age = ();
$age{"Toddler"}  = 3;
$age{"Unborn"}   = 0;
$age{"Phantasm"} = undef;

foreach $thing ("Toddler", "Unborn", "Phantasm", "Relic") {
    print "$thing: ";
    print "Exists "  if exists  $age{$thing};
    print "Defined " if defined $age{$thing};
    print "True "    if         $age{$thing};
    print "\n";
}

Toddler: Exists Defined True
Unborn: Exists Defined
Phantasm: Exists
Relic:
```

$age{"Toddler"}는 존재 여부 검사, 정의 여부 검사, 참 여부 검사를 다 통과한다.

저 해시 안에서 "Toddler"에 값을 주었기 때문에 존재하고 있고 그 값이 undef이 아니기 때문에 정의된 값이며, 이 값이 펄에서 거짓으로 간주하는 값들에 해당되지 않기 때문에 참이다.

$age{"Unborn"}은 존재 여부 검사와 정의 여부 검사만 통과한다. 해시 안에서 "Unborn"에 값을 주었기 때문에 존재하고 있고, 그 값이 undef이 아니므로 정의된 값이지만, 0은 펄에서 거짓으로 간주하는 값이기 때문에 참은 아니다.

$age{"Phantasm"}은 존재 여부 검사만 통과한다. 해시 안에서 "Phantasm"에 값을 주었기 때문에 이것은 존재한다. 그러나 그 값이 undef이기 때문에 정의 여부 검사는 통과하지 못한다. 또한 undef은 펄에서 거짓으로 간주하는 값이기 때문에 참인지 검사하는 것도 통과하지 못한다.

$age{"Relic"}은 어느 검사도 통과하지 못한다. 해시 안에서 "Relic"에 값을 준 적이 없기 때문에 존재 검사를 통과하지 못한다. 값을 주지 않았기 때문에 $age{"Relic"}의 값은 우리가 읽으려 할 때마다 undef이 된다. "Phantasm"의 경우에서 보았듯이 undef은 정의되지 않은 값이며 거짓으로 간주된다.

때로는 해시에 undef을 값으로 저장하는 게 유용할 때도 있다. 이것은 "이 키를 본 적은 있지만, 이 키에 연관시킬 만한 어떤 의미 있는 값이 있지는 않음"을 나타낸다. 예를 들어서, 파일 목록을 입력 받아서 그 파일들의 크기를 검사하는 프로그램을 생각해보자. 아래 있는 코드는 이미 검사한 파일은 다시 검사하지 않고 건너뛰려고 했지만, 크기가 0인 파일은 건너뛰지 못한다. 그리고 입력에는 있었지만 실제로는 존재하지 않는 파일의 경우도 건너뛰지 못한다.

```
%size = ();
while (<>) {
    chomp;
    next if $size{$_};        # 틀렸음!
    $size{$_} = -s $_;
}
```

저 잘못된 줄을 exists를 호출하도록 바꾸면, 이제는 저런 경우는 물론이고 stat으로 검사할 수 없었던 파일들도 다 건너뛰게 된다. 안 그랬다면 검사를 시도하기를 (그리고 실패하기를) 반복했을 것이다.

```
next if exists $size{$_};
```

더 알아보기

- *perlfunc*(1) 문서와 *Programming Perl* 29장에서 다루는 exists, defined 함수

· *perldata*(1) 문서의 "Scalar Values" 절에 있는 참 값에 대한 논의
· *Programming Perl* 2장에 있는 "Boolean Context" 절

5.3 키나 값을 수정할 수 없는 해시 만들기

문제

키나 값을 한 번 지정하고 나면 수정할 수 없는 해시를 만들고자 한다.

해결책

기본 모듈 Hash::Util 모듈에 있는 함수들을 사용한다.

```
use Hash::Util qw{ lock_keys  unlock_keys
                   lock_value unlock_value
                   lock_hash  unlock_hash  };
```

키를 현재 들어있는 것으로 고정하여 더 이상 새로운 키가 추가되지 못하게 제한하려면 다음과 같이 한다.

```
lock_keys(%hash);                # 현재 있는 키만 유지하도록 제한
lock_keys(%hash, @klist);        # @klist에 있는 키들만 받아들이도록 제한
```

키를 삭제하거나 값을 변경하지 못하게 하려면 다음과 같이 한다.

```
lock_value(%hash, $key);
```

모든 키와 값들을 다 읽기만 가능하게 바꾸려면 다음과 같이 한다.

```
lock_hash(%hash);
```

논의

사용할 키가 미리 "NAME", "RANK", "SERNO" 등과 같이 미리 결정되어 있는 레코드(또는 객체)를 해시를 사용하여 구현한다고 가정해 보자. 이런 경우 "ANME"와 같이 오타를 내거나 하여 결정된 키 외의 다른 키를 접근하는 것은 에러로 간주하는 게 나을 것이다. 펄에서 `use strict` 프래그마를 사용하면 변수 이름을 잘못 타이핑하는 에러는 감지해 주지만 존재하지 않는 해시 원소에 대한 요청을 받으면 원소를 즉석에서 생성해버리기 때문에 이런 에러는 감지할 수 없다.

Hash::Util 모듈의 `lock_keys` 함수는 이런 일을 처리해 준다. 해시의 키를 잠그고 나면 지정된 키 이외의 다른 키를 사용할 수 없다. 잠그는 시점에 꼭 해시에 들어 있어야 하는 것은 아니다. 또 지정된 키를 삭제하는 것도 여전히 가능하다. 그러나 새로운 키를 사용할 수는 없다.

lock_keys를 사용하여 잠긴 키라 해도, 그 키에 연관된 값에 접근하는 것은 허용된다. 해시의 값들을 읽기 전용 모드로 변경하려면 lock_value 함수를 사용한다. 이렇게 설정한 해시의 키도 잠글 수 있지만, 단지 한 개 이상의 값을 읽기 전용으로 만드는 게 목표라면 굳이 그럴 필요는 없다.

해시 전체를 잠그어 키와 값 전부를 변경하지 못하게 하려면 lock_hash 함수를 사용한다.

더 알아보기

- Hash::Util 모듈 문서

5.4 해시에서 항목을 삭제하기

문제

해시에서 어떤 항목을 삭제하여 keys, values, each 함수를 사용했을 때 더 이상 나타나지 않게 만들고자 한다. 직원들과 그 직원들의 연봉을 연관 짓는 해시를 사용하고 있었는데 어느 직원이 사직했다면 해시에서 그 직원에 대한 항목을 삭제해야 할 것이다.

해결책

delete 함수를 사용한다.

```
# $KEY와 그 키에 연관된 값을 %HASH에서 삭제
delete($HASH{$KEY});
```

논의

때때로 사람들은 해시에서 항목을 삭제하려고 undef을 사용하는 잘못을 저지른다. undef $hash{$key}와 $hash{$key} = undef은 둘 다 키는 $key이고 연관된 값은 undef인 항목을 %hash에 만들게 된다.

delete 함수는 해시에서 특정한 항목을 삭제하는 유일한 방법이다. 일단 키를 삭제하고 나면 그 키는 keys를 사용해 뽑아낸 목록이나 each를 사용한 반복문에 더 이상 나타나지 않으며, 그 키에 대해 exists 검사를 하면 거짓이 반환될 것이다.

아래는 undef과 delete의 차이를 보여주는 코드다.

```
# %food_color는 개요 절에서 정의되어 있음
sub print_foods {
```

```
    my @foods = keys %food_color;
    my $food;

    print "Keys: @foods\n";
    print "Values: ";

    foreach $food (@foods) {
        my $color = $food_color{$food};
        if (defined $color) {
            print "$color ";
        } else {
            print "(undef) ";
        }
    }
    print "\n";
}

print "Initially:\n";
print_foods();

print "\nWith Banana undef\n";
undef $food_color{"Banana"};
print_foods();

print "\nWith Banana deleted\n";
delete $food_color{"Banana"};
print_foods();

Initially:
Keys: Banana Apple Carrot Lemon
Values: yellow red orange yellow

With Banana undef
Keys: Banana Apple Carrot Lemon
Values: (undef) red orange yellow

With Banana deleted
Keys: Apple Carrot Lemon
Values: red orange yellow
```

보다시피 $food_color{"Banana"}를 undef으로 설정해도, "Banana"는 여전히 해시의 키로 존재한다. 이 항목은 여전히 해시에 있고 그저 그 항목의 값을 undef으로 만들었을 뿐이다. 반면에 delete는 그 항목을 실제로 해시에서 제거한다. keys 함수가 반환하는 리스트에 "Banana"는 더 이상 존재하지 않는다.

delete를 해시 슬라이스에 적용해서 나열된 모든 키를 한 번에 삭제할 수도 있다.

```
delete @food_color{"Banana", "Apple", "Cabbage"};
```

더 알아보기

- *perlfunc*(1) 문서와 *Programming Perl* 29장에서 다루는 delete, keys 함수
- 레시피 5.5에서 keys 함수를 사용하고 있다.

5.5 해시 순회하기

문제

어떤 해시에 있는 모든 항목(즉, 모든 키-값 쌍들)을 대상으로 어떤 작업을 하고자 한다.

해결책

while 루프 안에서 each를 사용한다.

```
while(($key, $value) = each(%HASH)) {
    # $key와 $value를 가지고 어떤 작업을 한다
}
```

또는 foreach 루프 안에서 keys를 사용한다. 해시가 매우 크지 않은 때만 사용하라.

```
foreach $key (keys %HASH) {
    $value = $HASH{$key};
    # $key와 $value를 가지고 어떤 작업을 한다
}
```

논의

다음은 개요 절에서 보았던 %food_color 해시를 순회하는 간단한 예다.

```
# %food_color는 개요 절에서 정의되어 있음
while(($food, $color) = each(%food_color)) {
    print "$food is $color.\n";
}
Banana is yellow.
Apple is red.
Carrot is orange.
Lemon is yellow.

foreach $food (keys %food_color) {
    my $color = $food_color{$food};
    print "$food is $color.\n";
}
Banana is yellow.
Apple is red.
Carrot is orange.
Lemon is yellow.
```

foreach 예제에 있는 $color 변수는 단 한 번만 사용하고 있으므로 사실 필요 없다. 다음과 같이 써도 된다.

```
print "$food is $food_color{$food}.\n"
```

동일한 해시에 each를 호출할 때마다 "그다음" 키-값 쌍이 반환된다. "그다음"이라고 말하는 것은 이 키-값 쌍들이 해시 내부에서 지정된 순서에 따라 반환되기 때문이다. 겉으로 보기에는 어떠한 순서도 없는 것처럼 보인다. each가 모든 해시 원소를 다 반환하고 나면 그다음 번에는 빈 리스트 ()를 반환하며, 이 할당문은 거짓이 되어서 while 루프가 끝나게 된다.

foreach 예제에서는 keys를 사용하는데 이 함수는 루프를 돌기 전에 해시에 있는 모든 키를 담고 있는 리스트를 만든다. each를 쓰면 한 번에 하나의 키-값 쌍만을 얻는다는 장점이 있다. 해시에 키가 많이 있다면 전체 키 리스트를 미리 만들지 않음으로써 상당한 메모리를 아낄 수 있다. 하지만 each 함수를 쓰면 키-값 쌍들의 순서를 여러분이 제어할 수 없다.

foreach와 keys를 사용하여 리스트를 순회할 때는 여러분이 순서를 지정할 수 있다. 예를 들어서 음식 이름을 알파벳 순서로 출력하고 싶다고 해보자.

```
foreach $food (sort keys %food_color) {
    print "$food is $food_color{$food}.\n";
}
Apple is red.
Banana is yellow.
Carrot is orange.
Lemon is yellow.
```

이것은 foreach를 사용하는 흔한 용법이다. keys를 사용하여 해시 키들의 리스트를 만들고, foreach를 써서 그 리스트를 순회한다. 이 방법의 위험한 점은 만일 해시의 원소가 매우 많다면 keys가 반환하는 리스트가 메모리를 많이 사용하게 될 것이라는 점이다. 메모리 절약과 해시 항목 처리 순서를 제어할 수 있는 것 사이의 선택의 문제다. 키를 정렬하는 부분에 대해서는 레시피 5.10에서 더 자세히 다룬다.

keys, values, each 함수는 해시 내부의 데이터 구조를 공유하므로, 이 함수들을 섞어서 쓰거나 each 루프를 끝까지 돌지 않고 중단하는 경우 주의해야 한다. keys나 values를 호출하면 each의 현재 위치가 재설정된다. 아래 코드는 루프를 무한히 반복하면서 each가 제일 처음 반환하는 키를 매번 출력하게 된다.

```
while ( ($k,$v) = each %food_color ) {
    print "Processing $k\n";
    keys %food_color;               # %food_color의 처음 부분으로 되돌아감
}
```

each나 foreach로 해시를 순회하는 도중에 해시의 내용을 변경하는 것은 일반적으로는 위험한 일이다. 순회 도중에 해시에 키를 추가하거나 삭제할 경우, each 함수가 어떻게 동작할지는 그 해시가 tie로 다른 데이터형에 결합되어 있는지 여부에 따라 달라질 수 있다. foreach 루프를 써서 미리 생성한 키 리스트를 순회할 경

우는, 일단 루프가 시작되고 나면 도중에 키가 추가되거나 삭제되어도 foreach는 그 사실을 알 수 없다. 루프 도중에 추가된 키가 자동으로 순회 중인 리스트 뒤에 추가되는 것도 아니고 삭제된 키가 리스트에서 자동으로 지워지는 것도 아니다.

예제 5-1은 메일박스 파일을 읽어서 어떤 사람이 몇 통의 메일을 보냈는지를 출력한다. 발신자가 누구인지 알기 위해 From:이 있는 줄을 이용한다. (이 점에 있어서 이 프로그램은 썩 잘 만든 것은 아니다. 하지만 여기서는 메일박스 파일 처리가 중요한 게 아니라 해시를 다루는 예를 보이려는 것이니 이 점은 무시하자.) 명령 행 인자로 메일박스 파일의 이름을 넘겨주거나, "-"를 사용하여 메일박스의 내용을 파이프로 넘겨주겠다고 지정할 수 있다. (인자가 세 개 미만인 open을 써서 "-"라는 이름의 파일을 읽기 모드로 열게 되면 현재 지정된 표준 입력을 사용하겠다는 뜻이 된다.)

예제 5-1. countfrom

```
#!/usr/bin/perl
# countfrom - 각 발신자에게서 온 메시지의 개수를 센다
$filename = $ARGV[0] || "-";            # "-"는 표준 입력을 의미
open(FILE, "< $filename")   or die "Can't open $filename : $!";
while(<FILE>) {
    if (/^From: (.*)/) { $from{$1}++ }
}
foreach $person (sort keys %from) {
    print "$person: $from{$person}\n";
}
```

더 알아보기

- *perlfunc*(1) 문서와 *Programming Perl* 29장에서 다루는 each, keys 함수
- 레시피 4.6에서 for와 foreach에 대해 설명하고 있다

5.6 해시의 내용 출력하기

문제

해시의 내용을 출력하고자 하는데 print "%hash" 또는 print %hash라고 하면 뜻대로 되지 않는다. 첫 번째 것은 문자열 그대로 출력되고 두 번째 것은 키와 값들이 한데 뭉쳐서 나타나 버린다.

해결책

여러 가지 접근법 중 하나는 레시피 5.5에서 본 것처럼 해시에 있는 각각의 키-값 쌍들을 순회하면서 그 내용을 출력하는 것이다.

```
while ( ($k,$v) = each %hash ) {
    print "$k => $v\n";
}
```

또는 map을 사용하여 문자열의 리스트를 만들 수도 있다.

```
print map { "$_ => $hash{$_}\n" } keys %hash;
```

아니면 레시피 1.15에 있던 보간 기법을 사용하여 해시를 리스트처럼 보간할 수 있다.

```
print "@{[ %hash ]}\n";
```

임시 배열을 사용하여 해시의 내용은 옮겨 담은 후에 출력할 수도 있다.

```
{
    my @temp = %hash;
    print "@temp";
}
```

논의

위에 나온 기법들은 출력의 내용을 입맛대로 바꿀 수 있는지(순서나 서식 등), 얼마나 효율적인지 등에서 서로 다르다.

첫 번째로 나온 해시를 순회하는 방법은 유연하고 메모리 사용 면에서 효율적이다. 출력의 형식을 원하는 대로 조절할 수 있고 현재의 키, 값을 담을 스칼라 변수 두 개만 필요하다. 만일 foreach 루프를 사용한다면 키를 특정한 순서로 출력할 수 있다(대신 정렬된 키 리스트를 만드는 비용이 든다).

```
foreach $k (sort keys %hash) {
    print "$k => $hash{$k}\n";
}
```

map 함수 역시 유연하다. 키를 정렬함으로써 원하는 순서로 처리할 수 있다. 출력되는 형식도 마음대로 할 수 있다. 하지만 이 방법은 print에 인자로 넘기기 위하여 "KEY => VALUE\n"와 같은 문자열의 리스트를 만들게 된다.

마지막 두 기법은 보간을 응용하는 방법이다. 해시를 리스트처럼 다루면서 키-값 쌍의 순서를 예측하거나 제어할 수 없게 된다. 또한 출력되는 내용은 키와 값의 리스트로 구성되어 있고 리스트의 각 원소 사이에는 그 시점에 $" 변수에 담겨 있던 내용이 구분자로 들어간다. 앞에 나온 방법들처럼 각 쌍 사이에 줄바꿈 문자를 넣거나 키와 값 사이에 "=>"를 넣을 수도 없다.

또 다른 방법은 임시로 $, 변수를 지역화하고 스페이스를 할당한 후에 해시를 리스트 컨텍스트에서 출력하는 것이다.

```
{
    local $, = " ";
    print %hash;
}
```

이것은 해시를 배열에 복사한 후 그 배열을 큰따옴표 안에 넣어 보간시키는 것과 유사하지만, 불필요하게 내용을 두 번 복사(배열로 복사하면서 한 번, 그 배열을 문자열로 옮기면서 또 한 번)하지 않는다.

레시피 11.11에 나오는 Dumpvalue 모듈을 쓰면 깔끔한 출력을 얻을 수 있을 뿐만 아니라 그 외에도 여러 장점이 있다.

```
use Dumpvalue;
$dumper = Dumpvalue->new;
$dumper->dumpValue(\%food_color);
'Apple' => 'red'
'Banana' => 'yellow'
'Carrot' => 'orange'
'Lemon' => 'yellow'
```

더 알아보기

- *perlvar*(1) 문서와 *Programming Perl* 28장의 "Per-Filehandle Variables" 절에서 다루는 `$"`, `$,` 변수
- *perlfunc*(1) 문서와 *Programming Perl* 29장에서 다루는 `foreach`, `map`, `keys`, `sort`, `each` 함수
- 레시피 1.15에서 문자열 보간을 이용하는 기법을 소개한다.
- 레시피 5.5에서 해시를 순회하는 방법을 논의한다.

5.7 해시에 삽입한 순서대로 꺼내기

문제

`keys`와 `each` 함수는 해시의 원소를 이상한 순서로 순회한다. 우리가 원소를 삽입했던 순서대로 접근하고 싶다.

해결책

Tie::IxHash 모듈을 사용한다.

```
use Tie::IxHash;
tie %HASH, "Tie::IxHash";
# manipulate %HASH
@keys = keys %HASH;          # @keys는 삽입한 순서로 구성된다
```

논의

Tie::IxHash 모듈을 쓰면 keys, each, values는 해시 원소들을 삽입된 순서대로 반환한다. 이러면 sort에 복잡한 비교문을 사용하여 해시의 키들을 미리 처리해 두거나 별도의 배열에 해시의 키들을 삽입된 순서대로 보관할 필요가 없어진다.

또한 Tie::IxHash 모듈은 splice, push, pop, shift, unshift, keys, values, delete 함수를 객체 지향 인터페이스로 사용할 수 있게 해준다.

다음 예제에서는 keys와 each 함수를 보여주고 있다.

```
# 초기화
use Tie::IxHash;

tie %food_color, "Tie::IxHash";
$food_color{"Banana"} = "Yellow";
$food_color{"Apple"}  = "Green";
$food_color{"Lemon"}  = "Yellow";

print "In insertion order, the foods are:\n";
foreach $food (keys %food_color) {
    print "  $food\n";
}

print "Still in insertion order, the foods' colors are:\n";
while (( $food, $color ) = each %food_color ) {
    print "$food is colored $color.\n";
}

In insertion order, the foods are:
  Banana
  Apple
  Lemon
Still in insertion order, the foods' colors are:
Banana is colored Yellow.
Apple is colored Green.
Lemon is colored Yellow.
```

더 알아보기

- CPAN 모듈인 Tie::IxHash 모듈 문서
- 레시피 13.5

5.8 키 하나에 값이 여러 개 연관된 해시 만들기

문제

해시키 하나에 값을 두 개 이상 저장하고자 한다.

해결책

$hash{$key}에 배열 레퍼런스를 저장하고, 그 레퍼런스가 가리키는 배열에 값들을 저장한다.

논의

해시 항목 하나에는 스칼라 값 하나만을 저장할 수 있다. 하지만 레퍼런스도 스칼라이다. 따라서 한 키에 여러 개의 값을 저장하고 싶으면 $key에 연관된 값들을 배열에 담고, 그 배열의 레퍼런스를 $hash{$key}에 저장하면 된다. 일반적인 해시 연산들—삽입, 삭제, 순회, 존재 여부 검사—은 이제 push, splice, foreach 등과 같은 배열 연산을 사용하여 표현할 수 있다.

아래의 코드는 해시에 삽입하는 간단한 예다. 유닉스 시스템의 *who*(1) 명령의 출력을 처리하여 사용자들의 목록과 각 사용자들이 로그인하고 있는 터미널 tty 값을 간결하게 출력한다.

```
%ttys = ();

open(WHO, "who|")                   or die "can't open who: $!";
while (<WHO>) {
    ($user, $tty) = split;
    push( @{$ttys{$user}}, $tty );
}

foreach $user (sort keys %ttys) {
    print "$user: @{$ttys{$user}}\n";
}
```

이 코드의 핵심은 push 부분으로, $ttys{$user} = $tty를 값을 여러 개 보관할 수 있게 바꾼 버전이다. 처음 접근할 때는 해시 값이 정의되지 않은 상태이고, 따라서 펄은 자동으로 새로운 익명 배열을 할당하고 그 익명 배열의 레퍼런스를 값으로 저장하여 push 연산이 성공적으로 수행될 수 있도록 해준다. 이것을 *자동 생성(autovivification)*이라고 한다. 이에 대해서는 11장에서 더 설명한다.

print 문에서는 모든 터미널 이름들을 @{$ttys{$user}}를 통하여 보간한다. 만일 각 tty의 소유자를 출력하고 싶다면 이 익명 배열을 다시 순회할 수도 있다.

```
foreach $user (sort keys %ttys) {
    print "$user: ", scalar( @{$ttys{$user}} ), " ttys.\n";
    foreach $tty (sort @{$ttys{$user}}) {
        @stat = stat("/dev/$tty");
        $user = @stat ? ( getpwuid($stat[4]) )[0] : "(not available)";
        print "\t$tty (owned by $user)\n";
    }
}
```

exists 함수는 두 가지 의미가 있을 수 있다. "이 키에 연관된 값이 적어도 하나는 있는가?"와 "이 값이 이 키에 연관되어 있는가?"이다. 두 번째 의미를 구현하기 위해서는 배열을 뒤져서 그 값이 있는지 찾아야 한다. delete 함수는 exists의 첫 번째 의미와 서로 관련되어 있다. 만일 어떤 익명 배열도 비어 있지 않다고 보장할 수 있다면, 그냥 내장 exists를 사용할 수 있다. 익명 배열이 비어 있지 않도록 보장하기 위해서 원소를 삭제한 후 익명 배열에 원소가 남았는지 검사한다.

```
sub multihash_delete {
    my ($hash, $key, $value) = @_;
    my $i;

    return unless ref( $hash->{$key} );
    for ($i = 0; $i < @{ $hash->{$key} }; $i++) {
        if ($hash->{$key}->[$i] eq $value) {
            splice( @{$hash->{$key}}, $i, 1);
            last;
        }
    }

    delete $hash->{$key} unless @{$hash->{$key}};
}
```

값을 여러 개 담을 수 있는 해시를 만드는 또 다른 접근법은 13장에 나온다. 거기서는 tie로 묶인 일반 해시로 구현된다.

더 알아보기

- *perlfunc*(1)과 *Programming Perl* 29장에서 다루는 splice, delete, push, foreach, exists 함수
- 레시피 11.1
- 레시피 13.15에서 tie에 대해 다룬다.

5.9 해시 뒤집기

문제

해시는 키를 값에 대응시킨다. 어떤 해시가 있을 때, 값이 주어지면 그 값에 연관되는 키를 찾고자 한다.

해결책

reverse 함수를 사용하여 뒤집힌 해시를 만든다. 원래 해시의 키가 새 해시의 값이 되고 원래 해시의 값은 새 해시의 키가 된다.

```
# %LOOKUP은 키를 값에 대응시키고 있다
%REVERSE = reverse %LOOKUP;
```

논의

이 기법은 개요 절에서 언급했던 해시와 리스트의 동등성을 이용한다. 리스트 컨텍스트에서 reverse 함수는 %LOOKUP 해시를 리스트처럼 다루어 그 원소들의 순

서를 거꾸로 뒤집는다. 해시가 리스트처럼 처리될 때 가장 중요한 특성은, 그 리스트의 원소는 연관된 키와 값 쌍들이 나열된 형태라는 것이다. 즉 리스트의 첫 번째 원소는 어떠한 키이고, 두 번째 원소는 그 키에 연관된 값이다. 이 리스트에 reverse를 적용하면 첫 번째 원소는 이제 값이 되고, 두 번째 원소는 키가 된다. 이제 *이렇게 뒤집힌* 리스트를 다시 해시로 다루면 원래 해시에서 키와 값이 서로 바뀐 해시가 된다.

다음 예제를 보자.

```
%surname = ( "Mickey" => "Mantle", "Babe" => "Ruth" );
%first_name = reverse %surname;
print $first_name{"Mantle"}, "\n";
Mickey
```

%surname을 리스트처럼 다루면 다음과 같이 된다.

```
("Mickey", "Mantle", "Babe", "Ruth")
```

(아니면 ("Babe", "Ruth", "Mickey", "Mantle")일 수도 있다. 해시 항목들의 순서는 예측할 수 없다.) 이 리스트를 뒤집으면 다음과 같이 된다.

```
("Ruth", "Babe", "Mantle", "Mickey")
```

이 리스트를 다시 해시로 다루면, 이런 해시가 된다.

```
("Ruth" => "Babe", "Mantle" => "Mickey")
```

이제 이름을 성에 대응시키는 대신 성을 이름에 대응시키는 해시가 되었다.

예제 5-2는 foodfind라는 프로그램이다. 이 프로그램에 어떤 식품의 이름을 넣으면 그 식품의 색깔을 알려 준다. 만일 이 프로그램에 어떤 색깔을 넣으면, 그 색깔의 식품을 알려 준다.

예제 5-2. foodfind

```
#!/usr/bin/perl -w
# foodfind - 식품과 색깔을 대조함
$given = shift @ARGV or die "usage: foodfind food_or_color\n";
%color = (
            "Apple"  => "red",
            "Banana" => "yellow",
            "Lemon"  => "yellow",
            "Carrot" => "orange"
          );
%food = reverse %color;
if (exists $color{$given}) {
    print "$given is a food with color $color{$given}.\n";
}
```

```
if (exists $food{$given}) {
    print "$food{$given} is a food with color $given.\n";
}
```

만약 원래 해시에 키 두 개가 동일한 값에 대응된다면(저 색깔 예제에서 "Lemon"과 "Banana"의 색이 같은 것처럼), 이 해시를 뒤집어서 만든 새 해시에는 항목이 하나만 남게 될 것이다(어느 것이 남을지는 해시 내부의 순서에 따라 달라지며, 여러분이 예측하려 해서는 안 된다). 펄에서 해시의 키는 중복될 수 없기 때문이다.

값들이 중복되어 있는 해시를 뒤집고 싶다면, 레시피 5.8에 나왔던 방법을 사용해야 한다. 즉 원래 해시의 키들이 담긴 리스트를 값으로 갖는 해시를 만드는 것이다.

```
# %food_color as per the introduction
while (($food,$color) = each(%food_color)) {
    push(@{$foods_with_color{$color}}, $food);
}
print "@{$foods_with_color{yellow}} were yellow foods.\n";
Banana Lemon were yellow foods.
```

이렇게 되면 위에 있는 foodfind 프로그램도 수정하여서 둘 이상의 식품에 해당되는 색깔을 처리할 수 있도록 하여야 한다. 예를 들어 foodfind yellow를 하면 banana와 lemon이 둘 다 표시되어야 한다.

만약 원래 해시에 있던 값들 중에 문자열이나 숫자가 아니라 레퍼런스가 있다면, 이 해시를 뒤집을 때 문제가 생길 것이다. 레퍼런스는 해시의 키로 쓰이면 제대로 동작하지 않기 때문이다. 이에 대해서는 레시피 5.13에서 설명하는 Tie::RefHash 모듈을 참고하라.

더 알아보기

- *perlfunc*(1)과 *Programming Perl* 29장에서 다루는 reverse 함수
- 레시피 13.15

5.10 해시 정렬하기

문제

해시의 원소들을 특정한 순서대로 처리하고자 한다.

해결책

keys를 써서 키의 리스트를 얻어낸 후, 원하는 순서로 정렬하기 위해 sort를 사용한다.

```
# %hash는 정렬하고자 하는 해시
@keys = sort { criterion() } (keys %hash);
foreach $key (@keys) {
    $value = $hash{$key};
    # $key, $value를 가지고 어떤 작업을 한다
}
```

논의

해시의 항목들이 특정한 순서를 유지하도록 직접적으로 관리할 수는 없지만(레시피 5.7에 언급된 Tie::IxHash 모듈을 사용하면 가능하긴 하다), 각 항목을 원하는 순서대로 접근할 수는 있다.

이 기법은 기본 원리를 바탕으로 다양하게 응용할 수 있다. 키를 추출하고, sort 함수를 사용하여 그 키들의 순서를 재조정한 후, 그 순서대로 해시 항목들에 접근한다. 이때 4장에 나왔던 모든 정렬 기교들을 사용할 수 있다. 몇 가지 응용법을 보도록 하자.

다음 코드는 간단히 sort를 써서 키를 알파벳 순서로 정렬한다.

```
foreach $food (sort keys %food_color) {
    print "$food is $food_color{$food}.\n";
}
```

다음은 각 키에 연관된 값을 기준으로 정렬한다.

```
foreach $food (sort { $food_color{$a} cmp $food_color{$b} }
                keys %food_color)
{
    print "$food is $food_color{$food}.\n";
}
```

다음은 값의 길이를 기준으로 정렬한다.

```
@foods = sort {
          length($food_color{$a}) <=> length($food_color{$b})
         } keys %food_color;
foreach $food (@foods) {
    print "$food is $food_color{$food}.\n";
}
```

더 알아보기

- *perlfunc*(1)과 *Programming Perl* 29장에서 다루는 sort, keys 함수
- 레시피 5.7
- 레시피 4.16에서 리스트를 정렬하는 법을 논의한다.

5.11 해시 합치기

문제

기존에 있던 두 해시의 항목들을 합쳐서 하나의 새로운 해시로 만들고자 한다.

해결책

두 해시를 리스트처럼 다루어서, 리스트를 합칠 때처럼 하나로 합친다.

```
%merged = (%A, %B);
```

메모리를 아끼고 싶다면, 두 해시의 원소들을 순회하면서 새로운 해시를 구성해 나간다.

```
%merged = ();
while ( ($k,$v) = each(%A) ) {
    $merged{$k} = $v;
}
while ( ($k,$v) = each(%B) ) {
    $merged{$k} = $v;
}
```

논의

첫 번째 방법은 해시를 뒤집었던 레시피와 마찬가지로, 개요에서 설명했던 해시와 리스트의 동등성을 이용한다. (%A, %B)라는 식은 키와 값 쌍들이 나열된 리스트가 된다. 이를 %merged에 대입하면 펄은 이 쌍들의 리스트를 해시로 되돌려 놓는다.

다음은 이 방법을 사용하는 예문이다.

```
# %food_color는 개요 절에서 정의되어 있음
%drink_color = ( Galliano  => "yellow",
                 "Mai Tai" => "blue" );
%ingested_color = (%drink_color, %food_color);
```

입력으로 들어가는 두 해시 모두에 존재하는 키는 새로 만들어지는 해시에 한 번만 나오게 된다. 예를 들어 같은 이름의 음식과 음료가 있다면, 저 기법을 사용하여 합칠 때는 둘 중 나중에 등장하는 게 합쳐진 해시에 나타나게 된다.

처음 예문처럼 직접 합치는 방법은 코드를 읽거나 쓸 때 더 쉽지만, 합치려는 해시들이 크면 메모리를 많이 차지하게 된다. 펄이 일단 두 해시를 임시로 만든 리스트에 푼 다음에야 새 해시에 대입할 수 있기 때문이다. each를 사용하여 한 단계씩 합쳐 나가는 두 번째 방법은 그런 비용을 절감해 주며, 또한 키가 중복될 때 어떻게 처리할지 여러분이 직접 결정할 수 있다.

첫 번째 예문을 each를 사용하여 다시 작성하면 다음과 같다.

```
# %food_color는 개요 절에서 정의되어 있음
%drink_color = ( Galliano  => "yellow",
                 "Mai Tai" => "blue" );

%substance_color = ( );
while (($k, $v) = each %food_color) {
    $substance_color{$k} = $v;
}
while (($k, $v) = each %drink_color) {
    $substance_color{$k} = $v;
}
```

이 기법에서는 while 문과 대입문 코드가 중복된다. 다음은 그 부분을 해결하는 교묘한 방법이다.

```
foreach $substanceref ( \%food_color, \%drink_color ) {
    while (($k, $v) = each %$substanceref) {
        $substance_color{$k} = $v;
    }
}
```

키가 중복되는 경우에는 어떻게 처리할지 결정하는 코드를 삽입할 수 있다.

```
foreach $substanceref ( \%food_color, \%drink_color ) {
    while (($k, $v) = each %$substanceref) {
        if (exists $substance_color{$k}) {
            print "Warning: $k seen twice.  Using the first definition.\n";
            next;
        }
        $substance_color{$k} = $v;
    }
}
```

한 해시의 내용을 다른 해시에 덧붙이는 특별한 경우라면, 해시 슬라이스 표기법을 사용해서 좀 더 우아하게 한 번에 처리할 수 있다.

```
@all_colors{keys %new_colors} = values %new_colors;
```

이 경우 %new_colors의 키들의 리스트와 값들의 리스트를 만들 넉넉한 메모리가 있어야 한다. 앞에서 봤던 첫 번째 방법과 마찬가지로, 이 리스트가 매우 크다면 이 방법은 사용할 수 없을지도 모른다.

더 알아보기

- 이 기법은 레시피 4.10을 변형한 것이다
- *perlfunc*(1)과 *Programming Perl* 29장에서 다루는 each 함수

5.12 두 개의 해시에서 공통된 키 또는 한쪽에만 있는 키 찾기

문제

두 해시에 모두 있는 키를 찾거나, 어느 한 해시에만 있는 키를 찾고자 한다.

해결책

keys 함수를 써서 한 해시의 키들을 순회하면서, 각 키가 다른 해시에도 존재하는지 검사한다.

공통으로 존재하는 키 찾기

```
my @common = ();
foreach (keys %hash1) {
        push(@common, $_) if exists $hash2{$_};
}
# @common에는 공통으로 존재하는 키들이 담긴다
```

한 해시에만 있고 다른 해시에는 없는 키 찾기

```
my @this_not_that = ();
foreach (keys %hash1) {
        push(@this_not_that, $_) unless exists $hash2{$_};
}
```

논의

공통된 키나 서로 다른 키를 찾고 있기 때문에 앞에서 보았던 배열에서 공통된 원소나 서로 다른 원소를 찾는 레시피를 해시키들의 배열에 적용할 수 있다. 자세한 설명은 레시피 4.9를 보라.

아래 코드는 감귤류 과일에 속하지 않는 식품을 찾는다.

```
# %food_color는 개요 절에서 정의되어 있음

# %citrus_color는 감귤류 과일들의 이름과 색깔을 연관시킨 해시다
%citrus_color = ( Lemon  => "yellow",
                  Orange => "orange",
                  Lime   => "green" );

# 감귤류가 아닌 식품들의 리스트를 만든다
@non_citrus = ();

foreach (keys %food_color) {
    push (@non_citrus, $_) unless $citrus_color{$_};
}
```

더 알아보기

- *Programming Perl* 2장의 “Hashes” 절
- *perlfunc*(1)과 *Programming Perl* 29장에서 다루는 each 함수

5.13 레퍼런스를 해시의 키로 사용하기

문제

해시의 키 중에 레퍼런스가 있을 때, keys 함수를 사용하여 키를 뽑아내더라도 그렇게 얻은 레퍼런스는 제대로 쓸 수 없다. 이 상황은 두 개의 서로 다른 해시를 상호 참조하려고 할 때 종종 생겨난다.

해결책

Tie::RefHash 모듈을 사용한다.

```
use Tie::RefHash;
tie %hash, "Tie::RefHash";
# 이제는 레퍼런스를 %hash의 키로 쓸 수 있다
```

논의

해시의 키는 자동으로 "문자열화(stringified)"된다. 다시 말해서, 큰따옴표 안에 적힌 것처럼 처리된다. 숫자나 문자열이라면 딱히 손실되는 게 없지만, 레퍼런스라면 문제가 된다.

문자열화된 레퍼런스들은 다음과 같이 생겼다.

```
Class::Somewhere=HASH(0x72048)
ARRAY(0x72048)
```

문자열화된 레퍼런스는 디레퍼런스할 수 없다. 이것은 그저 문자열이지 더 이상 레퍼런스가 아니기 때문이다. 이 말은 레퍼런스를 해시의 키로 사용하면 레퍼런스만의 "마법"을 잃게 된다는 뜻이다.

이 문제를 손수 해결하는 방법 중에 하나는 별개의 해시를 만들어서 그 해시의 키는 문자열이 된 레퍼런스를, 그 키에 연관된 값은 실제 레퍼런스를 담는 것이다. Tie::RefHash 모듈이 그 일을 한다. 아래 코드에서는 파일핸들 역할을 담당하는 IO 객체를 사용하여, 이런 이상해 보이는 레퍼런스도 Tie::RefHash 객체에 결합된 해시에 키로 잘 들어가는 것을 보여준다.

```
use Tie::RefHash;
use IO::File;

tie %name, "Tie::RefHash";
foreach $filename ("/etc/termcap", "/vmunix", "/bin/cat") {
    $fh = IO::File->new("< $filename") or next;
    $name{$fh} = $filename;
}
print "open files: ", join(", ", values %name), "\n";
foreach $file (keys %name) {
```

```
    seek($file, 0, 2);       # 파일의 끝 부분으로 이동
    printf("%s is %d bytes long.\n", $name{$file}, tell($file));
}
```

그렇지만 만일 여러분이 객체를 해시의 키로 넣는 경우가 생긴다면, 대부분의 경우 그 객체의 고유한 속성(이름이나 아이디 값 등)을 키로 넣는 게 더 나을 것이다.

더 알아보기

- 기본 모듈인 Tie::RefHash 모듈 문서
- *perlref*(1) 문서의 "Warning" 절

5.14 해시의 크기를 미리 지정하기

문제

어떤 해시를 보관할 메모리를 미리 확보하고자 한다. 이러면 해시에 새 항목이 추가될 때마다 펄이 추가로 메모리를 할당할 필요가 없어져서 프로그램의 속도가 빨라진다. 때로는 해시를 만들기 전에 그 해시의 최종 크기가 얼마나 될지 미리 알 수 있을 때가 있다. 이 정보를 사용하여 프로그램의 속도를 향상시키는 게 가능하다.

해결책

해시에 들어갈 키-값 쌍의 개수를 keys %HASH에 대입한다.

```
# %hash의 크기를 $num으로 미리 지정한다
keys(%hash) = $num;
```

논의

이 방법은 실제로 여러분이 만든 프로그램의 성능을 향상시킬 수도 있고 아무런 소용이 없을 수도 있다. 펄은 이미 해시들 간에 키를 공유하도록 하고 있다. 따라서 어떤 해시에 "Apple"이라는 키가 있다면, 다른 해시에 "Apple"이라는 키를 넣을 때는 이 "Apple"이라는 문자열을 따로 복사하지는 않는다.

```
# %users에는 512명의 사용자 정보가 들어갈 예정이다
keys(%users) = 512;
```

펄의 내부 데이터 구조는 키의 개수가 2의 멱수이도록 하고 있다. 다음과 같이 지정했다고 해 보자.

```
keys(%users) = 1000;
```

펄은 내부적으로 이 해시에 1024개의 "버킷(bucket)"을 할당하게 된다. 키와 버킷이 항상 일대일로 대응되는 것은 아니다. 프로그램의 성능은 키와 버킷이 일대일 대응될 때 가장 좋아진다. 그렇지만 키가 버킷들 사이에 어떻게 분포되느냐는 키가 무엇인지 그리고 펄이 사용하는 (변경할 수 없는) 해시 알고리즘에 따라서 달라진다.

더 알아보기

- *perlfunc*(1) 문서와 *Programming Perl* 29장에서 다루는 keys 함수
- 레시피 4.3

5.15 가장 빈번한 원소 찾아내기

문제

배열이나 해시 같이 여러 데이터가 모인 데이터 구조가 있다. 배열의 각 원소가 (또는 해시의 각 값이) 몇 번이나 나오는지 알고자 한다. 예를 들어 어떤 배열에 웹 서버의 트랜잭션 내역이 들어 있다면, 어느 파일에 대한 요청이 가장 많았는지 알고 싶은 경우다. 또 어떤 해시에 사용자별 로그인 횟수가 저장되어 있다면, 이 로그인 횟수 중 어떤 숫자가 가장 흔하게 나오는지 궁금할 수 있다.

해결책

해시를 써서 각 원소나 키 또는 값이 나타나는 횟수를 기록한다.

```
%count = ();
foreach $element (@ARRAY) {
    $count{$element}++;
}
```

논의

어떤 것들이 얼마나 자주 나타나는지 세고 싶을 때마다 아마도 해시를 쓰게 될 것이다. foreach 구문은 $element가 나타날 때마다 $count{$element} 값을 1씩 증가시킨다.

더 알아보기

- 레시피 4.7, 4.8

5.16 데이터들 간의 관계를 표현하기

문제

데이터 원소들 간의 관계를 표현하고자 한다. 예를 들어서, 가족 계보에서 *누구의 엄마*라거나 프로세스 테이블에서 *부모 프로세스*와 같은 것들이다. 이것은 관계형 데이터베이스에서 테이블을 만드는 것(각 테이블은 정보들 간의 관계를 나타낸다)이나 컴퓨터 과학의 그래프 구조를 표현하는 것(엣지는 노드들 간의 관계를 나타낸다)과 밀접한 관련이 있다.

해결책

해시를 사용하여 관계를 나타낸다.

논의

다음은 성경에 나오는 가계도의 일부이다.

```
%father = ( 'Cain'      => 'Adam',
            'Abel'      => 'Adam',
            'Seth'      => 'Adam',
            'Enoch'     => 'Cain',
            'Irad'      => 'Enoch',
            'Mehujael'  => 'Irad',
            'Methusael' => 'Mehujael',
            'Lamech'    => 'Methusael',
            'Jabal'     => 'Lamech',
            'Jubal'     => 'Lamech',
            'Tubalcain' => 'Lamech',
            'Enos'      => 'Seth' );
```

예를 들어 이 해시를 사용하여 어떤 사람의 혈통을 조사할 수 있다.

```
while (<>) {
    chomp;
    do {
        print "$_ ";         # 현재 이름을 출력하고
        $_ = $father{$_};    # $_의 아버지 이름을 $_ 변수에 대입
    } while defined;         # 더 이상 아버지를 찾을 수 없을 때까지 반복
    print "\n";
}
```

%father 해시를 검사하여 "누가 Seth를 낳았나?"와 같은 질문을 할 수 있다. 이 해시를 뒤집으면 관계도 뒤집힌다. 여기에 레시피 5.9의 내용을 사용하여 "Lamech가 낳은 자식들은 누구인가?"와 같은 질문에도 답할 수 있다.

```
while ( ($k,$v) = each %father ) {
    push( @{ $children{$v} }, $k );
}
```

```
$" = ', ';                    # 출력되는 원소들을 쉼표로 구분
while (<>) {
    chomp;
    if ($children{$_}) {
        @children = @{$children{$_}};
    } else {
        @children = "nobody";
    }
    print "$_ begat @children.\n";
}
```

해시를 써서 예를 들어 C 언어의 #include와 같은 관계도 표현할 수 있다. A 안에 #include B가 적혀 있으면 A가 B를 포함한다고 할 수 있다. 다음 코드는 그런 관계를 나타내는 해시를 만든다. (여기서는 /usr/include 안의 파일들까지 찾아보지는 않고 있지만, 간단히 고칠 수 있다.)

```
foreach $file (@files) {
    local *FH;
    unless (open(FH, " < $file")) {
        warn "Couldn't read $file: $!; skipping.\n";
        next;
    }

    while (<FH>) {
        next unless /^\s*#\s*include\s*<([^>]+)>/;
        push(@{$includes{$1}}, $file);
    }
    close FH;
}
```

아래 코드는 include 구문이 있는 파일들 중에 자신이 다른 파일에 포함되지는 않는 파일들을 찾아낸다.

```
@include_free = ();                    # 다른 파일에 포함되지 않는 파일들
@uniq{map { @$_ } values %includes} = undef;
foreach $file (sort keys %uniq) {
        push( @include_free , $file ) unless $includes{$file};
}
```

하나의 파일이 두 개 이상의 다른 파일을 포함할 수 있기 때문에(흔한 일이기도 하다) %includes 해시의 값들은 익명 배열이다. map을 사용하여 이 익명 배열의 원소들 전부를 하나의 큰 리스트로 만든 후 해시를 사용하여 중복되는 것을 제거하였다.

더 알아보기

- 레시피 4.7
- 레시피 11.9부터 11.14에서 더 복잡한 데이터 구조를 다룬다

5.17 프로그램: dutree

유닉스 시스템에 있는 *du* 명령어의 출력은 다음과 같은 식으로 나온다.

```
% du pcb
19      pcb/fix
20      pcb/rev/maybe/yes
10      pcb/rev/maybe/not
705     pcb/rev/maybe
54      pcb/rev/web
1371    pcb/rev
3       pcb/pending/mine
1016    pcb/pending
2412    pcb
```

예제 5-3에 있는 *dutree* 프로그램은 이 출력을 다음과 같이 정렬 및 들여쓰기를 적용한 형태로 바꾼다.

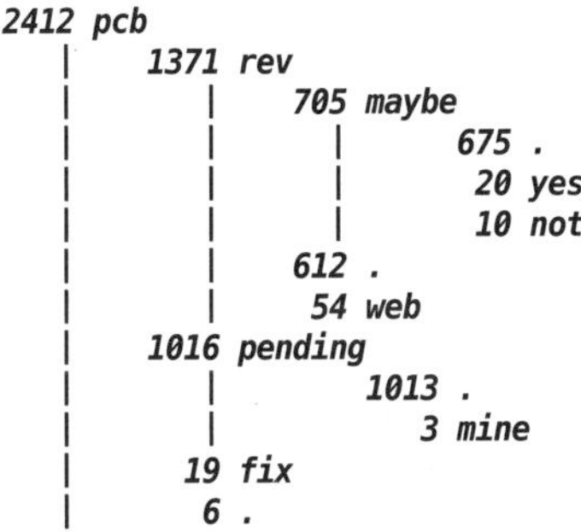

```
2412 pcb
   |    1371 rev
   |       |    705 maybe
   |       |      |     675 .
   |       |      |      20 yes
   |       |      |      10 not
   |       |    612 .
   |       |     54 web
   |    1016 pending
   |       |        1013 .
   |       |           3 mine
   |      19 fix
   |       6 .
```

*dutree*에 넘겨 준 인자들은 *du*로 전달된다. 따라서 다음에 나온 여러 방법으로 *dutree*를 실행할 수 있고, 만일 시스템에 있는 *du*가 지원한다면 다른 옵션도 줄 수 있다.

```
% dutree
% dutree /usr
% dutree -a
% dutree -a /bin
```

`%Dirsize` 해시에는 이름과 크기를 대응시킨 정보가 들어간다. 예를 들어 앞에 나온 예에서 `$Dirsize{"pcb"}`는 2412가 된다. 이 해시는 출력할 때도 사용되고 각 디렉터리의 서브디렉터리를 크기 기준으로 정렬할 때도 사용된다.

`%Kids`는 더 흥미롭다. 어떤 경로 `PATH`가 주어지면, `$Kids{PATH}`에는 그 경로 아래의 서브디렉터리의 이름들로 이루어진 배열(을 가리키는 레퍼런스)이 담긴다. `"pcb"` 키에 해당하는 항목에는 `"fix"`, `"rev"`, `"pending"` 으로 구성된 익명 배열의 레퍼런스가 값으로 들어간다. `"rev"` 항목에는 `"maybe"`, `"web"`이 들어간다.

"maybe" 항목에는 "yes"와 "not"이 들어가고, 이 둘에 해당하는 항목은 따로 없다. 이 둘은 디렉터리 트리의 단말 노드이기 때문이다.

output 함수는 트리의 시작 지점을 인자로 받으며, 이 시작 지점의 이름은 *du*의 출력 내용 중 가장 마지막 줄에 있다. 이 함수는 먼저 디렉터리 이름과 크기를 출력하고, 그 다음 그 디렉터리의 자식 디렉터리들(만일 있다면)을 정렬하여 디스크 사용량이 큰 순서로 나오게 한다. 마지막으로 output은 자기 자신을 호출하여 각 자식 디렉터리에 대해 재귀적으로 동작하게 한다. 그 외에 추가로 들어온 인자는 출력 서식을 꾸미는 데에 이용된다.

파일 시스템 구조 자체가 재귀적인 형태이기 때문에 이 프로그램도 본질적으로 재귀적으로 동작한다. 그렇지만 이 프로그램에서 사용하는 데이터 구조는 재귀적인 형태가 아니다. 적어도, 원형 연결 리스트 같은 식은 아니다. 각 값은 추가적으로 처리할 키들의 배열이다. 재귀적인 형태는 데이터를 처리하는 부분에 있지 저장하는 부분에 있지 않다.

예제 5-3. dutree

```
#!/usr/bin/perl -w
# dutree - du 출력에 정렬 및 들여쓰기를 적용하여 표시
use strict;
my %Dirsize;
my %Kids;
getdots(my $topdir = input());
output($topdir);
# du를 실행하고, 그 출력을 입력으로 읽어, 크기와 자식 정보를 저장
# 마지막으로 읽은 디렉터리(파일?) 반환
sub input {
    my($size, $name, $parent);
    @ARGV = ("du @ARGV |");    # 인자는 du에서 처리
    while (<>) {               # 매직 오픈은 우리의 친구
        ($size, $name) = split;
        $Dirsize{$name} = $size;
        ($parent = $name) =~ s#/[^/]+$##;    # 디렉터리 이름
        push @{ $Kids{$parent} }, $name unless eof;
    }
    return $name;
}
# 각 디렉터리마다 그 디렉터리의 서브디렉터리에 포함되지
# 않는 부분의 용량을 계산한다. 그 용량을 차지하는
# 가상의 자식 노드 "."을 추가한다
sub getdots {
    my $root = $_[0];
    my($size, $cursize);
    $size = $cursize = $Dirsize{$root};
    if ($Kids{$root}) {
        for my $kid (@{ $Kids{$root} }) {
            $cursize -= $Dirsize{$kid};
            getdots($kid);
        }
    }
```

```
    if ($size != $cursize) {
        my $dot = "$root/.";
        $Dirsize{$dot} = $cursize;
        push @{ $Kids{$root} }, $dot;
    }
}
# 재귀적으로 모든 정보를 출력한다
# 매 호출 때마다 앞에 삽입할 여백과 숫자들의 폭을
# 같이 넘겨준다
sub output {
    my($root, $prefix, $width) = (shift, shift || '', shift || 0);
    my $path;
    ($path = $root) =~ s#.*/##;      # 상위 디렉터리 이름 부분 제거
    my $size = $Dirsize{$root};
    my $line = sprintf("%${width}d %s", $size, $path);
    print $prefix, $line, "\n";
    for ($prefix .= $line) {         # 추가로 출력할 부분을 구성
        s/\d /| /;
        s/[^|]/ /g;
    }
    if ($Kids{$root}) {              # 자식이 있는 노드의 경우
        my @Kids = @{ $Kids{$root} };
        @Kids = sort { $Dirsize{$b} <=> $Dirsize{$a} } @Kids;
        $Dirsize{$Kids[0]} =~ /(\d+)/;
        my $width = length $1;
        for my $kid (@Kids) { output($kid, $prefix, $width) }
    }
}
```

펄이 배열의 해시와 같은 구조를 직접적으로 지원하기 전에는, 이런 복잡한 데이터 구조를 흉내 내기 위해서 엄청나게 힘든 노력이 필요했다. 그 중 어떤 방법은 split과 join을 반복적으로 사용했고, 이것은 대단히 느렸다.

예제 5-4는 *dutree*를 그런 고대의 펄로 만든 버전이다. 적절한 배열 레퍼런스를 쓸 수 없기 때문에, 펄의 심볼 테이블 자체를 가로채어 사용해야 했다. 이 프로그램은 이상한 이름의 변수를 즉석으로 만들어 낸다. 이 프로그램이 사용하고 있는 해시를 찾아낼 수 있겠는가?

@{"pcb"} 배열에는 "pcb/fix", "pcb/rev", "pcb/pending"이 담긴다. @{"pcb/rev"} 배열에는 "pcb/rev/maybe", "pcb/rev/web"이 담기고, @{"pcb/rev/maybe"} 배열에는 "pcb/rev/yes", "pcb/rev/not"가 담긴다.

*kid에 "pcb/fix"와 같은 값을 대입하면, 우변의 문자열이 타입글로브로 승격된다. 그러면 @kid는 @{"pcb/fix"}의 별칭이 된다. 또한 &kid는 &{"pcb/fix"}의 별칭이 되고 다른 데이터형도 같은 식이다.

이것만으로는 충분히 흥미롭지 않다면, 인자를 추가로 전달하지 않기 위해서 local 키워드와 동적 스코핑(dynamic scoping)을 어떻게 사용하는지 살펴보라. output 루틴에서 $width 변수에 무슨 일이 벌어지는지도 확인해 보라.

예제 5-4. dutree-orig

```
#!/usr/bin/perl
# dutree_orig: 펄5 이전의 옛 버전 (90년대 초반)
@lines = `du @ARGV`;
chop(@lines);
&input($top = pop @lines);
&output($top);
exit;
sub input {
    local($root, *kid, $him) = @_[0,0];
    while (@lines && &childof($root, $lines[$#lines])) {
        &input($him = pop(@lines));
        push(@kid, $him);
    }
    if (@kid) {
        local($mysize) = ($root =~ /^(\d+)/);
        for (@kid) { $mysize -= (/^(\d+)/)[0]; }
        push(@kid, "$mysize .") if $size != $mysize;
    }
    @kid = &sizesort(*kid);
}
sub output {
    local($root, *kid, $prefix) = @_[0,0,1];
    local($size, $path) = split(' ', $root);
    $path =~ s!.*/!!;
    $line = sprintf("%${width}d %s", $size, $path);
    print $prefix, $line, "\n";
    $prefix .= $line;
    $prefix =~ s/\d /| /;
    $prefix =~ s/[^|]/ /g;
    local($width) = $kid[0] =~ /(\d+)/ && length("$1");
    for (@kid) { &output($_, $prefix); };
}
sub sizesort {
    local(*list, @index) = shift;
    sub bynum { $index[$b] <=> $index[$a]; }
    for (@list) { push(@index, /(\d+)/); }
    @list[sort bynum 0..$#list];
}
sub childof {
    local(@pair) = @_;
    for (@pair) { s/^\d+\s+//g; s/$/\//; }
    index($pair[1], $pair[0]) >= 0;
}
```

앞에서 던졌던 질문, "옛 버전의 *dutree*가 사용하고 있는 해시는 무엇인가?"의 답은 %main::, 즉 펄의 심볼 테이블 자체다. 말할 필요도 없이, 이 프로그램은 use strict 프래그마를 적용하면 절대 실행되지 않을 것이다. 새로 만든 버전이 옛 버전보다 세 배 빠르게 동작한다는 얘기를 할 수 있어 기쁘다. 이렇게 속도 차이가 나는 것은 옛 버전은 심볼 테이블에서 변수를 찾는 일을 반복해야 하지만 새 버전에서는 그럴 필요가 없기 때문이다. 또한 새 버전에서는 사용된 디스크 용량과 디렉터리 이름을 분리하느라 시간을 잡아먹지 않는다. 하지만 여기서 굳이 옛 버전을 보여주는 것은 옛 버전 또한 배울 점이 있다고 생각했기 때문이다.

6장

P e r l C o o k b o o k

패턴 일치

(예술은) 감성으로 인식하는 패턴이다

— 허버트 리드, *예술의 의미*

6.0 개요

현대의 프로그래밍 언어 대부분은 기본적인 패턴 일치 검사 도구를 주로 별도의 라이브러리로 제공한다. 반면에 펄에서는 패턴 처리가 언어 중추에 직접 내장되었다. 펄은 패턴 일치와 관련하여 다른 데서는 볼 수 없는, 데이터를 완전히 다른 방식으로 바라볼 수 있는 기능들을 자랑한다. 체스 기사들이 자신의 말들이 움직이는 체스판에서 패턴을 찾듯이, 펄은 데이터를 패턴의 관점에서 바라본다. 이런 패턴은 매우 상징적인 기호들로 이루어진 정규 표현식을 써서 표현되며[1], 컴퓨터 과학자들이나 쓸 수 있던 강력한 알고리즘에 접근할 수 있게 해 준다.

"패턴 일치 연산이 그렇게 강력하고 환상적이라면, 이 장에서 정규 표현식에 대한 레시피를 백 개쯤 알려주면 더 좋을 텐데?"라고 의아해 할지도 모른다. 정규 표현식은 숫자, 문자열, 날짜, 웹 문서, 메일 주소 등을 비롯해 이 책의 거의 모든 것에 관련된 수많은 문제를 자연스럽게 풀 수 있는 해결책이다. 다른 장에서 백 번도 더 넘게 패턴 일치를 사용하고 있다. 이 장에서는 패턴 일치가 단지 해답의 일부가 아니라 문제의 일부를 이룰 수 있는 레시피들을 보여준다.

1 기술적으로, 펄의 패턴은 계산 이론에서 공식적으로 사용되는 용어인 정규 표현식보다 훨씬 더 많은 능력을 가지고 있다.

펄에서 정규 표현식이 언어 자체적으로 광범위하게 지원된다는 말은 다른 언어에 없는 기능들이 있다는 얘기일 뿐 아니라, 그 기능들을 사용하는 새로운 방법이 있다는 얘기이기도 하다. 펄을 처음 접하는 프로그래머들은 종종 다음과 같은 함수를 찾아보려고 한다.

```
match( $string, $pattern );
subst( $string, $pattern, $replacement );
```

그러나 일치 검사와 치환은 너무도 흔한 작업이라서, 별개의 표기법이 따로 있다.

```
$meadow =~ m/sheep/;   # $meadow에 "sheep"이 포함되어 있으면 참
$meadow !~ m/sheep/;   # $meadow에 "sheep"이 포함되어 있지 않으면 참
$meadow =~ s/old/new/; # $meadow의 내용 중 "old"를 "new"로 치환
```

패턴 일치는 직접적인 문자열 비교와는 다르다. 설령 가장 단순한 단계라도 말이다. 패턴 일치는 능력을 극대화한 돌연변이 와일드카드를 써서 문자열을 찾는 것과 더 비슷하다. 앵커가 없으면 문자열 어느 부분에서나 일치가 일어날 수 있다. 다음 세 줄은 모두 `$meadow =~ /ovine/`라는 검사식에 일치하고, 잃어버린 양을 찾았다고[2] 잘못 알려 줄 수 있다.

```
Fine bovines demand fine toreadors.
Muskoxen are a polar ovibovine species.
Grooviness went out of fashion decades ago.
```

어떤 때는 눈앞에 있는데도 찾지 못할 수도 있다.

```
Ovines are found typically in oviaries.
```

문제는 여러분은 인간이 사용하는 언어로 생각하지만, 패턴 일치 엔진은 그렇지 않다는 점이다. 패턴 일치 엔진이 `/ovine/`이라는 패턴과 검사할 문자열을 받으면, 이 엔진은 그 문자열에서 "o" 바로 뒤에 "v"가 있고 그 바로 뒤에 "i", 그 뒤에 "n", 그 뒤에 "e"가 있는 부분을 찾게 된다. 그보다 앞에 무엇이 있는지 또 그 뒤에 무엇이 오는지는 상관하지 않는다. 게다가 이런 글자들은 일치 여부를 검사할 때 대소문자를 구분한다. 그래서 "Ovines"는 대문자로 시작하기 때문에 찾지 못한다.

여러분이 만든 패턴이 원하지 않는 문자열에 일치되고 원하는 문자열에는 일치되지 않는 걸 발견하게 되면, 패턴을 고쳐 나가게 된다. 오직 양만 찾고자 한다면, 패턴을 이렇게 고칠 수 있다.

```
if ($meadow =~ /\bovines?\b/i) { print "Here be sheep!" }
```

2 (옮긴이) 목초지(meadow)에서 양(ovine)을 찾는다는 언어유희.

저 문자열 속에 숨어 있는 허상에 속지 말라. 저것은 bovine이 아니라, ovine 앞에 단어[3]의 경계에만 일치되는 \b가 붙은 것이다. s?는 "s"가 있을 수도 없을 수도 있다는 뜻이고 따라서 우리는 한 마리 이상의 양을 찾을 수 있게 된다. 마지막에 있는 /i는 전체 패턴이 대소문자를 구분하지 않고 일치되도록 한다.

보다시피, 어떤 문자 조합들은 패턴 일치 엔진에서 그 문자 자체가 아니라 특별한 의미를 갖게 된다. 이런 것들을 메타캐릭터(metacharacter)라고 하며, 패턴이 문자열의 시작 부분 또는 끝 부분에서만 일치되도록 하거나, 패턴 일부에 여러 가지 후보군을 지정하거나, 반복이나 와일드카드를 허용하거나, 일치된 부분을 기억하여 나중에 패턴이나 코드에서 그 부분을 사용할 수 있도록 도와준다.

패턴 일치 검사에 사용되는 문법을 배우는 것은 보기보다 벅차지 않다. 분명히 기호들이 많지만, 다들 이유가 있어 존재하는 것이다. 정규 표현식은 구두점들을 제멋대로 뒤섞은 게 아니다. 주의 깊게 고려하여 조합한 것이다! 나중에 잊어버리더라도 언제든지 다시 찾아볼 수 있다. 정규 표현식을 요약해서 표로 만든 게 *Programming Perl*, *Learing Perl*, *Mastering Regular Expressions* 등의 책이나 펄을 설치하면 들어 있는 *perlre*(1), *perlop*(1) 매뉴얼 페이지에 포함되어 있다.

어려운 부분

정규 표현식에서 문법보다 더 어려운 부분은 의미를 파악하는 것이다. 패턴 일치 검사에서 사람들을 제일 당혹스럽게 만드는 것은 탐욕성(greed), 성급함(eager), 역탐색(backtracking) 세 가지 개념과, 이 세 가지가 서로 상호작용하는 원리이다.

탐욕성은 표준 수량자(*와 같은)가 일치할 수 있는 경우가 여러 가지일 때, 가능한 한 가장 긴 부분문자열에 일치된다는 원칙이다. 이것은 레시피 6.15에서 설명한다.

성급함은 최대한 왼쪽에서 일치되는 것을 뜻한다. 패턴 일치 엔진은 가능한 빨리 일치되는 부분을 반환하고자 하며, 때로는 여러분이 예상했던 부분보다 더 앞부분에서 일치되는 부분을 찾아낸다. 예를 들어 "Fred" =~ /x*/라는 일치 검사를 생각해보자. 이것을 말로 설명해보라면 여러분은 “"Fred" 문자열에 x가 포함되어 있는가?”라고 말할지 모른다. 만일 그렇게 말했다면, 그 질문의 대답이 “그렇다”라는 것에 놀랄 것이다. 왜냐하면 /x*/는 진정한 의미의 “x가 있다”가 아니기 때문이다. 여러분이 생각하는 “있다”에 0개가 있는 경우도 포함된다면 모르겠지만 말이

3 펄에서 정의하는 “단어”를 기준으로 한다.

다. 공식적으로, 이 기호는 *0개 또는 그 이상*을 의미하며, 이 예에서는 0개가 있는 걸로 간주하면 최대한 빨리 일치 검사를 마칠 수 있다.

성급함을 좀 더 잘 드러내주는 다른 예를 보자.

```
$string = "good food";
$string =~ s/o*/e/;
```

치환 작업이 끝나면 `$string`의 내용이 다음 중 어느 것일지 추측할 수 있겠는가?

```
good food
geod food
geed food
geed feed
ged food
ged fed
egood food
```

정답은 제일 마지막 것이다. "o"가 0개 또는 그 이상 나타나는 가장 빠른 지점은 문자열이 시작하는 그 부분이기 때문이다. 놀라운가? 정규 표현식의 의미에 익숙해지지 않으면 이런 일이 생긴다.

다음은 탐욕성보다 성급함이 먼저 적용되는 다른 예다.

```
$ echo longest | perl -ne 'print "$&\n" if /long|longer|longest/'
long
```

이렇게 되는 이유는 펄이 소위 전통적인 NFA[4], 비결정적 유한 오토마타(non-deterministic finite automation)를 사용하기 때문이다. 이런 종류의 일치 검사 엔진은 *전체*에서 가장 긴 일치 부분을 반환한다는 보장이 없다. 펄의 탐욕성 개념은, 전체적으로 탐욕스러운 것이 아니라 왼쪽에서 오른쪽 방향으로 가면서 탐욕스럽다고 생각할 수 있다.

NFA는 속도가 느릴 수 있으나, 특정한 NFA 구현체가 동작하는 방식을 잘 이용할 수 있도록 패턴을 재작성함으로써 성능을 크게 향상시킬 수 있다. 이것이 제프리 프라이들(Jeffrey Friedl)의 저서 *Mastering Regular Expression*의 주된 내용이다.

마지막으로 패턴 일치에서 어려운 세 가지 개념 중 가장 강력한 것은 역탐색이다. 어떤 패턴이 일치하려면 정규 표현식 전체가 일치해야지 일부만 일치해서는 안 된다. 따라서 만일 어떤 패턴의 시작 부분에 수량자가 포함되어 있는데 이걸 일치시켜 나갔더니 패턴의 뒷부분이 일치하지 않는 경우, 검사 엔진은 뒤로 되돌아와서 – 그래서 역탐색이라고 한다 – 앞부분을 아까와 다르게 일치시키도록 시

4 그에 대비되는 것은 POSIX 스타일의 NFA이다. 그 차이는 *Mastering Regular Expressions*를 보라.

도한다. 즉 검사 엔진은 일치에 성공할 때까지 가능한 방법들을 체계적으로 번갈아 시도하게 된다. 패턴 일치 구현체 중 일부는 일치에 성공한 후에도 더 길게 일치시킬 수 있는 것을 찾아 역탐색을 계속하기도 한다. 펄은 그렇지 않다. 일단 한 가지 시도가 성공하면, 패턴의 나머지 부분에서 실패해서 어쩔 수 없이 되돌아와야 하는 경우가 아니면 그 성공한 부분을 그냥 쓴다. 이 부분에 대해서는 레시피 6.16에서 논의한다.

패턴 일치 변경자

패턴 일치 변경자는 다른 메타캐릭터들에 비하면 나열하고 배우기 훨씬 쉽다. 표 6-1에 변경자들을 간략히 요약하였다.

변경자	의미
/i	알파벳 대소문자를 구분하지 않음
/x	패턴 안에 대부분의 공백 문자를 무시하며, 주석을 달 수 있음
/g	global - 일치/치환을 가능한 한 여러 번 함
/gc	일치에 실패했을 때 검색 위치를 리셋하지 않음
/s	점(.)이 줄바꿈 문자에도 일치하게 함
/m	^와 $가 문자열 중간에 \n 옆에서 일치하게 함
/o	패턴을 한 번만 컴파일
/e	s/// 연산자의 우변을 코드로 간주하여 실행한 후 그 결과를 치환할 문자열로 사용
/ee	s/// 연산자의 우변을 문자열로 간주하여 eval을 두 번 적용한 후 최종 결과를 치환할 문자열로 사용

표 6-1 패턴 일치 변경자들의 의미

/i와 /g는 가장 흔하게 사용되는 변경자이다. /ram/i 패턴은 "ram", "RAM", "Ram" 등에 다 일치한다. 이 옵션이 켜져 있으면 뒷참조(backreference)도 대소문자를 구분하지 않고 검사된다. 레시피 6.16에서 그 예를 볼 수 있다. 만일 use locale 프래그마가 지정되어 있다면 이 옵션은 사용자의 현재 로케일 설정까지 고려하여 작동한다.

/g 변경자는 s/// 연산자와 함께 쓰여서, 첫 번째로 일치된 것뿐 아니라 서로 겹치지 않는 모든 일치 부분을 다 치환하는 데 사용된다. /g는 또 m// 연산자와 함께 쓰여서 일치되는 모든 부분을 (치환은 하지 않고) 찾는 용도로도 쓰인다.

```
while (m/(\d+)/g) {
    print "Found number $1\n";
}
```

리스트 컨텍스트에서 m//과 함께 사용되면 /g는 일치되는 모든 부분을 추출한다.

```
@numbers = m/(\d+)/g;
```

이것은 일치하는 부분들 중 서로 겹치지 않는 것들만 찾아낸다. 겹치는 경우도 다 찾아내려면 (?=...) 구조를 써서 너비가 없는 전방 탐색이라는 좀 더 교묘한 방법을 써야 한다. 너비가 없다는 말은 검사 엔진이 앞으로 전진하지 않는다는 말이다. 전방 탐색 도중에도 괄호를 사용하여 일치된 내용을 저장하는 게 가능하다. 이렇게 무언가를 저장하더라도 실제로 검사 지점이 전진하지는 않았기 때문에, /g를 사용하여 다시 검사할 때는 문자 하나만큼만 앞으로 이동해서 검사를 재시도한다.

다음 코드는 이러한 차이를 보여준다.

```
$digits = "123456789";
@nonlap = $digits =~ /(\d\d\d)/g;
@yeslap = $digits =~ /(?=(\d\d\d))/g;
print "Non-overlapping:  @nonlap\n";
print "Overlapping:      @yeslap\n";
Non-overlapping:  123 456 789
Overlapping:      123 234 345 456 567 678 789
```

/s와 /m 변경자는 줄 바꿈 문자가 삽입되어 있는 문자열을 검사할 때 유용하다. 점(.)은 원래 "\n"에는 일치하지 않지만 /s 변경자가 적용되면 "\n"에도 일치하게 된다. 또한 이 변경자를 쓰면 $* 변수를 무시하게 된다(이 변수는 오래 전 버전의 펄에서 쓰였고 현재는 사용되지 않는다). /m 변경자를 쓰면 ^와 $가 "\n"의 바로 다음 또는 바로 전에 각각 일치하게 된다. 이것은 파일을 단락 단위로 읽을 때 유용하게 쓰인다. 8장의 개요 절이나 레피시 6.6을 참고하라.

/e 변경자는 치환 연산에서 대체 문자열 부분에 적힌 내용을 펄 코드로 간주하여 실행한 후 그 반환값을 대체 문자열로 사용한다. s/(\d+)/sprintf("%#x", $1)/ge는 모든 숫자를 십육진수로 변환한다. 예를 들어 2581이 0xb23으로 바뀐다.

나라마다 알파벳을 구성하는 문자가 다르기 때문에, POSIX 표준은 알파벳이나 문자 집합 순서 등을 표현하는 표준 방법이 들어 있는 시스템과 프로그램을 제공한다. 펄에서는 use locale 프래그마를 사용하여 이 시스템에 접근할 수 있다. 더 자세한 정보는 perllocale 매뉴얼 페이지를 참고하라. use locale 프래그마가 적용되어 있을 때, \w 문자 클래스에는 강세 기호 등의 발음 기호들이 포함된다. 대소문자를 서로 변환하는 \u, \U, \l, \L (그리고 여기에 대응되는 uc, ucfirst 등의 함수들) 또한 use locale 프래그마의 영향을 받는다. 예를 들어 로케일에 지정이 되어 있다면 σ는 Σ로 변환된다. (이것은 그리스 문자 집합을 쓰기 위해 ISO 8859-7 등의 8비트 인코딩을 사용할 때 의미가 있는 얘기다. 유니코드를 사용한다면 현재 로케일 설정에 상관없이 이 대소문자 변환은 항상 적용된다.)

특수 변수

일치 검사를 할 때마다 여러 특수 변수들의 값이 자동으로 설정된다. 패턴 안에 갈무리를 위한 괄호가 있을 때마다 $1, $2, $3순으로 변수들이 설정된다. 패턴을 왼쪽에서 오른쪽으로 읽으면서 여는 괄호가 나올 때마다 새로운 숫자 변수에 값이 채워지기 시작한다. $+ 변수에는 마지막으로 성공했던 일치 검사의 마지막 뒷참조의 내용이 들어간다. 이것은 여러 일치 후보군 중 어느 게 일치했는지 구별할 때 도움이 된다. 예를 들어 /(x.*y)|(y.*z)/가 일치했다면, $+에는 $1과 $2의 내용 중 하나가 들어간다. $&에는 마지막으로 성공했던 일치 검사에서 일치한 텍스트 전체가 들어간다. $`와 $'는 각각 일치된 부분의 앞부분과 뒷부분의 내용이 들어간다.

```
$string = "And little lambs eat ivy";
$string =~ /l[^s]*s/;
print "($`) ($&) ($')\n";
(And ) (little lambs) ( eat ivy)
```

$`, $&, $' 세 변수는 아주 매력적이지만 위험한 면도 있다. 이 변수들이 프로그램에 한 번이라도 쓰이면 모든 패턴 일치 검사가 느려진다. 일치가 성공할 때마다 검사 엔진이 이 변수를 채워 넣어야 하기 때문이다. 이 문제는 여러분이 이 세 가지 변수들 중 하나를 단 한 번 사용하더라도, 아니 심지어 전혀 사용하지 않으면서 단지 언급만 했더라도 발생한다. 그나마 최근에는 $&는 다른 두 변수에 비해서 비용이 적다.

이보다 적은 비용으로 같은 일을 할 수 있는 방법이 있는데, 펄 버전 5.6부터 내장된 배열 변수 @_, @+와 substr 함수를 쓰는 것이다. 이 배열 변수들은 각각 마지막 일치 검사에서 일치되었던 부분들의 시작 위치와 끝 위치를 나타낸다. 이 두 배열의 *N*번째 원소는 *N*번째 부분의 시작 오프셋과 끝 오프셋을 각각 보관하게 된다. 따라서 $-[1]은 $1이 시작되는 오프셋을, $+[1]은 $1이 끝나는 오프셋을 담게 된다. $-[2]와 $+[2]는 $2의 시작과 끝 오프셋이고, 그다음 번호들도 이런 식이다. $-[0]은 일치된 부분 전체의 시작 오프셋이고, $+[0]은 끝 오프셋이다. (여기서 "끝 오프셋"이라는 것은 일치된 부분 *바로 뒤에* 오는 첫 번째 문자의 오프셋을 의미한다. 따라서 끝 오프셋에서 시작 오프셋을 빼면 일치된 부분의 길이가 된다.)

어떤 변수 $string에 대한 일치 검사가 끝난 후에, 다음 변수들의 값은 오른쪽에 있는 표현식의 결과와 동일하다.

```
변수          동일한 표현
----          -----------
$`            substr($string, 0,     $-[0])
$&            substr($string, $-[0], $+[0] - $-[0])
$´            substr($string, $+[0])
$1            substr($string, $-[1], $+[1] - $-[1])
$2            substr($string, $-[2], $+[2] - $-[2])
$3            substr($string, $-[3], $+[3] - $-[3])
```

정규 표현식에 대하여 더 많은 내용, 어쩌면 이런 게 있었는지도 몰랐을 정도의 것들을 배우고 싶다면 제프리 프라이들(Jeffrey Friedl)의 *Mastering Regular Expressions*(O'Reilly)를 읽어보라. 이 책은 정규 표현식을 실용적인 관점에서 설명하고 있다. 일반적인 정규 표현식과 펄만의 특별한 정규식을 다룰 뿐 아니라, 다른 프로그래밍 언어에서 사용되는 패턴들과도 비교하며 설명한다.

6.1 복사와 치환을 동시에 하기

문제

문자열을 복사하는 구문 따로, 복사한 문자열에 치환 연산을 하는 구문 따로, 이렇게 두 번씩 적는 게 지겹다.

해결책

다음과 같이 쓰는 대신에,

```
$dst = $src;
$dst =~ s/this/that/;
```

이렇게 쓰라.

```
($dst = $src) =~ s/this/that/;
```

논의

때때로 어떤 문자열을 복사한 후 그 사본을 가지고 검색이나 치환을 하고 싶은데, 이걸 매번 두 단계에 걸쳐 적으려니 귀찮았던 때가 있을 것이다. 굳이 두 번에 나눠 적을 필요 없이, 복사 연산의 결과에 곧바로 정규식 연산을 적용할 수 있다.

예를 들어 보자.

```
# 디렉터리 부분을 잘라내고 베이스네임만 남긴다
($progname = $0)        =~ s!^.*/!!;
```

```
# 모든 단어마다 첫 글자만 대문자로 나머지는 소문자로 만든다
($capword  = $word)     =~ s/(\w+)/\u\L$1/g;

# /usr/man/man3/foo.1를 /usr/man/cat3/foo.1로 바꾼다
($catpage  = $manpage)  =~ s/man(?=\d)/cat/;
```

이 기법을 배열 전체에 적용할 수도 있다.

```
@bindirs = qw( /usr/bin /bin /usr/local/bin );
for (@libdirs = @bindirs) { s/bin/lib/ }
print "@libdirs\n";
/usr/lib /lib /usr/local/lib
```

연산자 우선순위 때문에, 대입문을 결합할 때 괄호를 써 주어야만 대입문 왼쪽에 있는 변수의 내용을 수정할 수 있다. 치환 연산의 결과는 치환이 실패했을 때는 빈 문자열 ""이고 치환이 성공했다면 치환된 횟수이다. 대입문 전체를 괄호로 둘러쌌던 위의 예문들과 다음 코드를 비교해보라.

```
($a =  $b) =~ s/x/y/g;       # 1: $b의 내용을 $a에 복사하고 $a의 내용을 변경
 $a = ($b  =~ s/x/y/g);      # 2: $b의 내용을 변경하고 치환된 횟수를 $a에 대입
 $a =  $b  =~ s/x/y/g;       # 3: 2번과 동일
```

더 알아보기

- *Programming Perl* 2장의 "Variables" 절
- *perlop*(1) 문서와 *Programming Perl* 3장의 "Assignment Operators" 절

6.2 글자들에 일치하기

문제

어떤 문자열이 오직 알파벳 문자만으로 이루어져 있는지 검사하고자 한다.

해결책

명백한 문자 클래스를 써서 통상적인 글자에 일치시키는 방법은 일반적으로 쓰기에는 충분하지 못하다.

```
if ($var =~ /^[A-Za-z]+$/) {
    # 알파벳 문자만으로 이루어졌음
}
```

왜냐하면 이 경우 발음 부호가 붙어 있는 글자나 다른 표기 체계에 있는 글자들에 일치하지 않기 때문이다. 가장 좋은 해결책은 유니코드 속성을 사용하는 것이다.

```
if ($var =~ /^\p{Alphabetic}+$/) {   # 또는 간단히 /^\pL+$/
    print "var is purely alphabetic\n";
}
```

유니코드를 지원하지 않는 오래된 펄 버전에서는, 문자 클래스의 부정형을 쓰는 것이 유일한 방법이다.

```
if ($var =~ /^[^\W\d_]+$/) {
    print "var is purely alphabetic\n";
}
```

또는, 만일 POSIX 모듈이 지원된다면 POSIX 문자 클래스를 쓸 수도 있다.

```
if ($var =~ /^[[:alpha:]]+$/) {
    print "var is purely alphabetic\n";
}
```

그렇지만 이런 방법들은, 여러분이 `use locale`을 명시하고 여러분이 사용하는 시스템이 POSIX 로케일을 *지원하는* 경우가 아니라면 아스키 문자가 아닌 글자를 처리하지 못한다.

논의

유니코드 속성이나 POSIX 문자 클래스를 사용하지 않는다면, 펄에서 로케일에 무관한 "알파벳 종류"를 직접 표현할 방법은 없다. 따라서 좀 머리를 써야 한다. 정규 표현식 기호 `\w`는 알파벳 또는 숫자 또는 언더바(_) 하나 – 앞으로는 알파넘언더(alphanumunder)라고 부르기로 한다 – 에 일치된다. 따라서 `\W`는 이 중 어느 것에도 해당되지 않는 문자가 된다. 부정 문자 클래스 `[^\W\d_]`는 알파넘언더 외의 문자가 아니며, 숫자도 아니고, 언더바도 아닌 문자를 나타낸다. 이것은 결국 알파벳만 남게 된다.

다음은 이것을 프로그램 안에서 사용하는 예다.

```
use locale;
use POSIX 'locale_h';

# 여러분의 시스템에서는 아래 로케일 문자열은 달라질 수 있다
unless (setlocale(LC_ALL, "fr_CA.ISO8859-1")) {
    die "couldn't set locale to French Canadian\n";
}
while (<DATA>) {
    chomp;
    if (/^[^\W\d_]+$/) {
        print "$_: alphabetic\n";
    } else {
        print "$_: line noise\n";
    }
}

__END__
silly
façade
coöperate
niño
```

```
Renée
Molière
hæmoglobin
naïve
tschüß
random!stuff#here
```

이때 POSIX 문자 클래스가 도움이 된다. 사용할 수 있는 클래스는 `alpha`, `alnum`, `ascii`, `blank`, `cntrl`, `digit`, `graph`, `lower`, `print`, `punct`, `space`, `upper`, `word`, `xdigit` 들이다. 이 클래스들은 대괄호를 사용한 문자 클래스 안에 명시해줄 때만 유효하다.

```
$phone =~ /\b[:digit:]{3}[[:space:][:punct:]]?[:digit:]{4}\b/;      # 잘못되었음
$phone =~ /\b[[:digit:]]{3}[[:space:][:punct:]]?[[:digit:]]{4}\b/; # 올바름
```

이보다는 유니코드 속성 표기를 사용하는 게 더 쉬울 것이다. 굳이 대괄호 안에 적지 않아도 되기 때문이다.

```
$phone =~ /\b\p{Number}{3}[\p{Space}\p{Punctuation]?\p{Number}{4}\b/;
$phone =~ /\b\pN{3}[\pS\pP]?\pN{4}\b/;    # 축약형
```

*prop*이라는 속성을 지닌 문자 하나에 일치되는 패턴은 `\p{prop}`이다. 반대로 그 속성이 없는 문자에 일치되는 패턴은 `\P{prop}` 또는 `[^\p{prop}]`을 쓴다. 알파벳 문자를 찾는 경우 사용할 수 있는 속성 이름은 *Alphabetic*이며, 간단히 줄여서 *Letters* 또는 *L*이라고 쓸 수도 있다. 이와 관련된 속성으로는 *UppercaseLetter*, *LowercaseLetter*, *TitlecaseLetter*가 있고 각각의 축약형은 *Lu*, *Ll*, *Lt*이다.

더 알아보기

- *perllocale*(1) 문서에서 펄에서 로케일을 다루는 법을 다룬다.
- 시스템에 있는 *locale*(3) 매뉴얼 페이지
- 레시피 6.12에서 로케일에 대하여 더 깊이 논의한다.
- *Mastering Regular Expressions* 7장에 있는 “Perl and the POSIX Locale” 절
- *Mastering Regular Expressions* 3장의 많은 부분이 관련되어 있다.

6.3 단어에 일치하기

문제

어떤 문자열에서 단어들을 골라내고자 한다.

해결책

일단 여러분이 원하는 “단어”가 어떤 것이며 한 단어를 다른 단어와 구분할 수 있

게 해주는 게 무엇인지 곰곰이 고민한 후, 여러분의 결정을 코드로 나타내는 정규 표현식을 작성한다. 예를 들면 다음과 같은 것들이다.

```
/\S+/                 # 공백이 아닌 글자들이 최대한 많이 붙어 있는 것
/[A-Za-z'-]+/         # 글자와 아포스트로피, 하이픈이 최대한 많이 붙어 있는 것
```

논의

단어라는 말의 의미가 응용프로그램마다, 언어마다, 입력 스트림마다 다 다르기 때문에, 펄에 따로 단어가 무엇인지 정의되어 있지는 않다. 위에서 보여준 것처럼, 여러분이 직접 문자 클래스와 수량자를 사용하여 직접 정의하여야 한다. 위의 두 번째 패턴의 경우 "shepherd's"나 "sheep-shearing" 등을 한 단어로 인식하게 하려는 의도가 들어가 있다.

문자 언어의 불규칙성 때문에 대부분의 접근방법은 그에 따른 한계가 있다. 예를 들어서, 두 번째 패턴은 "spank'd"나 "counter-clockwise" 같은 걸 제대로 한 단어로 인식할 수 있지만, 대신 "23rd Psalm"에서 "rd" 부분을 한 단어로 추출해 버리게 된다. 문자열에서 단어를 더 정확히 추출하려면, 그 단어의 경계에 있는 문자들도 명시해주어야 한다. 보통은, 이 경계는 공백 문자가 아니라 단어 경계(word boundary) 기호를 써야 한다.

```
/\b([A-Za-z]+)\b/         # 보통은 이게 최선이다
/\s([A-Za-z]+)\s/         # 문자열의 마지막이나 구두점이 붙은 단어를 추출하지 못한다
```

펄에서 펄 식별자에 쓰일 수 있는 문자들에 일치하는 \w 기호가 있긴 하지만, 펄의 식별자가 여러분이 생각하는 단어의 개념과 일치하지는 않을 것이다. 펄의 식별자는 알파벳과 숫자와 언더바만으로 이루어지고 콜론이나 따옴표 등은 포함하지 않기 때문이다. \b 기호는 \w를 이용하여 정의되기 때문에, \b를 사용하여 영문 단어의 경계에 일치하게 하려다 잘 안 되어 당황할 수 있다.

그래도 \b와 \B는 여전히 유용하다. 예를 들어, /\Bis\B/는 단어 안에 들어 있는 "is"에만 일치되며 단어의 시작 부분이나 끝 부분에서는 일치하지 않는다. 또한 "thistle"에는 일치하지만 "vis-à-vis"에는 일치하지 않는다.

더 알아보기

- *perlre*(1) 문서와 *Programming Perl* 5장에서 다루는 \b, \w, \s
- 레시피 6.23에 나오는, 단어와 관련된 패턴들

6.4 정규 표현식에 주석 달기

문제

복잡한 정규 표현식을 이해하기 쉽고 관리하기에도 용이하게 만들고자 한다.

해결책

다음의 여러 가지 기법들을 재량껏 사용한다. 백슬래시가 너무 많이 나오면 다른 기호를 구분자로 사용한다. 패턴 바깥쪽에 주석문을 적거나, /x 변경자를 사용하여 패턴 안에 주석문을 삽입한다. 패턴을 부분 부분으로 나누어 변수에 담아서 조립해 나간다.

논의

예제 6-1에 있는 코드 예제는 처음 두 가지 기법을 사용하고 있다. 그리고 처음에 적힌 주석문은 이 정규 표현식이 무엇을 하려는 것인지 전체적으로 보여준다. 간단한 패턴이라면 이런 설명만으로 충분할 것이다. 아래 코드처럼 패턴이 복잡해지면 문서가 더 필요하다.

예제 6-1. resname

```
#!/usr/bin/perl -p
# resname - 입력 스트림에 있는 "foo.bar.com" 형태의 이름들을 모두
# "foo.bar.com [204.148.40.9]"와 같은 형태로 바꾼다.
use Socket;                    # inet_addr 함수를 가져옴
s{
    (                          # 호스트 이름을 갈무리하여 $1에 담음
        (?:                    # 이 괄호는 그룹을 만드는 용도로만 사용
            (?! [-_]  )        # 부정 전방 탐색 - 밑줄이나 대시가 바로 뒤에 있지 않아야 함
            [\w-] +            # 호스트 이름 부분
            \.                 # 도메인 구분자인 점
        ) +                    # 이 그룹이 여러 번 반복
        [A-Za-z]               # 그 다음 글자가 오고
        [\w-] +                # 도메인의 마지막 부분
    )                          # 여기까지가 $1에 갈무리됨
}{                             # 이렇게 일치한 것을 다음 내용으로 치환
    "$1 " .                    # 원래의 내용, 한 칸 띄고
           ( ($addr = gethostbyname($1))   # 주소값으로 변환이 되면
            ? "[" . inet_ntoa($addr) . "]" #        형식에 맞춰 출력
            : "[???]"                      # 변환이 안 되면 알 수 없다고 표시
           )
}gex;                 # /g 전역 치환
                      # /e 펄 코드 실행
                      # /x 패턴을 보기 좋게 작성하기 위해 사용
```

보기 좋도록 구분자를 /가 아닌 다른 것을 썼다. 일치할 패턴 부분이나 대체할 문자열 부분을 여러 줄에 나누어 쓸 경우는, 저렇게 좌우 짝이 있는 괄호를 쓰면 읽기 더 좋아진다. 다른 구분자를 쓰는 더 흔한 경우는 s/\/\//\/..\//g와 같이 패

턴이나 대체 문자열 자체에 슬래시가 포함되어 있는 경우다. 다른 구분자를 써서 s!//!/../!g나 s{//}{/../}g와 같이 쓰면 슬래시에 일일이 백슬래시를 붙여 이스케이프하지 않아도 되며, 역시 읽기 편해진다.

/x 변경자를 쓰면 펄은 (문자 클래스 안에 있는 건 제외하고) 패턴에 있는 공백을 무시하게 되며, #과 그 뒤에 오는 내용은 주석문으로 간주한다. /e 변경자는 대체 문자열 부분에 적힌 내용을 코드로 간주하여 실행한다. 이 부분이 코드이기 때문에 역시 주석문을 넣을 수 있다.

/x가 적용되었을 때 패턴에 공백 문자나 #을 넣으려면, 백슬래시를 써서 이스케이프한다.

```
s/                      # 다음을 찾는다
  \#                    #    파운드 기호
  (\w+)                 #    그 뒤에 변수 이름
  \#                    #    그 뒤에 다시 파운드 기호
/${$1}/xg;              # 이것을 그 이름의 전역 변수의 값으로 치환
```

주석문은 그저 코드를 다시 말로 쓰는 게 아니라 무엇을 하려는 것이고 그 이유는 무엇인지 설명해야 한다. "$i++ # i에 일을 더함"과 같은 식으로 쓰면 프로그래밍 과목 점수가 깎이거나 같이 일하는 사람들이 흉을 볼 것이다.

패턴을 읽기 쉽게(그러므로 관리하기도 용이하게) 해 주는 마지막 기법은 패턴을 의미 있는 단위로 나누어서 적절한 이름의 변수에 담는 것이다. 여기서는 작은따옴표를 사용하여 백슬래시가 사라지지 않게 하였다.

```
$optional_sign      = '[-+]?';
$mandatory_digits   = '\d+';
$decimal_point      = '\.?';
$optional_digits    = '\d*';

$number = $optional_sign
        . $mandatory_digits
        . $decimal_point
        . $optional_digits;
```

그러고 나서 $number를 패턴으로 사용한다.

```
if (/($number)/) {      # 숫자 하나
    $found = $1;
}

@allnums = /$number/g;  # 모든 숫자
unless (/^$number$/) {  # 숫자로만 되어 있지 않다면
    print "need a number, just a number\n";
}
```

이 기법들 모두를 적용할 수도 있다.

```
# 한 줄이 공백으로 구분된 숫자들로만 이루어졌는지 검사
m{
    ^ \s *              # 제일 앞에 공백이 있을 수도 있음
    $number             # 적어도 숫자 하나는 있어야 함
    (?:                 # 추가로 이 괄호 안의 내용이 더 있을 수 있음
        \s +            # 공백이 있고
        $number         # 또 숫자가 있고
    ) *                 # 이 그룹이 0번 이상 반복
    \s * $              # 제일 뒤에도 공백이 있을 수 있음
}x
```

위와 같이 쓰는 게 아래처럼 쓰는 것보다 훨씬 낫다.

```
/^\s*[-+]?\d+\.?\d*(?:\s+[-+]?\d+\.?\d*)*\s*/
```

패턴을 변수에 담을 때는 그 패턴 안에 갈무리용 괄호나 뒷참조가 없어야 한다. 한 변수에 있는 괄호 때문에 다른 변수에 있는 괄호들의 번호가 바뀌어 버리기 때문이다.

갈무리되지 않고 그룹만 만드는 괄호, 즉 /(...)/가 아니라 /(?:...)/를 쓰는 것은 괜찮다. 괜찮은 정도가 아니라 만일 전체 패턴을 담은 변수에 수량자를 붙이기 위해서는 꼭 필요하다. 예를 들어 보자.

```
$number = "(?:"
        .   $optional_sign
        .   $mandatory_digits
        .   $decimal_point
        .   $optional_digits
        . ")";
```

이제는 /$number+/라고 써서 덧셈 기호가 전체 그룹에 적용되도록 할 수 있다. 만일 그룹을 짓지 않았다면 덧셈 기호는 마지막 별표 바로 뒤에 붙어서 올바르지 않게 동작할 것이다.

그룹을 만드는 괄호를 쓸 때 그 안에 변경자 스위치를 삽입하여 그룹 안에만 적용되게 할 수도 있다.

```
$hex_digit = '(?i:[0-9a-z])';
$hdr_line  = '(?m:^[^:]*:.*)';
```

qr// 생성자는 자동으로 그룹 괄호를 넣어서 이 작업을 해 준다. 이때 여러분이 지정한 변경자는 적용되고 지정하지 않은 것들은 해제된다.

```
$hex_digit = qr/[0-9a-z]/i;
$hdr_line  = qr/^[^:]*:.*/m;

print "hex digit is: $hex_digit\n";
print "hdr line is: $hdr_line\n";
hex digit is: (?i-xsm:[0-9a-z])
hdr line is: (?m-xis:^[^:]*:.*)
```

우선은 qr//을 쓰는 게 좋은 생각이다.

```
$optional_sign      = qr/[-+]?/;
$mandatory_digits   = qr/\d+/;
$decimal_point      = qr/\.?/;
$optional_digits    = qr/\d*/;

$number = qr{
                 $optional_sign
                 $mandatory_digits
                 $decimal_point
                 $optional_digits
          }x;
```

다만 저것을 출력하면 읽을 때 조금 이상해 보일 수 있다.

```
print "Number is $number\n";

Number is (?x-ism:
                     (?-xism:[-+]?)
                     (?-xism:\d+)
                     (?-xism:\.?)
                     (?-xism:\d*)
              )
```

더 알아보기

- *perlre*(1) 문서와 *Programming Perl* 5장에서 다루는 /x 변경자
- *Mastering Regular Expressions* 7장의 "Comments Within a Regular Expression" 절

6.5 N번째로 일치하는 부분 찾기

문제

문자열에서 *N*번째로 일치하는 부분을 찾고자 한다. 예를 들어서, 다음 문자열에서 세 번째로 나오는 "fish"의 바로 앞에 있는 단어가 무엇인지 알고 싶다.

```
One fish two fish red fish blue fish
```

해결책

while 루프 안에서 /g 변경자를 사용하면서, 이번이 몇 번째 일치인지 세어나간다.

```
$WANT = 3;
$count = 0;
while (/(\w+)\s+fish\b/gi) {
    if (++$count == $WANT) {
        print "The third fish is a $1 one.\n";
        # 경고: 'last'를 써서 루프를 빠져나가지 말 것
    }
}
The third fish is a red one.
```

또는 반복 횟수를 지정한 패턴 반복을 사용한다.

```
/(?:\w+\s+fish\s+){2}(\w+)\s+fish/i;
```

논의

이 장의 개요에서 설명했듯이, /g 변경자를 스칼라 컨텍스트에서 사용하면 문자열을 계속 진행하며 일치 검사를 반복하게 되며, while 루프에서 유용하게 쓸 수 있다. 이것은 어떤 패턴이 문자열에서 몇 번이나 일치하는지 셀 때 흔히 쓰인다.

```
# while 루프를 사용한 간단한 방법
$count = 0;
while ($string =~ /PAT/g) {
    $count++;               # 무엇이든 원하는 작업을 한다
}

# 구문 뒤에 오는 while 문을 사용하여 동일한 동작을 함
$count = 0;
$count++ while $string =~ /PAT/g;

# for 루프를 사용할 수도 있다
for ($count = 0; $string =~ /PAT/g; $count++) { }

# 유사하지만, 이 경우는 일치되는 부분들끼리 겹치는 경우도 셀 수 있다
$count++ while $string =~ /(?=PAT)/g;
```

*N*번째 일치 부분을 찾으려면, 직접 카운터 변수를 두는 게 제일 쉽다. 카운터 변수의 값이 *N*이 되었을 때 원하는 작업을 하면 된다. *N*번마다 일치하는 것을 찾을 때도 비슷하게 할 수 있다. 나머지 연산을 사용하여 카운터 변수의 값이 *N*의 배수인지 검사하면 된다. 예를 들어 (++$count % 3) == 0을 쓰면 세 번 일치할 때마다 한 번씩 원하는 작업을 할 수 있다.

이게 너무 귀찮다면, 일치하는 모든 부분을 추출해낸 후 원하는 것만 골라낼 수도 있다.

```
$pond  = 'One fish two fish red fish blue fish';

# 임시 변수를 사용
@colors = ($pond =~ /(\w+)\s+fish\b/gi);      # 일치하는 부분 전부를 추출하고
$color  = $colors[2];                         # 그 중에 원하는 것을 선택

# 임시 배열을 쓰지 않고
$color = ( $pond =~ /(\w+)\s+fish\b/gi )[2];  # 세 번째 원소만 얻어 낸다

print "The third fish in the pond is $color.\n";
The third fish in the pond is red.
```

다음은 짝수 번째로 일치되는 부분을 전부 찾는 예다.

```
$count = 0;
$_ = 'One fish two fish red fish blue fish';
```

```
@evens = grep { $count++ % 2 == 0 } /(\w+)\s+fish\b/gi;
print "Even numbered fish are @evens.\n";
Even numbered fish are two blue.
```

치환할 때는, 대체 문자열 부분에 적절한 문자열을 반환하는 코드 표현식을 넣어야 한다. 변경하려는 부분이 아닌 경우에는 원래의 문자열을 그대로 반환하도록 신경 쓰라. 아래 코드에서는 네 번째로 낚은 것을 요리로 만든다.

```
$count = 0;
s{
   \b               # 다음 \w 부분을 더 효율적으로 만든다
   ( \w+ )          # 이 부분이 우리가 변경하려는 부분이다
   (
     \s+ fish \b
   )
}{
    if (++$count == 4) {
        "sushi" . $2;
    } else {
         $1   . $2;
    }
}gex;
One fish two fish red fish sushi fish
```

첫 번째가 아니라 마지막으로 일치하는 부분을 찾는 것도 꽤 흔한 일이다. 가장 쉬운 방법은 앞부분을 전부 건너뛰도록 하는 것이다. 예를 들어 /.*\b(\w+)\s+fish\b/s를 써서 검사하고 나면 $1 변수에는 마지막 물고기가 들어있을 것이다.

일치되는 여러 부분 중 원하는 부분을 골라내는 다른 방법은 리스트 컨텍스트에서 전역 일치 검사를 하여 일치되는 모든 부분을 뽑아 낸 후에 그 리스트에서 원하는 원소를 추출하는 것이다.

```
$pond = 'One fish two fish red fish blue fish swim here.';
$color = ( $pond =~ /\b(\w+)\s+fish\b/gi )[-1];
print "Last fish is $color.\n";
Last fish is blue.
```

/g를 쓰지 않고 하나의 패턴에 마지막으로 일치되는 부분을 찾고 싶다면, (?!어떤 것) 형태의 부정 전방 탐색을 사용한다. 어떤 패턴 P가 마지막으로 일치되는 부분을 찾는다는 것은, P에 일치하되 그 바로 뒤부터 문자열의 끝에 이르기까지 더 이상 P가 나타나지 않는 부분을 찾는다는 것이다. 일반적인 형태는 P(?!.*P)이고, 읽기 편하도록 나눠서 쓰면 다음과 같다.

```
m{
    P                # 어떤 패턴 P를 찾음
    (?!              # 다음 내용은 찾을 수 없어야 함
        .*           # 무언가가 나오고
        P            # 그 다음 P가 있음
    )
}xs
```

마지막 물고기를 찾는 데에 이 방법을 적용할 수 있다.

```
$pond = 'One fish two fish red fish blue fish swim here.';
if ($pond =~ m{
                \b  (  \w+) \s+ fish \b
                (?! .* \b fish \b )
            }six )
{
    print "Last fish is $1.\n";
} else {
    print "Failed!\n";
}
Last fish is blue.
```

이 방법은 패턴 하나만으로 나타낼 수 있다는 장점이 있다. 따라서 레시피 6.18에 나오는 유사한 상황에 적용하기 좋다. 하지만 몇 가지 단점도 있다. 이 방법은 코드를 읽고 이해하기에 훨씬 더 어렵다. 공식을 배우고 나면 아주 어렵지는 않겠지만 말이다. 게다가 이 방법은 실행 속도가 더 느리다. 이 절에서 테스트한 데이터의 경우는 절반 정도로 느리다.

더 알아보기

- *perlop*(1) 문서의 "Regexp Quote-like Operators" 절과 *Programming Perl* 5장의 "Pattern Matching Operators" 절에서 스칼라 컨텍스트에서 `m//g`가 어떻게 동작하는지에 대해 다룬다.
- *perlre*(1) 문서의 "Regular Expressions" 절과 *Programming Perl* 5장의 "Fancy Patterns" 절에서 너비가 없는 전방 탐색에 대해 다룬다.

6.6 여러 줄로 이루어진 문자열에서 일치 검사하기

문제

두 줄 이상으로 이루어진 문자열에 대하여 정규 표현식을 사용한 일치 검사를 하고 싶은데, `.`(줄바꿈 문자를 제외한 아무 문자 하나), `^`(문자열의 시작), `$`(문자열의 끝) 등의 메타캐릭터가 여러분이 원하는 대로 동작하지 않는 듯하다. 이런 경우는 파일에서 여러 개의 레코드를 한꺼번에 읽을 때 생겨나곤 한다.

해결책

`/m` 변경자나 `/s` 변경자, 또는 그 둘을 동시에 사용한다. `/s` 변경자를 쓰면 `.`이 줄바꿈 문자에도 일치된다(기본적으로는 일치되지 않는다). 검사 대상 문자열이 두 줄 이상으로 이루어져 있을 때, `/foo.*bar/s`는 한 줄에 `"foo"`가 있고 그 다음 줄에

"bar"가 있는 경우에도 일치하게 된다. 이 변경자는 [#%.]와 같이 문자 클래스에 있는 점에는 영향을 미치지 않는다. 문자 클래스 안에 있는 점은 마침표 문자 자체를 의미하기 때문이다.

/m 변경자를 쓰면 ^가 문자열 내에 있는 줄바꿈 문자 바로 뒤에서, $는 줄바꿈 문자 바로 앞에서도 일치된다. /^=head[1-7]/m은 레코드의 시작 부분뿐 아니라, 어느 줄바꿈 문자 뒤에서든 일치된다.

논의

줄바꿈이 중요한 의미가 없는 경우에, 문서를 분석하는 흔하고 다소 과격한 방법 중 하나는 파일에서 한 번에 한 단락씩 읽은 후(때로는 아예 파일의 내용 전체를 하나의 문자열로 읽은 후) 토큰을 하나씩 추출해 내는 것이다. 만일 패턴에 .+나 .*?와 같이 점이 들어가고 이 패턴이 여러 줄에 걸쳐서 일치될 수 있어야 한다면, 점이 줄바꿈 문자에도 일치되도록 따로 지정해주어야 한다. 기본적으로 점은 줄바꿈 문자에 일치되지 않기 때문이다. 또한 여러 줄이 한 문자열에 들어있을 때 ^나 $가 문자열 전체의 시작과 끝뿐 아니라 각 줄의 시작과 끝에도 일치되었으면 싶을 수도 있다.

/m과 /s의 차이는 중요하다. /m은 ^와 $가 줄바꿈 문자 옆에서도 일치되도록 하는 것이고, /s는 .이 줄바꿈 문자에도 일치되도록 하는 것이다. 이 두 가지는 서로 배타적인 것이 아니며, 둘 다 동시에 적용할 수도 있다.

예제 6-2는 @ARGV에 나열된 각 파일들을 읽고 그 내용에서 HTML 태그를 벗겨낸 후 그 결과를 STDOUT으로 내보내는 간단한 필터이다. 먼저 레코드 구분자를 정의되지 않은 값으로 바꾸어서 읽기 연산이 파일 하나를 통째로 읽도록 한다. (@ARGV에 인자가 여러 개라면 읽을 파일도 여러 개일 것이다. 이 경우는 읽기 연산은 한 번에 파일 하나씩 읽는다.) 그 다음 홑화살괄호의 시작과 끝을 찾아 그 안의 내용까지 다 지워버린다. 여기서 간단히 .*라고만 쓰면 안 되는 이유가 두 가지 있다. 첫째로, 이 패턴은 닫는 홑화살괄호까지도 일치되어 버린다. 둘째로 점은 줄바꿈 문자가 있는 부분을 넘어가지 못한다. 이 문제를 해결하기 위해 .*?와 /s 변경자를 조합한다.

예제 6-2. killtags

```
#!/usr/bin/perl
# killtags - 매우 안 좋은 태그 제거 툴
undef $/;             # 읽기 연산이 파일 전체를 읽도록 함
while (<>) {          # 한 번에 파일 하나를 통째로 읽음
```

```
    s/<.*?>//gs;      # 태그를 벗겨냄 (무식하게)
    print;            # 표준 출력으로 출력
}
```

태그의 끝을 알리는 것이 문자 하나이므로, `s/<[^>]*>//gs`를 사용하는 게 실행 속도가 더 빠를 것이다. 하지만 여전히 너무 단순하게 접근하고 있다. 이렇게 하면 HTML 주석문 안에 적힌 태그라거나 따옴표 안에 있는 꺾쇠괄호(`<IMG SRC="here.gif" ALT="<<Ooh la la!>>">`)를 올바르게 처리하지 못한다. 레시피 20.6에서는 이런 문제를 어떻게 피할 수 있는지 살펴본다.

예제 6-3에 나오는 코드는 일반 텍스트 문서를 받아서 단락이 시작하는 부분에 `"Chapter 20: Better Living Through Chemisery"`와 같은 식으로 쓰여진 부분을 찾는다. 찾게 되면 그 부분을 HTML 1단계 헤더 태그로 감싼다. 패턴이 비교적 복잡하기 때문에 여기서는 `/x` 변경자를 써서 공백과 주석문을 삽입하였다.

예제 6-3. headerfy

```
#!/usr/bin/perl
# headerfy: 각 장의 제목들을 html로 변환
$/ = '';
while (<>) {                    # 한 단락을 읽고
    s{
        \A                      # 레코드의 시작
        (                       # 괄호 안의 패턴에 일치되는 부분을 $1에 저장
            Chapter             # 텍스트 문자열
            \s+                 # 반드시 공백이 있어야 함
            \d+                 # 십진수 숫자
            \s*                 # 다시 공백이 있을 수도 있음
            :                   # 콜론
            . *                 # 그 줄의 끝까지 나오는 줄바꿈 문자를 제외한 모든 문자
        )
    }{<H1>$1</H1>}gx;
    print;
}
```

저렇게 주석문이 붙은 게 오히려 이해하는 데 방해가 된다면, 명령행에서 한 줄로 실행하는 원라이너(one-liner) 형태의 코드도 같이 보자.

```
% perl -00pe 's{\A(Chapter\s+\d+\s*:.*)}{<H1>$1</H1>}gx' datafile
```

방금 문제에는 흥미로운 부분이 있는데, '레코드의 시작'과 '한 줄의 끝'을 하나의 패턴에서 동시에 명시해야 한다는 점이다. 보통은 `^`를 써서 레코드의 시작을 나타내지만, 여기서는 `$`가 레코드의 끝뿐 아니라 각 줄의 끝에도 일치할 수 있어야 한다. `/m` 변경자를 써서 `^`와 `$`의 의미를 변경하였으므로, 이제는 레코드의 시작에 일치시키기 위해서 `^` 대신에 `\A`를 사용한다. 위 예제에서는 쓰이지 않았지만, `/m` 변경자가 적용된 상태에서 레코드의 끝 또는 레코드의 끝에 있는 줄바꿈 문자 바

로 앞에 일치되도록 하려면 $ 대신에 \Z를 사용한다. 줄바꿈 문자가 있든 말든 상관없이 무조건 제일 마지막에 일치되게 하려면 \z를 사용한다.[5]

다음 예제는 /s와 /m을 동시에 사용하는 예다. ^가 단락의 각 줄의 시작 부분에 일치되게 하면서, .이 줄바꿈 문자에 일치되도록 한다. $. 변수는 자동으로 정의되는 변수이며, readline(FH) 또는 <FH>를 사용하여 가장 최근에 읽은 파일 핸들의 레코드 번호를 담게 된다. $ARGV 역시 자동으로 정의되며 <ARGV>에 의해 자동으로 열린 파일의 이름이 담긴다.

```
$/ = '';                    # 단락 단위로 읽기
while (<ARGV>) {
    while (/^START(.*?)^END/sm) {   # /s 때문에 .이 줄바꿈 문자에도 일치됨
                                    # /m 때문에 ^이 줄바꿈 문자 뒤에도 일치됨
        print "chunk $. in $ARGV has <<$1>>\n";
    }
}
```

이미 /m 변경자를 사용했는데 ^나 $를 원래의 의미대로 사용하려면 \A와 \Z를 대신 쓰면 된다. 그렇다면 /s 변경자를 사용했는데 .을 원래의 의미대로 사용하고 싶다면? 이때는 [^\n]을 사용한다.

마지막으로, 문자열의 가장 마지막 문자가 줄바꿈 문자일 경우 $와 \Z는 한 칸 앞에서 일치될 수도 있다. 반면에 \z는 항상 문자열의 가장 마지막에 일치된다. 전방 탐색을 사용하면 \z를 써서 나머지 두 기호를 나타낼 수 있다.

```
$ (/m을 쓰지 않는 경우)        (?=\n?\z)
$ (/m을 쓰는 경우)            (?=\n|\z)
\Z (어떤 경우에나)            (?=\n?\z)
```

더 알아보기

- *perlvar*(1) 문서와 *Programming Perl* 28장의 "Per-Filehandle Variables" 절에서 다루는 $/ 변수
- *perlre*(1) 문서와 *Programming Perl* 2장의 "The Fine Print" 절에서 다루는 /s, /m 변경자
- *Mastering Regular Expressions* 3장의 "Anchors and Other Zero-Width Assertions" 절
- 8장에서 $/ 특수 변수에 대해 더 자세히 얘기한다.

5 (옮긴이) 원문에서 저자가 애초에 의도한 패턴은 아마도 \s*:.*$로 끝나는 형태였을 것이다. 이 경우 $는 문자열 전체의 끝이 아니라 각 줄의 끝에 일치되어야 하므로 /m 변경자도 같이 쓰여야 한다. 그러나 /s 변경자를 쓰지 않는 이상 .* 패턴만으로도 한 줄의 끝까지만 일치되고 줄바꿈 문자 앞에서 끝나게 되므로, $는 굳이 필요가 없고, $를 쓰지 않으므로 /m 변경자도 필요 없게 되어 버렸다. 결과적으로 코드 예문에는 $와 /m 둘 다 나타나지 않게 되어서 코드 아래 있는 설명과 내용이 일치하지 않는 면이 있다.

6.7 구분자를 써서 레코드 읽기

문제

어떤 패턴으로 구분되는 레코드들을 읽고 싶은데, 펄에서는 입력 레코드 구분자 변수에 정규 표현식을 넣을 수는 없다.

일정하지 않은 문자열로 구분되는 레코드를 추출할 수 있게 되면, 복잡한 파일 형식을 해석해야 하는 다수의 문제들이 간단해진다.

해결책

파일을 통째로 읽은 후 split을 사용한다.

```
undef $/;
@chunks = split(/pattern/, <FILEHANDLE>);
```

논의

펄에서 현재 적용되는 레코드 구분자를 나타내는 $/ 변수에는 고정된 문자열만 쓸 수 있고 패턴을 쓸 수는 없다. 이 제약을 극복하려면, 입력 레코드 구분자를 정의되지 않은 값으로 만들어서 그다음 수행되는 readline 연산이 파일의 남은 내용 전부를 읽게 한다. 이것은 종종 *한 번에 읽기 모드(slurp mode)*라고도 한다. 그 다음 split의 첫 번째 인자로 구분자로 쓸 패턴을 넣어서 방금 읽은 긴 문자열을 분리한다.

다음 예제는 텍스트 파일을 입력 스트림으로 읽는 프로그램이다. 이 파일의 내용 중에는 ".Se", ".Ch", ".Ss"라는 문자열이 포함된 줄이 있다. 이것들은 이 책을 만들 때 사용한 *troff* 프로그램의 매크로 집합에 있는 특수 코드다. 이 문자열들을 구분자로 사용하여, 구분자들 사이에 끼어 있는 텍스트를 추출한다.

```
# 표준 입력으로 들어온 내용을 .Ch, .Se, .Ss를 구분자로 하여 분리
{
    local $/ = undef;
    @chunks = split(/^\.(Ch|Se|Ss)$/m, <>);
}
print "I read ", scalar(@chunks), " chunks.\n";
```

$/ 변수를 지역화하였기 때문에 블록을 빠져나갈 때 기존 값이 복원된다. split에 인자로 사용된 패턴에 괄호를 사용했기 때문에, 그 일치된 구분자 문자열들도 같이 반환된다. 이렇게 해서 반환된 리스트에는 "Se", "Ch", "Ss"가 포함된 원소와 레코드 원소가 번갈아가며 나타나게 된다.

괄호는 써야겠는데 구분자까지 반환되지는 않기를 바란다면, `/^\.(?:Ch|Se|Ss)$/m`과 같이 갈무리되지 않는 괄호를 사용하라.

레코드를 패턴의 *바로 앞부분에서* 끊되 패턴 자체는 반환값에 포함되게 하고 싶다면, 전방 탐색을 사용하여 `/^(?=\.(?:Ch|Se|Ss))/m`처럼 쓴다. 이렇게 하면 가장 첫 레코드를 제외하고 나머지 레코드는 제일 앞에 저 패턴이 들어있게 된다.

이런 방법을 쓰면 파일이 클 경우 메모리를 많이 차지하게 된다는 점에 유의하라. 그렇지만, 오늘날 사용되는 시스템에서 일반적인 텍스트 파일을 읽는 경우라면 예전처럼 큰 문제가 되지는 않을 것이다. 그래도 디스크로 스왑할 대용량의 가상 메모리가 있는 경우라면 모를까, 200MB 정도씩 하는 로그 파일을 이렇게 읽으려 하지는 말라. 스왑 공간이 넉넉하다 해도, 아마 스래싱(thrashing) 상태[6]에 빠질 가능성이 높다.

더 알아보기

- *perlvar*(1) 문서와 *Programming Perl* 28장의 "Per-Filehandle Variables" 절에서 다루는 `$/` 변수
- *perlfunc*(1) 문서와 *Programming Perl* 29장에서 다루는 `split` 함수
- 8장에서 `$/` 특수 변수에 대해 더 자세히 얘기한다.

6.8 어떤 범위 안의 줄들을 추출하기

문제

시작 패턴에 일치하는 줄과 끝 패턴에 일치하는 줄 사이에 있는 내용, 또는 특정한 행번호부터 다른 행번호까지의 내용을 추출하고자 한다.

흔한 예로는 어떤 파일의 처음 10줄을 추출하거나(행번호가 1인 줄부터 10인 줄까지 추출), 이메일 메시지의 본문 부분만 추출하는(빈 줄 이후의 내용을 모두 추출) 경우가 있다.

해결책

패턴이나 행번호를 가지고 `..` 연산자 또는 `...` 연산자를 사용한다.

`..` 연산자는 좌변이 참이 되어 연산자의 상태를 참으로 전환하는 그 시점에 우변도 검사한다.

6 (옮긴이) 데이터를 물리 메모리와 디스크 사이에서 끊임없이 이동시키느라 다른 작업을 하지 못하게 되는 상태.

```
while (<>) {
    if (/BEGIN PATTERN/ .. /END PATTERN/) {
        # BEGIN과 END를 포함하여 그 사이 모든 줄에 대해 수행
    }
}

while (<>) {
    if (FIRST_LINE_NUM .. LAST_LINE_NUM) {
        # 첫 번째 행번호와 마지막 행번호를 포함하여 그 사이 모든 줄에 대해 수행
    }
}
```

반면에 ... 연산자는 참이 된 시점 말고 그다음 번 반복부터 우변을 검사한다.

```
while (<>) {
    if (/BEGIN PATTERN/ ... /END PATTERN/) {
        # BEGIN 줄부터 END 줄까지 수행, 단 END는 BEGIN 줄이 아닌 다른 줄에 있는 경우
    }
}

while (<>) {
    if (FIRST_LINE_NUM ... LAST_LINE_NUM) {
        # 첫 번째 행 번호부터 마지막 행 번호까지 수행, 단 두 행 번호는 달라야 함
    }
}
```

논의

범위 연산자 ..와 ...는 아마도 펄의 수많은 연산자 중에 가장 제대로 알려져 있지 않은 연산자일 것이다. 이 연산자들은 프로그래머가 명시적으로 상태 정보를 관리하지 않고도 쉽게 특정한 범위 안의 줄들을 추출할 수 있도록 설계되었다. if나 while 구문 안에서 검사할 때처럼 이 연산자들을 스칼라 컨텍스트에서 사용하면, 이 연산자들은 참 또는 거짓을 반환하는데 어느 것을 반환할지는 마지막으로 반환했던 게 무엇이냐에 따라서 달라질 수 있다. **좌변 .. 우변**은 **좌변**이 참이 되기 전까지는 거짓을 반환한다. 일단 좌변이 참이 되면, 그 다음부터는 더 이상 **좌변**을 평가하지 않고 **우변**이 참이 될 때까지 계속 참을 반환한다. 우변이 참이 되면 그때부터는 다시 거짓을 반환하며 한 사이클이 끝난다. 달리 말하면, 좌변이 참이 되는 순간 스위치가 켜지고 우변이 참이 되는 순간 스위치가 꺼진다.

좌변과 우변의 피연산자는 뭐든 될 수 있다. 드문 일이긴 하지만 mytestfunc1() .. mytestfunc2()와 같은 식으로도 쓸 수 있다. 보통은 행번호나(아래 첫 번째 예) 패턴(두 번째 예) 또는 이 두 가지를 같이 쓰게 된다.

```
# 파일의 15번째 줄부터 17번째 줄까지 출력하는 명령
perl -ne 'print if 15 .. 17' datafile
# HTML 문서에서 <XMP> .. </XMP> 부분을 뽑아내어 출력
while (<>) {
    print if m#<XMP>#i .. m#</XMP>#i;
}
```

```
# 위와 동일한 셸 명령으로 실행
% perl -ne 'print if m#<XMP>#i .. m#</XMP>#i' document.html
```

피연산자 두 개가 숫자 리터럴일 경우, 범위 연산자는 그 값을 $. 변수(use English를 사용할 경우 $NR 또는 $INPUT_LINE_NUMBER라는 이름으로 접근할 수도 있다)의 값과 비교한다. 이렇게 행번호와 비교할 때는 주의할 점이 있는데, 코드에 숫자 리터럴을 적어야지, 행번호가 들어있는 변수를 사용할 수는 없다는 점이다. 즉 간단히 3 .. 5와 같은 식으로 써야지, $n에 3, $m에 5가 들어있다고 해서 $n .. $m이라고 쓸 수는 없다. 이런 경우는 명시적으로 $. 변수와 비교하라.

```
perl -ne 'BEGIN { $top=3; $bottom=5 }  print if $top .. $bottom' /etc/passwd
       # 잘못
perl -ne 'BEGIN { $top=3; $bottom=5 }
    print if $. == $top .. $. == $bottom' /etc/passwd    # 올바름
perl -ne 'print if 3 .. 5' /etc/passwd   # 이것도 올바름
```

..와 ...의 차이점은 두 피연산자가 동시에 참이었을 때 동작하는 방식이다. 다음 두 가지 경우를 생각해보자.

```
print if /begin/ ..  /end/;
print if /begin/ ... /end/;
```

"You may not end ere you begin"이라는 문자열을 읽으면, 두 범위 연산자 모두 참을 반환한다. 그러나 ..을 사용한 코드는 그다음 줄부터는 출력하지 않을 것이다. .. 연산자는 좌변이 참이 되었을 때 동일한 줄에 대하여 우변도 같이 검사하며, 여기서는 우변도 참이기 때문에 추출할 영역의 마지막에 도달했다는 것을 알게 된다. 반면에, ... 연산자는 *다음번*에 /end/에 일치하는 줄을 만날 때까지 계속 출력하게 되는데, 왜냐하면 이 연산자는 좌변과 우변을 동일한 줄에 대해 동시에 검사하는 일이 없기 때문이다.

서로 다른 종류의 조건을 섞어 검사할 수도 있다.

```
while (<>) {
    $in_header =   1  .. /^$/;
    $in_body   = /^$/ .. eof();
}
```

첫 번째 대입문은 입력의 첫 줄부터 처음 나타나는 빈 줄까지 $in_header 변수를 참으로 설정한다. 빈 줄은 이메일, 유즈넷(USENET) 뉴스 기사, HTTP 헤더 등에서 헤더와 본문을 구분하는 데 사용된다. (기술적으로 말하면 HTTP 헤더는 네트워크에서 줄의 마지막을 나타내는 신호로 라인피드와 캐리지 리턴 조합을 사용해야 하지만, 실제 사용되는 서버들은 라인피드만 있는 것도 받아들인다.) 두 번

째 대입문은 빈 줄이 처음 나타났을 때부터 입력이 끝날 때까지 계속 $in_body를 참으로 설정한다. 범위 연산자는 좌변의 초기 조건을 다시 검사하지 않기 때문에, 이후에 나타나는 단락과 단락 사이의 빈 줄은 영향을 끼치지 못한다.

아래는 또 다른 예제이다. 이 코드는 이메일 메시지를 읽고 헤더에 있는 메일 주소들을 출력한다. 각 주소는 한 번씩만 출력된다. 검사할 헤더의 범위는 "From:"이 처음 나오는 부분부터 빈 줄이 처음 나올 때까지이다. 그 범위가 아니라면 바로 다음 줄로 넘어간다. 여기서 사용한 이메일 주소의 패턴은 RFC-822에서 정의한 엄밀한 패턴은 아니지만, 프로그램을 쉽게 작성하기 위해 쓰였다.

```
%seen = ();
while (<>) {
    next unless /^From:?\s/i .. /^$/;
    while (/([^<>(),;\s]+\@[^<>(),;\s]+)/g) {
        print "$1\n" unless $seen{$1}++;
    }
}
```

더 알아보기

- *perlop*(1) 문서와 *Programming Perl* 3장에서 다루는 .., ... 연산자
- *perlvar*(1) 문서와 *Programming Perl* 28장의 "Per-Filehandle Variables" 절에서 다루는 $NR 변수

6.9 셸 글로브를 정규식처럼 일치시키기

문제

사용자가 완전한 펄 정규 표현식 대신 셸에서 쓰는 전통적인 와일드카드를 사용하여 일치 검사를 할 수 있게 하고자 한다. 간단한 경우에는 정규 표현식보다 와일드카드를 입력하는 게 더 쉽다.

해결책

다음 서브루틴을 사용하여 셸 와일드카드 문자들을 그와 동등한 정규 표현식으로 변환한다. 나머지 모든 문자들은 인용 처리를 하여 리터럴로 간주되도록 한다.

```
sub glob2pat {
    my $globstr = shift;
    my %patmap = (
        '*' => '.*',
        '?' => '.',
        '[' => '[',
        ']' => ']',
    );
```

```
    $globstr =~ s{(.)} { $patmap{$1} || "\Q$1" }ge;
    return '^' . $globstr . '$';
}
```

논의

펄 정규 표현식은 셸에서 쓰는 와일드카드와 다르다. 셸에서 쓰는 *.*는 정규 표현식 문법으로 따지면 올바르지 않다. 저 와일드카드의 의미를 패턴으로 나타내면 /^.*\..*$/이고, 타이핑하기 훨씬 더 어렵다.

위 해결책에 나오는 함수는 내장 함수인 glob에서 사용되는 표준적인 와일드카드 적용 규칙에 따라서 이 변환을 대신 해준다. 표 6-2에 셸의 와일드카드와 동등한 펄의 패턴이 나와 있다.

Shell	Perl
list.?	^list\..$
project.*	^project\..*$
*old	^.*old$
type*.[ch]	^type.*\.[ch]$
.	^.*\..*$
*	^.*$

표 6-2 셸 글로브와 그와 동등한 펄의 와일드카드 패턴

이 함수는 정규식 객체가 아니라 문자열을 반환하는데, 그 이유는 정규식 객체에는 /i와 같은 변경자가 적용되거나 반대로 풀려 있을 수 있고, 그런 결정은 나중에 사용하는 시점으로 미루는 게 더 낫다고 판단되기 때문이다.

셸 와일드카드에서 사용되는 규칙은 정규 표현식의 규칙과 다르다. 전체 패턴은 묵시적으로 문자열의 시작 부분부터 끝부분까지 일치 검사를 하게 된다. 물음표는 임의의 문자 하나에 대응된다. 별표는 아무 문자들이 몇 개가 되었든 상관없이 일치된다. 대괄호는 문자 범위를 나타낸다. 그 외 나머지는 전부 리터럴이다.

대부분의 셸은 단순하게 한 디렉터리 내의 글로빙만 하는 걸로 끝나지 않는다. 예를 들어, */*는 "현재 디렉터리의 모든 서브디렉터리 안에 있는 모든 파일(디렉터리를 포함)"을 의미한다. 또한, 셸에서는 와일드카드는 점으로 시작하는 이름의 파일은 포함하지 않으므로, 보통은 명시적으로 글로브 패턴 앞에 점을 찍어 주어야 한다. glob2pat 함수는 그런 동작을 하지 않고 있으므로, 그런 게 필요하다면 CPAN에 있는 File::KGlob 모듈을 사용하라.

더 알아보기

- *csh*(1), *tcsh*(1), *sh*(1), *ksh*(1), *bash*(1) 등과 같은 다양한 셸의 매뉴얼 페이지
- *perlfunc*(1) 문서와 *Programming Perl* 29장에서 다루는 glob 함수
- CPAN 모듈 Glob::DosGlob 모듈 문서
- *perlop*(1) 문서의 "I/O Operators" 절
- 레시피 9.6에서 글로빙에 대하여 더 자세히 다룬다.

6.10 패턴을 변수 안에 넣어 사용할 때 속도 높이기

문제

함수나 프로그램이 하나 이상의 정규 표현식을 인자로 받게 하려는데, 정규식 리터럴을 쓰는 것보다 느려 보인다.

해결책

병목 현상을 없애기 위해서, 만일 패턴이 하나뿐이고 프로그램이 실행되는 동안 그 패턴이 변하지 않는다면 패턴을 문자열 변수에 넣은 후 `/$pattern/o` 형태로 사용한다.

```
while ($line = <>) {
    if ($line =~ /$pattern/o) {
        # 어떤 작업을 한다
    }
}
```

하지만 이 방법은 패턴이 두 개 이상이라면 쓸 수 없다. 이 경우는 패턴 문자열을 `qr//` 연산자를 사용하여 미리 컴파일한 후에, 컴파일된 결과물을 가지고 대상 문자열을 검사한다.

```
@pats = map { qr/$_/ } @strings;
while ($line = <>) {
    for $pat (@pats) {
        if ($line =~ /$pat/) {
            # 어떤 작업을 한다
        }
    }
}
```

논의

펄 프로그램이 컴파일될 때, 패턴들은 내부에서 사용하는 형식으로 변환된다. 변수 안에 들어있지 않은 리터럴 패턴의 경우는 이 변환이 컴파일 시점에 이루어지지만, 변수 안에 들어 있는 패턴의 경우는 변환이 실행 시점에 이루어진다.

/$pattern/과 같이 패턴 안에서 변수가 보간되면 프로그램의 속도가 느려질 수 있으며, 때로는 심하게 느려지기도 한다. $pattern의 내용이 자주 변경되는 경우 특히 눈에 띄게 느려진다.

/o 변경자를 사용하면 패턴 안에서 치환되는 변수의 값을 잠가버린다. 다시 말하면 변수는 일치 검사를 처음 수행할 때 딱 한 번만 치환된다. 그 다음부터는 변수에 값이 변경되어도 펄이 무시하기 때문에, 이 변경자는 변수가 변경되지 않는 게 확실할 때만 써야 한다.

변수가 보간되지 않는 패턴에 /o 변경자를 쓰는 게 딱히 나쁠 것도 없지만 그렇다고 좋아지는 것도 없다. 또한 정규 표현식이 몇 개나 있는지 모르는 상태에서 한 개 이상의 문자열에 대해 모든 패턴을 다 대조해야 하는 상황이라면 패턴의 내용이 바뀌어야 하기 때문에 /o 변경자는 쓸모가 없다. 또 패턴 안에서 보간되는 변수가 함수의 인자로 받은 것이라면 역시 소용이 없다. 함수를 호출할 때마다 그 변수에 새로운 값이 담길 것이기 때문이다.

예제 6-4는 여러 줄에 대하여 여러 패턴을 번갈아 검사하는, 느리지만 이해하기 쉬운 기법을 보여준다. @popstates 배열에는 북미 중심지에 있는 여러 곳들 중 청량음료를 *팝(pop)*이라고 부르는 지역들의 공식 약어 표기가 들어 있다. (이 지역에서는 *소다(soda)*라고 하면 평범한 소다수나, 마트의 소다수 판매점에서 아이스크림을 곁들여서 직접 만들어 파는 것을 뜻한다.) 이 프로그램의 목표는 입력 받은 내용 중 이 장소가 포함된 줄들을 출력하는 것이다. 이때 약어들이 단어 경계에 맞춰 일치되는 것들만 찾는다. 여기서는 /o를 사용하지 않는데, 그 이유는 패턴을 담고 있는 변수의 내용이 계속 변하기 때문이다.

예제 6-4. popgrep1

```
#!/usr/bin/perl
# popgrep1 - "팝"이란 말을 쓰는 지역들의 약어가 포함된 줄을 검색
# 버전 1: 느리지만 명확한 방법
@popstates = qw(CO ON MI WI MN);
LINE: while (defined($line = <>)) {
    for $state (@popstates) {
        if ($line =~ /\b$state\b/) {  # 이 부분이 느으으으리다
            print; next LINE;
        }
    }
}
```

이렇게 직접적이고 분명하고 거친 방법은 애처로울 정도로 느리다. 왜냐하면 입력으로 들어오는 각 줄마다 펄이 모든 패턴을 매번 다시 컴파일해야 하기 때문이다. 더 좋은 방법은 qr// 연산자를 사용하는 것이다(예제 6-5에서 쓰이고 있다).

이 연산자는 펄 버전 5.6에 도입되었고 이런 병목을 해결할 수 있게 해준다. qr// 연산자는 인자 문자열을 인용 처리하고 컴파일한 후 나중에 패턴 일치 검사할 때 쓸 수 있는 스칼라 값으로 반환한다. 이 스칼라가 단독으로 패턴 일치 검사에 사용되면, 캐시에 들어있던 컴파일된 형태를 사용하므로 패턴을 다시 컴파일할 필요가 없다.

예제 6-5. popgrep2

```
#!/usr/bin/perl
# popgrep2 - "팝"이란 말을 쓰는 지역들의 약어가 포함된 줄을 검색
# 버전 2: qr//을 사용한 빠른 방법
@popstates = qw(CO ON MI WI MN);
@poppats = map { qr/\b$_\b/ } @popstates;
LINE: while (defined($line = <>)) {
    for $pat (@poppats) {
        if ($line =~ /$pat/) {          # 이것은 빠르다
            print; next LINE;
        }
    }
}
```

@poppats 배열을 출력하면 다음과 같은 것들을 볼 수 있다.

```
(?-xism:\bCO\b)
(?-xism:\bON\b)
(?-xism:\bMI\b)
(?-xism:\bWI\b)
(?-xism:\bMN\b)
```

이것들은 qr// 연산자의 값이 출력될 때 문자열화된 모습이기도 하고, 더 큰 문자열에 포함되어 더 큰 패턴을 구성할 때 쓰이는 형태이기도 하다. 또한 각각의 문자열은 그 문자열을 패턴으로 취급하여 컴파일하고 캐시에 저장한 버전과 연결되어 있게 되며, 펄이 일치나 치환 연산에서 보간한 결과가 저것과 같을 경우 컴파일된 버전을 사용하게 된다.

더 알아보기

- *perlop*(1) 문서와 *Programming Perl* 5장의 "The qr// quote regex operator" 절에서 다루는 qr// 연산자

6.11 올바른 패턴인지 검사하기

문제

사용자가 직접 패턴을 입력할 수 있도록 하고 싶은데, 문법에 맞지 않는 패턴이 사용될 때 프로그램이 비정상 종료될 우려가 있다.

해결책

eval { } 구조 안에서 적당한 더미 문자열을 대상으로 패턴을 일단 시험해 본다. $@ 변수가 설정되지 않았다면 아무 예외도 발생하지 않았다는 뜻이므로 입력 받은 패턴이 올바른 정규 표현식으로 잘 컴파일되었다는 걸 알 수 있다. 다음 예제는 사용자가 올바른 패턴을 입력할 때까지 계속 재입력을 요구하는 루프이다.

```
do {
    print "Pattern? ";
    chomp($pat = <>);
    eval { "" =~ /$pat/ };
    warn "INVALID PATTERN $@" if $@;
} while $@;
```

다음 서브루틴은 패턴이 올바른지 검사하는 부분만 따로 빼서 쓸 수 있게 한 것이다.

```
sub is_valid_pattern {
    my $pat = shift;
    eval { "" =~ /$pat/ };
    return $@ ? 0 : 1;
}
```

이 서브루틴은 이렇게도 쓸 수 있다.

```
sub is_valid_pattern {
    my $pat = shift;
    return eval { "" =~ /$pat/; 1 } || 0;
}
```

여기서는 $@ 변수를 사용하지 않았다. 아무 예외도 발생하지 않고 패턴 일치 검사가 이루어지면, 그다음 구문인 1이 수행되고 반환된다. 예외가 발생할 경우는 1 구문은 수행되지 않고 지나치게 되어, 결과적으로 0이 반환된다.

논의

올바르지 않아서 컴파일할 수 없는 패턴은 무한히 많다. 사용자가 실수로 "<I\s*[^">, "*** GET RICH ***", "+5-i"와 같은 식으로 입력할 수 있다. 이런 잘못된 패턴을 프로그램 내에서 그대로 사용할 경우 예외가 발생하게 되며, 보통은 프로그램이 종료되게 된다.

예제 6-6은 위의 해결책을 구현한 간단한 프로그램이다.

예제 6-6. paragrep

```
#!/usr/bin/perl
# paragrep - 간단한 단락 grep
die "usage: $0 pat [files]\n" unless @ARGV;
```

```
$/ = '';
$pat = shift;
eval { "" =~ /$pat/; 1 }      or die "$0: Bad pattern $pat: $@\n";
while (<>) {
    print "$ARGV $.: $_" if /$pat/o;
}
```

/o 변경자가 있어서 변수 보간은 처음 한 번만 이루어지며, 설령 나중에 변수의 내용이 변경되더라도 그 변경된 내용이 적용되지 않을 것이다.

해결책 절에 나온 것처럼, 저 검사 부분을 함수로 만들어서 블록이 제대로 수행되면 1을 반환하고 그렇지 않으면 0을 반환하게 할 수 있다. 예외가 발생한 걸 가로채기 위해 더 간단히 eval "/$pat/"이라고 쓸 수도 있지만 이 경우 두 가지 문제가 있다. 첫째는 사용자가 입력한 문자열에 슬래시(패턴 구분자로 사용된 문자와 동일한 문자)가 있을 경우에 예외가 발생해 버린다는 점이다. 더 중요한 점은 이 구문에는 심각한 보안 허점이 있다는 점이다. 다음과 같은 문자열이 있다면 난리가 날 것이다.

```
$pat = "You lose @{[ system('rm -rf *')]} big here";
```

사용자가 정규식으로 동작할 수 있는 진짜 패턴을 입력하지 못하게 하려면, 먼저 입력된 문자열의 메타 문자를 일괄적으로 인용 처리하도록 한다.

```
$safe_pat = quotemeta($pat);
something() if /$safe_pat/;
```

더 쉽게 할 수도 있다.

```
something() if /\Q$pat/;
```

그렇지만 이렇게 할 거라면 애초에 패턴 일치 검사를 할 이유가 없다. 차라리 간단하게 index 함수를 사용하는 것이 더 낫다. 그러나 때로는 평범한 문자열 부분과 정규식 부분을 합쳐서 사용하고 싶을 때도 있다.

```
something() if /^\s*\Q$pat\E\s*$/;
```

사용자에게 진짜 패턴을 입력할 수 있게 하는 것은 재미있고 유용한 일들을 할 수 있는 권한을 주는 것이다. 이 자체는 좋은 일이다. 단지 여러분은 조금 더 주의를 기울여야 한다. 예를 들어 사용자가 대소문자를 구분하지 않고 일치 검사를 하고 싶은데, 여러분이 만든 프로그램에는 *grep* 프로그램의 -i와 같은 옵션이 없다고 하자. 패턴의 기능을 완전히 쓸 수 있게 허용했다면, 사용자가 /i 변경자를 /(?i)stuff/과 같은 식으로 직접 삽입할 수 있다.

만약 변수를 치환하고 났더니 패턴이 아무것도 없으면 어떻게 될까? `$pat`이 빈 문자열이라면, `/$pat/`은 어떤 문자열에 일치할 것인가? 다시 말해서 빈 패턴 `//`은 무엇에 일치하는가? 빈 패턴은 어떤 문자열이든 시작 위치에서 일치될 것 같지만 그렇지 않다. 놀랍게도, 빈 패턴을 일치 검사에 사용하면 가장 마지막으로 일치에 *성공했던* 패턴을 재사용하게 된다. 유용하긴 한데 다소 난해하다. 실제로 펄에서 이 특성을 잘 이용하기는 쉽지 않다.

더 알아보기

- *perlfunc*(1) 문서와 *Programming Perl* 29장에서 다루는 eval 함수
- 레시피 10.12

6.12 정규 표현식에 로케일 설정을 반영하기

문제

로케일에 따라서 적절하게 대소문자를 변경하거나, `\w`가 *José*나 *déjà vu*와 같이 발음 기호가 붙은 글자에도 일치되도록 하고자 한다.

예를 들어서, 독일어로 된 텍스트가 500메가바이트 정도 있는데 여기에 색인 작업을 하려고 한다고 하자. 그러기 위해서는 단어들을 뽑아내고(`\w+`를 사용하여), 그 단어들을 소문자로 변환해야(`lc`나 `\L`을 사용하여) 할 텐데, 보통은 `\w`는 독일어 단어에 일치되지 않고, `lc`는 강세 기호가 있는 문자를 변환해주지 않는다.

해결책

펄에 있는 정규 표현식과 텍스트 처리 루틴에는 POSIX 로케일 설정을 처리하는 훅(hook)이 포함되어 있다. `use locale` 프래그마를 사용하면, `LC_CTYPE`이 적절하게 명세되어 있고 시스템이 지원한다는 가정하에서, 강세 기호가 있는 문자들도 처리할 수 있다.

```
use locale;
```

논의

기본적으로, `\w+` 패턴이나 대소문자 대응 함수들은 대문자, 소문자, 숫자, 언더바를 대상으로 동작한다. 이것은 가장 간단한 영어 단어들에 대해서만 제대로 수행되며, 외래어의 경우는 아무리 흔하게 쓰이는 단어라 해도 제대로 적용되지 않는

다. use locale 지시자를 사용하면 "단어를 이루는 글자"의 의미를 새롭게 정의하게 된다.

예제 6-7에서는 로케일 설정을 영어("en")로 했을 때와 독일어("de")로 했을 때의 차이를 보여준다.

예제 6-7. localeg

```
#!/usr/bin/perl -w
# localeg - 로케일 설정 효과를 보여줌
use locale;
use POSIX 'locale_h';
$name = "andreas k\xF6nig";
@locale{qw(German English)} = qw(de_DE.ISO_8859-1 us-ascii);
setlocale(LC_CTYPE, $locale{English})
  or die "Invalid locale $locale{English}";
@english_names = ( );
while ($name =~ /\b(\w+)\b/g) {
        push(@english_names, ucfirst($1));
}
setlocale(LC_CTYPE, $locale{German})
  or die "Invalid locale $locale{German}";
@german_names = ( );
while ($name =~ /\b(\w+)\b/g) {
        push(@german_names, ucfirst($1));
}
print "English names: @english_names\n";
print "German names:  @german_names\n";
English names: Andreas K Nig
German names:  Andreas König
```

이러한 방법은 8비트 문자 인코딩에 대한 POSIX 로케일이 지원되느냐에 의존하는데, 여러분이 사용하는 시스템에서 지원할 수도 있고 아닐 수도 있다. 시스템에서 지원한다 하더라도, 표준에는 로케일 이름이 명세되어 있지 않다. 따라서 짐작할 수 있겠지만, 이 방법은 이식성이 있다는 보장이 없다. 만일 데이터가 이미 유니코드로 되어 있는 상태라면, POSIX 로케일은 필요하지 않다.

더 알아보기

- *perlre*(1) 문서와 *Programming Perl* 5장의 "Classic Perl Character Class Shortcuts" 절에서 다루는 \b, \w, \s 메타캐릭터
- *perllocale*(1) 문서에서 다루고 있는 펄에서의 로케일 지원
- 시스템에 있는 *locale*(3) 매뉴얼 페이지
- 레시피 6.2에서 로케일에 대해 심도 있게 다룬다.
- *Mastering Regular Expressions* 3장의 "POSIX-An Attempt at Standardization" 절

6.13 근사적으로 일치하기

문제

퍼지(fuzzy) 방식으로 일치 검사를 하고 싶다. 즉, 문자열과 패턴이 *정확히* 일치하지 않고 어느 정도의 오차가 있더라도 일치하는 것으로 판정하고자 한다. 사용자가 입력한 내용에 오타가 있더라도 허용하려는 경우 이러한 퍼지 일치가 필요하다.

해결책

CPAN에 있는 String::Approx 모듈을 사용한다.

```
use String::Approx qw(amatch);

if (amatch("PATTERN", @list)) {
    # 일치한 경우
}

@matches = amatch("PATTERN", @list);
```

논의

String::Approx 모듈은 패턴과 리스트에 있는 각 문자열의 차이를 계산한다. 문자열이 패턴에 정확히 일치되기 위해서 문자 하나를 추가, 삭제, 또는 치환해야 하는 횟수가 특정한 값 – 기본값은 패턴의 길이의 10퍼센트 – 보다 작다면, 이 문자열은 패턴에 일치하는 것으로 판정된다. 스칼라 컨텍스트에서 amatch는 일치에 성공한 횟수를 반환한다. 리스트 컨텍스트에서는 일치에 성공한 문자열들의 리스트를 반환한다.

```
use String::Approx qw(amatch);
open(DICT, "/usr/dict/words")                  or die "Can't open dict: $!";
while(<DICT>) {
    print if amatch("balast");
}
ballast
balustrade
blast
blastula
sandblast
```

amatch 함수에 옵션으로 대소문자를 구분할 것인지 여부와 삽입, 삭제, 치환 횟수의 허용치를 지정할 수 있다. 자세한 내용은 String::Approx 모듈의 문서에 설명되어 있다.

이 모듈의 일치 검사 함수는 펄에 내장된 패턴 일치 검사에 비해 10배에서 40배 정도 느리다. 그러니 펄의 패턴으로 할 수 없는 퍼지 기능이 꼭 필요할 때만 사용하라.

더 알아보기

- CPAN 모듈 String::Approx 모듈 문서
- 레시피 1.22

6.14 마지막 검사했던 위치부터 일치 검사하기

문제

동일한 문자열에 대해 다시 일치 검사를 하되, 문자열의 시작 부분이 아니라 마지막으로 검사했던 지점부터 하고자 한다. 문자열에서 반복적으로 데이터 덩어리를 뽑아내려고 할 때 이런 식으로 처리하면 유용하다.

해결책

/g 변경자, /c 변경자, \G 패턴 앵커, pos 함수를 조합하여 사용한다.

논의

패턴 일치 검사를 할 때 /g 변경자를 사용하면 검사 엔진이 문자열 안에서 검사를 끝낸 부분을 계속 기억하게 된다. 다음번 검사에서도 그 문자열에 대해 /g를 사용한다면, 검사 엔진은 기억하고 있는 위치에서부터 검사를 시작해나간다. 이렇게 하면, 예를 들어 while 루프를 써서 일치되는 부분들을 차례대로 추출할 수 있다. 다음 코드는 0이나 양의 정수들을 모두 찾아낸다.

```
while (/(\d+)/g) {
    print "Found number $1\n";
}
```

패턴에 \G가 들어있으면 이것은 직전에 일치한 부분의 제일 끝을 의미하게 된다. 예를 들어서, 문자열 앞에 빈 칸들이 있고 그 다음 숫자가 나오는 경우, 다음과 같이 하여 이 앞에 있는 빈 칸들을 숫자 0으로 바꿀 수 있다.

```
$n = "   49 here";
$n =~ s/\G /0/g;
print $n;
00049 here
```

\G는 while 루프 안에서 유용하게 쓸 수 있다. 다음 코드에서는 쉼표로 구분되어 있는 숫자들("3,4,5,9,120"과 같이)을 뽑아내기 위하여 \G를 사용하고 있다.

```
while (/\G,?(\d+)/g) {
    print "Found number $1\n";
}
```

기본적으로는, 일치에 실패할 경우(위의 예에서는 더 이상 숫자가 남아 있지 않은 경우), 기억하고 있던 위치 정보는 문자열의 제일 처음으로 리셋된다. 리셋되지 않도록 하려면(그 지점부터 다른 패턴을 가지고 검사를 하고 싶다거나 해서), /g와 함께 /c 변경자를 사용한다.

```
$_ = "The year 1752 lost 10 days on the 3rd of September";

while (/(\d+)/gc) {
    print "Found number $1\n";
}
# 위에서 /c가 쓰였기 때문에 문자열의 현재 위치 정보는
# 마지막으로 일치된 부분의 끝 부분에 유지된 상태이다

if (/\G(\S+)/g) {
    print "Found $1 right after the last number.\n";
}

Found number 1752
Found number 10
Found number 3
Found rd after the last number.
```

연이어서 패턴 일치 검사를 할 때 문자열에 /g를 사용하면, 마지막으로 일치에 성공한 부분의 끝 부분의 위치 정보를 기억하게 된다. 이 위치는 검사 대상인 스칼라에 연결되어 있는 것이지 패턴에 연결된 것은 아니다. 문자열의 내용이 변경되면 이 위치 정보는 리셋된다.

마지막으로 일치에 성공했던 부분의 위치는 pos 함수를 사용하여 알아낼 수도 있고, 값을 변경할 수도 있다. 이 함수에 인자로 위치 정보를 알아내거나 지정하고 싶은 문자열을 넘겨주면 된다. 값을 지정할 때는 함수에 값을 대입하면 된다.

```
$a = "Didst thou think that the eyes of the White Tower were blind?";
$a =~ /(\w{5,})/g;
print "Got $1, position in \$a is ", pos($a), "\n";
Got Didst, position in $a is 5

pos($a) = 30;
$a =~ /(\w{5,})/g;
print "Got $1, position in \$a now ", pos($a), "\n";
Got White, position in $a now 43
```

pos 함수에 인자가 따로 주어지지 않으면 $_ 변수를 대상으로 동작한다.

```
$_ = "Nay, I have seen more than thou knowest, Grey Fool.";
/(\w{5,})/g;
print "Got $1, position in \$_ is ", pos, "\n";
pos = 42;
/\b(\w+)/g;
print "Next full word after position 42 is $1\n";

Got knowest, position in $_ is 39
Next full word after position 42 is Fool
```

더 알아보기

- *perlre*(1) 문서와 *Programming Perl* 5장의 "The m// Operator (Matching)"에서 다루는 /g, /c 변경자

6.15 탐욕적인 일치, 비탐욕적인 일치

문제

어떤 패턴에 *, +, ?, {}와 같은 탐욕적(greedy) 수량자가 있는데, 이 수량자가 탐욕적이지 않게 만들고자 한다.

고전적인 예로는 HTML에서 태그를 제거하는 경우가 있다. `s#<TT>.*</TT>##gsi`와 같은 패턴은 얼핏 보면 잘 동작할 것 같지만, 실제로는 TT 시작 태그 중 가장 첫 번째 태그부터 끝 태그 중 가장 마지막 태그까지의 내용 전부를 삭제해 버린다. `"Even <TT>vi</TT> can edit <TT>troff</TT> effectively."`라는 문장은 `"Even effectively"`가 되어서 뜻이 아예 바뀌어 버릴 것이다.

해결책

공격적이고 탐욕적인 수량자들을 그에 대응되는 비탐욕적인 수량자로 바꾸어 쓴다. 즉 *, +, ?, {} 대신에 *?, +?, ??, {}?를 사용한다.

논의

펄에서 사용되는 수량자는 두 가지로 나눌 수 있다. *최대한* 일치하는 수량자들(*, +, ?, {})과 *최소한으로* 일치하는 수량자들(*?, +?, ??, {}?)이다. 격식을 덜 차린 표현으로는 *탐욕적*인 수량자와 *비탐욕적*인(또는 *게으른*) 수량자라고도 한다. 예를 들어서, `"Perl is a Swiss Army Chainsaw!"`라는 문자열이 있을 때, `/(r.*s)/` 패턴은 `"rl is a Swiss Army Chains"`에 일치한다. 반면에 `/(r.*?s)/`는 `"rl is"`에 일치한다.

최대한 일치하는 수량자를 사용하여 검사하는 경우를 생각해보자. *를 사용한다면 0번 또는 그 이상 일치하는지를, +를 사용한다면 1번 또는 그 이상 일치하는지를 검사하게 된다. 이때 검사 엔진은 "또는 그 이상" 부분을 더 중요하게 처리한다. 따라서 `/foo.*bar/` 패턴은 문자열 안에 있는 첫 번째 `"foo"`에서 시작해서 가장 마지막 `"bar"`까지 일치하게 된다. 종종 착각하는 것처럼 `"foo"` 다음에 가장 먼저 나타나는 `"bar"`까지가 아니다. 이렇게 되는 이유는 탐욕적인 `.*` 수량자는 일단 문자열의 나머지 부분 전부에 일치를 시도하며, 그러면 `"bar"` 부분에 일치할 문자

열이 남지 않기 때문에 검사 엔진이 "bar"를 찾게 될 때까지 한 글자씩 되돌아가는 식으로 진행하기 때문이다.

반복 연산자가 최대한이 아니라 최소한으로 일치되도록 하려면, 추가로 ?를 붙여준다. 따라서 *?는 0번 또는 그 이상 일치하는 건 마찬가지이지만, * 수량자처럼 가능한 한 많이 일치되는 게 아니라, 가능한 한 조금만 일치된다.

```
# 탐욕적인 패턴
s/<.*>//gs;                 # 태그를 제거하려는 시도, 매우 나쁜 방법

# 비탐욕적인 패턴
s/<.*?>//gs;                # 태그를 제거하려는 시도, 그나마 낫다 (하지만 여전히 나쁨)
```

이 방법은 HTML에 나올 수 있는 모든 태그를 다 제대로 지워주지는 못한다. 정규 표현식으로 HTML 파서를 대체하기란 매우 어렵다. 더 올바른 해결책은 레시피 20.6을 보라.

최소한으로 일치하는 수량자가 만능인 것은 아니다. 어떤 패턴 안에 /BEGIN.*?END/를 삽입하면 BEGIN과 END 사이에 들어 있는 가장 짧은 텍스트에 일치될 것이라고 생각하면 함정에 빠지는 것이다. /BEGIN(.*?)END/ 패턴을 생각해 보자. 이 패턴을 "BEGIN and BEGIN and END"라는 문자열에 대해 일치 검사를 하면, $1 변수에는 "and BEGIN and"가 담기게 된다. 아마도 이건 원했던 결과가 아닐 것이다.

다음 문자열에서 볼드-이탤릭 태그 쌍 안에 있는 내용을 뽑아내려고 한다고 생각해 보자.

```
<b><i>this</i> and <i>that</i> are important</b> Oh, <b><i>me too!</i></b>
```

볼드-이탤릭 HTML 태그 쌍 *사이에* 있는, 다시 말해서 그 태그들이 안에 들어있지 않은 텍스트만 찾는 패턴은 다음과 같이 구성하면 될 것처럼 보인다.

```
m{ <b><i>(.*?)</i></b> }sx
```

저 패턴이 원하는 쌍을 찾아주지 못한다는 것을 알고 놀랄 것이다. 많은 이들이 이 패턴을 "<b><i>"에 일치하고, 그 다음 "</i></b>"가 나올 때까지 계속 일치하며, 그 사이에 있는 텍스트는 $1에 담기게 된다고 잘못 이해한다. 입력 데이터에 따라서 그렇게 동작하는 경우도 물론 있긴 하지만, 이 패턴이 의미하는 것은 그게 *아니다*. "</i></b>"가 나타날 때까지 .*? 부분은 "<b><i>"가 다시 (그리고 또 다시, 몇 번이든) 나타났을 때도 일치하게 된다. 원래 의도했던 것이 "<b><i>" 태그와 *그에 대응되는* "</i></b>" 사이의 내용만 뽑아내는 것이고 그 텍스트 안에 또 다른 볼드-이탤릭 태그가 들어있지는 않아야 하는 거였다면, 이 패턴은 그 의도대

로 동작하지 않을 것이다.

만일 앞뒤 표식이 되는 문자열이 한 개의 문자라면, 최소 일치 수량자보다 부정 문자 클래스를 쓰는 것이 훨씬 효율적이다. /X([^X]*)X/와 같은 식이다. 하지만 일반적으로 BEGIN과 END가 임의로 주어질 때 "BEGIN에 일치하고, 이후 BEGIN에는 일치하지 않다가 마지막에 END에 일치하는" 패턴은 다음과 같이 나타낼 수 있다. (이때 BEGIN과 END 사이의 부분은 $1 변수에 담긴다.)

```
/BEGIN((?:(?!BEGIN).)*)END/s
```

좀 더 읽기 좋게 쓴다면 다음과 같다.

```
m{
  BEGIN                # 시작 부분
  (                    # 이 그룹을 $1 변수에 저장함
      (?:              # 저장되지 않는 그룹
          (?! BEGIN)   # 조건: 또 다른 BEGIN은 올 수 없음
          .            # 이제 아무 문자 하나에 일치
      ) *              # 이 그룹이 0번 또는 그 이상 반복
  )                    # $1 그룹의 끝
  END                  # 끝 부분
}sx
```

하지만, 이것도 우리가 찾던 답이 아니다. 탐욕적인 별표 수량자로 인하여 $1에 담기게 될, BEGIN이 아닌 부분은 최대한 길어지게 되며, 그 결과 일치되는 내용은 마지막 BEGIN부터 첫 번째 END가 아닌 마지막 END까지가 된다. 만일 문자열이 다음과 같다면,

```
$_ = "BEGIN1 BEGIN2 BEGIN3 3END 2END 1END";
```

$1의 내용은 "3 3END 2END 1"이 된다. 수량자를 최소 일치 수량자로 바꿔서 다음과 같이 하면,

```
/BEGIN((?:(?!BEGIN).)*?)END/s
```

$1의 내용은 "3 3"이 된다. 이제 또 다른 부정 전방 탐색 (?!END)를 추가하자.

```
m{
    BEGIN              # 시작 부분
    (                  # 이 그룹을 $1 변수에 저장함
        (?:            # 저장되지 않는 그룹
            (?! BEGIN   )   # BEGIN은 올 수 없음
            (?! END     )   # END도 올 수 없음
            .               # 그 외에 아무 글자나 일치
        ) *            # 이 그룹이 몇 번이든 반복
    )                  # $1 그룹의 끝
    END
}sx
```

전방 탐색을 추가하지 않고, 기존에 있는 것에 대체문을 써서 (?!BEGIN|END)처럼 쓸 수도 있다. 앞에서 본 HTML 일치 검사 코드에 이것을 적용하면, 다음과 같은 형태가 된다.

```
m{ <b><i>(  (?: (?!</b>|</i>). )*  ) </i></b> }sx
```

또는 다음과 같이 쓸 수도 있다.

```
m{ <b><i>(  (?: (?!</[ib]>). )*  ) </i></b> }sx
```

제프리 프라이들은 이렇게 간단히 만든 형태가 딱히 효율적이지 않다고 지적한다. 그는 속도가 중요한 경우 더 정교하게 만든 다음과 같은 식의 패턴을 사용할 것을 제안한다.

```
m{
    <b><i>
    [^<]*  # 나오면 안 될 태그나 종료 태그일 가능성이 없는 것들
    (?:
 # 이 지점에서 '<'가, 나오면 안 될 태그의 일부가 아니라면 일치해도 됨
     (?! </?[ib]>  )     # 나오면 안 될 것
     <                   # 그게 아니니까 '<'에 일치하고
     [^<]*               # 남아있는 안전한 것들에 마저 일치
    ) *
    </i> </b>
 }sx
```

이것은 제프리의 루프 언롤링(loop unrolling) 기법을 응용한 것이며, *Mastering Regular Expression* 2판 6장에 자세히 설명되어 있다.

더 알아보기

- *perlre*(1) 문서와 *Programming Perl* 5장의 "Regular Expression" 절에서 다루는 비탐욕적 수량자

6.16 두 번 들어간 단어 찾아내기

문제

문서에 한 단어가 연달아 두 번 쓰인 경우가 있는지 검사하고자 한다.

해결책

패턴 안에서 뒷참조(backreference)를 사용한다.

논의

패턴에 괄호가 있으면 일치 검사 엔진은 그 부분에 일치한 텍스트를 기억해 둔다.

패턴의 뒷부분에서 \1(첫 번째 괄호쌍에 일치한 텍스트), \2(두 번째 괄호쌍에 일치한 텍스트) 등을 써서 그 일치한 텍스트를 접근할 수 있다. 정규식 안에서 $1이라고 쓰지 말도록 하라. 왜냐하면 이것은 일치 검사를 시작하기 전에 값으로 치환되는 변수이기 때문이다. /([A-X])\1/ 패턴은 어떤 대문자 하나 뒤에 바로 그 일치한 대문자(즉, 첫 번째 괄호쌍에 의해 저장된 문자)가 다시 한 번 나타날 때 일치한다.

다음 예제 코드는 입력 파일을 단락 단위로 읽는다. 이때 *단락*이라는 것은 펄에서 얘기하는 단락, 즉 줄바꿈 문자가 연속으로 두 번 이상 나오는 걸로 구분되는 텍스트 덩어리다. 이 코드는 각 단락 안에서 두 번 연달아 나오는 단어들을 찾아낸다. 대소문자는 구분하지 않으며, 서로 다른 줄에 있는 경우도 찾아낸다.

여기서는 /x 변경자를 사용하여 패턴 안에 공백 문자와 주석문을 넣어 읽기 좋게 하였다. /i 변경자가 있으므로 "Is is this ok?" 같은 문장에 있는 두 개의 "is"가 대소문자 상관없이 일치되게 된다. while 루프 안에서 /g 변경자를 쓰고 있기 때문에 텍스트를 다 읽을 때까지 검사해 나간다.

```
$/ = '';                        # 단락 단위 읽기 모드
while (<>) {
    while ( m{
                \b              # 단어 경계에서 시작 (글자들의 시작)
                (\S+)           # 공백 문자가 아닌 문자 덩어리에 일치
                \b              # 또 다른 단어 경계에서 끝 (글자들의 끝)
                (
                    \s+         # 공백 문자로 구분되고
                    \1          # 직전과 똑같은 문자 덩어리가 다시 오고
                    \b          # 다시 단어 경계
                ) +             # 이 그룹이 한 번 이상 반복
             }xig
          )
    {
        print "dup word '$1' at paragraph $.\n";
    }
}
```

위 코드는 다음 단락에 중복해서 들어간 *test*를 찾아낸다.

```
This is a test
test of the doubled word finder.
```

\S+를 둘러싸고 있는 단어 경계 표식은 때로는 나쁜 생각일 수 있다. 여러분이 기대하지 않은 동작을 하기 때문이다. 펄에서 말하는 단어 경계라는 것은 알파벳, 숫자, 또는 언더바(즉 \w)와 문자열의 시작 또는 끝 부분이 만나거나, 알파넘언더바를 제외한 문자가 만나는 부분이다. \S+는 원래 공백이 아닌 문자들이 하나 이상 나열된 것을 의미하지만, \S+를 \b로 둘러싸면 이제는 공백이 아닌 문자들로 이루어져 있으면서 첫 번째 글자와 마지막 글자는 알파벳 또는 숫자 또는 언더바

인 경우를 나타내는 것으로 미묘하게 바뀐다.

하지만 때로는 바로 그것이 여러분이 원하는 것일 수도 있다. 다음과 같은 경우를 생각해 보자.

```
$string = q("I can't see this," she remarked.);

@a = $string =~ /\b\S+\b/g;
@b = $string =~ /\S+/g;
```

@a 배열의 원소는 다음처럼 된다.

```
0  I
1  can't
2  see
3  this
4  she
5  remarked
```

반면에 @b 배열의 원소는 다음과 같이 된다.

```
0  "I
1  can't
2  see
3  this,"
4  she
5  remarked.
```

뒷참조를 쓰는 다른 재미있는 예제를 보자. 두 단어가 있는데 한 단어의 끝 부분이 다른 단어의 시작 부분과 동일하다고 상상해보라. "nobody"와 "bodysnatcher"와 같이 말이다. 이 겹치는 부분을 찾아내어 "nobodysnatcher"와 같은 결과를 만들고자 한다. 두 번 연달아 나오는 단어를 찾는 문제를 응용한 것이라 할 수 있다.

C 프로그래머가 하듯이 한 글자 한 글자씩 처리해 나가려면 복잡한 코드가 필요하다. 그러나 역탐색 특성이 있는 검사 엔진이 있다면, 간단한 패턴 일치 검사를 한 번 하면 된다.

```
$a = 'nobody';
$b = 'bodysnatcher';
if ("$a $b" =~ /^(\w+)(\w+) \2(\w+)$/) {
    print "$2 overlaps in $1-$2-$3\n";
}
body overlaps in no-body-snatcher
```

수량자가 탐욕적이기 때문에 $1에 "nobody"가 전부 들어가 버리지 않을까 생각할 수도 있다. 실제로 그렇긴 하다, 잠시 동안은 말이다. 하지만 그렇게 되고 나면, $2에 담을 문자가 하나도 남지 않게 된다. 따라서 검사 엔진은 한 발 물러서고, $1은 문자 하나를 $2에게 내어놓는다. 그다음 공백 문자는 잘 일치되겠지만, 그러고 나서 \2를 일치시킬 차례가 되었는데 현재 \2에는 "y" 하나만 들어있는 상태다. 문자열의 그다음 글자는 "y"가 아니라 "b"이므로, 검사 엔진은 여기서 또 한 발 물러난다. 이 과정을 반복하며 패턴이 어떤 문자열, 공백, 좀 전과 똑같은 문자열순으로 일치될 때까지 $1에 들어있는 문자들을 $2에게 내어놓게 만든다.

위의 코드는 만일 겹치는 부분이 그 자체로도 동일한 내용이 두 번 반복되는 경우라면 제대로 동작하지 않는다. 예를 들어 "rococo"와 "cocoon"을 생각해 보자. 위 알고리즘은 겹치는 부분, 즉 $2에 들어갈 내용이 "co"라고 결정할 것이다. "coco"가 아니라 말이다. 하지만 우리가 원하는 것은 "rococoon"이지 "rocococoon"이 아니다. 최소 일치 수량자를 $1 부분에 적용하여 이 문제를 해결할 수 있다.

```
/^(\w+?)(\w+) \2(\w+)$/
```

역탐색은 여러분이 상상하는 것보다 훨씬 더 강력하다. 예제 6-8은 이 책 1장에 나왔던 소인수 분해 문제를 푸는 새로운 방법을 보여준다.

예제 6-8. prime-pattern

```
#!/usr/bin/perl
# prime_pattern -- 패턴 일치를 사용하여 주어진 인자의 소인수를 구한다
for ($N = ('o' x shift); $N =~ /^(oo+?)\1+$/; $N =~ s/$1/o/g) {
    print length($1), " ";
}
print length ($N), "\n";
```

비록 실용적인 예제는 아니지만, 이런 접근법은 역탐색의 능력을 잘 보여준다.

또 다른 예를 보자. 더그 맥길로이(Doug McIlroy)가 탁월한 통찰력을 써서 (앤드류 흄(Andrew Hume)에 의하면) 처음으로, 일차 디오판토스 방정식[7]을 정규표현식을 써서 풀 수 있음을 보였다. 12x + 15y + 16z = 281이라는 방정식을 생각해 보자. 이 방정식을 만족시키는 x, y, z 값을 구할 수 있겠는가? 펄은 할 수 있다!

```
# 12x + 15y + 16z = 281을 만족하면서 x가 최대인 경우를 푼다
if (($X, $Y, $Z)  =
   (('o' x 281)  =~ /^(o*)\1{11}(o*)\2{14}(o*)\3{15}$/))
{
    ($x, $y, $z) = (length($X), length($Y), length($Z));
    print "One solution is: x=$x; y=$y; z=$z.\n";
} else {
    print "No solution.\n";
}
One solution is: x=17; y=3; z=2.
```

7 (옮긴이) 해가 정수로만 이루어진 방정식

첫 번째 o*가 탐욕적 수량자이기 때문에 x는 가능한 제일 큰 값이 된다. * 수량자들을 *?, +, +? 등으로 바꾸면 다른 해가 나온다.

```
('o' x 281)  =~ /^(o+)\1{11}(o+)\2{14}(o+)\3{15}$/
One solution is: x=17; y=3; z=2
('o' x 281)  =~ /^(o*?)\1{11}(o*)\2{14}(o*)\3{15}$/
One solution is: x=0; y=7; z=11.
('o' x 281)  =~ /^(o+?)\1{11}(o*)\2{14}(o*)\3{15}$/
One solution is: x=1; y=3; z=14.
```

별것 아닌 것 같았던 패턴 일치가 보여주는 놀라운 수학 실력을 보며 배워야 할 중요한 교훈이 있다. 패턴 일치 검사 엔진, 특히 역탐색 기능이 있는 엔진은 여러분에게 어떻게든 답을 주려고 하며, 그러기 위해 극도로 열심히 일을 할 것이라는 점이다. 그러나 뒷참조가 포함되어 있는 정규 표현식을 검사하는 시간은 입력의 길이에 지수적으로 비례한다. 입력이 간단한 경우를 제외하면, 이런 알고리즘은 대륙이 이동하는 속도보다도 느리게 느껴질 수 있으니 주의하라.

더 알아보기

- *perlre*(1) 문서와 *Programming Perl* 5장의 "The Little Engine That /Could(n't)?/" 절에서 다루는 역참조 패턴
- *Mastering Regular Expressions* 2장의 "The Doubled-Word Thing" 절

6.17 중첩된 패턴 일치 검사

문제

괄호 안에 다시 괄호가 들어있는 식의 중첩된 패턴을 사용한 일치 검사를 하고자 한다. 예를 들면 함수 호출 인자 등이다.

해결책

재귀적으로, 검사하는 시점에 패턴을 보간한다.

```
my $np;
$np = qr{
           \(
           (?:
              (?> [^( )]+ )    # 역탐색하지 않는, 저장되지 않는 그룹
            |
              (??{ $np })      # 괄호쌍에 일치하는 그룹
           )*
           \)
        }x;
```

또는 Text::Balanced 모듈의 extract_bracketed 함수를 사용한다.

논의

$(??{ CODE }) 구조는 코드를 실행한 후 그 코드가 반환한 문자열을 보간하여 패턴으로 사용한다. 재귀적이지 않고 간단한 예를 한 번 보자. 앞에서부터 읽으나 뒤에서부터 읽으나 동일한 회문에 일치하는 패턴이다.

```
if ($word =~ /^(\w+)\w?(??{reverse $1})$/ ) {
    print "$word is a palindrome.\n";
}
```

"reviver"라는 단어를 예로 들어보자. 검사가 이뤄지는 동안 $1 변수는 "rev" 부분을 담게 된다. 그 뒤에 추가로 있을 수도 없을 수도 있는 \w?에는 "i"가 담긴다. 그리고 reverse $1 코드가 실행되어 "ver"를 반환하고 이 결과는 패턴 안에 보간된다.

괄호처럼 시작과 끝 표식이 있는 형태가 중첩되는 텍스트에 일치하려면, 재귀적인 방법을 써야 하며 좀 더 어렵다. 컴파일된 패턴 안에 (??{ CODE })가 사용되면 자기 자신을 참조할 수 있다. 위 해결책에 나온 패턴은 괄호로 둘러싸인 텍스트가 몇 번 중첩되더라도 일치된다. 패턴 안에서 $np의 값이 주어지면, 이제 이것을 다음과 같이 사용하여 함수를 호출하는 부분에 일치되게 할 수 있다.

```
$text = "myfunfun(1,(2*(3+4)),5)";
$funpat = qr/\w+$np/;   # $np는 위에 정의된 것을 사용
$text =~ /^$funpat$/;   # 일치한다!
```

CPAN에는 중첩된 문자열을 대상으로 일치 검사나 구문 해석을 할 수 있게 도와주는 모듈이 많이 있다. Regexp::Common 모듈은 이런 복잡한 문자열에 일치하는 여러 가지 패턴을 제공한다. 다음 예를 보자.

```
use Regexp::Common;
$text = "myfunfun(1,(2*(3+4)),5)";
if ($text =~ /(\w+\s*$RE{balanced}{-parens=>'( )'})/o) {
  print "Got function call: $1\n";
}
```

이 모듈에는 다양한 표기법을 따르는 숫자들이나 인용 부호로 둘러싸인 문자열에 일치되는 패턴들도 있다.

```
$RE{num}{int}
$RE{num}{real}
$RE{num}{real}{'-base=2'}{'-sep=,'}{'-group=3'}
$RE{quoted}
$RE{delimited}{-delim=>'/'}
```

기본 모듈(펄 버전 5.8부터)인 Text::Balanced 모듈은 이런 문제를 푸는 일반적인 해결책을 제공한다.[8]

```
use Text::Balanced qw/extract_bracketed/;
$text = "myfunfun(1,(2*(3+4)),5)";
if (($before, $found, $after)  = extract_bracketed($text, "(")) {
    print "answer is $found\n";
} else {
    print "FAILED\n";
}
```

더 알아보기

- *Programming Perl* 5장의 "Match-time pattern interpolation" 절
- CPAN 모듈 Regexp::Common과 기본 모듈 Text::Balanced 모듈 문서

6.18 AND, OR, NOT을 한 패턴 안에서 표현하기

문제

패턴을 실행 인자 또는 사용자 입력으로 받는 프로그램이 있다. 그런데 이 프로그램은 대소문자를 구분하지 않도록 하거나 AND, NOT 등의 복합 연산을 하도록 여러분이 로직을 추가할 수는 없다. 따라서 여러분이 프로그램에 직접, 두 패턴 중 하나에 일치하거나("or"의 경우), 두 패턴 모두에 일치하거나("and"의 경우), 일치 여부를 반대로 바꾸는("not"의 경우) 그런 패턴을 만들어서 넘겨주어야 한다.

이런 상황은 환경설정 파일, 웹 페이지의 입력 폼, 명령행 인자 등에서 종종 나타난다. 예를 들어 다음과 같은 동작을 하는 프로그램이 있다고 생각해보자.

```
chomp($pattern = <CONFIG_FH>);
if ( $data =~ /$pattern/ ) { ..... }
```

여러분이 CONFIG_FH 쪽을 관리하는 입장이라면, 하나의 설정값 안에 불리언 로직을 담아서 전달할 수 있어야 한다.

해결책

다음 패턴은 /ALPHA/ 또는 /BETA/가 일치하면 참이 된다. 즉 /ALPHA/ || /BETA/와 같다.

8 (옮긴이) 이 코드는 최신 버전의 모듈에서는 제대로 동작하지 않을 것이다. extract_bracketed 서브루틴을 쓰는 조건문 부분을 ($found, $after, $before) = extract_bracketed($text, "(", '.*?(?=\()') 정도로 바꾸어 주어야 한다.

```
/ALPHA|BETA/
/(?:ALPHA)|(?:BETA)/  # 괄호 안의 내용이 무엇이든 동작한다
```

다음 패턴은 /ALPHA/와 /BETA/가 둘 다 일치해야 참이 된다. 이때 두 패턴은 "BETALPHA"와 같이 서로 겹칠 수도 있다. 즉 /ALPHA/ && /BETA/와 같다.

```
/(?=.*ALPHA).*BETA/s
```

다음 패턴 역시 /ALPHA/와 /BETA/가 둘 다 일치해야 참이 되지만, 이번에는 두 패턴이 겹치는 것은 허용하지 않는다. 즉 "BETALPHA"의 경우는 일치하지 않는다.

```
/ALPHA.*BETA|BETA.*ALPHA/s
```

다음 패턴은 /PAT/이 일치하지 않을 때 참이 된다. 즉 $var !~ /PAT/과 같다.

```
/^(?:(?!PAT).)*$/s
```

다음 패턴은 BAD는 일치하지 않고 GOOD은 일치하는 경우에 참이 된다.

```
/(?=^(?:(?!BAD).)*$).*GOOD/s
```

(실제 상황에서 /s 변경자를 저 뒤에 붙이지 못할 수도 있다. 아래 논의 후반부에서는 이 변경자를 패턴 자체에 포함시키는 법도 다룬다.)

논의

일반적으로 프로그램 안에서 무언가가 일치하지 *않는지* 확인하고 싶으면 다음 세 가지 중 하나를 사용한다.

```
    if (!($string =~ /pattern/)) { something() }   # 보기 흉하다
    if (  $string !~ /pattern/)  { something() }   # 이게 선호된다
unless (  $string =~ /pattern/)  { something() }   # 이게 더 명확할 때도 있다
```

패턴 두 개가 모두 일치하는지 확인할 때는 다음과 같이 한다.

```
if ($string =~ /pat1/ && $string =~ /pat2/ ) { something() }
```

패턴 두 개 중 일치하는 게 있는지 확인할 때는 다음과 같이 한다.

```
if ($string =~ /pat1/ || $string =~ /pat2/ ) { something() }
```

패턴 하나로 이런 일을 다 처리하는 것보다는, 그냥 펄에 있는 평범한 불리언 연산자를 가지고 정규 표현식들을 조합하여 확인하는 게 더 효율적이고 명확할 때가 많다. 하지만, 예제 6-9에 나온 *minigrep*처럼, 패턴 하나를 인자로 받아 사용하는 짧은 프로그램을 생각해 보자.

예제 6-9. minigrep

```
#!/usr/bin/perl
# minigrep - 간단한 grep
$pat = shift;
while (<>) {
    print if /$pat/o;
}
```

*minigrep*에게 어떤 패턴이 일치하지 말아야 한다거나 두 개의 패턴이 순서에 상관없이 일치해야 한다고 알려 주려고 해도 방법이 없다. 이 프로그램은 여러 개의 패턴을 받을 수 없다. 패턴 하나만 가지고 이런 일을 하려면 어떻게 해야 할까? 환경설정 파일에서 패턴을 읽는 프로그램의 경우도 똑같은 문제가 있다.

OR의 경우는 매우 쉽다. | 메타캐릭터를 사용하여 이것 아니면 저것에 일치하는 패턴을 만들 수 있다. 하지만 AND나 NOT의 경우는 더 복잡하다.

AND의 경우를 보자. 먼저 두 패턴이 겹치는 경우를 허용할지 말지부터 구분해야 한다. 예를 들어서, 어떤 문자열이 "bell"에도 일치하고 "lab"에도 일치하는지 알고 싶은데, 겹치는 것을 허용한다면, "labelled"라는 문자열은 일치하는 걸로 판정될 것이다. 만일 겹치는 것을 허용하지 않는다면 이 문자열은 일치하지 않는 것으로 판정된다. 겹치는 것을 허용한다면 전방탐색을 사용하여 구현할 수 있다.

```
"labelled" =~ /^(?=.*bell).*lab/s
```

다시 한번 얘기하지만, 일반적인 프로그램에서는 이렇게 힘들게 할 필요가 없다. 그냥 간단히 다음과 같이 쓰라.

```
$string =~ /bell/ && $string =~ /lab/
```

이해하기 쉽도록, 위 패턴을 /x 변경자와 주석문을 사용하여 풀어 써 보면 다음과 같다.

```
if ($murray_hill =~ m{
            ^               # 문자열의 시작
           (?=              # 전방 탐색은 문자열을 소모하지 않음
               .*           # 중간에 끼어있는 것들
               bell         # bell 문자열이 있어야 함
           )                # 있는 걸 확인만 하고 되돌아감
           .*lab            # lab 문자열도 있어야 함
        }sx )               # /s 변경자 때문에 .이 줄바꿈 문자에도 일치함
{
    print "Looks like Bell Labs might be in Murray Hill!\n";
}
```

여기서는 검사를 빨리 끝내기 위해 .*?를 사용하지는 않았다. 왜냐하면 최소 일치 검사가 최대 일치 검사보다 더 비용이 드는 작업이기 때문이다. 입력이 임의로 주

어져서 일치되는 지점이 문자열의 앞부분일지 뒷부분일지를 예측할 수 없는 상황에서는 .*를 사용하는 것이 .*?를 사용하는 것보다 효율적이다. 물론 효율이 문제가 아니라 원하는 결과를 정확히 얻어내기 위하여 .*를 쓸지 .*?를 쓸지 결정해야 할 때도 있지만, 지금은 아니다.

겹치는 것을 허용하지 않는 경우라면, 두 개의 패턴을 OR로 연결한다. 첫 번째 패턴은 THIS 뒤에 THAT이 오는 경우를 나타내고, 두 번째 패턴은 그 반대이다.

```
"labelled" =~ /(?:bell.*lab)|(?:lab.*bell)/
```

길게 풀어쓰면 다음과 같다.

```
$brand = "labelled";
if ($brand =~ m{
        (?:                     # 저장하지 않는 그룹
              bell              # bell이 나오고
              .*?               # 아무거나 나오다가
              lab               # lab이 나옴
          )                     # 여기까지가 한 그룹
    |                           # 또는, 반대 순서로
        (?:                     # 저장하지 않는 그룹
              lab               # lab이 나오고
              .*?               # 아무거나 나오다가
              bell              # bell이 나옴
          )                     # 여기까지가 다른 한 그룹
    }sx )                       # /s 변경자 때문에 .이 줄바꿈 문자에도 일치함
{
    print "Our brand has bell and lab separate.\n";
}
```

이 경우 "labelled"는 "bell"과 "lab"이 겹쳐 있기 때문에 두 패턴 그룹 어느 쪽에도 일치하지 않는다.

이런 패턴들이 꼭 효율적인 것은 아니다. $murray_hill =~ /bell/ && $murray_hill =~ /lab/과 같은 조건문은 문자열을 기껏해야 두 번 훑고 지나가며 검사하지만, (?=^.*?bell)(?=^.*?lab) 패턴을 검사할 때는 "bell"이 나올 때마다 문자열의 모든 부분에서 "lab"이 있는지 검사해야 하기 때문에 최악 수행 시간이 이차함수 형태로 증가한다.

여기까지 잘 따라왔다면, NOT의 경우는 식은 죽 먹기이다. 일반적인 형태는 다음과 같다.

```
$map =~ /^(?:(?!waldo).)*$/s
```

길게 풀어서 써보자.

```
if ($map =~ m{
        ^                       # 문자열의 시작
```

```
        (?:                  # 저장하지 않는 그룹
            (?!              # 부정 전방 탐색
                waldo        # 왈도 씨가 우리 앞에 있는가?
            )                # 그렇다면 부정 전방 탐색은 실패한다
            .                # 아무 문자나
        ) *                  # 이 그룹이 0번 이상 반복되다가
        $                    # 문자열의 끝
    }sx )                    # /s 변경자 때문에 .이 줄바꿈 문자에도 일치함
{
    print "There's no waldo here!\n";
}
```

그러면 AND, OR, NOT을 조합해서 사용하려면 어떻게 해야 하는가? 별로 예쁘지 않은 그림이 될 것이고, 평범한 프로그램에서는 거의 모든 경우 그러지 말도록 하라. 하지만 설정 파일이나 명령행 인자로 패턴을 읽을 경우는 오직 패턴 하나만 넘겨줄 수 있기 때문에 달리 선택의 여지가 없다. 이 경우는 방금 배운 것들을 직접 조합해야 한다. 매우 신중하게.

유닉스 시스템에서 *w* 명령을 실행하여 tchrist라는 사용자가 ttyp로 시작하는 터미널을 제외한 다른 기기에서 로그인하였는지 알고 싶다고 하자. 다시 말해서 tchrist에는 일치하고 ttyp에는 일치하지 않는 출력이 있는지를 찾고자 한다.

w 명령의 출력은 다음과 같은 식이다.

```
 7:15am  up 206 days, 13:30,  4 users,  load average: 1.04, 1.07, 1.04
USER     TTY      FROM             LOGIN@  IDLE   JCPU   PCPU  WHAT
tchrist  tty1                      5:16pm 36days 24:43   0.03s  xinit
tchrist  tty2                      5:19pm  6days  0.43s  0.43s  -tcsh
tchrist  ttyp0    chthon           7:58am  3days 23.44s  0.44s  -tcsh
gnat     ttyS4    coprolith        2:01pm 13:36m  0.30s  0.30s  -tcsh
```

앞에서 살펴본 *minigrep* 프로그램이나 이 장의 마지막에 나오는 *tcgrep* 프로그램을 써서 저 출력에 패턴 일치 검사를 한다.

```
% w | minigrep '(?!.*ttyp)tchrist'
```

이 패턴을 풀어써 보자.

```
m{
    (?!                      # 전방 탐색
        .*                   # 아무거나 나오다가 (.*?보다 빠르다)
        ttyp                 # 나오지 않아야 하는 문자열
    )                        # 부정 전방 탐색의 끝. 앞으로 되돌아감
    tchrist                  # 이제 tchrist를 찾음
}x
```

물론 이 예제는 억지로 꾸민 것이다. 멀쩡한 사람이라면 그냥 표준 *grep* 프로그램을 두 번 실행시키면서 그중 한 번은 -v 옵션을 주어 일치하지 않는 것만 골라내는

식으로 이 문제를 해결할 것이다.

```
% w | grep tchrist | grep -v ttyp
```

요점은 불리언 결합이나 부정을 하나의 패턴 안에 코드로 삽입하는 것이 *가능하다*는 점이다. 하지만 이런 코드를 쓸 때는 언젠가 여러분의 후임이 이 코드를 관리할 때를 위해서 친절하게 주석을 달아두도록 하자.

마지막으로, /s 변경자를 패턴 안에 넣어서 프로그램에 인자로 넘겨주는 방법을 알아보자. /i 변경자를 패턴에 넣기 위해 (?i)를 썼던 것과 동일하다. /s 변경자와 /m 변경자도 각각 (?s)와 (?m)을 사용하여 패턴 안에 넣을 수 있다. (?smi)와 같은 형태를 써서 다 같이 넣을 수도 있다. 예를 들어, 다음 두 명령은 동일한 동작을 한다.

```
% grep -i 'pattern' files
% minigrep '(?i)pattern' files
```

이런 식으로 변경자를 삽입하면, 그 효과는 패턴 전체에 적용된다. 변경자가 적용되는 범위를 제한할 수도 있다. 그룹을 만드는 괄호쌍 (?:...)을 사용하면서, 변경자를 물음표와 콜론 사이에 넣도록 한다. qr//로 인용 처리한 정규식을 출력해보면 어떤 형태인지 알 수 있다.

```
% perl -le 'print qr/pattern/i'
(?i-xsm:pattern)
```

빼기 기호 앞에 있는 변경자는 저 패턴에 대해 그 변경자의 효과를 적용시킨다. 빼기 기호 뒤에 있는 변경자는 반대로 저 변경자의 효과가 적용되지 않도록 한다.

더 알아보기

- *perlre*(1) 문서의 "Regular Expressions" 절과 *Programming Perl* 5장의 "Look-around Assertions" 절에서 다루는 전방 탐색
- 시스템에 있는 *grep*(1)과 *w*(1) 명령어의 매뉴얼 페이지
- 레시피 8.16에서 환경설정 파일에 대해 다룬다.

6.19 올바른 이메일 주소에 일치하기

문제

어떤 메일 주소가 올바른 주소인지 검사할 수 있는 패턴을 만들고자 한다.

해결책

이메일 주소가 제대로 배달이 되는 주소인지를 실시간으로 확인할 수 없기 때문에, 간단한 패턴 하나로 이 문제를 해결할 수는 없다. 여러 가지 절충안 중에서 적절한 방법을 골라야 한다.

논의

어떤 사람의 이메일 주소가 올바른지 확인하는 방법에 대해 말해줄 수 있는 최선의 조언은, 사용자로 하여금 이메일 주소를 두 번 입력하게 하라는 것이다. 비밀번호를 변경할 때와 마찬가지다. 이렇게 하면 오타로 인한 문제가 없어진다. 두 번 입력한 값이 동일하면, 그 메일 주소로 다음과 같은 식의 메일을 보낸다.

```
someuser@host.com 귀하,

2003년 6월 29일 일요일 10:29:01에 입력한 귀하의 메일 주소가
올바른지 확인할 수 있도록, 이 메시지에 답장을 보내주시기 바랍니다.
답장에는 "홍길동전"이라는 단어를 거꾸로 쓴 "전..."으로 시작하는
단어를 넣어주세요. 이 과정이 끝나면 귀하의 메일 주소가 저희
데이터베이스에 저장될 것입니다.
```

저 안내대로 작성된 답장을 받게 된다면 이 메일 주소가 현재 사용되고 있는 올바른 주소라고 판단할 수 있을 것이다.

이와 연관된 방법 중에 위조하기 더 힘든 방법으로는 개인 식별 번호(personal identification number, PIN)를 부여하는 방법이 있다. 메일 주소와 PIN(보통은 임의로 결정된다)을 기록해둔다. 그리고 사용자에게 메일을 보내어서, 답장에 PIN 값을 적어달라고 한다. 메일이 반송되거나 부재 중 응답이 오는 경우에 대비하기 위하여, PIN 값을 거꾸로 쓰거나 각 자리 숫자에 1을 더하거나 빼는 식으로 살짝 바꿔서 보내달라고 할 수도 있다.

메일 주소를 검증하는 용도로 흔히 쓰이는 대부분의 패턴은 다양하고 때로는 미묘한 이유로 제대로 동작하지 않는다. 예를 들어서 `this&that@somewhere.com`은 올바른 형식으로 되어 있고 아마 배달도 되겠지만, 올바른 메일 주소에 일치된다고 주장하는 대부분의 패턴이 이 주소에 일치하지 못할 것이다.

어떤 메일 주소가 RFC-822 문서에서 제안하는 규격에 부합하는지 검사하기 위하여 *Mastering Regular Expressions* 첫 판의 마지막 페이지에 있는 6598바이트짜리 패턴을 사용할 수도 *있긴 하다*. 하지만 이 괴물 같은 패턴조차도 다음 세 가지 이유 때문에 완벽하지 못하다.

첫째로, RFC 제안 규격에 부합하는 이메일 주소가 모두 수신 가능한 것은 아니

다. 예를 들어서 `foo@foo.foo.foo.foo`라는 주소는 올바른 형식으로 되어 있지만, 실제로는 수신 불가능한 주소이다. 어떤 사람들은 DNS 검색을 통해 MX 레코드를 찾으려 하기도 하고 심지어 그 주소의 메일을 처리하는 호스트에 접속하여 해당 계정이 유효한지 확인하려고 시도하지만, 이 역시도 그다지 효과가 없다. 대부분의 사이트는 다른 사이트와 직접 접속하지 못하도록 설정되어 있으며, 설령 접속할 수 있더라도, 메일을 수신하는 사이트들은 갈수록 더 SMTP VRFY 명령을 무시하거나 일부러 거짓 답변을 하는 추세다.

둘째로, RFC 제안 규격에 부합하지 않는 주소라 해도 실제 수신이 가능한 경우가 있다. 예를 들어 유닉스 시스템에 있는 `postmaster`라는 계정은 메일을 받을 수 있지만, @가 들어있지 않아서 RFC-822 규격에는 어긋난다.

셋째로, 이게 제일 중요한데, 어떤 메일 주소가 형식이 올바르고 실제 수신 가능하다 하더라도 그게 정말 그 사람의 것이 맞는지 알 수 없다. 예를 들어 `president@whitehouse.gov`라는 주소는 RFC 규격에도 부합하고 수신도 가능하지만, 여러분의 CGI에 그 주소를 입력한 사람이 진짜로 그 주소의 주인일 가능성은 매우 낮을 것이다.

CPAN에 있는 Email::Valid 모듈은 이러한 검사를 정확히 하려고 야심차게(아마도 불완전하겠지만) 시도한다. 이 모듈은 RFC-822 규격에 맞는지 정규 표현식을 써서 검사하고, DNS MX 레코드를 검색하고, 비속어나 유명인사의 목록과 대조하는 등 온갖 방법을 동원한다. 그러나 여전히 부족하다. 이 논의 초반에 제안했던 방법이 구현하기도 쉽고 오류도 더 적을 것이다.

더 알아보기

- *Mastering Regular Expressions* 1판 7장의 "Matching an Email Address" 절
- 레시피 18.16

6.20 축약어에 일치하기

문제

`"send"`, `"abort"`, `"list"`, `"edit"` 등의 명령어 목록이 있다고 하자. 사용자가 이 명령어를 입력할 때 일부만 입력하더라도 인식할 수 있도록 만들고자 한다.

해결책

모든 명령어들이 서로 다른 글자로 시작하면 상관없지만, 같은 글자로 시작하

는 명령어가 있을 경우 명령어들 사이에 우선순위를 두어서(예를 들어 "SEND"가 "STOP"보다 우선순위가 높도록) 처리하게 하자. 다음과 같은 방법을 사용한다.

```
chomp($answer = <>);
if    ("SEND"  =~ /^\Q$answer/i) { print "Action is send\n"  }
elsif ("STOP"  =~ /^\Q$answer/i) { print "Action is stop\n"  }
elsif ("ABORT" =~ /^\Q$answer/i) { print "Action is abort\n" }
elsif ("LIST"  =~ /^\Q$answer/i) { print "Action is list\n"  }
elsif ("EDIT"  =~ /^\Q$answer/i) { print "Action is edit\n"  }
```

아니면 Text::Abbrev 모듈을 사용한다.

```
use Text::Abbrev;
$href = abbrev qw(send abort list edit);
for (print "Action: "; <>; print "Action: ") {
    chomp;
    my $action = $href->{ lc($_) };
    print "Action is $action\n";
}
```

논의

위에 나온 첫 번째 방법은 일반적인 일치 검사와 비교하면 피연산자의 순서가 반대이다. 보통은 왼쪽에 변수를 두고 오른쪽에는 패턴을 둔다. 그리고 사용자가 어떤 동작을 원하는지를 알기 위하여 `$answer =~ /^ABORT/i`와 같은 식으로 검사할 것이다. 이 조건문은 `$answer`가 "ABORT"라는 문자열로 시작할 때 참이 된다. "ABORT" 뒤에 무엇이 와도 상관없이 일치하므로 "ABORT LATER"와 같은 입력도 역시 일치하게 될 것이다. 이 상황에서 축약어를 지원하려면 매우 보기 흉한 패턴이 필요하다. `$answer =~ /^A(B(O(R(T)?)?)?)?$/i`와 같은 식이다.

이런 고전적인 `변수 =~ /패턴/` 형태와 `"ABORT" =~ /^\Q$answer/i` 형태를 비교해보자. `\Q` 지시자는 뒤에 나오는 특수한 기호들을 이스케이프하여 평범한 문자로 간주하게 만든다. 이렇게 하면 사용자가 올바르지 않은 패턴을 입력하더라도 프로그램이 중단되지 않는다. 사용자가 "ab"를 입력하면 이 일치 검사문은 변수 치환과 메타 캐릭터 이스케이프 처리를 하고 나서 `"ABORT" =~ /^ab/i`가 된다. 그리고 일치하는 것으로 판정된다.

기본 모듈인 Text::Abbrev 모듈은 다른 식으로 이 문제를 해결한다. 여러분이 단어 목록을 넘겨주면, `abbrev()` 함수는 해시 레퍼런스를 반환하는데 이 해시의 키는 서로 겹치지 않을 수준까지 줄여 쓴 축약어들이고 그 키의 값은 원래의 문자열이다. 따라서 위의 해결책에 나온 `$href`의 경우 `$href->{"a"}`의 값은 "abort"가 된다.

이 방법은 사용자가 입력한 문자열과 일치하는 이름의 함수를 호출하는 데에도 많이 쓰인다. 물론 다음과 같이 심볼릭 레퍼런스를 사용하여 구현할 수도 있다.

```
$name = 'send';
&$name($message);
$name->($message);    # 이렇게도 쓸 수 있다. 더 간단한 문법
```

하지만 이렇게 구현하는 것은 좀 불안하다. 우리가 의도한 함수 말고도 사용자가 이름을 알고 있는(또는 추측할 수 있는) 아무 함수나 호출할 수 있기 때문이다. 또한 이 방법은 use strict 'refs' 프래그마에 위배된다.

다음 예제는 명령어들을 키로 하고 각 키에는 해당 명령을 수행하는 함수들의 레퍼런스를 연관시킨 해시를 만드는 프로그램이다.

```
# &invoke_editor, &deliver_message, $file, $PAGER는
# 다른 곳에서 정의되었다고 가정
use Text::Abbrev;
my($href, %actions, $errors);
%actions = (
    "edit"  => \&invoke_editor,
    "send"  => \&deliver_message,
    "list"  => sub { system($PAGER, $file) },
    "abort" => sub {
                    print "See ya!\n";
                    exit;
               },
    ""       => sub {
                    print "Unknown command: $cmd\n";
                    $errors++;
               },
);

$href = abbrev(keys %actions);
for (print "Action: "; my $choice = <>; print "Action: ") {
    $choice =~ s/^\s+//;       # 입력의 첫 부분에 있는 공백 문자 제거
    $choice =~ s/\s+$//;       # 입력의 끝 부분에 있는 공백 문자 제거
    next unless $choice;
    $actions->{ $href->{ lc($choice) } }->();
}
```

긴 표현식에 익숙하지 않거나 타이핑 연습을 더 하고 싶다면, 마지막 구문은 다음처럼 쓸 수도 있다.

```
$abbreviation = lc($choice);
$expansion    = $href->{$abbreviation};
$coderef      = $actions->{$expansion};
$coderef->();
```

더 알아보기

- 기본 모듈 Text::Abbrev 모듈 문서
- *perldata*(1) 문서의 "Scalar Value Constructors" 절과 *Programming Perl* 2장의 "String Literals" 절에서 변수 보간에 대해 다룬다.

6.21 프로그램: urlify

이 프로그램은 어떤 파일 안에 들어있는 URL들을 찾아서 앞뒤에 HTML 링크 태그를 만들어준다. 모든 형태의 URL을 다 처리하지는 못하지만, 대부분의 보편적인 형태를 인식할 수 있다. 또한 URL이 문장의 끝에 있는 경우 마지막 구두점은 링크에 포함되지 않도록 하고 있다.

이 프로그램은 전형적인 펄 필터이고, 입력을 파이프로 받을 수도 있다.

```
% gunzip -c ~/mail/archive.gz | urlify > archive.urlified
```

또는 명령행 인자로 파일 이름을 받을 수도 있다.

```
% urlify ~/mail/*.inbox > ~/allmail.urlified
```

예제 6-10은 전체 코드이다.

예제 6-10. urlify

```
#!/usr/bin/perl
# urlify - URL을 찾아 HTML 링크를 씌움
$protos = '(http|telnet|gopher|file|wais|ftp)';
$ltrs   = '\w';
$gunk   = ';/#~:.?+=&%@!\-';
$punc   = '.:?\-';
$any    = "${ltrs}${gunk}${punc}";
while (<>) {
    s{
      \b                    # 단어 경계에서 시작
      (                     # $1의 시작  {
       $protos   :          # 프로토콜 이름과 콜론
       [$any] +?            # 하나 이상의
                            #  URL을 구성할 수 있는 문자
                            #  이때 필요한 부분만 신중하게
                            #  취해야 한다
      )                     # $1의 끝     }
      (?=                   # 전방 탐색
       [$punc]*             # 구두점이 있을 수도 있음
       [^$any]              #   URL에 들어갈 수 없는 글자
       |                    # 또는
       $                    #   문자열의 끝
    )
   }{<A HREF="$1">$1</A>}igox;
   print;
}
```

6.22 프로그램: tcgrep

이 프로그램은 유닉스의 *grep* 프로그램을 펄로 다시 만든 것이다. C로 작성한 버전(특히 GNU 버전)보다 속도는 느리지만, 더 많은 기능이 있다.

첫 번째 가장 중요한 기능은 펄이 실행되는 환경이라면 어디서든 실행할 수 있다는 점이다. 또 다른 개선점으로는 일반 텍스트 파일이 아닌 파일을 무시하는 기능, 압축된 파일을 자동으로 풀어서 처리하는 기능, 하위 디렉터리를 탐색하는 기능, 단락 전체 또는 사용자가 정의한 형식의 레코드를 검색하는 기능, 오래된 파일보다 새로운 파일을 먼저 찾는 기능, 일치된 부분에 밑줄이나 강조 처리를 하여 보여주는 기능 등이 있다. 또한 -c 옵션을 써서 일치된 레코드의 개수를 출력할 수 있으며, -C 옵션을 써서 한 레코드에 둘 이상의 패턴이 일치할 수 있는 경우 일치된 모든 패턴의 개수도 출력할 수 있다.

이 프로그램은 압축된 파일을 풀기 위해 *gzcat* 또는 *zcat* 프로그램을 사용한다. 따라서 이 프로그램이 없는 시스템이나 외부 프로그램을 실행할 수 없는 시스템(구형 매킨토시 등)에서는 이 기능은 사용할 수 없다.

이 프로그램을 아무 인자 없이 실행하면 사용법이 출력된다(코드에 있는 usage 서브루틴을 참고하라). 다음 예문은 *~/mail* 디렉터리와 그 하위 디렉터리에 있는 모든 파일을 검사하여, 대소문자에 상관없이 "kate"란 사람에게서 온 메일 메시지를 찾아서 그 메시지가 들어있는 파일 이름을 출력한다.

```
% tcgrep -ril '^From: .*kate' ~/mail
```

전체 코드는 예제 6-11에 나와 있다.

예제 6-11. tcgrep

```
#!/usr/bin/perl -w
# tcgrep: tom christiansen이 새롭게 만든 grep
# v1.0: Thu Sep 30 16:24:43 MDT 1993
# v1.1: Fri Oct  1 08:33:43 MDT 1993
# v1.2: Fri Jul 26 13:37:02 CDT 1996
# v1.3: Sat Aug 30 14:21:47 CDT 1997
# v1.4: Mon May 18 16:17:48 EDT 1998
use strict;
                                  # 전역 변수
our ($Me, $Errors, $Grand_Total, $Mult, %Compress, $Matches);
my ($matcher, $opt);              # matcher - 일치 여부를 확인하는 익명 서브루틴
                                  # opt - 명령행 인자 옵션들이 담긴 해시 레퍼런스
init();                           # 전역 변수 초기화
($opt, $matcher) = parse_args();  # 명령행 인자와 패턴을 저장
matchfile($opt, $matcher, @ARGV); # 파일 처리
exit(2) if $Errors;
exit(0) if $Grand_Total;
exit(1);
###################################
sub init {
    ($Me = $0) =~ s!.*/!!;        # 프로그램 파일 이름 "tcgrep"
    $Errors = $Grand_Total = 0;   # 카운터 전역 변수 초기화
    $Mult = "";                   # @ARGV에 파일이 두 개 이상인지 나타내는 플래그
    $| = 1;                       # 출력을 버퍼를 쓰지 않고 바로바로 내보냄
```

```
    %Compress = (                  # 압축 파일 확장자와 그 파일을 풀 수 있는
        z  => 'gzcat',             # 프로그램 이름
        gz => 'gzcat',
        Z  => 'zcat',
    );
}
###################################
sub usage {
        die <<EOF
usage: $Me [flags] [files]
Standard grep options:
        i   case insensitive
        n   number lines
        c   give count of lines matching
        C   ditto, but >1 match per line possible
        w   word boundaries only
        s   silent mode
        x   exact matches only
        v   invert search sense (lines that DON'T match)
        h   hide filenames
        e   expression (for exprs beginning with -)
        f   file with expressions
        l   list filenames matching
Specials:
        1   1 match per file
        H   highlight matches
        u   underline matches
        r   recursive on directories or dot if none
        t   process directories in 'ls -t' order
        p   paragraph mode (default: line mode)
        P   ditto, but specify separator, e.g. -P '%%\\n'
        a   all files, not just plain text files
        q   quiet about failed file and dir opens
        T   trace files as opened
May use a TCGREP environment variable to set default options.
EOF
}
###################################
sub parse_args {
    use Getopt::Std;
    my ($optstring, $zeros, $nulls, %opt, $pattern, @patterns, $match_code);
    my ($SO, $SE);
    if (my $opts = $ENV{TCGREP}) {   # 환경변수 TCGREP의 값을 읽음
        $opts =~ s/^([^\-])/-$1/;    # 앞에 -가 없으면 삽입
        unshift(@ARGV, $opts);       # 읽은 옵션을 @ARGV 추가
    }
    $optstring = "incCwsxvhe:f:l1HurtpP:aqT";
    $zeros = 'inCwxvhelut';        # 0으로 초기화되는 옵션들
    $nulls = 'pP';                 # ""로 초기화되는 옵션들
    @opt{ split //, $zeros } = ( 0 )  x length($zeros);
    @opt{ split //, $nulls } = ( '' ) x length($nulls);
    getopts($optstring, \%opt)             or usage();
      # "-f patfile" 옵션: 파일에서 패턴 목록을 읽음
    if ($opt{f}) {
        open(PATFILE, $opt{f})          or die "$Me: Can't open '$opt{f}': $!";
        # 파일에 들어있는 각 패턴이 올바른 패턴인지 검사
        while ($pattern = <PATFILE>) {
            chomp $pattern;
            eval { 'foo' =~ /$pattern/, 1 } or
                die "$Me: $opt{f}:$.: bad pattern: $@";
            push @patterns, $pattern;
        }
```

```
    close PATFILE;
}
else {                              # 명령 행 인자로 받은 패턴이 올바른 패턴인지 검사
    $pattern = $opt{e} || shift(@ARGV) || usage();
    eval { 'foo' =~ /$pattern/; 1 } or
        die "$Me: bad pattern: $@";
    @patterns = ($pattern);
}
# -H 옵션(강조 처리), -u 옵션(밑줄 처리)
if ($opt{H} || $opt{u}) {
    my $term = $ENV{TERM} || 'vt100';
    my $terminal;
    # eval{}은 함수 호출 시 발생하는 심각한 예외를 가로채는 용도로만 사용할 것
    eval {                          # Term::Cap을 사용하여 터미널에서 강조 또는 밑줄 처리를
        require POSIX;              # 할 때 사용되는 이스케이프 시퀀스 값을 얻음
        use Term::Cap;
        my $termios = POSIX::Termios->new();
        $termios->getattr;
        my $ospeed = $termios->getospeed;
        $terminal = Tgetent Term::Cap { TERM=>undef, OSPEED=>$ospeed }
    };
    unless ($@) {                   # 성공하면, 강조(-H) 또는 밑줄(-u) 옵션에 쓸
        local $^W = 0;              # 이스케이프 값을 설정
        ($SO, $SE) = $opt{H}
            ? ($terminal->Tputs('so'), $terminal->Tputs('se'))
            : ($terminal->Tputs('us'), $terminal->Tputs('ue'));
    }
    else {                          # Term::Cap을 사용하는 데 실패하면
        ($SO, $SE) = $opt{H}  # tput 명령어를 사용하여 이스케이프 값을 얻음
            ? (`tput -T $term smso`, `tput -T $term rmso`)
            : (`tput -T $term smul`, `tput -T $term rmul`)
    }
}
# -i 옵션: 모든 패턴에 대소문자를 구분하지 않도록 함
if ($opt{i}) {
    @patterns = map {"(?i)$_"} @patterns;
}
# -p 또는 -P 옵션: 단락 단위 검색을 해야 하므로 /m 변경자 추가
if ($opt{p} || $opt{P}) {
    @patterns = map {"(?m)$_"} @patterns;
}
# -p 옵션: 표준 단락 모드
$opt{p}   && ($/ = '');
# -P 옵션: 사용자 정의 단락 모드 (단락 구분자를 지정)
$opt{P}   && ($/ = eval(qq("$opt{P}")));      # -P '%%\n' 형식 처리
# -w 옵션: 단어 단위로 일치해야 함 (XXX: 이게 언제나 최적인가?)
$opt{w}   && (@patterns = map {'\b' . $_ . '\b'} @patterns);
# -x 옵션: 줄 단위로 일치해야 함
$opt{'x'} && (@patterns = map {"^$_\$"} @patterns);
# 각 검색 결과 앞에 파일 이름을 출력할지 결정
if (@ARGV) {
    $Mult = 1 if ($opt{r} || (@ARGV > 1) || -d $ARGV[0]) && !$opt{h};
}
# 파일 이름만 출력하면 되는 경우는 첫 번째 일치 결과가 나오면 중지
$opt{1}   += $opt{l};                   # 앞은 숫자 1, 뒤는 알파벳 소문자 l
# 이렇게 하면 -H만 검사하면 된다
$opt{H}   += $opt{u};
# 일치 결과의 개수를 셀 때 모든 패턴의 개수를 세어야 하는지 여부
$opt{c}   += $opt{C};
# 개수를 세는 경우에는 현재 상태를 기록하며 진행
$opt{'s'} += $opt{c};
# 상태를 검사하지만 개수를 세지는 않는다면 첫 번째 일치 결과가 나오면 중지
```

```
    $opt{1}   += $opt{'s'} && !$opt{c};     # 숫자 1
    # 다른 인자가 없는 경우의 디폴트 인자. -r 옵션이 있다면 현재 디렉터리, 없다면 표준 입력
    @ARGV = ($opt{r} ? '.' : '-') unless @ARGV;
    # -r 옵션이 없어도 인자가 전부 디렉터리라면 재귀 처리
    $opt{r} = 1 if !$opt{r} && grep(-d, @ARGV) == @ARGV;
    ######
    # 지금부터 어려운 부분: 일치 검사 함수를 텍스트로 만들어서 나중에 eval로 실행
    #
    $match_code  = '';
    $match_code .= 'study;' if @patterns > 5; # 약간의 속도 향상이 있을 수 있다
    foreach (@patterns) { s(/)(\\/)g }
    # 강조 처리 모드에서는 강조 시작과 끝을 표시하는 시퀀스를 추가
    if ($opt{H}) {
        foreach $pattern (@patterns) {
            $match_code .= "\$Matches += s/($pattern)/${SO}\$1${SE}/g;";
        }
    }
    # -v 옵션: *일치하지 않는* 줄의 개수를 셈
    elsif ($opt{v}) {
        foreach $pattern (@patterns) {
            $match_code .= "\$Matches += !/$pattern/;";
        }
    }
    # -C 옵션: 한 줄에 두 번 이상 일치할 경우 전부 개수에 포함
    elsif ($opt{C}) {
        foreach $pattern (@patterns) {
            $match_code .= "\$Matches++ while /$pattern/g;";
        }
    }
    else {
        foreach $pattern (@patterns) {
            $match_code .= "\$Matches++ if /$pattern/;";
        }
    }
    # 이 코드를 클로저로 컴파일하고 함수 포인터를 저장
    $matcher = eval "sub { $match_code }";
    die if $@;
    return (\%opt, $matcher);
}
####################################
sub matchfile {
    $opt = shift;                  # 옵션값이 담긴 해시 레퍼런스
    $matcher = shift;              # 일치 검사를 수행하는 함수 레퍼런스
    my ($file, @list, $total, $name);
    local($_);
    $total = 0;
FILE: while (defined ($file = shift(@_))) {
        if (-d $file) {
            if (-l $file && @ARGV != 1) {
                warn "$Me: \"$file\" is a symlink to a directory\n"
                    if $opt->{T};
                next FILE;
            }
            if (!$opt->{r}) {
                warn "$Me: \"$file\" is a directory, but no -r given\n"
                    if $opt->{T};
                next FILE;
            }
            unless (opendir(DIR, $file)) {
                unless ($opt->{'q'}) {
                    warn "$Me: can't opendir $file: $!\n";
                    $Errors++;
```

```
                }
                next FILE;
            }
            @list = ();
            for (readdir(DIR)) {     # 현재 작업 디렉터리(".")와 상위 디렉터리("..")는 건너뜀
                push(@list, "$file/$_") unless /^\.{1,2}$/;
            }
            closedir(DIR);
            # -t 옵션: 파일의 수정 시각을 기준으로 정렬, 최근에 수정된 파일 먼저
            # 레시피 4.18에 있는, 계산 가능한 필드를 기준으로 정렬하는 알고리즘
            if ($opt->{t}) {
                @list = map  { $_->[0] }
                        sort { $a->[1] <=> $b->[1] }
                        map  { [ $_, -M $_ ] } @list;
            }
            else {
                @list = sort @list;
            }
            matchfile($opt, $matcher, @list);    # 재귀적으로 파일 처리
            next FILE;
        }
        # 키보드로 입력이 들어오기를 기다리고 있는데 사용자가 그걸 모르고 가만히 있는
        # 상황을 피하기 위하여 메시지 출력
        if ($file eq '-') {
            warn "$Me: reading from stdin\n" if -t STDIN && !$opt->{'q'};
            $name = '<STDIN>';
        }
        else {
            $name = $file;
            unless (-e $file) {
                warn qq($Me: file "$file" does not exist\n) unless $opt->{'q'};
                $Errors++;
                next FILE;
            }
            unless (-f $file || $opt->{a}) {
                warn qq($Me: skipping non-plain file "$file"\n) if $opt->{T};
                next FILE;
            }
            # File::Spec을 사용할 수도 있음
            my ($ext) = $file =~ /\.([^.]+)$/;
            # 확장자를 보고 압축 파일인지 판단하여
            # 미리 등록된 필터 프로그램을 사용하여 텍스트로 변환
            if (defined($ext) && exists($Compress{$ext})) {
                $file = "$Compress{$ext} < $file |";
            }
            elsif (! (-T $file  || $opt->{a})) {
                warn qq($Me: skipping binary file "$file"\n) if $opt->{T};
                next FILE;
            }
        }
        warn "$Me: checking $file\n" if $opt->{T};
        unless (open(FILE, $file)) {
            unless ($opt->{'q'}) {
                warn "$Me: $file: $!\n";
                $Errors++;
            }
            next FILE;
        }
        $total = 0;
        $Matches = 0;
LINE:  while (<FILE>) {
            $Matches = 0;
```

```
            ##############
            &{$matcher}();          # 일치 검사 수행!
            ##############
            next LINE unless $Matches;
            $total += $Matches;
            if ($opt->{p} || $opt->{P}) {
              s/\n{2,}$/\n/ if $opt->{p};
              chomp         if $opt->{P};
            }
            print("$name\n"), next FILE if $opt->{l};
            # 아래에 주석 처리된 블록은 그 바로 다음
            # 나오는 구문을 읽기 좋게 풀어 쓴 버전이다.
            # 이것은 실행 속도를 향상시키기 위해서
            # 가독성을 희생시킨 사례 중 하나다.
            # print() 함수가 네 번이 아니라 단 한 번만
            # 호출되게 하였으며, 중괄호 블록을 쓰지 않고
            # 하나의 구문으로 만들었다.
            # (이것이 잘 동작하려면 $Mult는 0이 아니라 ""이어야 함에 유의하라)
            ########
            ## unless ($opt->{'s'}) {
            ##    print "$name:"                if $Mult;
            ##    print "$.:"                   if $opt{n};
            ##    print;
            ##    print (('-' x 20) . "\n")        if $opt->{p} || $opt->{P};
            ## }
            ########
            $opt->{'s'} || print $Mult && "$name:",
                $opt->{n} ? "$.:" : "",
                $_,
                ($opt->{p} || $opt->{P}) && ('-' x 20) . "\n";
            next FILE if $opt->{1};                # 숫자 1
        }
    }
    continue {
        # 여기서도, 주석 처리된 블록은 그다음 한 줄짜리 구문을 풀어쓴 것이다.
        #######
        ## if ($opt->{c}) {
        ##         print $name if $Mult;
        ##         print "$total\n";
        ## }
        #######
        print $Mult && "$name:", "$total\n" if $opt->{c};
    }
    $Grand_Total += $total;
}
```

6.23 유용한 정규 표현식 예문

이 절에서는 유용하거나 재미있는 정규 표현식들을 소개한다.

처음 두 단어를 서로 뒤바꾸기

```
s/(\S+)(\s+)(\S+)/$3$2$1/
```

키워드 = 값

```
m/^(\w+)\s*=\s*(.*?)\s*$/              # $1 변수에 키워드가, $2 변수에 값이 저장됨
```

길이가 80글자 이상 되는 줄

```
length() >= 80        # 맞다, 이건 정규식은 아니다
```

MM/DD/YY HH:MM:SS

```
m|(\d+)/(\d+)/(\d+) (\d+):(\d+):(\d+)|
```

디렉터리 경로명을 변경

```
s(/usr/bin)(/usr/local/bin)g
```

%7E (십육진수) 형태의 이스케이프 코드를 그 코드값의 문자로 치환

```
s/%([0-9A-Fa-f][0-9A-Fa-f])/chr(hex($1))/ge
```

C 주석문 제거 (완벽하지는 않음)

```
s{
    /*                    # 주석문 시작
    .*?                   # 주석문 내용을 최소 일치
    */                    # 주석문 끝
}{}gsx;
```

앞뒤에 있는 공백 문자 제거

```
s/^\s+//;
s/\s+$//;
```

백슬래시와 n을 실제 줄바꿈 문자로 치환

```
s/\\n/\n/g;
```

심벌의 완전한 이름에서 패키지 이름 부분 제거

```
s/^.*:://
```

점으로 구분된 숫자 네 개(대부분 IP 주소)

```
# XXX: 127.1이나 2130706433과 같은 건 유효한 IP이지만 일치하지 않음
m{
         ^  ( \d | [01]?\d\d | 2[0-4]\d | 25[0-5] )
        \.  ( \d | [01]?\d\d | 2[0-4]\d | 25[0-5] )
        \.  ( \d | [01]?\d\d | 2[0-4]\d | 25[0-5] )
        \.  ( \d | [01]?\d\d | 2[0-4]\d | 25[0-5] )
         $
}x
```

파일 경로명의 디렉터리 부분 제거

```
s{^.*/}{}
```

TERMCAP 환경 변수에서 칼럼 설정값 추출

```
$cols = ( ($ENV{TERMCAP} || " ") =~ m/:co#(\d+):/ ) ? $1 : 80;
```

프로그램 이름과 인자에서 디렉터리 경로 부분 제거

```
($name = " $0 @ARGV") =~ s{ /\S+/}{ }g;
```

사용 중인 운영체제가 무엇인지 검사

```
die "This isn't Linux" unless $^O =~ m/linux/i;
```

여러 줄로 된 문자열을 한 줄로 합치기

```
s/\n\s+/ /g
```

문자열에 들어 있는 모든 숫자 추출

```
@nums = m/(\d+\.?\d*|\.\d+)/g;
```

대문자로만 이루어진 단어들 찾기

```
@capwords = m/(\b\p{ Upper-case Letter }+\b)/g;
```

소문자로만 이루어진 단어들 찾기

```
@lowords = m/(\b\p{ Lower-case Letter }+\b)/g;
```

첫 글자만 대문자로 이루어진 단어들 찾기

```
@icwords = m{
    ( \b
        [\p{ Upper-case Letter }\p{ Title-case Letter }]
        \p{  Lower-case Letter } *
    \b )
}gx;
```

간단한 HTML에서 링크 찾기

```
@links = m/<A[^>]+?HREF\s*=\s*["']?([^'" >]+?)['"]?\s*>/ig;
```

가운데 이름의 이니셜 찾기

```
$initial = /^\S+\s+(\S)\S*\s+\S/ ? $1 : "";
```

곧은 따옴표를 둥근 따옴표로 치환

```
s/"([^"]*)"/``$1''/g                          # 오래된 방법
# 유니코드를 사용하는 경우
s/"([^"]*)"/\x{201C}\x{201C}$1\x{201D}\x{201D}/g
```

단락에서 문장들 추출 (문장들 사이에 공백이 두 칸 있어야 함)

```
{ local $/ = "";
    while (<>) {
        s/\n/ /g;
        s/ {3,}/  /g;
        push @sentences, m/(\S.*?[!?.])(?= {2}|\Z)/g;
    }
}
```

YYYY-MM-DD

```
m/\b(\d{4})-(\d\d)-(\d\d)\b/          # YYYY는 $1, MM은 $2, DD는 $3에 저장됨
```

북미 지역 전화번호

```
m/ ^
      (?:
       1 \s (?: \d\d\d \s)?            # 1, 또는 1과 지역 번호
       |                               # ... 또는 ...
       \(\d\d\d\) \s                   # 괄호 안에 지역 번호
       |                               # ... 또는 ...
       (?: \+\d\d?\d? \s)?             # + 뒤에 국가 식별 번호
       \d\d\d ([\s\-])                 # 그 뒤에 지역 번호
      )
      \d\d\d (\s|\1)                   # 국 번호 (그 뒤에 공백 또는 구분 기호)
      \d\d\d\d                         # 개별 번호
      $
 /x
```

감탄사 찾기

```
m/\boh\s+my\s+gh?o(d(dess(es)?|s?)|odness|sh)\b/i
```

행 종결 문자가 무엇이든 상관없이 각 행을 추출

```
push(@lines, $1) while $input =~ s{
    ^                          # 문자열 처음부터
    (
        .                      # $1의 시작: 임의의 문자
        ?*                     # 최소 일치 사용
    )
    (?:                        # 종결 문자를 저장하고자 한다면 그냥 괄호를 쓰라
        \x0D \x0A              # CRLF
      | \x0A                   # LF
      | \x0D                   # CR
      | \x0C                   # FF
  # (http://www.unicode.org/reports/tr13/tr13-9.html 참고)
      | \x{2028}               # 유니코드 LS
      | \x{2029}               # 유니코드 PS
    )
}{}sx;                       # $input에서 삭제
```

또는 split을 사용한다:

```
@lines = split m{
  (?:                          # 종결 문자를 저장하고자 한다면 그냥 괄호를 쓰라
        \x0D \x0A              # CRLF
    |   \x0A                   # LF
    |   \x0D                   # CR
    |   \x0C                   # FF
  # (http://www.unicode.org/reports/tr13/tr13-9.html 참고)
    |   \x{2028}               # 유니코드 LS
    |   \x{2029}               # 유니코드 PS
  )
}x, $input;
```

7장

P e r l C o o k b o o k

파일 접근

나는 시간이라는 가장 중요한 파일을 이용할 수 있는 모든 시대의 후계자이다.

"락슬리 홀(Locksley Hall)" — 알프리드 테니슨 경(Alfred, Lord Tennyson)

7.0 개요

데이터 처리에서 가장 중심이 되는 것은 파일이다. 펄을 쓰면 쉬운 일은 쉽게 할 수 있고 어려운 일도 어떻게든 할 수 있다는 말이 있는데, 파일 처리도 마찬가지이다. 일반적인 작업(파일 열기, 데이터 읽기, 데이터 쓰기 등)은 단순한 입출력 함수와 연산자로 할 수 있고, 어려운 작업(논블로킹 입출력, 파일에 락 걸기 등)도 전용 함수로 할 수 있다.

이 장에서는 파일에 *접근*하는 기법을 설명한다. 파일을 열고, 서브루틴에 처리할 파일을 넘기고, 파일에 락을 거는 일 등이다. 파일의 *내용*을 처리하는 방법, 즉 파일에 접근한 후에 할 수 있는 작업에 관해서는 8장에서 설명한다. 읽고, 쓰고, 행들을 정렬하는 일 등이 여기에 속한다.

다음 펄 코드는 파일 */usr/local/widgets/data*의 내용 중에서 `blue`라는 단어를 포함한 행을 모두 출력한다.

```
open(INPUT, "<", "/acme/widgets/data")
    or die "Couldn't open /acme/widgets/data for reading: $!\n";
while (<INPUT>) {
    print if /blue/;
}
close(INPUT);
```

파일핸들 얻기

펄에서는 *파일핸들(filehandle)*이 파일에 접근하는 중심 수단이다. 앞의 예제에서는 INPUT이 파일핸들이다. 파일핸들은 외부파일과 연결된, 펄 내부에 있는 심벌이다. 보통 open 함수를 써서 연결한다. 프로그램이 파일에 대한 입출력 처리를 할 때는 외부의 파일이름이 아닌 내부의 파일핸들을 사용한다. open은 이렇게 파일핸들과 외부 파일을 연결하는 일을 하고, close는 그 연결을 끊는 일을 한다. open 함수 외에도 파일을 열 수 있는 함수가 몇 가지 있으며, 핸들은 단순히 디스크에 있는 파일뿐 아니라 다른 것들도 참조할 수 있다. 자세한 것은 레시피 7.1을 참고하라.

사용자는 열려 있는 파일을 다룰 때 그 파일의 이름을 떠올리고, 펄 프로그램은 파일을 다룰 때 파일핸들을 사용한다. 반면 운영체제는 *파일 기술자(file descriptor)*로 열려 있는 파일을 다룬다. 이 파일 기술자는 양의 정수이며, fileno 함수에 파일핸들을 인자로 넘기면 그에 해당하는 파일 기술자가 반환된다. 파일핸들로 대부분의 파일 조작을 할 수 있지만, 파일핸들만으로 파일을 조작할 수 없는, 즉 파일 기술자를 사용해야 하는 경우도 있다. 레시피 7.9에서는 파일 기술자를 펄에서 이용할 수 있는 파일핸들로 바꾸는 방법을 소개한다.

파일핸들은 변수가 아니다. 라벨 이름, 서브루틴 이름, 패키지 이름처럼 단순한 심벌이다. 따라서 $input이 아닌 INPUT으로 표기한다. 그러나 펄은 몇 가지 문법적 제약이 있긴 하지만 파일핸들 대신에 파일핸들 또는 파일핸들로 통용될 수 있는 것(타입글로브, 타입글로브의 레퍼런스, 입출력 객체 등)으로 평가되는 스칼라 표현식도 받아들인다. 파일핸들의 타입글로브를 스칼라 변수에 넣으면 그 변수는 간접적인 파일핸들로 사용할 수 있다. 이렇게 변수를 사용하면 이름 있는 파일핸들을 사용했을 때보다 코드가 간단해진다. 이런 변수를 사용한 코드는 이름을 가진 파일핸들을 사용한 코드보다도 단순해진다. 따옴표 처리, 스코프, 패키지 등이 관련된 불명료하던 문제들이 명료해지기 때문이다.

버전 5.6과 그 이후 버전의 펄에서는 간접 파일핸들로 사용되는 변수를 암묵적으로 초기화할 수 있다. 파일핸들을 초기화하는 함수(open 등)에 값이 정의되지 않은 스칼라 변수를 넘기면, 그 함수는 자동으로 익명 타입글로브를 할당하고, 그 레퍼런스를 이 스칼라 변수에 담는다. 짧게 표현하면 "펄은 open에 정의되지 않은 스칼라 변수를 넘기면 파일핸들을 자동으로 생성한다"고 할 수 있다.

```
my $input;                                # 새로 만든 렉시컬 변수의 값은 undef이다
open($input, "<", "/acme/widgets/data")
    or die "Couldn't open /acme/widgets/data for reading: $!\n";
```

```
while (<$input>) {
    print if /blue/;
}
close($input);                         # $input이 가비지 컬렉션되는 경우도 닫힌다
```

레퍼런스와 자동생성에 관해서는 11장에서 자세히 설명한다. 다만 11장에서는 여기서 본 타입글로브 레퍼런스와 같은 예외적인 것보다는 일반적인 사용자 데이터의 레퍼런스에 관해 다룬다.

open으로 파일핸들을 자동생성하는 것 외에도 간접 파일핸들을 얻는 방법이 몇 가지 있다. 레시피 7.5에서는 이름을 가진 파일핸들을 변수에 담아 나중에 간접 파일핸들로 사용하는 여러 가지 방법을 설명한다.

이 장의 몇몇 레시피에서는 파일핸들과 기본 모듈 IO::Handle을 같이 사용하기도 하고, 파일핸들과 IO::File 모듈을 함께 사용하기도 한다. 이 클래스의 객체 생성자들은 간접 파일핸들로 사용할 수 있는 새 객체를 반환한다. 이 객체는 간접 파일핸들로서 동작하며 일반적인 파일핸들처럼 사용할 수 있다. 예를 들어 print, readline, close, <FH> 등의 내장 함수에서 그대로 사용할 수 있다. 이와 마찬가지로 IO::Handle 클래스의 메서드들은 블레스되지 않은 일반 파일핸들에서도 실행할 수 있다. 여기에는 자동생성된 파일핸들과 INPUT, STDIN 등의 이름 있는 파일핸들(객체로 블레스되지 않았음에도) 모두 해당된다.

메서드 호출 구문은 동일한 일을 하는 함수(그런 함수가 있는 경우) 호출 구문보다 겉보기에도 복잡하고, 성능도 저하된다. 따라서 이 장에서는 외부 모듈을 쓰지 않고 펄로만 하기에는 어렵거나 불가능한 기능이 필요할 때만 메서드를 사용한다.

예를 들어, blocking 메서드를 사용하면 파일핸들의 블로킹 모드를 활성화하거나 비활성화할 수 있다. 저레벨의 Fcntl 모듈로도 같은 일을 할 수 있지만, blocking 메서드에 비하면 훨씬 복잡하고 어렵다. 이 내용은 레시피 7.20에서 설명한다.

파일핸들 메서드의 대부분은 IO::Handle 클래스에서 정의된 것이다. IO::File 클래스는 이 IO::Handle 클래스를 상속한다. 이 메서드들은 객체가 아닌 파일핸들에서도 직접 호출할 수 있다. 단지 펄이 파일핸들로서 받아들일 수 있는 것이기만 하면 된다. 예를 들면 다음과 같다.

```
STDIN->blocking(0);                  # 이름 있는 핸들에서 실행한다
open($fh, "<", $filename) or die;    # 먼저 파일핸들을 자동생성한다. 그리고...
$fh->blocking(0);                    # 블레스되지 않은 타입글로브 레퍼런스에서 실행한다
```

펄에서 서브루틴 이름이나 전역 변수의 이름과 마찬가지로 이름 있는 파일핸들도 패키지에 속한다. 따라서 서로 다른 두 패키지에 같은 이름의 파일핸들이 있을 수 있다. 파일핸들의 이름에 패키지 이름이 생략되어 있을 경우 그 파일핸들은 현재 패키지에 속한 것을 의미한다. 예를 들어 main 패키지 안에서 INPUT이라고 쓰면 main::INPUT과 같고, SomeMod 패키지 안에서 쓰면 SomeMod::INPUT을 의미한다.

내장 파일핸들 STDIN, STDOUT, STDERR은 특수하다. 패키지 이름을 생략한 경우 현재 패키지가 아니라 main 패키지가 지정된다. @ARGV, %ENV 등의 내장 변수의 패키지 이름을 생략했을 때와 마찬가지이다. 이에 관해서는 12장의 개요에서 자세히 설명한다.

이름 있는 파일핸들이 패키지 안에서 전역적인 심벌로 존재하는 것과 달리, 자동생성된 파일핸들은 익명이며(즉 이름이 없다) 자신이 속한 패키지도 없다. 더 재미있는 것은 이 자동생성된 파일핸들은 다른 레퍼런스들처럼 가비지 컬렉션의 대상이라는 것이다. 익명 파일핸들을 담고 있던 변수가 스코프를 벗어나고 이 변수의 사본이나 레퍼런스가 따로 남아 있지 않다면 가비지 컬렉션이 실행된다. 이 파일핸들을 여러분이 진작에 직접 닫지 않았다면 이 시점에 펄이 암묵적으로 닫는다. 이런 특성은 규모가 크고 장시간 실행되는 프로그램에서 특히 중요하다. 한 프로세스가 열어둔 채 유지할 수 있는 파일 기술자의 수가 운영체제에 의해 제한되기 때문이다. 일반적으로 시스템 전체에서 동시에 열 수 있는 파일 기술자의 수도 제한된다.

유한한 자원인 시스템 메모리를 사용 후에 잘 반납하지 않으면 고갈되는 것처럼, 시스템의 파일 기술자도 마찬가지이다. 파일핸들을 계속 열기만 하고 닫지 않는다면 결국에는 더 이상 사용할 수 있는 파일 기술자가 남지 않게 된다. 이때 운이 좋거나 여러분이 프로그램을 신경 써서 작성했다면 프로그램이 비정상 종료할 것이고, 그렇지 않다면 프로그램이 오작동할 것이다. 자동생성된 파일핸들이 가비지 컬렉션 중에 묵시적으로 닫히는 것은, 이렇게 제대로 파일 기술자들을 관리하지 못해 생기는 골치 아픈 문제를 예방해 준다.

예를 들어, 다음 두 함수는 모두 자동으로 파일핸들을 만들고 이름은 같지만 서로 별개인 두 렉시컬 변수에 넣는다.

```
sub versive {
    open(my $fh, "<", $SOURCE)
        or die "can't open $SOURCE: $!";
    return $fh;
}
```

```
sub apparent {
    open(my $fh, ">", $TARGET)
        or die "can't open $TARGET: $!";
    return $fh;
}

my($from, $to) = ( versive(), apparent() );
```

보통은 $fh 안의 파일핸들은 함수가 종료될 때 묵시적으로 닫힌다. 그러나 위 코드에서는 두 함수가 파일핸들 자체를 반환하기 때문에 당장은 닫히지 않게 된다. 이 파일핸들들은 명시적으로 닫히거나, $from과 $to 변수 및 그 변수들의 사본들이 모두 스코프를 벗어날 때까지 열려 있게 된다. 모두 스코프를 벗어나고 나면 펄이 열려 있는 파일핸들을 닫는다.

버퍼링을 사용하는 파일핸들(쓸 데이터를 임시로 저장하는 내부 버퍼가 있는 파일핸들)의 경우 더 유용한 장점이 있다. 파일핸들이 닫히기 전에 버퍼가 비워지므로, 파일핸들이 묵시적으로 닫히고 나면 모든 데이터가 여러분이 원했던 장소에 쓰였다는 게 보장된다.[1] 이름 있는 전역 파일핸들의 경우 이렇게 묵시적으로 버퍼를 비우고 파일핸들이 닫히는 처리는 프로그램이 종료하는 시점에서야 이루어진다.[2]

표준 파일핸들

모든 프로그램은 세 개의 표준 파일핸들, STDIN, STDOUT, STDERR이 열려 있는 상태로 시작된다. STDIN은 *표준 입력*이라 부르며, 데이터가 프로그램으로 들어가는 기본적인 원천이다. STDOUT은 *표준 출력*이라 부르며, 데이터가 프로그램으로부터 나와서 흘러가는 기본 목적지이다. 별도로 리다이렉트를 하지 않는 한 표준 입력은 키보드를 통해 들어오고 표준 출력은 스크린으로 나온다.

셸의 리다이렉트 기능을 사용하면 프로그램의 표준 입력과 표준 출력의 방향을 바꿀 수 있다. 다음 명령문은 프로그램의 표준 입력을 *datafile*로, 표준 출력을 *resultsfile*로 바꾼다. 이 과정은 프로그램이 시작하기도 전에 이루어진다.

```
% program < datafile > resultfile
```

프로그램에서 에러가 발생한 경우에는 스크린에 에러 메시지를 표시해야 한다.

1 적어도 보장하려고 노력은 한다. 이 시점에 묵시적인 write 시스템 콜이 실패한다고 해서(예를 들어 파일이 있던 파일 시스템에 빈 공간이 남지 않았다면 실패한다) 따로 에러가 뜨거나 하지는 않는다.

2 다른 프로그램을 exec로 실행하거나 POSIX::_exit()를 호출하여서, 가로챌 수 없는 시그널을 받아 종료된 경우는 이 처리가 이루어지지 않는다.

그러나 표준 출력이 스크린이 아니라 파일 등으로 리다이렉트되면, 프로그램을 실행하는 사용자는 에러 메시지를 알아채지 못할 것이다. 이런 이유로 STDERR가 고안되었다. STDERR은 *표준 에러*라고 부른다. 기본적으로 STDERR는 STDOUT처럼 스크린으로 출력된다. 그리고 STDOUT을 파일이나 파이프로 리다이렉트해도 STDERR는 바뀌지 않는다. 이렇게 해서 경고나 에러 메시지를 원하는 곳으로 내보낼 수 있다.

STDOUT이 리다이렉트되어도 STDERR가 남아 있는 것과 달리, STDIN이 리다이렉트되는 경우를 대비해서 미리 열려 있는 파일핸들은 없다. 이런 파일핸들의 필요성이 그렇게 높지 않기 때문이다(표준 에러는 진단 메시지를 일관적이고 신뢰성 있게 보낼 수 있는 채널로서 필요성이 높다). 하지만 가끔은, 입력이 리다이렉트된 상황에서도 프로그램을 실행한 사용자에게 무언가 물어보고 응답을 받아야 할 때가 있다. *more*(1)나 *less*(1) 프로그램이 그런 예이다. 이 프로그램들은 어떤 프로그램이 출력을 길게 내보낼 때 그 출력을 받아서 사용자에게 한 페이지씩 보여준다. 이때 *more*나 *less*는 STDIN이 다른 프로그램과 파이프로 연결된 상태에서 사용자에게 키 입력을 받아 전후 페이지로 이동을 해야 한다. 이런 경우 유닉스 시스템에서는 로그인 세션용 제어 장치를 나타내는 특수한 파일인 */dev/tty*를 열어서 사용한다. 프로그램을 제어하는 tty 장치가 없는 경우 open은 실패한다. 이것은 그 프로그램이 정보를 주고받을 수 있는 대상이 없다는 것을 시스템이 알려 주는 것이다.

이것을 이용해서 다음처럼 한 프로그램이 출력하는 것을 다른 프로그램의 입력으로 지정할 수 있다.

```
% first | second | third
```

first 프로그램의 출력이 second 프로그램의 입력이 되고, second의 출력이 third의 입력이 된다. 당장 깨닫지 못할 수 있지만, 이것은 third(second(first()))처럼 함수의 반환값을 다른 함수의 인자로 사용하는 것과 같다. 함수 중첩은 안에서 밖으로 읽어야 하지만 셸의 파이프라인은 왼쪽에서 오른쪽으로 읽으면 되니 읽기 더 쉽다.

표준 입력과 표준 출력이라는 단일한 입출력 인터페이스가 있기에, 각 프로그램은 다른 프로그램에게 영향을 끼칠 위험 없이 개발, 테스트, 수정, 실행을 독립적으로 할 수 있으며, 그러면서도 이 인터페이스를 통해 서로 데이터를 주고받을 수 있다. 각 프로그램들은 큰 구조물을 만드는 도구나 부품처럼, 또는 대규모 제조 공정을 구성하는 각각의 공정처럼 동작한다. 이것은 마치 미리 만들어진 호환 부품을 다수 가지고서 더 크고 복잡한 물건을 만드는 데 사용하는 것과 같다. 이렇게 조립한 구조(이것을 스크립트라고 부른다)를 하나의 실행 스크립트 파일에 저장하면 이것은 기존의 부품들과 구별할 수 없게 되고, 다시 이것을 하나의 기본 부속인 것처럼 사용하여 더 큰 구조를 만드는 데 쓸 수 있다.

데이터를 변환하는 프로그램들 각자가 한 가지 일을 제대로 하고, 이 프로그램들이 표준 입력과 표준 출력 리다이렉트를 통해 데이터를 교환할 수 있는 이런 환경은 소프트웨어를 설계하는 데 고차원의 능력과 유연성, 신뢰성을 제공하였다. 이것은 말하자면 "도구와 필터의 철학"이고 유닉스 셸뿐 아니라 운영체제 전체의 설계 기반이 되었다. 이런 모델로 해결할 수 없는 문제 분야가 있기는 하지만(펄은 바로 그런 부분을 해결하고자 탄생하였다), 그럼에도 불구하고 이 모델은 기본적인 안정성과 확장성을 30년 가까이 내보이고 있다.

입출력 연산

펄에서 가장 자주 사용하는 파일 조작은 `open`, `print`와 레코드를 읽는 `<FH>`, `close`이다. 펄의 입출력 함수에 대한 자세한 설명은 *Programming Perl* 29장, *perlfunc*(1), *perlopentut*(1) 문서를 참고하라. `<FH>`, `print`, `seek`, `tell` 등 각종 입출력 연산에 대한 자세한 내용은 다음 장에서 다룬다. 이 장에서는 데이터를 조작하는 방법보다는 `open` 함수를 비롯하여 데이터에 접근하는 방법 위주로 설명한다.

가장 중요한 입출력 함수는 `open` 함수이다. `open` 함수에는 두 개나 세 개의 인자를 넘긴다. 인자를 세 개 넘기는 경우 첫 번째 인자는 파일핸들, 두 번째 인자는 접근 모드(읽기, 쓰기, 추가 등)를 나타내는 문자열, 세 번째 인자는 파일이름을 담은 문자열을 지정한다. 인자를 두 개 넘길 때는 두 번째 인자에 접근 모드와 파일이름을 묶어서 넘긴다. 이렇게 접근 모드와 경로를 합치는 게 유용한 경우는 레시피 7.14에서 다룬다.

파일 */tmp/log*를 쓰기 모드로 열고, 파일핸들 `LOGFILE`에 연결하려면 다음처럼 한다.

```
open(LOGFILE, "> /tmp/log") or die "Can't write /tmp/log: $!";
```

접근 모드 중 가장 자주 이용하는 것은 읽기 모드(`<`), 쓰기 모드(`>`), 추가 모드(`>>`), 이 세 가지이다. `open` 함수에 관해서는 레시피 7.1에서 더 자세히 다룬다. 접근 모

드에는 :raw, :encoding(iso-8859-1) 등의 입출력 레이어를 포함할 수도 있다. 개요 절 마지막에 입출력 레이어를 사용하여 버퍼링을 제어하는 법을 설명한다. 8장에서는 입출력 레이어를 사용하여 읽어 들인 파일의 내용을 변환하는 방법을 설명한다.

파일을 여는 경우를 비롯해 거의 모든 시스템 콜을 실행한 경우에는[3] 반드시 반환값을 확인해야 한다. 이것은 open이 항상 성공한다는 보장이 없기 때문이다. 파일에 따라서는 읽기 불가능한 것도 있고, print로 출력한 데이터가 쓰일 수 없는 경우도 있다. 견고한 프로그램을 만들기 위해서는 반드시 open, seek, tell, close의 반환값을 확인해야 한다. 이 함수들뿐 아니라 다른 함수의 반환값도 확인하면 더 좋다.

함수의 문서에 "~같은 상황에서 에러를 반환한다"고 적혀 있다면 그 "상황"은 반드시 확인해야 한다. 그렇지 않으면 나중에 고생하게 될 것이다. 펄의 문서에는 모든 함수와 연산자의 반환값이 설명되어 있다. *Programming Perl* 29장에는 각 함수마다 오른쪽에 상형 문자 같은 기호가 있는데 이것을 유심히 보라. 에러가 나면 어떤 변수에 값이 설정되는지, 어떤 상황에 예외가 발생하는지 한눈에 알 수 있다.

보통, 시스템 콜을 호출하는 함수에서 에러가 발생하면 undef가 반환된다. 예외적으로 wait, waitpid, syscall은 실패하면 -1을 반환한다. 시스템 에러 메시지가 담긴 문자열과 그 에러에 해당하는 숫자 코드는 $! 변수에 담긴다. 이 변수는 die나 warn 메시지에 자주 사용된다.

펄에서 가장 흔한 입력 연산은 행 입력 연산자 <FH>이다. 대부분의 연산자는 두 피연산자 사이에 쓰지만, 행 입력 연산자는 마치 괄호처럼 피연산자인 파일핸들을 감싸는 형태로 적는다. 행 입력 연산자는 꺾쇠 연산자라고도 불린다. 또 readline 함수라고 불리기도 하는데, 그 이유는 이 연산자가 호출하는 펄 내장 함수가 readline이기 때문이다.

보통은 한 행이 하나의 레코드가 되지만, 레코드 구분자는 바꿀 수 있다. 이에 관해서는 8장에서 자세히 설명한다. <FH>의 FH 부분을 생략하면 기본값으로 특수 파일핸들 ARGV가 적용된다. 이 파일핸들에서 읽기를 하면, @ARGV 배열에 값이 있을 경우 이 배열에 나열된 파일들을 차례대로 열어서 읽고, 배열이 빈 경우는

3 여기에서의 시스템 콜이란 운영체제 커널 코드를 호출하는 것을 가리킨다. C 언어나 펄의 system 함수와는 관계없다.

STDIN에서 읽게 된다. 이런 특성을 이용하는 관례적인 방법에 대해 레시피 7.14에서 다룬다.

파일은 어떤 추상화 단계에서는 단순한 옥텟(8비트 바이트)들의 스트림이다. 물론 하드웨어 쪽에서 보면 파일은 디스크 위에 블록과 섹터로 구성되어 있을 수도 있고, TCP 네트워크 상에서 IP 패킷으로 구성되어 있을 수도 있다. 그러나 운영체제 덕분에 이런 낮은 레벨 쪽의 상세한 내용은 사용자에게 드러나지 않는다.

이보다 높은 추상화 단계에서는 파일은 논리적인 문자들의 스트림이며, 하부에서 물리적으로 어떻게 표현하는지에 무관하다. 펄 프로그램은 대부분 이런 문자들로 이루어진 텍스트 문자열을 다루기 때문에, open으로 파일핸들에 접근할 때 이 추상화 단계가 기본적으로 적용된다. 이 기본 설정을 어느 때 어떻게 바꿔야 하는지는 8장의 개요 절과 레시피 8.11에서 설명한다.

각 파일핸들에는 탐색 오프셋이라 부르는 숫자값이 연결되어 있다. 이 값은 다음번 입출력 조작이 파일의 어느 위치에서 일어날지를 나타낸다. 파일을 옥텟 스트림으로 바라보는 경우 탐색 오프셋은 파일의 첫 부분에서 몇 개의 오프셋만큼 떨어져 있는지를 나타낸다(이 경우 시작 오프셋, 즉 파일의 첫 부분의 오프셋은 0이다). 파일에서 길이가 0이 아닌 데이터를 읽거나 쓰면 이 오프셋은 자동으로 갱신된다. seek 함수를 사용하여 명시적으로 변경할 수도 있다.

텍스트 파일은 옥텟 스트림보다 추상화 단계가 조금 더 높다. 옥텟의 개수와 문자의 개수가 항상 일치하지는 않는다. 따로 조작하지 않는 한, 파일핸들은 물리적인 옥텟의 스트림이 아니라 논리적인 문자 스트림으로 처리된다. 텍스트 파일에서 문자의 개수와 옥텟의 개수가 일치하는 유일한 경우는 파일에서 읽거나 쓴 모든 문자가 한 개의 옥텟으로 표현할 수 있고(코드 포인트가 256 미만), 각 행의 끝에 특별한 처리("\cJ\cM"과 "\n" 간의 변환 등)를 하지 않은 경우이다. 오직 이 경우만 논리적인 문자의 개수를 기준으로 계산한 현재 위치와 물리적인 바이트 수를 기준으로 계산한 현재 위치가 일치한다.

이런 경우의 예는 유닉스에서 아스키 또는 Latin1 인코딩을 사용하여 저장한 텍스트 파일이다. 유닉스는 기본적으로 텍스트 파일과 이진 파일을 구분하지 않으며, 이로 인해 프로그래밍이 매우 간단해진다. 그러나 아쉽게도 7비트 아스키 텍스트는 더 이상 널리 사용되지 않으며, 8비트 인코딩인 ISO 8859-n 규격들도 멀티바이트 인코딩을 쓰는 유니코드 텍스트에 밀려나고 있다.

다른 말로 하면, ":utf8" 같은 인코딩 레이어나 ":crlf" 같은 변환 레이어에 의

해 여러분의 프로그램이 외부와 주고받는 바이트 개수가 달라질 수 있기 때문에, 현재까지 전송한 문자의 개수를 세어도 그걸로 현재 파일 위치 오프셋이 몇 바이트인지 추정할 수는 없다. 1장에서 설명했듯이 문자는 바이트가 아니다. 대신에 tell 함수를 사용하여 현재 파일 위치를 알아내야 한다. 그리고 같은 이유로 tell 함수가 반환한 값(그리고 숫자 0)만이 seek에 인자로 전달하기 적합하다.

레시피 7.17에서는 수정 모드로 연 파일의 내용 전체를 메모리로 읽어 들이고, 메모리에 있는 사본을 수정한 후, seek 함수를 써서 파일의 시작 위치로 이동하여 수정한 내용을 다시 파일에 적는다. 결과적으로 처음 열었던 파일을 덮어쓰게 된다.

사용이 끝난 파일핸들은 닫아야 한다. close 함수는 인자로 파일핸들 하나를 받고, 그 파일핸들에 연결된 버퍼의 내용을 마저 쓴 후 파일핸들을 닫는 데 성공하면 참을 반환하고 그러지 못하면 거짓을 반환한다. 모든 파일핸들을 명시적으로 닫을 필요는 없다. 이미 열어 놓은 파일핸들을 다시 열려고 하면, 펄은 그 파일핸들을 암묵적으로 닫는다. 또한 프로그램이 종료할 때 열려 있는 파일핸들은 모두 닫힌다.

이렇게 암묵적으로 닫히는 것은 편리하긴 하지만 안정성에 도움이 되지는 않는다. 시스템 콜이 성공했는지 실패했는지 알려주지 않기 때문이다. 파일핸들을 닫는 게 언제나 성공하지는 않는다. 심지어 읽기 전용 파일을 닫을 때도 실패하는 경우가 있다. 예를 들자면 네트워크가 끊겨서 장치에 접근할 수 없는 경우이다. 쓰기 모드로 연 파일은 더욱더 제대로 닫혔는지 확인해야 한다. 그렇지 않으면 파일시스템에 빈 공간이 없을 때 그 사실을 알 수 없을 것이다.

```
close(FH) or die "FH didn't close: $!";
```

더 사용하지 않을 파일핸들을 바로바로 닫도록 프로그램을 작성하면 이 프로그램을 유닉스가 아닌 플랫폼에 이식할 때도 도움이 된다. 이런 플랫폼에서는 닫지 않은 파일을 다시 열거나 이름을 바꾸거나 삭제하려 할 때 문제가 생기기 때문이다. 이런 동작은 POSIX 호환 시스템에서는 문제가 되지 않지만, 그 외의 시스템에서는 문제가 될 수 있다.

꼼꼼한 프로그래머는 프로그램이 끝날 때 표준 출력에 대해서도 close를 실행하고 결과를 확인한다. 명령 행에서 STDOUT을 파일로 리다이렉트했는데 파일이 저장될 파일 시스템에 남은 공간이 없어 쓸 수 없는 경우를 대비하기 위해서이다.

이 문제는 시스템이 처리해야 하겠지만 실제로 처리해 주지 않는다.

표준 에러가 제대로 닫혔는지 확인하는 것은 더 문제다. 무엇보다도, 설령 STDERR을 닫는 데에 실패했다고 해도 프로그래머가 뭘 어찌할 수가 없다. 하지만 닫기에 실패한 원인을 검사하여 여러분이 뭔가 해결할 수 있을지 확인할 수는 있을 것이다. 여차하면 Sys::Syslog 모듈의 syslog() 함수를 쓸 수도 있을 것이다. 이것은 시스템 데몬이 사용하는 방식이다. 시스템 데몬은 그 방법 외에 STDERR 스트림에 접근할 수 없기 때문이다.

STDOUT은 print, printf, write 함수가 사용하는 기본 파일핸들이다. 즉, 이 함수들에 별도의 파일핸들을 인자로 넘기지 않으면 STDOUT에 데이터를 출력한다. 이 기본 파일핸들은 select 함수로 바꿀 수 있다. select 함수는 인자로 새로운 기본 출력 파일핸들을 받고, 기존에 기본값으로 사용하던 파일핸들을 반환한다. 새로운 출력 파일핸들은 select 함수에 넘기기 전에 미리 열어야 한다.

```
$old_fh = select(LOGFILE);                    # 출력할 곳을 LOGFILE로 바꾼다
print "Countdown initiated ...\n";
select($old_fh);                              # 출력할 곳을 원래대로 되돌린다
print "You have 30 seconds to reach minimum safety distance.\n";
```

펄의 특수변수 중에는 현재 기본값으로 선택된 출력 파일핸들의 동작을 변경할 수 있는 것이 있다. 가장 중요한 것은 $| 변수이다. $|는 각 파일핸들의 출력 버퍼를 제어한다. 출력 버퍼를 비우는 방법은 레시피 7.19에서 설명한다.

펄의 입출력 함수에는 버퍼링하는 것과 하지 않는 것이 있다. 몇 가지 예외는 있지만(다음 표를 참고하라), 버퍼링하는 입출력 함수와 버퍼링하지 않는 입출력 함수를 섞어서 사용하면 안 된다. 버퍼링하는 함수는 데이터를 버퍼에 임시로 보관하지만 버퍼링하지 않는 함수는 그 버퍼의 존재를 모른다. 다음 표는 섞어서 사용해서는 안 되는 함수들을 정리한 것이다. 같은 줄에 있는 함수는 다소 관련성이 있는 함수이다. 예를 들어, sysread와 <FH>는 완전히 동일한 의미는 아니지만 둘 다 파일핸들에서 데이터를 읽는다. 파일 위치 오프셋을 변경하는 것은 8장에서 자세히 설명하지만, 레시피 7.17에서도 사용한다.

동작	버퍼링함	버퍼링하지 않음
입력	<FH>, readline	sysread
출력	print	syswrite
파일 위치 변경	seek, tell	sysseek

버전 5.8부터는 입출력 레이어를 사용하여 이 함수들을 섞어 쓸 수 있다. 버퍼링하지 않는 함수를 버퍼링하도록 할 수는 없지만, 버퍼링하는 함수로 하여금 버퍼링을 끄고 동작하게 할 수는 있다. 이제는 여러분이 사용하고자 하는 입출력 연산의 구현 방식을 선택할 수 있다. 그 중 하나는 :unix이다. 이것은 펄로 하여금 표준 입출력 라이브러리(stdio 라이브러리) 또는 stdio를 이식성 있게 다시 구현한 perlio 라이브러리 대신 버퍼링하지 않은 시스템 콜을 사용하도록 지시한다. 버퍼링하지 않는 입출력 레이어를 활성화하려면 파일을 열 때 다음과 같이 한다.

```
open(FH, "<:unix", $filename)  or die;
```

버퍼링하지 않는 입출력 레이어를 쓰도록 하여 파일핸들을 열었으므로, 이제는 문제없이 버퍼링하는 입출력 함수와 버퍼링하지 않는 함수를 섞어 쓸 수 있다. 사실 이 입출력 레이어를 쓰는 상태에서는 어떤 입출력 함수도 버퍼링을 하지 않는다. 예를 들어 print를 호출하면 실제로는 같은 동작을 하는 syswrite가 펄에서 호출된다. 입출력 레이어에 대한 더 자세한 내용은 레시피 7.19에서 설명한다.

7.1 파일 열기

문제

파일의 내용을 읽거나 쓰고자 한다.

해결책

간편한 게 좋다면 인자를 두 개 지정해서 open 함수를 호출한다. 정밀한 제어를 하려면 인자를 세 개 지정해서 open 함수를 호출한다. 저레벨의 기능을 사용하려면 sysopen 함수를 사용한다.

open 함수에는 인자로 열 파일핸들, 파일의 이름, 접근 모드(파일을 여는 방법)를 넘긴다. 인자를 두 개 넘기는 경우는 두 번째 인자에 파일이름과 접근 모드를 함께 지정한다.

```
open(SOURCE, "< $path")
    or die "Couldn't open $path for reading: $!\n";

open(SINK, "> $path")
    or die "Couldn't open $path for writing: $!\n";
```

인자를 세 개(또는 그 이상) 넘기는 경우는 파일이름과 접근 모드를 따로 지정한다. 이러면 파일이름과 접근 모드를 혼동할 우려가 없어진다.

```
open(SOURCE, "<", $path)
    or die "Couldn't open $path for reading: $!\n";

open(SINK, ">", $path)
    or die "Couldn't open $path for writing: $!\n";
```

sysopen 함수에는 인자를 세 개 또는 네 개 넘긴다. 첫 번째 인자는 파일핸들, 두 번째 인자는 파일이름, 세 번째 인자는 파일 접근 플래그, 네 번째 인자는 퍼미션 값이다. 퍼미션 값은 생략할 수 있다. 파일 접근 플래그는 Fcntl 모듈이 제공하는 상수를 조합하여 지정한다.

```
use Fcntl;

sysopen(SOURCE, $path, O_RDONLY)
    or die "Couldn't open $path for reading: $!\n";

sysopen(SINK, $path, O_WRONLY, 0600)
    or die "Couldn't open $path for writing: $!\n";
```

open, sysopen 함수에 값이 정의되지 않은 스칼라 변수를 넘기면 새로운 익명 파일핸들이 생성되고 그 스칼라 변수에 저장된다.

```
open(my $fh, "<", $path)
    or die "Couldn't open $path for reading: $!\n";
```

논의

입력과 출력은 모두 파일핸들을 통해 이루어진다. 이것은 파일핸들을 명시적으로 지정하든 아니든 마찬가지이다. 파일핸들은 파일 시스템 인 파일 이외의 것에도 연결할 수 있다. 예를 들어 다른 프로그램과 데이터를 주고받는 경우(16장 참고)나, 네트워크 통신을 하는 경우(17장 참고)에도 파일핸들이 사용된다. 그리고 open 함수는 파일 기술자를 조작할 때도 사용할 수 있다(레시피 7.9 참고).

open 함수를 사용하면 파일핸들과 파일을 간단히 연결할 수 있다. open에는 인자로 여러 가지 접근 모드(읽기 모드, 쓰기 모드, 읽기/쓰기 모드, 추가 모드)를 나타내는 키워드를 파일이름과 함께 넘긴다. 다만, open 함수로는 파일이 생성될 때 설정되는 퍼미션이나, 파일이 없는 경우 새로 생성할지 여부 등을 제어할 수는 없다. 이런 것들을 제어하려면 sysopen 함수를 사용한다. sysopen에 Fcntl 모듈이 제공하는 상수값을 넘겨서 읽기, 쓰기, 생성, 내용 지우기 같은 여러 설정을 제어할 수 있다.

대부분의 프로그래머는 우선 open 함수를 배우고 한참 후에야 sysopen 함수를 배우게 된다. 표 7-1은 open 함수에 인자로 넘길 수 있는 파일 접근 모드("파일이름" 열)와 sysopen 함수에 넘길 수 있는 상수("O_flags" 열), 그리고 IO::File->new 메서드에 넘길 수 있는 *fopen*(3)용 문자열("Char" 열)이 서로 어떻게 대응되는지 보여준다. "읽기" 열과 "쓰기" 열은 파일핸들에 대해 읽기와 쓰기 조작을 할 수 있는지를 나타낸다. "추가" 열은 현재의 파일 위치 오프셋과 무관하게 출력이 파일의 끝 부분에 이루어지는지(일부 시스템을 제외하고)를 나타낸다. "생성" 열은 open 함수에 인자로 주어진 이름의 파일이 존재하지 않을 경우 새로 만들어지는지를 나타낸다. 그리고 "덮어쓰기" 열은 지정한 파일이 이미 존재하는 경우 그 파일 안에 있던 기존 데이터가 지워지는지 여부를 나타낸다.

파일이름	읽기	쓰기	추가	생성	덮어쓰기	O_flags	Char
< file	○	×	×	×	×	RDONLY	"r"
> file	×	○	×	○	○	WRONLY TRUNC CREAT	"w"
>> file	×	○	○	○	×	WRONLY APPEND CREAT	"a"
+< file	○	○	×	×	×	RDWR	"r+"
+> file	○	○	×	○	○	RDWR TRUNC CREAT	"w+"
+>> file	○	○	○	○	×	RDWR APPEND CREAT	"a+"

표 7-1 파일 접근 모드

한 가지 조언을 하자면, +>와 +>>는 거의 쓰이지 않는다. +>를 사용하면 파일을 읽을 수 있게 되기 전에 파일의 내용을 지워버린다. 그리고 +>>를 사용한 경우 파일의 어느 부분에서든 읽을 수 있지만 파일에 뭔가를 쓰면 그 내용은 파일의 제일 끝에 덧붙여지므로 혼동하기 쉽다.

sysopen 함수에는 세 개나 네 개의 인자를 넘긴다.

```
sysopen(FILEHANDLE, $name, $flags)         or die "Can't open $name : $!";
sysopen(FILEHANDLE, $name, $flags, $perms) or die "Can't open $name : $!";
```

$name는 파일의 이름이며, <나 + 같은 접근 모드는 같이 쓸 수 없다. $flags에는 숫자가 들어가는데, 이 숫자는 보통 O_CREAT, O_WRONLY, O_TRUNC 등 상수들을 논리합(OR)으로 조합하여 만든다. 이용할 수 있는 O_* 상수들은 운영체제마다 다르므로 어느 상수를 사용할 수 있는지는 온라인 문서(주로 *open*(2) 매뉴얼 페이지이지만 어느 시스템에나 있는 것은 아니다)나 */usr/include/fcntl.h*를 참고하도록 한다. 일반적으로는 다음 상수들을 자주 사용한다.

O_RDONLY	읽기만 가능
O_WRONLY	쓰기만 가능
O_RDWR	읽기/쓰기 모두 가능
O_CREAT	파일이 존재하지 않는 경우 새로 생성
O_EXCL	파일이 이미 존재하는 경우 에러
O_APPEND	파일의 끝에 데이터를 추가
O_TRUNC	파일의 기존 데이터를 덮어쓰기
O_NONBLOCK	논블로킹 모드로 접근

그 밖에도 O_SHLOCK, O_EXLOCK, O_BINARY, O_NOCTTY, O_SYNC 같은 O_* 상수가 있지만, 이것들은 그다지 사용되지 않는다. 자세한 내용은 *open*(2) 매뉴얼 페이지나 그에 상응하는 문서를 참고하라.

네 번째 인자 $perms를 생략하면 기본 퍼미션 값 0666(팔진수)이 적용된다. 퍼미션 값은 팔진수로 지정하며 프로세스의 현재 umask 값에 의해 변경된다. umask 값은 허용하지 않을 퍼미션 비트를 나타내는 값이다. 예를 들어 프로세스의 umask 값이 027(그룹은 쓰기 불가, 타인은 읽기/쓰기/실행 불가)이라면, sysopen에 퍼미션 값을 0666으로 넘겼을 경우 최종적으로 생성된 파일의 퍼미션은 0640이 된다(0640은 0666 & ~027 연산의 결과이다).

umask를 이해하기 어렵다면 다음 조언을 따르라. 일반적인 파일을 만들 때는 퍼미션을 0666으로, 디렉터리나 실행 파일은 0777로 지정하라. 그러면 사용자에게 선택의 여지를 줄 수 있다. 사용자가 파일을 보호하고 싶다면 umask 값을 022나 027, 또는 매우 제한적인 077 같은 값을 선택할 수 있다. 프로그램이 결정하기보다는 사용자가 결정하도록 두라. 다만 예외도 있다. 메일, 웹브라우저의 쿠키, *.rhosts* 같이 사적인 정보를 담는 파일들은 소유자만 접근할 수 있게 지정해야 한다. 요약하자면, sysopen 인자로 0644 같은 값을 넘기는 일은 웬만하면 하지 말라. 사용자가 파일의 공개 범위를 더 넓히고 싶어도 그럴 수 없게 되기 때문이다.

다음은 open, sysopen 함수를 사용하는 몇 가지 예이다.

파일을 읽기 모드로 열기:

```
open(FH, "<", $path)                                  or die $!;
sysopen(FH, $path, O_RDONLY)                          or die $!;
```

파일을 쓰기 모드로 열기. 파일이 없으면 새 파일을 만든다. 파일이 있으면 기존 내용을 덮어쓴다.

```
open(FH, ">", $path)                                  or die $!;
sysopen(FH, $path, O_WRONLY|O_TRUNC|O_CREAT)          or die $!;
sysopen(FH, $path, O_WRONLY|O_TRUNC|O_CREAT, 0600)    or die $!;
```

파일을 쓰기 모드로 연다. 새 파일을 만든다. 파일이 이미 있는 경우 에러를 낸다.

```
sysopen(FH, $path, O_WRONLY|O_EXCL|O_CREAT)           or die $!;
sysopen(FH, $path, O_WRONLY|O_EXCL|O_CREAT, 0600)     or die $!;
```

파일을 추가 모드로 연다. 파일이 없으면 새 파일을 만든다.

```
open(FH, ">>", $path)                                  or die $!;
sysopen(FH, $path, O_WRONLY|O_APPEND|O_CREAT)         or die $!;
sysopen(FH, $path, O_WRONLY|O_APPEND|O_CREAT, 0600)   or die $!;
```

파일을 추가 모드로 연다. 파일이 없으면 에러를 낸다.

```
sysopen(FH, $path, O_WRONLY|O_APPEND)                 or die $!;
```

파일을 수정(읽기/쓰기) 모드로 연다. 파일이 없으면 에러를 낸다.

```
open(FH, "+<", $path)                                 or die $!;
sysopen(FH, $path, O_RDWR)                            or die $!;
```

파일을 수정 모드로 연다. 파일이 없으면 새 파일을 만든다.

```
sysopen(FH, $path, O_RDWR|O_CREAT)                    or die $!;
sysopen(FH, $path, O_RDWR|O_CREAT, 0600)              or die $!;
```

파일을 수정 모드로 연다. 새 파일을 만든다. 파일이 이미 있는 경우 에러를 낸다.

```
sysopen(FH, $path, O_RDWR|O_EXCL|O_CREAT)             or die $!;
sysopen(FH, $path, O_RDWR|O_EXCL|O_CREAT, 0600)       or die $!;
```

여기서 퍼미션 인자를 0600으로 한 것은 소유자만 읽고 쓸 수 있는 프라이빗 파일을 만드는 예를 들려고 한 것이고, 보통 퍼미션 인자는 생략된다.

더 알아보기

- *perlfunc*(1) 문서와 *Programming Perl* 29장에서 다루는 open, sysopen, umask 함수
- *perlopentut*(1) 매뉴얼 페이지
- 기본 모듈 IO::File, Fcntl 모듈 문서(*Programming Perl* 32장에서도 다룬다)
- 시스템에 있는 *open*(2), *fopen*(3), *umask*(2) 매뉴얼 페이지
- 레시피 7.2, 레시피 9.11

7.2 특수한 이름의 파일 열기

문제

이름에 특수 문자가 있는 파일을 열고자 한다. 예를 들어 이름이 "-"이거나, <, >, |로 시작하거나, 이름 앞이나 뒤에 공백 문자가 있거나, |로 끝나는 파일이다. 이런 파일을 열 때 open이 "사용자가 의도한 동작"을 수행하게 하면 안 된다. 이 경우 open이 수행할 동작은 여러분이 의도한 바가 *아니기* 때문이다.

해결책

open을 호출할 때 인자를 세 개 전달하고, 접근 모드는 두 번째 인자에 넣는다.

```
open(HANDLE, "<", $filename)        or die "cannot open $filename : $!\n";
```

또는 sysopen 함수를 사용한다.

```
sysopen(HANDLE, $filename, O_RDONLY)  or die "cannot open $filename: $!\n";
```

논의

인자를 세 개 전달하며 open 함수를 호출하는 경우 open 함수는 접근 모드와 파일 이름을 별개의 인자로 받는다. 그러나 인자를 두 개 전달할 경우는 open 함수가 하나의 문자열에서 접근 모드와 파일이름을 뽑아내야 된다. 만약 파일이름이 접근 모드를 지정할 때 사용하는 문자로 시작하면, open 함수는 의도와 다른 동작을 하게 된다. 예를 들어, 다음과 같은 코드가 있다고 하자.

```
$filename = shift @ARGV;
open(INPUT, $filename)        or die "Couldn't open $filename : $!\n";
```

이때 사용자가 명령 행에서 ">/etc/passwd" 같은 파일이름을 입력하면, 이 코드는 */etc/passwd* 파일을 쓰기 모드로 열게 된다. 즉, 사용자가 암호 파일을 쓰기 모드로 열 수 있게 되는 것이다. 다음과 같이 명시적으로 모드를 지정할 수도 있을 것이다.

```
open(OUTPUT, ">$filename")
    or die "Couldn't open $filename for writing: $!\n";
```

그러나 이 경우 사용자가 ">data"라는 파일이름을 입력하면, >data 파일이 덮어쓰기 모드로 열리는 것이 아니라 data라는 이름의 파일이 추가 모드로 열릴 것이다.

이 문제는 open에 인자를 세 개 전달하는 방법으로 쉽게 해결할 수 있다. 세 개의 인자를 넘길 때는 두 번째 인자는 접근 모드를, 세 번째 인자는 파일의 이름을 지정한다. 이제는 혼란의 여지나 공격의 위험이 없다.

```
open(OUTPUT, ">", $filename)
    or die "Couldn't open $filenaem for writing: $!\n";
```

sysopen 함수로도 이 문제를 해결할 수 있다. sysopen 함수도 접근 모드와 파일이름을 별개의 인자로 받는다.

```
use Fcntl;                              # 파일 상수를 사용하기 위해

sysopen(OUTPUT, $filename, O_WRONLY|O_TRUNC)
    or die "Can't open $filename for writing: $!\n";
```

open의 파일이름을 해석하는 이 특별한 방법은 *매직 오픈(magic open)*이라고 불리기도 하며, 편리하고 보통은 유용하다. 접근 모드와 경로명 사이에 빈 칸은 몇 개든 상관없다. 표준 입력이나 표준 출력을 나타내기 위해 "-"를 쓸 필요도 없다. 여러분이 필터 프로그램을 만들면서 간단히 open을 사용하면, 사용자는 파일이름으로 "gzip -dc bible.gz|" 같은 문자열을 넘길 수 있다. 그러면 여러분이 만든 프로그램이 자동으로 압축 해제 프로그램인 gzip을 실행해 준다.

그러나 특수한 권한으로 실행되는 프로그램 안에서 open을 사용할 때는 보안 문제를 반드시 고려해야 한다. setuid 설정이 된 프로그램이나 CGI 스크립트 등 다른 사람의 권한으로 실행되는 프로그램을 설계하는 경우라면, 신중한 프로그래머는 사용자가 스스로 파일이름을 지정할 수 있게 할 것인가를 반드시 고려한다. 사용자가 파일이름을 직접 지정할 수 있게 하면 단순히 읽기 모드로 파일을 열려고 만든 open을 가지고 파일을 덮어쓰거나, 심지어 다른 프로그램을 실행할 수도 있다. 펄을 실행할 때 명령행 인자로 **-T**를 지정하여 오염 방지 모드를 활성화하면 이런 문제를 예방할 수 있다.

인자 세 개를 받는 open을 쓸 수 없는 펄(버전 5.6.0 이전)을 사용하는 경우는 이 문제를 해결할 방법은 거의 없었다. 다음과 같은 편법을 써서 파일이름 앞뒤에 공백 문자가 있는 경우를 처리하는 정도이다.

```
$file =~ s#^(\s)#./$1#;
open(OUTPUT, "> $file\0")
        or die "Couldn't open $file for OUTPUT : $!\n";
```

위 예제에서, 치환문은 파일이름 앞쪽에 있는 공백 문자를 보호한다(이런 경우는 "/etc/passwd" 같은 절대 경로에서는 발생하지 않고 ">passwd" 같은 상대 경로에서만 발생한다). 널(NULL) 바이트(아스키 0번, "\0") 자체는 파일이름의 일부로 간주되지 않으면서 파일이름 뒤쪽에 있던 공백문자들이 무시되지 않도록 보호한다.

더 알아보기

- *perlfunc*(1) 문서와 *Programming Perl* 29장에서 다루는 open, sysopen 함수
- 레시피 7.1, 레시피 7.14, 레시피 16.2, 레시피 19.4, 레시피 19.5

7.3 파일이름 안의 물결표 치환하기

문제

~username/blah 또는 *~/.mailrc* 같은 이름의 파일을 열고자 한다. 그러나 open 함수는 물결표(~)를 홈 디렉터리로 해석해주지 않는다.

해결책

glob 함수를 사용한다.

```
open(FH, glob("~joebob/somefile")) || die "Couldn't open file: $!";
```

또는 파일이름을 직접 치환하여 확장한다.

```
$filename =~ s{ ^ ~ ( [^/]* ) }
              { $1
                    ? (getpwnam($1))[7]
                    : ( $ENV{HOME} || $ENV{LOGDIR}
                         || (getpwuid($<))[7]
                       )
}ex;
```

논의

파일이름 안에 있는 물결표는 사용자의 홈 디렉터리를 나타낸다. 이런 표기법은 유닉스의 *csh* 셸에서 시작한 것으로 웹 주소(*http://www.example.com/~user/* 등)에 사용되면서 널리 보급되었다.

```
~           # 현재 사용자의 홈 디렉터리
~/blah      # 현재 사용자의 홈 디렉터리 안의 blah 파일
~user       # 특정 사용자의 홈 디렉터리
~user/blah # 특정 사용자의 홈 디렉터리 안의 blah 파일
```

아쉽게도 펄의 open 함수는 물결표를 비롯한 와일드카드를 확장해 주지 않는다. 하지만 펄 버전 5.6부터는 glob 연산자를 사용하면 내부적으로 File::Glob 모듈을 써서 파일이름을 확장해 준다. 사용 예제를 다음에 나타낸다.

```
open(MAILRC, "<", "~/.mailrc")            # 잘못됨: 물결표는 확장되지 않는다
    or die "can't open ~/.mailrc: $!";

open(MAILRC, "<", glob("~/.mailrc"))      # 먼저 물결표가 확장된다
    or die "can't open ~/.mailrc: $!";
```

이 문제는 직접 치환하여 해결할 수도 있다. 해결책의 치환문은 /e 변경자를 지정하여 치환할 문자열을 펄 코드로서 평가한다. 물결표 다음에 사용자 이름이 있다면 그 이름은 $1 변수에 담기고, 다시 getpwnam 함수에 인자로 전달된다. getpwnam 함수가 반환하는 리스트의 여덟 번째 원소가 사용자의 홈 디렉터리이다. 이 홈 디렉터리가 최종적으로 치환 문자열이 된다. 물결표 다음에 사용자 이름이 없는 경우는 HOME 환경변수 또는 LOGDIR 환경변수의 값으로 치환된다. 두 변수 다 값이 없다면 유효 사용자 ID의 홈 디렉터리를 검색한다.

그리고 glob('~gnat') 대신 <~gnat>라고 쓸 *수도 있다*. 하지만 이것은 파일핸들에서 읽는 것처럼 보이므로 이렇게 쓰지 않는 것이 좋다.

더 알아보기

- *perlfunc*(1) 문서와 *Programming Perl* 29장에서 다루는 glob, getpwnam 함수
- 시스템에 있는 *getpwnam*(2) 매뉴얼 페이지
- 레시피 9.6

7.4 에러 메시지에 파일이름 넣기

문제

파일을 다루는 프로그램이 있다. 이 프로그램에서 에러나 경고가 발생했을 때 나오는 메시지에는 마지막으로 사용된 파일핸들의 이름만 나오고 파일의 이름은 나오지 않는다.

해결책

파일의 이름을 파일핸들로 사용한다.

```
open($path, "<", $path)
    or die "Couldn't open $path for reading : $!\n";
```

논의

파일을 처리하는 과정에서 에러가 발생하면 보통은 다음과 같은 메시지가 나온다.

```
Argument "3\n" isn't numeric in multiply at tallyweb line 16, <LOG> chunk 17.
```

LOG라는 파일핸들의 이름이 나오지만, 이 핸들에 연결되는 파일이름을 알 수 없으므로 큰 도움이 되지 않는다. 파일이름 자체를 간접적인 파일핸들로 사용하면 에러 메시지나 경고 메시지 안에 파일이름이 포함된다.

```
Argument "3\n" isn't numeric in multiply at tallyweb
   line 16, </usr/local/data/mylog3.dat> chunk 17.
```

아쉽게도 이 방법은 strict refs가 활성화된 경우는 사용할 수 없다. 변수 $path에 담긴 것은 진짜 파일핸들이 아니라, 때에 따라서 파일핸들처럼 동작하는 문자열이기 때문이다. 메시지에서 chunk 번호[4]는 에러가 난 시점에 $. 변수의 값이다.

더 알아보기

- *perlfunc*(1) 문서와 *Programming Perl* 29장에서 다루는 open 함수
- 레시피 7.1

7.5 파일핸들을 변수에 넣기

문제

파일핸들을 일반적인 변수에 넣어서 함수에 인자로 전달하거나, 함수에서 반환하거나, 데이터 구조체에 넣을 수 있도록 하고자 한다.

해결책

가장 쉬운 방법으로, open의 첫 번째 인자로 값이 정의되지 않은 스칼라 변수를 지정하면 open이 파일핸들을 그 변수에 저장한다.

```
open(my $fh, "<", $filename)      or die "$0: can't open $filename: $!";
```

이름 있는 파일핸들을 변수에 넣거나 함수 인자로 넘기거나 반환값으로 받으려면 타입글로프 표기법(*FH)을 사용한다.

```
$variable = *FILEHANDLE;          # 파일핸들을 변수에 넣는다
subroutine(*FILEHANDLE);          # 파일핸들을 함수에 직접 넘긴다

sub subroutine {
    my $fh = shift;
    print $fh "Hello, filehandle!\n";
}
```

논의

open의 첫 번째 인자로 값이 정의되지 않은 스칼라 변수를 지정하면, 펄은 익명 타입글로브를 할당하고, 그 타입글로브의 레퍼런스를 스칼라 변수에 넣는다. 즉, 익명 파일핸들이 자동생성되어 그 레퍼런스가 스칼라 변수에 담긴다. 다른 모든

4 (옮긴이) 최신 버전의 펄에서는 chunk 대신 line으로 출력된다.

레퍼런스처럼, 자동생성된 파일핸들의 레퍼런스도 가비지 컬렉션의 대상이 된다. 따라서 다음 코드는 파일핸들 누수의 위험이 없다.

```
{
    open(my $fh, "< /etc/motd") or die;
    local $/;           # 한번에 읽기 모드(slurp mode)
    $text = <$fh>;
}
```

블록의 끝에 도달하면 $fh 변수는 스코프를 벗어난다. 개요에서도 설명했듯이, 이 변수는 open이 만든 익명 파일핸들을 가리키는 마지막 레퍼런스를 담고 있기 때문에 스코프를 벗어날 때 가비지 컬렉션의 대상이 되고, 파일핸들은 묵시적으로 닫힌다.

자동생성된 파일핸들은 익명이며 이미 변수에 담겨 있다. 따라서 이름 있는 파일핸들을 함수 인자로 넘기거나 배열이나 해시 같은 변수에 담는 법을 이해하는 데는 도움이 되지 않는다. 이름 있는 파일핸들이란 FH와 같은 식으로 표기한 파일핸들을 말하는 것으로 STDIN, ARGV 등 미리 정의되어 있는 파일핸들들도 모두 포함된다. 따라서 FH가 정확히 무엇이며 그 안에서 어떻게 스칼라 값을 뽑아내어 변수에 담거나 함수에 넘길 수 있는지 살펴보자.

다음과 같은 코드가 있다고 하자.

```
print STDERR "stuff\n";
$input = <STDIN>;
open(TTY, "+<", "/dev/tty");
if (eof(ARGV)) { .... }
```

이 코드에서 파일핸들은 일종의 이름이며, 변수가 아니다. 그런 면에서는 서브루틴과 비슷하다고 할 수 있다. 그런 점 때문에 파일핸들을 인자로 전달하거나 데이터 구조체에 넣는 것이 불편해진다. use strict 프래그마를 활성화하고 코드를 컴파일할 경우 다음과 같은 코드를 만들 수 없다.

```
$fh = SOMEHANDLE;
somefunc(SOMEHANDLE);
```

달리 선언하지 않았기 때문에 위 두 줄에서 SOMEHANDLE은 따옴표를 붙이지 않은 문자열로 해석된다. 그리고 문자열을 따옴표 없이 사용하는 것은 use strict에서는 허용되지 않는다. 설령 strict subs를 껐다 해도, strict refs가 적용된 상태로 컴파일된 서브루틴이나 다른 패키지에 속한 서브루틴에 파일핸들을 넘기는 것은 여전히 불가능하다.

앞에 나온 네 개의 이름 있는 파일핸들(STDERR, STDIN, TTY, ARGV)은 특별하게 다룰 필요가 없었다. 이것은 이 파일핸들이 펄에 내장된 파일핸들이어서가 아니다(사실 TTY는 내장 파일핸들도 아니다). 이 파일핸들을 특별하게 다루지 않아도 되는 것은 이것들을 인자로 사용하는 내장 함수들이 인자를 파일핸들로 받도록 프로토타입 선언이 되어 있기 때문이다.

따라서 여러분을 다음 두 가지 방법 중 하나를 사용해야 한다. 하나는 레시피 7.6에서 설명하는 함수 프로토타입을 사용하는 방법이다. 또 하나는 파일핸들을 대신하여 펄이 받아들이는 것을 사용하는 방법이다. 이런 것에는 문자열, 타입글로브, 타입글로브의 레퍼런스, I/O 객체 등이 있다. 이것들은 모두 변수에 담거나 함수에 넘겨서 나중에 간접 파일핸들로 사용할 수 있다.

```
somefunc(   SOMEHANDLE      );        # somefunc(*) 프로토타입이 선언되었을 때만
somefunc(  "SOMEHANDLE"     );        # 따옴표로 감싼 문자열
somefunc(  *SOMEHANDLE      );        # 타입글로브
somefunc( \*SOMEHANDLE      );        # 타입글로브의 레퍼런스
somefunc(  *SOMEHANDLE{IO} );        # I/O 객체
```

따옴표로 감싼 문자열을 파일핸들로 사용하는 것은 코드를 충분히 주의 깊게 만들면(다음 레시피를 참고하라) 동작하는 데 문제는 없지만, 앞에서 설명한 대로 여러 가지 문제의 소지가 있다. 더 좋은 방법은 타입글로브를 사용하는 것이다. *SOMEHANDLE처럼 직접적으로 사용할 수도 있고 *SOMEHANDLE처럼 레퍼런스를 사용할 수도 있다.

```
somefunc(*SOMEHANDLE);
$fh = *SOMEHANDLE;  # 또는 변수를 통해 간접적으로
somefunc($fh);
print $fh "data\n";
```

타입글로브를 사용하면 핸들의 이름에 따옴표를 붙이거나 다른 수식을 할 필요가 없다. 별표(*)를 파일핸들을 나타내는 기호라고 생각하면 도움이 될 것이다. 고등학교 화학에서는 원자를 나타내기 위해서 작은 공을 사용했었다. 공이 진짜 원자는 아니지만, 이런 모델을 이해하는 데에 도움이 된다. 여기에서는 별표가 그런 역할이다. 익숙해지면 모델 없이도 이해할 수 있게 될 것이다.

이름 있는 파일핸들을 대신할 수 있는 위의 네 가지 형태 중 어느 것이든 스칼라 변수에 담고 나면 그 변수를 간접 파일핸들로 사용할 수 있으며, 이름 있는 파일핸들을 쓸 자리에 대신 쓸 수 있다.

그러나, 복잡한 표현식이나 해시 또는 배열의 원소는 print, printf, 행 입력 연

산자 등의 내장 함수에 직접 쓸 수 없다. 다음 코드들은 올바른 문법이 아니어서 컴파일조차 되지 않는다.

```
@fd = (*STDIN, *STDOUT, *STDERR);
print $fd[1] "Type it: ";                              # 잘못됨
$got = <$fd[0]>                                        # 잘못됨
print $fd[2] "What was that: $got";                    # 잘못됨
```

print와 printf의 경우는 표현식을 반환하는 블록을 파일핸들 자리에 쓰면 된다.

```
print  { $fd[1] } "funny stuff\n";
printf { $fd[1] } "Pity the poor %x.\n", 3_735_928_559;
Pity the poor deadbeef.
```

이 블록은 문법으로 봐도 의미로 봐도 아무 문제없이 올바른 블록이다. 따라서 더 복잡한 코드를 넣을 수도 있다. 다음 코드는 두 파일핸들 중 한쪽에 메시지를 내보낸다.

```
$ok = -x "/bin/cat";
print { $ok ? $fd[1] : $fd[2]  } "cat stat $ok\n";
print { $fd[ 1 + ($ok || 0) ]  } "cat stat $ok\n";
```

이것은 일종의 "간접 객체" 표기법이다(자세한 내용은 13장을 참고하라). 간접 객체가 들어갈 자리에는 단순한 스칼라 변수만 쓸 수 있다는 제약은 그 객체가 어떤 종류의 것이든 적용된다. 사용자가 생성한 객체와 마찬가지로, 화살표 표기를 써서 문법적인 혼란을 피할 수 있다. IO::Handle 모듈이나 이 모듈을 상속한 클래스를 적재하면, 파일핸들을 반환하는 식을 마치 클래스의 객체인 것처럼 사용하여 메서드를 호출하는 형태로 쓸 수 있다.

```
$fd[1]->print("funny stuff\n");
($ok ? $fd[1] : $fd[2])->print("cat stat $ok\n");
```

이렇게 print, printf 함수를 마치 객체 메서드인 것처럼 호출하는 방법은 행 입력 연산자에는 쓸 수 없다. 앞에서처럼 어떤 구조체 안에 타입글로브를 저장했다면, 내장 함수 readline을 쓰면 <FH>와 마찬가지로 레코드를 읽을 수 있다. @fd가 위의 코드와 동일하게 초기화되었다고 하면 다음과 같이 할 수 있다.

```
$got = readline($fd[0]);
```

또는 IO::Handle 모듈을 사용하여 getline 메서드로 레코드를 읽을 수 있다.

```
$got = $fd[0]->getline();
```

readline 함수를 대체할 수 있도록 제공하는 메서드는 두 개이고(getline과

getlines), 컨텍스트에 따라 하나씩 사용한다. 만일 readline처럼 컨텍스트에 따라 자동으로 동작을 다르게 하도록 만들고 싶다면, 다음처럼 직접 만들 수 있다.

```
sub IO::Handle::readline {
    my $fh = shift;
    if (wantarray) {
        return $fh->getlines();
    } else {
        return $fh->getline();
    }
}
```

더 알아보기

- *perlfunc*(1) 문서와 *Programming Perl* 29장에서 다루는 open 함수
- 레시피 7.1
- 기본 모듈 IO::Handle 모듈 문서(*Programming Perl* 32장에서도 다룬다)
- *Programming Perl* 2장의 "Typeglobs and Filehandles" 절

7.6 내장 함수처럼 파일핸들을 인자로 받는 함수 만들기

문제

eof 같은 내장 함수에는 인자로 파일핸들의 이름을 넘길 수 있다. 이런 식으로 동작하는 서브루틴을 직접 만들고자 한다.

해결책

Symbol 모듈의 qualify_to_ref 함수와 * 프로토타입을 서브루틴에 사용한다.

```
use Symbol qw(qualify_to_ref);

sub my_eof (*) {
  my $handle = shift;
  $handle = qualify_to_ref($handle, caller());
  # $handle을 사용한다
}
```

논의

* 프로토타입은 이 함수가 인자로 베어워드[5] 파일핸들을 받아야 한다고 펄에게 알려준다. 따라서 * 프로토타입을 사용해서 정의한 함수는 다음처럼 호출할 수 있다.

```
my_eof(HANDLE);
```

5 (옮긴이) bareword. 따옴표 등의 인용부호로 감싸지 않은 문자열.

이 호출문은 use strict 'subs' 프래그마가 선언된 경우에도 유효하다. 그러나 이 함수는 넘어온 인자를 문자열로 받는다. 넘어온 인자를 안전하게 파일핸들로 사용하려면 Symbol 모듈을 사용해서 이 인자를 타입글로브의 레퍼런스로 바꾼다. 타입글로브의 레퍼런스는 이름 있는 파일핸들을 사용할 수 있는 곳이라면 어디서든지 사용할 수 있기 때문에, 이 레퍼런스를 스칼라 변수에 넣어서 간접 파일핸들로 서브루틴 안에서 사용할 수 있다.

이 함수에 이미 타입글로브의 레퍼런스인 파일핸들도 넘길 수 있다(예를 들어 open으로 자동생성된 파일핸들 등). 펄과 qualify_to_ref 함수는 이런 파일핸들도 적절하게 처리한다.

```
open(my $fh, "<", $filename) or die;
my_eof($fh);
```

이 방법은 레시피 7.23에서도 사용한다.

더 알아보기

- 기본 모듈 Symbol 모듈 문서(*Programming Perl* 32장에서도 다룬다)
- *perlsub*(1) 문서의 "Prototypes" 절(*Programming Perl* 6장에서도 다룬다)
- 레시피 7.23

7.7 열어 놓은 출력용 파일핸들을 캐시하기

문제

시스템에서 허용된 것보다 더 많은 수의 출력용 파일을 동시에 열고자 한다.

해결책

기본 모듈 FileCache를 사용한다.

```
use FileCache;
cacheout ($path);          # 파일핸들을 사용할 때마다 실행한다
print $path "output";
```

논의

동시에 열 수 있는 출력용 파일의 개수는 운영체제에 의해 제한된다. 그러나 FileCache 모듈의 cacheout 함수를 사용하면 이 제한된 개수보다 많은 출력용 파일을 다룰 수 있다. 기존에 존재하던 파일을 cacheout 함수를 사용하여 처음으로

열 때는 아무런 경고나 질문 없이 파일의 크기가 바로 0이 되며 기존 내용이 지워진다. 그 다음 백그라운드에서 파일들을 열고 닫는 동안 이 모듈은 자신이 열었던 파일을 다시 열 때는 덮어쓰기 모드가 아니라 추가 모드로 열어서 출력하는 내용이 파일의 뒤에 덧붙여지도록 한다. cacheout 함수는 자동으로 디렉터리를 만들어주지 않는다. 따라서 */usr/local/dates*라는 디렉터리가 없는 상태에서 */usr/local/dates/merino.ewe* 라는 파일을 cacheout 함수로 열려고 하면 die가 호출되며 죽게 된다.

cacheout 함수는 시스템에 있는 표준 헤더 파일인 *sys/param.h* 파일 안에서 C 언어 상수 NOFILE의 값을 확인하고, 이 시스템에서 동시에 열 수 있는 파일의 개수를 파악한다. 그러나 이 값은 시스템에 따라서는 부정확하거나, 아예 정의되어 있지 않을 수도 있다(예를 들어 열려 있는 파일 기술자의 최대 개수가 프로세스별로 지정되어 있고 *limit*나 *ulimit* 명령으로 설정할 수 있는 시스템도 있다). cacheout이 NOFILE 상수값을 얻을 수 없는 경우에는 $FileCache::cacheout_maxopen에 정확한 값보다 4만큼 작은 값을 설정하거나, 직접 여러 가지 값을 시도해 보고 적절한 값을 선택해야 한다.

예제 7-1의 프로그램은 (대부분의 FTP 서버에서 생성하는) *xferlog* 로그 파일을 접속한 사용자별로 나눈다. *xferlog* 파일의 각 필드는 공백 문자로 구분되며, 끝에서 네 번째 필드의 값이 인증에 사용된 사용자 이름이다.

예제 7-1. splitwulog

```
#!/usr/bin/perl
# splitwulog - 인증된 사용자별로 wuftpd 로그를 분할
use FileCache;
$outdir = "/var/log/ftp/by-user";
while (<>) {
    unless (defined ($user = (split)[-4])) {
       warn "Invalid line: $.\n";
       next;
    }
    $path = "$outdir/$user";
    cacheout $path;
    print $path $_;

}
```

더 알아보기

- 기본 모듈 FileCache 모듈 문서(*Programming Perl* 32장에서도 다룬다)
- *perlfunc*(1) 문서와 *Programming Perl* 29장의 open 함수

7.8 여러 파일핸들에 동시에 출력하기

문제

여러 개의 파일핸들에 같은 데이터를 출력하고자 한다.

해결책

프로세스를 복제하지 않고 하려면 foreach 반복문으로 모든 파일핸들을 순회한다.

```
foreach $filehandle (@FILEHANDLES) {
    print $filehandle $stuff_to_print;
}
```

프로세스를 복제해도 상관없다면 파일핸들을 *tee* 프로그램과 연결된 파이프로 연다.

```
open(MANY, "| tee file1 file2 file3 > /dev/null")   or die $!;
print MANY "data\n"                                  or die $!;
close(MANY)                                          or die $!;
```

tee 프로그램이 없다면 CPAN 모듈 IO::Tee를 사용한다.

```
use IO::Tee;
$tee = IO::Tee->new(@FILEHANDLES);
print $tee $stuff_to_print;
```

논의

파일핸들은 출력을 하나의 파일이나 하나의 프로그램으로만 보낼 수 있다. 출력을 여러 곳에 보내려면 print를 여러 번 호출하거나, 입력 받은 내용을 여러 대상에 분배하는 *tee* 같은 프로그램에 파일핸들을 연결해야 한다. 첫 번째 방법을 이용하는 경우라면 파일핸들을 리스트나 배열에 넣고 그것을 순회하며 처리하는 것이 가장 간단할 것이다(레시피 7.5 참고).

```
for $fh (*FH1, *FH2, *FH3)      { print $fh "whatever\n" }
```

그러나 시스템에 *tee*(1) 프로그램이 있거나 레시피 8.25에서 소개할 펄 버전의 *tee* 프로그램을 시스템에 설치한다면, *tee*에 연결된 파이프를 열어서 그 프로그램을 이용하여 여러 곳으로 파일의 사본을 보낼 수 있다. *tee*는 보통 STDOUT으로도 출력을 복사하므로, 그게 필요 없다면 *tee*의 표준 출력을 */dev/null*로 리다이렉트한다.

```
open (FH, "| tee file1 file2 file3 >/dev/null");
print FH "whatever\n";
```

아예 STDOUT을 *tee* 프로그램으로 리다이렉트해서 일반적인 print 문으로 여러 곳에 데이터를 보낼 수도 있다.

```
# STDOUT을 세 개의 파일과 원래의 STDOUT에 리다이렉트
open (STDOUT, "| tee file1 file2 file3") or die "Teeing off: $!\n";
print "whatever\n"                       or die "Writing: $!\n";
close(STDOUT)                            or die "Closing: $!\n";
```

CPAN 모듈 IO::Tee을 쓸 수도 있다. 우선 출력할 파일핸들들을 인자로 지정하여 생성자를 호출한다. 생성자는 파일핸들(IO::Tee 클래스의 객체) 하나를 반환한다. 이 객체로 출력을 하면 생성자에 넘긴 파일핸들로 같은 출력이 보내진다.

```
use IO::Tee;
$t = IO::Tee->new(*FH1, *FH2, *FH3);
print $t "Hello, world\n";
print $t "Goodbye, universe\n";
```

IO::Tee 파일핸들에는 print 이외에도 아무 입출력 연산이나 할 수 있다. 예를 들어, 위 예제에서 close $t를 수행하면 FH1, FH2, FH3가 모두 성공적으로 닫혔을 때에만 참이 반환된다.

더 알아보기

- *perlfunc*(1) 문서와 *Programming Perl* 29장에서 다루는 print 함수
- *Programming Perl* 2장의 "Typeglobs and Filehandles" 절
- CPAN 모듈의 IO::Tee 문서
- 레시피 8.25와 13.15에서 같은 기법을 사용한다.

7.9 파일 기술자 번호로 여닫기

문제

입출력 연산을 하려는 파일 기술자 번호만 알고 있는데, 펄에서 입출력을 하려면 파일 기술자 번호가 아니라 파일핸들을 지정해야 한다.

해결책

파일 기술자를 열기 위해서는 open 함수에 파일 접근 모드로 "<&=" 또는 "<&"을 지정한다.

```
open(FH, "<&=", $FDNUM)       # FH를 파일 기술자 자체에 연결한다
open(FH, "<&",  $FDNUM);      # FH를 파일 기술자의 사본에 연결한다
```

또는 IO::Handle 모듈의 new_from_fd 클래스 메서드를 사용한다.

```
use IO::Handle;
$fh = IO::Handle->new_from_fd($FDNUM, "r");
```

파일 기술자를 닫기 위해서는 POSIX::close 함수를 사용하거나 대응하는 파일핸들을 닫는다.

논의

파일핸들은 없는데 파일 기술자는 있는 경우가 간혹 있다. 펄의 입출력 시스템은 파일 기술자가 아닌 파일핸들을 사용하기 때문에, 이런 경우에는 이미 열어 놓은 파일 기술자에서 새로운 파일핸들을 만들어야 한다. 그러기 위해서는 open 함수에 접근 모드로 "<&"(읽기 모드), ">&"(쓰기 모드), "+<&" (수정 모드)를 지정한다. 그리고 여기에 등호를 붙여서 "<&=", ">&=", "+<&="로 지정하면 파일 기술자의 수를 절약할 수 있으며, 대부분의 경우 여러분이 원하는 것은 이걸로 해결할 수 있다. 이것은 펄의 open 함수가 내부적으로 구현될 때 C 언어의 *fdopen*(3) 함수만 사용되기 때문이다. 커널을 호출하는 *dup2*(2) 시스템 콜은 사용되지 않는다.

IO::Handle 객체의 new_from_fd는 다음 코드와 동일한 동작을 한다.

```
use IO::Handle;
$fh = new IO::Handle;
$fh->fdopen($FDNUM, "r");              # $FDNUM을 읽기 모드로 연다
```

예제 코드를 다음에 나타낸다. MH 메일 시스템은 자식 프로세스에 파일 기술자를 넘긴다. 그 파일 기술자 번호는 환경변수 MHCONTEXTFD에서 얻을 수 있다.

```
$fd = $ENV{MHCONTEXTFD};
open(MHCONTEXT, "<&=", $fd)   or die "couldn't fdopen $fd: $!";
# 처리를 끝낸 다음
close(MHCONTEXT)              or die "couldn't close context file: $!";
```

파일 기술자 번호를 사용하여 파일 기술자를 닫는 일은 별로 없다. 닫으려는 파일 기술자에 대응되는 파일핸들이 이미 열려있는 경우는 펄의 close 함수로 그 파일핸들을 닫으면 된다. 파일 기술자에 대응되는 파일핸들이 없다면, POSIX::close 함수를 사용해서 파일 기술자를 닫는다.

```
use POSIX;

POSIX::close(3);          # 3번 파일 기술자를 닫는다
```

더 알아보기

- *perlfunc*(1) 문서와 *Programming Perl* 29장에서 다루는 open 함수
- 기본 모듈 POSIX 모듈 문서

- 기본 모듈 IO::Handle 모듈 문서(*Programming Perl* 32장에서도 다룬다)
- 시스템에 있는 *fdopen*(3) 매뉴얼 페이지

7.10 파일핸들 복사하기

문제

파일핸들을 복사하고자 한다.

해결책

다음과 같이 이름 있는 파일핸들의 별칭을 만든다.

```
*ALIAS = *ORIGINAL;
```

open에 파일 접근 모드 &을 사용하면 지정한 파일핸들에 대응하는 파일 기술자의 독립적인 사본이 만들어진다.

```
open(OUTCOPY, ">&STDOUT")        or die "Couldn't dup STDOUT: $!";
open(INCOPY,  "<&STDIN")         or die "Couldn't dup STDIN : $!";
```

open에 파일 접근 모드 &=를 사용하면 지정한 파일핸들 또는 파일 기술자의 별칭이 만들어진다.

```
open(OUTALIAS, ">&=STDOUT")      or die "Couldn't alias STDOUT: $!";
open(INALIAS,  "<&=STDIN")       or die "Couldn't alias STDIN : $!";
open(BYNUMBER, ">&=5")           or die "Couldn't alias file descriptor 5: $!";
```

간접 파일핸들(타입글로브나 객체)에도 같은 방법을 사용할 수 있다. 이때, open에는 세 개의 인자를 넘긴다.

```
open(my $copy, "<&",  $original) or die "Couldn't alias original: $!";
open(my $copy, "<&=", $original) or die "Couldn't alias original: $!";
```

논의

타입글로브를 사용해서 파일핸들의 별칭을 만들 경우 실제로 접근이 이뤄지는 입출력 객체는 하나뿐이다. 별칭 중 하나를 닫으면 입출력 객체 자체도 닫힌다. 따라서 그 파일핸들의 다른 사본을 나중에 사용하려고 해도 실패하게 된다(경고 기능을 켰다면 "print on closed filehandle"이라는 경고가 나온다). 여러 별칭에 번갈아 가면서 출력해도 여러분이 예상한 것처럼 잘 출력된다. 동기화해야 할 표준 입출력 객체 사본이 따로 있지 않기 때문이다.

open(COPY, ">&HANDLE") 같은 방법으로 파일 기술자의 사본을 만들면 실제로는

dup(2) 시스템 콜이 호출된다. 서로 독립적인 파일 기술자 두 개가 파일 위치, 락, 플래그는 공유하지만 입출력 버퍼는 각각 가지게 된다. 이때는 한쪽의 파일핸들을 닫아도 다른 파일핸들은 닫히지 않는다. 그러나 두 파일핸들을 통해 파일에 동시에 접근하면 엉망이 된다. 이 방법은 보통 STDOUT, STDERR을 저장하거나 복원할 때 사용한다.

```
# 파일 기술자의 사본을 만든다
open(OLDOUT, ">&STDOUT");
open(OLDERR, ">&STDERR");

# 표준 출력, 표준 에러를 리다이렉트한다
open(STDOUT, "> /tmp/program.out")  or die "Can't redirect stdout: $!";
open(STDERR, ">&STDOUT")            or die "Can't dup stdout: $!";

# 프로그램을 실행한다
system($joe_random_program);

# 리다이렉트된 파일핸들을 닫는다
close(STDOUT)                       or die "Can't close STDOUT: $!";
close(STDERR)                       or die "Can't close STDERR: $!";

# 표준 출력과 표준 에러를 복원한다
open(STDERR, ">&OLDERR")            or die "Can't restore stderr: $!";
open(STDOUT, ">&OLDOUT")            or die "Can't restore stdout: $!";

# 독립적인 사본을 닫아서 누수를 방지한다
close(OLDOUT)                       or die "Can't close OLDOUT: $!";
close(OLDERR)                       or die "Can't close OLDERR: $!";
```

open(ALIAS, ">&=HANDLE") 같은 방법으로 파일 기술자의 별칭을 만들면 실제로는 표준 입출력 라이브러리에 있는 *fdopen*(3) 함수가 호출된다. 이 경우 파일 기술자 하나에 두 개의 입출력 버퍼가 생기고 각 버퍼에는 별개의 파일핸들을 통해서 접근할 수 있다. 이때는 하나의 파일핸들을 닫으면 파일 기술자는 닫히지만 나머지 파일핸들들은 닫히지 않는다. 별칭이 닫힌 파일핸들에 print로 출력을 하면 print는 실패하지만 "print on closed filehandle" 같은 경고 메시지는 나오지 않는다. 즉 이 경우도 두 개의 파일핸들을 사용해서 동시에 파일에 접근하면 예기치 않은 결과가 나온다. 이 방법은 실제로는 번호를 사용하여 파일 기술자를 여는 용도로만 사용한다. 자세한 내용은 레시피 7.9를 참고하라.

더 알아보기

- *perlfunc*(1) 문서와 *Programming Perl* 29장에서 다루는 open 함수
- 시스템에 있는 *dup*(1) 매뉴얼 페이지

7.11 임시 파일 만들기

문제

임시 파일을 만들고, 프로그램을 종료할 때 이 임시 파일이 자동으로 삭제되도록 하고자 한다. 예를 들어 외부 프로그램을 실행할 때 그 프로그램이 사용할 설정 파일을 임시로 만들고, 그 파일의 이름을 외부 프로그램에게 전달할 수 있다. 다른 경우로, 쓰고 읽을 임시 파일이 필요한데 파일 이름은 필요 없을 수도 있다.

해결책

File::Temp 모듈의 `tempfile` 함수를 사용한다.

```
use File::Temp qw(tempfile);
$fh = tempfile();  # 핸들만 필요한 경우
```

임시 디렉터리와 같이 사용할 수도 있다.

```
use File::Temp qw(tempdir);
$dir = tempdir( CLEANUP => 1 );
# 또는 디렉터리를 지정한다
use File::Temp qw(tempfile);
($fh, $filename) = tempfile( DIR => $dir );

$template = "myprogtempXXXXXX"; # XXXXXX는 임의의 값으로 바뀐다
($fh, $filename) = tempfile( $template, DIR => $dir);
($fh, $filename) = tempfile( $template, SUFFIX => ".data");
```

논의

임시 파일을 만드는 가장 좋은 방법은 File::Temp 모듈이 제공하는 함수를 사용하는 것이다. 매우 사용하기 쉽고, 운영체제를 직접 호출하는 것보다 이식성이 높다. 하지만 가장 중요한 점은 이 모듈은 여러 가지 보안 문제, 특히 경쟁 상태(race condition)와 관련된 문제에 대해 세심하게 대비하고 있다는 것이다.

이 모듈에는 임시 파일을 만드는 데 쓸 수 있는 함수가 여러 가지 있지만 이 함수들의 대부분은 기존 인터페이스를 지원하기 위한 것이다. 대부분의 사용자는 기본적인 `tempfile()` 함수만 사용할 줄 알면 된다. 이 함수는 안전하고 원자적으로 빈 파일을 새로 만들고 읽기/쓰기 모드로 열어 준다. 스칼라 컨텍스트에서 이 함수는 임시 파일의 파일핸들을 반환한다. 리스트 컨텍스트에서는 파일핸들과 임시 파일의 경로이름을 반환한다.

```
use File::Temp qw(tempfile);

# 파일핸들만
$fh = tempfile();
```

```
# 파일핸들과 파일이름
($fh, $filename) = tempfile();
```

tempfile 함수에는 옵션으로 템플릿이 담긴 인자와, 그 뒤에 이름과 값 쌍으로 구성된 인자들을 넘길 수 있다. 이름 있는 인자를 써서 임시 파일을 만들 디렉터리를 지정하거나(기본값은 현재 디렉터리에 만드는 것이다), 임시 파일이름에 사용할 확장자를 지정하거나, 시스템이 지원하는 경우 파일핸들이 반환되기 전에 임시 파일을 삭제(unlink)할지 여부 등을 지정할 수 있다(이름이 파일 시스템에서 이미 삭제된 파일은 해커들이 찾기 특히 어려워진다). 템플릿의 끝부분에 있는 X 자들은 무작위로 고른 문자로 바뀌고, 바뀐 결과가 파일이름으로 사용된다. 이 기능은 임시 파일에 특정한 확장자를 붙이고자 하는 경우에 이용할 수 있다.

```
($fh, $filename) = tempfile(DIR => $dir);
($fh, $filename) = tempfile($template);
($fh, $filename) = tempfile($template, DIR => $dir);
($fh, $filename) = tempfile($template, SUFFIX => ".dat");
($fh, $filename) = tempfile($template, UNLINK => 1);
```

OPEN => 0을 지정하지 않으면 프로그램이 종료한 시점이나 파일이 닫힌 시점에 임시 파일은 자동으로 삭제된다.

최근 버전의 펄에서는 open 함수로 임시 파일을 간단히 만들 수 있다. 다음처럼 open 함수에 파일이름으로 undef를 넘긴다.

```
open(my $fh, "+>", undef)
    or die "$0: can't create temporary file: $!\n";
```

더 알아보기

- 기본 모듈 File::Temp 모듈 문서(*Programming Perl* 32장에서도 다룬다)
- *perlfunc*(1) 문서와 *Programming Perl* 29장에서 다루는 open 함수
- 레시피 7.9

7.12 프로그램 안에 파일을 넣기

문제

프로그램 안에 데이터를 끼워 넣어서, 그 데이터가 마치 파일에 저장되어 있는 것처럼 다루고자 한다. 데이터와 프로그램을 별개의 파일에 따로 저장하고 싶지는 않다.

해결책

프로그램 코드 뒤에 __DATA__나 __END__ 토큰을 써서 데이터 블록의 시작 위치

를 지정한다. 이 데이터 블록은 DATA 파일핸들을 사용해서 프로그램이나 모듈에서 읽어 들일 수 있다.

다음은 모듈 안에서 __DATA__ 토큰을 사용하는 예이다.

```
while ( <DATA>) {
    # 읽은 행을 처리한다
}
__DATA__
# 데이터가 여기에 위치한다
```

다음은 메인 프로그램 파일 안에서 __END__ 토큰을 사용하는 예이다.

```
while (<main::DATA>) {
    # 읽은 행을 처리한다
}
__END__
# 데이터가 여기에 위치한다
```

논의

__DATA__, __END__ 토큰은 펄 컴파일러에 현재 파일의 이 지점부터는 컴파일러가 할 일이 없다고 알려준다. 즉, 파일이 물리적으로 끝나지는 않았지만 모듈이나 프로그램 코드는 논리적으로 이 지점에서 끝났음을 의미한다.

__DATA__, __END__ 토큰 다음에 나오는 텍스트는 패키지마다 존재하는 DATA 파일핸들을 통해서 읽을 수 있다(패키지가 다른 경우는 앞에 패키지 이름을 붙인다). 예를 들어 Primes라는 모듈이 있다면, *Primes.pm* 모듈 안의 __DATA__ 토큰 다음의 텍스트는 Primes::DATA이라는 파일핸들을 써서 읽어 들일 수 있다.

__END__는 main 패키지에서는 __DATA__의 동의어이다. 모듈 안에서 __END__ 토큰 다음에 나오는 텍스트에는 어떤 방법으로도 접근할 수 없다.

이런 __DATA__, __END__ 토큰을 사용하면 데이터를 별개의 파일에 저장하지 않고 한 파일 안에 프로그램과 함께 넣을 수 있다. 종종 이것은 프로그램 문서를 넣을 때도 사용된다. 때로는 프로그램을 개발할 때 사용하던 설정 데이터나 초기 테스트 데이터가, 나중에 혹시 필요할 경우를 대비해서 들어가기도 한다.

DATA는 현재 프로그램 또는 모듈의 크기나 최종 변경 시각을 알아내는 용도로도 쓸 수 있다. 대부분의 시스템에서는 현재 실행되고 있는 스크립트 파일의 전체 경로가 $0 변수에 저장된다. $0이 제대로 설정되지 않는 시스템에서는 DATA 파일핸들을 대신 사용할 수 있다. 파일의 마지막에 __DATA__ 토큰을 쓴다(그 아래에 지우지 말라는 경고문을 적을 수도 있겠다). 그러면 스크립트 자체에서 DATA 파일핸들을 이용할 수 있다.

```
use POSIX qw(strftime);

$raw_time = (stat(DATA))[9];
$size     = -s DATA;
$kilosize = int($size / 1024) . "k";

print "<P>Script size is $kilosize\n";
print strftime("<P>Last script update: %c (%Z)\n", localtime($raw_time));

__DATA__
DO NOT REMOVE THE PRECEDING LINE.

Everything else in this file will be ignored.
```

레시피 7.13에서는 둘 이상의 데이터 파일을 프로그램 안에 담는 법을 설명한다.

더 알아보기

- *perldata*(1)의 "Scalar Value Constructors" 절, *Programming Perl* 2장의 "Other Literal Tokens" 절
- 레시피 7.13

7.13 여러 파일을 DATA 영역에 넣기

문제

`__END__`나 `__DATA__` 토큰을 사용해서 가상의 파일을 소스 코드 안에 넣는 방법은 알았지만, 이 방법으로는 가상 파일을 하나밖에 넣을 수 없다. 파일 여러 개를 하나의 소스 코드에 끼워 넣는 방법을 알고자 한다.

해결책

CPAN 모듈 Inline::Files를 사용한다. 단, 신중하게.

```
use Inline::Files;

while (<SETUP>) {
  # ...
}

while (<EXECUTION>) {
  # ...
}

__SETUP__
SETUP 파일핸들을 통해 읽을 내용을 여기에 적는다
__EXECUTION__
EXECUTION 파일핸들을 통해 읽을 내용을 여기에 적는다
```

논의

`__DATA__` 토큰을 사용해서는 물리적인 파일 하나에 데이터 파일 하나밖에 넣을 수 없다. CPAN 모듈 Inline::Files는 논리적인 파일을 삽입할 수 있게 하여 이 제한을 회피한다. 이 모듈은 다음과 같이 사용한다.

```
use Inline::Files;

#
#  파일을 처리하는 코드는 여기에 둔다
#

__ALPHA__
This is the data in the first virtual file, ALPHA.

__BETA__
This is the data in the next virtual file, BETA.

__OMEGA__
This is the data in yet another virtual file, OMEGA.

__ALPHA__
This is more data in the second part of virtual file, ALPHA.
```

`__ALPHA__`, `__BETA__`, `__OMEGA__` 아래의 데이터는 그 기호와 같은 이름의 파일핸들, 즉 ALPHA, BETA, OMEGA를 사용하여 읽을 수 있다. 그리고 한 프로그램 안에 같은 이름의 섹션을 여러 개 만들 수도 있다. 각 섹션을 특정 순서에 따라 읽어야만 하는 것도 아니다. 이 파일핸들들은 ARGV 핸들과 유사하게 동작한다. 그 예로 이런 파일핸들은 ARGV 핸들처럼 처음으로 사용될 때에 암묵적으로 열린다. 예를 들어 다음 코드를 앞 예제에서 지정한 위치에 두었다고 하자.

```
while (<OMEGA>) {
   print "omega data: $_";
}

while (<ALPHA>) {
   print "alpha data: $_";
}
```

이 코드를 실행하면 다음과 같이 출력된다.

```
omega data: This is the data in yet another virtual file, OMEGA.
omega data:
alpha data: This is the data in the first virtual file, ALPHA.
alpha data:
alpha data: This is more data in the second part of virtual file, ALPHA.
alpha data:
```

또한 ARGV 핸들의 경우와 마찬가지로, 특정 파일핸들에서 읽는 동안은 그 핸들과 같은 이름의 배열(예를 들어 @ALPHA)에 그 파일핸들로 읽을 수 있는 가상 파일들의 목록이 저장된다. 그리고 핸들과 같은 이름의 스칼라 변수(예를 들어 $ALPHA) 에는 현재 열려 있는 가상 파일의 이름이 저장된다. 핸들과 같은 이름의 해시 (%ALPHA)에는 가상 파일의 여러 가지 상태 정보가 저장된다. 여기에는 현재 파일, 행 번호, 바이트 오프셋 등이 포함된다. 앞의 프로그램에 펄 디버거를 사용해서 각 변수를 덤프하면 다음과 같이 출력된다.

```
DB2> \$ALPHA, \@ALPHA, \%ALPHA
0  SCALAR(0x362e34)
   -> '/home/tchrist/inline-demo(00000000000000000291)'
1  ARRAY(0x362e40)
   0  '/home/tchrist/inline-demo(00000000000000000291)'
   1  '/home/tchrist/inline-demo(00000000000000000476)'
2  HASH(0x362edc)
   'file' => undef
   'line' => undef
   'offset' => undef
   'writable' => 1
```

마지막 행은 어떤 의미일까? 이 행은 가상 파일이 쓰기 가능한지를 나타내다. 기본적으로는 스크립트가 쓰기 가능하면 가상 파일 또한 쓰기 가능하며 읽기/쓰기 모드로 열리게 된다. 즉, 가상 파일의 내용을 여러분이 직접 변경할 수 있다는 뜻이다. 심지어 소스 코드를 실행하여 새로운 가상 파일을 코드에 추가할 수도 있다. 할 수 있는 일에도 제한이 없고, 그로 인해 어떤 결과도 나올 수 있다. 고생해서 만든 데이터를 한순간에 지워버릴 수도 있다. 따라서 이 기능을 사용할 때는 먼저 모든 것을 백업하기를 권한다. 이 모듈 자체도 자동 백업 기능을 제공한다.

```
use Inline::Files -backup;
```

이러면 원래 데이터는 기존의 파일이름에 ".bak" 확장자가 붙은 이름으로 저장된다. 다음처럼 백업 파일을 명시적으로 지정할 수도 있다.

```
use Inline::Files -backup => "/tmp/safety_net";
```

더 알아보기

- CPAN 모듈 Inline::Files 모듈 문서
- 레시피 7.12

7.14 유닉스 스타일의 필터 프로그램 만들기

문제

다음과 같은 프로그램을 만들고자 한다. 명령 행에서 파일이름 목록을 입력했다

면 그 파일들의 내용을 읽어 들인다. 명령 행에 아무런 이름을 입력하지 않았거나 "-"를 입력한 경우는 STDIN에서 입력을 받는다. 명령 행에 "someprogram |"라고 입력한 경우는 다른 프로그램의 출력을 입력으로 받는다. 이렇게 읽은 내용을 변경하여 파일에 반영하거나 출력한다.

해결책

<>를 사용해서 행 단위로 읽어 들인다.

```
while (<>) {
    # 행에 대한 처리를 한다
}
```

논의

펄은 다음과 같은 코드를

```
while (<>) {
    # ...
}
```

다음처럼 바꾼다.[6]

```
unshift(@ARGV, "-") unless @ARGV;
while ($ARGV = shift @ARGV) {
    unless (open(ARGV, $ARGV)) {
        warn "Can't open $ARGV: $!\n";
        next;
    }
    while (defined($_ = <ARGV>)) {
        # ...
    }
}
```

반복문 안에서 ARGV, $ARGV에 접근하면 파일핸들에서 입력을 읽거나, 현재 처리 중인 파일의 이름을 얻을 수 있다. 이 과정을 더 자세히 알아보자.

동작

사용자가 아무 인자를 지정하지 않으면 펄은 @ARGV 배열에 "-"라는 문자열을 넣는다. 이 "-"를 읽기 모드로 열면 STDIN에서 입력을 받고, 쓰기 모드로 열면 STDOUT에 쓰게 된다. 프로그램의 사용자가 명령 행에서 파일이름 인자로 "-"을 입력한 경우도 STDIN에서 읽게 된다.

그 다음, 파일을 처리하는 반복문 안에서는 우선 @ARGV에서 인자를 한 번에 하

6 다만, ARGV는 내부적으로 특별한 처리가 되어야 하기 때문에 이 코드를 그대로 써도 제대로 동작하지는 않는다.

나씩 빼내어 전역 변수 $ARGV에 담는다. 그 파일을 열 수 없으면 다음 파일로 이동한다. 열 수 있으면 그 파일을 한 줄씩 읽어들인다. 파일의 내용을 모두 읽었으면 루프의 처음으로 돌아가서 다음 파일을 연다. 이 과정을 @ARGV 배열의 요소가 더 이상 없을 때까지 반복한다.

위 코드에서 open 구문은 open(ARGV, "<", $ARGV)가 아니었다. 즉 읽기 모드를 지정하는 "<" 기호가 포함되지 않았다. 이 때문에 재미있는 효과가 생긴다. 예를 들어 인자로 "gzip -dc file.gz |"이라는 문자열을 넘기면 "gzip -dc file.gz" 명령을 실행하고 그 출력을 읽어 들인다. 이 "매직 오픈"의 사용방법에 관해서는 레시피 16.6에서 자세히 설명한다.

반복문 전이나 반복문 안에서 @ARGV의 내용을 변경할 수 있다. 예를 들어 인자가 없으면 STDIN에서 입력을 받는 기본 동작 대신에 C나 C++ 소스와 헤더 파일을 읽도록 하고 싶다고 하자. <ARGV>를 처리하기 전에 다음과 같은 코드를 추가한다.

```
@ARGV = glob("*.[Cch]") unless @ARGV;
```

옵션은 반복문에 들어가기 전에 처리한다. 15장에서 설명하는 Getopt 라이브러리들 중 하나를 사용하거나 수동으로 처리한다.

```
# 옵션 처리 예1: -c 플래그를 처리한다
if (@ARGV && $ARGV[0] eq "-c") {
    $chop_first++;
    shift;
}

# 옵션 처리 예2: -숫자 플래그를 처리한다
if (@ARGV && $ARGV[0] =~ /^-(\d+)$/) {
    $columns = $1;
    shift;
}

# 옵션 처리 예3: -a, -i, -n, -u 플래그를 처리한다.
# 이 옵션들은 두 개 이상이 클러스터를 구성할 수도 있다(-ai 등)
while (@ARGV && $ARGV[0] =~ /^-(.+)/ && (shift, ($_ = $1), 1)) {
    next if /^$/;
    s/a// && (++$append,      redo);
    die "usage: $0 [-ainu] [filenames] ...\n";
}
```

<>는 명령 행 인자를 암묵적으로 순회 처리한다는 점 말고 다른 특별한 점은 없다. 입출력을 제어하는 특수 변수도 그대로 적용된다. 이런 특수 변수들에 대한 자세한 내용은 8장을 참고하라. $/ 변수의 값을 바꿔 레코드 구분자를 변경할 수도 있고, $. 변수에 현재 읽고 있는 행(레코드) 번호가 담기는 것도 마찬가지이다.

다만 $/ 변수의 값을 undef으로 바꾼다 해도 모든 파일의 내용을 하나로 합쳐서 읽을 수는 없고, 한 번에 파일 하나씩 읽게 된다.

```
undef $/;
while (<>) {
    # 현재 $ARGV에 이름이 들어 있는 파일의 내용 전체가
    # $_에 담긴다
}
```

$/ 변수를 local로 지역화하면 스코프를 벗어나는 시점에 원래의 값이 자동으로 복원된다.

```
{      # local용 블록
    local $/;          # 레코드 구분자를 undef으로 한다
    while (<>) {
        # 어떤 처리를 한다.
        # 여기서 호출된 함수에서도 여전히 $/는 undef이다
    }
}                                 # 여기에서 원래의 값이 복원된다
```

<ARGV>를 처리하는 동안은 파일핸들이 명시적으로 닫히지 않기 때문에 $. 변수에 담기는 레코드 번호도 리셋되지 않는다. 이게 싫으면 명시적으로 파일핸들을 닫아서 $.를 리셋한다.

```
while (<>) {
    print "$ARGV:$.:$_";
    close ARGV if eof;
}
```

eof 함수는 기본적으로 마지막에 읽은 파일의 EOF 상태(파일을 끝까지 읽었는지)을 확인한다. 앞 예제에서 마지막으로 읽은 파일핸들은 ARGV이므로, eof는 현재 파일의 끝에 도달했는지를 검사한다. 만일 파일의 끝에 도달했다면 ARGV가 닫히고 $. 변수가 리셋된다. 반면에, eof의 끝에 인자는 없이 괄호를 붙인 eof()라는 특별한 표기를 사용하면 <ARGV> 처리 과정에서 다루는 파일 모두를 다 읽었는지 검사한다.

명령 행 옵션

펄이 제공하는 명령 행 옵션(-n, -p, -a, -i)을 이용하면 필터나 한 줄짜리 명령어를 쉽게 만들 수 있다.

-n 옵션은 프로그램 텍스트를 while(<>) 루프로 감싼 것처럼 동작한다. 이 옵션은 보통 *grep* 같은 필터나 읽어들인 데이터를 요약하는 프로그램 등에서 사용한다. 예를 들어 예제 7-2 같은 프로그램이 있다고 하자.

예제 7-2. findlogin1

```
#!/usr/bin/perl
# findlogin1 - 문자열 "login"을 포함한 행을 모두 출력한다
while (<>) {# 명령 행에서 지정한 파일들을 순회 처리
    print if /login/;
}
```

예제 7-2의 프로그램은 예제 7-3처럼 고쳐 쓸 수 있다.

예제 7-3. findlogin2

```
#!/usr/bin/perl -n
# findlogin2 - 문자열 "login"을 포함한 행을 모두 출력한다
print if /login/;
```

-n과 -e 옵션을 조합하면 명령 행에서 같은 펄 코드를 실행할 수 있다.

```
% perl -ne 'print if /login/'
```

-p 옵션은 -n 옵션과 거의 같지만, 루프가 끝나기 직전에 `print`를 실행한다. -p 옵션은 보통 입력 받은 내용을 변환하여 출력하는 프로그램에 사용한다. 예제 7-4와 같은 프로그램이다.

예제 7-4. lowercase1

```
#!/usr/bin/perl
# lowercase - 모든 행을 소문자로 변환한다
while (<>) {                    # 명령 행에서 지정한 파일들을 순회 처리
    s/(\p{Letter})/\l$1/g;      # 모든 문자를 소문자로 변환
    print;
}
```

예제 7-4 프로그램은 예제 7-5처럼 고쳐 쓸 수 있다.

예제 7-5. lowercase2

```
#!/usr/bin/perl -p
# lowercase - 모든 행을 소문자로 변환한다
s/(\p{Letter})/\l$1/g;          # 모든 문자를 소문자로 변환
```

또는 다음처럼 한 줄 명령어로 실행할 수 있다.

```
% perl -pe 's/(\p{Letter})/\l$1/g'
```

-n 또는 -p 옵션을 지정하여 입력을 암묵적인 반복문에서 처리할 때는 특수한 라벨 `LINE:`이 입력 반복문 전체에 암묵적으로 붙는다. 따라서 입력 반복문 안에서 `next LINE`이라고 하면 다음 입력 레코드로 건너뛸 수 있다(이것은 *awk*의 `next` 문과 같다). 그리고 `ARGV`를 닫으면 다음 파일로 건너뛸 수 있다(이것은 *awk*의 `nextfile` 문과 같다). 예제 7-6은 이런 방법의 사용 예제이다.

예제 7-6. countchunks

```
#!/usr/bin/perl -n
# countchunks - 단어 수를 센다
# 주석문은 지나치고, __END__나 __DATA__가 나오면
# 다음 파일로 넘어간다
for (split /\W+/) {
    next LINE if /^#/;
    close ARGV if /__(DATA|END)__/;
    $chunks++;
}
END { print "Found $chunks chunks\n" }
```

*tcsh*이 관리하는 *.history* 파일에는 주석처리된 타임스탬프(에포크 시간)가 두 줄마다 한 줄씩 쓰여 있다.

```
#+0894382237
less /etc/motd
#+0894382239
vi ~/.exrc
#+0894382242
date
#+0894382242
who
#+0894382288
telnet home
```

다음처럼 간단한 한 줄 명령어로 이 타임스탬프를 일반적인 시각 표현으로 변환할 수 있다.

```
% perl -pe 's/^#\+(\d+)\n/localtime($1) . " "/e'
Tue May  5 09:30:37 1998     less /etc/motd
Tue May  5 09:30:39 1998     vi ~/.exrc
Tue May  5 09:30:42 1998     date
Tue May  5 09:30:42 1998     who
Tue May  5 09:31:28 1998     telnet home
```

-i 옵션은 명령 행에 인자로 지정된 각 파일의 내용을 변경한다. 보통은 -p 옵션과 함께 사용한다. 자세한 것은 레시피 7.16에서 설명한다.

더 알아보기

- *perlrun*(1) 문서와 *Programming Perl* 19장의 "Switches" 절
- 레시피 7.16, 레시피 16.6

7.15 임시 파일을 사용하여 파일을 즉석에서 수정하기

문제

파일의 내용을 즉석에서 변경하고자 한다. 임시 파일을 사용할 수 있다.

해결책

원래의 파일을 읽고, 수정한 내용을 임시 파일에 쓴다. 그리고 그 임시 파일의 이름을 원래 파일의 이름으로 바꾼다.

```
open(OLD, "<", $old)        or die "can't open $old: $!";
open(NEW, ">", $new)        or die "can't open $new: $!";
while (<OLD>) {
    # $_을 수정하고, ...
    print NEW $_            or die "can't write $new: $!";
}
close(OLD)                  or die "can't close $old: $!";
close(NEW)                  or die "can't close $new: $!";
rename($old, "$old.orig")   or die "can't rename $old to $old.orig: $!";
rename($new, $old)          or die "can't rename $new to $old: $!";
```

이것이 파일을 "즉석에서" 변경하는 가장 좋은 방법이다.

논의

이 방법은 임시 파일을 사용하지 않는 방법과 비교하면 메모리를 적게 사용한다. 또한 원래 파일의 백업이 만들어지고, 간단하며, 안전하다는 이점도 있다.

예를 들어 20번째 행에 새로운 행을 삽입하려면 다음처럼 한다.

```
while (<OLD>) {
    if ($. == 20) {
        print NEW "Extra line 1\n";
        print NEW "Extra line 2\n";
    }
    print NEW $_;
}
```

20행부터 30행까지 삭제하려면 다음처럼 한다.

```
while (<OLD>) {
    next if 20 .. 30;
    print NEW $_;
}
```

rename은 파일 시스템 경계를 넘어 파일을 이동시킬 수 없다. 따라서 임시 파일은 변경하려는 원래 파일과 같은 디렉터리에 만들어야 한다.

꼼꼼한 프로그래머라면 파일을 변경하는 동안 파일에 락을 걸 것이다. 이때 곤란한 점은 파일에 수정용 락을 걸기 전에 파일의 내용을 망가뜨리지 않으면서 쓰기 모드로 파일을 열어야 한다는 점이다. 그 방법은 레시피 7.18에서 설명한다.

더 알아보기

- 레시피 7.1, 레시피 7.16, 레시피 7.17, 레시피 7.18

7.16 -i 옵션을 사용하여 파일을 즉석에서 수정하기

문제

명령 행에서 파일을 수정하려는데, 레시피 7.15 같이 파일을 조작하기에 여러분은 너무 게으르다.[7]

해결책

펄 실행 옵션으로 -i 옵션과 -p 옵션을 사용하여, 명령 행에서 프로그램을 입력한다.

```
% perl -i.orig -p -e 'FILTER COMMAND' file1 file2 file3 ...
```

또는 프로그램 안에서 옵션을 사용한다.

```
#!/usr/bin/perl -i.orig -p
# 여기에 필터 명령문을 적는다
```

논의

-i 명령 행 옵션은 각 파일을 즉석에서 수정한다. -i 옵션은 앞의 레시피처럼 임시 파일을 만들지만, 귀찮은 파일 조작은 모두 펄이 알아서 해 준다. -p 옵션(레시피 7.14를 참고)과 함께 사용하면 다음 코드를 한 줄로 바꿀 수 있다.

```
while (<>) {
    if ($ARGV ne $oldargv) {           # 다음 파일로 넘어 왔는가?
        rename($ARGV, $ARGV . ".orig");
        open(ARGVOUT, ">", $ARGV);     # 에러가 나는지도 확인하라
        select(ARGVOUT);
        $oldargv = $ARGV;
    }
    s/DATE/localtime/e;
}
continue{
    print;
}
select (STDOUT);                      # 기본 출력을 복원한다
```

위 코드는 다음처럼 바꿀 수 있다.

```
% perl -pi.orig -e 's/DATE/localtime/e'
```

-i 옵션은 백업을 만드는 일을 담당한다(파일의 원래 내용을 백업하지 않고 그냥 버리려면 -i.orig 대신 -i라고 쓰라). -p 옵션은 명령 행 인자로 지정된 파일(지정되어 있지 않은 경우는 STDIN)을 순회 처리하도록 펄에 지시한다.

7 죄가 아니라 미덕으로서의 게으름을 의미한다.

앞의 한 줄 명령어는 다음과 같은 파일을:

```
Dear Sir/Madam/Ravenous Beast,
    As of DATE, our records show your account
is overdue.  Please settle by the end of the month.
Yours in cheerful usury,
    --A. Moneylender
```

다음처럼 바꾼다.

```
Dear Sir/Madam/Ravenous Beast,
    As of Sat Apr 25 12:28:33 1998, our records show your account
is overdue.  Please settle by the end of the month.
Yours in cheerful usury,
    --A. Moneylender
```

이렇게 -i, -p 옵션을 사용하면 즉석에서 파일을 수정하는 프로그램을 매우 쉽게 만들 수 있다. 예를 들어 다음 명령문은 C, C++, *yacc* 파일 안의 "hisvar"라는 단어를 "hervar"라는 단어로 바꾼다.

```
% perl -i.old -pe 's{\bhisvar\b}{hervar}g' *.[Cchy]
```

-i 옵션의 동작은 특수 변수 $^I로 활성화하거나 비활성화할 수 있다. 이 변수를 이용하면 프로그램 안에서 -i 옵션의 동작을 모방할 수 있다. 다음처럼 @ARGV를 설정하고 나서 <>를 사용한다.

```
# 현재 디렉터리 안의 *.c 파일을 하나씩 읽어서 수정한다
# 원래 파일은 확장자 .orig를 붙여서 저장한다
local $^I   = ".orig";              # -i.orig를 모방한다
local @ARGV = glob("*.c");          # 파일 목록을 초기화한다
while (<>) {
    if ($. == 1) {
        print "This line should appear at the top of each file\n";
    }
    s/\b(p)earl\b/${1}erl/ig;       # 오타를 수정한다. 대소문자는 그대로 둔다
    print;
} continue {close ARGV if eof}
```

이미 존재하는 이름으로 백업 파일을 만들 경우 기존 파일의 내용을 덮어쓰게 되니 주의하라.

더 알아보기

- *perlrun*(1) 문서, *Programming Perl* 19장의 "Switches" 절
- *perlvar*(1) 문서와 *Programming Perl* 28장에서 다루는 $^I, $. 변수
- *perlop*(1) 문서의 "Range Operator" 절과 *Programming Perl* 3장에서 다루는 .. 연산자

7.17 임시 파일을 사용하지 않고 파일을 즉석에서 수정하기

문제

파일에 하나 이상의 행을 삽입, 삭제, 수정하고 싶은데 임시 파일을 사용하고 싶지는 않다(또는 사용할 수 없는 상황이다).

해결책

파일을 변경 모드("+<")로 열고, 파일 안의 모든 행을 배열에 읽어 들이고, 그 배열의 내용을 수정한다. 그리고 수정한 각 행을 다시 파일에 쓰고, 파일 포인터의 현재 위치에서 파일을 잘라낸다.

```
open(FH, "+<", $FILE)           or die "Opening: $!";
@ARRAY = <FH>;
# 여기에서 @ARRAY를 수정한다
seek(FH,0,0)                    or die "Seeking: $!";
print FH @ARRAY                 or die "Printing: $!";
truncate(FH,tell(FH))           or die "Truncating: $!";
close(FH)                       or die "Closing: $!";
```

논의

이 장의 개요 절에서 설명했듯이, 운영체제는 파일을 아무 구조가 없는 바이트 스트림으로 다룬다. 이 때문에 파일의 일부분만 그 자리에서 바꾸거나 내용을 추가하거나 삭제하는 것은 불가능하다(고정 길이 레코드 파일과 같은 특수한 경우는 예외이다. 이에 대해서는 레시피 8.13에서 설명한다). 그래서 수정한 출력을 임시 파일에 저장하거나, 파일 전체를 메모리에 읽고 수정한 후 다시 쓰는 방법을 이용한다.

그러나 파일 전체를 메모리에 읽는 방법은 파일이 작을 때는 괜찮지만 파일이 커지면 이용하기 힘들다. 예를 들어 800MB쯤 되는 웹 서버 로그 파일을 이렇게 처리하려다가는 가상 메모리가 고갈되거나 시스템의 가상 메모리 시스템에 스래싱(thrashing)을 초래할 것이다. 어쨌거나 파일의 용량이 작다면 이 방법도 잘 동작한다.

```
open(F, "+<", $infile)       or die "can't read $infile: $!";
$out = "";
while (<F>) {
    s/DATE/localtime/eg;
    $out .= $_;
}
seek(F, 0, 0)                or die "can't seek to start of $infile: $!";
print F $out                 or die "can't print to $infile: $!";
truncate(F, tell(F))         or die "can't truncate $infile: $!";
close(F)                     or die "can't close $infile: $!";
```

파일을 즉석에서 수정하는 다른 예제 코드들은 8장에서 볼 수 있다.

이 방법을 쓰려면 나름의 결의가 필요하다. 코드를 만들기도 어렵고, 메모리가 더 많이(아마도 *매우* 많이) 필요하고, 백업 파일을 만들지도 않는다. 게다가 변경 중인 파일을 다른 프로세스가 읽으려 하면 그 프로세스가 오작동할 수도 있다. 따라서 대부분의 경우 이 방법을 쓸 이유가 없다.

신중하게 하려면 파일에 락을 거는 것을 잊지 말라.

더 알아보기

- *perlfunc*(1) 문서와 *Programming Perl* 29장에서 다루는 seek, truncate, open, sysopen 함수
- 레시피 7.15, 레시피 7.16, 레시피 7.18

7.18 파일에 락 걸기

문제

여러 프로세스가 한 파일을 동시에 변경하려고 한다.

해결책

모든 프로세스가 flock을 사용하여 락을 준수하도록 한다.

```
use Fcntl qw(:flock);                # LOCK_* 상수를 사용하기 위해서
open(FH, "+<", $path)                or die "can't open $path: $!";
flock(FH, LOCK_EX)                   or die "can't flock $path: $!";
# 여기에서 파일을 변경하고서...
close(FH)                            or die "can't close $path: $!";
```

논의

이용할 수 있는 락의 종류와 신뢰성은 운영체제에 따라 크게 다르다. 운영체제가 내부적으로 독자적인 기법을 쓰더라도, 펄은 사용자에게 제대로 동작하는 락 기능을 제공하고자 노력한다. flock 함수는 인자를 두 개 받는다. 하나는 파일핸들이고 또 하나는 그 파일핸들에 걸 락의 종류를 나타내는 숫자이다. 일반적으로 이 숫자는 Fcntl 모듈이나 IO::File 모듈에서 제공하는, LOCK_EX 같은 상수로 지정한다.

락은 두 종류가 있다. 공유 락(LOCK_SH)과 배타적 락(LOCK_EX)이다. "배타적(exclusive)"라는 말이 있지만, 프로세스가 파일에 걸린 락을 반드시 준수해야 하는 것은 아니다. 달리 표현하면 flock은 *권고형 락(advisory locking)*을 구현한다.

이를 이용하여 어떤 파일을 읽고 있던 프로세스들이 일을 마칠 때까지 그 파일에 데이터를 쓰려고 하는 프로세스를 운영체제가 일시 중단시킬 수 있다.

파일에 flock을 쓰는 것은 교차로에 신호등을 설치하는 것과 비슷하다. 사람들이 신호등의 색이 빨간색인지 초록색인지 아니면 노란색(공유 락의 경우)인지 주의를 기울여야만 의미가 있다. 빨간색 신호 자체가 자동차를 멈추게 하지는 않는다. 단지 멈춰야 한다고 알려줄 뿐이다. 자포자기하거나 무지하거나 난폭한 사람은 신호등이 무슨 색이든 상관없이 교차로를 가로지를 것이다. 마찬가지로 flock은 입출력을 시도하는 모든 프로세스를 블록하는 게 아니라 flock을 사용하는 프로세스들만 블록할 수 있다. 모든 운전자가 신호등을 준수하지 않는 한 사고는 언젠가 일어난다.

락을 준수하는 프로세스는 파일에서 뭔가 읽을 때는 보통 LOCK_SH, 즉 공유 락을 요청한다. 한 파일에 여러 프로세스가 동시에 공유 락을 걸 수 있다. 이것은 프로세스들이 (아마도) 데이터를 변경하지 않을 것이기 때문이다. 파일을 변경하려는 프로세스는 LOCK_EX, 즉 배타적 락을 요청해야 한다. 그러면 운영체제는 그 프로세스를 일시 정지시키고 다른 프로세스들이 모두 락을 해제할 때까지 기다리게 한다. 다른 프로세스들이 락을 해제하면 일시 정지되었던 프로세스에게 락을 걸 권한을 주고 블록 상태에서 빠져나오도록 한다. 일단 락을 걸면 다른 프로세스는 그 파일에 대하여 flock(FH, LOCK_EX)를 실행할 수 없다.

(이것은 한 파일에 걸릴 수 있는 배타적 락이 하나뿐이라는 얘기이다. 하지만 반드시 그런 것은 아니다. fork로 복제된 자식 프로세스는 부모 프로세스로부터 열린 파일뿐 아니라 락도 상속한다. 즉 배타적 락을 건 상태에서 fork만 하고 exec은 하지 않았다면 자식 프로세스도 그 파일에 동일한 배타적 락을 가지고 있게 된다.)

따라서 flock 함수는 기본적으로 블로킹 연산이다(즉 파일에 락을 당장 걸 수 없는 경우, 걸 수 있을 때까지 대기한다). 락을 요청할 때 LOCK_NB 플래그를 사용하면 대기하지 않고 곧바로 함수가 종료된다. 이를 이용하면 "락을 건 다른 프로세스가 끝날 때까지 기다리라"는 경고 메시지를 사용자에게 띄울 수 있다.

```
unless (flock(FH, LOCK_EX|LOCK_NB)) {
    warn "can't immediately write-lock the file ($!), blocking ...";
    unless (flock(FH, LOCK_EX)) {
        die "can't get write-lock on numfile: $!";
    }
}
```

LOCK_NB를 사용하며 LOCK_SH 요청을 했는데 거부되었다면 다른 누군가가 LOCK_

EX 락을 걸고 파일을 변경하는 중이라는 것을 알 수 있다. LOCK_EX 요청이 거부되었다면 다른 누군가가 LOCK_SH 또는 LOCK_EX 락을 걸었다는 뜻이므로 파일을 변경하려 해서는 안 된다.

프로세스가 종료되기 전이라도, 파일을 닫으면 락은 해제된다. 파일에 대해 락을 걸거나 해제하면 펄은 자동으로 버퍼를 비운다.

다음은 flock을 사용하며 파일에 적혀 있는 숫자를 증가시키는 예이다.

```
use Fcntl qw(:DEFAULT :flock);

sysopen(FH, "numfile", O_RDWR|O_CREAT)
                                    or die "can't open numfile: $!";
flock(FH, LOCK_EX)                  or die "can't write-lock numfile: $!";
# 락을 얻었기 때문에 안전하게 입출력 조작을 할 수 있다
$num = <FH> || 0;                   # 여기에서 "or"를 사용해서는 안 된다
seek(FH, 0, 0)                      or die "can't rewind numfile : $!";
truncate(FH, 0)                     or die "can't truncate numfile: $!";
print FH $num+1, "\n"               or die "can't write numfile: $!";
close(FH)                           or die "can't close numfile: $!";
```

파일핸들을 닫으면 버퍼가 비워지고 락이 해제된다. truncate 함수는 8장에서 자세히 설명한다.

파일에 락을 거는 일은 여러분이 생각하는 만큼(또는 원하는 만큼) 간단하지 않다. 락은 권고 사항일 뿐이기에, 어떤 프로세스가 락을 준수하더라도 다른 프로세스가 무시하면 모두 없던 일이 되어 버린다. 어떤 파일의 존재 여부를 락이 걸렸는지 판단하는 기준으로 삼으면 안 된다. 파일이 존재하는지 검사하는 시점과 그 파일을 생성하는 시점 사이에 경쟁 상태가 발생할 수 있기 때문이다. 또한 파일에 락을 거는 것은 본질적으로 상태 정보를 사용하는 일이기 때문에 NFS 같은 네트워크 파일 시스템에서 사용하는, 상태 정보를 유지하지 않는 모델에는 적합하지 않다. 일부 업체들은 이 문제를 fcntl로 해결할 수 있다고 주장하지만 실제 경험에 의하면 그렇지 않다. CPAN 모듈인 File::NFSLock 모듈은 NFS 파일 시스템에 있는 파일에 락을 걸거나 해제할 수 있는 방법을 제공하는데, 이 방법은 flock 시스템과는 다른 것이다.

펄의 flock 함수와 SysV의 lockf 함수를 혼동해서는 안 된다. flock 함수는 lockf 함수와 달리 파일 전체에 락을 건다. 펄은 lockf를 직접 지원하지는 않지만, CPAN 모듈 File::Lock을 사용하면 lockf 함수와 같은 기능을 이용할 수 있다(다만 운영체제에서 lockf를 지원해야 한다). 순수하게 펄만 사용하여 파일의 일부분에 락을 걸려면 fcntl 함수를 쓰는 방법밖에 없다. 레시피 7.25에 나오는 *lockarea* 프로그램에서 그 예를 볼 수 있다.

더 알아보기

- *perlfunc*(1) 문서와 *Programming Perl* 29장에서 다루는 flock, fcntl 함수
- 기본 모듈 Fcntl, DB_File 모듈 문서(*Programming Perl* 32장에서도 다룬다)
- CPAN 모듈 File::Lock, File::NFSLock 문서
- 레시피 7.24, 레시피 7.25

7.19 출력 버퍼 비우기

문제

파일핸들로 출력할 때, 출력한 내용이 즉시 나타나지 않는다. 이것은 웹 서버에서 CGI 스크립트를 실행할 때 문제가 될 수 있다. 어떤 웹 서버는 스크립트의 (버퍼링된) 출력을 보기 전에 펄의 경고 메시지를 먼저 보게 되면 브라우저에 500 Server Error라는 별 도움 안 되는 메시지를 보내 버린다. 버퍼링에 의한 문제는 여러 프로그램이 파일에 동시에 접근할 때나, 장치 또는 소켓과 통신할 때도 발생한다.

해결책

각 파일핸들에 대해서 $| 변수에 참 값(보통은 1)을 대입하여 버퍼링을 비활성화한다.

```
$old_fh = select(OUTPUT_HANDLE);
$| = 1;
select($old_fh);
```

IO 모듈을 따로 적재하는 비용을 개의치 않는다면, IO 모듈의 autoflush 메서드를 호출하여 버퍼링을 비활성화한다.

```
use IO::Handle;
OUTPUT_HANDLE->autoflush(1);
```

autoflush 메서드는 간접 파일핸들에서도 호출할 수 있다.

```
use IO::Handle;
$fh->autoflush(1);
```

논의

대부분의 stdio 구현에서는 버퍼링 방법은 출력 장치의 유형에 따라 달라진다. 디스크 상의 파일에 입출력할 때는 블록 단위로 버퍼링이 이루어지며, 버퍼의 크기는 보통 2KB 이상이다. 파이프나 소켓에 사용되는 버퍼의 크기는 보통 0.5KB에

서 2KB 사이이다. 터미널, 모뎀, 마우스, 조이스틱 등의 시리얼 기기는 보통 행 단위 버퍼링이 이뤄진다(줄바꿈 문자를 받았을 때 버퍼를 비운다).

펄의 print 함수는 진짜로 버퍼를 전혀 쓰지 않는 출력, 즉 개개의 글자 단위로 물리적으로 쓰는 출력을 직접 지원하지는 않는다. 대신 *명령 단위 버퍼링(command buffering)*을 지원한다. 이것은 개개의 출력 명령을 실행한 직후에 물리적으로 쓰는 것이다. 이것은 버퍼를 전혀 쓰지 않는 것에 비하면 시스템에 부담을 주지 않으면서도, 필요한 때 필요한 곳에 출력을 내보낼 수 있다.

출력 버퍼링은 특수변수 $|를 사용해서 제어할 수 있다. 이 변수에 참 값을 저장하면 출력 핸들의 명령 단위 버퍼링이 활성화된다. 이것은 입력 핸들에는 아무런 영향을 끼치지 않는다. 입력 버퍼링을 제어하는 방법은 레시피 15.6, 레시피 15.8을 참고하라. 이 변수에 거짓 값을 저장하면 기본적인 stdio 버퍼링이 활성화된다. 예제 7-7에서 이 차이를 보여준다.

예제 7-7. seeme

```
#!/usr/bin/perl -w
# seeme - stdio 출력 버퍼링 예
$| = (@ARGV > 0);      # 인자가 있으면 명령 단위로 버퍼링된다
print "Now you don't see it...";
sleep 2;
print "now you do\n";
```

인자를 지정하지 않고 이 프로그램을 호출하면 STDOUT은 명령 단위 버퍼링이 적용되지 않는다. 여러분이 사용하는 터미널(콘솔, GUI 창, telnet 세션, 뭐가 됐든)은 한 행이 완성되기 전에는 아무런 출력을 받지 않는다. 따라서 2초 동안 아무것도 나오지 않다가 2초가 지나면 "Now you don't see it ... now you do"라고 한 줄이 통째로 출력된다. 인자를 하나 이상 지정하며 이 프로그램을 호출하면 STDOUT는 명령 단위로 버퍼링된다. 즉 먼저 "Now you don't see it..."이 표시되고, 2초 뒤에 "now you do"가 마저 표시된다.

코드를 어떻게든 짧게 만들려는 욕심에(왜 그러는지는 모르겠지만), select의 반환값, 즉 기존에 기본 파일핸들*이었던* 핸들을 다음 select의 인자로 사용하는 프로그래머도 있다.

```
select((select(OUTPUT_HANDLE), $| = 1)[0]);
```

버퍼링을 제어하는 데에 $|를 쓰는 것 말고 다른 방법도 있다. IO::Handle 모듈 또는 IO::Handle 클래스를 상속한 모듈은 버퍼를 비우는 세 가지 메서드(flush, autoflush, printflush)를 제공한다. 이 메서드들은 이름 있는 파일핸들, 파일핸들

을 담은 변수, 파일핸들의 사본 어느 것을 가지고서도 호출할 수 있다.

flush 메서드는 현재 버퍼 안에 남아 있는 내용을 모두 출력한다. 성공하면 "0 but true"를, 실패하면 undef를 반환한다. printflush 메서드는 print를 수행한 후 flush를 한 번 실행한다. autoflush 메서드는 방금 말했던 복잡한 과정을 편하게 할 수 있게 해 준다. 이 메서드는 파일핸들의 명령 단위 버퍼링 속성을 활성화(명시적으로 거짓 값을 인자로 받을 경우는 비활성화)하고, 그 속성의 기존 값을 반환한다. 다음은 사용 예제이다.

```
use FileHandle;

STDERR->autoflush;            # 애초에 표준 에러는 stdio에서는 버퍼링하지 않는다
$filehandle->autoflush(0);
```

13장에서 다루는, 조금 색다른 간접 객체 표기법을 사용하면 다음처럼 영어 문법에 가까운 코드를 작성할 수 있다.

```
use IO::Handle;
# REMOTE_CONN은 대화형 소켓의 핸들
# DISK_FILE은 일반 파일의 핸들이다
autoflush REMOTE_CONN  1;           # 명확성을 위해 버퍼링을 끔
autoflush DISK_FILE    0;           # 속도 향상을 위해 버퍼링을 켬
```

이 방법을 쓰면 복잡하게 select를 사용하지 않아도 되고 코드도 읽기 쉬워진다. 하지만 프로그램을 컴파일하는 데 꽤 시간이 걸리게 된다. 이것은 IO::Handle 모듈을 적재할 때 수십 개의 파일이 열리고 수천 줄의 코드를 읽어 들여서 컴파일하기 때문이다. 따라서 짧고 간단한 프로그램에서는 $| 변수를 직접 조작하는 것이 좋다. 그러나 IO::Handle을 상속하는 클래스를 이미 사용하고 있는 대규모 프로그램이라면 이미 비용을 지불한 셈이니 편하게 쓰면 된다.

여러분이 원하는 때 원하는 곳에 출력을 확실하게 보내려면 버퍼를 비우는 것이 중요하다. 특히 소켓이나 파이프, 장치 등에 출력할 때는 더욱 중요한데, 왜냐하면 이런 대상을 상대로 대화식 입출력을 하는 경우가 많고, 행 단위 버퍼링을 하고 있다는 가정이 없기 때문이다. 예제 7-8의 프로그램을 살펴보자.

예제 7-8. getpcomidx

```
#!/usr/bin/perl -w
# getpcomidx - www.perl.com의 index.html 문서를 내려받는다.
use IO::Socket;
$sock = new IO::Socket::INET (PeerAddr => "www.perl.com",
                              PeerPort => "http(80)");
die "Couldn't create socket: $@" unless $sock;
# 이 라이브러리는 $!이 아닌 $@를 사용한다
$sock->autoflush(1);
```

```
# 맥에서는 \n\n 대신에 \015\012\015\012를 사용해야 한다
# 프로토콜 명세에서도 그렇게 되어 있으므로 다른 운영체제에서도 그러는 게 좋지만
# "\cJ\cJ"도 받아들이도록 구현하기를 권장하고 있고
# 저자들이 아는 한 다들 그렇게 구현하고 있다
$sock->print("GET /index.html http/1.1\n\n");
$document = join("", $sock->getlines());
print "DOC IS: $document\n";
```

버전 5.8 또는 그 이후의 펄을 사용하고 있다면, 새로운 입출력 레이어를 사용하여 버퍼링하지 않고 출력할 수 있다. 이를 위해서는 `:unix` 레이어를 사용한다. 만일 파일핸들이 이미 열린 상태라면, 다음처럼 할 수 있다.

```
binmode(STDOUT, ":unix")
    || die "can't binmode STDOUT to :unix: $!";
```

또는 open을 호출할 때 입출력 레이어를 지정한다.

```
open(TTY, ">:unix", "/dev/tty")
    || die "can't open /dev/tty: $!";
print TTY "54321";
sleep 2;
print TTY "\n";
```

지금까지 알아본 버퍼를 비우는 방법들로 입력 버퍼링을 제어할 수는 없다. 입력 버퍼링을 제어하는 방법은 레시피 15.6, 레시피 15.8을 참고하라.

더 알아보기

- *perlvar*(1) 문서와 *Programming Perl* 28장에서 다루는 `$|` 변수
- 기본 모듈 FileHandle, IO::Handle 모듈 문서(*Programming Perl* 32장에서도 다룬다)
- *perlfunc*(1) 문서와 *Programming Perl* 29장에서 다루는 `perlfunc` 함수
- 레시피 15.6, 레시피 15.8

7.20 논블로킹 입출력

문제

파일핸들을 통해 입출력할 때 대상 파일이나 소켓, 장치 등이 준비되기를 기다리며 프로세스가 블록되지 않게 하고자 한다. 이런 상황은 일반 파일보다는 특수한 파일을 다룰 때 자주 생긴다.

해결책

O_NONBLOCK 옵션을 지정하며 sysopen 함수로 파일을 연다.

```
use Fcntl;
sysopen(MODEM, "/dev/cua0", O_NONBLOCK|O_RDWR)
    or die "Can't open modem: $!\n";
```

이미 파일핸들이 열린 경우는 IO::Handle 모듈의 blocking 메서드에 인자 0을 전달하여 호출한다.

```
use IO::Handle;
MODEM->blocking(0);  # MODEM은 이미 열려 있다고 하자
```

또는 저레벨 함수인 fcntl을 사용한다.

```
use Fcntl;

$flags = fcntl(HANDLE, F_GETFL, 0)
    or die "Couldn't get flags for HANDLE : $!\n";
$flags |= O_NONBLOCK;
fcntl(HANDLE, F_SETFL, $flags)
    or die "Couldn't set flags for HANDLE: $!\n";
```

논의

디스크에 있는 파일을 읽는 경우, 파일의 끝에 도달해서 더 이상 읽을 데이터가 없다면 입력 연산은 즉시 종료된다. 그러나 파일 핸들이 사용자의 키보드나 네트워크 접속에 연결된 경우라면 읽을 데이터가 지금 당장은 없더라도 나중에라도 생길 수 있다. 따라서 입력 함수는 보통은 데이터가 생길 때까지 복귀하지 않고 대기한다. 하지만 때로는 이렇게 대기하지 않고, 데이터가 있으면 가져 오고 없으면 없는 대로 복귀하여 원래 하고 있던 일을 계속 하도록 하고 싶을 수 있다.

일단 파일핸들을 논블로킹 입출력 모드로 설정하면, sysread와 syswrite 함수는 원래대로라면 블록되었을 시점에 undef를 반환하며 $! 변수에 EAGAIN을 저장한다.

```
use Errno;

$rv = syswrite(HANDLE, $buffer, length $buffer);
if (!defined($rv) && $!{EAGAIN}) {
    # 블록되었을 상황
} elsif ($rv != length $buffer) {
    # 완전히 쓰지는 못했음
} else {
    # 쓰기 성공
}

$rv = sysread(HANDLE, $buffer, $BUFSIZ);
if (!defined($rv) && $!{EAGAIN}) {
    # 블록되었을 상황
} else {
    # HANDLE에서 성공적으로 $rv 바이트를 읽었음
}
```

O_NONBLOCK 상수는 POSIX 표준에서 정한 상수이므로 대부분의 시스템에서 이용할 수 있을 것이다. 이 코드에서는 Errno 모듈을 사용해서 에러 코드가 EAGAIN인지 확인한다. $!{EAGAIN}을 검사하는 것은 $! == EAGAIN을 검사하는 것과 동일한 결과를 낸다.

더 알아보기

- *perlfunc*(1) 문서와 *Programming Perl* 29장에서 다루는 sysopen, fcntl 함수
- 기본 모듈 Errno, IO::Handle 모듈 문서(*Programming Perl* 32장에서도 다룬다)
- 시스템에 있는 *open*(2), *fcntl*(2) 매뉴얼 페이지
- 레시피 7.22, 레시피 7.21

7.21 읽지 않고 남아 있는 데이터의 크기 알아내기

문제

어떤 파일핸들에서 아직 읽지 않은 상태로 남아 있는 데이터가 몇 바이트인지 알아내고자 한다.

해결책

ioctl 함수의 FIONREAD 질의를 사용한다.

```
$size = pack("L", 0);
ioctl(FH, $FIONREAD, $size)     or die "Couldn't call ioctl: $!\n";
$size = unpack("L", $size);

# $size 바이트를 읽을 수 있음
```

이때 입력 파일핸들이 버퍼링을 사용하지 않아야 한다(:unix 등의 입출력 계층을 사용). 또는 sysread 함수만 사용하도록 한다.

논의

펄의 ioctl 함수는 운영체제의 *ioctl*(2) 시스템 콜을 직접적으로 쓸 수 있게 해 주는 인터페이스이다. 사용하는 시스템이 FIONREAD 요청이나 *ioctl*(2) 시스템 콜을 지원하지 않는 경우 이 레시피는 사용할 수 없다. FIONREAD와 그 외 *ioctl*(2) 요청들은 C 인클루드 파일 안에 기술된 숫자값이다.

펄의 *h2ph* 도구는 C 인클루드 파일을 require로 삽입할 수 있는 펄 코드로 바꾼다. *h2ph*로 변환한 경우 FIONREAD 상수는 *sys/ioctl.ph* 파일 안에 함수로 정의된다.

```
require "sys/ioctl.ph";

$size = pack("L", 0);
ioctl(FH, FIONREAD( ), $size)    or die "Couldn't call ioctl: $!\n";
$size = unpack("L", $size);
```

*h2ph*이 설치되어 있지 않거나 제대로 동작하지 않는 경우는 *grep*을 사용하여 인클루드 파일에서 FIONREAD 값을 뽑아낸다.

```
% grep FIONREAD /usr/include/*/*
/usr/include/asm/ioctls.h:#define FIONREAD      0x541B
```

CPAN 모듈 Inline::C를 설치하면 이 상수를 얻는 C 함수를 만들 수 있다.

```
use Inline C;

$FIONREAD = get_FIONREAD();
# ...

__END__
__C__
#include <sys/ioctl.h>

int get_FIONREAD() {
  return FIONREAD;
}
```

이런 방법들이 다 실패한다면, 간단한 C 프로그램을 직접 작성한다.

```
% cat > fionread.c
#include <sys/ioctl.h>
main() {
    printf("%#08x\n", FIONREAD);
}
^D
% cc -o fionread fionread.c
% ./fionread
0x4004667f
```

이렇게 알아낸 값을 코드에 직접 넣고, 나중에 다른 시스템에 이식할 때 생기는 문제는 뒷사람에게 떠넘긴다.

```
$FIONREAD = 0x4004667f;         # 주의: 이 값은 운영체제마다 다르다

$size = pack("L", 0);
ioctl(FH, $FIONREAD, $size)     or die "Couldn't call ioctl: $!\n";
$size = unpack("L", $size);
```

FIONREAD는 스트림에 연결된 파일핸들, 즉 소켓이나 파이프, tty 장치 등을 대상으로 한다. 일반 파일을 대상으로는 잘 동작하지 않는다.

이 내용이 너무 시스템 프로그래밍 쪽이라고 생각된다면, 문제를 멀리서 바라보자. 파일핸들을 논블로킹 모드로 읽는다(레시피 7.20 참고). 뭔가 읽었다면 읽을

데이터가 그만큼 대기 중이었다는 얘기이고, 아무것도 읽지 못했다면 읽을 데이터가 하나도 없었다는 얘기다. 하지만 이런 식으로 접근하면, 같은 시스템을 사용하는 다른 사용자(또는 다른 프로세스)들이 있을 때 문제가 된다. 이 방법은 바쁘게 대기(busy-wait)하는 입출력을 사용하기 때문에 시스템의 자원을 많이 소비한다.

더 알아보기

- 레시피 7.20
- 시스템에 있는 *ioctl*(2) 매뉴얼 페이지
- *perlfunc*(1) 문서와 *Programming Perl* 29장에서 다루는 `ioctl` 함수
- CPAN 모듈 Inline::C 모듈 문서

7.22 블록되지 않고 다수의 파일핸들에서 읽기

문제

<FH>처럼 입력이 있을 때까지 블록되는 게 아니라, 읽을 입력이 있는지 미리 알아내고자 한다. 이것은 파이프나 소켓, 장치, 다른 프로그램 등에서 입력을 읽을 때 유용하다.

해결책

파일 기술자의 집합을 나타내는 비트 벡터의 조작법에 익숙하다면 타임아웃을 0초로 설정하여 `select`를 사용한다.

```
$rin = "";
# 검사하려는 파일핸들 모두에 대해 다음 행을 반복한다
vec($rin, fileno(FH1), 1) = 1;
vec($rin, fileno(FH2), 1) = 1;
vec($rin, fileno(FH3), 1) = 1;

$nfound = select($rout=$rin, undef, undef, 0);
if ($nfound) {
  # 다음 세 개의 파일핸들 중 하나 이상에 읽을 수 있는 입력이 있다
  if (vec($rout,fileno(FH1),1)) {
      # FH1에 대한 처리를 한다
  }
  if (vec($rout,fileno(FH2),1)) {
      # FH2에 대한 처리를 한다
  }
  if (vec($rout,fileno(FH3),1)) {
      # FH3에 대한 처리를 한다
  }
}
```

IO::Select 모듈은 비트 벡터 연산을 직접 하지 않아도 되도록 추상 레이어를 제공한다.

```
use IO::Select;
$select = IO::Select->new();
# 검사하려는 파일핸들 모두에 대해 다음 행을 반복한다
$select->add(*FILEHANDLE);
if (@ready = $select->can_read(0)) {
    # @ready에는 읽을 수 있는 입력이 있는 파일핸들이 들어 있다.
}
```

논의

select 함수는 사실 두 가지이다. 인자를 하나만 받는 것과 네 개 받는 것이다. 인자를 하나만 받는 select 함수는 현재 기본 출력 파일핸들을 변경한다(레시피 7.19 참고). 인자를 네 개 받는 select 함수는 어느 파일핸들에 읽을 수 있는 입력이 들어와 있는지, 또는 어느 파일핸들에 출력을 쓸 수 있는지 알려준다. 이 레시피는 인자 네 개를 받는 select 함수를 사용한다.

select에 넘기는 처음 세 개의 인자는 비트 벡터를 나타내는 문자열이다. 첫 번째 비트 벡터는 대기 중인 입력이 있는지 확인할 파일핸들을, 두 번째 비트 벡터는 출력을 기다리는지 확인할 파일핸들을, 세 번째 비트 벡터는 긴급히 처리해야 할 데이터(소켓의 대역 외 데이터나 긴급 데이터 등)가 있는지 조사할 파일핸들을 각각 나타낸다. 마지막 인자는 타임아웃값으로, select 함수가 얼마나 오랫동안 파일핸들의 상태 변화를 기다릴지 지정한다. 타임아웃값이 0이면 폴링(polling)이 이루어진다. 타임아웃값의 단위는 초이고 부동소수를 사용할 수 있다. 타임아웃값이 undef인 경우는 상태가 변할 때까지 대기(블록)한다.

```
$rin = "";
vec($rin, fileno(FILEHANDLE), 1) = 1;
$nfound = select($rin, undef, undef, 0);    # 검사만 하고 바로 종료한다
if ($nfound) {
    # FILEHANDLE에서 10바이트를 읽는다
    sysread(HANDLE, $data, 10);
    print "I read $data";
}
```

IO::Select 모듈은 비트 벡터를 여러분이 직접 다루지 않아도 되도록 감추어 준다. IO::Select->new()가 반환하는 새 객체에 대해 add 메서드를 호출하여 하나 이상의 파일핸들을 추가할 수 있다. 검사하려는 파일핸들을 추가하고 나면 can_read, can_write, has_exception 메서드를 호출한다. 이 메서드들은 각각 안전하게 읽을 수 있는 파일핸들의 리스트, 안전하게 쓸 수 있는 파일핸들의 리스트, 읽지 않은 예외 데이터(예를 들어 TCP 대역 외 데이터)가 있는 파일핸들의 리스트를 반환한다.

select를 사용하는 경우, 버퍼링하지 않는 입출력 레이어를 사용하지 않는 이상은 데이터 한 행 전체를 읽기 위해 readline 함수나 행 입력 연산자 <FH>를 쓸 수는 없다. 버퍼링을 사용하는 입출력 함수와, 이 함수들이 사용하는 사용자 공간 버퍼를 무시하고 커널 공간 내의 버퍼만 검사하는 select를 섞어 쓰면 큰 낭패를 겪을 것이다. 레시피 7.23에서는 이 문제에 대한 더 자세한 설명과, sysread 함수를 사용하여 소켓이나 파이프에서 대기 중인 입력을 읽고 곧바로 복귀하는 방법에 관해서 설명한다. 터미널 행(키보드나 다른 직렬 장치)에서 논블로킹 모드로 읽는 법에 대해서는 레시피 15.6과 15.8을 참고한다.

더 알아보기

- *perlfunc*(1) 문서와 *Programming Perl* 29장에서 다루는 select 함수
- 기본 모듈 IO::Select 모듈 문서(*Programming Perl* 32장에서도 다룬다)
- 레시피 7.20, 레시피 7.23

7.23 블록되지 않고 행 전체를 읽기

문제

select로 검사했을 때 읽을 데이터가 있다고 판정된 파일핸들로부터 한 행을 읽으려 한다. 그러나 펄에서 일반적으로 쓰는 <FH> 연산자(readline 함수)를 select와 함께 사용할 수는 없다. <FH>는 여분의 데이터를 버퍼에 담는데 select는 그 버퍼의 존재를 모르기 때문이다.

해결책

아래에 있는 sysreadline 함수를 사용한다.

```
$line = sysreadline(SOME_HANDLE);
```

행의 일부만 전송되었을 경우를 대비하여, 몇 초나 기다릴지 타임아웃값을 지정한다.

```
$line = sysreadline(SOME_HANDLE, TIMEOUT);
```

sysreadline 함수의 코드는 다음과 같다.

```
use IO::Handle;
use IO::Select;
use Symbol qw(qualify_to_ref);

sub sysreadline(*;$) {
```

```
    my($handle, $timeout) = @_;
    $handle = qualify_to_ref($handle, caller());
    my $infinitely_patient = (@_ == 1 || $timeout < 0);
    my $start_time = time();
    my $selector = IO::Select->new();
    $selector->add($handle);
    my $line = "";
SLEEP:
    until (at_eol($line)) {
        unless ($infinitely_patient) {
            return $line if time() > ($start_time + $timeout);
        }
        # 1초 슬립하고 나서 확인을 재개한다
        next SLEEP unless $selector->can_read(1.0);
INPUT_READY:
        while ($selector->can_read(0.0)) {
            my $was_blocking = $handle->blocking(0);
CHAR:       while (sysread($handle, my $nextbyte, 1)) {
                $line .= $nextbyte;
                last CHAR if $nextbyte eq "\n";
            }
            $handle->blocking($was_blocking);
            # 행이 불완전한 경우는 처리를 계속한다
            next SLEEP unless at_eol($line);
            last INPUT_READY;
        }
    }
    return $line;
}
sub at_eol($) { $_[0] =~ /\n\z/ }
```

논의

레시피 7.22에서 설명했듯이, 운영체제가 특정 파일핸들에 여러분의 프로세스가 읽을 수 있는 데이터를 준비했는지를 확인하기 위해서 펄의 내장 함수 select나 기본 모듈 IO::Select의 can_read 메서드를 사용한다.

이때 데이터를 읽기 위해 sysread, recv 등의 함수는 사용할 수 있지만, 버퍼링을 사용하는 readline(즉 <FH>), read, getc 등의 함수는 사용할 수 없다. 게다가 버퍼링하지 않는 입력 함수라 해도 블록될 수 있다. 누군가 접속해서 문자 하나를 보내고는 줄바꿈 문자(또는 $/ 변수에 설정된 문자)를 보내지 않는다면, 입력이 줄바꿈 문자로 끝날 것을 기대하는 <FH> 같은 연산은 블록되어 버릴 것이다.

이를 회피하기 위해서 파일핸들을 논블로킹 모드로 설정하고서 "\n"를 만날 때까지 문자들을 읽어 들인다. 블록될 수 있는 <FH>를 사용하지 않아도 된다. sysreadline 함수는 추가로 두 번째 인자에 대기 시간을 지정할 수 있다. 따라서 행의 일부만 읽은 상태에서 더 이상 데이터가 오지 않아도 영원히 대기 상태에 빠지지 않는다.

더 심각한 문제는 select 함수가 알려주는 것은 운영체제의 저레벨 파일 기술자를 입출력에 사용할 수 있는지 여부뿐이라는 것이다. 이 select 함수와 이 장 개요에서 나열한 버퍼링을 사용하는 입출력 함수들(read, <FH>, seek, tell 등)을 섞어 쓸 경우 그 결과를 신뢰할 수 없다. 따라서 그런 함수들 대신에 sysread 함수를 사용해야 한다. 파일 안의 파일핸들의 위치를 변경하려면 sysseek 함수를 사용해야 한다.

select에 신뢰성이 없어지는 것은 커널이 데이터를 전송하고 나면, 프로세스의 주소 공간에서 이루어지는 사용자 레벨의 버퍼링은 select의 결과에 반영되지 않기 때문이다. 그러나 <FH>(실제로는 펄의 readline() 함수)는 여전히 버퍼링을 사용하는 입출력 시스템을 사용한다. 만일 입력으로 두 행이 들어와 있다면, select는 한 번만 참을 반환할 것이다. 여러분이 첫 행을 읽으면 두 번째 행은 버퍼에 남아 있지만, 커널 입장에서는 사용자에게 모든 데이터를 넘겼기 때문에 select를 다시 호출하면 블록되어 버릴 것이다. 저 두 번째 행은 이제 커널 쪽에서는 보이지 않으며, 읽히지 않은 상태로 사용자 공간에 있는 입력 버퍼에 남아 있게 된다.

더 알아보기

- *perlfunc*(1) 문서와 *Programming Perl* 29장에서 다루는 sysread 함수
- 기본 모듈 Symbol, IO::Handle, IO::Select 모듈 문서(*Programming Perl* 32장에서도 다룬다)
- 레시피 7.22

7.24 프로그램: netlock

파일에 락을 거는 경우 가능하면 flock을 사용하라고 앞에서 권장하였다. 그러나 시스템에 따라서는 flock의 락 방식으로는 신뢰성을 보장할 수 없는 경우도 있다. 예를 들어 시스템에 펄을 설치한 사람이 flock이 인터넷 접속에는 아예 동작하지 않도록 설정했을 수도 있다. 또는 매우 드문 경우이지만 시스템에 flock을 에뮬레이션하는 기능이 전혀 없을 수도 있다.

다음 프로그램과 모듈은 파일 락의 기본 동작을 구현한다. flock은 파일 기술자에 락을 걸지만, 이 모듈은 *파일이름*에 락을 건다.

따라서 이 모듈을 사용하면 디렉터리나 도메인 소켓 등 일반적인 파일 이외의 것에도 락을 걸 수 있다. 심지어 현재 존재하지 않는 파일에도 락을 걸 수 있다. 이 모듈은 락을 걸 대상 파일과 같은 계층에 디렉터리를 만들고, 그 디렉터리를

사용해서 파일에 락을 건다. 그 때문에 대상 파일이 있는 디렉터리에 쓰기 권한이 있어야 한다. 이 디렉터리 안에는 대상 파일을 감시하는 파일을 만들고, 그 안에 락의 소유자를 저장한다. 이런 접근법은 레시피 7.15에도 도움이 된다. 파일 내용이 바뀌어도 파일이름에 락을 걸 수 있기 때문이다.

nflock 함수에는 한 개 또는 두 개의 인자를 넘긴다. 첫 번째 인자는 락을 걸 파일의 경로 이름이고, 두 번째 인자는 락을 걸기 위해 대기하다 타임아웃 되기까지의 대기 시간이며, 생략할 수 있다. 락이 걸리면 참이 반환되고, 타임아웃이 되면 거짓이 반환된다. 디렉터리에 쓰기를 할 수 없는 등 비정상적인 상황이 생기면 예외가 발생한다.

$File::LockDir::Debug 변수의 값을 참으로 설정하면 락을 걸기 위해 대기하게 될 경우 메시지가 출력된다. 락을 해제하지 않고 프로그램을 종료하려고 하면 모듈이 자동으로 해제해 준다. 하지만 프로그램이 가로챌 수 없는 시그널을 받은 경우는 자동으로 해제되지 않는다.

예제 7-9는 이 File::LockDir 모듈을 사용하는 예제 프로그램이다.

예제 7-9. drivelock

```
#!/usr/bin/perl -w
# drivelock - File::LockDir 모듈 사용 예제
use strict;
use File::LockDir;
$SIG{INT} = sub { die "outta here\n" };
$File::LockDir::Debug = 1;
my $path = shift                            or die "usage: $0 <path>\n";
unless (nflock($path, 2)) {
    die "couldn't lock $path in 2 seconds\n";
}
sleep 100;
nunflock($path);
```

예제 7-10은 File::LockDir 모듈의 소스 코드이다. 여러분이 모듈을 직접 만드는 방법에 대해서는 12장에서 자세히 설명한다.

예제 7-10. File::LockDir

```
package File::LockDir;
# 매우 기본적인 파일이름 레벨의 락을 제공하는 모듈
# 복잡한 시스템 콜은 사용하지 않는다.
# 이론적으로는 디렉터리 정보는 NFS에서도 동기화된다.
# 부하 테스트는 하지 않았다.
use strict;
use Exporter;
our (@ISA, @EXPORT);
@ISA      = qw(Exporter);
@EXPORT   = qw(nflock nunflock);
our ($Debug, $Check);
```

```
$Debug  ||= 0;  # 이미 정의되어 있을 수 있다
$Check  ||= 5;  # 이미 정의되어 있을 수 있다
use Cwd;
use Fcntl;
use Sys::Hostname;
use File::Basename;
use File::stat;
use Carp;
my %Locked_Files = ();
# usage: nflock(FILE; NAPTILL)
sub nflock($;$) {
    my $pathname = shift;
    my $naptime  = shift || 0;
    my $lockname = name2lock($pathname);
    my $whosegot = "$lockname/owner";
    my $start    = time();
    my $missed   = 0;
    my $owner;
    # 이미 락을 건 파일에 다시 락을 걸려고 하는 경우는 바로 복귀한다
    if ($Locked_Files{$pathname}) {
        carp "$pathname already locked";
        return 1
    }
    if (!-w dirname($pathname)) {
        croak "can't write to directory of $pathname";
    }
    while (1) {
        last if mkdir($lockname, 0777);
        confess "can't get $lockname: $!" if $missed++ > 10
                        && !-d $lockname;
        if ($Debug) {{
            open($owner, "< $whosegot") || last; # "if"에서 나온다!
            my $lockee = <$owner>;
            chomp($lockee);
            printf STDERR "%s $0\[$$]: lock on %s held by %s\n",
                scalar(localtime), $pathname, $lockee;
            close $owner;
        }}
        sleep $Check;
        return if $naptime && time > $start+$naptime;
    }
    sysopen($owner, $whosegot, O_WRONLY|O_CREAT|O_EXCL)
          or croak "can't create $whosegot: $!";
    printf $owner "$0\[$$] on %s since %s\n",
            hostname(), scalar(localtime);
    close($owner)
          or croak "close $whosegot: $!";
    $Locked_Files{$pathname}++;
    return 1;
}
# 락을 해제한다
sub nunflock($) {
    my $pathname = shift;
    my $lockname = name2lock($pathname);
    my $whosegot = "$lockname/owner";
    unlink($whosegot);
    carp "releasing lock on $lockname" if $Debug;
    delete $Locked_Files{$pathname};
    return rmdir($lockname);
}
# 도우미 함수
sub name2lock($) {
```

```
    my $pathname = shift;
    my $dir  = dirname($pathname);
    my $file = basename($pathname);
    $dir = getcwd() if $dir eq ".";
    my $lockname = "$dir/$file.LOCKDIR";
    return $lockname;
}
# 뭔가 잊은 것은 없는지?
END {
    for my $pathname (keys %Locked_Files) {
        my $lockname = name2lock($pathname);
        my $whosegot = "$lockname/owner";
        carp "releasing forgotten $lockname";
        unlink($whosegot);
        rmdir($lockname);
    }
}
1;
```

7.25 프로그램: lockarea

펄의 `flock` 함수는 파일 전체에만 락을 걸 수 있고, 파일의 특정 부분만 락을 걸 수는 없다. `fcntl` 시스템 콜은 파일의 특정 부분에 락을 거는 것을 지원하지만, 펄에서 이 시스템 콜에 접근하는 것은 어렵다. 가장 큰 이유는 동작에 필요한 구조체를 이식성 있게 패킹해 주는 XS 모듈이 없기 때문이다.

예제 7-11에 나온 프로그램은 *fcntl*을 구현한다. 그러나 세 가지 아키텍처(SunOS, BSD, Linux)만 지원한다. 다른 운영체제를 사용하고 있다면 여러분이 직접 `flock` 구조체의 구조를 알아내야 한다. 이 구조는 C 언어 인클루드 파일인 *sys/fcntl.h*를 직접 눈으로 보고 알 수 있고, *c2ph* 프로그램을 사용하여 구조체 필드들의 정렬 방법과 데이터형을 알아내야 한다. 이 *c2ph* 프로그램은 펄에 딸려 있긴 하지만, 앞에 언급한 세 가지 아키텍처를 비롯하여 버클리 계열의 시스템에서만 제대로 동작한다. 유닉스나 펄 자체와 마찬가지로, *c2ph*를 여러분이 꼭 사용해야 하는 건 아니지만 만일 사용할 수 있다면 일이 편해진다.

lockarea 프로그램 안의 `struct_flock` 함수는 `$^O` 변수를 참조해서 현재 사용 중인 운영체제의 이름을 알아내고, 현재 아키텍처에서 사용할 수 있는 적절한 형식으로 구조체를 패킹하거나 언패킹한다. `struct_flock` 함수는 따로 선언되지 않았고, 그저 각 아키텍처마다 따로 존재하는 함수를 가리키는 별칭이다. 함수 별칭에 관해서는 레시피 10.14에서 설명한다.

lockarea 프로그램은 임시 파일을 열고 기존 내용을 삭제한 후 한 화면만큼(80×23)의 공백문자를 채워넣는다. 각 행의 길이는 같다.

그 다음 fork를 한 번 이상 실행하여 자식 프로세스들이 동시에 파일을 수정하도록 한다. 첫 번째 인자 N은 fork를 실행할 횟수를 지정한다(2 ** N개의 자식 프로세스가 만들어진다). 따라서 *lockarea 1*로 두 개, *lockarea 2*로 네 개, *lockarea 3*로 여덟 개, *lockarea 4*로 16개의 자식 프로세스가 만들어지는 식이다. 자식 프로세스의 수가 많아질수록 락을 획득하기 위해 경쟁할 확률이 높아진다.

각 자식 프로세스는 파일 안에서 임의의 행을 고르고 그 행에 대해서만 락을 건 후 내용을 수정한다. 이때 그 행이 변경된 횟수와 자신의 프로세스 ID를 기록한다.

```
4: 18584 was just here
```

만일 그 행에 이미 락이 걸려 있다면, 락을 얻은 후 직전에 락을 걸었던 프로세스의 번호를 같이 적는다.

```
29: 24652 ZAPPED 24656
```

이 *lockarea* 프로그램을 백그라운드로 실행하고, 15장에서 소개하는 *rep* 프로그램을 포어그라운드에서 실행하여 파일이 변경되는 모습을 관찰할 수 있다. 시스템 프로그래머의 비디오 게임이라고 생각하면 된다.

```
% lockarea 5 &
% rep -1 'cat /tmp/lkscreen'
```

Ctrl-C 키를 누르거나 명령 행에서 SIGINT 시그널을 보내어 부모 프로세스를 종료하면, 부모 프로세스는 프로세스 그룹 전체에 시그널을 보내어 모든 자식 프로세스를 중단시킨다.

예제 7-11. lockarea

```
#!/usr/bin/perl -w
  # lockarea - fcntl을 사용해서 레코드에 락을 걸기

  use strict;

  my $FORKS = shift || 1;
  my $SLEEP = shift || 1;

  use Fcntl;
  use POSIX qw(:unistd_h);
  use Errno;

  my $COLS = 80;
  my $ROWS = 23;

  # 이 모드가 마지막으로 제대로 사용된 것은 언제였을까
  open(FH, "+> /tmp/lkscreen")            or  die $!;
```

```
select(FH);
$| = 1;
select STDOUT;

# 화면을 청소함
for (1 .. $ROWS) {
    print FH " " x $COLS, "\n";
}

my $progenitor = $$;
fork() while $FORKS-- > 0;

p8rint "hello from $$\n";
if ($progenitor == $$) {
    $SIG{INT} = \&infanticide;
} else {
    $SIG{INT} = sub { die "goodbye from $$" };
}

while (1) {
    my $line_num = int rand($ROWS);
    my $line;
    my $n;

    # 행으로 이동
    seek(FH, $n = $line_num * ($COLS+1), SEEK_SET)              or next;

    # 락을 얻는다
    my $place = tell(FH);
    my $him;
    next unless defined($him = lockplace(*FH, $place, $COLS));

    # 행을 읽는다
    read(FH, $line, $COLS) == $COLS                             or next;
    my $count = ($line =~ /(\d+)/) ? $1 : 0;
    $count++;

    # 행의 내용을 수정한다
    seek(FH, $place, 0)                                         or die $!;
    my $update = sprintf($him
                     ? "%6d: %d ZAPPED %d"
                     : "%6d: %d was just here",
                  $count, $$, $him);
    my $start = int(rand($COLS - length($update)));
    die "XXX" if $start + length($update) > $COLS;
    printf FH "%*.*s\n", -$COLS, $COLS, " " x $start . $update;

    # 락을 해제하고 sleep한다
    unlockplace(*FH, $place, $COLS);
    sleep $SLEEP if $SLEEP;
}
die "NOT REACHED";                              # 만일을 위해서

# lock($handle, $offset, $timeout) - fcntl 락을 얻는다
sub lockplace {
    my ($fh, $start, $till) = @_;
    ##print "$$: Locking $start, $till\n";
    my $lock = struct_flock(F_WRLCK, SEEK_SET, $start, $till, 0);
    my $blocker = 0;
    unless (fcntl($fh, F_SETLK, $lock)) {
        die "F_SETLK $$ @_: $!" unless $!{EAGAIN} || $!{EDEADLK};
        fcntl($fh, F_GETLK, $lock)          or die "F_GETLK $$ @_: $!";
```

```
            $blocker = (struct_flock($lock))[-1];
            ##print "lock $$ @_: waiting for $blocker\n";
            $lock = struct_flock(F_WRLCK, SEEK_SET, $start, $till, 0);
            unless (fcntl($fh, F_SETLKW, $lock)) {
                warn "F_SETLKW $$ @_: $!\n";
                return;  # undef
            }
        }
        return $blocker;
    }

    # unlock($handle, $offset, $timeout) - fcntl 락을 해제한다
    sub unlockplace {
        my ($fh, $start, $till) = @_;
        ##print "$$: Unlocking $start, $till\n";
        my $lock = struct_flock(F_UNLCK, SEEK_SET, $start, $till, 0);
        fcntl($fh, F_SETLK, $lock) or die "F_UNLCK $$ @_: $!";
    }

    # 운영체제에 따라 달라지는 flock 구조체

    # Linux flock 구조체
    #   short l_type;
    #   short l_whence;
    #   off_t l_start;
    #   off_t l_len;
    #   pid_t l_pid;
    BEGIN {
          # c2ph 실행결과: typedef='s2 l2 i', sizeof=16
          my $FLOCK_STRUCT = "s s l l i";

          sub linux_flock {
              if (wantarray) {
                  my ($type, $whence, $start, $len, $pid) =
                      unpack($FLOCK_STRUCT, $_[0]);
                  return ($type, $whence, $start, $len, $pid);
              } else {
                  my ($type, $whence, $start, $len, $pid) = @_;
                  return pack($FLOCK_STRUCT,
                          $type, $whence, $start, $len, $pid);
              }
          }
    }

    # SunOS flock 구조체:
    #   short   l_type;          /* F_RDLCK, F_WRLCK, F_UNLCK */
    #   short   l_whence;        /* 시작 오프셋을 선택하는 플래그 */
    #   long    l_start;         /* 상대적인 오프셋(단위는 바이트) */
    #   long    l_len;           /* 길이(단위는 바이트), 0은 파일의 끝까지 락 */
    #   short   l_pid;           /* F_GETLK로 반환 */
    #   short   l_xxx;           /* 미래에 사용하기 위해서 예약 */
    BEGIN {
          # c2ph 실행결과: typedef='s2 l2 s2', sizeof=16
          my $FLOCK_STRUCT = "s s l l s s";

          sub sunos_flock {
              if (wantarray) {
                  my ($type, $whence, $start, $len, $pid, $xxx) =
                      unpack($FLOCK_STRUCT, $_[0]);
                  return ($type, $whence, $start, $len, $pid);
              } else {
                  my ($type, $whence, $start, $len, $pid) = @_;
```

```
                return pack($FLOCK_STRUCT,
                        $type, $whence, $start, $len, $pid, 0);
            }
        }
}

# (Free)BSD flock 구조체:
#   off_t   l_start;        /* 시작 오프셋 */
#   off_t   l_len;          /* len = 0 은 파일의 끝까지를 의미한다 */
#   pid_t   l_pid;          /* 락의 소유자 */
#   short   l_type;         /* 락의 유형: 읽기/쓰기, 기타 */
#   short   l_whence;       /* l_start의 형(type) */
BEGIN {
      # c2ph 실행결과: typedef="q2 i s2", size=24
      my $FLOCK_STRUCT = "ll ll i s s";   # XXX: q is ll

      sub bsd_flock {
          if (wantarray) {
              my ($xxstart, $start, $xxlen, $len, $pid, $type, $whence) =
                  unpack($FLOCK_STRUCT, $_[0]);
              return ($type, $whence, $start, $len, $pid);
          } else {
              my ($type, $whence, $start, $len, $pid) = @_;
              my ($xxstart, $xxlen) = (0,0);
              return pack($FLOCK_STRUCT,
                  $xxstart, $start, $xxlen, $len, $pid, $type, $whence);
          }
      }
}

# 컴파일 시점에 fcntl 구조체의 별칭을 만든다
BEGIN {
      for ($^O) {
          *struct_flock =                do                           {
                                  /bsd/  &&  \&bsd_flock
                                         ||
                              /linux/    &&    \&linux_flock
                                         ||
                            /sunos/      &&      \&sunos_flock
                                         ||
                    die "unknown operating system $^O, bailing out";
          };
      }
}

# 자식 프로세스용 시그널 핸들러를 설정한다
BEGIN {
      my $called = 0;
      sub infanticide {
          exit if $called++;
          print "$$: Time to die, kiddies.\n" if $$ == $progenitor;
          my $job = getpgrp();
          $SIG{INT} = "IGNORE";
          kill -2, $job if $job;  # killpg(SIGINT, job)
          1 while wait > 0;
          print "$$: My turn\n" if $$ == $progenitor;
          exit;
      }

}

END { &infanticide }
```

8장

P e r l C o o k b o o k

파일 콘텐츠

유닉스에서 이루어진 모든 결정 중에 가장 훌륭한 것은
줄바꿈 문자열을 한 개의 문자로 선택한 것이다
— 마이크 오델(Mike O'Dell) (반쯤 농담으로)

8.0 개요

유닉스 혁명이 일어나기 전에는 데이터를 서로 주고받으려면 입력이 들어오는 경로와 출력이 나가는 경로가 어디냐에 따라 완전히 다른 방법으로 다루어야 했다. 두 개의 프로그램이 서로를 이해하도록 만드는 것만으로도 매우 복잡한 작업이 필요했고, 때로는 펀치카드 뭉텅이를 메인프레임 관리 담당자에게 넘겨야 했다. 프로그래머들은 이런 바벨탑을 쌓아올리느라 피폐해 있었다.

이런 가혹하고 유별난 프로그래밍 환경은 이제 과거의 유물이 되었다. 현대의 운영체제는 입출력 장치, 네트워크 연결, 프로세스 제어 정보, 다른 프로그램, 시스템 콘솔, 심지어 사용자의 터미널까지 모두 *파일*이라고 부르는 추상적인 바이트 스트림으로 다룰 수 있게 해준다. 그 덕에 입력이 어디에서 오고 출력이 어디로 가는지 신경 쓰지 않고 쉽게 프로그램을 만들 수 있게 되었다.

프로그램들이 읽거나 쓰는 것이 단순한 텍스트 스트림이기 때문에, 모든 프로그램이 다른 모든 프로그램과 데이터를 주고받을 수 있다. 이것은 매우 강력하고 세련된 접근 방법이다. 이제 더는 JCL[1](또는 COM)로 작성된 주문들이 적힌 두꺼운 마법책을 가지고 동굴 속에 숨어 있는 요정들에게 의존하지 않아도 된다. 이제

1 (옮긴이) IBM 메인프레임에서 사용되던 스크립트 언어

는 명령 행에서 간단한 입출력 리다이렉션, 파이프라인, 역따옴표(`, backtick) 등을 사용하여 자신이 필요로 하는 도구를 만들 수 있게 되었다.

기본 동작

파일을 어떤 특정한 구조를 지니지 않은 바이트 스트림으로 다룬다는 사실로부터 파일을 가지고 할 수 있는 일들이 정해진다. 파일의 아무 위치에서든 고정된 길이의 데이터 블록들을 연속으로 읽거나 쓸 수 있다. 파일의 끝을 넘어서 계속 쓰게 되면 파일의 크기가 커진다. 펄은 C 언어의 *stdio*(3) 라이브러리의 동작을 모방하는 입출력 라이브러리를 사용하여 행, 단락, 단어 등의 가변 길이 레코드를 읽고 쓸 수 있게 한다.

그러면 구조화되지 않은 파일을 가지고 할 수 없는 일은 어떤 것이 있을까? 파일의 끝 이외의 장소에 바이트를 삽입하거나 삭제할 수 없으므로, 레코드의 길이를 바꾸거나 삽입하거나 삭제하는 것을 쉽게 할 수는 없다. 마지막 레코드는 예외인데, 파일의 끝에서 직전 레코드의 끝부분까지 잘라냄으로써 마지막 레코드를 삭제할 수 있다. 그 외의 작업을 하려면 임시 파일을 사용하거나 파일의 사본을 메모리에 두고 조작하여야 한다. 이런 작업을 빈번하게 해야 한다면 그냥 파일보다는 데이터베이스 시스템을 사용하는 것이 더 나을 수 있다(14장 참고). 펄 버전 5.8부터는 기본 모듈 Tie::File을 사용하면 레코드들이 담긴 파일을 배열처럼 다룰 수 있다. 레시피 8.4에서 이 모듈을 사용한다.

가장 자주 사용하는 것은 텍스트 파일이다. 그리고 텍스트 파일을 가지고 하는 일 중 가장 빈번한 것은 행을 읽고 쓰는 것이다. 행을 읽을 때는 행 입력 연산자 `<FH>`나 이 연산자를 구현하는 내장 함수 `readline`을 사용한다. 행을 쓰는 것은 `print` 함수로 할 수 있다. 이 함수들은 특정한 구분자를 사용하여 구분된 레코드를 읽거나 쓸 수도 있다. 행이란 것은 레코드 구분자가 `"\n"`인 가변 길이 레코드인 셈이다.

`<FH>` 연산자는 에러가 발생하거나 파일의 끝에 도달하면 `undef`를 반환한다. 따라서 다음과 같이 반복문 안에서 사용한다.

```
while (defined ($line = <DATAFILE>)) {
    chomp $line;
    $size = length($line);
    print "$size\n";                # 행의 길이를 출력한다
}
```

이 동작은 텍스트 행을 처리하는 펄 프로그램에서 매우 빈번하게 사용되기 때문

에, 펄은 여러분이 타이핑하는 수고를 줄일 수 있도록 일부 요소를 생략할 수 있게 했다. 만일 생략할 수 있는 것들을 모두 생략하면 너무 추상적인 코드가 되어버리고 초심자들은 이게 어떤 일을 하는지 추측하기 어려워할 것이다. 그러나 이런 표기는 펄을 사용하면서 수천 번 마주치게 되며 금방 익숙해질 것이다. 다음은 이렇게 생략하는 예제이다. 첫 번째 코드에서는 모든 요소가 쓰여있지만 아래로 갈수록 점점 더 많이 생략되고 있다.

```
while (defined ($line = <DATAFILE>))        { ... }
while ($line = <DATAFILE>)                  { ... }
while (<DATAFILE>)                          { ... }
```

두 번째 줄에서는 파일의 끝을 검사하는 defined를 생략하였다. 펄 컴파일러는 이런 상황을 감지하면 프로그램이 정상적인 동작할 수 있도록 보장하기 위해 적절한 위치에 defined를 삽입한다. 이렇게 암묵적으로 defined를 삽입하는 것은 while 반복문의 조건절에서 readline, readdir, readlink를 호출하고 그 결과를 스칼라 변수에 대입하는 경우에만 이뤄진다. <FH>는 readline(FH)를 줄여서 쓴 표현이며, 이 경우에도 defined가 암묵적으로 삽입된다.

이걸로 끝이 아니다. 세 번째 줄에서는 변수에 대입하는 부분을 통째로 생략하고 while 문 조건절에 행 입력 연산자만 남기고 있다. 다른 데서 이렇게 했다면 한 행을 읽고 곧바로 버려 버리겠지만, while 조건절에서는 그렇지 않다. 여기서는 읽은 행을 특수한 전역 변수인 $_에 담는다. 이것은 보기보다 꽤 유용하다. 펄에서 많은 연산자들이 $_ 변수를 기본적인 조작 대상으로 다루기 때문이다.

```
while (<DATAFILE>) {
    chomp;
    print length(), "\n";               # 행의 크기를 출력한다
}
```

<FH>는 스칼라 컨텍스트에서는 바로 다음 행만 읽고, 리스트 컨텍스트에서는 남아 있는 행들을 모두 읽는다.

```
@lines = <DATAFILE>;
```

<FH> 연산자가 파일핸들에서 레코드를 읽어 들일 때마다 특수 변수 $.(“현재 입력 레코드 번호”)를 증가시킨다. 이 변수는 close를 명시적으로 호출할 때만 초기화된다. 즉 이미 열려있는 파일핸들을 다시 열 때는 초기화되지 않는다.

또 다른 특수 변수로 $/가 있다. 이 변수는 입력 레코드 구분자를 지정한다. 기본값으로 "\n"가 설정되어 있지만, 임의의 문자열을 설정할 수 있다. 예를 들어 널

(NULL)로 끝나는 레코드를 읽으려면 이 변수의 값을 "\0"으로 설정한다. 한 단락을 통째로 읽어 들이는 경우는 빈 문자열 ""를 설정한다. 이것은 $/에 "\n\n" 설정하는 것, 즉 빈 줄을 레코드 구분자로 사용하는 것과 거의 같다. 그러나 ""를 쓸 경우 빈 줄이 연속으로 나오면 그것을 합쳐서 하나의 구분자로 취급하고, "\n\n"을 쓸 경우 빈 줄이 연속으로 나오면 그 사이에 내용이 없는 레코드가 있는 것으로 처리하여 반환한다. $/의 값을 undef으로 설정하면 파일에 남아 있는 내용 전체를 하나의 스칼라 변수에 읽어 들인다.

```
undef $/;
$whole_file = <FILE>;                # "한 번에 읽기" 모드
```

-0 옵션을 사용하면 명령 행에서 $/ 변수를 설정할 수 있다.

```
% perl -040 -e '$word = <>; print "First word is $word\n";'
```

-0 다음의 숫자는 하나의 문자를 나타내는 팔진수 값이며, $/에는 이 문자가 설정된다. -0 다음에 부적절한 값(예를 들어 -0777)을 지정하면 $/에는 undef가 설정된다. 그리고 -00를 지정하면 $/는 ""로 설정된다. -0 뒤에 팔진수 숫자값 하나만 올 수 있다는 말은 여러 바이트로 된 문자열을 지정할 수는 없다는 뜻이다. 예를 들어 *fortune* 파일을 읽기 위해 "%%\n"을 지정할 수는 없다. 이런 경우는 BEGIN 블록을 사용한다.

```
% perl -ne 'BEGIN { $/="%%\n" } chomp; print if /Unix/i' fortune.dat
```

한 행 또는 그 외의 데이터를 출력할 때는 print 함수를 사용한다. print 함수는 전달받은 인자를 하나씩 출력한다. 이때 기본적으로는 줄바꿈 문자나 레코드 구분자를 자동으로 출력하지는 않도록 되어 있다.

```
print HANDLE "One", "two", "three"; # "Onetwothree"
print "Baa baa black sheep.\n";      # 기본 출력 핸들에 쓰인다
```

파일핸들과 출력할 데이터 사이에는 쉼표를 넣지 않는다. 쉼표가 있을 경우 "No comma allowed after filehandle"이라는 에러 메시지가 나온다. 기본 출력 핸들은 STDOUT이며, select 함수를 사용하여 기본 출력 핸들을 변경할 수 있다(7장의 개요를 참고하라).

줄바꿈 문자

모든 시스템이 행의 끝을 나타내는 가상의 문자열 "\n"을 사용하며, 이것을 *줄바꿈(newline)*이라 부른다. 줄바꿈 문자가 따로 있는 것은 아니고, 플랫폼에 상관없

이 "문자열 라이브러리가 행의 끝을 나타내기 위해서 사용하는 어떤 것"을 의미하는 수단이다. 유닉스, VMS, 윈도우에서는 줄바꿈 문자로 "\cJ"(Ctrl+J 문자)를 사용한다. Mac OS X 이전의 매킨토시 운영체제는 "\cM"을 사용했다. Mac OS X는 유닉스 변종이며 "\cJ"를 줄바꿈 문자로 사용한다.

파일에 줄바꿈 문자를 저장하는 방법도 운영체제마다 다르다. 유닉스는 이때도 "\cJ"를 사용한다. 반면 윈도우는 텍스트 파일의 각 행 끝에 "\cM\cJ"를 저장한다. 윈도우에서 텍스트 파일을 읽을 때는 입출력 라이브러리에 의해 파일용 줄바꿈 문자가 문자열용 줄바꿈 문자로 변환된다. 반대로 텍스트 파일을 쓸 때는 문자열용 줄바꿈 문자가 파일용 줄바꿈 문자로 자동으로 변환된다. 따라서 윈도우에서는 디스크에서 4바이트의 문자열("Hi\cM\cJ")을 읽어도 메모리에는 3바이트("Hi\cJ", 이때 "\cJ"는 줄바꿈 문자의 물리적인 표현이다)를 저장하게 된다. 유닉스에서는 파일용 줄바꿈 문자와 문자열용 줄바꿈 문자가 동일한 "\cJ"이므로 이런 변환이 일어나지 않는다.

터미널에서는 또 다른 상황이 된다. 터미널을 비가공 모드(raw mode)로 사용하는 경우(system("stty raw"))가 아니라면 엔터키를 누르면 "\cM"(캐리지 리턴) 문자가 생성된다. 이 "\cM"은 터미널 드라이버에 의해 여러분의 프로그램에서 사용할 수 있는 "\n"으로 변환된다. 반대로 여러분이 터미널에 한 행을 출력하면 터미널 드라이버는 줄바꿈 문자 "\n"(여러분이 사용하는 플랫폼에서 실제로 어떤 문자이든 간에)를 감지하고 그것을 "\cM\cJ"(캐리지 리턴, 라인피드)로 바꾼다. 캐리지 리턴은 커서를 행의 첫 칸으로 이동시키고 라인피드는 커서를 다음 줄로 내린다.

네트워크 프로토콜도 독자적으로 줄바꿈 문자를 사용한다. 대부분의 프로토콜은 행의 끝을 나타내는 문자로 "\cM\cJ"를 주고받는 것을 선호하지만, 많은 서버가 "\cJ"만 있는 경우도 허용한다. 이것은 프로토콜과 서버에 따라 다르니 문서를 제대로 확인해야 한다.

여기서 주의할 점은, 여러분이 텍스트 파일을 다루고 있다고 입출력 라이브러리가 판단할 경우 바이트 열을 자동으로 변환하고 있을 수 있다는 점이다. 이것은 두 가지 경우에 문제가 된다. 하나는 파일이 텍스트 파일이 아닌 경우이다(예를 들어 JPEG 파일을 읽고 있는 경우). 또 하나는 파일이 텍스트 파일이긴 하지만 아스키 같은 바이트 기반 인코딩(UTF-8 또는 세계 여러 나라에서 그 나라 문자를 표현하기 위해 사용하는 인코딩)을 사용하지 않는 경우이다. 더 안 좋은 상황도 있을 수 있다. 어떤 시스템(예를 들어 MS-DOS)에서는 텍스트 파일의 끝에 파일의 끝을 나타내는 특정한 바이트 순서를 저장한다. 이런 플랫폼에서 텍스트 파일을 처리하는 입출력 라이브러리는 이런 바이트 열을 읽을 경우 파일의 끝이라고 판정할 것이다.

레시피 8.11에서는 입출력 라이브러리가 아무런 변환을 하지 않도록 하는 법을 설명한다.

입출력 레이어

버전 5.8부터 펄의 입출력 연산은 더 이상 단순한 stdio의 래퍼가 아니다. 펄에 도입된 입출력 레이어는 외부 데이터에 적용된 여러 가지 인코딩을 사용자에게 투명하게 필터링하는 유연한 시스템이다. 7장에서 버퍼링하지 않는 입출력을 구현하는 :unix 레이어를 살펴보았다. 이 밖에도 여러분이 사용하는 플랫폼의 stdio 라이브러리를 사용하도록 하는 레이어(:stdio), 펄의 이식성 높은 stdio 구현을 사용하도록 하는 레이어(:perlio)도 있다. 이 두 가지는 모두 버퍼링을 사용하는 입출력을 제공한다. 이 장에서는 이 레이어들은 큰 관심사가 아니며, 이 레이어들 위에 구축된 인코딩 레이어를 주로 다룬다.

:crlf 레이어는 파일을 읽을 때 캐리지 리턴과 라인피드 조합(CRLF, "\cM\cJ")을 "\n"로 변환하고, 파일에 쓸 때는 "\n"를 CRLF로 변환한다. :raw 레이어는 :crlf 레이어와 반대로 이진 데이터를 안전하게 읽고 쓸 수 있도록 한다. :utf8 레이어를 사용하면 UTF-8 데이터를 포함한 파일을 다룰 수 있다. 다른 인코딩으로 된 파일도 :encoding(...) 레이어를 사용하여 처리할 수 있다. 게다가 여러분이 직접 펄로 필터를 만들어서, 현재 읽고 있는 데이터를 프로그램이 받기 전에 처리하거나 프로그램이 쓴 데이터가 장치에 보내지기 전에 처리할 수 있다.

이 얘기는 강조할 필요가 있다. :crlf 레이어를 끄려면 :raw 레이어를 지정해야 한다. :bytes 레이어가 :crlf 레이어의 반대인 것으로 종종 오해를 받는데, 이 두 레이어는 서로 별개의 것이다. :bytes 레이어는 문자열이 UTF-8인지 여부와 관련이 있고, :crlf는 CRLF를 변환할지 여부와 관련이 있다.

파일을 열 때 입출력 레이어를 지정할 수 있다.

```
open($fh, "<:raw:utf8", $filename);             # 파일에서 UTF-8 데이터를 읽어들임
open($fh, "<:encoding(euc-kr)", $filename);     # EUC-KR(한국어) 인코딩
open(FH,  "+<:crlf", $filename);                # CRLF와 \n를 상호 변환
```

이미 열려 있는 파일핸들에 레이어를 지정하려면 binmode 함수를 사용한다.

```
binmode($fh, ":raw:utf8");
binmode($fh, ":raw:encoding(euc-kr)");
binmode(FH,  ":raw:crlf");
```

binmode 함수는 기존에 있는 입출력 레이어 스택의 위에 새 레이어를 올리는 식으로 동작한다. 또 레이어를 삭제하는 기능은 아직 개발 중이다. 따라서 레이어를 지정할 때는 :raw 레이어를 첫 번째 레이어로 두고 원하는 레이어 전체를 명시하라.

```
binmode(HANDLE, ":raw");                         # 안전하게 이진 데이터 처리
binmode(HANDLE);                                 # :raw 와 같다
binmode(HANDLE, ":raw :utf8");                   # UTF-8 데이터 읽기/쓰기
binmode(HANDLE, ":raw :encoding(euc-kr)");       # EUC-KR 데이터 읽기/쓰기
```

입출력 레이어를 조작하는 방법은 레시피 8.18, 8.19, 8.20에서 설명한다.

고급 동작

고정 길이 레코드를 읽을 때는 read 함수를 사용한다. read 함수에는 인자를 세 개 넘긴다. 첫 번째 인자는 파일핸들, 두 번째 인자는 읽어 들인 데이터를 넣을 스칼라 변수, 세 번째 인자는 읽을 문자의 개수이다. 에러가 발생한 경우는 undef가 반환되고, 읽기에 성공한 경우는 읽어 들인 문자의 개수가 반환된다.

```
$rv = read(HANDLE, $buffer, 4096)
        or die "Couldn't read from HANDLE : $!\n";
# $rv에는 읽어 들인 바이트 수가
# $buffer에는 읽어 들인 데이터가 들어있다
```

고정 길이 레코드를 쓸 때는 그냥 print 함수를 사용하면 된다.

truncate 함수는 파일의 길이를 지정한 크기(바이트 단위)로 자른다. 인자로 파일핸들이나 파일이름 어느 쪽이든 넘길 수 있다. 파일을 자르는 것에 성공하면 참이, 실패하면 거짓이 반환된다.

```
truncate(HANDLE, $length)         or die "Couldn't truncate: $!\n";
truncate("/tmp/$$.pid", $length) or die "Couldn't truncate: $!\n";
```

각 파일핸들은 파일 안에서 자신의 현재 위치(파일 위치)를 관리한다. 읽기와 쓰기는 O_APPEND 플래그를 지정하지 않은 이상은 이 파일 위치에서 이루어진다(레시피 7.1 참고). 각 파일핸들의 파일 위치는 tell 함수로 알아낼 수 있고, seek 함수로 변경할 수 있다. 단순히 문자의 개수를 세어서 계산한 오프셋으로 seek을 하면 안 된다. 첫째로 입출력 라이브러리가 "\n"이 줄바꿈 문자라는 개념을 유지하기 위해 데이터를 변환하여 다시 기록할 수 있다. 또한 여러분이 코드 포인트 255 이상의 문자를 사용하느라 멀티바이트 인코딩을 사용해야 할 수도 있다. 파일 내의 모든 문자가 한 바이트만 차지하는 경우가 아니라면, tell이 반환한 오프셋으로만 이동하도록 하라.

```
$pos = tell(DATAFILE);
print "I'm $pos bytes from the start of DATAFILE.\n";
```

seek 함수에는 인자를 세 개 넘긴다. 첫 번째 인자는 파일핸들, 두 번째 인자는 오프셋(바이트 단위), 세 번째 인자는 오프셋의 기준점을 나타내는 상수이다. 세 번째 인자가 0이면 파일의 시작 위치에서 지정한 오프셋 수만큼 떨어진 곳이 파일 위치가 된다(tell이 반환하는 오프셋의 기준점과 같다). 1을 지정하면 현재의 파일 위치에서 지정한 오프셋 수만큼 떨어진 곳이 파일 위치가 된다(오프셋이 음수면 파일의 앞쪽, 양수면 뒤쪽 방향이다). 그리고 2를 지정하면 파일의 끝(EOF)에서 지정한 오프셋 수만큼 이동한 곳이 파일 위치가 된다.

```
seek(LOGFILE, 0, 2)         or die "Couldn't seek to the end: $!\n";
seek(DATAFILE, $pos, 0)     or die "Couldn't seek to $pos: $!\n";
seek(OUT, -20, 1)           or die "Couldn't seek back 20 bytes: $!\n";
```

여기까지는 버퍼링을 사용하는 입출력 함수에 관해서 설명했다. readline(<FH>), print, read, seek, tell 함수는 모두 처리 속도와 효율을 높이기 위해서 버퍼링을 한다. 이게 이 함수들의 기본 동작이지만, 파일핸들에 버퍼링하지 않는 입출력 레이어를 사용하도록 지정하면 이 함수들도 버퍼링을 하지 않게 된다. 또한 펄은 어떤 입출력 레이어를 사용하더라도 버퍼링을 하지 않는 입출력 함수들도 제공한다. 이런 종류의 함수에는 sysread, syswrite, sysseek 등이 있으며, 7장에서 다루었다.

sysread, syswrite 함수는 각각에 대응되는 <FH> 연산자, print 함수와 사용법이 다르다. 두 함수 모두 첫 번째 인자로 처리할 파일핸들을, 두 번째 인자로 읽은 데이터를 보관하거나 쓸 데이터가 들어 있는 스칼라 변수를, 세 번째 인자로 읽거나 쓸 문자의 개수를 받는다(이진 데이터의 경우 문자의 개수가 아니라 바이트 수를 지정한다). 또 추가적으로 네 번째 인자를 넘길 수 있는데, 여기에는 스칼라 변수 내의 어느 위치에서 읽거나 쓸지 나타내는 오프셋을 지정한다.

```
$written = syswrite(DATAFILE, $mystring, length($mystring));
die "syswrite failed: $!\n" unless $written == length($mystring);
$read = sysread(INFILE, $block, 256, 5);
warn "only read $read bytes, not 256" if 256 != $read;
```

위의 syswrite 구문은 $mystring 변수의 내용을 DATAFILE로 보낸다. sysread 구문은 INFILE에서 256개의 문자를 읽어 들이고, $block 변수의 처음 다섯 글자를 지나친 후 여섯 번째 문자의 위치부터 저장한다. sysread 함수와 syswrite 함수는 각각 읽은 문자의 개수와 쓴 문자의 개수를 반환하는데, 이 값이 원래 읽거나 쓰려고 한 개수와 다를 수 있다. 예를 들어 파일에 여러분이 생각했던 만큼의 데이터가 없다면, 예상보다 적게 읽을 수 있다. 파일 시스템이 가득 차 있을 수도 있다. 프로세스가 출력하는 도중에 인터럽트가 걸렸을 수도 있다. stdio 라이브러리는 인터럽트가 발생해도 입출력을 끝까지 수행하지만, sysread나 syswrite를 그대로 쓸 경우는 여러분이 직접 처리해야 한다. 레시피 9.3에서 예제를 볼 수 있다.

sysseek 함수는 버퍼링 없이 seek 함수와 tell 함수의 역할을 다 한다. sysseek 함수는 seek 함수와 같은 인자를 받지만 반환값은 seek와 다르다. 위치 변경에 성공하면 새로운 파일 위치를, 에러가 발생하면 undef를 반환한다. sysseek 함수를 써서 현재 파일 위치를 알아내려면 다음과 같이 한다.

```
$pos = sysseek(HANDLE, 0, 1);       # 파일 위치를 바꾸지는 않는다
die "Couldn't sysseek: $!\n" unless defined $pos;
```

여기까지가 여러분이 기본적으로 이용할 수 있는 동작들이다. 이것들을 적절하게 사용하여 복잡한 문제를 해결하는 것이 프로그래밍 기술이다. 예를 들어 파일의 내용이 몇 줄인지 알아내거나, 파일의 행들을 역순으로 뒤집거나, 무작위로 한 줄을 선택하거나, 파일의 색인을 만드는 것 등이다.

8.1 다음 행과 이어진다는 표식이 있는 행을 읽기

문제

파일 안에 긴 행이 둘 이상의 행으로 나누어져 저장되어 있다. 이런 행의 끝에는 다음 행과 이어졌다는 표시로 백슬래시가 적혀 있다. 이렇게 나누어진 행을 하나로 합치고자 한다. Makefile, 셸 스크립트, 그 외 많은 스크립트 언어나 설정 언어는 이런 식으로 긴 줄을 여러 줄로 나누어 적을 수 있게 해 준다.

해결책

백슬래시가 없는 행을 읽을 때까지 한 행씩 읽으며 연결해 나간다.

```
while (defined($line = <FH>) ) {
    chomp $line;
    if ($line =~ s/\\$//) {
        $line .= <FH>;
        redo unless eof(FH);
    }
    # $line에 저장된 완전한 레코드를 처리한다
}
```

논의

다음과 같은 입력 파일이 있다고 하자.

```
text
DISTFILES = $(DIST_COMMON) $(SOURCES) $(HEADERS) \
        $(TEXINFOS) $(INFOS) $(MANS) $(DATA)
DEP_DISTFILES = $(DIST_COMMON) $(SOURCES) $(HEADERS) \
        $(TEXINFOS) $(INFO_DEPS) $(MANS) $(DATA) \
        $(EXTRA_DIST)
```

이 파일의 레코드를 하나씩 처리하되, 이스케이프된 줄바꿈은 무시하고자 한다. 처음 두 행이 첫 번째 레코드, 그다음 세 행이 두 번째 레코드가 된다.

해결책에서 소개한 알고리즘을 간단하게 살펴보자. while 문은 한 번에 한 줄씩 읽는다. 치환연산자 s///는 행 끝에 있는 백슬래시를 삭제한다. 만일 치환에 실패했다면, 끝에 백슬래시가 없는 행을 읽은 것이다. 치환에 성공했다면 다시 한 줄을 읽고, $line 변수에 덧붙인 후, redo를 써서 while 반복문이 시작하는 중괄호 직후의 구문으로 점프한다. 그러면 chomp 구문으로 가게 된다.

이런 형식의 파일을 다룰 때 자주 문제가 되는 것은 백슬래시와 줄바꿈 문자 사이에 공백이나 탭이 들어가는 경우이다. 치환문을 다음과 같이 수정하면 그런 경우를 처리할 수 있다.

```
if ($line =~ s/\\\s*$//) {
    # 위와 동일
}
```

안타깝게도, 여러분의 프로그램이 이렇게 너그럽다 해도 다른 프로그램은 그렇지 않을 수 있다. 남이 만든 것을 받아들일 때는 개방적으로, 남에게 넘길 것을 만들 때는 보수적으로 동작하도록 하라.

더 알아보기

- *perlfunc*(1) 문서와 *Programming Perl* 29장에서 다루는 chomp 함수
- *perlsyn*(1) 문서와 *Programming Perl* 4장의 "Loop Control" 절에서 다루는 redo 키워드

8.2 파일 안의 행(또는 단락, 레코드)의 개수 세기

문제

파일 안에 행이 몇 개나 있는지 세고자 한다.

해결책

많은 시스템에 파일의 내용이 몇 줄인지 세는 *wc* 프로그램이 있다.

```
$count = `wc -l < $file`;
die "wc failed: $?" if $?;
chomp($count);
```

또는 파일을 열어서 한 행 한 행 읽으면서 직접 센다.

```
open(FILE, "<", $file) or die "can't open $file: $!";
$count++ while <FILE>;
# $count에는 읽어 들인 행의 개수가 들어있다
```

다음은 가장 속도가 빠른 방법이다(줄바꿈 문자가 "\n"인 경우).

```
$count += tr/\n/\n/ while sysread(FILE, $_, 2 ** 20);
```

논의

-s $file을 사용하여 파일의 크기가 몇 바이트인지 알 수는 있지만, 파일 안의 내용이 몇 행인지는 일반적으로 알 수 없다. -s 연산자에 대한 자세한 내용은 9장의 개요 절을 참고하라.

다른 프로그램을 호출할 수 없거나 그러고 싶지 않다면, 파일을 직접 열어 읽어서 *wc* 프로그램을 흉내 낼 수 있다.

```
open(FILE, "<", $file) or die "can't open $file: $!";
$count++ while <FILE>;
# $count에는 읽어 들인 행의 개수가 들어있다
```

다음처럼 할 수도 있다.

```
open(FILE, "<", $file) or die "can't open $file: $!";
for ($count=0; <FILE>; $count++) { }
```

다른 파일을 더 읽을 게 아니라면 $count 변수도 필요 없다. 특수 변수 $.에는 가장 최근에 close로 파일핸들을 명시적으로 닫은 이후에 읽은 행의 개수가 들어있다.

```
1 while <FILE>;
$count = $.;
```

이 코드는 파일 안의 레코드를 모두 읽고 곧바로 버리고 있다.

단락의 수를 세려면 입력 레코드 구분자를 나타내는 전역 변수 $/에 빈 문자열("")을 지정하고 나서 읽어 들인다. 이렇게 하면 행 입력 연산자(<FH>)는 한 번에 한 단락씩 읽어 들인다.

```
$/ = "";              # 단락 단위로 읽어들인다
open(FILE, $file) or die "can't open $file: $!";
1 while <FILE>;
$para_count = $.;
```

sysread를 사용한 해결책은 파일을 한 번에 1메가바이트씩 읽는다. 파일의 끝에 도달하면 sysread는 0을 반환하며, 에러가 날 경우 undef를 반환한다. 어느 쪽이건 반복문을 종료하게 된다. tr 연산자가 진짜로 문자열 안에서 \n을 \n으로 치환하지는 않는다. 이것은 문자열 안에 특정한 문자의 개수를 셀 때 사용되는 오래된 관용구이다.

더 알아보기

- *perlop*(1) 문서와 *Programming Perl* 5장에서 다루는 tr 연산자
- 시스템에 있는 *wc*(1) 매뉴얼 페이지
- *perlvar*(1) 문서와 *Programming Perl* 28장의 "Special Variables in Alphabetical Order" 절에서 다루는 $/ 변수
- 9장의 개요

8.3 파일 안의 모든 단어를 처리하기

문제

*csh*의 foreach 함수처럼, 파일 안의 모든 단어에 어떤 처리를 하고자 한다.

해결책

split을 사용해서 각 행을 공백문자를 기준으로 분리한다.

```
while (<>) {
    for $chunk (split) {
        # $chunk에 대한 처리를 한다
    }
}
```

또는 m//g 연산자를 사용해서 단어를 하나씩 추출한다.

```
while (<>) {
    while ( /(\w[\w'-]*)/g ) {
        # $1에 대한 처리를 한다
    }
}
```

논의

우선 "단어"가 무엇인지 제대로 정의해 둘 필요가 있다. 때로는 공백문자를 제외한 나머지 모두를 의미할 때도 있고, 때로는 프로그램의 식별자만 처리하고자 할 때도 있고, 또 때로는 영어 단어를 의미할 때도 있을 것이다. 정의를 어떻게 하느

냐에 따라 단어를 추출하는 정규 표현식이 달라진다.

해결책에 나온 두 가지 방법은 서로 다른 방식으로 동작한다. 첫 번째 방법에서 사용된 패턴은 *단어가 아닌* 것에 일치한다. 두 번째 방법에서 사용된 패턴은 *단어인 것*에 일치한다.

이 방법들을 사용하면 단어별 사용 횟수를 세는 카운터를 쉽게 만들 수 있다. 해시를 써서 각 단어가 나타난 횟수를 저장한다.

```
# 각 단어가 사용된 횟수를 센다
%seen = ();
while (<>) {
    while ( /(\w['\w-]*)/g ) {
        $seen{lc $1}++;
    }
}
# 해시를 출력한다. 이 때 각 쌍을 값을 기준으로 내림차순으로 출력한다
foreach $word ( sort { $seen{$b} <=> $seen{$a} } keys %seen) {
    printf "%5d %s\n", $seen{$word}, $word;
}
```

단어가 아니라 같은 행의 등장 횟수를 세고 싶다면 두 번째 while 반복문을 없애고 $seen{lc $_}++를 쓴다.

```
# 같은 행의 개수를 카운트한다
%seen = ();
while (<>) {
    $seen{lc $_}++;
}
foreach $line ( sort { $seen{$b} <=> $seen{$a} } keys %seen ) {
    printf "%5d %s", $seen{$line}, $line;
}
```

"M.I.T.", "Micro$oft", "o'clock", "49ers", "street-wise", "and/or", "&", "c/o", "St.", "Tschüß", "Niño" 같은 것들은 이상하게 보이지만 엄연한 단어로 간주해야 한다. 일치 검사에 사용할 패턴을 결정할 때 이런 것들을 염두에 두어야 한다. 이 단어들 중 마지막 두 개는 use locale을 선언하고 \w를 사용하여 현재 로케일의 단어용 문자에 일치하는지 검사할 수 있다. 또는 만일 유니코드 텍스트를 다루고 있다면 유니코드의 문자 속성을 사용한다.

```
/(\p{Letter}[\p{Letter}'-]*)/
```

더 알아보기

- *perlre*(1) 문서
- *perlfunc*(1) 문서와 *Programming Perl* 29장에서 다루는 split 함수
- 레시피 6.3, 레시피 6.23

8.4 파일의 행이나 단락을 역순으로 읽기

문제

텍스트 파일 안의 행이나 단락을 제일 마지막 것부터 역순으로 처리하고자 한다.

해결책

우선 모든 행을 배열에 넣고, 마지막 요소부터 순서대로 처리한다.

```
@lines = <FILE>;
while ($line = pop @lines) {
    # $line을 처리한다
}
```

또는 행을 역순으로 배열에 넣는다.

```
@lines = reverse <FILE>;
foreach $line (@lines) {
    # $line을 처리한다
}
```

또는 Tie::File 모듈을 사용한다(버전 5.8부터 기본 모듈로 들어있다).

```
use Tie::File;
tie(@lines, "Tie::File", $FILENAME, mode => 0)
    or die "Can't tie $FILENAME: $!";
$max_lines = $#lines;
for ($i = $max_lines; $i>=0; $i--) {
    # $lines[$i]를 처리한다(예를 들어 행 번호를 출력한다거나)
    printf "%5d %s\n", $i+1, $lines[$i];
}
```

논의

이 장 개요에서 설명했듯이 파일 접근 방식의 근본적인 제약 때문에 파일을 마지막 행부터 읽기 시작할 수는 없다. 일단 모든 행을 메모리에 읽어 들이고 그 다음 역순으로 처리해야 한다. 이를 위해서는 최소한 파일 크기만큼 메모리가 있어야 한다. 다만 Tie::File 모듈처럼 트릭을 쓰는 경우 그 정도까지는 필요 없을 수도 있다.

해결책의 첫 번째 코드는 행을 배열에 넣고 나서 역순으로 처리한다. 이때 반복문을 수행할 때마다 배열의 끝에서 요소를 pop으로 뽑아내고 있기 때문에 배열은 점점 작아진다. 배열을 그대로 남기고 싶다면 다음처럼 한다.

```
for ($i = $#lines; $i != -1; $i--) {
    $line = $lines[$i];
}
```

두 번째 코드에서는 행을 미리 역순으로 배열에 넣는다. 그 다음 이 배열을 축소

하는 일 없이 처리한다. @lines라는 배열에 대입하고 있기 때문에 reverse 연산은 리스트 컨텍스트에서 수행된다. 또한 reverse 연산은 인자인 <FILE>을 리스트 컨텍스트에서 평가한다. 그 결과, <FILE>은 파일 내의 모든 행의 리스트를 한꺼번에 반환하고, 그 리스트가 역순으로 @lines에 저장된다.

$/ 변수의 값을 바꾸어서 이런 방법을 쉽게 단락 단위로 확장할 수 있다.

```
# 블록 안에서 지역화된 $/ 변수의 값을 임시로 변경한다. 블록 종료 후 원래 값으로 돌아간다
{
    local $/ = '';
    @paragraphs = reverse <FILE>;
}

foreach $paragraph (@paragraphs) {
    # 단락을 처리한다
}
```

Tie::File 모듈을 사용하면 파일을 행들의 배열로 다룰 수 있다. 그러면 이 문제는 그냥 배열을 뒤에서 앞으로 순회하며 처리하는 방법으로 해결된다. 이 방법은 파일의 내용 전체를 메모리에 읽고 뒤집는 것보다 속도가 느리지만, 대신 메모리에 한번에 다 담을 수 없을 만큼 큰 파일도 처리할 수 있다. 다만 주의할 점이 있다. Tie::File 모듈을 쓸 때 tie로 연결된 @lines 배열의 내용을 변경하면 그 내용을 파일에 다시 쓰게 된다. 그러니 함부로 변경하지 않도록 한다. 만일 해결책의 코드에서 @lines = reverse(@lines)를 실행하면 디스크에 있는 파일의 내용도 뒤집힐 것이다. 파일을 열 때 O_RDONLY(0) 모드로 열면 이런 위험성을 피할 수 있다(기본 모드는 O_RDWD | O_CREAT이다). 또한 $/ 변수에 빈 문자열("")을 넣는다고 해서 Tie::File 모듈을 단락 단위로 동작하게 할 수는 없다는 것도 주의하라.

더 알아보기

- *perlfunc*(1) 문서와 *Programming Perl* 29장에서 다루는 reverse 함수
- *perlvar*(1) 문서와 *Programming Perl* 28장에서 다루는 $/ 변수
- 기본 모듈 Tie::File 모듈 문서
- 레시피 4.11, 레시피 1.7

8.5 내용이 계속 추가되는 파일 읽기

문제

계속해서 데이터가 추가되는 파일을 읽고자 한다. 그러나 현재 시점의 파일의 끝에 도달하면 읽기에 실패해 버린다.

해결책

파일의 끝까지 읽고, 잠시 슬립하고 나서 EOF 플래그를 해제하고, 다시 읽기를 시도한다. 이 과정을 인터럽트가 발생하기 전까지 반복한다. EOF 플래그를 해제하려면 seek 함수나, IO::Handle 모듈의 clearerr 메서드를 사용한다. 다음은 seek 함수를 사용하는 예이다.

```
for (;;) {
    while (<FH>) { .... }
    sleep $SOMETIME;
    seek(FH, 0, 1);
}
```

다음은 IO::Handle 모듈의 clearerr 메서드를 사용하는 예이다.

```
use IO::Seekable;

for (;;) {
    while (<FH>) { .... }
    sleep $SOMETIME;
    FH->clearerr();
}
```

논의

파일의 끝까지 읽고 나면 내부적인 플래그가 설정되어서 더 이상 읽을 수 없게 된다. 이 플래그를 해제하는 가장 직접적인 방법은 IO::Handle 모듈이 제공하는 clearerr 메서드다.

```
$naptime = 1;

use IO::Handle;
open (LOGFILE, "/tmp/logfile") or die "can't open /tmp/logfile: $!";
for (;;) {
    while (<LOGFILE>) { print }      # 원하는 처리를 한다
    sleep $naptime;
    LOGFILE->clearerr();             # stdio 에러 플래그를 해제한다
}
```

펄 버전 5.8부터는 독자적인 stdio 구현을 갖추었기 때문에, 이 간단한 방법으로 거의 항상 해결된다. 매우 드물지만 이 방법이 통하지 않는 시스템이라면, seek 함수를 사용한다. 해결책의 코드에서는 seek 함수로 현재의 파일 위치에서 0바이트를 이동한다. 그러면 파일 위치는 변하지 않으면서, EOF 플래그가 해제되어 다음번 <FH>로 새로운 데이터를 읽어들일 수 있다.

이런 해결책은 입출력 라이브러리의 구현에 의존하기 때문에, 때로는 이렇게 해도 잘 동작하지 않는 경우가 있다. 이 경우는 다음과 같이 seek를 사용한다. 다음 코드에서는 기존의 파일 위치를 명시적으로 기억했다가 그 위치로 직접 돌아간다.

```
for (;;) {
    for ($curpos = tell(LOGFILE); <LOGFILE>; $curpos = tell(LOGFILE)) {
        # $_를 처리한다
    }
    sleep $naptime;
    seek(LOGFILE, $curpos, 0);  # 기억해 둔 파일 위치로 돌아간다
}
```

어떤 파일 시스템에서는 파일을 읽는 도중에도 파일을 삭제할 수 있다. 파일이 삭제되었다면 파일에 데이터가 계속 추가되고 있는지 확인할 필요가 없을 것이다. 이런 경우 프로그램이 종료하도록, stat을 사용하여 파일핸들을 검사하고 파일핸들의 링크 수(반환되는 리스트의 세 번째 필드)가 0이 되지 않았는지 확인한다.

```
exit if (stat(LOGFILE))[3] == 0
```

File::stat 모듈을 사용하여 더 읽기 쉬운 코드로 만들 수도 있다.

```
use File::stat;
exit if stat(*LOGFILE)->nlink == 0;
```

CPAN 모듈 File::Tail에 파일핸들을 tie로 연결하면, 읽기 연산 도중에 파일의 끝에 도달하면 새로운 데이터가 생길 때까지 블록된다.

```
use File::Tail;

tie *FH, "File::Tail", (name => $FILENAME);
while (<FH>) {
    # 읽어 들인 행을 처리한다
}
```

이 경우 <FH> 연산자가 파일의 끝에 도달했음을 나타내는 undef를 반환하는 일은 없다.

더 알아보기

- *perlfunc*(1) 문서와 *Programming Perl* 29장에서 다루는 seek, tell 함수
- 시스템에 있는 *tail*(1), *stdio*(1) 매뉴얼 페이지
- 기본 모듈 File::Stat 모듈 문서(*Programming Perl* 32장에서도 다룬다)
- CPAN 모듈 File::Tail 모듈 문서

8.6 파일에서 무작위로 행을 고르기

문제

파일에서 무작위로 한 행을 골라서 뽑아내고자 한다.

해결책

rand와 $.(현재 행 번호)를 사용해서 어느 행을 뽑아낼지를 결정한다.

```
srand;
rand($.) < 1 && ($line = $_) while <>;
# $line에 담긴 내용이 무작위로 선택된 행이다
```

논의

이 방법은 세련되지만 조금 어려울 수 있다. 이 코드는 파일의 모든 행을 읽어 들이지만, 모든 행을 메모리에 담지는 않는다. 이것은 파일이 클 경우 큰 장점이 된다. 각 행이 선택될 확률은 N분의 1이다(N은 현재까지 읽은 행의 개수).

다음은 이 알고리즘을 써서 *fortune* 프로그램을 구현한 것이다.

```
$/ = "%%\n";
@ARGV = ("/usr/share/gmaes/fortunes") unless @ARGV;
srand;
rand($.) < 1 && ($adage = $_) while <>;
print $adage;
```

행의 개수와 각 행의 시작 오프셋을 안다면(인덱스 파일을 만들어 두었다거나), 무작위로 한 행을 선택한 후 그 행의 오프셋으로 점프할 수 있다. 하지만 보통은 이런 인덱스 파일을 따로 만들어 두지는 않을 것이다.

이 알고리즘의 원리를 좀 더 자세히 알아보자. rand ($.)이라는 함수 호출은 0부터 현재 행 번호 사이의 범위에서 난수를 하나 반환한다. 따라서 N 번째 행이 선택되어 $line에 담길 확률은 N분의 1, $\frac{1}{N}$이다. 첫 번째 행이 선택될 확률은 100%, 두 번째 행이 선택될 확률은 50%, 세 번째 행이 선택될 확률은 33%, 이런 식이다. 문제는 N(N은 임의의 양의 정수)이 몇이든 공평할 것인가, 즉 각 행이 선택될 확률이 동일할 것인가이다.

먼저 구체적인 예를 생각해보고 그 다음 일반적인 경우로 확장하자.

한 줄짜리 파일(N=1)의 경우 이 알고리즘은 명백히 공평하다. $\frac{1}{1}$ = 100%이므로 첫 번째 행이 반드시 선택된다. 그 다음 두 줄짜리 파일(N=2)을 생각해 보자. 첫 번째 행은 반드시 선택된다. 그리고 두 번째 행을 읽었을 때, 이 행을 선택할 확률은 50%이다. 따라서 두 행이 선택될 확률은 같고, N이 2일 때도 공평하다. 이제 세 줄짜리 파일(N=3)을 생각해 보자. 세 번째 행이 선택될 확률은 1/3 = 33%이다. 따라서 세 행 중에 첫 번째나 두 번째 행이 선택된 채로 남아 있을 확률은 2/3이다. 그러나 앞에서 이미 첫 번째와 두 번째 행이 선택될 확률은 각각 50%라는 것을 보였다. 2/3의 50%는 1/3이고, 따라서 세 행 모두 선택될 확률은 1/3이다.

일반적인 경우, N+1개의 행으로 이루어진 파일에서 마지막 행이 선택될 확률은 $\frac{1}{N+1}$이고, 처음 N개의 행 중 하나가 선택될 확률은 $\frac{N}{N+1}$이다. 따라서 처음 N개의 행들은 각각 $\frac{N}{N+1}$을 N으로 나눈 $\frac{1}{N+1}$의 확률로 선택되고, 이것은 마지막 N+1번째 행이 선택될 확률과 같다. 따라서 N이 어떤 양의 정수일 때, 이 알고리즘은 모든 N에 대해 공평하다.

이렇게 해서 파일에서 무작위로 한 행을 공평한 확률로 선택할 수 있다. 이 알고리즘의 속도는 파일의 크기에 정비례해서 느려진다. 하지만 메모리 용량은 최악의 경우라 해도 제일 긴 행을 담을 만큼만 사용하면 된다.

더 알아보기

- *perlvar*(1) 문서와 *Programming Perl* 28장에서 다루는 `$.` 변수
- 레시피 2.6, 레시피 2.7

8.7 모든 행을 뒤섞기

문제

파일을 복사해서 행들을 무작위로 뒤섞어 저장하고자 한다.

해결책

모든 행을 배열에 읽어 들이고, 그 배열을 List::Util 모듈의 `shuffle` 함수를 사용하여 뒤섞는다. 그리고 뒤섞은 행들을 출력한다.

```
use List::Util qw(shuffle);

while (<INPUT>) {
    push(@lines, $_);
}
@reordered = shuffle(@lines);
foreach (@reordered) {
    print OUTPUT $_;
}
```

논의

가장 간단한 방법은 모든 행을 메모리에 읽어 들인 후 섞는 것이다. 파일 안에서 각 행이 시작되는 위치를 알 수 없기 때문에, 행 번호의 리스트를 뒤섞고 그 순서대로 행을 뽑아내어 새 파일에 저장할 수는 없다. 설령 각 행이 시작하는 위치(바이트 오프셋)를 *아는* 경우라도, 파일 안을 seek로 돌아다녀야 하기 때문에 처음부터 순차적으로 읽는 것보다 느리다.

버전 5.8 이전의 펄을 사용하는 경우는 CPAN에서 List::Util 모듈을 받을 수 있다.

더 알아보기

- 기본 모듈 List::Util 모듈 문서
- 레시피 2.6, 레시피 2.7, 레시피 4.18

8.8 파일의 특정 행 읽기

문제

파일에서 특정 행을 추출하고자 한다.

해결책

가장 간단한 방법은 원하는 행에 도달할 때까지 읽어 나가는 것이다.

```
# 행 번호 $DESIRED_LINE_NUMBER의 행을 찾는다
$. = 0;
do { $LINE = <HANDLE> } until $. == $DESIRED_LINE_NUMBER || eof;
```

이런 작업을 빈번하게 해야 하고 파일이 메모리에 들어갈 크기라면, 파일을 배열에 읽어 들인다.

```
@lines = <HANDLE>;
$LINE = $lines[$DESIRED_LINE_NUMBER];
```

또는 기본 모듈(펄 5.8부터) Tie::File을 사용하면 파일을 배열에 tie로 연결하여 각 행을 배열의 원소로 다룰 수 있다.

```
use Tie::File;
use Fcntl;

tie(@lines, Tie::File, $FILE, mode => O_RDWR)
  or die "Cannot tie file $FILE: $!\n";
$line = $lines[$sought - 1];
```

또는 DB_File 모듈이 제공하는 DB_RECNO 접근 메서드를 사용해서 마찬가지로 파일을 배열에 tie로 연결하고 각 행을 배열의 원소로 다룰 수 있다.

```
use DB_File;
use Fcntl;

$tie = tie(@lines, DB_File, $FILE, O_RDWR, 0666, $DB_RECNO) or die
    "Cannot open file $FILE: $!\n";
# 원하는 행을 추출한다
$line = $lines[$sought - 1];
```

논의

각 방법은 서로 다른 특징과 장단점이 있으므로 상황에 따라서 쓰도록 한다. 처음부터 순차적으로 읽는 방법은 작성하기 쉽고, 파일이 짧을 때 가장 좋은 방법이다. Tie::File 모듈은 파일의 크기나 어느 행을 추출하는지에 관계없이 괜찮은 성능을 보인다. 또한 순수하게 펄로만 되어 있어서 다른 외부 라이브러리가 필요 없다. DB_File 모듈은 처음 사용할 때 오버헤드가 좀 있지만, 이후에 파일에 접근할 때는 순차적으로 접근하는 것보다 빠르다. 따라서 파일이 크고 임의의 행을 추출하는 작업을 여러 번 할 때 적합하다.

행을 셀 때 0부터 시작하는지 1부터 시작하는지 알고 있어야 한다. 첫 번째 행을 읽으면 `$.` 변수의 값은 1이 된다. 따라서 순차적으로 읽는 경우는 1부터 세어야 한다. 배열 첨자를 사용하는 경우는 오프셋을 쓰기 때문에 0부터 시작한다. Tie::File이나 DB_File 모듈도 파일의 레코드를 배열 원소로 다루기 때문에 역시 0부터 세어야 한다.

예제 8-1, 예제 8-2, 예제 8-3은 같은 프로그램(*print_line*)을 서로 다른 방법으로 구현한 것이다. 이 프로그램은 파일의 이름과 추출할 행 번호를 인자로 받는다.

예제 8-1의 *print_line* 프로그램은 단순히 원하는 행을 찾을 때까지 행들을 읽어들인다.

예제 8-1. print_line-v1

```
#!/usr/bin/perl -w
# print_line-v1 - 행마다 접근하기

@ARGV == 2 or die "usage: print_line FILENAME LINE_NUMBER\n";

($filename, $line_number) = @ARGV;
open(INFILE, "< $filename") or die "Can't open $filename for reading: $!\n";
while (<INFILE>) {
    $line = $_;
    last if $. == $line_number;
}
if ($. != $line_number) {
    die "Didn't find line $line_number in $filename\n";
}
print;
```

예제 8-2는 Tie::File 모듈을 사용한다.

예제 8-2. print_line-v2

```
#!/usr/bin/perl -w
# print_line-v2 - Tie::File 모듈을 이용
use Tie::File;
use Fcntl;
@ARGV == 2 or die "usage: print_line FILENAME LINE_NUMBER\n";
($filename, $line_number) = @ARGV;
```

```
tie @lines, Tie::File, $filename, mode => O_RDWR
    or die "Can't open $filename for reading: $!\n";
if (@lines < $line_number) {
    die "Didn't find line $line_number in $filename\n";
}
print "$lines[$line_number-1]\n";
```

예제 8-3은 DB_File 모듈을 사용한다. Tie::File을 사용한 것과 같은 로직이다.

예제 8-3. print_line-v3

```
#!/usr/bin/perl -w
# print_line-v3 - DB_File style
use DB_File;
use Fcntl;

@ARGV == 2 or die "usage: print_line FILENAME LINE_NUMBER\n";
($filename, $line_number) = @ARGV;
$tie = tie(@lines, "DB_File", $filename, O_RDWR, 0666, $DB_RECNO)
    or die "Cannot open file $filename: $!\n";

unless ($line_number <= $tie->length) {
    die "Didn't find line $line_number in $filename\n"
}

print $lines[$line_number-1];                        # 간단하지 않은가?
```

행 번호를 가지고 행을 추출하는 작업을 빈번하게 할 예정이지만 파일이 너무 커서 메모리에 담을 수 없다면, 레시피 8.27에서 소개하는 방법을 사용하여 각 행의 시작 위치를 바이트 단위 주소로 표시한 인덱스를 만든다. 그러면 seek 함수를 써서 각 행의 시작 위치로 직접 이동할 수 있다.

더 알아보기

- 기본 모듈 Tie::File, DB_File 모듈 문서(*Programming Perl* 32장에서도 다룬다)
- *perlfunc*(1) 문서와 *Programming Perl* 29장에서 다루는 `tie` 함수
- *perlvar*(1) 문서와 *Programming Perl* 28장에서 다루는 `$.` 변수

8.9 가변 길이 텍스트 필드 처리

문제

입력 레코드에서 길이가 고정되지 않은 텍스트 필드들을 추출하고자 한다.

해결책

필드 구분자에 일치되는 패턴을 사용하여 `split`을 쓴다.

```
# $RECORD 안에서 어떤 패턴으로 구분되는 필드들을 추출
@FILEDS = split(/PATTERN/, $RECORD);
```

논의

split 함수에는 PATTERN, EXPRESSION, LIMIT이라는 세 개의 인자를 넘길 수 있다. LIMIT 인자는 레코드를 최대 몇 개의 필드로 나눌지를 지정한다(만일 입력 레코드에 들어있는 필드의 개수가 LIMIT에 지정한 값보다 많은 경우, 초과한 필드들은 분리되지 않은 채 리스트의 마지막 원소에 들어간다). LIMIT를 생략하면, 모든 필드가 분리되어 반환된다(제일 끝의 빈 필드는 버려진다). EXPRESSION에는 쪼갤 문자열을 지정한다. EXPRESSION을 생략하면 $_의 값이 분리된다. PATTERN에는 필드 구분자에 일치하는 패턴을 지정한다. PATTERN을 생략하면 한 개 이상 이어진 공백문자를 필드 구분자로 사용한다. 제일 앞의 빈 필드는 버려진다.

필드 구분자가 하나의 문자열이 아니라 여러 종류인 경우, 데이터뿐 아니라 사용된 구분자도 같이 얻고 싶을 때가 있다. 이런 경우는 PATTERN을 괄호로 감싼다. 예를 들면 다음과 같다.

```
split(/([+-])/, "3+5-2");
```

이 코드는 다음과 같은 리스트를 반환한다.

```
(3, "+", 5, "-", 2)
```

/etc/passwd 파일에서는 콜론으로 레코드 안의 필드를 구분한다. 이런 형식의 레코드를 필드로 나누려면 다음처럼 한다.

```
@fields = split(/:/, $RECORD);
```

공백문자로 나뉜 필드를 나누기 위해서는 다음처럼 한다.

```
@fields = split(/\s+/, $RECORD);
```

만일 $RECORD가 공백문자로 시작한다면, @fields 배열의 첫 번째 원소에 빈 문자열이 담기게 된다. 이것은 split이 레코드의 제일 앞에 빈 필드가 있다고 간주해 버리기 때문이다. 이렇게 동작하지 않게 하려면 다음과 같이 split의 특수한 형태를 사용한다.

```
@fields = split(" ", $RECORD);
```

이렇게 하면 패턴으로 /\s+/를 넘겼을 때처럼 동작하지만 레코드의 제일 앞에 있는 공백문자는 무시한다.

필드 구분자 자체가 필드 안에 들어있으면 문제가 생긴다. 이 문제를 해결하려면 보통은 필드 안에 포함된 필드 구분자는 앞에 백슬래시를 붙여서 이스케이프한다. 자세한 내용은 레시피 1.18을 참고하라.

더 알아보기

- *perlfunc*(1) 문서와 *Programming Perl* 29장에서 다루는 split 함수
- 레시피 1.18

8.10 파일의 마지막 행 삭제하기

문제

파일의 마지막 행을 삭제하고자 한다.

해결책

기본 모듈(펄 5.8부터 기본으로 포함되어 있다) Tie::File을 사용하여 파일을 배열에 tie로 연결한 후, 그 배열의 마지막 원소를 삭제한다.

```
use Tie::File;

tie @lines, Tie::File, $file     or die "can't update $file: $!";
delete $lines[-1];
```

논의

파일이 큰 경우에는 Tie::File을 쓰는 방법이 가장 효율적이다. 마지막 행을 찾기 위해 파일 전체를 읽어 나가거나, 파일의 내용 전부를 메모리에 읽어 들이지도 않는다. 그러나 파일이 작은 경우는 여러분이 직접 구현할 수 있는 코드보다 느리다. 그렇다고 해서 Tie::File을 쓰지 말아야 한다는 뜻은 아니다. 컴퓨터의 시간을 아낄 것인지 프로그래머의 시간을 아낄 것인지 선택하는 문제일 뿐이다.

만일 Tie::File이 없고, CPAN에서 설치할 수도 없는 경우라면, 파일을 한 줄씩 읽으면서 현재까지 읽은 마지막 행의 시작 위치의 바이트 주소를 기억해 둔다. 파일을 다 읽었으면 마지막으로 기억한 주소 위치에서 파일을 잘라낸다.

```
open (FH, "+< $file")              or die "can't update $file: $!";
while ( <FH> ) {
    $addr = tell(FH) unless eof(FH);
}
truncate(FH, $addr)                or die "can't truncate $file: $!";
```

각 행의 시작 바이트 주소, 즉 오프셋을 기억하는 방법은 파일 전체를 메모리에 읽어 들이는 방법보다 더 효율적이다. 한 번에 한 행만 메모리에 보관하기 때문이

다. 파일 전체를 더듬어 가야 한다는 점은 마찬가지이지만, 이 방법을 쓰면 사용할 수 있는 메모리보다 더 큰 파일을 다룰 수 있다.

더 알아보기

- 기본 모듈 Tie::File 모듈 문서
- *perlfunc*(1) 문서와 *Programming Perl* 29장에서 다루는 `truncate`, `tell` 함수
- 시스템에 있는 *open*(2) 매뉴얼 페이지
- 레시피 8.18

8.11 이진 파일 처리하기

문제

8비트 이진 데이터를 특정한 인코딩으로 된 문자로 다루거나, 입출력 라이브러리에 의해 줄바꿈 문자나 EOF가 변환되는 텍스트 파일로 다루는 것이 아니라, 8비트 이진 데이터 그 자체로 읽고자 한다.

해결책

파일핸들을 인자로 하여 `binmode` 함수를 사용한다.

```
binmode(HANDLE);
```

논의

`binmode` 함수를 사용하면 파일핸들에 새로운 입출력 레이어를 설정할 수 있다. 기본적으로 지정되는 레이어는 `:raw`이다. 이 레이어는 이진 데이터의 입출력에 간섭하는 다른 레이어들을 제거한다. 해결책의 코드는 다음 코드와 동일하게 동작한다.

```
binmode(HANDLE, ":raw");
```

다만 명시적으로 `:raw`를 지정하는 것은 펄 버전 5.8 또는 그 이후 버전에서만 가능하다. `binmode`에 인자를 하나만 넘기는 형식은 모든 버전에서 동작한다.

펄은 CRLF 변환이 필요한 운영체제에서는 `:crlf` 레이어를 기본적으로 사용한다. 따라서 프로그램 안에서 명시적으로 `:crlf`를 지정할 필요는 거의 없다. 또한 일단 파일을 읽기 시작한 후에 `:crlf` 레이어를 추가하거나 제거하는 것은 일반적으로 좋은 생각이 아니다. 이미 버퍼에 읽어 들인 데이터에는 적용이 되지 않기 때문이다. 하지만 `:encoding(...)` 레이어는 입출력 도중(예를 들어 XML 파일을

해석하는 도중)에 변경할 수 있다.

이진 파일을 열 때는 binmode를 호출하는 습관을 들이도록 한다. 그래야 이진 파일 안의 바이트를 다른 형태로 변환해 버리는(그게 도움이 될 수도 안 될 수도 있지만) 시스템에 여러분이 만든 프로그램을 이식할 수 있다.

파일핸들을 연 다음 binmode를 실행하는 대신, open으로 열 때 레이어를 지정할 수도 있다.

```
open(FH, "< :raw", $filename)   # 이진 모드
```

open 프래그마를 사용해서 기본 레이어를 지정하면 그다음부터 입력 파일핸들이나 출력 파일핸들을 열 때 그 레이어가 자동으로 설정된다.

```
use open IN => ":raw";      # 이진 모드
```

더 알아보기

- *PerlIO*(3) 매뉴얼 페이지
- *perlfunc*(1) 문서와 *Programming Perl* 29장에서 다루는 open, binmode 함수
- 시스템에 있는 *open*(2), *fopen*(3) 매뉴얼 페이지

8.12 임의 접근(random access) 입출력

문제

큰 파일의 중간 위치에 있는 이진 레코드를 읽고자 한다. 원하는 레코드를 찾을 때까지 한 번에 한 레코드씩 읽어 나가고 싶지는 않다.

해결책

일단 레코드의 크기를 알아야 한다. 그 크기에 레코드 번호를 곱해서 바이트 주소를 얻는다. 그 다음 seek로 그 바이트 주소로 이동한 후 read로 레코드를 읽는다.

```
$ADDRESS = $RECSIZE * $RECNO;
seek(FH, $ADDRESS, 0) or die "seek:$!";
read(FH, $BUFFER, $RECSIZE);
```

논의

해결책의 코드는 첫 번째 레코드의 RECNO가 0이라고 가정한다. 만일 레코드 번호가 1부터 시작한다면 다음과 같이 한다.

```
$ADDRESS = $RECSIZE * ($RECNO-1);
```

이런 방법은 이진 데이터에 가장 잘 적용된다. 텍스트 파일에 적용하기 위해서는 각 문자의 폭이나 행의 길이가 고정되어야 한다. 하지만 이런 조건은 대부분의 유니코드 인코딩이나 윈도우에서 사용되는 텍스트 파일, 그 외 행의 길이가 일정하지 않은 어떤 텍스트 파일에도 해당되지 않는다.

더 알아보기

- *perlfunc*(1) 문서와 *Programming Perl* 29장에서 다루는 seek 함수
- 레시피 8.13

8.13 임의 접근 파일 갱신하기

문제

이진 파일에서 레코드를 읽고 그 값을 변경한 후 파일에 다시 쓰고자 한다.

해결책

기존 레코드를 read로 읽고 값을 변경한다. 그리고 그 변경한 값을 pack으로 패킹하고, seek로 원래 주소로 이동하여 기록한다.

```
use Fcntl;                              # SEEK_SET와 SEEK_CUR를 사용하기 위해서

$ADDRESS = $RECSIZE * $RECNO;
seek(FH, $ADDRESS, SEEK_SET)            or die "Seeking: $!";
read(FH, $BUFFER, $RECSIZE) == $RECSIZE
                                        or die "Reading: $!";
@FIELDS = unpack($FORMAT, $BUFFER);
# 필드를 갱신한 후
$BUFFER = pack($FORMAT, @FIELDS);
seek(FH, -$RECSIZE, SEEK_CUR)           or die "Seeking: $!";
print FH $BUFFER;
close FH                                or die "Closing: $!";
```

논의

펄에서 레코드를 출력할 때 print 함수 말고 더 복잡한 것을 쓸 필요는 없다. 이상해 보이겠지만, read의 반대는 write가 아니라 print이다. 반면 sysread의 반대는 syswrite가 맞다.

예제 8-4의 *weekearly* 프로그램은 특정 사용자의 로그인 시각을 일주일 전으로 앞당긴다. 인자로 로그인 시각을 변경할 사용자 이름을 넘긴다. (물론 실제로 시스템 계정 파일을 조작하는 것은 좋은 생각이 아니다.) 이 프로그램은 파일을 수정 모드로 열기 때문에 그 파일에 대해 쓰기 권한이 있어야 한다. 이 프로그램은

레코드를 읽고 갱신한 후, 다시 패킹하고, 파일 위치를 레코드 하나의 길이만큼 앞당긴 후 갱신한 레코드를 파일에 쓴다.[2]

예제 8-4. weekearly

```
#!/usr/bin/perl
# weekearly -- 특정 사용자의 로그인 시각을 일주일 전으로 변경한다
use User::pwent;
use IO::Seekable;

$typedef = 'L A12 A16';         # 리눅스에서 사용하는 형식; Sun OS는 "L A8 A16"
$sizeof  = length(pack($typedef, ()));
$user    = shift(@ARGV) || $ENV{USER} || $ENV{LOGNAME};

$address = getpwnam($user)->uid * $sizeof;

open (LASTLOG, "+</var/log/lastlog")
    or die "can't update /usr/adm/lastlog: $!";
seek(LASTLOG, $address, SEEK_SET)
    or die "seek failed: $!";
read(LASTLOG, $buffer, $sizeof) == $sizeof
    or die "read failed: $!";

($time, $line, $host) = unpack($typedef, $buffer);
$time  -= 24 * 7 * 60 * 60;         # 일주일 전
$buffer = pack($typedef, $time, $line, $host);

seek(LASTLOG, -$sizeof, SEEK_CUR)   # 한 레코드 앞으로 이동
    or die "seek failed: $!";
print LASTLOG $buffer;

close(LASTLOG)
    or die "close failed: $!";
```

더 알아보기

- *PerlIO*(3) 매뉴얼 페이지
- *perlfunc*(1) 문서와 *Programming Perl* 29장에서 다루는 open, seek, read, pack, unpack 함수
- 레시피 8.12, 레시피 8.14

8.14 이진 파일에서 문자열 읽기

문제

파일의 특정 주소에 있는, 널로 끝나는 문자열을 읽고자 한다.

2 (옮긴이) 예제 8-4의 코드를 실행했을 때 올바른 결과가 나오지 않는다면 $typedef 변수의 값을 수정해 보라. 여러분이 현재 사용하는 리눅스 시스템에서는 'L Z32 Z256'를 쓰면 될 가능성이 높다. 여기서 32와 256은 */usr/include/bits/utmp.h* 파일에 정의된 UT_LINESIZE 상수와 UT_HOSTSIZE 상수의 값이다. 여전히 결과가 올바르지 않으면 이 헤더 파일을 참고하여 직접 수정하도록 한다.

해결책

이진 모드로 작업하고 있는지 확인하고, $/ 변수에 아스키 NUL을 설정하고, <>를 사용하여 문자열을 읽어 들인다.

```
binmode(FH);                            # 이진 모드
$old_rs = $/;                           # $/의 기존 값을 백업
$/ = "\0";                              # 아스키 0번: NUL
seek(FH, $addr, SEEK_SET)               or die "Seek error: $!\n";
$string = <FH>;                         # 문자열을 읽는다
chomp $string;                          # 널을 제거
$/ = $old_rs;                           # $/을 기존 값으로 되돌린다
```

local을 사용하면 $/을 저장하고 복원하는 것을 자동으로 할 수 있다

```
{
    local $/ = "\0";
    # ...
}                               # $/의 기존 값이 복원된다
```

논의

예제 8-5의 *bgets* 프로그램은 인자로 파일 이름과 한 개 이상의 바이트 주소를 받는다. 주소는 십진수, 팔진수, 십육진수로 지정할 수 있다. 이 프로그램은 지정한 주소에서 시작하고 널 또는 EOF를 만날 때까지 읽은 문자열을 출력한다.

예제 8-5. bgets

```
#!/usr/bin/perl
# bgets - 이진 파일에서 지정된 주소에 있는 문자열을 가져온다
use IO::Seekable;
use open IO => ":raw";                  # 모든 파일핸들을 이진 모드로 연다
($file, @addrs) = @ARGV                 or die "usage: $0 addr ...";
open(FH, $file)                         or die "cannot open $file: $!";
$/ = "\000";
foreach $addr (@addrs) {
    $addr = oct $addr if $addr =~ /^0/;
    seek(FH, $addr, SEEK_SET)
        or die "can't seek to $addr in $file: $!";
    printf qq{%#x %#o %d "%s"\n}, $addr, $addr, $addr, scalar <FH>;
}
```

예제 8-6은 유닉스의 *strings* 프로그램을 구현한 것이다.

예제 8-6. strings

```
#!/usr/bin/perl
# strings - 이진 파일에서 문자열을 추출하기
$/ = "\0";
while (<>) {
    while (/([\040-\176\s]{4,})/g) {
        print $1, "\n";
    }
}
```

더 알아보기

- *PerlIO*(3) 매뉴얼 페이지
- *perlfunc*(1) 문서와 *Programming Perl* 29장에서 다루는 seek, getc, ord 함수
- *perlop*(1) 문서의 "Quote and Quote Like Operators" 절과 *Programming Perl* 2장의 "Pick Your Own Quotes" 절에서 다루는 qq// 연산자

8.15 고정 길이 레코드 읽기

문제

레코드들의 길이가 고정되어 있는 파일을 읽고자 한다.

해결책

read와 unpack 함수를 사용한다.

```
# $RECORDSIZE - 레코드 길이(단위는 바이트)
# $TEMPLATE - 레코드를 unpack할 때에 사용하는 템플릿
# FILE - 읽을 파일
# @FIELDS - 각 필드를 담는 배열(하나의 원소에 하나의 필드가 담긴다)

until ( eof(FILE) ) {
    read(FILE, $record, $RECORDSIZE) == $RECORDSIZE
        or die "short read\n";
    @FIELDS = unpack($TEMPLATE, $record);
}
```

논의

처리하려는 파일이 텍스트 파일이 아니므로 <FH>나 IO::Handle의 getline 메서드를 사용하여 레코드를 읽을 수는 없다. 따라서 단순히 read 함수를 사용하여 특정한 개수의 바이트를 읽어 변수에 담아야 한다. 이 변수에는 레코드 하나만큼의 데이터가 담기게 되고, 이것을 unpack 함수에 적절한 형식을 지정하여 복호화할 수 있다.

이진 데이터를 다룰 때 문제가 되는 것은 그 데이터의 형식을 어떻게 알 수 있느냐는 것이다. C 프로그램이 출력한 데이터를 읽는 경우라면 구조체의 레이아웃이 나와 있는 C 헤더 파일이나 매뉴얼 페이지를 봐야 할 때도 있다. 그 때문에 C 언어에 대한 지식이 있어야 한다. 또한 필드의 패딩이나 정렬(레시피 8.24에서 사용한 형식의 x2처럼)을 예측해야 하기 때문에 C 컴파일러와도 친숙해야 한다. 만일 여러분이 다행스럽게도 버클리 계열의 유닉스 시스템을 사용하거나 *gcc*를 지원하는 시스템을 사용한다면, 펄에 딸려 있는 *c2ph* 도구를 사용하여 C 헤더 파일의 내용을 펄의 데이터 형식으로 변환할 수 있다.

이 장의 마지막에서 소개하는 *tailwtmp* 프로그램은 Linux의 *utmp*(5)에서 설명하는 형식을 사용하며, */var/log/wtmp* 파일과 */var/run/utmp* 파일을 처리할 수 있다. 이진 형식을 다룰 때는 의존성 문제가 생기게 된다. 이 프로그램을 다소 수정하지 않으면 여러분의 시스템에서 동작하지 않을 수 있다. 그러나 프로그램의 동작 과정은 참고가 될 것이다. 다음은 리눅스의 C 헤더 파일에서 뽑아낸 *utmp* 구조체 레이아웃이다.

```
#define UT_LINESIZE           12
#define UT_NAMESIZE           8
#define UT_HOSTSIZE           16

struct utmp {                       /* 아래 주석은 pack에 사용할 템플릿 코드이다  */
    short ut_type;                  /* s - short, 뒤에 패딩이 채워져야 함        */
    pid_t ut_pid;                   /* i - integer,                            */
    char ut_line[UT_LINESIZE];      /* A12 - 문자 12개짜리 문자열                */
    char ut_id[2];                  /* A2, 정렬을 맞추기 위해 x2가 추가되어야 함 */
    time_t ut_time;                 /* l - long                                */
    char ut_user[UT_NAMESIZE];      /* A8 - 문자 8개짜리 문자열                  */
    char ut_host[UT_HOSTSIZE];      /* A16 - 문자 16개짜리 문자열                */
    long ut_addr;                   /* l - long                                */
};
```

이진 데이터의 레이아웃을 알아냈다면 그 형식(이 예제의 경우 `"s x2 i A12 A2 x2 l A8 A16  l"`)을 빈 필드 리스트와 함께 pack 함수에 넘겨서 레코드의 크기를 얻는다. read 함수에서 읽기를 할 때에는 항상 그 반환값을 확인하여 요청한 만큼 제대로 읽었는지 검사해야 한다는 것을 명심하라.

레코드가 텍스트 문자열이라면, unpack 템플릿에 "a"나 "A"를 사용한다.

고정 길이 레코드는 *n*번째 레코드의 시작 위치(바이트 오프셋)을 `SIZE * (n-1)`이라는 식으로 계산할 수 있어서 편리하다(SIZE는 레코드 하나의 크기). 레시피 8.27에 있는 인덱스를 만드는 코드를 참고하라.

더 알아보기

- *perlfunc*(1) 문서와 *Programming Perl* 29장에서 다루는 unpack, pack, read 함수
- 레시피 1.1

8.16 설정 파일 읽기

문제

사용자가 설정 파일을 통해서 프로그램의 동작을 조절할 수 있게 하고자 한다.

해결책

VAR(변수) = VALUE(값) 형식으로 된 단순한 설정 파일을 만들고, 다음과 같은 코드로 처리한다. VAR와 VALUE의 쌍을 해시의 키와 값 쌍으로 저장한다.

```
while (<CONFIG>) {
    chomp;                  # 줄바꿈 문자를 삭제한다
    s/#.*//;                # 주석을 삭제한다
    s/^\s+//;               # 앞부분의 공백문자를 삭제한다
    s/\s+$//;               # 뒷부분의 공백문자를 삭제한다
    next unless length;     # 남아있는 것을 처리
    my ($var, $value) = split(/\s*=\s*/, $_, 2);
    $User_Preferences{$var} = $value;
}
```

또는 설정 파일을 완전한 펄 코드로 만들고 do로 읽어 들인다.

```
do "$ENV{HOME}/.progrc";
```

논의

첫 번째 방법을 쓰면 다음과 같은 간단한 형식의 설정 파일을 읽을 수 있다(주석이나 빈 줄도 허용된다).

```
# C 클래스 네트워크 설정
NETMASK = 255.255.255.0
MTU     = 296

DEVICE  = cua1
RATE    = 115200
MODE    = adaptive
```

파일을 읽어 들이고 나면 개개 설정값은 $User_Preferences{"RATE"}와 같은 식으로 접근해서 값 115200을 알 수 있다. 해시를 쓰는 게 아니라 설정 변수의 이름과 같은 이름의 전역 변수에 넣고 싶다면 다음과 같이 한다.

```
no strict "refs";
$$var = $value;
```

이 경우 $RATE 변수에 115200이라는 값이 담긴다.

두 번째 방법은 do를 사용하여 펄 코드를 직접 읽어 들인다. do의 뒤에 블록이 아니라 표현식이 올 경우 do는 그 식을 파일이름으로 해석한다. 이것은 require를 사용하는 것과 거의 비슷하지만 do는 치명적 에러를 발생시키지 않는다. 두 번째 방법을 쓰는 경우 설정 파일은 다음과 같은 형태이다.

```
# C 클래스 네트워크 설정
$NETMASK = '255.255.255.0';
$MTU     = 0x128;
$DEVICE  = 'cua1';
```

```
$RATE     = 115_200;
$MODE     = 'adaptive';
```

세미콜론이나 따옴표 등을 추가로 사용하면서까지 굳이 펄 코드를 직접 사용해야 할 이유를 모르겠다면, 펄의 모든 기능을 마음대로 사용할 수 있다는 점을 고려해 보라. 예를 들어 단순히 값을 지정하는 게 아니라 임의의 로직과 조건을 추가할 수 있다.

```
if ($DEVICE =~ /1$/) {
    $RATE = 28_800;
} else {
    $RATE = 115_200;
}
```

많은 프로그램은 시스템 전체에 적용되는 설정과 개별 사용자에게만 적용되는 설정을 별개로 지정할 수 있도록 지원한다. 사용자 설정이 시스템 설정을 덮어쓰도록 하려면, 사용자 설정 파일을 나중에 적재한다.

```
$APPDFLT = "/usr/local/share/myprog";
do "$APPDFLT/sysconfig.pl";
do "$ENV{HOME}/.myprogrc";
```

만일 사용자 설정 파일이 있는 경우 시스템 설정 파일을 무시하도록 하려면, do의 반환값을 검사하게 한다.

```
do "$ENV{HOME}/.myprogrc";
    or
do "$APPDFLT/sysconfig.pl"
```

설정 파일은 어느 패키지에 속한 것으로 컴파일될까? do 구문이 컴파일되는 패키지와 같은 패키지에 속한 것으로 컴파일된다. 사용자가 설정 파일을 통해 패키지 이름이 생략되어 있는 전역 변수를 설정하면, 그 변수는 보통 현재 패키지에 속한 변수로 컴파일된다. 만일 특정한 패키지에 속하게 하고 싶다면 다음처럼 한다.

```
{ package Settings; do "$ENV{HOME}/.myprogrc" }
```

require, use를 사용할 때와 마찬가지로, do로 읽어 들인 파일의 코드에는 원래 코드와 별개의 렉시컬 스코프가 적용된다. 따라서 설정 파일 쪽에서는 자신을 호출한 쪽의 렉시컬 변수(my 변수)에 접근할 수 없고, 반대로 호출한 쪽에서도 설정 파일의 렉시컬 변수에는 접근할 수 없다. 또한 호출한 쪽에서 렉시컬 스코프에 적용되는 `use strict`나 `use warnings` 같은 프래그마를 선언했더라도 설정 파일의 코드에는 영향을 미치지 않는다.

이렇게 설정 파일과 그 설정 파일을 읽는 쪽의 스코프가 구분되는 것을 원하지 않는다면, 설정 파일의 코드를 읽는 쪽의 스코프 내에서 실행되도록 할 수도 있다. cat 프로그램이나 그와 동일한 동작을 하는 프로그램을 써서 do의 동작을 직접 구현한다.

```
eval `cat $ENV{HOME}/.myprogrc`;
```

그러나 저자들도 상용 코드에서 이런 방법을 사용하는 사람을 본 적은 없다(래리 월(Larry Wall)만 빼고).

우선 do를 사용하는 게 타이핑하기 더 쉽다. 또 do는 @INC를 써서 지정한 검색 경로를 준수하여, 전체 경로가 명시되지 않았다면 이 배열에 있는 경로를 탐색한다. 그러나 require와 달리, do는 암묵적인 에러 검사를 하지 않는다. 따라서 do 구문을 eval로 둘러싸서 프로그램을 비정상 종료시킬 수 있는 예외를 가로채지 않아도 된다. do 자체에 eval의 기능도 있기 때문이다.

필요한 경우는 여러분이 직접 에러를 검사할 수도 있다.

```
$file = "someprog.pl";
unless ($return = do $file) {
    warn "couldn't parse $file: $@"         if $@;
    warn "couldn't do $file: $!"            unless defined $return;
    warn "couldn't run $file"               unless $return;
}
```

이렇게 설정 파일 자체를 펄 코드로 만들면 설정 파일에 사용할 복잡한 문법을 따로 만들고 그 문법을 해석할 필요가 없으므로 프로그래머의 작업이 간단해진다. 사용자 입장에서도 설정 파일에 적용되는 새로운 규칙을 배울 필요가 없으니 편리하다. 게다가 사용자가 프로그램 언어의 알고리즘을 이용할 수도 있다.

문제는 보안성이다. 사용자 말고 다른 사람이 설정 파일의 내용을 조작하지 않았는지 어떻게 알 수 있을까? 이 문제의 전통적인 해결책은 디렉터리와 파일의 퍼미션을 믿고 달리 아무 일도 하지 않는 것이다. 십중팔구는 이 정도로 충분하다. 보안 문제에 그렇게 신경을 써야만 할 프로젝트가 그리 많지는 않을 것이다. 만일 그런 프로젝트라면 레시피 8.17을 참고하라.

더 알아보기

- *perlfunc*(1) 문서와 *Programming Perl* 29장에서 다루는 eval, require 함수
- 레시피 8.17

8.17 파일의 신뢰성 검사하기

문제

설정 파일을 읽고자 한다. 이때 이 설정 파일의 권한 설정이 소유자 이외의 사용자는 쓸 수 없도록(또는 읽을 수도 없도록) 되어 있을 때만 파일을 처리하고 싶다.

해결책

stat 함수를 사용해서 파일의 소유자 정보와 권한 정보를 얻는다. 기본 내장 함수인 stat은 리스트를 반환한다.

```
( $dev, $ino, $mode, $nlink,
  $uid, $gid, $rdev, $size,
  $atime, $mtime, $ctime,
  $blksize, $blocks )       = stat($filename)
        or die "no $filename: $!";

$mode &= 07777;             # 파일 유형 정보는 버린다
```

또는 File::stat 모듈의 stat 함수를 사용할 수도 있다.

```
use File::stat;

$info = stat($filename)     or die "no $filename: $!";
if ($info->uid == 0) {
    print "Superuser owns $filename\n";
}
if ($info->atime > $info->mtime) {
    print "$filename has been read since it was written.\n";
}
```

논의

일반적으로는 사용자를 신뢰해서 사용자가 자신이 원하는 대로 파일 접근 권한을 설정할 수 있게 한다. 사용자가 자신의 파일을 타인이 읽을 수 있게 설정하거나 심지어 쓸 수 있게 설정하는 것도 그 사용자의 마음이다. 그러나 편집기, 메일 프로그램, 셸 같은 프로그램들은 종종 더 예민해서, 설정 파일의 소유자가 아닌 사람이 쓰기 권한이 있다면 그 파일을 읽고 실행하는 것을 거부하곤 한다. 그렇게 하면 트로이 목마 공격을 피하는 데 도움이 된다. *ftp*나 *ssh*와 같이 보안을 중시한 프로그램은 아예 소유자 이외의 사람이 설정 파일을 읽을 수 있기만 해도 그 설정 파일 처리를 거부한다.

소유자 이외의 사용자에게 쓰기 권한이 주어진 파일이나, 소유자가 현재 사용자도 아니고 슈퍼유저도 아닌 파일은 신뢰해서는 안 된다. 파일의 소유권과 접근 권한을 확인하려면 stat 함수를 사용한다. 다음 함수는 파일이 안전하다고 판단

되면 참을, 그렇지 않으면 거짓을 반환한다. stat 함수를 실행하는 데 실패했다면 undef를 반환한다.

```
use File::stat;

sub is_safe {
    my $path = shift;
    my $info = stat($path);
    return unless $info;

    # 파일의 소유자가 슈퍼유저도 아니고 나도 아니다
    # $< 변수는 실 사용자 ID가 담겨 있다
    if (($info->uid != 0) && ($info->uid != $<)) {
        return 0;
    }

    # 그룹과 타인의 쓰기 권한을 조사한다
    # 읽기와 쓰기 권한 둘 다 조사하려면 066을 사용한다
    if ($info->mode & 022) {   # 그룹이나 타인이 쓸 수 있다면
        return 0 unless -d _;  # 디렉터리가 아닌 경우는 안전하지 않다
            # 스티키 비트(sticky bit, 01000)가 설정된 디렉터리는 안전하다
        return 0 unless $info->mode & 01000;
    }
    return 1;
}
```

디렉터리의 경우 다른 사용자의 쓰기 권한이 허가되어 있더라도 스티키 비트(모드 01000, 그 디렉터리 안의 각 파일은 그 파일의 소유자만 삭제 가능)가 설정되어 있다면 안전하다고 간주한다.

주의 깊은 프로그래머는 대상 파일뿐 아니라 그 파일이 있는 디렉터리에도 쓰기 권한이 없는지 확인한다. 이것은 시스템에 따라서 어떤 사용자가 자신이 소유한 파일의 소유자를 다른 사용자로 바꾸는, "chown을 통한 양도"하는 문제가 있을 수 있기 때문이다. 아래의 is_verysafe 함수는 POSIX::sysconf 질의를 통해 이 시스템에서 chown 양도 문제가 발생할 수 있는지를 확인한다. 만일 문제가 발생할 수 있다면 is_safe 함수를 사용하여 대상 파일이 있는 디렉터리부터 루트 디렉터리까지 거슬러 올라가면서 디렉터리들을 검사한다. chown 문제가 발생할 우려가 없다면 그냥 is_save로 대상 파일만 검사한다.

```
use Cwd;
use POSIX qw(sysconf _PC_CHOWN_RESTRICTED);
sub is_verysafe {
    my $path = shift;
    return is_safe($path) if sysconf(_PC_CHOWN_RESTRICTED);
    $path = getcwd() . '/' . $path if $path !~ m{^/};
    do {
        return unless is_safe($path);
        $path =~ s#([^/]+|/)$##;               # 디렉터리 이름
        $path =~ s#/$## if length($path) > 1;  # 마지막 슬래시
    } while length $path;
```

```
    return 1;
}
```

이렇게 만든 함수를 여러분의 프로그램 안에서 다음과 같이 사용한다.

```
$file = "$ENV{HOME}/.myprogrc";
readconfig($file) if is_safe($file);
```

그러나 이 코드는 경쟁 상황이 발생할 가능성이 있다. readconfig라는 가상의 함수가 파일을 열기 때문이다. is_safe 함수가 파일의 안전성을 검사한 시점과 readconfig 함수가 그 파일을 여는 시점 사이에 그 파일이 수정될 가능성이 있다. 이런 문제를 피하려면 is_safe에 이미 열려 있는 파일핸들을 넘긴다.

```
$file = "$ENV{HOME}/.myprogrc";
if (open(FILE, "< $file")) {
    readconfig(*FILE) if is_safe(*FILE);
}
```

그리고 readconfig 함수를 수정하여, 파일이름 대신 파일핸들을 받을 수 있게 한다.

더 알아보기

- *perlfunc*(1) 문서와 *Programming Perl* 29장에서 다루는 stat 함수
- 기본 모듈 POSIX, File::Stat 모듈 문서
- 레시피 8.16

8.18 파일을 배열로 다루기

문제

파일은 행 또는 레코드들의 리스트라고 볼 수 있다. 파일에 접근하고 조작하는 것을 펄의 강력한 배열 연산을 통하여 하고 싶다.

해결책

Tie::File 모듈을 사용한다. 이 모듈은 버전 5.8부터 펄 기본 모듈이다.

```
use Tie::File;
use Fcntl;

tie @data, Tie::File, $FILENAME or die "Can't tie to $filename: $!\n";
# @data에 관해서 일반적인 배열 조작을 하면 파일을 조작하게 된다
```

논의

Tie::File 모듈을 사용하면 파일을 배열로 보이도록 할 수 있다. 각 레코드가 이 배열의 원소가 된다. 이 배열에서 원소를 읽거나 대입할 수 있고, push나 splice 등 배열 관련 함수를 사용할 수도 있다. 첨자로 음수를 사용할 수도 있고 reverse 함수로 배열을 뒤집을 수도 있다. 이런 모든 조작은 디스크 상의 파일에도 반영된다.

Tie::File 모듈로 파일을 열 때 명시적으로 접근 모드를 지정하지 않으면 읽기/쓰기 모드로 열리며, 지정한 파일이 존재하지 않으면 자동으로 생성된다. 특정한 접근 모드(레시피 7.1 참고)를 지정하고 싶으면, tie를 호출할 때 mode 매개변수로 Fcntl 상수를 넘긴다. 다음은 이에 대한 예제이다.

```
use Fcntl;
tie(@data, Tie::File, $filename, mode => O_RDONLY)
  or die "Can't open $filename or reading: $!\n";
```

배열 데이터가 변경되면 디스크의 파일도 변경된다. 예를 들어 어떤 원소의 길이를 바꾸면 그 원소 뒤에 있는 모든 레코드는 그 변경을 반영하기 위해 위치가 옮겨져야 한다. 다음 코드를 생각해 보자.

```
foreach (@data) {
    s/Perl Cookbook/Perl Cookbook (2nd edition)/g;
}
```

레코드 0의 길이를 바꾸면 레코드 1부터 레코드 N까지가 복사된다. 그다음 레코드 1의 길이를 바꾸면 레코드 2부터 레코드 N까지가 복사된다. 이 과정이 계속 반복된다. 이런 경우에는, 파일 갱신을 미뤘다가 모든 변경이 다 끝나고 나서 한 번의 쓰기 연산으로 파일을 갱신하도록 하는 게 더 좋다. 이렇게 하려면 배열과 tie로 연결된 객체의 메서드를 호출한다.

```
(tied @data)->defer;        # 갱신을 연기
foreach (@data) {
    s/Perl Cookbook/Perl Cookbook (2nd edition)/g;
}
(tied @data)->flush;
```

갱신을 얼마나 지연시킬 수 있는지는 Tie::File 모듈이 사용할 수 있는 메모리의 크기에 따라 결정된다. 변경사항을 파일에 저장하지 않은 채로 기억하는 방법은 메모리에 보관하는 것뿐이기 때문이다. Tie::File 매뉴얼 페이지에는 메모리 사용에 관한 옵션을 바꾸는 법도 나와 있다.

더 알아보기

- 레시피 8.4, 레시피 8.8, 레시피 8.10

8.19 기본 입출력 레이어 설정하기

문제

프로그램 안에서 여는 모든 파일에 특정한 입출력 레이어 집합이 설정되도록 하고자 한다. 예를 들어 모든 파일에 UTF-8 데이터가 들어있는 걸 미리 안다면 파일을 열 때마다 자동으로 :utf8 레이어가 설정되도록 하고 싶을 수 있다.

해결책

open 프래그마를 사용한다.

```
use open IO => ":raw:utf8";
```

논의

입출력 레이어는 파일핸들을 직접 열 때에 간단하게 설정할 수 있다. 하지만 파일핸들이 다른 사람이 작성한 코드(펄 코어도 포함하여)에서 열리는 경우 이 방법을 쓸 수는 없다. open 프래그마를 써서 기본 입출력 레이어를 지정하면 open 함수에 따로 입출력 레이어를 지정하지 않았을 경우 자동으로 적용된다.

또한 open 프래그마는 입력 파일핸들용 레이어를 설정할 수 있는 IN 옵션, 출력 파일핸들용 레이어를 설정할 수 있는 OUT 옵션을 제공한다. 예를 들어, 읽을 때는 바이트 스트림으로 읽고 쓸 때는 UTF-8으로 쓰려면 다음처럼 한다.

```
use open "IN" => ":bytes", "OUT" => ":utf8";
```

:std 옵션은 입력 레이어와 출력 레이어를 STDIN, STDOUT, STDERR에도 적용하도록 지시한다. 예를 들어 다음 코드를 사용하면 입력 파일핸들은 Greek(ISO 8859-7) 인코딩을 거쳐서 읽고, 출력 파일핸들은 UTF-8 유니코드 인코딩을 거쳐서 쓰게 된다. 그리고 그 레이어를 STDIN, STDOUT, STDERR에도 적용한다.

```
use open "IN" => ":encoding(Greek)",   # Greek을 읽어들인다
         "OUT" => ":utf8",             # 유니코드 UTF-8로 8비트 데이터를 쓴다
         ":std";                       # STDIN은 Greek을 사용
```

더 알아보기

- 표준 프래그마 open 문서
- 레시피 8.12, 레시피 8.19

8.20 파일핸들을 통해 유니코드를 읽고 쓰기

문제

특정한 인코딩으로 된 텍스트가 담긴 파일이 있다. 이 파일에서 데이터를 펄 문자열로 읽어들이면 펄은 이것을 8비트짜리 바이트들의 순열로 다룬다. 그러나 이 텍스트 안에는 2바이트 이상으로 이루어진 문자들도 있기 때문에, 펄이 이 데이터를 바이트가 아니라 문자 단위로 다루도록 하고자 한다. 만일 데이터가 어떤 인코딩으로 되어 있는지 펄이 알 수 없다면 특정한 문자를 문자로 인식하지 못할 수 있으므로 펄에게 인코딩을 알려주어야 한다. 이 문제와 유사하게, 텍스트를 출력할 때도 특정한 인코딩으로 출력하고자 한다.

해결책

입출력 레이어를 사용하여 파일핸들을 통해 읽고 쓰는 데이터가 어떤 인코딩으로 되어 있는지를 지정한다.

```
open(my $ifh, "<:encoding(ENCODING_NAME)", $filename);
open(my $ofh, ">:encoding(ENCODING_NAME)", $filename);
```

논의

펄의 텍스트 처리 기능은 8비트 데이터를 처리할 때처럼 UTF-8 문자열도 잘 처리한다. 단지 현재 처리하는 데이터가 어떤 형태인지만 알면 된다. 펄의 모든 문자열은 내부적으로 UTF-8인지 아니면 8비트 데이터인지 나타내는 플래그가 있다. `encoding(...)` 레이어는 여러 가지 외부 인코딩으로 된 데이터를 펄 내부 UTF-8 문자열로, 또는 그 반대로 변환한다. 이 변환은 Encode 모듈을 거쳐 이루어진다.

1장 개요의 "펄의 유니코드 지원" 절에서, 유니코드에서는 모든 문자에 서로 다른 코드 포인트(즉 고유한 숫자값)가 할당된다고 설명하였다. 모든 문자에 고유한 코드 포인트를 할당하면 많은 문제가 해결된다. 이제 더 이상 동일한 숫자가 인코딩에 따라 다른 문자를 나타내는 일은 없다. 예를 들어 0xC4가 ISO-8859-1 인코딩에서는 분음 기호가 붙은 대문자 A(LATIN CAPITAL LETTER A WITH DIAERESIS)를 나타내고 ISO-8859-7 인코딩에서는 그리스어 대문자 델타(GREEK CAPITAL LETTER DELTA)를 나타낸다.

유니코드로 인해 많은 문제가 깔끔하게 해결되지만, 여전히 중요한 문제가 남는다. 각 코드 포인트를 메모리나 디스크에 저장할 때 어떤 형태로 저장할 것인가 하는 것이다. 만일 대부분의 코드 포인트가 8비트에 들어간다면, 각 문자를 저장하는 데 무조건 32비트를 쓰도록 하는 것은 낭비로 생각될 수 있다. 하지만 모든 문자에 같은 용량을 할당한다면 코드를 만들기도 쉽고 실행 속도도 빨라질 수 있다.

이 때문에 유니코드를 저장하는 인코딩 시스템은 두 종류로 나뉘고 각각 장점이 있다. 고정 길이 인코딩은 모든 코드 포인트가 동일한 개수의 비트에 저장된다. 이러면 프로그래밍은 간단해지지만 메모리나 디스크 공간을 다소 낭비하게 된다. 가변 길이 인코딩은 각 코드 포인트를 저장하는 데 필요한 만큼의 공간만 사용한다. 공간을 낭비하지는 않지만 프로그래밍이 복잡해진다.

더 복잡한 문제는 결합 문자를 처리하는 것이다. 결합 문자는 마치 하나의 문자처럼 생겼지만 실제 코드에서는 여러 개의 코드 포인트로 나타난다. 예를 들어 대문자 A 위에 점 두 개(분음 부호)가 붙은 문자가 화면에 출력되었을 때, 이 문자의 코드포인트는 U+00C4일 수도 있지만 아닐 수도 있다. 레시피 1.8에서 설명한 것처럼, 기본 문자 뒤에 공간을 차지하지 않는 표식 문자를 연달아 쓰면 결합 문자를 나타내게 된다. 예를 들어 U+0308은 "결합하는 분음 부호(COMBINING DIAERESIS)"이며, 대문자 A(U+0041) 뒤에 U+0308을 쓰거나 `A\x{308}`이라고 쓰면 U+00C4와 동일한 출력을 만들게 된다.

다음 표는 분음 부호가 있는 대문자 A를 표시하기 위해 전통적인 ISO 8859-1 문자 집합을 사용하는 경우와 유니코드를 사용하는 경우를 비교한 것이다. ISO 8859-1에서는 논리적인 문자 코드와 물리적인 바이트 표현이 동일하다. 유니코드에서는 이 문자를 출력하기 위해 하나의 코드 포인트를 쓸 수도 있고 두 개의 코드 포인트를 써서 결합 문자로 출력할 수도 있다.

	기존의 방법	새로운 방법		
	Ä	A	Ä	Ä
문자	0xC4	U+0041	U+00C4	U+0041 U+0308
문자셋	ISO-8859-1	Unicode	Unicode	Unicode
문자코드	0xC4	0x0041	0x00C4	0x0041 0x0308
인코딩	—	UTF-8	UTF-8	UTF-8
바이트	0xC4	0x41	0xC3 0x84	0x41 0xCC 0x88

펄은 내부적으로 사용하는 형식은 UTF-8이며, 이것은 가변 길이 인코딩 시스템이다. UTF-8을 사용하는 이유 중 하나는 기존의 아스키 인코딩을 UTF-8로 변환할 필요 없이 그대로 문자 한 개당 한 바이트를 써서 표현할 수 있기 때문이다. U+0041 코드에 해당하는 문자는 메모리에 그대로 0x41로 저장된다. 따라서 기존

아스키 데이터들은 크기가 늘어나지 않는다. 게다가 ISO 8859-n과 같은 서구권 문자 집합의 경우도 크기가 조금밖에 증가하지 않는다. 왜냐하면 통상적인 아스키 문자에 비해 억양 표시가 붙은 8비트짜리 문자의 사용 비중이 그다지 크지 않기 때문이다.

펄 내부적으로 UTF-8을 사용한다고 해도 외부적으로는 다른 형식을 사용할 수 있다. 펄은 UTF-8과 여러분이 파일핸들에 지정한 인코딩 간의 변환을 자동으로 해준다. ":encoding(....)" 같은 형태로 입출력 레이어를 지정하면 Encode 모듈이 암묵적으로 사용되게 된다. 예제 코드를 다음에 나타낸다.

```
binmode(FH, ":encoding(UTF-16BE)")
    or die "can't binmode to utf-16be: $!";
```

open으로 파일을 열 때 지정할 수도 있다.

```
open(FH, "< :encoding(UTF-32)", $pathname)
    or die "can't open $pathname: $!";
```

다음 표는 분음 부호가 붙은 대문자 A를 나타내는 두 가지 시퀀스가 여러 가지 인코딩 형식에 따라 어떤 바이트 레이아웃으로 표시되는지 정리한 것이다.

	U+00C4	U+0041 U+0308
UTF-8	c3 84	41 cc 88
UTF-16BE	00 c4	00 41 03 08
UTF-16LE	c4 00	41 00 08 03
UTF-16	fe ff 00 c4	fe ff 00 41 03 08
UTF-32LE	c4 00 00 00	41 00 00 00 08 03 00 00
UTF-32BE	00 00 00 c4	00 00 00 41 00 00 03 08
UTF-32	00 00 fe ff 00 00 00 c4	00 00 fe ff 00 00 00 41 00 00 03 08

어떤 인코딩은 메모리를 많이 사용하게 된다. 또 어떤 컴퓨터는 빅 엔디안을 쓰고 어떤 컴퓨터는 리틀 엔디안을 사용하는 것도 문제를 복잡하게 한다. 이 때문에 엔디안이 명시되지 않은 고정 길이 인코딩 형식은 바이트 순서를 나타내는 시퀀스 ("FF EF" 또는 "EF FF")가 추가로 있어야 한다. 보통 이 시퀀스는 스트림의 시작 부분에만 있으면 된다.

UTF-8 데이터를 읽고 쓰는 경우는 :utf8 레이어를 사용하라. 펄이 내부적으로

UTF-8을 사용하므로, `:utf8` 레이어를 쓰면 Encode 모듈을 우회하여 성능을 향상시킨다.

Encode 모듈은 여러 인코딩의 다양한 별칭을 인식한다. 예를 들어, `ascii`, `US-ascii`, `ISO-646-US`는 모두 같은 의미이다. Encode::Supported 모듈 문서를 보면 사용할 수 있는 인코딩 목록이 나와 있다. 펄은 표준 유니코드 이름뿐 아니라 특정 벤더에서 사용하는 이름도 지원한다. 예를 들어 `iso-8859-1`은 DOS에서는 `cp850`이고 윈도우에서는 `cp1252`이며, 맥에서는 `MacRoman`, NeXTstep에서는 `hp-roman8`로 불린다. Encode 모듈은 이 이름들을 모두 동일한 인코딩으로 인식한다.

더 알아보기

- 기본 모듈 Encode 모듈 문서
- Encode::Supported 매뉴얼 페이지
- 레시피 8.12, 레시피 8.19

8.21 마이크로소프트의 텍스트 파일을 유니코드로 변환하기

문제

마이크로소프트 시스템에서 작성한 텍스트 파일을 출력하니 문자가 깨진다. 이것을 제대로 표시되게 하고자 한다.

해결책

인코딩 레이어를 적절하게 설정하여 읽어 들인 텍스트를 유니코드로 바꾼다.

```
binmode(FH, ":encoding(cp1252)")
    || die "can't binmode to cp1252 encoding: $!";
```

논의

누군가 여러분에게 cp1252 형식(마이크로소프트에서 내부적으로 사용하는 8비트 문자 집합 기본값)으로 된 파일을 보냈다고 하자. 이 형식의 파일을 읽으려면 짜증이 날 수 있다. 이 인코딩은 Latin1과 같다고 주장하지만 사실 조금 다르다. 그래서 Latin1 글꼴이 적재된 상태에서 이런 파일을 보면 글자가 깨져 보일 수 있다. 이 문제는 다음과 같이 간단히 해결할 수 있다.

```
open(MSMESS, "< :crlf :encoding(cp1252)", $inputfile)
    || die "can't open $inputfile: $!";
```

이제 이 파일핸들에서 읽는 데이터는 자동으로 유니코드로 변환된다. 또 이 데이터는 CRLF 모드에서 처리된다. 행의 끝을 나타낼 때 CRLF를 사용하지 않는 시스템에서는 이 처리를 해 주어야 한다.

이 텍스트를 다시 Latin1 인코딩으로 저장하는 것은 불가능할 수 있다. cp1252 인코딩에만 있고 Latin1에는 없는 문자들이 있기 때문이다. 따라서 이 텍스트는 유니코드인 상태로 놔두어야 하는데, 이 유니코드 문자를 올바르게 표시하는 것 역시도 생각처럼 쉽지 않을 수 있다. 유니코드를 제대로 다루는 툴을 찾는 것부터도 난관이다.[3] 대부분의 웹브라우저는 ISO 10646 글꼴, 즉 유니코드 글꼴을 지원한다(*http://www.cl.cam.ac.uk/~mgk25/ucs-fonts.html* 참고). *emacs*나 *vi*(정확히는 *nvi* 말고 *vim*)의 경우 유니코드를 다룰 수 있지만, 그 외에 여러분이 사용하는 텍스트 편집기는 아닐 수도 있다. 이 책의 저자들은 *xterm*(1)에서 유니코드 텍스트를 제대로 보기 위해 다음과 같이 실행한다.

```
xterm -n unicode -u8 -fn -misc-fixed-medium-r-normal--20-200-75-75-c-100-iso10646-1
```

하지만 유니코드 데이터를 창과 창을 오가며 복사하고 붙여넣는 방법 등 해결되지 않은 문제들이 많다.

유니코드 공식 사이트(*www.unicode.org*)에서 유닉스와 마이크로소프트 시스템을 포함한 다양한 플랫폼에서 쓸 만한 적절한 툴을 찾고 설치하는 데 도움을 얻을 수 있다.

또한 펄에게 유니코드를 출력해도 괜찮다고 알려주어야 한다. 그렇지 않으면 출력할 때마다 `"Wide character in print"`라는 경고가 뜬다. 여러분이 앞에 나온 것과 같이 유니코드 글꼴이 있는 *xterm*이나 그에 상응하는 프로그램을 사용하고 있다면, 다음과 같은 방법으로 펄에게 알려줄 수 있다.

```
binmode(STDOUT, ":utf8");
```

다만 이렇게 하면 프로그램의 나머지 부분에서도 유니코드로 출력해야 하므로 불편할 수도 있다. 그러나 유니코드를 출력하기 위해 만드는 프로그램이라면 큰 문제는 되지 않을 것이다.

펄 버전 5.8.1부터, 같은 효과를 얻을 수 있는 방법이 몇 가지 제공된다. **-C** 명령행 스위치는 실행 환경에 관련된 유니코드 기능을 제어한다. 이것을 사용하면 소스 코드를 수정하지 않은 채로 실행할 때마다 여러 기능을 켜거나 끌 수 있다.

3 (옮긴이) 이 번역판을 출판하는 시점에는 편집기와 웹브라우저를 비롯한 대부분의 프로그램들이 유니코드를 잘 지원한다.

-C 스위치 뒤에는 숫자나 문자로 옵션을 지정한다. 다음 표는 옵션 문자, 숫자와 그 의미를 정리한 것이다.

옵션 문자	숫자	의미
I	1	STDIN이 UTF-8로 되어 있다고 가정한다
O	2	STDOUT을 UTF-8로 인코딩한다
E	4	STDERR을 UTF-8로 인코딩한다
S	7	I + O + E
i	8	UTF-8을 입력 스트림의 기본 PerlIO 레이어로 지정한다
o	16	UTF-8을 출력 스트림의 기본 PerlIO 레이어로 지정한다
D	24	i + o
A	32	@ARGV의 원소가 UTF-8로 인코딩된 문자열인 것으로 간주하게 한다

위처럼 문자나 숫자를 지정할 수 있다. 숫자를 여러 개 지정하려면 그 값들을 더한다. 예를 들어 **-COE**와 **-C6**는 같은 의미이고, **STDOUT**과 **STDERR**에 UTF-8 인코딩을 사용하게 지시한다.

끝으로, **PERL_UNICODE** 환경변수에 값을 설정하여 유니코드 기능을 제어할 수도 있다. 이 환경변수에는 **-C** 스위치에 사용하는 값과 같은 값을 설정한다. 예를 들어 유니코드 글꼴이 있는 *xterm*을 사용하는 경우, POSIX 셸에서 다음과 같은 식으로 설정할 수 있다.

```
sh% export PERL_UNICODE=6
```

*csh*에서는 다음처럼 설정한다.

```
csh% setenv PERL_UNICODE 6
```

환경변수를 사용하는 이점은 프래그마를 쓰는 경우처럼 소스 코드를 고치거나, **-C** 스위치를 쓰는 경우처럼 실행 명령문을 고칠 필요가 없다는 점이다.

더 알아보기

· *perlfunc*(1), *encoding*(3), *PerlIO*(3), *Encode*(3) 매뉴얼 페이지

8.22 두 파일의 내용을 비교하기

문제

두 파일의 내용이 같은지를 확인하고자 한다.

해결책

기본 모듈 File::Compare를 사용한다. 인자로 파일 이름, 타입글로브, 간접 파일핸들 중 하나를 넘긴다.

```
use File::Compare;

if (compare($FILENAME_1, $FILENAME_2) == 0) {
    # 두 파일의 내용이 동일하다
}

if (compare(*FH1, *FH2) == 0) {
    # 두 파일의 내용이 동일하다
}

if (compare($fh1, $fh2) == 0) {
    # 두 파일의 내용이 동일하다
}
```

논의

File::Compare 모듈(펄 5.8부터 기본 모듈이 되었고, 그 이전 버전을 쓰고 있다면 CPAN에서 받을 수 있다)은 두 파일의 내용이 같은지 비교한다. 기본적으로 익스포트되는 compare 함수는 두 파일의 내용이 같으면 0을 반환하고 다르면 1을 반환한다. 파일을 읽는 중에 에러가 발생하면 -1을 반환한다.

세 개 이상의 파일을 비교하려면 반복문을 사용하여 한 번에 두 개씩 비교한다.

```
# @fh에 들어있는 모든 파일핸들이 같은 데이터를 가지고 있는지 확인한다
foreach $fh (@fh[1..$#fh]) {
    if (compare($fh[0], $fh)) {
        # $fh에 든 데이터가 다른 경우
    }
}
```

두 파일의 내용이 정확히 어떻게 다른지 알고 싶으면 CPAN에 있는 Text::Diff 모듈을 사용한다.

```
use Text::Diff;

$diff = diff(*FH1, *FH2);
$diff = diff($FILENAME_1, $FILENAME_2, { STYLE => "Context" });
```

diff 함수의 인자로는 파일핸들 말고도 파일이름, 문자열, 레코드의 배열 등을 인자로 넘길 수 있다. 그리고 세 번째 인자로 해시 형태로 된 옵션을 넘길 수 있다. STYLE 옵션으로는 반환되는 출력의 유형을 제어하며, 이 옵션의 값은 "Unified"(기본값), "Context", "OldStyle" 등을 지정할 수 있다. 또는 여러분들의 필요에 맞게 diff 형식을 구성하는 독자적인 클래스를 작성할 수도 있다.

diff 함수가 반환하는 값은 *diff*(1) 프로그램의 출력과 유사한 문자열이다. 이 문자열은 올바른 diff 형식으로 되어 있고, *patch*(1) 프로그램의 입력으로 사용할 수 있다. Text::Diff 모듈로 비교한 결과와 GNU 버전의 *diff* 프로그램으로 비교한 결과가 언제나 바이트 단위로 똑같이 나오지는 않지만, 비교 결과 자체는 정확하다.

더 알아보기

- 기본 모듈 File::Compare 모듈 문서
- CPAN 모듈 Text::Diff 모듈 문서
- *diff*(1), *patch*(1) 매뉴얼 페이지

8.23 문자열을 파일처럼 다루기

문제

문자열 안에 데이터가 있는데, 이것을 파일처럼 다루고자 한다. 예를 들어, 인자로 파일핸들을 받는 서브루틴에 이 문자열을 직접 넘겨서 처리하고 싶다. 데이터를 임시 파일에 저장하고 싶지는 않다.

해결책

펄 버전 5.8부터 지원되는 스칼라 입출력을 사용한다.

```
open($fh, "+<", \$string);    # $string의 내용을 읽거나 씀
```

논의

펄의 입출력 레이어는 스칼라 변수에 대한 입력과 출력도 지원한다. 해결책의 코드를 실행한 후 <$fh>로 레코드를 읽어들이면 $string에 담긴 데이터에서 한 행을 읽어 들인다. 그리고 print로 $fh에 레코드를 출력하면 $string의 내용이 변경된다. 파일핸들을 인자로 받는 함수에 $fh를 넘길 수도 있다. 그 함수는 자신이 처리하고 있는 것이 문자열이라는 사실을 알 수도 없고 알 필요도 없다.

문자열을 open 함수로 열 때도 접근 모드를 쓸 수 있다. 이를 사용하여 문자열을 읽기 모드, 덮어쓰기 모드, 추가 모드 등으로 열 수 있다.

```
open($fh, "<",  \$string);    # 읽기만 가능
open($fh, ">",  \$string);    # 쓰기만 가능, 원래의 내용은 버려짐
open($fh, "+>", \$string);    # 읽기/쓰기가 가능. 원래의 내용은 버려짐
open($fh, "+<", \$string);    # 읽기/쓰기가 가능. 원래의 내용은 유지됨
```

이 파일핸들은 모든 면에서 일반적인 파일핸들처럼 동작한다. 따라서 seek, truncate, sysread 등의 입출력 함수도 모두 사용할 수 있다.

더 알아보기

- *perlfunc*(1) 문서와 *Programming Perl* 29장에서 다루는 open 함수
- 레시피 8.12, 레시피 8.19

8.24 프로그램: tailwtmp

유닉스 시스템에서는 사용자가 로그인, 로그아웃할 때마다 *wtmp* 파일에 레코드가 추가된다. 이 파일은 이진 형식으로 되어 있어서 일반적인 *tail* 프로그램으로 출력할 수는 없다. 예제 8-7의 *tailwtmp* 프로그램은 *wtmp* 파일의 이진 포맷을 인식하고, *wtmp* 파일에 레코드가 추가될 때마다 그것을 표시한다. pack에 사용하는 형식 문자열은 여러분이 사용하는 시스템에 맞춰 수정하여야 한다.

예제 8-7. tailwtmp

```
#!/usr/bin/perl
# tailwtmp - 로그인과 로그아웃을 감시한다
# utmp(5)에 있는, 리눅스의 utmp 구조체를 사용한다
$typedef = 's x2 i A12 A4 l A8 A16 l';
$sizeof = length pack($typedef, () );
use IO::File;
open(WTMP, '/var/log/wtmp') or die "can't open /var/log/wtmp: $!";
seek(WTMP, 0, SEEK_END);
for (;;) {
        while (read(WTMP, $buffer, $sizeof) == $sizeof) {
        ($type, $pid,  $line, $id, $time, $user, $host, $addr)
            = unpack($typedef, $buffer);
        next unless $user && ord($user) && $time;
        printf "%1d %-8s %-12s %2s %-24s %-16s %5d %08x\n",
            $type,$user,$line,$id,scalar(localtime($time)),
            $host,$pid,$addr;
    }
    for ($size = -s WTMP; $size == -s WTMP; sleep 1) {}
    WTMP->clearerr();
}
```

8.25 프로그램: tctee

tee 프로그램을 사용하면 출력을 여러 곳으로 동시에 보낼 수 있지만, 모든 시스템이 이 *tee* 프로그램을 지원하는 것은 아니다. 예를 들어, 다음 명령을 실행하면 *someprg*의 출력이 */tmp/output*과 Mail 명령어로 통하는 파이프로 보내진다.

```
% someprog | tee /tmp/output | Mail -s "check this" user@host.org
```

이 레시피에서 소개하는 *tctee* 프로그램은 *tee* 프로그램이 없는 시스템의 사용자뿐 아니라 *tee* 프로그램이 있는 시스템의 사용자에게도 도움이 된다. *tctee* 프로

그램에는 일반적인 *tee*에는 없는 기능이 갖춰져 있기 때문이다.

tctee 프로그램에는 네 가지 플래그 인자를 넘길 수 있다. -i를 지정하면 인터럽트가 무시된다. -a를 지정하면 출력 내용이 파일의 뒷부분에 추가된다. -u을 지정하면 출력할 때 버퍼링을 사용하지 않는다. -n을 지정하면 출력을 표준 출력으로는 복사하지 않는다.

이 프로그램은 펄의 "매직 오픈"을 사용하므로, 출력할 대상으로 파일뿐 아니라 파이프도 지정할 수 있다.

```
% someprog | tctee f1 "|cat -n" f2 ">>f3"
```

위 명령어는 *someprog*의 출력을 *f1*과 *f2* 파일에 보내고, *f3* 파일의 뒷부분에 덧붙인다. 또한 *cat -n* 프로그램으로 출력을 보내고, 표준 출력으로도 출력한다.

이 *tctee*는 매우 우수한 펄 프로그램이다. 십 년도 전에 작성되었지만 지금도 완벽하게 동작한다. 만일 이 프로그램을 지금 새로 만든다면, 아마 `use strict` 프래그마를 쓰고 경고 기능을 켜고 수만 줄짜리 모듈을 사용할지 모른다. 하지만 지금 것도 잘 동작하니 굳이 다시 만들 필요는 없을 것이다.

예제 8-8. tctee

```
#!/usr/bin/perl
# tctee - tee와 같은 기능을 제공한다
# 펄 버전 3부터 실행 가능하다

while ($ARGV[0] =~ /^-(.+)/ && (shift, ($_ = $1), 1)) {
    next if /^$/;
    s/i// && (++$ignore_ints, redo);
    s/a// && (++$append,      redo);
    s/u// && (++$unbuffer,    redo);
    s/n// && (++$nostdout,    redo);
    die "usage tee [-aiun] [filenames] ...\n";
}

if ($ignore_ints) {
    for $sig ('INT', 'TERM', 'HUP', 'QUIT') { $SIG{$sig} = 'IGNORE'; }
}
$SIG{'PIPE'} = 'PLUMBER';
$mode = $append ? '>>' : '>';
$fh = 'FH000';

unless ($nostdout) {
    %fh = ('STDOUT', 'standard output'); # 항상 표준 출력으로도 보낸다
}

$| = 1 if $unbuffer;

for (@ARGV) {
    if (!open($fh, (/^[^>|]/ && $mode) . $_)) {
        warn "$0: cannot open $_: $!\n"; # Sun 버전의 tee의 동작과 같다
                                         # 사실 저자는 die하는 쪽을 선호한다
```

```
            $status++;
            next;
        }
        select((select($fh), $| = 1)[0]) if $unbuffer;
        $fh{$fh++} = $_;
}

while (<STDIN>) {
    for $fh (keys %fh) {
        print $fh $_;
    }
}

for $fh (keys %fh) {
    next if close($fh) || !defined $fh{$fh};
    warn "$0: couldnt close $fh{$fh}: $!\n";
    $status++;
}

exit $status;
sub PLUMBER {
    warn "$0: pipe to \"$fh{$fh}\" broke!\n";
    $status++;
    delete $fh{$fh};
}
```

8.26 프로그램: laston

유닉스 시스템에 로그인하면 마지막으로 로그인한 것이 언제였는지 가르쳐 준다. 이 정보는 *lastlog*라는 이름의 이진 파일에 저장되어 있다. 이 파일에는 각 사용자별 레코드가 담겨 있고 사용자 ID(UID)가 8인 사용자의 정보는 8번 레코드에, UID가 239인 사용자의 정보는 239번 레코드에 저장된다. 어떤 사용자의 마지막 로그인 일시를 확인하려면 로그인 이름을 숫자(UID)로 바꾸고, seek를 써서 *lastlog* 파일 안에 그 사용자의 레코드가 있는 위치로 이동하고, 그 레코드를 읽고, 언패킹한다. 이것을 셸 명령어들로 하려면 힘들지만 *laston* 프로그램을 쓰면 간단하게 할 수 있다. 다음은 사용 예이다.

```
% laston gnat
gnat  UID 314 at Mon May 25 08:32:52 1998 on ttyp0 from below.perl.com
```

예제 8-9의 *laston* 프로그램은 예제 8-8의 *tctee*보다 훨씬 나중에 만들어졌지만, 이식성은 더 낮다. 이 프로그램은 리눅스의 *lastlog* 파일의 이진 레이아웃을 사용한다. 다른 시스템에서 쓰려면 이 레이아웃을 수정해야 한다.[4]

4 (옮긴이) 레시피 8.13의 예제 8-4에 있는 *weekearly* 프로그램과 마찬가지로, *laston* 프로그램에서도 `$typedef` 변수의 내용을 적절히 수정해야 할 수 있다. `'L Z32 Z256'`을 시도해보고, 여전히 결과가 올바르지 않으면 헤더 파일을 참고하여 올바른 값을 직접 알아내야 한다.

예제 8-9. laston

```
#!/usr/bin/perl
# laston - 사용자의 최종 로그인 일시를 검색한다
use User::pwent;
use IO::Seekable qw(SEEK_SET);

open (LASTLOG, "/var/log/lastlog")
    or die "can't open /usr/adm/lastlog: $!";

$typedef = 'L A12 A16';  # 리눅스에서 사용하는 형식; Sun OS는 "L A8 A16"
$sizeof  = length(pack($typedef, ()));
for $user (@ARGV) {
    $U = ($user =~ /^\d+$/) ? getpwuid($user) : getpwnam($user);
    unless ($U) { warn "no such uid $user\n"; next; }
    seek(LASTLOG, $U->uid * $sizeof, SEEK_SET) or die "seek failed: $!";
    read(LASTLOG, $buffer, $sizeof) == $sizeof or next;
    ($time, $line, $host) = unpack($typedef, $buffer);
    printf "%-8s UID %5d %s%s%s\n", $U->name, $U->uid,
          $time ? ("at " . localtime($time)) : "never logged in",
          $line && " on $line",
          $host && " from $host";

}
```

8.27 프로그램: 플랫 파일에 색인 만들기

어떤 파일의 특정한 행으로 바로 이동하고 싶을 때가 있다. 그러나 각 행의 길이가 다르기 때문에 레시피 8.12의 방법을 사용할 수는 없다. 파일의 첫 번째 행부터 순서대로 읽으며 찾아갈 수는 있지만, 그런 방법은 이 작업을 여러 번 하는 경우 매우 비효율적이다.

이 문제는 고정 길이 레코드를 담은 인덱스 파일을 만들어서 해결할 수 있다. 데이터 파일의 행 하나당 레코드 하나가 만들어진다. 이 레코드에는 데이터 파일 안에서 해당되는 행이 시작하는 오프셋이 저장된다. 예제 8-10의 서브루틴은 데이터 파일과 인덱스 파일의 파일핸들을 인자로 받는다. 이 서브루틴은 데이터 파일에서 레코드를 하나씩 읽어 나가면서 그 오프셋을 인덱스 파일에 기록한다. 이때 오프셋은 빅 엔디안 형식의 부호 없는 32비트 정수 형식으로 패킹된다. pack 함수에서 사용할 수 있는 다른 형식들은 *perlfunc*(1) 문서를 참고하라.

예제 8-10. build_index

```
# usage: build_index(*DATA_HANDLE, *INDEX_HANDLE)
sub build_index {
    my $data_file  = shift;
    my $index_file = shift;
    my $offset     = 0;
    while (<$data_file>) {
        print $index_file pack("N", $offset);
        $offset = tell($data_file);
    }
}
```

인덱스 파일을 만들고 나면 데이터 파일에서 특정 행을 간단하게 읽어들일 수 있게 된다. 먼저 인덱스 파일의 해당 레코드로 점프하고 오프셋을 읽는다. 그 다음 데이터 파일에서 그 오프셋으로 점프한다. 그리고 한 행을 읽으면 그것이 원하는 레코드이다. 예제 8-11의 서브루틴은 데이터와 인덱스 파일의 파일핸들과 행 번호를 인자로 받아서 그 행의 내용을 반환한다.

예제 8-11. line_with_index

```
# usage: line_with_index(*DATA_HANDLE, *INDEX_HANDLE, $LINE_NUMBER)
# 행을 반환한다. 만약 지정된 LINE_NUMBER가 올바른 범위를 벗어난다면 undef를 반환한다
sub line_with_index {
    my $data_file   = shift;
    my $index_file  = shift;
    my $line_number = shift;
    my $size;                 # 인덱스 파일의 엔트리의 크기
    my $i_offset;             # 인덱스 파일의 엔트리의 오프셋
    my $entry;                # 인덱스 파일의 엔트리
    my $d_offset;             # 데이터 파일의 레코드의 오프셋
    $size = length(pack("N", 0));
    $i_offset = $size * ($line_number-1);
    seek($index_file, $i_offset, 0) or return;
    read($index_file, $entry, $size);
    $d_offset = unpack("N", $entry);
    seek($data_file, $d_offset, 0);
    return scalar(<$data_file>);
}
```

다음 코드는 이 두 개의 서브루틴의 사용 예이다.

```
open($fh,  "<", $file)       or die "Can't open $file for reading: $!\n";
open($index, "+>", "$file.idx")
    or die "Can't open $file.idx for read/write: $!\n";
build_index($fh, $index);
$line = line_with_index($fh, $index, $seeking);
```

다음 단계로, 프로그램을 다음번 실행할 때를 위해 인덱스 파일을 캐시에 저장하도록 한다. 그러면 인덱스 파일을 매번 만들지 않아도 된다. 이것을 구현한 것이 예제 8-12이다. 그리고 동시에 접근하는 경우를 대비하여 락 기능을 추가한다. 또한 데이터 파일과 인덱스 파일의 타임스탬프를 검사하여 인덱스 파일이 만들어진 후 데이터 파일이 변경되지 않았는지 확인하도록 한다. 이 두 가지는 독자의 과제로 남긴다.

예제 8-12. cache_line_index

```
#!/usr/bin/perl -w
# cache_line_index - 인덱스 파일을 만든다
# build_index와 line_with_index의 정의는 앞의 코드를 참고한다
@ARGV == 2 or
    die "usage: print_line FILENAME LINE_NUMBER";
```

```
($filename, $line_number) = @ARGV;
open(my $orig, "<", $filename)
    or die "Can't open $filename for reading: $!";

# 인덱스 파일을 열고, 없을 경우는 새로 만든다
# 여기서 경쟁 상태가 발생할 수 있다. 이 프로그램 프로세스 두 개가
# 동시에 실행될 경우 두 프로세스가 인덱스 파일이 없는 것을 발견하고
# 각자 새 인덱스를 만들려고 할 수 있다
# 이 문제는 락을 이용하여 쉽게 해결할 수 있다
$indexname = "$filename.index";
sysopen(my $idx, $indexname, O_CREAT|O_RDWR)
    or die "Can't open $indexname for read/write: $!";
build_index($orig, $idx) if -z $indexname;  # XXX: 락을 걸지 않으면 경쟁한다

$line = line_with_index($orig, $idx, $line_number);
die "Didn't find line $line_number in $filename" unless defined $line;
print $line;
```

9장

P e r l C o o k b o o k

디렉터리

유닉스에도 몇 가지 약점이 있지만 파일 시스템은 그중 하나가 아니다.

— 크리스 토렉(Chris Torek)

9.0 개요

디렉터리를 완벽하게 이해하기 위해서는 그 기초가 되는 장비에 관해서 잘 알아둬야 한다. 여기에서는 유닉스 파일 시스템에 관해서 설명한다. 유닉스 파일 시스템에 관해서 설명하는 것은 펄의 디렉터리 접근 루틴이 유닉스의 시스템 콜 동작을 기초로 하여 설계되었기 때문이다. 하지만 이 설명은 그 밖의 플랫폼에도 어느 정도 들어맞는다.

파일 시스템은 두 부분으로 구성된다. 하나는 파일의 내용과 디렉터리의 내용이 들어있는 데이터 블록이고, 또 하나는 그 데이터 블록에 대한 인덱스다. 파일 시스템 안의 각 개체는 인덱스 안에 각각의 엔트리를 가지고 있다. 이것은 일반적인 파일도, 디렉터리도, 링크도, */dev* 안에 있는 특수 파일도 같다. 인덱스 안의 각 엔트리를 *inode*(*index node*의 줄임말)이라고 부른다. 이 인덱스는 일차원 인덱스로 inode에는 번호가 할당된다.

디렉터리는 특수한 포맷의 파일이다. 디렉터리의 inode 엔트리에는 디렉터리인 것을 나타내는 표시가 붙어있다. 디렉터리의 데이터 블록에는 그 디렉터리 안에 존재하는 엔티티의 이름과 inode 번호가 쌍으로 들어있다. 예를 들어 */usr/bin* 디렉터리의 데이터 블록에는 다음과 같은 정보가 들어있다.

이름	inode 번호
bc	17
du	29
nvi	8
pine	55
vi	8

루트 디렉터리(/)를 포함한 모든 디렉터리의 데이터 블록이 이렇게 되어있다. 파일 */usr/bin/vi*를 읽는 경우, 제일 먼저 OS는 /의 inode를 읽고, 그 데이터 블록을 읽어들이고, */usr* 디렉터리를 발견한다. 다음으로 OS는 */usr*의 inode를 읽고, 그 데이터 블록을 읽어들여서 */usr/bin* 디렉터리를 발견한다. 거기에 */usr/bin*의 inode를 읽고 그 데이터 블록을 읽어들여서, */usr/bin/vi* 엔트리를 발견한다. 그리고 마지막으로 */usr/bin/vi*의 inode를 읽어들이고 그 데이터 블록에서 데이터를 읽어들인다.

디렉터리의 데이터 블록의 엔트리 안의 이름은 완전하게 표현되지 않는다. 예를 들어, 파일 */usr/bin/vi*의 경우 */usr/bin* 디렉터리의 데이터 블록의 엔트리 안에는 *vi*라는 이름이 들어있다. 따라서 디렉터리 */usr/bin*을 열고, 엔트리를 하나씩 읽으면 */usr/bin/patch*, */usr/bin/rlogin*, */usr/bin/vi* 같이 완전하게 표현된 이름이 아니라 *patch, rlogin, vi* 같은 파일이름을 읽게 된다.

inode는 데이터 블록의 포인터로 동작하는 것 외에도 역할이 있다. 각 inode에는 엔티티의 종류(디렉터리, 일반 파일 등), 크기, 퍼미션, 소유자와 그룹 정보, 최종변경시간, 그 inode를 참조하는 디렉터리의 개수 등이 들어있다.

파일 조작에는 파일의 데이터 블록의 내용을 변경하는 것과 inode만을 바꾸는 것 등이 있다. 예를 들어, 파일에 데이터를 추가하거나 파일을 잘라내면 inode의 크기 필드가 바뀐다. 그리고 파일의 inode를 참조하는 디렉터리 엔트리만을 바꾸는 파일 조작도 있다. 예를 들어 파일이름을 바꾸면 디렉터리 엔트리만이 바뀐다(파일의 데이터 블록이나 inode는 바뀌지 않는다).

inode의 구조체에는 `atime`, `ctime`, `mtime`이라는 세 가지 필드가 있다. `atime` 필드는 파일의 데이터 블록을 참조하는 포인터를 따라가서 그 파일의 데이터를 읽어들일 때에 갱신된다. `mtime` 필드는 파일의 데이터가 변경될 때에 갱신된다. `ctime` 필드는 파일의 inode의 내용이 변경될 때 갱신된다. `ctime`은 파일의 작성시간이 *아니다*. 표준 유닉스 환경에서는 파일의 작성시각을 얻는 방법이 없다.

파일을 읽어들이면 atime만이 갱신된다. 파일이름을 바꾸면 그 파일의 atime, ctime, mtime 중 어느 것도 바뀌지 않지만, 그 파일이 들어있는 디렉터리의 atime, mtime은 바뀐다. 파일을 잘라낸 경우, atime은 바뀌지 않지만 ctime과 mtime은 바뀐다. atime이 바뀌지 않는 것은 파일을 읽은 건 아니기 때문이다. ctime이 바뀌는 것은 크기 필드를 바꿨기 때문이다. mtime이 바뀐 것은 파일 내용이 바뀌었기 때문이다(포인터를 타고 올라가지는 않지만 파일의 내용을 바꿨기 때문에 mtime은 바뀐다).

파일 또는 디렉터리의 inode 정보는 내장 함수 stat으로 얻을 수 있다. stat은 인자로 파일이름이나 디렉터리 이름을 넘긴다. 예를 들어, */usr/bin/vi*의 inode 정보를 얻기 위해서는 다음처럼 한다.

```
@entry = stat("/usr/bin/vi") or die "Couldn't stat /usr/bin/vi : $!";
```

/usr/bin 디렉터리의 inode 정보를 얻기 위해서는 다음처럼 한다.

```
@entry = stat("/usr/bin")    or die "Couldn't stat /usr/bin : $!";
```

stat 함수에는 인자로 파일핸들도 넘길 수 있다.

```
@entry = stat(INFILE)        or die "Couldn't stat INFILE : $!";
```

stat 함수는 반환값으로 inode 안의 각 필드의 값 리스트를 반환한다. 그리고 정보를 얻을 수 없는 경우(예를 들어 파일이 없는 경우 등)는 빈 리스트를 반환한다. 앞의 예제 코드에서는 or die 구문을 사용해서 빈 리스트가 반환된 경우에는 에러 메시지를 출력하게 된다. 이 or die 대신에 || die를 사용하지 않도록 주의해야 한다. 만일 앞의 코드에서 || die를 사용했다면 stat은 값의 리스트를 반환하는 대신에 정상적으로 동작했는지를 나타내는 불리언 값을 반환하게 된다. 이것은 stat 구문이 스칼라 컨텍스트로 평가되기 때문이다. 다만 || die 구문을 사용한 경우라도 언더바(_) 캐시는 갱신된다(_ 캐시에 관해서는 나중에 설명한다).

표 9-1은 stat 함수가 반환하는 값의 목록이다.

원소	필드 이름	설명
0	dev	파일 시스템의 디바이스 번호
1	ino	inode 번호(포인터 필드)
2	mode	파일모드 (형식과 퍼미션)
3	nlink	파일에 대한 (하드) 링크의 수

4	uid	파일 소유자의 사용자 ID(숫자)
5	gid	파일 소유자의 그룹ID(숫자)
6	rdev	디바이스 식별자(특수 파일만)
7	size	파일의 전체 크기(바이트)
8	atime	접근시각(에포크로부터의 초 수)
9	mtime	수정시각(에포크로부터의 초 수)
10	ctime	inode의 변경시각(에포크로부터의 초 수)
11	blksize	파일 시스템 입출력에 적절한 블록 크기
12	blocks	실제로 할당된 블록 수

표 9-1 stat의 반환값

기본 모듈 File::stat을 사용하면 이 값들에 이름을 붙인 인터페이스로 접근할 수 있게 된다. 이 모듈은 내장 함수인 stat을 오버라이드한다. 오버라이드된 stat 함수는 앞의 리스트를 반환하는 대신에 각 속성값에 접근할 수 있는 메서드를 제공하는 객체를 반환한다.

```
use File::stat;

$inode = stat("/usr/bin/vi");
$ctime = $inode->ctime;
$size  = $inode->size;
```

거기에 펄은 stat을 호출해서 단 하나의 값을 반환하는 각종 연산자를 제공한다(표 9-2 참고). 이 연산자들은 하이픈 뒤에 문자 하나를 써서 표현하기 때문에 -X 연산자라고 총칭된다. 이 연산자들은 셸의 *test* 명령을 모방하고 있다.

-X	stat 필드	의미
-r	mode	유효 UID/GID로 파일 읽기가 가능
-w	mode	유효 UID/GID로 파일 쓰기가 가능
-x	mode	유효 UID/GID로 파일 실행이 가능
-o	mode	파일은 유효한 UID의 소유 파일
-R	mode	실제 UID/GID로 파일 읽기가 가능
-W	mode	실제 UID/GID로 파일 쓰기가 가능
-X	mode	실제 UID/GID로 파일 실행이 가능
-O	mode	파일은 실제 UID의 소유 파일
-e		파일이 존재한다
-z	size	파일의 크기가 0이다

-s	size	파일의 크기가 0이 아니다(크기를 반환한다)
-f	mode, rdev	파일이 일반 파일이다
-d	mode, rdev	파일이 디렉터리이다
-l	mode	파일이 심볼릭 링크다
-p	mode	파일이 이름 있는 파이프(FIFO)이다
-S	mode	파일이 소켓이다
-b	rdev	파일이 블록형 특수 파일이다
-c	rdev	파일이 문자형 특수 파일이다
-t	rdev	파일핸들이 tty로 열려 있다
-u	mode	파일에 setuid 비트가 설정되어 있다
-g	mode	파일에 setgid 비트가 설정되어 있다
-k	mode	파일에 sticky 비트가 설정되어 있다
-T	N/A	파일이 텍스트 파일이다
-B	N/A	파일이 텍스트 파일이 아니다 (-T의 반대)
-M	mtime	스크립트가 시작된 시점과 파일의 변경 시각 간의 차이
-A	atime	스크립트가 시작된 시점과 파일의 접근 시각 간의 차이
-C	ctime	스크립트가 시작된 시점과 파일의 inode 수정시각 간의 차이 (파일의 생성시간이 아님)

표 9-2 파일 테스트 연산자

stat 함수, -X 연산자는 *stat*(2) 시스템 콜이 반환하는 값을 캐시한다. stat이나 -X 연산자를 한 번 호출한 다음, 특수 파일핸들 _(언더바)를 지정해서 stat 함수나 -X 연산자를 호출하면 캐시된 정보가 반환된다(*stat*을 다시 호출하지 않는다). 이것을 이용하면 *stat*(2)을 몇 번이나 호출하거나 경쟁 상태(race condition)를 발생시키는 일 없이 한 파일의 여러 속성을 테스트할 수 있다.

```
open(F, "<", $filename )
    or die "Opening $filename: $!\n";
unless (-s F && -T _) {
    die "$filename doesn't have text in it.\n";
}
```

stat 함수가 반환하는 것은 하나의 inode 안의 정보뿐이다. 그러면 어떻게 하면 디렉터리 안에 있는 내용물의 목록을 얻을 수 있을까? 디렉터리의 내용물을 알아내기 위해서는 opendir, readdir, closedir 함수를 사용한다.

```
opendir(DIRHANDLE, "/usr/bin") or die "couldn't open /usr/bin : $!";
while ( defined ($filename = readdir(DIRHANDLE)) ) {
    print "Inside /usr/bin is something called $filename\n";
}
closedir(DIRHANDLE);
```

이런 일련의 디렉터리를 읽어들이는 함수는 파일을 열고 닫는 함수와 같은 방법으로 다루도록 설계되어 있다. open 함수가 인자로 파일핸들을 받는 것과 다르게, opendir 함수는 인자로 디렉터리 핸들을 받는다. 파일핸들과 디렉터리 핸들은 똑같이 생긴 것 같지만 서로 각각 다른 네임스페이스에 속해 있다. 따라서 예로 open(BIN, "/a/file")이라는 코드와 opendir(BIN, "a/dir")이라는 코드를 동시에 사용할 수 있다(펄은 이런 코드를 혼동하지 않지만, 사용자는 혼동할 수 있다). 그리고 파일핸들과 디렉터리 핸들은 다른 것이기에 <> 연산자를 사용해서 디렉터리 핸들에서 읽을 수는 없다(<> 연산자는 readline 함수를 호출하기 때문에 파일핸들만 읽을 수 있다).

open 함수나 파일핸들을 초기화하는 그 밖의 함수에 미정의된 스칼라 변수를 넘기면 익명 파일핸들이 자동으로 만들어져서 그 레퍼런스가 스칼라 변수에 담기는데, 이런 일은 opendir 함수에서도 발생한다. 즉 opendir 함수에 미정의된 스칼라 변수를 넘기면 익명 디렉터리 핸들이 자동으로 만들어져서 그 레퍼런스가 스칼라 변수에 들어가게 된다.

```
opendir(my $dh, "/usr/bin") or die;
while (defined ($filename = readdir($dh))) {
  # ...
}
closedir($dh);
```

자동으로 만들어진 다른 레퍼런스처럼, 익명 디렉터리 핸들의 레퍼런스도 필요 없어진 시점에 펄에 의해 자동으로 파괴된다(예를 들어 레퍼런스가 스코프를 벗어나거나, 더 이상 참조되지 않게 된 경우). 그리고 open 함수에 의해 자동으로 만들어진 파일핸들이 파괴될 때 암묵적으로 close 함수가 호출되는 것처럼, opendir 함수에 의해 자동으로 만들어진 디렉터리 핸들이 파괴될 때는 암묵적으로 closedir 함수가 호출되어 자동으로 닫히게 된다.

디렉터리 안의 파일이름이 꼭 알파벳순으로 정렬되는 것은 아니다. 알파벳순으로 정렬된 파일이름 목록이 필요한 경우는 파일이름을 읽어들여서 직접 정렬해야 한다.

디렉터리 정보와 inode 정보가 별도로 관리되고 있다보니 이상한 일이 일어나는 경우가 있다. 디렉터리를 바꾸는 조작 – 링크의 생성과 해제, 파일 이름 변경 – 은 그 디렉터리에 대한 쓰기 권한만 있으면 된다. 파일에 대한 쓰기 권한은 필요 없다. 이것은 파일의 이름을 관리하는 것은 디렉터리이기 때문이다. 파일이름은 파일 자체의 속성이 아니다. 즉, 디렉터리만이 파일이름을 알고 있고 파일은 자신의 이름을 알지 못한다. 파일의 쓰기 권한이 필요해지는 것은 파일 데이터 자체를 변경하는 경우뿐이다. 마지막으로 파일의 퍼미션이나 그 밖의 메타데이터를 바꿀 수 있는 것은 파일의 소유자나 슈퍼유저뿐이다. 그렇기 때문에 어떤 파일을 읽을 수는 없는데 삭제(즉 디렉터리에서 링크를 제거)는 할 수 있다거나, 삭제할 수는 없는데 내용을 쓸 수 있는 상황이 생길 수 있다.

이런 일이 일어나면 파일 시스템의 구조가 이상하다고 생각할 수 있겠지만, 오히려 이런 점이 유닉스의 강력함이다. 예를 들어 두 개의 링크(같은 파일을 참조하는 서로 다른 파일이름)도 아주 간단하게 만들 수 있다. 같은 inode 번호를 참조하는 디렉터리 엔트리 두 개를 만들면 된다. 파일의 inode 구조체에는 자신을 참조하는 디렉터리 엔트리의 수를 담은 카운터가 있다(`stat`이 반환하는 리스트 안의 `nlink`). 이렇게 하면 운영체제는 변경시각, 크기, 그 밖의 파일 속성들을 한 부만 저장하고 유지하면 된다. 어느 디렉터리 엔트리가 `unlink`되는 경우, 그 디렉터리 엔트리가 이 파일의 inode를 참조하는 마지막 엔트리이고, 이 파일을 열어서 사용하고 있는 프로세스가 하나도 없는 경우에만 파일의 실제 데이터 블록이 삭제된다. 열려있는 파일을 `unlink`할 수 있지만, 이 파일에 할당된 디스크 영역은 파일이 마지막으로 닫힌 후에야 반납된다.

링크는 두 가지 형태가 있다. 하나는 앞에서 설명한 것처럼 두 개의 디렉터리 엔트리가 같은 inode 번호를 참조하는 형태이며 *하드 링크*라고 불린다(앞의 표의 *vi*와 *nvi*). 운영체제는 파일의 첫 번째 디렉터리 엔트리(파일이 처음 생성될 때 같이 만들어진 디렉터리 엔트리)와 그 뒤 만들어진 디렉터리 엔트리(하드 링크)를 구별하지 않는다. 링크의 또 하나의 형태는 *소프트 링크*(*심볼릭 링크*)이다. 소프트 링크는 하드 링크와는 완전히 다른 것이다. 소프트 링크는 특수한 형태의 파일이고, 데이터 블록 안에는 링크한 대상 파일의 이름이 담긴다. 소프트 링크를 `open`하려고 하면 운영체제는 그 데이터 블록 안에 들어있는 이름의 파일을 다시 찾아서 열게 된다.

정리

파일이름은 디렉터리 안에 저장된다. 파일의 크기, 퍼미션, 그 밖의 메타데이터는 inode에 별도로 저장된다.

`stat` 함수는 inode 정보(메타데이터)를 반환한다.

`opendir`, `readdir`과 그 밖의 관련 함수를 사용하면 *디렉터리 핸들*을 거쳐서 디렉터리 안의 파일이름에 접근할 수 있다.

디렉터리 핸들은 파일핸들처럼 보이지만 파일핸들과는 다르다. 예를 들어 `<>`

연산자를 사용해서 디렉터리 핸들로부터 읽어들일 수는 없다.

디렉터리의 권한은 파일이름의 리스트를 읽고 쓸 수 있는지를 결정한다. 파일의 권한은 파일의 메타데이터나 내용을 바꿀 수 있는지를 결정한다.

inode에는 세 개의 다른 시각이 저장되어 있다. 이 중 어느 것도 파일의 생성 시각이 아니다.

9.1 타임스탬프를 얻기, 설정하기

문제

파일의 최종 변경시각(쓰기, 변경이 이뤄진 시간), 최종 접근시각(읽기가 이뤄진 시간)을 알아내거나 수정하고자 한다.

해결책

접근시각과 변경시각을 얻기 위해서는 stat 함수를 사용한다. 그리고 이 시각의 설정에는 utime 함수를 사용한다. 두 함수 모두 펄 내장 함수이다.

```
($READTIME, $WRITETIME) = (stat($filename))[8,9];
```

```
utime($NEWREADTIME, $NEWWRITETIME, $filename);
```

논의

개요에서 설명했듯이, 일반적인 유닉스 파일 시스템의 inode에는 세 개의 다른 시간이 저장되어 있다. 이 세 개의 시각 중 atime과 mtime은 어떤 사용자라도 utime 함수를 사용하여 설정할 수 있다(다만, 파일을 담고 있는 디렉터리의 쓰기 권한이 필요하다). 그러나 ctime을 수정하는 방법은 제공되지 않는다. 다음 코드는 utime 함수를 사용한 예제다.

```
$SECONDS_PER_DAY = 60 * 60 * 24;
($atime, $mtime) = (stat($file))[8,9];
$atime -= 7 * $SECONDS_PER_DAY;
$mtime -= 7 * $SECONDS_PER_DAY;

utime($atime, $mtime, $file)
    or die "couldn't backdate $file by a week w/ utime: $!";
```

utime 함수에는 인자로 atime 값과 mtime 값이 필요하다. 둘 중 한쪽만을 변경하고자 하는 경우는 stat 함수를 사용해서 바꾸지 않을 쪽의 시각을 얻어서 그것을 그대로 utime 함수에 넘긴다.

```
$mtime = (stat $file)[9];
utime(time, $mtime, $file);
```

File::stat 모듈을 사용하면 다음처럼 알기 쉬운 코드로 같은 처리를 할 수 있다.

```
use File::stat;
utime(time, stat($file)->mtime, $file);
```

utime 함수를 사용하면 파일을 조작하고도 전혀 건드리지 않은 것처럼 보이게 할 수 있다(다만 ctime이 바뀌는 것은 어쩔 수 없다). 예를 들어 예제 9-1의 프로그램을 사용하면 접근시간, 변경시간을 바꾸지 않고 파일을 편집할 수 있다.

예제 9-1. uvi

```
#!/usr/bin/perl -w
# uvi - 접근시각, 변경시각을 바꾸지 않는 vi 에디터

$file = shift or die "usage: uvi filename\n";
($atime, $mtime) = (stat($file))[8,9];
system($ENV{EDITOR} || "vi", $file);
utime($atime, $mtime, $file)
    or die "couldn't restore $file to orig times: $!";
```

더 알아보기

- *perlfunc*(1) 문서와 *Programming Perl* 29장에서 다루는 stat, utime 함수
- 기본 모듈 File::stat 모듈 문서(*Programming Perl* 32장에서도 다룬다)
- 시스템에 있는 *utime*(3) 매뉴얼 페이지

9.2 파일을 삭제하기

문제

파일을 삭제하고자 한다. 하지만 펄의 delete 함수로는 파일을 삭제할 수 없다(delete 함수는 해시에서 키와 값을 삭제할 때 사용한다).

해결책

내장 함수인 unlink를 사용한다.

```
unlink($FILENAME)                 or die "Can't delete $FILENAME: $!\n";
unlink(@FILENAMES) == @FILENAMES  or die "Couldn't unlink all of @FILENAMES: $!\n";
```

논의

unlink 함수의 이름은 유닉스의 시스템 콜에서 따온 것이다. 펄의 unlink 함수는 인자로 파일이름의 리스트를 받아서 삭제에 성공한 파일의 수를 반환한다. 이 반환값은 || 또는 or를 사용해서 확인할 수 있다.

```
unlink($file) or die "Can't unlink $file: $!";
```

unlink 함수가 반환값으로 알려주는 것은 삭제된 파일의 수뿐이다. 어느 파일이 삭제되었는지는 알려주지 않는다. 다음 코드는 여러 파일이 삭제되었는지를 확인하고, 삭제할 수 없었던 파일이 있는 경우는 삭제된 파일의 수를 알려준다.

```
unless (($count = unlink(@filelist)) == @filelist) {
    warn "could only delete $count of "
            . (@filelist) . " files";
}
```

@filelist를 foreach 루프로 처리하면 어느 파일이 삭제되지 않았는지(또는 삭제되었는지), 에러 메시지를 보고 알 수 있을 것이다.

유닉스에서는 디렉터리의 쓰기 권한이 없으면 그 디렉터리에서 파일을 삭제할 수 없다(삭제하려는 파일에 대한 쓰기 권한이 아니다). 파일을 삭제하는 경우 실제로 변경되는 것은 디렉터리이기 때문이다. 이 때문에 파일에 쓸 수는 없는데 삭제할 수는 있거나, 반대로 삭제할 수는 없는데 쓸 수는 있는 경우가 생긴다.

어떤 프로세스에 의해 열려 있는 파일을 삭제(unlink)하면 디렉터리 엔트리는 운영체제에 의해 삭제되지만, 모든 프로세스가 그 파일을 닫기 전에는 데이터 블록은 비워지지 않는다. File::Temp 모듈의 tmpfile 함수는 이 원리를 이용하고 있다(레시피 7.11을 참고).

더 알아보기

- *perlfunc*(1)와 *Programming Perl* 29장에서 다루는 unlink 함수
- 시스템에 있는 *unlink*(2)의 매뉴얼 페이지
- 레시피 7.11

9.3 파일을 복사/이동하기

문제

파일을 복사하고자 한다. 그러나 펄에는 복사 함수가 내장되어 있지 않다.

해결책

기본 모듈 File::Copy가 제공하는 copy 함수를 사용한다.

```
use File::Copy;
copy($oldfile, $newfile);
```

수동으로 복사할 수도 있다.

```
open(IN,  "<", $oldfile)                  or die "can't open $oldfile: $!";
open(OUT, ">", $newfile)                  or die "can't open $newfile: $!";

$blksize = (stat IN)[11] || 16384;        # 적절한 블록 크기를 지정한다
while (1) {
    $len = sysread IN, $buf, $blksize);
    if (!defined $len) {
        next if $! =~ /^Interrupted/;     # EINTR의 ^Z와 fg
        die "System read error: $!\n";
    }
    last unless $len;

    $offset = 0;
    while ($len) {          # 부분적인 쓰기 처리
        defined($written = syswrite OUT, $buf, $len, $offset)
            or die "System write error: $!\n";
        $len    -= $written;
        $offset += $written;
    };
}

close(IN);
close(OUT);
```

또는 시스템의 복사 프로그램을 호출한다.

```
system("cp $oldfile $newfile");       # unix
system("copy $oldfile $newfile");     # dos, vms
```

논의

File::Copy 모듈은 copy 함수와 move 함수를 제공한다. 저레벨의 입출력 함수로도 파일의 복사와 이동은 할 수 있지만, 이 함수들을 사용하는 편이 간단하다. 그리고 이 함수들을 사용하면 system을 사용하는 것보다 이식성이 높은 코드를 만들 수 있다. File::Copy 모듈이 제공하는 move 함수는 파일 시스템의 경계를 넘어서 파일을 이동시킬 수 있다. 이것은 펄의 내장 함수인 rename으로는 (보통은) 불가능하다.

```
use File::Copy;

copy("datafile.dat", "datafile.bak")
    or die "copy failed: $!";

move("datafile.dat", "datafile.new")
    or die "move failed: $!";
```

이 함수들은 성공 여부 상태값(성공하면 1, 실패하면 0)을 반환한다. 이 때문에 반환값을 가지고 어느 파일이 복사나 이동되었는지 특정할 수는 없다. 파일을 수동으로 복사하면 어느 파일이 복사되었는지를 알 수 있지만 그 경우 sysread, syswrite를 사용하게 되므로 프로그램이 복잡해진다.

더 알아보기

- 기본 모듈 File::Copy 모듈 문서(*Programming Perl* 32장에서도 다룬다)
- *perlfunc*(1) 문서와 *Programming Perl* 29장에서 다루는 `rename`, `read`, `syswrite` 함수

9.4 한 파일에 두 개의 이름이 주어졌는지 확인하기

문제

어떤 목록에 있는 두 개의 파일이름이 디스크 상의 같은 파일에 대응하는지를 확인하고자 한다(하드 링크, 소프트 링크에 의해 두 개의 파일이름이 하나의 파일을 참조하는 경우가 있다). 이미 작업한 파일을 다시 수정하지 않기 위해서 이런 확인을 해야 할 때가 있다.

해결책

해시를 만들고 키로 파일의 디바이스 번호와 inode 번호를, 값으로 파일이름을 넣는다(다음 코드에서는 같은 파일을 참조하는 inode의 수를 값으로 넣고 있다).

```
%seen = ();

sub do_my_thing {
    my $filename = shift;
    my ($dev, $ino) = stat $filename;

    unless ($seen{$dev, $ino}++) {
        # $filename은 처음 보는 파일
        # 여기서 필요한 작업을 한다
    }
}
```

논의

`%seen` 해시에는 디바이스 번호(`$dev`)와 inode 번호(`$ino`)를 연결한 것을 키로 넣는다. 두 개의 파일이 같다면 그 디바이스 번호들과 inode 번호도 같아진다. 따라서 같은 파일은 같은 키를 가지게 된다.

같은 파일을 참조하는 파일이름의 수를 세는 것이 아니라 같은 파일을 참조하는 파일이름의 리스트를 만들고자 하는 경우는 파일이름을 익명 배열에 넣는다.

```
foreach $filename (@files) {
    ($dev, $ino) = stat $filename;
    push( @{ $seen{$dev,$ino} }, $filename);
}

foreach $devino (sort keys %seen) {
```

```
    ($dev, $ino) = split(/$;/o, $devino);
    if (@{$seen{$devino}} > 1) {
        # @{$seen{$devino}}는 같은 파일을 참조하는 파일이름의 리스트
    }
}
```

$; 변수에는 다차원 해시의 모방 구문($hash{$x,$y,$z})에서 사용되는 구분문자가 들어있다. 이 해시는 일차원 해시이지만, 복합 키를 넣을 수 있다. 실제 사용되는 키는 join($; => $x, $y, $z) 연산의 결과값이다. 이 키들은 split으로 다시 분할할 수 있다. 진짜 다차원 해시를 사용할 수도 있지만, 여기에서는 이것만으로 충분하다(다차원 해시는 많은 리소스를 사용한다).

참조

- *perlvar*(1) 문서와 *Programming Perl* 28장의 "Special Variables" 절에서 다루는 $; ($SUBSEP) 변수
- *perlfunc*(1) 문서와 *Programming Perl* 29장에서 다루는 stat 함수
- 이 책의 5장

9.5 디렉터리 안의 모든 파일을 처리하기

문제

특정 디렉터리 안의 각 파일에 관해서 임의 처리를 하고자 한다.

해결책

opendir 함수로 디렉터리를 열고, readdir 함수로 각 파일이름을 뽑아낸다.

```
opendir(DIR, $dirname) or die "can't opendir $dirname: $!";
while (defined($file = readdir(DIR))) {
    # "$dirname/$file"에 대한 임의의 처리를 한다
}
closedir(DIR);
```

논의

파일의 열기, 읽기, 닫기를 open 함수, <> 연산자, close 함수로 하듯이, 디렉터리의 열기, 읽기, 닫기는 opendir, readdir, closedir 함수로 한다. 양쪽 모두 핸들을 사용하지만, opendir, readdir, closedir 함수가 사용하는 디렉터리 핸들과 open 함수, <> 연산자, close 함수가 사용하는 파일핸들은 다른 것이다. 특히 <> 연산자로는 디렉터리 핸들에서 읽기를 할 수 없다는 것을 명심하자.

readdir 함수는 스칼라 컨텍스트에서는 디렉터리 안의 다음 파일이름을 반환하

고, 디렉터리의 끝에 도달하면 undef를 반환한다. 그리고 리스트 컨텍스트에서는 디렉터리 안에 있는 나머지 파일이름 전부를 리스트로 반환한다(남은 파일이 없는 경우는 빈 리스트를 반환한다). 이 장의 개요에서 설명했듯이, readdir 함수가 반환하는 파일이름에는 디렉터리 이름이 붙지 않는다. 따라서 readdir 함수가 반환하는 파일이름을 사용해서 어떤 작업을 하는 경우, 미리 적절한 디렉터리에 옮겨두거나, 파일이름에 디렉터리 이름(경로 이름)을 붙여야 한다.

다음 코드에서는 파일이름에 디렉터리 이름을 붙인다.

```
$dir = "/usr/local/bin";
print "Text files in $dir are:\n";
opendir(BIN, $dir) or die "Can't open $dir: $!";
while( $file = readdir BIN) {
    print "$file\n" if -T "$dir/$file";
}
closedir(BIN);
```

readdir 함수는 그 디렉터리 자신을 나타내는 ".", 부모 디렉터리를 나타내는 ".." 등의 특수 파일도 반환값으로 반환한다. 대부분의 경우 이 파일들은 다음과 같이 무시하곤 한다.

```
while ( defined ($file = readdir BIN) ) {
    next if $file =~ /^\.\.?$/;     # .과 ..을 무시한다
}
```

파일핸들처럼 디렉터리 핸들도 패키지에 속한다. local *DIRHANDLE 구문을 사용하면 새로운 디렉터리 핸들을 얻을 수가 있다. 또는 opendir 함수에 첫 번째 인자로 미정의 스칼라 변수를 넘기면 새로운 간접 디렉터리 핸들이 그 스칼라 변수에 자동으로 들어간다.

```
opendir my $dh, $directory or die;
while (defined ($filename = readdir($dh))) {
  # ...
}
closedir $dh;
```

DirHandle 모듈을 사용하면 객체 지향 디렉터리 핸들을 얻을 수 있다. 다음 코드에서는 DirHandle 모듈을 사용해서 이름순으로 정렬된 일반 파일의 목록을 만든다(이름이 .으로 시작하는 닷파일들은 제외한다).

```
use DirHandle;

sub plainfiles {
   my $dir = shift;
   my $dh = DirHandle->new($dir)   or die "can't opendir $dir: $!";
   return sort                      # 경로 이름을 정렬한다
```

```
        grep {    -f     }          # 단순 파일만을 선택한다
        map  { "$dir/$_" }          # 절대 경로를 만든다
        grep {  !/^\./   }          # 닷 파일은 제외한다
        $dh->read();                # 모든 엔트리를 읽어들인다
}
```

DirHandle의 read 메서드는 readdir처럼 동작을 하고, 모든 파일이름을 반환한다. 두 번째의 grep 함수는 점으로 시작하는 파일(닷파일)들의 이름을 제외한 나머지 이름들을 반환한다. map 함수는 read 함수가 반환하는 파일이름을 전체 경로를 표현한 값으로 변환한다. 첫 번째 grep 함수는 디렉터리나 링크처럼 일반 파일이 아닌 것들을 제외한다. 그리고 마지막으로, 만들어진 리스트를 정렬해서 반환한다.

readdir 함수 외에도, rewinddir(디렉터리 핸들을 파일이름 리스트의 첫 번째 위치로 이동), seekdir(디렉터리 핸들을 리스트의 특정 오프셋으로 이동), telldir(디렉터리 핸들의 현재 위치, 즉 리스트의 첫 번째 위치로부터의 오프셋을 얻는다) 등을 이용할 수 있다.

더 알아보기

- *perlfunc*(1) 문서와 *Programming Perl* 29장에서 다루는 closedir, opendir, readdir, rewinddir, seekdir, telldir 함수
- 기본 모듈 DirHandle 모듈 문서(*Programming Perl* 32장에서도 다룬다)

9.6 패턴에 일치하는 파일이름의 리스트를 얻기

문제

패턴(MS-DOS의 *.*, 유닉스의 *.h 등)에 일치하는 파일이름의 리스트를 얻고자 한다. 이것을 *글로빙(globbing)*이라고 부른다. 그리고 파일이름을 얻기 위한 와일드카드 표현을 *글로브(glob)*라고 부른다(*타입글로브*와 구별하기 위해서 *파일 글로브*라고 부르기도 한다).

해결책

glob 함수이나 <> 연산자를 사용한다. 이것들은 유닉스의 C 셸과 동등한 글로브 기능을 제공한다.

```
@list = <*.c>;
@list = glob("*.c");
```

또는 readdir 함수를 사용해서 파일이름을 수동으로 뽑아낸다.

```
opendir(DIR, $path);
@files = grep { /\.c$/ } readdir(DIR);
closedir(DIR);
```

논의

버전 5.6 이전의 펄에서는 내장 함수 glob와 <WILDCARD> 표기법은(<FILEHANDLE>과는 다르므로 혼동하지 말라) 외부 프로그램(보통은 csh 셸)을 실행해서 파일이름의 목록을 얻었다. 이 때문에 보안과 성능 면에서 문제가 있었다. 그러나 버전 5.6부터는 File::Glob 모듈을 사용해서 파일이름을 글로브하며, 옛 버전의 보안과 성능 문제를 해결하였다. glob 함수는 유닉스 이외의 시스템에서도 C 셸의 의미체계를 적용한다(이식성을 높이기 위해서이다). 특히 glob 구문에서는 정규표현은 사용할 수 없으므로 주의한다. 예를 들어, glob는 ?를 "임의의 문자 한 개"라고 해석한다. 그리고 *를 "0개 이상의 문자"라고 해석한다. 따라서 glob("f?o*")에는 flo와 flood라는 파일이름은 일치되지만 fo라는 파일이름은 일치되지 않는다.

파일이름을 추출할 규칙이 복잡한 경우는 readdir 함수와 정규표현을 사용해서 선택 알고리즘을 직접 만든다.

가장 간단한 것은 opendir 함수로 디렉터리를 열고 나서 readdir 함수로 파일이름의 리스트를 얻고, 그것을 grep 함수로 필터링을 하는 방법이다.

```
@files = grep { /\.[ch]$/i } readdir(DH);
```

readdir 함수가 반환하는 파일이름에는 디렉터리 이름이 붙어있지 않다. 따라서 이런 파일이름을 사용하는 경우에는 파일이름에 디렉터리 이름을 붙여서 전체 경로를 만들어야 한다.

```
opendir(DH, $dir)        or die "Couldn't open $dir for reading: $!";

@files = ();
while( defined ($file = readdir(DH)) ) {
    next unless /\.[ch]$/i;

    my $filename = "$dir/$file";
    push(@files, $filename) if -T $filename;
}
```

다음 예제에서는 디렉터리에서 읽고 걸러낼 파일이름을 레시피 4.16에서 소개한 효율적인 정렬 기법을 사용해서 정렬한다. @dirs 배열에는 이름이 숫자로만 이루어진 하위 디렉터리들의 목록이 오름차순으로 정렬되어 들어간다.

```
@dirs = map  { $_->[1] }                # 경로 이름을 추출
        sort { $a->[0] <=> $b->[0] }    # 이름을 숫자 기준으로 정렬
```

```
grep { -d $_->[1] }             # 경로가 디렉터리인 것들만
map  { [ $_, "$path/$_" ] }     # (이름, 경로명) 쌍을 구성
grep { /^\d+$/ }                # 이름이 숫자만으로 된 것들
readdir(DIR);                   # 모든 파일
```

이 기묘해 보이는 구문을 읽는 방법은 레시피 4.16을 참조한다. 항상 그렇지만 코드의 서식을 맞추고 주석을 붙이면 읽고 이해하기 한결 쉬워진다.

더 알아보기

- *perlfunc*(1) 문서와 *Programming Perl* 29장에서 다루는 `opendir`, `readdir`, `closedir`, `grep`, `map`, `sort` 함수
- 기본 모듈 DirHandle 모듈 문서(*Programming Perl* 32장에서도 다룬다)
- *perlop*(1) 문서의 "I/O Operators" 절과 *Programming Perl* 2장의 "Filename Globbing Operator" 절
- 레시피 6.9에서 글로빙에 대해 다룬다.
- 레시피 9.5

9.7 디렉터리 안의 모든 파일을 재귀적으로 처리하기

문제

특정 디렉터리와 그 서브디렉터리 안의 모든 파일을 대상으로 어떤 작업을 하고자 한다.

해결책

기본 모듈 File::Find를 사용한다.

```
use File::Find;
sub process_file {
    # 임의 처리를 한다
}
find(\&process_file, @DIRLIST);
```

논의

디렉터리를 재귀적으로 처리하고자 하는 경우 File::Find 모듈을 사용하는 것이 편리하다. File::Find 모듈은 디렉터리 스캔과 함수 재귀호출을 처리해준다. 여러분이 할 일은 `find` 함수에 함수의 레퍼런스와 디렉터리 리스트를 넘기는 것뿐이다. `find` 함수는 이 리스트에 있는 디렉터리 안에 있는 파일들을 재귀적으로 찾아낸 후에 레퍼런스로 주어진 함수를 호출한다.

find 함수는 기본적으로 현재 검사 중인 디렉터리로 이동하고 나서 함수를 호출한다. $File::Find::dir 변수에는 시작 디렉터리를 기준으로 한 이 상대 경로가 들어있다. 그리고 $_ 변수에는 처리대상인 파일의 기본이름이, $File::Find::name 변수에는 그 파일의 전체 경로가 들어있다. 그리고 (find에 넘기는 함수 안에서) $File::Find::prune 변수에 참을 설정하면 find는 현재 처리 중인 디렉터리의 하위 디렉터리로는 이동하지 않게 된다.

다음 코드는 File::Find의 간단한 사용 예제다. 찾아낸 파일과 디렉터리들의 이름을 출력하고 디렉터리의 경우는 그 뒤에 /를 붙이는 익명 서브루틴을 find에 인자로 넘기고 있다.

```
@ARGV = qw(.) unless @ARGV;
use File::Find;
find sub { print $File::Find::name, -d && "/", "\n" }, @ARGV;
```

파일 테스트 연산자 -d는 거짓인 경우(즉, 대상이 디렉터리가 아닌 경우) 빈 문자열('')을 반환하기 때문에 && 연산자도 빈 문자열을 반환한다. 반면에 -d 테스트가 성공한 경우 && 연산자는 "/"을 반환하게 되고, 이 반환된 문자열이 출력된다.

다음 프로그램은 지정한 디렉터리 아래에 존재하는 모든 것의 크기(바이트)를 합쳐서 출력한다. find에는 발견한 각 파일의 크기를 누적해서 더해가는 익명 서브루틴을 넘긴다. 일반 파일, 디렉터리, 심볼릭 링크를 포함해서 모든 inode 타입의 크기가 더해지고 find 함수가 종료한 후 그 값이 출력된다.

```
use File::Find;
@ARGV = (".") unless @ARGV;
my $sum = 0;
find sub { $sum += -s }, @ARGV;
print "@ARGV contains $sum bytes\n"
```

다음 코드는 지정한 디렉터리 아래에 존재하는 파일 중에서 가장 크기가 큰 것을 찾아서 그 이름과 크기를 출력한다.

```
use File::Find;
@ARGV = (".") unless @ARGV;
my ($saved_size, $saved_name) = (-1, "");
sub biggest {
    return unless -f && -s _ > $saved_size;
    $saved_size = -s _;
    $saved_name = $File::Find::name;
}
find(\&biggest, @ARGV);
print "Biggest file $saved_name in @ARGV is $saved_size bytes long.\n";
```

$saved_size 변수, $saved_name 변수에는 검사한 파일 중에서 가장 크기가 큰 파

일의 이름과 크기(바이트)가 각각 들어간다. 변수에 들어있는 파일보다 큰 파일이 발견되면 그 파일의 이름과 크기로 변수가 덮어씌워진다. find 처리가 끝나면 가장 큰 파일의 이름과 크기를 다소 장황한 문장으로 출력한다. 더 범용적인 툴이라면 파일이름과 크기 또는 둘 중 하나만 간단히 출력할 수도 있을 것이다. 이 예제 코드에서는 익명 함수가 아닌 이름 있는 함수를 find에 넘기고 있는데, 이것은 함수의 크기가 커졌기 때문이다.

이 코드를 조금 수정하면 특정 디렉터리 아래의 파일 중에서 가장 최근에 변경된 파일을 검출할 수 있다.

```
use File::Find;
@ARGV = (".") unless @ARGV;
my ($age, $name);
sub youngest {
    return if defined $age && $age > (stat($_))[9];
    $age = (stat(_))[9];
    $name = $File::Find::name;
}
find(\&youngest, @ARGV);
print "$name " . scalar(localtime($age)) . "\n";
```

File::Find 모듈은 $name 변수를 익스포트하지 않는다. 따라서 $name 변수는 완전한 형태로 표기된 이름을 사용하여 참조해야 한다. 예제 9-2는 디렉터리의 재귀적 처리에 관한 예제라기보다는 네임스페이스를 바꾸는 방법에 대한 예제라고 하는 것이 적당할지도 모르겠다. 이 코드는 현재 패키지의 $name 변수가 File::Find 패키지의 $name 변수에 대한 별칭이 되도록 하고 있다. 이것은 기본적으로 Exporter 모듈이 동작하는 원리와 같다. 그리고 독자적인 버전의 find를 프로토타입을 사용하여 선언함으로써 find를 grep이나 map과 같은 방법으로 호출할 수 있게 한다.

예제 9-2. fdirs

```
#!/usr/bin/perl -lw
# fdirs - 모든 디렉터리를 검출
@ARGV = qw(.) unless @ARGV;
use File::Find ( );
sub find(&@) { &File::Find::find }
*name = *File::Find::name;
find { print $name if -d } @ARGV;
```

독자적인 버전의 find 함수는 File::Find 모듈의 find 함수를 호출하고 있다. (use 구문에서 빈 리스트를 지정함으로써 File::Find 모듈의 find 함수를 임포트하지 않았다). 이렇게 함으로써 다음과 같은 알기 어려운 코드가 아니라

```
find sub { print $File::Find::name if -d }, @ARGV;
```

다음처럼 알기 쉬운 코드로 `find`를 사용할 수 있다.

```
find { print $name if -d } @ARGV;
```

더 알아보기

- 기본 모듈 File::Find, Exporter 모듈 문서(*Programming Perl* 32장에서도 다룬다)
- 시스템에 있는 *find*(1) 매뉴얼 페이지
- 레시피 9.6

9.8 디렉터리와 그 내용을 삭제하기

문제

디렉터리 트리를 재귀적으로 삭제하고자 한다. 다만 `rm -r`은 사용하지 않는다.

해결책

File::Find 모듈의 `finddepth` 함수를 사용해서 예제 9-3 같은 프로그램을 만든다.

예제 9-3. rmtree1

```
#!/usr/bin/perl
# rmtree1 - 디렉터리 트리 전체를 삭제한다(rm -r과 같다)
use File::Find;
die "usage: $0 dir ..\n" unless @ARGV;
find {
    bydepth   => 1,
    no_chdir  => 1,
    wanted    => sub {
        if (!-l && -d _) {
            rmdir     or warn "couldn't rmdir directory $_: $!";
        } else {
            unlink    or warn "couldn't unlink file $_: $!";
        }
    }
} => @ARGV;
```

또는 File::Path 모듈의 `rmtree` 함수를 사용해서 예제 9-4 같은 프로그램을 만든다.

예제 9-4. rmtree2

```
#!/usr/bin/perl
# rmtree2 - 디렉터리 트리 전체를 삭제한다(rm -r과 같다)
use File::Path;
die "usage: $0 dir ..\n" unless @ARGV;
foreach $dir (@ARGV) {
    rmtree($dir);
}
```

> 이 프로그램들은 디렉터리 트리 전체를 삭제한다. 사용할 경우 각별히 주의하도록 한다.

논의

File::Find 모듈이 익스포트하는 find 함수에는 첫 번째 인자로 보통은 함수를 넘기지만, 옵션(키)와 그 설정(값)을 포함한 해시의 레퍼런스를 넘기는 것도 가능하다. bydepth 옵션을 넘기면 find가 아닌 finddepth를 호출한 것과 같아지고, 디렉터리보다 그 디렉터리 안의 파일이 먼저 처리된다. 이것은 디렉터리와 그 내용을 모두 삭제할 경우 필요로 하는 조작이다(파일이 들어있는 디렉터리는 바로 삭제할 수 없고 들어있는 파일들을 모두 삭제한 후에야 디렉터리를 삭제할 수 있다). no_chdir 옵션을 지정하면 find는 처리 중에 하위 디렉터리로 이동하지 않게 된다. 이 옵션을 지정한 상태에서는 $_ 변수와 $File::Find::name 변수의 값은 같게 된다. 마지막으로 wanted 옵션에는 함수의 레퍼런스를 넘긴다.

예제 9-3의 코드에서는 rmdir, unlink라는 두 개의 다른 함수를 사용하고 있다. 이 함수들은 인자가 따로 없으면 $_ 변수를 처리대상으로 한다. unlink 함수가 삭제할 수 있는 것은 파일뿐이다. 그리고 rmdir 함수가 삭제할 수 있는 것은 *빈* 디렉터리뿐이다. 따라서 우선 unlink 함수로 디렉터리의 내용을 삭제하고 나서 rmdir 함수로 디렉터리 자체를 삭제해야 한다. finddepth 함수나 bydepth 옵션을 사용하면 이 순서로 삭제를 실행할 수 있다.

예제 9-3의 코드에서는 파일이 심볼릭 링크가 아니라는 것을 확인한 후에 디렉터리인지 아닌지를 확인한다. 이것은 -d 연산자가 대상이 실제 디렉터리이든 디렉터리를 가리키는 심볼릭 링크이든 상관없이 참을 반환하기 때문이다. stat, lstat, -d 등의 파일 테스트 연산자는 *stat(2)* 시스템 콜을 사용해서 파일의 inode에 저장된 파일의 메타 정보를 반환한다. 이 함수들과 연산자는 특수 파일핸들(_)에 이 정보를 캐시한다. 따라서 같은 파일을 다시 테스트할 때 이 특수 파일핸들을 지정하면 시스템 콜이 다시 호출되지 않고 캐시된 정보가 반환되기에 처리속도가 올라간다.

POSIX 표준에서는 디렉터리가 루트 디렉터리(파일 시스템의 마운트 포인트 또는 *chroot*(2) 시스템 콜의 결과)이거나 어떤 프로세스의 현재 작업 디렉터리인 경우에, 이 디렉터리에 대한 rmdir 시스템 콜이 성공해야 하는지 아니면 실패하고 errno(펄에서는 $!)에 EBUSY("Device busy") 값을 설정해야 하는지가 명세되지 않았다. 많은 시스템들이 후자의 정책을 택하지만 일부는 전자를 따르기도 한다.

더 알아보기

· *perlfunc*(1) 문서와 *Programming Perl* 29장에서 다루는 unlink, rmdir, lstat,

stat 함수

- 기본 모듈 File::Find 모듈 문서(*Programming Perl* 32장에서도 다룬다)
- 시스템에 있는 *rm*(1), *stat*(2) 매뉴얼 페이지
- *perlfunc*(1) 문서와 *Programming Perl* 3장의 "Named Unary and File Test Operators" 절에서 다루는 -X 연산자

9.9 파일이름을 바꾸기

문제

이름을 바꾸고자 하는 파일이 많다.

해결책

foreach 루프와 rename 함수를 사용한다.

```
foreach $file (@NAMES) {
    my $newname = $file;
    # $newname을 원하는 이름으로 변경한다
    rename($file, $newname) or
        warn "Couldn't rename $file to $newname: $!\n";
}
```

논의

해결책처럼 rename 함수에는 두 개의 인자를 넘긴다. 첫 번째 인자는 바꿀 파일의 원래 이름을, 두 번째 인자는 새로운 이름을 지정한다. 펄의 rename 함수는 운영체제의 rename 시스템 콜의 프론트엔드이다. rename 시스템 콜은 파일 시스템 경계를 넘어서 이름을 바꾸지 못하는 경우가 많으며, 이 경우 펄의 rename 함수도 그 제약이 있게 된다.

앞의 코드를 조금 수정하면 범용적인 rename 스크립트가 된다. 예제 9-5는 래리 월(Larry Wall)이 만든 rename 스크립트이다.

예제 9-5. rename

```
#!/usr/bin/perl -w
# rename - Larry가 만든 파일이름 변환 스크립트
$op = shift or die "Usage: rename expr [files]\n";
chomp(@ARGV = <STDIN>) unless @ARGV;
for (@ARGV) {
    $was = $_;
    eval $op;
    die $@ if $@;
    rename($was,$_) unless $was eq $_;
}
```

이 스크립트에는 첫 번째 인자로 파일의 이름($_에 담긴)을 바꾸는 펄 코드를 넘긴다. 넘어온 펄 코드는 eval로 실행된다. 새로운 파일이름과 원래의 파일이름이 다르지 않은 경우는 rename 호출을 건너뛴다. 이 덕분에 파일들의 이름이 들어있는 긴 목록을 만드는 대신에 rename EXPR *과 같이 와일드카드를 사용할 수 있다.

다음 코드는 셸에서 rename 프로그램을 호출하는 예제다.

```
% rename 's/\.orig$//'  *.orig
% rename "tr/A-Z/a-z/ unless /^Make/"  *
% rename '$_ .= ".bad"'  *.f
% rename 'print "$_: "; s/foo/bar/ if <STDIN> =~ /^y/i'  *
% find /tmp -name "*~" -print | rename 's/^(.+)~$/.#$1/'
```

첫 번째 셸 명령은 파일이름의 끝에 붙어있는 ".orig"를 삭제한다.

두 번째 셸 명령은 대문자를 소문자로 바꾼다. lc 함수가 아니라 치환 연산자를 사용하기 때문에 로케일은 반영되지 않는다. 로케일을 반영하고자 하는 경우는 다음과 같은 코드를 사용한다.

```
% rename 'use locale; $_ = lc($_) unless /^Make/' *
```

세 번째의 셸 스크립트는 이름이 ".f"로 끝나는 파일의 이름 뒤에 ".bad"라는 문자열을 붙인다. 많은 사람들의 숙원이었다.

네 번째 셸 스크립트는 사용자에게 프롬프트를 표시하고 변경할지를 확인한다. 파일의 원래 이름이 표준 출력으로 출력되고, 사용자의 응답을 표준 입력에서 읽어들인다. 사용자가 "y" 또는 "Y"로 시작하는 문자열을 입력하면 파일이름 안에 "foo"라는 문자열이 포함된 경우는 그 부분이 "bar"로 바뀐다.

다섯 번째 셸 스크립트는 우선 *find*를 사용해서 /tmp 안에 있는 물결표(~)로 끝나는 파일이름을 추출한다. 그리고 그 파일이름에서 물결표를 삭제하고 앞에 .과 샵 기호(#)로 시작하는 이름을 붙인다. 참고로 이것은 백업 파일의 이름을 지을 때 흔히 사용되는 두 가지 관습이다.

이 *rename* 스크립트는 유닉스의 "툴과 필터"라는 강력한 철학을 보여주고 있다. 우리는 파일의 이름을 소문자로 바꾸는 용도로만 쓰는 전용 명령을 만들 수도 있었다. 그러나 eval을 넣어 유연하고 재사용 가능한 도구를 만드는 것도 그만큼 쉽다. 그리고 파일이름을 표준 입력에서 읽어들이게 하였기 때문에 디렉터리를 재귀적으로 탐색하는 코드를 만들 필요가 없어진다. 대신에 *find*가 그 작업을 해준다. File::Find를 사용해서 직접 만들 수도 있었겠지만 이미 있는 것을 다시 만들 필요는 없을 것이다.

더 알아보기

- *perlfunc*(1) 문서와 *Programming Perl* 29장에서 다루는 rename 함수
- 시스템에 있는 *mv*(1), *rename*(2) 매뉴얼 페이지
- 기본 모듈 File::Find 모듈 문서(*Programming Perl* 32장에서도 다룬다)

9.10 파일이름의 구성요소들을 분리하기

문제

파일의 전체 경로 이름이 담긴 문자열에서 파일이름, 그 파일이 있는 디렉터리, 파일의 확장자를 뽑아내고자 한다.

해결책

기본 모듈 File::Basename이 제공하는 각종 함수를 사용한다.

```
use File::Basename;

$base = basename($path);
$dir  = dirname($path);
($base, $dir, $ext) = fileparse($path);
```

논의

기본 모듈 File::Basename에는 경로 이름에서 특정 요소를 추출할 수 있는 함수가 포함되어 있다. dirname 함수는 경로 이름에서 디렉터리 이름을 추출한다. 그리고 basename 함수는 파일이름을 추출한다.

```
$path = "/usr/lib/libc.a";
$file = basename($path);
$dir  = dirname($path);

print "dir is $dir, file is $file\n";
# dir is /usr/lib, file is libc.a
```

fileparse 함수는 확장자를 추출할 수 있다. fileparse 함수로 확장자를 추출하기 위해서는 해석하려는 경로 이름과 확장자에 일치하는 정규표현식을 인자로 넘긴다. 인자로 정규표현을 넘길 수 있기 때문에 어떤 확장자라도 추출할 수 있다(.으로 나뉘지 않은 확장자도 추출할 수 있다). 예를 들어 ".tar.gz"인 경우, ".tar", ".gz", ".tar.gz" 세 가지 중 어느 것이 확장자일까? 정규표현식을 지정하여 무엇을 추출할지 제어할 수 있다.

```
$path = "/usr/lib/libc.a";
($name,$dir,$ext) = fileparse($path,'\..*');

print "dir is $dir, name is $name, extension is $ext\n";
# dir is /usr/lib/, name is libc, extension is .a
```

기본적으로는 이 함수들은 제일 먼저 `$^O($OSNAME)` 변수를 참조해서 동작 중인 운영체제가 무엇인지 확인한다. 그리고 그 운영체제에서 일반적으로 사용되는 디렉터리 구분자를 사용해서 경로 이름을 해석한다. `$^O` 변수의 값(운영체제 이름)은 펄을 빌드하고 설치하는 시점에 설정된다. 이 기본 동작을 바꾸기 위해서는 `fileparse_set_fstype` 함수를 사용한다. 다른 운영체제 이름을 설정하면 `File::Basename`이 제공하는 각 함수는 그 운영체제에서 일반적으로 사용되는 디렉터리 구분자를 사용해서 경로 이름을 해석하게 된다.

```
fileparse_set_fstype("MacOS");
$path = "Hard%20Drive:System%20Folder:README.txt";
($name,$dir,$ext) = fileparse($path,'\..*');

print "dir is $dir, name is $name, extension is $ext\n";
# dir is Hard%20Drive:System%20Folder, name is README, extension is .txt
```

확장자만을 추출하고 싶다면 다음 같은 함수를 사용할 수도 있다.

```
sub extension {
    my $path = shift;
    my $ext = (fileparse($path,'\..*'))[2];
    $ext =~ s/^\.//;
    return $ext;
}
```

이 함수에 인자로 *source.c.bak*라는 파일이름을 넘기면 `"bak"`가 아닌 `"c.bak"`라는 확장자가 반환된다. `".bak"`라는 확장자가 반환되도록 하고자 하는 경우는 `fileparse`의 두 번째 인자에 `'\.[^.]*'`이라는 패턴을 지정한다(이 경우, 당연하지만 *source.c*가 파일이름 요소로 남게 된다).

`fileparse` 함수에 `"lib/"`와 같이 끝에 디렉터리 구분자가 붙어있는 경로명을 넘기면 `fileparse` 함수는 디렉터리 이름으로 `"lib/"`을 반환한다. 반면 `dirname` 함수에 `"lib/"`를 넘기면 `dirname` 함수는 디렉터리 이름으로 `"."`을 반환한다.

더 알아보기

- 기본 모듈 File::Basename 모듈 문서(*Programming Perl* 32장에서도 다룬다)
- *perlvar*(1) 문서와 *Programming Perl* 28장의 "Special Variables in Alphabetical Order" 절에서 다루는 `$^O($OSNAME)` 변수

9.11 퍼미션을 다룰 때 팔진수 대신 부호를 사용하기

문제

파일이나 디렉터리의 퍼미션을 출력, 확인, 변경하고자 하지만 팔진수(예를 들어 0644, 0755 등)로 퍼미션을 나타내고 싶지는 않다. 퍼미션을 출력하는 경우는 *ls*(1)에서 출력되는 형식(예를 들어 -rwx-r-xr-x)으로 출력하고자 한다. 그리고 퍼미션을 바꾸는 경우는 *chmod*(1)에서 사용되는 방법을 쓰고 싶다(예를 들어 g-w로 그룹의 쓰기 권한을 삭제).

해결책

CPAN 모듈 Stat::lsMode를 사용하면 숫자 형식의 퍼미션을 부호들로 표현된 문자열로 바꿀 수 있다.

```
use Stat::lsMode;
$lsmode = file_mode($pathname);
```

CPAN 모듈 File::chmod를 사용하면 부호 형식의 퍼미션을 조작할 수 있다.

```
use File::chmod;
chmod("g=rw,o=-w", @files);     # 그룹의 읽기/쓰기 권한을 활성화하고
                                # 그 밖의 사용자의 쓰기 권한을 비활성화한다
chmod("-rwxr-xr--", @files);    # ls 형식의 퍼미션
```

논의

Stat::lsMode 모듈은 *ls* 형식의 퍼미션 문자열을 생성하는 각종 함수를 제공한다. file_mode 함수는 인자로 경로 이름을 받고 퍼미션 문자열을 반환한다. 지정한 경로 이름이 존재하지 않는 경우나 그 경로 이름에 대해 펄이 stat을 수행할 수 없는 경우는 거짓을 반환한다. file_mode 함수에 경로 이름으로 디렉터리 이름을 넘기고 정상적으로 처리되면 "drwxr-x---"와 같은 문자열이 반환된다. 파일의 경우에는 "-rwxr-x---"와 같은 문자열이 반환된다. 세세한 조작을 하고자 하는 경우는 Stat::lsMode 모듈이 제공하는 format_mode 함수를 사용한다. 이 함수는 인자로 숫자 형식의 퍼미션 값을 받고, *ls* 형식의 열 개의 문자로 된 문자열을 반환한다.

퍼미션 문자열 앞부분에 붙어있는 d 또는 -라는 문자는 퍼미션을 조사하는 대상 파일의 형식을 나타낸다. -는 일반 파일을, d는 디렉터리를, 그리고 l은 심볼릭 링크를 의미한다. Stat::lsMode 모듈의 format_perms 함수는 format_mode 함수와 마찬가지로 숫자 형식의 퍼미션을 문자열 형식의 퍼미션으로 바꾸지만 파일의 형식

을 나타내는 첫 번째 문자를 제외하고 아홉 개의 문자로 된 문자열을 반환한다.

```
use Stat::lsMode;
print file_mode("/etc"), "\n";
print format_perms((stat "/etc")[2]), "\n";
drwxr-xr-x
r-xr-xr-x
```

File::chmod 모듈이 제공하는 chmod 함수는 인자로 이런 아홉 개의 문자열 형식의 퍼미션을 받는다.

```
use File::chmod;
chmod("rwxr-xr-x", @files);
```

퍼미션 문자열은 세 개의 부분으로 나눌 수 있다. 처음 세 문자는 소유자의 권한을 나타내고 그다음 세 문자는 그룹의 권한을, 마지막 세 문자는 그 외의 사용자의 권한을 나타낸다. 그리고 r, w, x는 각각 읽기, 쓰기, 실행 권한이 있음을 의미한다. r, w, x가 아닌 하이픈(-)이 있는 경우, 그 자리에 해당하는 권한이 없다는 것을 나타낸다. 예를 들어, "rwxrw-xr--"라는 퍼미션은 그 파일의 소유자는 파일을 읽고, 쓰고, 실행할 수 있고, 파일과 같은 그룹에 속한 사용자는 그 파일을 읽고 쓸 수는 있지만 실행할 수는 없으며, 그 외의 사용자는 읽을 수만 있음을 의미한다.

그리고 chmod 함수는 -, +를 사용한 상대적인 퍼미션 표기법도 인자로 받을 수 있다. 예를 들어 g-w라는 표기로 그룹의 쓰기 권한을 삭제할 수 있다. 이 표기법을 쓸 때는 제일 먼저 권한을 변경하려는 대상(소유자 u, 그룹은 g, 그 밖의 사용자는 o)을 지정한다. 그리고 권한을 부여하는 경우는 그 다음에 +를 지정하고 권한을 삭제하는 경우는 -를 지정한다(현재 지정된 권한들을 무시하고 완전히 새로 지정하려는 경우는 =를 사용한다). 그리고 마지막으로 r, w, x를 지정한다(복수 지정할 수 있다). 이것들을 다시 쉼표로 연결하여 상대적인 퍼미션 표기를 완성한다. 예를 들어 g-o,o+x라는 표기는 그룹의 쓰기 권한을 삭제하고, 그 밖의 사용자의 실행권한을 추가하라는 의미다. u, g, o를 모두 생략한 경우 그 다음에 지정한 퍼미션은 모든 사용자에게 적용된다.

퍼미션의 설정 예제를 다음에 나타낸다.

```
u=               소유자의 모든 권한을 제거한다
g=r              그룹의 읽기 권한만을 유효로 한다
g+wx             그룹의 쓰기/실행 권한을 유효로 한다
g=rwx,o=rx       그룹은 모든 작업을 할 수 있다. 그 밖의 사용자는 읽거나 쓸 수만 있다
=rwx             모든 사용자가 모든 작업을 할 수 있다
```

이 퍼미션 문자열을 chmod 함수에 첫 번째 인자로 넘긴다.

```
chmod("u=", @files);  # @files 안의 파일들에 대하여 소유자의 모든 권한을 제거한다
chmod("g=r", @files);
chmod("g+wx", @files);
chmod("g=rwx,o-rx", @files);
chmod("=rwx", @files);
```

File::chmod 모듈에는 실제로 퍼미션을 변경하지는 않으면서 변경 후에 어떤 퍼미션이 될지 알려주는 함수도 있다. 자세한 내용은 File::chmod 모듈의 문서를 참고하라.

더 알아보기

- CPAN 모듈 File::chmod, Stat::lsMode 모듈 문서
- *perlfunc*(1) 문서에서 다루는 chmod, stat 함수

9.12 프로그램: symirror

예제 9-6의 *symirror* 프로그램은 디렉터리 트리를 재귀적으로 복제하고, 실제 파일을 참조하는 심볼릭 링크를 복제한 그 디렉터리 트리의 동일한 위치에 만든다.

예제 9-6. symirror

```
#!/usr/bin/perl
# symirror - 디렉터리 트리를 복제하고 실제 파일의 심볼릭 링크를 넣는다

use warnings;
use strict;

use Cwd         qw(realpath);

use File::Find  qw(find);
die "usage: $0 realdir mirrordir" unless @ARGV == 2;

our $SRC = realpath $ARGV[0];
our $DST = realpath $ARGV[1];

my $oldmask = umask 077;        # 보안을 중시하는 경우
chdir $SRC                      or die "can't chdir $SRC: $!";
unless (-d $DST) {
    mkdir($DST, 0700)           or die "can't mkdir $DST: $!";
}
find {
    wanted      => \&shadow,
    postprocess => \&fixmode,
} => ".";
umask $oldmask;

sub shadow {
    (my $name = $File::Find::name) =~ s!^\./!!;     # 정확한 이름
    return if $name eq ".";
```

```
    if (-d) { # 실제 디렉터리를 만든다. 접근 모드는 나중에 복사한다
        mkdir("$DST/$name", 0700)
                        or die "can't mkdir $DST/$name: $!";
    } else {  # 디렉터리 이외는 모두 심볼릭 링크
        symlink("$SRC/$name", "$DST/$name")
                        or die "can't symlink $SRC/$name to $DST/$name: $!";
    }
}

sub fixmode {
    my $dir = $File::Find::dir;
    my $mode = (stat("$SRC/$dir"))[2] & 07777;
    chmod($mode, "$DST/$dir")
        or die "can't set mode on $DST/$dir: $!";
}
```

9.13 프로그램: lst

디렉터리 안의 파일 중에 가장 새로운 파일은 어느 것인지, 가장 크기가 큰 파일은 어느 것인지 확인하고자 했던 적이 있었는가? 표준 *ls* 프로그램에도 디렉터리의 내용물을 변경시각순으로 정렬해서 출력하는 옵션(-t 플래그)이나 하위 디렉터리를 재귀탐색하는 옵션(-R)이 있지만 *ls* 프로그램은 각 디렉터리마다 일단 멈춰서 디렉터리 안의 요소만을 정렬해서 출력한다. 즉, 먼저 모든 하위 디렉터리를 검사하여 파일들을 찾은 후에 그 파일들을 한꺼번에 정렬하는 것이 아니다.

그러나 예제 9-7의 *lst* 프로그램은 이런 식의 정렬이 가능하다. *lst* 프로그램의 사용 예제는 아래와 같다. -l 플래그를 지정하면 상세한 정보가 출력된다.

```
% lst -l /etc
12695 0600      1     root    wheel      512 Fri May 29 10:42:41 1998
    /etc/ssh_random_seed
12640 0644      1     root    wheel    10104 Mon May 25  7:39:19 1998
    /etc/ld.so.cache
12626 0664      1     root    wheel    12288 Sun May 24 19:23:08 1998
    /etc/psdevtab
12304 0644      1     root     root      237 Sun May 24 13:59:33 1998
    /etc/exports
12309 0644      1     root     root     3386 Sun May 24 13:24:33 1998
    /etc/inetd.conf
12399 0644      1     root     root    30205 Sun May 24 10:08:37 1998
    /etc/sendmail.cf
18774 0644      1     gnat  perldoc     2199 Sun May 24  9:35:57 1998
    /etc/X11/XMetroconfig
12636 0644      1     root    wheel      290 Sun May 24  9:05:40 1998
    /etc/mtab
12627 0640      1     root     root        0 Sun May 24  8:24:31 1998
    /etc/wtmplock
12310 0644      1     root  tchrist       65 Sun May 24  8:23:04 1998
    /etc/issue
....
```

*/etc*에 대한 목록인데 중간에 */etc/X11/Xmetroconfig*라는 파일이름이 나온다. */etc* 디렉터리의 파일뿐 아니라 하위 디렉터리 안의 파일도 모두 탐색되기 때문이다.

lst 프로그램은 그 밖에도 쓰기 시각이 아닌 읽기 시각으로 파일을 정렬하는 -u 옵션, 시간이 아닌 크기로 파일을 정렬하는 -s 옵션 등을 지원한다. 그리고 -i 옵션을 사용하면 표준 입력을 통해 *lst* 프로그램에 파일이름의 리스트를 넘길 수 있다. 이 경우 *lst* 프로그램은 재귀탐색을 하지 않고 리스트 안의 파일이름을 정렬한다.

예제 9-7은 *lst* 프로그램의 소스코드다.

예제 9-7. lst

```
#!/usr/bin/perl
# lst - 디렉터리 안의 요소를 정렬해서 리스트 표시

use Getopt::Std;
use File::Find;
use File::stat;
use User::pwent;
use User::grent;

getopts("lusrcmi") or die <<"DEATH";
Usage: $0 [-mucsril] [dirs ...]
 or    $0 -i [-mucsrl] < filelist

Input format:
    -i  read pathnames from stdin
Output format:
    -l  long listing
Sort on:
    -m  use mtime (modify time) [DEFAULT]
    -u  use atime (access time)
    -c  use ctime (inode change time)
    -s  use size for sorting
Ordering:
    -r  reverse sort
NB: You may only use select one sorting option at a time.
DEATH

unless ($opt_i || @ARGV) { @ARGV = (".") }
if ($opt_c + $opt_u + $opt_s + $opt_m > 1) {
    die "can only sort on one time or size";
}

$IDX = "mtime";
$IDX = "atime" if $opt_u;
$IDX = "ctime" if $opt_c;
$IDX = "size"  if $opt_s;

$TIME_IDX = $opt_s ? "mtime" : $IDX;

*name = *File::Find::name;  # name 변수를 강제적으로 임포트

# $opt_i 플래그가 지정된 경우는
# wanted에 ARGV 안의 파일이름을 직접 넘긴다
```

```
# 그 이외의 경우는 find에서 wanted를 호출한다

if ($opt_i) {
     *name = *_;  # $name을 $_의 별칭으로 한다
     while (<>) { chomp; &wanted; }   # 실제로는 표준 입력이 아닌 <>
}  else {
    find(\&wanted, @ARGV);
}

# 파일을 캐시된 시간을 키로 해서 가장 최근의 것이 먼저 오도록 정렬한다
@skeys = sort { $time{$b} <=> $time{$a} } keys %time;

# 명령행에 -r이 지정된 경우는 순서를 반대로 한다
@skeys = reverse @skeys if $opt_r;

for (@skeys) {
    unless ($opt_l) {  # ls -l을 모방(퍼미션은 제외한다)
        print "$_\n";
        next;
    }
    $now = localtime $stat{$_}->$TIME_IDX();
    printf "%6d %04o %6d %8s %8s %8d %s %s\n",
            $stat{$_}->ino(),
            $stat{$_}->mode() & 07777,
            $stat{$_}->nlink(),
            user($stat{$_}->uid()),
            group($stat{$_}->gid()),
            $stat{$_}->size(),
            $now, $_;
}

# 파일의 stat 정보를 얻고, 요소의 정렬 기준이 될 값
# (mtime, atime, ctime 또는 size)을
# 파일이름을 키로 해서 %time 해시에 저장한다
# 상세 정보 리스트를 만드는 경우는 stat 객체 전체를
# %stat 해시(객체의 해시)에 저장한다
sub wanted {
    my $sb = stat($_);  # XXX: stat과 lstat 중 어느 것을 사용해야 하는가?
    return unless $sb;
    $time{$name} = $sb->$IDX();  # 간접 메서드 호출
    $stat{$name} = $sb if $opt_l;
}

# 사용자 ID를 사용자 이름으로 바꿔서 캐시한다.
# 시스템 자체적으로도 마지막 호출 결과를 캐시하기 때문에
# getpwuid를 두 번 호출한다고 걱정할 필요는 없다
sub user {
    my $uid = shift;
    $user{$uid} = getpwuid($uid) ? getpwuid($uid)->name : "#$uid"
        unless defined $user{$uid};
    return $user{$uid};
}

# 그룹 ID를 그룹 이름으로 바꿔서 캐시한다
sub group {
    my $gid = shift;
    $group{$gid} = getgrgid($gid) ? getgrgid($gid)->name : "#$gid"
        unless defined $group{$gid};
    return $group{$gid};
}
```

10장

P e r l C o o k b o o k

서브루틴

꺼지지 않는 불길로 죽고 말 생명을 만든다

— 오든(W. H. Auden), "성 체칠리아를 위한 노래 세 곡"

10.0 개요

코드를 복사하여 붙여 넣어 재사용하는 것은 위험한 습관이므로 피하는 것이 좋다. 큰 프로그램에서 재이용할 코드는 서브루틴(함수)으로 만든다. 펄은 *서브루틴*과 *함수*를 구별하지 않기 때문에 이 책에서도 이 두 용어를 같은 의미로 사용한다. 객체 지향의 메서드도 특수구문을 사용해서 호출하는 일종의 서브루틴이다. 메서드에 관해서는 13장에서 자세하게 설명한다.

서브루틴은 sub 키워드로 선언한다. 다음 코드는 간단한 서브루틴의 정의 예제다.

```
sub hello {
    $greeted++;          # 전역 변수
    print "hi there!\n";
}
```

이 서브루틴은 보통 다음과 같이 호출한다.

```
hello();                 # 인자(매개변수)를 지정하지 않고 hello 서브루틴을 호출한다
```

펄은 프로그램을 실행하기 전에 컴파일하기 때문에 서브루틴의 선언(정의)은 코드 안 어디서든 할 수 있다. 그리고 서브루틴 정의는 메인 프로그램과 같은 파일에 있지 않아도 된다. do, require, use 등의 연산자를 사용하면 다른 파일에 있는 서브루틴을 가져올 수 있기 때문이다(이런 연산자들에 관해서는 12장에서 설명

한다). 그리고 eval이나 AUTOLOAD를 사용하여 서브루틴을 동적으로 생성하거나 함수 템플릿처럼 동작하는 클로저를 사용하여 만들어낼 수도 있다.

다른 프로그램 언어에 대한 지식이 있는 독자는 펄의 함수에 있는 몇 가지 의외의 특징에 놀랄 수 있다. 이 장의 레시피들은 이런 특징을 잘 알고 이용할 수 있는 방법을 알려준다.

- 펄 함수에는 이름이 있는 형식 매개변수가 없다. 이 자체가 반드시 나쁜 건 아니다. 레시피 10.1, 레시피 10.7 등을 참고하도록 한다.
- 달리 선언하지 않는 이상 모든 변수는 모두 전역 변수가 된다. 자세한 내용은 레시피 10.2, 레시피 10.3, 레시피 10.13 등을 참고하도록 한다.
- 둘 이상의 배열이나 해시를 함수에 넘기거나 반환값으로 받는 경우 각각을 제대로 식별할 수 없을 수 있다. 이것을 해결하는 방법에 관해서는 레시피 10.5, 레시피 10.8, 레시피 10.9, 레시피 10.11 등에서 설명한다.
- 함수는 자신이 어느 컨텍스트에서 호출되었는지, 몇 개의 인자를 받는지, 어느 함수에서 호출되었는지를 알 수 있다. 이 방법들에 관해서는 레시피 10.4, 레시피 10.6에서 설명한다.
- 함수에서 오류가 발생한 것을 알리는 용도로 펄의 undef 값을 사용할 수도 있다. 유효한 문자열, 숫자, 레퍼런스는 undef가 될 수 없기 때문이다. 레시피 10.10에서는 undef를 사용할 때 생길 수 있는 미묘한 함정을 피하는 방법에 관해서 설명한다. 그리고 레시피 10.12에서는 그 밖의 치명적인 오류에 대처하는 방법에 관해서 설명한다.
- 펄은 다른 언어에는 없는 독특한 함수 조작을 지원한다. 익명 함수, 함수의 동적 생성, 함수 포인터를 사용한 간접적인 함수 호출 등이 이에 해당한다. 이것들에 관해서는 레시피 10.14, 레시피 10.16 등에서 설명한다.
- $x = &func; 같은 방법으로 함수를 호출하면 인자가 따로 전달되지 않고 아예 호출한 쪽의 @_ 배열에 직접 접근할 수 있다. 그리고 & 없이 func() 또는 func와 같이 호출하면, 새로운 빈 @_ 배열이 인자로 넘어온다.
- 펄은 C의 switch, 셸의 case에 해당하는 다중 분기 구문을 지원하지 않고 있다. 그러나 레시피 10.17에서 소개하는 switch 함수를 사용하면 다중 분기 구문을 이용할 수 있다.

10.1 서브루틴 인자에 접근하기

문제

호출한 쪽이 넘긴 인자를 함수 안에서 처리하고자 한다.

해결책

함수에 넘어온 인자는 모두 특수 배열 @_에 들어간다. 따라서 $_[0]로 함수에 넘어온 첫 번째 인자에, $_[1]로는 두 번째 인자에 접근할 수 있는 식이다. 그리고 인자의 개수는 scalar(@_)로 얻을 수 있다.

예제 코드를 다음에 나타낸다.

```
sub hypotenuse {
    return sqrt( ($_[0] ** 2) + ($_[1] ** 2) );
}

$diag = hypotenuse(3,4);  # $diag는 5다
```

대부분의 서브루틴은 인자들을 이름 있는 지역 변수에 일단 복사하고 시작한다. 이렇게 하는 편이 안전하고 편리하게 인자를 이용할 수 있다.

```
sub hypotenuse {
    my ($side1, $side2) = @_;
    return sqrt( ($side1 ** 2) + ($side2 ** 2) );
}
```

논의

"프로그래밍에서 적절한 수는 세 가지밖에 없다"는 말이 있다. 세 개의 수란 0과 1과 임의의 수다. 펄의 서브루틴의 설계사양은 매우 우수해서 임의 개수의 인자를 넘겨 받고, 마찬가지로 원하는 개수의 값을 반환하는 서브루틴을 간단하게 만들 수 있다. 이렇게 넘어온 인자들은 배열 @_에 담긴 개개의 스칼라 값으로 나타난다. 이때 이 배열 @_은 자동으로 그 서브루틴의 지역 변수가 된다(레시피 10.13 참고). 서브루틴에서 하나 이상의 값을 반환하기 위해서는 반환하고자 하는 값들을 지정해서 return 구문을 사용한다. 서브루틴 안에 return 구문이 없을 경우, 가장 마지막으로 평가된 식의 결과가 반환된다.

해결책에서 정의한 hypotenuse 함수는 다음과 같은 방법으로 호출할 수 있다.

```
print hypotenuse(3, 4), "\n";               # 5가 출력된다

@a = (3, 4);
print hypotenuse(@a), "\n";                 # 5가 출력된다
```

두 번째의 호출 예제에서는 hypotenuse에 인자를 하나만 넘기는 것으로 보이지만, 실제로는 @a 안의 각 값 (3,4)이 개개의 원소로 @_ 안에 담긴다. 마찬가지로 (@a, @b)라는 인자를 지정해서 함수를 호출하면, @a 안의 모든 값과 @b 안의 모든 값이 개개의 원소로 @_ 안에 담겨진다. 이것은 다음과 같은 구문에서 우변 두 개 배열의 모든 값이 개별 원소로 좌변의 배열에 담기는 것과 같은 원리이다.

```
@both = (@men, @women);
```

@_ 안의 스칼라 값은 넘어온 값의 복사본이 아니라 일종의 별칭이다. 따라서 서브루틴 안에서 @_ 배열 원소의 값을 바꾸면 서브루틴을 호출한 쪽에 있는 원래의 값도 바뀐다. 펄이 레퍼런스를 지원하기 전에는 이 구조를 이용해서 호출한 곳에 있는 원래의 값을 바꾸곤 했다. 이 구조가 지금도 남아있는 것이다.

호출한 곳에 있는 원래의 값을 바꾸고 싶지 않은 경우에는 넘어온 인자(@_ 안의 값)들을 지역 변수로 복사한다.

```
@nums = (1.4, 3.5, 6.7);
@ints = int_all(@nums);        # @nums 안의 값은 바뀌지 않는다
sub int_all {
    my @retlist = @_;          # @_의 값을 지역 변수로 복사한다
    for my $n (@retlist) { $n = int($n) }
    return @retlist;
}
```

호출한 곳에 있는 원래의 값을 바꾸고자 하는 경우에는 다음처럼 한다.

```
@nums = (1.4, 3.5, 6.7);
trunc_em(@nums);               # @nums 배열은 (1,3,6)으로 바뀐다
sub trunc_em {
    for (@_) { $_ = int($_) }  # 인자의 소수부를 날려버린다
}
```

이런 식으로 호출한 쪽의 인자값을 변경시키는 함수에는 상수를 인자로 넘겨서는 안 된다. 예를 들어, trunc_em(1.4, 3.5, 6.7)이라는 코드는 실행 도중에 예외가 발생하고 Modification of a read-only value attempted at ... 같은 에러 메시지가 나온다.

내장 함수 chop, chomp도 호출한 쪽의 변수의 값을 직접 수정한다. 이 함수들의 반환값은 전혀 다른 의미다(chop는 삭제한 문자를, chomp는 삭제한 문자의 개수를 반환한다). int, uc, readline 등과 같이 원래의 인자는 건드리지 않고 새로운 값을 반환하는 함수만 보았던 초보 펄 프로그래머는 chop, chomp도 마찬가지일 거라고 잘못 생각하고 다음과 같이 실수하곤 한다.

```
$line = chomp(<>);                 # 잘못됨

$removed_chars = chop($line);  # 올바름
$removed_count = chomp($line); # 올바름
```

이처럼 혼란스러울 여지가 매우 크므로 웬만하면 서브루틴 안에서 @_ 배열의 내용을 직접 수정하지 않는 게 좋다. 별도로 어떤 값을 반환하고 있는 상황이라면 더더욱 그렇다.

더 알아보기

- *Programming Perl* 6장
- *perlsub*(1) 문서

10.2 함수 안에 프라이빗 변수 만들기

문제

서브루틴 안에서 임시로 사용할 변수가 필요하다. 그러나 전역 변수를 사용하면 다른 서브루틴도 그 변수에 접근해버릴 수 있다.

해결책

my를 사용해서 서브루틴 안에서만 사용할 수 있는 지역 변수를 선언한다.

```
sub somefunc {
    my $variable;       # $variable 변수는 somefunc() 함수의 외부에서는 접근할 수 없다
    my ($another, @an_array, %a_hash);          # 여러 변수를 한번에 선언할 수도 있다
    # ...
}
```

논의

my 연산자를 사용하면 코드의 특정 범위 안에서만 사용할 수 있는 변수를 선언할 수 있다. 그 범위 밖에서는 이 변수에 접근할 수 없다. 이 범위를 그 변수의 *스코프(scope)*라고 부른다.

my로 선언한 변수는 *렉시컬 스코프(lexical scope)*를 가진다. 다시 말해, 코드의 특정 범위 안에서만 그 변수가 존재하는 것이다. 예를 들어 해결책의 예제 코드에서 $variable 변수의 스코프는 그것이 정의된 함수의 내부, 즉 somefunc 함수의 내부다. 이 $variable 변수는 somefunc 함수가 호출될 때 만들어지고, 함수가 종료될 때 없어진다. 이 $variable 변수에는 함수의 내부에서만 접근할 수 있고 함수의 바깥에서는 접근할 수 없다.

렉시컬 스코프는 대부분의 경우 중괄호로 감싼 코드 블록에 해당한다. 예를 들어 해결책의 somefunc 서브루틴 본체를 정의하는 블록이나 if, while, for, foreach, eval 등에서 사용되는 코드 블록은 모두 렉시컬 스코프이다. 소스 파일 전체와 eval에 넘기는 문자열 인자도 각각 렉시컬 스코프이다.[1] 이 두 개는 눈에 보이지 않는 중괄호로 범위가 정해진 블록이라고 생각할 수 있다. 렉시컬 스코프는 대개 중괄호로 감싼 블록에 해당하기에 "렉시컬 변수는 *스코프* 안에서만 참조할 수 있다"라고 할 것을 "렉시컬 변수는 *블록* 안에서만 참조할 수 있다"라고 말해버리는 경우가 있다. 주의하자.

my 변수에 접근할 수 있는 코드의 범위는 컴파일 시에 정적으로 정해지고, 이후 바뀌지 않는다. 그래서 렉시컬 스코프를 *정적(static) 스코프*라고도 부른다. 특히 *동적 스코프(dynamic scope)*와 비교해서 말할 때 정적 스코프라는 말을 사용하며, 동적 스코프에 대해서는 레시피 10.13에서 다룬다.

my를 사용한 변수의 선언과 값의 대입을 하나로 합칠 수 있다. 그리고 괄호를 사용하여 변수 여러 개를 한꺼번에 정의할 수 있다.

```
my ($name, $age) = @ARGV;
my $start        = fetch_time();
```

이 렉시컬 변수들은 지역 변수처럼 동작한다. 중첩된 블록 안에서는 자신을 둘러싼 외부 블록에서 선언된 렉시컬 변수에 접근할 수 있지만, 같은 계층에 있는 관계없는 블록 안의 렉시컬 변수를 참조할 수는 없다.

```
my ($a, $b) = @pair;
my $c = fetch_time();

sub check_x {
    my $x = $_[0];
    my $y = "whatever";
    run_check();
    if ($condition) {
        print "got $x\n";
    }
}
```

이 코드에서 check_x 함수 안의 if 블록 안에서는 check_x 함수의 지역 변수 $x에 접근할 수 있다. 하지만 그 스코프 안에서 호출된 run_check 함수에서는 $x 변수, $y 변수에 접근할 수 없다. 이것은 run_check 함수가 (아마) 다른 스코프 안에서 정의되어 있기 때문이다. 그러나 check_x 함수는 자신의 스코프의 바깥에 있는 $a

1 다만 같은 종류의 스코프는 아니다. eval 스코프는 중첩된 블록처럼 스코프도 중첩된다. 반면, 파일의 스코프는 다른 스코프들과 연관되지 않는다.

변수, $b 변수, $c 변수에 접근할 수 있다. 이것은 check_x 함수가 이 세 개의 변수들과 같은 스코프 안에서 정의되어 있기 때문이다.

이름 있는 서브루틴의 정의는 중첩하지 않도록 한다. 중첩되어 정의된 서브루틴은 렉시컬 변수와 올바르게 결합되지 않는다. 레시피 10.16에서는 이 제한을 회피하는 방법을 설명한다.

렉시컬 변수가 스코프를 벗어나면 그 변수에 할당된 메모리 영역은 해방된다. 다만 그 변수를 참조하는 레퍼런스가 아직 존재하는 경우는 해방되지 않는다. 예를 들어, 다음 코드에서는 @arguments 변수가 스코프를 벗어나도 이 변수를 참조하는 레퍼런스가 @Global_Array 배열 안에 아직 존재하기 때문에 @arguments 변수에 할당된 메모리 영역은 해방되지 않는다.

```
sub save_array {
    my @arguments = @_;
    push(@Global_Array, \@arguments);
}
```

save_array 함수를 호출하면 그때마다 새로운 배열이 만들어진다. 호출할 때마다 동일한 배열을 재사용하는 것이 아니다.

펄의 가비지 컬렉션 시스템은 변수를 참조하는 원소가 완전 없어진 시점에서 그 변수에 할당된 메모리 영역을 비운다. 이 덕분에 지역 변수의 레퍼런스를 반환해도 메모리 누수는 발생하지 않는다.

더 알아보기

- *Programming Perl* 4장의 “Scoped Declarations” 절
- *perlsub*(1) 문서의 “Private Variables via my()” 절

10.3 값이 유지되는 프라이빗 변수를 만들기

문제

서브루틴 안의 변수의 값은 다시 서브루틴을 호출했을 때 재설정된다. 이렇게 호출할 때마다 값이 재설정되는 것이 아니라, 다시 호출했을 때에도 기존의 값을 그대로 담고 있는 변수를 만들고자 한다. 다만 이 변수에는 서브루틴의 외부에서는 접근할 수 없도록 하고자 한다. 예를 들어 어떤 함수가 호출된 횟수를 함수 내에서 저장할 수 있다.

해결책

함수를 다른 중괄호 블록으로 감싸고 my 변수를 함수의 스코프 밖, 블록의 스코프 안에서 선언한다.

```
{
    my $variable;
    sub mysub {
        # ... $variable에 접근한다
    }
}
```

변수를 초기화해야 한다면 함수를 감싼 블록을 INIT 블록으로 만든다. 이렇게 하면, 메인 프로그램이 실행되기 전에 변수가 초기화된다.

```
INIT {
    my $variable = 1;                          # 초기 값
    sub othersub {
      # ... $variable에 접근한다
    }
}
```

논의

펄의 렉시컬 변수의 메모리 영역은 C나 C++의 지역 변수[2]와는 달리 스코프가 끝난 것만으로는 회수되지 않는다. 그 렉시컬 변수를 참조하는 원소가 존재하는 한, 그 렉시컬 변수의 메모리 영역도 유지된다. 해결책의 코드에서는 mysub 함수가 $variable 변수를 참조하고 있기 때문에 mysub가 정의된 블록이 종료되어도 이 변수의 메모리 영역은 회수되지 않는다.

다음은 일종의 카운터이다.

```
{
    my $counter;
    sub next_counter { return ++$counter }
}
```

next_counter 함수는 호출될 때마다 $counter 변수의 값을 증가시킨 후 그 값을 반환한다. 처음으로 next_counter 함수가 호출되었을 때 $counter 변수는 아직 정의되지 않았기 때문에 ++ 연산자를 적용할 때는 값이 0이었던 것처럼 처리된다. 이 $counter 변수는 next_counter 함수의 스코프 안이 아니라 변수와 next_counter 함수를 감싸는 블록 안에 있다. 따라서 next_counter 함수를 호출하는 방법 이외에는 블록 밖에서 $counter 변수에 접근하는 방법은 없다.

2 자동(auto) 변수

이런 외부 스코프는 INIT 블록으로 만드는 것이 좋다. 그렇지 않으면 변수가 초기화되기 전에 함수가 호출되는 일이 일어날 수 있다.

```
INIT {
    my $counter = 42;
    sub next_counter { return ++$counter }
    sub prev_counter { return --$counter }
}
```

이런 방법을 써서 C 언어의 정적 변수 같은 것을 펄에서 만들 수 있다. 사실 이 방법이 조금 더 좋다. C 언어의 정적 변수는 하나의 함수에서밖에 사용할 수 없지만 저렇게 만든 변수는 여러 함수가 공유할 수 있다.

더 알아보기

- *Programming Perl* 8장의 "Closures" 절, 18장의 "Avante-Garde Compiler, Retro Interpreter" 절
- *perlsub*(1) 문서의 "Private Variables via my()" 절
- *perlmod*(1) 문서의 "Package Constructors and Destructors" 절
- 레시피 11.4

10.4 현재 실행 중인 함수 이름 알아내기

문제

현재 실행되고 있는 함수의 이름을 알아내고자 한다. 그러면 서브루틴 코드를 복사하여 붙여넣을 때 에러 메시지의 내용을 일일이 바꿀 필요가 없게 된다.

해결책

caller 함수를 사용한다.

```
$this_function = (caller(0))[3];
```

논의

현재 처리 중인 행 번호, 파일이름, 패키지 이름은 각각 __LINE__, __FILE__, __PACKAGE__ 등의 특수 기호를 통해서 알아낼 수 있다. 그러나 현재 실행 중인 함수 또는 그 함수를 호출한 함수의 이름을 얻을 수 있는 특수 기호는 없다.

내장 함수 caller를 사용하면 이런 정보를 모두 얻을 수 있다. caller는 스칼라 컨텍스트에서는 호출한 함수의 패키지 이름을 반환하며, 리스트 컨텍스트에서는

더 많은 정보를 반환한다. 그리고 인자로 숫자 값을 지정하면 서브루틴이 호출된 과정을 원하는 단계만큼 거슬러 올라가서 정보를 얻을 수 있다. 예를 들어 0을 지정하면 현재 진행 중인 함수의 정보를, 1을 지정하면 현재 진행 중인 함수를 호출한 함수의 정보를 얻게 된다.

caller의 완전한 구문을 다음에 나타낸다. $i는 몇 계층 위의 함수의 정보를 얻을 수 있는지를 숫자로 지정한다.

```
($package, $filename, $line, $subr, $has_args, $wantarray
#   0         1         2       3       4          5
 $evaltext, $is_require, $hints, $bitmask
#   6          7             8       9
)= caller($i);
```

각 변수에는 반환값으로 다음과 같은 정보가 들어간다.

$package

함수가 컴파일된 패키지 이름이다.

$filename

함수가 컴파일된 파일의 이름이다. 명령행에서 -e 스위치를 사용해서 호출한 경우는 -e이며, 표준 입력에서 스크립트를 읽어들인 경우는 -이다.

$line

지정한 프레임(함수)을 호출한 곳의 행 번호이다.

$subr

지정한 프레임 함수의 이름이다. 패키지 이름도 포함된다. 클로저의 경우는 main::__ANON__와 같은 이름으로 표시되지만, 이 이름을 써서 호출할 수는 없다. 코드가 eval 안에서 수행된 경우는 (eval)로 표시된다.

$has_args

이 함수만의 @_ 함수가 설정되었는지를 나타내는 참, 거짓 값이 들어있다. 이 값은 참이지만 인자는 없을 수도 있다. 이 변수가 거짓일 때는 fn(), &fn()이 아닌 &fn 형태의 표기법을 사용하여 함수를 호출했을 때뿐이다.

$wantarray

이 스택 프레임에서 wantarray 함수를 실행했을 경우 반환될 결과값이다. 프레

임의 함수가 리스트 컨텍스트에서 호출된 경우는 참, 스칼라 컨텍스트에서 호출된 경우는 거짓, 보이드 컨텍스트에서 호출된 경우는 undef이다.

`$evaltext`

eval STRING 형태의 구문으로 실행되고 있는 경우 eval의 인자 문자열이다.

`$is_require`

함수가 do, require, use에 의해 적재되었는지를 나타내는 값이다.

`$hints, $bitmask`

호출 측이 컴파일된 때에 지정된 프래그마에 대한 정보다. 이 정보는 펄이 내부적으로 사용하는 것으로 생각하면 된다.

해결책에서는 caller 함수를 직접 사용하는 방법을 소개했는데 다음처럼 함수를 따로 만들 수도 있다.

```
$me  = whoami();
$him = whowasi();

sub whoami  { (caller(1))[3] }
sub whowasi { (caller(2))[3] }
```

whoami 함수에서는 부모 함수의 이름을 얻기 위해서 caller 함수의 인자로 1을 넘긴다. 그리고 whowasi 함수에서는 그보다 한 단계 더 위의 함수의 이름을 얻기 위해서 2를 넘긴다. 이것은 whoami, whowasi 함수를 호출하는 것 자체가 스택 프레임 0에 해당하기 때문이다.

더 알아보기

- *perlfunc*(1) 문서와 *Programming Perl* 29장에서 다루는 wantarray, caller 함수
- 레시피 10.6

10.5 배열이나 해시를 레퍼런스로 함수에 넘기기

문제

두 개 이상의 배열이나 해시를 함수에 전달할 때 구분된 형태를 유지한 채로 전달하고자 한다. 예를 들어 레시피 4.8에 있는 알고리즘을 서브루틴으로 구현할 수 있다. 그러자면 이 서브루틴에 두 배열이 분리된 상태로 전달되어야 한다.

해결책

백슬래시 연산자를 사용해서 배열이나 해시를 레퍼런스로 넘긴다.

```
array_diff( \@array1, \@array2 );
```

논의

레퍼런스를 다루는 법에 대한 자세한 정보는 11장을 참고하라. 다음 코드는 배열의 레퍼런스를 인자로 받는 함수의 소스코드와 사용 예제다.

```
@a = (1, 2);
@b = (5, 8);
@c = add_vecpair( \@a, \@b );
print "@c\n";
6 10

sub add_vecpair {       # 길이가 같은 두 개의 배열을 인자로 받는다
    my ($x, $y) = @_;   # 배열의 레퍼런스를 복사한다
    my @result;

    for (my $i=0; $i < @$x; $i++) {
      $result[$i] = $x->[$i] + $y->[$i];
    }

    return @result;
}
```

이 함수에서 문제인 것은 넘어온 인자의 개수와 형을 확인하지 않는 점이다. 다음과 같이 명시적으로 확인할 수 있다.

```
unless (@_ == 2 && ref($x) eq 'ARRAY' && ref($y) eq 'ARRAY') {
    die "usage: add_vecpair ARRAYREF1 ARRAYREF2";
}
```

에러가 발생했을 때에 die를 실행할 계획이라면(레시피 10.12 참고) 이 확인은 생략해도 상관없다. 어차피 타입이 일치하지 않는 레퍼런스를 디레퍼런스하는 시점에 예외가 발생하기 때문이다. 그러나 안전성을 중시한 프로그래밍 스타일을 추구한다면 모든 함수에서 인자가 올바른지 검증하는 편이 좋다.

더 알아보기

- *Programming Perl* 6장의 "Passing References" 절, "Prototypes" 절
- *perlsub*(1) 문서의 "Pass by Reference" 절
- 레시피 10.11
- 이 책의 11장
- *Programming Perl* 8장

10.6 반환 컨텍스트 알아내기

문제

함수가 어느 컨텍스트에서 호출되었는지 알아내고자 한다. 이것이 가능하다면 펄에 있는 많은 내장 함수들처럼 반환값(또는 반환값들)이 어떻게 쓰이냐에 따라 다르게 동작하도록 할 수 있다.

해결책

wantarray() 함수를 사용한다. 이 함수는 현재 함수의 호출 컨텍스트에 따라 세 가지 다른 값을 반환한다.

```
if (wantarray()) {
    # 리스트 컨텍스트
}
elsif (defined wantarray()) {
    # 스칼라 컨텍스트
}
else {
    # 보이드 컨텍스트
}
```

논의

내장 함수 대다수는 스칼라 컨텍스트에서 호출되었는지 리스트 컨텍스트에서 호출되었는지에 따라 서로 다른 처리를 한다. 사용자 정의 함수에서도 wantarray 함수의 반환값을 확인하면 어느 컨텍스트에서 호출되었는지 알아낼 수 있다. wantarray 함수의 반환값이 참인 경우는 함수가 리스트 컨텍스트에서 호출된 것이다. wantarray 함수의 반환값이 정의는 되었지만 거짓인 경우는 함수가 스칼라 컨텍스트에서 호출된 것이다. 그리고 반환값이 undef인 경우는 함수가 보이드 컨텍스트에서 호출된 것이다. 즉 어떤 값이 반환되길 요구하지 않은 것이다.

```
if (wantarray()) {
    print "In list context\n";
    return @many_things;
} elsif (defined wantarray()) {
    print "In scalar context\n";
    return $one_thing;
} else {
    print "In void context\n";
    return;  # nothing
}

mysub();                    # 보이드 컨텍스트

$a = mysub();               # 스칼라 컨텍스트
if (mysub()) {  }           # 스칼라 컨텍스트
```

```
@a = mysub();             # 리스트 컨텍스트
print mysub();            # 리스트 컨텍스트
```

더 알아보기

- *perlfunc*(1) 문서와 *Programming Perl* 29장에서 다루는 return, wantarray 함수

10.7 이름 있는 인자를 넘기기

문제

함수에 전달하는 매개변수에 이름을 붙여 부르기 쉽게 만들고자 한다. 이렇게 하면 프로그래머는 인자의 순서를 외우느라 힘들이지 않고도 인자들의 역할을 쉽게 기억할 수 있다.

해결책

함수를 호출할 때에는 각 인자에 다음과 같은 형식으로 이름을 붙인다.

```
thefunc(INCREMENT => "20s", START => "+5m", FINISH => "+30m");
thefunc(START => "+5m", FINISH => "+30m");
thefunc(FINISH => "+30m");
thefunc(START => "+5m", INCREMENT => "15s");
```

서브루틴 안에서는 인자들의 기본값과 전달받은 이름/값 쌍들로 채워지는 해시를 만든다.

```
sub thefunc {
    my %args = (
        INCREMENT   => '10s',
        FINISH      => 0,
        START       => 0,
        @_,         # 쌍으로 구성된 인자들의 리스트가 여기에 들어있다
    );
    if ($args{INCREMENT}  =~ /m$/ ) { ..... }
}
```

논의

인자를 특정 순서로 두세 개만 받는 함수는 간단하게 호출할 수 있으나 인자의 개수가 많아지면 그렇지 않다. 인자 중에 생략할 수 있는 게 있고 생략했을 때 기본값을 주는 경우는 더욱 어려워진다. 인자를 특정 순서로 받는 함수에서 생략할 수 있는 것은 끝부분의 인자들뿐이고, 앞부분의 인자는 생략할 수 없다.

해결책에서는 훨씬 유연한 방법을 소개하고 있다. 함수를 호출하는 쪽은 인자의 이름과 값을 쌍으로 묶어서 지정할 수 있다. 코드를 읽는 사람은 함수 정의 전체를 살펴보지 않고도 각 인자의 의미를 알 수 있기 때문에 코드 자체가 문서의

역할도 겸해준다. 더 좋은 점은 함수를 사용하는 프로그래머가 인자의 순서를 기억할 필요가 없으며, 사용되지 않을 인자는 생략할 수도 있다는 점이다.

함수 안에서는 지역 변수 해시를 선언하고 인자들의 기본값을 넣는다. 그리고 전달받은 인자 목록 @_ 배열을 기본값 뒤에 넣는다. 이렇게 하면 전달받은 값이 있으면 기본값을 덮어쓰게 된다. 해시 안에 동일한 키가 중복되면 나중에 할당한 값이 먼저 할당한 값을 덮어쓰기 때문이다.

흔히 쓰이는 변형으로, 매개변수 이름 앞에 하이픈을 붙이는 방법이 있다. 이렇게 하면 명령 행 인자와 같은 느낌이 난다.

```
thefunc(-START => "+5m", -INCREMENT => "15s");
```

원래 하이픈은 베어워드(bareword)의 일부로 사용할 수 없으나, 위와 같은 형태로 함수 인자를 지정할 수 있도록 => 연산자에 대해서는 예외적으로 하이픈을 사용할 수 있도록 하였다.

더 알아보기

· 이 책의 4장

10.8 반환값들 중 원하는 것만 얻기

문제

함수가 반환하는 많은 반환값 중에 관심 있는 일부만 얻고자 한다. 예를 들어 stat 함수가 반환하는 리스트에는 값들이 많이 있지만 대개는 그중 하나(예를 들면 모드)만 사용하곤 한다.

해결책

반환값을 리스트에 받되 원하지 않는 값에 해당하는 자리에는 undef를 쓴다.

```
($a, undef, $c) = func();
```

또는 반환값 리스트의 슬라이스를 만들어서 원하는 것만 얻는다.

```
($a, $c) = (func())[0,2];
```

논의

임시 더미 변수를 사용하는 것은 메모리 낭비일 뿐더러 보기에도 부자연스럽고 불편하다.

```
($dev,$ino,$DUMMY,$DUMMY,$uid) = stat($filename);
```

더 좋은 방법은 undef를 사용해서 필요 없는 반환값을 버리는 것이다.

```
($dev,$ino,undef,undef,$uid) = stat($filename);
```

반환값의 리스트를 슬라이스로 만들어 필요한 값만 얻을 수도 있다.

```
($dev,$ino,$uid,$gid) = (stat($filename))[0,1,4,5];
```

함수의 반환값은 필요가 없고 단지 함수가 리스트 컨텍스트에서 실행되도록 하고 싶은 경우에는 좌변에 빈 리스트를 지정한다.

```
() = some_function();
```

이 방법은 scalar 연산자의 리스트 버전처럼 동작한다. 즉, 함수를 강제적으로 리스트 컨텍스트에서 호출한다. 다음처럼 하면 반환값의 개수만을 얻을 수 있다.

```
$count = () = some_function();
```

그리고 다음처럼 하면 함수를 리스트 컨텍스트로 호출하고, 그 함수가 하나 이상의 값을 반환했는지 확인할 수 있다(단, 반환값은 바로 버려진다).

```
if (() = some_function())  { .... }
```

빈 리스트에 대입하도록 하지 않으면 if 조건문의 불리언 컨텍스트가 적용되기 때문에 함수는 스칼라 컨텍스트에서 호출되게 된다.

더 알아보기

- *Programming Perl* 2장의 "List Values and Arrays" 절과 *perlsub*(1) 문서
- 레시피 3.1

10.9 여러 개의 배열 또는 해시를 반환하기

문제

함수에서 배열 또는 해시 여러 개를 한 번에 반환하고자 한다. 그러나 리스트 여러 개를 반환하면 모든 스칼라 값들이 하나의 긴 리스트에 펼쳐져 버린다.

해결책

배열 또는 해시의 레퍼런스를 반환한다.

```
($array_ref, $hash_ref) = somefunc();
sub somefunc {
    my @array;
    my %hash;

    # ...

    return ( \@array, \%hash );
}
```

논의

함수에 인자들과 마찬가지로, 반환값들도 스칼라들의 리스트 한 개의 형태로 묶여버린다. 함수에서 여러 배열이나 해시를 구분된 상태로 반환하기 위해서는 그것들을 레퍼런스로 반환해야 한다. 또한 함수를 호출한 쪽은 레퍼런스를 받을 준비를 해야 한다. 예를 들어 함수에서 세 개의 해시를 그대로 반환하기 위해서는 다음과 같이 한다.

```
sub fn {
    .....
    return (\%a, \%b, \%c); # 또는
    return \(%a,  %b,  %c); # 동일한 효과
}
```

이 함수를 호출한 쪽은 해시 레퍼런스의 리스트를 받도록 변수를 준비해야 한다. 반환된 해시 레퍼런스를 그대로 세 개의 해시에 대입할 수는 없다.

```
(%h0, %h1, %h2)  = fn();    # 잘못됨!
@array_of_hashes = fn();    # 예: $array_of_hashes[2]->{"keystring"}
($r0, $r1, $r2)  = fn();    # 예: $r2->{"keystring"}
```

더 알아보기

- 이 책의 11장과 *Programming Perl* 8장에 있는, 레퍼런스에 대한 개요
- 레시피 10.5

10.10 실패했음을 반환값을 통해 알리기

문제

함수에서 에러가 발생했음을 나타내는 값을 반환하고자 한다.

해결책

return 문을 인자 없이 쓴다. 이렇게 하면 스칼라 컨텍스트에서는 undef가 반환되고, 리스트 컨텍스트에서는 빈 리스트 ()가 반환된다.

```
return;
```

논의

인자가 없는 return은 다음 코드처럼 동작한다.

```
sub empty_retval {
    return ( wantarray ? () : undef );
}
```

단순히 return undef라고 적으면 안 된다. 리스트 컨텍스트에서 호출된 경우에는 undef이라는 하나의 값을 담은 리스트를 반환해버리기 때문이다. return undef 같은 코드가 쓰인 함수를 다음처럼 호출했다고 하자.

```
if (@a = yourfunc()) { ... }
```

@a에 (undef)가 대입되고 if에 의해 스칼라 컨텍스트에서 평가되면, @a의 원소의 개수인 1이 된다. 1은 참을 의미하기 때문에 이 조건은 참으로 평가되고, 에러가 발생하지 않았다고 판정된다. wantarray 함수를 사용하여 어느 컨텍스트에서 호출되었는지 직접 확인할 수 있지만 인자 없는 return을 쓰는 것 만으로도 명료하고 깔끔하며, 언제나 제대로 동작한다.

```
unless ($a = sfunc()) { die "sfunc failed" }
unless (@a = afunc()) { die "afunc failed" }
unless (%a = hfunc()) { die "hfunc failed" }
```

펄의 내장 함수 중 몇 가지는 기묘한 값을 반환한다. 예를 들어, fcntl과 ioctl은 특정한 상황에서 "0 but true"라는 문자열을 반환한다(편리하게도 이 신비한 문자열은 부적절한 숫자값 변환에 따른 경고 출력 대상에서 예외적으로 제외되어 있다). 이렇게 하면 다음과 같은 코드를 작성할 수 있다는 장점이 있다.

```
ioctl(....) or die "can't ioctl: $!";
```

다시 말해서 정의된 값 0과 정의되지 않은 값 undef를 구별하기 위해 따로 검사할 필요가 없다. read나 glob 함수를 쓸 때는 따로 확인해야 한다. "0 but true"가 숫자로 사용되면 0으로 해석된다. 하지만 이런 특수한 반환값이 필요한 경우는 거의 없다. 동작 실패를 알리는 더 흔하고 좋은 방법은 예외를 발생시키는 것이다. 예외에 관해서는 레시피 10.12에서 자세히 설명한다.

더 알아보기

- *perlfunc*(1) 문서와 *Programming Perl* 29장에서 다루는 undef, wantarray, return 함수
- 레시피 10.12

10.11 함수 프로토타입을 선언하기

문제

함수 프로토타입을 사용해서 컴파일러가 인자의 형을 검사할 수 있도록 하고자 한다.

해결책

펄에도 프로토타입 기능이 있긴 하지만 여러분이 생각하는 그런 것은 아니다. 펄의 함수 프로토타입은 컨텍스트를 강제로 적용하여, push나 pop 같은 내장 함수처럼 동작하는 함수를 만들 때 사용한다.

논의

함수 안에 인자의 유효성을 검증하는 코드를 썼다고 해도 그 코드는 실행 시점에서야 수행된다. 실행할 때가 아니라 컴파일할 때에 검증하기 위해서는 제한이 많기는 하지만 함수 프로토타입을 검사하도록 할 수 있다. 다만 펄의 함수 프로토타입은 다른 언어의 프로토타입과는 다르므로 주의가 필요하다.

펄의 함수 프로토타입은 서브루틴 이름 다음에 0개 이상의 스페이스, 백슬래시, 형을 나타내는 기호 등을 괄호 안에 지정한다. 형 기호 앞에 백슬래시가 붙은 것은 그 인자가 레퍼런스로 전달된다는 것을 나타낸다. 각 위치의 인자는 그 위치에 지정된 형 기호와 동일한 기호로 시작해야 한다.

프로토타입은 대응하는 인자에 관해서 컨텍스트를 강제한다. 이것은 펄이 프로그램을 컴파일하는 시점에 실행된다. 그러나 이것이 곧 인자의 개수나 형을 항상 확인한다는 뜻은 아니다. 예를 들어, 스칼라 프로토타입은 하나의 인자의 앞에 `scalar` 함수를 삽입하는 것과 같다. 따라서 때에 따라서는 스칼라 값인지 여부를 확인하는 게 아니라 암묵적으로 변환해버린다. 예를 들어 `sub func($)`로 프로토타입을 선언한 함수를 `func(3,5)`처럼 호출하면 컴파일 시에 에러가 발생하고 실행이 중지된다. 하지만 이 함수를 `func(@array)`로 호출하면 단지 `@array`가 스칼라 컨텍스트로 평가될 뿐이며, 스칼라를 전달해야 하는 곳에 배열을 전달했다는 에러가 나거나 하지는 않는다.

이는 매우 중요한 내용이라 다시 한번 더 설명한다. 펄에서 프로토타입을 사용해도, 컴파일러가 인자의 형이나 개수가 올바른지 검사해줄 것이라고 기대해선 안 된다(때에 따라서는 그런 일도 조금은 해준다). 펄에서 프로토타입은 인자를 감싼 괄호를 생략할 수 있도록 하거나 내장 함수와 같은 방법으로 호출할 수 있도록 하기 위해 주로 이용한다.

괄호의 생략

서브루틴에는 보통 괄호로 감싼 인자의 리스트를 넘기지만 컴파일러가 그 함수의 선언이나 정의를 이미 파악한 경우에는 인자를 감싸는 괄호를 생략할 수 있다.

```
@results = reverse myfunc 3, 5;
```

프로토타입 선언을 하지 않았다면 이 코드는 다음과 동일하게 동작한다.

```
@results = reverse(myfunc(3, 5));
```

괄호를 생략하면 펄은 서브루틴 호출의 우변을 리스트 컨텍스트로 평가한다. 프로토타입을 사용하여 이 동작을 바꿀 수 있다. 다음 함수는 하나의 인자만 받도록 프로토타입 선언이 되어 있다.

```
sub myfunc($);
@results = reverse myfunc 3, 5;
```

이제 이 코드는 다음과 같아진다.

```
@results = reverse(myfunc(3), 5);
```

스칼라 프로토타입에 의해 펄 구문의 해석이 어떻게 바뀌었는지에 주목하자. 구문 해석기는 첫 번째로 보인 인자만 가져가고 나머지는 다른 함수가 사용하도록 남겨둔다.

보이드 프로토타입은 다음처럼 선언한다.

```
sub myfunc();
```

이 경우도 펄 구문 해석 동작이 바뀌고 함수에 아무 인자도 넘어오지 않게 된다. 이 함수는 내장 함수 time과 완전히 똑같이 동작한다.

이것은 괄호가 없을 경우 *어떻게 동작할지 대충 봐서는 알 수 없다*는 것을 의미한다. 똑같이 생긴 것들이 전혀 다르게 동작할 수 있다. 다음 프로토타입 선언과 대입문을 보자.

```
sub fn0();
sub fn1($);
sub fnN(@);

$x = fn0 + 42;
$x = fn1 + 42;
```

```
$y = fnN fn1 + 42, fn0 + 42;
$y = fnN fn0 + 42, fn1 + 42;

$z = fn1 fn1 + 42, fn1 + 42;
$z = fnN fnN + 42, fnN + 42;
```

펄 컴파일러는 이 구문들을 다음과 같이 해석한다.

```
$x = fn0() + 42;
$x = fn1(42);

$y = fnN(fn1(42), fn0() + 42);
$y = fnN(fn0() + 42, fn1(42));

$z = fn1(fn1(42)), fn1(42);
$z = fnN(fnN(42, fnN(42)));
```

프로토타입을 먼저 보고 펄 구문 해석기가 어떻게 동작할지 잘 생각하지 않으면, 어떻게 처리될지 예측할 수 없다. 이런 코드를 유지보수하는 것은 매우 어렵다.

괄호를 제대로 쓰는 것이 더 낫다는(달리 말하면 프로토타입을 사용하지 않는 것이 낫다는) 주장의 강력한 근거이기도 하다.

내장 함수 모방

push나 shift 등의 내장 함수에 넘긴 인자들은 하나의 배열로 묶여버리지 않는다. 프로토타입을 사용하면 사용자 정의 함수에서도 이렇게 동작하도록 할 수 있다. 예를 들어, push를 push(@array, 1, 2, 3) 같은 식으로 호출하면 이 함수에는 실제 배열이 전달되는 게 아니라 @array 배열의 *레퍼런스*가 전달된다. 이것은 push 프로토타입 선언 안의 @에 백슬래시가 붙어 있기 때문이다.

```
sub mypush (\@@) {
  my $array_ref = shift;
  my @remainder = @_;

  # ...

}
```

프로토타입 선언 안의 \@a는 "첫 번째 인자는 @ 기호로 시작하여야 하고 그 인자의 레퍼런스가 넘어온다"는 것을 나타낸다. 그 뒤의 @는 "남은 인자는 리스트(빈 리스트일 수도 있다)이다"라는 것을 나타낸다. 프로토타입 선언 안에 백슬래시가 지정되면, 인자는 실제 그 기호로 시작해야 한다. 때로는 성가신 일이 될 수가 있다. 예를 들어 조건 연산자 ?:를 사용하여 어느 배열을 전달할지 결정할 수는 없다.

```
mypush( $x > 10 ? @a : @b, 3, 5 );       # 잘못됨
```

대신 레퍼런스를 사용하여 조작하여야 한다.

```
mypush( @{ $x > 10 ? \@a : \@b }, 3, 5 );     # 올바름
```

다음의 hpush 함수는 push와 같은 연산을 해시에 대해서 하게 된다. 즉, 넘어온 키와 값의 쌍을 기존의 해시에 추가한다. 넘어온 키가 해시에 이미 있는 경우는 새로운 값으로 덮어쓴다.

```
sub hpush(\%@) {
    my $href = shift;
    while ( my ($k, $v) = splice(@_, 0, 2) ) {
        $href->{$k} = $v;
    }
}
hpush(%pieces, "queen" => 9, "rook" => 5);
```

대괄호를 사용하여 \[] 같이 표기하면, 동시에 여러 가지 형에 백슬래시를 적용할 수 있다.

```
sub mytie ( \[$@%&*] $; @ )
```

이 함수는 첫 번째 인자로 다섯 개의 데이터형 중 무엇이든 받을 수 있으며, 그 인자는 레퍼런스로 전달된다. 그리고 두 번째 인자로 스칼라 컨텍스트의 인자를 받고 남은 인자를 리스트로 받는다(마지막 리스트는 생략할 수 있다).

내장 함수 prototype을 사용하여 특정 함수의 프로토타입을 알아낼 수 있다. 예를 들어 앞서 정의한 hpush를 인자로 하여 이 함수를 호출하면(prototype("hpush")) "\%@"이라는 문자열이 반환된다. 그리고 같은 방법으로 내장 함수의 프로토타입도 검출할 수 있다(프로토타입이 선언된 내장 함수만). 모든 내장 함수를 모방할 수 없지만, prototype 함수가 프로토타입을 반환하는 내장 함수는 모방할 수 있다. int 등의 내장 함수는 언제나 CORE::int로 호출할 수 있기 때문에 내장 함수는 CORE라는 패키지에 속한다고 간주할 수 있다. 다음 코드에서는 CORE 패키지에 속한 내장 함수의 프로토타입을 얻는다.

```
for $func (qw/int reverse keys push open print/) {
    printf "Prototype for %s is %s\n", $func,
        prototype("CORE::$func") || "UNAVAILABLE";
}

Prototype for int is ;$
Prototype for reverse is @
Prototype for keys is \%
Prototype for push is \@@
Prototype for open is *;$@
Prototype for print is UNAVAILABLE
```

더 알아보기

- *perlfunc*(1) 문서에서 다루는 prototype 함수
- *Programming Perl* 6장과 *perlsub*(1) 문서의 "Prototypes" 절
- 레시피 10.5

10.12 예외를 처리하기

문제

예외를 발생시킬 가능성이 있는 함수를 안전하게 호출하고자 한다. 그리고 예외를 발생시키는 함수를 만들고자 한다.

해결책

함수 안에서 매우 심각한 문제가 발생한 경우에는 단지 에러를 반환하는 것만으로는 충분하지 않다. 호출한 쪽이 이 에러를 무시해버릴 수도 있기 때문이다. 이런 경우는 함수 안에서 die STRING을 호출하여 예외를 발생시킨다.

```
die "some message";          # 예외를 발생시킨다
```

함수를 호출하는 쪽은 eval로 함수 호출을 둘러싸면 함수가 발생시키는 예외를 가로챌 수 있다. 그 다음 특수변수 $@를 참조하여 어떤 문제가 발생했는지 확인한다.

```
eval { func() };
if ($@) {
    warn "func raised an exception: $@";
}
```

논의

예외는 가볍게 사용할 수 있는 기능이 아니다. 예외를 사용하는 경우에는 그것이 정말로 필요한지 잘 생각해야 한다. 대부분의 함수는 인자 없는 return으로 에러를 반환하는 것만으로 충분하다. 많은 함수가 예외를 발생시키면 그것들을 호출하는 쪽은 그 함수들을 하나하나 eval로 감싸야 하고, 그러면 코드가 읽기 어려워진다. 그리고 많은 함수가 예외를 발생시키면, 중대한 에러를 나타내는 "예외"의 의미가 없어진다.

하지만 함수에서 에러가 발생하면 프로그램 전체를 종료해야 하는 경우도 드물게 있다. 이런 경우는 돌이킬 수 없는 exit 함수 말고 프로그래머에게 대처할 기

회를 줄 수 있는 die 함수를 호출한다. 만일 eval을 사용해서 예외 핸들러를 설정하지 않았다면 프로그램은 예외를 발생한 시점에 종료하게 된다.

함수가 발생시키는 예외를 포착하기 위해서는 그 함수 호출을 eval 블록으로 감싼다. 예외가 발생하면 $@ 변수에 에러 메시지가 담긴다. 예외를 발생하지 않고 함수가 정상적으로 종료하면 $@ 변수값은 거짓이 된다.

```
eval { $val = func() };
warn "func blew up: $@" if $@;
```

eval은 모든 예외를 가로채지 특정한 것만 가로채게 할 수는 없다. 예기치 않은 예외는 보통 현재 eval을 감싼 핸들러에 넘긴다. 예를 들어 함수가 "Full moon!"이라는 문자열을 포함한 예외를 발생시킨다면, $@ 변수를 검사하여 그 예외만 잡아내고 그 밖의 예외는 상위 핸들러로 통과시킬 수 있다. 인자를 지정하지 않고 die를 호출하면 die는 $@ 변수의 값을 그대로 사용하여 새로운 예외 메시지를 만든다.

```
eval { $val = func() };
if ($@ && $@ !~ /Full moon!/) {
    die;     # 예기치 않은 예외는 다시 발생시킨다
}
```

함수가 어떤 모듈의 일부라면 die가 아니라 Carp 모듈이 제공하는 croak 함수 또는 confess 함수를 사용하는 방법도 있다. croak은 모듈이 아니라 호출한 곳의 관점에서 에러를 보고해준다(die와 croak의 유일한 차이다). confess는 호출한 곳, 호출된 곳, 전달된 인자 등의 정보를 포함한 자세한 스택 추적 정보(stack trace)를 생성한다.

보이드 컨텍스트에서 호출된 함수는 무엇을 반환하든 완전히 무시되어 버린다. 이런 함수에서 에러가 발생한 것을 알리기 위해서는 예외를 발생시킬 수밖에 없다.

```
if (defined wantarray()) {
        return;
} else {
    die "pay attention to my error!";
}
```

물론 보이드 컨텍스트 이외에서 호출된다고 해도 반환된 값이 적절하게 처리될 거라는 보장은 없다. 그러나 보이드 컨텍스트에서 호출되는 경우에는 반환값이 무시될 것이 확실하다.

CPAN 모듈 중에는 예외를 처리하는 다른 방법을 제공하는 것들이 있다. Error 모듈이 제공하는 try, catch, throw 함수를 사용해서 예외를 try&catch 방식으로 처리할 수 있다.

```
use Error ':try';
try {
    something();
}
catch Error::Database with {
    my $e = shift;
    warn "Problem in " . $e->{'-database'} . " (caught)\n";
};
```

Error가 제공하는 try, catch ... with, except, otherwise, finally 블록을 사용하면 매우 유연하게 예외를 처리할 수 있다. 그리고 CPAN 모듈 Exception::Class를 사용하면 예외 클래스와 특정 예외를 나타내는 객체를 만들 수 있다. Error 모듈과 Exception::Class 모듈을 조합하면 이 예외 객체를 catch할 수 있다.

더 알아보기

- *perlvar*(1) 문서와 *Programming Perl* 28장에서 다루는 $@($EVAL_ERROR) 변수
- *perlfunc*(1) 문서와 *Programming Perl* 29장에서 다루는 die, eval 함수
- CPAN 모듈 Error, Exception::Class 모듈 문서
- 레시피 10.15, 레시피 12.2, 레시피 16.21

10.13 전역 변수의 값을 임시로 다른 장소에 저장하기

문제

전역 변수의 값을 임시로 다른 장소에 저장하고자 한다.

해결책

local 연산자를 사용하면 전역 변수에 저장된 값을 다른 장소에 저장할 수 있다. 이 값은 블록이 종료한 시점에 전역 변수로 자동으로 돌아온다.

```
our $age = 18;          # 전역 변수의 선언과 초기화
if (CONDITION) {
    local $age = 23;
    func();             # 임시적인 값 23을 참조
} # 블록이 종료했기 때문에, 전역 변수 $age는 원래의 값 18로 돌아간다
```

논의

이름 때문에 착각하기 쉽지만, 펄에 있는 local 연산자는 지역 변수를 만드는 연산자가 아니다. 지역 변수는 my 연산자로 만든다. local 연산자는 자신을 감싼 블록이 끝나기까지 기존의 값을 임시로 다른 장소에 보존해 둔다(local이 아니라 save_value 같은 이름이었다면 훨씬 덜 혼돈스러웠을 것이다).

my가 아니라 local 연산자를 *사용해야만 하는* 경우가 세 가지 있다.

1. 전역 변수(특히 $_)에 임시 값을 설정해야 하는 경우
2. 지역 파일핸들, 지역 디렉터리 핸들, 지역 함수를 만들어야 하는 경우
3. 배열 또는 해시의 원소를 하나만 임시로 변경하고자 하는 경우

local()를 사용해서 전역 변수에 임시 값을 설정하기

사용자가 정의한 변수보다는 미리 정의된 내장 변수에서 많이 발생하는 상황이다. 이 변수들은 펄이 고차원적인 연산을 할 때 필요한 정보를 제공한다. 특히 암묵적으로든 명시적으로든 $_ 변수를 사용하는 함수는 함수 안에서 local $_을 선언해야 한다. 잊어버리기 쉬우니 주의가 필요하다. 레시피 13.15에서는 이 문제의 해결책에 관해서 설명한다.

$/ 변수에도 local을 사용해야 하는 경우가 흔하다. 입력 레코드 구분자를 나타내는 이 전역 변수는 <FH> 연산에서 사용되는 readline 함수의 동작에 영향을 준다.

```
$para = get_paragraph(*FH);        # 파일 핸들을 타입글로브로 넘긴다
$para = get_paragraph(\*FH);       # 파일 핸들을 타입글로브 레퍼런스로 넘긴다
$para = get_paragraph(*IO{FH});    # 파일 핸들을 IO 레퍼런스로 넘긴다
sub get_paragraph {
    my $fh = shift;
    local $/ = '';
    my $paragraph = <$fh>;
    chomp($paragraph);
    return $paragraph;
}
```

local()을 사용해서 지역 핸들을 만들기

지역 파일 핸들이나 지역 디렉터리 핸들이 필요한 경우나, 거의 드물지만 지역 함수가 필요한 경우 local 연산자를 사용한다.

```
$contents = get_motd();
sub get_motd {
    local *MOTD;
    open(MOTD, "/etc/motd")        or die "can't open motd: $!";
    local $/ = undef;  # 파일을 한 번에 읽어들인다
    local $_ = <MOTD>;
    close (MOTD);
    return $_;
}
```

열려 있는 파일핸들을 반환하는 경우는 다음처럼 했을 것이다.

```
return *MOTD;
```

하지만 최근 버전의 펄에서는 파일핸들의 자동생성 기능을 이용할 수 있다.

```
$contents = get_motd();
sub get_motd {
    my $motd;   # 다음 줄에서 파일핸들이 자동으로 만들어져 담기게 된다.
    open($motd, "/etc/motd")        or die "can't open motd: $!";
    local $/ = undef;  # 파일을 한번에 읽어들인다
    local $_ = <$motd>;
    return scalar <$motd>;
}
```

함수가 종료되면 익명 파일핸들은 자동으로 닫힌다. 그러나 $motd를 반환하는 경우는 닫히지 않는다. 이것에 관해서는 7장의 개요를 참조하도록 한다

local()을 사용해서 배열이나 해시의 원소를 임시로 바꾸기

이것은 매우 드문 상황이지만, 딱 하나 흔하게 쓰이는 경우가 있다. local 연산자는 말 그대로 "값을 저장하는" 연산자이므로 배열이나 해시의 원소 하나를 따로 저장할 때 사용할 수 있다. 심지어 이 배열이나 해시가 렉시컬 변수일 때도 가능하다.

```
my @nums = (0 .. 5);
sub first {
    local $nums[3] = 3.14159;
    second();
}
sub second {
    print "@nums\n";
}
second();
0 1 2 3 4 5
first();
0 1 2 3.14159 4 5
```

이 원리를 자주 이용하는 단 한 가지 경우는 시그널 핸들러를 임시로 변경하는 때이다.

```
sub first {
    local $SIG{INT} = 'IGNORE';
    second();
}
```

이렇게 하면 second 함수가 실행되는 중에는 인터럽트 시그널은 무시된다. first 함수가 반환하면 $SIG{INT}에 원래의 값이 자동으로 복원된다.

오래된 코드에서 local이 자주 보이기는 하지만 가능하다면 local은 사용하지 않는 것이 좋다. local은 지역 변수가 아니라 전역 변수의 값을 바꾸기 때문에, use strict 프래그마가 선언된 경우는 사용할 수 없다(이 경우에도 our나 use vars로 선언한 전역 변수라면 local로 바꿀 수 있긴 하다).

local 연산자로 선언한 변수에는 *동적 스코프(실행 시간 스코프)*가 적용된다. 이것은 펄이 지원하는 다른 하나의 스코프인 *렉시컬 스코프(정적 스코프/컴파일 시간 스코프)*와는 정반대의 스코프이다. 렉시컬 스코프는 my 연산자로 선언한 변수에 적용되며 매우 이해하기 쉽다.

동적 스코프가 적용되는 변수(local로 선언된 변수)에는 그 변수의 선언이 있는 스코프 안에서 접근할 수 있을 뿐 아니라, 그 스코프 안에서 호출한 서브루틴들의 스택 프레임 블록 안에서도 접근할 수 있다. 따라서 이 스코프는 실행 시간에야 결정된다. 호출되는 함수들 모두 이 동적 변수에 접근할 수 있다. 동적 변수는 여전히 전역 변수이기 때문이다. 다만 임시로 저장된 값이 들어 있다는 점만 다르다. 이런 접근을 제한할 수 있는 것은 렉시컬 변수뿐이다.

다음과 같이 쓰인 오래된 코드가 있다고 하자.

```
sub func {
    local($x, $y) = @_;
    #....
}
```

이 코드는 다음 같은 코드로 바꿔도 대개는 문제없다.

```
sub func {
    my($x, $y) = @_;
    #....
}
```

다만 바꿀 수 없는 경우가 딱 하나 있다. 코드가 동적 스코프에 의존하는 경우다. 즉, 한 함수가 다른 함수를 호출 했는데 그 호출된 함수 쪽에서 호출한 쪽의 local 변수(이 경우 $x, $y)를 참조하는 경우다. 이렇게 인자를 적절하게 쓰지 않고 전역 변수를 쓰면서 멀리 떨어진 곳[3]에서 그 변수에 따른 동작이 일어나기를 기대하는 코드는 매우 취약하다. 우수한 프로그래머라면 이런 코드는 만들지 않는다(공유 전역 변수에 값을 저장하는 것이 아니라, 명시적으로 인자를 사용하여 값을 넘기는 쪽이 좋다).

그리고 오래된 프로그램에서는 다음과 같은 코드가 사용되기도 한다.

```
&func(*Global_Array);
sub func {
    local(*aliased_array) = shift;
    for (@aliased_array) { .... }
}
```

3 (옮긴이) 변수가 선언된 곳이 아니라 호출된 다른 함수 쪽.

이런 코드는 다음처럼 수정하는 것이 좋다.

```
func(\@Global_Array);
sub func {
    my $array_ref  = shift;
    for (@$array_ref) { .... }
}
```

레퍼런스가 지원되기 전에는 이렇게 타입글로브로 인자(배열 등)를 넘기곤 했다. 이런 코드는 좋지 않다.

더 알아보기

- *perlfunc*(1) 문서와 *Programming Perl* 29장에서 다루는 `local`, `my`, `our` 함수
- *Programming Perl* 6장, 4장의 "Scoped Declarations" 절
- *perlsub*(1) 문서의 "Private Variables via my()" 절과 "Temporary Values via local()" 절
- 레시피 10.2, 레시피 10.16

10.14 함수를 재정의하기

문제

함수의 정의를 일시적으로 또는 영원히 바꾸고자 하지만 기존의 함수 이름에 새로운 함수의 정의를 대입할 수는 없다.

해결책

함수를 재정의하려면 그 함수와 같은 이름의 타입글로브에 새롭게 정의한 코드 레퍼런스를 대입한다. 정의를 일시적으로 바꾸고자 하는 경우는 `local`을 사용한다.

```
undef &grow;                      # -w에 의한 재정의 경고 메시지가 표시되지 않게 된다
*grow = \&expand;
grow();                           # expand()가 호출된다
{
    local *grow = \&shrink;       # 블록이 끝날 때까지 적용
    grow();                       # shrink()가 호출된다
}
```

논의

변수와 달리 이름 있는 함수에는 직접 대입을 할 수 없다. 이름 있는 파일핸들이나 디렉터리 핸들과 포맷의 경우도 마찬가지이다. 이건 단지 이름일 뿐이고 내용

을 변경할 수 없다. 그러나 함수를 마치 변수인 것처럼 조작할 수 있는 방법이 있다. *foo와 같은 형식의 타입글로브를 사용해서 실행 시점의 심벌 테이블을 직접 조작함으로써 별칭과 같은 효과를 만드는 것이다.

레퍼런스를 타입글로브에 대입하면, 다음번에 그 형의 심벌이 필요해졌을 때에 접근하는 대상이 바뀐다. 이것이 어떤 패키지에서 다른 패키지로 함수나 변수를 임포트하는 Exporter 모듈의 원리다. 이 타입글로브를 사용한 방법에서는 패키지 심벌 테이블이 직접적으로 변경되기 때문에 패키지 변수(전역 변수)는 다룰 수 있지만 렉시컬 변수는 다룰 수 없다.

```
*one::var = \%two::Table;   # %one::var을 %two::Table의 별칭으로 만든다
*one::big = \&two::small;   # &one::big을 &two::small의 별칭으로 만든다
```

타입글로브는 local로만 선언할 수 있고 my로는 할 수 없다. 타입글로브에 local을 사용한 경우에는 현재 블록 안에서만 별칭이 유효하다.

```
local *fred = \&barney;      # &fred를 &barny의 임시적인 별칭으로 한다
```

타입글로브에 레퍼런스 말고 다른 타입글로브를 대입하면 그 이름의 모든 데이터형이 별칭이 된다. 타입글로브를 대입함으로써 별칭이 만들어지는 데이터형은 스칼라, 배열, 해시, 함수, 파일핸들, 디렉터리 핸들, 포맷이다. 예를 들어 *Top = *Bottom이라는 대입이 이루어진 이후에는 현재 패키지 변수 $Top, @Top, %Top, &Top은 각각 $Bottom, @Bottom, %Bottom, &Bottom의 별칭이 된다. 그리고 대응하는 파일핸들, 디렉터리 핸들, 포맷의 별칭도 만들어진다(아마 필요 없겠지만).

타입글로브의 대입과 클로저를 함께 사용하면 유사한 일을 하는 함수 여러 개를 간단하게 만들 수 있다. 예를 들어, 텍스트에 색상을 지정하는 HTML 태그를 붙여서 반환하는 함수를 만든다고 하자.

```
$string = red("careful here");
print $string;
<FONT COLOR='red'>careful here</FONT>
```

red 함수의 코드는 다음과 같은 식일 것이다.

```
sub red { "<FONT COLOR='red'>@_</FONT>" }
```

여러 가지 색상이 필요하다면 다음과 같이 할 수 있다.

```
sub color_font {
    my $color = shift;
    return "<FONT COLOR='$color'>@_</FONT>";
}
```

```
sub red    { color_font("red", @_)     }
sub green  { color_font("green", @_)   }
sub blue   { color_font("blue", @_)    }
sub purple { color_font("purple", @_)  }
# 그 외
```

이 함수들은 모두 똑같은 처리를 하기 때문에 공통된 요소를 묶어서 하나의 코드로 만들 수 있다. 그러기 위해서는 간접 타입글로브로의 대입을 이용한다. 다만 use strict 프래그마를 선언한 상태라면(보통은 선언하는 것이 좋다) 타입글로브의 대입을 하기 전에 no strict "refs"를 명시해야 한다.

```
@colors = qw(red blue green yellow orange purple violet);
for my $name (@colors) {
    no strict 'refs';
    *$name = sub { "<FONT COLOR='$name'>@_</FONT>" };
}
```

이렇게 만들어진 함수는 서로 독립적으로 보이지만, 실제 코드는 단 한 번만 컴파일된다. 즉, 이 방법을 사용하면 컴파일 시간과 메모리 사용량을 절약할 수 있다. 적절한 클로저를 만들기 위해서는 익명 서브루틴 안의 변수는 모두 렉시컬 변수여야 한다. 그러기 위해서 반복문에서 사용하는 변수를 my로 선언하고 있다.

이 예제의 경우 클로저에 프로토타입 선언을 하는 것도 합리적이다(이런 경우가 흔하진 않지만). 인자에 대해 스칼라 컨텍스트를 강제하고자 하는 경우는(그다지 현명한 방법은 아니지만) 다음처럼 한다.

```
*$name = sub ($) { "<FONT COLOR='$name'>$_[0]</FONT>" };
```

그러나 이대로는 기껏 해놓은 프로토타입 선언이 쓸모없어진다. 프로토타입 검사는 컴파일 시간에 이루어지는데 저 대입문은 실행 시간에야 수행되기 때문이다. 그래서 대입문을 포함한 반복문 전체를 BEGIN 블록 안에 넣어 컴파일 시간에 대입이 이뤄지도록 한다. 여기에서는 INIT이 아닌 BEGIN을 사용해야 한다. 저 할당 작업은 컴파일러가 인식하고 수행해야 하는 것이지, 인터프리터가 프로그램을 실행하기 직전에서야 수행할 것이 아니기 때문이다.

더 알아보기

- *Programming Perl* 10장과 *perlmod*(1) 문서의 "Symbol Tables" 절
- *Programming Perl* 8장의 "Closures" 절과 "Symbol Table References" 절
- *perlref*(1) 문서에서 다루는 클로저
- 레시피 10.11, 레시피 11.4

10.15 AUTOLOAD를 사용해서 정의되지 않은 함수 호출을 포착하기

문제

정의되지 않은 함수 호출을 감지하여 적절하게 처리하고자 한다.

해법

정의되지 않은 함수와 같은 패키지 안에서 AUTOLOAD라는 이름의 함수를 선언한다. 이렇게 하면 정의되지 않은 함수를 호출하면 이 AUTOLOAD 함수가 대신 호출되고, 이때 호출하려던 함수의 이름이 앞에 패키지 이름까지 붙은 형태로 $AUTOLOAD 변수에 담긴다.

논의

유사한 함수들 여러 개를 만드는 또 다른 방법은 프락시 함수를 사용하는 것이다. 정의되지 않은 함수가 호출되면 보통은 자동으로 예외를 발생시키지만, 프락시 함수를 사용하면 그 호출을 가로챌 수 있다. 정의되지 않은 함수와 같은 패키지 안에 AUTOLOAD라는 이름의 함수가 있다면 이 함수가 대신 호출되며, 이때 $AUTOLOAD 변수에는 원래 호출하려던 함수의 이름이 패키지 이름까지 완전히 표기된 형태로 담기게 된다. 이제 AUTOLOAD 함수 안에서 원래 함수가 하려던 어떤 일이든 수행하면 된다.

```
sub AUTOLOAD {
    my $color = our $AUTOLOAD;
    $color =~ s/.*:://;
    return "<FONT COLOR='$color'>@_</FONT>";
}
# 주의: chartreuse 서브루틴은 정의되지 않았음
print chartreuse("stuff");
```

정의되지 않은 main::chartreuse 함수가 호출되면 예외가 발생하는 것이 아니라 main::AUTOLOAD 함수가 호출되고, chartreuse에 넘긴 것과 같은 인자가 넘어온다. 패키지 변수 $AUTOLOAD에는 main::chartreuse라는 문자열이 담긴다. 앞의 AUTOLOAD 함수에서는 chartreuse 함수가 할 예정이었던 처리(HTML 태그의 생성)를 한다.

레시피 10.14에서 소개한 타입글로브에 함수의 레퍼런스를 대입하는 방법이 AUTOLOAD를 사용하는 것보다 더 빠르고 유연하다. 왜 더 빠르냐면 복사와 치환을 할 필요가 없기 때문이다. 다음 코드를 보면 유연하게 처리할 수 있는 이유를 알 수 있을 것이다.

```
{
    local *yellow = \&violet;
    local (*red, *green) = (\&green, \&red);
    print_stuff();
}
```

print_stuff()와 print_stuff() 안에서 호출되는 함수가 실행되는 동안은 노란색으로 출력하라고 시킨 텍스트는 보라색으로, 빨간색으로 출력시킨 텍스트는 초록색으로, 초록색으로 출력시킨 텍스트는 빨간색으로 출력된다.

그러나 서브루틴의 별칭을 만드는 이런 방법으로는 정의되지 않은 서브루틴 호출에는 대처할 수 없다. 반면, AUTOLOAD는 대처가 가능하다.

더 알아보기

- *Programming Perl* 10장과 *perlsub*(1) 문서의 "Autoloading" 절
- 기본 모듈 AutoLoader, AutoSplit 모듈 문서
- 레시피 10.12, 레시피 13.12

10.16 서브루틴을 중첩하기

문제

서브루틴을 중첩하고자 한다. 즉, 한 서브루틴이 다른 하나의 서브루틴에서만 참조하고 호출할 수 있게끔 하고자 한다. sub FOO { sub BAR { } ... }처럼 중첩하는 방법이 직관적으로 떠오르겠지만, 이렇게 하면 변수가 공유된 상태로 남아 있지 않는다는 경고 메시지가 나온다.

해결책

안쪽의 함수를 일반 서브루틴이 아니라 클로저로 만든다. 그리고 그 레퍼런스를 적당한 이름의 타입글로브에 임시로 대입하여 지역 함수를 만든다.

논의

펄에서는 다른 언어와는 조금 다른 방법으로 지역 변수를 가진 중첩된 서브루틴을 만든다. 다음과 같이 직관적인 형태로 서브루틴을 중첩하면 "변수가 공유되지 않는다"는 경고 메시지가 나온다.

```
sub outer {
    my $x = $_[0] + 35;
    sub inner { return $x * 19 }   # 잘못됨
    return $x + inner();
}
```

이 코드는 다음처럼 수정하면 잘 동작한다.

```
sub outer {
    my $x = $_[0] + 35;
    local *inner = sub { return $x * 19 };
    return $x + inner();
}
```

이것으로 inner() 함수는 outer() 함수 안에서만 호출할 수 있게 된다. 클로저를 임시 타입글로브에 대입하고 있기 때문이다. 일단 호출되면 inner() 함수에서는 outer() 함수의 스코프 안에 있는 렉시컬 변수 $x에 평상시처럼 접근할 수 있다.

이것은 실질적으로 특정 함수에 종속되는 지역 함수를 만드는 것과 같다. 펄이 이런 기능을 직접적으로는 지원하지 않지만, 프로그래밍에서는 이렇게 기존의 기능을 응용함으로써 지원하지 않는 기능을 구현할 수도 있다.

더 알아보기

- *Programming Perl* 10장과 *perlmod*(1) 문서의 "Symbol Tables" 절
- *Programming Perl* 8장의 "Closures" 절과 "Symbol Table References" 절
- *perlref*(1) 문서에서 다루는 클로저
- 레시피 10.13, 레시피 11.4

10.17 스위치 구문 만들기

문제

C의 switch 문, 셸의 case 문처럼 여러 갈래로 분기하는 구문을 만들고자 한다. 그러나 펄은 두 가지 모두 지원하지 않는다.

해결책

기본 모듈 Switch를 사용한다. Switch는 버전 5.8 이후의 펄에 포함되어 있다.[4]

```
use Switch;
switch ($value) {
    case 17         { print "number 17"       }
    case "snipe"    { print "a snipe"         }
    case /[a-f]+/i  { print "pattern matched" }
    case [1..10,42] { print "in the list"     }
    case (@array)   { print "in the array"    }
    case (%hash)    { print "in the hash"     }
    else            { print "no case applies" }
}
```

4 (옮긴이) 펄 5.10에서는 표준 모듈에서 제거되었으며, CPAN에서 찾을 수 있다.

논의

Switch 모듈은 강력하고 유연한 switch 구문을 제공하여 펄의 기본 문법을 확장해준다. 실제로 이 모듈이 제공하는 기능은 매우 강력하고 유연하기에 여기에서 그 모든 기능을 전부 설명할 수는 없다. 여기에서는 Switch 모듈의 대표적인 기능만을 예제를 통해서 소개한다. 전체적인 내용은 모듈 문서를 확인하라.

switch에는 하나의 인자와 하나의 블록을 넘긴다. 이 블록 안에는 case 문을 원하는 만큼 쓸 수 있다. 그리고 각각의 case에도 하나의 인자와 하나의 블록을 넘긴다. case에는 문자열, 숫자, 정규표현 등의 여러 가지를 인자로 넘길 수 있다. switch 블록 안의 모든 case에 같은 형의 인자를 넘길 수도 있고, 각각의 case에 서로 다른 형의 인자를 넘길 수도 있다. case는 자신이 받은 인자가 switch에 넘어온 인자와 일치하는지를 검사하고, 일치하는 경우는 자신에게 넘어온 블록 안의 내용을 실행한다. case에 인자로 배열 또는 해시(또는 그것들의 레퍼런스)를 넘긴 경우에는 그 배열의 원소나 해시의 키 중에 switch에 넘어온 값과 일치하는 게 있는지 검증한다. 어느 case 문의 인자도 일치하지 않는 경우는 마지막 else 블록이 실행된다.

Switch 모듈의 다중 분기 구문에서는 일치하는 case가 발견되고 그 블록이 실행되고 나면 switch 블록의 바깥으로 빠져나가게 된다. 즉, C 언어처럼 일치되는 case 이하의 구문을 전부 실행하는 것이 아니다. 이것은 바람직한 기능이라고 할 수 있다. 우수한 프로그래머조차도 이 암묵적인 폴스루(fall-through)[5] 동작에 관해서 잊어버리는 경우가 있기 때문이다.

하지만 우리는 펄을 다루고 있다. 원한다면 그렇게도 할 수 있다. case 블록 안에 next를 쓰면 다음 case 문으로 넘어가서 실행된다. 예제 코드는 다음과 같다.

```
%traits = (pride => 2, sloth => 3, hope => 14);
switch (%traits) {
    case "impatience"                    { print "Hurry up!\n";       next }
    case ["laziness","sloth"]            { print "Maybe tomorrow!\n"; next }
    case ["hubris","pride"]              { print "Mine's best!\n";    next }
    case ["greed","cupidity","avarice"]  { print "More more more!";   next }
}

Maybe tomorrow!
Mine's best!
```

각 case 블록 안에 next가 쓰여 있기 때문에 일치하는 case 문이 발견되고 처리가 이뤄진 다음에도 그 아래 있는 case 문의 검사가 수행된다. next를 특정 조건이 만

5 (옮긴이) case를 실행한 다음에 switch 구문을 빠져나가지 않고 다음 case를 실행하는 동작.

족할 때만 실행되게 하여 조건적 폴스루를 구현할 수도 있다.

앞의 예제 코드에서는 또 하나 흥미로운 점이 있다. switch의 인자가 스칼라 값이 아닌 해시(%traits)라는 점이다. 즉 switch에는 스칼라 말고 다른 것도 인자로 넘길 수 있다는 것을 알 수 있다. 실제로 switch와 case에는 거의 모든 종류의 인자를 넘길 수 있다. switch 문의 동작은 switch, case에 넘기는 인자의 조합에 의해 바뀐다. 앞의 예제 코드의 경우에는 switch에 넘긴 해시 안의 키와 case에 넘긴 문자열이 일치하는지 검사한다.

기본적으로 폴스루되도록 하고자 하는 경우는 다음처럼 한다.

```
use Switch 'fallthrough';
%traits = (pride => 2, sloth => 3, hope => 14);
switch (%traits) {
    case "impatience"                    { print "Hurry up!\n"        }
    case ["laziness","sloth"]            { print "Maybe tomorrow!\n"  }
    case ["hubris","pride"]              { print "Mine's best!\n"     }
    case ["greed","cupidity","avarice"]  { print "More more more!"    }
}
```

if...elsif 문이 더 나은 점은 각 검사마다 서로 다른 조건식을 사용할 수 있다는 점이다. 그리고 문자열, 숫자 값, 패턴 같은 단순한 조건식은 물론이고 복잡한 조건식도 사용할 수 있다. 예제 코드는 다음과 같다.

```
if    ($n % 2 == 0) { print "two "   }
elsif ($n % 3 == 0) { print "three " }
elsif ($n % 5 == 0) { print "five "  }
elsif ($n % 7 == 0) { print "seven " }
```

조건이 일치한 다음에도 계속해서 나머지 검사를 마저 하고 싶은 경우(폴스루하고자 하는 경우)는 모두 if 문으로 한다.

```
if ($n % 2 == 0) { print "two "   }
if ($n % 3 == 0) { print "three " }
if ($n % 5 == 0) { print "five "  }
if ($n % 7 == 0) { print "seven " }
```

Switch 모듈의 switch 문에서도 이런 검사를 할 수 있다. switch 문을 사용하는 경우, case에 임의의 식을 지정하기 위해서 그 식을 서브루틴 안에 넣는다. 그러면 switch의 인자가 이 익명 서브루틴의 인자로 전달되어 실행된다. 이 익명 서브루틴이 참을 반환하면 case는 블록을 실행한다.

```
use Switch 'fallthrough';
$n = 30;
print "Factors of $n include: ";
switch ($n) {
    case sub{$_[0] % 2 == 0} { print "two "   }
```

```
    case sub{$_[0] % 3 == 0} { print "three " }
    case sub{$_[0] % 5 == 0} { print "five "  }
    case sub{$_[0] % 7 == 0} { print "seven " }
}
```

조금 고차원적인 구문을 사용하여 이 코드를 간단하게 만들 수 있다. __(언더바 두 개) 서브루틴을 임포트하고, 그것을 case에 넘기는 조건식으로 사용하는 것이다. 여기에서 __ 서브루틴은 switch에 넘어온 값을 나타낸다. 예제 코드는 다음과 같다.

```
use Switch qw( __  fallthrough );
$n = 30;
print "Factors of $n include: ";
switch ($n) {
    case __ % 2 == 0 { print "two "    }
    case __ % 3 == 0 { print "three "  }
    case __ % 5 == 0 { print "five "   }
    case __ % 7 == 0 { print "seven "  }
}
print "\n";
```

그러나 __ 서브루틴을 구현한 방법상의 문제로 몇 가지 제약이 있다. 예를 들어 && 연산자나 || 연산자는 사용할 수 없다.

앞의 예제 코드를 더욱 간단하게 하는 방법이 있다. 앞의 코드에서는 switch에 스칼라 값을 넘기고 case에 서브루틴 레퍼런스를 넘겼다. 이번에는 switch에 서브루틴 레퍼런스를 넘기고 case에 스칼라 값을 넘긴다. 이렇게 하면 case에 넘긴 스칼라 값이 순서대로 서브루틴에 넘어온다. 그리고 서브루틴이 참을 반환하면 이 case가 일치된 것으로 간주되어 코드 블록이 실행된다. 이렇게 앞의 코드를 고치면 다음처럼 보기 쉬워진다.

```
use Switch qw(fallthrough);
$n = 30;
print "Factors of $n include: ";
switch (sub {$n % $_[0] == 0} ) {
    case 2 { print "two "   }
    case 3 { print "three " }
    case 5 { print "five "  }
    case 7 { print "seven " }
}
```

이 방법이 아마 가장 세련된 방법일 것이다. 각 줄에 중복되는 코드가 없기 때문이다.

Switch 모듈은 "소스 필터"라고 불리는 기능을 사용하여 펄 6에 채택될 기능을 모방한다. 그러나 이 때문에 코드에 이 구문을 넣었을 때 이해하기 어려운 컴파일 에러가 발생할 수 있다. 그러므로 Switch 모듈을 사용하는 경우는 모듈 매뉴얼 페이지의 "Dependencies, Bugs, and Limitations" 절을 잘 읽어본 후 사용하라.

더 알아보기

- 기본 모듈 Switch 모듈 문서
- *perlsyn*(1) 문서의 "Basic BLOCKs and Switch Statements" 절
- *Programming Perl* 4장의 "Case Statements" 절

10.18 프로그램: 메일을 정렬하기

예제 10-1의 *bysub1*은 메일함의 메일들을 제목을 기준으로 정렬하는 프로그램이다. 이 프로그램은 한 번에 한 단락씩 읽으면서 "From"이라는 문자열로 시작하는 행을 찾는다. "From"으로 시작하는 행을 찾으면, "Subject"로 시작하는 제목을 찾아서, "Re:" 표식을 삭제한다. 그리고 남은 제목 문자열을 소문자로 바꿔서 배열 @sub에 담는다. 그리고 동시에 메시지 전체를 배열 @msgs에 담는다. 변수 $msgno에는 메시지 번호가 증가되어서 담긴다.

예제 10-1. bysub1

```
#!/usr/bin/perl
# bysub1 - 제목으로 메일을 단순하게 정렬하기
my(@msgs, @sub);
my $msgno = -1;
$/ = '';                          # 단락 단위로 읽기
while (<>) {
    if (/^From/m) {
        /^Subject:\s*(?:Re:\s*)*(.*)/mi;
        $sub[++$msgno] = lc($1) || '';
    }
    $msgs[$msgno] .= $_;
}
for my $i (sort { $sub[$a] cmp $sub[$b] || $a <=> $b } (0 .. $#msgs)) {
    print $msgs[$i];
}
```

sort 문에서는 배열의 첨자, 즉 메시지 번호만 정렬된다. 제목이 같은 경우 cmp는 0을 반환한다. cmp가 0을 반환하면 || 오른쪽의 코드가 실행되고, 메시지 번호 자체가 비교되어서 메시지를 읽은순으로 정렬된다.

이 sort 문에 예를 들어 (0,1,2,3) 같은 리스트를 넘기면 리스트는 (2,1,3,0)과 같은 식으로 정렬된다. 프로그램에서는 정렬한 메시지 번호의 리스트를 for에 넘기고 해당하는 메시지를 출력한다.

같은 프로그램을 *awk* 프로그래머가 만든다면 예제 10-2 같은 프로그램이 될 것이다. 이 프로그램에서는 단락 단위로 읽어들이기 위해서 -00 스위치를 사용하고 있다.

예제 10-2. bysub2

```
#!/usr/bin/perl -n00
# bysub2 - 제목으로 메일을 정렬하는 awk 식의 프로그램
INIT { $msgno = -1 }
$sub[++$msgno] = (/^Subject:\s*(?:Re:\s*)*(.*)/mi)[0] if /^From/m;
$msg[$msgno] .= $_;
END { print @msg[ sort { $sub[$a] cmp $sub[$b] || $a <=> $b } (0 .. $#msg) ] }
```

펄 프로그래머는 펄 1 이래로 이렇게 배열을 병렬로 사용해 왔다. 여기서 각 메시지를 해시에 넣는 식으로 하면 더 세련되게 해결할 수 있다. 예제 10-3에서는 제목, 메시지 번호, 메시지 본문을 저장하는 익명 해시(11장 참조)의 리스트를 만들고 있다. 그리고 제목과 메시지 번호를 기준으로 익명 해시들을 정렬한다.

예제 10-3의 프로그램은 근본적으로는 예제 10-1, 10-2와 유사하다.

예제 10-3. bysub3

```
#!/usr/bin/perl -00
# bysub3 - 제목으로 메일을 정렬하는 프로그램(해시의 레코드를 이용)
use strict;
my @msgs = ();
while (<>) {
    push @msgs, {
        SUBJECT => /^Subject:\s*(?:Re:\s*)*(.*)/mi,
        NUMBER  => scalar @msgs,   # 이번 메시지의 메시지 번호
        TEXT    => '',
    } if /^From/m;
    $msgs[-1]{TEXT} .= $_;
}

for my $msg (sort {
                        $a->{SUBJECT} cmp $b->{SUBJECT}
                                      ||
                        $a->{NUMBER}  <=> $b->{NUMBER}
                   } @msgs
            )
{
    print $msg->{TEXT};
}
```

일단 해시를 만들고 나면 다른 정렬 기준을 간단하게 추가할 수 있다. 흔한 방법은 제목을 우선으로 정렬하고 같은 제목의 메시지들은 날짜순으로 정렬하는 것이다. 이 경우 날짜를 해석하고 비교하는 부분이 까다롭다. Date::Manip 모듈을 사용하면 날짜를 비교할 수 있는 형식의 문자열로 얻을 수 있다. 예제 10-4의 *datesort* 프로그램은 이 Date::Manip 모듈을 사용하고 있다. 그런데 이 프로그램은 앞의 프로그램에 비해 처리속도가 10배 이상 느리다. 예측할 수 없는 형식으로 된 날짜를 해석해야 하기 때문에 처리속도가 극단적으로 느려지는 것이다.

예제 10-4. datesort

```
#!/usr/bin/perl -00
# datesort - 제목, 날짜순으로 메일박스를 정렬하기
use strict;
use Date::Manip;
my @msgs = ();
while (<>) {
    next unless /^From/m;
    my $date = '';
    if (/^Date:\s*(.*)/m) {
        ($date = $1) =~ s/\s+\(.*//;  # 라이브러리는 (MST) 같은 문자열을 잘 처리할 수 없다
        $date = ParseDate($date);
    }
    push @msgs, {
        SUBJECT => /^Subject:\s*(?:Re:\s*)*(.*)/mi,
        DATE    => $date,
        NUMBER  => scalar @msgs,
        TEXT    => '',
    };
} continue {
    $msgs[-1]{TEXT} .= $_;
}

for my $msg (sort {
                        $a->{SUBJECT} cmp $b->{SUBJECT}
                                       ||
                        $a->{DATE}    cmp $b->{DATE}
                                       ||
                        $a->{NUMBER}  <=> $b->{NUMBER}
                     } @msgs
          )
{
    print $msg->{TEXT};
}
```

continue 블록에 주목하자. 반복문 내의 모든 부분을 다 실행했든 next에 의해 건너뛰었든 상관없이 반복문의 끝에 도달하면 이 continue 블록이 실행된다. continue 블록은 세 개의 부분으로 구성된 for 반복문의 세 번째 부분에 해당한다.[6] 단, continue 블록은 하나의 식이 아니라 여러 개의 구문으로 이루어진 완전한 블록이라는 점이 다르다.

더 알아보기

- *perlfunc*(1) 문서와 *Programming Perl* 29장에서 다루는 sort 함수
- *perlvar*(1) 문서와 *Programming Perl* 28장, 이 책 8장의 개요에서 다루는 $/ ($RS, $INPUT_RECORD_SEPARATOR) 변수
- 레시피 3.7, 레시피 4.16, 레시피 5.10, 레시피 11.9

6 (옮긴이) for (초기식; 조건식; 증감식) 구문에서 증감식 부분에 해당한다는 뜻이다.

11장

P e r l C o o k b o o k

레퍼런스와 레코드

이 작은 거미줄로 캐시오라는 커다란 파리를 잡겠노라.

— 셰익스피어, "오셀로", 제2막, 제1장

11.0 개요

펄은 스칼라, 배열, 해시라는 세 개의 기본적인 데이터형을 제공하고 있다. 복잡한 레코드를 사용하지 않아도 많은 프로그램을 만들 수 있지만, 대부분의 프로그램에서는 단순한 변수나 리스트보다 더 복잡한 데이터 구조가 필요하다.

펄이 제공하는 세 개의 내장 데이터형과 레퍼런스를 조합하면 복잡하고 강력한 데이터 구조를 원하는 대로 만들 수 있다. 적절한 데이터 구조와 알고리즘을 선택할 수 있다면 실행속도가 빠르고 세련된 프로그램을 완성할 수 있지만, 그렇지 않으면 매우 느리고 시스템 자원을 대량으로 소비하는 프로그램이 만들어질 것이다.

이 장 전반부에서는 레퍼런스를 만드는 방법과 기본적인 사용방법을 설명한다. 그리고 후반부에서는 레퍼런스를 사용하여 고도의 데이터 구조를 만드는 방법을 설명한다.

레퍼런스

레퍼런스의 개념을 이해하기 위해서는 우선 변수에 값이 어떻게 저장되는지를 이해해야 한다. 정의된 변수에는 이름과 일련의 메모리 주소가 연결된다. 이 메모리 주소를 저장한다는 것이 레퍼런스의 기본이다. 레퍼런스는 다른 값의 위치를 알려주는 값이기 때문이다. 메모리 주소를 나타내는 스칼라 값을 "레퍼런스(reference)"라고 부르고, 그리고 그 메모리 주소에 저장된 값은 그게 무엇이든 "레퍼런트(referent)"라고 부른다(그림 11-1 참고).

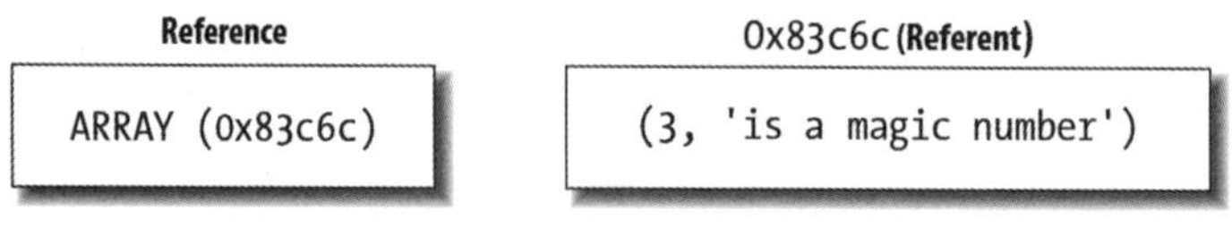

그림 11-1 레퍼런스와 레퍼런트

레퍼런트로 사용할 수 있는 것(레퍼런스를 얻을 수 있는 것)에는 내장 데이터형(스칼라, 배열, 해시, 레퍼런스, 함수, 타입글로브) 또는 그런 내장 데이터를 기반으로 하여 만든 사용자 정의 데이터형이 있다.

펄의 레퍼런트에는 형이 있다. 이 때문에 배열의 레퍼런스를 해시의 레퍼런스인 것처럼 다룰 수는 없다. 그렇게 하면 실행했을 때 예외가 발생하게 된다. 그리고 펄에는 강제로 형을 변환하는 방법은 없다. 펄의 특징 중 하나이다.

여기까지만 보면 레퍼런스는 형 검사를 엄격하게 하는 주소값 정도로만 보일지 모르겠지만 레퍼런스에는 그 밖에도 많은 기능이 있다. 펄은 다른 모든 변수와 마찬가지로 레퍼런스에도 메모리 할당과 해제(가비지 컬렉션)를 자동으로 수행한다. 펄에서 모든 레퍼런트는 그 메모리를 참조하는 레퍼런스의 개수를 나타내는 *레퍼런스 카운트*라는 값이 연관되어 있다. 레퍼런트가 사용하는 메모리 영역은 이 레퍼런스 카운트가 0이 되면 그제야 해제되고, 프로세스가 다시 사용할 수 있도록 반납된다. 이 구조 덕분에 올바르지 않은 레퍼런스가 생기지 않으며, C에서처럼 코어 덤프나 일반적인 메모리 보호 위반 오류 등이 발생하지 않는다.

할당 해제된 메모리 영역은 펄에 반환되고 나중에 재이용된다. 비워진 메모리 영역을 회수하고 프로세스의 메모리 점유율을 줄이려고 하는 운영체제는 드물다. 대부분의 메모리 할당자가 스택을 사용하기 때문이다. 스택 중간 부분에 있는 메모리 영역이 비워져도, 그 주변의 메모리 영역을 모두 이동시키지 않고서는 운영체제가 그 비워진 영역을 회수할 수 없다. 그렇다고 해서 주변 메모리 영역의 내용을 이동시켜버리면 이번에는 포인터들이 올바르지 않게 되고, XS 코드가 망가져 버린다.

레퍼런스가 가리키고 있는 레퍼런트에 접근하기 위해서는 레퍼런트의 데이터형을 나타내는 형 기호를 레퍼런스 앞에 붙인다. 예를 들어 스칼라 값인 레퍼런스 $sref에는 $기호를 붙인다.

```
print $$sref;      # 레퍼런스 $sref의 가리키는 스칼라 값을 출력
$$sref = 3;        # $sref의 레퍼런트에 값을 대입한다
```

배열의 레퍼런스를 사용하여 배열 원소에 접근하기 위해서는 레퍼런스의 다음에 화살표 연산자를 쓰고, 그다음에 첨자를 쓴다($rv->[37]). 해시의 레퍼런스를 사용하여 해시의 값에 접근하기 위해서는 레퍼런스 다음에 화살표 연산자를 쓰고, 그다음에 키를 쓴다($rv->{"wilma"}). 화살표 연산자는 배열이나 해시 레퍼런스를 디레퍼런스할 때뿐 아니라 함수의 레퍼런스를 통하여 함수를 간접적으로 호출할 때도 사용한다($code_ref->("arg1", "arg2")). 함수의 레퍼런스에 관해서는 레시피 11.4에서 자세히 설명한다. 그리고 화살표 연산자는 객체의 메서드를 호출하는 경우에도 사용한다($object->methodname("arg1", "arg2")). 객체에 관해서는 13장에서 자세히 설명한다.

펄의 문법 규칙 때문에 복잡한 식을 디레퍼런스하는 것은 다소 까다롭다. 펄에는 "어려운 것도 할 수 있어야 한다"는 신조가 있지만, 복잡한 식의 디레퍼런스는 이 "어려운 것"에 해당한다. 결합 방향이 오른쪽부터인 연산자와 왼쪽부터인 연산자를 함께 사용하면 잘 동작하지 않는다. 예를 들어 $$x[4]는 $x->[4]와 같다. 즉, $x가 배열 레퍼런스로 해석되고, 그 배열에서 다섯 번째의 원소를 얻는다. 그리고 이것을 ${$x}[4]라고 쓸 수도 있다. 만일 여러분이 원한 것이 @x의 다섯 번째의 원소를 스칼라 레퍼런스로 간주해서 디레퍼런스하는 것이라면, ${$x[4]}로 써야 한다. 형 기호($@%&) 두 개를 붙여서 쓰는 것은 피하는 것이 좋다. 다만, %hash = %$hashref처럼 단순하고 의미가 명백한 경우는 별 상관없다.

앞의 예제 코드에서 사용한 $$sref는 다음처럼 쓸 수도 있다.

```
print ${$sref};             # 레퍼런스 $sref가 가리키는 스칼라 값을 출력
${$sref} = 3;               # $sref의 레퍼런트에 값을 대입
```

안전을 위해 이 표기법만을 사용하는 프로그래머도 있다.

ref 함수에 인자로 레퍼런스를 넘기면 레퍼런트가 뭔지 나타내는 문자열이 반환된다. (넘긴 인자가 레퍼런스가 아닌 경우는 빈 문자열, 즉 거짓이 반환된다). 보통은 SCALAR, ARRAY, HASH, CODE 중 하나가 반환되지만, GLOB, REF, IO, Regexp, LVALUE 등 그 밖의 내장 데이터형일 때도 있다. 또, ref 함수에 인자로 객체(블레스된 레퍼런트의 레퍼런스)를 넘기면 그 객체가 블레스된 클래스가 반

환된다(예를 들어 CGI, IO::Socket, ACME::Widget 등).

백슬래시 연산자를 사용하여 이미 존재하는 데이터의 레퍼런스를 생성할 수 있다. 또는 [], {}, sub {}를 사용하여 익명 배열, 익명 해시, 익명 함수를 만들고 그 레퍼런스들을 얻을 수 있다. 백슬래시 연산자의 사용법은 간단하다. 레퍼런스를 얻고자 하는 것 앞에 쓰면 된다. 예를 들어, @array의 레퍼런스를 얻고자 하는 경우 다음처럼 한다.

```
$aref = \@array;
```

상수값의 레퍼런스를 얻을 수도 있다. 다만, 상수의 레퍼런스를 디레퍼런스해서 값을 변경하려고 하면 실행할 때에 예외가 발생한다.

```
$pi = \3.14159;
$$pi = 4;            # 런타임 에러
```

익명 데이터

백슬래시 연산자를 사용해서 기존에 존재하는 이름 있는 변수의 레퍼런스를 얻는 방법은 서브루틴을 호출할 때 참조에 의한 전달 방식을 구현하는 데에 쓰기에는 충분히 간단하지만, 복잡한 데이터 구조를 동적으로 만드는 경우에는 다루기 힘들다. 크고 복잡한 데이터 구조의 각 부분마다 중복되지 않게 이름을 지으려다가는 녹초가 될 것이다. 이 때문에 펄에는 새로운 익명 배열이나 익명 해시(그리고 익명 스칼라, 익명 함수)를 필요할 때 바로 만드는 방법이 있다. 이 익명 배열이나 익명 해시를 사용하면 데이터 구조를 동적으로 확장할 수 있다.

명시적으로 익명 배열을 만들기 위해서는 [] 연산자를 사용한다. 익명 해시를 만들기 위해서는 {} 연산자를 사용한다. [와] 사이에 값의 리스트를 쓰면, 그 리스트들을 담은 익명 배열이 새롭게 만들어지고 그 레퍼런스가 반환된다. {와 } 사이에 키와 값의 쌍을 쓰면 그 키와 값의 쌍을 담은 익명 해시가 만들어지고 그 레퍼런스가 반환된다.

```
$aref = [ 3, 4, 5 ];                                   # 새로운 익명 배열
$href = { "How" => "Now", "Brown" => "Cow" };          # 새로운 익명 해시
```

그리고 펄에는 암묵적으로 익명 데이터형을 생성해주는 *자동생성(Autovivification)*이라는 기능이 있다. 아직 값이 정의되지 않은 변수를 통하여 데이터를 간접적으로 저장하려고 하면 이 자동생성이 이뤄진다. 즉, 이 변수를 레퍼런스로 간주해서 그 레퍼런스에 어떤 연산을 시도하면, 자동으로 익명 배열이나 해시가 만

들어지고 연산이 수행된다. 정의되지 않은 변수에는 그 익명 데이터형의 레퍼런스가 담긴다.

```
undef $aref;
@$aref = (1, 2, 3);
print $aref;
ARRAY(0x80c04f0)
```

명시적으로 레퍼런스를 대입하지 않았음에도 값이 정의되지 않았던 변수에 레퍼런스가 들어가 있다. 즉, 펄이 자동으로 익명 배열을 만들고 그 레퍼런스를 대입해주는 것이다. 그래서 다음과 같이 아무 선언이나 대입이 없는 코드도 제대로 동작한다. 심지어 프로그램의 제일 첫 줄에 쓰인다 해도 잘 동작한다.

```
$a[4][23][53][21] = "fred";
print $a[4][23][53][21];
fred
print $a[4][23][53];
ARRAY(0x81e2494)
print $a[4][23];
ARRAY(0x81e0748)
print $a[4];
ARRAY(0x822cd40)
```

표 11-1은 이름이 있는 스칼라, 배열, 해시, 함수, 타입글로브와 익명 스칼라, 배열, 해시, 함수, 타입글로브의 레퍼런스를 만드는 방법을 정리한 것이다(익명 파일핸들에 관해서는 7장 개요 절의 파일핸들 자동생성에 대한 설명을 참고한다).

레퍼런스의 대상	이름 있는 경우	익명인 경우
스칼라	\$scalar	\do{my $anon}
배열	\@array	[LIST]
해시	\%hash	{ LIST }
함수	\&function	sub { CODE }
타입글로브	*symbol	open (my $handle, ...); $handle

표 11-1 이름 있는 값과 익명 값의 레퍼런스를 얻는 방법

그림 11-2, 그림 11-3은 각각 이름 있는 값, 익명 값을 나타낸다. 이 그림들을 서로 비교하면 이름 있는 값과 익명 값의 차이를 알 수 있을 것이다.

`$a = \$b`라는 코드를 실행하면 `$$a`와 `$b`가 동일한 메모리 영역을 참조하게 된다. 그 다음 `$$a = 3`이라는 코드를 실행하면 `$b`에 3이 대입된다. `$a`라는 이름만 사용했지만 `$b`의 값도 바뀐다.

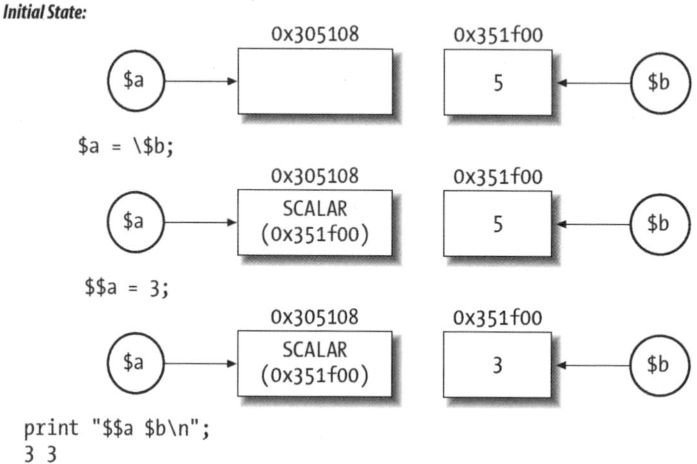

그림 11-2 이름 있는 값

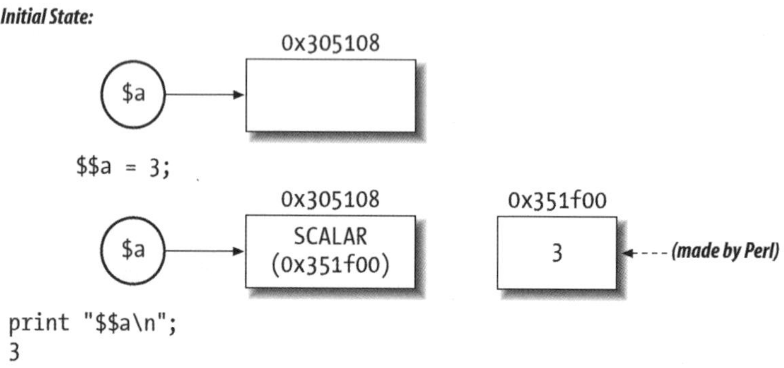

그림 11-3 익명 값

불리언 컨텍스트에서 레퍼런스는 모두 참으로 평가된다. 따라서 반환값으로 레퍼런스를 반환하도록 된 서브루틴이 undef를 반환하면 서브루틴 안에서 에러가 발생한 것을 알릴 수 있다.

```
sub cite {
  my (%record, $errcount);
   ...
   return $errcount ? undef : \%record;
}
$op_cit = cite($ibid)       or die "couldn't make a reference";
```

undef 연산자는 인자가 없는 경우 undef를 반환한다. 그리고 인자로 변수나 함수가 주어지면, 그 변수 또는 함수를 미정의 값으로 한다(정의되었는지 여부는 defined 함수를 사용하여 알 수 있다). 그러나 그것들에 할당된 메모리 영역이 반드시 비워진다거나 객체 소멸자가 호출되는 건 아니다. 그저 레퍼런트의 레퍼런스 카운트가 1 줄어들 뿐이며, 그것이 0이 되지 않는 한에는 메모리 영역이 비워지지 않는다.

```
my ($a, $b) = ("Thing1", "Thing2");
$a = \$b;
undef $b;
```

이 예제 코드에서는 $b 변수를 미정의하지만 "Thing2"에 할당된 메모리 영역은 해제되지 않는다. 아직 $a에 담긴 레퍼런스를 사용해서 "Thing2"에 간접적으로 접근할 수 있기 때문이다. 그러나 "Thing1"에는 $a에 \$b를 대입한 시점에서 접근할 방법이 완전히 사라지며, 그 시점에 "Thing1"에 할당된 메모리 영역은 비워진다.

펄에서 메모리 할당은 명시적으로 할 수도 있고 암묵적으로 이뤄지기도 하지만, 메모리 해방은 거의 모든 경우 암묵적으로 이뤄진다. 따라서 모든 변수를 명시적으로 미정의할 필요는 없다. 렉시컬 변수(my로 선언한 변수)에 할당된 메모리 영역은 스코프가 끝난 시점에 해제된다. 다시 그 스코프로 들어가서 같은 변수가 선언되면 그 변수에는 새로운 메모리 영역이 할당된다. 전역 변수(our로 선언한 변수, 패키지 이름까지 완전히 명시된 변수, 다른 패키지에서 임포트한 변수)에 할당된 메모리 영역을 해제하고자 한다면 배열이나 해시에는 빈 리스트를, 스칼라 변수에는 거짓을 대입하는 정도로 충분하다.

프로그래밍에서 메모리 관리 부분에 대해서는 상반되는 두 가지 의견이 있다. 하나는 프로그래밍 언어 자체가 메모리를 관리하는 것이 좋다는 것이고, 또 하나는 프로그래머가 메모리를 관리하는 것이 좋다는 것이다. 양쪽 다 메모리 관리를 중요하게 여기는 것은 같지만, 결론은 극과 극이다. 펄은 첫 번째 의견을 강력하게 지지한다. 메모리를 비우는 작업은 어떻게 해도 잊어버리기 쉽기 때문이다. 펄에서는 보통 동적으로 할당된 메모리 영역을 비우는 일에 신경 쓸 필요는 없다.[1] 메모리 관리는 가비지 컬렉션 덕분에 완전히 자동화되어 있기 때문이다. 레시피 11.15, 레시피 13.13에서는 이 규칙의 예외에 관해서 설명한다.

레코드

배열이나 해시에는 스칼라 값밖에 담을 수 없지만, 레퍼런스를 사용하면 이 제한을 피해갈 수 있다. 레퍼런스도 스칼라 값이기에 배열이나 해시에 담을 수 있다. 따라서 배열의 배열을 만들고자 하는 경우는 배열 *레퍼런스*의 배열을 만들고, 해시의 해시를 만들고자 하는 경우는 해시 레퍼런스의 해시를 만든다. 마찬가지로

1 C 언어로 만들어진 외부 서브루틴을 사용하는 경우도 메모리 해방을 프로그래머가 할 필요는 없다

해시의 배열은 해시 레퍼런스의 배열로, 배열의 해시는 배열 레퍼런스의 해시로 구현할 수 있다. 펄에서 레퍼런스를 사용하는 것은 주로 이런 집합 데이터의 집합 데이터를 만드는 경우이다.

이런 복잡한 데이터 구조를 만들고 나면 그것들을 사용해서 레코드를 구현할 수 있다. 레코드란 여러 가지 속성으로 구성된 하나의 논리단위다. 예를 들어, 사람을 나타내는 레코드는 이름이나 주소 또는 생일 등의 속성으로 구성된다. C 언어에서는 이것을 *구조체(struct)*라고 부르고, 파스칼에서는 *레코드(RECORD)*라고 부른다. 펄에서는 여러 가지 방법으로 이 개념을 구현할 수 있기 때문에 특정한 이름은 없다.

펄에서 가장 흔히 사용되는 방법은 해시를 레코드로 다루는 것이다. 이때 해시의 키는 레코드의 필드 이름이 되고 해시의 값은 레코드의 필드 값이 된다.

예를 들어, "사람"을 나타내는 레코드를 다음과 같이 만들 수 있다.

```
$person = { "Name"     => "Leonhard Euler",
            "Address"  => "1729 Ramanujan Lane\nMathworld, PI 31416",
            "Birthday" => 0x5bb5580,
      };
```

$person은 스칼라 값이므로 배열이나 해시에 원소로 넣을 수 있고, 이렇게 해서 사람들로 이루어진 그룹을 만들 수 있다. 이제 이 배열이나 해시에 4장과 5장에서 소개한 기법을 적용하면 정렬, 병합, 무작위 추출 등을 할 수 있다.

"사람"을 비롯한 레코드의 속성은 언제나 스칼라이다. 즉 숫자 값, 문자열, 레퍼런스를 사용할 수 있는데 숫자 값과 문자열에 관해서는 특히 설명할 필요는 없을 것이다. 레코드의 진가가 발휘되는 것은 레코드에 필드 값으로 레퍼런스를 넣는 경우이다. 예를 들어 "사람" 레코드의 "Birthday" 필드에 "날짜", "달", "연도"라는 세 개의 원소를 가진 익명 배열의 레퍼런스를 담았다고 하자. 이렇게 하면 $person->{"Birthday"}->[0]과 같이 써서 날짜 필드에만 접근할 수 있다. 또는 "Birthday" 필드에 "날짜", "달", "연도"라는 세 개의 키와 그것에 대응하는 값을 가진 익명 해시의 레퍼런스를 담으면 $person->{"Birthday"}->{"day"} 같은 표기로 날짜 필드에만 접근할 수 있다. 레퍼런스를 다룰 수 있게 되면 더욱 복잡하고 편리한 프로그램을 만들 수 있다.

지금까지의 설명으로 복잡한 레코드를 만드는 방법을 이해했을 것이다. 여기서부터는 레코드에 포함된 데이터 사이의 복잡한 관계를 나타내는 정교한 데이터 구조를 만드는 방법을 설명한다. 이 방법들을 사용하여 연결 리스트와 같은 전통적인 데이터 구조를 구현할 수 있긴 하지만, 이 장 후반의 레시피에서는 특정 데이터 구조를 구체적으로 다루지는 않는다. 그 대신 데이터 구조를 입력하고 출력하고 복사하거나 저장하는 일반적인 기법들을 설명한다. 이 장 마지막 절에서는 이진 트리를 만들고 조작하는 프로그램을 소개한다.

더 알아보기

- *Programming Perl* 8장과 9장
- *perlref*(1), *perlreftut*(1), *perllol*(1), *perldsc*(1)

11.1 배열 레퍼런스를 얻기

문제

레퍼런스를 통해서 배열을 조작하고자 한다.

해결책

배열의 레퍼런스는 다음과 같은 방법으로 얻을 수 있다.

```
$aref               = \@array;
$anon_array         = [1, 3, 5, 7, 9];
$anon_copy          = [ @array ];
@$implicit_creation = (2, 4, 6, 8, 10);
```

배열 레퍼런스를 디레퍼런스하기 위해서는 레퍼런스 앞에 앳(@)을 붙인다.

```
push(@$anon_array, 11);
```

레퍼런스의 뒤에 화살표 연산자를 쓰고, 그 뒤에 첨자를 대괄호로 감싸면 배열 안의 특정 요소에 접근할 수 있다.

```
$two = $implicit_creation->[0];
```

레퍼런스를 사용해서 배열의 마지막 첨자가 몇인지 알고 싶거나, 배열의 원소 개수를 얻고자 하는 경우는 다음처럼 한다.

```
$last_idx  = $#$aref;
$num_items = @$aref;
```

중괄호로 감싸서 컨텍스트를 강제할 수 있다(안전하다).

```
$last_idx  = $#{ $aref };
$num_items = scalar @{ $aref };
```

논의

다음 코드는 배열 레퍼런스를 사용하는 예다.

```
# $someref에 배열 레퍼런스가 담겨있는지를 검사한다
if (ref($someref) ne "ARRAY") {
    die "Expected an array reference, not $someref\n";
}

print "@{$array_ref}\n";         # 배열의 데이터를 출력한다

@order = sort @{ $array_ref };  # 정렬한다

push @{ $array_ref }, $item;    # 가리키는 배열에 새로운 요소를 추가한다
```

이름 있는 배열의 레퍼런스를 사용할지 새로운 익명 배열을 만들어 그 레퍼런스를 사용할지 잘 모르겠다면, 다음과 같은 간단한 기준을 따르면 대개는 잘 맞는다. 기존 배열의 레퍼런스를 사용하는 건 그 레퍼런스를 스코프 밖으로 반환하여 익명 배열이 만들어지게 할 때와 배열을 함수에 레퍼런스로 전달할 때만으로 한정하라. 그 외 거의 모든 경우에는 [@array]처럼 써서 기존 값들의 사본을 담은 새로운 익명 배열을 만들고 그 레퍼런스를 사용한다.

자동으로 이뤄지는 레퍼런스 카운트 관리와 백슬래시 연산자의 조합은 강력하다.

```
sub array_ref {
    my @array;
    return \@array;
}

$aref1 = array_ref();
$aref2 = array_ref();
```

array_ref는 호출될 때마다 @array에 새로운 메모리 영역을 할당한다. 만일 array_ref가 @array의 레퍼런스를 반환하지 않는다면, 블록(서브루틴)이 종료한 시점에 @array에 할당된 메모리 영역은 할당해제될 것이다. 하지만 앞에서처럼 @array의 레퍼런스를 반환하면, 블록이 끝난 다음에도 @array에 접근할 수 있기 때문에, @array에 할당된 메모리 영역은 비워지지 않는다. 이 메모리 영역에는 심벌 테이블을 거쳐서 접근할 수는 없고 레퍼런스로만 접근할 수 있다. 이런 레퍼런스로만 접근할 수 있는 메모리 영역, 연결된 이름이 없는 메모리 영역을 "익명 메모리 영역"이라고 부른다.

$aref가 가리키는 배열의 특정 요소에 접근하기 위해서는 $$aref[4] 또는 $aref->[4] 같은 표기를 사용한다($aref->[4]가 더 알아보기 쉽다).

```
print $array_ref->[$N];          # 첨자 N의 원소를 출력(가장 좋은 방법)
print $$array_ref[$N];           # 같지만 알아보기 어렵다
print ${$array_ref}[$N];         # 같지만 역시나 알아보기 어렵다
```

그리고 다음처럼 하면, 레퍼런스가 가리키는 배열 슬라이스(원소의 일부)에 접근할 수 있다.

```
@$pie[3..5];                     # 배열 슬라이스(그러나 조금 읽기 어렵다)
@{$pie}[3..5];                   # 배열 슬라이스(더 읽기 쉽다?)
```

배열 슬라이스에는 레퍼런스를 거쳐서 접근한 경우에도 값을 대입할 수 있다. 다음 코드에서는 배열 레퍼런스가 디레퍼런스되고 그 슬라이스에 값이 대입된다.

```
@{$pie}[3..5] = ("blackberry", "blueberry", "pumpkin");
```

배열 슬라이스는 배열 원소 일부를 리스트로 묶은 것에 지나지 않는다. 리스트에서 레퍼런스를 얻을 수 없는 것과 마찬가지로, 배열 슬라이스에서도 레퍼런스는 얻을 수 없다.

```
$sliceref = \@{$pie}[3..5];      # 잘못됨!
```

레퍼런스가 가리키는 배열 안에 있는 모든 원소에 관해서 특정 처리를 하고자 하는 경우는 foreach 루프나 for 루프를 사용한다.

```
foreach $item ( @{$array_ref} ) {
    # $item에 데이터가 들어 있다
}

for ($idx = 0; $idx <= $#{ $array_ref }; $idx++) {
    # $array_ref->[$idx]에 데이터가 들어 있다
}
```

더 알아보기

- *Programming Perl* 8장과 9장
- *perlref*(1), *perlreftut*(1), *perllol*(1)
- 레시피 2.13, 레시피 4.6

11.2 배열의 해시를 만들기

문제

해시의 키에는 하나의 스칼라 값밖에 연결할 수 없다. 그러나 하나의 키를 사용해서 여러 값을 저장하거나 불러올 수 있도록 하고자 한다. 즉, 해시 안에 값으로 리스트를 담고자 한다.

해결책

해시 안에 값으로 익명 배열 레퍼런스를 담는다. 익명 배열에 원소를 추가하기 위해서는 push를 사용한다.

```
push(@{ $hash{"KEYNAME"} }, "new value");
```

해시의 내용을 출력하기 위해서는 이 배열 레퍼런스를 디레퍼런스한다.

```
foreach $string (keys %hash) {
    print "$string: @{$hash{$string}}\n";
}
```

논의

해시 안에는 스칼라 값밖에 담을 수 없다. 그러나 레퍼런스도 스칼라 값이기 때문에 해시 안에 담을 수 있다. 이를 이용해서 해시 키 하나에 여러 개의 값을 저장할 수 있다. 즉 $key에 연결하려는 값들을 배열에 담고, 이 배열의 레퍼런스를 $hash{$key}에 넣는 것이다. 이 경우, 스칼라 값에 대해서 하던 일반적인 해시 연산(값의 삽입, 삭제, 존재 여부 검사)은 이제 여러 값의 리스트에 대한 배열 연산으로 바꾸어 작성한다(값의 삽입은 push로, 삭제는 splice로, 존재 확인은 foreach로 한다).

하나의 키에 여러 값을 넣기 위해서는 다음처럼 한다.

```
$hash{"a key"} = [ 3, 4, 5 ];       # 익명 배열
```

특정 키에 대한 값을 모두 얻기 위해서는 다음처럼 한다.

```
@values = @{ $hash{"a key"} };
```

특정 키에 연관된 배열에 새로운 값을 추가하기 위해서는 push를 사용한다.

```
push @{ $hash{"a key"} }, $value;
```

이런 데이터 구조가 필요해지는 흔한 경우 중 하나는, 여러 개의 키에 같은 값이 연결되어 있을 수도 있는 해시를 뒤집을(키를 값으로, 값을 키로 바꿈) 때이다. 이런 해시를 뒤집으면 하나의 키에 여러 개의 값이 연관된 해시가 만들어진다. 자세한 내용은 레시피 5.9를 참고한다.

다음과 같은 코드를 쓸 때는 주의하라.

```
@residents = @{ $phone2name{$number} };
```

이 코드를 실행하면 use strict 프래그마가 선언된 경우는 실행 시점에 예외가 발

생할 수 있다. 자동생성이 이루어지지 않는 상황에서 정의되지 않은 레퍼런스를 디레퍼런스하려고 하기 때문이다. 이 코드는 다음처럼 고쳐야 한다.

```
@residents = exists( $phone2name{$number} )
                        ? @{ $phone2name{$number} }
                        : ();
```

더 알아보기

- *Programming Perl* 9장과 *perldsc*(1) 문서의 "Hashes of Arrays" 절
- *Programming Perl* 8장의 "Symbolic References" 절
- 레시피 5.9
- 레시피 13.15의 "Tie 예제: 값이 덧붙여지는 해시를 만들기" 예제

11.3 해시 레퍼런스를 얻기

문제

레퍼런스를 통해서 해시를 조작하고자 한다. 함수에 해시 레퍼런스가 전달되었거나 커다란 데이터 구조의 일부일 때 이런 조작이 필요하다.

해결책

해시 레퍼런스는 다음과 같은 방법으로 얻을 수 있다.

```
$href = \%hash;
$anon_hash = { "key1" => "value1", "key2" => "value2", ... };
$anon_hash_copy = { %hash };
```

해시 레퍼런스를 디레퍼런스하기 위해서는 다음처럼 한다.

```
%hash  = %$href;
$value = $href->{$key};
@slice = @$href{$key1, $key2, $key3};  # 주의: 화살표 연산자는 사용할 수 없다
@keys  = keys %$href;
```

어떤 것이 해시 레퍼런스인지 검사하기 위해서는 다음처럼 한다.

```
if (ref($someref) ne "HASH") {
    die "Expected a hash reference, not $someref\n";
}
```

논의

다음 예제 코드는 두 개의 정의된 해시 안에 들어있는 모든 키와 값을 출력한다.

```
foreach $href ( \%ENV, \%INC ) {       # 또는 for $href( \(%ENV, %INC) ) {
    foreach $key ( keys %$href ) {
```

```
        print "$key => $href->{$key}\n";
    }
}
```

배열 슬라이스에 레퍼런스를 통해 접근할 수 있듯이, 해시 슬라이스에도 레퍼런스에서 접근할 수 있다. 다음 코드는 사용 예제이다.

```
@values = @$hash_ref{"key1", "key2", "key3"};

for $val (@$hash_ref{"key1", "key2", "key3"}) {
    $val += 7;   # 해시 슬라이스의 각 원소에 7을 더한다
}
```

더 알아보기

- 이 책 5장의 개요
- *Programming Perl* 8장
- *perlref*(1)
- 레시피 11.9

11.4 함수 레퍼런스를 얻기

문제

함수를 레퍼런스를 통해서 조작하고자 한다. 함수에서 레퍼런스를 얻을 수 있다면 시그널 핸들러, Tk 콜백 함수, 함수 포인터의 해시 등을 만들 수 있다.

해결책

함수의 레퍼런스는 다음과 같은 방법으로 얻는다.

```
$cref = \&func;
$cref = sub { ... };
```

레퍼런스가 가리키는 함수를 호출하기 위해서는 다음처럼 한다.

```
@returned = $cref->(@arguments);
@returned = &$cref(@arguments);
```

논의

`func`라는 이름의 함수에서 레퍼런스를 얻기 위해서는 이름 앞에 `\&`를 붙여서 `\&func`로 한다. 그리고 `sub { }` 같은 표기를 사용하여 익명 함수를 만들고 그 레퍼런스를 얻을 수도 있다. 이런 함수 레퍼런스는 다른 레퍼런스와 마찬가지로 어딘가 저장할 수 있다.

다음과 같이 함수 이름을 변수에 저장해서 사용할 수도 있다.

```
$funcname = "thefunc";
&$funcname();
```

그러나 이것은 그리 좋은 해결책이 아니다. 첫 번째로 이 방법에서는 진짜 레퍼런스(하드 레퍼런스)가 아닌 심볼릭 레퍼런스가 사용된다. 이 때문에 use stirct "refs" 프래그마가 선언된 경우에는 사용할 수 없다. 변수의 심볼릭 레퍼런스는 보통은 사용하지 않는 것이 좋다. 심볼릭 레퍼런스는 전역 변수만 가리킬 수 있고 렉시컬 변수는 가리킬 수 없으며, 레퍼런스 카운트에도 계산되지 않기 때문이다. 두 번째로 보다시피 패키지 정보가 들어있지 않기 때문에, 다른 패키지에서 실행할 경우 엉뚱한 함수를 호출하려고 할 것이다. 세 번째로 어느 시점에 함수가 재정의 되는 특수한 경우에, 심볼릭 레퍼런스는 현재 시점에 정의된 함수를 불러오게 된다. 반면에 하드 레퍼런스는 원래의 함수에 접근한다.

변수에 함수의 이름을 넣는 것보다는 백슬래시 연산자를 사용해서 함수의 레퍼런스를 얻도록 하라. 함수를 변수에 담거나 다른 함수에 넘겨야 할 때는 보통 이 방법을 사용한다. 이름 있는 함수의 레퍼런스와 익명 함수의 레퍼런스를 함께 사용할 수도 있다.

```
my %commands = (
    "happy" => \&joy,
    "sad"   => \&sullen,
    "done"  => sub { die "See ya!" },
    "mad"   => \&angry,
);

print "How are you? ";
chomp($string = <STDIN>);
if ($commands{$string}) {
    $commands{$string}->();
} else {
    print "No such command: $string\n";
}
```

다음 counter_maker 함수는 자신을 둘러싼 스코프에 있는 렉시컬 변수(my 변수)를 참조하는 익명 함수(클로저)를 만들어서 그 레퍼런스를 반환한다. 이 렉시컬 변수에 할당된 메모리 영역은 이 익명 함수의 레퍼런스를 삭제해서 레퍼런스 카운트를 0으로 하지 않는 한 비워지지 않는다.

```
sub counter_maker {
    my $start = 0;
    return sub {                    # 클로저
        return $start++;            # 자신을 둘러싼 스코프에 있는 렉시컬 변수를 참조
    };
}
```

```
$counter = counter_maker();
for ($i = 0; $i < 5; $i ++) {
    print &$counter, "\n";
}
```

counter_maker 함수의 호출이 종료되고, $start 변수가 스코프를 벗어났다고 해도, 펄은 $start 변수에 할당된 메모리 영역을 비우지 않는다. $counter가 가리키는 익명 함수가 $start 변수를 아직 참조하고 있기 때문이다. 여기에서 다시 counter_maker 함수를 호출하면 *다른* $start 변수를 사용하는 새로운 익명 함수의 레퍼런스가 반환된다.

```
$counter1 = counter_maker();
$counter2 = counter_maker();

for ($i = 0; $i < 5; $i ++) {
    print &$counter1, "\n";
}

print &$counter1, " ", &$counter2, "\n";

0
1
2
3
4
5 0
```

클로저는 콜백 루틴에서 자주 사용된다. 그래픽 기반 프로그래밍, 그 밖의 이벤트 기반의 프로그래밍에서는 키 누르기, 마우스 클릭, 윈도 열기와 같은 이벤트에 함수를 연결한다. 이벤트에 연결된 함수는 대개 전혀 다른 스코프에서 나중에 호출된다. 클로저가 참조하는 변수에는 다음에 클로저가 호출되기까지 같은 값이 저장되어야 한다. 이 때문에 클로저가 참조하는 변수에는 전역 변수가 아니라 렉시컬 변수를 사용한다.

클로저는 함수 제너레이터에서도 사용된다. 함수 제너레이터란 완전히 새로운 함수를 만들어서 반환하는 함수를 말한다. 앞의 예제의 counter_maker 함수도 함수 제너레이터다. 간단한 함수 제너레이터의 예제를 또 하나 소개한다.

```
sub timestamp {
    my $start_time = time();
    return sub { return time() - $start_time };
}
$early = timestamp();
sleep 20;
$later = timestamp();
sleep 10;
printf "It's been %d seconds since early.\n", $early->();
printf "It's been %d seconds since later.\n", $later->();
It's been 30 seconds since early.
It's been 10 seconds since later.
```

timestamp 함수는 호출될 때마다 완전히 새로운 함수(클로저)를 만들어서 그 레퍼런스를 반환한다. timestamp는 $start_time이라는 이름의 렉시컬 변수를 만들어 현재 시각(에포크 시간)을 대입한다. timestamp 함수가 만든 클로저는 호출될 때마다 현재 시각에서 시작 시각($start_time 변수에 들어있는 시각)을 빼서 반환한다. 즉, 자신이 생성된 후 몇 초나 지났는지 반환한다.

더 알아보기

- *Programming Perl* 8장의 "Closures" 절
- *perlref*(1) 문서에 있는 클로저에 대한 설명
- 레시피 10.11, 레시피 11.4

11.5 스칼라의 레퍼런스를 얻기

문제

스칼라 값의 레퍼런스를 만들고자 한다. 그리고 그것을 사용해서 스칼라 값에 접근하고자 한다.

해결책

스칼라 변수의 레퍼런스를 만들기 위해서는 백슬래시 연산자를 사용한다.

```
$scalar_ref = \$scalar;        # 이름 있는 스칼라 값의 레퍼런스를 얻는다
```

익명 스칼라 값(변수에 들어있지 않은 스칼라 값)의 레퍼런스를 만들기 위해서는 미정의된 스칼라 변수를 디레퍼런스해서 거기에 스칼라 값을 대입한다.

```
undef $anon_scalar_ref;
$$anon_scalar_ref = 15;
```

스칼라 상수의 레퍼런스를 만들기 위해서는 다음처럼 한다.

```
$anon_scalar_ref = \15;
```

스칼라 값의 레퍼런스를 디레퍼런스하기 위해서는 ${...}을 사용한다.

```
print ${ $scalar_ref };        # 디레퍼런스한다
${ $scalar_ref } .= "string"; # 레퍼런트의 값을 바꾼다
```

논의

새로운 익명 스칼라 값을 많이 만들고 싶으면 렉시컬 변수의 레퍼런스를 스코프

밖으로 반환하는 서브루틴을 사용한다(이 장의 "개요"를 참고).

```
sub new_anon_scalar {
    my $temp;
    return \$temp;
}
```

스칼라 레퍼런스의 앞에 $를 붙이면 레퍼런스를 디레퍼런스해서 원래의 값에 접근할 수 있다.

```
$sref = new_anon_scalar();
$$sref = 3;
print "Three = $$sref\n";
@array_of_srefs = ( new_anon_scalar(), new_anon_scalar() );
${ $array[0] } = 6.02e23;
${ $array[1] } = "avocado";
print "\@array contains: ", join(", ", map { $$_ } @array ), "\n";
```

$array[0]과 $array[1]를 중괄호로 감싸는 점에 주목하자. $$array[0]라고 쓰면 디레퍼런스 기호 $가 우선순위가 높기 때문에 $array->[0]으로 해석된다. 즉, $array가 배열 레퍼런스로 해석되고 그 배열의 첨자 0의 원소에 접근하게 된다.

다음과 같은 경우에는 중괄호를 생략해도 문제없다.

```
$var        = `uptime`;     # $var에 텍스트를 넣는다
$vref       = \$var;        # $vref에 $var의 레퍼런스를 넣는다
if ($$vref =~ /load/) {  }  # $var를 간접적으로 참조한다
chomp $$vref;               # $var를 간접적으로 변경한다
```

개요 절에서 설명했듯이 내장 함수 ref를 사용하면 레퍼런스가 가리키는 디레퍼런트의 형을 확인할 수 있다. ref에 인자로 스칼라 레퍼런스를 넘기면 "SCALAR"라는 문자열이 반환된다.

```
# $someref에 스칼라 값의 레퍼런스가 들어있는지 확인
if (ref($someref) ne "SCALAR") {
    die "Expected a scalar reference, not $someref\n";
}
```

더 알아보기

- *Programming Perl* 8장과 9장
- *perlref*(1)

11.6 스칼라 레퍼런스의 배열을 만들기

문제

스칼라 값의 레퍼런스들로 이뤄진 배열을 만들어서 조작하고자 한다. 여러 개의

변수를 함수에 레퍼런스로 전달하여 함수 쪽에서 이 변수들의 값을 변경할 수 있도록 하려 할 때 이런 경우가 생긴다.

해결책

스칼라 레퍼런스의 배열을 만들기 위해서는 리스트의 각 스칼라 변수에 백슬래시를 붙여 배열에 대입한다.

```
@array_of_scalar_refs = ( \$a, \$b );
```

또는 백슬래시 연산자의 분배특성을 이용해서 리스트를 감싼 괄호의 앞에 백슬래시 연산자를 붙인다.

```
@array_of_scalar_refs = \( $a, $b );
```

배열 원소 레퍼런스가 가리키는 값을 읽거나 쓰려면 `${ ... }`을 사용한다.

```
${ $array_of_scalar_refs[1] } = 12;          # $b = 12
```

논의

다음 예제 코드의 @array는 스칼라 값의 레퍼런스들로 이뤄진 단순한 배열이다(레퍼런스의 배열과 배열의 레퍼런스를 혼동하지 않도록 주의한다). 레퍼런스가 가리키는 원래의 값에 접근할 때는 중괄호가 필수다.

```
($a, $b, $c, $d) = (1 .. 4);          # 초기화
@array =  (\$a, \$b, \$c, \$d);       # 각 스칼라 값의 레퍼런스를 배열에 넣는다
@array = \( $a,  $b,  $c,  $d);       # 이렇게 해도 된다
@array = map { \my $anon } 0 .. 3;    # 네 개의 익명 스칼라 값의 레퍼런스를 대입한다

${ $array[2] } += 9;                  # $c는 12

${ $array[ $#array ] } *= 5;          # $d는 20
${ $array[-1] }        *= 5;          # 마찬가지다; $d는 100

$tmp   = $array[-1];                  # 임시 변수를 사용한다
$$tmp *= 5;                           # $d는 500
```

@array 배열에 대입하는 처음 두 구문은 동일한 의미다. 백슬래시 연산자는 분배특성이 있다. 즉, 리스트(슬라이스나 함수의 반환값 리스트도 포함된다. 배열은 포함되지 않는다)의 앞에 백슬래시 연산자를 붙이는 것은 리스트 안의 각 원소에 백슬래시 연산자를 붙이는 것과 같다. 그 다음 코드들은 배열에 들어있는 레퍼런스가 가리키는 변수의 값을 변경하고 있다.

다음 예제 코드에서는 명시적인 첨자를 쓰지 않고 이런 배열을 다루는 방법을 보여준다.

```
use Math::Trig qw(pi);               # 상수 pi를 적재한다
foreach $sref (@array) {             # $a,$b,$c,$d를 바꿀 준비
    ($$sref **= 3) *= (4/3 * pi);    # 구의 부피를 각 변수에 대입한다
}
```

이 코드에서는 구의 부피를 구하는 공식이 사용된다.

$$부피 = \frac{4}{3}\pi r^3$$

루프 변수 $sref에는 @array 안의 레퍼런스가 순서대로 들어간다. 따라서 $$sref는 $a, $b, $c, $d 변수 자체의 값을 나타낸다. 루프 안에서 $$sref를 가리키는 변수의 값도 바뀐다. 앞의 코드에서는 $$sref의 값을 세제곱한 후 그 결과에 4π/3을 곱하고 있다. 펄의 대입문이 좌변값을 반환하는 것을 이용해서 대입 연산자 **=와 *=를 하나의 식으로 연결하였다.

실제로는 익명 스칼라가 썩 유용하진 않다. 스칼라 값과 스칼라 레퍼런스가 차지하는 메모리 용량이 같기 때문이다. 그래서 익명 스칼라를 만들어내는 연산자도 따로 없다. 스칼라 레퍼런스는 그저 별칭을 생성하는 용도로 쓰이지만, 다른 방법으로도 할 수 있다.

더 알아보기

- *Programming Perl* 3장과 *perlop*(1) 문서의 "Assignment Operators" 절
- *Programming Perl* 8장의 "Other Tricks You Can Do with Hard References" 절

11.7 객체 대신 클로저 사용하기

문제

외부에서는 참조할 수 없는 상태 정보, 동작 정보, 식별자를 가지는 레코드를 만들고자 한다. 그러나 이것 때문에 객체 지향 프로그래밍을 배우자니 귀찮다.

해결책

코드 레퍼런스를 담은 해시를 (레퍼런스로) 반환하는 함수를 만든다. 이 코드 레퍼런스들은 하나의 스코프 안에서 생성된 클로저들이고, 따라서 실행되는 동안 동일한 프라이빗 변수를 공유한다.

논의

클로저는 함수와 데이터를 연결한 것이므로 일종의 객체를 구현할 수 있다.

다음은 익명 함수의 해시를 만들어서 반환하는 예제다. mkcounter 함수는 인자로 카운터의 초기값을 받고, 익명 함수 레퍼런스를 넣은 해시의 레퍼런스를 반환한다. 이 익명 함수에 레퍼런스를 통해서 접근하면 카운터를 간접적으로 조작할 수 있다.

```
$c1 = mkcounter(20);
$c2 = mkcounter(77);

printf "next c1: %d\n", $c1->{NEXT}->();  # 21
printf "next c2: %d\n", $c2->{NEXT}->();  # 78
printf "next c1: %d\n", $c1->{NEXT}->();  # 22
printf "last c1: %d\n", $c1->{PREV}->();  # 21
printf "old  c2: %d\n", $c2->{RESET}->(); # 77
```

$c1이 참조하는 해시에 들어있는 각 익명 함수가 접근하는 값과 $c2가 참조하는 해시에 들어있는 각 익명 함수가 접근하는 값은 서로 별개다. 이 구조는 다음과 같은 코드로 구현된다.

```
sub mkcounter {
    my $count  = shift;
    my $start  = $count;
    my $bundle = {
        "NEXT"   => sub { return ++$count  },
        "PREV"   => sub { return --$count  },
        "GET"    => sub { return $count    },
        "SET"    => sub { $count = shift   },
        "BUMP"   => sub { $count += shift  },
        "RESET"  => sub { $count = $start  },
    };
    $bundle->{"LAST"} = $bundle->{"PREV"};
    return $bundle;
}
```

mkcounter 함수가 반환하는 $bundle 해시 레퍼런스 안의 각 클로저는 mkcounter 함수의 블록 안에 있는 렉시컬 변수를 참조하고 있다. 따라서 mkcounter 함수가 끝난 시점에도 이 렉시컬 변수에 할당된 메모리 영역은 비워지지 않는다. 다시 mkcounter 함수를 호출하면 $bundle 안의 클로저는 또 다른 렉시컬 변수에 결합된다. 이 두 개의 렉시컬 변수들에는 이 클로저들 이외에서는 접근할 수 없으므로 진정한 의미의 프라이빗 변수라고 할 수 있다.

반환 직전의 대입문에 의해 "PREV"와 "LAST" 두 키가 동일한 클로저를 가리키게 된다. 객체 지향에 대한 지식이 있는 독자라면 이것들을 같은 메서드를 사용해서 두 개의 서로 다른 메시지를 구현했다고 생각할 수도 있다. mkcounter 함수가 반환하는 클로저 꾸러미는 상속이나 다형성을 명확하게 지원하지 않는다는 점에서 보면 객체가 아니다. 하지만 객체의 특성인 상태, 동작, 식별성은 물론 캡슐화를 지원한다.

더 알아보기

· *Programming Perl* 8장의 "Closures" 절과 *perlref*(1) 문서에 있는 클로저에 대한 설명

· 레시피 11.4, 레시피 11.9, 이 책의 13장

11.8 메서드의 레퍼런스를 만들기

문제

메서드의 레퍼런스를 만들고자 한다.

해결책

적절한 객체의 해당 메서드를 호출하는 클로저를 만든다.

논의

메서드의 레퍼런스는 단순한 함수 포인터 이상의 것이다. 호출되는 메서드가 어느 객체의 메서드인지 기억해야 한다. 메서드가 그 객체에 들어있는 데이터를 가지고 연산을 할 것이기 때문이다. 이렇게 메서드가 속한 객체를 같이 기억하는 가장 좋은 방법은 클로저를 사용하는 것이다. `$obj`가 렉시컬 변수라고 할 때, 다음과 같이 할 수 있다.

```
$mref = sub { $obj->meth(@_) };
# 다음처럼 호출한다...
$mref->("args", "go", "here");
```

`$obj`가 스코프 밖으로 벗어나도 `$mref` 안에 들어있는 클로저는 `$obj`에 접근할 수 있다. 나중에 `$mref`를 사용해서 메서드를 간접적으로 호출하면 올바른 객체의 메서드가 호출된다.

다음과 같이 하는 것은 제대로 동작하지 않는다.

```
$sref = \$obj->meth;
```

이렇게 하면 우선 객체의 메서드가 호출되고 그 메서드가 반환한 값의 레퍼런스가 할당된다(메서드가 리스트를 반환하는 경우는 그 리스트의 마지막 값의 레퍼런스가 할당된다).

베이스 클래스인 UNIVERSAL 클래스의 can 메서드를 쓰는 것은 흥미로워 보이긴 하겠지만 역시 제대로 동작하지 않는다.

```
$cref = $obj->can("meth");
```

해당되는 메서드를 찾은 경우 그 메서드를 가리키는 코드 레퍼런스가 만들어지긴 하지만, 이 레퍼런스에는 객체에 대한 정보가 같이 들어 있지 않다. 즉, 단순한 함수 포인터가 만들어지는 것이다. 객체에 대한 정보는 잃어버린다. 객체 정보와 호출하는 메서드, 두 가지를 다 저장하기 위해서는 클로저를 사용하는 수밖에 없다.

더 알아보기

- 이 책 13장 개요에 있는 메서드에 대한 논의
- *Programming Perl* 8장의 "Closures" 절
- 레시피 11.7, 레시피 13.8

11.9 레코드 만들기

문제

레코드 데이터형을 만들고자 한다.

해결책

익명 해시의 레퍼런스를 사용한다.

논의

여러 가지 데이터 필드를 포함한 데이터형을 만들고자 한다. 가장 간단한 방법은 익명 해시를 사용하는 것이다. 다음 코드에서는 사원 레코드를 만들고 초기화해서 사용하고 있다.

```
$record = {
    NAME   => "Jason",
    EMPNO  => 132,
    TITLE  => "deputy peon",
    AGE    => 23,
    SALARY => 37_000,
    PALS   => [ "Norbert", "Rhys", "Phineas"],
};
printf "I am %s, and my pals are %s.\n",
    $record->{NAME},
    join(", ", @{$record->{PALS}});
```

이런 레코드를 하나 만드는 것만으로는 그리 재미있지 않다. 이제 이 레코드를 사용해서 더욱 큰 규모의 데이터 구조를 만들어보자. 다음 코드에서는 %byname이라는 해시를 만들고 초기화한 후 사용하는 예를 보인다.

```
# 레코드를 저장한다
$byname{ $record->{NAME} } = $record;

# 이름으로 사원 레코드를 검색한다
if ($rp = $byname{"Aron"}) {   # 레코드가 없으면 거짓
    printf "Aron is employee %d.\n", $rp->{EMPNO};
}

# Jason 레코드의 PALS 필드에 새로운 동료를 추가한다
push @{$byname{"Jason"}->{PALS}}, "Theodore";
printf "Jason now has %d pals\n", scalar @{$byname{"Jason"}->{PALS}};
```

%byname 해시는 값으로 해시 레퍼런스를 넣고 있으므로 해시의 해시이다. 이런 구조체를 사용하면 이름으로 사원 레코드를 간단하게 검색할 수 있다. %byname 해시 안에 지정한 사원 이름("Aron")이 있는 경우는 그 레코드의 레퍼런스를 임시 변수 $rp에 넣은 후, 이 변수를 사용하여 원하는 필드의 값을 얻는다.

해시를 다룰 때 쓰던 기존의 방법으로도 %byname 해시를 다룰 수 있다. 예를 들어 each 루프를 사용하여 해시 안의 모든 레코드에 관해서 임의의 처리를 할 수 있다.

```
# 모든 레코드를 처리한다
while (($name, $record) = each %byname) {
    printf "%s is employee number %d\n", $name, $record->{EMPNO};
}
```

그러면 사원 번호(EMPNO)로 사원 레코드를 검색하고자 하는 경우는 어떻게 하면 좋을까? 이런 경우는 @employees라는 이름의 해시의 배열을 새로 만들어 사용한다. 그러나 사원 번호가 연속적이지 않다면(예를 들어 1번 다음이 159997번이라거나) 배열은 적절한 선택이 아니다. 이런 경우는 해시를 사용해서 사원 번호를 레코드에 대응시킨다. 해시의 배열은 사원 번호가 연속적일 때만 사용한다.

```
# 사원 레코드를 저장한다
$employees[ $record->{EMPNO} ] = $record;

# 사원 번호로 사원 레코드를 검색한다
if ($rp = $employee[132]) {
    printf "employee number 132 is %s\n", $rp->{NAME};
}
```

이런 식으로 데이터 구조를 사용하는 경우, 어떤 레코드를 한쪽에서 변경하면 다른 쪽에서도 반영된다. 예를 들어 다음 코드에서는 Jason의 급여(SALARY)를 3.5% 올린다.

```
$byname{"Jason"}->{SALARY} *= 1.035;
```

이 변경은 이 레코드의 모든 뷰에 반영된다. $byname{"Jason"}과 $employee[132]에 각각 담겨있는 두 개의 레퍼런스는 같은 익명 해시(레코드)를 가리키고 있다는

것을 기억하자.

특정 조건에 일치하는 레코드를 모두 얻고자 하는 경우는 어떻게 하면 좋을까? 이런 처리에는 grep이 제격이다. 예를 들어 직함에 "peon"이 들어가 있는 사원 레코드와 나이가 27세인 사원 레코드를 모두 얻기 위해서는 다음처럼 한다.

```
@peons   = grep { $_->{TITLE} =~ /peon/i } @employees;
@tsevens = grep { $_->{AGE}   == 27 }      @employees;
```

@peons과 @tsevens 안에는 원소로 레코드의 레퍼런스가 들어있다. 따라서 @peons와 @tsevens도 @employees와 같이 해시의 배열이다.

특정 필드를 키로 해서 레코드를 정렬할 수도 있다. 다음 코드에서는 나이를 기준으로 사원 레코드를 오름차순으로 정렬하고, 사원 이름과 사원 번호를 출력한다(따라서 나이가 어린 순서로 사원 이름, 사원 번호가 출력된다).

```
# 모든 레코드를 비교, 정렬한다
foreach $rp (sort { $a->{AGE} <=> $b->{AGE} } values %byname) {
    printf "%s is age %d.\n", $rp->{NAME}, $rp->{AGE};
    # 또는 레퍼런스에서 해시 슬라이스를 사용한다
    printf "%s is employee number %d.\n", @$rp{"NAME","EMPNO"};
}
```

레코드를 일부러 정렬하지 않고 이 레코드의 뷰를 만드는 방법도 있다. 다음 코드에서는 익명 배열 안에 같은 나이 N을 가진 사원의 레코드를 모두 넣고, 그 익명 배열의 레퍼런스를 배열 @byage의 첨자 N의 원소로 넣는다. 예를 들어, $byage[27]는 나이가 27살인 사원의 레코드가 모두 들어있는 익명 배열의 레퍼런스다.

```
# @byage는 사원 레코드를 넣은 익명 배열의 배열
push @{ $byage[ $record->{AGE} ] }, $record;
```

@byage 배열을 사용해서 나이가 어린 순서대로 사원 이름을 출력하려면 다음처럼 한다.

```
for ($age = 0; $age <= $#byage; $age++) {
    next unless $byage[$age];
    print "Age $age: ";
    foreach $rp (@{$byage[$age]}) {
        print $rp->{NAME}, " ";
    }
    print "\n";
}
```

map을 사용하면 foreach 루프를 사용하지 않고 같은 처리를 할 수 있다.

```
for ($age = 0; $age <= $#byage; $age++) {
    next unless $byage[$age];
    printf "Age %d: %s\n", $age,
        join(", ", map {$_->{NAME}} @{$byage[$age]});
}
```

더 알아보기

· 레시피 4.14, 레시피 11.3

11.10 해시 레코드를 텍스트 파일에서 읽어들이기/텍스트 파일에 쓰기

문제

텍스트 파일에 저장된 해시 레코드를 읽어들이거나, 반대로 파일에 레코드를 기록하고자 한다.

해결책

한 줄에 하나의 필드를 표현하는 단순한 파일 포맷을 사용한다.

```
FieldName: Value
```

레코드와 레코드 사이는 빈 줄로 구분한다.

논의

레코드의 배열을 텍스트 파일에 기록하거나 반대로 텍스트 파일에서 읽어들이는 경우에는 메일 헤더를 저장할 때 쓰이는 단순한 포맷을 사용할 수 있다. 다만 이 포맷에서는 키와 값에 줄바꿈 문자가 들어갈 수는 없다. 그리고 키에는 콜론(:)도 포함할 수 없다.

레코드를 쓸 때는 다음처럼 한다.

```
foreach $record (@Array_of_Records) {
    for $key (sort keys %$record) {
        print "$key: $record->{$key}\n";
    }
    print "\n";
}
```

쓴 레코드는 다음처럼 간단하게 읽어들일 수 있다.

```
$/ = "";                    # 단락 단위로 읽어들인다
while (<>) {
    my @fields = split /^([^:]+):\s*/m;
    shift @fields;      # 앞부분의 널 필드를 삭제한다
    push(@Array_of_Records, { map /(.*)/, @fields });
}
```

split은 두 번째 인자가 지정되지 않은 경우에는 $_ 변수의 값을 대상으로 동작한다. 앞의 예제 코드에서는 $_에 변수에 단락 하나가 통째로 들어 있는 상태이다.

split의 패턴은 각 행의 시작 부분부터(/m 수식자가 지정되어 있기 때문에 ^는 레코드의 시작 부분뿐 아니라 행의 시작 부분에도 매치한다) 콜론이 아닌 문자가 한 개 이상 이어지고, 그 뒤에 콜론이 나오고 추가로 공백 문자가 0개 이상 이어지는 문자열에 일치한다. split의 인자 패턴에 괄호가 있을 경우는 그 괄호 안의 패턴에 일치한 문자열도 반환값에 포함된다. 결과적으로 @fields 안에는 키와 값이 순서대로 들어간다. 제일 첫 원소로 들어가는 빈 필드는 따로 제거한다. push 호출에서는 중괄호를 사용해서 새로운 익명 해시를 만들고, 그 익명 해시에 @fields의 내용을 복사한다. @fields 안에는 키와 값의 쌍이 순서대로 들어있었기 때문에 이것을 복사하면 그대로 익명 해시 안에서 키와 값으로 채워진다. 그리고 마지막으로 @Array_of_Records 배열에 이 익명 해시의 레퍼런스가 들어간다.

여기에서 다룬 것은 평범한 텍스트 파일을 읽고 쓰는 것이다. 그 밖의 기능을 추가하고자 하는 경우는 관련된 레시피를 참고하도록 한다. 파일에 대한 동시 접근을 제어하고자 하는 경우는 레시피 7.18을, 키와 값에 콜론과 줄바꿈 문자를 넣을 수 있게 하려면 레시피 1.18을, 더욱 복잡한 데이터 구조를 저장하고 싶다면 레시피 11.3을 참고하라.

레시피 11.14에 나오는 DBM 파일을 사용하면, 빠르고 비순차적 접근(random access)을 지원하는 레코드 데이터베이스를 만들 수 있다. 다만 평범한 텍스트 파일만큼 간결하진 못하다.

더 알아보기

- *perlfunc*(1) 문서와 *Programming Perl* 29장에서 다루는 split 함수
- 레시피 11.9, 레시피 11.13, 레시피 11.14

11.11 데이터 구조를 출력하기

문제

어떤 데이터 구조를 출력하고자 한다.

해결책

출력물의 가독성과 레이아웃을 중시하는 경우는 전용 출력 루틴을 만든다.

펄 디버거에서 출력하는 경우는 x 명령을 사용한다.

```
DB<1> $reference = [ { "foo" => "bar" }, 3, sub { print "hello, world\n" } ];
DB<2> x $reference
```

```
  0  ARRAY(0x1d033c)
     0  HASH(0x7b390)
        'foo' = 'bar'
     1  3
     2  CODE(0x21e3e4)
        -> &main::__ANON__[(eval 15)[/usr/local/...perl5db.pl:17]:2]
        in (eval 15)[/usr/local/.../perl5db.pl:17]:2-2
```

프로그램 안에서 출력하는 경우는 기본 모듈 Data::Dumper의 Dumper 함수를 사용한다.[2]

```
use Data::Dumper;
print Dumper($reference);
```

디버거와 동일한 형식으로 출력하고자 하는 경우는 Dumpvalue 모듈을 사용한다.

```
use Dumpvalue;
Dumpvalue->new->dumpValue($reference);
```

논의

작성한 데이터 구조를 특정 출력 형식으로 표시하는 전용 함수를 만들고자 하는 경우도 있지만, 보통은 거기까지는 필요 없다. 펄 디버거를 실행하는 경우에는 x 명령과 X 명령을 사용하면 매우 보기 좋은 형식으로 데이터 구조를 출력할 수 있다. X 명령은 전역 변수에만 쓸 수 있는데 비해 x 명령은 전역 변수와 렉시컬 변수 모두에 쓸 수 있어서 더 유용하다. 이 명령들에는 출력하려는 데이터 구조의 레퍼런스를 넘긴다.

```
DB<3> x @INC
  0  ARRAY(0x807d0a8)
     0  '/home/tchrist/perllib'
     1  '/usr/lib/perl5/i686-linux/5.00403'
     2  '/usr/lib/perl5'
     3  '/usr/lib/perl5/site_perl/i686-linux'
     4  '/usr/lib/perl5/site_perl'
     5  '.'
```

기본 모듈 Dumpvalue를 사용하면 객체 지향 인터페이스를 사용하여 디버거와 동일한 형식으로 출력할 수 있다. 다음 예제를 보자.

```
use Dumpvalue;
Dumpvalue->new->dumpvars("main", "INC");

@INC = (
   0  '/usr/local/lib/perl5/5.8.1/OpenBSD.i386-openbsd'
   1  '/usr/local/lib/perl5/5.8.1'
```

2 (옮긴이) 복잡한 데이터 구조나 객체 구조를 보기 좋게 출력하거나, 출력 내용에 대한 필터링 기능이 필요할 때에는 CPAN 모듈 Data::Printer를 사용하기도 한다.

```
   2  '/usr/local/lib/perl5/site_perl/5.8.1/OpenBSD.i386-openbsd'
   3  '/usr/local/lib/perl5/site_perl/5.8.1'
   4  '/usr/local/lib/perl5/site_perl/5.8.0/OpenBSD.i386-openbsd'
   5  '/usr/local/lib/perl5/site_perl/5.8.0'
   6  '/usr/local/lib/perl5/site_perl'
   7  '.'
)
%INC = (
   'Dumpvalue.pm' = '/usr/local/lib/perl5/5.8.1/Dumpvalue.pm'>
   'strict.pm' = '/usr/local/lib/perl5/5.8.1/strict.pm'>
)
```

이 출력 형식은 디버거에서 V main INC 명령을 내렸을 때 나오는 것과 같다. 그리고 Dumpvalue 모듈에서 디버거에서 쓸 수 있는 출력 형식 옵션을 모두 이용할 수 있다. Dumpvalue->new에 옵션 이름과 값의 쌍을 넘기면 된다.

```
$dobj = Dumpvalue->new(option1 => value1, option2 => value2);
```

버전 5.8.1의 펄에서 이용할 수 있는 출력 형식 옵션에는 arrayDepth, hashDepth, compactDump, veryCompact, globPrint, dumpDBFiles, dumpPackages, dumpReused, tick, quoteHighBit, printUndef, usageOnly, unctrl, subdump, bareStringify, quoteHighBit, stopDbSignal이 있다.

기본 모듈 Data::Dumper는 Dumpvalue 모듈과는 다르게 접근한다. 이 모듈이 제공하는 Dumper 함수는 레퍼런스의 리스트를 인자로 받아서 인쇄 가능한(그리고 eval로 실행 가능한) 문자열로 바꿔서 반환한다.

```
use Data::Dumper; print Dumper(\@INC);
$VAR1 = [
'/usr/local/lib/perl5/5.8.1/OpenBSD.i386-openbsd',
'/usr/local/lib/perl5/5.8.1',
'/usr/local/lib/perl5/site_perl/5.8.1/OpenBSD.i386-openbsd',
'/usr/local/lib/perl5/site_perl/5.8.1',
'/usr/local/lib/perl5/site_perl/5.8.0/OpenBSD.i386-openbsd',
'/usr/local/lib/perl5/site_perl/5.8.0',
'/usr/local/lib/perl5/site_perl', '.'
];
```

Data::Dumper 모듈은 여러 가지 출력 형식을 지원한다. 자세한 내용은 모듈 문서를 참고하도록 한다. 특히 편리한 것은 펄 코드를 역컴파일하는 옵션이다.

```
use Data::Dumper;
$Data::Dumper::Deparse = 1;
$a = sub { print "hello, world\n" };
print Dumper($a);
$VAR1 = sub {
            print 'hello, world';
        };
```

더 알아보기

- 기본 모듈 Data::Dumper 모듈 문서
- *Programming Perl* 20장과 *perldebug*(1) 문서

11.12 데이터 구조를 복사하기

문제

복잡한 데이터 구조를 복사하고자 한다.

해결책

기본 모듈 Storable이 제공하는 dclone 함수를 사용한다.

```
use Storable;
$r2 = dclone($r1);
```

논의

"복사"에는 두 가지 종류가 있는데, 종종 혼란의 원인이 된다. 하나는 레퍼런스만을 복사하고 그 레퍼런스가 가리키는 데이터는 복사하지 않는 *표면 복사(surface copy)*이다. *얕은 복사(shallow copy)*라고도 부른다.

```
@original = ( \@a, \@b, \@c );
@surface = @original;
```

또 하나는 레퍼런스만이 아닌 그 참조하는 데이터도 모두 복사하여 완전히 새로운 구조를 생성하는 *깊은 복사(deep copy)*다. 다음 코드에서는 한 계층 아래의 레퍼런스를 복사한다.

```
@deep = map  { [ @$_ ] } @original;
```

@a, @b, @c 자체에도 다시 레퍼런스가 포함되어 있다면 위의 map 구문은 충분하지 않다. 깊은 복사를 수행하는 코드를 직접 만드는 것은 힘들고 성가신 일이다.

이때 Storable 모듈이 제공하는 dclone 함수를 사용한다. 이 함수는 넘어온 인자를 재귀적으로 복사한다.

```
use Storable qw(dclone);
$r2 = dclone($r1);
```

이 dclone 함수가 처리할 수 있는 것은 SCALAR, ARRAY, HASH, CODE 형의 레퍼런스

와 이 형의 블레스된 객체뿐이다.[3] GLOB, IO 형의 레퍼런스, 그 밖의 일반적이지 않은 데이터형의 레퍼런스는 지원하지 않는다. FreezeThaw 모듈이 제공하는 safeFreeze 함수는 이 데이터형들도 지원한다. 다만, 이런 데이터형들을 같은 주소공간에서 사용하기 위해서 레퍼런스 캐시를 쓰기 때문에 상황에 따라서는 가비지 컬렉션 시스템이나 객체 소멸자의 동작을 방해하는 경우가 있다.

dclone 함수는 레퍼런스를 받아서 레퍼런스를 반환하기 때문에 해시나 배열을 복사하는 경우는 추가로 형 기호를 붙여야 한다.

```
%newhash = %{ dclone(\%oldhash) };
```

더 알아보기

- 기본 모듈 Storable, Data::Dumper 모듈 문서
- CPAN 모듈 FreezeThaw 모듈 문서

11.13 데이터 구조를 디스크에 저장하기

문제

크고 복잡한 데이터 구조를 디스크에 저장하고자 한다. 이것이 가능하면 프로그램을 실행할 때마다 데이터 구조를 처음부터 다시 만들지 않아도 된다.

해결책

Storable 모듈이 제공하는 store, retrieve 함수를 사용한다.

```
use Storable;
store(\%hash, "filename");

# 나중에...
$href = retrieve("filename");          # 레퍼런스로 가져옴
%hash = %{ retrieve("filename") };    # 해시에 직접적으로 읽어들임
```

논의

Storable 모듈은 C 함수와 이진 형식을 사용해서 펄의 내부 데이터 구조를 해석해서 그 데이터를 배치한다. 이것은 펄 코드만을 사용한 문자열 기반의 방법보다 훨씬 효율적이지만 취약한 면도 있다.

store, retrieve 함수는 머신 고유의 바이트 순서로 구성된 이진 데이터를 사용

3 믿기지 않겠지만 Storable은 클로저를 직렬화할 수도 있다(Safe 모듈을 사용한다). 자세한 내용은 매뉴얼 페이지를 참고한다.

한다. 이 때문에 이 함수들로 만든 파일은 다른 아키텍처의 머신에서는 사용할 수 없다. nstore 함수는 store 함수와 같은 동작을 하지만 표준적인 바이트 순서(네트워크 바이트 순서)로 데이터를 저장한다. 대신 nstore 함수의 처리속도는 약간 느리다.

```
use Storable qw(nstore);
nstore(\%hash, "filename");

# 저장한 데이터 구조를 추출한다
$href = retrieve("filename");
```

store, nstore 두 함수 중 어느 것을 썼든 상관없이 데이터 구조를 메모리 안에 복원할 때는 똑같이 retrieve 함수를 사용한다. 즉, 데이터를 만들어 저장하는 쪽에서는 이식성을 신경 써야 하지만, 가져와 사용하는 쪽에서는 그럴 필요가 없다. 데이터를 만드는 쪽에서 마음이 바뀌었을 때 자신의 코드만 고치면 되며, 사용자 쪽에는 일관성 있는 인터페이스가 제공되므로 사용자는 저장 방식에 대해 알 필요가 없다.

store 함수와 nstore 함수는 처리대상이 되는 파일에 락을 걸지 않는다. 동시에 접근이 이뤄질 가능성이 있는 경우는 직접 파일을 열고 락을 건 다음에 store_fd 함수나 기기의 바이트 순서에 의존하지 않는 nstore_fd 함수를 사용한다(다만, nstore_fd 함수는 store_fd 함수보다 느리다. 락에 관해서는 레시피 7.18을 참고하도록 한다).

다음 예제 코드에서는 파일에 락을 건 다음에 그 파일에 해시를 저장하고 있다. 코드를 보면 알 수 있지만, 파일을 열 때에 O_TRUNC 플래그를 사용하지 않는다. 파일을 잘라내기 전에 락을 먼저 얻어야 하기 때문이다.

```
use Storable qw(nstore_fd);
use Fcntl qw(:DEFAULT :flock);
sysopen(DF, "/tmp/datafile", O_RDWR|O_CREAT, 0666)
        or die "can't open /tmp/datafile: $!";
flock(DF, LOCK_EX)                   or die "can't lock /tmp/datafile: $!";
nstore_fd(\%hash, *DF)
    or die "can't store hash\n";
truncate(DF, tell(DF));
close(DF);
```

다음 예제 코드에서는 파일에 락을 건 다음, 그 파일에서 해시를 복원한다.

```
use Storable qw(retrieve_fd);
use Fcntl qw(:DEFAULT :flock);
open(DF, " < /tmp/datafile")      or die "can't open /tmp/datafile: $!";
flock(DF, LOCK_SH)                or die "can't lock /tmp/datafile: $!";
$href = retrieve_fd(*DF);
close(DF);
```

이 방법으로 대규모 데이터 객체를 한쪽의 프로세스에서 다른 쪽의 프로세스로 효율적으로 전달할 수 있다(다만 더 신경 써야 한다). 이런 일이 가능한 것은 파이프나 소켓에 연결된 파일핸들도 일반적인 파일처럼 바이트 스트림이기 때문이다.

Storable은 각종 DBM 바인딩과 달리 해시(DB_File의 경우는 배열) 이외의 것도 다룰 수 있다. 즉, 객체를 포함해서 임의의 데이터 구조를 디스크에 저장할 수 있다. 다만, 데이터 이식성을 위해 구조 전체를 통째로 읽고 써야 한다.

더 알아보기

- 스리람 스리니바산(Sriram Srinivasan) 저, *Advanced Perl Programming*(O'Reilly) 13장의 "Remote Procedure Calls (RPC)" 절
- 레시피 11.14

11.14 사용자가 저장하지 않아도 보존되는 데이터 구조 만들기

문제

복잡한 데이터 구조를 프로그램 종료 후에도 남겨두고자 한다.

해결책

MLDBM과 DB_File 또는 GDBM_File 중 하나를 사용한다(가능하면 DB_File이 좋다).

```
use MLDBM qw(DB_File);
use Fcntl;

tie(%hash, "MLDBM", "testfile.db", O_CREAT|O_RDWR, 0666)
    or die "can't open tie to testfile.db: $!";

# ... %hash를 가지고 작업한다

untie %hash;
```

논의

100,000개의 원소가 있는 해시를 만들려면 분명 오래 걸릴 것이다. 이 해시를 디스크에 저장하는 것도, 수작업으로 느릿느릿 하게 하든 Storable 모듈을 써서 빨리 하든 여전히 메모리와 CPU 시간을 꽤나 소비하게 된다.

DBM 모듈은 해시를 디스크 상의 데이터베이스 파일에 tie를 써서 결합함으로써 이 문제를 해결한다. 이 모듈은 전체 데이터 구조를 한 번에 읽지 않고 필요한 부분만 가져올 수 있다. 사용자 입장에서 보면 이것은 프로그램을 종료하고 다음 번에 실행할 때까지 계속 보존되는 해시처럼 동작한다.

아쉽게도 이 영속적인 해시에 값으로 넣을 수 있는 것은 일반 문자열뿐이다. 데이터베이스 파일을 해시의 해시나 배열의 해시를 저장하는 공간으로 쓰는 것은 쉽지 않다. 간단하게 저장할 수 있는 것은 문자열의 해시뿐이다.

그러나 CPAN 모듈 MLDBM을 사용하면 데이터베이스에 레퍼런스를 저장할 수 있게 된다. MLDBM 모듈은 Data::Dumper를 사용해서 레퍼런스를 외부에 저장할 수 있는 문자열로 바꾼다.

```
use MLDBM qw(DB_File);
use Fcntl;
tie(%hash, "MLDBM", "testfile.db", O_CREAT|O_RDWR, 0666)
    or die "can't open tie to testfile.db: $!";
```

이제 %hash를 사용해서 디스크에 복잡한 레코드를 저장하거나 디스크에서 뽑아낼 수 있다. 이 방법의 유일한 결점은 저장된 레퍼런스에 바로 접근할 수 없는 점이다. 일단 레퍼런스를 데이터베이스에서 가져와 사용한 후 다시 저장해야 한다.

```
# 이런 조작은 할 수 없다
$hash{"some key"}[4] = "fred";

# 이렇게 해야 한다
$aref = $hash{"some key"};
$aref->[4] = "fred";
$hash{"some key"} = $aref;
```

더 알아보기

· 레시피 11.13

11.15 약한 레퍼런스를 사용하여 순환 데이터 구조 처리하기

문제

자기 자신을 참조하는 데이터 구조가 있다. 이런 데이터 구조는 사용하지 않게 되어도(외부에서 참조할 수 없어져도), 가비지 컬렉션에 걸리지 않는다. 이 때문에 발생하는 메모리 누수를 방지하고자 한다.

해결책

데이터 구조 안의 내부 레퍼런스를 모두 약한 레퍼런스로 바꾼다. 약한 레퍼런스는 레퍼런스 카운트를 늘리지 않는다.

논의

펄의 메모리 관리 시스템은 레퍼런스 카운트에 의존하고 있고 레퍼런스 카운트가 0이 된 시점에서 할당된 메모리를 비운다. 실제로 이 메모리 관리 시스템은 대부분의 경우 적절하게 동작하지만, 단 하나 적절하게 동작하지 않는 경우가 있다. 그것은 변수가 자기 자신을 직접적으로나 간접적으로 참조하는 경우이다. 예를 들자면 다음과 같은 변수이다.

```
{
    my ($a, $b);
    ($a, $b) = \($b, $a);   # (\$b, \$a)와 같다
}
```

블록 안의 첫 번째 줄에서는 스칼라 변수(렉시컬 변수) $a, $b를 선언한다. 이 시점에서는 이 변수들이 나타내는 스칼라 값의 레퍼런스 카운트는 둘 다 1이다. 그다음 행에서는 이 스칼라 변수들을 다른 변수의 레퍼런스로 초기화하고 있다. 따라서 $a 변수는 $b 변수를, $b 변수는 $a 변수를 참조하게 된다. 레퍼런스를 저장했기 때문에 그 레퍼런스가 가리키는 대상의 레퍼런스 카운트는 증가하고, 둘 다 2가 된다. 블록이 끝나면 이 스칼라 값들에는 변수 이름으로는 접근할 수 없게 되며, 두 값의 레퍼런스 카운트는 1만큼 줄어들어 1이 된다. 그러나 레퍼런스가 이런 스칼라 값들을 참조하고 있기 때문에, 이 스칼라 값의 레퍼런스 카운트는 모두 0이 되지 않는다(영구적으로 0이 되지 않는다). 이 때문에 이 두 개의 스칼라 값에 할당된 메모리 영역은 해방되지 않는다. 즉, 이 블록을 실행할 때마다 스칼라 두 개만큼의 메모리 누수가 발생하게 된다. 이 블록이 반복문이나 서브루틴에 들어가 있다면, 결국에는 메모리를 다 써버리게 될 것이다.

기본 모듈 Devel::Peek이 제공한 Dump 함수를 사용하면 레퍼런스 카운트와 그 밖의 관련된 정보를 출력할 수 있다. 다음 코드는 사용 예제다.

```
use Devel::Peek;
$a = 42;
$b = \$a;
Dump $a;
```

다음과 같은 정보가 출력된다.

```
SV = IV(0xd7cc4) at 0xd72b8
  REFCNT = 2
  FLAGS = (IOK,pIOK)
  IV = 42
```

주목해야 할 것은 레퍼런스 카운트가 2라는 점이다. 스칼라 값(42)에 두 개의 방법으로 접근할 수 있기 때문이다(변수 이름 $a와, $b를 디레퍼런스한 $$b로 접근할 수 있다).

심지어 다른 변수를 쓰지 않고도 동일한 상황을 만들 수 있다.

```
{ my $a; $a = \$a; }
```

이런 일이 벌어지는 가장 흔한 경우는 데이터 구조 내부에 자기 자신을 직간접적으로 가리키는 레퍼런스가 있을 경우이다. 순환 데이터 구조인 원형 연결 리스트를 상상해보자.

```
$ring = {
    VALUE => undef,
    NEXT  => undef,
    PREV  => undef,
};
$ring->{NEXT} = $ring;
$ring->{PREV} = $ring;
```

이 익명 해시의 레퍼런스 카운트는 현재 3이다. 여기서 `$ring`의 값을 `undef`으로 바꾸거나 변수의 스코프를 벗어나더라도 레퍼런스 카운트는 1만큼만 줄어들고, 결과적으로 해시에 할당된 메모리 영역을 회수할 수 없게 된다.

이런 문제를 해결하기 위해서 펄은 버전 5.6에서 *약한 레퍼런스(weak reference)*라는 개념을 도입했다. 이 약한 레퍼런스는 두 가지 중요한 점을 제외하고, 일반적인 레퍼런스(심볼릭 레퍼런스가 아닌 하드 레퍼런스)와 같다. 약한 레퍼런스가 일반적인 레퍼런스와 다른 것은 레퍼런트의 레퍼런스 카운트를 증가시키지 않는 점과 레퍼런트가 가비지 컬렉트되는 경우 레퍼런스 자체가 정의되지 않은 값으로 되돌아간다는 점이다. 이런 특징으로 인해 약한 레퍼런스는 자기 자신을 가리키는 내부 레퍼런스가 있는 데이터 구조를 만들 때 아주 적합하다. 내부 레퍼런스는 구조체의 레퍼런스 카운트를 증가시키지 않고, 외부에서 가리키는 레퍼런스만 카운트를 증가시키게 된다.

약한 레퍼런스가 펄 5.6부터 도입되었지만, 약한 레퍼런스를 만들 표준 `weaken()` 함수가 따로 없어서 CPAN에서 WeakRef 모듈을 가져와 써야 했다. 그러나 버전 5.8.1부터는 `weaken()` 함수가 기본 모듈 Scalar::Util에 포함되었다. Scalar::Util 모듈은 `is_weak()`라는 함수도 제공하고 있다. 이 `is_weak()` 함수에 인자로 레퍼런스를 넘기면 그 레퍼런스가 약한 레퍼런스인지 여부를 가르쳐준다.

다음 코드에서는 앞의 순환 데이터 구조 안의 레퍼런스를 모두 약한 레퍼런스로 바꾼다.

```
use Scalar::Util qw(weaken);

$ring = {
    VALUE => undef,
```

```
    NEXT  => undef,
    PREV  => undef,
};
$ring->{NEXT} = $ring;
$ring->{PREV} = $ring;
weaken($ring->{NEXT});
weaken($ring->{PREV});
```

레시피 13.13에서는 메모리 누수를 일으키지 않는 순환 연결 리스트 데이터 구조를 만드는 방법을 설명한다. 이 구조는 더미 헤드 노드와 객체 지향 프로그래밍의 요소인 소멸자를 정교하게 사용하여 메모리 누수를 방지한다. 약한 레퍼런스를 사용하면 코드가 훨씬 간단해진다. 다음 예제 코드는 레시피 13.13에서 사용하는 알고리즘과 같은 것을 사용하고 있지만, 메모리 누수 문제에는 약한 레퍼런스로 대처하고 있다.

```
use Scalar::Util qw(weaken);

my $COUNT = 1000;
for (1..20) {
    my $ring = node(100_000 + $_);
    for my $value (1 .. $COUNT) {
       insert_value($ring, $value);
    }
}

# 노드를 반환한다
sub node($) {
    my ($init_value) = @_;
    my $node  = { VALUE => $init_value };
    $node->{NEXT} = $node->{PREV} = $node;
    weaken($node->{NEXT});
    weaken($node->{PREV});
    return $node;
}

# $node = search_ring($ring, $value) : $node 안의 링 구조체 안에 있는
# $value를 찾는다
sub search_ring {
    my ($ring, $value) = @_;
    my $node = $ring->{NEXT};
    while ($node != $ring && $node->{VALUE} != $value) {
        $node = $node->{NEXT};
    }
    return $node;
}

# insert_value( $ring, $value ) : $value를 링 구조체에 넣는다
sub insert_value {
    my ($ring, $value) = @_;
    my $node = { VALUE => $value };
    weaken($node->{NEXT} = $ring->{NEXT});
    weaken($ring->{NEXT}->{PREV} = $node);
    weaken($ring->{NEXT} = $node);
    weaken($node->{PREV} = $ring);
    ++$ring->{COUNT};
}
```

```
# delete_value( $ring, $value ) : 값을 사용해서 링 구조체에서
# 노드를 삭제한다
sub delete_value {
  my ($ring, $value) = @_;
  my $node = search_ring($ring, $value);
  return if $node == $ring;
  $ring->delete_node($node);
}

# 링 구조체에서 노드를 삭제한다
sub delete_node {
  my ($ring, $node) = @_;
  weaken($node->{PREV}->{NEXT} = $node->{NEXT});
  weaken($node->{NEXT}->{PREV} = $node->{PREV});
  --$ring->{COUNT};
}
```

구조체를 가리키는 레퍼런스를 같은 구조체 안에 저장할 때마다 그 레퍼런스를 약한 레퍼런스로 만들어서 레퍼런스 카운트가 증가되지 않게 하고 있다. 그러지 않으면 프로그램의 메모리 사용량이 엄청나게 증가할 것이다. *ps*(1) 프로그램을 지원하는 시스템이라면 다음 코드를 루프 안에 추가해서 메모리 사용량을 직접 볼 수 있다.

```
system("ps v$$");
```

insert_value 함수 안의 네 개의 대입문 중 하나라도 weaken 함수를 적용하지 않으면 메모리 누수가 발생한다.

더 알아보기

- 이 레시피에서 소개한 알고리즘은 코멘(Cormen), 라이저슨(Leiserson), 리베스트(Rivest) 저, *Introduction to Algorithms*(MIT Press/McGraw-Hill)[4] 206, 207 페이지에서 옮겼다.
- 레시피 13.13
- *Programming Perl* 8장의 "Garbage Collection, Circular References, and Weak References" 절
- 기본 모듈 Devel::Peek, Scalar::Util 모듈 문서

11.16 프로그램: 아웃라인

아웃라인은 데이터를 구조화하는 간단한(그래서 애용되는) 방법이다. 아웃라인으로 표현한 계층 구조는 우리가 탑-다운(top-down) 방식으로 세상 만물을 생각

4 (옮긴이) 번역서로는 『Introduction to Algorithms』(문병로 심규석 이충세 옮김, 2014, 한빛아카데미)가 있다.

하는 방식과 잘 맞아떨어진다. 유일한 문제점은 아웃라인으로 나타낸 데이터를 펄의 데이터 구조로 나타내는 명확한 방법이 없다는 점이다.

예를 들어서 음악의 장르를 간단한 아웃라인 형식으로 나타내면 다음과 같다.

```
Alternative
.Punk
..Emo
..Folk Punk
.Goth
..Goth Rock
..Glam Goth
Country
.Old Time
.Bluegrass
.Big Hats
Rock
.80s
..Big Hair
..New Wave
.60s
..British
..American
```

점을 사용하여 하위 그룹을 나타내었다. 이 아웃라인을 여러 가지 포맷으로 출력할 수 있다. 예를 들어, 다음처럼 상위 장르에서 하위 장르까지 모두 출력할 수도 있다.

```
Alternative
Alternative - Punk
Alternative - Punk - Emo
Alternative - Punk - Folk Punk
Alternative - Goth
...
```

절 번호를 붙여서 출력할 수도 있다.

```
1 Alternative
1.1 Punk
1.1.1 Emo
1.1.2 Folk Punk
1.2 Goth
...
```

알파벳 순서로 정렬해서 출력할 수도 있다.

```
Alternative
Alternative - Goth
Alternative - Goth - Glam Goth
Alternative - Goth - Goth Rock
Alternative - Punk
Alternative - Punk - Emo
...
```

하위 장르부터 출력할 수도 있다.

```
Alternative
Punk - Alternative
Emo - Punk - Alternative
Folk Punk - Punk - Alternative
Goth - Alternative
Goth Rock - Goth - Alternative
...
```

이런 변환은 의외로 간단하게 할 수 있다. 배열 안에 상위 계층부터 순서대로 데이터를 넣는 것이 핵심이다. 예를 들어 아웃라인의 네 번째 항목은 다음처럼 나타낸다.

```
@array = ("Alternative", "Goth", "Glam Goth");
```

이제 이 항목의 출력 형식을 바꾸는 건 간단한 일이다. 다음 코드는 입력 파일을 해석하여 이런 배열을 만들어내는 세련된 방법이다.

```
while (<FH>) {
  chomp;
  $tag[$in = s/\G\.//g] = $_;
  # @tag[0..$in]에 대한 처리를 쓴다
}
```

치환문은 읽어들인 항목의 앞부분에 붙여진 점들을 모두 삭제하고 삭제한 점의 개수를 반환한다. 이 수는 계층 구조 안에서의 레벨을 나타낸다.

유닉스의 sort 프로그램을 사용하면 이 항목들을 간단하게 알파벳 순서로 정렬할 수 있다.

```
$ISA = "-";
open(STDOUT, "|sort -b -t'$ISA' -df");
while (<DATA>) {
    chomp;
    $tag[$in = s/\G\.//g] = $_;
    print join(" $ISA ", @tag[0 .. $in]);
}
close STDOUT;
__END__
Alternative
.Punk
..Emo
..Folk Punk
.Goth
```

아웃라인에 번호를 매기는 것도 간단하다.

```
while (<DATA>) {
    chomp;
    $count[$in = s/\G\.//g]++;
    delete @count[($in+1) .. $#count];
    print join(".", @count), " $_";
}
__END__
```

```
Alternative
.Punk
..Emo
..Folk Punk
.Goth
..Goth Rock
```

앞에서와 달리 이번에는 배열에서 원소를 삭제하는 것을 유심히 보라. 이렇게 하는 것은 배열에 각 단계 항목의 이름이 아니라 일종의 카운터를 저장하고 있기 때문이다. 상위 단계로 올라갈 때(예를 들어 3단계 항목을 처리한 다음 2단계의 새 항목을 읽었을 때) 기존 3단계 이하의 카운터는 리셋한다.

11.17 프로그램: 이진 트리

펄의 내부 데이터형은 그 자체로 이미 강력하고 고차원적이며 동적이다. 이 때문에 대개의 코드는 제공된 데이터형 만으로 만들 수 있다. 예를 들어 여러분이 원하는 기능이 빠른 검색 뿐이라면, 간단한 해시를 사용하면 된다. 래리 월이 말했듯이 "펄의 단점이 아니라 장점을 이용하는 것이 비결"이다.

하지만 해시는 원소의 순서를 예측할 수 없다. 해시의 원소를 특정한 순서대로 처리하고 싶으면 먼저 키를 뽑아낸 후 정렬을 해야 한다. 이런 경우가 많아지면 성능이 떨어지겠지만, 그렇다고 좋은 알고리즘을 만들기 위해 시간을 투자해야 할 만큼 떨어지는 것은 아니라서 애매하다.

트리 구조를 사용하면 해시를 순서대로 탐색할 수 있다. 그러면 펄로 트리 구조를 구현하기 위해서는 어떻게 하면 좋을까? 우선, 데이터 구조를 다루는 적당한 전문서적을 알아본다. 서문의 "그 밖의 책들" 절에서 소개한 코멘(cormen)의 *Introduction to Algorithms*를 추천한다. 그리고 익명 해시를 사용해서 트리의 각 노드를 나타내고 그 책에 나온 알고리즘을 펄로 옮긴다. 이 작업은 생각하는 것보다 훨씬 직관적이다.

예제 11-1은 익명 해시를 사용해서 정렬된 이진 트리를 만들고 조작하는 프로그램이다. 각 노드는 세 개의 필드(왼쪽 자식 노드, 오른쪽 자식 노드, 값)를 가진다. 각 노드에 대해서, 그 노드의 왼쪽 자식과 그 자식 노드들은 모두 그 노드보다 작은 값을 가지며, 오른쪽 자식과 그 자식 노드들은 모두 그 노드보다 큰 값을 갖는다. 이것은 정렬된 이진 트리의 중요한 특징이다.

메인 프로그램은 세 가지 일을 한다. 우선 20개의 임의의 노드를 가지는 트리를 만든다. 그리고 그 트리를 중위(in-order), 전위(pre-order), 후위(post-order) 세 가지 순서대로 출력한다. 마지막으로 사용자에게 키를 입력하도록 해서 그 키가 트리 안에 있는지를 보고한다.

insert 함수는 아직 트리가 없는 상태라면 일단 빈 트리를 초기화하는데, 이때 인자가 암묵적으로 레퍼런스로 전달되는 펄의 특성을 이용한다. 새로운 노드를 $_[0]에 대입하면 호출한 쪽의 값이 변경된다.

이 데이터 구조는 단순한 해시와 비교하면 메모리를 많이 사용하고 검색 속도도 느리지만, 순차 탐색이 더 빠르다.

B트리(B-Tree)는 이진 트리와는 다르다. B트리는 이진 트리보다 더 유연한 트리 구조이며 주로 디스크 상에서 관리된다. DB_File에는 BTREE 인터페이스(*DB_File*(3) 문서 참고)가 있다. 마크 제이슨 도미너스(Mark-Jason Dominus)가 쓴 B트리에 대한 우수한 기사(*The Perl Journal*, 볼륨 2, 이슈 4, 1997 겨울, 페이지 35-42)를 참고하라.

이진 트리에 관해서 더욱 자세하게 배우고자 하는 경우는 코멘(Cormen), 라이저슨(Leiserson), 리베스트(Rivest)의 *Introduction to Algorithms*와 로버트 세지윅(Robert Sedgewick)의 *Algorithms in C*를 참고하도록 한다. 둘 다 기본적인 알고리즘을 다룬 서적이다. 그리고 그 알고리즘들을 펄 코드로 만드는 방법에 관해서는 우원트(Orwant), 히에타니에미(Hietaniemi), 맥도널드(MacDonald)의 *Mastering Algorithms with Perl*을 참고하도록 한다. 같은 주제를 다루는 책이 몇 권 더 있지만 이 책이 가장 좋다.

예제 11-1은 이진 트리 프로그램의 소스코드다.

예제 11-1. bintree

```
#!/usr/bin/perl -w
# bintree - 이진 트리 데모 프로그램
use strict;
my($root, $n);
# 우선 20개의 난수를 만들어 삽입한다
while ($n++ < 20) { insert($root, int(rand(1000)))}
# 세 가지 방법으로 트리를 출력한다
print "Pre order:  ";  pre_order($root);  print "\n";
print "In order:   ";  in_order($root);   print "\n";
print "Post order: ";  post_order($root); print "\n";
# 프롬프트를 출력하고, 사용자 입력을 받는다
for (print "Search? "; <>; print "Search? ") {
    chomp;
    my $found = search($root, $_);
    if ($found) { print "Found $_ at $found, $found->{VALUE}\n" }
    else        { print "No $_ in tree\n" }
}
exit;
#########################################
```

```
# 주어진 값을 주어진 트리의 적절한 위치에 삽입한다
# 트리가 주어지지 않은 경우는 @_가 암묵적으로
# 레퍼런스로 넘어오는 것을 이용하여
# 호출한 쪽을 대신해서 트리를 만든다
sub insert {
    my($tree, $value) = @_;
    unless ($tree) {
        $tree = {};                        # 새로운 노드를 할당한다
        $tree->{VALUE}  = $value;
        $tree->{LEFT}   = undef;
        $tree->{RIGHT}  = undef;
        $_[0] = $tree;                     # $_[0]는 레퍼런스 배개변수이다!
        return;
    }
    if    ($tree->{VALUE} > $value) { insert($tree->{LEFT},  $value) }
    elsif ($tree->{VALUE} < $value) { insert($tree->{RIGHT}, $value) }
    else                            { warn "dup insert of $value\n"  }
                                    # XXX: 중복되는 값은 삽입할 수 없다
}
# 왼쪽 자식 트리를 재귀적으로 출력하고
# 현재 값을 출력하고
# 오른쪽 자식 트리를 재귀적으로 출력한다
sub in_order {
    my($tree) = @_;
    return unless $tree;
    in_order($tree->{LEFT});
    print $tree->{VALUE}, " ";
    in_order($tree->{RIGHT});
}
# 현재 값을 출력하고
# 왼쪽 자식 트리를 재귀적으로 출력한 후
# 오른쪽 자식 트리를 재귀적으로 출력한다
sub pre_order {
    my($tree) = @_;
    return unless $tree;
    print $tree->{VALUE}, " ";
    pre_order($tree->{LEFT});
    pre_order($tree->{RIGHT});
}
# 왼쪽 자식 트리를 재귀적으로 출력하고
# 오른쪽 자식 트리를 재귀적으로 출력한 다음
# 현재 값을 출력한다
sub post_order {
    my($tree) = @_;
    return unless $tree;
    post_order($tree->{LEFT});
    post_order($tree->{RIGHT});
    print $tree->{VALUE}, " ";
}
# 주어진 값이 트리 안에 있는지 검사한다
# 존재하는 경우는 그 값이 발견된 노드를 반환한다
# 현재 값에 기반하여 두 자식 트리 중 한쪽만 검사함으로써
# 탐색시간을 단축한다
sub search {
    my($tree, $value) = @_;
    return unless $tree;
    if ($tree->{VALUE} == $value) {
        return $tree;
    }
    search($tree->{ ($value < $tree->{VALUE}) ? "LEFT" : "RIGHT" }, $value)
}
```

12장

P e r l C o o k b o o k

패키지, 라이브러리, 모듈

도서관을 소유한 다른 모든 사람들처럼,
아우렐리아누스도 자신의 도서관을 완전히 파악하지 못한
죄가 있음을 알고 있었다.
— 호르헤 루이스 보르헤스, "신학자들(The Theologiants)"

12.0 개요

서로 다른 두 프로그램이 있고, 각각 잘 동작하고 있다고 하자. 그 두 개의 프로그램에 있는 좋은 기능들을 조합해서 제3의 프로그램을 만들기 위해서는 어떻게 하면 좋을까? 단순하게는 두 개의 프로그램을 한 개의 새로운 파일에 복사하거나 선택한 부분만을 잘라내서 붙이는 것을 생각할 수 있다. 그러나 두 개의 프로그램에 이름이 같은 변수나 함수가 있다면 이것들을 따로 구분해야 한다. 예를 들어, 양쪽 프로그램 다 `init` 함수나 `$count` 전역 변수가 있을 수 있다. 하나의 프로그램으로 합쳐지면 이 각각의 부분들이 서로 간섭하게 되는 문제가 발생한다.

이 문제의 해결책이 *패키지(package)*이다. 펄에서는 전역적인 네임스페이스를 나누는 수단으로 패키지를 사용한다. 패키지는 전통적인 모듈과 객체지향 클래스의 기초가 된다. 디렉터리 안에 파일이 있는 것처럼 패키지 안에는 식별자들이 있다. 모든 전역 식별자(변수, 함수, 파일과 디렉터리의 핸들, 포맷)는 패키지 이름과 식별자 두 부분으로 구성된다. 두 부분을 구분하기 위해 사이에 이중 콜론(::)

을 사용한다. 예를 들어 $CGI::needs_binmode라는 변수는 CGI라는 패키지에 포함된 $needs_binmode라는 이름의 전역 변수를 나타낸다.

파일 시스템에서 디렉터리와 파일이름을 구분하기 위해서 슬래시를 사용하듯이 펄에서는 이중 콜론을 사용한다. $Names::startup은 Names 패키지에 포함된 $startup 변수를 나타내고, $Dates::startup은 Dates 패키지에 포함된 $startup 변수를 나타낸다. 패키지 이름을 지정하지 않고 $startup이라는 이름만 단독으로 쓸 경우 현재 패키지에 속한 $startup이라는 전역 변수를 나타낸다. 다만 이렇게 해석되는 것은 $startup이라는 이름의 렉시컬 변수가 현재 보이지 않는 경우에 한해서이다(렉시컬 변수에 관해서는 10장을 참고한다). 패키지 이름이 붙지 않은 변수 이름을 해석할 때는 전역 변수보다 렉시컬 변수가 우선시된다. 렉시컬 변수의 유효범위는 스코프 안이고, 전역 변수의 유효범위는 패키지 안이다. 전역 변수를 나타내려고 한다면 패키지 이름을 붙여 완전한 형태로 표기해야 한다.

package는 컴파일 시점에 선언되어 패키지 이름이 붙지 않은 전역 식별자에 대해 적용할 기본 패키지를 지정한다. chdir이 상대 경로로 적힌 경로명의 앞부분에 들어갈 기본 디렉터리를 지정하는 것과 같다. package 선언은 현재 스코프(중괄호로 감싼 블록, 파일, 또는 eval)가 끝날 때까지 효력을 미친다. 그리고 같은 스코프 안에 다른 package 선언이 나오는 경우 그 효력은 없어진다(다음에 나타나는 코드를 참고한다). package 문을 사용하여 변경하지 않는 이상은 모든 프로그램은 main 패키지에 속한다.

```
package Alpha;
$name = "first";

package Omega;
$name = "last";

package main;
print "Alpha is $Alpha::name, Omega is $Omega::name.\n";
Alpha is first, Omega is last.
```

사용자가 정의하는 식별자와는 달리 $_나 $.와 같은 내장 변수와 STDIN, STDOUT, STDERR, ARGV, ARGVOUT, ENV, INC, SIG 등의 식별자는 따로 패키지 이름을 붙이지 않으면 모두 main 패키지에 속한 것으로 처리된다. 즉, STDIN, @ARGV, %ENV, $_ 등은 현재 어느 패키지에서 접근하든 항상 같은 내용을 나타낸다. 예를 들어, package를 사용해서 기본 패키지를 변경했더라도 @ARGV는 항상 @main::ARGV를 의미한다. @ElseWhere::ARGV처럼 패키지 이름을 명시한 경우는 다른 패키지에 속하게 되고, 이 변수는 내장된 기능이나 특별한 의미가 없는 평범한 변수가 된다. 따라서 $_를 모듈 안에서 사용하는 경우에는 local을 사용하여 지역화하도록 주의해야 한다.

모듈

펄에서 소프트웨어를 재사용하는 단위는 *모듈*이다. 이는 프로그램이나 다른 모듈에서 사용할 수 있도록 설계된 여러 관련 함수를 하나로 묶은 파일을 가리킨다. 모든 모듈은 공용 인터페이스, 즉 외부에서 사용할 수 있도록 공개된 일련의 변수와 함수들이 있다. 모듈 내부에서 본 인터페이스는 기본 모듈인 Exporter 모듈이 참조하는 특정한 패키지 변수를 초기화함으로써 정의된다. 모듈 외부에서는 use 선언을 통해 각종 심벌을 임포트(import)해서 인터페이스에 접근한다. 펄 모듈의 공용 인터페이스는 문서에 공용이라 명시된 모든 것이다. 이 장에서 모듈에 관해서 설명하는 경우에는 이 Exporter를 사용하는 모듈을 얘기한다.

require와 use 두 구문은 모듈을 프로그램에 적재한다는 점은 같지만 의미가 살짝 다르다. require는 프로그램이 실행될 때 모듈을 적재하며, 지정된 모듈이 여러 번 중복해서 적재되지 않도록 검사한다. use는 require와 비슷하지만 프로그램이 컴파일되는 시점에 모듈을 적재하고, 임포트가 자동으로 이뤄진다는 점이 다르다.

use로 적재되는 모듈은 컴파일할 때에 처리되지만, require에 의한 처리는 실행할 때에 이뤄진다. 이 차이는 매우 중요하다. 프로그램을 실행하는 데에 필요한 모듈이 없을 경우 use는 컴파일 에러를 내기 때문에 프로그램이 아예 실행되지 않기 때문이다. 컴파일 시점에 모듈을 처리하는 use의 또 다른 장점은 모듈에 있는 서브루틴에서 지정한 함수 프로토타입을 컴파일러가 확인할 수 있다는 점이다. 이게 중요한 이유는 프로토타입 처리는 컴파일러만 할 수 있지 인터프리터는 할 수 없기 때문이다(다시 말하지만, 처음부터 프로토타입이 사용되고 있는 내장 함수를 대체하는 경우가 아니라면 일반적으로 프로토타입을 권장하지 않는다).

use는 컴파일 시점에 처리되기 때문에 컴파일러에게 어떤 정보를 제공할 때도 적합하다. *프래그마(pragma)*는 일종의 특별한 모듈로서, 컴파일러에게 코드를 컴파일하는 방법을 달리 하도록 지시한다. 프래그마의 이름은 소문자 알파벳으로만 쓰기 때문에 프래그마가 아닌 일반 모듈을 만드는 경우에는 모듈 이름을 알파벳 대문자로 시작해야 한다. 펄 5.8.1 배포본에서 지원하는 프래그마에는 attributes, autouse, base, bigint, bignum, bigrat, bytes, charnames, constant, diagnostics, fields, filetest, if, integer, less, locale, open, overload, sigtrap, sort, strict, subs, utf8, vars, vmsish, warnings가 있다. 각 프래그마마

다 고유의 매뉴얼 페이지가 있다.[1]

require와 use의 또 다른 차이점은 use는 불러오는 모듈 패키지에 대해 암묵적으로 *임포트*를 수행한다는 점이다. 함수 또는 변수를 하나의 패키지에서 다른 패키지로 임포트하는 것은 일종의 별칭을 만드는 것으로 볼 수 있다. 즉, 하나의 대상에 두 개의 다른 이름을 붙이게 된다. 이것은 *ln /somedir/somefile .*이라는 명령을 사용해서 다른 디렉터리에 있는 파일의 링크를 현재 디렉터리에 만드는 것과 비슷하다. 링크를 만든 다음부터는 그 파일에 접근할 때에 전체 경로를 사용할 필요가 없어진다. 이와 마찬가지로 임포트된 심벌은 패키지 이름까지 포함하여 완전하게 표기할 필요가 없다(또는 our를 사용해서 선언하거나, 더 오래된 방식으로써 변수의 경우에 use vars, 서브루틴에 use subs를 사용해서 선언할 필요도 없다). 임포트된 변수는 자신의 패키지에 있던 것처럼 사용할 수 있다. 예를 들어 $English::OUTPUT_AUTOFLUSH를 현재의 패키지에 임포트한 경우에는 $OUTPUT_AUTOFLUSH로 참조할 수 있게 된다.

펄 모듈 파일의 확장자는 .pm이어야 한다. 따라서 FileHandle 모듈은 *FileHandle.pm* 파일에 저장된다. 이 파일의 절대 경로는 @INC 전역 변수에 들어있는 경로에 따라 검색된다. 이 배열의 내용을 여러분의 목적에 따라 변경하는 방법에 관해서는 레시피 12.8을 참고하도록 한다.

모듈 이름 자체에 이중 콜론이 포함된 경우에는 시스템에서 사용되는 디렉터리 구분자로 바뀐다. 즉, File::Find라는 모듈은 대부분의 파일 시스템에서 File/Find.pm이라는 파일에 저장된다. 따라서 다음처럼 쓸 수 있다.

```
require "FileHandle.pm";        # 실행할 때에 적재된다
require FileHandle;             # ".pm"이 생략된 걸로 가정한다. 역시 실행할 때에 적재된다
use FileHandle;                 # 컴파일할 때에 적재된다

require "Cards/Poker.pm";       # 실행할 때에 적재된다
require Cards::Poker;           # ".pm"이 생략된 걸로 가정한다. 역시 실행할 때에 적재된다
use Cards::Poker;               # 컴파일할 때에 적재된다
```

임포트와 익스포트의 규칙

다음 예제는 Cards::Poker라는 가상의 모듈을 가지고 익스포트 처리를 하기 위한 일반적인 설정 방법을 설명한다. 이 코드는 *Cards*라는 디렉터리에 있는 *Poker.pm*이라는 이름의 파일, 즉 *Cards/Poker.pm* 파일에 저장된다(*Cards* 디렉터리를

1 (옮긴이) 전체 프래그마 목록은 *http://perldoc.perl.org/index-pragmas.html*에서 확인할 수 있다. 프래그마마다 사용할 수 있는 환경이 다를 수 있으니, 프래그마의 매뉴얼 페이지를 참고하라.

어디에 두어야 하는지는 레시피 12.8을 참고한다). 다음은 이 파일의 내용이고, 설명의 편의를 위해 행 번호를 표기하였다.

```
1   package Cards::Poker;
2   use Exporter;
3   @ISA = ("Exporter");
4   @EXPORT = qw(&shuffle @card_deck);
5   @card_deck = ();                    # 패키지 전역 변수로 사용하기 위해 초기화한다
6   sub shuffle { }                     # 서브루틴 정의는 나중에 한다
7   1;                                  # 반드시 적어준다
```

첫 번째 줄은 전역 변수와 함수가 속하게 되는 패키지를 선언하고 있다. 일반적으로 모듈은 일단 특정한 패키지로 전환하여 전역 변수나 함수들이 다른 프로그램에 있는 것과 충돌하지 않도록 전용 공간을 마련한다. 패키지 이름은 모듈을 적재할 때에 use 구문에 쓰는 이름과 정확하게 일치해야 한다.

파일의 이름이 *Poker.pm*이라고 해서 package Poker라고 해서는 안 된다. 사용자는 use Cards::Poker라고 쓸 것이므로 package Cards::Poker라고 해야 한다. 흔히 발생하는 문제이지만 디버그하기 어려운 부분이기도 하다. package와 use 구문에서 지정된 패키지 이름이 일치하지 않는 경우, 임포트한 함수를 호출하거나 변수에 접근하려고 시도하고 실패한 다음에야 문제를 발견하게 된다.

두 번째 행에서는 Exporter 모듈을 적재한다. 이 모듈은 지금 만드는 모듈의 공용 인터페이스를 관리하는 역할을 수행하는데 이에 대해서는 나중에 다시 설명한다. 세 번째 행에서는 패키지마다 존재하는 특별한 배열인 @ISA를 초기화해서 "Exporter"를 넣고 있다. 사용자가 use Cards::Poker라고 지정하면 Cards::Poker->import()라는 특별한 메서드가 암묵적으로 호출된다. 새롭게 만드는 패키지에는 import 메서드가 없지만 별 문제가 되지 않는다. 왜냐면 이 메서드는 Exporter 패키지에 포함되어 있고 @ISA(is-a, 즉, "~의 일종이다")에 Exporter를 넣음으로써 이 패키지를 상속하기 때문이다. 펄에서는 정의되지 않은 메서드가 검출되면 그것을 찾기 위해서 패키지의 @ISA 변수를 참조한다. 상속에 관해서는 13장에서 설명한다. 지금은 무시해도 상관없다. 다만 독자 스스로 모듈을 만드는 경우에 두 번째, 세 번째 행과 같은 코드를 붙이는 것을 잊지 않도록 한다.

네 번째 행에서는 리스트('&shuffle', '@card_deck')를 패키지별로 존재하는 특별한 배열인 @EXPORT에 대입한다. 누군가가 이 모듈을 임포트하면 이 배열에 포함된 변수와 함수의 별칭이 호출한 패키지 쪽에 생기게 된다. 이렇게 하면 임포트하고 난 다음에 Cards::Poker::shuffle(23)과 같이 쓸 필요 없이 shuffle(23)이라고만 써서 함수를 호출할 수 있다. require Cards::Poker라는 구문을 사용해서

Cards::Poker를 적재한 경우에는 이렇게 할 수 없다. 이런 임포트는 use에서만 가능하다.

다섯 번째, 여섯 번째 행은 익스포트할 패키지 전역 변수와 함수의 값을 설정한다(실제로는 여기 나온 예제보다 더 많은 내용이 들어갈 것이다). 여러분들이 스스로 모듈을 만들 때에는 그 밖의 변수와 함수를 자유롭게 추가할 수 있다. 거기에 @EXPORT를 통한 공용 인터페이스에 포함하지 않을 변수나 함수를 추가할 수도 있다. Exporter를 사용하는 자세한 방법에 관해서는 레시피 12.1을 참고하라.

마지막 일곱 번째 행에서는 단순히 1이라고 되어 있다. 모듈 전체의 반환값을 나타낸다. 모듈 안에서 마지막으로 평가되는 식이 참 값을 만들어내지 않으면 예외가 발생한다. 이 예외를 포착하는 방법에 관해서는 레시피 12.2에서 검토한다.

패키지를 사용하여 전역 식별자를 그룹으로 나누어 구성할 수 있지만, 이것은 프라이버시와는 무관하다. 예를 들어 Church라는 패키지 안에서 컴파일된 코드에서 State라는 패키지에 포함된 변수의 값은 얼마든지 읽고 쓸 수 있다. 다시 말해 패키지 변수는 항상 전역 변수이며 공유된다. 하지만 괜찮다. 하나의 모듈은 패키지이기도 하지만 동시에 하나의 파일이기도 하다. 파일은 그 자체가 하나의 스코프를 이루므로, 프라이버시가 필요하다면 전역 변수 대신 같은 스코프 안에서만 접근할 수 있는 렉시컬 변수를 사용하면 된다. 이 점에 관해서는 레시피 12.4에서 다룬다.

기타 종류의 라이브러리 파일

라이브러리는 다른 프로그램에서 사용할 수 있도록 만든 함수들을 적당히 관련 있는 것들끼리 모은 것이다. 펄의 모듈과는 다르게 의미상으로 엄밀한 일관성은 없다. 펄 라이브러리 파일이라는 것을 나타내기 위해서는 .pl이라는 파일 확장자를 사용한다. 예를 들어 *syslog.pl*이나 *abbrev.pl* 등이다. 이 라이브러리들은 펄 버전 4 이전의 버전으로 만들어진 오래된 스크립트와의 호환성을 유지하기 위해서 표준 릴리스에 포함되었다.

펄 라이브러리는(사실 펄 코드가 들어있는 어떤 파일이든) do "file.pl" 또는 require "file.pl"이라는 식으로 불러올 수 있다. 대부분의 경우 두 번째 방법을 선호한다. require에서는 오류 검사가 암묵적으로 이루어지지만 do에서는 이러한 확인이 이뤄지지 않기 때문이다. require에서는 오류가 발견되면 예외가 발생한다. 예를 들어 @INC에 지정된 경로를 검색해도 파일을 찾을 수 없거나, 파일이 컴파일되지 않거나, 또는 초기화 코드가 실행되었는데 참 값을 반환(앞 예제에서 1이 그랬듯이)하지 않는 경우 등이다. require의 또 다른 장점은 이미 적재한 파일들의 목록을 %INC라는 전역 해시를 사용해서 기록한다는 점이다. 따라서 %INC의 값을 조사해서 파일이 이미 적재된 것으로 판명되면 다시 적재하지 않고 넘어간다.

라이브러리는 프로그램에서 사용될 때는 잘 동작하지만 여러 라이브러리가 서로를 사용하려 하면 문제가 생긴다. 그러다보니 단순한 펄 라이브러리들은 대부분이 더 이상 사용되지 않고 현대적인 펄 모듈로 대체되었다. 다만 일부 프로그램에서는 지금도 라이브러리가 사용되고 있고, 대부분은 do가 아닌 require로 적재된다.

지금까지 소개한 것 이외의 파일 확장자가 사용되는 경우가 있다. .ph는 *h2ph* 툴을 사용해서 펄 라이브러리로 변환된 C 헤더 파일이다. 이 툴에 관해서는 레시피 12.17에서 설명한다. 그리고 .xs는 확장을 위한 C 소스파일을 나타낸다. 주로 *h2xs* 툴로 만들며 *xsubpp* 툴과 C 컴파일러를 사용하여 네이티브 머신 코드로 컴파일된다. 이렇게 다른 언어를 조합해서 모듈을 만드는 절차에 관해서는 레시피 12.18에서 다룬다.

지금까지 소개한 것은 모두 전통적인 모듈이다. 즉, 호출하는 쪽에서 모듈의 특정한 서브루틴이나 변수에 직접 접근할 수 있게 함으로써 인터페이스를 제공하는 것들이다. 대부분의 모듈은 이 분류에 속한다. 그러나 어떤 문제들과 어떤 프로그래머들은 객체를 사용하는 더 복잡한 모듈을 설계하기도 한다. 객체지향 모듈에서는 임포트와 익스포트 메커니즘은 거의 사용되지 않는다. 그 대신에 생성자, 소멸자, 메서드, 상속과 연산자 오버로딩 등을 모두 갖춘 객체지향 인터페이스가 제공된다. 이에 관해서는 13장에서 설명한다.

시간과 수고를 절약하는 수단

CPAN(Comprehensive Perl Archive Network)은 펄에 대해 상상할 수 있는 것이 거의 빠짐없이 포함된 거대한 보물 상자이다. CPAN에는 여러 가지 소스나 문서, 이식된 모듈 등이 포함되어 있지만 그중에서 가장 주목할 것은 모듈이다. 그 수는 2003년 봄 시점에서 4,500개에 이른다.[2] 따라서 새로운 모듈을 만들 때에는 먼저 CPAN을 참조하여 자기가 원하는 일을 하는 모듈이 이미 존재하는지를 확인해보는 것도 좋다. 그대로 이용할 수 있는 것이 없다 해도 비슷한 일을 하는 모듈을 보며 참고할 수 있을지도 모른다.

CPAN은 분산형 저장소이고, 현재 250개 가까운 미러 사이트에서 공개되어 있

2 (옮긴이) 2016년 현재 3만 5천여 개에 이른다. *http://stats.cpantesters.org/*에서 확인할 수 있다.

다. CPAN에 접근하기 위해서는 *http://www.cpan.org/*라는 주소를 사용한다. 직접 뒤져보고 싶다면 여러 디렉터리를 돌아다니며 찾아볼 수 있다. 새로 등록된 모듈들의 목록을 비롯하여 모듈 이름, 작성자, 카테고리 등에 따라 분류된 색인들이 많이 있다.

몇 천 개의 모듈 중에 원하는 것을 찾으려면 그보다는 *http://search.cpan.org/*의 검색엔진을 이용하는 것이 편리하다.[3] 이름이나 작성자로 모듈을 검색할 수도 있지만, 대개는 등록된 모든 모듈의 문서의 내용을 검색하는 기능이 더 유용하다. 이 덕분에 단지 내용을 확인하려고 일부러 모듈을 내려받아서 설치할 필요가 없다.

더 알아보기

- *Programming Perl* 10, 11, 22장
- *perlmod*(1)

12.1 모듈의 인터페이스를 정의하기

문제

기본 모듈 Exporter로 자신의 모듈의 외부 인터페이스를 정의하고자 한다.

해결책

*YourModule.pm*이라는 모듈 파일에 다음과 같은 코드를 쓴다. 생략기호 부분에는 논의에 나오는 설명에 따라 내용을 채워 넣는다.

```
package YourModule;
use strict;
our (@ISA, @EXPORT, @EXPORT_OK, %EXPORT_TAGS, $VERSION);

use Exporter;
$VERSION = 1.00;              # 또는 그 이상
@ISA = qw(Exporter);

@EXPORT      = qw(...);       # 자동 익스포트할 심벌 (:DEFAULT 태그)
@EXPORT_OK   = qw(...);       # 요청에 따라 익스포트할 심벌
%EXPORT_TAGS = (              # 심벌 세트의 이름을 정의한다
    TAG1 => [...],
    TAG2 => [...],
    ...
);

########################
# 여기에 코드를 쓴다
########################
```

3 (옮긴이) 보다 편리하게 이용하기 위해서는 https://metacpan.org를 권한다.

```
1;                          # 마지막은 반드시 이렇게 끝나야 한다
```

다른 파일에서 YourModule을 사용하기 위해서는 다음 중 하나를 선택한다.

```
use YourModule;             # 기본 심벌을 패키지에 임포트한다
use YourModule qw(...);     # 지정한 심벌을 패키지에 임포트한다
use YourModule ();          # 아무 심벌도 임포트하지 않는다
use YourModule qw(:TAG1);   # 태그 세트 전체를 임포트한다
```

논의

기본 모듈 Exporter는 모듈 외부 인터페이스를 처리한다. 자기가 만드는 패키지에 독자적으로 import 메서드를 정의할 수도 있지만 그렇게 하는 사람은 거의 없다.

사용자가 use YourModule을 선언하면 require "YourModule.pm" 구문과 YourModule->import() 메서드 호출이 메서드 호출이 이뤄지게 된다. Exporter 패키지에서 상속된 import 메서드는 여러분이 만든 패키지 안에 있는 전역 변수들을 찾아내어 그 변수들의 동작을 제어한다. 이 변수들은 패키지 변수여야 하므로 use strict를 만족하려면 our를 사용해서 선언한다. 이 변수들에 대한 설명은 다음과 같다.

$VERSION

적재하려는 모듈의 버전이 최소 몇 이상이어야 한다고 지정할 수 있다. 모듈의 버전이 이 값보다 낮다면 use에서 예외가 발생한다.

```
use YourModule 1.86;        # $VERSION의 값이 1.86 미만이라면 실패한다
```

@EXPORT

호출한 쪽의 네임스페이스로 익스포트할 함수와 변수의 목록이 담긴다. 그렇게 하면 패키지 이름까지 완전하게 표기하지 않아도 접근할 수 있게 된다. 일반적으로는 gw()로 만든 리스트가 사용된다.

```
@EXPORT = qw(&F1 &F2 @List);
@EXPORT = qw( F1  F2 @List);        # 위의 것과 같다
```

단순히 use YourModule라고 쓸 경우 &F1이라는 함수는 YourModule::F1()이라고 하지 않고 F1()로도 호출할 수 있게 되고 배열은 @YourModule::List 대신 @List로도 접근할 수 있게 된다. 익스포트할 함수를 지정할 때에는 앞에 붙이는 앰퍼샌드는 생략할 수 있다.

컴파일 시점에 모듈을 적재하되 아무 심벌도 익스포트되지 않게 하고 싶다면, 임포트 리스트 자리에 빈 괄호를 써서 use Exporter()와 같이 쓴다.

@EXPORT_OK

따로 요청하여 임포트할 수 있는 심벌들의 목록이 담긴다. 다음과 같은 값을 설정했다고 하자.

```
@EXPORT_OK = qw(Op_Func %Table);
```

그러면 사용자는 다음과 같이 모듈을 적재할 수 있다.

```
use YourModule qw(Op_Func %Table F1);
```

이때 임포트되는 것은 Op_Func 함수와 %Table 해시, 그리고 F1 함수뿐이다. F1 함수는 @EXPORT 배열의 리스트에 포함된 것이다. 이 경우 F2나 @List는 @EXPORT 배열에 포함되어 있지만 자동으로 임포트되지 않으니 주의하도록 한다. @EXPORT 배열과 @EXPORT_OK 배열에 적힌 모든 것을 임포트하고 싶으면 다음처럼 :DEFAULT라는 특별한 태그를 사용한다.

```
use YourModule qw(:DEFAULT %Table);
```

%EXPORT_TAGS

CGI나 POSIX 등 규모가 큰 모듈에서 연관된 임포트 심벌들끼리 그룹을 짓는데 사용된다. 이 해시의 값엔 심벌 이름들로 구성된 배열의 레퍼런스를 지정한다. 이 심벌 이름들은 모두 @EXPORT 또는 @EXPORT_OK에 포함되어 있어야 한다. 예를 들어 다음과 같이 초기화할 수 있다.

```
%EXPORT_TAGS = (
        Functions => [ qw(F1 F2 Op_Func) ],
        Variables => [ qw(@List %Table)  ],
);
```

임포트 심벌 앞에 콜론을 붙이면 그 그룹에 속한 심벌을 모두 임포트하는 것을 의미한다. 예를 들어, 다음처럼 지정한다.

```
use YourModule qw(:Functions %Table);
```

그러면 다음 배열에 있는 모든 심벌을 가져오게 된다.

```
@{ $YourModule::EXPORT_TAGS{Functions} },
```

즉 F1, F2, 그리고 Op_Func 함수가 임포트된다. 그리고는 %Table 해시가 임포트된다.

그리고 %EXPORT_TAGS에 따로 명시하지 않아도 암묵적으로 존재하는 태그

:DEFAULT는 @EXPORT에 포함된 모든 것을 자동으로 임포트하는 것을 의미한다.

여러분이 만드는 모듈에 이 변수들을 모두 정의할 필요는 없다. 사용자가 이용할 수 있어야 할 변수만을 정의하면 충분하다.

더 알아보기

- *Programming Perl* 11장의 "Creating Modules" 절
- 기본 모듈 Exporter 모듈 문서 (*Programming Perl* 32장에서도 다룬다.)
- 레시피 12.8
- 레시피 12.22

12.2 require 또는 use 사용 시에 발생하는 에러를 가로채기

문제

시스템에 설치되어 있지 않은 모듈을 적재하려고 시도할 수 있다. 이런 경우 보통 치명적인 예외가 발생하는데, 이 에러를 검출해서 가로채고자 한다.

해결책

require나 use를 eval 인자로 넣어 BEGIN 블록 안에 쓴다.

```
# 임포트하지 않는 경우
BEGIN {
    unless (eval "require $mod; 1") {
        warn "couldn't require $mod: $@";
    }
}

# 현재 패키지로 임포트하는 경우
BEGIN {
    unless (eval "use $mod; 1") {
        warn "couldn't use $mod: $@";
    }
}
```

논의

프로그램에서 어떤 모듈을 적재하려고 할 때, 그 모듈을 찾을 수 없거나 컴파일되지 않는 경우에는 보통은 그 프로그램의 실행을 중단한다. 하지만 때로는 그 에러를 포착해서 대체 모듈을 적재하는 식의 처리를 하고 싶을 수 있다. 다른 예외와 마찬가지로, 컴파일 에러로부터 보호하기 위해 eval을 사용한다.

이때 eval { BLOCK } 형식으로 쓸 수는 없다. 이렇게 하면 실행 시점에 발생하는 예외만 가로챌 수 있는데, use는 컴파일 시점에 발생하는 이벤트이기 때문이

다. 그 대신에 eval "string"이라는 형식을 사용해서 컴파일할 때의 문제도 가로챌 수 있도록 해야 한다. 그리고 베어워드에 대해서 require를 사용한 경우와 변수에 대해서 require를 사용하는 경우의 의미가 다소 다르므로 주의하도록 한다. 전자의 경우에는 ".pm"이 끝에 붙고, 이중 콜론이 운영체제에서 사용되는 경로 구분자로 바뀐다. 경로 구분자는 표준적으로는 URL의 구분자와 같은 /이지만, 시스템에 따라서는 \, :, . 등으로 설정될 수도 있다.

여러 모듈을 순서대로 적재를 시도해서 처음 성공한 시점에 멈출 경우에는 다음과 같은 코드를 사용할 수 있다.

```
BEGIN {
    my($found, @DBs, $mod);
    $found = 0;
    @DBs = qw(Giant::Eenie Giant::Meanie Mouse::Mynie Moe);
    for $mod (@DBs) {
        if (eval "require $mod") {
            $mod->import();         # 필요하다면 import를 호출한다
            $found = 1;
            last;
        }
    }
    die "None of @DBs loaded" unless $found;
}
```

eval을 BEGIN 블록 안에 쓰는 것은 모듈의 적재가 실행할 때가 아닌 컴파일할 때에 이뤄진다는 것을 확실하게 하기 위해서이다.

더 알아보기

- *perlfunc*(1) 문서와 *Programming Perl* 29장에서 다루는 eval, die, use, require 함수
- 레시피 10.12, 레시피 12.3

12.3 use를 실행 시점까지 미루기

문제

어떤 모듈을 프로그램을 실행할 때마다 매번 적재할 필요는 없는 경우가 있다. 또는 프로그램이 실행된 후에 모듈을 적재하고 싶을 수 있다.

해결책

use를 require와 import 두 부분으로 나누거나 use autouse 프래그마를 사용한다.

논의

시작할 때 인자를 확인하여 문제가 있으면 사용법 메시지를 출력하고 바로 종료하는 프로그램이라면, 결과적으로 전혀 사용하지 않을 모듈을 미리 적재할 필요가 없다. 괜히 시간을 지연시켜 사용자를 조바심 나게 할 뿐이다. 그러나 개요에서 설명했듯이 use 구문은 실행 시점이 아니라 컴파일 시점에 수행된다.

이럴 때 효과적인 방법으로는 BEGIN 블록 안에서 인자를 확인하고 그 다음에 모듈을 적재하도록 하는 것이다. 다음은 프로그램이 시작할 때 인자가 두 개이고 모두 정수인지 확인한 다음에 모듈을 적재하는 예제이다.

```
BEGIN {
    unless (@ARGV == 2 && (2 == grep {/^\d+$/} @ARGV)) {
        die "usage: $0 num1 num2\n";
    }
}
use Some::Module;
use More::Modules;
```

프로그램을 실행할 때마다 매번 동일한 모듈을 사용하는 게 아닌 경우에도 유사한 상황이 발생한다. 예를 들어, 2장에서 소개한 *factors* 프로그램에서는 -b 커맨드 라인 플래그가 지정된 경우만 정밀도가 무한한 산술 라이브러리가 필요하다. 이 경우 use 구문을 조건문의 안에 사용해도 의미가 없다. use 구문이 평가되는 것은 컴파일할 때이고, if 검사를 하는 시점보다 훨씬 먼저이기 때문이다. 그러므로 use 대신에 require를 사용한다.

```
if ($opt_b) {
    require Math::BigInt;
}
```

Math::BigInt는 전통적인 모듈이 아닌 객체지향 모듈이기에 임포트할 필요는 없다. 임포트 리스트가 있는 경우에는 use로 지정할 때처럼 qw()를 사용해서 지정한다. 예를 들어 다음과 같이 쓰는 대신에,

```
use Fcntl qw(O_EXCL O_CREAT O_RDWR);
```

아래와 같은 코드를 사용한다.

```
require Fcntl;
Fcntl->import(qw(O_EXCL O_CREAT O_RDWR));
```

use를 사용했다면 컴파일 시점에 임포트한 내용에 의해 생기는 의미상의 변경 사항을 컴파일러가 인식할 수 있다. 그러나 임포트를 실행 시점까지 미루게 되면 이

런 변경이 프로그램의 나머지 부분에 적용되지 않게 된다. 특히 서브루틴의 프로토타입과 내장 함수의 오버라이드는 제때에 반영되지 않는다.

이렇게 적재를 지연시키는 처리는 서브루틴으로 캡슐화하는 것이 적절하다고 생각할 수도 있다. 다음 방법은 보기에는 단순해 보이지만 제대로 동작하지 않는다.

```
sub load_module {
    require $_[0];  # 잘못됨
    import  $_[0];  # 잘못됨
}
```

실패하는 이유는 미묘하다. 예를 들어 "Math::BigFloat"을 인자로 require를 호출하는 것을 상상해보자. 인자가 베어워드라면 이중 콜론이 운영체제의 경로 구분자로 바뀌고, 끝에 .pm이 붙는다. 하지만 이 예제에서는 인자가 단순한 변수이기에 파일이름 리터럴로 간주된다. 게다가 펄에는 따로 import 함수가 내장되어 있지 않다. 그 대신에 import라는 이름의 클래스 메서드가 있으므로, import를 다소 애매해 보이는 간접 객체 지정 문법을 써서 호출한다. 간접 파일핸들의 경우처럼 간접 객체는 단순한 스칼라 변수와 베어워드, 또는 객체를 반환하는 블록에서만 사용할 수 있다. 하지만 식에서 사용하거나 배열 또는 해시의 원소를 가지고는 사용할 수 없다.

더 좋은 방법은 다음과 같다.[4]

```
load_module("Fcntl", qw(O_EXCL O_CREAT O_RDWR));
sub load_module {
    eval "require $_[0]";
    die if $@;
    $_[0]->import(@_[1 .. $#_]);
}
```

하지만 이것도 일반적인 상황에 항상 올바르게 동작하지는 않는다. 실제로는 이런 심벌들을 함수가 속한 패키지가 아니라 호출한 쪽의 패키지에 임포트해야 하기 때문이다. 이 문제를 해결할 수는 있지만, 전체 과정이 매우 복잡해진다.

때로는 실행 시점이 되기 전에 어떤 조건을 검사하는 것이 가능할 수도 있다. 그 조건식 안에 이미 정의된 내장 변수만 사용되거나, BEGIN 블록을 사용하여 조건식에서 사용할 변수를 컴파일 시점에 초기화한 경우 등이다. 이런 경우라면 if 프래그마가 편리하다. 문법은 다음과 같다.

4 (옮긴이) CPAN 모듈 Module::Runtime을 사용하는 방법도 있다.

```
use CONDITION, MODULE;
use CONDITION, MODULE => ARGUMENTS;
```

예를 들어 다음과 같이 사용할 수 있다.

```
use if $^O =~ /bsd/i, BSD::Resource;
use if $] >= 5.006_01, File::Temp => qw/tempfile tempdir/;
```

이것을 대신하는 편리한 방법으로는 use autouse 프래그마가 있다. 이 지시자를 사용하면 함수가 실제로 사용될 때 비로소 적재함으로써 잘 사용되지 않는 함수를 적재하느라 드는 시간을 절약해준다.

```
use autouse Fcntl => qw( O_EXCL() O_CREAT() O_RDWR() );
```

use나 import와 달리 autouse를 사용할 때는 O_EXCL, O_CREAT, O_RDWR 뒤에 괄호를 붙이고 있다. autouse 프래그마는 함수 이름뿐 아니라 함수의 프로토타입도 인자로 받는다. Fcntl 모듈이 제공하는 상수들은 인자를 받지 않도록 프로토타입 선언이 되어 있다. 따라서 use strict가 적용된 프로그램에서도 베어워드로 사용할 수 있다.

그리고 use strict에 의해 수행되는 검사는 컴파일할 때에 이뤄진다는 것을 상기하여야 한다. use Fcntl이라고 쓰는 경우에는 Fcntl 모듈에 포함된 프로토타입이 컴파일되기 때문에 괄호를 붙이지 않고 그 상수들을 사용할 수 있게 된다. 그러나 require를 사용하거나, 앞에서처럼 use를 eval 안에서 쓰는 경우에는 컴파일러가 프로토타입을 읽지 못하므로 괄호를 붙이지 않고 Fcntl의 상수를 사용할 수 없게 된다.

autouse 프래그마를 사용할 때의 조건과 제약 등에 관해서는 온라인 문서를 참고하라.

더 알아보기

- 레시피 12.2
- 기본 모듈 Exporter 모듈 문서에서 다루는 import 메서드 (*Programming Perl* 32장에서도 다룬다.)
- use autouse 프래그마 문서

12.4 모듈 안에서만 접근할 수 있는 프라이빗 변수 만들기

문제

어떤 변수를 패키지 안에서만 접근 가능한 프라이빗 변수로 만들고자 한다.

해결책

불가능하다. 그러나 모듈이 정의된 파일 내에서만 접근할 수 있는 프라이빗 변수로 만들 수는 있으며, 보통은 이것으로 충분하다.

논의

패키지는 변수와 함수를 그룹화하는 수단에 지나지 않고, 프라이버시를 보호하는 기능은 없다는 점을 기억하라. 패키지에 포함된 모든 것은 의미상 전역적이며 어디에서든 접근할 수 있다. 패키지는 그룹일 뿐이고, 정보 은닉 기능은 없다.

프라이버시를 보호한다는 점에서 유효한 것은 렉시컬 변수뿐이다. 모듈을 *Module.pm* 파일에 구현하면 그 모듈의 모든 전역 변수와 함수는 `Module`이라는 이름의 패키지에 속하게 된다. 전체 파일도 하나의 스코프를 이루고, 렉시컬 변수는 정의된 스코프 내에서만 접근할 수 있기 때문에, 파일 전체를 스코프로 가지는 변수를 만들면 이 변수는 모듈 내에서만 접근할 수 있는 프라이빗 변수나 마찬가지가 된다.

다만 어떤 스코프 안에서 패키지를 바꿔도, 스코프에 속하는 렉시컬 변수는 해당 스코프의 어느 패키지에서든 접근할 수 있다. 패키지 지정 구문은 단지 전역 식별자의 접두어를 설정할 뿐이고, 현재 스코프를 종료하거나 새로운 스코프를 시작하는 게 아니기 때문이다.

```
package Alpha;
my $aa = 10;
   $x = "azure";

package Beta;
my $bb = 20;
   $x = "blue";

package main;
print "$aa, $bb, $x, $Alpha::x, $Beta::x\n";
10, 20, , azure, blue
```

위 코드의 출력 결과는 예상한 대로인가? 현재의 블록이나 파일, `eval`을 벗어난 게 아니기 때문에 `$aa`와 `$bb`라는 두 렉시컬 변수는 여전히 스코프 내에 있다. 전역 변수와 렉시컬 변수는 별개의 차원에 존재하고 있고 서로 간에 아무런 연관이 없다고 생각해도 된다. 패키지 구문은 렉시컬 변수에 전혀 영향을 끼치지 않는다. 코드 중간 중간에 패키지 구문에 의해 기본 접두어가 바뀌기 때문에 첫 번째 전역 변수인 `$x`는 실제로는 `$Alpha::x`이고, 두 번째의 전역 변수인 `$x`는 `$Beta::x`이다. 패키지 변수나 함수 등의 식별자는 패키지 이름까지 완전하게 표기한다면 예제의 `print` 구문처럼 코드 안의 어디서든 접근할 수 있다.

따라서 패키지는 프라이버시를 제공할 수 없다. 하지만 모듈은 하나의 파일에 저장되고 파일은 그 자체가 스코프가 되기 때문에 프라이버시를 제공할 수 있다. 다음은 flip_words와 flip_boundary라는 두 개의 함수를 익스포트하는 단순한 모듈로 *Flipper.pm*이라는 파일에 저장된다. 이 모듈은 한 줄에 있는 단어들을 역순으로 뒤집는 기능과, 이때 어떤 것을 단어와 단어 사이를 나누는 기준으로 삼을지 정의할 수 있는 기능을 제공한다.

```
# Flipper.pm
package Flipper;
use strict;

require Exporter;
use vars qw(@ISA @EXPORT $VERSION);
@ISA     = qw(Exporter);
@EXPORT  = qw(flip_words flip_boundary);
$VERSION = 1.0;

my $Separatrix = " ";  # 기본값은 공백으로 설정. 함수 정의보다 먼저 나와야 한다

sub flip_boundary {
    my $prev_sep = $Separatrix;
    if (@_) { $Separatrix = $_[0] }
    return $prev_sep;
}
sub flip_words {
    my $line  = $_[0];
    my @words = split($Separatrix, $line);
    return join($Separatrix, reverse @words);
}
1;
```

이 모듈에서는 Exporter에서 필요로 하는 세 개의 패키지 변수를 설정하고 $Separatrix라는 이름의 파일 스코프의 렉시컬 변수도 초기화하고 있다. 여기서도 $Separatrix 변수는 패키지가 아니라 파일의 프라이빗 변수다. 변수가 선언된 다음에는 같은 스코프에 속한(또는 함수의 블록처럼 그 스코프 안에서 중첩된) 모든 코드에서는 $Separatrix에 완벽하게 접근할 수 있다. 그리고 전역 변수는 익스포트되지 않았지만, $Flipper::VERSION과 같이 완전하게 표기된 이름을 사용해서 접근할 수 있다.

스코프의 렉시컬 변수는 그 스코프의 바깥에서는 읽거나 쓸 수 없다. 이 경우의 스코프는 변수를 선언한 위치부터 그 파일의 끝까지다. 렉시컬 변수는 패키지 이름까지 완전히 표기하거나 익스포트할 수 없다. 익스포트할 수 있는 것은 전역 변수뿐이다. 모듈의 외부에서 파일의 렉시컬 변수의 값을 읽거나 쓸 필요가 있다면 모듈 자체에 요청해야 한다. 이 예제에서 flip_boundary 함수의 역할이 그것이다. flip_boundary 함수는 모듈의 제한적인 부분에 간접적으로 접근할 수 있게 해준다.

Flipper 모듈은 `$Separatrix` 변수가 파일의 렉시컬 변수가 아니라 패키지 전역 변수였어도 동일하게 동작할 것이다. 이 경우 이론적으로는 모듈 쪽에서 감지하지 못하는 상태에서 외부에서 이 변수를 조작할 수 있다. 반대로 외부의 사용자가 모듈의 변수를 직접 접근하기를 매우 간절하게 원한다면, 그것을 허용해야 할 수도 있다. 모듈에 파일 스코프의 전역 변수를 잔뜩 넣어야만 하는 건 아니다. 여러분이 원하는 어떤 식별자든 저장할 수 있는 고유의 네임스페이스(앞의 예제의 경우는 Flipper)가 이미 존재하고 있기 때문이다. 애초에 네임스페이스가 이런 용도로 있는 것이다. 좋은 펄 프로그래밍 스타일을 위해서는 식별자를 완전하게 표기하는 것은 대체로 피하는 것이 좋다.

스타일 얘기를 더 하자면, Flipper 모듈에서 사용된 식별자의 대소문자는 무작위로 구분한 게 아니다. 펄 스타일 가이드에 의하면 대문자로만 된 식별자는 펄 자체에서 특별한 의미를 가지는 식별자에 쓰는 걸로 예약되어 있다. 함수와 지역 변수는 소문자로만 표현한다. 모듈 안에서 계속 존재하는 변수(파일의 렉시컬 변수 또는 패키지의 전역 변수)는 첫 글자를 대문자로 쓴다. 여러 단어로 구성된 식별자는 읽기 쉽도록 각 단어 사이를 언더바(_)로 나눠서 표현한다. 각 단어의 첫 글자를 대문자로 표기한 후 언더바 없이 붙여서 쓰는 방식은 권장되지 않는다. 띄어쓰기 없는 책을 읽고 싶지는 않을 것이다.

더 알아보기

- *perlmod*(1) 문서에서 파일 스코프가 적용되는 렉시컬 변수에 대해 다룬다.
- *Programming Perl* 4장의 "Scoped Declarations" 절
- *Programming Perl* 24장의 "Programming with Style" 절 또는 *perlstyle*(1) 문서
- 레시피 10.2, 레시피 10.3

12.5 모듈 안에서만 접근할 수 있는 프라이빗 함수 만들기

문제

패키지 안에서만 접근할 수 있는 함수를 만들고자 한다.

해결책

불가능하다. 그러나 프라이빗 변수를 만들고 그 변수에 익명 함수의 레퍼런스를 저장할 수 있다.

```
# 이것은 SomeModule.pm이라는 파일이다
package Some_Module;

my $secret_function = sub {
    # 여기에 코드를 쓴다
};

sub regular_function {
    # "프라이빗" 함수를 코드 레퍼런스를 사용하여 호출한다
    $secret_function->(ARG1, ARG2);
}
```

논의

함수는 익스포트되지 않았더라도 패키지 이름까지 완전히 표기함으로써 어디에서든 접근할 수 있다. 함수 이름이 항상 패키지의 심벌 테이블에 등록되어 있고, 이 테이블에는 전역으로 접근할 수 있게 되기 때문이다.

파일을 스코프로 하는 렉시컬 변수를 만들면 해당 모듈 파일에서 변수를 선언한 위치 아래의 나머지 코드에서는 그 변수에 완전히 접근할 수 있게 된다. 하지만 다른 파일의 코드에서는 스코프를 벗어났기 때문에 변수에 접근할 수 없다. sub { .... } 구문으로 만들어진 서브루틴은 익명이다. 따라서 심벌 테이블에 이름이 등록되지 않기 때문에 외부에서 찾을 수 없다. 이름이 없기 때문에 심지어 같은 모듈 안의 코드에서도 그 함수를 이름으로 호출할 수 없다. 하지만 렉시컬 변수를 사용하여 코드 레퍼런스를 간접적으로 디레퍼런스할 수 있다.

```
$secret_function->(ARGS);                # 중위 디레퍼런스 형식
&$secret_function(ARGS);                 # 전위 디레퍼런스 형식
```

조금 이상하다고 생각할 수 있지만 정말로 필요하다면 이 익명 함수에 임시적인 이름을 붙일 수 있다. 구체적으로는 레시피 10.16에서 설명한 기법을 사용해서 다음처럼 코드 레퍼런스를 지역화된 타입글로브에 대입한다.

```
sub module_function {
    local *secret = $secret_function;
    Other_Package::func1();
    secret(ARG1, ARG2);
    Yet_Another_Package::func2();
}
```

이것으로 module_function 안에서는 앞에서 정의한 익명 함수($secret_function)를 직접적인 함수 호출을 통해서 사용할 수 있다. 즉, 간접 참조할 필요가 없다. 그리고 모듈 외부의 코드에서 이 함수를 찾을 수도 있다. 위 예제에서 func1과 func2가 모듈의 파일 스코프에 속해있는지는 문제가 되지 않는다. 임시 심벌 테이블 항목을 만들었기 때문에 이 항목을 통해서 secret 함수에 접근할 수 있기 때문

이다. 따라서 `Other_Package::func1`에서 `Some_Module::secret`을 호출한다면 제대로 찾을 수 있다. 다만, 예제의 `module_function` 안에서 `func1`이 호출된 경우에만 가능하다. 그 이외의 장소에서 호출된 경우에는 Some_Module 패키지의 심벌 테이블에 `secret` 함수가 존재하지 않으니 함수 호출은 실패할 것이다.

이런 특수한 동작을 *동적 스코프(dynamic scope)*라고 부른다. 임시 변수의 값과 접근 가능 여부가 실행 시점에 코드의 호출 방향에 따라 달라지는데, 이것은 `local` 키워드의 특성에 따르는 동작이다. 일반적으로 이것을 권장하지 않는 이유는 쉽게 추측할 수 있을 것이다.

더 알아보기

- 레시피 12.4
- *Programming Perl* 4장의 "Dynamically Scoped Variables: local" 절
- *Programming Perl* 10장의 "Symbol Tables" 절

12.6 호출한 쪽의 패키지를 식별하기

문제

현재 패키지 또는 호출한 쪽의 패키지가 무엇인지 알아내고자 한다.

해결책

현재 패키지 이름을 알려면 다음과 같은 코드를 사용한다.

```
$this_pack = __PACKAGE__;
```

호출한 쪽의 패키지 이름을 알려면 다음과 같은 코드를 사용한다.

```
$that_pack = caller();
```

논의

`__PACKAGE__` 심벌은 현재 컴파일되고 있는 코드가 속한 패키지 이름을 반환한다. 이 심벌을 큰따옴표로 감싼 문자열 안에 쓸 수는 없다.

```
print "I am in package __PACKAGE__\n";              # 잘못됨!
I am in package __PACKAGE__
```

호출한 쪽의 패키지를 알아야 하는 상황은 주로 입력으로 `eval` 처리할 문자열이나 파일핸들, 포맷, 디렉터리 핸들 등을 받는 구식 코드에서 생긴다. 다음과 같은

runit이라는 가공의 함수를 호출한다고 생각해보자.

```
package Alpha;
runit('$line = <TEMP>');

package Beta;
sub runit {
    my $codestr = shift;
    eval $codestr;
    die if $@;
}
```

runit 함수가 컴파일될 때의 패키지와 실행되는 시점의 패키지가 서로 다르기 때문에, eval이 수행될 때 이 함수는 인자로 $Beta::line과 Beta::TEMP를 받은 것처럼 동작한다. 이에 대한 오래된 해결책은 호출한 쪽의 패키지를 앞부분에 써넣는 것이다.

```
package Beta;
sub runit {
    my $codestr = shift;
    my $hispack = caller;
    eval "package $hispack; $codestr";
    die if $@;
}
```

이 방법은 $line이 전역 변수인 경우만 제대로 동작한다. $line이 렉시컬 변수인 경우에는 효과가 없다. 그 대신에 서브루틴의 레퍼런스를 받도록 runit을 만들라.

```
package Alpha;
runit( sub { $line = <TEMP> } );
package Beta;
sub runit {
    my $coderef = shift;
    &$coderef();
}
```

이러면 렉시컬 변수를 사용해도 정상적으로 동작할 뿐 아니라, 인자로 넘겨주는 코드의 문법이 올바른지를 컴파일 시점에 검사할 수 있다. 후자는 큰 장점이다.

넘어온 인자가 파일핸들일 경우에는 Symbol::qualify 함수를 사용하면 이식성이 더 높다. 이 함수는 인자로 이름과 그 이름을 수식하는 패키지를 받는다. 이름을 수식할 필요가 있는 경우에는 패키지 이름이 수식어로 이름에 붙는다. 그 이외의 경우에는 이름은 단독으로 사용된다. 다만, * 프로토타입과 비교하면 효율이 매우 낮다.

다음은 파일핸들에서 n행의 데이터를 읽어들여서 반환하는 함수의 예제를 나타낸다. 이 함수는 핸들을 사용하기 전에 먼저 패키지 이름을 붙여 수식한다.

```
open (FH, "<", "/etc/termcap")        or die "can't open /etc/termcap: $!";
($a, $b, $c) = nreadline(3, "FH");

use Symbol ();
use Carp;
sub nreadline {
    my ($count, $handle) = @_;
    my(@retlist,$line);

    croak "count must be > 0" unless $count > 0;
    $handle = Symbol::qualify($handle, (caller())[0]);
    croak "need open filehandle" unless defined fileno($handle);

    push(@retlist, $line) while defined($line = <$handle>) && $count--;
    return @retlist;
}
```

이 `nreadline` 함수를 호출하는 모든 사람이 `*FH`와 같은 타입글로브나 `\*FH`와 같은 글로브 레퍼런스를 쓰거나 FileHandle이나 IO::Handle 객체를 사용해서 파일핸들을 넘긴다면 이렇게까지 할 필요는 없다. 이렇게 하는 것은 어디까지나 평범한 문자열 `"FH"`를 받아서 패키지 이름을 수식해야 하는 가능성을 고려한 것이다.

더 알아보기

- 기본 모듈 Symbol 모듈 문서 (*Programming Perl* 32장에서도 다룬다.)
- *perldata*(1) 문서에서 다루는 `__FILE__`, `__LINE__`, `__PACKAGE__` 특수 기호
- 레시피 12.14, 레시피 7.6

12.7 모듈의 뒷정리를 자동화하기

문제

사용자가 따로 조작하지 않아도 자동으로 호출되어 모듈의 설정이나 뒷정리를 하는 코드를 만들고자 한다.

해결책

설정을 위한 코드는 모듈 파일 안에서 서브루틴 정의 바깥쪽에 실행 구문을 두는 식으로 작성한다. 정리 코드는 모듈 내에 END 서브루틴 안에 넣는다.

논의

일부 프로그램 언어에서는 어떤 모듈의 함수에 접근하기 전에 그 모듈의 초기화 코드를 먼저 호출해야 한다. 마찬가지로 프로그램을 종료할 때에도 모듈 고유의 종료 코드를 프로그램 안에서 호출해야 한다.

그러나 펄에서는 그럴 필요가 없다. 모듈의 초기화 코드는 그 모듈 안의 서브루틴 이외의 장소에 실행문을 써두는 것만으로 충분하다. 모듈이 적재될 때에 그 코드가 그곳에서 곧바로 실행되기 때문이다. 이러한 동작은 자동으로 이뤄지기 때문에 사용자가 따로 챙길 필요가 없다.

그런데 자동으로 뒷정리를 하는 코드는 왜 필요한 것일까? 그 이유는 모듈에 따라 다르다. 시스템 종료 메시지를 로그 파일에 기록하거나, 대기 중인 작업을 완료하도록 데이터베이스 서버에 지시하거나, 화면을 최신 상태로 갱신하거나, 단말을 초기 상태로 돌리는 것 등의 이유가 있을 수 있다.

구체적인 예제로 어떤 모듈을 사용하는 프로그램을 시작 또는 종료할 때마다 자동으로 로그를 기록하는 경우를 생각해볼 수 있다. 이 경우에는 END 서브루틴에 다음과 같은 코드를 추가해서 프로그램이 종료된 다음에 실행되게 한다.

```
$Logfile = "/tmp/mylog" unless defined $Logfile;
open(LF, ">>", $Logfile)
    or die "can't append to $Logfile: $!";
select(((select(LF), $|=1))[0]);  # LF를 버퍼링하지 않는다
logmsg("startup");

sub logmsg {
    my $now = scalar gmtime;
    print LF "$0 $$ $now: @_\n"
        or die "write to $Logfile failed: $!";
}

END {
    logmsg("shutdown");
    close(LF)
        or die "close $Logfile failed: $!";
}
```

첫 부분은 서브루틴 선언 부분 바깥쪽에 쓰여 있기 때문에 모듈이 적재될 때 실행된다. 즉, 모듈의 사용자가 특별한 일을 하지 않아도 자동으로 실행된다. 다만, 로그 파일에 접근할 수 없는 경우 die로 인하여 이 모듈을 use 또는 require 하려던 게 실패하게 되므로 당황할 수 있다.

END 루틴은 셸에서의 trap 0이나 C 프로그래밍에서의 atexit, 또는 객체지향 언어에서의 전역 소멸자 또는 종료자 등과 같은 종료 핸들러로 동작한다. 프로그램에 여러 개의 END가 있는 경우에는 적재된 순서와 반대 순서로 실행된다. 즉, 마지막으로 쓰인 것이 먼저 실행된다. 이것들은 프로그램이 어떻게 종료했는지 상관없이 호출된다. 예를 들어 메인 프로그램의 끝에 도달하여 프로세스가 정상적으로 종료되는 경우, 그리고 exit 함수가 명시적으로 호출되는 경우나 die가 실행되거나 0으로 나누는 등 가로챌 수 없는 예외가 발생한 경우 등에도 수행된다.

다만 가로챌 수 없는 시그널의 경우는 별개이다. 시그널에 의해 프로그램이 비정상 종료한 경우에는 종료 핸들러는 실행되지 않지만, 다음과 같은 프래그마로 해결할 수 있다.

```
use sigtrap qw(die normal-signals error-signals);
```

이 프래그마를 사용하면 모든 정상 시그널과 에러 시그널을 받았을 때 프로그램이 die 메커니즘을 따라서 종료하게 된다. 이렇게 하여 시그널이 예외로 변환됨으로써 END 핸들러가 실행될 수 있게 된다.

다음처럼 더 복잡하게 할 수도 있다.

```
use sigtrap qw(

    die         untrapped normal-signals
    stack-trace any       error-signals
);
```

이 구문은 가로챌 수 없는 정상 시그널이 발생한 경우에만 die를 실행한다. 에러 시그널이 발생한 경우에는 Carp 모듈의 confess 함수가 호출되었을 때처럼 종료하기 전에 스택 트레이스(stack trace)를 생성하도록 지시한다.

그리고 exec 함수를 사용해서 프로세스가 다른 형태로 변할 때도 END 핸들러는 호출되지 않는다. 프로그램만 달라지지 여전히 같은 프로세스인 상태이기 때문이다. 이 경우 일반적인 프로세스 속성들, 예를 들어 프로세스 ID와 부모의 PID, 사용자와 그룹의 ID, umask, 현재 디렉터리, 환경변수, 리소스 제한과 누적 통계정보, 그리고 열려있는 파일 기술자 등은 모두 그대로 유지된다(*perlvar*(1) 문서 또는 *Programming Perl*에 있는 $^F 변수에 관한 설명을 참고한다). 이렇게 하지 않으면 fork와 exec의 호출을 수동으로 관리하는 프로그램의 경우, 종료 핸들러가 프로그램 안에서 중복해서 실행되는 문제가 생길 수 있다.

더 알아보기

- 기본 프래그마 use sigtrap 문서 (*Programming Perl* 31장에서도 다룬다.)
- *Programming Perl* 18장, *perlmod*(1) 문서의 "Package Constructors and Destructors" 절
- *perlvar*(1) 문서와 *Programming Perl* 28장에서 다루는 $^F ($SYSTEM_FD_MAX) 변수
- *perlfunc*(1) 문서와 *Programming Perl* 29장에서 다루는 fork, exec 함수

12.8 자기만의 모듈 디렉터리를 구축하기

문제

나의 개인적인 모듈은 시스템 전체에 적용되는 라이브러리에 설치하고 싶지 않다.

해결책

몇 가지 방법이 있다. 예를 들어 펄의 -I 명령 행 스위치를 사용하거나, PERL5LIB 환경변수를 설정하거나, use lib 프래그마를 사용하는(아마도 이 경우에는 FindBin 모듈과 함께 사용할 것이다) 등의 방법 중에서 선택할 수 있다.

논의

@INC 배열에는 do, require 또는 use로 다른 파일에서 코드를 읽어들일 때 검색할 디렉터리 목록이 들어있다. 이 디렉터리 목록은 다음처럼 명령 행에서 간단하게 표시할 수 있다.

```
% perl -e 'printf "%d %s\n", $i++, $_ for @INC'
0 /usr/local/lib/perl5/5.8.0/OpenBSD.i386-openbsd
1 /usr/local/lib/perl5/5.8.0
2 /usr/local/lib/perl5/site_perl/5.8.0/OpenBSD.i386-openbsd
3 /usr/local/lib/perl5/site_perl/5.8.0
4 /usr/local/lib/perl5/site_perl/5.6.0
5 /usr/local/lib/perl5/site_perl/5.00554
6 /usr/local/lib/perl5/site_perl/5.005
7 /usr/local/lib/perl5/site_perl
8 .
```

처음 두 개의 디렉터리, 즉 @INC 배열의 제0요소와 제1요소는 각각 표준 아키텍처 의존 디렉터리와 아키텍처 비의존 디렉터리이다. 이 디렉터리들에는 모두 표준 라이브러리, 모듈, 그리고 프래그마가 저장되어 있다. 표준 디렉터리가 두 개인 이유는 어떤 모듈은 특정한 아키텍처에서만 의미가 있는 정보나 형식을 담고 있기 때문이다. 예를 들어 Config 모듈에는 여러 아키텍처에서 공유할 수 없는 정보가 포함되어 있다. 따라서 이 모듈은 배열의 인덱스 0 자리에 저장된다. 그리고 Socket.so처럼 컴파일된 C 컴포넌트가 포함된 모듈도 같은 곳에 저장된다. 그렇지 않은 대부분의 모듈은 인덱스 1에 해당하는 아키텍처 비의존 디렉터리에 저장된다.

그 다음 2번, 3번 인덱스는 0번, 1번과 유사하지만 사이트 고유의 모듈들이 저장된다. 예를 들어 CPAN 모듈이나 여러분이 직접 만든 모듈처럼 펄을 설치할 때 같이 설치되지 않은 모듈이 있다고 하자. 이런 모듈을 여러분이 직접 또는 (대부분의 경우와 같이) 시스템 관리자가 설치할 경우, 모듈의 구성물들은 사이트 고유 디렉터리 중 한 곳에 설치된다. 사이트 전체에서 쉽게 접근할 수 있어야 하는 모듈들은 이 장소에 설치하는 것을 권장한다.

앞의 예에서 제4~7 인덱스 원소는 펄의 이전 버전을 쓸 때 설치된 모든 사이트 고유의 모듈을 현재 펄에서 검출할 수 있게 하도록 추가되었다. 이 디렉터리들은 펄의 새로운 릴리스를 설정, 컴파일, 설치할 때에 `@INC`에 자동으로 추가할 수 있으며, 업그레이드 작업을 좀 더 쉽게 만들어준다.

마지막 표준 컴포넌트인 `"."`(현재 작업 디렉터리)는 소트프웨어를 배포할 때는 별 도움이 되지 않으며, 개발하거나 테스트할 때만 유용하다. 자신이 만든 모듈이 마지막에 `chdir`로 이동한 디렉터리에 있다면 그 모듈을 찾을 수 있게 해준다. 하지만 그 외의 디렉터리에 있다면 모듈을 읽지 못한다.

`@INC` 배열의 각 디렉터리의 내용은 지금처럼 의미가 정해져 있기 때문에, 때에 따라서는 개중 어느 디렉터리에도 모듈이 없을 수 있다. 아마 자신이 만든 개인적인 모듈을 사용하는 경우나 프로젝트 그룹에서 그 프로젝트에만 연관되는 특별한 모듈을 사용하는 경우일 것이다. 이 경우에는 기본 `@INC`에 검색할 디렉터리를 추가해야 한다.

제일 먼저 생각할 수 있는 방법은 -Idirlist라는 명령 행 플래그를 사용하는 것이다. *dirlist*는 하나 이상의 디렉터리를 콜론[5]으로 구분해서 나열한 리스트로 `@INC` 배열의 앞부분에 추가된다. 간단히 명령 행에서 사용할 때 잘 동작하기 때문에 셸 스크립트 안에서 한 줄짜리 펄 코드를 실행하는 경우 같은 때 쓰면 좋다.

이 방법은 `#!`로 시작하는 첫 줄[6]에서는 사용하지 말라. 모든 프로그램을 일일이 수정하는 것은 그다지 즐거운 작업이 아니니다. 더 중요한 문제는 오래된 일부 운영체제에서는 이 줄의 최대 길이와 관련된 제한(보통은 `#!`를 포함하여 32자)이 있다는 것이다. 즉, `#!/opt/languages/free/extrabits/perl`처럼 경로가 상당히 긴 경우에는 `"Command not found"`라는 영문 모를 에러가 출력될 가능성이 있다. 펄은 그 행을 수동으로 다시 읽으려고 시도하긴 하지만, 여기에 의존하는 것은 좋지 않다.

더 적절한 해결책은 `PERL5LIB` 환경변수를 설정하는 것이다. 이 설정은 셸 시작 설정 파일(start-up file)에서 할 수 있다. 또는 시스템 관리자가 필요하다고 판

5 Mac OS 9에서는 쉼표
6 (옮긴이) shebang line, pound-bang line 등으로 불린다.

단한 경우에는 시스템 전체에 적용되는 시작 파일에 기술해서, 모든 사용자에게 같은 설정이 적용될 수 있게 하는 것도 가능하다. 예를 들어 자신의 모든 모듈을 *~/perllib*이라는 디렉터리에 저장했다고 하자. 그 경우 사용하는 셸에 따라서 다음 행 중 하나를 그 셸에 해당되는 시작 파일에 써넣는다.

```
# sh, bash, ksh, zsh의 경우
$ export PERL5LIB=$HOME/perllib

# csh, tcsh의 경우
% setenv PERL5LIB ~/perllib
```

사용자 입장에서 가장 좋은 해결책은 개발자가 스크립트의 앞부분에 `use lib` 프래그마를 추가해두는 것이다. 이러면 사용자가 그 프로그램을 실행할 때에 특별한 조작을 할 필요가 없다. 독자적인 라이브러리에 의존하는 프로그램들로 구성된 Spectre라는 프로젝트가 있다고 상상해보자. 이 프로그램들에서는 각각의 앞부분에 다음과 같은 구문을 추가할 수 있다.

```
use lib "/projects/spectre/lib";
```

그런데 라이브러리의 정확한 경로를 알 수 없는 경우에는 어떻게 될까? 프로젝트 전체가 사용자가 선택한 임의의 경로에 설치되어 있을 수도 있다. 이런 경우 설치 프로그램을 정교하게 만들어서 스크립트가 동적으로 수정되도록 할 수도 있다. 그러나 그렇게 했다고 해도 경로는 설치 시에 고정된다. 이후에 누군가가 파일을 옮겨버리면 라이브러리를 찾을 수 없게 된다.

FindBin 모듈을 사용하면 이런 문제를 간단하게 해결할 수 있다. 이 모듈은 실행 중인 스크립트가 포함된 디렉터리의 절대 경로를 판별하여 `$Bin`이라는 이름의 임포트 가능한 패키지 변수에 그 디렉터리를 저장한다. 일반적인 사용방법은 프로그램이 있는 디렉터리 안에서 모듈을 검색하거나 같은 레벨의 *lib* 디렉터리 안에서 모듈을 검색하는 것이다.

첫 번째 예로 */wherever/spectre/myprog*라는 이름의 프로그램이 있고, 그 프로그램은 */wherever/spectre* 디렉터리 안에서 모듈을 검색해야 한다고 하자. 해당 경로를 프로그램에 직접 쓰는 대신 다음과 같은 구문을 사용한다.

```
use FindBin;
use lib $FindBin::Bin;
```

두 번째 예로 프로그램 경로가 */wherever/spectre/bin/myprog*이고, 이 프로그램에서는 */wherever/spectre/lib* 디렉터리 안에서 모듈을 검색해야 한다고 하자.

```
use FindBin qw($Bin);
use lib "$Bin/../lib";
```

더 알아보기

- `use lib` 프래그마 문서(*Programming Perl* 31장에서도 다룬다)와 기본 모듈 FindBin 모듈 문서
- *perl*(1) 문서와 *Programming Perl* 19장에서 다루는 PERL5LIB 환경변수
- 사용하는 셸에서 환경변수를 설정하는 구문

12.9 모듈을 배포하기

문제

자신의 모듈을 지인에게 간단히 보내기 위해서 자신의 모듈을 표준적인 배포 형식으로 구성하고자 한다. 더 나아가서 누구나 사용할 수 있도록 자신의 모듈을 CPAN에 올리고 싶다.

해결책

우선 펄의 기본 *h2xs* 툴을 사용하는 것이 가장 좋은 방법이다.[7] 예를 들어, Planets 모듈이나 Astronomy::Orbits 모듈을 만든다고 가정하자. 다음처럼 입력한다.

```
% h2xs -XA -n Planets
% h2xs -XA -n Astronomy::Orbits
```

이 명령들을 실행하면 각각 *./Planets/*와 *./Astronomy/Orbits/*라는 하위 디렉터리가 만들어진다. 그 하위 디렉터리들은 모듈을 배포할 준비를 시작하는 데 필요한 컴포넌트가 모두 포함되어 있다. 만들 모듈의 이름을 지정하기 위해서 -n 플래그를 사용한다. -X는 XS(eXternal Subroutine: 외부 서브루틴) 컴포넌트를 생성하지 않도록 하며 -A는 모듈에서 AutoLoader를 사용하지 않도록 지시한다.

논의

모듈을 만드는 것은 방법만 알고 있으면 쉽다. 하지만 제대로 된 모듈을 만드는 것은 법적 계약서를 작성하는 것과 비슷하다. 계약서에는 이름, 서명, 날짜 등을 정확하게 써넣어야 하는 입력란이 많이 있다. 그 중 하나라도 써넣지 않으면 효력

7 (옮긴이) Module::Starter, Dist::Zilla, Dist::Milla, Minilla 등 다양한 관련 모듈이 존재한다. 옮긴이들은 Milla를 선호한다.

을 갖지 못한다. 계약서를 쓸 때는 전문 변호사에게 의뢰하듯, 모듈을 만들 때는 *h2xs* 프로그램을 사용하면 곧바로 모듈을 만들기 시작할 수 있다. 이 툴을 사용하면 적절한 요소가 포함된 모듈 파일의 틀이 만들어진다. 그뿐 아니라 모듈과 문서를 제대로 설치하거나, CPAN에 올리거나 지인에게 보내기 위하여 하나의 묶음으로 만들기 위해 필요한 파일들도 자동으로 만들어진다.

*h2xs*라는 이름은 어떤 의미에서는 잘못되었다고 할 수 있다. XS는 C 또는 C++와 링크하기 위해 쓰이는 펄의 외부 서브루틴 인터페이스를 나타내기 때문이다. 하지만 *h2xs* 툴은 XS 인터페이스를 사용하지 않더라도 모듈을 배포할 준비를 할 때 매우 편리하다.

다음으로 *h2xs*에 의해 만들어진 모듈 파일을 살펴보자. 모듈의 이름이 Astronomy::Orbits이기 때문에 사용자는 `use Orbits`가 아니라 `use Astronomy::Orbits`로 지정한다. 따라서 *Astronomy*라는 하위 디렉터리가 만들어지고 그 아래에 *Orbits* 파일이 생긴다. 다음은 *Orbits.pm*의 첫 번째 줄이며 가장 중요한 의미를 가지는 부분이다.

```
package Astronomy::Orbits;
```

이 행에서 이 파일에 포함된 모든 전역 식별자(변수, 함수, 파일핸들 등)에 대해서 패키지, 즉 기본 접두어가 설정된다. 따라서 `@ISA` 같은 변수는 실제로는 `@Astronomy::Orbits::ISA`라는 전역 변수로 다뤄진다.

개요에서 설명했듯이 모듈이 *Orbits.pm*이라는 파일에 있다고 해서 `package Orbits`라고 써선 안 된다. 모듈 안의 `package` 구문과 `use` 또는 `require` 구문의 대상은 반드시 일치해야 한다. 다시 말해 앞에 디렉터리 부분도 반드시 들어가야 하며 대문자와 소문자의 구별도 완전히 같아야 한다. 그리고 그 파일은 반드시 *Astronomy* 디렉터리에 있어야 한다. *h2xs* 명령을 사용하면 Makefile에 쓰여 있는 설치 규칙을 포함하여 이런 사항들이 모두 적절하게 설정된다. 그러나 이 작업을 수동으로 한다면 위의 내용에 대해서 충분히 숙지해야 할 것이다. 자세한 내용에 관해서는 레시피 12.1을 참고하도록 한다.

레시피 12.11에서 다루는 자동적재 기능을 사용하는 경우에는 *h2xs*를 실행할 때 **-A** 플래그를 제거한다. 그러면 다음과 같은 행이 만들어진다.

```
require Exporter;
require AutoLoader;
@ISA = qw(Exporter AutoLoader);
```

레시피 12.18에서 다루는 것처럼 펄과 C 두 언어를 조합해서 모듈을 만드는 경우에는 -X 플래그를 제거한다. 그러면 다음과 같은 행이 만들어진다.

```
require Exporter;
require DynaLoader;
@ISA = qw(Exporter DynaLoader);
```

그 다음에 나오는 것은 레시피 12.1에서 설명한 Exporter 관련 변수들이다. 다만, 13장에서 다루는 객체 지향 모듈을 만드는 경우에는 Exporter를 사용하는 일은 거의 없을 것이다.

모듈 배포 준비의 첫 단계는 이것으로 끝이다. 이제 자신의 모듈 코드를 작성하자. 모듈을 배포할 준비가 끝났다면 쉽게 배포할 수 있도록 셸에서 `make dist` 커맨드를 사용해서 모든 파일을 하나의 `tar` 파일로 묶는다(*make* 프로그램의 이름은 시스템에 따라 다르다).

```
% perl Makefile.PL
% make dist
```

이 결과로 *Astronomy-Orbits-1.03.tar.gz*라는 이름의 파일이 만들어진다.

CPAN 개발자로 등록하려면 *http://pause.cpan.org*를 참고하도록 한다.

더 알아보기

- *http://www.cpan.org*에서 가까운 CPAN 미러 사이트와 모듈 등록 절차에 관한 안내를 볼 수 있다.
- *h2xs*(1) 매뉴얼 페이지
- 기본 모듈 Exporter, AutoLoader, AutoSplit, ExtUtils::MakeMaker 모듈 문서 (*Programming Perl* 32장에서도 다룬다.)

12.10 SelfLoader로 모듈 적재를 빠르게 하기

문제

상당히 큰 모듈을 빠르게 적재하고자 한다.

해결책

다음처럼 SelfLoader 모듈을 사용한다.

```
require Exporter;
require SelfLoader;
@ISA = qw(Exporter SelfLoader);
```

```
#
# 다른 초기화 또는 선언을 여기에 쓴다
#
__DATA__
sub abc { .... }
sub def { .... }
```

논의

require나 use를 사용해서 모듈을 적재할 때에는 모듈 파일 전체를 곧바로 읽어들여서 컴파일한다(바이트 코드나 네이티브 머신 코드가 아닌 내부 해석 트리로 변환된다). 상당히 큰 모듈의 경우에는 특정 파일에 포함된 몇몇 함수만이 필요한데 전체를 다 읽는 시간을 기다리는 것은 낭비다.

이 문제를 해결하기 위해 SelfLoader 모듈을 사용하자. 각 서브루틴의 컴파일을 그 서브루틴이 실제로 호출되기까지 지연시킬 수 있다. SelfLoader를 사용하는 방법은 간단하다. require를 사용해서 SelfLoader를 읽어들이도록 하고, 모듈의 @ISA 배열에 SelfLoader를 추가한 다음에, 자신의 모듈의 서브루틴을 __DATA__ 표식 아래에 두어 컴파일러가 무시하도록 하면 된다. 모듈이 적재될 때엔 __DATA__ 아래에 있는 모든 서브루틴마다 실체가 없는 일종의 더미 함수가 SelfLoader에 의해 만들어지게 되고, 함수가 처음으로 호출될 때 비로소 더미 함수가 실제 함수로 대체되고 컴파일되어 호출된다.

SelfLoader를 사용하는 모듈에는 중대한 제약이 하나 있다(레시피 12.11에서 설명하는 AutoLoader를 사용하는 경우도 마찬가지다). SelfLoader(또는 AutoLoader)에 의해 적재된 서브루틴에서는 그 서브루틴이 있는 __DATA__ 블록이 포함된 파일 안의 렉시컬 변수에 접근할 수 없다는 점이다. 그 서브루틴들이 임포트된 AUTOLOAD 블록 안에서 eval을 통해 컴파일되기 때문이다. 따라서 이런 방법에 의해 동적으로 만들어진 서브루틴은 SelfLoader(또는 AutoLoader)의 AUTOLOAD 스코프 안에서 컴파일된다.

SelfLoader로 전체 처리속도가 얼마나 개선되었는지는 모듈에 몇 개의 서브루틴이 포함되었고, 그것들의 크기는 어느 정도인지, 그리고 프로그램의 실행 중에 그것들이 모두 호출되는지에 따라 결정된다.

모듈을 개발하고 테스트하는 동안에는 우선 SelfLoader를 사용하지 않도록 한다. __DATA__ 표식이 있는 줄을 주석 처리하기만 하면 된다. 그러면 그 함수들을 컴파일러가 인식할 수 있게 된다.

더 알아보기

- 기본 모듈 SelfLoader 모듈 문서
- 레시피 12.11

12.11 AutoLoader로 모듈 적재를 빠르게 하기

문제

AutoLoader 모듈을 사용하고자 한다.

해결책

가장 간단한 해결책은 *h2xs* 툴을 사용해서 필요한 디렉터리와 모든 파일을 만드는 것이다. 다음에 소개하는 예제에서는 자기만 쓰는 `~/perllib/`이라는 디렉터리가 이미 만들어져 있고, 그 안에 개인적인 라이브러리 모듈이 저장되었다고 전제한다.

```
% h2xs -Xn Sample
% cd Sample
% perl Makefile.PL LIB=~/perllib
% (Sample.pm을 수정한다)
% make install
```

논의

AutoLoader는 SelfLoader처럼 처리속도 문제를 해결하려는 수단이다. 즉, 이 모듈도 일종의 스텁(stub) 함수를 제공하며 이 함수는 처음 호출될 때 실제 함수로 교체된다. 다만 SelfLoader가 `__DATA__` 표식 아래에 숨겨진 함수를 모두 같은 파일 안에서 찾는 것과는 달리 AutoLoader는 각 함수의 실제 정의를 각각 독립적인 파일 안에서 찾는다. 예를 들어 *Sample.pm* 모듈에 `foo`와 `bar`라는 두 개의 함수가 있다면 AutoLoader는 그 함수의 정의를 각각 *Sample/auto/foo.al*과 Sample/auto/bar.al이라는 파일 안에서 찾으려 한다. AutoLoader를 사용한 모듈이 SelfLoader를 사용한 모듈보다 더 빨리 적재되지만, 대신 파일의 개수가 늘어나고 디스크 공간을 더 많이 차지하고 더 복잡해진다.

이 절차가 복잡하다고 생각할 수 있다. 수작업으로 하려고 하면 확실히 복잡하다. 다행히 이 경우에도 *h2xs*가 매우 도움이 된다. 이 툴을 사용하면 *Sample.pm* 파일과 그 밖의 필요한 파일의 템플릿이 포함된 모듈 디렉터리가 만들어지며, AutoSplit 모듈로 여러분의 모듈의 함수를 한 함수당 파일 하나로 나누는 기능을 제공하는 Makefile도 만들어진다. 그리고 `make install` 규칙에 따라 이 함수들이 자동으로 검출되도록 설치된다. 여러분이 할 일은 *h2xs*에 의해 이미 만들어진 `__END__`라는 행 아래에 모듈 함수를 작성하는 것뿐이다(SelfLoader의 경우 `__DATA__`였다).

SelfLoader를 쓸 때와 마찬가지로 모듈의 개발과 테스트를 할 때에는 AutoLoader를 사용하지 않는 것이 좋다. 개발 중에는 `__END__` 행을 주석 처리하면 된다.

앞에서 SelfLoader를 사용하는 모듈에서는 파일의 렉시컬 변수에 접근할 수 없다는 제한이 있다고 설명했는데, AutoLoader를 사용하는 경우에도 같은 제한이 적용된다. 따라서 파일의 렉시컬 변수를 사용해서 내부 상태를 저장 해두는 방법은 제대로 동작하지 않는다. 상태 정보가 매우 복잡하고 중대한 문제가 되는 경우에는 전통적인 모듈 대신 객체지향 모듈을 만드는 것을 고려하는 것이 좋다.

더 알아보기

- 기본 모듈 AutoLoader 모듈 문서
- *h2xs*(1) 매뉴얼 페이지
- 레시피 12.10

12.12 내장 함수를 오버라이드하기

문제

기본 내장 함수를 자신의 독자적인 버전으로 바꾸고자 한다.

해결책

해당하는 함수를 다른 모듈에서 자신의 네임스페이스에 임포트한다.

논의

스스로 만든 함수에 펄의 주요한 내장 함수와 같은 이름을 붙이는 경우를 생각해보자. 예를 들어 다음처럼 만들었다고 하자.

```
sub time { "it's howdy doody time" }
print time();
```

이 경우에는 자신의 함수가 호출되지 않고 펄에 내장된 원래의 함수가 호출된다. 다음처럼 명시적으로 앰퍼샌드를 사용해서 함수를 호출할 수도 있다.

```
print &time();
```

이렇게 하면 내장 함수가 아니라 항상 자신의 함수가 호출된다. 하지만 이러면 함수의 인자에 대해서 프로토타입 검사나 컨텍스트 강제를 할 수 없게 된다. 그러나 내장 함수를 오버라이드 하는 방법이 있다.

펄의 내장 함수의 (모두는 아니지만) 대부분은 오버라이드할 수 있다. 가볍게 시도해서는 안 되지만 가능한 것은 사실이다. 예를 들어 어떤 함수가 지원되지 않는 플랫폼에서라면 그 함수를 모방하는 다른 함수를 만들어 오버라이드할 수 있다. 또는 내장 함수를 둘러싸는 래퍼를 만들고 싶을 수도 있다.

모든 예약어를 오버라이드할 수 있는 것은 아니다. 펄 배포본 소스 코드의 *toke.c* 파일에 있는 C로 짜여진 `keyword()` 함수에서 음수값을 반환하는 예약어들은 오버라이드할 수 있다. 버전 5.8.1 기준으로 오버라이드할 수 없는 키워드는 `defined`, `delete`, `do`, `else`, `elsif`, `eval`, `exists`, `for`, `foreach`, `format`, `glob`, `goto`, `grep`, `if`, `last`, `local`, `m`, `map`, `my`, `next`, `no`, `our`, `package`, `pos`, `print`, `printf`, `prototype`, `q`, `qq`, `qr`, `qw`, `qx`, `redo`, `require`, `return`, `s`, `scalar`, `sort`, `split`, `study`, `sub`, `tie`, `tied`, `tr`, `undef`, `unless`, `untie`, `until`, `use`, `while`, `y`이다. 그 밖의 키워드는 오버라이드할 수 있다.

내장 함수를 오버라이드하는 기본 모듈 중 하나로 Cwd가 있다. 이 모듈은 `chdir`을 오버라이드할 수 있다. 이 외에도 리스트를 반환하는 내장 함수를 오버라이드하여 반환값을 이름으로 구별할 수 있게 하는 모듈들이 있다. File::stat, Net::hostent, Net::netent, Net::protoent, Net::servent, Time::gmtime, Time::localtime, Time::tm, User::grent, User::pwent 등이다. 이 모듈들은 모두 `stat`이나 `getpwnam` 등과 같은 내장 함수를 오버라이드해서 `getpwnam("daemon")->dir`처럼 이름을 사용해서 접근할 수 있는 객체를 반환한다. 이렇게 하기 위해서는 리스트를 반환하는 원래의 함수를 오버라이드해야 한다.

내장 함수의 오버라이드는 다른 패키지에서 함수를 임포트하는 방법으로만 할 수 있다. 이렇게 오버라이드한 것은 오직 임포트한 패키지에서만 적용되며 다른 패키지에는 영향을 끼치지 않는다. 단순히 같은 이름의 함수를 앞에서 선언하는 걸로는 오버라이드되지 않으며, 반드시 임포트해야 한다. 이것은 내장 함수를 의도치 않게 재정의하는 것을 방지하기 위한 보호책이다.

예를 들어 내장 함수인 `time`을 오버라이드하는 경우를 생각해보자. 이 함수는 초 단위의 정수를 반환하지만, 부동소수점 수를 반환하는 함수로 바꿀 수 있다.

이 경우 다음과 같이 익스포트할 수 있는 time 함수가 있는 Time::HiRes 모듈을 만들 수 있다.

```
package Time::HiRes;
use strict;
require Exporter;
use vars qw(@ISA @EXPORT_OK);
@ISA = qw(Exporter);
@EXPORT_OK = qw(time);

sub time() { ..... } # 채워넣을 부분
```

사용자가 이 확장 버전의 time을 사용하려면 다음과 같이 한다.

```
use Time::HiRes qw(time);
$start = time();
1 while print time() - $start, "\n";
```

이 코드에서는 위의 "채워 넣을 부분"에 넣어야 할 함수들이 시스템에서 지원된다고 가정하고 있다. 실제로 그 부분을 만들 필요는 없다. Time::HiRes 모듈은 펄 배포판에 표준으로 들어가 있고, 앞에서 말했던 동작을 실제로 하고 있기 때문이다. 이 모듈의 time() 함수를 임포트하면, 이미 설명했던 것처럼 내장 함수보다 고급스러운 기능을 이용할 수 있게 된다.

모듈 파일 전체를 만들고 익스포트 처리와 나머지 복잡한 설정들을 하는 수고를 들이고 싶지 않다면 subs 프래그마를 사용하는 간단한 방법도 있다. 예를 들면 다음과 같다.

```
use subs qw(time);
sub time { "it's howdy doody time" }
print time();
```

이 경우에는 앰퍼샌드를 사용하지 않아도 자기가 만든 함수가 실행된다.

함수를 임포트해서 같은 이름의 내장 함수를 오버라이드한 경우라도 CORE라는 (유사) 패키지 이름을 사용해서 이름을 완전히 표기하면 언제라도 원래의 내장 함수에 접근할 수 있다. 따라서 FineTime 모듈에서 time()을 임포트해서 내장 함수를 오버라이드했다고 해도 CORE::time()이라고 쓰면 그 원래의 내장 함수를 호출할 수 있다.

메서드와 연산자 오버라이드에 관해서는 13장을 참고하도록 한다.

더 알아보기

- *Programming Perl* 11장과 *perlsub*(1) 문서의 "Overriding Built-in Functions" 절
- 레시피 10.11

12.13 모든 패키지에서 내장 함수를 오버라이드하기

문제

현재 패키지뿐 아니라 자신의 프로그램 전체에서 내장 함수의 정의를 변경해야 한다.

해결책

심벌 테이블을 직접 조작해서 CORE::GLOBAL이라는 유사 패키지에 함수를 수동으로 임포트한다.

```
*CORE::GLOBAL::int = \&myown_int;
```

논의

앞의 레시피에서 소개한 테크닉을 사용하는 경우에는 내장 함수가 특정 패키지 안에서만 오버라이드된다. 프로그램의 어느 부분, 어느 패키지에서 호출하든 항상 오버라이드되는 것은 아니다. 코드 전체에서 오버라이드 되어버리면 자신이 만들지 않은 모듈에 포함된 코드나 기타 예기치 않은 코드의 동작까지 바뀔 위험이 있다.

"유닉스는 여러분이 어리석은 일을 하는 것을 막지 않는다"는 말이 있다. 어리석은 일을 하는 것을 막으려다보면 현명한 일을 하는 것도 막게 될 수 있기 때문이다. 펄도 마찬가지이다. 모든 패키지에서 오버라이드하는 것이 경솔해 보인다 해도, 언젠가는 현명한 누군가가 그 기능의 굉장한 용도를 찾아낼지 모른다.

예를 들어 내장 함수 int는 주어진 수의 정수부를 추출하는, 즉 0의 방향으로 라운딩하는 동작을 하는데, 여러분의 프로그램에서 쓰기에는 이 동작이 불편하여 같은 이름의 함수를 다시 만들기로 했다고 하자. 다음처럼 할 수 있다.

```
package Math::Rounding;
use warnings;
use Carp;
use Exporter;
our @EXPORT = qw(int);
our @ISA    = qw(Exporter);

sub int(;$) {
    my $arg = @_ ? shift : $_;
    use warnings FATAL => "numeric"; # die() 하도록 한다.
    my $result = eval { sprintf("%.0f", $arg) };
    if ($@) {
        die if $@ !~ /isn't numeric/;
        $@ =~ s/ in sprintf.*/ in replacement int/s;
        croak $@;
    } else {
```

```
        return $result;
    }
}
```

이 대체 버전에서는 sprintf()를 사용해서 가장 가까운 정수로 만든다. 그리고 숫자가 아닌 문자열이 넘어온 경우에는 예외도 발생한다. 다른 프로그램에서 이 함수에 접근하는 방법은 두 가지를 생각할 수 있다. 첫 번째 방법으로는 다음처럼 지정한다.

```
use Math::Rounding ();
$y = Math::Rounding::int($x);
```

두 번째 방법으로는 다음처럼 이 함수를 임포트해서 내장 함수를 오버라이드한다.

```
use Math::Rounding qw(int);
$y = int($x);
```

다만, 이 방법으로는 현재 패키지 안에서만 내장 함수를 오버라이드할 수 있다. 모든 패키지에서 오버라이드하기 위해서는 컴파일 시점에 다음과 같은 코드를 실행해야 한다.

```
*CORE::GLOBAL::int = \&Math::Rounding::int;
```

기본 모듈인 File::Glob의 경우 특별한 임포트 태그로 펄의 glob 연산자를 바꿀 수 있다.

```
## 대문자와 소문자를 구별하도록 내장 함수 glob를 오버라이드한다
use File::Glob qw(:globally :case);
my @sources = <*.{c,h,y}>

## 대문자와 소문자를 구별하지 않도록 내장 함수 glob를 오버라이드한다
use File::Glob qw(:globally :nocase);
my @sources = <*.{c,h,y}>
```

저 모듈은 이 태그들을 검사하여 필요한 할당을 하는 독자적인 import를 사용해서 이런 효과를 낸다. 여러분도 마찬가지로 할 수 있다. 다음과 같은 식이다.

```
use Math::Rounding qw(-global int);
```

이 코드에 의해 프로그램 안의 어떤 장소나 어느 패키지에서 int를 호출해도 대체 버전이 사용되게 된다. 이 처리를 하는 import 함수는 다음과 같다.

```
sub import {
    if (@_ && $_[1] =~ /^-/) {
        if ($_[1] ne "-global") {
            croak "unknown import pragma";
```

```
        }
        splice(@_, 1, 1);                # "-global" 부분을 제거
        no warnings "once";      # "used only once"라는 경고를 뜨지 않게 한다
        *CORE::GLOBAL::int = \&int;
    } else {
        die;
    }
    __PACKAGE__->export_to_level(1, @_);
}
```

할당은 임포트의 첫 번째 항목이 "-global"인 경우에만 이뤄진다. 이 새로운 import 함수의 마지막 행에서는 Exporter 모듈의 내부 API를 사용해서 일반적인 임포트를 처리한다.

더 알아보기

- 레시피 12.12
- *Programming Perl* 11장과 *perlsub*(1) 문서의 "Overriding Built-in Functions" 절
- 기본 모듈 BSD::Glob 모듈 문서와 모듈 소스 코드

12.14 내장 함수처럼 에러와 경고를 출력하기

문제

여러분의 모듈에서 에러와 경고를 띄우려고 한다. 그러나 warn이나 die를 사용하면 자신이 만든 모듈의 파일이름과 행 번호가 출력된다. 여러분의 함수가 내장 함수처럼 동작하여서 여러분의 코드가 아닌 사용자의 코드 입장에서 메시지가 출력되도록 하고자 한다.

해결책

이럴 때 쓸 수 있는 함수들이 기본 모듈인 Carp에 포함되어 있다. warn 대신 carp를 사용하라. die 대신에 짧은 메시지에는 croak을, 긴 메시지는 confess를 사용하라.

논의

내장 함수와 마찬가지로, 자신이 만든 모듈의 함수에서도 처리가 정상적으로 이뤄지지 않는 경우 경고나 에러를 낼 수 있다. 예를 들어 sqrt라는 함수는 인자로 음수를 넘긴 경우(Math::Complex를 사용하지 않은 경우)에는 예외가 발생해서 "Can't take sqrt of -3 at /tmp/negroot line 17"과 같은 메시지를 출력한다. 이 메시지 안의 */tmp/negroot*는 여러분이 만든 프로그램의 이름이다. 그러나 자신이 만든 함수 안에서 다음처럼 die를 사용한 경우에는 출력된 내용이 다르다.

```
sub even_only {
    my $n = shift;
    die "$n is not even" if $n & 1;  # 테스트하는 하나의 방법
    #....
}
```

이 경우에 출력되는 메시지에는 even_only 함수가 들어있는 파일에서 메시지가 만들어진 것으로 나온다. 즉, 사용자가 이 함수를 어느 파일에서 호출했는지는 알려주지 않는다. 이때 도움이 되는 것이 Carp 모듈이다. 위의 코드에 die 대신 다음처럼 croak을 사용한다.

```
use Carp;
sub even_only {
    my $n = shift;
    croak "$n is not even" if $n % 2;  # 또 다른 방법
    #....
}
```

사용자의 코드 내의 어느 부분에서 문제가 생겼는지 경고만 하고 싶으면 warn 대신에 carp를 호출한다. 예를 들어 다음처럼 처리한다.

```
use Carp;
sub even_only {
    my $n = shift;
    if ($n & 1) {         # 홀수인지를 확인한다
        carp "$n is not even, continuing";
        ++$n;
    }
    #....
}
```

내장 함수의 대부분은 -w 명령 행 옵션이 사용되는 경우에만 경고를 출력한다. 이 스위치가 사용되었는지 어떤지는 $^W 변수의 값을 확인하면 알 수 있다(여기서 ^W는 제어문자가 아니라 단순히 ^의 뒤에 W를 붙인 문자열이다). 따라서 다음처럼 쓰면 사용자가 경고를 출력하도록 지정한 경우에만 메시지를 출력할 수 있다.

```
carp "$n is not even, continuing" if $^W;
```

Carp 모듈에는 confess라는 함수도 있다. 기능은 croak과 거의 같지만 강제 종료할 때에 호출 스택 전체를 역탐색하여, 어느 코드가 어느 코드를 어떤 인자를 주어 호출하였는지 출력하는 점이 다르다.

carp, croak 등에 의해 만들어진 에러 메시지를 얻는 것만이 목적이라면 longmess와 shortmess라는 함수를 사용한다.

```
use Carp;
$self->transplant_organ() or
    $self->error( Carp::longmess("Unable to transplant organ") );
```

더 알아보기

- *perlfunc*(1) 문서와 *Programming Perl* 29장에서 다루는 warn, die 함수
- 기본 모듈 Carp 모듈 문서 (*Programming Perl* 32장에서도 다룬다.)
- 레시피 19.2
- *Programming Perl* 28장, *perlvar*(1) 문서, 레시피 16.15에서 다루는 %SIG 해시의 __WARN__과 __DIE__ 항목

12.15 경고를 커스터마이즈하기

문제

자신의 모듈에서 경고를 띄울지 여부를 결정할 때 호출한 쪽의 설정을 따르고자 한다. 그러나 호출한 쪽의 설정을 확인하려고 해도, 호출한 쪽에서 지정한 $^W 변수의 값을 검사할 수 없다.

해결책

자신의 모듈에서 다음 프래그마를 사용한다.

```
use warnings::register;
```

그 다음 아래 논의에서 설명하는 대로, 모듈 쪽에서 warnings::enabled 함수를 사용하면 호출한 쪽에서 경고 기능을 켰는지 확인할 수 있다. 이 방법은 기존의 전역 경고와 use warnings 프래그마로 설정된 렉시컬한 경고 두 가지 다 적용된다.

논의

펄의 -w 명령 행 스위치를 지정하면 그 결과가 $^W 전역 변수에 반영되지만, 여기에는 몇 가지 문제가 있다. 첫 번째 문제는 유효 또는 무효의 두 가지 상태밖에 표현할 수 없다는 것이다. 따라서 프로그램에서 이 플래그가 켜져 있다면, 자신이 만들지 않은 코드를 포함하여 그 프로그램에 포함되는 모듈 코드에도 영향을 끼치게 된다. 두 번째 문제는 컴파일 시점에 발생하는 경고를 이 플래그로 제어하는 것은 잘 해봤자 매우 번거로우며, BEGIN 블록에 의지할 수밖에 없게 된다는 점이다. 마지막으로, 만일 여러분이 산술 연산과 관련한 경고만 관심이 있고 그 외의 경고는 보고 싶지 않다고 가정해보자. 그러면 여러분은 $SIG{__WARN__} 핸들러를 만들어서 경고가 발생할 때마다 이 경고를 띄울지 말지 검사하게 해야 한다.

펄 버전 5.6에서 도입된 렉시컬 경고는 이 문제들 모두와 그 외 다른 문제들까

지 해결한다. “렉시컬하다”라는 것은 그것이 효력을 가지는 범위가 use warnings 또는 no warnings가 있는 렉시컬 스코프로 제한된다는 의미다. 렉시컬 경고는 -w 명령 행 스위치를 전혀 고려하지 않는다. 하나의 스코프, 예를 들어 메인 프로그램의 파일 스코프 등에서 경고를 활성화해도, 그 프로그램에서 적재한 다른 모듈들에서는 경고가 활성화되지 않는다. 그리고 여러 가지 카테고리로 분류되는 경고를 개별로 선택해서 활성화하거나 비활성화할 수도 있다. 예를 들어 다음처럼 지정할 수 있다.

```
use warnings qw(numeric uninitialized);

use warnings qw(all);
no warnings qw(syntax);
```

warnings::register 프래그마를 사용하면 모듈을 호출한 쪽의 렉시컬 스코프의 경고 설정을 그 모듈에서 확인할 수 있게 된다. 그리고 현재 패키지 이름에 따라 명명된 새로운 경고 카테고리가 만들어진다. 이런 사용자 정의 경고 카테고리는 기존 내장 카테고리와 간단하게 구별할 수 있다. 모듈의 패키지 이름이 항상 알파벳 대문자로 시작하기(또는 시작해야 하기) 때문이다. 즉, 알파벳 소문자로 시작하는 경고 카테고리 이름은 알파벳 소문자로 시작하는 모듈 이름처럼 펄 자체에서 쓰도록 예약되어 있다.

내장 경고 카테고리는 그림 12-1에 나타나듯이 몇 가지 그룹으로 나눠서 정리된다.[8] all이라는 카테고리는 unsafe, io, syntax 등의 하위 카테고리를 포함한 모든 내장 경고 카테고리를 의미한다. 그리고 syntax라는 카테고리는 ambiguous, precedence, deprecated 등의 개별 경고 카테고리를 포함한다. 이 카테고리들은 필요에 따라서 자유롭게 추가하거나 제외할 수 있는데, 다음처럼 순서에 따라 의미가 달라진다.

```
use warnings;                    # 모든 경고를 활성화한다
no  warnings "syntax";           # syntax 그룹을 비활성화한다
use warnings "deprecated";       # 다만 deprecated 경고만은 활성화시킨다
```

모듈 얘기로 돌아와서, Whiskey라는 이름의 모듈을 만든다고 해보자. *Whiskey.pm* 파일의 시작 부분은 다음과 같다.

```
package Whiskey;
use warnings::register;
```

8 (옮긴이) 이 경고 카테고리는 펄 버전에 따라 구성이 달라진다. 예를 들어 deprecated 카테고리는 이 책에서는 syntax 카테고리의 하위 카테고리이지만, 펄 5.22에서는 all 카테고리의 바로 아래 단계에 있다.

이 모듈을 사용하는 쪽의 코드에서는 다음과 같은 처리를 한다.

```
use Whiskey;
use warnings qw(Whiskey);
```

모듈에 대해 use warnings를 실행하기 전에 적재를 먼저 하는 것이 중요하다. 순서가 바뀌면 Whiskey라는 경고 카테고리는 아직 등록되지 않은 상태이므로 경고 카테고리로 사용하려고 할 때에 예외가 발생한다.

조금 색다른 Whiskey 모듈을 소개한다.

```
package Whiskey;

use strict;
use warnings;  # 이 모듈 코드에 적용되는 것이고, 호출한 쪽과는 무관하다
use warnings::register;

sub drink {
    if (warnings::enabled() && (localtime())[2] < 12) {
        warnings::warn("Sun not yet over the yardarm");
    }
    print "Merry!\n";
}
sub quaff {
    if (warnings::enabled("deprecated")) {
        warnings::warn("deprecated",
            "quaffing deprecated in favor of chugging");
    }
    &drink;
}
# 음주는 시간을 신경 쓰지 않는다
sub chug {
    print "Very merry\n";
}
1;
```

Whiskey::drink 함수에서는 warnings::enabled 함수를 사용해서 호출한 쪽에서 경고 기능이 활성화되었는지 검사한다. 호출 측의 스코프에 다음 중 하나라도 쓰여 있다면 이 함수는 참을 반환한다.

```
use warnings;
use warnings qw(all);  # 윗줄과 같은 효과
use warnings qw(Whiskey);
```

그리고 -w나 $^W로 전역 경고가 활성화된 경우라도 warnings::enabled 함수는 참을 반환한다.

Whiskey::quaff 함수에서는 경고 카테고리 중 하나인 deprecated가 활성화되었는지 확인한다. 이 경고가 활성화되어 있다고 판정되는 경우는 all 경고가 선택된 경우, syntax 경고가 선택된 경우(deprecated 경고는 syntax 경고의 하위 카테고리이며 syntax 경고는 다시 all 카테고리의 하위 카테고리이기 때문이다), 또는

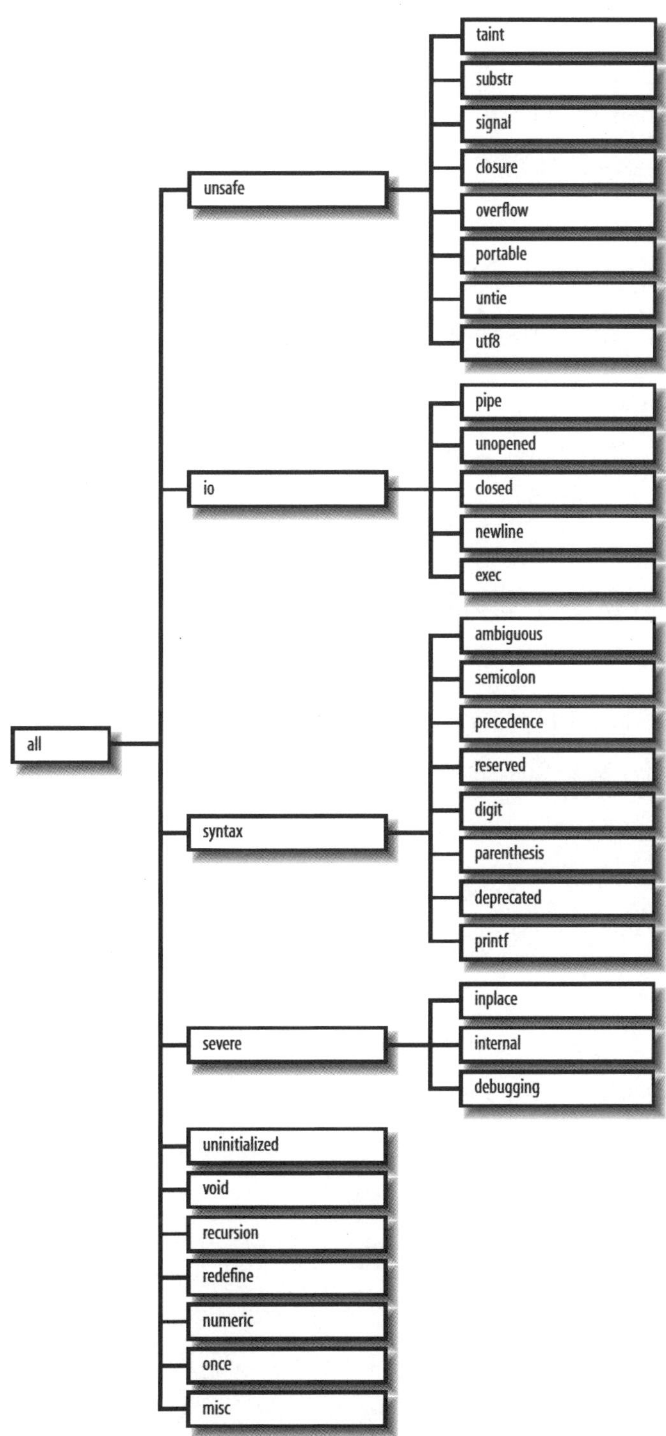

그림 12-1 경고 카테고리

deprecated 경고가 개별로 선택된 경우이다. 호출 측에서 Whiskey 경고를 활성화한 것만으로는 활성화되지 않는다. 사용자가 만든 카테고리는 모두 all의 하위카테고리로 인식된다. Whiskey 경고가 활성화되었는지 알려면 다음과 같이 한다.

```
warnings::enabled("Whiskey")
```

warnings::warn 함수가 warn 내장 함수 대신에 사용되었다. Whiskey 카테고리 경고의 중요도가 높아져서 예외를 발생시키도록 하고 싶을 경우를 대비해서이다.

```
use warnings FATAL => "Whiskey";
```

더 알아보기

- *perllexwarn*(1) 문서와 *Programming Perl* 31장에서 다루는 use warnings 프래그마

12.16 패키지를 간접적으로 참조하기

문제

어떤 패키지에 속한 변수나 함수를 참조하고 싶은데 그 패키지의 이름은 실행 시점이 되어서야 알 수 있다. $packname::$varname과 같은 구문은 문법 에러라서 쓸 수 없다.

해결책

심볼릭 레퍼런스를 사용한다.

```
{
    no strict "refs";
    $val  = ${ $packname . "::" . $varname };
    @vals = @{ $packname . "::" . $aryname };
    &{ $packname . "::" . $funcname }("args");
    ($packname . "::" . $funcname) -> ("args");
}
```

논의

패키지 선언은 컴파일 시점에 의미가 있다. 실행 시점 전에 패키지 또는 변수의 이름을 알 수 없는 경우에는 심볼릭 레퍼런스를 사용해서 패키지의 심벌 테이블에 직접 접근해야 한다. 보통은 use strict를 적용한 상태로 프로그램을 실행하기 때문에, 심볼릭 레퍼런스를 사용하기 위해서는 일부 기능을 비활성화해야 한다. 이를 위해서 블록의 앞부분에서 no strict "refs" 지시자를 사용하고 나서, 사용하

려는 변수나 함수의 이름을 패키지 이름까지 완전히 표기한 형태의 문자열로 만든다. 그 후 이 이름을 펄 레퍼런스인 것처럼 디레퍼런스한다.

펄 버전 5가 나오기도 전인 선사 시대에는 eval을 사용해야 했다.

```
eval "package $packname; \$'$val = \$$varname"; # $main'val을 설정한다
die if $@;
```

코드를 보면 알 수 있듯이, 이스케이프 처리가 까다롭다. 그리고 처리속도도 비교적 느리다. 다행히도 더 이상 이름을 가지고 간접적으로 변수에 접근하기 위해 이런 작업을 할 필요가 없어졌다. 심볼릭 레퍼런스는 필연적인 타협책이다.

eval을 사용하면 프로그램의 실행 중에 즉석으로 함수를 정의할 수도 있다. 다음처럼 2 또는 10을 밑으로 하는 로그를 구하는 상황을 생각해보자.

```
printf "log2  of 100 is %.2f\n", log2(100);
printf "log10 of 100 is %.2f\n", log10(100);
```

펄에 있는 건 자연로그 함수뿐이다. 다음과 같이 eval을 사용하면 원하는 함수들을 실행 시점에 만들 수 있다. 여기서는 log2에서 log999까지의 함수를 만든다.

```
$packname = "main";
for ($i = 2; $i < 1000; $i++) {
    $logN = log($i);
    eval "sub ${packname}::log$i { log(shift) / $logN }";
    die if $@;
}
```

적어도 현재 펄 버전에서는 이럴 필요가 없다. 다음 코드는 위 코드와 동일한 일을 하지만, 새로운 함수를 998번 컴파일하는 대신에 클로저로 한 번만 컴파일한다. 그 다음으로 심벌 테이블의 심볼릭 디레퍼런스를 사용해서 하나의 서브루틴 레퍼런스를 다수의 함수 이름에 할당한다.

```
$packname = "main";
for ($i = 2; $i < 1000; $i++) {
    my $logN = log($i);
    no strict "refs";
    *{"${packname}::log$i"} = sub { log(shift) / $logN };
}
```

레퍼런스를 타입글로브에 할당하면 그 레퍼런스가 가리키는 타입에 대한 별칭을 만들게 된다. 이것이 Exporter가 동작하는 원리이다. 다음 예제 코드의 첫 번째 행에서는 Colors::blue라는 함수 이름을 현재 패키지에 수동으로 임포트한다. 두 번째 행에서는 main::blue 함수를 Colors::azure 함수의 별칭이 되게 한다.

```
*blue       = \&Colors::blue;
*main::blue = \&Colors::azure;
```

이렇게 간접적으로 네임스페이스를 조작하는 것을 타입글로브 할당과 심볼릭 레퍼런스을 사용하여 유연하게 할 수 있게 된 이상, `eval "문자열"` 구문은 거의 대부분의 경우 쓸 일이 없다. 위기의 프로그래머에겐 최후의 수단이 될 수 있겠지만, 최악의 경우는 이것마저도 쓸 수 없을 때일 것이다.

참조

- *Programming Perl* 8장과 *perlsub*(1) 문서의 "Symbolic References" 절
- 레시피 11.4

12.17 h2ph로 C의 #include 파일을 변환하기

문제

다른 사람으로부터 얻은 코드를 실행했더니 다음과 같은 이상한 에러 메시지가 출력되었다.

```
Can't locate sys/syscall.ph in @INC (did you run h2ph?)
(@INC contains: /usr/lib/perl5/i686-linux/5.00404 /usr/lib/perl5
/usr/lib/perl5/site_perl/i686-linux /usr/lib/perl5/site_perl .)
at some_program line 7.
```

이 에러 메시지의 의미와 수정방법을 알고자 한다.

해결책

시스템 관리자에게 의뢰해서 다음의 명령을 슈퍼유저로 실행하도록 한다.

```
% cd /usr/include; h2ph sys/syscall.h
```

대부분의 인클루드 파일은 다른 인클루드 파일이 있어야 한다. 따라서 다음과 같이 그 모든 것들을 변환해야 할 수도 있다.

```
% cd /usr/include; h2ph *.h */*.h
```

파일 이름이 너무 많다고 에러가 나거나 더 깊은 하위 디렉터리에 있는 파일을 빼먹는 문제가 있다면, 다음과 같은 명령을 실행한다.

```
% cd /usr/include; find . -name "*.h" -print | xargs h2ph
```

논의

이름이 `.ph`로 끝나는 파일은 *h2ph* 툴로 만들어진 것이다. 이 툴은 C의 `#include` 파일에 포함된 C 전처리 지시자를 펄 코드로 변환한다. 그 목적은 펄 코드에서 C

코드와 동일한 상수에 접근할 수 있도록 하는 것이다. 대부분의 경우는 *h2xs*가 더 좋은 선택이다. 단지 C 코드를 시뮬레이션하는 펄 코드를 만드는 게 아니라 C 코드를 컴파일하여 모듈에서 사용할 수 있도록 제공하기 때문이다. 그러나 *h2xs*를 사용하려면 *h2ph*를 사용하는 경우보다 더 많은 프로그래밍 지식(적어도 C 코드를 다루는 지식)이 필요하다.

*h2ph*의 변환 처리는 운이 없으면 실패하게 된다. 시스템 아키텍처와 인클루드 파일이 점점 더 복잡해짐에 따라 *h2ph*의 변환 처리도 더 자주 실패한다. 운이 좋으면 필요한 상수가 이미 Fcntl, Socket, POSIX 모듈에 포함되어 있을 수도 있다. 특히 POSIX 모듈은 *sys/file.h*, *sys/errno.h*, *sys/wait.h* 등에 있는 상수를 구현하고 있다. 또한 레시피 15.8에서 설명하듯이 복잡한 tty 처리를 지원한다.

그러면 이 `.ph` 파일은 어떻게 이용할 수 있을까? 아래에 예제를 몇 가지 소개한다. 첫 번째 예제에서는 아쉽게도 이식 불가능한 `syscall` 함수를 사용해서 운영체제의 `gettimeofday` 시스템 콜에 접근한다. 이렇게 해서 레시피 12.12에서 설명한 FineTime 모듈을 구현한다.

```
# FineTime.pm 파일
package main;
require "sys/syscall.ph";
die "No SYS_gettimeofday in sys/syscall.ph"
    unless defined &SYS_gettimeofday;

package FineTime;
use strict;
require Exporter;
use vars qw(@ISA @EXPORT_OK);
@ISA = qw(Exporter);
@EXPORT_OK = qw(time);

sub time() {
    my $tv = pack("LL", ());  # long 타입 두 개 크기의 버퍼 확보
    syscall(&main::SYS_gettimeofday, $tv, undef) >= 0
        or die "gettimeofday: $!";
    my($seconds, $microseconds) = unpack("LL", $tv);
    return $seconds + ($microseconds / 1_000_000);
}

1;
```

옛 형식의 *.pl* 파일이나 *.pl* 파일을 `require`로 적재할 필요가 있는 경우에는 그 처리를 `main` 패키지(위의 코드의 `package main`)에서 해야 한다. 이 구식 라이브러리에서는 항상 심벌들이 현재의 패키지에 적재된다. 따라서 그것들을 한 곳에 정리해두는 장소로 `main`을 사용하는 것이 가장 좋다. 이 심벌들을 사용하는 경우에는 위의 코드에서 `main::SYS_gettimeofday`라고 썼듯이, 완전하게 표기된 이름을 사용한다.

자신의 시스템에 *sys/ioctl.ph* 파일을 만들 수 있는 경우, 이 파일은 `ioctl` 함수를 거쳐서 시스템 고유의 I/O 기능에 접근하기 위한 수단이 된다. 예제 12-1에서 소개하는 TIOCSTI의 `ioctl`은 그런 기능 중 하나이다. TIOCSTI라는 약어는 "terminal I/O control, simulate terminal input(단말 입출력 제어, 단말 입력 시뮬레이트)"을 의미한다. 이 기능이 구현된 시스템에서 `ioctl` 함수는 디바이스 스트림에 한 문자를 밀어 넣는다. 그 다음에 아무 프로세스나 그 디바이스에서 읽기를 시도하면 그 문자를 읽어들이게 된다.

예제 12-1. jam

```
#!/usr/bin/perl -w
# jam - STDIN의 입구에 문자열을 넣는다
require "sys/ioctl.ph";
die "no TIOCSTI" unless defined &TIOCSTI;
sub jam {
    local $SIG{TTOU} = "IGNORE"; # "tty 출력을 위해 멈춤"
    local *TTY;  # 로컬 파일핸들을 만든다
    open(TTY, "+<", "/dev/tty")            or die "no tty: $!";
    for (split(//, $_[0])) {
        ioctl(TTY, &TIOCSTI, $_)           or die "bad TIOCSTI: $!";
    }
    close(TTY);
}
jam("@ARGV\n");
```

sys/ioctl.h 파일을 변환하는 것은 실패할 가능성이 높다. 다음 C 프로그램을 실행해서 자신의 시스템의 TIOCSTI 값을 알아내야 할지 모른다.

```
% cat > tio.c << EOF && cc tio.c && a.out
#include <sys/ioctl.h>
main() { printf("%#08x\n", TIOCSTI); }
EOF
0x005412
```

`ioctl`의 다른 사용 예제로 자주 접할 수 있는 것은 현재 창의 크기를 행과 열 단위로 구하거나, 때에 따라서 픽셀 단위로 구하는 경우다. 예제 12-2는 구체적인 코드다.

예제 12-2. winsz

```
#!/usr/bin/perl
# winsz - 문자, 픽셀 단위로 창의 너비와 높이를 구한다
require "sys/ioctl.ph";
die "no TIOCGWINSZ " unless defined &TIOCGWINSZ;
open(TTY, "+<", "/dev/tty")                  or die "No tty: $!";
unless (ioctl(TTY, &TIOCGWINSZ, $winsize="")) {
    die sprintf "$0: ioctl TIOCGWINSZ (%08x: $!)\n", &TIOCGWINSZ;
}
($row, $col, $xpixel, $ypixel) = unpack("S4", $winsize);
print "(row,col) = ($row,$col)";
```

```
print "  (xpixel,ypixel) = ($xpixel,$ypixel)" if $xpixel || $ypixel;
print "\n";
```

지금까지 소개한 코드로 알 수 있듯이 *.ph* 파일의 조작, 이진 데이터를 unpack으로 처리, `syscall`과 `ioctl`의 호출 등을 할 때에는 펄이 평소에 숨겨뒀던 C API에 관한 지식이 필요해진다. 이 정도의 C 지식이 필요한 다른 경우는 XS 인터페이스를 사용하는 경우다. 이런 이식 불가능하고 복잡한 방법에 깊이 빠지지 말아야 한다고 주장하는 사람도 있다. 그리고 개발자에게 이런 것들은 최악의 수단이니 가능하면 피해야 한다고 말하는 사람도 있다.

다행히도 덜 복잡한 기법들이 계속 생겨나고 있다. 여기에서 다룬 대부분의 기능은 이미 CPAN 모듈로 있다. *.ph* 파일을 소스로 사용하는 것보다 더 합리적이다.

더 알아보기

- *h2ph*(1) 매뉴얼 페이지
- 펄 배포판에 속한 *INSTALL* 파일에서 *h2ph*의 실행 방법을 설명한다.
- *perlfunc*(1) 문서와 *Programming Perl* 29장에서 다루는 `syscall`, `ioctl` 함수
- 레시피 12.18

12.18 h2xs로 C 코드를 포함한 모듈을 만들기

문제

사용하는 시스템 고유의 C 함수에 펄에서 접근하고자 한다.

해결책

h2xs 툴을 사용해서 필요한 템플릿 파일을 만들고, 그 파일들에 적절한 코드를 만든다. 그리고 다음 명령을 실행한다.

```
% perl Makefile.PL
% make
```

논의

펄 모듈은 꼭 펄로만 작성해야 하는 것은 아니다. 모듈과 마찬가지로 먼저 이름을 정하고 *h2xs*에 던져준다. 이 레시피에서는 앞의 레시피에서 만든 것과 같은 기능을 가지는 `FineTime::time` 함수를 만든다. 다만, 이번에는 진짜 C를 사용해서 이 함수를 구현한다.

우선 다음 명령을 실행한다.

```
% h2xs -cn FineTime
```

함수의 프로토타입 선언이 포함된 *.h* 파일이 있는 경우에는 그 파일을 인클루드할 수도 있지만, 여기에서는 파일을 완전히 새롭게 만들기 때문에 -c 스위치를 사용해서 기존의 #define 심벌을 변환하는 코드를 만들지 않도록 했다. -n 스위치는 *FindTime/*이라는 이름의 모듈 디렉터리를 만들도록 지시한다. 이 디렉터리에는 다음 파일들이 만들어진다.

Manifest	배포판에 속하는 파일 목록
Changes	변경 로그
Makefile.PL	메타 makefile
FineTime.pm	펄로 작성될 부분
FineTime.xs	C로 작성될 부분
test.pl	테스트 드라이버

make를 실행하기 위해서는 우선 *Makefile.PL* 템플릿을 사용해서 각각의 시스템 구성에 맞추어진 *Makefile*을 만들어야 한다. 명령은 다음과 같다.

```
% perl Makefile.PL
```

펄의 링크가 설정된 기본 라이브러리 이외의 라이브러리 코드를 XS 코드에서 호출하는 경우에는 위의 명령을 실행하기 전에 *Makefile.PL* 파일에 한 줄을 더 추가한다. 예를 들어 *librpm.a* 라이브러리에 링크할 필요가 있고 이 라이브러리가 */usr/redhat/lib* 디렉터리에 저장되었다면 *Makefile.PL*에 포함된 다음 행을 바꾼다.

```
"LIBS"      => [""],   # 예를 들어 -lm
```

이 행을 다음처럼 변경한다.

```
"LIBS"      => ["-L/usr/redhat/lib -lrpm"],
```

모듈을 로컬 *site_lib* 디렉터리 이외의 장소에 설치하는 경우에는 그 장소를 다음과 같이 지정한다.

```
% perl Makefile.PL LIB=~/perllib
```

마지막으로 *FineTime.pm* 파일과 *FineTime.xs* 파일을 편집한다. *FineTime.pm* 파일은 대부분의 코드가 자동으로 생성되어 있다. 따라서 익스포트할 함수들 이름을 익스포트 목록에 적어주는 정도만 하면 된다. 여기서는 익스포트 리스트를 @EXPORT_OK에 저장하고, 사용자가 그 함수를 사용하길 원한다면 명시적으로 이름을 적어야 하도록 했다. 아래에 *FineTime.pm* 코드를 소개한다.

```
package FineTime;
use strict;
use vars qw($VERSION @ISA @EXPORT_OK);
require Exporter;
require DynaLoader;
@ISA = qw(Exporter DynaLoader);
@EXPORT_OK = qw(time);
$VERSION = "0.01";
bootstrap FineTime $VERSION;
1;
```

다음으로 *FineTime.xs*에 대해 *make*를 실행하면 자동으로 *FineTime.c* 파일로 변환되고, 최종적으로는 공유 라이브러리로 변환된다. 이 경우 공유 라이브러리의 이름은 대부분의 시스템에서 *FineTime.so*가 된다. 변환을 실제로 실행하는 유틸리티는 *xsubpp*이다. 이 유틸리티의 자세한 내용에 관해서는 자체의 매뉴얼 페이지와 *perlxstut*(1) 문서를 참조하도록 한다. *xsubpp*는 빌드 과정에서 자동으로 호출된다.

FineTime.xs 파일의 내용을 이해하기 위해서는 C에 대한 배경지식뿐 아니라 XS(eXternal Subroutine, 외부 서브루틴)라고 불리는, 펄에서 C를 사용하기 위한 인터페이스를 이해해야 한다. XS에 대해 자세하게 설명하는 것은 이 책의 목적에 벗어난다. 자동으로 생성된 *FineTime.xs*에는 펄 고유의 인클루드 파일들과 MODULE 선언이 포함되어 있다. 여기에서는 몇 가지 인클루드 파일을 추가하고 새로운 time 함수의 코드를 만들었다. 이 시점에서는 C와 똑같아 보이지는 않겠지만, *xsubpp*로 처리하고 나면 완전한 C 코드로 변환된다.

다음으로 이 책에서 사용한 *FineTime.xs* 코드를 소개한다.

```
#include <unistd.h>
#include <sys/time.h>
#include "EXTERN.h"
#include "perl.h"
#include "XSUB.h"

MODULE = FineTime           PACKAGE = FineTime

double
time( )
    CODE:
        struct timeval tv;
        gettimeofday(&tv,0);
        RETVAL = tv.tv_sec + ((double) tv.tv_usec) / 1000000;
    OUTPUT:
        RETVAL
```

표준 C 라이브러리에 포함된 함수와 같은 이름을 사용해서 함수를 정의했다고 해도 컴파일할 때에 문제가 되지는 않는다. 그 이름이 진짜 이름이 아니기 때문이다. 이 이름은 단지 펄에서 호출할 때의 이름이며, C 링커에서는 XS_FineTime_time으로 인식된다. 따라서 이름이 중복되지 않는다.

다음으로 (부분적으로 수정한 다음에) *make install*을 실행했을 때에 화면에 출력되는 메시지를 나타낸다.

```
% make install
mkdir ./blib/lib/auto/FineTime
cp FineTime.pm ./blib/lib/FineTime.pm
/usr/local/bin/perl -I/usr/lib/perl5/i686-linux/5.00403  -I/usr/lib/perl5
/usr/lib/perl5/ExtUtils/xsubpp -typemap
        /usr/lib/perl5/ExtUtils/typemap FineTime.xs
FineTime.tc && mv FineTime.tc FineTime.c && cc -c -Dbool=char -DHAS_BOOL
    -O2-DVERSION=\"0.01\" -DXS_VERSION=\"0.01\" -fpic
    -I/usr/lib/perl5/i686-linux/5.00403/CORE  FineTime.c
Running Mkbootstrap for FineTime ( )
chmod 644 FineTime.bs
LD_RUN_PATH="" cc -o blib/arch/auto/FineTime/FineTime.so
    -shared -L/usr/local/lib FineTime.o
chmod 755 blib/arch/auto/FineTime/FineTime.so
cp FineTime.bs ./blib/arch/auto/FineTime/FineTime.bs
chmod 644 blib/arch/auto/FineTime/FineTime.bs
Installing /home/tchrist/perllib/i686-linux/./auto/FineTime/FineTime.so
Installing /home/tchrist/perllib/i686-linux/./auto/FineTime/FineTime.bs
Installing /home/tchrist/perllib/./FineTime.pm
Writing /home/tchrist/perllib/i686-linux/auto/FineTime/.packlist
Appending installation info to /home/tchrist/perllib/i686-linux/perllocal.pod
```

이 과정이 모두 끝나면 다음과 같은 명령을 셸에 입력해서 실행할 수 있다.

```
% perl -I ~/perllib -MFineTime=time -le "1 while print time()" | head
888177070.090978
888177070.09132
888177070.091389
888177070.091453
888177070.091515
888177070.091577
888177070.091639
888177070.0917
888177070.091763
888177070.091864
```

더 알아보기

- *Advanced Perl Programming* 18장~20장
- *perlxstut*(1) 문서와 *perlxs*(1) 문서에 펄에서 C를 호출하는 방법을 다룬다.
- *perlcall*(1), *perlguts*(1) 문서와 *Programming Perl* 21장의 "Extending Perl" 절에서 펄 내부 API에 대해 설명한다.
- *perlembed*(1) 문서와 *Programming Perl* 21장의 "Embedding Perl" 절에서는 C

에서 펄을 호출하는 방법을 다룬다.

- 기본 모듈 ExtUtils::MakeMaker 모듈 문서와 *h2ph*(1), *xsubpp*(1) 매뉴얼 페이지
- *https://metacpan.org/author/DMR*, 이 웹 페이지에는 포괄적인 XS 해설이 있고, C++와의 인터페이스에 관한 해설도 포함되어 있다.

12.19 Inline::C로 C 확장 모듈을 만들기

문제

펄에서 호출할 수 있는 C 함수를 만들고자 한다. XS는 이미 시도해봤지만 너무 복잡하여 정신 건강에 해로웠다.

해결책

CPAN의 Inline::C 모듈을 사용한다.

```
use Inline C;
$answer = somefunc(20, 4);
print "$answer\n";                # 80을 출력한다
__END__
__C__
double somefunc(int a, int b) {  /* Inline은 기본적인 C의 형 대부분을 인식한다 */
  double answer = a * b;
  return answer;
}
```

논의

Inline::C는 C 확장 모듈을 만드는 데 XS 시스템을 대신하는 수단으로 만들어졌다. *h2xs*를 사용하는 경우에는 여러 가지 처리를 순서대로 실행하고 *.xs* 파일의 포맷에 맞춰서 코드를 만들어야 하지만, Inline::C를 사용하는 경우에는 C 코드를 직접 펄 프로그램에 집어넣을 수 있다. 그리고 Python, Ruby, Java 등 여러 다른 언어에 대한 Inline 모듈도 제공되고 있다.

C 소스는 기본적인 프로그램의 `__END__` 또는 `__DATA__` 섹션 안에서 `__C__` 토큰의 뒤에 만든다. 이런 식으로 여러 언어를 한 파일 안에 넣을 수도 있다. 원한다면 Inline을 적재할 때에 히어 도큐먼트를 사용한다.

```
use Inline C <<'END_OF_C';
double somefunc(int a, int b) {  /* Inline은 기본적인 C의 형의 대부분을 인식한다 */
  double answer = a * b;
  return answer;
}
END_OF_C
```

Inline::C는 소스코드를 스캔하여 ANSI 스타일로 된 함수 정의를 검색한다. 처리할 수 있는 함수 정의가 검출되면 그 함수를 둘러싼 펄 래퍼가 만들어진다. 기본적인 C 데이터형(`double`, `int`, `char *` 등)은 펄에 있는 *typemap*을 사용해서 자동으로 바뀐다. typemap에는 C 값과 펄 데이터형끼리 서로 변환을 하는 방법을 펄에 알려주는 정보가 포함된다. 그리고 기본적인 typemap에서 지원되는 것 말고 복잡한 데이터 구조를 사용할 필요가 있는 경우에는 스스로 독자적인 typemap을 설치할 수 있다.

Inline::C를 사용하면 외부 라이브러리와의 링크, *h2xs*와 같은 헤더파일의 해석, 여러 값을 받기, 객체 조작 등의 여러 가지 처리를 할 수 있다. 자세한 내용에 관해서는 Inline::C 모듈에 속한 *Inline::C-Cookbook*의 매뉴얼 페이지를 참고하도록 한다.

더 알아보기

- CPAN 모듈 Inline::C 모듈 문서
- *Inline::C-Cookbook* 매뉴얼 페이지

12.20 POD로 모듈 문서 만들기

문제

모듈에 관한 문서를 만들어야 하는데, 어떤 포맷을 사용하면 좋을지 모르겠다.

해결책

POD 포맷을 사용해서 모듈 파일에 문서를 집어넣는다.

논의

POD는 "Plain Old Documentation"의 줄임말로 매우 단순한 마크업 포맷을 사용해서 프로그램에 삽입되는 문서를 가리킨다. 프로그래머는 일단 코드를 완성하면 그 문서를 결코 만들려고 하지 않는 것으로 악명 높다. POD는 누구나 쉽고 간단히 문서를 만들 수 있다면, 누구라도 문서를 쓸 수 있을 것이라는 아이디어로 설계되었다. 그리고 이는 큰 효과를 거두고 있다.

펄 인터프리터가 소스코드를 해석할 때에 (새로운 구문이 시작할 장소에서) 등호로 시작하는 행이 검출되면, 그다음의 텍스트는 `=cut`으로 시작하는 행이 검출될 때까지 모두 무시되고, 그다음 줄부터 코드 해석이 다시 시작된다. 그 때문에

펄 프로그램 또는 모듈 파일 전체의 코드와 문서를 섞어 쓸 수 있다. 대부분의 소스코드는 평범한 텍스트이므로 문서도 일반 텍스트나 거의 그에 가까운 형식으로 입력하면 된다. 프로그래머가 변수 이름이나 함수 호출 등의 서식을 특별히 꾸미지 않아도, 변환 툴이 자동으로 출력 환경에 따라 적절히 서식을 만들어준다.

펄의 배포판에는 일반적인 POD 포맷을 특정 출력 형식으로 변환하는 여러 가지 툴이 포함되어 있다. 예를 들어, *pod2man*은 POD 포맷을 *troff*로 변환하는 기능을 가지고 있다. *troff* 형식은 *man* 프로그램으로 출력할 때나 사진 식자, 인쇄 등에 사용된다. *pod2html*은 웹 페이지를 만들고, *pod2text*는 평범한 텍스트 문서를 만든다. 이 밖에도 *pod2ipf*, *pod2fm*, *pod2texi*, *pod2latex*, *pod2ps* 등의 변환 툴을 구할 수 있으며, 그중 일부는 CPAN에서 제공된다.

많은 서적들이 워드 프로세서를 사용해서 만들어지지만, 이런 워드 프로세서들의 스크립트 기능은 제한이 많다. 하지만 이 책은 아니다. 이 책은 일반적인 텍스트 에디터를 사용해서 POD 포맷으로 쓰였다(톰은 *vi*를, 네이던은 *emacs*를 각각 사용했다). 최종적인 판본은 POD 소스 파일을 FrameMaker로 변환해서 만들었다.

POD에 관한 정식 문서는 *perlpod*(1)에서 볼 수 있지만, POD를 익히려면 기존의 모듈 파일을 실제로 읽어보는 편이 더 쉬울 것이다. *h2xs*를 사용해서 모듈을 만들기 시작하는 경우에는 POD 예문이 이미 만들어져 있다. *Makefile*에는 그것들을 *man* 포맷으로 바꾸고, 변환된 매뉴얼 페이지를 설치해서 남들이 읽을 수 있게 하는 기능이 포함되어 있다. 또는 *perldoc* 프로그램을 사용하면 *pod2text*를 통하여 POD를 즉석으로 변환할 수도 있다.

들여쓰기한 단락은 쓰인 그대로 표시된다. 그 이외의 단락은 페이지에 맞도록 서식이 조정된다. POD에서 사용되는 마크업은 두 종류밖에 없다. 하나는 등호로 시작한 뒤 그다음에 하나 이상의 단어가 나오는 단락이다. 또 하나는 하나의 문자 뒤에 꺾쇠로 감싼 텍스트가 이어지는 표현으로, 이것은 문장 안에서 사용한다. 단락 태그는 헤더, 목록의 나열, 변환 툴 고유의 이스케이프 처리 등을 나타낸다. 반면 꺾쇠 표현은 주로 폰트를 볼드, 이탤릭, 고정폭 등으로 변경하기 위해 사용한다. 아래에 =head2라는 POD 지시자와 폰트를 변경하는 여러 가지 꺾쇠 표현을 사용한 예를 소개한다.

```
=head2 Discussion

If we had a I<.h> file with function prototype declarations, we
could include that, but since we're writing this one from scratch,
we'll use the B<-c> flag to omit building code to translate any
```

```
#define symbols.  The B<-n> flag says to create a module directory
named I<FineTime/>, which will have the following files.
```

=for 이스케이프는 그다음에 이어지는 코드가 특정 출력 전용의 코드라는 것을 나타낸다. 예를 들어, 이 책의 원고는 그 대부분이 POD로 쓰였고 표준적인 *troff* 툴인 *eqn*, *tbl*, 그리고 *pic*을 호출하는 부분들이 있다. 다음은 *eqn*이 들어간 예제다. 이 단락은 *troff*을 만드는 변환 툴에 의해서만 처리되며, 그 외의 다른 툴은 이 단락을 무시한다.

```
=for troff
.EQ
log sub n (x) = { {log sub e (x)} over {log sub e (n)} }
.EN
```

POD를 사용하여 여러 행에 걸쳐 주석을 쓸 수도 있다. 예를 들어 C에서는 /* ... */라는 표현으로 여러 행의 텍스트를 한꺼번에 주석 처리할 수 있다. 즉, 주석이라는 것을 나타내는 표식을 각 줄에 붙일 필요가 없다. 펄에서는 POD 지시자가 무시되는 특성을 이용하면 블록 단위로 주석 처리할 수 있다. 즉, POD 필터에서 무시되는 지시자를 쓰는 것이다. 예를 들어 일정 블록을 "for later(나중에 사용)"이나 "for nobody(아무도 사용하지 않음)"이라고 지정할 수 있다.

```
=for later
next if 1 .. ?^$?;
s/^(.)/>$1/;
s/(.{73})........*/$1
<SNIP>/;

=cut back to perl
```

=begin과 =end 쌍을 쓸 수도 있다.

```
=begin comment
if (!open(FILE, "<", $file)) {
    unless ($opt_q) {
        warn "$me: $file: $!\n";
        $Errors++;
    }
    next FILE;
}

$total = 0;
$matches = 0;

=end comment
```

더 알아보기

· *perlsyn*(1) 문서의 "PODs: Embedded Documentation" 절과 *perlpod*(1), *pod2man*(1), *pod2html*(1), *pod2text*(1)의 매뉴얼 페이지

· *Programming Perl* 26장

12.21 CPAN 모듈의 빌드와 설치

문제

인터넷을 통해서 CPAN에서 내려받거나 기타 저장매체에서 복사한 모듈 파일을 설치하고자 한다.

해결책

다음 명령을 셸에 입력해서 실행한다. 이렇게 하면 Some::Module 패키지의 버전 4.54가 빌드되고 설치된다.

```
% gunzip Some-Module-4.54.tar.gz
% tar xf Some-Module-4.54
% cd Some-Module-4.54
% perl Makefile.PL
% make
% make test
% make install
```

논의

인터넷에서 받을 수 있는 대부분의 프로그램처럼 펄 모듈도 GNU zip 포맷[9]의 *tar* 압축 형식으로 얻을 수 있다. *tar*를 실행할 때에 `"Directory checksum errors"`라는 경고가 표시되는 경우에는 이진 파일을 텍스트 형식으로 내려받는 바람에 일부 데이터가 소실된 것이다.

시스템 디렉터리에 모듈을 설치하려면 적절한 접근 권한이 있는 사용자가 되어야 할 것이다. 기본 모듈은 */usr/lib/perl5* 같은 디렉터리에 설치된다. 반면 서드파티 모듈은 */usr/lib/perl5/site_perl*에 설치된다.

다음은 MD5 모듈을 설치하는 예다.

```
% gunzip MD5-1.7.tar.gz
% tar xf MD5-1.7.tar
% cd MD5-1.7
% perl Makefile.PL
Checking if your kit is complete...
```

9 이 포맷은 윈도우 컴퓨터에서 일반적으로 사용되는 zip 포맷과는 다르다. 다만, 최근 버전의 윈도우용 WinZip에서는 이 포맷을 읽어들일 수 있다. 펄 5.005 이전 버전에서는 CPAN 모듈을 빌드하기 위해서 ActiveState 포트가 아닌 Perl for Win32 표준 포트가 필요하다. 그리고 tar와 gnutar의 무료 버전은 마이크로소프트의 시스템에서도 이용할 수 있다.

```
Looks good
Writing Makefile for MD5
% make
mkdir ./blib
mkdir ./blib/lib
cp MD5.pm ./blib/lib/MD5.pm
AutoSplitting MD5 (./blib/lib/auto/MD5)
/usr/bin/perl -I/usr/local/lib/perl5/i386 ...
...
cp MD5.bs ./blib/arch/auto/MD5/MD5.bs
chmod 644 ./blib/arch/auto/MD5/MD5.bsmkdir ./blib/man3
Manifying ./blib/man3/MD5.3
% make test
PERL_DL_NONLAZY=1 /usr/bin/perl -I./blib/arch -I./blib/lib
-I/usr/local/lib/perl5/i386-freebsd/5.00404 -I/usr/local/lib/perl5 test.pl
1..14
ok 1
ok 2
...
ok 13
ok 14
% sudo make install
Password:
Installing /usr/local/lib/perl5/site_perl/i386-freebsd/./auto/MD5/
    MD5.so
Installing /usr/local/lib/perl5/site_perl/i386-freebsd/./auto/MD5/
    MD5.bs
Installing /usr/local/lib/perl5/site_perl/./auto/MD5/autosplit.ix
Installing /usr/local/lib/perl5/site_perl/./MD5.pm
Installing /usr/local/lib/perl5/man/man3/./MD5.3
Writing /usr/local/lib/perl5/site_perl/i386-freebsd/auto/MD5/.packlist
Appending installation info to /usr/local/lib/perl5/i386-freebsd/
5.00404/perllocal.pod
```

시스템 관리자가 없는 경우나 시스템 관리자에게 의뢰해서 설치할 수 없는 경우라도 걱정할 필요는 없다. 펄을 사용해서 템플릿인 *Makefile.PL*로부터 Makefile을 만들 때에 다른 설치 디렉터리를 지정할 수 있다.[10]

```
# 모듈을 자신의 디렉터리에 설치하는 경우
% perl Makefile.PL LIB=~/lib

# 자신만 쓰는 완전한 펄 배포본이 설치되어 있는 경우
% perl Makefile.PL PREFIX=~/perl5-private
```

더 단순한 방법으로 명령행에서 CPAN 모듈을 사용할 수도 있다. 필요한 모듈을 자동으로 검색하고 다운로드하여 설치해주기 때문이다. 예를 들어 Getopt::Declare라는 CPAN 모듈이 필요하다면 다음처럼 입력하기만 하면 된다.[11]

```
% perl -MCPAN -e "install Getopt::Declare"
```

처음으로 CPAN 모듈을 사용할 때에는 설정을 위한 질문이 주어진다. 그에 대한

10 (옮긴이) CPAN 모듈 local::lib을 사용하여 이런 동작을 조금 더 체계적으로 할 수 있다.
11 (옮긴이) 현재는 cpan Getopt::Declare라고 간단히 쓸 수 있다.

답은 저장되기 때문에 이후에는 다시 질문을 받을 일은 없다.

그리고 CPAN 모듈에서는 대화형 명령 셸도 지원된다. 이 셸을 이용하면 정확한 이름을 모르는 모듈을 검색하거나 설치한 모듈의 새 버전이 있는지 확인하거나, 서로 연관된 모듈들을 한 번에 설치하는 등 유용한 작업을 할 수 있다.

아래에 대화형 명령 셸의 실행 예제를 나타낸다.

```
% perl -MCPAN -e shell

cpan shell -- CPAN exploration and modules installation (v1.70)
ReadLine support enabled

cpan> h

Display Information
 command  argument          description
 a,b,d,m  WORD or /REGEXP/  about authors, bundles, distributions, modules
 i        WORD or /REGEXP/  about anything of above
 r        NONE              reinstall recommendations
 ls       AUTHOR            about files in the author's directory

Download, Test, Make, Install...
 get                        download
 make                       make (implies get)
 test      MODULES,         make test (implies make)
 install   DISTS, BUNDLES   make install (implies test)
 clean                      make clean
 look                       open subshell in these dists' directories
 readme                     display these dists' README files

Other
 h,?           display this menu       ! perl-code     eval a perl command
 o conf [opt]  set and query options   q               quit the cpan shell
 reload cpan   load CPAN.pm again      reload index    load newer indices
 autobundle    Snapshot                force cmd       unconditionally do cmd

cpan> i /inflect/
CPAN: Storable loaded ok
Going to read /home/tchrist/.cpan/Metadata
  Database was generated on Mon, 07 Apr 2003 22:42:33 GMT
Distribution    D/DC/DCONWAY/Lingua-EN-Inflect-1.88.tar.gz
Module          Lingua::EN::Inflect (D/DC/DCONWAY/Lingua-EN-Inflect-1.88.tar.
gz)
2 items found

cpan> install Lingua::EN::Inflect
[빌드와 설치 과정에서 나오는 출력은 생략]

cpan> quit
```

현재 CPAN 모듈은 서서히 CPANPLUS 모듈에 밀려나고 있다.[12] CPANPLUS는 CPAN과 같은 기능을 제공하여 그 유연성과 성능을 강화하는 것을 목표로 만들어지고 있다. CPANPLUS의 텍스트 인터페이스는 CPAN 모듈의 인터페이스와 유사

12 (옮긴이) 아쉽게도 CPANPLUS는 펄 버전 5.20부터 기본 모듈에서 빠졌다.

하지만, GUI와 프로그래머 인터페이스도 제공된다. 이 인터페이스들을 이용하면 CPAN 모듈에서 접근할 수 없었던 많은 기능에 접근할 수 있다.

더 알아보기

- 기본 모듈 ExtUtils::MakeMaker 모듈 문서
- 펄 배포판에 포함된 INSTALL 파일에서 정적으로 링크된 *perl* 바이너리를 만드는 법을 설명한다.

12.22 예제: 모듈 템플릿

다음은 모듈의 틀이 되는 템플릿이다. 스스로 모듈을 만드는 경우에는 이 템플릿을 복사해서 수정해 나가면 된다.

```
package Some::Module;  # Some/Module.pm에 저장한다

use strict;

require Exporter;

# 버전 확인을 위해서 버전을 설정한다
our $VERSION     = 0.01;
our @ISA         = qw(Exporter);
our @EXPORT      = qw(&func1 &func2 &func3);
our %EXPORT_TAGS = ();     # 예: TAG => [ qw!name1 name2! ],

# 익스포트할 패키지 변수를 여기에 쓴다
# 익스포트할 함수도 여기에 쓴다
our @EXPORT_OK   = qw($Var1 %Hashit &func3);

use vars qw($Var1 %Hashit);
# 익스포트하지 않을 패키지 변수를 여기에 쓴다
our(@more, $stuff);

# 패키지 전역 변수를 초기화한다. 처음은 익스포트할 변수
$Var1   = "";
%Hashit = ();

# 다음은 익스포트하지 않는 변수($Some::Module::stuff라고 표기하면 이 변수들도 접근할 수 있다)
$stuff = "";
@more = ();

# 파일을 스코프로 하는 렉시컬 변수들은 모두
# 그 변수를 사용하는 함수보다 먼저 만들어두어야 한다

# 파일에서만 접근가능한 프라이빗 렉시컬 변수를 여기에 쓴다
my $priv_var = "";
my %secret_hash = ();

# 클로저 등 파일에서만 접근가능한 프라이빗 함수를 여기에 쓴다
# 이것들은 &$priv_func와 같은 형식으로 호출할 수 있다
my $priv_func = sub {
    # 실제 코드를 여기에 작성한다
};
```

```
# 익스포트 여부에 상관없이 모든 함수를 만든다
# {} 안에는 실제로 동작할 코드를 쓴다
sub func1      { .... }    # 프로토타입 없음
sub func2()    { .... }    # 프로토타입으로 보이드형을 지정
sub func3($$)  { .... }    # 프로토타입으로 두 개의 스칼라형을 지정

# 다음 함수는 자동으로 익스포트되지 않지만 호출할 수는 있다
sub func4(\%)  { .... }    # 프로토타입으로 하나의 해시 레퍼런스를 지정한다

END { }        # 모듈의 클린업 코드(전역 소멸자)
1;
```

12.23 프로그램: 설치된 모듈의 버전과 설명을 검색하기

펄에는 수많은 모듈이 기본적으로 포함되어 있다. 그리고 CPAN에 더욱 많은 모듈이 공개되어 있다. 다음에 소개하는 프로그램은 시스템에 설치된 모든 모듈의 이름, 버전, 설명을 출력한다. 이 프로그램에서는 File::Find 등의 기본 모듈을 사용해서 이 장에서 설명한 기법 중 몇 가지를 실제로 활용하고 있다.

실행하려면 다음처럼 입력한다.

```
% pmdesc
```

그러면 다음처럼 모듈 이름과 설명이 목록으로 출력된다.

```
FileHandle (2.00) - supply object methods for filehandles
IO::File (1.06021) - supply object methods for filehandles
IO::Select (1.10) - OO interface to the select system call
IO::Socket (1.1603) - Object interface to socket communications
...
```

-v 플래그를 지정해서 실행하면 파일이 저장된 디렉터리 이름이 출력된다.

```
% pmdesc -v

<<<Modules from /usr/lib/perl5/i686-linux/5.00404>>>

FileHandle (2.00) - supply object methods for filehandles
    ...
```

그리고 -w를 지정하면 모듈에 POD가 포함되지 않은 경우에 경고가 출력되고, -s 플래그를 지정하면 각 디렉터리 안에 모듈의 목록이 정렬된다.

이 프로그램의 코드를 예제 12-3에 표시한다.

예제 12-3. pmdesc

```
#!/usr/bin/perl -w
# pmdesc - pm 파일이름과 설명을 표시한다
# tchrist@perl.com

use strict;
use File::Find      qw(find);
```

```
use Getopt::Std     qw(getopts);
use Carp;

use vars (
    q!$opt_v!,              # 디버그 정보를 출력한다
    q!$opt_w!,              # 모듈의 설명이 없는 경우에 경고를 출력한다
    q!$opt_a!,              # 상대 경로를 포함한다
    q!$opt_s!,              # 각 디렉터리 별로 출력을 정렬한다
);

$| = 1;

getopts("wvas")             or die "bad usage";

@ARGV = @INC unless @ARGV;

# 전역 변수. 사용하지 않을 수 있었으면 좋을 텐데
use vars (
    q!$Start_Dir!,          # find가 호출되었을 때에 최상위 디렉터리
    q!%Future!,             # find로 나중에 처리할 최상위 디렉터리
);

my $Module;

# 필요한 경우에 모듈의 목록을 정렬하는 출력 필터를 설치한다
if ($opt_s) {
    if (open(ME, "-|")) {
        $/ = "";
        while (<ME>) {
            chomp;
            print join("\n", sort split /\n/), "\n";
        }
        exit;
    }
}

MAIN: {
    my %visited;
    my ($dev,$ino);

    @Future{@ARGV} = (1) x @ARGV;

    foreach $Start_Dir (@ARGV) {
        delete $Future{$Start_Dir};

        print "\n << Modules from $Start_Dir>>\n\n"
            if $opt_v;

        next unless ($dev,$ino) = stat($Start_Dir);
        next if $visited{$dev,$ino}++;
        next unless $opt_a || $Start_Dir =~ m!^/!;

        find(\&wanted, $Start_Dir);
    }
    exit;
}

# 파일과 디렉터리 이름을 가지고 모듈 이름을 합성한다
sub modname {
    local $_ = $File::Find::name;

    if (index($_, $Start_Dir . "/") == 0) {
```

```
        substr($_, 0, 1+length($Start_Dir)) = "";
    }

    s { /              }    {::}gx;
    s { \.p(m|od)$     }    {  }x;

    return $_;
}

# 이 모듈 정보를 출력할지 판단한다
sub wanted {
    if ( $Future{$File::Find::name} ) {
        warn "\t(Skipping $File::Find::name, qui venit in futuro.)\n"
            if 0 and $opt_v;
        $File::Find::prune = 1;
        return;
    }
    return unless /\.pm$/ && -f;
    $Module = &modname;
    # 이상한 모듈은 넘어간다
    if ($Module =~ /^CPAN(\Z|::)/) {
        warn("$Module -- skipping because it misbehaves\n");
        return;
    }


    my    $file = $_;

    unless (open(POD, "<", $file)) {
        warn "\tcannot open $file: $!";
            # if $opt_w;
        return 0;
    }

    $: = " -:";

    local $/ = "";
    local $_;
    while (<POD>) {
        if (/=head\d\s+NAME/) {
            chomp($_ = <POD>);
            s/^.*?-\s+//s;
            s/\n/ /g;
            #write;
            my $v;
            if (defined ($v = getversion($Module))) {
                print "$Module ($v) ";
            } else {
                print "$Module ";
            }
            print "- $_\n";
            return 1;
        }
    }

    warn "\t(MISSING DESC FOR $File::Find::name)\n"
        if $opt_w;

    return 0;
}

# 펄을 실행해서 모듈을 적재하고 그 버전 번호를 출력한다
```

```
# 에러는 /dev/null로 리다이렉트한다
sub getversion {
    my $mod = shift;
    my $vers = `$^X -m$mod -e 'print \$${mod}::VERSION' 2>/dev/null`;
    $vers =~ s/^\s*(.*?)\s*$/$1/; # remove stray whitespace
    return ($vers || undef);
}

format = ^<<<<<<<<<<<<<<<<<<~~^<<<<<<<<<<<<<<<<<<<<<<<<<<<<<<<<<<<<<<<<<<<<<<<<<<<<<<<<
$Module,        $_
.
```

CPANPLUS 모듈을 이미 설치한 경우에는 이 모듈에 포함된 백엔드 인터페이스를 사용해도 같은 작업을 할 수 있다. 다음 프로그램은 이용 가능한 모든 모듈의 정보를 표시한다. (-X 옵션을 지정하면 유효하지 않은 경로나 버전 번호에 관한 경고 출력을 생략한다).

```
#!/usr/bin/perl -X

use CPANPLUS::Backend;
use Data::Dumper;

$cp = CPANPLUS::Backend->new;
$installed = $cp->installed->rv;          # 설치된 모듈 목록을 얻는다

foreach my $module (sort keys %$installed) {
  # 모듈에 관한 정보를 얻는다
  $info = $cp->details(modules => [$module])->rv->{$module};
  # 필요한 필드를 표시한다
  printf("%-35.35s %44.44s\n", $module, $info->{Description});
}
```

실행하면 다음과 같은 표가 출력된다.

```
Algorithm::NaiveBayes                                           None given
AnyDBM_File                           Uses first available *_File module above
Apache                                       Interface to the Apache server API
Apache::AuthDBI                                                 None given
Apache::Connection                           Inteface to Apache conn_rec struct
```

13장

Perl Cookbook

클래스, 객체, tie

전 세계에서, 나는 상류 계급보다 대중을 지지한다.

— 윌리엄 E. 글래드스톤(William E. Gladstone), 리버풀에서의 연설, 1886년 6월 28일

13.0 개요

펄은 원래 객체지향 언어라고 생각되지 않았다. 하지만 첫 번째 릴리스가 발표되고 나서 몇 년 동안, 객체지향 프로그래밍의 완전한 지원이 추가되었다. 언제나 그렇듯이 펄은 하나의 올바른 스타일을 강제하지 않고 오히려 다양한 스타일을 허용하고 있다. 그 덕분에 많은 사람이 자신이 좋아하는 방법으로 여러 가지 일을 할 수 있게 되었다.

펄로 프로그램을 만들 때는 굳이 객체를 사용할 필요는 없다. 이 점이 프로그램이 객체의 인스턴스로 기술되는 자바(Java)와는 큰 차이이다. 하지만 원한다면 객체지향이라고 불리는 강력한 테크닉의 거의 모든 기능을 사용하는 펄 프로그램을 만들 수도 있다. 펄에서 지원하는 기능에는 클래스와 객체, 단일상속과 다중상속, 인스턴스 메서드와 클래스 메서드, 오버라이드된 메서드에 대한 접근, 생성자와 소멸자, 연산자 오버로드, 오버로드를 통한 프락시 메서드, 위임, 최상위 객체를 뿌리로 하는 트리 구조의 객체 계층, 두 단계의 가비지 컬렉션 등이 포함되어 있다.

객체지향 테크닉을 얼마나 사용할 지는 각자의 선호와 필요성에 따라 다르다. 펄에서의 객체지향 테크닉이 필수가 되는 것은 `tie`를 사용하는 경우뿐이다. 다만, 이마저도 모듈을 구현하는 사람 입장에서 얘기다. 일반 사용자는 다행히도 이 내

부적인 메커니즘을 굳이 이해하지 않고 그 은혜를 받을 수 있다. tie에 관해서는 레시피 13.15에서 자세하게 해설하겠지만, 한마디로 하면 변수에 대한 접근을 사용자가 의식하지 못한 채로 가로채는 것이 가능해진다. 예를 들어 tie를 사용하면 키만이 아니라 키와 값 어느 것으로도 검색이 가능한 해시를 만들 수 있다.

펄의 객체지향 구조

객체지향이 무엇이냐고 열 명에게 물어보면 열 가지 대답을 얻을 수 있을 것이다. 사람들은 추상화나 캡슐화와 같은 용어를 반복해서 사용하면서 객체지향 프로그래밍 언어의 기본적인 단위를 구별하고 명확하게 하려고 할 것이다. 뿐만 아니라 논문이나 책의 주제로라도 삼을 것처럼 대단한 이름을 붙이려고 한다. 객체지향 언어라고 해도 그 모든 언어가 같은 기능을 가지고 있는 것은 아니다. 물론 논문이나 책이 계속해서 발표되는 이유도 이 점에 있다.

이 책에서는 펄 문서, *perlobj*(1) 매뉴얼 페이지, 그리고 *Programming Perl*의 12장에서 사용되는 표기를 따른다. "객체"는 어떤 "클래스"에 속하는 변수이다. 그리고 "메서드"는 특정 클래스와 연결되는 함수다. 펄에서 클래스에 해당하는 것은 패키지이며, 보통은 모듈이기도 하다. 객체는 클래스와 연결된 어떤 것에 대한 레퍼런스이다.

클래스와 연결된 것은 그 클래스로 *블레스(bless)*되어 있다고 말한다. "블레스한다"는 말은 원래 "신이 축복해서 은혜를 준다"라는 뜻이지만 여기에서는 그런 종교적이고 신비한 동작을 가리키는 것은 아니다. 펄에서의 "블레스한다"는 것은 단지 레퍼런트, 즉 레퍼런스로 참조되는 대상을 클래스와 연결해서, 그 클래스의 기능을 이용할 수 있게 하는 것을 의미한다. 이 연결을 위해서는 bless 함수를 사용한다. 이 함수는 하나 또는 두 개의 인자를 받는다. 첫 번째 인자는 클래스와 연결하는 대상의 레퍼런스이다. 두 번째 인자는 그 대상을 연결할 클래스, 즉 펄의 패키지이다.

```
$object = {};                          # 해시 레퍼런스
bless($object, "Data::Encoder");       # $object를 Data::Encoder 클래스로 블레스한다
bless($object);                        # $object를 현재 패키지로 블레스한다
```

클래스 이름으로는 패키지 이름(위의 예제에서는 Data::Encoder)이 사용된다. 클래스는 (보통은) 모듈이므로 Data::Encoder 클래스의 코드는 *Data/Encoder.pm* 이라는 파일에 포함된다. 전통적인 모듈과 마찬가지로 이런 디렉터리 구조는 단순히 편의를 위해서다. 상속이나 변수의 공유 같은 것과는 아무런 관련도 없다.

전통적인 모듈과는 다르게 객체 모듈은 Exporter를 거의 사용하지 않는다. 클래스에 대한 접근은 임포트한 함수나 변수가 아니라 메서드를 통해서 해야 한다.

객체를 클래스로 블레스한 다음에 그 레퍼런스에 대해서 ref 함수를 호출하면, 레퍼런트의 기본적인 형이 아니라 그 클래스 이름이 반환된다.

```
$obj = [3,5];
print ref($obj), " ", $obj->[1], "\n";
bless($obj, "Human::Cannibal");
print ref($obj), " ", $obj->[1], "\n";
```

ARRAY 5
Human::Cannibal 5

방금 보았듯이, 레퍼런스가 블레스된 다음이라도 그 레퍼런스를 디레퍼런스할 수 있다. 대부분의 경우 객체는 블레스된 해시 레퍼런스로 구현된다. 필요하다면 어떤 종류의 레퍼런스라도 사용할 수 있지만, 해시 레퍼런스를 사용한 경우에는 객체 안에서 임의의 이름을 붙인 데이터 필드를 사용할 수 있기 때문에 유연하게 조작할 수 있다.

```
$obj-> {Stomach} = "Empty"; # 객체 내용에 직접 접근한다
$obj-> {NAME} = "Thag";
# 강조하고픈 필드 이름을 대문자로 나타내었다 (필수는 아니다)
```

펄에서는 허용되는 일이긴 하지만, 클래스의 외부 코드에서 객체 내용에 직접 접근하는 것은 좋은 형태가 아니라고 모두가 인식하고 있다. 누구라도 인정하듯 이 객체에서 중요한 것은 미리 지정된 메서드를 거쳐서 간접적으로만 접근하도록 대상을 추상화하는 것에 있다. 그렇게 하면 클래스를 유지보수하는 사람은 그 클래스를 사용하는 모든 애플리케이션 코드를 바꿀 필요 없이 그 구현을 바꿀 수 있다.

메서드

블레스하는, 즉 레퍼런트를 패키지와 연결하는 목적은 객체에 대해서 메서드를 호출할 때 해당하는 함수를 어느 패키지의 네임스페이스에서 검색하면 좋은지를 펄이 판단할 수 있도록 하는 것이다. 메서드를 호출할 때는 ->라는 연산자를 사용한다. 다음은 "data"라는 인자를 지정해서 $object 객체의 encode() 메서드를 호출해서 그 반환값을 $encoded에 대입하는 방법을 나타낸다.

```
$encoded = $object->encode("data");
```

-> 연산자 좌변의 피연산자는 메서드의 *인보컨트(invocant)*라고 불린다. 인보컨트는 호출되는 메서드를 수행하는 실체라고 생각할 수 있다. 메서드는 항상 인보

컨트가 있어야 한다. 앞 쪽 예제의 경우에는 객체의 메서드를 호출하기 때문에 *객체 메서드*를 사용하게 된다. 인보컨트 자리에 패키지(당연히 클래스를 의미하는 패키지)의 이름을 적어서 *클래스 메서드*를 사용할 수도 있다.

```
$encoded = Data::Encoder->encode("data");
```

메서드를 호출하면 해당하는 클래스에 있는 함수가 호출되고 그 함수에 대한 첫 번째 인자로 그 인보컨트가 암묵적으로 넘어온다. 객체 메서드의 경우 이 인자는 해당 객체의 레퍼런스이고, 클래스 메서드의 경우 문자열이다. 두 개의 호출 타입 중 어느 쪽이 이뤄질지 항상 명백하지는 않다. 인보컨트인 변수가 블레스된 레퍼런스를 담고 있는 게 아니라 클래스 이름을 담고 있을 수도 있다.

```
$class = "Animal::" . ($aquatic ? "Fish" : "Mammal");
$beastie = $class->create();
```

위 예제의 경우에는 조건에 따라서 Animal::Fish라는 클래스에서 create 메서드가 호출될 수도 있고, Animal::Mammal이라는 클래스에서 호출될 수도 있다. 심지어, 만일 이 두 클래스에게 공통된 조상 클래스가 있다면 어느 쪽으로 호출해도 동일한 함수가 호출될 수도 있다. 여기서는 실행하기 전에 클래스 이름을 알 수 없다. 레시피 13.8에서는 실행하기 전에 메서드 이름을 미리 알 수 없는 경우 어떻게 메서드를 호출할 수 있는지 소개한다.

대부분의 클래스에는 *생성자(constructor)* 메서드가 있다. 이 메서드는 새로운 객체를 반환한다. 일부 객체지향 언어의 경우와는 다르게, 펄의 생성자 메서드는 특별한 이름이 없다. 좋아하는 어떤 이름이라도 붙일 수 있다. 예를 들어 C++ 프로그래머라면 펄의 생성자에도 new라는 이름을 붙이는 경향이 있다. 이 책에서 권하는 방법은 해결하려는 문제의 맥락에 맞춰서 생성자의 이름을 짓는 것이다. 예를 들어 펄의 Tk 확장기능에 대한 생성자는 생성할 위젯에 따라 이름을 붙인다. 그리 일반적이지는 않지만, 클래스와 같은 이름을 붙인 함수를 익스포트하는 방법도 있다. 구체적인 예제에 관해서는 레시피 13.14의 "프로그램 예: StrNum 클래스의 오버로드"를 참조한다.

클래스 메서드로 사용되는 일반적인 생성자는 다음과 같다.

```
sub new {
    my $class = shift;
    my $self  = {};         # 객체로 쓸 새로운 해시를 할당한다
    bless($self, $class);
    return $self;
}
```

생성자는 다음처럼 호출한다.

```
$object = Classname->new();
```

상속이나 그 밖의 내부적으로 이뤄지는 잡다한 처리가 없다면 위 구문은 결과적으로 다음과 같다.

```
$object = Classname::new("Classname");
```

이 경우 new 함수의 첫 번째 인자는 새로운 레퍼런스를 블레스할 클래스, 즉 패키지의 이름이다. 생성자는 이 문자열을 bless 함수의 두 번째 인자로 전달한다. 레시피 13.1에서는 블레스된 레퍼런스를 반환하는 함수에 관해서 설명한다. 생성자는 반드시 클래스 메서드여야 하는 것은 아니다. 레시피 13.6과 레시피 13.7의 설명처럼 객체 메서드가 새로운 객체를 반환하게 하는 게 유용할 때도 있다.

*소멸자(destructor)*는 객체의 레퍼런스가 가비지 컬렉션으로 처리될 때 실행되는 서브루틴이다. 가비지 컬렉션은 내부적인 레퍼런스 카운터가 0이 된 경우에 이뤄진다. 생성자와는 다르게 소멸자는 펄에서 암묵적으로 호출되기 때문에 그 이름을 여러분이 정할 수 없다. 소멸자 메서드에는 DESTROY라는 이름을 붙이도록 정해져 있다. 이 메서드가 존재하는 경우에는 메모리 할당 해제가 이뤄지기 직전에 객체에 대해서 호출된다. 레시피 13.2에서 설명하겠지만 펄에서 소멸자는 필수가 아니다.

언어에 따라서는 클래스 메서드에 접근하는 것을 컴파일러에서 제한할 수 있는 문법이 있지만, 펄에는 그런 기능이 없다. 즉, 코드에서 객체의 어떤 메서드든 호출할 수 있다. 따라서 클래스 작성자는 (사용을 허가하는) "공용적인" 메서드를 문서에 명기해야 하고, 클래스의 사용자는 문서에 명기되지 않은 (암묵적으로 "프라이빗한") 메서드 사용을 피해야 한다.

펄에서는 클래스에 대해 호출할 수 있는 메서드(클래스 메서드)와 객체에 대해서 호출할 수 있는 메서드(인스턴스 메서드)가 구별되지 않는다. 특정 메서드를 클래스 메서드로만 호출할 수 있도록 하려면 다음과 같은 코드를 사용한다.

```
use Carp;
sub class_only_method {
    my $class = shift;
    croak "class method invoked on object" if ref $class;
    # 그 밖의 코드를 여기에 쓴다
}
```

그리고 특정 메서드를 인스턴스 메서드로만 호출하도록 하려면 다음처럼 할 수 있다.

```
use Carp;
sub instance_only_method {
    my $self = shift;
    croak "instance method invoked on class" unless ref $self;
    # 그 밖의 코드를 여기에 쓴다
}
```

정의되지 않은 메서드를 호출하는 코드가 있다면 컴파일하는 시점에는 아무 에러가 발생하지 않지만, 실행할 때 예외가 발생한다. 메서드는 소속된 패키지가 실행 시점에 결정되는 함수 호출에 지나지 않는다. 모든 간접함수와 마찬가지로 메서드에 대해서도 프로토타입 확인은 이뤄지지 않는다. 프로토타입의 확인은 컴파일할 때 이뤄지기 때문이다. 메서드의 프로토타입이 정의되었다고 해도, 펄 컴파일러가 함수에 전달되는 인자의 형이나 범위를 검사하는 건 아니다. 펄의 프로토타입은 함수의 인자 범위를 확인하기 위해서가 아니라 인자의 컨텍스트를 강제하기 위해서 사용된다. 컨텍스트에 관한 자세한 내용은 레시피 10.11을 참고하도록 한다.

정의되지 않은 메서드를 호출할 때 펄에서 예외가 발생하는 동작은, AUTOLOAD 메커니즘을 사용해서 존재하지 않는 메서드의 호출을 가로채는 방법으로 방지할 수 있다. 이에 대한 구체적인 예제는 레시피 13.12에서 소개한다.

상속

상속은 클래스의 계층 관계를 정의한다. 어느 클래스에 정의되지 않은 메서드를 호출하면 그 이름을 가지는 메서드를 이 계층을 따라 검색한다. 그리고 처음으로 발견된 메서드가 사용된다. 즉, 상속은 어떤 클래스를 다른 클래스의 상위에 위치하고, 같은 코드를 반복해서 만드는 수고를 생략할 수 있다는 것을 의미한다. 소프트웨어를 재이용하기 위한 하나의 형식이기에 프로그래머의 주요한 미덕인 나태함(laziness)에도 큰 관련이 있다.

언어 중에는 상속을 나타내는 특별한 구문이 있기도 하다. 펄의 경우에는 각각의 클래스(패키지)에서 그 *슈퍼클래스(superclass)*(계층에서의 부모 클래스)의 리스트를 `@ISA`라는 패키지 변수에 설정함으로써 상속관계를 지정할 수 있다. 실행 시점에 이 객체의 클래스에 정의되지 않은 메서드가 호출되면 이 리스트가 검색된다. `@ISA` 리스트에 나열된 패키지 중 첫 번째 패키지에도 이 메서드가 없는데 이 첫 번째 패키지에도 다시 `@ISA` 변수가 설정되어 있다면, *이 첫 번째 패키지*의 `@ISA`를 먼저 검사한다. 이렇게 재귀적인 방식으로 `@ISA`의 리스트가 순서대로 검사된다.

상속관계에 따른 검색이 실패한 경우에는 검색 대상을 AUTOLOAD라는 이름의 메서드로 바꾸고, 같은 절차로 검색이 다시 실행된다. 예를 들어 $invocant->meth()라는 메서드가 호출되는 경우 $invocant가 패키지 이름이나 그 패키지로 블레스된 대상의 레퍼런스 중 어느 하나일 때, 검색 순서는 다음과 같다.

- P::meth
- @P::ISA 안에 모든 패키지 S에 대해서 재귀적으로 S::meth()
- UNIVERSAL::meth
- P::AUTOLOAD 서브루틴
- @P::ISA 안의 모든 패키지 S에 대해서 재귀적으로 S::AUTOLOAD()
- UNIVERSAL::AUTOLOAD 서브루틴

대부분의 클래스에서는 보통은 이 @ISA 배열에 원소가 하나만 포함되어 있다. 이런 상속은 "단일 상속"이라고 불린다. 반면, 클래스의 @ISA 배열에 여러 원소가 포함된 경우는 "다중상속"이라고 불린다. 다중상속에 대해서는 부정적인 의견도 많지만, 펄에서는 지원하고 있다.

상속에 관한 기본사항과 하위 클래스를 쉽게 만들 수 있는 클래스 설계방법에 관해서는 레시피 13.10에서 설명한다. 그리고 레시피 13.11에서는 하위 클래스에서 오버라이드한 메서드에서 슈퍼클래스의 메서드를 호출하는 방법을 소개한다.

펄에서는 데이터 값의 상속을 지원하지 않는다. 인터페이스(메서드)의 상속만을 지원하고, 구현(데이터)의 상속은 지원하지 않는다고 말할 수 있다. 어느 클래스라도 보통은 다른 클래스의 데이터에 직접 접근할 수 있지만, 대부분의 경우 그러지 말아야 한다. 클래스의 밀폐성을 침해하고, 추상성을 파괴하기 때문이다. 레시피 13.11에서 설명하는 지시에 따라서 코드를 작성하면 이 점은 크게 문제가 되지 않는다.

간접 객체 표기법에 관한 주의

*간접 표기법*을 사용하면 메서드 호출을 다음처럼 할 수 있다.

```
$lector = new Human::Cannibal;
feed $lector "Zak";
move $lector "New York";
```

이것은 다음 구문으로 대신할 수 있다.

```
$lector = Human::Cannibal->new();
$lector->feed("Zak");
$lector->move("New York");
```

간접 객체 기법은 영어 문법과 유사한 구문이다. 그리고 C++ 프로그래머라면 일반적으로 new를 이런 방법으로 사용하기 때문에 익숙한 구문일 것이다. 그러나 이 기법에는 의외로 곤란한 문제가 몇 가지 숨어있다. 첫 번째 문제는 이 구조가 print와 printf에서 파일핸들을 지정할 때와 같은 유별난 규칙에 따르는 것이다.

```
printf STDERR "stuff here\n";
```

이 위치의 인자로 지정할 수 있는 것은 수식어 없는 심벌, 블록, 그리고 스칼라 변수로 한정된다. 즉, 일반적인 스칼라 식을 쓸 수 없다. 이것은 끔찍하게 복잡한 우선순위 문제로 연결될 가능성이 있다. 예를 들어 다음 두 줄의 코드에 대해서 생각해보자.

```
move $obj->{FIELD};                  # 아마 잘못되었음
move $ary[$i];                       # 아마 잘못되었음
```

놀랍게도 이 코드들은 실제로는 다음처럼 해석된다.

```
$obj->move->{FIELD};                 # 놀랍구나!
$ary->move->[$i];                    # 놀라워!
```

원래라면 다음처럼 해석되기를 원했을 것이다.

```
$obj->{FIELD}->move();               # 기대했던 해석
$ary[$i]->move;                      # 기대했던 해석
```

printf처럼 식을 중괄호로 감싸 블록으로 만들면 이 문제를 해결할 수 있다.

```
move { $obj->{FIELD} };                  # 이것들은 정상적으로 동작한다
move { $ary[$i] };
```

거기에 print나 printf에서 간접 객체의 위치에 파일핸들을 지정하는 경우처럼 괄호를 사용할 수도 있고, 이때 메서드 호출은 문법적으로 리스트 연산자로 해석된다. 다음과 같이 썼다고 생각해보자.

```
move $obj (3 * $position) + 2;
print STDERR (3 * $position) + 2;
```

결과는 다음처럼 해석된다.

```
$obj->move(3 * $position) + 2;
STDERR->print(3 * $position) + 2;
```

따라서 괄호를 한 번 더 사용해야 한다.

```
move $obj ((3 * $position) + 2);
print STDERR ((3 * $position) + 2);
```

두 번째 문제는 펄 인터프리터가 name과 move가 함수인지 메서드인지를 컴파일 시점에 추측해야 한다는 것이다. 예를 들어 다음처럼 썼다고 하자.

```
$obj = new Game;
```

이 코드는 스코프 안에 무엇이 있는지, 컴파일러가 여기까지 오는 동안 무엇을 읽었는지에 따라서 다음 중 어느 것이든 될 수 있다.

```
$obj = new("Game");
$obj = new(Game());
$obj = "Game"->new();
```

이 중 원래 의도했던 것은 세 번째뿐일 것이다. 실제로는 메서드 호출에 화살표 연산자를 사용해도 문제가 발생할 가능성이 있다. 예를 들어 다음처럼 썼다고 하자.

```
$obj = Game->new();
```

이 코드는 결과적으로는 다음처럼 해석될 수도 있다.

```
$obj = Game()->new();
```

다만 이렇게 해석되는 것은 매우 한정된 경우뿐이다. 예를 들어 Game()이라는 이름의 함수가 현재 패키지에 포함된 경우이다. 보통은 제대로 해석되지만 제대로 해석되지 않는 경우에는 함수 호출이 메서드 호출로 컴파일되거나 그 반대로 컴파일되기도 한다. 그 결과로 매우 미묘하고 원인을 찾기 어려운 버그가 발생할 수 있다.

이런 애매함을 해소하기 위한 가장 확실한 방법으로는 패키지(클래스) 이름 다음에 이중 콜론을 쓰는 것이 있다.

```
$obj = new Game::;              # 항상 "Game"->new()로 해석된다
$obj = Game::->new;             # 항상 "Game"->new()로 해석된다
```

이렇게 쓴 경우에는 Game 또는 new라는 이름의 함수가 현재 패키지 안에 있다고 해도 문제가 되지 않는다. 항상 메서드 호출이 이뤄진다. 이렇게 패키지 인용으로 수식한 클래스를 사용한 경우에는 주석에 적힌 것처럼 메서드가 실행될 때는 인보컨트에서 이중 콜론이 제거된다.

사실은 두 개의 조건만 만족하고 있다면 일부러 끝에 이중 콜론을 붙이지 않고

도 클래스 이름을 사용하는 것만으로 충분하다. 첫 번째 조건은 클래스와 같은 이름의 서브루틴이 존재해서는 안 된다는 것이다(new 같은 서브루틴 이름은 소문자로 시작하고, Game 같은 클래스 이름은 대문자로 시작한다는 관행을 따른다면 이 점은 그다지 문제가 되지 않는다). 두 번째 조건은 다음 중 하나의 선언을 사용해서 클래스를 적재해두는 것이다.

```
use Game;
require Game;
```

위 선언 중 어느 것을 사용해도 Game이 모듈 이름이라는 것을 펄이 인식하게 된다. 그 결과 new처럼 베어워드인 이름을 Game이라는 클래스 이름 앞에 써도 메서드 호출로 해석할 수 있다. 심지어 현재 패키지 안에 따로 new 서브루틴이 있어도 마찬가지이다. 일반적으로는 여러 클래스를 한 파일에 몰아넣지 않는 이상은 간접 객체 표기법 때문에 문제가 되지는 않는다. 여러 클래스를 한 파일에 두는 경우에는 펄이 특정 패키지 이름을 클래스 이름이라고 인식하지 못할 수 있다. 그리고 ModuleNames 같은 이름을 서브루틴에 붙이는 것도 언젠가는 비참한 결과를 불러올 수 있다.

이 점에 관한 자세한 내용은 *Programming Perl* 12장의 "Syntactic Snafus with Indirect Objects" 절과 "Package-Quoted Classes" 절을 참고하라.

객체지향 용어에 관한 참고사항

객체지향의 세계에서는 몇 가지의 개념을 다양한 단어로 부르곤 한다. 펄 이외의 객체지향 언어를 사용해서 프로그램을 만든 경험이 있는 사람이라면 익숙한 용어나 개념이 펄에서 어떻게 대응되는지 흥미가 있을 것이다.

일반적으로 객체는 클래스의 "인스턴스"라고 부르고, 그 객체의 메서드들은 "인스턴스 메서드"라고 부른다. 각 객체의 고유한 데이터 필드는 "인스턴스 데이터" 또는 "객체 속성"이라고 부르고 같은 클래스의 모든 멤버에 공통된 데이터 필드는 "클래스 데이터", "클래스 속성", 또는 "정적 데이터 멤버"라고 부른다.

또한 "기저 클래스", "범용 클래스", 그리고 "슈퍼 클래스"는 모두 같은 개념(상속계층에서 부모나 공통된 선조)을 나타낸다. "파생 클래스", "개별 클래스", "하위 클래스"는 이것들과 반대되는 개념(상속계층에서 자식 또는 자손)을 나타낸다.

C++에서는 "정적 메서드", "가상 메서드", "인스턴스 메서드"를 구별할 수 있지만, 펄에서는 "클래스 메서드"와 "객체 메서드"의 구별밖에 없다. 사실 펄에는 그저 메서드가 있을 뿐이다. 펄의 메서드는 여러분이 어떤 종류의 인보컨트를 사용

하기로 하든 그것을 받아들인다. 메서드가 클래스 메서드로 동작할지 객체 메서드로 동작할지는 실제 그 메서드가 사용되는 순간에 어떻게 사용되었냐에 따라 결정된다. 객체를 대상으로 (인자로 문자열을 받는 것을 예상하고 있는) 클래스 메서드를 호출할 수도 있고, 클래스를 대상으로 (인자로 레퍼런스를 받는 것을 예상하고 있는) 객체 메서드를 호출할 수도 있지만, 그런 경우에는 타당한 결과를 기대해서는 안 된다.

C++에서는 전역(클래스) 생성자와 소멸자를 사용한다. 펄에서 이런 것들에 상응하는 것은 각각 모듈 초기화 코드와 모듈별 `END { }` 블록이다.

C++ 관점에서 보면 펄 메서드는 모두 가상 메서드이다. 그 때문에 내장 함수와 사용자 정의 함수와 달리 메서드의 인자는 프로토타입 검사를 할 수 없다. 프로토타입 검사는 컴파일 시점에 컴파일러에 의해 이루어지는데, 메서드 호출에 의해 어느 함수가 불릴지는 실행 시점이 되어야만 알 수 있다.

객체지향 철학에 관한 여담

펄로 객체지향 프로그래밍을 할 때 개발자는 많은 부분을 자유롭게 결정할 수 있다. 예를 들어 똑같은 처리를 여러 가지 방법으로 할 수 있고(객체를 만들 때 어떤 데이터형이든 블레스할 수 있다), 자신이 만들지 않은 클래스의 내용을 들여다보거나 수정할 수 있다(함수를 추가하는 등). 그리고 이런 것들을 사용하여 고통이 가득한 구덩이를 만들 자유도 있다. 여러분이 진정 원한다면 말이다.

덜 유연한 프로그래밍 언어는 그만큼 제한이 크다. 많은 프로그래밍 언어가 고도의 기밀성, 컴파일 시점의 타입 검사, 복잡한 함수 시그너처, 그리고 그 밖의 다양한 기능을 강화하는 것에 광신적일 정도로 노력을 쏟는다. 펄에서는 이런 기능이 원래도 없었고, 따라서 객체에 대해서도 제공하지 않는다. 펄에서 객체지향 구현이 이상하다고 생각하는 사람은 이점을 염두에 두는 것이 좋다. 이상하게 느껴지는 것은 단지 다른 언어에서의 철학에 익숙해져 있기 때문이다. 펄이 객체지향을 다루는 방식은 펄 식으로 생각해보면 충분히 합리적이다. Java나 C++을 사용할 때와 같은 철학으로 펄 프로그램을 만들려고 하면 해결할 수 없는 문제가 수많이 존재할 지도 모른다. 그러나 펄 본래의 철학에 따르면 그 모든 것에 대해 완벽하게 동작하는 해결방법을 찾아낼 수 있다. 예를 들어 *perltoot*(1)의 매뉴얼 페이지에는 클로저를 블레스해서 C++와 같은(또는 그 이상의) 기밀성을 가지는 객체를 만드는 방법을 설명한다.

펄의 객체는 잘못된 것이 아니다. 다른 방식으로 올바른 것이다.

더 알아보기

객체지향 프로그래밍에 관한 일반적인 자료 중 직접 펄을 언급하는 것은 거의 없다. 그래서 객체지향 프로그래밍을 처음 배우기 시작하는 경우에는 펄에 첨부된 문서를 참조하는 것이 좋다. 그 중에서도 객체에 관한 튜토리얼인 *perltoot*(1)과 *perlboot*(1) 문서가 적합하다. 참고 교재로는 *perlobj*(1) 문서와 *Programming Perl* 12장을 참고하도록 한다. 객체지향에 관한 고도의 테크닉이 가득 실려 있는 *perlbot*(1) 문서를 읽을 때 필요하다.

펄에서의 객체지향 프로그래밍 입문서와 레퍼런스로는 데미안 콘웨이(Damian Conway)의 *Object Oriented Perl*(Manning)이 가장 좋다. 읽기 쉽고, 기술이 정확하며 포괄적인 내용을 담고 있다.[1]

13.1 객체를 만들기

문제

사용자가 객체를 생성할 수 있는 방법을 만들고자 한다.

해결책

생성자를 만든다. 펄에서는 생성자 메서드는 객체를 초기화하는 것뿐만 아니라, 그 이전에 메모리도 할당해야 한다. 일반적으로는 이때 익명 해시를 사용한다. 반면 C++의 생성자는 메모리가 이미 할당된 상태에서 호출된다. 그 때문에 C++ 생성자를 "이니셜라이저(initializer)"라고 부르는 사람도 있다.

다음은 펄에서의 가장 일반적인 객체 생성자이다.

```
sub new {
    my $class = shift;
    my $self  = {};
    bless($self, $class);
    return $self;
}
```

그리고 다음처럼 한 줄로 할 수 있다.

```
sub new { bless( {}, shift ) }
```

논의

새로운 객체에 메모리를 할당해서 초기화하는 기능을 수행한다면 어떠한 메서드

1 (옮긴이) 최근에는 현대적인 펄 객체지향 모듈인 Moose, Moo를 쓰라고 권장하고 있으니, 이 모듈들의 문서도 읽어보라.

라도 생성자가 될 수 있다. 가장 중요한 점으로 잊어서는 안 되는 것은 레퍼런스를 대상으로 bless가 호출되기 전까지는 그 레퍼런스는 객체가 아니라는 것이다. 다음에 나타내는 것은 생각할 수 있는 가장 단순한 생성자이다(딱히 유용하지는 않다).

```
sub new { bless({}) }
```

이 생성자에 초기화용 코드를 추가하면 다음과 같다.

```
sub new {
    my $self = {};  # 익명 해시를 할당한다
    bless($self);
    # 두 개의 속성(또는 데이터 멤버, 또는 필드)을 초기화한다
    $self->{START} = time();
    $self->{AGE}   = 0;
    return $self;
}
```

이 생성자는 아주 유용하지는 않다. 인자를 하나만 지정하는 형식으로 bless를 실행하기 때문에 객체가 항상 *현재 패키지*에 블레스되게 된다. 이것이 의미하는 바는 이 생성자를 상속받아서 유용하게 쓰기 힘들다는 것이다. 상속이 사용될 경우 생성자를 호출할 때 그 대상이 꼭 이 클래스라는 보장이 없는데[2], 이 생성자가 만드는 객체는 언제나 컴파일 시점에 new 함수가 속해있는 패키지 클래스로 블레스되어버리기 때문이다.

이 문제에 대처하기 위해서는 생성자가 첫 번째 인자에 신경 쓰도록 한다. 클래스 메서드의 경우 첫 번째 인자는 패키지 이름이다. 이 클래스 이름을 bless의 두 번째 인자로 넘긴다.

```
sub new {
    my $classname  = shift;          # 만들 객체의 클래스 이름을 얻는다
    my $self       = {};             # 새로운 메모리를 할당한다
    bless($self, $classname);        # 객체를 올바른 클래스로 블레스한다
    $self->{START}  = time();        # 데이터 필드를 초기화한다
    $self->{AGE}    = 0;
    return $self;                    # 객체를 반환한다
}
```

이제 이 생성자는 파생클래스에 제대로 상속될 수 있다.

인스턴스 데이터를 초기화하는 단계와 메모리의 할당과 블레스를 하는 단계를 분리할 필요가 있는 경우도 있다. 단순한 클래스에서는 필요 없지만, 종종 메모리

2 (옮긴이) 이 클래스의 자식 클래스에 대해 new를 호출했는데 그 자식 클래스에 new 메서드가 정의되어있지 않다면, 결과적으로 이 클래스의 new가 상속되어 호출될 것이다.

할당과 초기화를 분리하는 것이 상속을 간단히 할 수 있게 해준다. 자세한 내용에 관해서는 레시피 13.11을 참고한다.

```
sub new {
    my $classname  = shift;           # 만든 객체의 클래스 이름을 얻는다
    my $self      = {};               # 새로운 메모리를 할당한다
    bless($self, $classname);         # 객체를 클래스로 블레스한다
    $self->_init(@_);                 # 남은 인자를 사용해서 _init을 호출한다
    return $self;
}

# 필드를 초기화하기 위한 "프라이빗" 메서드. 항상 START를 현재 시각으로
# AGE를 0으로 설정한다. 호출되었을 때 인자를 넘기면 _init은 그 인자들을
# 객체를 초기화하기 위한 키와 값의 쌍으로 해석한다
sub _init {
    my $self = shift;
    $self->{START} = time();
    $self->{AGE}   = 0;
    if (@_) {
        my %extra = @_;
        @$self{keys %extra} = values %extra;
    }
}
```

더 알아보기

- *perltoot*(1), *perlboot*(1), *perlobj*(1) 매뉴얼 페이지
- *Programming Perl* 12장
- 레시피 13.6, 레시피 13.10, 레시피 13.11

13.2 객체를 파괴하기

문제

객체가 필요 없어질 때마다 특별한 코드를 실행하고자 한다. 이 처리는 객체가 외부세계에 대한 인터페이스이거나, 원형 데이터 구조를 포함하고 있어서 사용한 다음 뒷정리를 해야 하는 경우에 필요하다. 구체적인 내용으로는 임시 파일의 삭제, 순환 링크의 해제, 정상적인 절차에 의한 소켓 접속 해제, 프로그램 실행 중에 생성된 하위 프로세스의 강제 종료 등을 생각할 수 있다.

해결책

DESTROY라는 이름의 메서드를 만든다. 이 메서드는 객체 참조가 더 이상 이뤄지지 않는다고 판단되었을 때나 프로그램이 종료될 때 호출되며, 두 경우 중 어느 쪽이 먼저이든 상관없이 그 시점에서 한 번만 호출된다. 메모리의 할당 해제를 할 필요는 없고, 그 클래스의 특성에 맞춰서 고유의 종료처리만을 수행한다.

```
sub DESTROY {
    my $self = shift;
    printf("$self dying at %s\n", scalar localtime);
}
```

논의

모든 이야기에는 시작과 끝이 있다. 객체의 이야기의 시작은 생성자이다. 생성자는 객체가 이 세상에 탄생할 때 명시적으로 호출된다. 이 이야기의 끝은 소멸자이다. 소멸자는 객체가 그 생애를 끝낼 때 암묵적으로 호출된다. 객체별 클린업 코드는 소멸자에 기술한다. 소멸자에는 DESTROY라는 이름을 붙여야 한다.

소멸자에 임의의 이름을 붙일 수 없는 것은 생성자가 명시적으로 이름을 써서 호출되는 것과는 달리 소멸자는 암묵적으로 호출되기 때문이다. 객체의 파괴는 펄의 가비지 컬렉션 시스템에 의해 자동으로 이뤄진다. 펄의 가비지 컬렉션 시스템은 레퍼런스 카운트 기반의 시스템으로 구현되어 있으며, 실행 속도는 빠르지만 즉각 실행되지는 않는다. 가비지 컬렉션 과정에서 호출해야 할 메서드를 식별하기 위해서 펄에서는 소멸자에 DESTROY라는 이름을 붙이게 되었다. 여러 객체가 동시에 소멸하게 되는 경우에 소멸자가 호출되는 순서는 특별히 정해지지 않는다.

그런데, DESTROY는 왜 모든 문자가 대문자로 되어 있을까? 펄에서는 자동으로 호출되는 함수임을 나타내기 위해 대문자로만 된 이름을 붙이곤 한다. 암묵적으로 실행되는 함수는 이 밖에도 BEGIN, INIT, END, AUTOLOAD 등이 있다. 그리고 STORE나 FETCH 등 tie 객체(레시피 13.15를 참고)에서 사용되는 모든 메서드도 마찬가지다.

사용자는 소멸자가 언제 호출될지 신경 쓸 필요 없다. 때가 되면 자동으로 호출되기 때문이다. 가비지 컬렉션을 지원하지 않는 언어에서는 이런 걸 기대할 수 없으므로, 프로그래머가 명시적으로 소멸자를 호출하여 메모리와 상태 정보를 정리하여야 한다. 끔찍한 일이다.

펄에서는 메모리가 자동으로 관리되므로 펄 프로그램에서 객체의 소멸자가 필요해지는 경우는 거의 없다. 설령 필요해진다고 해도 명시적으로 호출하는 일은 불필요할 뿐만 아니라, 매우 위험하다. 소멸자는 객체가 더 이상 사용되지 않았을 때 런타임 시스템이 호출한다. 메모리를 비우는 것과 같은 단순한 처리는 펄이 알아서 하기 때문에 대부분의 클래스에서는 소멸자를 만들 필요가 없다.

펄의 레퍼런스 카운트 기반 가비지 컬렉션으로 처리되지 않는 상황이 하나 있다. 다음과 같은 순환 데이터 구조가 있는 경우이다.

```
$self->{WHATEVER} = $self;
```

이 경우 프로그램에서 메모리 누수가 발생하지 않도록 하려면 자기 참조 레퍼런스를 수동으로 삭제해야 한다. 분명히 잘못하기 쉽지만, 현재로서는 이것이 최선이다. 레시피 11.15와 레시피 13.13에서는 이 문제를 해결하는 기법을 소개하는데, 이 기법은 간단하게 임의의 데이터 구조를 대상으로 일반화할 수 있다. 어쨌거나, 프로그램이 종료할 때 모든 객체의 소멸자가 순조롭게 호출되는 것은 분명하다. 인터프리터가 종료될 때는 더 강력한 2단계 가비지 컬렉션이 실행된다. 접근 불가능한 객체나 순환 참조하고 있는 객체조차도 이 최종적인 소멸을 피할 수는 없다. 따라서 프로그램이 영원히 실행되지 않는 이상, 어떤 객체든 끝내는 적절하게 소멸한다고 보장된다. 다른 응용 프로그램에 삽입된 펄 프로그램을 실행하는 경우에는 2단계 가비지 컬렉션은 더욱 빈번하게, 즉 인터프리터가 종료될 때마다 호출된다.

다만 exec를 통하여 프로그램이 다른 프로그램으로 바뀌는 경우에는 DESTROY가 호출되지 *않는다*.

참조

- *perltoot*(1), *perlboot*(1), *perlobj*(1) 매뉴얼 페이지
- *Programming Perl* 8장의 "Garbage Collection, Circular References, and Weak References" 절
- 레시피 13.11, 레시피 13.13

13.3 인스턴스 데이터 관리하기

문제

객체의 각 데이터 속성(데이터 멤버 또는 프로퍼티라고 불리기도 한다)에 접근하기 위해서 속성마다 전용의 메서드가 필요하다. 객체의 인스턴스 데이터를 조작하기 위한 함수를 만드는 방법을 이해하자.

해결책

두 가지 해결책을 생각할 수 있다. 첫 번째로는 다음처럼 객체 해시의 적절한 키에 접근해서 그 값을 얻거나 설정하는 메서드를 만든다.

```
sub get_name {
    my $self = shift;
```

```
    return $self->{NAME};
}

sub set_name {
    my $self      = shift;
    $self->{NAME} = shift;
}
```

두 번째로는 인자가 있는지 여부에 따라 두 동작을 다 하는 하나의 메서드를 만든다.

```
sub name {
    my $self = shift;
    if (@_) { $self->{NAME} = shift }
    return $self->{NAME};
}
```

새로운 값을 설정할 때는 다음처럼 새로 설정된 값이 아닌 기존 값을 반환하는 것이 편리할 때도 있다.

```
# 값을 바꾸는 경우에는 기존에 있던 값을 반환한다
sub age {
    my $self = shift;
    my $oldage = $self->{AGE};
    if (@_) { $self->{AGE} = shift }
    return $oldage;
}
$previous_age = $obj->age( $obj->age() + $TIME_PASSES );
```

논의

메서드는 객체에 대한 공용 인터페이스를 구현하기 위한 수단이다. 잘 만들어진 클래스는 그 내부를 뒤지며 돌아다닐 여지를 사용자에게 주지 않는다. 각 데이터 속성에 대응해서 그 속성값을 갱신하거나, 읽거나, 또는 둘 다 수행하는 메서드가 있어야 한다. 예를 들어 사용자가 다음과 같은 코드를 만들었다고 하자.

```
$him = Person->new();
$him->{NAME} = "Sylvester";
$him->{AGE}  = 23;
```

이런 코드는 인터페이스를 침해하고 있고, 따라서 어떤 일이 벌어져도 책임져야 한다는 말을 들을 것이다.

명목상 프라이빗한 데이터 요소의 경우, 그 요소에 접근하는 메서드를 생략할 수도 있다. 하지만 이렇게 하면, 만약 여러분이 그 클래스를 다른 식으로 구현하게 될 경우 클래스 전체를 뒤져서 변경 전 구현에 의존하는 다른 메서드가 있는지 살펴야 할 것이다. 더 완벽하게 하려면 클래스 자체를 별도의 함수형 인터페이스를 통해서 인스턴스 데이터에 접근하도록 할 수도 있다.

이런 과한 배려를 클래스 쪽에서 엄격하게 요구하는 건 아니다. 그러나 단순히 모듈을 이용할 뿐인 코드 쪽에서는 대부분의 경우 이런 배려가 필요하다. 엄격하게 정의된 함수형 인터페이스를 통해 접근하게 하면, 나중에 클래스 내부 구조를 수정할 때 사용자의 코드가 망가질 걱정을 하지 않아도 된다. 함수형 인터페이스를 사용하면 속성값의 올바른 범위를 검사하거나, 데이터의 형식을 변경하거나 값을 변환하는 등의 작업을 할 수 있다.

다음은 앞서 말한 것들을 실제로 보여주는 복잡한 버전의 name 메서드이다.

```
use Carp;
sub name {
    my $self = shift;
    return $self->{NAME} unless @_;
    local $_ = shift;
    croak "too many arguments" if @_;
    if ($^W) {
        /[^\s\w'-]/         && carp "funny characters in name";
        /\d/                && carp "numbers in name";
        /\S+(\s+\S+)+/      || carp "prefer multiword name";
        /\S/                || carp "name is blank";
    }
    s/(\w+)/\u\L$1/g;       # 첫 글자를 대문자로 변환
    $self->{NAME} = $_;
}
```

만일 사용자 또는 이 클래스를 상속받은 다른 클래스에서 "NAME" 필드에 직접 접근했다면 이런 코드를 나중에 추가할 수 없었을 것이다. 모든 데이터 속성에 이렇게 간접적이고 함수를 통한 접근만을 허용함으로써 여러분이 나중에 선택사항을 추가할 수 있다.

C++ 객체를 다뤄본 사람이라면 메서드 내부에서 단순한 변수 이름을 써서 객체의 데이터 멤버에 접근하는 것에 익숙할 것이다. CPAN에 공개된 Alias 모듈에는 이런 기능이 포함되어 있고, 객체에서는 호출할 수 있지만 클래스 외부에서 호출할 수는 없는 프라이빗 메서드를 만드는 기능 등 편리한 여러 기능을 제공한다.

다음은 Alias 모듈을 사용해서 Person 클래스를 만드는 예제이다. 이 신비한 인스턴스 변수를 변경하면 해시의 값 필드도 자동으로 바뀐다. 얼마나 편리한지 스스로 확인해보자.

```
package Person;

# 이 메서드는 앞에서 소개한 것과 같다
sub new {
     my $that  = shift;
     my $class = ref($that) || $that;
     my $self = {
          NAME  => undef,
```

```
            AGE    => undef,
            PEERS => [],
    };
    bless($self, $class);
    return $self;
}

use Alias qw(attr);
our ($NAME, $AGE, @PEERS);
sub name {
    my $self = attr shift;
    if (@_) { $NAME = shift; }
    return    $NAME;
};

sub age {
    my $self = attr shift;
    if (@_) { $AGE = shift; }
    return    $AGE;
}

sub peers {
    my $self = attr shift;
    if (@_) { @PEERS = @_; }
    return    @PEERS;
}

sub exclaim {
    my $self = attr shift;
    return sprintf "Hi, I'm %s, age %d, working with %s",
            $NAME, $AGE, join(", ", @PEERS);
}

sub happy_birthday {
    my $self = attr shift;
    return ++$AGE;
}
```

Alias에서는 필드와 같은 이름의 패키지 전역 변수를 다루기 때문에, 이 변수들은 our를 사용해서 선언해야 한다. use strict가 활성화된 상태에서 전역 변수를 사용하기 위해서는 미리 선언해둬야 한다. 이 변수들은 attr 호출이 들어있는 블록 안에서 지역화된다. local을 사용한 것과 같다. 즉, 임시값이 설정된 전역 패키지 변수라고 보면 된다.

더 알아보기

- *perltoot*(1), *perlboot*(1), *perlobj*(1), *perlbot*(1) 매뉴얼 페이지
- *Programming Perl* 12장의 "Managing Instance Data" 절
- CPAN 모듈 Alias 모듈 문서
- 레시피 13.12

13.4 클래스 데이터 관리하기

문제

하나의 객체가 아닌 클래스 전체의 자격으로 메서드를 호출할 수 있도록 하고자 한다. 어떤 절차상의 요구일 수도 있고, 클래스의 모든 인스턴스가 공유하는 전역 데이터 속성일 수도 있다.

해결책

객체 메서드의 경우에는 첫 번째 인자로 레퍼런스를 받지만, 클래스 메서드의 경우에는 클래스 이름을 담고 있는 문자열을 받는다. 다음에 나타내는 population 메서드를 보면 알 수 있듯이 클래스 메서드는 객체 데이터가 아닌 패키지 데이터에 접근한다.

```
package Person;

$Body_Count = 0;

sub population { return $Body_Count }

sub new {                                        # 생성자
    $Body_Count++;
    return bless({}, shift);
}

sub DESTROY { --$Body_Count }                    # 소멸자

# 나중에 사용자는 다음과 같은 코드를 만들 수 있다
package main;

for (1..10) { push @people, Person->new }
printf "There are %d people alive.\n", Person->population();
```

```
There are 10 people alive.
```

논의

일반적으로는 각 개체가 자신의 상태 정보를 독자적으로 가지고 있다. 어떤 객체의 데이터 속성값은, 같은 클래스의 다른 인스턴스에 설정된 동일한 속성의 값과 관련이 없다. 예를 들어 다음에 나타나는 코드처럼 *her*의 성별을 설정해도, *his*의 성별에는 전혀 영향을 미치지 않는 것과 같다. 이 둘은 별개의 상태를 가지는 다른 객체이기 때문이다.

```
$him = Person->new();
$him->gender("male");

$her = Person->new();
$her->gender("female");
```

반면 클래스 전체에 공통으로 적용되는 속성을 생각해보자. 이 경우에는 하나의 인스턴스 속성을 바꾸면 같은 클래스에 속한 모든 인스턴스의 해당 속성이 바뀐다. 어떤 프로그래머는 전역 변수의 이름을 대문자로 시작하는 것을 선호하는 사람이 있는데, 마찬가지로 인스턴스 데이터가 아닌 클래스 데이터를 조작하는 메서드는 대문자로 시작하는 것을 선호하는 사람들도 있다. 다음은 Max_Bounds라는 클래스 메서드를 사용하는 예이다.

```
FixedArray->Max_Bounds(100);                # 클래스 전체에 대해서 설정한다
$alpha = FixedArray->new();
printf "Bound on alpha is %d\n", $alpha->Max_Bounds();
100
$beta = FixedArray->new();
$beta->Max_Bounds(50);                      # 다시 클래스 전체에 대해서 설정한다
printf "Bound on alpha is %d\n", $alpha->Max_Bounds();
50
```

이 클래스 메서드는 다음처럼 단순하게 구현할 수 있다.

```
package FixedArray;
$Bounds = 7;  # 기본값
sub new { bless( {}, shift ) }
sub Max_Bounds {
    my $proto  = shift;
    $Bounds    = shift if @_;          # 변경할 수 있다
    return $Bounds;
}
```

값을 읽기 전용으로 하고 싶다면 값을 변경하는 부분을 삭제한다.

```
sub Max_Bounds { $Bounds }
```

정 꼼꼼하게 하고 싶다면 $Bounds 변수를 클래스가 들어있는 파일 스코프 안에서만 접근할 수 있는 렉시컬 변수로 선언한다. 그러면 남들이 $FixedArray::Bounds라는 이름으로 값을 확인할 수 없으며, 반드시 메서드 인터페이스를 거쳐서 접근해야 한다.

다음으로 확장성이 좋은 클래스를 만드는 데 도움이 되는 힌트를 소개한다. 객체 데이터는 그 객체의 네임스페이스(해시)에 저장하고, 클래스 데이터는 그 클래스의 네임스페이스(패키지 변수 또는 파일을 스코프로 하는 렉시컬 변수)에 저장하라. 클래스 전체에 공통적인 속성에는 오직 클래스 메서드만이 직접 접근할 수 있도록 하라. 객체 메서드는 오직 인스턴스 데이터에만 접근해야 한다. 만일 객체 메서드에서 클래스 데이터에 접근해야 한다면, 생성자에서 그 데이터의 레퍼런스를 객체 안에 저장하도록 한다. 예를 들어 다음과 같이 생성자를 만든다.

```
sub new {
    my $class = shift;
    my $self = bless({}, $class);
    $self->{Max_Bounds_ref} = \$Bounds;
    return $self;
}
```

더 알아보기

- *perltoot*(1), *perlboot*(1), *perlobj*(1), *perlbot*(1) 매뉴얼 페이지
- *Programming Perl* 12장의 "Managing Class Data" 절
- 레시피 13.3
- 레시피 13.14의 "Example: Overloaded FixNum Class"에 있는 `places` 메서드

13.5 클래스를 구조체로 사용하기

문제

펄 배열이나 해시보다 복잡하고 구조화된 데이터형, 예를 들어 C의 구조체나 파스칼의 레코드 같은 것에 익숙하다고 가정해보자. 펄의 클래스를 그와 비슷하게 쓸 수 있다고는 들었지만, 객체지향 프로그래밍을 잘 모른다.

해결책

기본 모듈 Class::Struct의 `struct`를 사용해서 C 프로그래밍 언어의 구조체와 유사한 데이터 구조를 선언한다.

```
use Class::Struct;          # 구조체를 만들기 위한 모듈을 적재한다

struct Person => {          # "Person"을 정의한다
    name   => '$',          #    name 필드는 스칼라다
    age    => '$',          #    age 필드도 스칼라다
    peers  => '@',          #    하지만 peers 필드는 배열(레퍼런스)이다
};

my $p = Person->new();      # 공백의 Person 구조체를 할당한다

$p->name("Jason Smythe");                   # name 필드를 설정한다
$p->age(13);                                # age 필드를 설정한다
$p->peers( ["Wilbur", "Ralph", "Fred" ] );  # peers 필드를 설정한다

# 이런 방법으로도 가능하다:
@{$p->peers} = ("Wilbur", "Ralph", "Fred");

# 0번째 친구를 포함해서 각각의 값을 뽑아낸다
printf "At age %d, %s's first friend is %s.\n",
    $p->age, $p->name, $p->peers(0);
```

논의

Class::Struct::struct 함수는 구조체와 유사한 클래스를 그때그때 만드는 기능을 가지고 있다. 이 함수를 호출하면 첫 번째 인자로 지정한 이름의 클래스가 만들어지고, 그 클래스에 new라는 이름의 생성자와 각 필드에 대한 접근자 메서드가 자동으로 추가된다.

구조체의 레이아웃을 정의할 때는 필드의 이름을 키로 지정하고, 그 필드의 데이터형을 값으로 지정한다. 데이터형은 세 개의 기본적인 형 중에서 하나를 선택해서, 스칼라에는 '$', 배열에는 '@', 해시에는 '%'를 각각 지정할 수 있다. 각 접근자 메서드를 호출할 때는 인자를 지정하지 않으면 현재 값을 뽑아낼 수 있고, 인자를 지정하면 그 값을 설정할 수 있다. 필드의 형이 배열 또는 해시인 경우에는 인자를 지정하지 않고 접근자 메서드를 호출하면 배열 또는 해시 전체의 레퍼런스가 반환된다. 그리고 인자를 하나만 지정해서 호출하면 그 인자가 첨자로 해석되어서 그 첨자에 대응되는 값이 반환된다.[3] 인자를 두 개 지정해서 호출하면 첫 번째 인자가 첨자로 해석되고, 두 번째 인자가 그 값으로 설정된다.

필드의 데이터형은 심지어 다른 구조체 또는 아무 클래스의 이름이 될 수도 있다. 클래스 생성자의 이름이 꼭 new라는 보장이 없으므로 클래스의 구성요소가 다른 객체 클래스인 경우에는 그 객체의 생성자를 코드에서 명시적으로 호출해야 한다.

```
use Class::Struct;

struct Person => {name => '$',      age  => '$'};
struct Family => {head => 'Person', address => '$', members => '@'};

$folks  = Family->new();

$folks->head($dad = Person->new);
$dad->name("John");
$dad->age(34);

printf("%s's age is %d\n", $folks->head->name, $folks->head->age);
```

Class::Struct로 만든 생성자에 초기값을 키와 값의 쌍의 형식으로 전달할 수도 있다.

```
$dad = Person->new(name => "John", age => 34);
$folks->head($dad);
```

내부적으로 보면 이 구조체 클래스는 대부분의 클래스처럼 해시를 사용해서 구현했다. 그렇기에 코드를 간단하게 디버그하고 조작할 수 있다. 예를 들어 디버거로

3 다만, 그 인자가 레퍼런스가 아닌 경우에 한정된다. 인자가 레퍼런스인 경우에는 그 레퍼런스가 가리키는 형을 검사한 후 새로운 집합으로 사용한다.

구조체를 출력한 결과를 확인해보자. 펄 디버거의 x 명령을 사용해서 앞에서 만든 $folks 객체의 내용을 출력해보면 흥미로운 부분을 확인할 수 있을 것이다.

```
DB<2> x $folks
0  Family=HASH(0xcc360)
   'Family::address' => undef
   'Family::head' => Person=HASH(0x3307e4)
      'Person::age' => 34
      'Person::name' => 'John'
   'Family::members' => ARRAY(0xcc078)
        empty array
```

각 해시 키에 메서드 이름만 있는 게 아니라, 그 앞에 패키지 이름과 이중 콜론이 붙어있다. 이런 표기방법으로 같은 상속계층에 포함된 두 개의 클래스가 객체 해시의 같은 슬롯을 서로 다른 목적으로 사용하는 일이 없도록 보호할 수 있다. 스스로 클래스를 만드는 경우에도 이런 습관을 들일 것을 권장한다. 해시 키의 일부로 항상 패키지 이름을 넣어두면 하위 클래스에서 사용하는 이름과 충돌할까 걱정할 필요가 없어진다.

필드 값에 대해서 더 강력한 매개변수 검사를 하고 싶으면 여러분이 따로 접근자 메서드를 만들어서 기본 버전을 오버라이드한다. 예를 들어 나이 값에 숫자만이 포함되어야 하며, 그 값이 사람의 나이로 상식적인 범위인지 검사하고 싶다면 접근자 메서드로 다음과 같은 코드를 만들면 된다.

```
sub Person::age {
    use Carp;
    my ($self, $age) = @_;
    if    (@_  > 2) {  confess "too many arguments" }
    elsif (@_ == 1) {  return $self->{"Person::age"}       }
    elsif (@_ == 2) {
        carp "age `$age' isn't numeric"    if $age !~ /^\d+/;
        carp "age `$age' is unreasonable" if $age > 150;
        $self->{'Person::age'} = $age;
    }
}
```

레시피 12.15에서 설명한 내용을 이용하면 경고 기능이 켜져 있는지 warnings::enabled를 통해 확인한 경우에만 경고를 생성할 수 있다. 모듈에서 use warnings::register를 사용해서 그 패키지를 경고 클래스로 등록했다면, 사용하는 쪽에서 아래와 같은 코드를 넣을 수 있다.

```
if (warnings::enabled("Person") || warnings::enabled("numeric")) {
    carp "age `$age' isn't numeric"    if $age !~ /^\d+/;
    carp "age `$age' is unreasonable" if $age > 150;
}
```

경고 기능이 활성화되어 있을 때는 경고만 하고, 그렇지 않을 때는 예외를 발생시키도록 할 수도 있다.(화살표 연산자의 의미를 혼동하지 않도록 주의한다. 아래는 메서드 호출이 아닌 간접적인 함수 호출이다.)

```
my $gripe = warnings::enabled("Person") ? \&carp : \&croak;
$gripe->("age '$age' isn't numeric")   if $age !~ /^\d+/;
$gripe->("age '$age' is unreasonable") if $age > 150;
```

Class::Struct 모듈은 객체를 배열로 구현하는 것도 지원한다. 중괄호 대신 대괄호로 감싸서 필드를 지정하기만 하면 된다.

```
struct Family => [head => 'Person', address => '$', members => '@'];
```

배열 구현을 쓰면 해시를 쓸 때에 비해 객체가 차지하는 메모리가 10~50% 줄어들고, 접근 시간이 최대 33% 줄어드는 것이 경험적으로 입증되었다. 대신 디버깅 정보가 썩 유용하지 않고, 앞서 본 Person::age 같이 함수를 오버라이드할 때 정신적인 부대비용이 커진다. 객체를 나타날 때 배열을 사용하면 상속을 하기 어려워질 수 있지만, 여기서는 그 점은 큰 문제가 되지 않는다. C 스타일의 구조체를 사용함으로써 집합적 데이터를 훨씬 이해하기 쉽게 표현하기 때문이다.

use fields 프래그마를 사용하면 배열이 가지는 속도, 메모리의 장점과 해시가 가지는 표현력의 장점을 동시에 가지며, 컴파일 시점에 객체 필드 이름을 검사하는 이점도 얻을 수 있다.

모든 필드가 같은 형인 경우, 하나씩 쓰면 다음과 같은 코드가 된다.

```
struct Card => {
    name    => '$',
    color   => '$',
    cost    => '$',
    type    => '$',
    release => '$',
    text    => '$',
};
```

그러나 map을 사용하면 다음처럼 코드를 짧게 할 수 있다.

```
struct Card => { map { $_ => '$' } qw(name color cost type release text) };
```

C 프로그램에 익숙한 사람이라면 필드 이름의 뒤보다는 앞에 형을 쓰는 것이 좋다고 생각할 수 있다. 그런 경우에는 다음처럼 단순하게 순서를 바꿔서 써넣을 수도 있다.

```
struct hostent => { reverse qw{
    $ name
    @ aliases
```

```
        $ addrtype
        $ length
        @ addr_list
}};
```

그리고 #define을 쓰는 식으로(썩 맘에 들진 않지만) 별칭을 만들면, 여러 별칭을 사용해서 같은 필드에 접근하는 것도 가능하다. 예를 들어 C에서는 다음처럼 할 수 있다.

```
#define h_type h_addrtype
#define h_addr h_addr_list[0]
```

펄에서는 다음과 같은 코드를 사용할 수 있다.

```
# (hostent object)->type()을 (hostent object)->addrtype()의 별칭으로 한다
*hostent::type = \&hostent::addrtype;

# (hostenv object)->addr()을 (hostenv object)->addr_list(0)의 별칭으로 한다
sub hostent::addr { shift->addr_list(0,@_) }
```

클래스에 메서드를 (또는 패키지에 함수를) 추가하기 위해서 할 일은 적절한 네임스페이스에 서브루틴을 선언하는 것뿐이다. 반드시 클래스를 정의한 파일 안에서 추가해야 한다거나, 하위 클래스로 만들거나, 혹은 그 밖의 복잡한 조작을 할 필요는 없다. 다만, 다음처럼 하위 클래스로 만드는 쪽이 더 현명할 수도 있다.

```
package Extra::hostent;
use Net::hostent;
@ISA = qw(hostent);
sub addr {
shift->addr_list(0,@_) }
1;
```

이 메서드는 표준적인 Net::hostent 클래스에 이미 있으므로 실제로는 일부러 만들 필요는 없다. 이 모듈의 소스 코드에는 영감을 주는 요소들이 많으니 살펴보라. 다만 여러분이 거기서 어떤 영감을 받든 이 책에서 책임질 수는 없다.

더 알아보기

- *perltoot*(1), *perlboot*(1), *perlobj*(1), *perlbot*(1) 매뉴얼 페이지
- 기본 모듈 Class::Struct 모듈 문서
- 기본 모듈 Net::hostent 모듈 소스 코드
- `use fields` 프래그마 문서
- CPAN 모듈 Alias 모듈 문서
- 레시피 13.3

13.6 복제본을 만드는 생성자

문제

기존에 만든 객체를 통하여 호출되는 생성자 메서드를 만들고자 한다. 이때 기존 객체의 상태값을 새로 만드는 객체의 초기값으로 사용하려고 한다.

해결책

생성자의 앞부분에 다음과 같은 코드를 둔다.

```
my $proto  = shift;
my $class  = ref($proto) || $proto;
my $parent = ref($proto) && $proto;
```

$class 변수에는 객체를 블레스할 앞의 클래스가 대입되고, $parent 변수의 값은 거짓이거나 복제하려는 대상 객체가 된다.

논의

때에 따라서는 현재의 객체와 같은 형의 객체가 또 하나 필요하게 된다. 다음 코드를 확인해보자.

```
$ob1 = SomeClass->new();
# 나중에
$ob2 = (ref $ob1)->new();
```

그다지 명쾌하지 않다. 인보컨트가 클래스 이름이든 그 클래스의 기존 객체이든 상관없이 항상 제대로 동작하는 하나의 생성자가 있는 게 더 명확하다. 생성자가 클래스 메서드로 호출될 때는 기본값을 사용해서 초기화한 새로운 객체를 반환한다. 인스턴스 메서드로 호출되었을 때는 어느 객체에 대해서 호출되었는지를 인식하고 그 객체의 값을 사용해서 초기화한 새로운 객체를 반환한다.

```
$ob1 = Widget->new();
$ob2 = $ob1->new();
```

다음에 이 점들을 고려한 new를 소개한다.

```
sub new {
    my $proto  = shift;
    my $class  = ref($proto) || $proto;
    my $parent = ref($proto) && $proto;

    my $self;
    # @ISA에서 new를 이용할 수 있는지를 검사한다
    if (@ISA && $proto->SUPER::can("new") ) {
        $self = $proto->SUPER::new(@_);
    } else {
```

```
        $self = {};
        bless ($self, $class);
    }

    $self->{PARENT}  = $parent;
    $self->{START}   = time();   # 데이터 필드도 초기화한다
    $self->{AGE}     = 0;
    return $self;
}
```

초기화는 반드시 단순히 부모에게서 값을 복사하는 것을 의미하는 건 아니다. 연결 리스트 또는 이진 트리 클래스를 만드는 경우에는 생성자가 인스턴스 메서드로 호출되었을 때 리스트나 트리에 연결된 새로운 객체를 반환할 수도 있다.

더 알아보기

- *perlobj*(1) 문서와 *Programming Perl* 12장
- 레시피 13.1, 레시피 13.10, 레시피 13.13

13.7 복사 생성자

문제

자신이 만든 클래스의 사용자에게 복사 메서드를 제공하고자 한다. 또는 복사 메서드가 없는 클래스의 객체를 복사하고자 한다.

해결책

기본 모듈 Storable에 포함된 dclone() 함수를 사용한다.

```
use Storable qw(dclone);
use Carp;
sub copy {
     my $self = shift;
     croak "can't copy class $self" unless ref $self;
     my $copy = Storable::dclone($self);
     return $copy;
}
```

논의

레시피 11.12에서 설명했듯이, Storable 모듈의 dclone 함수는 (사실상) 어떤 종류의 데이터 구조라도 재귀적으로 복사한다. 객체에 대해서도 마찬가지로 적절하게 블레스된 새로운 객체를 반환한다. 다만, 대상이 되는 형이 SCALAR, ARRAY, HASH, CODE 레퍼런스인 경우로 한정된다. GLOB와 IO 레퍼런스는 처리할 수 없다.

어떤 클래스는 그 클래스의 객체를 복사하는 메서드가 있지만 없는 클래스들도

있다. 의도적이라기보다 그저 미처 챙기지 못해서이다. 다음 코드를 검토해보자.

```
sub UNIVERSAL::copy {
    my $self = shift;
    unless (ref $self) {
        require Carp;
        Carp::croak("can't copy class $self");
    }
    require Storable;
    my $copy = Storable::dclone($self);
    return $copy;
}
```

이제 지원되는 데이터형의 객체는 다 복사할 수 있다. 독자적인 copy 메서드를 제공하는 클래스는 전혀 영향을 받지 않지만 독자적인 copy 메서드를 제공하지 *않는* 모든 클래스에서는 이 정의를 사용하게 된다. 그리고 Storable을 적재하는 require 구문을 함수 호출의 안에 썼기 때문에 실제로 사용하려고 하는 때만 Storable을 적재하게 된다. 마찬가지로 Carp를 적재하는 require 구문도 그 모듈을 사용하게 되는 조건문 안에 넣었다. 두 경우 모두 require를 사용하여 실제로 필요해지기 전에는 모듈을 적재하지 않도록 하고 있다.

use를 사용하지 않은 또 다른 이유는 use를 사용하면 모듈의 내용이 현재 패키지에 임포트될 수 있기 때문이다. 이게 문제가 될 수 있다. 위의 코드에서는 copy 메서드가 어느 패키지 안에서 실행되었는지를 판단할 수 없다. copy 서브루틴을 UNIVERSAL 패키지 안에 선언했다고 해서 그 서브루틴 안의 코드가 UNIVERSAL 패키지에 속하는 것은 아니다. 오히려 현재 컴파일 중인 어느 패키지에도 속할 수 있다.

이렇게 다른 사람의 네임스페이스에 마음대로 함수를 끼워 넣는 것은 터무니없이 무신경한 일이라고 주장할 사람도 있을 것이다. 특히나 UNIVERSAL 클래스를 통하면 만들어지는 모든 클래스에 영향을 줄 수 있어서 더욱 그렇다. 무신경하다고 볼 수도 있지만 터무니없지는 않다. 애초에 UNIVERSAL 클래스는 사용하라고 있는 것이며, 변경을 허용하지 않는 신성한 네임스페이스인 건 아니기 때문이다. 이런 변경이 매우 어리석은 것일지 아니면 현명한 것일지는 펄이 결정하거나 금지할 일이 아니다.

더 알아보기

- 레시피 11.12, 레시피 13.9
- 기본 모듈 Storable 모듈 문서

- 이 장 개요의 "상속" 절
- *Programming Perl* 12장의 "UNIVERSAL: The Ultimate Ancestor Class" 절

13.8 메서드를 간접적으로 호출하기

문제

실행 시점이 되어서야 결정되는 이름을 사용하여 메서드를 호출하고자 한다.

해결책

메서드 이름을 문자열로 스칼라 변수에 저장하고, 화살표 연산자의 오른쪽에 실제 메서드 이름을 적을 자리에 이 변수를 사용한다.

```
$methname = "flicker";
$obj->$methname(10);         # $ob->flicker(10); 를 호출한다

# 객체의 세 개의 메서드를 이름으로 호출한다
foreach $m ( qw(start run stop) ) {
    $obj->$m();
}
```

논의

때에 따라서는 이름을 어딘가에 저장한 메서드를 호출해야 하는 경우도 있다. 메서드 주소를 얻을 수는 없지만 그 이름은 저장할 수는 있다. 예를 들어 `$meth`라는 스칼라 변수에 메서드 이름을 저장하는 경우에는 `$crystal`이라는 객체에 대해서 그 메서드를 호출할 때 `$crystal->$meth()`라는 식을 사용한다.

```
@methods = qw(name rank serno);
%his_info = map { $_ => $ob->$_() } @methods;

# 위의 코드는 다음 코드와 같다

%his_info = (
    'name'  => $ob->name(),
    'rank'  => $ob->rank(),
    'serno' => $ob->serno(),
);
```

메서드 주소를 얻는 방법을 고안하려고 끙끙대는 상황이라면 알고리즘을 다시 짜는 것을 고려하는 게 낫다. 예를 들어 `\$ob->method()`라고 써봤자 메서드의 반환값에 역슬래시가 적용되어버리며 여러분이 원하는 결과가 나오지 않는다. 대신 다음 식을 사용한다.

```
my $fnref = sub { $ob->method(@_) };
```

이 메서드를 간접적으로 호출하고자 할 때는 다음 구문을 사용한다.

```
$fnref->(10, "fred");
```

그러면 저 클로저가 자신이 생성될 때 존재하던 $ob의 원래의 값을 제대로 찾아 사용한다($ob가 렉시컬 변수였을 때).

```
$ob->method(10, "fred");
```

이 방법은 심지어 $ob가 스코프에서 벗어났더라도 정상적으로 동작한다. 훨씬 간결하다.

간접 메서드 호출을 사용할 때는 메서드 이름을 나타내는 문자열 대신에 서브루틴의 레퍼런스를 스칼라 변수에 저장하는 것이 허용된다. 그 함수가 올바른 메서드인지에 대한 검증은 이뤄지지 않는다.

UNIVERSAL 모듈의 can 메서드를 사용하여 반환된 코드 레퍼런스를 가지고 간접 메서드 호출에 사용하려고 한다면, 메서드가 호출되었던 바로 그 객체에서만 쓰거나 하다못해 동일한 클래스의 객체에서만 사용하여야 한다. 왜냐하면 아무 클래스에서 사용해도 올바른 메서드를 가리킬 것이라는 보장이 없기 때문이다.

예를 들어 다음 코드는 매우 애매하다.

```
$coderef = $some_object->can("wither");
$other_object->$coderef();   # 호출하면 안 될 상황에서도 wither()가 호출된다
```

위의 코드가 의미를 가지는 것은 두 객체가 같거나 호환성을 가진 클래스에 속해 있는 경우뿐이다. 그렇지 않은 경우, 두 번째 객체에 wither 메서드가 포함되지 않아도 예외가 발생하지 않는다. 하지만 다음 코드에서는 예외가 발생한다.

```
$some_object->wither();
$other_object->wither();
```

또 하나의 흥미로운 가능성으로 레시피 12.5에서 설명한 방법을 사용해서 명목상 프라이빗한 메서드를 구현할 수 있다.

```
my $secret_meth = sub { ... }
sub reg_meth {
    my $self = shift;
    # ... 필요한 처리를 하고 나서 다음 호출을 한다
    $self->$secret_meth(@_);
    #
}
```

렉시컬 변수인 $secret_meth의 스코프는 클래스 모듈의 파일 안으로 제한되기 때문에 클래스의 외부 코드에서 이 변수에 접근할 수는 없으며, 따라서 클로저를 호

출할 수도 없다. 그러나 모듈 파일 내부 코드에서 그 스칼라 변수를 인식할 수 있기 때문에 $secret_meth로 코드 레퍼런스를 사용해서 간접적인 메서드 호출을 할 수 있다.

코드 레퍼런스를 사용하여 메서드를 간접 호출하는 경우, 펄은 해당 패키지나 그 패키지의 @ISA 변수를 전혀 살펴보지 않는다. 그저 단순한 함수 호출을 하면서 첫 번째 인자로 인보컨트를 넘겨줄 뿐이다. 즉, 다음 두 줄의 코드는 같은 내용을 나타낸다.

```
$self->$secret_meth(@_);         # 간접적인 메서드 호출
$secret_meth->($self, @_)        # 간접적인 함수 호출
```

따라서 shift로 인보컨트를 끄집어내지 않고 @_에 그대로 남겨두었다면 동일한 일을 하는 디레퍼런스된 함수 호출을 직접 할 수 있다.

```
sub reg_meth {
    # ... 필요한 처리를 하고 나서 다음 호출을 한다
    $secret_meth->(@_);
}
```

더 알아보기

- *perlobj*(1) 매뉴얼 페이지
- 레시피 11.8

13.9 하위 클래스의 인스턴스인지 판정하기

문제

어떤 객체가 특정 클래스 또는 그 하위 클래스의 인스턴스인지 판정하고자 한다. 임의의 객체에서 특정 메서드를 호출할 수 있는지를 판단하기 위해서다.

해결책

UNIVERSAL이라는 특별한 클래스에 포함된 메서드를 다음과 같은 방법으로 사용한다.

```
$obj->isa("HTTP::Message");                   # 객체 메서드로
HTTP::Response->isa("HTTP::Message");         # 클래스 메서드로

if ($obj->can("method_name")) { .... }        # 메서드의 유효성을 확인한다
```

논의

모든 객체가 특정 기저 클래스에서 파생되었다면 매우 편리할 것이다. 예를 들어

모든 객체의 @ISA에 일일이 추가하지 않고도 어떤 메서드를 공동으로 사용할 수 있을 것이다. 사실은 이미 이런 게 가능하다. 눈에 보이지는 않지만 펄은 @ISA의 마지막에 원소가 하나 더 있는 것처럼 동작하기 때문이다. 바로 UNIVERSAL이라는 이름의 패키지이다.

UNIVERSAL 클래스에는 미리 정의된 메서드 몇 개가 있을 뿐이지만, 스스로 만든 메서드를 자유롭게 추가할 수도 있다. 이 메서드들은 펄 인터프리터 바이너리에 이미 포함되어 있으므로 적재하기 위해 따로 시간이 걸리지 않는다. 미리 정의된 메서드 중에는 isa, can, VERSION이 포함되어 있다. 이 세 개의 메서드는 두 종류의 인보컨트, 즉 클래스와 객체 둘 다에서 사용할 수 있다.

isa 메서드는 인자로 클래스 이름을 받아서 인보컨트가 직간접적으로 그 클래스를 상속하는지 판정하는 기능을 가지고 있다. 이를 사용하면 일일이 클래스 계층 구조를 따라가며 검사하지 않아도 되고, 내장 함수 ref를 써서 반환된 문자열과 일일이 대조하는 것보다 훨씬 편하다. 게다가 ref로 반환되는 기본 데이터형, 예를 들어 SCALAR, ARRAY, HASH, GLOB 등을 인자로 지정할 수도 있다.

```
$has_io = $fd->isa("IO::Handle") || $fd->isa("GLOB");
$itza_handle = IO::Socket->isa("IO::Handle");
```

이런 식으로 형을 검사하는 것은 제약이 너무 강하다는 이유로 난색을 표하는 사람도 있다. 어떤 대상에서 특정한 메서드를 실행할 수 있는지 알고플 뿐이라면, 클래스를 검사하는 대신에 원하는 메서드를 그냥 호출해보는 것이 더 나을 수 있다.

다른 방법으로는 UNIVERSAL의 메서드인 can을 사용하는 것도 가능하다. can 메서드는 인자 문자열이 그 인보컨트에서 실행할 수 있는 메서드인지 판정한다. 또한 그 메서드의 함수 레퍼런스를 반환하는 기능을 가지고 있다.

```
$his_print_method = $obj->can('as_string');
```

마지막으로, VERSION 메서드는 인보컨트 클래스에 $VERSION이라는 패키지 전역 변수가 있고, 그 변수의 값이 인자로 받은 값보다 크거나 같은지를 검사한다. 예를 들어 다음과 같은 방법으로 사용한다.

```
Some_Module->VERSION(3.0);
$his_vers = $obj->VERSION();
```

보통은 코드에서 명시적으로 VERSION을 호출하는 일은 거의 없다. 이미 설명했듯이, 펄에서 함수 이름이 알파벳 대문자만으로 되어 있는 경우에는 그 함수가 어떤 식으로든 펄에서 자동으로 호출되는 것을 의미한다. 이 경우는 다음처럼 하면 VERSION도 자동으로 호출된다.

```
use Some_Module 3.0;
```

앞에서 설명한 Person 클래스에 버전 검사 기능을 추가하려면 다음 코드를 *Person.pm* 파일에 추가한다.

```
our $VERSION = "1.01";
```

그 다음 사용자 코드 안에 `use Person 1.01;`이라고 쓰면 최소한 이 버전이거나 이보다 높은 버전이 있는지 확인할 수 있다. 해당 버전 번호와 정확히 일치하는 버전만을 적재한다는 것은 아니다. 어디까지나 그 버전 이상이어야 한다는 의미이다. 아쉽게도 한 모듈의 여러 버전을 동시에 설치하는 메커니즘은 아직 존재하지 않는다.

더 알아보기

- 기본 모듈 UNIVERSAL 모듈 문서
- *perlfunc*(1) 문서와 *Programming Perl* 11장에서 다루는 use 키워드

13.10 상속 가능한 클래스 만들기

문제

설계한 클래스가 다른 클래스에서 상속하는 데에 문제가 없는지 확인하고자 한다.

해결책

자신의 클래스에 대해서 "빈 하위 클래스 테스트"를 수행한다.

논의

new라는 이름의 생성자와 age, name이라는 메서드가 있는 Person이라는 이름의 클래스를 만든다고 해보자.

```
package Person;
sub new {
    my $class = shift;
    my $self  = {};
    return bless $self, $class;
}
sub name {
    my $self = shift;
    $self->{NAME} = shift if @_;
```

```
    return $self->{NAME};
}
sub age {
    my $self = shift;
    $self->{AGE} = shift if @_;
    return $self->{AGE};
}
```

이 클래스는 다음과 같은 방법으로 사용할 수 있다.

```
use Person;
my $dude = Person->new();
$dude->name("Jason");
$dude->age(23);
printf "%s is age %d.\n", $dude->name, $dude->age;
```

다음으로 Employee라는 이름의 또 다른 클래스에 대해서 생각해보자.

```
package Employee;
use Person;
@ISA = ("Person");
1;
```

이 클래스는 그리 많은 것을 설명할 필요는 없을 것이다. 하는 것이라곤 Person 클래스를 적재하고 Employee가 필요로 하는 메서드를 Person으로부터 상속한다고 지정하는 것뿐이기 때문이다. Employee만의 메서드를 정의하지 않기 때문에 사용하는 메서드는 모두 Person에서 상속한다. 따라서 Employee가 Person과 완전히 똑같이 동작할 거라 기대할 수 있다.

이렇게 빈 클래스를 만드는 것은 "빈 기저 클래스 테스트(empty base class test)"라고 부른다. 빈 클래스를 만드는 것은 기저 클래스에서 상속하는 것 외에는 아무 일도 하지 않는 파생 클래스를 만드는 것이다. 원래의 기저 클래스가 제대로 설계되었다면, 새로운 파생 클래스는 오래된 클래스를 대신해서 언제라도 사용할 수 있다. 다음처럼 클래스 이름만 바꾼 코드를 만들어도 완전히 똑같이 동작할 것이다.

```
use Employee;
my $empl = Employee->new();
$empl->name("Jason");
$empl->age(23);
printf "%s is age %d.\n", $empl->name, $empl->age;
```

여기서 말하는 제대로 된 설계라는 것은 인자를 두 개 지정하는 형식의 bless만을 사용하는 것, 클래스 데이터에 직접 접근하지 않는 것, 그리고 아무것도 익스포트하지 않는 것을 의미한다. 앞에서 정의한 Person::new() 함수는 제대로 이것들을 지키고 있다. 이 생성자는 일부 패키지 데이터를 사용하지만 그 데이터의 레퍼런스는 객체 안에 저장된다. 그 이외의 메서드에서는 그 레퍼런스를 통해서 패키지 데이터에 접근한다. 따라서 문제는 없다.

그런데, 앞 단락에서 Person::new를 "함수"라고 부르는 것은 왜일까? 메서드가 아닌가? 메서드는 결국 첫 번째 인자로 클래스 이름(즉 패키지) 또는 객체(블레스된 레퍼런스)가 지정되는 함수이다. Person->new 메서드와 Employee->new 메서드 둘 다 결국 Person::new 함수를 호출하게 된다(표 13-1 참고). 메서드 호출은 함수 호출과 매우 비슷하지만 같지는 않다. 똑같은 것으로 간주하다가는 금방 프로그램이 망가질 것이다. 첫 번째로 근본적인 호출 규칙이 다르다. 메서드는 명시적으로 지정하지 않은 인자를 추가로 받는다. 두 번째로 함수 호출에서는 상속이 불가능하지만 메서드에서는 가능하다.

메서드 호출	그 결과 이뤄지는 함수 호출
Person->new()	Person::new("Person")
Employee->new()	Person::new("Employee")

표 13-1 메서드와 함수의 대응관계

습관적으로 그만 다음과 같이 호출하였다고 하자.

```
$him = Person::new();                # 잘못됨
```

그러면 이상한 문제가 발생하게 된다. 함수가 필요로 하는 "Person"이라는 인자를 받지 못해서 클래스에 블레스할 수 없기 때문이다. 더 큰 문제는 여러분이 Employee::new를 호출하려 할 수도 있다는 것이다. 그러나 이런 함수는 없다! 그저 상속된 메서드이다.

따라서 메서드를 실행하려 하면서 함수를 호출하지 않도록 주의하라.

더 알아보기

- *perltoot*(1), *perlobj*(1), *perlbot*(1) 매뉴얼 페이지
- *Programming Perl* 13장
- 레시피 13.1, 레시피 13.11

13.11 오버라이드된 메서드에 접근하기

문제

자신이 만든 클래스의 생성자 메서드는 부모 클래스의 생성자를 오버라이드하고 있다. 이 상황에서 자신의 생성자에서 부모 클래스의 생성자를 호출하고자 한다.

해결책

특별한 유사 클래스인 SUPER를 사용한다.

```
sub meth {
    my $self = shift;
    $self->SUPER::meth();
}
```

논의

C++과 같은 언어에서는 생성자에서 실제 메모리 할당은 이뤄지지 않고 단지 객체가 초기화되는 것뿐이므로, 모든 기저 클래스의 생성자가 자동으로 호출된다. 반면에 Java나 펄 등의 언어에서는 기저 클래스의 생성자를 코드에서 명시적으로 호출해야 한다.

특정 클래스에서 메서드를 호출하기 위해서는 `$self->SUPER::meth()`와 같은 표기를 사용한다. 특정 클래스에서 메서드 검색을 시작하는 통상적인 표기법을 확장한 것이다. 이 기법이 유효한 것은 오버라이드된 메서드 안에서 검색하는 경우뿐이다. 다음에 여러 가지 스타일별 차이를 나타낸다.

```
$self->meth();                 # 처음으로 발견된 meth를 호출한다
$self->Where::meth();          # "Where" 패키지에서 찾기 시작한다
$self->SUPER::meth();          # 오버라이드된 meth를 호출한다
```

클래스를 단순하게 사용하는 경우에는 위의 예제 중의 첫 번째 줄만을 사용해야 할 것이다. 두 번째 줄은 형식으로써는 가능하지만, 이 상황에서는 권장하지 않는다. 왜냐면 세 번째 줄의 특별한 기법이 있기 때문이다. 이 기법은 오버라이드된 메서드 안에서만 정상적으로 동작한다.

오버라이드하는 쪽의 생성자에서는 SUPER 클래스의 생성자를 호출하여 객체 할당과 블레스를 하고, 자신은 필요한 데이터 필드를 초기화하는 동작만 하도록 한다. 이때 객체를 할당하는 코드를 객체를 초기화하는 코드와 분리시키는 것이 좋다. 그 이유는 조금 뒤의 단락에서 설명한다. 객체를 초기화하는 코드에는 언더바로 시작하는 이름을 붙였다. 이것은 메서드가 명목상으로 프라이빗 메서드라는 것을 나타내기 위한 관례이다. 즉, 호텔 방의 입구에 거는 "깨우지 마시오"라는 종이와 같은 것이다.

```
sub new {
    my $classname  = shift;         # 객체를 만들려는 클래스 이름을 얻는다
    my $self       = $classname->SUPER::new(@_);
    $self->_init(@_);
    return $self;                   # 만든 객체를 반환한다
}
```

```
sub _init {
    my $self = shift;
    $self->{START}    = time();       # 날짜 필드를 초기화한다
    $self->{AGE}      = 0;
    $self->{EXTRA}    = { @_ };       # 그 밖의 추가필드를 초기화한다
}
```

SUPER::new와 _init이 호출될 때는 남은 인자를 모두 받는다. 따라서 사용자는 다음과 같은 식으로 추가 필드를 초기화할 수 있다.

```
$obj = Widget->new( haircolor => red, freckles => 121 );
```

이 인자를 별도의 해시에 저장할지 여부는 여러분 마음이다.

SUPER를 통해서 호출되는 것은 오버라이드된 메서드들 중에 "첫 번째" 것이라는 데에 주의하라. @ISA 배열에 여러 클래스가 포함된 경우에는 오버라이드된 메서드도 여러 개 존재할 가능성이 있다. 그런 경우에는 @ISA 원소를 하나씩 수작업으로 찾아볼 수 있긴 하지만, 그럴 만한 가치는 거의 없다.

```
my $self = bless {}, $class;
for my $class (@ISA) {
    my $meth = $class . "::_init";
    $self->$meth(@_) if $class->can("_init");
}
```

이 코드는 모든 슈퍼 클래스에서 객체를 초기화할 때 생성자 대신 _init을 사용하는 것을 가정하고 있어 취약하다. 또한 모든 슈퍼 클래스의 객체가 해시 레퍼런스로 구현되어 있다고 가정하고 있다.

모든 오버라이드된 메서드에 접근하는 방법으로 조금 더 일반적인 것은 can() 메서드의 반환값을 변수에 저장하는 방법이다. 이 반환값은 일반적인 메서드 호출을 했을 때 호출될 서브루틴의 코드 레퍼런스가 된다. 이 코드 레퍼런스를 간접적인 메서드 호출에 사용한다.

```
sub some_method {
    my $self = shift;
    my %seen;
    print "some_method($self): checking all ancestors\n";
    for my $parent (our @ISA) {
        if (my $code = $parent->can("some_method")) {
            $self->$code(@_) unless $seen{$code}++;
        }
    }
}
```

같은 서브루틴을 두 번 이상 호출하는 것을 피하기 위해서 어느 서브루틴이 이미 호출되었는지를 %seen 해시로 추적한다. 이런 상황은 여러 부모 클래스가 공통된

조상 클래스를 상속하는 경우 생길 수 있다.

그리고 AUTOLOAD를 작동시키게 되는 메서드는, 그 패키지에 자동적재될 서브루틴들이 선언된(그러나 정의는 되지 않은) 상태일 때만 제대로 검출된다.

더 알아보기

- *perltoot*(1), *perlobj*(1) 문서, 그리고 *Programming Perl* 12장의 "Method Invocation" 절에서 SUPER 클래스에 대해 다룬다.

13.12 AUTOLOAD로 속성 메서드를 만들기

문제

객체의 여러 데이터 필드를 설정하거나 값을 얻기 위한 접근자 메서드가 필요하다. 하지만 그 모든 것들을 하나씩 만드는 일에는 지쳤다.

해결책

펄의 AUTOLOAD 메커니즘을 일종의 프락시 메서드를 만드는 수단으로 사용해서, 새로운 데이터 필드를 추가할 때마다 그 메서드들을 일일이 하나씩 만드는 수고를 덜 수 있다.

논의

펄의 AUTOLOAD 메커니즘을 사용하면 정의되지 않은 메서드가 호출된 경우에 그 상황을 포착할 수 있다. 악의적인 데이터 이름을 허용하지 않도록 하기 위해서는 사용허가된 필드의 리스트를 해시에 저장해둔다. AUTOLOAD 메서드는 접근하려는 필드의 이름이 그 해시에 들어있는지 검사하게 한다.

```
package Person;
use strict;
use Carp;
our(%ok_field);

# 네 개의 속성 필드의 사용을 허가한다
for my $attr ( qw(name age peers parent) ) { $ok_field{$attr}++; }

sub AUTOLOAD {
    my $self = shift;
    my $attr = our $AUTOLOAD;
    $attr =~ s/.*:://;
    return unless $attr =~ /[^A-Z]/;  # DESTROY와 대문자로만 된 메서드를 생략한다
    croak "invalid attribute method: ->$attr()" unless $ok_field{$attr};
    $self->{uc $attr} = shift if @_;
    return $self->{uc $attr};
}
```

```
sub new {
    my $proto  = shift;
    my $class  = ref($proto) || $proto;
    my $parent = ref($proto) && $proto;
    my $self = {};
    bless($self, $class);
    $self->parent($parent);
    return $self;
}
1;
```

이 클래스에서는 new라는 이름의 생성자 메서드와 name, age, peers, 그리고 parent라는 이름의 네 가지 메서드를 제공한다. 이 모듈은 다음과 같은 방법으로 사용한다.

```
use Person;
my ($dad, $kid);
$dad = Person->new;
$dad->name("Jason");
$dad->age(23);
$kid = $dad->new;
$kid->name("Rachel");
$kid->age(2);
printf "Kid's parent is %s\n", $kid->parent->name;
Kid's parent is Jason
```

클래스 간에 상속 관계가 만들어지는 경우 이 처리는 더욱 복잡해진다. 예를 들어 Person 클래스의 데이터 속성을 모두 상속하고 그에 더해서 salary와 boss라는 두 개의 새로운 속성도 가진 Employee 클래스를 만들고자 한다. 이 Employee 클래스에서는 어떤 속성 메서드가 있는지 알아낼 때 부모 클래스에서 상속된 Person::AUTOLOAD에 의존할 수 없다. 따라서 각 클래스마다 독자적인 AUTOLOAD 함수가 필요해진다. AUTOLOAD 함수는 해당 클래스에서 알려진 속성 필드만을 검사하지만, 잘못된 메서드가 호출되었을 때는 croak으로 메시지를 출력하고 실행이 중단되는 대신, 오버라이드된 슈퍼 클래스의 메서드를 호출해야 할 것이다.

이 점을 고려해서 다시 만든 AUTOLOAD 메서드의 코드는 다음과 같다.

```
sub AUTOLOAD {
    my $self = shift;
    my $attr = our $AUTOLOAD;
    $attr =~ s/.*:://;
    return if $attr eq "DESTROY";

    if ($ok_field{$attr}) {
        $self->{uc $attr} = shift if @_;
        return $self->{uc $attr};
    } else {
        my $superior = "SUPER::$attr";
        $self->$superior(@_);
    }
}
```

호출된 속성이 그 클래스의 처리 가능 목록에 포함되지 않은 경우에는 그 속성을 자신의 부모 클래스에 넘겨서 처리를 위양한다. 다만, 이 AUTOLOAD를 상속할 수는 없다. 각 클래스에 각각 독자적인 AUTOLOAD가 있어야 한다. 객체를 경유하지 않고 직접 클래스 데이터에 접근하는 것은 현명한 방법이 아니기 때문이다. 그리고 A라는 클래스가 B와 C라는 두 개의 클래스를 상속하고 있고, 그 두 개의 클래스의 양쪽에서 독자적인 AUTOLOAD가 정의된 경우에는 더욱 곤란해진다. A에서 정의되지 않은 메서드가 호출될 경우 두 개의 부모 클래스 중 한쪽에 있는 AUTOLOAD만 수행되기 때문이다.

이 문제를 해결할 수는 있지만, AUTOLOAD에 연연하면 밑 빠진 독에 물을 붓는 것과 같이 느껴질 것이다. 더 복잡한 상황에서는 더 나은 접근법들이 있다.

하나 더 신경 써야 할 것이 있다. 어떤 메서드가 단지 클래스의 AUTOLOAD를 작동시킬 뿐이라면 UNIVERSAL::can으로 검사할 때 그 메서드는 실행 가능한 메서드로 판정되지 않는다는 것이다. 이런 경우 실행 가능한 메서드로 판정되기를 원한다면, 메서드를 정의는 하지 않은 채로 선언만 해 둔다. 예를 들어 다음처럼 코드를 만든다.

```
sub eat;
sub drink;
sub be_merry;
sub AUTOLOAD  {
    my $self = shift;
    my $funcname = our $AUTOLOAD;
    $funcname =~ s/.*:://;
    ...
}
```

보통은 AUTOLOAD를 작동시킬 함수는 굳이 선언할 필요가 없다. 예를 들어 그 클래스의 객체를 이미 만들었다고 하자.

```
$man->be_merry();
```

be_merry 메서드를 선언해 두지 않았더라도 위 구문은 여전히 AUTOLOAD를 실행하게 된다. 하지만 can 메서드가 인식할 수 있게 하려면 선언을 해야 한다.

```
$man->be_merry() if $man->can("be_merry");
```

더 알아보기

- *perltoot*(1) 문서에 있는 AUTOLOAD의 사용 예제
- *Programming Perl* 10장
- 레시피 10.15

13.13 객체에서 원형 데이터 구조 처리하기

문제

본질적으로 자기 자신을 가리키는 데이터 구조가 있는데, 펄의 레퍼런스 카운트 기반의 가비지 컬렉션으로는 이 데이터가 더 이상 사용되지 않아도 그 사실을 감지하지 못한다. 이 때문에 메모리 누수가 발생하는 것을 방지하고자 한다.

해결책

원형 구조가 아닌 컨테이너 객체를 만들고 그 객체 안에 자기참조 데이터 구조를 가리키는 포인터를 보관한다. 그 컨테이너 객체의 `DESTROY` 메서드에서 자기참조 데이터의 원형 구조를 직접 파괴하도록 정의한다.

또는 레시피 11.15의 설명에 따라서 *약한 레퍼런스*를 사용한다.

논의

어떤 데이터 구조는 자기 자신을 가리키는 레퍼런스가 포함되기도 한다. 예를 들어 다음과 같은 단순한 코드라도 그런 관계를 만들 수 있다.

```
$node->{NEXT} = $node;
```

이 코드가 수행되는 순간, 펄에서 쓰이는 레퍼런스 카운트 기반의 가비지 컬렉션으로 처리할 수 없는 순환 데이터 구조가 만들어진다. 프로그램이 종료할 때는 결국 소멸자가 실행되겠지만, 때로는 그렇게 오래 기다리고 싶지 않을 수 있다.

원형 연결 리스트에서도 유사하게 자기참조가 이뤄진다. 이 리스트의 각 노드에는 전방 포인터, 후방 포인터, 그리고 그 노드의 값이 포함되어 있다. 펄에서 레퍼런스를 사용해서 이런 노드를 구현한 경우에는 레퍼런스의 링 구조가 만들어진다. 노드가 외부에서 참조되지 않아도 그 데이터 구조에 대한 가비지 컬렉션이 자동으로 이뤄지지 않는다.

이 문제는 각 노드를 `Ring` 클래스의 객체로 만든다고 해서 해결되지 않는다. 우리가 원하는 건 다른 데이터 구조와 마찬가지로 이 원형 구조도 펄이 자동으로 메모리 할당을 해제하고 뒷정리를 해주는 것이다. 원형 구조체의 레퍼런스를 담고 있는 구조체의 형태로 객체를 구현함으로써 실현할 수 있으며, 그 레퍼런스는 `"DUMMY"` 필드에 저장된다.

```
package Ring;

# 빈 원형 구조를 반환한다
```

```
sub new {
    my $class = shift;
    my $node  = { };
    $node->{NEXT} = $node->{PREV} = $node;
    my $self  = { DUMMY => $node, COUNT => 0 };
    bless $self, $class;
    return $self;
}
```

이 경우에 원형 구조를 이루는 것은 링에 포함된 노드이지, 반환되는 링 객체가 아니다. 따라서 다음과 같은 코드를 만들어도 메모리 누수는 발생하지 않는다.

```
use Ring;

$COUNT = 1000;
for (1 .. 20) {
    my $r = Ring->new();
    for ($i = 0; $i < $COUNT; $i++) { $r->insert($i) }
}
```

각각 1000개의 노드를 가지는 링을 20개 만들지만, 각 링은 새로운 링이 만들어지기 전에 소멸된다. 펄에서 문자열을 보관하던 메모리를 비울 필요가 없듯이 이 클래스를 사용하는 사람들도 링 객체의 메모리를 비울 필요가 없다. 이런 처리는 모두 자동으로 이뤄지기 때문이다.

하지만 링 클래스를 구현하는 쪽에서는 소멸자를 따로 만들어야 한다. 이 소멸자에서 노드들을 수작업으로 삭제한다.

```
# Ring이 소멸될 때 이에 포함된 링 구조를 파괴한다
sub DESTROY {
    my $ring = shift;
    my $node;
    for ( $node  =  $ring->{DUMMY}->{NEXT};
          $node !=  $ring->{DUMMY};
          $node  =  $node->{NEXT} )
    {
             $ring->delete_node($node);
    }
    $node->{PREV} = $node->{NEXT} = undef;
}

# 원형 구조에서 노드를 삭제한다
sub delete_node {
    my ($ring, $node) = @_;
    $node->{PREV}->{NEXT} = $node->{NEXT};
    $node->{NEXT}->{PREV} = $node->{PREV};
    --$ring->{COUNT};
}
```

그리고 이 Ring 클래스에 추가해두면 편리한 메서드를 몇 가지 소개한다. 객체 내부에 숨겨진 순환 구조에 대해 실제 동작이 어떻게 이루어지는지 눈여겨보라.

```
# $node = $ring->search( $value ) : $node의 링 구조 안에서
# $value를 검색한다
sub search {
    my ($ring, $value) = @_;
    my $node = $ring->{DUMMY}->{NEXT};
    while ($node != $ring->{DUMMY} && $node->{VALUE} != $value) {
          $node = $node->{NEXT};
    }
    return $node;
}

# $ring->insert( $value ) : 링 구조에 $value를 삽입한다
sub insert_value {
    my ($ring, $value) = @_;
    my $node = { VALUE => $value };
    $node->{NEXT} = $ring->{DUMMY}->{NEXT};
    $ring->{DUMMY}->{NEXT}->{PREV} = $node;
    $ring->{DUMMY}->{NEXT} = $node;
    $node->{PREV} = $ring->{DUMMY};
    ++$ring->{COUNT};
}

# $ring->delete_value( $value ) : $value로 지정된 노드를
# 링 구조에서 삭제한다
sub delete_value {
    my ($ring, $value) = @_;
    my $node = $ring->search($value);
    return if $node == $ring->{DUMMY};
    $ring->delete_node($node);
}

1;
```

이쯤에서 다시 말하지만, 펄의 가비지 컬렉션은 노골적인 순환 데이터 구조를 좋아하지 않는다.

레시피 11.15에서는 같은 일을 하지만 객체를 전혀 사용하지 않도록 구현된 코드를 소개한다. 그 코드에서는 데이터 구조에서 자기 자신을 참조할 때 약한 레퍼런스를 사용하고 있기 때문에 이 데이터가 필요 없어졌을 때 펄의 메모리 관리 시스템에서 충분히 처리할 수 있다. 그러면 소멸자가 필요하지 않으므로 클래스 또는 객체에 의존하지 않고 단순한 레퍼런스를 사용해서 데이터 구조를 만들 수 있다.

더 알아보기

- 이 레시피와 레시피 11.15에 있는 알고리즘은 코멘(Cormen), 라이저슨(Leiserson), 리베스트(Rivest) 저, *Introduction to Algorithms*(MIT Press/McGraw-Hill)의 내용을 부분적으로 참고하였다.
- *Programming Perl* 8장의 "Garbage Collection, Circular References, and Weak References" 절
- 기본 모듈 Devel::Peek, Scalar::Util 모듈 문서

13.14 연산자 오버로드

문제

자신이 만든 클래스의 객체에서 ==나 + 등 친숙한 연산자를 사용하고자 한다. 그리고 객체를 출력할 때 보간될 값을 정의하고자 한다.

해결책

use overload 프래그마를 사용한다. 여기에 흔하게 오버로드되는 두 종류의 연산자를 소개한다.

```
use overload
  '<=>' => \&threeway_compare;

sub threeway_compare {
    my ($s1, $s2) = @_;
    return uc($s1->{NAME}) cmp uc($s2->{NAME});
}

use overload
    '""'  => \&stringify;

sub stringify {
    my $self = shift;
    return sprintf "%s (%05d)",
            ucfirst(lc($self->{NAME})),
            $self->{IDNUM};
}
```

논의

내장된 기본 데이터형을 사용할 때 더하기에는 +, 문자열의 연결에는 .처럼 특정 연산자가 적용된다. use overload 프래그마를 사용하면 이 연산자들을 커스터마이즈해서 자신이 만든 객체에 대해서 특별한 처리를 하도록 지정할 수 있다.

use overload 프래그마는 다음처럼 연산자와 호출할 함수로 이루어진 쌍의 리스트를 받는다.

```
package TimeNumber;
use overload          '+' => \&my_plus,
                      '-' => \&my_minus,
                      '*' => \&my_star,
                      '/' => \&my_slash;
```

이렇게 하면 이 네 가지의 연산자를 TimeNumber 클래스에서 사용할 수 있고, 열거한 각 함수가 메서드로 호출된다. 이 함수 안에서 원하는 어떤 일이든 할 수 있다.

예를 들어 시, 분, 초를 저장하는 객체에 대해서 사용할 + 연산자를 오버로드하는 단순한 예제를 소개한다. 여기서는 피연산자가 되는 클래스의 new 메서드를 객체 메서드로 사용할 수 있다고 가정하고 있다. 객체의 각 필드의 이름은 코드에 나온 대로이다.

```
sub my_plus {
    my($left, $right) = @_;
    my $answer = $left->new();
    $answer->{SECONDS} = $left->{SECONDS} + $right->{SECONDS};
    $answer->{MINUTES} = $left->{MINUTES} + $right->{MINUTES};
    $answer->{HOURS}   = $left->{HOURS}   + $right->{HOURS};

    if ($answer->{SECONDS} >= 60) {
        $answer->{SECONDS} %= 60;
        $answer->{MINUTES} ++;
    }

    if ($answer->{MINUTES} >= 60) {
        $answer->{MINUTES} %= 60;
        $answer->{HOURS}   ++;
    }

    return $answer;
}
```

산술연산자를 오버로드하는 것은 객체 자체가 복소수나 무한 정밀도 실수, 벡터, 행렬 등 본질적으로 수로 구성된 것들을 나타내는 경우만으로 한정하는 것이 좋다. 그렇지 않은 경우에는 코드를 이해하기 어려워지고, 사용자를 올바르지 못한 상황으로 이끄는 원인이 된다. 예를 들어 국가를 모델화하는 클래스를 만든다고 하자. 하나의 나라를 다른 나라에 추가할 수 있다고 하면 하나의 나라에서 다른 나라를 뺄 수도 있게 되는 것일까? 오버로드된 수학 연산자를 수학과 무관한 객체에 적용하면 곧바로 무의미한 결과가 되어 버린다.

== 또는 eq를 사용하면 객체(실질적으로는 임의의 레퍼런스)를 비교할 수 있지만, 이 연산자로 검사할 수 있는 것은 주소가 같은지 아닌지 만이다(eq를 사용하는 것보다 ==를 사용하는 것이 약 10배는 더 빠르다). 객체는 메모리 내의 주소로만 따질 수 없는 고차원적인 개념이므로, 대부분의 경우에는 두 객체가 같다고 판단하기 위해서 무엇을 따져야 하는지 직접 정의해야 한다.

숫자를 나타내는 게 아닌 클래스에 대해서도 빈번하게 오버로드되는 연산자로 비교 연산자와 문자열 보간 연산자가 있다. <=>와 cmp 모두 오버로드 할 수 있지만, 전자가 자주 사용된다. 스페이스십 연산자라고 부르기도 하는 <=>를 객체에 정의하고 나면 ==, !=, <, <=, >, >= 연산자도 같이 사용할 수 있게 된다. 이렇게 되면 이제 객체들끼리 순서를 정할 수 있다. 객체의 순서를 매길 필요가 없는 경우에는 ==만을 오버로드할 수도 있다. 마찬가지로 cmp를 오버로드하면 lt, gt와 그

밖의 문자열 비교연산자를 명시적으로 오버로드하지 않아도 이용할 수 있다

문자열 보간연산자는 이름만으로는 무엇인지 알기 어렵다. 구체적으로는 "", 즉 두 개의 큰따옴표를 가리킨다. 이 연산자는 큰따옴표나 역따옴표 안이나 print 함수에 넘겨져서 문자열로 변환되어야 할 때마다 동작한다.

연산자 오버로드의 자세한 내용은 펄의 overload 프래그마에 관한 문서나 *Programming Perl*의 13장을 참고하도록 한다. 펄에서의 연산자의 오버로드 기능에는 문자열, 숫자, 불리언 변환 메서드, 찾을 수 없는 메서드의 자동생성, 5 + $a에서 $a가 객체인 경우처럼 필요에 따라서 피연산자를 역순으로 처리하는 등의 복잡한 기능이 포함되어 있다.

프로그램 예제: 오버로드를 사용한 StrNum 클래스

문자열을 산술연산자와 함께 사용할 수 있게 하는 StrNum 클래스를 소개한다. 앞에서 하면 안 된다고 충고했던 것을 하려는 것이다. 산술연산자를 숫자 값 이외의 개체에 사용하는 것은 확실히 피하는 것이 좋으나, 다른 언어에서 프로그램을 만든 경험이 있는 사람이라면 +와 ==가 문자열에도 정상적으로 동작할 거라 기대하고 있을 것이다. 다음은 연산자 오버로딩의 간단한 예제이다. 성능 문제로 인해 실행 속도가 중요한 상용 프로그램에는 이런 방법을 쓰지 않을 것이다. 그리고 여기서는 흥미롭게도 클래스와 동일한 이름의 생성자를 사용하는데, 이것은 C++이나 파이썬 프로그래머들에게는 다소 안정감을 줄 것이다.

```
#!/usr/bin/perl
# show_strnum - 연산자 오버로드의 데모
use StrNum;

$x = StrNum("Red"); $y = StrNum("Black");
$z = $x + $y; $r = $z * 3;
print "values are $x, $y, $z, and $r\n";
print "$x is ", $x < $y ? "LT" : "GE", " $y\n";

values are Red, Black, RedBlack, and RedBlackRedBlackRedBlack
Red is GE Black
```

이 클래스의 코드를 예제 13-1에 나타낸다.

예제 13-1. StrNum

```
package StrNum;
use Exporter ();
@ISA = "Exporter";
@EXPORT = qw(StrNum);  # 예외적
use overload        (
        '<=>'   => \&spaceship,
        "cmp"   => \&spaceship,
```

```
        '""'    => \&stringify,
        "bool"  => \&boolify,
        '0+'    => \&nummify,
        '+'     => \&concat,
        '*'     => \&repeat,
);
# 생성자
sub StrNum {
    my ($value) = @_;
    return bless \$value;
}
sub stringify { ${ $_[0] } }
sub nummify    { ${ $_[0] } }
sub boolify   { ${ $_[0] } }
# <=>를 만들면 <, == 등도 쓸 수 있게 된다
sub spaceship {
    my ($s1, $s2, $inverted) = @_;
    return $inverted ? $$s2 cmp $$s1 : $$s1 cmp $$s2;
}
# 이 메서드에서는 stringify를 사용한다
sub concat {
    my ($s1, $s2, $inverted) = @_;
    return StrNum($inverted ? ($s2 . $s1) : ($s1 . $s2));
}
# 이 메서드에서는 stringify를 사용한다
sub repeat {
    my ($s1, $s2, $inverted) = @_;
    return StrNum($inverted ? ($s2 x $s1) : ($s1 x $s2));
}
1;
```

프로그램 예제: 오버로드를 사용한 FixNum 클래스

여기에서 소개하는 클래스에서는 출력되는 숫자의 소수점 아래 자릿수를 제어하기 위해서 연산자 오버로드를 사용한다. 다만, 연산 자체는 가능하면 최고의 정밀도를 사용한다. places 메서드는 클래스 또는 특정 객체에 대해 사용하여 소수점 오른쪽에서 출력되는 숫자의 자릿수를 설정할 수 있다.

```
#!/usr/bin/perl
# demo_fixnum - 연산자 오버로드의 데모
use FixNum;

FixNum->places(5);

$x = FixNum->new(40);
$y = FixNum->new(12);

print "sum of $x and $y is ", $x + $y, "\n";
print "product of $x and $y is ", $x * $y, "\n";

$z = $x / $y;
printf "$z has %d places\n", $z->places;
$z->places(2) unless $z->places;
print "div of $x by $y is $z\n";
print "square of that is ", $z * $z, "\n";
```

sum of STRFixNum: 40 and STRFixNum: 12 is STRFixNum: 52

```
product of STRFixNum: 40 and STRFixNum: 12 is STRFixNum: 480
STRFixNum: 3 has 0 places
div of STRFixNum: 40 by STRFixNum: 12 is STRFixNum: 3.33
square of that is STRFixNum: 11.11
```

이 클래스의 코드를 예제 13-2에 나타낸다. 이 클래스에서 오버로드된 산술 연산자는 더하기, 곱하기, 빼기 연산자뿐이다. 그 이외의 오버로드된 연산자는 스페이스십 연산자(모든 비교를 처리한다), 문자열 보간 연산자, 그리고 숫자 값 변환 연산자이다. 문자열 보간 연산자는 디버그를 쉽게 할 수 있게 하도록 독특한 형식을 지닌다.

예제 13-2. FixNum

```
package FixNum;
use strict;
my $PLACES = 0;
sub new {
    my $proto   = shift;
    my $class   = ref($proto) || $proto;
    my $parent  = ref($proto) && $proto;
    my $v = shift;
    my $self = {
        VALUE  => $v,
        PLACES => undef,
    };
    if ($parent && defined $parent->{PLACES}) {
        $self->{PLACES} = $parent->{PLACES};
    } elsif ($v =~ /(\.\d*)/) {
        $self->{PLACES} = length($1) - 1;
    }  else {
        $self->{PLACES} = 0;
    }
    return bless $self, $class;
}
sub places {
    my $proto = shift;
    my $self  = ref($proto) && $proto;
    my $type  = ref($proto) || $proto;
    if (@_) {
        my $places = shift;
        ($self ? $self->{PLACES} : $PLACES) = $places;
    }
    return $self ? $self->{PLACES} : $PLACES;
}
sub _max { $_[0] > $_[1] ? $_[0] : $_[1] }
use overload '+'    => \&add,
             '*'    => \&multiply,
             '/'    => \&divide,
             '<=>'  => \&spaceship,
             '""'   => \&as_string,
             '0+'   => \&as_number;
sub add {
    my ($this, $that, $flipped) = @_;
    my $result = $this->new( $this->{VALUE} + $that->{VALUE} );
    $result->places( _max($this->{PLACES}, $that->{PLACES} ));
    return $result;
}
```

```
sub multiply {
    my ($this, $that, $flipped) = @_;
    my $result = $this->new( $this->{VALUE} * $that->{VALUE} );
    $result->places( _max($this->{PLACES}, $that->{PLACES} ));
    return $result;
}
sub divide {
    my ($this, $that, $flipped) = @_;
    my $result = $this->new( $this->{VALUE} / $that->{VALUE} );
    $result->places( _max($this->{PLACES}, $that->{PLACES} ));
    return $result;
}
sub as_string {
    my $self = shift;
    return sprintf("STR%s: %.*f", ref($self),
        defined($self->{PLACES}) ? $self->{PLACES} : $PLACES,
}
sub as_number {
    my $self = shift;
    return $self->{VALUE};
}
sub spaceship {
    my ($this, $that, $flipped) = @_;
    $this->{VALUE} <=> $that->{VALUE};
}
1;
```

더 알아보기

- 표준 프래그마인 `overload`, `bigint`, `bigrat`과 기본 모듈 Math::BigInt, Math::BigFloat, Math::Complex 문서
- *Programming Perl* 13장, 31장, 32장

13.15 tie로 매직 변수를 만들기

문제

변수 또는 핸들에 특별한 기능을 더하고자 한다.

해결책

`tie` 함수를 사용해서 평범한 변수에 객체와 같은 동작을 부여한다.

논의

펄에서 DBM 파일을 사용한 적이 있는 사람이라면 누구라도 `tie` 함수로 묶여진 객체를 이미 사용해보았다. 어쩌면 객체를 사용하는 가장 좋은 방법은 사용자가 객체를 사용하고 있다는 사실조차 모르도록 하는 것일지도 모른다. `tie`를 사용하면 변수 또는 핸들을 클래스와 묶을 수 있고, `tie`로 묶인 변수나 핸들에 대한 접근은 모두 사용자가 인지할 수 없는 상태로 특별한 이름의 객체 메서드에 의해 대신

수행된다(표 13-2 참고).

tie 메서드에서 가장 중요한 것은 값을 읽는 접근을 가로채는 FETCH, 값을 쓰는 접근을 가로채는 STORE, 그리고 생성자이다. 생성자는 TIESCALAR, TIEARRAY, TIEHASH, TIEHANDLE 중 하나가 된다.

사용자 코드	실행된 코드
tie $s, "SomeClass"	SomeClass->TIESCALAR()
$p = $s	$p = $obj->FETCH()
$s = 10	$obj->STORE(10)

표 13-2 tie로 관련지어진 변수의 해석방법

표 안의 $obj는 어디에서 나왔을까? tie는 클래스에 있는 TIESCALAR 생성자를 호출한다. 이 생성자가 반환한 객체는 펄이 따로 저장해두었다가 나중에 접근할 때 자동으로 사용한다.

다음은 어떤 값들의 원형 리스트를 구현한 tie 클래스의 간단한 예이다. 이 변수를 읽을 때마다 원형 링의 다음 칸의 값이 표시된다. 변수에 값을 쓰면 그 값이 링에 추가된다. 다음은 이 클래스의 사용 예제다.

```
#!/usr/bin/perl
# demo_valuering - tie 클래스의 사용방법을 나타낸다
use ValueRing;
tie $color, "ValueRing", qw(red blue);
print "$color $color $color $color $color $color\n";
red blue red blue red blue

$color = "green";
print "$color $color $color $color $color $color\n";
green red blue green red blue
```

이 클래스를 간단하게 구현한 것을 예제 13-3에 나타낸다.

예제 13-3. ValueRing

```
package ValueRing;
# 이것은 스칼라 형의 tie 생성자다
sub TIESCALAR {
    my ($class, @values) = @_;
    bless  \@values, $class;
    return \@values;
}
# 이 메서드로는 읽기 접근을 가로챈다
sub FETCH {
    my $self = shift;
    push(@$self, shift(@$self));
    return $self->[-1];
}
```

```
# 이 메서드로는 쓰기 접근을 가로챈다
sub STORE {
    my ($self, $value) = @_;
    unshift @$self, $value;
    return $value;
}
1;
```

예제가 아주 흥미롭지는 않을지 모르지만, 어떠한 복잡한 데이터도 tie로 얼마나 쉽게 묶을 수 있는지를 잘 보여주고 있다. 사용자에게 $color는 객체가 아닌 흔한 변수에 지나지 않는다. 모든 마법은 tie로 은폐된다. 스칼라 변수를 묶는다고 꼭 스칼라 레퍼런스를 사용할 필요는 없다. 이 예제에서는 배열 레퍼런스를 사용했지만 필요에 따라서 어떤 데이터형을 사용해도 된다. 해시를 사용하면 가장 유연하게 객체를 나타낼 수 있기 때문에 보통은 tie로 묶을 변수의 데이터형에 상관없이 해시 레퍼런스가 사용된다.

배열과 해시를 사용하면 더욱 복잡한 연산이 가능해진다. tie로 묶인 변수를 완전히 지원하기 위해서는 (아마 스칼라 형의 경우를 빼고) 다수의 메서드가 필요하므로, 대부분은 이런 기본적인 메서드들이 이미 정의되어 있는 기본 모듈을 상속받아 쓴다. 그리고 동작을 바꿀 필요가 있는 메서드만 선택해서 오버라이드한다.

이 기본 모듈들은 Tie::Scalar, Tie::Array, Tie::Hash, Tie::Handle 네 가지다. 각 모듈에는 두 개의 클래스가 포함되어 있다. 하나는 기본적인 골격만을 가진 클래스이고 모듈 이름과 동일하다. 또 하나는 그 위에 살을 붙인 클래스이고, Tie::Std*TYPE*이라는 식의 이름이 붙어있으며, 이때 *TYPE*은 네 개의 형 중 하나이다. 다음의 내용에서는 tie를 사용하는 흥미로운 예제를 몇 가지 소개한다.

tie 예제: $_ 사용금지

여기에서 소개할 조금 색다른 tie 클래스는 암묵적인 변수인 $_를 지역화하지 않고 사용하는 것을 금지하기 위해서 사용된다. 클래스는 일반적으로는 use를 사용해서 적재한다. 그 경우에는 클래스의 import() 메서드가 암묵적으로 호출된다. 하지만 여기에서는 잘 쓰이지 않는 unimport() 메서드를 호출되게 하기 위해서 no를 사용해서 적재한다. 예를 들어 다음처럼 한다.

```
no UnderScore;
```

그러면 전역 변수인 $_를 지역화하지 않고 사용하는 경우, 예외가 발생하게 된다.

다음은 이 모듈을 테스트하는 간단한 프로그램이다.

```
#!/usr/bin/perl
#nounder_demo - 프로그램에서의 $_의 사용을 금지하는 방법을 나타낸다
no UnderScore;
@tests = (
    "Assignment"  => sub { $_ = "Bad" },
    "Reading"     => sub { print },
    "Matching"    => sub { $x = /badness/ },
    "Chop"        => sub { chop },
    "Filetest"    => sub { -x },
    "Nesting"     => sub { for (1..3) { print } },
);

while ( ($name, $code) = splice(@tests, 0, 2) ) {
    print "Testing $name: ";
    eval { &$code };
    print $@ ? "detected" : "missed!";
    print "\n";
}
```

이 프로그램을 실행하면 다음과 같은 결과가 출력된다.

```
Testing Assignment: detected
Testing Reading: detected
Testing Matching: detected
Testing Chop: detected
Testing Filetest: detected
Testing Nesting: 123missed!
```

마지막의 Nesting에 대해 missed(찾지 못했다)라고 출력된 것은 for 루프 안에서는 적절하게 지역화되었기 때문이다.

UnderScore 모듈의 코드를 예제 13-4에 나타낸다. 전체 내용은 짧다. 이 모듈은 초기화 코드 안에서 tie를 실행한다.

예제 13-4. UnderScore

```
package UnderScore;
use Carp;
sub TIESCALAR {
    my $class = shift;
    my $dummy;
    return bless \$dummy => $class;
}
sub FETCH { croak "Read access to \$_ forbidden"  }
sub STORE { croak "Write access to \$_ forbidden" }
sub unimport { tie($_, __PACKAGE__) }
sub import { untie $_ }
tie($_, __PACKAGE__) unless tied $_;
1;
```

여러분의 프로그램 안에서 이 클래스에 대해 use와 no를 섞어 쓸 수는 없다. 모두 실행 시점이 아니라 컴파일 시점에 적용되어 버리기 때문이다. $_의 사용을 금지한 것을 취소하고 다시 사용할 수 있게 하려면 $_를 지역화한다.

tie 예제: 값이 덧붙여지는 해시를 만들기

여기에서 소개할 클래스에서는 각 키마다 값들이 배열에 추가되는 해시를 만든다.

```
#!/usr/bin/perl
#appendhash_demo - 값이 자동으로 덧붙여지는 특수한 해시의 사용방법을 나타낸다
use Tie::AppendHash;
tie %tab, "Tie::AppendHash";

$tab{beer} = "guinness";
$tab{food} = "potatoes";
$tab{food} = "peas";

while (my($k, $v) = each %tab) {
    print "$k => [@$v]\n";
}
```

이 프로그램의 실행결과는 다음과 같다.

```
food => [potatoes peas]
beer => [guinness]
```

이 클래스를 쉽게 만들기 위해서 예제 13-5에 나타내는 것처럼 표준 배포판에 포함된 해시와 관련된 모듈을 사용한다. 그러기 위해서 Tie::Hash 모듈을 적재하고 그 다음에 Tie::StdHash 클래스를 상속한다(모듈 이름과 클래스 이름이 다른 것에 주의한다. *Tie/Hash.pm* 파일에는 Tie::Hash와 Tie::StdHash라는 두 개의 클래스가 있고 이 둘은 조금 다르다).

예제 13-5. Tie::AppendHash

```
package Tie::AppendHash;
use strict;
use Tie::Hash;
use Carp;
our @ISA = qw(Tie::StdHash);
sub STORE {
    my ($self, $key, $value) = @_;
    push @{$self->{$key}}, $value;
}
1;
```

tie 예제: 대문자와 소문자를 구별하지 않는 해시

여기서는 Tie::Folded라고 불리는, 더 복잡한 해시 클래스를 소개한다. 이 클래스는 키 문자열의 대소문자를 구별하지 않는 해시를 만든다.

```
#!/usr/bin/perl
#folded_demo - 대문자와 소문자를 구별하지 않는 특별한 해시의 데모
use Tie::Folded;
tie %tab, "Tie::Folded";
```

```
$tab{VILLAIN}  = "big ";
$tab{herOine}  = "red riding hood";
$tab{villain} .= "bad wolf";

while ( my($k, $v) = each %tab ) {
    print "$k is $v\n";
}
```

이 데모 프로그램의 출력은 아래와 같다.

```
heroine is red riding hood
villain is big bad wolf
```

가로채어 처리해야 하는 접근 동작의 종류가 많기 때문에 예제 13-6에 나온 클래스는 예제 13-5에 나온 것보다 좀 더 복잡하다.

예제 13-6. Tie::Folded

```
package Tie::Folded;
use strict;
use Tie::Hash;
our @ISA = qw(Tie::StdHash);
sub STORE {
    my ($self, $key, $value) = @_;
    return $self->{lc $key} = $value;
}
sub FETCH {
    my ($self, $key) = @_;
    return $self->{lc $key};
}
sub EXISTS {
    my ($self, $key) = @_;
    return exists $self->{lc $key};
}
sub DEFINED {
    my ($self, $key) = @_;
    return defined $self->{lc $key};
}
1;
```

tie 예제: 키 또는 값으로 검색할 수 있는 해시

여기에서는 키 또는 값 중 어느 쪽으로도 검색할 수 있는 해시를 소개한다. 이런 연산이 가능한 것은 키에 따라 값을 저장하는 기능만이 아니라 값에 따라 키를 저장하는 기능도 넣은 저장 메서드를 만들었기 때문이다.

보통은 저장된 값이 레퍼런스인 경우에 문제가 발생할 가능성이 있다. 레퍼런스를 키로 사용하는 것은 불가능하기 때문이다. 표준 배포판에는 이 문제를 방지하는 기능을 가진 Tie::RefHash라는 클래스가 있다. 그리고 이 항에서 소개하는 예제에서도 이 클래스를 상속해서 그런 문제를 방지할 수 있도록 한다.

```
#!/usr/bin/perl -w
#revhash_demo - 키 또는 값으로 검색할 수 있는 해시의 사용방법을 나타낸다
```

```
use strict;
use Tie::RevHash;
my %tab;
tie %tab, "Tie::RevHash";
%tab = qw{
    Red         Rojo
    Blue        Azul
    Green       Verde
};
$tab{EVIL} = [ "No way!", "Way!!" ];
while ( my($k, $v) = each %tab ) {
    print ref($k) ? "[@$k]" : $k, " => ",
        ref($v) ? "[@$v]" : $v, "\n";
}
```

*revhash_demo*를 실행하면 다음과 같은 결과가 출력된다.

```
[No way! Way!!] => EVIL
EVIL => [No way! Way!!]
Blue => Azul
Green => Verde
Rojo => Red
Red => Rojo
Azul => Blue
Verde => Green
```

이 모듈을 예제 13-7에 나타낸다. 기능에 비해 코드가 짧다.

예제 13-7. Tie::RevHash

```
package Tie::RevHash;
use Tie::RefHash;
our @ISA = qw(Tie::RefHash);
sub STORE {
    my ($self, $key, $value) = @_;
    $self->SUPER::STORE($key, $value);
    $self->SUPER::STORE($value, $key);
}
sub DELETE {
    my ($self, $key) = @_;
    my $value = $self->SUPER::FETCH($key);
    $self->SUPER::DELETE($key);
    $self->SUPER::DELETE($value);
}
1;
```

tie 예제: 접근 횟수를 세는 핸들

여기에서는 tie로 파일핸들을 연결하는 방법을 소개한다.

```
use Counter;
tie *CH, "Counter";
while (<CH>) {
    print "Got $_\n";
}
```

실행하면 Got 1, Got 2 등의 텍스트가 계속 출력된다. 이 출력은 지구가 멸망하거나, 사용자 인터럽트, 컴퓨터의 재부팅 중 하나가 발생할 때까지 계속된다. 이 프로그램에서 사용하는 Counter 클래스의 단순한 구현을 예제 13-8에 나타낸다.

예제 13-8. Counter

```
package Counter;
sub TIEHANDLE {
    my $class = shift;
    my $start = shift;
    return bless \$start => $class;
}
sub READLINE {
    my $self = shift;
    return ++$$self;
}
1;
```

tie 예제: 여러 곳으로 출력하는 파일핸들

마지막으로 표준 출력과 표준 에러 출력을 결합함으로써 *tee*와 유사한 기능을 구현하는, tie로 묶인 핸들의 예제를 소개한다.

```
use Tie::Tee;
tie *TEE, "Tie::Tee", *STDOUT, *STDERR;
print TEE "This line goes both places.\n";
```

또는 다음처럼 더욱 복잡하게 할 수도 있다.

```
#!/usr/bin/perl
# demo_tietee
use Tie::Tee;
use Symbol;

@handles = (*STDOUT);
for $i ( 1 .. 10 ) {
    push(@handles, $handle = gensym());
    open($handle, ">/tmp/teetest.$i");
}

tie *TEE, "Tie::Tee", @handles;
print TEE "This lines goes many places.\n";
```

Tie/Tee.pm 파일 내용을 예제 13-9에 나타낸다.

예제 13-9. Tie::Tee

```
package Tie::Tee;
sub TIEHANDLE {
    my $class   = shift;
    my $handles = [@_];
    bless $handles, $class;
    return $handles;
}
sub PRINT {
    my $href = shift;
    my $handle;
```

```
    my $success = 0;
    foreach $handle (@$href) {
        $success += print $handle @_;
    }
    return $success == @$href;
}
1;
```

더 알아보기

- *perlfunc*(1) 문서에서 다루는 `tie` 함수
- *perltie*(1) 문서
- *Programming Perl* 14장

14장

P e r l C o o k b o o k

데이터베이스 접근

나는 단지 정보를 원할 뿐이다.

— 찰스 디킨스(Charles Dickens), "데이비드 카퍼필드(David Copperfield)"

14.0 개요

데이터가 있는 곳에는 데이터베이스가 있기 마련이다. 단순히 생각하면 개개의 파일도 모두 데이터베이스라고 할 수 있으며, 복잡하게는 비싸고 복잡한 관계형 데이터베이스 시스템처럼 1초에 수천 건의 트랜잭션을 처리하는 데이터베이스도 있다. 그 둘 사이에는 느슨하게 구조화된 데이터를 빠르게 접근하기 위한 수많은 방법들이 즉흥적으로 만들어졌다. 펄에서는 이 모두를 다룰 수 있다.

컴퓨터 역사의 초창기에, 사람들은 플랫 파일 데이터베이스가 규모가 큰 데이터 집합을 다루기 힘들다는 것을 깨달았다. 플랫 파일은 기능 제한이 있어서 고정 길이 레코드를 사용하거나 보조적으로 인덱스를 사용할 수밖에 할 수 없었다. 그럼에도 불구하고 갱신 작업에는 시간이 오래 걸리고 단순한 애플리케이션에서도 입출력 오버헤드로 동작이 멎어버리는 경우도 있었다.

우수한 프로그래머들은 고심 끝에 해결책을 찾아냈다. 메모리 안에서 해시를 사용하는 게 배열을 사용하는 것보다 더 유연하게 데이터에 접근할 수 있는 것처럼, 디스크에서도 해시를 사용하는 쪽이 배열 식의 텍스트 파일보다도 편리하게 접근할 수 있다. 접근 시간에서 이런 이득을 보기 위해서는 대신 디스크 공간이라는 비용이 더 들긴 하지만, 오늘날 디스크 공간은 매우 저렴하다.

DBM 라이브러리는 펄 프로그래머에게 단순하고 사용하기 쉬운 데이터베이스를 제공한다. 메모리에 저장된 해시에 적용하는 표준 연산자들을 DBM 파일에 결합된 해시에 똑같이 사용할 수 있다. 사실 펄에서 DBM 데이터베이스를 사용하는 가장 일반적인 방법이기도 하다. 해시는 `tie`를 사용해서 클래스와 파일에 연결할 수 있으며 해시에 접근할 때마다 클래스를 거쳐 디스크 상의 DBM 파일에 대한 질의와 조작이 수행된다. 이전부터 포함된 dbmopen 함수에도 같은 기능이 있지만 프로그램 안에서 하나의 DBM 구현체밖에 사용할 수 없다. 그래서 하나의 포맷을 다른 포맷으로 복사할 수 없다.

레시피 14.1에서는 DBM 데이터베이스를 만드는 방법과 데이터베이스를 효율적으로 사용할 수 있는 힌트를 제공한다. DBM 파일에는 일반 해시에 대한 동작을 그대로 적용할 수 있으나, 디스크 기반으로 동작하는 특성 때문에 메모리상의 해시에서는 발생하지 않을 실행속도 문제가 발생하게 된다. DBM 파일은 디스크 기반이고 여러 프로세스끼리 공유할 수 있기 때문에 동시에 접근할 경우는 이를 통제하는 방안으로 락 파일(레시피 7.24 참고)을 사용한다. 레시피 14.2와 14.4에서는 이 문제에 관한 자세한 내용과 처리하는 방법을 설명한다. 그리고 DBM 파일에서는 일반 해시에는 할 수 없는 연산을 할 수도 있는 데, 그중 두 가지는 레시피 14.5에서 설명한다.

DBM 구현에는 여러 가지 종류가 있고 종류마다 제공하는 기능도 다르다. 펄에서 사용할 수 있는 몇 가지 DBM 라이브러리의 특징을 표 14-1에 나타낸다.

기능	NDBM	SDBM	GDBM	DB
펄과의 연계	예	예	예	예
소스가 펄에 기본 포함	아니오	예	아니오	아니오
소스 재배포 가능	아니오	예	GPL[a]	예
FTP 사이트에서 입수 가능	아니오	예	예	예
빌드가 용이	N/A	예	예	가능[b]
대부분의 유닉스에 포함	예[c]	아니오	아니오[d]	아니오[d]
유닉스에서 빌드 가능	N/A	예	예	예[e]
윈도우에서 빌드 가능	N/A	예	예	예[f]
코드의 크기	g	적음	많음	많음[h]
디스크 사용량	g	작음	큼	중간
속도	g	저속	중간	고속
블록 사이즈 제한	4K	1K[i]	없음	없음

바이트 순서 비의존	아니오	아니오	아니오	예
사용자 정의 정렬 순서	아니오	아니오	아니오	예
부분 키에 의한 검색	아니오	아니오	아니오	예

a GPL 라이선스가 있는 코드를 자신의 프로그램에서 사용하는 경우에는 조건이 있다. 상세한 내용은 *http://www.gnu.org*를 참고하도록 한다.

b 자세한 내용은 DB_File 문서를 참고한다. 심볼릭 링크가 필요하다.

c BSD와 System V 양쪽을 지원하는 유닉스 장비에서는 이 기능이 BSD 호환 라이브러리에 포함될 수 있지만, 대부분의 경우는 그런 구성은 피하고 있다.

d Linux, FreeBSD, OpenBSD, NetBSD 등의 공개 유닉스 버전은 예외이다.

e ANSI C 컴파일러가 필요하다.

f 버전 5.005에서 통합되기 전에는 윈도우용 펄은 여러 버전이 있었다. 그 중에는 일반적인 펄 배포판에서 빌드된 표준 포트나 독자적인 상용 포트도 있다. 대부분의 CPAN 모듈들처럼, DB는 표준 포트에서만 빌드할 수 있다.

g 벤더가 얼마나 수정했냐에 따라 다르다.

h 단일 접근 메서드로 컴파일하면 작아질 수도 있다.

i 기본값은 1K이지만 재정의할 수도 있다(단, 이전에 만든 파일과 호환성은 잃어버린다).

표 14-1 각 DBM 라이브러리의 특징

NDBM은 BSD에서 파생된 장비 대부분에 기본적으로 포함되어 있다. GDBM은 GNU 버전의 DBM 구현체다. SDBM은 X11 배포판에 포함되어 있고 표준 펄 배포판에도 포함되어 있다. DB는 버클리 DB(Berkeley DB)를 가리킨다. 나머지 세 개가 본질적으로 오리지널 DB 라이브러리의 재구현 버전인 것에 비해, 버클리 DB에서는 세 종류의 디스크 데이터베이스 타입을 선택할 수 있고 다른 구현에서 장애가 되는 디스크 사용량과 속도와 크기의 제한을 해결하기 위한 노력을 하고 있다.

코드의 크기는 컴파일된 라이브러리의 크기를 의미한다. 디스크 사용량은 만들어지는 데이터베이스 파일의 크기다. 블록 사이즈 제한은 데이터베이스 키 또는 값의 최대 크기다. 바이트 순서 비의존은 데이터베이스 시스템이 하드웨어의 바이트 순서에 의존하는지 아니면 이식성이 있는 파일을 생성하는지를 의미한다. 사용자 정의 정렬 순서는 키의 리스트를 반환할 때의 순서를 라이브러리에 지정할 수 있는지를 가리킨다. 부분 키(patial key) 검색은 데이터베이스에서 근사 검색을 할 수 있게 한다.

대부분의 펄 프로그래머는 버클리 DB 구현체를 선호하는 경향이 있다. 대부분의 시스템에는 이미 이 라이브러리가 설치되어 있고 펄에서 사용할 수 있다. 그 외 다른 라이브러리를 사용하겠다면 CPAN을 통해 설치하는 것을 권장한다. 그래야 훨씬 편해질 것이다.

DBM 파일에는 데이터가 키와 값의 쌍으로 저장된다. 관계형 데이터베이스 용어로 표현하면 칼럼이 두 개로 구성된 테이블 하나가 있는 데이터베이스이다. 레시피 14.6에서는 CPAN의 MLDBM 모듈을 사용해서 임의의 복잡한 데이터 구조를 DBM 파일에 저장하는 방법을 설명한다.

MLDBM은 우수한 모듈이지만 하나의 키만 사용하여 행을 가져올 수밖에 없다. 복잡한 질의를 처리하는 것은 불가능할 정도다. 그런 경우에는 독립적인 데이터베이스 관리시스템(DBMS) 이용을 검토하는 것이 좋다. Oracle, Sybase, mSQL, MySQL, Ingres 등을 비롯한 여러 가지 DBMS를 이용하기 위한 모듈을 DBI 프로젝트에서 제공하고 있다.

완전한 관계형 데이터베이스 서버와 DBM 파일 중간쯤에 흥미로운 절충안으로 DBD::SQLite 모듈이 있다. 이 모듈은 관계형 데이터베이스에 대한 SQL 인터페이스를 제공하지만 서버 프로세스는 필요 없고 모든 테이블이 들어있는 파일 하나를 읽고 쓴다. 따라서 RDBMS 관리에 따르는 번잡한 수고를 생략하면서 SQL이나 테이블을 여러 개 사용하는 강점을 활용할 수 있다. 한 프로세스에서 테이블을 다루면 속도의 이점도 얻을 수 있다.

DBI의 상세한 내용에 관해서는 *http://dbi.perl.org/doc/index.html*과 *http://www.cpan.org/modules/by-category/07_Database_Interfaces/*를 참고한다. DBI는 Oracle, ODBC, Sybase, Informix, MySQL, PostgreSQL, XBase 등 주류와 비주류 데이터베이스 대부분을 지원한다. 그리고 SQLite, Excel 파일, CSV(Comma Separated Value) 파일 등의 데이터에 대한 DBD 인터페이스도 지원한다.

14.1 DBM 파일을 만들고 사용하기

문제

DBM 데이터베이스를 만들어서 값을 입력하거나 확인하고 삭제하고자 한다.

해결책

tie를 사용해서 데이터베이스를 열고 해시를 통해서 접근할 수 있게 한다. 그 다음은 일반적인 방법으로 해시를 사용한다. 필요한 작업이 끝났다면 untie를 호출한다.

```
use DB_File;            # 데이터베이스 모듈을 적재한다

tie %HASH, "DB_File", $FILENAME                 # %HASH를 사용해서 접근할 수 있는
    or die "Can't open $FILENAME:$!\n";         # 데이터베이스를 연다

$V = $HASH{$KEY};                               # 데이터베이스에서 값을 뽑아낸다
$HASH{$KEY} = $VALUE;                           # 데이터베이스에 값을 쓴다
if (exists $HASH{$KEY}) {                       # 데이터베이스에 값이 있는지를 확인한다
    # ...
}
delete $HASH{$KEY};                             # 데이터베이스에서 값을 삭제한다
untie %HASH;                                    # 데이터베이스를 닫는다
```

논의

해시를 통해서 데이터베이스에 접근하는 것은 강력하면서 동시에 간단하다. 해시를 사용하고 있던 프로그램이 실행을 종료한 다음에도 지워지지 않는 영구적인 해시를 만들 수 있다. 그리고 필요할 때마다 새로운 해시를 적재하는 것보다 빠르다. 해시에 백만 개가 넘는 원소가 있다고 해도 프로그램은 곧바로 시작한다.

예제 14-1의 프로그램에서는 일반적인 해시처럼 데이터베이스를 다룬다. 데이터베이스에 대해서 `keys`나 `each`를 호출할 수도 있다. 마찬가지로 `tie`로 연결한 DBM 해시에는 `exists`와 `defined`도 구현되어 있다. 하지만 일반적인 해시와는 다르게 DBM 해시에서는 이 두 가지 함수가 구별되지 않는다.

예제 14-1. userstats

```
#!/usr/bin/perl -w
# userstats - 로그인한 사용자에 대한 통계값을 생성한다
# 합계를 표시하기 위해서는 인자를 지정해서 호출해야 한다

use DB_File;

$db = "/tmp/userstats.db";        # 실행되지 않는 동안 데이터가 저장되어 있을 파일

tie(%db, 'DB_File', $db)          or die "Can't open DB_File $db : $!\n";

if (@ARGV) {
    if ("@ARGV" eq "ALL") {
        @ARGV = sort keys %db;
    }
    foreach $user (@ARGV) {
            print "$user\t$db{$user}\n";
    }
} else {
    @who = `who`;                                  # who(1) 명령을 실행
    if ($?) {
        die "Couldn't run who: $?\n";              # 비정상 종료
    }
    # 사용자 이름(줄의 첫 번째 요소)을 뽑아서 수정함
    foreach $line (@who) {
        $line =~ /^(\S+)/;
        die "Bad line from who: $line\n" unless $1;
        $db{$1}++;
    }
}

untie %db;
```

로그인 사용자 목록을 얻기 위해서는 *who* 명령을 사용한다. 명령을 실행하면 다음과 같은 형식의 결과가 출력된다.

```
gnat      ttyp1    May 29 15:39    (coprolith.frii.com)
```

userstats 프로그램에 인자를 지정하지 않고 호출한 경우에는 그 시점에서 로그인

된 사용자를 확인하여 데이터베이스를 갱신한다.

userstats 프로그램에 인자를 지정해서 호출한 경우에는 그 인자를 사용자 이름으로 간주하여 해당 사용자의 정보를 출력한다. 특별한 인자인 "ALL"을 지정한 경우에는 DBM 키를 정렬한 리스트가 @ARGV에 저장된다. 키가 많이 있는 커다란 해시는 메모리를 대량으로 사용한다. 이 경우 레시피 14.5에서 설명하는 DB_File의 BTREE 결합 기능을 사용하면 좋다.

고전적인 dbmopen 함수를 사용할 수도 있다. 다음은 dbmopen과 dbmclose를 사용하도록 수정한 프로그램이다.

```
use DB_File;                               # 생략 가능. 기본값을 오버라이드 한다
dbmopen %HASH, $FILENAME, 0666             # 데이터베이스를 열고, %HASH를 통해서 접근한다
    or die "Can't open $FILENAME:$!\n";

$V = $HASH{$KEY};                          # 데이터베이스에서 값을 뽑아낸다
$HASH{$KEY} = $VALUE;                      # 데이터베이스에 값을 쓴다
if (exists $HASH{$KEY}) {                  # 값이 있는지를 확인한다
    # ...
}
delete $HASH{$KEY};                        # 데이터베이스에서 값을 삭제한다
dbmclose %HASH;                            # 데이터베이스를 닫는다
```

더 알아보기

- 기본 모듈 GDBM_File, NDBM_File, SDBM_File, DB_File 모듈 문서(이 중 일부는 *Programming Perl* 32장에서도 다룬다)
- *perltie*(1) 매뉴얼 페이지
- *Programming Perl* 14장
- 레시피 7.1에서 파일을 생성할 때 umask가 미치는 효과를 다룬다.
- 레시피 13.15

14.2 DBM 파일을 비우기

문제

DBM 파일의 내용을 비우고자 한다.

해결책

tie를 사용해서 데이터베이스를 열고 ()를 대입한다.

```
use DB_File;

tie(%HASH, "DB_File", $FILENAME)        or die "Can't open FILENAME: $!\n";
%HASH = ();
untie %HASH;
```

또는 파일을 삭제하고 나서 다시 연다.

```
unlink $FILENAME
    or die "Couldn't unlink $FILENAME to empty the database: $!\n";
tie(%HASH, "DB_File", $FILENAME)
    or die "Couldn't create $FILENAME database: $!\n";
```

논의

파일 내용을 다시 설정하는 것보다 파일을 삭제하고 새로운 파일을 다시 만드는 편이 더 빠르고 간단하다. 하지만 부주의하게 프로그램을 만들면 경쟁 상태가 발생하거나 크래커의 공격에 취약한 상태가 될 수 있다. 공격자는 여러분의 프로그램이 파일을 삭제하는 시점과 다시 만드는 시점 사이를 파고들어 그 파일 이름으로 */etc/precious* 파일을 가리키는 링크를 만들 수 있다. 그럼 DBM 라이브러리를 사용해서 그 파일을 여는 순간 */etc/precious* 파일의 내용이 지워져버린다.

DB_File 데이터베이스를 삭제하고 다시 만드는 경우에는 페이지 크기, 색인 비율 등의 사용자 설정을 모두 잃어버리게 된다. 이런 점도 `tie`로 연결된 해시에 빈 리스트를 대입하는 방법이 권장되는 이유 중 하나다.

더 알아보기

- 기본 모듈 DB_File 모듈 문서(*Programming Perl* 32장에서도 다룬다)
- *perlfunc*(1) 문서에서 다루는 `unlink` 함수
- 레시피 14.1

14.3 DBM 파일 간 변환하기

문제

어떤 DBM 포맷으로 작성한 파일이 있는 데, 다른 프로그램에 입력으로 사용하기 위해서 다른 DBM 포맷으로 반환하고자 한다.

해결책

다음 예제 14-2에 나오는 방법대로, 처음 만든 DBM 파일에서 키와 값을 읽어 들이고 그것들을 다른 DBM 포맷으로 새로운 파일에 쓰도록 한다.

예제 14-2. db2gdbm

```
#!/usr/bin/perl -w
# db2gdbm: DB를 GDBM으로 변환한다
```

```
use strict;
use DB_File;
use GDBM_File;

unless (@ARGV == 2) {
    die "usage: db2gdbm infile outfile\n";
}

my ($infile, $outfile) = @ARGV;
my (%db_in, %db_out);

# 두 개의 파일을 연다
tie(%db_in, 'DB_File', $infile)
    or die "Can't tie $infile: $!";
tie(%db_out, 'GDBM_File', $outfile, GDBM_WRCREAT, 0666)
    or die "Can't tie $outfile: $!";

# 복사한다 (%db_out = %db_in은 데이터베이스 크기가 크면 느리므로 사용하지 말라)
while (my($k, $v) = each %db_in) {
    $db_out{$k} = $v;
}

# 아래의 untie는 프로그램을 종료할 때 자동으로 실행된다
untie %db_in;
untie %db_out;
```

이 프로그램을 다음과 같이 실행한다.

```
% db2gdbm /tmp/users.db /tmp/users.gdbm
```

논의

종류가 다른 여러 DBM 파일을 같은 프로그램에서 사용하는 경우에는 dbmopen이 아니라 tie를 사용해야 한다. 왜냐하면 dbmopen에서는 데이터베이스 포맷을 한 종류밖에 사용할 수 없기 때문이다. 이런 이유로 dbmopen을 사용하는 것은 일반적으로는 권장되지 않는다.

%new = %old처럼 단순한 대입으로 해시 전체를 복사하는 방법은 DBM 파일에도 유효하다. 다만, 이 방법을 쓰면 처음에 모든 데이터가 리스트의 형태로 메모리에 적재된다. 크기가 작은 해시일 경우에는 문제가 되지 않지만, DBM 파일의 경우에는 메모리와 속도의 측면에서 꽤 큰 부담이 된다. 따라서 데이터베이스의 해시의 경우에는 단순한 대입 대신에 each를 사용해서 반복처리를 하도록 한다.

더 알아보기

- 기본 모듈 GDBM_File, NDBM_File, SDBM_File, DB_File 모듈 문서(이 중 일부는 *Programming Perl* 32장에서도 다룬다)
- 레시피 14.1

14.4 DBM 파일 병합하기

문제

두 개의 DBM 파일을 묶어서 하나의 DBM 파일을 만들고자 한다. 원래의 키와 값의 쌍은 그대로 유지하도록 한다.

해결책

데이터베이스를 합치는 방법 하나는 각각의 해시를 리스트로 처리하는 것이다.

```
%OUTPUT = (%INPUT1, %INPUT2);
```

조금 더 좋은 방법은 각각의 키와 값의 쌍을 순회하며 처리하는 방식이다.

```
%OUTPUT = ();
foreach $href ( \%INPUT1, \%INPUT2 ) {
    while (my($key, $value) = each(%$href)) {
        if (exists $OUTPUT{$key}) {
            # 필요하다면 어느 쪽의 값을 $OUTPUT{$key}에 넣을지 결정한다
        } else {
            $OUTPUT{$key} = $value;
        }
    }
}
```

논의

위의 해결책은 레시피 5.11에서 설명한 방법을 그대로 적용한 것이기에 주의할 점도 같다. 예를 들어 해시를 합치기 위해서 리스트로 처리하는 경우에는 사전에 해시를 메모리에 적재해야 한다. 따라서 커다란 임시 리스트가 만들어질 수 있다. 처리할 해시가 크거나 가상 메모리가 작거나 둘 다 해당될 경우 메모리를 절약하기 위해서 each를 사용해서 키를 순회하는 것이 좋다.

두 방법의 또 다른 차이는 두 개의 입력 데이터베이스의 양쪽에 같은 키가 있는 경우의 처리방법이다. 통째로 대입하는 경우는 무조건 두 번째 값이 첫 번째 값을 덮어쓰게 된다. 반면에 키를 순회하는 경우에는 어떻게 처리할지를 결정할 수 있다. 경고 또는 에러를 내거나, 무조건 첫 번째 값을 선택하거나, 무조건 두 번째 값을 선택하거나, 바뀔 값과 새로운 값을 결합하는 등의 처리를 생각할 수 있다. 그리고 MLDBM 모듈을 사용하는 경우에는 배열 레퍼런스를 사용해서 양쪽 모두 저장할 수도 있다.

더 알아보기

- 레시피 5.11
- 레시피 14.6

14.5 큰 DBM 파일을 정렬하기

문제

DBM 파일에 입력할 대규모 데이터를 특정 순서로 정렬해서 처리하고자 한다.

해결책

DB_File의 B트리 결합 기능을 사용해서 직접 만든 비교 함수를 지정한다.

```
use DB_File;

# 익스포트된 $DB_BTREE 해시 레퍼런스를 사용해서
# 키를 비교하는 펄 서브루틴을 지정한다
$DB_BTREE->{'compare'} = sub {
    my ($key1, $key2) = @_ ;
    "\L$key1" cmp "\L$key2" ;
};

tie(%hash, "DB_File", $filename, O_RDWR|O_CREAT, 0666, $DB_BTREE)
    or die "can't tie $filename: $!";
```

논의

해시를 사용할 때 주의할 점은 메모리에 읽어들인 상태이든 DBM 파일에 저장된 상태이든 상관없이 순서가 유지되지 않는다는 것이다. CPAN의 Tie::IxHash 모듈을 사용하면 메모리에 있는 일반 해시의 키들을 삽입된 순서대로 유지할 수 있지만, DBM 데이터베이스나 정렬 기준을 임의로 세울 경우는 도움이 되지 않는다.

DB_File 모듈은 B트리 구현을 사용해서 이런 문제에 대한 편리한 해결책을 제시한다. B트리가 보통의 DBM 해시보다 우수한 점은 순서를 제어할 수 있다는 것이다. 사용자가 비교 함수를 지정하면 keys, values, each에 대한 모든 호출은 자동으로 순서에 따르게 된다. 예를 들어 예제 14-3의 프로그램은 해시의 키를 대소문자 구분 없이 알파벳순으로 정렬한 상태로 유지한다.

예제 14-3 sortdemo

```
#!/usr/bin/perl
# sortdemo - dbm을 자동으로 정렬하는 방법을 제시한다
use strict;
use DB_File;

$DB_BTREE->{'compare'} = sub {
    my ($key1, $key2) = @_ ;
    "\L$key1" cmp "\L$key2" ;
};

my %hash;
my $filename = '/tmp/sorthash.db';
```

```
tie(%hash, "DB_File", $filename, O_RDWR|O_CREAT, 0666, $DB_BTREE)
    or die "can't tie $filename: $!";

my $i = 0;
for my $word (qw(Can't you go camp down by Gibraltar)) {
    $hash{$word} = ++$i;
}

while (my($word, $number) = each %hash) {
    printf "%-12s %d\n", $word, $number;
}
```

기본적으로는 B트리를 쓰는 DB_File 데이터베이스에 포함되는 항목은 알파벳순으로 저장된다. 그러나 위의 예제의 경우에는 대문자와 소문자를 구별하지 않는 비교 함수를 지정하고 있기 때문에 each를 사용하면 모든 키는 다음과 같은 순서로 출력된다.

```
by          6
camp        4
Can't       1
down        5
Gibraltar   7
go          3
you         2
```

해시에서 이런 정렬 기능은 매우 편리해서, 영구적이지 않은 데이터베이스에도 적용할 만한 가치가 있다. tie 함수를 호출할 때 파일이름을 지정하는 위치에 undef를 지정해서 넘기면 DB_File에 의해서 */tmp* 디렉터리에 파일이 만들어지고 곧바로 삭제된다. 아주 손쉽게 익명 데이터베이스가 만들어지는 것이다.

```
tie(%hash, "DB_File", undef, O_RDWR|O_CREAT, 0666, $DB_BTREE)
    or die "can't tie: $!";
```

B트리 데이터베이스용으로 비교 함수를 지정할 때엔 다음 두 가지를 명심해야 한다. 첫째, 데이터베이스를 만들 때는 새로운 비교함수를 지정해야 한다. 둘째, 데이터베이스를 만든 다음에는 정렬 방법을 변경할 수 없다. 즉 데이터베이스에 접근할 때는 항상 같은 비교함수를 사용해야 한다.

DB_File에서 B트리 데이터베이스를 사용할 때는 중복 키나 부분 키도 허용된다. 구체적인 예제에 관해서는 모듈 문서를 참고한다.

더 알아보기

- 레시피 5.7

14.6 DBM 파일에 복잡한 형식의 데이터를 저장하기

문제

단순한 스칼라 이외의 형식으로 된 값을 DBM 파일에 저장하고자 한다. 예를 들어 어떤 프로그램에서 해시의 해시를 DBM 파일에 저장해서 다른 프로그램에서도 접근할 수 있게 하며, 프로세스가 실행과 종료를 반복하는 사이에도 데이터가 유지되도록 하고 싶다.

해결책

단순한 문자열이나 숫자가 아닌 복잡한 값을 저장하기 위해서는 CPAN의 MLDBM 모듈을 사용한다.

```
use MLDBM 'DB_File';
tie(%HASH, 'MLDBM', [... 그 밖의 DBM 인자]) or die $!;
```

다음과 같은 방법으로 직렬화 모듈을 지정한다.

```
use MLDBM qw(DB_File Storable);
```

논의

MLDBM은 Storable, Data::Dumper, FreezeThaw(레시피 11.12 참고) 등의 직렬화 모듈을 사용해서 데이터 구조를 문자열로 변환하여 DBM 파일에 저장한다. 레퍼런스를 저장하는 게 아니라 레퍼런스가 가리키는 데이터를 저장하는 것이다.

```
# %hash는 tie로 연결된 해시
$hash{"Tom Christiansen"} = [ "book author", 'tchrist@perl.com' ];
$hash{"Tom Boutell"} = [ "shareware author", 'boutell@boutell.com' ];

# 비교할 이름
$name1 = "Tom Christiansen";
$name2 = "Tom Boutell";

$tom1 = $hash{$name1};      # 로컬 포인트를 새로 구성
$tom2 = $hash{$name2};      # 마찬가지

print "Two Toming: $tom1 $tom2\n";

Tom Toming: ARRAY(0x73048) ARRAY(0x73e4c)
```

MLDBM으로 DBM 파일에서 데이터 구조를 뽑아내면 그때마다 추출된 데이터의 새로운 복사본이 생성된다. MLDBM 데이터베이스에서 추출한 데이터를 비교하기 위해서는 그 구조 안의 값들을 각각 비교한다.

```
if ($tom1->[0] eq $tom2->[0] &&
    $tom1->[1] eq $tom2->[1]) {
```

```
    print "You're having runtime fun with one Tom made two.\n";
} else {
    print "No two Toms are ever alike.\n";
}
```

위 코드는 다음 코드보다 더 효율적이다.

```
if ($hash{$name1}->[0] eq $hash{$name2}->[0] &&     # 비효율적
    $hash{$name1}->[1] eq $hash{$name2}->[1]) {
    print "You're having runtime fun with one Tom made two.\n";
 } else {
    print "No two Toms are ever alike.\n";
}
```

$hash{...}라고 쓰면 DBM 파일을 참조한다. 그러므로 두 번째의 비효율적인 코드에서는 데이터베이스에 네 번 접근하게 된다. 그에 비해서 $tom1과 $tom2라는 임시 변수를 사용하는 첫 번째 코드에서는 데이터베이스 접근이 두 번밖에 일어나지 않는다.

tie 동작의 한계 때문에 MLDBM의 값의 일부분만 직접 저장하거나 변경할 수 없다.

```
$hash{"Tom Boutell"}->[0] = "Poet Programmer";      # 안 됨
```

저장된 구조의 일부분을 읽고 변경하고, 다시 쓰기 위해서는 항상 임시 변수를 사용해야 한다.

```
$entry = $hash{"Tom Boutell"};                      # 잘 됨
$entry->[0] = "Poet Programmer";
$hash{"Tom Boutell"} = $entry;
```

SDBM처럼 값의 크기에 제한이 있는 데이터베이스를 MLDBM로 사용하는 경우 이런 제한사항에 저촉될 가능성이 있다. 이 문제를 회피하기 위해서는 GDBM_File이나 DB_File을 사용한다. 이 라이브러리들에는 키와 값의 크기에 제한이 없다. 어느 하나를 고르라면 DB_File이 더 낫다. DB_File은 바이트 순서에 의존하지 않기 때문에 빅 엔디안 아키텍처와 스몰 엔디안 아키텍처끼리 데이터를 공유할 수 있다.

더 알아보기

- 기본 모듈 Data::Dumper와 Storable 모듈 문서
- CPAN의 FreezeThaw와 MLDBM 모듈 문서
- 레시피 11.13
- 레시피 14.7

14.7 영속적인 데이터

문제

프로그램을 한 번 실행하고 그 다음 다시 실행할 때까지 변수의 값이 유지되도록 하고자 한다.

해결

MLDBM을 사용해서 프로그램을 다음번 실행할 때까지 변수 값을 저장해 둔다.

```
use MLDBM "DB_File";

my ($VARIABLE1,$VARIABLE2);
my $Persistent_Store = "/projects/foo/data";
BEGIN {
    my %data;
    tie(%data, "MLDBM", $Persistent_Store)
        or die "Can't tie to $Persistent_Store : $!";
    $VARIABLE1 = $data{VARIABLE1};
    $VARIABLE2 = $data{VARIABLE2};
    # ...
    untie %data;
}
END {
    my %data;
    tie (%data, "MLDBM", $Persistent_Store)
        or die "Can't tie to $Persistent_Store : $!";
    $data{VARIABLE1} = $VARIABLE1;
    $data{VARIABLE2} = $VARIABLE2;
    # ...
    untie %data;
}
```

논의

MLDBM의 중요한 제한사항은 레퍼런스에 포함된 구조를 임시 변수에 대입하지 않고서는 그 구조에 값을 추가하거나 구조를 변경할 수 없다는 것이다. 다음 예제 14-4의 코드에서도 push를 실행하기 전에 $array_ref에 대입하고 있다. 단순하게 아래처럼 처리할 수는 없다.

```
push(@{$db{$user}}, $duration);
```

우선 MLDBM이 이런 식으로 쓰는 것을 허용하지 않는다. 게다가 $db{$user}가 데이터베이스 안에 없을 수도 있다(%db가 tie에 의해서 데이터베이스에 연결되어 있는 경우는 배열 레퍼런스가 자동으로 생성되지 않는다). $array_ref에 초기값을 설정할 때 exists $db{$user}와 같은 확인을 하는 것은 그 때문이다. $db{$user}가 없을 때는 빈 배열을 만든다.

예제 14-4. mldbm-demo

```
#!/usr/bin/perl -w
# mldbm_demo - DB_File로 MLDBM을 사용하는 방법을 제시한다

use MLDBM "DB_File";

$db = "/tmp/mldbm-array";

tie %db, "MLDBM", $db
  or die "Can't open $db : $!";

while(<DATA>) {
    chomp;
    ($user, $duration) = split(/\s+/, $_);
    $array_ref = exists $db{$user} ? $db{$user} : [ ];
    push(@$array_ref, $duration);
    $db{$user} = $array_ref;
}

foreach $user (sort keys %db) {
    print "$user: ";
    $total = 0;
    foreach $duration (@{ $db{$user} }) {
        print "$duration ";
        $total += $duration;
    }
    print "($total)\n";
}

__END__
gnat        15.3
tchrist     2.5
jules       22.1
tchrist     15.9
gnat        8.7
```

비교적 최신 버전의 MLDBM에서는 데이터베이스 모듈(DB_File을 권장)만이 아니라 직렬화 모듈(Storable을 권장)을 선택할 수 있게 되었다. 초기 버전에서는 직렬화 모듈로 Data::Dumper만을 사용할 수 있었다. Data::Dumper는 Storable보다 더 느리다. 다음은 DB_File 안에서 Storable을 사용하는 방법이다.

```
use MLDBM qw(DB_File Storable);
```

더 알아보기

- 기본 모듈 Data::Dumper와 Storable 모듈 문서
- CPAN 모듈 FreezeThaw와 MLDBM 모듈 문서
- 레시피 11.13
- 레시피 14.6

14.8 질의 결과를 Excel 또는 CSV로 저장하기

문제

관계형 데이터베이스에 질의하고 그 결과를 파일에 저장하여 다른 프로그램이나 사용자가 사용할 수 있도록 하고자 한다. 일반적으로 데이터를 저장할 포맷은 CSV와 Excel 두 종류이다.

해결책

질의 후 CPAN의 DBIx::Dump 모듈을 사용해서 스테이트먼트 핸들을 덤프한다.

```
use DBIx::Dump;
use DBI;

# ... 일반적인 방법으로 데이터베이스에 접속한다
$sth = $dbh->prepare("SELECT ...");  # 여기에 SQL 문을 쓴다
$sth->execute();
$out = DBIx::Dump->new('format' => $FORMAT,    # excel 또는 CSV
                       'output' => $FILENAME, # 데이터를 저장할 파일이름
                       'sth'    => $sth);
$out->dump();
```

논의

CPAN의 DBIx::Dump 모듈은 Excel과 CSV 파일형식을 지원한다. 이 모듈은 Excel 파일을 만들 때는 CPAN의 Spreadsheet::WriteExcel 모듈을, CSV 파일을 만들 때는 CPAN의 Text::CSV_XS 모듈을 사용한다.[1]

출력되는 파일의 첫 번째 행에는 칼럼의 이름이 저장된다.

```
ID,NAME
1,Nat
2,Tom
4,Larry
5,Damian
6,Jon
7,Dan
```

더 알아보기

- CPAN 모듈 DBIx::Dump, Spreadsheet::WriteExcel, Text::CSV_XS 문서
- 레시피 14.17

1 (옮긴이) CPAN 모듈 Spreadsheet::WriteExcel은 .xls 확장자 형식으로 출력할 수 있다. Microsoft Excel 2007 이상의 버전에서 일반적으로 사용하는 .xlsx 확장자를 다루기 위해서는 CPAN 모듈 Excel::Writer::XLSX을 사용한다.

14.9 DBI를 사용해서 SQL 명령을 실행하기

문제

Oracle, Sybase, mSQL, MySQL 등의 데이터베이스에 SQL 질의를 보내서 결과를 처리하고자 한다.

해결책

CPAN의 DBI(DataBase Interface)와 DBD(DataBase Driver) 모듈을 사용한다.

```
use DBI;

$dbh = DBI->connect('dbi:driver:database', 'username', 'auth',
            { RaiseError => 1, AutoCommit => 1});

$dbh->do($NON_SELECT_SQL_STATEMENT);

$results = $dbh->selectall_arrayref($SELECT_SQL_STATEMENT);

$sth = $dbh->prepare($SQL_SELECT_STATEMENT);
$sth->execute();
while (@row = $sth->fetchrow_array) {
    # ...
}

$dbh->disconnect();
```

논의

DBI 모듈은 여러 가지 서로 다른 데이터베이스의 API들을 추상화해서 모든 데이터베이스에 접근할 수 있는 공통 함수들을 제공한다. 데이터베이스 접속, 질의 실행, 결과 해석과 같은 실제 처리는 그 데이터베이스에 해당되는 DBD 모듈(DBD::mysql, DBD::Oracle 등)을 통해 이뤄진다.

데이터베이스에 대한 처리는 DBI 핸들을 사용해서 이뤄진다. 핸들은 단순히 `DBI->connect` 호출에 의해 생성된 하나의 객체이다. 그 핸들은 `DBI->connect` 호출을 통하여 특정 데이터베이스 드라이버에 연결된다.

`DBI->connect`의 첫 번째 인자는 콜론으로 구분되는 세 개의 필드로 구성되는 하나의 문자열이다. 이 DSN(Data Source Name)에는 접속할 데이터베이스를 지정한다. 첫 번째 필드에는 항상 `dbi`를 지정한다(대소문자를 구별하지 않기 때문에 `DBI`라고 써도 똑같이 동작한다). 두 번째 필드는 사용하려는 드라이버의 이름이다(`Oracle`, `mysql` 등). 마지막 필드는 데이터베이스를 식별하는 정보이며, 요청된 드라이버 모듈(예를 들면 DBD::mysql)에 넘겨진다.

두 번째와 세 번째의 인자는 사용자 인증을 위한 값이다.

네 번째 인자는 이 접속의 속성을 정의하는 해시 레퍼런스이며 생략 가능하다. PrintError는 DBI 메서드가 실패한 경우에 DBI에서 경고를 출력할지 여부를 제어하기 위해서 사용한다(기본값은 참. 거짓으로 설정하면 DBI에서 경고가 출력되지 않는다). RaiseError를 설정하면 PrintError와 유사한 효과를 얻지만 warn이 아닌 die가 사용된다. AutoCommit은 트랜잭션을 제어하기 위해서 사용한다. 참으로 설정하면 트랜잭션을 사용하지 않게 된다(레시피 14.11 참고).

이 책을 집필하는 시점에는 흔히 쓰이는 데이터베이스(MySQL, Oracle, PostgreSQL, Informix, DB2, SQLServer)와 그다지 일반적이지 않은 데이터베이스(XBase, SQLite) 그리고 데이터베이스 이외의 포맷 일부에 대한 DBD가 제공되고 있다. 최신 지원 목록에 관해서는 *https://dbi.perl.org*를 참고한다.

아래에 DSN의 예제를 몇 가지 소개한다.

```
dbi:Oracle:tnsname
dbi:Oracle:host=foo.bar.com;sid=ORCL
dbi:Oracle:host=foo.bar.com;sid=ORCL;port=1521
dbi:mysql:database=foo;host=foo.bar.com;port=3306;mysql_compression=1
dbi:Pg:dbname=foo;host=foo.bar.com;options=-F
```

단순한 SQL 구문(데이터 행을 반환하지 않는 구문)은 데이터베이스 핸들의 do 메서드를 사용해서 실행할 수 있다. 이 메서드는 불리언값 참 또는 거짓을 반환한다. 데이터 행을 반환하는 질의를 실행하는 방법으로 가장 간단한 것은 selectall_arrayref와 selectall_hashref 메서드를 사용하는 것이다.

```
$rows = $dbh->selectall_arrayref("SELECT isbn,title,author FROM books");
print $row[0][1];            # 첫 줄의 title 값을 표시한다
$rows = $dbh->selectall_hashref("SELECT isbn,title,author FROM books", "isbn");
print $rows->{596000278}[2]; # "Programming Perl"을 표시한다
```

데이터베이스 시스템에서는 두 번째와 세 번째의 인자로 지정된 사용자 이름과 비밀번호로 사용자를 인증한다.

때에 따라서는 질의한 결과로 많은 행이 반환되어도 실제로 필요한 칼럼은 하나인 경우도 있다. selectcol_arrayref 메서드는 이런 경우를 위해서 설계되었다. 이 메서드는 칼럼이 하나뿐인 일련의 행들을 단순한 배열 레퍼런스로 바꾼다.

```
$books = $dbh->selectcol_arrayref("SELECT title FROM books");
print $books[3]; # 네 번째 책의 title 값을 표시한다
```

모든 결과를 한 번에 메모리에 적재하는 것을 피하고자 하는 경우나 SQL문을 효율적으로 재사용하고자 하는 경우에는 데이터베이스 핸들의 prepare 메서드를 사용해서 스테이트먼트 핸들을 만든다. 그리고 스테이트먼트 핸들의 execute 메서드를

호출해서 질의하고 fetchrow_array나 fetchrow_hashref 등의 메서드를 사용해서 각 행을 가져온다(fetchrow_hashref는 칼럼 이름을 값에 연결한 해시 레퍼런스를 반환한다). 이 메서드들의 구체적인 사용 예제는 레시피 14.12에서 소개한다.

질의 결과로 한 행만 반환될 것을 알고 있다면 selectrow_* 메서드를 사용한다.

```
@row = $dbh->selectrow_array("SELECT title,author FROM books WHERE
isbn='596000278'");
print $row[1];              # 제일 처음 반환된 책의 author 값을 표시한다

$row = $dbh->selectrow_arrayref("SELECT title,author FROM books WHERE
isbn='596000278'");
print $row->[1];            # 제일 처음 반환된 책의 author 값을 표시한다

$row = $dbh->selectrow_hashref("SELECT title,author FROM books WHERE
isbn='596000278'", "title");
print $row->{author};       # 제일 처음 반환된 책의 author 값을 표시한다
```

스테이트먼트 핸들과 데이터베이스 핸들은 대부분의 경우 데이터베이스 접속과 연결되어 있다. 따라서 사용할 때 어느 정도 주의를 기울일 필요가 있다. 접속은 그 핸들이 스코프를 벗어나면 자동으로 해제된다. 활성화된 스테이트먼트 핸들이 아직 남아있는 상태에서 데이터베이스 핸들이 스코프를 벗어날 경우 다음과 같은 경고가 나올 것이다.

```
disconnect(DBI::db=HASH(0x9df84)) invalidates 1 active cursor(s)
        at -e line 1.
```

SELECT 스테이트먼트로 반환된 데이터를 아직 다 받아가지 않았다는 것을 의미한다. 여러분이 selectrow_* 메서드를 더 사용할 일이 없어서 이 경고가 별 문제가 되지 않는다면, finish 메서드를 사용하여 아직 받아오지 않은 데이터를 폐기하고 스테이트먼트 핸들을 비활성화 상태로 만들 수 있다.

DBI 모듈에는 FAQ(*http://dbi.perl.org*에 자주 갱신되는 *DBI::FAQ*(3) 매뉴얼 페이지)와 기본 문서(perldoc DBI)가 첨부되어 있다. 또 각각의 DBMS에 대한 드라이버에도 문서(예: DBD::mysql)가 첨부되어 있다. DBI API는 여기서 소개한 것보다 더 방대하다. 결과를 뽑기 위한 여러 가지 수단을 제공하며 스토어드 프로시저(stored procedure)와 같은 DBMS 고유의 기능도 지원한다. 그런 상세한 내용에 관해서는 드라이버 모듈의 문서를 참고하도록 한다.

예제 14-5의 프로그램은 사용자 정보가 담긴 테이블을 만들고 데이터를 입력하고 검색을 하는 예제이다. 이 프로그램에서는 모든 메서드 호출의 반환값을 일일이 검사하는 수고를 덜기 위해서 RaiseError 속성을 사용한다.

예제 14-5. dbusers

```
#!/usr/bin/perl -w
# dbusers - MySQL 사용자 테이블을 관리한다
use DBI;
use User::pwent;

$dbh = DBI->connect('dbi:mysql:dbname:mysqlserver.domain.com:3306',
                    'user', 'password',
                    { RaiseError => 1, AutoCommit => 1 })

$dbh->do("CREATE TABLE users (uid INT, login CHAR(8))");

$sql_fmt = "INSERT INTO users VALUES( %d, %s )";
while ($user = getpwent) {
    $sql = sprintf($sql_fmt, $user->uid, $dbh->quote($user->name));
    $dbh->do($sql);
}
$rows = $dbh->selectall_arrayref("SELECT uid,login FROM users WHERE uid < 50");
foreach $row (@$rows) {
    print join(", ", map {defined $_ ? $_ : "(null)"} @$row), "\n";
}

$dbh->do("DROP TABLE users");

$dbh->disconnect;
```

더 알아보기

- CPAN 모듈 DBI, 각 데이터베이스의 DBD 모듈에 관한 문서
- *http://dbi.perl.org/*
- 엘리게이터 데카르트(Alligator Descartes), 팀 번스(Tim Bunce) 저, *Programming the Perl DBI*(O'Reilly)

14.10 인용부 처리

문제

펄의 데이터 값을 리터럴 문자열로 SQL 구문 안에 넣고자 한다. 하지만 사용하는 데이터베이스에서 문자열을 어떻게 인용처리 하는지 확실하게 알지 못한다.

해결책

데이터베이스 핸들의 quote 메서드를 사용한다.

```
$quoted = $dbh->quote($unquoted);
```

이 $quoted 값은 SQL 구문 안에 넣기에 적합하게 인용처리 된다.

```
$sth->prepare("SELECT id,login FROM People WHERE name = $quoted");
```

또는 단순하게 SQL 구문 안에 플레이스홀더(placeholder)를 사용해서 DBI가 자동으로 문자열을 인용처리 하도록 한다.

```
$sth->prepare("SELECT id,login FROM People WHERE name = ?");
$sth->execute($unquoted);
```

논의

데이터베이스마다 고유한 인용처리 방식이 있다. 따라서 인용 처리를 직접 하는 것보다는 quote 메서드 또는 플레이스홀더에 맡기는 것이 낫다. 인용부를 문자로 SQL 문에 직접 쓰는 것은 코드의 이식성을 저해할 뿐만 아니라, SQL 구문 안에 넣은 문자열 자체에도 인용 부호가 들어있을 경우를 고려하지 않고 있다. 예를 들어 다음처럼 쓰는 경우를 생각해보자.

```
$sth = $dbh->prepare(qq{SELECT id,login FROM People WHERE name="$name"});
```

만일 $name 값이 Jon "maddog" Orwant라면 다음과 같은 올바르지 않은 SQL 질의문이 만들어진다.

```
SELECT id,login FROM People WHERE name="Jon "maddog" Orwant"
```

quote의 인용부 처리에는 기묘한 점이 있다. quote에 undef를 인자로 넘기면 인용부 없는 NULL이 반환되는 것인데 DBI에서 NULL 값을 undef로 나타내기 때문이다.

더 알아보기

- CPAN 모듈 DBI 모듈 문서
- *http://dbi.perl.org*
- *Programming the Perl DBI*

14.11 데이터베이스 에러를 처리하기

문제

자신의 프로그램에서 데이터베이스 에러를 포착해서 처리하고자 한다. 가능하다면 에러에 관한 정보를 표시하도록 한다.

해결책

가장 좋은 방법은 데이터베이스에 접속할 때 RaiseError를 활성화하고 데이터베이스에 대한 호출을 eval 블록 안에 만드는 것이다.

```
$dbh = DBI->connect($DSN, $user, $password,
                    { RaiseError => 1 });
eval {
  $dbh->do($SQL);
  $sth = $dbh->prepare($SQL2);
  $sth->execute();
  while (@row = $sth->fetchrow_array) {
    # ...
  }
};
if ($@) {
  # $DBI::lasth->errstr을 사용해서 에러 메시지를 얻어서,
  # 에러에 대처하는 코드를 이 부분에 쓴다
}
```

논의

위의 해결책에서 사용하는 로직은 단순하다. SQL 구문에 문제가 발생하면 DBI에 die를 실행하도록 지정한다(die하지 않더라도 데이터베이스는 여러분이 지시한 작업을 수행하지 못한다). 그 다음, 실패해서 die를 호출할 가능성이 있는 코드를 eval 블록 안에 써서 치명적인 에러를 가로챌 수 있도록 한다. 마지막으로 $@ 값을 확인해서 (에러가 발생해서 die를 호출한 경우에는 에러 메시지가 담겨 있고, 에러가 발생하지 않은 경우는 빈 값이다) 어떤 문제가 발생했는지 확인한다. 문제가 발생했다면 어떻게든 그 에러를 처리한다.

DBI에는 $DBI::lasth라는 변수가 포함되어 있다. 이 변수에는 마지막 동작에서 사용된 핸들이 저장된다. 따라서 어떤 문제가 발생한 경우에는 그 원인이 되는 핸들이 들어있게 된다. $@에 담긴 에러 메시지를 사용할 수도 있지만, 이 메시지는 die에서 전달된 "died at file ... line ..."라는 문구가 섞여 있어서 데이터베이스 에러를 판단하기에는 부적절하다. die를 호출하는 원인이 된 SQL 구문을 찾으려면 $DBI::lasth->{Statement}라는 코드를 사용한다. 그리고 핸들을 하나밖에 사용하지 않은 경우에는 $DBI::lasth를 사용하는 대신에 직접 그 핸들의 메서드를 호출할 수도 있다.

```
$msg = $dbh->errstr;
$sql = $dbh->{Statement};
```

또 하나의 방법은 RaiseError를 비활성화하고 각 데이터베이스 호출의 반환값을 확인하는 것이다. 예를 들어 do나 execute 등의 메서드는 실행이 성공한 경우에 참을 반환한다. 따라서 다음처럼 코드를 쓸 수 있다.

```
$dbh->do($SQL) or die $dbh->errstr;
$sth->execute() or die $sth->errstr;
```

do 메서드는 처리 대상이 된 행의 수를 반환한다. 따라서 실행이 성공한 경우에는 항상 참(0 이외의 값)을 반환한다(1장의 개요 절에 있는, 펄에서 무엇이 참이고 무엇이 거짓인지 판단하는 방법에 관한 상세한 설명을 참고하도록 한다).

에러를 포착해서 처리하는 기능을 디버그하는 경우에는 데이터베이스에 접속할 때 PrintError 속성을 추가해두면 좋다.

```
$dbh = DBI->connect($DSN, $user, $password,
                    { RaiseError => 1, PrintError => 1 });
```

핸들에 문제가 발생한 경우 RaiseError가 die를 호출하기 전에 PrintError가 경고를 낸다. 따라서 eval로 가로챈 에러가 프로그램을 강제 종료시키는 에러가 아닌 경우에도 그 에러 메시지를 볼 수 있게 된다.

더 알아보기

- CPAN 모듈 DBI 모듈 문서
- *http://dbi.perl.org*
- *Programming the Perl DBI*

14.12 효율적으로 질의를 반복하기

문제

어떤 질의를 반복해서 실행하고자 한다. 때로는 서로 비슷하지만 완전히 똑같지는 않은 여러 질의를 번갈아 실행할 때도 있다. 이런 것들을 최대한 효율적으로 하고자 한다(예를 들어, 이름들의 배열을 순회하면서 SELECT ... WHERE name=$name과 같은 질의를 실행하는 식이다).

해결책

prepare를 사용해서 질의를 한 번만 준비해두면 그 SQL 문은 execute를 사용해서 몇 번이라도 반복해서 실행할 수 있다.

```
$sth = $dbh->prepare($SQL);
# 질의를 10번 실행한다
for ($i=0; $i < 10; $i++) {
  $sth->execute();
  while (@row = $sth->fetchrow_array) {
    # ...
  }
}
```

인자를 바꿔가며 반복할 때는 DBI의 바인딩 기능을 사용한다.

```
$sth = $dbh->prepare('SELECT uid,login FROM People WHERE name = ?');
foreach $person (@names) {
  $sth->execute($person);
  while (@row = $sth->fetchrow_array) {
    # ...
  }
}
```

논의

"한 번 준비해서 여러 번 실행한다"는 것이 DBI를 효율적으로 활용하기 위한 비결이다. SQL 문의 준비와 실행을 분리함으로써 데이터베이스 서버는 질의를 한 번만 해석하여 최적화한 후 몇 번이라도 다시 실행할 수 있게 된다. 대부분의 데이터베이스에서는 SQL 문이 실행되는 시점에 값이 채워지는 플레이스홀더가 포함된 경우에도 마찬가지로 이렇게 처리할 수 있다.

플레이스홀더를 실제 값으로 바꾸는 처리를 바인딩(binding)이라고 한다. 가장 단순한 방법은 execute로 질의를 실행할 때 매개변수 값을 결합하는 것이다.

```
$sth = $dbh->prepare('SELECT id,login FROM People WHERE middle_initial = ?');
$sth->execute('J');
```

결합할 매개변수가 여러 개가 있는 경우에는 execute에 그 값들을 전달한다.

```
$sth = $dbh->prepare('SELECT * FROM Addresses WHERE House = ?
                      AND Street LIKE ?');
$sth->execute('221b', 'Baker%');
```

바인딩과 실행을 한 번에 할 필요는 없다. bind_param 함수를 사용하면 바인딩만 하고 실행은 하지 않는다.

```
$sth = $dbh->prepare('SELECT id,login FROM People WHERE middle_initial = ?');
$sth->bind_param(1, 'J');
$sth->execute();
```

bind_param에 넘기는 첫 번째 인자는 스테이트먼트에 포함된 플레이스홀더의 번호이다(번호는 1부터 시작한다).

```
$sth = $dbh->prepare('SELECT * FROM Addresses WHERE House = ?
                      AND Street LIKE ?');
$sth->bind_param(1, '221b');
$sth->bind_param(2, 'Baker');
```

생략 가능한 세 번째 인자를 bind_param에 전달하여 값의 데이터형을 지정할 수 있다. 결과적으로는 그 값을 인용처리해야 할지를 지정하게 된다.

```
$sth->bind_param(1, 'J', SQL_CHAR);
```

이 데이터형을 나타내는 인자를 사용하는 경우에는 데이터형을 개별로 지정해서 임포트하거나, 한 번에 묶어서 임포트하여야 한다.

```
use DBI qw(SQL_CHAR SQL_INTEGER);
use DBI qw(:sql_types);
```

다음의 코드를 실행하면 모든 데이터형을 출력할 수 있다.

```
foreach (@{ $dbi::EXPORT_TAGS{sql_types} }) {
  printf "%s=%d\n", $_, &{"DBI::$_"};
}
```

bind 메서드 또는 이미 바인딩된 execute 메서드에 넘기는 값은 따로 인용처리를 할 필요가 없다. 값이 문자열로 사용되는 경우에는 DBI에서 자동으로 인용부 처리가 이뤄진다.

바인딩을 할 때 중요한 제약 사항은 테이블 이름이나 칼럼 이름에는 플레이스홀더를 사용할 수 없다는 것이다. 즉, 다음과 같은 SQL 문을 prepare할 수는 없다.

```
SELECT ?,? FROM ? WHERE ? = ?
```

준비 과정과 실행을 분리하는 목적은 데이터베이스 서버가 질의를 최적화할 수 있게 하려는 것임을 기억하라. 위 질의문의 경우는 최적화에 도움이 될 정보가 거의 없다.

조금 더 소소한 제한으로, 각 플레이스홀더는 하나의 스칼라값밖에 표시할 수 없다는 점도 주의해야 한다. 예를 들어 다음 SQL 구문에 대해 생각해보자.

```
SELECT id,login FROM People WHERE name IN (?)
```

이 SQL 구문을 prepare로 준비하는 건 문제없지만 플레이스홀더에 여러 값을 결합할 수는 없다.

더 알아보기

- CPAN 모듈 DBI 모듈 문서
- *http://dbi.perl.org*
- *Programming the Perl DBI*

14.13 SQL 질의문을 프로그램 실행 시점에 동적으로 만들기

문제

검색용 SQL 문을 실행 시점에 만들고자 한다. 예를 들어 프로그램의 사용자가 검색할 칼럼과 값의 범위를 조합해서 지정할 수 있도록 한다.

해결책

검색조건을 나타내는 구문의 목록을 join으로 연결해서 SQL의 WHERE 절을 만든다.

```
if ($year_min)     { push @clauses, "Year >= $year_min" }
if ($year_max)     { push @clauses, "Year <= $year_max" }
if ($bedrooms_min) { push @clauses, "Beds >= $bedrooms_min" }
if ($bedrooms_max) { push @clauses, "Beds <= $bedrooms_max" }
# ...
$clause = join(" AND ", @clauses);
$sth = $dbh->prepare("SELECT beds,baths FROM Houses WHERE $clause");
```

논의

다음과 같이 반복문을 써서 문자열을 만드는 것은 피해야 한다.

```
$where = '';
foreach $possible (@names) {
  $where .= ' OR Name=' . $dbh->quote($possible);
}
```

이 코드를 통해서 다음과 같은 WHERE 절이 만들어진다.

```
OR Name="Tom" OR Name="Nat" OR Name="Larry" OR Name="Tim"
```

앞부분의 불필요한 " OR "를 삭제해야 한다. 다음처럼 map을 사용하는 편이 코드가 명확해지고, 앞부분에 불필요한 텍스트가 붙지 않는다.

```
$where = join(" OR ", map { "Name=".$dbh->quote($_) } @names);
```

map으로 다음처럼 문자열이 만들어진다.

```
Name="Nat"
Name="Tom"
Name="Larry"
Name="Tim"
```

다음으로 " OR "를 사이에 넣어서 각 원소를 연결하면 적절한 형식의 구문이 만들어진다.

```
Name="Nat" OR Name="Tom" OR Name="Larry" OR Name="Tim"
```

아쉽게도 이 경우에는 플레이스홀더를 사용할 수 없다.

```
$sth = $dbh->prepare("SELECT id,login FROM People WHERE ?");   # 안됨
$sth->bind_param(1, $where);
```

레시피 14.12에서 설명한 것처럼 플레이스홀더는 단순한 스칼라값만 넣을 수 있고 전체 구절을 넣을 수는 없다. 구문을 만들면서 동시에 바인딩될 값을 구성함으

로써 이 제약을 우아하게 해결할 수 있다.

```
if ($year_min)     { push @clauses, "Year >= ?"; push @bind, $year_min }
if ($year_max)     { push @clauses, "Year <= ?"; push @bind, $year_max }
if ($bedrooms_min) { push @clauses, "Beds >= ?"; push @bind, $bedrooms_min }
if ($bedrooms_max) { push @clauses, "Beds <= ?"; push @bind, $bedrooms_max }
$clause = join(" AND ", @clauses);
$sth = $dbh->prepare("SELECT id,price FROM Houses WHERE $clause");
$sth->execute(@bind);
```

더 알아보기

- CPAN 모듈 DBI 모듈 문서
- *http://dbi.perl.org*
- *Programming the Perl DBI*
- 레시피 14.12

14.14 질의결과로 반환되는 행의 수를 확인하기

문제

어떤 질의를 수행하여 반환되는 행의 개수를 확인하고자 한다.

해결책

데이터 질의 이외의 조작(예를 들어, INSERT, UPDATE, DELETE 등)을 실행하면 그 조작의 영향을 받은 행의 개수가 do 메서드의 결과로 반환된다. 단, 올바른 값을 확인할 수 없을 때는 -1이, 조작이 실패한 경우에는 undef가 반환된다.

```
$rows = $dbh->do("DELETE FROM Conference WHERE Language='REBOL'");
if (! defined $rows) {
  # 실패한 경우의 처리. RaiseError가 활성화되어 있다면 필요 없다
} else {
  print "Deleted $rows rows\n";
}
```

데이터 질의를 수행하는 경우에는 모든 결과를 뽑아서 행을 세거나, 다른 질의를 만들지 않는다면 정확한 행의 개수를 확인할 수는 없다.

논의

질의결과로 반환되는 행의 수를 확인하기 위한 가장 간단한 방법은 SQL의 COUNT 함수를 사용하는 것이다. 예를 들어 다음과 같은 SQL 문에 대해서 생각해보자.

```
SELECT id,name FROM People WHERE Age > 30
```

이 질의가 반환할 행의 개수를 확인하려면 다음처럼 간단하게 질의한다.

```
SELECT COUNT(*) FROM People WHERE Age > 30
```

데이터베이스가 매우 빈번하게 갱신되기 때문에 COUNT를 실행하는 시점과 데이터를 뽑아내도록 질의하는 시점 사이에 행의 수가 변경될 우려가 있다면, 최선의 방법은 데이터를 뽑아내고 그 개수를 직접 세는 것이다.

일부 DBD 모듈에서는 execute를 실행하면 영향을 받은 행의 개수가 반환된다. 다만 이 기능은 이식성이 떨어지며 앞으로 변경될 가능성이 있다.

더 알아보기

- CPAN 모듈 DBI 모듈 문서
- *http://dbi.perl.org*
- *Programming the Perl DBI*

14.15 트랜잭션을 사용하기

문제

데이터베이스를 한 번만 갱신해도 SQL의 INSERT, UPDATE, DELETE 등의 명령을 여러 번 실행하게 된다. 예를 들어 People 테이블에 사람을 추가하고 Address 테이블에 주소를 추가하고, LivesAt 테이블에 둘 사이의 연결 관계를 추가해야 할 경우, 첫 번째 삽입이 수행된 직후부터 마지막 삽입이 수행되기 직전까지는 데이터베이스가 논리적으로 일관성이 없는 상태가 된다. 그 사이에 다른 클라이언트가 데이터베이스에 대한 질의를 수행한 경우에는 일관성이 없는 데이터를 얻게 된다(예를 들어 주소가 없는 사람이 생길 수 있다).

데이터베이스를 갱신할 때 이렇게 다른 클라이언트가 일관성이 없는 데이터를 읽는 일이 없도록 하고자 한다. 갱신 도중이나 갱신 후에 클라이언트나 서버에서 에러가 발생하더라도 데이터베이스에는 모든 변경 내역이 다 반영되어 있거나 아니면 아무 변경 내역도 반영되지 않아야 한다.

해결

트랜잭션을 사용한다. DBI에서는 데이터베이스 핸들의 commit과 rollback 메서드를 통하여 트랜잭션을 지원한다. 이 메서드들은 다음처럼 사용한다.

```
$dbh->{AutoCommit} = 0; # 트랜잭션을 활성화한다
$dbh->{RaiseError} = 1; # SQL 문에 문제가 있는 경우에는 die()를 호출한다

eval {
```

```
  # 여기에서 삽입, 갱신, 삭제 등을 수행한다
  $dbh->commit();
};

if ($@) {
  warn "Transaction aborted: $@";
  eval { $dbh->rollback() };   # rollback()이 실패한 경우에는,
  # 여기에서 애플리케이션의 클린업을 수행한다
}
```

논의

AutoCommit 옵션은 명령을 실행했을 때 각각의 변경을 즉시 데이터베이스에 적용할지를 지정한다. AutoCommit을 비활성화해두면 commit 메서드를 호출하기 전에는 데이터베이스 갱신을 하지 않는다. 만일 일련의 갱신을 수행하는 도중에 계획이 바뀌거나 에러가 발생한 경우에는 rollback() 메서드를 사용하면 대기 중이던 변경 사항들이 취소된다.

트랜잭션을 사용할 때마다 매번 AutoCommit과 RaiseError 속성을 명시적으로 설정할 필요는 없다. 이 속성들은 connect를 호출할 때 설정해두면 편하다.

```
$dbh = DBI->connect($dsn, $username, $password,
                    { AutoCommit => 0, RaiseError => 1 });
```

RaiseError를 활성화해두면 데이터베이스 동작이 실패했을 때는 DBI에서 die가 호출되기에 eval 블록 안에서 데이터베이스 동작이 실패한 경우는(eval 블록 안에서 데이터베이스에 접근하는 함수를 호출한 경우 포함) eval 블록 실행이 중단된다.

트랜잭션을 종료하기 위해서는 반드시 commit 또는 rollback을 명시적으로 호출한다. 트랜잭션이 완료되지 않은 상태에서 disconnect를 호출하는 경우의 반응은 데이터베이스에 따라 다르다. 예를 들어 Oracle이나 Ingres 같은 것처럼 트랜잭션에 대해 commit이 실행되는 것도 있고, MySQL이나 Informix처럼 rollback이 실행되는 것도 있다.

데이터베이스 핸들로 트랜잭션에 대한 commit이나 rollback을 실행하고 나면 대부분의 데이터베이스 드라이버에서는 그 데이터베이스 핸들에서 만들어진 활성 스테이트먼트 핸들이 더 이상 유효하지 않게 된다. 다음과 같은 코드는 어떻게 될지 생각해보자.

```
$sth = $dbh->prepare(...);
$sth->execute();
eval {
  $dbh->do(...);
```

```
  $dbh->commit;
};
if ($@) { eval { $dbh->rollback } }
while (@row = $sth->fetchrow_array) { ... }  # 동작하지 않을 가능성이 있다
```

commit이나 rollback이 실행된 후 $sth의 스테이트먼트 핸들이 무효가 될 수 있기 때문에, 마지막 줄의 데이터베이스 핸들 연산은 정상적으로 동작하지 않을 수 있다. 이 문제를 해결하기 위해서는 (connect를 두 번 호출하는 것으로) 데이터베이스에 대한 핸들을 두 개 만들어서 그중 하나의 핸들을 모든 SELECT 구문을 처리하는 용도로 사용하면 된다.

더 알아보기

- CPAN 모듈 DBI 모듈 문서
- *http://dbi.perl.org*
- *Programming the Perl DBI*

14.16 한 페이지씩 데이터를 표시하기

문제

테이블 내용이나 질의 결과를 한 번에 한 페이지씩 표시하고자 한다

해결책

어느 레코드부터 시작할 것인지를 확인할 수 있도록 변수를 설정하여, 한 페이지씩 표시하기 위해서는 몇 개의 레코드를 건너뛸지 결정한다. 인자로 범위를 받는 LIMIT 구문을 데이터베이스가 지원하는 경우에는 이 구문을 사용해서 불필요한 행을 전송하지 않도록 한다.

논의

이 레시피에서 소개하는 예제 코드에서는 테이블 내용을 한 페이지씩 처리한다. 질의 결과를 한 페이지씩 처리하는 경우에는 선택한 데이터를 작업용 임시 테이블에 저장해서 그 테이블을 한 페이지씩 처리한다.

데스크톱 애플리케이션(예를 들어, Tk 같은)에서는 현재 페이지 번호를 자체적으로 변수에 넣어둘 수 있다. 웹 애플리케이션에서 같은 일을 하는 가장 간단한 방법은 URL의 질의 파라미터를 사용해서 현재 페이지 번호를 나타내는 것이다. 다음처럼 할 수 있다.

```
/users-report/view?start=1
```

우선 레코드가 몇 개인지를 확인한다.

```
$row = $Dbh->selectrow_arrayref("SELECT COUNT(*) FROM Users");
$count = $row->[0];
```

start 파라미터 값을 통해 표시할 첫 번째 레코드를 확인하고 그 값을 바탕으로 마지막 레코드 번호를 계산한다. 한 페이지에 표시할 레코드 개수를 알고 있어야 하는데, 여기서는 그 값이 $Page_Size 변수에 저장되어 있다고 가정한다.

```
$first = param('start') || 1;
$last  = $first + $Page_Size - 1;
$last = $count if $last > $count;   # 표시하는 것은 마지막 레코드까지
```

다음으로 배열에서 데이터를 뽑아내서 대상이 되는 레코드만을 표시한다.

```
$results = $Dbh->selectall_arrayref('SELECT id,lastname,firstname FROM Users
                                     ORDER BY lastname,firstname,id');

for (my $i=$first; $i <= $last; $i++) {
  my $user = $results->[$i-1];        # 첫 번째 결과는 첨자 0에 해당한다.
  printf("%d.  %s, %s.<br>\n", $i, $user->[1], $user->[2]);
}
```

위 코드를 실행하면 다음과 같은 출력결과가 된다.

```
1.  Brocard, Leon.<br>
2.  Cawley, Piers.<br>
3.  Christiansen, Tom.<br>
```

마지막으로 이전 페이지와 다음 페이지로 이동하는 링크를 추가한다.

```
$prev_rec = $first - $Page_Size;
$prev_rec = 1 if $prev_rec < 1;
$prev_link = sprintf('%s/%d', url(-full => 1), $prev_rec);
$next_rec = $last + 1;
$next_link = sprintf('%s/%d', url(-full => 1), $next_rec);

if ($first == 1) {
  print 'Previous';
} else {
  printf('<a href="%s">Previous</a>', $prev_link);
}
print " | ";   # "Previous"와 "Next" 사이를 구분한다
if ($next_rec < $count) {
  printf('<a href="%s">Next</a>', $next_link);
} else {
  print 'Next';
}
```

LIMIT 구문에 오프셋을 지정할 수 있는 데이터베이스를 사용하는 경우에는 (MySQL과 PostgreSQL 둘 다 이 기능을 지원한다) 더 쉽다. 즉, 데이터베이스의 모든 레코드가 아니라 표시하려는 레코드만을 읽을 수 있다.

```
$results = $dbh->selectall_arrayref("SELECT id,lastname,firstname FROM Users
                                     ORDER BY lastname,firstname,id
                                     LIMIT " . ($first-1) . ", $Page_Size");

for ($i=0; $i < @$results; $i++) {
  my $user = $results->[$i];
  printf("%d.  %s, %s.<br>", $i+$first, $user->[1], $user->[2]);
}
```

MySQL에서는 `LIMIT m,n`이라고 쓰며, PostgreSQL에서는 `LIMIT n OFFSET m`이라고 쓴다.

더 알아보기

- CPAN 모듈 DBI, DBIx::Pager 모듈 문서
- *http://dbi.perl.org*, *http://www.mysql.com*
- *Programming the Perl DBI*
- 마이클 "몬티" 와이드니어스(Michael "Monty" Widenius), 데이비드 액스마크(David Axmark), MySQL AB 저, *MySQL Reference Manual*(O'Reilly)

14.17 CSV 파일을 SQL로 질의하기

문제

SQL을 사용해서 CSV 파일의 데이터를 삽입, 삭제, 추출하고자 한다

해결책

CPAN 모듈 DBD::CSV를 사용한다.

```
use DBI;

$dbh = DBI->connect("dbi:CSV:f_dir=/home/gnat/payroll", "", "",
                    { AutoCommit => 1, RaiseError => 1 });

$dbh->do("UPDATE salaries SET salary = salary * 2 WHERE name = 'Nat'");

$sth = $dbh->prepare("SELECT name,salary FROM salaries WHERE name = 'Nat'");
$sth->execute();
while (@row = $sth->fetchrow_array) {
  # ...
}
$sth->finish();

$dbh->disconnect();
```

논의

CSV 용어에서 "테이블"은 파일을 가리킨다(테이블 이름은 파일이름이 된다). 테

이블은 connect 메서드 호출을 수행할 때 f_dir 파라미터로 지정된 디렉터리에 저장된다. DBD::CSV 모듈에서는 테이블 생성에는 CREATE가, 삭제에는 DROP이 사용된다.

```
$dbh->do("CREATE TABLE salaries (salary FLOAT, name CHAR(20))");
```

칼럼의 데이터형으로 유효한 것은 TINYINT, BIGINT, LONGVARBINARY, VARBINARY, BINARY, LONGVARCHAR, CHAR, NUMERIC, DECIMAL, INTEGER, SMALLINT, FLOAT, REAL, 그리고 DOUBLE이다.

DBD::CSV 모듈을 사용해서 테이블에 접속할 때는 해당하는 파일에 *flock*(2) 시스템 콜을 통해 락이 걸린다. CSV 파일이 저장되는 파일 시스템에 *flock*(2)이 지원되지 않는 경우에는 두 개의 프로세스에서 동시에 그 파일에 접근할 가능성이 있으며, 그 결과 부정확한 값을 얻거나 데이터를 잃게 될 수 있다.

Excel의 CSV 파일을 읽거나 저장할 때는 값의 구분자가 실제로는 세미콜론이라는 것을 DBD::CSV 모듈에 지정해야 한다.

```
$dbh = DBI->connect('dbi:CSV:f_dir=/home/gnat/payroll;csv_sep_char=\;');
```

여기서는 세미콜론 앞에 백슬래시를 붙였다. 그렇지 않으면 connect가 이 세미콜론을 csv_sep_char= 속성과 다른 속성을 구분하는 구분자로 해석해버린다. connect의 인수 전체를 큰따옴표로 감쌀 경우 다음과 같이 백슬래시를 다시 백슬래시로 인용 처리해야 한다.

```
$dbh = DBI->connect("dbi:CSV:f_dir=/home/gnat/payroll;csv_sep_char=\\;");
```

더 알아보기

- CPAN 모듈 DBD::CSV 모듈 문서
- 레시피 1.20
- 레시피 14.8

14.18 데이터베이스 서버 없이 SQL을 사용하기

문제

SQL을 사용해서 복잡한 질의를 수행하고자 하지만 관계형 데이터베이스 서버를 관리하고 싶지는 않다.

해결책

CPAN 모듈 DBD::SQLite를 사용한다.

```
use DBI;

$dbh = DBI->connect("dbi:SQLite:dbname=/Users/gnat/salaries.sqlt", "", "",
                    { RaiseError => 1, AutoCommit => 1 });

$dbh->do("UPDATE salaries SET salary = 2 * salary WHERE name = 'Nat'");

$sth = $dbh->prepare("SELECT id,deductions FROM salaries WHERE name = 'Nat'");
# ...
```

논의

SQLite 데이터베이스는 하나의 파일로 저장된다. 이 파일은 DBI 생성자에 dbname 파라미터를 사용해서 지정한다. 대부분의 관계형 데이터베이스와는 달리 SQLite는 데이터베이스 서버를 사용하지 않는다. DBD::SQLite에서는 여러 가지 조작을 파일에 직접 수행한다. 여러 프로세스에서 동시에 같은 데이터베이스에서(SELECT를 사용해서) 데이터를 읽을 수 있지만, 한 번에 한 프로세스만 데이터를 변경할 수 있다(변경이 이뤄지는 중에는 다른 프로세스는 데이터를 읽는 것도 금지된다).

SQLite에서는 트랜잭션을 지원한다. 즉, 여러 테이블에 많은 갱신을 수행해도 그 갱신내용은 commit을 호출하기 전까지는 파일에 반영되지 않는다.

```
use DBI;
$dbh = DBI->connect("dbi:SQLite:dbname=/Users/gnat/salaries.sqlt", "", "",
                    { RaiseError => 1, AutoCommit => 0 });
eval {
  $dbh->do("INSERT INTO people VALUES (29, 'Nat', 1973)");
  $dbh->do("INSERT INTO people VALUES (30, 'William', 1999)");
  $dbh->do("INSERT INTO father_of VALUES (29, 30)");
  $dbh->commit();
};
if ($@) {
      eval { $dbh->rollback() };
      die "Couldn't roll back transaction" if $@;
}
```

SQLite는 데이터형의 구별이 없는 데이터베이스 시스템이다. 테이블을 만들 때 지정한 데이터형에 상관없이 어느 필드에도 임의의 데이터형의 값(문자열, 숫자값, 날짜, 바이너리 객체)을 입력할 수 있다. 데이터형을 지정하지 않고 테이블을 만드는 것도 가능하다.

```
CREATE TABLE people (id, name, birth_year);
```

데이터형이 문제가 될 때는 WHERE 절에서 데이터를 검사하거나, 데이터베이스 값들의 정렬이 이뤄지는 과정에서 비교가 이뤄질 때뿐이다. 이때 해당 칼럼의 데이터형은 무시되며, 현재 비교되고 있는 특정한 값의 데이터형만 참조된다. 펄과 같이 이 SQLite에서도 문자열과 숫자 값만이 인식된다. 두 가지 숫자 값은 부동소수점 방식의 실수로 간주되어 비교되며, 두 가지 문자열은 문자열로 비교된다. 서로 다른 데이터형의 값이 비교되는 경우에는 숫자 값 쪽이 항상 문자열보다 작다고 판단한다.

SQLite에서 칼럼을 선언할 때 지정한 데이터형이 의미가 있는 경우는 한 가지뿐이다. 고유 식별자처럼 자동으로 증가하는 칼럼을 설정하기 위해서 「INTEGER PRIMARY KEY」라는 필드형을 지정한다.

```
CREATE TABLE people (id INTEGER PRIMARY KEY, name, birth_year);
```

구체적인 사용방법을 예제 14-6에서 나타낸다.

예제14-6 ipk

```
#!/usr/bin/perl -w
# ipk - INTEGER PRIMARY KEY 사용방법을 나타낸다
use DBI;
use strict;
my $dbh = DBI->connect("dbi:SQLite:ipk.dat", "", "",
  { RaiseError => 1, AutoCommit => 1 });
# 테이블이 이미 있는 경우에는 메시지를 표시하지 않고 삭제한다
eval {
  local $dbh->{PrintError} = 0;
  $dbh->do("DROP TABLE names");
};
# 테이블을 (다시) 생성한다
$dbh->do("CREATE TABLE names (id INTEGER PRIMARY KEY, name)");
# 값을 넣는다
foreach my $person (qw(Nat Tom Guido Larry Damian Jon)) {
  $dbh->do("INSERT INTO names VALUES (NULL, '$person')");
}
# 중간 값을 삭제한다
$dbh->do("DELETE FROM names WHERE name='Guido'");
# 새로운 값을 추가한다
$dbh->do("INSERT INTO names VALUES (NULL, 'Dan')");
# 테이블 내용을 표시한다
my $all = $dbh->selectall_arrayref("SELECT id,name FROM names");
foreach my $row (@$all) {
  my ($id, $word) = @$row;
  print "$word has id $id\n";
}
```

SQLite에서는 8비트 기반 텍스트 데이터를 저장할 수 있지만, 아스키의 널 문자(`\0`)를 저장할 수는 없다. 유일한 해결책은 데이터를 저장하기 전과 데이터를 뽑아낸 다음에 프로그램에서 독자적인 인코딩(예를 들어 URL 인코딩이나 Base64)을 거치는 것이다. BLOB으로 선언한 칼럼의 경우에도 마찬가지다.

더 알아보기

- 레시피 14.9
- CPAN 모듈 DBD::SQLite 모듈 문서
- SQLite 홈페이지 *http://www.hwaci.com/sw/sqlite/*

14.19 프로그램: ggh (넷스케이프 히스토리를 grep하기)

여기에서 소개하는 프로그램은 넷스케이프의 *history.db* 파일의 내용을 읽어 들여서 출력한다. 이 프로그램을 호출할 때는 완전한 URL이나 (단일) 패턴을 지정할 수 있다. 인자를 지정하지 않고 호출하면 히스토리 파일의 모든 항목이 출력된다. -database 옵션을 지정하지 않은 경우에는 *~/.netscape/history.db* 파일이 사용된다.

출력되는 각 줄에는 URL과 그 접근시각이 표시된다. 시각은 -localtime 옵션(기본값)을 지정하면 `localtime` 표시로 변환되고, -gmtime 옵션을 지정하면 `gmtime` 표시로 변환된다. 그리고 -epochtime 옵션을 지정하면 에포크 시간 그대로 표시되며 날짜로 정렬할 때 유용하다.

패턴 매칭을 하는 경우에는 `://`를 붙이지 않은 단일 인자로 패턴을 지정한다. 하나 이상의 URL을 검색하는 경우에는 대상이 되는 URL을 인자로 지정한다.

```
% ggh http://www.perl.com/index.html
```

정확하게 기억나지 않는 링크를 검색할 경우에는 정규 표현식을 사용한다(`://`를 붙이지 않고 하나의 인자를 지정하면 패턴으로 해석된다).

```
% ggh perl
```

자신이 메일을 보낸 적이 있는 모든 사람을 검색할 경우에는 다음처럼 지정한다.

```
% ggh mailto:
```

방문한 적이 있는 FAQ 사이트를 검색하는 경우에는 다음처럼 `/i` 수식자를 넣은 펄 고유의 패턴을 사용한다.

```
% ggh -regexp '(?i)\bfaq\b'
```

내부적으로 표현되는 에포크 시간을 지역 시간으로 변환하지 않으려면 -epoch 옵션을 사용한다.

```
% ggh -epoch http://www.perl.com/perl/
```

지역 시간이 아닌 그리니치 표준시로 변환하고자 하는 경우에는 -gtime 옵션을 사용한다.

```
% ggh -gmtime http://www.perl.com/perl/
```

파일 전체의 내용을 표시하는 경우에는 인자를 지정하지 않는다(단, 한 페이지씩 표시해주는 프로그램으로 리다이렉트하는 것이 더 편리하다).

```
% ggh | less
```

출력내용을 날짜 기준으로 정렬하려면 다음과 같이 -epoch 옵션을 사용한다.

```
% ggh -epoch | sort -rn | less
```

날짜로 정렬한 결과를 지역 시간대의 형식으로 바꿀 경우는 다음과 같은 다소 복잡한 파이프라인을 사용한다.

```
% ggh -epoch | sort -rn | perl -pe 's/\d+/localtime $&/e' | less
```

넷스케이프 릴리스 노트에 의하면 넷스케이프는 NDBM 포맷을 사용한다고 되어 있으나 실제로 넷스케이프가 사용하는 것은 버클리 DB 포맷이다. 따라서 이 프로그램도 NDBM_File 모듈(펄을 실행할 수 있는 모든 시스템에서 표준으로 제공된다)을 쓰지 않고 DB_File 모듈(표준으로 제공되지 않는다)을 사용한다. 이 프로그램의 코드를 예제 14-7에서 나타낸다.

예제 14-7 ggh

```
#!/usr/bin/perl -w
# ggh -- 넷스케이프 로그의 글로벌 히스토리를 표시한다
$USAGE = << EO_COMPLAINT;
usage: $0 [-database dbfilename] [-help]
          [-epochtime | -localtime | -gmtime]
          [ [-regexp] pattern] | href ... ]
EO_COMPLAINT

use Getopt::Long;

($opt_database, $opt_epochtime, $opt_localtime,
 $opt_gmtime,   $opt_regexp,    $opt_help,
 $pattern,                                 )      = (0) x 7;

usage() unless GetOptions qw{ database=s
                              regexp=s
                              epochtime localtime gmtime
                              help
                            };
```

```
if ($opt_help) { print $USAGE; exit; }

usage("only one of localtime, gmtime, and epochtime allowed")
    if $opt_localtime + $opt_gmtime + $opt_epochtime > 1;

if ( $opt_regexp ) {
    $pattern = $opt_regexp;
} elsif (@ARGV && $ARGV[0] !~ m(://)) {
    $pattern = shift;
}

usage("can't mix URLs and explicit patterns")
    if $pattern && @ARGV;

if ($pattern && !eval { '' =~ /$pattern/; 1 } ) {
    $@ =~ s/ at \w+ line \d+\.//;
    die "$0: bad pattern $@";
}

require DB_File; DB_File->import();   # 실행시점까지 적재를 지연한다
$| = 1;                               # 모든 데이터를 즉시 PAGER로 보낸다

$dotdir  = $ENV{HOME}    || $ENV{LOGNAME};
$HISTORY = $opt_database || "$dotdir/.netscape/history.db";

die "no netscape history dbase in $HISTORY: $!" unless -e $HISTORY;
die "can't dbmopen $HISTORY: $!" unless dbmopen %hist_db, $HISTORY, 0666;

# C 프로그래머는 strlen과 strlen+1의 관계를 이해하지 못하기에
# 다음 줄은 이를 위한 임시방편이다. jwz 가 그렇게 말해줬다. :-)
$add_nulls   = (ord(substr(each %hist_db, -1)) == 0);

# XXX: 리셋하기 위해서 scalar keys 구문을 써야 하지만
#       tie로 연결된 해시를 전체 탐색하기 위한 비용을 들이고 싶지는 않다
#       닫고 나서 새로 여는 편이 더 좋을지도?

$nulled_href = "";
$byte_order  = "V";         # PC 사용자는 "N"(네트워크 오더)을 이해하지 못한다

if (@ARGV) {
    foreach $href (@ARGV) {
        $nulled_href = $href . ($add_nulls && "\0");
        unless ($binary_time = $hist_db{$nulled_href}) {
            warn "$0: No history entry for HREF $href\n";
            next;
        }
        $epoch_secs = unpack($byte_order, $binary_time);
        $stardate   = $opt_epochtime ? $epoch_secs
                                     : $opt_gmtime ? gmtime    $epoch_secs
                                                   : localtime $epoch_secs;
        print "$stardate $href\n";
    }
} else {
    while ( ($href, $binary_time) = each %hist_db ) {
        chop $href if $add_nulls;
        next unless defined $href && defined $binary_time;
        # 간혹 바이너리 시각이 누락되는 경우가 있다고 한다
        $binary_time = pack($byte_order, 0) unless $binary_time;
        $epoch_secs = unpack($byte_order, $binary_time);
        $stardate   = $opt_epochtime ? $epoch_secs
                                     : $opt_gmtime ? gmtime    $epoch_secs
                                                   : localtime $epoch_secs;
```

```
        print "$stardate $href\n" unless $pattern && $href !~ /$pattern/o;
    }
}

sub usage {
    print STDERR "@_\n" if @_;
    die $USAGE;
}
```

더 알아보기

- 이 장의 개요
- 레시피 6.18

15장

P e r l C o o k b o o k

대화형 프로그래밍

그때 창이 흐려지고 마침내 아무것도 보이지 않았다

— 에밀리 디키슨(Emily Dickison), "I heard a fly buzz--when I died"

15.0 개요

우리가 사용하는 모든 것에는 사용자 인터페이스가 있다. 비디오 테이프 리코더, 컴퓨터, 전화 등은 말할 것도 없고 책도 마찬가지다. 우리가 만드는 프로그램에도 사용자 인터페이스가 있다. 명령 행에서 인자를 주어야 하는가? 파일을 프로그램에 드래그 앤 드롭으로 전달할 수 있는가? 응답을 할 때마다 엔터키를 눌러야 되는가, 아니면 키를 한 번 누르기만 해도 프로그램이 읽을 수 있는가?

사용자 인터페이스 *설계*에 대해서 검토하려는 것은 아니다. 그 주제에 관해서는 책장 몇 개를 가득 채울 정도로 많은 책이 있다. 그 대신에 이 장에서는 사용자 인터페이스의 *구현*에 초점을 맞춘다. 즉, 명령 행 인자 해석하기, 한 번에 하나씩 문자를 읽어 들이기, 화면상의 임의의 위치에 쓰기, 그래픽 사용자 인터페이스 만들기 등에 대해서 알아보도록 한다.

가장 단순한 사용자 인터페이스는 흔히 말하는 *라인 모드(line mode, 행 모드)* 인터페이스다. 라인 모드 프로그램은 일반적으로 입력을 행 단위로 읽어 들여, 출력을 문자 단위나 행 단위로 화면에 쓴다. 이런 인터페이스를 가지는 프로그램으로 대표적인 것은 *grep* 같은 필터와 *mail* 같은 유틸리티가 있다. 이런 타입의 인터페이스에 대해서는 이 책 전체에 걸쳐서 다루고 있기 때문에 이 장에서는 그리 상세하게는 설명하지 않는다.

조금 더 복잡한 인터페이스는 *풀 스크린 모드(full screen mode, 전체 화면 모드)*라고 불리는 것이다. vi, elm, lynx 같은 프로그램에는 풀 스크린 인터페이스가 들어 있다. 이런 프로그램에서는 입력을 한 번에 한 문자씩 읽어 들여서, 출력을 화면 임의의 위치에 써넣을 수 있다. 이런 종류의 인터페이스에 관해서는 레시피 15.4, 레시피 15.6, 레시피 15.9, 레시피 15.10, 그리고 레시피 15.11에서 설명하고 있다.

더 복잡한 인터페이스는 GUI(Graphical User Interface: 그래픽 사용자 인터페이스)이다. GUI가 내장된 프로그램에서는 문자뿐 아니라 개개의 픽셀을 설정할 수 있다. GUI는 종종 창의 개념을 차용한다. 어떤 프로그램이 창을 생성하고, 이 창이 사용자의 표시장치에 표시된다. 창에는 여러 가지 위젯이 들어가 있다. 그 중에는 드래그하게 되어 있는 스크롤바나 클릭하게 되어 있는 버튼 등이 포함되어 있다. 예를 들어, 넷스케이프 네비게이터(Netscape Navigator)에는 완전한 그래픽 사용자 인터페이스가 내장되어 있다. 여러분이 사용하는 창 관리자도 마찬가지다. 펄에서는 대부분의 GUI 툴킷을 사용할 수 있지만, 이 장에서는 주로 Tk 툴킷을 다룬다.[1] 가장 잘 알려졌고 이식성도 높기 때문이다. 구체적으로는 레시피 15.14, 레시피 15.15와 레시피 15.22를 참고하도록 한다.

마지막으로 언급할 사용자 인터페이스는 웹 인터페이스이지만, 이 장에서는 다루지 않는다. 사람들은 모든 픽셀을 일일이 제어할 수 있는, 완전한 반응형 GUI를 만들기 위해 복잡하게 프로그래밍하는 것을 점점 피하고 있다. 대신에 비교적 소박하고 단순한 외관의 HTML 페이지를 선호한다. 어쨌든 누구나 웹브라우저는 있지만, 모두가 Perl/Tk를 설치하는 법을 아는 것은 아니다. 웹에 관해서는 19장, 20장, 그리고 21장에서 설명하고 있다.

프로그램의 사용자 인터페이스는 그 프로그램을 실행하는 환경과는 별개의 것이다. 환경은 어떤 종류의 프로그램을 실행할 수 있는지를 결정한다. 예를 들어 풀 스크린 I/O를 지원하는 단말기에 로그인한 경우에는 라인 모드 애플리케이션을 실행할 수는 있지만, GUI 프로그램을 실행할 수는 없다. 이런 환경에 관해서 간단히 살펴보자.

일부 환경은 기본적인 라인 모드 인터페이스가 내장된 프로그램만 지원한다. 이런 환경에는 역따옴표를 사용해서 프로그램을 실행하는 것이나 *rsh*나 *ssh*를 통해서 실행하는 것과 *cron*에서 실행하는 것도 포함된다. 이 인터페이스는 간단하

1 (옮긴이) 본서에서는 Tk를 위주로 다루지만, 크로스플랫폼 GUI 툴킷인 WxWidgets의 인터페이스를 제공해주는 Wx 모듈도 참고하면 좋다.

기 때문에 창의적이고 강력하게 더 큰 스크립트의 구성 요소로 사용될 수 있다. 라인 모드 프로그램은 자동화 사용에 적합하다. 키보드나 화면이 필수가 아니기 때문이다. 기껏해야 `STDIN`과 `STDOUT` 정도가 필요하다. 그리고 사실상 모든 시스템에서 지원하는 기본적인 I/O밖에 사용하지 않기에 가장 이식성이 높은 프로그램이 된다.

전형적인 로그인 세션에서는 스크린과 키보드가 연결된 단말을 이용한다. 이 세션은 라인 모드 인터페이스와 풀 스크린 인터페이스 둘 다 지원한다. 풀 스크린 인터페이스가 내장된 프로그램은 단말 드라이버와 통신을 해서 화면 곳곳에 출력을 하게 하는 법에 대한 상세한 정보를 얻는다. 이런 프로그램의 동작을 자동화하기 위해서는 프로그램이 통신할 수 있는 가상 단말을 생성해야 한다. 그 자세한 내용은 레시피 15.13에서 설명한다.

끝으로, 라인 모드 프로그램과 풀 스크린 프로그램만이 아니라 GUI를 사용하는 프로그램도 실행할 수 있는 창 시스템이 있다. 예를 들어, *xterm* 창(시스템 환경에서 실행되는 GUI 프로그램)에서 *vi*(풀 스크린 프로그램)을 실행하고 그 안에서 *grep*(라인 모드 프로그램)을 실행할 수 있다. GUI 프로그램은 원격 프로시저 호출을 통하는 다른 인터페이스를 추가로 제공하지 않는다면 자동화하기 어렵다.

풀 스크린 환경과 GUI 환경에서 프로그램을 만드는 것을 지원하기 위한 툴킷이 있다. 이 툴킷(풀 스크린 프로그램에는 *curses*, GUI 프로그램에는 *Tk*)을 사용하면, 시스템 고유의 세세한 기능이 추상화되기 때문에 프로그램의 이식성을 높일 수 있다. *curses* 프로그램은 사용자가 단말기마다 별도로 이스케이프 시퀀스 사용법을 알지 않더라도 거의 모든 종류의 단말기에서 실행할 수 있다. *Tk* 프로그램은 운영체제 고유의 기능을 사용하지 않는 이상 아무런 수정 없이도 유닉스 시스템과 윈도우 시스템 양쪽 모두에서 실행할 수 있다.

사용자가 서로 정보를 주고받는 방법은 이 밖에도 있지만 그중 특히 주목해야 하는 것은 웹을 통한 양방향 통신이다. 웹에 관해서는 19장, 20장, 그리고 21장에서 설명하므로 이 장에서는 이 이상 다루지 않는다.

GUI, 웹 페이지, 그리고 인쇄된 문서는 그래픽을 집어넣으면 시각효과가 크게 개선된다. 이 장에서는 이미지 파일을 다루는 방법과 데이터에서 그래프를 만드는 방법에 관해서 몇 가지 레시피에서 다루고 있다. 프로그램이 실행되는 환경 때문에 이미지를 생성하거나 조작하지 못하는 일은 없다. 그래프를 만들기 위해 GUI가 꼭 필요한 것은 아니다(다만 그 그래프를 인쇄하지 않고 눈으로 보려면 GUI가 필요할 것이다).

15.1 프로그램 인자를 해석하기

문제

사용자가 명령 행에서 옵션을 지정해서 프로그램의 동작을 바꿀 수 있도록 하고자한다. 예를 들어, 프로그램에서 만들어지는 출력의 상세한 정도를 -v 옵션을 사용해서 사용자가 지정할 수 있게 하는 식이다.

해결책

기본 모듈 Getopt::Std를 사용해서 단일 문자 옵션을 사용할 수 있도록 한다.

```
use Getopt::Std;

# -v ARG, -D ARG, -o ARG 옵션으로 $opt_v, $opt_D, $opt_o를 설정한다
getopt("vDo");
# -v ARG, -D ARG, -o ARG 옵션으로 $args{v}, $args{D}, $args{o}를 설정한다
getopt("vDo", \%args);

getopts("vDo:");          # -v, -D, -o ARG 옵션으로 $opt_v, $opt_D, $opt_o를 설정한다
getopts("vDo:", \%args); # -v, -D, -o ARG 옵션으로 $args{v}, $args{D}, $args{o}를 설정한다
```

그리고 기본 모듈 Getopt::Long을 사용해서 이름 있는 인자를 사용할 수 있다.

```
use Getopt::Long;

GetOptions( "verbose"  => \$verbose,     # --verbose
            "Debug"    => \$debug,       # --Debug
            "output=s" => \$output );    # --output=string 또는 --output string
```

논의

*ls*나 *rm* 같은 전통적인 프로그램들은 -l이나 -r 같은 단일 문자 옵션(플래그 또는 스위치라고도 부른다)을 인자로 받는다. *ls -l*나 *rm -r* 같은 경우 인자는 부울형이다. 즉, 옵션이 있거나 없거나 둘 중 하나다. *gcc -o compiledfile source.c*에서 보이는 명령 인자와 비교해보라. 이 경우 *compiledfile*은 -o 옵션에 연결된 값이다. 부울 옵션 여러 개를 임의의 순서로 합쳐서 하나의 옵션으로 지정할 수 있다. 다음과 같은 명령을 실행한다고 하자.

```
% rm -r -f /tmp/testdir
```

다음처럼 지정할 수도 있다.

```
% rm -rf /tmp/testdir
```

Getopt::Std 모듈은 기본 펄 배포판에 포함되어 있고, 위와 같은 형태의 전통적인 옵션을 해석하는 기능을 제공한다. `getopt` 함수는 하나 이상의 문자로 구성된 문

자열(각 문자는 값을 받을 수 있는 옵션을 나타낸다)을 받아, @ARGV에 저장된 명령 행 인자를 해석해서, 각 옵션에 해당하는 전역 변수를 설정한다. 예를 들어 -D 옵션의 값은 $opt_D에 대입된다. getopt로 해석된 옵션은 모두 값 옵션이지 불리언 옵션이 아니다.

Getopt::Std 모듈에는 getopts라는 함수도 있으며 각 옵션이 불리언형인지 값을 받는지를 지정할 수 있다. *gcc*의 -o 옵션처럼 값을 받는 인자는 다음처럼 ":"를 붙여서 구별한다.

```
use Getopt::Std;
getopts("o:");
if ($opt_o) {
    print "Writing output to $opt_o";
}
```

getopt와 getopts는 모두 두 번째 인자로 해시 레퍼런스를 받을 수 있다. 두 번째 인자를 지정한 경우 그 옵션의 값은 $opt_X가 아닌 $hash{X}에 대입된다.

```
use Getopt::Std;

%option = ();
getopts("Do:", \%option);

if ($option{D}) {
    print "Debugging mode enabled.\n";
}

# o 옵션이 설정되지 않은 경우에는 출력은 "-"로 설정된다
# 쓰기용으로 "-"를 여는 것은 STDOUT에 출력하는 것을 의미한다
$option{o} = "-" unless defined $option{o};

print "Writing output to file $option{o}\n" unless $option{o} eq "-";
open(STDOUT, "> $option{o}")
     or die "Can't open $option{o} for output: $!\n";
```

프로그램에 따라서는 문자 하나가 아니라 완전한 단어를 사용해서 옵션을 지정하게 되어 있다. 이런 옵션은 (일반적으로) 하이픈을 하나가 아니라 두 개를 붙여서 지정한다.

```
% gnutar --extract --file latest.tar
```

--file 옵션 값은 등호를 사용해서 지정할 수도 있다.

```
% gnutar --extract --file=latest.tar
```

이런 스타일의 옵션은 Getopt::Long 모듈의 GetOptions 함수로 해석한다. 이 함수는 옵션 이름을 키로 하고 스칼라 변수의 레퍼런스를 값으로 하는 해시를 받는다.

```
use Getopt::Long;

GetOptions( "extract" => \$extract,
            "file=s"  => \$file );

if ($extract) {
    print "I'm extracting.\n";
}

die "I wish I had a file" unless defined $file;
print "Working on the file $file\n";
```

해시 키가 단지 옵션 이름인 경우는 불리언 옵션이다. 사용자가 옵션을 지정하지 않았다면 해당 변수의 값이 거짓으로 설정되고 옵션을 지정했다면 1로 설정된다. Getopt::Long 모듈에서는 Getopt::Std의 단순한 불리언 또는 값 옵션보다 더 복잡한 옵션을 지정할 수 있다. 아래는 옵션 지정자에 사용할 수 있는 표현을 목록으로 나타낸 것이다.

지정자	값을 받는가?	설명
option	아니오	--option이라고 쓰거나 아무것도 지정하지 않는다
option!	아니오	--option 또는 --nooption을 사용할 수 있다
option=s	예	문자열 인자가 필수이다. --option=somestring을 사용한다
opotion:s	예	문자열 인자를 생략할 수 있다. --option 또는 --option=somestring을 사용한다
option=i	예	정수 인자가 필수다. --option=35를 사용한다
option:i	예	정수 인자를 생략할 수 있다. --option 또는 --option=35를 사용한다
option=f	예	부동소수점 인자가 필수다. --option=3.141을 사용한다
option:f	예	부동소수점 인자를 생략할 수 있다. --option 또는 --option=3.141을 사용한다

더 알아보기

- 기본 모듈 Getopt::Long과 Getopt::Std 모듈 문서
- CPAN 모듈 Getopt::Declare 모듈 문서
- 레시피 1.6, 1.23, 6.21, 7.14, 8.25, 15.12에서 인자를 수작업으로 해석하는 예를 보인다.

15.2 프로그램이 대화식으로 실행되는지 검사하기

문제

프로그램이 대화식으로 실행되고 있는지 판정하고자 한다. 예를 들어 프로그램이 셸에서 실행되는 경우에는 대화식이고 프로그램이 *cron*을 통해서 실행되는 경우

에는 대화식이 아니다.

해결책

-t를 사용해서 STDIN과 STDOUT을 검사한다.

```
sub I_am_interactive {
    return -t STDIN && -t STDOUT;
}
```

POSIX 시스템에서 프로그램을 실행하는 경우에는 프로세스 그룹을 확인한다.

```
use POSIX qw/getpgrp tcgetpgrp/;

sub I_am_interactive {
    my $tty;
    open($tty, "<", "/dev/tty")    or die "can't open /dev/tty: $!";
    my $tpgrp = tcgetpgrp(fileno($tty));
    my $pgrp  = getpgrp( );
    close $tty;
    return ($tpgrp == $pgrp);
}
```

논의

파일 테스트 연산자인 -t는 파일핸들이나 파일이 tty 디바이스인지를 판정하기 위해서 사용한다. tty 디바이스를 쓰고 있다는 것은 프로그램이 대화식으로 실행되고 있다는 신호이다. 사실 이 검사가 알려주는 것은 프로그램이 리다이렉트되는지에 대한 여부이다. 프로그램이 셸에서 실행되는 경우라도 STDIN과 STDOUT이 리다이렉트되고 있다면 -t를 사용한 I_am_interactive는 거짓을 반환한다. 그리고 *cron*에서 실행된 경우에도 I_am_interactive는 거짓을 반환한다.

POSIX 테스트에서는 프로그램이 자기의 tty 기기를 배타적으로 제어하는지를 검사한다. 입출력이 리다이렉트되고 있는 프로그램이라도 필요하다면 그 tty를 제어할 수 있다. 따라서 POSIX 버전의 I_am_interactive는 이 상황에서도 참을 반환한다. *cron*에서 실행되는 프로그램은 *tty*를 할당받지 않으므로 I_am_interactive는 거짓을 반환한다.

어떤 I_am_interactive를 선택하든 다음처럼 사용한다.

```
while (1) {
    if (I_am_interactive()) {
        print "Prompt: ";
    }
    $line = <STDIN>;
    last unless defined $line;
    # 행을 받아서 어떤 처리를 한다
}
```

조금 더 명확하게 하면 다음과 같다.

```
sub prompt { print "Prompt: " if I_am_interactive() }
for (prompt(); $line = <STDIN>; prompt()) {
    # 행을 받아서 어떤 처리를 한다
}
```

더 알아보기

- 기본 모듈 POSIX 모듈 문서(*Programming Perl* 32장에서도 다룬다)
- *Programming Perl* 3장과 *perlop*(1) 매뉴얼 페이지의 -t 파일 테스트 연산자의 설명

15.3 화면 지우기

문제

화면에 표시된 내용을 다 지우고 깨끗하게 비우고자 한다.

해결책

Term::Cap 모듈을 사용해서 일련의 적절한 문자열을 송신한다. POSIX::Termios 모듈을 사용해서 터미널의 출력속도를 얻는다(또는 9600bps라고 가정한다). 그리고 eval을 사용해서 POSIX::Termios를 사용할 때 발생할 수 있는 예외를 가로챈다.

```
use Term::Cap;

$OSPEED = 9600;
eval {
    require POSIX;
    my $termios = POSIX::Termios->new();
    $termios->getattr;
    $OSPEED = $termios->getospeed;
};

$terminal = Term::Cap->Tgetent({OSPEED=>$OSPEED});
$terminal->Tputs('cl', 1, STDOUT);
```

다른 방법으로는 단순하게 *clear* 명령어를 실행할 수 있다.

```
system("clear");
```

논의

화면 내용을 빈번하게 지워야 하는 경우에는 위에 제시한 두 가지 방법의 하나를 사용하면서 그 반환값을 변수로 대입해둔다.

```
$clear = $terminal->Tputs('cl');
$clear = `clear`;
```

그렇게 하면 몇 번이나 반복해서 *clear*를 실행하지 않아도 다음 코드로 화면 내용을 지울 수 있다.

```
print $clear;
```

더 알아보기

- 시스템에 있는(있다면) *clear*(1)와 *termcap*(5) 매뉴얼 페이지
- 기본 모듈 Term::Cap 모듈 문서(*Programming Perl* 32장에서도 다룬다)
- CPAN 모듈 Term::Lib 모듈 문서

15.4 터미널 또는 창의 크기를 알아내기

문제

터미널이나 창의 크기를 알고자 한다. 텍스트 서식을 조절하여 화면 오른쪽 경계를 벗어나지 않도록 할 때 필요하다.

해결책

레시피 12.17에서 설명한 `ioctl`을 사용하거나 CPAN 모듈 Term::ReadKey를 사용한다.

```
use Term::ReadKey;

($wchar, $hchar, $wpixels, $hpixels) = GetTerminalSize();
```

논의

`GetTerminalSzie` 함수는 문자 단위의 폭과 높이, 픽셀 단위의 폭과 높이, 총 네 개의 요소를 반환한다. 출력 장치에 대해서 이 동작이 지원되지 않는 경우에는(예를 들어 출력이 파일에 리다이렉트되는 경우에는) 빈 리스트를 반환한다.

아래는 `@values` 내용을 그래프로 표시하는 예제이다. 여기서는 0보다 작은 값은 없다고 가정한다.

```
use Term::ReadKey;

($width) = GetTerminalSize();
die "You must have at least 10 characters" unless $width >= 10;

$max = 0;
foreach (@values) {
    $max = $_ if $max < $_;
}
```

```
$ratio = ($width-10)/$max;          # 값 1당 출력할 문자 개수
foreach (@values) {
    printf("%8.1f %s\n", $_, "*" x ($ratio*$_));
}
```

더 알아보기

- CPAN 모듈 Term::ReadKey 모듈 문서
- 레시피 12.17

15.5 텍스트의 색을 바꾸기

문제

텍스트를 여러 가지 색으로 화면에 표시하고자 한다. 예를 들어 상태 표시줄이나 에러 메시지를 눈에 띄게 한다.

해결책

CPAN 모듈 Term::ANSIColor을 사용해서 ANSI 색 변경 시퀀스를 사용자의 터미널로 보낸다.

```
use Term::ANSIColor;

print color("red"), "Danger, Will Robinson!\n", color("reset");
print "This is just normal text.\n";
print colored("<BLINK>Do you hurt yet?</BLINK>", "blink");
```

Term::ANSIColor에서 제공하는 편리한 함수들을 사용할 수도 있다.

```
use Term::ANSIColor qw(:constants);
print RED, "Danger, Will Robinson!\n", RESET;
```

논의

Term::ANSIColor는 일부(안 되는 게 더 많지만) 터미널에서 인식되는 이스케이프 시퀀스를 생성해 준다. 예를 들어 보통 *color-xterm*을 띄웠다면 이 레시피에서 소개하는 코드가 정상적으로 동작할 것이다. 하지만 표준적인 *xterm*이나 *vt100*을 사용한다면 제대로 동작하지 않는다.

이 모듈을 사용하는 방법은 두 가지이다. 하나는 `color($attribute)`와 `colored($text, $attribute)`같은 익스포트되는 함수를 사용하는 방법이며, 다른 하나는 `BOLD`, `BLUE`, `RESET` 같은 간편 함수를 사용하는 것이다.

함수에 인자로 들어가는 속성값은 색과 제어 코드를 조합해서 지정할 수 있다. 지정할 수 있는 색은 `black`, `red`, `green`, `yellow`, `blue`, `magenta`, `on_black`, `on_red`, on_green, on_yellow, on_blue, on_magenta, on_cyan, on_white이다. 제어 코드는 clear, reset, bold, underline, underscore, blink, reverse, concealed가 있다. clear와 reset은 동일한 의미다. underline과 underscore도 마찬가지다. reset은 프로그램을 시작했을 때의 색 설정을 복원한다. concealed는 글자색과 배경색을 같게 한다.

속성은 두 가지 이상을 조합하여 사용할 수 있다.

```
# 치명적인 산호뱀을 위한 시
print color("red on_black"),  "venom lack\n";
print color("red on_yellow"), "kill that fellow\n";

print color("green on_cyan blink"), "garish!\n";
print color("reset");
```

같은 동작을 다음처럼 할 수도 있다.

```
print colored("venom lack\n", "red", "on_black");
print colored("kill that fellow\n", "red", "on_yellow");

print colored("garish!\n", "green", "on_cyan", "blink");
```

다음처럼 할 수도 있다.

```
use Term::ANSIColor qw(:constants);

print BLACK, ON_WHITE, "black on white\n";
print WHITE, ON_BLACK, "white on black\n";
print GREEN, ON_CYAN, BLINK, "garish!\n";
print RESET;
```

BLACK은 Term::ANSIColor에서 익스포트된 함수이다.

프로그램이 끝날 때 RESET 또는 color("reset")을 출력하지 않으면 종료 후에도 모든 텍스트에 색이 입혀져버리니 주의하라. 터미널을 리셋하지 않으면 계속 이상한 색이 나올 것이다. 다음과 같은 코드를 사용하면 좋다.

```
END { print color("reset") }
```

이러면 프로그램이 종료될 때 색상 설정이 리셋되는 것이 보장된다.

여러 줄에 걸쳐 속성을 설정할 경우 프로그램이나 장치에 따라 제대로 적용되지 않을 수 있다. 이게 문제가 된다면 각 행을 시작할 때마다 속성을 명시적으로 설정하라. 또는 $Term::ANSIColor::EACHLINE 변수에 행 종결 문자를 대입한 후에 colored를 사용하면 된다.

```
$Term::ANSIColor::EACHLINE = $/;
print colored(<< EOF, RED, ON_WHITE, BOLD, BLINK);
```

```
This way
each line
has its own
attribute set.
EOF
```

더 알아보기

- CPAN 모듈 Term::ANSIColor 모듈 문서

15.6 키보드에서 한 문자를 읽어 들이기

문제

키보드에서 문자 하나를 읽어 들이고자 한다. 예를 들어 하나의 문자를 눌러서 선택할 수 있는 메뉴를 표시했을 때, 사용자가 문자 키 뒤에 엔터키를 누르지 않아도 되도록 하고 싶다.

해결책

CPAN 모듈 Term::ReadKey를 사용해서 터미널을 cbreak 모드로 바꾼다. 그 상태에서 STDIN로 문자를 읽어 들이고 터미널을 일반 모드로 되돌린다.

```
use Term::ReadKey;

ReadMode 'cbreak';
$key = ReadKey(0);
ReadMode 'normal';
```

논의

Term::ReadyKey 모듈은 터미널을 여러 가지 모드로 변경할 수 있다. cbreak도 그런 모드 중 하나이다. cbreak 모드에서는 키를 누를 때마다 그 문자를 프로그램에서 바로 읽을 수 있다(예제 15-1 참고). 그리고 그 문자들을 화면에 에코[2]하는 기능도 있다. 레시피 15.10에서는 에코하지 않는 모드의 예를 볼 수 있다.

예제 15-1. sascii

```
#!/usr/bin/perl -w
# sascii - 누른 키의 아스키값을 표시한다

use Term::ReadKey;
ReadMode('cbreak');
print "Press keys to see their ASCII values.  Use Ctrl-C to quit.\n";

while (1) {
```

2 (옮긴이) echo. 입력한 글자를 화면에 보여주는 기능

```
    $char = ReadKey(0);
    last unless defined $char;
    printf(" Decimal: %d\tHex: %x\n", ord($char), ord($char));
}

ReadMode('normal');
```

cbreak 모드를 사용하더라도 EOF(파일의 끝) 문자와 흐름 제어 문자들은 여전히 터미널의 디바이스 드라이버에서 처리된다. Ctrl+C 키(보통은 프로세스에 SIGINT를 보낸다)나 Ctrl+D 키(유닉스에서 EOF를 나타낸다)를 프로그램에서 읽어 들이고 싶다면 raw 모드를 사용하는 것이 낫다.

ReadKey 함수에 인자로 0을 건네는 것은 getc를 사용한 일반적인 읽기 연산을 하라는 의미이다. 이 경우 프로그램은 입력을 받을 때까지 대기하며 기다린다. 인자로 -1을 넘기면 논블로킹 읽기 연산을 하라는 의미이며, 0보다 큰 숫자 값을 넘겨서 입력을 몇 초간 기다릴 것인지 지정할 수도 있다. 초 값을 지정할 때는 소수를 사용하는 것도 가능하다. 논블로킹 읽기와 타임아웃 읽기에서 입력을 얻지 못한 경우에는 undef를 반환하며, EOF의 경우에는 길이가 0인 빈 문자열을 반환한다.

Term::ReadKey의 최신 버전에서는 유닉스 이외의 시스템도 제한적으로 지원한다.

더 알아보기

- *perlfunc*(1) 문서와 *Programming Perl* 29장에서 다루는 getc, sysread 함수
- CPAN 모듈 Term::ReadyKey 모듈 문서
- 레시피 15.8
- 레시피 15.9

15.7 터미널에서 벨소리 내기

문제

사용자의 터미널에서 벨소리가 나게 하고자 한다.

해결책

벨소리를 내려면 "\a"라는 문자열을 출력한다.

```
print "\aWake up!\n";
```

또는 "vb" 터미널 기능을 사용해서 비주얼 벨을 표시한다.

```
use Term::Cap;

$OSPEED = 9600;
eval {
    require POSIX;
    my $termios = POSIX::Termios->new();
    $termios->getattr;
    $OSPEED = $termios->getospeed;
};

$terminal = Term::Cap->Tgetent({ OSPEED=>$OSPEED });
$vb = "";
eval {
    $terminal->Trequire("vb");
    $vb = $terminal->Tputs('vb', 1);
};

print $vb;                                  # 비주얼 벨을 표시한다
```

논의

"\a" 이스케이프는 "\cG", "\007", "\x07"와 같다. 이것들은 모두 아스키의 BEL 문자에 해당하고 발신음을 울린다. 바쁜 학기말, 붐비는 전산실에서 *vi* 초보자 수십 명이 입력 모드에서 빠져나오려고 씨름하다 벨소리를 울려대는 난장판이 연출되곤 한다. 비주얼 벨은 이를 방지하기 위한 회피책이다. 터미널은 (적어도 사람이 많은 곳에서는) 눈으로 보는 것이지 귀로 듣는 게 아니라는 예의 규범에 의거하여, 어떤 터미널은 벨소리 대신 배경색과 글자색을 간단히 반전시켜 번쩍거리는 효과를 낼 수 있게 한다.

모든 터미널이 비주얼 벨을 지원하는 것은 아니다. 그 때문에 여기서는 이 기능을 검출하는 코드를 `eval` 블록 안에 두고 있다. 터미널이 이 기능을 지원하지 않는 경우에는 `Trequire`에서 `die`가 호출되며 `$vb` 값은 `""`에서 변경되지 않는다. 이 기능을 지원하는 경우에는 `$vb` 값이 비주얼 벨을 호출하기 위한 문자 시퀀스로 설정된다.

*xterm*과 같은 그래픽 단말의 경우에는 벨소리 문제에 대한 더 적절한 해법이 있다. 이런 터미널은 터미널 프로그램 자체에서 비주얼 벨을 활성화할 수 있기 때문에 다짜고짜 `chr(7)`을 출력하는 프로그램들을 모두 조용히 시킬 수 있다.

더 알아보기

- *Programming Perl* 2장의 "String Literals" 절과 *perlop*(1) 문서의 "Quote and Quote-like Operators" 절
- 기본 모듈 Term::Cap 모듈 문서

15.8 POSIX termios 사용하기

문제

터미널의 특성을 직접 설정하고자 한다.

해결책

POSIX 모듈의 `termios` 인터페이스를 사용한다.

설명

stty 명령어를 사용해서 설정할 수 있는 여러 가지 특성을 생각해보자. 특수문자에서 흐름 제어와 개행 문자에 이르기까지 모든 특성을 설정할 수 있다. 펄에서는 기본 모듈인 POSIX를 사용하여 저레벨의 터미널 인터페이스에 직접 접근해서 *stty*와 유사한 기능을 프로그램에 구현할 수 있다.

아래에 나오는 예제 15-2에서는 여러분이 쓰는 tty 기기에서 사용되는 "직전 문자 삭제"와 "행 전체 삭제" 문자가 무엇인지 알아낸다(아마 백스페이스 키와 Ctrl+U 키일 것이다). 그리곤 해당 문자들을 오래전에 사용되던 값인 #와 @로 다시 설정하고서 사용자에게 아무거나 입력해보도록 한다. 마지막으로 그 값들을 원래로 되돌리고 나서 프로그램이 종료한다.

예제 15-2 POSIX termios 데모

```
#!/usr/bin/perl -w
# POSIX termios 사용방법을 나타내는 데모

use POSIX qw(:termios_h);

$term = POSIX::Termios->new;
$term->getattr(fileno(STDIN));

$erase = $term->getcc(VERASE);
$kill = $term->getcc(VKILL);
printf "Erase is character %d, %s\n", $erase, uncontrol(chr($erase));
printf "Kill is character %d, %s\n", $kill, uncontrol(chr($kill));

$term->setcc(VERASE, ord('#'));
$term->setcc(VKILL, ord('@'));
$term->setattr(1, TCSANOW);

print("erase is #, kill is @; type something: ");
$line = <STDIN>;
print "You typed: $line";

$term->setcc(VERASE, $erase);
$term->setcc(VKILL, $kill);
$term->setattr(1, TCSANOW);

sub uncontrol {
    local $_ = shift;
    s/([\200-\377])/sprintf("M-%c",ord($1) & 0177)/eg;
```

```
    s/([\0-\37\177])/sprintf("^%c",ord($1) ^ 0100)/eg;
    return $_;
}
```

다음에 소개하는 것은 HotKey라는 이름의 모듈로, 펄로 readkey 함수를 구현한다. Term::ReadKey와 비교해서 이점이 있는 것은 아니지만 POSIX::Termios 동작을 나타내는 좋은 예제다.

```
# HotKey.pm
package HotKey;

@ISA = qw(Exporter);
@EXPORT = qw(cbreak cooked readkey);

use strict;
use POSIX qw(:termios_h);
my ($term, $oterm, $echo, $noecho, $fd_stdin);

$fd_stdin = fileno(STDIN);
$term     = POSIX::Termios->new();
$term->getattr($fd_stdin);
$oterm    = $term->getlflag();

$echo     = ECHO | ECHOK | ICANON;
$noecho   = $oterm & ~$echo;

sub cbreak {
    $term->setlflag($noecho);  # 에코 기능을 끈다
    $term->setcc(VTIME, 1);
    $term->setattr($fd_stdin, TCSANOW);
}

sub cooked {
    $term->setlflag($oterm);
    $term->setcc(VTIME, 0);
    $term->setattr($fd_stdin, TCSANOW);
}

sub readkey {
    my $key = '';
    cbreak();
    sysread(STDIN, $key, 1);
    cooked();
    return $key;
}

END { cooked() }

1;
```

더 알아보기

- 도널드 리와인(Donald Lewine) 저, *POSIX Programmer's Guide*
- 기본 모듈 POSIX 모듈 문서(*Programming Perl* 32장에서도 다룬다)
- 레시피 15.6
- 레시피 15.9

15.9 대기 중인 입력을 검사하기

문제

키보드로부터 들어와서 대기 중인 입력이 있는지 검사하되 그 입력을 실제로 읽어버리지는 않으려 한다.

해결책

CPAN의 Term::ReadKey 모듈을 사용한다. 인자로 -1을 넘겨서 논블로킹 모드에서 읽기를 시도하라.

```
use Term::ReadKey;

ReadMode ('cbreak');

if (defined ($char = ReadKey(-1)) ) {
    # 대기 중인 입력이 있으며, 그 입력이 $char에 들어간다.
} else {
    # 대기 중인 입력이 없다
}

ReadMode ('normal');                  # 일반적인 tty설정을 복원한다
```

논의

ReadKey 함수에 -1이라는 인자를 건네는 것은 논블로킹 모드로 문자를 읽으라는 것을 의미한다. 입력 대기 중인 문자가 없는 경우 ReadKey는 undef를 반환한다.

더 알아보기

- CPAN 모듈 Term::ReadKey 모듈 문서
- 레시피 15.6

15.10 비밀번호 입력 받기

문제

키보드로 입력을 받으면서 사용자가 누른 키가 화면에 표시되지 않게 하고자 한다. 예를 들어 *passwd* 명령어처럼 비밀번호를 화면에 표시하지 않으면서 입력 받고 싶다.

해결책

CPAN 모듈 Term::ReadKey를 사용해서 그 입력 모드를 noecho로 설정한 다음 ReadLine을 사용한다.

```
use Term::ReadKey;

ReadMode('noecho');
$password = ReadLine(0);
```

논의

예제 15-3은 사용자의 비밀번호를 검증하는 방법을 보여준다. 시스템에서 섀도우 비밀번호가 사용되는 경우 getpwuid를 사용해서 암호화된 비밀번호를 읽을 수 있는 것은 슈퍼유저뿐이다. 그 밖의 다른 사용자에게는 데이터베이스의 비밀번호 필드는 *로만 표시되며 비밀번호를 검증하는 데에 쓸 수 없다.

예제 15-3 checkuser

```
#!/usr/bin/perl -w
# checkuser - 사용자 비밀번호를 읽어서 검사하는 방법을 나타낸다

use Term::ReadKey;

print "Enter your password: ";
ReadMode 'noecho';
$password = ReadLine 0;
chomp $password;
ReadMode 'normal';

print "\n";

($username, $encrypted) = (getpwuid $<)[0,1];

if (crypt($password, $encrypted) ne $encrypted) {
    die "You are not $username\n";
} else {
    print "Welcome, $username\n";
}
```

더 알아보기

- CPAN 모듈 Term::ReadKey 모듈 문서
- *perlfunc*(1) 문서와 *Programming Perl* 29장에서 다루는 crypt, getpwuid 함수. 여기에는 *stty*(1) 명령어를 사용하는 방법도 나온다.
- 시스템에 있는 *crypt*(3), *passwd*(5) 매뉴얼 페이지

15.11 입력을 편집하기

문제

사용자가 자신의 입력을 프로그램이 읽어 들이기 전에 편집할 수 있도록 하고자 한다.

해결책

Term::ReadLine 모듈과 CPAN 모듈 Term::ReadLine::Gnu를 같이 사용한다.

```
use Term::ReadLine;

$term = Term::ReadLine->new("APP DESCRIPTION");
$OUT = $term->OUT || *STDOUT;

$term->addhistory($fake_line);
$line = $term->readline($prompt);

print $OUT "Any program output\n";
```

논의

다음에 소개하는 예제 15-4의 프로그램은 가장 기초적인 셸처럼 동작한다. 사용자가 입력한 행을 읽고 실제 셸에 넘겨서 실행한다. readline 메서드는 터미널에서 한 줄을 읽는 기능을 제공하는데, 이때 과거에 입력했던 내용을 다시 불러와서 편집할 수 있게 해 준다. 사용자가 입력한 행은 자동으로 입력 이력에 추가된다.

예제 15-4. vbsh

```
#!/usr/bin/perl -w
# vbsh - 기능이 매우 한정된 셸
use strict;

use Term::ReadLine;
use POSIX qw(:sys_wait_h);

my $term = Term::ReadLine->new("Simple Shell");
my $OUT = $term->OUT() || *STDOUT;
my $cmd;

while (defined ($cmd = $term->readline('$ ') )) {
    my @output = `$cmd`;
    my $exit_value  = $? >> 8;
    my $signal_num  = $? & 127;
    my $dumped_core = $? & 128;
    printf $OUT "Program terminated with status %d from signal %d%s\n",
           $exit_value, $signal_num,
           $dumped_core ? " (core dumped)" : "";
    print @output;
    $term->addhistory($cmd);
}
```

이력에 자신의 함수를 추가하는 경우에는 addhistory 메서드를 사용한다.

```
$term->addhistory($seed_line);
```

이력에는 한 번에 한 줄만 추가할 수 있다. 이력에서 행을 삭제하려면 remove_history 메서드를 사용한다. 이 함수는 인자로 이력 리스트의 첨자를 받는다. 첨자 0은 첫 번째(가장 오래된) 항목을 나타내고, 1은 두 번째로 오래된 항목을 나타내는 식으로 수가 커질수록 더 최근의 항목을 가리킨다.

```
$term->remove_history($line_number);
```

전체 이력을 얻기 위해서는 GetHistory 메서드를 사용한다. 이 메서드는 이력 행의 리스트를 반환한다.

```
@history = $term->GetHistory;
```

더 알아보기

- 기본 모듈 Term::ReadLine과 CPAN 모듈 Term::ReadLine::Gnu 모듈 문서

15.12 화면을 제어하기

문제

화면 레이아웃이나 강조 표시 등을 제어하고, 사용자가 특수한 키를 눌렀을 때 그것을 감지하고, 풀 스크린 메뉴를 표시하는 등의 일을 하고자 한다. 단, 사용자가 어떤 종류의 디스플레이 장치를 사용하는지 일일이 신경 쓰고 싶지는 않다.

해결책

CPAN 모듈 Curses를 사용한다. 이 모듈은 시스템 고유의 *curses*(3) 라이브러리를 이용해서 동작한다.

논의

curses 라이브러리를 사용하면 효율적이고 디바이스에 의존하지 않으면서 풀스크린 디스플레이에 간단하게 접근할 수 있다(여기서 디스플레이는 커서의 위치를 지정할 수 있는 모든 모니터를 의미한다). Curses 모듈을 사용하면 여러분은 문자 또는 문자열 단위로 데이터를 구성하여 논리적인 디스플레이에 배치하는 고레벨 코드를 작성하게 된다. 출력을 화면에 표시할 때는 refresh 함수를 호출한다. 그러면 마지막으로 refresh를 호출한 이후로 가상 디스플레이가 변경된 부분으로만 구성된 출력물이 만들어진다. 접속 속도가 느린 경우에 특히 유용하다.

예제 15-5에 소개하는 *rep*라는 예제 프로그램은 이 기능의 사용방법을 구체적으로 나타낸다. 이 예제 프로그램은 다음처럼 실행하는 프로그램을 인자로 지정해서 호출한다.

```
% rep ps aux
% rep netstat
% rep -2.5 lpq
```

rep 프로그램은 인자로 지정된 명령을 반복 호출해서 출력을 화면에 표시하는데, 지난번 실행한 다음에 변경된 부분만을 갱신한다. 한 번 실행하고 나서 다음번 실행할 때 바뀌는 부분이 적은 경우에 효과적이다. 이 프로그램은 현재 날짜를 화면의 오른쪽 아래에 글자색과 배경색을 반전하여 계속 표시한다.

기본적으로 *rep*는 명령어를 다시 실행하기까지 10초간 대기한다. 이 대기 시간을 바꾸고 싶으면 위의 *lpq*를 실행하는 예제처럼 인자로 원하는 대기 시간을 초 단위(실수로 쓸 수 있음)로 지정하면 된다. 그리고 대기 중에 아무 키나 눌러서 곧바로 명령어를 실행할 수도 있다.

예제 15-5. rep

```
#!/usr/bin/perl -w
# rep - 명령을 반복실행해서 화면에 표시한다
use strict;
use Curses;

my $timeout = 10;
if (@ARGV && $ARGV[0] =~ /^-(\d+\.?\d*)$/) {
    $timeout = $1;
    shift;
}

die "usage: $0 [ -timeout ] cmd args\n" unless @ARGV;

initscr();          # 화면을 초기화한다
noecho();
cbreak();
nodelay(1);         # getch()를 논블로킹 모드로 실행한다

$SIG{INT} = sub { done("Ouch!") };
sub done { endwin(); print "@_\n"; exit; }

while (1) {
    while ((my $key = getch()) ne ERR) {     # 두 바이트 이상이 들어올 수 있다
        done("See ya") if $key eq 'q'
    }
    my @data = `(@ARGV) 2>&1`;                # 출력과 에러를 합친다
    for (my $i = 0; $i < $LINES; $i++) {
        addstr($i, 0, $data[$i] || ' ' x $COLS);
    }

    standout();
    addstr($LINES-1, $COLS - 24, scalar localtime);
    standend();

    move(0,0);
    refresh();                                # 새로운 출력을 화면에 띄운다

    my ($in, $out) = ('', '');
    vec($in,fileno(STDIN),1) = 1;             # 표준 입력으로부터 키 입력을 검색한다
    select($out = $in,undef,undef,$timeout); # 지정한 시간 동안 기다린다
}
```

Curses를 사용하면 화살표 키 또는 Home, Insert 등의 특수 키를 눌렀는지 판정할 수 있다. 이 키들은 2바이트 이상의 값을 송신하기에 보통은 판정하는 것이 어렵지만 Curses로는 쉽게 할 수 있다.

```
keypad(1);                      # keypad 모드를 활성화한다
$key = getch();
if ($key eq 'k'     ||          # vi 모드
    $key eq "\cP"   ||          # emacs 모드
    $key eq KEY_UP)             # 화살표 모드
{
    # 어떤 처리를 한다
}
```

Curses의 다른 기능으로는 좌표에 표시되는 텍스트를 읽거나 강조 모드를 제어하거나, 여러 창을 관리하는 것 등이 있다.

CPAN 모듈 중에 perlmenu라는 모듈이 있는데 하위 레벨의 Curses 모듈에 기반하여 만들어졌다. 이 모듈을 사용하면 메뉴와 입력 서식에 고레벨에서 접근할 수 있다. 다음은 perlmenu 배포판에 포함되는 예제 서식을 소개한다.

```
                Template Entry Demonstration

Address Data Example                            Record # ___
Name: [_______________________________________________]
Addr: [_______________________________________________]
City: [__________________]        State: [__]   Zip: [\\\\\]

Phone: (\\\) \\\-\\\\                     Password: [^^^^^^^^]

Enter all information available.
Edit fields with left/right arrow keys or "delete".
Switch fields with "Tab" or up/down arrow keys.
Indicate completion by pressing "Return".
Refresh screen with "Control-L".
Abort this demo here with "Control-X".
```

사용자는 지정된 필드에 데이터를 입력한다. 밑줄이 그어진 필드에는 보통의 텍스트를, 백슬래시가 쓰인 필드에는 숫자 데이터를, 꺾쇠가 쓰인 필드에는 기밀 데이터를 입력하도록 구별되어 있다. 서식이 출력이 아닌 입력에 사용된다는 차이점을 빼면 펄의 포맷을 연상시킨다.

더 알아보기

- 시스템에 있는 *curses*(3) 매뉴얼 페이지
- CPAN 모듈 Curses와 perlmenu 모듈 문서
- *Programming Perl* 7장 또는 perlform(1) 문서
- 레시피 3.10

15.13 Expect로 다른 프로그램을 제어하기

문제

STDIN과 STDOUT에 연결된 터미널에서 실행되는 풀 스크린 프로그램을 자동으로 조작하고자 한다.

해결책

CPAN 모듈 Expect를 사용한다.[3]

```
use Expect;

$command = Expect->spawn("program to run")
    or die "Couldn't start program: $!\n";

# 프로그램의 출력이 STDOUT에 표시되는 것을 방지한다
$command->log_stdout(0);

# "Password:"가 표시되는 것을 10초간 기다린다
unless ($command->expect(10, "Password")) {
    # 시간 초과
}

# /[lL]ogin: ?/ 에 일치하는 문자열을 20초간 기다린다
unless ($command->expect(20, -re => '[lL]ogin: ?')) {
    # 시간 초과
}

# "invalid"가 표시되는 것을 무한정 기다린다
unless ($command->expect(undef, "invalid")) {
    # 에러가 발생했다. 프로그램은 비정상 종료되었을 것이다
}

# "Hello, world"와 캐리지 리턴을 프로그램에 전송한다
print $command "Hello, world\r";

# 프로그램이 자력으로 종료하는 경우에는 다음과 같이 끝낸다
$command->soft_close();

# 프로그램을 명시적으로 강제종료할 필요가 있는 경우에는 다음과 같이 끝낸다
$command->hard_close();
```

논의

이 모듈을 사용하기 위해서는 CPAN 모듈 IO::Pty와 IO::Stty가 필요하다. 이 모듈은 터미널 디바이스 드라이버하고만 통신하도록 되어 있는 프로그램과 상호 교신하기 위하여 유사 터미널을 구성하며, 주로 *passwd*를 실행해서 비밀번호를 변경하기 위해서 사용되곤 한다. *telnet*(레시피 18.6에서 설명하는 Net::Telnet 모듈이 더 적합하고 이식성도 높다)과 *ftp*도 진짜 tty 기기와 통신하도록 만들어진 프로그램이다.

3 (옮긴이) Expect보다 더 다양한 기능을 제공하는 배포 및 설정 관리용 CPAN 모듈 Rex도 있다.

실행하고자 하는 프로그램을 프로그램의 이름과 인자들을 하나의 문자열이나 리스트로 넘겨주는 Expect->spawn 메서드를 사용해서 시작한다. 그러면 프로그램이 Expect에 의해 실행되고 그 프로그램을 나타내는 객체가 반환된다. 만일 프로그램을 시작할 수 없는 경우에는 undef를 반환한다.

프로그램에서 특정 문자열이 출력되는 것을 기다리기 위해서는 expect 메서드를 사용한다. 첫 번째 인자는 얼마나 기다릴지 초 단위로 나타내는 값이다. 무한정 기다릴 경우에는 undef를 지정한다. 그 다음 출력되길 기다리는 문자열을 expect의 두 번째 인자로 지정한다. 출력되길 기다리는 문자열을 정규 표현식으로 나타내고 싶으면 두 번째 인자로 "-re"를 지정하고 패턴을 포함하는 문자열을 세 번째 인자로 지정한다. 기다릴 문자열이나 패턴을 여러 개 지정할 수도 있다.

```
$which = $command->expect(30, "invalid", "success", "error", "boom");
if ($which) {
    # 이 문자열들 중 하나를 검출한 경우의 처리
}
```

스칼라 컨텍스트에서는 일치한 인자의 번호가 반환된다. 위의 예제에서는 프로그램에서 "invalid"가 출력되면 expect에서 1이 반환되고, "success"가 출력되면 2가 반환된다. 어느 패턴이나 문자열과도 일치하지 않는다면 거짓이 반환된다.

리스트 컨텍스트에서는 다섯 개의 원소를 가진 리스트가 expect에서 반환된다. 첫 번째 원소는 일치한 패턴이나 문자열의 번호이다. 이것은 스칼라 컨텍스트에서의 반환값과 같다. 두 번째 원소는 expect가 종료된 이유를 나타내는 문자열이다. 에러가 발생하지 않았을 때는 undef가 반환된다. 발생할 수 있는 에러로는 "1:TIMEOUT", "2:EOF", "3:spawn id(...)died", "4:..."가 있다(이 메시지들의 정확한 의미에 관해서는 *Expect*(3)의 매뉴얼 페이지를 참고하도록 한다). expect에서 반환되는 리스트의 세 번째 원소는 일치한 문자열이다. 그리고 네 번째 원소는 일치한 부분의 앞쪽에 있는 텍스트이며, 다섯 번째 원소는 일치한 부분 뒤쪽의 텍스트이다.

Expect로 제어 중인 프로그램에 입력을 넘기려면 print를 사용한다. 유일한 문제점은 터미널, 디바이스, 소켓 각각에서 송수신하는 행 종결 문자가 서로 다르다는 것이다. C 표준 I/O 라이브러리의 도움을 받지 못하므로, 자동으로 "\n"으로 변환되지 않는다. 그러므로 처음에는 "\r"을 시도해 보고, 잘 안 되면 "\n"과 "\r\n"을 시험해보도록 한다.

Expect로 제어 중인 프로그램을 더 사용할 일이 없으면 다음 세 가지 방법 중에서 선택할 수 있다. 첫 번째는 그냥 메인 프로그램을 계속 수행하는 것이다. 제어 중인 프로그램은 메인 프로그램이 종료할 때 강제적으로 종료된다. 단, 불필요한 프로세스가 쌓이게 된다. 두 번째로, Expect로 제어되는 프로그램이 출력을 다 했거나 여러분이 종료 명령을 했을 때 정상 종료될 것을 알고 있는 경우에는 soft_close 메서드를 호출한다. *telnet*을 쓰려다 리모트 셸을 종료하는 경우가 이에 해당한다. 세 번째로, Expect로 제어되는 프로그램이 *tail -f*처럼 영원히 끝나지 않는다면 hard_close 메서드를 사용한다. 이 메서드는 프로그램을 강제로 종료한다.

더 알아보기

- CPAN 모듈 Expect, IO::Pty, IO::Stty 모듈 문서
- 돈 리브스(Don Libes) 저, *Exploring Expect*(O'Reilly)

15.14 Tk로 메뉴를 만들기

문제

최상단에 메뉴 막대가 표시되는 창을 만들고자 한다.

해결책

Tk의 Menubutton과 Frame 위젯을 사용한다.

```
use Tk;

$main = MainWindow->new();
# 메뉴를 표시하기 위한 수평 방향의 영역을 창 최상단에 만든다
$menubar = $main->Frame(-relief              => "raised",
                        -borderwidth         => 2)
                ->pack (-anchor              => "nw",
                        -fill                => "x");

# 메뉴를 열기 위한 "File"이라는 라벨의 버튼을 만든다
$file_menu = $menubar->Menubutton(-text      => "File",
                                  -underline => 1)
                     ->pack      (-side      => "left" );

# "File" 메뉴 항목을 만든다
$file_menu->command(-label   => "Print",
                    -command => \&Print);
```

-menuitems 인자를 사용하면 훨씬 더 쉽게 할 수 있다.

```
$file_menu = $menubar->Menubutton(-text              => "File",
                                  -underline         => 1,
                                  -menuitems         => [
              [ Button => "Print",-command           => \&Print ],
              [ Button => "Save",-command            => \&Save  ] ])
                    ->pack(-side                     => "left");
```

논의

애플리케이션 메뉴는 프레임, 메뉴 버튼, 메뉴, 메뉴 항목, 이렇게 네 가지 독립적인 컴포넌트를 조합해서 표시할 수 있다. 프레임은 창의 최상단에 있는 수평 막대이고, 메뉴를 표시하기 위한 틀이 된다(*menubar*). 프레임 안에는 여러 메뉴 버튼을 둔다. 각 메뉴 버튼은 File, Edit, Format, Buffers 등의 메뉴에 해당한다. 사용자가 메뉴 버튼을 클릭하면 그 버튼에 대응되는 메뉴가 열리고 메뉴 항목들의 목록이 수직 방향으로 나열된다.

메뉴의 요소로는 *라벨*(예를 들면 *열기*) 또는 *구분선*(하나의 메뉴에 포함되는 여러 항목을 그룹으로 나누기 위한 수평선)이 포함된다.

앞서 나온 File 메뉴의 Print 같은 *명령* 항목에는 코드가 연결된다. 사용자가 그 항목을 선택하면 콜백을 호출해서 그 명령이 실행된다.

```
$file_menu->command(-label   => "Quit Immediately",
                    -command => sub { exit } );
```

구분선은 어떤 동작과도 연결되지 않는다.

```
$file_menu->separator();
```

체크버튼 메뉴 항목에는 ON 값, OFF 값, 연결된 변수가 지정된다. 그 변수에 ON 값이 들어 있는 경우에는 체크버튼 메뉴 항목의 라벨 옆에 체크마크가 표시된다. 변수에 OFF 값이 들어 있는 경우에는 체크마크가 표시되지 않는다. 메뉴를 열어서 체크버튼 항목을 클릭하면 그때마다 변수의 상태가 바뀐다.

```
$options_menu->checkbutton(-label    => "Create Debugging File",
                           -variable => \$debug,
                           -onvalue  => 1,
                           -offvalue => 0);
```

옵션 버튼(*라디오버튼*이라고도 부른다)은 그룹을 이뤄 하나의 변수와 연결된다. 한 변수에 연결된 옵션 버튼들 중 한 번에 하나만 ON 상태로 할 수 있다. 옵션 버튼을 클릭하면 그 옵션 버튼에 해당하는 값이 변수에 저장된다.

```
$debug_menu->radiobutton(-label    => "Level 1",
                         -variable => \$log_level,
                         -value    => 1);

$debug_menu->radiobutton(-label    => "Level 2",
                         -variable => \$log_level,
                         -value    => 2);

$debug_menu->radiobutton(-label    => "Level 3",
                         -variable => \$log_level,
                         -value    => 3);
```

중첩된 메뉴를 만들기 위해서는 *캐스케이드(cascade)* 메뉴 항목을 사용한다. 예를 들어 *넷스케이프 내비게이터*의 경우 메뉴의 왼쪽에 있는 File 메뉴를 클릭하면 New라는 캐스케이드 항목이 나오며, 이 항목을 다시 클릭하면 새로 만들 창을 선택하는 메뉴가 뜬다. 캐스케이드 메뉴 항목을 만드는 건 다른 메뉴 항목을 만드는 것보다 다소 복잡하다. 먼저 캐스케이드 메뉴 항목을 만들고, 그 메뉴 항목에 연결되는 새로운 메뉴를 얻은 다음에 그 새로운 메뉴의 항목을 만들어야 한다.

```
# 첫째 : 캐스케이드 메뉴 항목을 만든다
$format_menu->cascade          (-label    => "Font");

# 둘째 : 방금 만든 메뉴를 얻는다
$font_menu = $format_menu->cget("-menu");

# 셋째 : 그 메뉴의 항목을 만든다
$font_menu->radiobutton        (-label    => "Courier",
                                -variable => \$font_name,
                                -value    => "courier");
$font_menu->radiobutton        (-label    => "Times Roman",
                                -variable => \$font_name,
                                -value    => "times");
```

티어오프(tear-off) 메뉴 항목을 사용하면, 그것이 포함된 메뉴를 사용자가 이동할 수 있게 된다. 기본적으로 모든 메뉴 버튼과 캐스케이드 메뉴 항목의 최상단에 티어오프 항목을 가지는 메뉴가 만들어진다. 기본 설정이 적용되지 않는 메뉴를 만들려면 `-tearoff` 옵션을 사용한다.

```
$format_menu = $menubar->Menubutton(-text      => "Format",
                                    -underline => 1
                                    -tearoff   => 0)
                       ->pack;

$font_menu  = $format_menu->cascade(-label     => "Font",
                                    -tearoff   => 0);
```

Menubutton의 -menuitems 옵션을 사용하면, 이 메뉴버튼을 만드는 코드를 간략하게 할 수 있다. 메뉴 버튼의 옵션을 나타내는 배열 레퍼런스를 넘기며 각 옵션 자체도 익명 배열로 지정한다. 옵션 배열의 처음 두 개의 원소는 버튼의 종류("command", "radiobutton", "checkbutton", "cascade" 또는 "tearoff")와 메뉴 이름이다.

아래에 -menuitems를 사용해서 Edit 메뉴를 만드는 방법을 소개한다.

```
my $f = $menubar->Menubutton(-text => "Edit", -underline => 0,
                              -menuitems =>
    [
     [Button => 'Copy',        -command => \&edit_copy ],
     [Button => 'Cut',         -command => \&edit_cut ],
     [Button => 'Paste',       -command => \&edit_paste  ],
     [Button => 'Delete',      -command => \&edit_delete ],
     [Separator => ''],
```

```
[Cascade => 'Object ...', -tearoff => 0,
                         -menuitems => [
   [ Button => "Circle",  -command => \&edit_circle ],
   [ Button => "Square",  -command => \&edit_square ],
   [ Button => "Point",   -command => \&edit_point ] ] ],
])->grid(-row => 0, -column => 0, -sticky => 'w');
```

더 알아보기

- CPAN 모듈 Tk 모듈 문서
- 스티븐 리디(Stephen Lidie), 낸시 월시(Nancy Walsh) 저, *Mastering Perl/Tk* (O'Reilly)

15.15 Tk로 대화상자를 만들기

문제

대화상자, 즉 제일 앞에 뜨며 닫을 수 있는 버튼이 있는 새 창을 만들고자 한다. 대화상자에는 그 외에 다른 요소들도 들어 있을 수 있다. 예를 들어 입력 서식을 구성하는 라벨이나 텍스트 입력 위젯 등이다. 이런 대화상자를 이용하여 사용자 등록 정보를 수집하는 등의 일을 할 수 있다. 등록 정보가 전송되거나 사용자가 등록을 원하지 않을 경우 대화상자를 닫을 수 있어야 할 것이다.

해결책

간단하게는 Tk::DialogBox 위젯을 사용한다.

```
use Tk::DialogBox;

$dialog = $main->DialogBox( -title   => "Register This Program",
                            -buttons => [ "Register", "Cancel" ] );

# $dialog->Add()를 사용해서 대화상자에 위젯을 추가한다

# 나중에 대화상자를 표시할 필요가 생기면 다음 코드를 실행한다
$button = $dialog->Show();
if ($button eq "Register") {
    # ...
} elsif ($button eq "Cancel") {
    # ...
} else {
    # 이 블록이 실행되는 일은 없어야 한다
}
```

논의

대화상자는 두 가지 부분으로 구성된다. 보통 아랫부분에는 일련의 버튼이 배치되고 윗부분에는 필요에 따라 선택한 위젯이 배치된다. Show 메서드를 호출하면 대화상자가 화면에 표시되며, 사용자가 선택한 버튼이 반환된다.

아래에 소개하는 예제 15-6는 대화상자의 사용법을 보여주는 완전한 프로그램이다.

예제 15-6. tksample3

```
#!/usr/bin/perl -w
# tksample3 - 대화상자를 조작하는 방법을 나타낸다

use Tk;
use Tk::DialogBox;

$main = MainWindow->new();

$dialog = $main->DialogBox( -title   => "Register",
                            -buttons => [ "Register", "Cancel" ],
                           );

# 대화상자 윗부분에는 메시지가 적힌 라벨을 붙이고
# 사용자에게 이름을 입력하도록 한다

$dialog->add("Label", -text => "Name")->pack();
$entry = $dialog->add("Entry", -width => 35)->pack();

# 대화상자에 버튼을 추가한다
$main->Button( -text    => "Click Here For Registration Form",
               -command => \&register)    ->pack(-side => "left");
$main->Button( -text    => "Quit",
               -command => sub { exit } ) ->pack(-side => "left");

MainLoop;

#
# register
#
# 호출되면 등록 대화상자를 표시한다
#

sub register {
    my $button;
    my $done = 0;

    do {
        # 대화상자를 표시한다
        $button = $dialog->Show;

        # 사용자가 클릭한 버튼에 따라 처리한다
        if ($button eq "Register") {
            my $name = $entry->get;

            if (defined($name) && length($name)) {
                print "Welcome to the fold, $name\n";
                $done = 1;
            } else {
                print "You didn't give me your name!\n";
            }
        } else {
            print "Sorry you decided not to register.\n";
            $done = 1;
        }
    } until $done;
}
```

이 대화상자의 윗부분에는 두 개의 위젯이 배치된다. 라벨과 텍스트 입력 필드이다. 더 많은 정보를 사용자로부터 받고 싶으면 라벨과 텍스트 필드를 추가한다.

대화상자는 주로 에러 메시지나 경고를 표시하는 용도로 사용된다. 아래에 소개하는 예제 15-7의 프로그램은 펄의 warn 함수의 출력을 대화상자로 표시하는 방법이다.

예제 15-7. tksample4

```
#!/usr/bin/perl -w
# tksample4 - 경고를 하기 위한 대화상자를 표시한다

use Tk;
use Tk::DialogBox;

my $main;

# 경고 메시지를 Tk 대화상자에 표시하는 경고 핸들러를 만든다

BEGIN {
    $SIG{__WARN__} = sub {
        if (defined $main) {
            my $dialog = $main->DialogBox( -title    => "Warning",
                                           -buttons => [ "Acknowledge" ]);
            $dialog->add("Label", -text => $_[0])->pack;
            $dialog->Show;
        } else {
            print STDOUT join("\n", @_), "n";
        }
    };
}

# 프로그램의 코드를 여기에 쓴다

$main = MainWindow->new();

$main->Button( -text    => "Make A Warning",
               -command => \&make_warning) ->pack(-side => "left");
$main->Button( -text    => "Quit",
               -command => sub { exit } )  ->pack(-side => "left");

MainLoop;

# 경고가 뜨게 만드는 더미 서브루틴

sub make_warning {
    my $a;
    my $b = 2 * $a;
}
```

더 알아보기

- CPAN 모듈 Tk 문서에 있는 Tk::DialogBox의 매뉴얼 페이지
- 시스템에 있는 *menu*(n) 매뉴얼 페이지
- *Mastering Perl/Tk*

15.16 Tk에서 창 크기 변경 이벤트 처리하기

문제

Tk로 프로그램을 만들었는데 사용자가 창의 크기를 변경하면 위젯들의 배치가 엉망이다.

해결책

Configure 이벤트를 가로챔으로써 사용자가 창의 크기를 바꾸는 것을 막을 수 있다.

```
use Tk;

$main = MainWindow->new();

$main->bind('<Configure>' => sub {
    $xe = $main->XEvent;
    $main->maxsize($xe->w, $xe->h);
    $main->minsize($xe->w, $xe->h);
});
```

또는 pack을 사용하면 사용자가 컨테이너 크기를 변경했을 때 각 위젯의 크기가 어떻게 바뀌고 확대되는지를 제어할 수 있다.

```
$widget->pack( -fill => "both", -expand => 1 );
$widget->pack( -fill => "x",    -expand => 1 );
```

논의

기본적으로는, 컨테이너의 크기가 바뀌면 그 안에 들어간 위젯의 크기도 바뀐다. 그러나 위젯 자체나 그 위젯의 내용이 바뀐 크기에 맞춰 자동으로 확대 또는 축소되지는 않는다. 그래서 사용자가 창의 크기를 바꿨을 때 위젯 사이에 빈 공간이 생기거나, 위젯이 잘리거나 겹쳐버릴 수 있다.

첫 번째 해결책은 크기를 바꾸지 못하게 하는 것이다. 위젯의 크기 또는 위치가 변경되면 Configure 이벤트가 전송되는데, bind를 사용하여 이 이벤트에 창의 크기를 원래대로 되돌리는 콜백을 등록한다. 팝업 창의 에러 메시지 상자의 크기를 변경하지 못하도록 할 때 이런 방법을 사용한다.

하지만 때로는 사용자가 응용프로그램 창의 크기를 조절할 수 있도록 하고 싶을 때도 있다. 이 경우에는 창의 크기가 변경될 때 각 위젯이 어떻게 반응할지를 정의해야 한다. pack 메서드에 넘기는 인자를 이용하면 된다. -fill은 위젯의 크기가 바뀌는 방향을 제어하고, -expand는 이용 가능한 공간에 맞추어 위젯 크기를 바꿀지를 지정한다. -expand 옵션은 참 또는 거짓인 부울값을 받는다. -fill 옵션은 위젯 크기가 바뀌는 방향을 나타내는 문자열로 "x", "y", "both", "none" 중 하나를 받는다.

이 방법을 쓸 때는 두 옵션을 모두 지정해야 한다. -fill이 지정되지 않으면 -expand는 위젯이 확장될 공간을 요구하지 않는다. 반대로 -expand가 지정되지 않으면 -fill이 공간을 요구하지만 그 공간으로 확장되지 않을 것이다.

응용프로그램의 각 부분이 서로 다르게 동작할 수 있다. 예를 들어 웹 브라우저 창의 크기가 변경될 때, 브라우저의 메인 영역은 수평, 수직 모든 방향으로 크기가 변해야 할 것이다. 따라서 이 위젯은 다음과 같이 집어넣는다.

```
$mainarea->pack( -fill => "both", -expand => 1 );
```

반면에, 메인 영역 상단에 표시되는 메뉴 막대의 크기는 수평 방향으로만 바뀌지 수직 방향으로는 바뀌면 안 된다. 이 위젯은 다음과 같이 넣는다.

```
$menubar->pack( -fill => "x", -expand => 1 );
```

크기 변경과 관련해서, 위젯을 컨테이너 안 특정 위치에 고정해야 할 경우가 있다. 예를 들어 메뉴 막대를 컨테이너의 왼쪽 위에 고정할 경우 pack을 호출할 때 다음과 같이 지정한다.

```
$menubar->pack (-fill     => "x",
                -expand   => 1,
                -anchor   => "nw" );
```

이제 창의 크기를 바꾸면, 메뉴 막대가 커다란 창 중앙에 놓이는 것이 아니라 창의 왼쪽 위에 고정되어 있게 된다.

더 알아보기

- 시스템에 있는 *pack*(n), *XEvent*(3), *XConfigureEvent*(3) 매뉴얼 페이지
- 존 오스터하우트(John Ousterhout) 저, *Tcl and the Tk Toolkit*(Addison-Wesley)
- *Mastering Perl/Tk*

15.17 윈도우용 Perl/Tk로 DOS 셸 창 없애기

문제

윈도우 버전의 펄과 Tk로 펄 프로그램을 만들었다. 하지만 그 프로그램을 실행할 때마다 DOS 셸 창이 뜬다.

해결책

프로그램의 첫 부분에 다음 코드를 추가한다.

```
BEGIN {
  if ($^O eq 'MSWin32') {
    require Win32::Console;
    Win32::Console::Free();
  }
}
```

설명

Win32::Console 모듈을 사용하면 여러분의 프로그램을 실행한 터미널 창을 제어할 수 있다. 여러분이 할 일은 그 창을 닫는(Windows API만의 색다른 표현으로 하자면 Free하는) 것뿐이다. 이제 더 이상 성가신 DOS 셸 창을 안 봐도 된다.

더 알아보기

· 마이크로소프트 시스템용 펄 배포판에 포함된 Win32::Console 모듈의 문서

15.18 데이터로 그래프 만들기

문제

숫자 데이터를 막대그래프, 원그래프, 꺾은선그래프 등으로 표시하고자 한다.

해결책

CPAN에 있는 GD::Graph::* 모듈들을 사용한다.

```
use GD::Graph::lines;                          # bars, lines, points, pie
$chart = GD::Graph::lines->new(480,320);
$chart->set(x_label => $X_AXIS_LABEL,          # 원그래프에는 축이 없다
            y_label => $Y_AXIS_LABEL,
            title   => $GRAPH_TITLE,
            # ... 그 밖의 옵션
           );
$plot = $chart->plot($DATA_REF) or die $chart->error;
# PNG 형식의 이미지를 나타내는 $plot->png를 사용해서 어떠한 처리를 한다
```

아래는 데이터 구조의 예이다(각 행의 값의 개수는 동일해야 한다).

```
$DATA_REF = [
              [ 1990, 1992, 1993, 1995, 2002 ],       # X축의 값
              [ 10,   15,   18,   20,   25   ],       # 첫 번째 데이터셋
              [ 9,    undef,17,   undef,12   ],       # 두 번째 데이터셋
              # ...
            ];
```

논의

GD::Graph 모듈을 사용하기 위해서는 GD 모듈을 설치해야 한다. GD 모듈 자체는 *http://www.boutell.com/gd/*에 공개된 C 라이브러리에 의존한다. 이 라이브러리의 초기 버전에서는 GIF 이미지가 만들어졌지만, GIF 특허권 소유자에게서 엄중한 항의를 받았기에 현재는 PNG 또는 JPEG 이미지를 만들게 되었다.

```
$png_data = $plot->png;
$jpg_data = $plot->jpeg;
```

GD::Graph 모듈의 문서에는 막대한 분량의 옵션 목록이 실려있다. 이것들을 사용하면 색, 폰트, 배치 등의 여러 가지 속성을 세세하게 제어할 수 있지만, 그 중에서도 특히 중요한 속성은 라벨과 이미지 제목이다. 원 그래프에는 라벨을 붙여야 할 축이 존재하지 않으므로, `x_label`과 `y_label` 옵션은 지정할 수 없다. 기본적으로 원그래프는 3차원 모양으로 그려지지만, 이 설정은 `3d` 옵션을 거짓으로 설정해서 비활성화할 수 있다.

구체적인 예제로, 메일함에 포함된 각 메일 메시지의 요일을 (대충) 뽑아내서 그 데이터를 그래프로 만드는 프로그램을 레시피 15.23에서 소개한다.

더 알아보기

- GD와 GD::Graph 모듈 문서
- 숀 월래스(Shawn Wallace) 저, *Perl Graphics Programming*(O'Reilly)

15.19 이미지의 섬네일을 만들기

문제

큰 이미지가 있는데 이 이미지의 작은 크기 버전, 즉 *섬네일(thumbnail)*을 만들고자 한다.

웹 사이트에서 사용자가 섬네일을 미리 보고서 원래의 큰 이미지를 내려받을지 결정하게 할 수 있다.

해결책

CPAN 모듈인 Image::Magick 모듈을 사용한다.

```
use Image::Magick;

$image = Image::Magick->new();
$image->Read($ORIGINAL_FILENAME);
```

```
$image->Resize(geometry => '120x90');
$image->Write($THUMBNAIL_FILENAME);
```

논의

Image::Magick 모듈은 *http://imagemagick.sourceforge.net*에 공개된 ImageMagick의 프론트엔드이다. 이 모듈에는 이미지를 다루는 수많은 기능이 포함되어 있지만, 여기에서는 단순히 크기를 바꾸는 기능에 관해서만 소개하도록 한다.

Resize 메서드의 geometry 매개변수는 변경한 후의 크기(*폭x높이*)를 나타낸다. 또한 백분율을 사용해서 크기를 지정할 수도 있다. 예를 들어 '75%'는 가로, 세로 모두 동일하게 원래 크기의 3/4으로 바꾸는 것을 의미하고, '10%x30%'는 폭은 원래의 10%, 높이는 원래의 30%로 바꾸는 것을 의미한다.

그리고 필터를 적용하여 이미지를 흐리게 하거나 뚜렷하게 하는 정도를 지정할 수도 있다.

```
$image->Resize(geometry => '120x90',
               filter   => 'Gaussian',
               blur     => 2);
```

blur에 1보다 큰 값을 설정하면 이미지는 흐려지고 1보다 작은 값을 설정하면 선명해진다. 필터로 사용할 수 있는 것은 Point, Box, Triangle, Hermite, Hanning, Hamming, Blackman, Gaussian, Quadratic, Cubic, Catrom, Mitchell, Lanczos, Bessel, Sinc이다.

더 알아보기

- Image::Magick 모듈 문서
- 숀 월레스(Shawn Wallace) 저, *Perl Graphics Programming*(O'Reilly)

15.20 이미지에 텍스트를 추가하기

문제

이미지에 텍스트를 써넣고자 한다. 예를 들어 여러분의 웹 사이트에 있는 모든 사진에 짤막한 저작권 정보를 추가한다고 생각해보자.

해결책

CPAN 모듈 GD를 사용한다.

```
use GD;
$image = GD::Image->new($FILENAME);
```

```
$blue = $image->colorAllocate(0,0,255);
$image->string(gdTinyFont, 10, 10, "Copyright Me, 2037", $blue);
# $image->png()를 파일에 채워넣는다
```

논의

GD 모듈은 특정 파일 포맷만 불러올 수 있다. 정확히 말하면 C로 된 GD 기반 라이브러리가 빌드되는 시점에 어떤 C 라이브러리를 사용할 수 있었는지에 따라 달라진다. 이 책을 집필하는 시점에서 GD로 읽어들일 수 있는 것은 PNG, JPEG, XBM, 그리고 WBMP(Windows Bitmap)과 독자적인 GD2와 GD 포맷이다.

string 메서드에 넘기는 인자는 사용하는 폰트, 텍스트를 그리는 위치인 x와 y 좌표, 써넣을 텍스트 문자열, 그리고 그 텍스트의 색이다.

GD에는 gdTinyFont, gdSmallFont, gdMediumBoldFont, gdLargeFont, gdGiantFont의 다섯 종류의 폰트가 기본적으로 들어 있다. 사용하는 GD를 컴파일할 때 트루타입 폰트를 처리하는 기능을 포함시킨 경우에는 다음 구문을 사용해서 트루타입 폰트로 텍스트를 그릴 수 있다.

```
$image->stringFT($color, $font, $point_size, $angle, $x, $y, $string);
```

여기서 $font 매개변수는 트루타입 폰트가 저장된 *.ttf* 파일의 절대 경로이다. 그리고 $point_size 매개변수는 크기(포인트 단위이며 소수도 사용가능)를, $angle 매개변수는 수평선 기준의 회전 각도(라디안 단위)를 지정한다. 예를 들어 아래처럼 지정할 수 있다.

```
$image->stringFT($blue, '/Users/gnat/fonts/arial.ttf', 8, 0,
                 10, 20, 'Copyright Me Me Me');
```

더 알아보기

- GD 모듈 문서
- 숀 월레스(Shawn Wallace) 저, *Perl Graphics Programming*(O'Reilly)

15.21 프로그램: 간단한 termcap 프로그램

설명

이 프로그램은 화면을 깨끗하게 한 다음에 사용자가 중지시키기 전까지 화면 전체에 낙서를 해나간다. 여기서는 Term::Cap을 사용해서 화면을 깨끗하게 하는 방법, 커서를 이동하는 방법, 그리고 화면 임의의 위치에 텍스트를 써넣는 방법을 보여주고 있다. 그리고 레시피 16.6에서 소개한 내용도 사용한다.

예제 15-8은 이 프로그램의 코드이다.

예제 15-8. tcapdemo

```
#!/usr/bin/perl -w
# tcapdemo - 커서를 직접 이동하는 방법을 보여준다

use POSIX;
use Term::Cap;

init();                     # Term::Cap을 초기화한다
zip();                      # 벽에 부딪히면 튕겨나가는 선들을 화면에 그린다
finish();                   # 종료될 때 화면을 청소한다
exit();

# 두 가지 편리한 함수. clear_screen의 동작은 명확하다
# clear_end는 현재 위치부터 화면 끝까지 청소한다
sub clear_screen { $tcap->Tputs('cl', 1, *STDOUT) }
sub clear_end    { $tcap->Tputs('cd', 1, *STDOUT) }

# 커서를 특정 위치로 이동한다
sub gotoxy {
    my($x, $y) = @_;
    $tcap->Tgoto('cm', $x, $y, *STDOUT);
}

# POSIX 모듈을 통해서 터미널 속도를 알아낸 후 그 값을 사용해서 Term::Cap을 초기화한다
sub init {
    $| = 1;
    $delay = (shift() || 0) * 0.005;
    my $termios = POSIX::Termios->new();
    $termios->getattr;
    my $ospeed = $termios->getospeed;
    $tcap = Term::Cap->Tgetent ({ TERM => undef, OSPEED => $ospeed });
    $tcap->Trequire(qw(cl cm cd));
}

# 사용자가 Ctrl+C 키를 눌러서 인터럽트를 걸 때까지 통통 튀는 선을 화면에 그린다
sub zip {
    clear_screen();
    ($maxrow, $maxcol) = ($tcap->{_li} - 1, $tcap->{_co} - 1);
    @chars = qw(* - / | \ _ );
    sub circle { push(@chars, shift @chars); }

    $interrupted = 0;
    $SIG{INT} = sub { ++$interrupted };

    $col = $row = 0;
    ($row_sign, $col_sign) = (1,1);

    do {
        gotoxy($col, $row);
        print $chars[0];
        select(undef, undef, undef, $delay);

        $row += $row_sign;
        $col += $col_sign;

        if    ($row == $maxrow) { $row_sign = -1; circle; }
        elsif ($row == 0 )      { $row_sign = +1; circle; }
```

```
        if    ($col == $maxcol) { $col_sign = -1; circle; }
        elsif ($col == 0 )      { $col_sign = +1; circle; }

      } until $interrupted;

}

# 화면을 청소한다
sub finish {
    gotoxy(0, $maxrow);
    clear_end();
}
```

이 프로그램을 실행하는 도중에는 다음처럼 표시된다.[4]

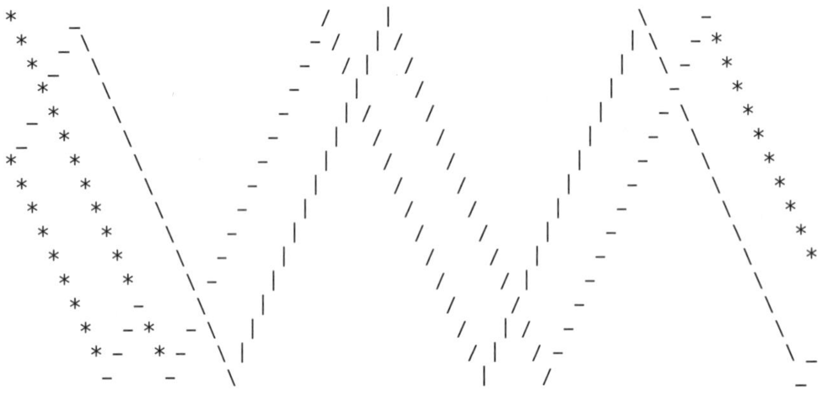

더 알아보기

- 시스템에 있는 *termcap*(5) 매뉴얼 페이지
- 기본 모듈 Term::Cap 모듈 문서

15.22 프로그램: tkshufflepod

이 프로그램은 Tk를 사용하여 파일에 적혀 있는 `=head1` 절들의 목록을 `Listbox` 위젯을 사용해서 나열한다. 그리고 이 절들을 드래그하여 순서를 바꿀 수 있게 한다. 작업이 끝나면 "s"를 눌러 저장하거나 "q"를 눌러 프로그램을 종료한다. 각 절을 두 번 클릭하면 POD 위젯을 사용해서 그 섹션을 표시할 수도 있다. 그 절의 텍스트는 `/tmp` 디렉터리 안의 임시 파일에 저장되며, POD 위젯이 없어지면 파일도 지워진다.

4 (옮긴이) 최신 시스템에서는 속도가 너무 빨라서 금방 화면이 문자들로 뒤덮여 버릴 것이다. $delay 변수의 값을 0.1 정도로 고정하여 실행해보라.

이 프로그램을 실행할 때 표시할 POD 파일이름을 지정한다.

```
% tkshufflepod chap15.pod
```

이 책의 저자들은 이 책을 집필할 때 이 프로그램을 빈번하게 사용했다.

이 프로그램의 코드는 예제 15-9에 나와 있다.

예제 15-9. tkshufflepod

```
#!/usr/bin/perl -w
# tkshufflepod - POD 파일에 포함된 =head1 절들의 순서를 바꾼다

use Tk;
use Tk::Pod;
use strict;

# 변수를 선언한다

my $podfile;        # 대상 파일의 이름
my $m;              # 메인 창
my $l;              # 리스트 박스
my ($up, $down);    # 움직일 위치
my @sections;       # POD 절 목록
my $all_pod;        # POD 파일 텍스트(읽어 들일 때 사용된다)

# POD 파일을 메모리로 읽어 들인 후 각 절별로 나눈다

$podfile = shift || "-";

undef $/;
open(F, " < $podfile")
  or die "Can't open $podfile : $!\n";
$all_pod = <F>;
close(F);
@sections = split(/(?==head1)/, $all_pod);

# @sections을 익명 배열의 배열로 변환한다
# 각 익명 배열의 첫 번째 원소는 메시지의 원래의 텍스트이다
# 두 번째 원소는 =head1 다음에 나오는 텍스트(절 제목)이다

foreach (@sections) {
    /^=head1 (.*)/;
    $_ = [ $_, $1 ];
}

# Tk를 구동하여 절 목록을 표시한다

$m = MainWindow->new();
$l = $m->Listbox('-width' => 60)->pack('-expand' => 1, '-fill' => 'both');

foreach my $section (@sections) {
    $l->insert("end", $section->[1]);
}

# 드래그할 수 있도록 Listbox 위젯에 바인딩한다
$l->bind( '<Any-Button>'        => \&down );
$l->bind( '<Any-ButtonRelease>' => \&up );

# 내용을 표시할 수 있도록 더블클릭을 바운딩한다
```

```
$l->bind( '<Double-Button>'      => \&view );

# 'q'로 종료하고 's'로 저장한다
$m->bind( '<q>'              => sub { exit } );
$m->bind( '<s>'              => \&save );

MainLoop;

# down(widget): 사용자가 Listbox 안에서 항목을 클릭할 때 호출된다
sub down {
    my $self = shift;
    $down = $self->curselection->[0];
}

# up(widget): 사용자가 Listbox 안에서 마우스 버튼을 놓을 때 호출된다

sub up {
    my $self = shift;
    my $elt;

    $up = $self->curselection->[0];

    return if $down == $up;

    # change selection list
    $elt = $sections[$down];
    splice(@sections, $down, 1);
    splice(@sections, $up, 0, $elt);

    $self->delete($down);
    $self->insert($up, $sections[$up]->[1]);
}

# save(widget): 절 목록을 저장할 때 호출된다

sub save {
    my $self = shift;

    open(F, "> $podfile")
      or die "Can't open $podfile for writing: $!";
    print F map { $_->[0] } @sections;
    close F;

    exit;
}

# view(widget): 절의 내용을 표시할 때 호출된다
# POD 위젯을 사용한다

sub view {
    my $self = shift;
    my $temporary = "/tmp/$$-section.pod";
    my $popup;

    open(F, "> $temporary")
      or warn ("Can't open $temporary : $!\n"), return;
    print F $sections[$down]->[0];
    close(F);

    $popup = $m->Pod('-file' => $temporary);
    $popup->bind('<Destroy>' => sub { unlink $temporary } );
}
```

15.23 프로그램: graphbox

예제 15-10의 *graphbox* 프로그램은 GD::Graph::bars 모듈(레시피 15.18 참고)을 사용해서 각 요일별로 발신되는 이메일의 수를 막대그래프로 보여준다. `Date:` 헤더에서 요일을 뽑아내고 그 결과를 그래프로 그린다.

예제 15-10. graphbox

```
#!/usr/bin/perl -w
# graphbox - 요일별로 발신된 메시지 수를 그래프로 나타낸다

use GD::Graph::bars;
use Getopt::Std;
use strict;

my %count;  # 각 요일별 메시지 수의 합계
my $chart;  # GD::Graph::bars 객체
my $plot;   # 실제 그래프를 담을 GD 객체

my @DAYS = qw(Mon Tue Wed Thu Fri Sat Sun);
my $day_re = join("|", @DAYS);
$day_re = qr/$day_re/;
#4 옵션을 처리한다
my %Opt;
getopts('ho:', \%Opt);
if ($Opt{h} or !$Opt{o}) {
  die "Usage:\n\t$0 -o outfile.png < mailbox\n";
}

# Date 헤더에서 날짜를 뽑아낸다(추측해서)

while (<>) {
  if (/^Date: .*($day_re)/) {
    $count{$1}++;
  }
}

# 그래프를 만든다

$chart = GD::Graph::bars->new(480,320);
$chart->set(x_label => "Day",
            y_label => "Messages",
            title   => "Mail Activity");
$plot = $chart->plot([ [ @DAYS ],
                       [ @count{@DAYS} ],
                     ]);

# 그래프를 파일로 저장한다

open(F, "> $Opt{o}")
  or die "Can't open $Opt{o} for writing: $!\n";
print F $plot->png;
close F;
```

16장

P e r l C o o k b o o k

프로세스 관리와 프로세스 간 통신

파이프 담배 세 대 정도면 끝나겠군.
부탁이니 50분 정도 내게 말을 걸지 말게.
— 셜록 홈즈 / 붉은 머리 연맹

16.0 개요

펄이 어떤 점에서 도움이 될지는 사람마다 다르겠지만, 대부분의 사람들은 다양한 컴포넌트를 연결하는 접착제 같은 역할을 원할 것이다. 이 장에서는 명령을 실행하고 독립된 프로세스들을 서로 연결하는 방법에 관해서 설명한다. 다시 말해 프로세스의 생성과 통신, 종료 등을 다룬다. 이것이 곧 시스템 프로그래밍이다.

다른 분야와 마찬가지로 시스템 프로그래밍 분야에서도 펄을 쓰면 쉬운 일은 쉽게 처리되며, 어려운 일도 어떻게든 할 수 있다. 예를 들어 셸을 사용하듯 펄을 사용하고 싶다면 펄로 그렇게 할 수 있으며, 본격적인 C 프로그래머처럼 저레벨 프로그래밍에 맘먹고 도전하고 싶다면 그것도 가능하게 해준다.

펄을 사용하여 시스템에 매우 밀접한 처리를 할 수 있기 때문에 이식성 문제가 발생할 가능성이 있다. 이 장은 책 전체 내용 중 가장 유닉스 위주의 내용을 담고 있다. 유닉스 시스템 사용자에게 있어서는 매우 유익하겠지만 다른 시스템 사용자에게 있어서는 부분적으로만 도움이 될 것이다(유닉스를 사용하고 있지 않다면, 펄에 내장된 *perlport*(3)의 매뉴얼 페이지를 참고해서 이 장에서 설명하는 기법 중 어떤 것이 다른 운영체제에서도 이용할 수 있는지, 그렇지 않은 경우에는 펄이 에뮬레이트해 주는지 확인하면 좋을 것이다). 이 장에서 다루는 기능은 문자열이나 숫자, 기본적인 연산 등과는 달리 보편적이지 않다. 대부분의 기본적인 연산은 어느 시스템에서도 거의 똑같이 동작한다. 그러나 사용하는 시스템이 유닉스 종류이거나 POSIX에 준거한 시스템이 아닌 경우에는 기능 중 일부는 설명 대로 동작하지 않을 수 있고, 때에 따라서는 전혀 동작하지 않을지도 모른다. 이를 확인하기 위해서는 사용 중인 펄의 문서를 참고하도록 한다.

때에 따라서는 감탄을 금치 못하는 경우도 있다. 윈도우 사용자는 그동안 유닉스 고유의 기능으로만 생각한 fork 함수가 펄 함수로 자신의 플랫폼에서도 지원된다는 것을 알고 놀라곤 하니까 말이다. 이에 대한 자세한 내용은 *perlfork*(1)의 매뉴얼 페이지를 참고하도록 한다.

프로세스 생성

이 장에서는 자신이 만든 자식 프로세스를 올바르게 관리하고 자식 프로세스에 입력을 넘기는 방법을 설명한다. 때로는 독립된 명령어를 실행하고 그 명령어가 자신만의 방법으로 외부와 입출력하게 할 수도 있다(system을 사용한다). 또 다른 경우에는 자식 프로세스를 엄격히 관리하며 신중하게 걸러낸 입력을 넘기거나 출력 스트림을 제어할 수도 있다(역따옴표나 파이프와 결합된 open을 사용한다). 새로운 프로세스를 시작하지 않고도 exec를 사용해서 현재의 프로그램을 완전히 다른 프로그램으로 대체하는 것도 가능하다.

우선 프로세스를 관리하는 방법으로 가장 이식성이 높고 일반적으로 사용하는 방법을 소개한다. 바로 역따옴표, system, open, 그리고 %SIG 해시 조작이다. 매우 간단한 방법들이지만, 이 책에서는 여기서 그치지 않고 이 방법으로 해결할 수 없는 경우의 대처방법도 소개한다.

예를 들어 다른 프로그램을 실행하는 도중에 원래의 프로그램에 인터럽트를 걸어야 할 일이 있을 수 있다. 자식 프로그램의 표준 에러와 표준 출력을 분리해서 처리해야 할 수도 있다. 프로그램의 입출력 양쪽을 동시에 제어해야 할 경우도 있다. 하나의 스레드만 제어하는 것에 만족하지 못하고 멀티태스킹의 장점을 활용하고자 하는 생각이 들기 시작했다면, 현재 프로그램을 여러 프로세스로 나누는 방법과 그것들이 서로 통신하면서 동시에 실행되도록 하는 방법을 배우고 싶어질 것이다.

이런 처리를 하기 위해서는 pipe, fork, exec 등과 같은, 기반 시스템 콜을 사용한다. pipe 함수는 서로 연결된 두 개의 파일핸들을 만든다. 각 파일핸들은 읽는 쪽과 쓰는 쪽을 나타낸다. 쓰는 쪽으로 보내는 정보는 모두 읽는 쪽에서 읽어 들이게 된다. fork 함수는 멀티태스킹의 기초가 되지만 아쉽게도 유닉스 이외의 시스템에서는 지원되지 않을 수 있다. 이 함수는 변수 설정이나 열린 파일 등을 포함하여, 실질적으로 모든 측면에서 부모 프로세스와 완전히 똑같은 프로세스 복제본을 만든다. 가장 눈에 띄는 차이점은 프로세스 ID와 부모 프로세스 ID이다. 새로운 프로그램을 시작하기 위해서는 fork 함수를 호출한 다음에 exec 함수를 사용해서 자식 프로세스의 프로그램을 새로운 프로그램으로 바꾼다. fork와 exec 두 개는 항상 함께 사용하는 것은 아니다. 독립적인 기능으로 제공됨으로써 system만 쓰는 것보다 세세하고 강력한 처리를 할 수 있게 된다. 실제 상황에서는 exec를 단독으로 사용하는 경우보다는 fork를 단독으로 사용하는 경우가 많다.

자식 프로세스가 죽으면 그 메모리는 운영체제에 반환되지만, 프로세스 테이블에 있던 항목은 반납되지 않는다. 그 때문에 자식 프로세스의 종료 상태값을 부모 프로세스에서 확인할 수 있다. 이미 죽었지만 아직 프로세스 테이블에서 삭제되지 않은 프로세스를 *좀비(zombie) 프로세스*라고 부르며, 이것들로 프로세스 테이블이 꽉 차지 않도록 청소해야 한다. 역따옴표와 system, close 함수는 이런 처리를 자동으로 하고 유닉스가 아닌 시스템 대부분에서도 정상적으로 동작한다. 하지만 이런 간단하고 이식 가능한 함수가 아니라 더 저레벨의 기본 기능을 써서 프로그램을 실행시킬 때는 더 많은 부분을 신경 써야 한다. 그중 하나가 시그널이다.

시그널

부모 프로세스는 자식 프로세스가 종료하면 이를 알리는 *시그널(signal)*을 받는다. 시그널은 운영체제에 의해 배달되는 알림의 한 종류이다. 일반적으로는 에러가 발생했을 때(예를 들어 접근할 수 없는 메모리 영역에 접근하려 할 때)와 이벤트가 만들어졌을 때(자식 프로세스의 종료, 프로세스별 타이머의 만료, Ctrl-C에 의한 인터럽트 등)에 사용된다. 프로세스를 수동으로 시작하는 경우에는 각각의 자식 프로세스가 종료될 때마다 여러분이 선택한 서브루틴이 호출되도록 설정하는 것이 보통이다.

각 프로세스에는 각 시그널에 대한 기본 동작이 지정되어 있다. 여러분이 독자적으로 핸들러를 만들 수도 있고, 대부분의 시그널에 대한 동작을 변경할 수도 있다. 하지만 SIGKILL과 SIGSTOP만은 변경할 수 없으며, 그 외의 시그널들은 무시하거나 가로채거나 블록할 수 있다.

아래에 주요 시그널의 개요를 간단하게 소개한다.

`SIGINT`

보통은 Ctrl-C 키를 누르면 발생하며 프로세스가 현재 처리를 중단하도록 요청한다. 필터처럼 단순한 프로그램은 대부분 그대로 종료된다. 하지만 셸이나 편집기, FTP 프로그램과 같이 비교적 중요한 프로그램은 장시간 실행하고 있던 작업을 중단하여 여러분이 다른 지시를 내릴 수 있도록 한다.

`SIGQUIT`

보통 단말에서 Ctrl-\ 키를 누르면 발생한다. 기본 동작은 코어 덤프를 생성하는 것이다.

`SIGTERM`

셸 명령어인 *kill*을 사용하면서 시그널 이름을 명시적으로 지정하지 않았을 때 이 시그널이 전달된다. 프로세스 종료를 정중하게 요구한다고 보면 된다.

`SIGUSR1` 또는 `SIGUSR2`

이 시그널을 생성하는 시스템 이벤트는 없다. 따라서 사용자 애플리케이션에서 어떤 목적에 맞게 안전하게 사용할 수 있다.

`SIGPIPE`

커널에서 보내는 시그널로서, 파이프나 소켓에 프로세스가 쓰려고 했는데 그 접속이 끊겨있을 때 발생한다. 대개는 상대 프로세스가 존재하지 않는 것이 원인이다.

`SIGALRM`

`alarm` 함수로 설정한 타이머의 시간이 만료되었을 때에 발생한다. 상세한 내용에 관해서는 레시피 16.21을 참고한다.

`SIGHUP`

프로세스를 제어하는 터미널이 행업(hang-up)되었을 때, 즉 연결이 끊겼을 때(예를 들어 모뎀 접속이 끊긴 경우) 프로세스에 전달된다. 프로그램을 재시작하거나 설정을 다시 읽으라는 의미로도 사용된다.

SIGCHLD

저레벨의 시스템 프로그래밍을 할 경우에 가장 중요한 시그널이다. 자식 프로세스 중 하나가 실행을 정지했을 때, 주로 자식 프로세스가 종료되었을 때 부모 프로세스에게 전달된다. SIGCHLD의 자세한 내용에 관해서는 레시피 16.19를 참고하도록 한다.

시그널의 이름은 사람의 편의를 위해 붙여진 것뿐이다. 각 시그널에는 고유한 번호가 붙어 있으며 운영체제는 이 번호를 사용한다. 사용자는 SIGCHLD라는 이름을 사용하지만, 운영체제는 20이라는 번호로 인식한다(이런 고유 번호는 운영체제마다 다르다). 펄이 시그널 이름과 번호 사이의 변환을 해주므로, 여러분은 그냥 이름을 사용하면 된다.

시그널 처리에 관한 자세한 내용은 레시피 16.15, 레시피 16.17, 레시피 16.21, 레시피 16.18, 레시피 16.20을 참고한다.

16.1 다른 프로그램의 출력을 수집하기

문제

어떤 프로그램을 실행하여 그 프로그램의 출력을 수집해서 변수에 대입하고자 한다.

해결책

역따옴표를 사용한다.

```
$output = `program args`;      # 여러 줄의 문자열로 된 출력내용을 한 번에 수집한다
@output = `program args`;      # 각 원소에 한 줄씩 배열로 출력을 수집한다
```

또는 레시피 16.4에서 소개하는 기법을 사용한다.

```
open(my $fh, "-|", "program", @args)
    or die "Can't run program: $! \n";
while (<$fh>)  {
    $output .= $_;
}
close $fh;
```

논의

역따옴표는 다른 프로그램을 실행하고 출력을 수집하는 편리한 수단이다. 다만,

역따옴표는 호출된 프로그램이 종료하기 전에는 제어를 반환하지 않는다. 펄 내부에서는 출력을 수집하기 위해서 복잡한 처리가 이뤄진다. 따라서 반환값을 사용하지 않을 상황에 역따옴표를 사용하는 것은 비효율적이다.

```
`fsck -y /dev/rsd1a`;      # 부적절하고 위험하다
```

역따옴표 연산자를 사용하면 명령어를 실행하기 위해서 셸이 호출된다. 그 때문에 특별한 권한이 할당된 프로그램 안에서 사용하면 안전하지 않지만, 셸의 와일드카드를 명령어 안에서 사용할 수 있다.

```
@files = `ls -1 /music/*.mp3`;
```

와일드카드를 포함한 명령어의 출력을 생성되는 하나하나 순서대로 읽고 싶다면 (그리고 잠재적인 보안 문제를 신경 쓰지 않는다면) 다음과 같은 형식으로 open을 사용한다.

```
open(README, "ls -l /music/*.mp3 |") or die "Can't run program: $! \n";
while(<README>)  {
    # 마지막 행이 $_ 변수에 담긴다
}
close(README);
```

펄 5.8 이전의 버전에서는 이렇게 두 개의 인자를 넘기는 형식의 open만을 사용할 수 있었다. 따라서 위에 나온 해결책의 코드를 다음과 같이 쓴다.

```
open(FH, "program @args |")
  or die "Can't run program: $! \n";
```

다음은 저레벨에서의 해결책이다. 여기에서는 pipe(두 개의 연결된 파일핸들을 만든다), fork(새로운 프로세스를 분리한다), exec(그 새로운 프로세스를 출력을 읽고자 하는 프로그램으로 바꾼다)를 사용한다.

```
use POSIX qw(:sys_wait_h);

my ($readme, $writeme);
pipe $readme, $writeme;
if ($pid = fork)  {
    # 부모 프로세스
    $SIG{CHLD} = sub  { 1 while ( waitpid(-1, WNOHANG)) > 0 };
    close $writeme;
} else  {
    die "cannot fork: $!" unless defined $pid;
    # 자식 프로세스
    open(STDOUT, ">&=", $writeme) or die "Couldn't redirect STDOUT: $!";
    close $readme;
    exec($program, $arg1, $arg2) or die "Couldn't run $program : $! \n";
}
```

```
while (<$readme>) {
    $string .= $_;
    # 또는 push(@strings, $_);
}
close($readme);
```

위 해결책에서 제시한 open "-|"라는 코드보다 이런 저레벨의 코드를 선호할 이유는 없다. 다만 저레벨의 방법을 쓰면 새 프로그램을 시작하기 전에 시그널에 대한 동작을 변경할 수 있다. 예를 들어 자식 프로세스의 INT 시그널을 무효로 해두면 부모 프로세스만 그 시그널을 받게끔 할 수 있다.

더 알아보기

- *Programming Perl* 16장의 "Talking to Yourself" 절, *perlsec*(1) 문서
- 레시피 16.2
- 레시피 16.4
- 레시피 16.10
- 레시피 16.19
- 레시피 19.5

16.2 다른 프로그램을 실행하기

문제

한 프로그램에서 다른 프로그램을 실행하고, 새 프로그램이 종료될 때까지 대기한 후에 원래의 프로그램 실행을 계속하고자 한다. 이때 다른 프로그램에서도 원래의 프로그램과 같은 STDIN과 STDOUT을 사용하고자 한다.

해결책

인자로 하나의 문자열을 넘겨서 system을 호출하면 셸이 그 문자열을 명령 행으로 해석하여 실행한다.

```
$status = system("vi $myfile");
```

셸을 사용하지 않으려면 system에 리스트를 넘긴다.

```
$status = system("vi", $myfile);
```

논의

system 함수는 펄에서 다른 프로그램을 실행하는 가장 간단하고 범용적인 수단이

다. 역따옴표나 open과는 달리 실행한 프로그램의 STDOUT을 모아서 반환하지 않으며, 대신 프로그램의 종료 상태 값을 반환한다. 새로운 프로그램이 실행되는 동안 원래의 프로그램은 실행이 일시정지된다. 따라서 새로운 프로그램에서 STDIN에서 읽고 STDOUT에 쓸 수 있기 때문에 사용자가 그 프로그램을 대화식으로 조작할 수 있다.

system을 호출할 때 하나의 인자를 넘기면 open, exec, 역따옴표처럼 셸을 사용하여 프로그램을 실행한다. 그렇기 때문에 리다이렉트 등의 테크닉을 사용할 때 편리하다.

```
system("cmd1 args | cmd2 | cmd3 >outfile");
system("cmd args < infile >outfile 2>errfile");
```

셸을 사용하지 않으려면 system을 호출할 때 인자를 리스트로 넘긴다.

```
$status = system($program, $arg1, $arg);
die "$program exited funny: $?" unless $status == 0;
```

system에서 반환되는 상태값은 단순한 종료값이 아니다. 프로세스가 시그널을 받아 종료되는 경우에는 원인이 된 시그널 번호가 포함된다. 이 번호는 wait 함수에 의해 $? 변수에 저장되는 값과 같다. 이 값을 해독하는 방법은 레시피 16.19를 참고하도록 한다.

system 함수는 자식 프로세스가 실행되는 동안은 SIGINT와 SIGQUIT이 발생해도 이 시그널들을 무시한다. 이 시그널들로 자식 프로세스만 강제 종료되도록 하기 위해서이다. 원래 프로그램도 동시에 종료시키고자 할 경우에는 system의 반환값이나 $? 변수의 값을 확인한다.

```
if (($signo = system(@arglist)) &= 127)  {
    die "program killed by signal $signo \n";
}
```

SIGINT를 무시하는 system의 효과를 가져오려면 독자적인 시그널 핸들러를 설정해서 아래처럼 스스로 fork와 exec를 호출한다.

```
if ($pid = fork)  {
    # 부모 프로세스는 INT를 가로채고 사용자에게 투덜댄다
    local $SIG{INT} = sub  { print "Tsk tsk, no process interruptus \n" };
    waitpid($pid, 0);
} else  {
    die "cannot fork: $!" unless defined $pid;
    # 자식 프로세스는 INT를 무시하고 자기 일을 한다
    $SIG{INT} = "IGNORE";
    exec("summarize", "/etc/logfiles") or die "Can't exec: $! \n";
}
```

일부 프로그램은 자기 자신의 이름을 검사하게 되어있다. 셸은 자신이 호출될 때에 대화식으로 동작하라는 의미의 하이픈이 앞에 붙어있는지를 확인한다. 18장의 마지막 레시피에서 소개하는 *expn* 프로그램은 *vrfy*라는 이름으로 실행되면 동작이 달라진다. 이런 일은 하나의 파일을 서로 다른 두 개의 링크가 가리키도록 설치하였을 때 생길 수 있다. 그렇기 때문에 `$0` 변수의 값이 실행 중인 프로그램의 실제 경로 이름일 것이라고 확신해서는 안 된다. 여러분은 이미 여러 차례 속아 왔을지도 모른다.

실행하는 프로그램이 원래 프로그램 이름 대신 다른 이름으로 불린 것처럼 속이려면 system에 넘기는 리스트 앞에 "간접 객체"로 원래의 경로를 지정한다(exec로 실행할 때도 마찬가지이다). 간접 객체의 다음에는 콤마를 붙이지 않는다. `printf`에 파일핸들을 지정하거나, 포인터 화살표 없이 객체 메서드를 호출하는 경우와 같다.

```
$shell = '/bin/tcsh';
system $shell '-csh';          # 로그인 셸로 보이게끔 한다
```

또는 다음처럼 직접적으로 쓸 수 있다.

```
system {'/bin/tcsh'} '-csh';     # 로그인 셸로 보이게끔 한다
```

아래의 예제에서는 프로그램의 원래의 경로 이름이 {'/home/tchrist/scripts/expn'}로 간접 객체의 위치에 지정된다. 함수의 첫 번째 진짜 인자로는 가공의 이름인 `'vrfy'`가 지정된다. 실행되는 프로그램 쪽에서는 이 값이 `$0` 변수에 저장된다.

```
# expn을 vrfy라는 이름으로 호출한다
system {'/home/tchrist/scripts/expn'} 'vrfy', @ADDRESSES;
```

system에서 간접 객체를 사용하면 안정성도 높아진다. 간접 객체 구문을 사용할 경우 인자를 언제나 여러 값들의 리스트로 해석하게 강제한다. 심지어 그 리스트에 인자가 한 개뿐일 때라도 마찬가지이다. 따라서 셸에 의해 와일드카드가 치환되거나 공백 문자의 위치에서 단어를 나누는 위험을 방지할 수 있다.

```
@args = ( "echo surprise" );

system @args;# @args == 1 인 경우 셸 이스케이프 처리를 받는다
system {$args[0]} @args; # 인자가 하나인 리스트를 사용해도 안전하다
```

간접 객체를 사용하지 않은 첫 번째 구문에서는 *echo* 프로그램이 실행되고, 인자

로 "surprise"를 받는다. 반면 두 번째 구문은 "echo surprise"라는 이름의 프로그램을 실행하려고 시도하고, 그런 파일을 찾지 못하므로 실패했음을 알리기 위해 0이 아닌 값을 $? 변수에 저장한다.

더 알아보기

- *Programming Perl* 16장의 "Talking to Yourself" 절과 *perlsec*(1) 문서
- *perlfunc*(1) 문서와 *Programming Perl* 29장에서 다루는 waitpid, fork, exec, system, open 함수
- 레시피 16.1
- 레시피 16.4
- 레시피 16.19
- 레시피 19.5
- 리처드 W. 스티븐슨(Richard W. Stevens) 저, *Advanced Programming in the UNIX Environment*(Addison-Wesley)

16.3 현재 프로그램을 다른 프로그램으로 교체하기

문제

실행 중인 프로그램을 다른 프로그램으로 바꾸고자 한다. 다른 프로그램을 실행하기 전에 매개변수를 확인하고 초기 환경을 설정한다.

해결책

내장 함수인 exec를 사용한다. exec를 호출할 때 인자가 하나뿐이고 그 인자에 메타 문자가 포함되어 있다면, 그 프로그램을 실행하기 위해서 셸이 사용된다.

```
exec("archive *.data")
    or die "Couldn't replace myself with archive: $! \n";
```

exec에 인자를 두 개 이상 넘기면 셸은 사용되지 않는다.

```
exec("archive", "accounting.data")
    or die "Couldn't replace myself with archive: $! \n";
```

인자가 하나뿐이고 그 인자에 메타 문자가 포함되지 않았다면, 이 인자를 공백문자를 기준으로 쪼개어서 그 결과로 나온 리스트를 exec에 전달한 것처럼 해석된다.

```
exec("archive accounting.data")
    or die "Couldn't replace myself with archive: $! \n";
```

논의

펄의 exec 함수는 *execlp*(2) 시스템 콜에 대한 직접적인 인터페이스이다. 이 시스템 콜은 프로세스는 건드리지 않으면서 현재의 프로그램을 다른 프로그램으로 교체한다. exec를 호출한 프로그램은 제거되고, 운영체제의 프로세스 테이블 안에 원래 프로그램이 차지하고 있던 자리에는 exec의 인자로 지정된 새 프로그램이 들어간다. 그 결과로 새로운 프로그램에는 원래 프로그램과 같은 프로세스 ID($$)가 할당된다. 지정된 프로그램을 실행할 수 없는 경우에는 exec에서 거짓 값이 반환되고 원래 프로그램이 계속 실행된다. 이런 경우를 반드시 검사해야 한다.

system처럼(레시피 16.2 참고) 간접 객체를 사용해서 실행할 프로그램을 지정할 수 있다.

```
exec {'/usr/local/bin/lwp-request'} 'HEAD', $url;
```

첫 번째 진짜 인자(위에서는 'HEAD')는 새 프로그램에게 프로그램의 이름을 알려주는 것이다. 어떤 프로그램은 이름에 따라서 동작이 달라지고 어떤 프로그램은 로그를 남길 때 이 이름을 사용한다. 하지만 exec을 호출할 때 간접 객체를 쓰는 가장 중요한 목적은 셸을 사용하지 않고 프로그램이 실행되도록 하는 것이다.

하나의 프로그램 안에서 exec를 사용하여 다른 프로그램으로 교체되는 경우, 원래의 프로세스가 제대로 종료되는 경우라면 자동으로 실행되었을 END 블록이나 객체 소멸자 등은 자동으로 실행되지 않는다.

더 알아보기

- *perlfunc*(1) 문서와 *Programming Perl* 29장에서 다루는 exec 함수
- 시스템에 있는 *execlp*(2) 매뉴얼 페이지
- 레시피 16.2

16.4 다른 프로그램을 읽거나 쓰기

문제

다른 프로그램을 실행해서 그 프로그램의 출력을 읽거나 그 프로그램의 입력을 쓰고자 한다.

해결책

파이프 기호와 함께 open을 사용한다. 프로그램의 출력을 읽을 때는 파이프 기호를 뒤쪽에 쓴다.

```
$pid = open $readme, "-|", "program", "arguments"
                                              or die "Couldn't fork: $! \n";
while (<$readme>)  {
    # ...
}
close $readme                                or die "Couldn't close: $! \n";
```

프로그램에 입력을 쓸 때는 파이프 기호를 앞쪽에 쓴다.

```
$pid = open $writeme, "|-", "program", "arguments"
                                              or die "Couldn't fork: $! \n";
print $writeme "data\n";
close $writeme                               or die "Couldn't close: $! \n";
```

논의

읽기의 경우 역따옴표를 사용하는 것과 유사하다. 다만, 프로세스 ID와 파일핸들을 얻을 수 있는 것과 셸이 사용되지 않는 것이 다르다. 셸 메타문자가 인자에 포함되어 있을 때에 셸이 사용되도록 하고자 하는 경우, 예를 들면 셸이 파일이름 와일드카드를 확장하거나 I/O 리다이렉트를 하는 경우에는 인자가 두 개인 형태의 open을 사용해야 한다.

```
open($writeme, "| program args");
open($readme, "program args |");
```

하지만 이 형태는 바람직하지 못할 때가 있다. 파이프를 사용한 open에 검사받지 않은 사용자 데이터가 들어 있으면, 오염 방지 모드(taint mode)나 신뢰할 수 없는 상황에서 실행될 경우 위험할 수 있다.

파일핸들에 대해 close를 명시적으로 호출하는 것에 유의하라. open을 사용해서 자식 프로세스에 파일핸들을 접속하면 펄은 이를 기억해두고 파일핸들을 닫을 때에 자식 프로세스를 자동으로 기다린다. 그 시점까지 자식 프로세스가 종료하지 않았다면 펄은 자식 프로세스가 종료하기를 기다린다. 만일 자식 프로세스가 종료하지 않는다면 매우 긴 시간 동안 계속 기다리기만 할 가능성이 있다.

```
$pid = open $f, "-|", "sleep", "100000"; # 자식 프로세스가 잔다
close $f;                                # 부모 프로세스는 계속 기다리게 된다.
```

이런 사태를 피하려면 open에서 반환되는 PID를 기억해두고 이것을 사용해서 자식 프로세스를 강제종료한다. 또는 레시피 16.10에 나온 것처럼 pipe-fork-exec

로 이어지는 일련의 처리를 수동으로 할 수 있다.

이미 종료되어 더 이상 존재하지 않는 프로세스에 쓰기를 하려고 하면 원래의 프로세스는 SIGPIPE 시그널을 받는다. 기본적으로 이 시그널을 받은 프로세스는 강제종료되도록 되어 있다. 이게 걱정된다면 만일을 위해서 SIGPIPE 핸들러를 설치한다.

다른 프로그램을 실행해서 그 프로그램의 STDIN으로 들어갈 입력을 여러분이 전달하고 싶은 경우에도 비슷한 구문을 사용한다.

```
$pid = open $writeme, "|-", "program", "args";
print $writeme "hello\n";  # 프로그램은 STDIN에 hello\n를 받는다
close $writeme;            # 프로그램은 STDIN에 EOF를 받는다
```

open에 전달된 두 번째 인자("|-")는 파일을 여는 대신에 다른 프로세스를 시작하도록 펄에 지시한다. 이 구문은 open으로 열린 파일핸들을 프로세스의 STDIN에 연결한다. 이제 파일핸들에 쓴 내용을 STDIN을 통해서 그 프로그램에서 읽을 수 있다. close로 파일핸들을 닫으면 open으로 열린 프로세스가 다음에 STDIN에서 읽기를 하려 할 때 EOF를 받게 된다.

이 기법을 사용하여 프로그램의 일반적인 출력 경로를 바꿀 수도 있다. 예를 들어 모든 출력을 자동으로 페이저를 사용해서 표시하도록 하기 위해서 아래의 코드를 사용할 수 있다.

```
$pager = $ENV{PAGER} || '/usr/bin/less'; # XXX: 존재하지 않을 수도 있다
open(STDOUT, "|-", $pager);
```

이렇게 하면 프로그램의 나머지 부분을 바꾸지 않아도 표준 출력에 표시하는 모든 내용이 자동으로 페이저를 통해서 표시된다.

앞에서와 마찬가지로 부모 프로세스에서 close를 호출할 때 주의해야 한다. 부모 프로세스에서 자식 프로세스로 접속하는 파일핸들이 닫히면 자식 프로세스가 종료하기를 기다리는 동안 부모 프로세스는 실행이 중단된다. 만일 자식 프로세스가 종료하지 않으면 close도 끝나지 않는다. 해결책도 앞에서와 마찬가지로 자식 프로세스의 종료를 기다리지 않고 강제 종료하거나 저레벨의 pipe-fork-exec 과정을 직접 하는 것이다.

파이프를 붙인 open을 사용하는 경우에는 open의 반환값뿐 아니라 close의 반환값까지 항상 검사해야 한다. 프로그램이 정상적으로 시작되었는지는 open의 반환값에 나타나지 않기 때문이다. 파이프를 붙인 open을 사용하면 프로그램을 실행하기 위해서 fork로 자식 프로세스가 생성된다. 시스템에서 사용할 수 있는 프

로세스의 수에 여유가 있는 경우에는 방금 만들어진 자식 프로세스의 PID가 fork에서 즉시 반환된다.

자식 프로세스가 exec로 명령어를 실행하는 시점에 이 자식 프로세스는 부모와 별개로 스케줄되는, 독립적인 프로세스이다. 따라서 실행하려는 명령어를 찾을 수 없는 경우, 그 사실을 open 함수에 알려줄 실질적인 방법이 없다. open 함수는 다른 프로세스에 있기 때문이다.

명령어가 정상적으로 실행되었는지를 확인하기 위해서는 close의 반환값을 검사해야 한다. 명령어를 찾을 수 없는 경우에는 자식 프로세스가 0이 아닌 상태값을 반환하며 종료된다. 그러면 close는 거짓을 반환하며 $?가 그 프로세스의 종료 상태값으로 설정된다. 이 변수의 값은 레시피 16.19에서 설명하는 방법을 써서 해석할 수 있다.

파이프를 붙인 open을 쓰기 전용으로 사용하는 경우에도 SIGPIPE 핸들러를 설치해야 한다. 존재하지 않는 자식 프로세스에 쓰기를 하려 할 때도 SIGPIPE가 발생하기 때문이다.

더 알아보기

- *perlfunc*(1) 문서와 *Programming Perl* 29장에서 다루는 open 함수
- 레시피 16.10
- 레시피 16.15
- 레시피 16.19
- 레시피 19.5

16.5 출력을 필터 처리하기

문제

프로그램의 출력을 후처리할 필요가 있지만 이것을 위해 별개의 프로그램을 만들고 싶지는 않다.

해결책

암묵적으로 fork가 이뤄지는 형태의 open을 사용해서 프로그램에 필터를 붙인다. 예를 들어 다음과 같이 하여 프로그램의 출력이 처음 백 줄만 나오게 할 수 있다.

```
head(100);
while (<>) {
    print;
```

```
}
sub head {
    my $lines = shift || 20;
    return if $pid = open STDOUT, "|-";
    die "cannot fork: $!" unless defined $pid;
    while (<STDIN>) {
        print;
        last unless --$lines;
    }
    exit;
}
```

논의

출력 필터를 추가하는 것은 간단하다. 단지 자신의 프로그램의 STDOUT에 대해 fork를 동반하는 open을 사용하면 된다. 그때 자식 프로세스의 STDIN과 STDOUT 사이에 필터를 넣어서 원하는 대로 내용을 변경하게 한다. 출력을 만들기 *전에* 출력 필터를 설치하는 것을 명심하도록 한다. 생각해보면 당연하다. 자신의 프로그램에서 이미 떠나 버린 출력을 필터 처리할 수 없다. 이 필터들은 일반적으로 LIFO (Last In First Out) 순서로, 즉 마지막에 삽입된 것이 제일 먼저 처리된다.

다음은 두 가지 출력 필터를 사용하는 예이다. 하나의 필터에서는 각 줄에 번호를 붙이고 또 하나의 필터에서는 메일의 답장과 같은 형식으로 각 줄에 인용 표식을 붙인다. 이 프로그램을 */etc/motd* 파일을 대상으로 실행하면 다음과 같은 출력을 얻을 수 있다.

```
1:  > Welcome to Linux, version 2.0.33 on a i686
2:  >
3:  >     "The software required `Windows 95 or better',
4:  >      so I installed Linux."
```

두 개의 필터를 적용하는 순서를 거꾸로 하면 출력은 다음처럼 바뀐다.

```
> 1: Welcome to Linux, Kernel version 2.0.33 on a i686
> 2:
> 3:      "The software required `Windows 95 or better',
> 4:       so I installed Linux."
```

이 프로그램의 코드를 예제 16-1에서 소개한다.

예제 16-1. qnumcat

```
#!/usr/bin/perl
# qnumcat - 출력 필터를 추가하는 방법을 나타내는 데모

number();                       # number 필터를 STDOUT에 연결한다
quote();                        # quote 필터를 STDOUT에 연결한다

while (<>) {                    # /bin/cat처럼 동작한다
    print;
}
```

```
close STDOUT;                      # 처리가 끝난 것을 자식 프로세스에게 정식적으로 알린다
exit;

sub number  {
    my $pid;
    return if $pid = open STDOUT, "|-";
    die "cannot fork: $!" unless defined $pid;
    while (<STDIN>)  { printf "%d: %s", $., $_ }
    exit;
}

sub quote  {
    my $pid;
    return if $pid = open STDOUT, "|-";
    die "cannot fork: $!" unless defined $pid;
    while (<STDIN>)  { print "> $_" }
    exit;
}
```

fork로 프로세스를 분리하는 경우 항상 그렇지만, 무제한으로 반복하면 메모리가 계속해서 소비된다. 그렇지만 프로세스 수가 여러 개 혹은 수십 개 정도라면 전혀 문제없다. 유닉스처럼 처음부터 멀티태스킹을 지원하도록 설계된 시스템이라면 이 비용은 여러분이 생각하는 것보다 훨씬 적으며, 가상 메모리와 쓰기 시 복사(copy-on-write)로 인해 효율적으로 수행된다. 모든 경우는 아니더라도 많은 경우, fork를 사용하여 멀티태스킹을 적은 비용으로 효과적으로 이룰 수 있다.

더 알아보기

- *perlfunc*(1) 문서와 *Programming Perl* 29장에서 다루는 open 함수
- 레시피 16.4

16.6 입력을 전처리하기

문제

압축된 파일이나 URL로 지정된 웹 문서 등과 같은 특별한 포맷의 파일을 여러분의 프로그램으로 처리하고자 한다. 하지만 현재 이 프로그램은 로컬 시스템의 평범한 텍스트만 접근할 수 있다.

해결책

펄에서 쉽게 파이프를 다룰 수 있는 장점을 이용하여, 입력 파일을 열기 전에 파일의 이름을 파이프로 바꾼다.

*gzip*이나 *compress*로 압축된 파일을 *gzip*으로 압축을 풀어서 자동으로 처리하기 위해서는 아래의 코드를 사용한다.

```
@ARGV = map  { / \.(gz|Z)$/ ? "gzip -dc $_ |" : $_ } @ARGV;
while (<>)  {
    # .......
}
```

URL로 지정된 문서를 가져오려면 LWP(20장을 참고)에 포함된 *GET* 프로그램을 사용한다.

```
@ARGV = map  { m#^ \w+://# ? "GET $_ |" : $_ } @ARGV;
while (<>)  {
    # .......
}
```

HTML이 아니라 텍스트만을 뽑아내야 하는 일도 있을 것이다. 그럴 경우에는 *lynx -dump* 같은 다른 명령어를 쓰면 된다.

논의

레시피 16.1에서 설명한 것처럼 펄에 내장된 open 함수는 신기한 특성이 있다. 특별히 뭘 하지 않고도 쉽게 파일 대신에 파이프를 열도록 할 수 있는 것이다(그래서 *매직* 오픈이라고 부르기도 하며, 암묵적인 ARGV 처리와 연동되는 경우 *매직 ARGV*라고도 부른다). 보기에 파이프 같다면 펄에서 파이프처럼 열린다. 여기서는 그 특성을 이용해서 압축 해제 등의 전처리를 하는 코드가 포함되도록 파일이름을 바꾼다. 예를 들어 파일이름이 "09tails.gz"인 경우에는 "gzcat -dc 09tails.gz |"로 바꾼다.

이 기법은 다양하게 적용할 수 있다. 예를 들면 컴퓨터에서 NIS[1]가 사용되지 않는 경우에는 */etc/passwd*를 읽고, NIS가 사용되는 경우에는 *ypcat passwd*의 출력을 읽어 들이려 한다고 하자. 여기서는 *domainname* 프로그램의 출력을 가지고 NIS의 사용 여부를 판단하고, 그 결과에 따라서 "</etc/passwd"나 "ypcat passwd |" 중 어느 한쪽을 열도록 파일이름을 설정한다.

```
$pwdinfo = `domainname` =~ /^( \(none \))?$/
                    ? '</etc/passwd'
                    : 'ypcat passwd |';
open(PWD, $pwdinfo)                  or die "can't open $pwdinfo: $!";
```

멋진 점은, 여러분이 프로그램에 이러한 처리를 넣을 생각을 하지 않았더라도 펄이 이미 해주었다는 것이다. 예를 들어 아래의 코드에 관해서 생각해보자.

1 (옮긴이) Network Information System, 하나의 사용자계정과 패스워드, 그룹 등을 공유하여 다른 시스템에 제공하는 서비스

```
print "File, please? ";
chomp($file = <>);
open (FH, $file)                       or die "can't open $file: !$";
```

사용자는 평범한 파일의 이름을 입력할 수도 있고, 아니면 "webget http://www.perl.com |"처럼 입력할 수도 있다. 이 경우 이 프로그램은 *webget*이라는 프로그램의 출력을 읽게 된다. 심지어 사용자는 -, 즉 하이픈 하나만을 입력할 수도 있으며, 이 하이픈은 읽기 모드로 열릴 경우 표준 입력을 사용하는 것을 의미한다.

그리고 이 방법은 레시피 7.14에서 설명하는 ARGV 자동 처리에서도 효과적으로 활용할 수 있다.

더 알아보기

· 레시피 7.14

· 레시피 16.4

16.7 프로그램의 STDERR을 읽기

문제

system, 역따옴표, open을 사용해서 프로그램을 실행하고는 싶은데, 그 프로그램의 표준 에러 출력이 원래 프로그램의 STDERR로 전달되지는 않았으면 한다. 그 대신에 STDERR을 무시하거나 읽어 들일 수 있었으면 좋겠다.

해결책

셸에서 제공하는 기능인 리다이렉션과 파일 기술자 복제를 사용한다(아래 예제에서는 open의 반환값을 검사하지 않지만, 이것은 예제 코드를 읽기 쉬우라고 그런 것이다. 실제 프로그램을 만들 때는 반드시 검사해야 한다).

실행한 명령문의 STDERR과 STDOUT을 한꺼번에 캡처하려면 아래와 같이 할 수 있다.

```
$output = `cmd 2>&1`;                 # 역따옴표를 사용하는 경우
# 또는
$pid = open(PH, "cmd 2>&1 |");        # 파이프를 사용한 open 후 읽기
while (<PH>)  { }
```

명령문의 STDOUT은 캡처하고 STDERR은 버리려면 아래처럼 한다.

```
$output = `cmd 2>/dev/null`;               # 역따옴표를 사용하는 경우
# 또는
$pid = open(PH, "cmd 2>/dev/null |");  # 파이프를 사용한 open 후 읽기
while (<PH>)  { }
```

명령문의 STDERR은 캡처하고 STDOUT은 버리려면 아래처럼 한다.

```
$output = `cmd 2>&1 1>/dev/null`;          # 역따옴표를 사용하는 경우
# 또는
$pid = open(PH, "cmd 2>&1 1>/dev/null |"); # 파이프를 사용한 open 후 읽기
while (<PH>)  { }
```

명령문의 STDOUT과 STDERR을 맞바꾸는 경우, 즉 STDERR을 캡처하고 STDOUT을 원래의 STDERR로 출력하려면 아래와 같이 한다.

```
$output = `cmd 3>&1 1>&2 2>&3 3>&-`;          # 역인용부를 사용하는 경우
# 또는
$pid = open(PH, "cmd 3>&1 1>&2 2>&3 3>&-|");   # 파이프를 사용한 open 후 읽기
while (<PH>)  { }
```

명령문의 STDOUT과 STDERR 두 개를 각각 읽어 들이는 경우에 가장 간단하고 안전한 방법은 두 개를 별개의 파일로 리다이렉트하고 프로그램이 종료한 다음에 그 파일들을 읽는 것이다.

```
system("program args 1>/tmp/program.stdout 2>/tmp/program.stderr");
```

논의

역따옴표나 파이프를 사용한 open, 또는 한 개의 문자열 인자를 받는 system을 사용하여 명령문을 실행하면 셸에서 특수한 의미를 가진 문자가 포함되었는지를 검사하게 된다. 그 덕에 새로운 프로그램의 파일 기술자를 리다이렉트할 수 있다. STDIN의 파일 기술자 번호는 0이고, STDOUT은 1, STDERR은 2이다. 따라서 2>file라고 하면 STDERR을 파일로 리다이렉트할 수 있다. 또, N이 파일 기술자 번호라면 &N이라는 표기를 사용해서 그 파일 기술자로 리다이렉트할 수 있다. 따라서 2>&1는 STDERR을 STDOUT에 출력하는 것을 의미한다.

셸에서 파일 기술자의 리다이렉트에 관해서 몇 가지 흥미로운 예제를 표 16-1에 목록으로 소개한다.

리다이렉트	의미
0</dev/null	STDIN에 EOF를 바로 송신한다
1>/dev/null	STDOUT으로 나오는 내용을 버린다
2>/dev/null	STDERR으로 나오는 내용을 버린다
2>&1	STDERR을 STDOUT로 송신한다
2>&-	STDERR을 닫는다 (권장하지 않음)
3<>/dev/tty	3번 파일 기술자를 /dev/tty에 대해 읽기 모드로 연다

표 16-1 여러 가지 리디아렉트와 그 의미

이 표를 참고하여 위 해결책에 나온 내용 중 가장 복잡한 리다이렉트 예제를 분석해보자.

```
$output = `cmd 3>&1 1>&2 2>&3 3>&-`;
```

여기서는 네 단계에 걸쳐 리다이렉트가 이루어진다.

단계A : 3>&1

새로운 파일 기술자인 3번 기술자를 1번 기술자의 사본이 되게 한다. 따라서 방금 만든 새로운 파일 기술자에 STDOUT의 도착지가 저장된다.

단계B : 1>&2

STDOUT의 도착지를 STDERR의 현재 도착지로 바꾼다. 이 시점까지 STDOUT의 도착지이던 곳은 3번 기술자에 저장되어 있는 상태이다.

단계C : 2>&3

3번 기술자의 내용을 2번 기술자로 복사한다. 즉, STDERR의 목적지가 STDOUT이 처음에 출력하고 있던 곳으로 바뀐다.

단계D : 3>&-

스트림을 서로 맞바꾸었으니 이제 깔끔하게 임시 파일 기술자를 닫는다. 이렇게 해서 파일 기술자가 낭비되는 것을 막는다.

이 절차들이 혼란스럽다면 일반적인 변수를 사용한 일련의 대입 구문으로 바꿔서 생각해보는 것도 좋다. 예를 들어 $fd1이 STDOUT을 나타내고, $fd2가 STDERR을 나타낸다. 이 두 변수의 값들을 맞바꾸려면 값 하나를 임시로 보관할 작업용 변수를 사용할 것이다. 여기에서 설명한 일련의 리다이렉트는 결국 아래와 같은 식이다.

```
$fd3 = $fd1;
$fd1 = $fd2;
$fd2 = $fd3;
$fd3 = undef;
```

이 과정이 끝나고 나면 역따옴표 연산자가 반환하는 문자열은 명령어의 STDERR로 출력된 내용이다. 명령어의 STDOUT으로 출력된 내용은 원래의 STDERR로 내보내진다.

```
system("prog args 1>tmpfile 2>&1");
system("prog args 2>&1 1>tmpfile");
```

위의 첫 번째 명령은 표준 입력과 표준 에러 출력이 모두 임시 파일로 보내진다. 반면에 두 번째 명령에서는 원래의 표준 입력만이 임시 파일로 보내지고 원래의 표준 에러는 원래의 표준 출력에 표시된다. 이해하기 어렵다면 아래처럼 파일 기술자를 나타내는 변수에 대한 대입으로 바꾸어보면 좋다.

```
# system ("prog args 1>tmpfile 2>&1");
$fd1 = "tmpfile";              # 먼저 표준 출력의 목적지를 바꾼다
$fd2 = $fd1;                   # 결과적으로 표준 에러 출력의 목적지도 그곳이 된다
```

이것은 다음과는 완전 다르다.

```
# system("prog args 2>&1 1>tmpfile");
$fd2 = $fd1;                   # 표준 에러의 목적지를 표준 입력과 같게 한다
$fd1 = "tmpfile";              # 그 다음에 표준 출력의 목적지를 바꾼다
```

더 알아보기

- 시스템에 있는 *sh*(1) 매뉴얼 페이지에서 파일 기술자의 리다이렉트에 대해 다룬다.
- *perlfunc*(1) 문서와 *Programming Perl* 29장에서 다루는 system 함수

16.8 다른 프로그램의 입력과 출력을 제어하기

문제

다른 프로그램에 대해서 읽기와 쓰기를 동시에 하고자 한다. open 함수를 사용하면 한 번에 하나만 할 수 있고 양쪽을 동시에 할 수는 없다.

해결책

기본 모듈인 IPC::Open2 모듈을 사용한다.

```
use IPC::Open2;

$pid = open2(*README, *WRITEME, $program);
print WRITEME "here's your input\n";
$output = <README>;
close(WRITEME);
close(README);
waitpid($pid, 0);
```

논의

다른 프로그램에 읽기와 쓰기를 동시에 해야 할 일은 매우 흔하지만, 사실 매우 위험한 일이다. 내장 함수 open에서 다음과 같은 조작이 허용되지 않는 것도 그 때문이다.

```
open(my $double_handle, "| program args |")      # 잘못되었음
```

이때 가장 큰 문제는 버퍼링이다. 다른 프로그램으로 하여금 버퍼를 거치지 않고 출력하도록 강제할 수 없기 때문에, 여러분의 프로그램에서 그 출력을 읽으려다가 블록되지 않는다는 보장이 없다. 다른 프로세스가 여러분이 뭔가 보내주기를 기다리며 블록되어 있는 상황에서, 여러분의 프로그램마저 읽기 연산을 수행하다 블록되어 버리면 교착상태(deadlock)라는 비참한 상태에 빠지게 된다. 이제 누군가 프로세스를 강제로 종료하거나 컴퓨터가 재시작되기 전까지는 두 프로그램 모두 꼼짝할 수 없게 된다.

만일 다른 프로그램도 여러분이 만든 것이고 동작 방식도 잘 알고 있어서 그 프로세스의 버퍼링을 제어할 수 있다면, IPC::Open2 모듈이 적절한 선택이 될 것이다. open2 함수의 처음 두 인자로 정의되지 않은 스칼라값을 전달할 경우 새로운 파일핸들이 생성된다.

```
use IPC::Open2;
$pid = open2(my $reader, my $writer, $program);
```

또는 "<&OTHERFILEHANDLE"나 ">&OTHERFILEHANDLE" 같은 형식의 인자를 넘길 수도 있다. 이 인자들은 이미 존재하는 파일핸들이며 자식 프로세스로 하여금 이 파일핸들을 통하여 읽거나 쓰도록 지시한다. 이 파일핸들을 반드시 여러분의 프로그램에서 제어해야 하는 건 아니며, 다른 프로그램이나 파일 또는 소켓에 연결된 것일 수도 있다.

실행할 프로그램은 리스트 형식으로 지정할 수도 있고 하나의 문자열로 지정할 수도 있다. 리스트의 경우 첫 번째 원소가 프로그램의 이름이고 나머지 원소는 그 프로그램에 전달할 인자가 된다. 하나의 문자열인 경우는 그 문자열이 명령문으로서 셸에 전달되어 실행된다. 프로세스의 표준 에러까지도 제어하고 싶다면 레시피 16.9를 참고하여 IPC::Open3 모듈을 사용하라.

에러가 발생한 경우 open2와 open3는 값을 반환하지 않는다. 대신 "open2"나 "open3"로 시작하는 에러 메시지를 출력하며 die를 호출한다. 에러가 발생했는지 검사하려면 eval BLOCK 구조를 사용하라.

```
eval {
    $pid = open2($readme, $writeme, @program_and_arguments);
};
if ($@) {
    if ($@ =~ /^open2/) {
        warn "open2 failed: $!\n$@\n";
        return;
```

```
    }
    die;            # 예상하지 못했던 예외는 다시 전달한다
}
```

IPC::Open2는 종료된 자식 프로세스에 대한 뒤처리를 하지 않기 때문에, 해결책에서 보듯이 여러분이 직접 waitpid를 호출하여야 한다. 자세한 내용은 레시피 16.19를 참고하라.

더 알아보기

- IPC::Open2와 IPC::Open3 모듈의 문서
- 레시피 10.12
- *perlfunc*(1) 문서와 *Programming Perl* 29장에서 다루는 eval 함수
- *perlvar*(1) 문서와 *Programming Perl* 28장의 "Special Variables in Alphabetical Order" 절에서 다루는 $@ 변수

16.9 다른 프로그램의 입력, 출력, 에러를 제어하기

문제

어떤 명령어의 입력, 출력, 에러 스트림 모두를 완전히 제어하고자 한다.

해결책

세심한 주의를 기울여서 기본 모듈 IPC::Open3를 사용한다. 아마 기본 모듈 IO::Select와 조합해서 사용하는 것이 일반적일 것이다.

논의

프로그램의 STDIN, STDOUT, STDERR 중 하나만 제어하는 것은 단순하다. 하지만 두 개 이상을 동시에 다루려면 더 이상 간단하지 않다. 다수의 입출력 스트림을 다중화하는 것은 매우 복잡한 일이다. 다음은 문제를 우회하여 비교적 간단히 해결하는 방법이다.

```
@all = `($cmd | sed -e 's/^/stdout: /' ) 2>&1`;
for (@all) { push @{ s/stdout: // ? \@outlines : \@errlines }, $_ }
print "STDOUT:\n", @outlines, "\n";
print "STDERR:\n", @errlines, "\n";
```

자신의 시스템에 sed가 설치되어 있지 않더라도, 위처럼 단순한 경우는 *perl -pe*를 쓰면 *sed -e*와 똑같이 동작한다.

하지만 이 방법은 진정한 동시 처리가 아니다. 여기서는 STDOUT에서 출력되

는 행들 앞에 "stdout:"이라는 표식을 붙여둔 후, 프로그램에서 생성된 STDOUT과 STDERR을 모두 읽어 들인 후에 표식을 다시 제거하고 있다.

기본 모듈인 IPC::Open3를 사용하여 이 문제를 해결할 수 있다. 희한하게도 IPC::Open3 모듈과 IPC::Open2 모듈은 인자의 순서가 서로 다르다.

```
open3($write_me, $read_me, $errors, "program to run");
```

open3를 사용하면 open2를 사용하는 것보다 혼란을 일으킬 가능성이 더 커진다. 프로그램이 버퍼 하나 이상의 분량을 STDOUT에 쓰려고 하고 있는데 여러분이 그 프로그램의 STDERR을 읽으려고 한다면 그 프로그램은 버퍼가 가득 차 있어서 쓰기 연산 중에 블록되고, 여러분의 프로그램은 읽을 게 없어서 블록될 것이다.

fork, open, exec를 사용하여 open3의 동작을 흉내 내고 모든 파일핸들을 버퍼를 쓰지 않도록 설정한 후, sysread, syswrite, select를 써서 읽을 수 있는 파일핸들 중 어느 파일핸들로부터 읽을지 결정하도록 함으로써 이런 교착상태를 피할 수 있다. 하지만 이런 방법을 쓰려면 프로그램이 크고 느려지며, 두 프로그램이 서로 상대방이 뭔가 보내주기를 대기하는 open2의 교착상태는 여전히 해결되지 않는다.

```
use IPC::Open3;
$pid = open3($child_in, $child_out, $child_err, $cmd);
close $child_in;  # 자식 프로세스에 EOF을 보낸다
@outlines = <$child_out>;              # EOF를 받을 때까지 읽는다
@errlines = <$child_err>;              # XXX: 크기가 크다면 블록될 가능성이 있다
print "STDOUT:\n", @outlines, "\n";
print "STDERR:\n", @errlines, "\n";
```

교착상태 문제뿐 아니라 이 방법은 여러 가지 오류의 가능성이 있다. 주의해야 할 상황이 최소 세 가지가 있다. 첫 번째는 자식 프로세스와 부모 프로세스가 동시에 읽기를 시도하며 교착상태에 빠지는 것이다. 두 번째는 부모 프로세스가 자식 프로세스의 STDOUT을 읽으려다 블록되어 있는 동안 자식 프로세스는 STDERR에 쓰려고 하는데 버퍼가 가득 차 있어서 블록되는 경우이다. 세 번째는 자식 프로세스가 STDOUT 또는 STDERR에 쓰려다가 버퍼가 가득 차서 블록되어 있는데 부모 프로세스가 자식의 STDIN에 쓰기를 시도하며 블록되는 것이다. 첫 번째 문제는 일반적으로 해결이 불가능하다. 하지만 alarm을 사용해서 타이머를 설정한 후 SIGALRM 시그널을 받았을 때 블록을 야기한 연산을 재시작하지 않게 함으로써 회피할 수는 있다.

읽을 게 있는 파일핸들이 존재하는 경우 그게 어느 파일핸들인지 알아내기 위해 IO::Select 모듈을 사용한다(내장 함수인 select 함수를 쓸 수도 있다). 이것으

로 두 번째 문제를 해결할 수 있지만 세 번째 문제는 해결할 수 없다. 세 번째 문제를 해결하려면 alarm을 사용하고 SIGALRM을 받았을 때 동작을 재시작하지 않도록 해야 한다.

한 프로그램에 입력을 보내면서 그 프로그램의 출력을 읽고, 에러를 읽거나 무시하는 세 가지 동작을 동시에 하려면 일이 훨씬 힘들어진다(예제 16-2를 참고하라).

예제 16-2. cmd3sel

```
#!/usr/bin/perl
# cmd3sel - 자식 프로세스의 입력, 출력, 에러를 모두 제어한다
use IPC::Open3;
use IO::Select;

$cmd = "grep vt33 /none/such - /etc/termcap";
$pid = open3($cmd_in, $cmd_out, $cmd_err, $cmd);

$SIG{CHLD} = sub {
    print "REAPER: status $? on $pid\n" if waitpid($pid, 0) > 0
};

print $cmd_in "This line has a vt33 lurking in it\n";
close $cmd_in;

$selector = IO::Select->new();
$selector->add($cmd_err, $cmd_out);

while (@ready = $selector->can_read) {
    foreach $fh (@ready) {
        if (fileno($fh) == fileno($cmd_err)) {print "STDERR: ", scalar <$cmd_err>}
        else                                 {print "STDOUT: ", scalar <$cmd_out>}
        $selector->remove($fh) if eof($fh);
    }
}
close $cmd_out;
close $cmd_err;
```

위의 예제에서는 입력으로 짧은 텍스트 한 줄만 보내고 핸들을 닫았다. 이렇게 해서 두 프로세스가 서로 상대방이 뭔가 쓰기를 기다리며 교착상태에 빠지는 것을 방지한다.

더 알아보기

- 기본 모듈 IO::Select, IPC::Open2, IPC::Open3 모듈 문서
- *perlfunc*(1) 문서와 *Programming Perl* 29장에서 다루는 alarm 함수
- 레시피 16.8
- 레시피 16.15
- 레시피 16.16

16.10 관련된 프로세스끼리 통신하기

문제

관련 있는 두 개의 프로세스가 서로 통신을 해야 한다. open, system, 역따옴표를 쓰는 것보다 더 정교하게 제어하고 싶다.

해결책

pipe와 fork를 사용한다.

```
my ($reader, $writer);
pipe $reader, $writer;
if (fork) {
    # 부모 프로세스의 코드를 실행해서 읽기나 쓰기 중 한쪽만을 처리한다
} else {
    # 자식 프로세스의 코드를 실행해서 읽기나 쓰기 중 한쪽만을 처리한다
}
```

또는 암묵적으로 fork가 이뤄지는 특별한 형식으로 open을 사용한다.

```
if ($pid = (open $child, "|-")) {
    # 부모 프로세스의 코드를 실행해서 자식 프로세스에 쓴다
} else {
    die "cannot fork: $!" unless defined $pid;
    # 자식 프로세스의 코드를 실행해서 부모 프로세스에서 읽는다
}
```

또는 반대로 할 수 있다.

```
if ($pid = open ($child, "-|")) {
    # 부모 프로세스의 코드를 실행해서 자식 프로세스에서 읽는다
} else {
    die "cannot fork: $!" unless defined $pid;
    # 자식 프로세스의 코드를 실행해서 부모 프로세스에 쓴다
}
```

논의

파이프는 단지 서로 연결된 두 개의 파일핸들이다. 한 파일핸들에 데이터를 쓰면 다른 파일핸들을 통해 읽을 수 있다. pipe 함수는 이런 식으로 연결된, 읽을 수 있는 파일핸들과 쓸 수 있는 파일핸들 한 쌍을 만든다. 단 이미 존재하는 파일핸들 두 개를 연결할 수는 없다. pipe를 사용하면 프로세스 간에 통신할 수 있다. 한 프로세스에서 pipe 함수를 사용하여 파일핸들 한 쌍을 만들고, fork로 자식 프로세스를 만든다. 결과적으로 두 개의 서로 다른 프로세스가 동일한 프로그램을 실행하며 연결된 파일핸들의 사본을 각각 지니게 된다. open과 마찬가지로, pipe에 인자로 파일핸들 대신 정의되지 않은 스칼라 변수를 넘기면 파일핸들이 생성되어 그 변수에 저장된다.

두 개의 프로세스 중에서 한쪽이 읽는 쪽 역할을 다하고 다른 쪽이 쓰는 쪽 역할을 다하는 한, 어느 프로세스가 읽는 쪽이며 어느 프로세스가 쓰는 쪽인지는 문제가 되지 않는다. 통신은 한 방향으로만 수행할 수 있다(다른 방법도 있으니 실망하지 말고 계속 읽어주기 바란다).

여기서는 IO::Handle 모듈을 불러와서 autoflush 함수를 사용할 것이다(부하가 적은 해법을 원한다면 7장에서 설명한 select를 가지고 할 수도 있다). 그러지 않으면 한 줄짜리 짧은 출력은 파이프 안에 머물면서 핸들을 닫기 전까지 반대편에 전달되지 않을 것이다.

부모 프로세스에서 자식 프로세스에 쓰기를 하는 프로그램을 예제 16-3에 소개한다.

예제 16-3. pipe1

```
#!/usr/bin/perl -w
# pipe1 - pipe와 fork를 사용해서 부모 프로세스에서 자식 프로세스에 쓰기를 한다

use IO::Handle;
my ($reader, $writer);
pipe $reader, $writer;
$writer->autoflush(1);

if ($pid = fork) {
    close $reader;
    print $writer "Parent Pid $$ is sending this\n";
    close $writer;
    waitpid($pid,0);
} else {
    die "cannot fork: $!" unless defined $pid;
    close $writer;
    chomp($line = <$reader>);
    print "Child Pid $$ just read this: `$line'\n";
    close $reader;  # 어차피 종료될 때 자동으로 닫히긴 한다
    exit;
}
```

이 레시피에서 소개하는 예제에서는 대부분의 에러 검사 코드를 독자들에게 숙제로 남긴다. 함수들이 어떻게 상호작용하는지 명확하게 보이기 위해서다. 실제로 사용할 때는 모든 시스템 콜의 반환값을 확인하도록 하라.

예제 16-4는 자식 프로세스에서 부모 프로세스로 쓰는 예이다.

예제 16-4. pipe2

```
#!/usr/bin/perl -w
# pipe2 - pipe와 fork를 사용해서 자식 프로세스에서 부모 프로세스로 쓰기를 한다
```

```
use IO::Handle;
my ($reader, $writer);
pipe($reader, $writer);
$writer->autoflush(1);

if ($pid = fork) {
    close $writer;
    chomp($line = <$reader>);
    print "Parent Pid $$ just read this: `$line'\n";
    close $reader;
    waitpid($pid,0);
} else {
    die "cannot fork: $!" unless defined $pid;
    close $reader;
    print $writer "Child Pid $$ is sending this\n";
    close $writer;  # 어차피 종료될 때 자동으로 닫히긴 한다
    exit;
}
```

이런 코드의 경우 두 개로 나뉜 각각의 부분을 반복문 안에 넣어서, 읽는 쪽이 EOF를 받을 때까지 계속 읽도록 하는 것이 일반적이다. 쓰는 쪽이 핸들을 닫거나 종료할 때 EOF를 받게 된다.

파이프로 연결된 파일핸들은 한 방향으로만 통신할 수 있으므로 각 프로세스는 두 파일핸들 중 하나만 사용하고 사용하지 않는 파일핸들을 닫는다. 그 이유는 미묘하다. 예를 들어 읽는 프로세스 쪽에서 쓰기용 파일핸들을 닫지 않았다고 해보자. 읽는 쪽이 무엇인가를 읽으려고 하는 사이에 쓰는 쪽이 종료해 버리면 읽는 쪽은 영원히 그 상태로 멈춰 있게 된다. 그 이유는 쓰기용 파일핸들의 사본 모두가 닫히지 않으면 시스템이 읽는 쪽 프로세스에게 더 이상 읽을 게 없다고 알려줄 수 없기 때문이다.

open 함수의 두 번째 인자로 "-|"나 "|-" 중 하나를 넘기면 암묵적으로 pipe와 fork가 호출된다. 이 기능을 사용하면, 앞에 나타난 파이프를 사용하는 코드를 조금이나마 더 간단하게 만들 수 있다. 자식 프로세스에서 부모 프로세스로의 통신은 STDIN 나 STDOUT을 통해서 이뤄지며, 어느 쪽을 통할지는 "-|"와 "|-" 중 어느 쪽을 썼는지에 따라 결정된다.

open을 이렇게 사용하여 부모 프로세스에서 자식 프로세스로 쓰려면 예제 16-5처럼 한다.

예제 16-5. pipe3

```
#!/usr/bin/perl -w
# pipe3 - fork를 수반하는 open을 사용해서 부모 프로세스에서 자식 프로세스로 쓰기를 한다

use IO::Handle;
if ($pid = open ($child, "|-")) {
    $child->autoflush(1);
```

```
    print $child "Parent Pid $$ is sending this\n";
    close $child;
} else {
    die "cannot fork: $!" unless defined $pid;
    chomp($line = <STDIN>);
    print "Child Pid $$ just read this: `$line'\n";
    exit;
}
```

자식 프로세스의 STDIN은 이미 부모 프로세스로 설정되어 있으므로 자식 프로세스에서 exec를 사용하여 표준 입력에서 입력을 받도록 만들어진 다른 프로그램, 예를 들어 *lpr* 등을 실행할 수도 있다. 흔히 사용되는 편리한 방법 중 하나다.

자식 프로세스에서 부모 프로세스로 쓰려면 예제 16-6처럼 한다.

예제 16-6. pipe4

```
#!/usr/bin/perl -w
# pipe4 - fork를 동반하는 open을 사용해서 자식 프로세스에서 부모 프로세스에 쓰기를 한다

use IO::Handle;
if ($pid = open $child, "-|") {
    chomp($line = <$child>);
    print "Parent Pid $$ just read this: `$line'\n";
    close $child;
} else {
    die "cannot fork: $!" unless defined $pid;
    STDOUT->autoflush(1);
    print STDOUT "Child Pid $$ is sending this\n";
    exit;
}
```

이 경우에도 자식 프로세스의 STDOUT은 이미 부모 프로세스와 연결되어 있으므로, 자식 프로세스에서 exec를 사용하여 표준 출력으로 무엇인가 출력하는 다른 프로그램을 실행할 수 있다. 부모 프로세스 쪽에서는 그 출력을 <$child>를 통해 입력받는다.

이렇게 open을 사용하는 경우에는 waitpid를 명시적으로 호출할 필요가 없다. 직접 fork를 호출한 게 아니기 때문이다. 하지만 close는 호출해야 한다. 위의 두 예제 모두 $? 변수에 자식 프로세스의 대기상태(wait status)값이 저장된다(이 상태값을 해석하는 방법은 레시피 16.19를 참고하라).

지금까지 소개한 예제에서는 통신을 한쪽 방향으로만 할 수 있었다. 두 프로세스가 동시에 서로 데이터를 주고받으려면 어떻게 해야 할까? fork하기 전에 pipe를 두 번 호출하면 된다. 다만 어느 프로세스에서 무엇을 언제 보낼지는 주의 깊게 결정해야 한다. 그렇지 않으면 교착상태에 빠질 수 있다(예제 16-7 참고).

예제 16-7. pipe5

```
#!/usr/bin/perl -w
# pipe5 - socketpair와 유사하게 동작하는 pipe 두 쌍을
# 사용한 쌍방향 통신
use IO::Handle;
my ($parent_rdr, $child_wtr, $child_rdr, $parent_wtr);
pipe $parent_rdr, $child_wtr;
pipe $child_rdr,  $parent_wtr;
$child_wtr->autoflush(1);
$parent_wtr->autoflush(1);

if ($pid = fork) {
    close $parent_rdr; close $parent_wtr;
    print $child_wtr "Parent Pid $$ is sending this\n";
    chomp($line = <$child_rdr>);
    print "Parent Pid $$ just read this: `$line'\n";
    close $child_rdr; close $child_wtr;
    waitpid($pid,0);
} else {
    die "cannot fork: $!" unless defined $pid;
    close $child_rdr; close $child_wtr;
    chomp($line = <$parent_rdr>);
    print "Child Pid $$ just read this: `$line'\n";
    print $parent_wtr "Child Pid $$ is sending this\n";
    close $parent_rdr; close $parent_wtr;
    exit;
}
```

점점 복잡해진다. 위 예제를 아래의 예제 16-8처럼 더 단순하게 만들 수 있도록 하는 특별한 시스템 콜이 있다. socketpair라는 이름의 시스템 콜이다. 이 시스템 콜은 pipe와 비슷한 일을 하지만 파일핸들 두 개가 다 읽기와 쓰기 양쪽에 사용할 수 있다는 점이 다르다.

예제 16-8. pipe6

```
#!/usr/bin/perl -w
# pipe6 - socketpair를 사용한 쌍방향 통신
# "최선은 두 방향 다 가보는 것이다"

use Socket;
use IO::Handle;
# POSIX 1003.1g에서 지정한 상수들의 이름은
# *_LOCAL이지만 아직 지원되지 않는 시스템이 많아서
# 여기서는 AF_UNIX를 사용하였다
socketpair($child, $parent, AF_UNIX, SOCK_STREAM, PF_UNSPEC)
    or  die "socketpair: $!";

$child->autoflush(1);
$parent->autoflush(1);

if ($pid = fork) {
    close $parent;
    print $child "Parent Pid $$ is sending this\n";
    chomp($line = <$child>);
    print "Parent Pid $$ just read this: `$line'\n";
    close $child;
    waitpid($pid,0);
```

```
} else {
    die "cannot fork: $!" unless defined $pid;
    close $child;
    chomp($line = <$parent>);
    print "Child Pid $$ just read this: `$line'\n";
    print $parent "Child Pid $$ is sending this\n";
    close $parent;
    exit;
}
```

사실 역사적으로 일부 시스템에서는 파이프를 소켓 쌍의 단말 두 개를 각각 절반씩 닫아서 구현하였다. 이런 시스템에서는 pipe($reader, $writer)가 아래와 같이 정의되어 있다.

```
socketpair($reader, $writer, AF_UNIX, SOCK_STREAM, PF_UNSPEC);
shutdown($reader, 1);        # 읽는 쪽에서는 더 이상 쓰지 않는다
shutdown($writer, 0);        # 쓰는 쪽에서는 더 이상 읽지 않는다
```

더 알아보기

- *perlfunc*(1) 문서와 *Programming Perl* 29장에서 이 레시피에 나온 함수들을 다룬다.
- 기본 모듈 IPC::Open2 모듈 문서
- *Advanced Programming in the UNIX Environment*
- 레시피 16.8
- 레시피 19.5

16.11 이름 있는 파이프를 사용하여 프로세스를 파일처럼 보이게 하기

문제

파일에 대한 모든 접근을 프로세스가 가로채도록 하고자 한다. 예를 들어, 인용문을 랜덤하게 반환하는 프로그램을 만들고 그 프로그램을 *~/.plan*이라는 파일처럼 보이게 하고 싶다.

해결책

이름 있는 파이프(named pipe)를 사용한다. 먼저 파이프를 만들어야 하는데 보통은 셸에서 만든다.

```
% mkfifo /path/to/named.pipe
```

그 파이프를 읽는 쪽의 코드는 아래와 같다.

```
open($fifo, "<", "/path/to/named.pipe")      or die $!;
while (<$fifo>) {
    print "Got: $_";
}
close $fifo;
```

쓰는 쪽의 코드는 아래와 같다.

```
open($fifo, ">", "/path/to/named.pipe")      or die $!;
print $fifo "Smoke this.\n";
close $fifo;
```

논의

이름 있는 파이프는 FIFO(First In First Out)라고도 불린다. 한 컴퓨터에서 여러 프로세스에 연결하는 버퍼로 동작하는 특별한 파일이다. 보통의 파이프도 프로세스끼리 통신하는 수단으로 사용할 수 있지만, 이걸 쓰려면 프로세스가 부모 프로세스에게서 파일핸들을 상속해야 한다. 이름 있는 파이프를 사용할 때는 프로세스는 그 파이프의 이름만 알면 된다. 대부분의 경우 프로세스는 자신이 FIFO로부터 읽고 있다는 사실을 인식할 필요도 없다.

이름 있는 파이프는 마치 일반적인 파일인 것처럼 읽고 쓸 수 있다(이 점은 17장에서 설명하는 유닉스 도메인 소켓과 다른 점이다). FIFO에 쓰인 데이터는 운영체제에 의해 버퍼에 저장되고 나중에 쓰인 순서와 같은 순서로 읽힌다. FIFO는 여러 프로세스를 연결하기 위한 버퍼로 동작하기 때문에, 파이프를 읽으려 연 프로세스는 다른 프로세스에서 파이프를 쓰기용으로 열 때까지 블록된다. 읽기와 쓰기의 관계가 반대이더라도 마찬가지다. 다만 open에 +< 모드를 사용해서 읽기와 쓰기 겸용으로 여는 경우는 (대부분의 시스템에서) 블록되지 않는다. 그 프로세스가 읽는 쪽이기도 하지만 동시에 쓰는 쪽이 될 수도 있기 때문이다.

이름 있는 파이프를 사용하여 사람들이 여러분의 계정에 대해 *finger*를 실행할 때마다 매번 다른 파일을 받도록 해보자. 먼저 *mkfifo* 또는 *mknod*를 사용해서 여러분의 홈 디렉터리에 *.plan*이라는 이름의 파이프를 만든다.

```
% mkfifo ~/.plan                    # mkfifo가 없는 시스템도 있을 수 있다
% mknod  ~/.plan p                  # mkfifo를 사용할 수 없는 경우
```

일부 시스템에서는 *mknod*(8)을 사용해야 한다. 이 프로그램들의 위치와 이름은 통일되지 않았고 쉽게 찾지 못할 수도 있다. 따라서 이 프로그램이 어디 있는지는 사용하는 시스템의 문서를 참고한다.

다음으로 여러분의 *~/.plan* 파일을 읽는 프로그램에게 데이터를 보내주는 프로그램을 만든다. 여기서는 예제 16-9에서 보듯이 간단히 날짜와 시각만 출력한다.

예제 16-9. dateplan

```
#!/usr/bin/perl -w
# dateplan - 현재 날짜와 시각을 .plan 파일에 출력한다
while (1) {
    open($fifo, "> $ENV{HOME}/.plan")
        or die "Couldn't open $ENV{HOME}/.plan for writing: $!\n";
    print $fifo "The current time is ", scalar(localtime), "\n";
    close $fifo;
    sleep 1;
}
```

아쉽게도 이 프로그램은 항상 잘 동작하지는 않는다. 일부 *finger* 프로그램과 거기에 딸린 데몬은 *.plan* 파일을 읽기 전에 파일의 크기를 확인하기 때문이다. 이름 있는 파이프는 파일 시스템 상에서 크기가 0인 특별한 파일로 보이기 때문에 이런 클라이언트나 서버는 이 파일을 읽으려고 하지 않으며, 우리의 속임수에 넘어가지 않는다.

이 *.plan* 예제에서는 쓰는 쪽이 데몬이었다. 반대로 읽는 쪽이 데몬인 경우도 흔하다. 예를 들어 다수의 프로세스에서 나오는 로그를 한곳에 모으기 위해서 이름 있는 파이프를 사용하는 경우를 생각해보자. 로그 서버는 이름 있는 파이프에서 로그 메시지들을 읽어 들여 데이터베이스나 파일로 전송할 수 있다. 클라이언트는 자신의 메시지를 이 파이프에 쓴다. 이러면 클라이언트에서 로그 배포와 관련된 로직을 제거할 수 있어서 나중에 메시지 배포 방식을 바꾸고자 할 때 구현하기 쉬워진다.

예제 16-10은 두 줄짜리 메시지를 읽는 간단한 프로그램이다. 메시지의 첫 번째 줄은 서비스 이름이고, 두 번째 줄은 로그에 기록될 메시지이다. `httpd`에서 나온 메시지는 모두 무시되며 `login`에서 나온 메시지는 모두 */var/log/login*에 저장된다.

예제 16-10. fifolog

```
#!/usr/bin/perl -w
# fifolog - FIFO에서 로그 메시지를 읽어 기록한다

$SIG{ALRM} = sub { close($fifo) };   # 큐에 저장되어 있는 다음 작업으로 이동

while (1) {
    alarm(0);                        # open 수행 중 필요하면 블록되도록 alarm을 끈다
    open($fifo, "</tmp/log")         or die "Can't open /tmp/log : $!\n";
    alarm(1);                        # 1초 동안 로그를 받는다
```

```
    $service = <$fifo>;
    next unless defined $service;    # 인터럽트되었거나 로그가 존재하지 않는다
    chomp $service;
    $message = <$fifo>;
    next unless defined $message;    # 인터럽트되었거나 로그가 존재하지 않는다
    chomp $message;

    alarm(0);                        # 메시지를 처리하기 위해 alarm을 끈다

    if ($service eq "http") {
        # 무시한다
    } elsif ($service eq "login") {
        # /var/log/login에 기록한다
        if ( open($log, ">> /tmp/login") ) {
            print $log scalar(localtime), " $service $message\n";
            close $log;
        } else {
            warn "Couldn't log $service $message to /var/log/login : $!\n";
        }
    }
}
```

이 프로그램은 몇 가지 이유로 *.plan* 프로그램보다 복잡해졌다. 첫째로 가장 큰 이유는, 로그를 쓰려는 프로세스가 로그 서버에 의해 장시간 블록되는 것을 방지하기 위해서다. 악성 코드나 잘못 작성된 코드가 이름 있는 파이프를 열어놓고는 메시지를 완전히 송신하지 않는 상황은 쉽게 상상할 수 있다. 이런 사태를 피하고자 alarm과 SIGALRM을 사용해서 읽기 도중 멈추었을 때 시그널을 받도록 한다.

이름 있는 파이프를 사용할 때 두 가지 예외적인 상황이 발생할 수 있다. 쓰는 쪽이 원인이 되어 읽는 쪽이 종료되어 버리는 경우와 그 반대의 경우이다. 한 프로세스가 이름 있는 파이프에서 읽는 도중 쓰는 쪽이 자기 쪽의 핸들을 닫으면 읽고 있던 프로세스는 EOF를 받는다(<>가 undef를 반환한다). 만일 읽는 쪽이 연결을 끊으면 쓰는 쪽은 다음번에 그 파이프에 쓰려고 할 때 SIGPIPE 시그널을 받는다. $SIG{PIPE} = 'IGNORE'라고 설정하여 이 시그널을 무시하게 하면 print 구문은 실행 후 거짓을 반환하며, $! 변수는 EPIPE로 설정된다.

```
use POSIX qw(:errno_h);

$SIG{PIPE} = 'IGNORE';
# ...
$status = print $fifo "Are you there?\n";
if (!$status && $! == EPIPE) {
    warn "My reader has forsaken me!\n";
    next;
}
```

"100개의 프로세스가 동시에 서버에 쓰려고 한다면, 서로 다른 프로세스에서 보내진 문자들이나 행들이 뒤섞이는 일이 없이 100개의 항목을 제대로 구분하여

받을 수 있을까"하는 의문이 생길 수도 있다. 좋은 질문이다. POSIX 표준에서는 PIPE_BUF 상수의 값만큼의 바이트보다 작은 크기의 데이터를 쓸 경우는 원자적(atomic)으로, 즉 서로 섞이는 일 없이 배포된다고 보장한다. PIPE_BUF 상수의 값은 POSIX 모듈에서 확인할 수 있다.

```
use POSIX;
print PIPE_BUF, "\n";
```

다행스럽게도 POSIX 표준에서는 PIPE_BUF 값은 *최소* 512바이트 이상이어야 하도록 되어 있다. 즉, 클라이언트를 만들 때 한 번에 출력되는 로그의 크기가 512바이트를 넘지 않도록만 하면 된다.

512바이트를 넘는 로그를 한 번에 기록하고자 할 경우에는 어떻게 하면 좋을까? 크기가 큰 메시지를 여러 개의 작은(512바이트 미만의) 메시지로 나누고, 나눈 메시지 앞에 클라이언트 식별자(예를 들어 프로세스 ID)를 붙여서 보낸 후, 나중에 서버에서 원래의 메시지를 조립하도록 한다. TCP/IP 메시지를 분할하고 재조립하는 처리와 유사하다.

이름 있는 파이프 하나만으로는 쓰는 쪽과 읽는 쪽이 쌍방향으로 접근할 수 없다. 따라서 메시지 위조를 방지하기 위해 인증 또는 그와 유사한 수단을 쓰는 것은 (불가능하지는 않아도) 매우 어렵다. 애초에 그런 조작에 적합하지 않은 모델을 가지고 애쓰기보다는 파일 시스템의 접근 제어 기능을 사용하는 것이 낫다. 예를 들어 이름 있는 파이프에 소유자와 그룹에 대한 퍼미션을 설정하여 파일에 대한 접근을 제한할 수 있다.

더 알아보기

- 시스템에 있는 *mkfifo*(8), *mknod*(8) 매뉴얼 페이지
- 레시피 17.6

16.12 다른 프로세스와 변수 공유하기

문제

fork로 분리한 프로세스와, 또는 서로 관련 없는 프로세스 간에 변수를 공유하고자 한다.

해결책

사용하는 운영체제에서 SysV IPC를 지원하는 경우에는 그것을 사용한다.

논의

SysV IPC(공유 메모리, 세마포어 등)는 프로세스 간 통신의 수단으로 파이프, 이름 있는 파이프, 소켓만큼 널리 사용되지는 않지만, 그래도 몇 가지 흥미로운 특징이 있다. 다만 일반적으로는 변수를 공유하기 위해 `shmget`이나 *mmap*(2) 시스템 콜을 통한 공유 메모리를 쓸 수는 없다. 왜냐하면 펄에서는 여러분이 원하지 않아도 문자열이 재할당되어 버리기 때문이다.

이 문제는 CPAN의 IPC::Shareable 모듈로 해결할 수 있다. 강력한 기능의 `tie` 모듈과 SysV 공유 메모리, 그리고 CPAN의 Storable 모듈을 사용하면 임의의 복잡한 데이터 구조를 같은 시스템 내에서 서로 협력하는 여러 프로세스 간에 공유할 수 있다. 심지어 서로 관련이 없는 프로세스 간에도 가능하다.

예제 16-11은 IPC::Shareable 모듈의 간단한 사용방법을 나타낸 것이다.

예제 16-11. sharetest

```
#!/usr/bin/perl
# sharetest - fork로 분리된 프로세스끼리 공유 변수를 사용한다
use IPC::Shareable;

$handle = tie $buffer, 'IPC::Shareable', undef, { destroy => 1 };
$SIG{INT} = sub { die "$$ dying\n" };

for (1 .. 10) {
    unless ($child = fork) {        # 여기는 자식 프로세스
        die "cannot fork: $!" unless defined $child;
        squabble();
        exit;
    }
    push @kids, $child;  # pid가 필요할 때를 위해 저장해둔다
}

while (1) {
    print "Buffer is $buffer\n";
    sleep 1;
}

die "Not reached";
sub squabble {
    my $i = 0;
    while (1) {
        next if $buffer =~ /^$$\b/o;
        $handle->shlock();
        $i++;
        $buffer = "$$ $i";
        $handle->shunlock();
    }
}
```

처음 실행된 프로세스는 공유 변수를 만들고 10개의 자식 프로세스를 생성한 후 뒤에서 이 변수의 값을 매 초마다 출력한다. 사용자가 Ctrl-C 키를 눌러서 중지하기 전까지는 영원히 반복된다.

SIGINT 핸들러가 fork 호출 전에 설정되기 때문에, 이 핸들러는 옥신각신하며 수행되는 자식 프로세스들에게도 상속된다. 따라서 이 프로세스 그룹이 인터럽트를 받으면 자식 프로세스도 모두 종료된다. 키보드 인터럽트가 발생하면 프로세스 하나가 아니라 프로세스 그룹 전체에 시그널이 전송된다.

자식 프로세스들은 무엇 때문에 옥신각신하고 있는가? 이들은 어느 프로세스가 이 공유 변수를 갱신할 기회를 가질 것인가를 다투고 있다. 각 프로세스는 그 새 다른 프로세스가 다녀갔는지를 확인한다. 버퍼가 자신의 서명(자신의 프로세스 ID)으로 시작하면 그냥 놔두고 나간다. 다른 프로세스가 버퍼를 갱신했다면 이 프로세스는 그 즉시 tie에서 반환된 핸들에 대해 특별한 메서드를 호출하여 공유 변수에 락을 걸고, 내용을 갱신한 후 락을 푼다.

next로 시작하는 줄에서는 버퍼를 마지막으로 갱신한 프로세스가 자신인지를 각 프로세스가 검사하고 있다. 이 줄을 주석 처리하면 프로그램이 훨씬 더 빨리 실행된다.

/^$$\b/o라는 패턴은 이상하게 보일 수 있다. /o 옵션을 써서 그 패턴을 한 번만 컴파일하도록 펄에 지시하고는, fork를 하여 변수의 값을 바꾸어버리고 있기 때문이다. 다행히도 이 패턴은 프로그램이 컴파일되는 시점에 고정되는 게 아니라, 복제된 각 프로세스에서 패턴 자체가 처음 컴파일될 때 고정된다. 이제 이 프로세스가 실행되는 동안은 $$ 변수의 값은 변하지 않는다.

IPC::Shareable 모듈을 쓰면 같은 컴퓨터에서 실행되는, 서로 관련이 없는 프로세스끼리 변수를 공유할 수도 있다. 자세한 내용은 모듈 문서를 참고하라.

더 알아보기

- *perlfunc*(1) 문서와 *Programming Perl* 29장에서 다루는 semctl, semget, semop, shmctl, shmget, shmread, shmwrite 함수
- CPAN 모듈 IPC::Shareable 모듈 문서

16.13 사용할 수 있는 시그널 목록 얻기

문제

자신이 사용하는 운영체제에서 어떤 시그널을 지원하는지 알고자 한다

해결책

자신의 시스템 셸에 *kill* 명령어가 내장되어 있다면 *kill* 명령어를 사용한다.

```
% kill -l
HUP INT QUIT ILL TRAP ABRT BUS FPE KILL USR1 SEGV USR2 PIPE
ALRM TERM CHLD CONT STOP TSTP TTIN TTOU URG XCPU XFSZ VTALRM
PROF WINCH POLL PWR
```

혹은 펄만 사용하는 경우, 5.004나 그 이후 버전에서는 %SIG 해시의 키를 출력한다.

```
% perl -e 'print join(" ", keys %SIG), "\n"'
XCPU ILL QUIT STOP EMT ABRT BUS USR1 XFSZ TSTP INT IOT USR2 INFO TTOU
ALRM KILL HUP URG PIPE CONT SEGV VTALRM PROF TRAP IO TERM WINCH CHLD
FPE TTIN SYS
```

5.004 이전 버전에서는 Config 모듈을 사용해야 한다.

```
% perl -MConfig -e 'print $Config{sig_name}'
ZERO HUP INT QUIT ILL TRAP ABRT EMT FPE KILL BUS SEGV SYS PIPE ALRM
TERM URG STOP TSTP CONT CHLD TTIN TTOU IO XCPU XFSZ VTALRM PROF WINCH
INFO USR1 USR2 IOT
```

논의

펄 5.004 이전 버전에는 keys %SIG가 아직 구현되어 있지 않기 때문에 이용 가능한 시그널의 목록을 얻으려면 Config 모듈의 signame과 signo를 사용해야 한다.

다음 코드는 펄의 기본 모듈인 Config 모듈을 써서 이용 가능한 시그널의 이름과 번호를 추출한다. @signame에 시그널 번호를 첨자로 써서 그 시그널의 이름을 얻고, 반대로 %signo에 시그널 이름을 키로 써서 그 시그널의 번호를 얻는다.

```
use Config;
defined $Config{sig_name} or die "No sigs?";
$i = 0;      # Config는 "ZERO"라는 이름을 가진 가상의 0번 시그널을 제일 앞에 붙인다
foreach $name (split(' ', $Config{sig_name})) {
    $signo{$name} = $i;
    $signame[$i] = $name;
    $i++;
}
```

더 알아보기

- 기본 모듈 Config 모듈 문서(*Programming Perl* 32장에서도 다룬다)
- *Programming Perl* 16장과 *perlipc*(1) 문서의 "Signals" 절

16.14 시그널 보내기

문제

프로세스에 시그널을 보내고자 한다. 시그널은 여러분의 프로세스에 보낼 수도 있고 같은 시스템에 있는 다른 프로세스에 보낼 수도 있다. 예를 들어 부모 프로

세스에서 SIGINT를 받았을 때 이것을 자식 프로세스로 보낼 수도 있다.

해결책

시그널을 보내기 위해서는 kill을 사용한다. 전송할 시그널의 이름이나 번호를 첫 번째 인자로 지정하고, 그 뒤 나머지 인자로 시그널을 받을 프로세스들의 ID를 전달한다.

```
kill  9     => $pid;                  # $pid에 시그널 9를 보낸다
kill -1     => $pgrp;                 # 프로세스 그룹 전체에 시그널 1을 보낸다
kill  USR1  => $$;                    # 자기 자신에게 SIGUSR1을 보낸다
kill  HUP   => @pids;                 # @pids에 나열된 프로세스 모두에 SIGHUP을 보낸다
```

논의

펄의 kill 함수는 같은 이름의 시스템 콜을 사용할 수 있는 인터페이스이다. 첫 번째 인자는 보낼 시그널이고, 번호나 이름으로 지정한다. 그 다음 인자들은 시그널의 받을 프로세스들의 ID이다. 이 함수는 시그널을 성공적으로 받은 프로세스의 수를 반환한다. 슈퍼유저가 아닌 일반 사용자는 자신의 실제 UID 또는 유효 UID와 동일한 값의 실 UID 또는 저장된 UID를 지닌 프로세스에만 시그널을 보낼 수 있다.

시그널 번호를 음수로 지정하면 펄은 남은 인자를 프로세스 그룹 ID로 해석하며, *killgrp*(2) 시스템 콜을 사용하여 해당 그룹의 모든 프로세스에 시그널을 보낸다.

프로세스 그룹은 하나의 잡(job)이다. 운영체제는 서로 연관된 여러 프로세스를 하나의 잡으로 묶는다. 예를 들어 셸에서 한 명령어의 출력을 파이프를 통해 다른 명령어로 보내는 경우 두 개의 프로세스가 실행되지만 이것은 하나의 잡이다. 여러분이 Ctrl-C를 써서 현재 잡에 인터럽트를 걸거나 Ctrl-Z를 써서 일시 정지시킬 경우 그와 관련된 시그널이 이 잡 전체에 전송되며, 둘 이상의 프로세스가 받을 수 있다.

kill을 사용하면 프로세스가 살아있는지 검사할 수도 있다. 특수한 유사 시그널인 0번 시그널을 보내면 그 프로세스에 시그널을 보낼 권한을 사용자가 가졌는지를, 실제로 시그널을 보내지 않고 검사할 수 있다. 참이 반환되는 것은 프로세스가 아직 살아있다는 것을 의미한다. 거짓이 반환되는 것은 프로세스의 유효 UID가 바뀌었거나(이 경우 $! 변수의 값이 EPERM으로 설정된다), 프로세스가 더 이상 존재하지 않는다는(이 경우 $!가 ESRCH로 설정된다) 것을 의미한다. 좀비 프로세스(레시피 16.19 참고)의 경우에도 $!가 ESRCH로 설정된다.

```
use POSIX qw(:errno_h);
if (kill 0 => $minion) {
    print "$minion is alive!\n";
} elsif ($! == EPERM) {              # uid가 바뀌었다
    print "$minion has escaped my control!\n";
} elsif ($! == ESRCH) {
    print "$minion is deceased.\n";  # 또는 좀비가 되었다
} else {
    warn "Odd; I couldn't check on the status of $minion: $!\n";
}
```

더 알아보기

- *Programming Perl* 16장과 *perlipc*(1) 문서의 "Signals" 절
- 시스템에 있는 *sigaction*(2), *signal*(3), *kill*(2) 매뉴얼 페이지
- *perlfunc*(1) 문서와 *Programming Perl* 29장에서 다루는 `kill` 함수

16.15 시그널 핸들러 설정하기

문제

프로그램이 시그널을 받았을 때 어떻게 응답할지를 제어하고자 한다. Ctrl-C가 눌린 것을 가로채거나, 종료된 자식 프로세스들이 쌓이는 것을 피하거나, 이미 사라진 자식 프로세스에 뭔가 쓰려다가 부모 프로세스가 종료되어버리는 것을 방지하려고 할 때 이런 제어가 필요하다.

해결책

`%SIG` 해시를 사용해서 독자적인 핸들러를 설정한다. 핸들러는 이름이나 코드 레퍼런스로 지정한다.

```
$SIG{QUIT} = \&got_sig_quit;   # SIGQUIT을 받을 때마다 &got_sig_quit을 호출한다
$SIG{PIPE} = 'got_sig_pipe';   # SIGPIPE를 받을 때마다 main::got_sig_pipe를 호출한다
$SIG{INT}  = sub { $ouch++ };  # SIGINT를 받을 때마다 $ouch에 1을 더한다
```

`%SIG`를 사용하면 시그널을 무시하게 할 수도 있다.

```
$SIG{INT} = 'IGNORE';             # INT 시그널을 무시한다
```

또한 시그널에 대한 처리를 기본 동작으로 복원할 수도 있다.

```
$SIG{STOP} = 'DEFAULT';           # STOP 시그널의 처리 방법을 기본값으로 복원한다
```

논의

펄에서는 `%SIG` 해시를 사용해서 시그널을 받았을 때의 동작을 제어할 수 있다. `%SIG`의 각 키는 해당 시그널에 대응된다. 그리고 각 값은 그 시그널을 받았을 때

수행할 동작을 나타낸다. 펄에서는 두 개의 특별한 동작이 정의되어 있다. 그중 하나인 "IGNORE"는 시그널을 받았을 때 아무 처리도 하지 않는 것을 의미한다. 다른 하나인 "DEFAULT"는 받은 시그널에 대해서 유닉스에서 기본적으로 정해놓은 동작을 하는 것을 의미한다.

C 프로그래머라면 시그널을 나타낼 때 SIGINT와 같이 표현하는 것에 익숙하겠지만, 펄에서는 단순히 INT 같이 표기한다. 펄에서는 시그널의 이름을, 시그널을 처리하는 함수에서만 사용하므로 앞에 SIG를 붙이는 것은 불필요하게 중복된다고 본다. 따라서 SIGCHLD를 받았을 때의 동작을 바꾸기 위해서는 $SIG{CHLD}에 핸들러를 설정한다.

특정 시그널을 받았을 때 여러분이 만든 코드를 실행하게 하려면 해시에 코드 레퍼런스나 서브루틴 이름 중 하나를 저장한다(이 말은, 이름으로 저장하는 경우는 그 시그널 핸들러 이름을 IGNORE나 DEFAULT라고 지을 수 없다는 말이다. 어차피 이 둘은 시그널 핸들러의 이름으로 쓰기에는 이상하다). 서브루틴 이름을 지정할 때 패키지 이름이 명시되지 않는다면, 이 이름은 핸들러가 설정되는 패키지에 있는 함수가 아니라 main:: 패키지에 있는 함수로 해석된다. 반면 코드 레퍼런스는 핸들러가 설정되는 패키지에 있는 서브루틴을 나타내므로 보통은 이쪽을 사용하는 것이 좋다.

펄에서 핸들러 코드가 호출될 때에 인자 한 개가 전달된다. 이 인자는 핸들러가 호출되는 원인이 되는 시그널의 이름으로, 예를 들어 "INT", "USR1"과 같은 것이다. 시그널 핸들러의 동작이 끝나면 시그널을 받던 시점에 수행 중이던 곳으로 되돌아간다.

펄에서는 __DIE__와 __WARN__이라는 두 가지 특수한 시그널이 정의되어 있다. 여기 대응되는 핸들러는 펄 프로그램이 die로 종료할 때나 warn으로 경고를 낼 때마다 호출된다. 따라서 이런 경고를 가로채어 어떤 것을 버리고 어떤 것을 전파할지 선택하게 할 수 있다. die와 warn 핸들러가 실행되는 도중에는 시그널 핸들러 등록이 해제된다. 따라서 __DIE__ 핸들러 안에서 die를 호출하거나 __WARN__ 핸들러 안에서 warn을 호출하면 무한히 재귀 호출되지 않을까 걱정할 필요는 없다.

더 알아보기

- *Programming Perl* 16장과 *perlipc*(1) 문서의 “Signals” 절
- 시스템에 있는 *sigaction*(2), *signal*(3), *kill*(1) 매뉴얼 페이지

16.16 시그널 핸들러를 일시적으로 오버라이드하기

문제

특정 서브루틴이 실행되고 있을 때만 동작하는 시그널 핸들러를 설정하고자 한다. 예를 들어 어떤 서브루틴 안에서는 SIGINT를 가로채지만, 그 서브루틴의 외부에서는 SIGINT를 원래 하던 대로 처리하게 하고 싶다.

해결책

local을 사용해서 시그널의 동작을 일시적으로 오버라이드한다.

```
# 시그널 핸들러
sub ding {
    $SIG{INT} = \&ding;
    warn "\aEnter your name!\n";
}

# 이름을 입력 받는 동안은 SIGINT 처리를 오버라이드한다
sub get_name {
    local $SIG{INT} = \&ding;
    my $name;

    print "Kindly Stranger, please enter your name: ";
    chomp( $name = <> );
    return $name;
}
```

논의

%SIG 해시의 값들 중 하나만 일시적으로 설정하기 위해서는 my가 아닌 local을 사용해야 한다. 이렇게 변경한 값은 그 블록이 실행되는 동안 효력이 있으며, 그 블록 안에서 호출되는 코드에서도 마찬가지로 적용된다. 여기서는 그 블록에 해당하는 것이 get_name 함수이다. 이 함수 안에서 호출된 다른 함수가 실행되는 동안 시그널이 전달되면, 그 다른 함수가 다시 독자적으로 핸들러를 지정하지 않았다면 여러분이 지정한 핸들러가 실행된다. 해시에 저장되어 있던 원래의 값은 그 블록이 끝날 때 자동으로 복원된다. 동적 스코프(dynamic scope)는 혼란을 야기할 위험이 있지만 이 경우는 편리함이 더 빛을 발하는 (흔치 않은) 상황 중 하나이다.

더 알아보기

- 레시피 10.13
- 레시피 16.15
- 레시피 16.18

16.17 시그널 핸들러 만들기

문제

프로그램이 시그널을 받을 때마다 호출되는 서브루틴을 만들고자 한다

해결책

시그널 핸들러도 단순한 서브루틴일 뿐이다. 약간의 위험은 있지만, 다른 펄 서브루틴 안에서 하던 어떤 일이든 시그널 핸들러 안에서도 할 수 있다. 다만 핸들러 안에서 더 많은 일을 할수록 그만큼 위험성도 커지게 된다.

시스템에 따라서는 매 시그널을 받은 후 여러분의 시그널 핸들러를 다시 설정해야 한다.

```
$SIG{INT} = \&got_int;
sub got_int {
    $SIG{INT} = \&got_int;          # SIGCHLD는 이렇게 하지 말라!
    # ...
}
```

또한 시스템에 따라서는 연산을 수행하다 블록된 도중 인터럽트를 받고 처리하고 나면 그 연산을 재시작한다. 그런 경우에는 핸들러 안에서 die를 호출하고 eval 블록으로 가로채야 한다.

```
my $interrupted = 0;

sub got_int {
    $interrupted = 1;
    $SIG{INT} = 'DEFAULT';          # 또는 'IGNORE'
    die;
}

eval {
    $SIG{INT} = \&got_int;
    # ... 실행에 시간이 걸리기 때문에 다시 시작하고 싶지 않은 코드
};

if ($interrupted) {
    # 시그널을 처리한다
}
```

논의

C 레벨에서는 시그널을 받으면 무엇을 하고 있든 인터럽트될 수 있다. 불행히도 이 말은 펄이 내부적인 자체 데이터 구조를 변경하는 도중에도 시그널을 받아 인터럽트될 수 있고, 결과적으로 데이터 구조가 일관성을 잃어버린 채로 방치되다가 코어 덤프가 발생할 수 있다는 의미이다. 펄 5.8부터는 이런 사태를 방지하기 위해서 큰 노력을 기울이고 있다. 여러분이 시그널 핸들러를 설정하면 펄은 "펄이 이 시그널을

받았다"라고 통보하는 C 레벨의 시그널 핸들러를 설치한다. (펄이 매 연산을 수행한 후) 데이터 구조가 일관성이 있는 게 확인된 때에 펄 인터프리터는 자신이 받은 시그널이 있는지 검사한다. 시그널이 있다면 이제 여러분이 설정한 핸들러가 호출된다.

이런 방법으로 코어 덤프를 막을 수 있지만, 펄의 내부적인 연산이 오래 걸릴 경우 시그널 처리가 조금 지연된다는 단점이 있다. 예를 들어 다음과 같이 긴 리스트를 만든다고 해보자.

```
@a = 1..5_000_000;
```

부하가 많이 걸려 있는 시스템에서는 이 처리에 10초씩 걸리기도 한다. 그러나 이 동안에 인터럽트를 걸 수는 없다. 리스트가 만들어지는 동안은 받은 시그널이 있는지 펄이 검사하지 않기 때문이다. 이 구문은 리스트 생성과 대입이라는 두 가지 연산으로 이루어져 있고, 펄은 각 연산이 완료된 다음에서야 시그널을 검사한다.

시그널은 대부분의 운영체제에 구현되어 있지만 서로 간에 미묘한 차이가 있다. 시그널을 어떻게 구현했는지 가장 큰 차이가 나는 상황이 두 가지 있는데, 시그널 핸들러가 실행되고 있는 도중에 시그널이 발생하는 경우(*신뢰성*)와 read나 accept 등 블록될 수 있는 시스템 콜을 수행하는 중에 시그널이 인터럽트하는 경우(*재개성*)이다.

유닉스에서 최초의 시그널 구현은 신뢰성이 없었다. 핸들러를 실행하는 중에 같은 시그널이 또 발생하면 비정상 종료와 같은 기본 동작이 실행되어 버린다는 의미이다. 이후에 나온 시스템들은 이에 대처하기 위해서 (물론 각자 조금씩 다른 방법으로) 핸들러가 종료되기 전에는 같은 번호의 시그널이 다시 송신되지 않을 수 있도록 하는 수단이 제공된다. 시스템에서 신뢰성이 있는 시그널을 사용할 수 있다는 것을 펄이 확인하고 나면, 펄은 이렇게 더 안전한 동작을 하도록 하는 시스템 콜을 생성한다. 그 이외의 경우에는 시그널 전달을 막기 위해 레시피 16.20에서 설명하듯이 POSIX 시그널을 사용할 수 있다.

정말로 이식성 높은 코드를 만들고자 하는 예민한 프로그래머라면 최악의 사태(신뢰성이 없는 시그널)를 상정하고, 시그널 핸들러를 직접 재설정할 것이다. 이 경우 보통 함수의 첫 번째 구문에 넣는다.

```
$SIG{INT} = \&catcher;

sub catcher {
    $SIG{INT} = \&catcher;
    # ...
}
```

SIGCHLD 시그널을 가로채는 특별한 경우에 관해서는 레시피 16.19를 참고하라. System V의 특이한 동작 때문에 발목을 잡힐 수 있다.

신뢰성이 있는 시그널을 사용할 수 있는지를 알아보려면 Config 모듈을 사용한다.

```
use Config;
print "Hurrah!\n" if $Config{d_sigaction};
```

신뢰성이 있는 시그널을 사용할 수 있다는 것이 곧 신뢰성이 있는 프로그램이 자동으로 만들어진다는 뜻은 아니다. 하지만 신뢰성이 있는 시그널을 사용할 수 없다면, 신뢰성이 있는 프로그램을 만들 수 없다는 것은 분명하다.

최초의 시그널 구현은 실행속도가 느린 시스템 콜, 즉 다른 프로세스나 디바이스 드라이버와의 연동이 필요한 함수를 인터럽트하게 되어 있었다. 이런 시스템 콜이 실행되는 도중에 시그널을 받으면 그 시스템 콜(그리고 그에 대응되는 펄 함수)에서 에러값이 반환되며 이 에러값은 EINTR 즉 "Interrupted system call"로 설정되었다. 이런 경우를 매번 검사하려면 프로그램이 너무 복잡해지기 때문에 대개는 검사하지 않았고, 그 결과 시그널에 의해 이러한 시스템 콜이 인터럽트되면 오동작하거나 강제 종료되곤 했다. 현대의 유닉스 버전에서는 이 동작을 바꿀 수 있게 되었다. 시스템 콜 재시작을 지원하는 시스템에 설치된 펄은 언제나 시스템 콜이 재시작되도록 설정한다. POSIX 호환 시스템을 사용하는 경우에는 POSIX 모듈을 사용해서 재개 기능을 제어할 수 있다(레시피 16.20 참고).

인터럽트된 시스템 콜이 자동으로 재시작될지 확인하려면 시스템에 포함된 C의 *signal.h* 헤더 파일을 확인한다.

```
% egrep 'S[AV]_(RESTART|INTERRUPT)' /usr/include/*/signal.h
```

SIGKILL과 SIGSTOP 두 가지 시그널은 가로챌 수도 무시할 수도 없다. 여러분의 시스템에서 이용 가능한 시그널에 대한 자세한 내용과 각각의 의미에 관해서는 *signal*(3) 매뉴얼 페이지에서 볼 수 있다.

마지막으로, 일부 운영체제에서는 여전히 시그널 때문에 문제가 생길 수 있다. 특히 운영체제에 내장된 라이브러리 함수 자체가 시그널을 가로채는 경우가 있다. 예를 들어 일부 시스템의 *gethostbyname*(3) 함수는 SIGALRM 시그널을 사용해서 타임아웃과 재시작을 관리한다. 한 번에 실행할 수 있는 타이머가 하나뿐이라 여러분이 "5초가 지나면 이 호스트 이름을 검색하는 것을 중지하라"와 같은 지시를 할 수가 없다. 펄에서 라이브러리 루틴이 호출되면 여러분이 지정한 5초짜리 타이머가 gethostbyname의 타이머로 교체되어 버리기 때문이다. 즉, 이런 시스템에서는 호스트 이름의 검색이 끝날 기미가 안 보여도, 시그널을 보낼 수 없기 때문에 인터럽트를 걸 수가 없다. 그렇지만 다행히 이런 상황은 드물다.

더 알아보기

- *Programming Perl* 16장과 *perlipc*(1) 문서의 "Signals" 절
- 시스템에 있는 *sigaction*(2), *signal*(3), *kill*(1) 매뉴얼 페이지
- *Advanced Programming in the UNIX Environment*

16.18 Ctrl-C 가로채기

문제

Ctrl-C가 입력된 것을 가로채고자 한다. 안 그러면 프로그램 전체가 종료될 것이다. 이 시그널을 받았을 때는 무시하거나 직접 만든 함수를 실행하고 싶다.

해결책

SIGINT에 대응하는 핸들러를 설정한다. "IGNORE"로 설정하면 Ctrl-C를 눌러도 아무 효과가 없게 된다.

```
$SIG{INT} = 'IGNORE';
```

또는 여러분이 만든 서브루틴을 지정하여 Ctrl-C가 눌렸을 때 수행되도록 한다.

```
$SIG{INT} = \&tsktsk;

sub tsktsk {
    $SIG{INT} = \&tsktsk;           # 레시피 16.17을 참고한다
    warn "\aThe long habit of living indisposeth us for dying.\n";
}
```

논의

Ctrl-C가 여러분의 프로그램에 직접 영향을 주지는 않는다. 키 입력을 처리하는 터미널 드라이버가 Ctrl-C 키 조합(또는 인터럽트 문자로 인식하도록 설정된 임의의 키)을 인식하면, 그 터미널의 포어그라운드 프로세스 그룹(포어그라운드 잡)에 포함된 모든 프로세스에 SIGINT를 보낸다. 포어그라운드 잡에는 보통 하나의 명령 행을 통하여 셸에서 시작된 모든 프로그램과 그 프로그램들에서 실행된 프로그램 모두가 포함된다. 자세한 내용은 이 장 개요 절의 "시그널" 부분을 참고하라.

터미널 드라이버에서 특수한 문자로 해석되는 것은 인터럽트 문자만이 아니다. 명령 행에서 stty -a라고 입력하면 현재 설정을 확인할 수 있다.

```
% stty -a
speed 9600 baud; 38 rows; 80 columns;
lflags: icanon isig iexten echo echoe -echok echoke -echonl echoctl
       -echoprt -altwerase -noflsh -tostop -flusho pendin -nokerninfo
       -extproc
iflags: -istrip icrnl -inlcr -igncr ixon -ixoff ixany imaxbel -ignbrk
        brkint -inpck -ignpar -parmrk
oflags: opost onlcr oxtabs
cflags: cread cs8 -parenb -parodd hupcl -clocal -cstopb -crtscts -dsrflow
        -dtrflow -mdmbuf
cchars: discard = ^O; dsusp = ^Y; eof = ^D; eol = <undef;>
        eol2 = <undef; erase = ^H; intr = ^C; kill = ^U; lnext = ^V;>
        min = 1; quit = ^\; reprint = ^R; start = ^Q; status = <undef;>
        stop = ^S; susp = ^Z; time = 0; werase = ^W;
```

이 중에서 마지막 cchars: 절이 특수 문자 목록이다. *stty* 외부 프로그램을 호출하지 않고 스크립트 안에서 이 설정을 변경하는 방법에 관해서는 레시피 15.8을 참고하라.

더 알아보기

· 시스템에 있는 *stty*(1) 매뉴얼 페이지

· 레시피 15.8

· 레시피 16.17

16.19 좀비 프로세스가 생기지 않게 하기

문제

여러분의 프로그램은 fork를 사용해서 자식 프로세스들을 생성한다. 그런데 종료된 자식 프로세스들이 쌓여서 프로세스 테이블이 가득 차게 되고, 이 때문에 시스템 관리자를 화나게 만든다.

해결책

종료한 자식 프로세스의 상태를 확인할 필요가 없다면 다음처럼 한다.

```
$SIG{CHLD} = 'IGNORE';
```

종료한 자식 프로세스들을 제대로 추적하려면 SIGCHLD 핸들러에서 waitpid를 호출한다.

```
use POSIX ":sys_wait_h";

$SIG{CHLD} = \&REAPER;
sub REAPER {
    my $stiff;
    while (($stiff = waitpid(-1, WNOHANG)) > 0) {
        # 원한다면 $stiff를 가지고 필요한 처리를 한다
    }
    $SIG{CHLD} = \&REAPER;                  # waitpid를 호출한 *후에* 지정한다
}
```

논의

어떤 프로세스가 종료할 때, 시스템의 프로세스 테이블에는 그 프로세스 정보가 여전히 남아 있어서 부모 프로세스가 자식 프로세스의 상태, 즉 정상적으로 종료했는지 아니면 이상이 발생했는지를 확인할 수 있다. 자식 프로세스의 상태 정보를 가져오는 것(그리고 그 결과로 시스템에 남아 있던 정보를 삭제하고 할당되었던 메모리를 반납하는 것)을 가리켜 조금 음산한 표현으로 죽은 자식 프로세스를 *회수한다*라고 한다(이 레시피 곳곳에서 죽은 자식을 회수하는 여러 방법을 소개하고 있다. 이 표현이 기괴하게 느껴는가? 저자들도 마찬가지다). 이를 위해서는 wait 또는 waitpid를 호출한다. 몇몇 펄 함수(파이프를 사용하는 open, system, 역따옴표)들은 자신이 생성한 자식 프로세스를 자동으로 회수하지만, 여러분이 fork를 써서 수동으로 다른 프로세스를 실행했다면 명시적으로 wait이나 waitpid를 호출해야 한다.

종료된 자식 프로세스가 쌓이는 것을 피하려면 $SIG{CHLD}의 값을 "IGNORE"로 설정하여 자식 프로세스에게 관심이 없다는 것을 시스템에 알려준다. 어느 자식 프로세스가 언제 종료했는지 알고자 하면 waitpid를 써야 한다.

waitpid 함수는 프로세스 하나를 회수한다. 첫 번째 인자로는 종료하길 기다릴 대상 프로세스를 지정하고(-1을 쓰면 임의의 프로세스를 의미한다), 두 번째 인자는 일련의 플래그를 지정한다. 앞의 예제에서는 종료된 프로세스가 없으면 waitpid가 곧바로 0을 반환하도록 WNOHANG 플래그를 지정하였다. 플래그 값으로 0을 지정하는 것은 모든 시스템에서 지원되며, 대기 중에 블록될 수 있음을 의미한다. 자식 프로세스가 종료된 직후에 회수하려면 해결책에 나온 것처럼 SIGCHLD 핸들러에서 waitpid를 호출한다.

wait 함수도 자식 프로세스를 회수하지만, 논블록 옵션이 지원되지 않는다. 따라서 실행 중인 자식 프로세스들이 있는데 그 중 어느 것도 종료하지 않은 시점에 이 함수를 부주의하게 호출하면 자식 프로세스가 종료할 때까지 프로그램 실행이

정지될 것이다.

커널은 아직 배달되지 않은 시그널을 비트 벡터를 사용하여 관리하는데 이 비트 벡터는 각 시그널마다 한 비트를 사용한다. 따라서 여러분의 프로세스가 스케쥴되기 전에 두 개의 자식 프로세스가 죽었을 경우 SIGCHLD 시그널을 하나만 받게 된다. 이런 이유로 여러분이 SIGCHLD 핸들러 안에서 자식 프로세스를 회수할 때는 항상 반복문을 사용하여야 하며, 따라서 wait을 사용할 수는 없다.

wait와 waitpid 두 함수 다 방금 회수한 프로세스의 ID를 반환하고 그 프로세스의 대기 상태값을 $? 변수에 저장한다. 이 상태값은 8비트 크기의 값 두 개를 하나의 16비트 크기 숫자에 담은 형태이다. 상위 1바이트는 프로세스의 종료값, 하위 1바이트 중 하위 7비트는 프로세스를 종료시킨 시그널 번호를 나타내며, 8번째 비트는 코어 덤프가 생성되었는지를 나타낸다. 다음은 이 값들을 각각 뽑아내는 방법이다.

```
$exit_value  = $? >> 8;
$signal_num  = $? & 127;
$dumped_core = $? & 128;
```

기본 모듈 POSIX는 상태값을 확인할 때 사용하는 WIFEXITED, WEXITSTATUS, WIFSIGNALLED, WTERMSIG라는 매크로를 포함하고 있다. 그렇지만 프로세스에서 코어 덤프가 일어났는지 여부를 확인하기 위한 매크로는 없다.

SIGCHLD를 사용할 때 주의해야 할 것이 두 가지 있다. 첫 번째는 운영체제에서 SIGCHLD 시그널은 자식 프로세스가 종료했을 때만이 아니라, 자식 프로세스가 일시적으로 정지했을 때에도 발생할 수 있다는 점이다. 프로세스는 여러 가지 이유로 정지할 수 있다. 예를 들어 터미널과 입출력을 수행할 수 있도록 포어그라운드로 옮겨지길 기다리거나, SIGSTOP 시그널을 받거나(이 경우 SIGCONT 시그널을 받으면 실행을 재개한다), 터미널에서 일시 중지시킨 경우 등이다. 따라서 대상 프로세스가 일시 정지한 것이 아니라 정말로 종료했는지를 확인하기 위해서 POSIX 모듈의 WIFEXITED[2] 함수를 사용하여 상태를 검사해야 한다.

```
use POSIX qw(:signal_h :errno_h :sys_wait_h);
$SIG{CHLD} = \&REAPER;
sub REAPER {
    my $pid;

    $pid = waitpid(-1, &WNOHANG);
```

2 SPOUSEXITED가 아니다. 설령 PC에서라 해도.
(옮긴이) Personal Computer와 Politically Correct의 이니셜이 같은 것을 이용한 말장난임.

```
    if ($pid == -1) {
        # 대기하는 자식 프로세스가 없으므로 무시한다
    } elsif (WIFEXITED($?)) {
        print "Process $pid exited.\n";
    } else {
        print "False alarm on $pid.\n";
    }
    $SIG{CHLD} = \&REAPER;          # 이 시스템의 시그널이 신뢰성이 없는 경우에 대비
}
```

SIGCHLD에 대해 주의해야 하는 두 번째 사항은 운영체제가 아니라 펄에 관한 문제이다. system, open, 역따옴표 이 세 가지 모두 자식 프로세스를 생성하기 때문에 이 자식 프로세스들이 종료할 때마다 운영체제에서 여러분의 프로세스로 SIGCHLD가 전달된다. 그 때문에 예상하지 못한 시그널 처리를 해야 할 수 있다. 내장 연산자들은 모두 자식 프로세스가 종료되는 것을 대기하기 때문에, 때로는 파일핸들에 대해 호출된 close가 자식 프로세스를 회수하려고 블록되기 전에 SIGCHLD가 먼저 도착할 수 있다. 이때 시그널 핸들러가 자식 프로세스를 회수해 버리면 close가 처리할 좀비가 남지 않게 된다. 그러면 close는 거짓을 반환하고 $! 변수를 "No child processes"로 설정하게 된다. 반대로 close가 먼저 종료된 자식 프로세스를 회수해버리면 시그널 핸들러에서 waitpid가 0을 반환할 것이다.

대부분의 시스템에서는 논블록 waitpid를 지원하고 있다. 이 점을 확인하려면 펄 기본 모듈인 Config 모듈을 사용한다.

```
use Config;
$has_nonblocking = $Config{d_waitpid} eq "define" ||
                   $Config{d_wait4}   eq "define";
```

System V에서는 SIGCLD를 지원한다. 이 시그널에는 SIGCHLD와 같은 시그널 번호가 할당되어 있지만, 의미는 조금 다르다. 혼란을 피하도록 SIGCHLD를 사용하도록 하라.

더 알아보기

- *Programming Perl* 16장과 *perlipc*(1) 문서의 "Signals" 절
- *perlfunc*(1) 문서와 *Programming Perl* 29장에서 다루는 wait, waitpid 함수
- 기본 모듈 POSIX 모듈 문서(*Programming Perl* 32장에서도 다룬다)
- 시스템에 있는 *sigaction*(2), *signal*(3), *kill*(1) 매뉴얼 페이지
- 레시피 16.17

16.20 시그널을 블록하기

문제

시그널 수신을 미루고자 한다. 아무 때나 프로그램을 인터럽트할 수 있는 시그널 때문에 예상하지 못한 동작을 하게 되는 것을 방지하기 위해서다.

해결책

sigprocmask(2) 시스템 콜에 대한 POSIX 모듈의 인터페이스를 사용한다. 시스템이 POSIX 규약을 따르는 경우에만 가능하다.

어떤 동작을 수행하기 전에 시그널을 블록하려면 다음과 같이 한다.

```
use POSIX qw(:signal_h);

$sigset = POSIX::SigSet->new(SIGINT);     # 블록할 시그널을 정의한다
$old_sigset = POSIX::SigSet->new;         # 기존의 시그널 마스크를 저장할 곳

sigprocmask(SIG_BLOCK, $sigset, $old_sigset)
    or die "Could not block SIGINT\n";
```

블록을 해제하려면 다음처럼 한다.

```
defined sigprocmask(SIG_UNBLOCK, $old_sigset)
    or die "Could not unblock SIGINT\n";
```

논의

POSIX 표준에는 시그널 전달을 더 정교하게 제어할 수 있도록 sigaction과 sigprocmask가 제공된다. sigprocmask 함수는 시그널의 배달 지연을 제어하고, sigaction 함수는 핸들러를 설정한다. 여러분이 코드에서 %SIG를 바꿨을 때, 펄은 가능하다면 sigaction을 사용한다.

sigprocmask를 사용하기 위해서는 그 전에 POSIX::SigSet->new를 사용해서 시그널 셋(signal set)을 만든다. 이 메서드는 인자로 시그널 번호의 리스트를 받는다. POSIX 모듈에는 시그널과 같은 이름의 함수가 익스포트되어 있고, 이 함수들은 각각 해당 시그널의 번호를 반환한다.

```
use POSIX qw(:signal_h);

$sigset = POSIX::SigSet->new( SIGINT, SIGKILL );
```

POSIX::SigSet 객체를 sigprocmask에 넘길 때 SIG_BLOCK 플래그를 지정하면 해당 시그널들의 전달을 지연시킬 수 있고, SIG_UNBLOCK 플래그를 지정하면 시그널 전달을 원래대로 복원할 수 있다. 그리고 SIG_SETMASK 플래그를 지정하면

POSIX::SigSet에 들어 있는 시그널들만 블록하게 된다. 지나치게 꼼꼼한 프로그래머라면 fork를 수행할 때 시그널을 블록해서, 자식 프로세스의 프로세스 ID를 저장하는 $$ 변수의 값이 갱신되기 전에 자식 프로세스의 시그널 핸들러가 불리는 경우를 방지하려 한다. 만일 이 시그널 핸들러가 곧바로 호출되고 핸들러 내에서 $$의 값을 통보한다면 이 값은 자신의 ID가 아니라 부모 프로세스의 ID일 가능성이 있다. 이런 문제가 자주 발생하지는 않는다.

더 알아보기

- 시스템에 있는 *sigprocmask*(2) 매뉴얼 페이지
- 기본 모듈 POSIX 모듈 문서(*Programming Perl* 32장에서도 다룬다)

16.21 동작을 타임아웃시키기

문제

어떤 동작이 일정한 시간 이상 실행되지는 않도록 하고자 한다. 예를 들어 파일 시스템 백업을 실행한 지 한 시간이 넘었다면 강제로 중단한다거나 사용자가 질의에 응답할 때 걸리는 시간을 제한하도록 한다.

해결책

실행에 오랜 시간이 걸리는 동작을 인터럽트하려면 SIGALRM 핸들러에서 die를 호출하게 하여, 결과적으로 시그널이 예외로 변환되게 한다. alarm을 써서 알람을 설정하고 여러분이 실행할 코드를 eval 블록으로 감싼다.

```
eval {
    local $SIG{ALRM} = sub { die "alarm clock restart" };
    alarm 10;                   # 10초 후 알람이 오도록 한다
    eval {
          ########
          # 실행이 오래 걸리는 동작을 여기에 쓴다
          ########
    };
    alarm 0;                    # 알람을 취소한다
};
alarm 0;                        # 경쟁 상태에 빠지지 않게 보호
die if $@ && $@ !~ /alarm clock restart/; # 에러를 다시 만들어 전파
```

논의

alarm 함수는 하나의 인자를 받는다. 이 인자는 커널이 여러분의 프로세스로 SIGALRM 즉 알람 시그널을 보내기 전에 몇 초나 기다릴지 나타내는 값이다. 부하가 많이 걸린 시분할 시스템이라면 지정한 시간보다 더 걸릴 수도 있다. SIGALRM

을 받았을 때 기본 동작은 프로그램을 종료하는 것이다. 따라서 여러분이 따로 시그널 핸들러를 설정해야 한다.

위의 예제는 타임아웃되는 동작이 무엇이든 효과가 있어야 하므로, 실행이 오래 걸리는 동작 부분에 "느린 시스템 콜"이 포함되는 경우를 대비해서 특별한 예방책을 두고 있다. 느린 시스템 콜이란 호출 후 바로 반환되지 않고 입출력이나 타이머 등 외부 이벤트가 발생하길 기다리는 시스템 콜을 의미한다. 이런 외부 이벤트에는 특정 기기나 FIFO, 소켓에 대한 `read`(`readline`, `<FH>` 포함), `write`, `open`을 비롯하여 `accept`, `connect`, `send`, `recv`, `flock`, `wait`, `waitpid`, `sleep` 등이 해당된다. 느린 시스템 콜을 실행하는 도중 알람이 울렸는데 단순히 시그널을 받고 반환하게 되면 그 시스템 콜을 다시 실행하게 된다. 가능하면 펄이 자동으로 시스템 콜을 재시작하도록 되어 있기 때문이다. 여기서 빠져나오는 유일한 방법은 `die`를 써서 예외를 발생시키고 `eval`로 그 예외를 가로채도록 하는 것이다. (이것은 예외가 전달될 때 C 라이브러리의 *longjmp*(3) 함수를 호출하며 스택을 거슬러 올라오기 때문에 가능하며, 이 함수가 실제로 여러분을 시스템 콜을 재시작하지 않고 빠져나오게 해 준다.)

예외를 가로채는 `eval`을 중첩해서 사용한 이유는 실행이 오래 걸리는 코드 내에서 자체적으로 다른 예외가 발생하지 않는다는 보장이 없기 때문이다. 다른 예외가 발생할 경우, 안쪽 `eval`을 빠져나오지만 알람은 여전히 진행 중이다. 어느 경우든 알람을 확실하게 꺼야 한다. 두 번째의 `alarm 0`은, 오래 걸리는 동작이 끝난 시점과 첫 번째 `alarm 0`이 실행되는 시점 사이에 시그널이 도착할 경우를 대비한 것이다. 이 코드가 없으면 소규모의 교착 상태에 빠질 위험이 있다. 교착 상태는 규모의 문제가 아니라 빠지느냐 아니냐의 문제이므로, 우리는 교착 상태에 빠지지 않는 쪽을 택하였다.

`alarm` 함수의 인자로 초 값을 지정할 때 실수를 사용하는 것은 의미가 없다. 실수를 사용하더라도 소수부는 잘려나간다. 더 정밀한 타이머를 쓰고 싶다면 레시피 3.9를 참고하라.

더 알아보기

- *Programming Perl* 16장과 *perlipc*(1) 문서의 "Signals" 절
- *Programming Perl* 23장의 "Handling Race Condition" 절
- *perlfunc*(1) 문서와 *Programming Perl* 29장에서 다루는 `alarm` 함수
- 레시피 3.9

16.22 시그널을 치명적 에러로 바꾸기

문제

가로채도록 지정하지 않은 시그널을 받아서 프로그램이 강제 종료되는 경우 END 블록이 실행되지 않는다. 이런 시그널을 받았을 때도 END 블록이 실행되어 뒷정리를 하도록 하고자 한다.

해결책

sigtrap 프래그마를 사용한다.

```
use sigtrap qw(die untrapped normal-signals);
```

논의

가로채도록 지정하지 않은 시그널을 받으면 END 블록을 실행하지 않고 프로그램이 강제 종료된다. 시그널 핸들러를 직접 설정하여 die를 호출하도록 할 수 있지만, 그렇게 처리할 시그널이 많으면 번거로워진다.

```
$SIG{INT} = $SIG{HUP} = $SIG{PIPE} = $SIG{TERM} = sub { die };
```

sigtrap 프래그마를 사용하면 이런 핸들러들을 간편하게 설치하는 효과를 얻을 수 있다.

```
use sigtrap qw(die untrapped normal-signals);
```

여기서는 die를 임포트함으로써 die를 호출하도록 sigtrap에 지시한다(stack-trace를 임포트하면 핸들러에서 스택 트레이스를 실행하게 할 수 있다). 그리고 untrapped는 핸들러가 따로 설정되지 않은 시그널만 처리하도록 지시한다. 따라서 여러분이 직접 SIGPIPE를 처리하는 핸들러를 설정한 경우에는 sigtrap이 그 핸들러를 대체하지 않는다.

normal-signals는 가로챌 시그널들의 목록을 미리 정의해 둔 것이다. 이렇게 미리 정의된 목록을 표 16-2에 정리하였다.

리스트	시그널
normal-signals	HUP, INT, PIPE, TERM
error-signals	ABRT, BUS, EMT, FPE, ILL, QUIT, SEGV, SYS, TRAP
old-interface-signals	ABRT, BUS, EMT, FPE, ILL, PIPE, QUIT, SEGV, SYS, TERM, TRAP

표 16-2 시그널 리스트

시그널 리스트를 조합해서 지정할 수도 있다.

```
use sigtrap qw(die untrapped normal-signals error-signals);
```

뿐만 아니라 임포트 목록 하나에 서로 다른 핸들러들을 조합해서 지정할 수도 있다. 예를 들어 다음 코드에서는 untrapped를 사용해서 핸들러가 아직 설정되지 않은 일반 시그널만을 대상으로 die를 호출하도록 하고, 그 다음 any를 사용하여 리스트에 있는 모든 시그널에 대해 sigtrap의 기본 동작을 수행하게 하였다.

```
use sigtrap qw(
    die          untrapped    normal-signals
    stack-trace  any          error-signals
);
```

더 알아보기

- 레시피 12.7
- 기본 모듈 sigtrap 문서
- 레시피 16.15

16.23 프로그램: sigrand

다음 프로그램은 이름 있는 파이프를 사용해서 무작위로 서명을 출력한다. 여기서는 서명 파일에 *fortune* 프로그램에서 사용하는 형식으로 된 레코드가 들어있다고 가정한다. 즉 각 레코드는 여러 줄로 이루어져 있을 수 있으며 레코드는 "%%\n"으로 끝난다. 다음은 서명 파일의 예이다.

```
Make is like Pascal: everybody likes it, so they go in and change it.
                                            --Dennis Ritchie
%%
I eschew embedded capital letters in names; to my prose-oriented eyes,
they are too awkward to read comfortably. They jangle like bad typography.
                                            --Rob Pike
%%
God made the integers; all else is the work of Man.
                                            --Kronecker
%%
I'd rather have :rofix than const.          --Dennis Ritchie
%%
If you want to program in C, program in C.  It's a nice language.
I use it occasionally...   :-)              --Larry Wall
%%
Twisted cleverness is my only skill as a programmer.
                                            --Elizabeth Zwicky
%%
Basically, avoid comments. If your code needs a comment to be understood,
it would be better to rewrite it so it's easier to understand.
```

```
                                          --Rob Pike
%%
Comments on data are usually much more helpful than on algorithms.
                                          --Rob Pike
%%
Programs that write programs are the happiest programs in the world.
                                          --Andrew Hume
%%
```

이 프로그램은 자신의 PID가 담겨 있는 파일을 사용하여 자신이 현재 실행되고 있는지 검사한다. 0번 시그널을 보내었더니 PID가 아직 존재한다고(또는 드문 경우이지만 다른 프로세스가 그 ID를 재사용하고 있다고) 나온다면 그냥 종료한다. 또한 현재 유즈넷[3]의 글을 조사하여 뉴스그룹마다 서명 파일을 검색할지 판단한다. 이렇게 해서 여러분이 글을 올리는 뉴스그룹마다 서로 다른 서명을 사용할 수 있다. 변화를 주기 위해서 뉴스그룹별 서명 파일이 있더라도 전역 서명 파일을 수시로 사용한다.

sigrand 프로그램은 이름 있는 파이프가 지원되지 않는 시스템에서도 사용할 수 있다. 그러기 위해서는 이름 있는 파이프를 생성하는 코드를 삭제하고, 파일을 갱신하기 전 슬립하는 시간을 늘려야 한다. 이 경우 *.signature*는 단순한 일반 파일이 된다. 다른 시스템에 이식할 때 또 하나 문제가 되는 점은 이 프로그램이 fork를 사용해서 자신을 복제해 백그라운드에서 실행되게 한다는 것이다. 데몬 프로세스의 동작과 거의 비슷하다. 여러분의 시스템에서 fork가 지원되지 않는 경우에는 그 부분을 주석으로 처리한다.

이 프로그램 전체의 코드를 예제 16-12에 나타낸다.

예제 16-12. sigrand

```
#!/usr/bin/perl -w
# sigrand - .signature 파일에 무작위로 메시지를 공급한다.

use strict;

# 설정 섹션 변수
use vars qw( $NG_IS_DIR $MKNOD $FULLNAME $FIFO $ART $NEWS $SIGS $SEMA
             $GLOBRAND $NAME );

# 전역 변수
use vars qw( $Home $Fortune_Path @Pwd );

################################################################
# 설정 섹션의 시작
# 실제로는 ~/.sigrandrc에서 읽어들여야 한다
```

3 (옮긴이) Usenet. 현재의 인터넷 게시판과 유사하게, 여러분의 관심사에 따라 해당 주제를 다루는 뉴스그룹에 글을 올리고 의견을 교환할 수 있는 서비스.

```
gethome();
# rec.humor.funnct 뉴스그룹 정보는 rec/humor/funny에서 얻는다
$NG_IS_DIR      = 1;

$MKNOD          = "/bin/mknod";
$FULLNAME       = "$Home/.fullname";
$FIFO           = "$Home/.signature";
$ART            = "$Home/.article";
$NEWS           = "$Home/News";
$SIGS           = "$NEWS/SIGNATURES";
$SEMA           = "$Home/.sigrandpid";
$GLOBRAND       = 1/4;  # 어떤 상황이든 전역 서명 파일을 사용할 확률

# $NAME은 (1) undef으로 설정하여 프로그램이 ~/.fullname을 조사해서
# 서명에 사용할 주소를 읽게 하거나
# (2) 정확한 주소로 설정하거나
# (3) 빈 문자열로 지정하여 아예 생략하게 한다

$NAME           = '';           # 이름을 사용하지 않음
## $NAME        = "me\@home.org\n";

# 설정 섹션의 끝 -- HOME과 FORTUNE은 자동으로 설정된다
############################################################

setup();                # 초기설정
justme();               # 프로그램이 이미 실행 중이 아니라는 것을 확인한다
fork && exit;           # 자신을 백그라운드로 돌리고 사라진다

open(SEMA, "> $SEMA")           or die "can't write $SEMA: $!";
print SEMA "$$\n";
close SEMA                      or die "can't close $SEMA: $!";

# 무한 루프 안에서 서명을 fifo 파일에 계속 써 나간다.
# fifo가 지원되지 않는 경우에는 루프 끝에 있는 슬립 시간을
# 10정도로 바꿔서 10초마다 갱신되도록 설정한다
for (;;) {
    open(FIFO, "> $FIFO")           or die "can't write $FIFO: $!";
    my $sig = pick_quote();
    for ($sig) {
        s/^((:?[^\n]*\n){4}).*$/$1/s;   # 4줄로 줄인다
        s/^(.{1,80}).*? *$/$1/gm;       # 긴 줄을 줄인다
    }
    # 시그니처를 출력한다. 이름이 있다면 같이 출력하고, 전체를 4줄로 한다
    if ($NAME) {
        print FIFO $NAME, "\n" x (3 - ($sig =~ tr/\n//)), $sig;
    } else {
        print FIFO $sig;
    }
    close FIFO;

    # 아래 슬립하는 코드를 두지 않으면 읽는 쪽 프로세스가 완료되기 전에
    # 쓰는 쪽이 다시 파이프를 열려 하며, 읽는 쪽이 존재하기 때문에 열기에 성공한다
    # 결과적으로 서명이 여러 번 쓰인다. 파이프를 열기 전에 잠깐 슬립하면
    # 읽는 쪽이 읽기를 완료하고 파이프를 닫을 수 있는 여유가 생기고
    # 쓰는 쪽은 다음 번 파이프를 열 때 블록된다.

     select(undef, undef, undef, 0.2);   # sleep 1/5 second
 }
die "XXX: NOT REACHED";         # 어디에서도 여기에는 도달할 수 없다

############################################################
```

```
# 누군가가 이 프로그램을 띄우고, 파이프를 연 후 읽지 않고 닫아버리는 경우를 대비해서
# SIGPIPE를 무시하도록 한다. .fullname 파일 안에서 로그인 이름을 검색한다
# 완전한 형태의 호스트 이름을 알아낸다. passwd 파일에서 무의미한 앰퍼샌드(&)를 찾아낸다
# 서명 파일이 있거나 fortunes 프로그램이 있는 것을 확인한다
# 필요하다면 fifo 파이프를 만든다

sub setup {
    $SIG{PIPE} = 'IGNORE';

    unless (defined $NAME) {            # $NAME이 undef로 설정된 경우
        if (-e $FULLNAME) {
                    $NAME = `cat $FULLNAME`;
                    die "$FULLNAME should contain only 1 line, aborting"
                        if $NAME =~ tr/\n// > 1;
        } else {
                    my($user, $host);
                    chop($host = `hostname`);
                    ($host) = gethostbyname($host) unless $host =~ /\./;
                    $user = $ENV{USER} || $ENV{LOGNAME} || $Pwd[0]
                        or die "intruder alert";
                    ($NAME = $Pwd[6]) =~ s/,.*//;
                    $NAME =~ s/&/\u\L$user/g; # 아직도 이러는 사람이 있다는 것을
                                              # 믿을 수는 없지만...
                    $NAME = "\t$NAME\t$user\@$host\n";
        }
    }

    check_fortunes() if !-e $SIGS;

    unless (-p $FIFO) {          # -p는 대상이 이름 있는 파이프인지 검사한다
        if (!-e _) {
                    system($MKNOD, $FIFO, "p") && die "can't mknod $FIFO";
                    warn "created $FIFO as a named pipe\n";
        } else {
                    die "$0: won't overwrite file .signature\n";
        }
    } else {
        warn "$0: using existing named pipe $FIFO\n";
    }

    # 좋은 난수 시드를 만든다. 5.004 이후에서는 필요 없다
    srand(time() ^ ($$ + ($$ << 15)));
}

# 서명 문구를 무작위로 선택한다
sub pick_quote {
    my $sigfile = signame();
    if (!-e $sigfile) {
        return fortune();
    }
    open(SIGS, "< $sigfile")                or die "can't open $sigfile";
    local $/  = "%%\n";
    local $_;
    my $quip;
    rand($.) < 1 && ($quip = $_) while <SIGS>;
    close SIGS;
    chomp $quip;
    return $quip || "ENOSIG: This signature file is empty.\n";
}

# ~/.article 파일에 Newsgroups가 들어간 줄이 있는지 확인한다. 만일 있다면
# 글을 올린 첫 번째 그룹을 확인하고 그 그룹 전용의 서명 문구 파일이 있는지 확인한다
```

```
# 그렇지 않다면 전역 서명 파일을 반환한다
# 그리고 서명에 변화를 주도록 가끔씩 일부러 전역 파일을 반환한다
sub signame {
    (rand(1.0) > ($GLOBRAND) && open ART) || return $SIGS;
    local $/  = '';
    local $_  = <ART>;
    my($ng)   = /Newsgroups:\s*([^,\s]*)/;
    $ng =~ s!\.!/!g if $NG_IS_DIR;      # rn에서 -/ 스위치를 주어 실행하거나
                                        # SAVEDIR=%p/%c를 설정한 경우
    $ng = "$NEWS/$ng/SIGNATURES";
    return -f $ng ? $ng : $SIGS;
}

# 충분히 짧은 행운의 문구를 얻기까지, 또는 일정 횟수를 넘기까지
# fortune 프로그램을 호출한다. 이때 짧은 문구를 달라고 -s 플래그를 지정한다
sub fortune {
    local $_;
    my $tries = 0;
    do {
        $_ = `$Fortune_Path -s`;
    } until tr/\n// < 5 || $tries++ > 20;
    s/^/ /mg;
    $_ || " SIGRAND: deliver random signals to all processes.\n";
}

# fortune 프로그램이 존재하는지 검사한다
# 존재한다면 그 프로그램의 전체 경로를 전역 변수에 저장한다
sub check_fortunes {
    return if $Fortune_Path;    # 이미 지정되어 있는 경우
    for my $dir (split(/:/, $ENV{PATH}), '/usr/games') {
        return if -x ($Fortune_Path = "$dir/fortune");
    }
    die "Need either $SIGS or a fortune program, bailing out";
}

# 실행한 사용자의 홈 디렉터리를 얻는다
sub gethome {
    @Pwd = getpwuid($<);
    $Home = $ENV{HOME} || $ENV{LOGDIR} || $Pwd[7]
                         or die "no home directory for user $<";
}

# "존재할 수 있는 것은 하나뿐이다"  --하이랜더
sub justme {
    if (open SEMA) {
        my $pid;
        chop($pid = <SEMA>);
        kill(0, $pid)     and die "$0 already running (pid $pid), bailing out";
        close SEMA;
    }
}
```

17장

P e r l C o o k b o o k

소켓

렌도어 : 저는 저 깊고 깊은 곳에 있는 영혼들을 부를 수 있습니다.

핫스퍼 : 부르는 거야 저도 할 수 있습니다. 아니, 누구라도 할 수 있습니다.

하지만 그 영혼들은 정말로 당신이 불렀을 때 나와 줄까요?

— 셰익스피어 / 헨리 4세 1부 3막 1장

17.0 개요

소켓은 통신의 양 끝단이다. 어떤 종류의 소켓은 신뢰성 있는 통신을 가능하게 하며, 또 다른 종류의 소켓은 신뢰성은 보장하지 않지만 적은 비용으로 통신할 수 있게 해준다. 소켓 통신을 사용하면 프로세스들이 같은 장비 위에서뿐 아니라 인터넷을 거쳐 다른 프로세스와 통신할 수 있다.

이 장에서는 소켓 중에서도 가장 흔히 사용되는, *스트림(stream)*과 *데이터그램(datagram)*이라는 두 가지 소켓 유형에 대해 설명한다. 스트림 소켓을 통한 통신 채널은 쌍방향이고, 순서가 보장되며, 신뢰성이 있다. 스트림 소켓은 파이프와 비슷하다. 데이터그램 소켓을 통한 통신은 순서나 신뢰성을 보장하지 않지만, 데이터를 읽을 때 각 메시지들의 경계가 보존된다는 것을 보증한다. 여러분이 사용하는 시스템에서 이 밖의 다른 유형의 소켓도 지원할 수 있다. 자세한 내용은 *socket*(2) 매뉴얼 페이지 등의 문서를 참고하라.

그리고 인터넷과 유닉스 도메인에 관해서도 설명한다. 인터넷 도메인에서는 호스트(특정한 형식으로 된 IP 주소)와 포트 번호라는 두 부분으로 구성된 이름이 소켓에 붙여진다. 유닉스 도메인에서는 파일을 사용해서 소켓에 이름이 붙여진다

(예를 들어 */tmp/mysock*).

도메인과 유형 외에도 소켓에는 *프로토콜(protocol)*이 연관된다. 그러나 도메인과 유형이 결정되면 그 소켓에 쓸 수 있는 프로토콜이 두 개 이상인 경우는 드물기 때문에 일반적으로 프로토콜은 그다지 중요하지 않다.

도메인과 소켓 유형은 일반적으로 (Socket 모듈과 IO::Socket 모듈에서 익스포트되는 함수를 통하여 사용할 수 있는) 숫자 상수로 식별할 수 있다. 스트림 소켓에는 SOCK_STREAM이라는 유형이, 데이터그램 소켓에는 SOCK_DGRAM이라는 유형이 할당된다. 인터넷 도메인은 PF_INET이고, 유닉스 도메인은 PF_UNIX이다(POSIX 표준에서는 PF_UNIX 대신에 PF_LOCAL이 사용된다. 하지만 대부분의 경우에는 PF_UNIX가 받아들여진다. PF_UNIX를 사용하는 기존 소프트웨어들이 수적으로 우월하기 때문이다). 숫자 값은 바뀔 수 있으므로(실제로 바뀌었던 적도 있고) 숫자를 직접 쓰지 말고 이런 이름을 사용하도록 하라.

프로토콜에는 `tcp`나 `udp` 같은 이름이 붙여지며 운영체제에서 사용되는 숫자 값에 대응된다. 펄에 내장된 `getprotobyname` 함수는 인자로 프로토콜 이름을 넘기면 그 이름에 해당되는 숫자 값을 반환한다. 소켓 함수에 프로토콜 번호 0을 넘기면 시스템이 적절한 기본 프로토콜을 선택하게 된다.

펄에는 소켓을 만들고 다루기 위한 여러 가지 함수가 내장되어 있다. 이 함수의 대부분은 같은 일을 하는 C 함수를 모방하고 있다. 시스템의 모든 부분에 직접 저레벨로 접근하는 데에는 이것으로 충분하지만, 대부분의 프로그래머들은 더 편리한 수단을 바랄 것이다. 그 때문에 준비된 것이 IO::Socket::INET과 IO::Socket::UNIX 클래스다. 이 클래스들을 쓰면 복잡한 시스템 콜 대신에 고레벨의 인터페이스를 사용할 수 있다.

우선 내장 함수에 관해서 알아보자. 에러가 발생한 경우 이 함수들은 모두 `undef`를 반환하고, `$!` 변수를 설정한다. 그중 주요한 함수의 기능은 다음과 같다. `socket` 함수는 소켓을 만든다. `bind` 함수는 소켓에 로컬 이름을 할당한다. `connect` 함수는 로컬 소켓을 다른 (아마도 원격지의) 소켓과 연결한다. `listen` 함수는 소켓이 다른 소켓에서 오는 연결을 받아들이도록 준비시킨다. `accept` 함수는 연결을 하나씩 받는다. 스트림 소켓을 거쳐서 통신할 때는 `syswrite`와 `sysread`뿐 아니라 `print`와 `<>`를 사용할 수도 있다. 그리고 데이터그램 소켓을 거쳐서 통신할 때는 `send`와 `recv`를 사용한다(펄에서는 현재 *sendmsg*(2)를 지원하지 않는다).

전형적인 서버의 동작은 `socket`, `bind`, `listen`을 호출하고, 연결 요청이 들어오길 블록된 상태로 기다리는 accept를 루프 안에서 호출하는 것이다(레시피 17.2와 레시피 17.5 참고). 전형적인 클라이언트의 동작은 socket과 connect를 호출하는 것이다(레시피 17.1과 레시피 17.4 참고). 데이터그램 클라이언트는 특별하다. 데이터그램 클라이언트에서는 데이터를 보내기 위해 connect를 호출할 필요가 없다. 데이터를 받을 대상을 send 함수의 인자로 지정할 수 있기 때문이다.

특정한 수신처에 대해 bind, connect나 send를 호출할 때 소켓의 이름을 지정해야 한다. 인터넷 도메인 소켓의 이름은 호스트(inet_aton을 써서 패킹(packing)[1]된 IP 주소)와 포트(숫자로 된 번호)가 sockaddr_in을 써서 C 스타일의 구조체로 패킹된 값이다.

```
use Socket;

$packed_ip   = inet_aton("208.201.239.37");
$socket_name = sockaddr_in($port, $packed_ip);
```

유닉스 도메인 소켓의 이름은 파일이름이 sockaddr_un을 통해 C 스타일의 구조체로 패킹된 값이다.

```
use Socket;

$socket_name = sockaddr_un("/tmp/mysock");
```

패킹된 소켓 이름을 원래의 호스트와 포트 번호의 조합 또는 파일이름으로 변환하려면 sockaddr_in 또는 sockaddr_un을 리스트 컨텍스트로 호출한다.

```
($port, $packed_ip) = sockaddr_in($socket_name);    # PF_INET 소켓의 경우
($filename)         = sockaddr_un($socket_name);    # PF_UNIX 소켓의 경우
```

패킹된 IP 주소를 원래의 아스키 문자열로 바꾸려면 inet_ntoa를 사용한다. 이 함수 이름의 "ntoa"는 "numbers to ASCII(숫자 값에서 아스키로)" 변환을 의미하고, 앞에서 다룬 inet_aton의 "aton"은 "ASCII to numbers(아스키에서 숫자 값으로)" 변환을 의미한다.

```
$ip_address = inet_ntoa($packed_ip);
$packed_ip  = inet_aton("208.201.239.37");
$packed_ip  = inet_aton("www.oreilly.com");
```

이 장의 대부분의 레시피에서는 예문에서 인터넷 도메인 소켓을 사용하지만, 인터넷 도메인에 적용된 대부분은 유닉스 도메인에도 적용된다. 차이점과 주의점에 관해서는 레시피 17.6에서 설명한다.

1 (옮긴이) C 데이터형에 호환되는 크기와 형으로 구성되는 것을 의미한다. 펄의 pack 함수를 참고하라.

소켓은 네트워크 서비스의 기본이다. 이 책에서는 서버를 만드는 세 가지 방법을 소개한다. 외부에서 연결 요청이 들어올 때마다 자식 프로세스를 만드는 방법(레시피 17.11), 미리 자식 프로세스를 만들어 두는 방법(레시피 17.12), 자식 프로세스를 전혀 만들지 않는 방법(레시피 17.13)이 그것이다.

어떤 서버에서는 한 번에 다수의 IP 주소에 대해 대기해야 하는 경우가 있다. 레시피 17.16에서 이런 경우를 소개한다. 잘 동작하는 서버는 HUP 시그널을 받았을 때 데이터를 청소한 후 재시작해야 한다. 그런 동작을 펄에서 구현하는 방법을 레시피 17.18에서 소개한다. 그리고 연결의 양 끝단에 명칭을 붙이는 방법도 소개한다. 레시피 17.7과 레시피 17.8을 참고하라.

리차드 스티븐스(W. Richard Stevens)가 집필한 *UNIX Network Programming* (Prentice Hall)과 세 권으로 이뤄진 *TCP Illustrated*(Addison-Wesley)는 제대로 소켓을 공부하려는 프로그래머에게는 빼놓을 수 없는 책이다. 소켓에 대한 기본을 배우고 싶은 경우 독창적이고 고전적인 *An Advanced 4.4BSD Interprocess Communication Tutorial*을 피하기는 어렵다. C 언어용으로 쓰였지만 대부분의 내용은 펄에도 바로 적용할 수 있다. 이 문서는 BSD에서 파생한 대부분의 유닉스 시스템에서 */usr/share/doc*에 들어 있다. 그리고 *The Unix Programming Frequently Asked Questions List*와 *Programming UNIX Sockets in C - Frequently Asked Questions*를 참고할 것을 권한다. 이 두 문서는 모두 *comp.unix.answers* 뉴스그룹에 정기적으로 게시되고 있다.

17.1 TCP 클라이언트 만들기

문제

원격 컴퓨터의 소켓에 접속하고자 한다.

해결책

이 해결책에서는 인터넷을 사용해서 통신하는 것을 전제로 한다. 한 대의 컴퓨터 안에서 TCP처럼 통신하는 것은 레시피 17.6을 참고하라.

해결책은 두 가지 생각할 수 있다. 첫 번째로 기본 모듈인 IO::Socket::INET 클래스를 사용한다.

```
use IO::Socket;

$socket = IO::Socket::INET->new(PeerAddr => $remote_host,
                                PeerPort => $remote_port,
```

```
                                Proto     => "tcp",
                                Type      => SOCK_STREAM)
    or die "Couldn't connect to $remote_host:$remote_port : $@\n";

# ... 소켓을 사용한 작업을 한다
print $socket "Why don't you call me anymore?\n";
$answer = <$socket>;

# 작업이 끝나면 접속을 끊는다
close($socket);
```

조금 더 정교하게 제어하려면 직접 소켓을 만든다.

```
use Socket;

# 소켓을 만든다
socket(TO_SERVER, PF_INET, SOCK_STREAM, getprotobyname('tcp'));

# 원격 컴퓨터의 주소를 만든다
$internet_addr = inet_aton($remote_host)
    or die "Couldn't convert $remote_host into an Internet address: $!\n";
$paddr = sockaddr_in($remote_port, $internet_addr);

# 접속한다
connect(TO_SERVER, $paddr)
    or die "Couldn't connect to $remote_host:$remote_port : $!\n";

# ... 소켓을 사용한 작업을 한다
print TO_SERVER "Why don't you call me anymore?\n";

# 처리가 끝나면 접속을 끊는다
close(TO_SERVER);
```

논의

직접 하려면 많은 절차를 거쳐야 될 일을 IO::Socket::INET 클래스에서는 편리하게 생성자 안에 다 모아 두었다. 이 생성자에 알려줄 중요한 정보는 어디에 접속하려는 것인가(PeerAddr과 PeerPort 매개변수)와 어떤 방법으로 접속하려는 것인가(Type 매개변수)이다. IO::Socket::INET은 여러분이 전달한 값으로부터 이 정보들을 판단한다. 그리고 가능하다면 Type과 Port에서 Proto를 추측하고, 불가능하다면 기본값으로 tcp를 사용한다.

PeerAddr에는 호스트 이름("www.oreilly.com")이나 IP 주소("208.201.239.36")를 문자열로 지정한다. PeerPort에는 접속처의 포트 번호를 나타내는 정수를 지정한다. "www.oreilly.com:80"과 같이 포트 번호를 주소에 넣어서 지정할 수도 있다. Type에는 만들려는 소켓의 종류를 지정한다. 데이터그램 소켓은 SOCK_DGRAM을, 스트림 소켓은 SOCK_STREAM을 각각 지정한다.

다른 옵션은 지정하지 않고 SOCK_STREAM 소켓을 사용해서 특정 컴퓨터의 포트에 접속하고 싶다면 호스트 이름과 포트 번호를 콜론으로 구분한 문자열만

IO::Socket::INET->new에 인자로 넘긴다.

```
$client = IO::Socket::INET->new("www.yahoo.com:80")
    or die $@;
```

에러가 발생하면 IO::Socket::INET은 undef를 반환하고, $@에($!가 아니다) 에러 메시지가 저장된다.

```
$s = IO::Socket::INET->new(PeerAddr => "Does not Exist",
                           Peerport => 80,
                           Type     => SOCK_STREAM )
    or die $@;
```

패킷이 네트워크 위에서 없어져 버리는 경우, 포트에 접속할 수 없다는 사실이 인식될 때까지 시간이 걸릴 수 있다. 이 시간은 IO::Socket::INET->new()에서 Timeout 매개변수를 지정하여 짧게 할 수 있다.

```
$s = IO::Socket::INET->new(PeerAddr => "bad.host.com",
                           PeerPort => 80,
                           Type     => SOCK_STREAM,
                           Timeout  => 5 )
    or die $@;
```

단, 이렇게 하면 $!나 $@ 값을 조사해도 접속할 수 없었다거나 타임아웃 되었다는 것을 구별할 수가 없다. 때로는 모듈을 쓰는 대신 직접 타임아웃 코드를 만드는 게 나을 수 있다.

네트워크 인터페이스가 여러 개 설치되어 있는 경우 어느 인터페이스를 사용할지는 현재의 라우트에 따라 커널에서 결정된다. 이런 기본값을 오버라이드하고 싶으면 IO::Socket::INET->new를 호출할 때 Local 매개변수를 추가한다. 수작업으로 한다면 다음처럼 한다.

```
$inet_addr = inet_aton("208.201.239.37");
$paddr     = sockaddr_in($port, $inet_addr);
bind(SOCKET, $paddr)          or die "bind: $!";
```

주소는 모르고 이름만 안다면 다음처럼 한다.

```
$inet_addr = gethostbyname("www.yahoo.com")
                            or die "Can't resolve www.yahoo.com: $!";
$paddr     = sockaddr_in($port, $inet_addr);
bind(SOCKET, $paddr)        or die "bind: $!";
```

더 알아보기

- *perlfunc*(1) 문서와 *Programming Perl* 29장에서 다루는 socket, bind, connect, gethostbyname 함수

- 기본 모듈 Socket, IO::Socket, Net::hostent 모듈 문서
- *Programming Perl* 16장과 *perlipc*(1) 문서의 "Networking Clients" 절
- *UNIX Network Programming*
- 레시피 17.2
- 레시피 17.3

17.2 TCP 서버 만들기

문제

클라이언트가 네트워크를 거쳐서 특정 포트로 접속하기를 기다리는 서버를 만들고자 한다.

해결책

이 레시피에서는 인터넷을 사용해서 통신하는 것을 전제로 한다. 한 대의 유닉스 시스템 안에서 TCP 스타일로 통신하는 것은 레시피 17.6을 참고하라.

기본 모듈인 IO::Socket::INET 클래스를 사용한다.

```
use IO::Socket;

$server = IO::Socket::INET->new(LocalPort => $server_port,
                                Type      => SOCK_STREAM,
                                Reuse     => 1,
                                Listen    => 10 )   # 또는 SOMAXCONN
    or die "Couldn't be a tcp server on port $server_port : $@\n";

while ($client = $server->accept()) {
    # $client는 새로운 접속이다
}
close($server);
```

더 정교하게 제어하려면 수작업으로 이 작업을 한다.

```
use Socket;

# 소켓을 만든다
socket(SERVER, PF_INET, SOCK_STREAM, getprotobyname('tcp'));

# 서버를 재빠르게 재기동할 수 있도록
setsockopt(SERVER, SOL_SOCKET, SO_REUSEADDR, 1);

# 소켓의 주소를 만든다
$my_addr = sockaddr_in($server_port, INADDR_ANY);
bind(SERVER, $my_addr)
    or die "Couldn't bind to port $server_port : $!\n";

# 외부에서의 접속용 큐를 확립한다
listen(SERVER, SOMAXCONN)
```

```
    or die "Couldn't listen on port $server_port : $!\n";

# 접속을 받아서 처리한다
while (accept(CLIENT, SERVER)) {
    # CLIENT를 사용해서 작업을 한다
}

close(SERVER);
```

논의

서버를 구성하는 것은 클라이언트보다 더 복잡하다. listen 함수는 생략할 수 있으며, 아직 응답을 받지 못한 접속 요청을 몇 개까지 큐에서 대기하게 할 수 있는지 운영체제에 지정한다. 해결책에서 사용하는 setsocketopt 함수는 서버를 강제 종료한 후 재시작하기 전에 2분간 기다리지 않아도 되게 해준다(테스트할 때 편하다). bind 함수는 서버를 커널에 등록하여 다른 컴퓨터에서 이 서버를 찾을 수 있게 해준다. 마지막으로 accept 함수는 외부에서 들어온 접속 요청을 하나씩 처리해나간다.

listen에 인자로 넘기는 숫자는 아직 accept로 받아들여지지 않은 접속 요청을 운영체제가 몇 개까지 큐에 담을지를 지정한다. 이 수를 넘으면 클라이언트는 "connection refused(접속이 거부되었음)"라는 에러를 받게 된다. 전통적으로 listen의 최댓값은 5였다. 현재까지도 많은 운영체제에서 이 큐의 크기를 암묵적으로 20 전후로 제한해왔다. 대규모 웹 서버가 흔해지면서 많은 업체들이 이 값을 점점 더 늘렸다. 여러분의 시스템에 적용된 최댓값은 Socket 모듈에서 제공하는 SOMAXCONN 상수를 통해 확인할 수 있다.

accept 함수는 두 개의 인자를 받는다. 하나는 원격 클라이언트와 접속하기 위한 파일핸들이고, 또 하나는 서버의 파일핸들이다. 이 함수는 클라이언트의 포트와 IP 주소를 반환한다. 이 값은 패킹되어 있기 때문에 문자열로 되돌리기 위해서는 sockaddr_in과 inet_ntoa를 사용한다.

```
use Socket;

while ($client_address = accept(CLIENT, SERVER)) {
    ($port, $packed_ip) = sockaddr_in($client_address);
    $dotted_quad = inet_ntoa($packed_ip);
    # 필요한 처리를 한다
}
```

IO::Socket 클래스를 쓰는 경우 accept는 서버 파일핸들의 메서드다.

```
while ($client = $server->accept()) {
    # ...
}
```

accept 메서드는 리스트 컨텍스트에서 호출되면 클라이언트 소켓과 클라이언트의 주소를 반환한다.

```
while (($client,$client_address) = $server->accept()) {
    # ...
}
```

대기 중인 접속 요청이 없다면 이 프로그램은 접속 요청을 받을 때까지 accept에서 블록된다. accept에서 블록되지 않도록 하려면 논블로킹 소켓을 사용한다.

```
use Fcntl qw(F_GETFL F_SETFL O_NONBLOCK);

$flags = fcntl(SERVER, F_GETFL, 0)
            or die "Can't get flags for the socket: $!\n";

$flags = fcntl(SERVER, F_SETFL, $flags | O_NONBLOCK)
            or die "Can't set flags for the socket: $!\n";
```

이제 accept를 호출했는데 대기 중인 접속 요청이 없다면 accept는 undef를 반환하고, $! 변수의 값이 WOULDBLOCK으로 설정된다.

이때 F_GETFL에서 반환된 플래그 값이 0인 경우에는 undef을 반환한 경우처럼 die가 호출되지 않을까 걱정할 수 있다. 그렇지만 그런 일은 없다. ioctl과 마찬가지로 fcntl에서 에러가 나지 않은 경우 반환되는 값은 "0 but true"(0이지만 참)라는 특별한 값이 사용된다. 이 특별한 문자열은 심지어 숫자를 써야 할 곳에 숫자가 아닌 값이 쓰였다는 경고조차도 띄우지 않는다. 따라서 여러분이 만드는 함수에서도 수로 해석하면 0이지만 참으로 간주되는 값이 필요하다면 자유롭게 쓰면 된다. 여담이지만 이 문자열은 "0 and sneaky"(0이고 교묘한)이라고 정했어야 할지도 모르겠다.

더 알아보기

- *perlfunc*(1) 문서와 *Programming Perl* 29장에서 다루는 socket, bind, listen, accpet, fcntl, setsockopt 함수
- 시스템에 있는 *fcntl*(2), *socket*(2), *setsockopt*(2) 매뉴얼 페이지
- 기본 모듈 Socket, IO::Socket, Net::hostent 모듈 문서
- *Programming Perl* 16장과 *perlipc*(1) 문서의 "Networking Servers" 절
- *UNIX Network Programming*
- *Beej's Guide to Network Programming*(*http://beej.us/guide/bgnet/*)
- 레시피 7.22
- 레시피 7.20

- 레시피 17.1
- 레시피 17.3
- 레시피 17.7

17.3 TCP를 통해서 통신하기

문제

TCP 접속을 거쳐서 데이터를 읽거나 쓰고자 한다.

해결책

이 해결책에서는 인터넷을 사용해서 통신하는 것을 전제로 한다. 한 대의 컴퓨터 안에서 TCP처럼 통신하는 것은 레시피 17.6을 참고하라.

print나 <>를 사용한다.

```
print SERVER "What is your name?\n";
chomp ($response = <SERVER>);
```

또는 send와 recv를 사용한다.

```
defined (send(SERVER, $data_to_send, $flags))
    or die "Can't send : $!\n";

recv(SERVER, $data_read, $maxlen, $flags)
    or die "Can't receive: $!\n";
```

또는 IO::Socket 객체의 메서드를 사용한다.

```
use IO::Socket;

$server->send($data_to_send, $flags)
    or die "Can't send: $!\n";

$server->recv($data_read, $maxlen, $flags)
    or die "Can't recv: $!\n";
```

데이터를 읽거나 쓸 수 있는지 확인하려면 select 함수를 사용한다. 이 함수는 기본 모듈인 IO::Select 클래스에 잘 래핑되어 있다.

```
use IO::Select;

$select = IO::Select->new();
$select->add(*FROM_SERVER);
$select->add($to_client);

@read_from = $select->can_read($timeout);
foreach $socket (@read_from) {
    # $socket에서 대기 중인 데이터를 읽는다
}
```

논의

소켓은 완전히 다른 두 종류의 입출력을 다룰 수 있는데, 각각 장단점이 있다. 파일에 대해서 사용되는 일반적인 펄 입출력 함수는 (seek와 sysseek를 제외하고) 스트림 소켓에 대해서도 쓸 수 있다. 그러나 데이터그램 소켓에 대해서는 send와 recv 시스템 콜을 사용해야 한다. 이 시스템 콜들은 레코드 전체를 대상으로 동작한다.

버퍼링 문제를 인지하는 것이 소켓 프로그래밍에서 특히 중요하다. 그것은 버퍼링이 비록 성능을 높이기 위해 설계되었지만 한편으로는 일부 프로그램에서 요구되는 대화형 조작성을 저해할 수 있기 때문이다. <>를 사용해서 입력을 받을 때는 레코드 구분자를 찾느라 소켓에 들어와 있는 것보다 더 많은 데이터를 읽으려 시도할 수 있다. print와 <> 둘 다 stdio 버퍼를 사용한다. 따라서 소켓 핸들의 autoflush 설정을 변경하지 않는 한(7장의 개요 절 참고), print를 써서 출력한 데이터가 곧바로 소켓의 반대편으로 보내지지 않는다. 대신 버퍼가 가득 찰 때까지 기다리게 된다.

행 기반 입출력 클라이언트와 서버의 경우라면 출력에 대해서 autoflush 기능을 설정해두면 이런 문제는 생기지 않을 것이다. 최근 버전의 IO::Socket에서는 IO::Socket->new로 반환되는 익명 파일핸들에 대해서도 이 설정을 자동으로 해준다.

그러나 표준입출력 버퍼링만 문제인 게 아니다. 출력(print, printf, syswrite, TCP 소켓의 send)은 *네이글(Nagle) 알고리즘*이라 불리는 정책에 따라 운영체제 선에서도 버퍼링된다. 한 패킷 분량의 데이터가 보내졌지만 아직 응답이 오지 않은 경우 그다음 보낼 데이터는 큐에 저장되다가, 완전한 패킷 하나 분량이 모이거나 응답을 받게 되면 그때 보내진다. 상황에 따라서는(마우스 이벤트가 윈도우 시스템에 송신되거나 키를 누른 사실이 실시간 응용 프로그램에 전달되어야 하는 경우) 이런 버퍼링은 불편한 일이거나 완전히 잘못된 동작이다. 네이글 알고리즘은 TCP_NODELAY라는 소켓 옵션으로 비활성화할 수 있다.

```
use Socket;
require "sys/socket.ph";    # &TCP_NODELAY를 사용하기 위해서

setsockopt(SERVER, SOL_SOCKET, &TCP_NODELAY, 1)
    or die "Couldn't disable Nagle's algorithm: $!\n";
```

다시 활성화하려면 다음처럼 한다.

```
setsockopt(SERVER, SOL_SOCKET, &TCP_NODELAY, 0)
    or die "Couldn't enable Nagle's algorithm: $!\n";
```

대부분의 경우 TCP_NODELAY를 사용할 필요는 없다. TCP의 버퍼링은 다 이유

가 있어서 존재하는 것이다. 여러분의 프로그램이 실시간 패킷을 집중적으로 다루는 흔치 않은 경우에만 버퍼링을 비활성화하도록 하라.

TCP_NODELAY는 *sys/socket.ph*에서 가져온다. 이 파일은 펄을 설치할 때 자동으로 같이 설치되지는 않지만, 간단하게 생성할 수 있다. 상세한 내용은 레시피 12.17을 참고하라.

버퍼링이 이렇게 민감한 문제이기 때문에, 파일핸들의 상태를 판단할 수 있는 select 함수가 제공된다. 구체적으로는 어느 파일핸들에 아직 읽지 않은 입력이 있는지, 어느 파일핸들에 쓸 수 있는지, 그리고 어느 파일핸들에 "예외 상태"가 발생하였는지 등을 검사할 수 있다. select 함수는 이진 데이터로 해석되는 문자열 세 개를 인자로 받는다. 이 이진 데이터의 각 비트는 파일핸들에 대응된다. select 함수를 호출하는 전형적인 모습은 다음과 같다.

```
$rin = '';                             # 비트 마스크를 초기화한다
vec($rin, fileno(SOCKET), 1) = 1;      # $rin 안에 SOCKET을 지정한다
# 검사할 각 소켓에 대하여 vec() 호출을 반복한다

$timeout = 10;                         # 10초간 대기한다

$nfound = select($rout = $rin, undef, undef, $timeout);
if (vec($rout, fileno(SOCKET),1)){
    # SOCKET에 읽을 데이터가 있다
}
```

select에 넘기는 네 가지 인자는 각각 다음과 같다. 아직 읽지 않은 데이터의 유무를 확인하기 위해 어느 파일핸들을 검사할지를 나타내는 비트 마스크, 블록되지 않고 쓸 수 있는지 검사할 파일핸들을 나타내는 비트 마스크, 예외 상황의 발생 여부를 확인할 파일핸들을 나타내는 비트 마스크, 그리고 대기할 시간의 최대값을 나타내는 초 수(실수형 값으로 지정 가능)이다.

이 함수는 인자로 받은 비트 마스크를 변경하여, 입출력 준비가 된 파일핸들에 대응되는 비트만 1로 설정되어 있도록 한다. 따라서 위의 예제처럼 입력 마스크 $rin의 값을 출력 마스크 $rout에 대입하는 기법이 흔히 쓰인다. 이러면 select는 $rout만 변경하게 되고 $rin은 원래의 값 그대로 남아있게 된다.

타임아웃 값을 0으로 지정하면 *폴링(polling)*(블록되지 않고 검사)할 수 있다. 프로그래밍 초심자 중에는 블록은 나쁘다고 생각하는 사람이 있다. 그런 사람들은 "바쁘게 대기(busy-wait)"하는, 즉 폴링을 반복하는 프로그램을 만든다. 어떤 프로그램이 블록되면 운영체제는 그 프로세스가 입력을 기다리며 대기한다는 것을 인식하고 입력이 들어올 때까지 다른 프로그램에게 CPU 시간을 할당한다. 그러나 프로그램이 바쁘게 대기하는 경우는 시스템이 그 프로그램을 슬립 상태로

바꿀 수 없다. 프로그램이 계속 어떤 일(입력이 있는지 검사하는 일)을 하는 상태이기 때문이다. 가끔은 폴링을 하는 게 맞을 때도 있겠지만, 대부분의 경우는 아니다. select의 타임아웃 값으로 undef를 지정하면 "타임아웃 없음"을 의미하게 되며, 프로그램은 읽을 입력이 생길 때까지 계속 블록되게 된다.

select를 호출할 때는 비트 마스크를 사용하지만, 비트 마스크는 만들기도 번거롭고 해석하기도 어렵다. 그래서 해결책에서는 기본 모듈 IO::Socket을 사용했다. 이 모듈을 사용하면 비트 마스크를 사용할 필요가 없어 일반적으로 코드가 간단해진다.

select에서 세 번째 인자의 비트 마스크로 검사할 수 있는 예외 데이터에 대해서 완전히 설명하는 것은 이 책의 범위를 벗어난다. 대역을 벗어나는 데이터와 긴급 데이터에 대해서는 스티븐스의 *UNIX Network Programming*을 참고하라.

send와 recv에서 쓸 수 있는 나머지 플래그의 목록은 각 시스템 콜의 매뉴얼 페이지에 나와 있다.

더 알아보기

- *perlfunc*(1) 문서와 *Programming Perl* 29장에서 다루는 send, recv, fileno, vec, setsockopt, select 함수
- *perlop*(1) 문서의 "I/O Operators" 절과 "Bitwise String Operators" 절
- 시스템에 있는 *setsockopt*(2) 매뉴얼 페이지
- 기본 모듈 Socket, IO::Socket 모듈 문서
- *Programming Perl* 16장과 *perlipc*(1) 문서의 "Sockets" 절
- *UNIX Network Programming*
- 레시피 17.1
- 레시피 17.2

17.4 UDP 클라이언트 만들기

문제

UDP(데이터그램)를 사용하여 다른 프로세스와 메시지를 교환하고자 한다.

해결책

UDP 소켓 핸들을 설정하려면 직접 만든 파일핸들에 대하여 저레벨의 Socket 모듈을 사용한다.

```
use Socket;
socket(SOCKET, PF_INET, SOCK_DGRAM, getprotobyname("udp"))
    or die "socket: $!";
```

또는 IO::Socket을 사용한다. 이 경우 익명 파일핸들이 반환된다.

```
use IO::Socket;
$handle = IO::Socket::INET->new(Proto => 'udp')
    or die "socket: $@";     # 여기서는 $@를 사용한다
```

그러고 나서 다음과 같이 $HOSTNAME이라는 이름의 컴퓨터의 $PORTNO번 포트에 메시지를 보낸다.

```
$ipaddr   = inet_aton($HOSTNAME);
$portaddr = sockaddr_in($PORTNO, $ipaddr);
send(SOCKET, $MSG, 0, $portaddr) == length($MSG)
        or die "cannot send to $HOSTNAME($PORTNO): $!";
```

길이가 $MAXLEN 이하인 메시지를 받으려면 다음과 같이 한다.

```
$portaddr = recv(SOCKET, $MSG, $MAXLEN, 0)      or die "recv: $!";
($portno, $ipaddr) = sockaddr_in($portaddr);
$host = gethostbyaddr($ipaddr, AF_INET);
print "$host($portno) said $MSG\n";
```

논의

데이터그램 소켓은 스트림 소켓과 완전히 다르다. 스트림에서는 세션을 제공하여 사용하는 입장에서 접속이 안정적으로 동작하는 것처럼 느끼게 한다. 이런 동작은 전화를 거는 것과 비슷하다고 볼 수 있다. 전화를 연결하는 비용이 들지만, 일단 연결이 되면 전화는 신뢰성이 높고 사용하기 쉽다. 반면에 데이터그램은 우편과 비슷하다. 지구 반대편에 있는 친구에게 연락할 때는 전화를 거는 것보다 편지를 보내는 쪽이 더 저렴하고 쉽다. 시스템 입장에서도 데이터그램이 스트림보다 간단하다. 작은 양의 정보를 한 번에 한 개의 메시지를 통해 보낸다. 하지만 이 메시지가 반드시 배달된다는 보장이 없고, 여러 메시지를 보낼 경우 잘못된 순서로 도착할 수도 있다. 작은 우편함처럼 수신자의 큐가 가득 차면 그 다음 도착하는 메시지들은 버려질 수도 있다.

데이터그램에 신뢰성이 없다면서 왜 사용하는가? 그것은 어떤 응용프로그램은 데이터그램을 사용하여 구현할 때 가장 적절하게 동작할 수 있기 때문이다. 예를 들어 스트리밍 오디오에서는 모든 패킷이 전달되는 것보다 스트림 자체가 유지되는 게 더 중요하다. 특히 대역폭이 충분하지 않아서 패킷이 누락되는 경우라면 더욱 그렇다. 데이터그램의 다른 용도로는 브로드캐스트가 있다. 우편에 비유하자

면 대량으로 뿌린 선전용 우편이라 할 수 있고, 비슷하게 애용된다. 브로드캐스트 패킷을 쓰는 한 예는 로컬 서브넷에 "내 서버가 될 사람 혹시 없나요?"라는 메시지를 뿌리는 것이다.

데이터그램에서는 접속이 유지되는 것과 같은 효과를 제공하지 않기 때문에, 조금 더 자유롭게 사용할 수 있다. 예를 들어 데이터를 보낼 원격 끝단에 connect를 써서 소켓을 연결하지 않아도 된다. 대신 send를 써서 데이터그램을 보낼 때마다 받을 주소를 지정한다. $remote_addr이 sockaddr_in을 호출하여 얻은 것이라면 다음과 같이 할 수 있다.

```
send(MYSOCKET, $msg_buffer, $flags, $remote_addr)
    or die "Can't send: $!\n";
```

빈번하게 사용되는 플래그 인자는 MSG_OOB이다. 이 플래그를 사용하면 고급 응용 프로그램에서 대역 외 데이터를 송수신할 수 있게 된다.

원격지 주소는 Socket 모듈의 sockaddr_in에서 반환된, 포트 번호와 인터넷 주소의 조합이어야 한다. 원한다면 이 주소에 대해 connect를 호출할 수도 있다. 이 경우 send의 마지막 인자를 생략할 수 있고, 모든 데이터가 connect로 연결한 상대방에게 전송된다. 스트림의 경우와는 달리 같은 데이터그램 소켓을 사용해서 얼마든지 다른 컴퓨터에 다시 접속할 수 있다.

예제 17-1은 짧은 UDP 프로그램 예제이다. 이 프로그램에서는 명령 행 인자로 지정한 서버가 있다면 그 서버에, 지정하지 않았다면 로컬 시스템의 UDP 시각 서비스 포트에 접속한다. 아무 시스템에서나 동작하지는 않겠지만, 연결한 서버에 시각 서버가 설치되어 있다면 그 컴퓨터의 현재 시각을 네트워크 바이트 순서로 패킹된 4바이트 크기의 정수로 보내줄 것이다. 다만 이때 반환되는 값은 1900년부터 지금까지 몇 초나 흘렀는지를 나타내는 수이다. 따라서 이 값을 localtime이나 gmtime 함수에 전달하여 변환하려면 먼저 1900년에서 1970년까지의 기간을 초 단위로 환산하여 원래 값에서 빼야 한다.

예제 17-1. clockdrift

```
#!/usr/bin/perl
# clockdrift - 다른 시스템 시각을 내 시스템 시각과 비교한다
use strict;
use Socket;

my ($host, $him, $src, $port, $ipaddr, $ptime, $delta);
my $SECS_of_70_YEARS      = 2_208_988_800;

socket(MsgBox, PF_INET, SOCK_DGRAM, getprotobyname("udp"))
    or die "socket: $!";
```

```
$him = sockaddr_in(scalar(getservbyname("time", "udp")),
    inet_aton($ARGV[0] || "localhost"));
defined(send(MsgBox, 0, 0, $him))
    or die "send: $!";
defined($src = recv(MsgBox, $ptime, 4, 0))
    or die "recv: $!";
($port, $ipaddr) = sockaddr_in($src);
$host = gethostbyaddr($ipaddr, AF_INET);
my $delta = (unpack("N", $ptime) - $SECS_of_70_YEARS) - time();
print "Clock on $host is $delta seconds ahead of this one.\n";
```

접속하려는 대상 컴퓨터가 동작하지 않거나, 동작하더라도 그 컴퓨터가 보낸 응답이 도중에 누락될 수도 있다. 이런 경우 이 프로그램은 오지 않을 응답을 기다리며 recv에서 하염없이 멈춰 있게 될 것이다. 타임아웃이나 에러가 따로 발생하지는 않으니 유의하라.

더 알아보기

- *Programming Perl* 29장과 *perlfunc*(1)의 매뉴얼 페이지의 send, recv, gethostbyaddr, unpack 함수의 설명
- 기본 모듈 Socket과 IO::Socket의 문서
- *Programming Perl* 16장과 *perlipc*(1)의 매뉴얼 페이지의 "Message Passing"
- *UNIX Networking Programming*
- 레시피 17.5

17.5 UDP 서버 만들기

문제

UDP 서버를 만들고자 한다.

해결책

우선 외부에서 오는 접속을 받을 포트에 bind를 호출한다. 이것은 IO::Socket을 사용하면 간단하게 할 수 있다.

```
use IO::Socket;
$server = IO::Socket::INET->new(LocalPort => $server_port,
                                Proto     => "udp")
    or die "Couldn't be a udp server on port $server_port : $@\n";
```

다음으로 반복문 안에서 메시지를 받는다.

```
while ($him = $server->recv($datagram, $MAX_TO_READ, $flags)) {
    # 필요한 처리를 한다
}
```

논의

UDP는 TCP보다 훨씬 간단하다. 클라이언트의 접속을 한 번에 하나씩 받아서 장시간에 걸친 관계를 유지하는 대신, 클라이언트에서 메시지를 보낼 때마다 받아 처리한다. recv 함수는 송신자의 주소를 반환하는데, 이 주소값은 패킹되어 있기 때문에 여러분이 직접 복호화해야 한다.

예제 17-2는 메시지를 받으려고 대기하는 간단한 UDP 기반 서버이다. 메시지를 받을 때마다 발신자를 확인하고, 직전에 받았던 메시지를 가지고 답장을 만들어서 발신자에게 보낸다. 그리고 이번에 받은 새 메시지를 다시 저장해둔다.

예제 17-2. udpqotd

```
#!/usr/bin/perl -w
# udpqotd - UDP 메시지 서버
use strict;
use IO::Socket;
my ($sock, $oldmsg, $newmsg, $hisaddr, $hishost, $MAXLEN, $PORTNO);
$MAXLEN = 1024;
$PORTNO = 5151;
$sock = IO::Socket::INET->new(LocalPort => $PORTNO, Proto => 'udp')
    or die "socket: $@";
print "Awaiting UDP messages on port $PORTNO\n";
$oldmsg = "This is the starting message.";
while ($sock->recv($newmsg, $MAXLEN)) {
    my($port, $ipaddr) = sockaddr_in($sock->peername);
    $hishost = gethostbyaddr($ipaddr, AF_INET);
    print "Client $hishost said ``$newmsg''\n";
    $sock->send($oldmsg);
    $oldmsg = "[$hishost] $newmsg";
}
die "recv: $!";
```

위 프로그램은 저레벨의 Socket 모듈보다 IO::Socket 모듈을 사용하여 더 쉬워졌다. 이 라이브러리가 가장 최근에 메시지를 보낸 상대가 누구인지 추적하여 그 정보를 $sock 객체에 저장하기 때문에 우리가 메시지를 보낼 때 수신자를 일일이 지정할 필요가 없다. peername 메서드를 써서 이 정보를 얻어낸 후 복호화할 수 있다.

이 서버와 통신하기 위해 *telnet* 프로그램을 사용할 수는 없으며 전용 클라이언트를 사용해야 한다. 이런 클라이언트를 예제 17-3에 소개한다.

예제 17-3. udpmsg

```
#!/usr/bin/perl -w
# udpmsg - udpquotd 서버에 메시지를 보낸다
use IO::Socket;
use strict;
my($sock, $server_host, $msg, $port, $ipaddr, $hishost,
   $MAXLEN, $PORTNO, $TIMEOUT);
$MAXLEN  = 1024;
$PORTNO  = 5151;
$TIMEOUT = 5;
```

```
$server_host = shift;
$msg         = "@ARGV";
$sock = IO::Socket::INET->new(Proto     => 'udp',
                              PeerPort  => $PORTNO,
                              PeerAddr  => $server_host)
    or die "Creating socket: $!\n";
$sock->send($msg) or die "send: $!";
eval {
    local $SIG{ALRM} = sub { die "alarm time out" };
    alarm $TIMEOUT;
    $sock->recv($msg, $MAXLEN)      or die "recv: $!";
    alarm 0;
    1;  # 처리가 정상적으로 이루어진 경우에 eval에서 반환할 값
} or die "recv from $server_host timed out after $TIMEOUT seconds.\n";
($port, $ipaddr) = sockaddr_in($sock->peername);
$hishost = gethostbyaddr($ipaddr, AF_INET);
print "Server $hishost responded ``$msg''\n";
```

여기서는 처음 소켓을 만들 때 상대방 호스트와 포트를 지정한다. 이러면 그 다음부터 send를 호출할 때 그 정보를 생략할 수 있다.

이 예제에서는 서버가 응답하지 않거나 서버가 아예 동작하지 않는 경우를 대비해서 alarm을 이용한 타임아웃을 추가했다. recv는 종료되지 않을 수 있는 블로킹 시스템 콜이기 때문에, 여기서는 이런 블로킹 동작에 타임아웃을 걸기 위해서 eval 블록으로 둘러쌌다.

더 알아보기

- *perlfunc*(1) 문서와 *Programming Perl* 29장에서 다루는 send, recv, alarm 함수
- 기본 모듈 Socket과 IO::Socket 모듈 문서
- *Programming Perl* 16장과 *perlipc*(1) 문서의 "Message Passing" 절
- *UNIX Network Programming*
- 레시피 16.21
- 레시피 17.4

17.6 유닉스 도메인 소켓 사용하기

문제

동일한 로컬 컴퓨터 안에서만 다른 프로세스와 통신을 하고자 한다.

해결책

도메인 소켓을 사용한다. 앞에서 봤던 인터넷 도메인을 사용하는 레시피에 나온 코드와 기법을 응용하면서 다음 부분들을 바꿔준다.

- 이름 체계가 다르므로 sockaddr_in 대신에 sockaddr_un을 사용한다.
- IO::Socket::INET 대신에 IO::Socket::UNIX를 사용하고, PeerAddr/PeerPort와 LocalAddr/LocalPort 대신에 Peer와 Local을 사용한다.
- PF_INET 대신에 PF_UNIX를 사용하고, socket의 마지막 인자로 PF_UNSPEC을 지정한다.
- SOCK_STREAM 클라이언트는 connect로 접속하기 전에 bind로 로컬 주소와 결합할 필요가 없다.

논의

유닉스 도메인 소켓은 파일 시스템의 파일과 같은 형식의 이름이 붙는다. 실제로 대부분의 시스템에서 소켓은 특수한 파일로 구현된다. 펄의 -S 파일 테스트 연산자는 인자로 받은 파일이 이러한 유닉스 도메인 소켓인지 여부를 검사한다.

파일이름을 IO::Socket::UNIX->new에 Peer 매개변수로 지정하거나, sockaddr_un로 부호화한 뒤에 connect에 넘긴다. 다음은 IO::Socket::UNIX를 사용해서 서버와 클라이언트용 유닉스 도메인 스트림 소켓을 만드는 방법을 나타낸다.

```
use IO::Socket;

unlink "/tmp/mysock";
$server = IO::Socket::UNIX->new(Local     => "/tmp/mysock",
                                Type      => SOCK_STREAM,
                                Listen    => 5 )
    or die $@;

$client = IO::Socket::UNIX->new(Peer      => "/tmp/mysock",
                                Type      => SOCK_STREAM,
                                Timeout   => 10 )
    or die $@;
```

다음은 내장 함수들을 사용해서 스트림 소켓을 만드는 방법을 나타낸다.

```
use Socket;
socket(SERVER, PF_UNIX, SOCK_STREAM, 0);
unlink "/tmp/mysock";
bind(SERVER, sockaddr_un("/tmp/mysock"))
    or die "Can't create server: $!";

socket(CLIENT, PF_UNIX, SOCK_STREAM, 0);
connect(CLIENT, sockaddr_un("/tmp/mysock"))
    or die "Can't connect to /tmp/mysock: $!";
```

자신이 무엇을 하는지 제대로 알고 있다면 모를까, PF_UNIX 소켓에 해당되는 프로토콜(IO::Socket::UNIX->new의 Proto 매개변수 또는 socket 함수의 마지막 인자)은 0으로 설정하라. 유닉스 도메인에서는 SOCK_DGRAM과 SOCK_STREAM

두 유형 모두 사용할 수 있다. 각각의 의미는 인터넷 소켓에서 사용할 때와 같다. 도메인이 달라도 소켓 유형에 따른 특성은 바뀌지 않는다.

많은 시스템에서는 파일 시스템 상에 특수 파일이 실제로 만들어지기 때문에, 소켓을 bind로 결합하기 전에 기존 파일을 삭제해야 한다. 경쟁 상태가 발생하더라도(여러분이 unlink를 호출한 시점과 bind를 호출하는 시점 사이에 누군가 동일한 이름의 파일을 만들 수 있다), bind가 이미 존재하는 파일을 덮어쓰지 않기 때문에 보안상 문제점은 없다.

더 알아보기

- 레시피 17.1에서 레시피 17.5까지

17.7 소켓으로 연결된 상대편 식별하기

문제

어떤 소켓이 있을 때 그 소켓의 반대편에 연결되어 있는 상대를 식별하고자 한다.

해결책

원격지 시스템의 IP 주소만 알고 싶다면 다음과 같이 한다.

```
use Socket;

$other_end         = getpeername(SOCKET)
    or die "Couldn't identify other end: $!\n";
($port, $iaddr)    = unpack_sockaddr_in($other_end);
$ip_address        = inet_ntoa($iaddr);
```

실제 호스트 이름까지 알고 싶다면 다음과 같이 한다.

```
use Socket;

$other_end        = getpeername(SOCKET)
    or die "Couldn't identify other end: $!\n";
($port, $iaddr)   = unpack_sockaddr_in($other_end);
$actual_ip        = inet_ntoa($iaddr);
$claimed_hostname = gethostbyaddr($iaddr, AF_INET);
@name_lookup      = gethostbyname($claimed_hostname)
    or die "Could not look up $claimed_hostname : $!\n";
@resolved_ips     = map { inet_ntoa($_) }
    @name_lookup[ 4 .. $#name_lookup ];
```

논의

오랫동안, 자신의 컴퓨터에 누가 접속했는지 알아내는 것은 아주 간단하다고 여겨졌다. getpeername 함수는 원격 컴퓨터의 IP 주소를 패킹된 이진 데이터로 반환한다(에러가 발생한 경우에는 undef를 반환한다). 이진 데이터를 문자열로 변환하기 위해서 inet_ntoa를 사용한다. 원격 컴퓨터의 이름을 알려면 gethostbyaddr을 호출해서 DNS 테이블에서 그 컴퓨터의 이름을 검색하면 될 것이다.

하지만 실제로는 그렇게 간단하지 않다. 문제의 일부만 해결한 것과 다름없다. 이름 검색은 그 이름의 소유자의 DNS 서버에서 이뤄지고, IP 주소 검색은 그 주소 소유자의 DNS 서버에서 이뤄진다. 따라서 여러분의 컴퓨터에 접속한 컴퓨터가 잘못된 이름을 알려줄 가능성에 대처해야 한다. 예를 들어 evil.crackers.org라는 이름의 컴퓨터를 소유한 크래커가 악의를 품고 자신의 DNS 서버에 가짜 정보를 등록해서 자신의 IP 주소(1.2.3.4)가 trusted.dod.gov로 식별되도록 할 수도 있다. trusted.dod.gov를 신뢰하도록 설정된 컴퓨터에서 evil.crackers.org와 접속되었을 때 getpeername을 호출하면 올바른 IP 주소(1.2.3.4)가 반환되겠지만, gethostbyaddr을 호출하면 거짓된 이름이 반환될 것이다.

이 문제를 방지하기 위해서 위 코드에서는 gethostbyaddr로 반환된(속임수일 가능성이 있는) 이름을 가지고 gethostbyname을 사용하여 다시 검색한다. evil.crackers.org의 경우, trusted.dod.gov에 대한 검색은 dod.gov의 DNS 서버를 통해서 이뤄지고, trusted.dod.gov의 진짜 IP 주소가 반환된다. 많은 컴퓨터에는 두 개 이상의 IP 주소가 할당되어 있어서(멀티홈 형태의 웹서버가 전형적인 예이다), gethostbyname을 간단한 형태로 사용할 수는 없다.

```
$packed_ip  = gethostbyname($name) or die "Couldn't look up $name : $!\n";
$ip_address = inet_ntoa($packed_ip);
```

지금까지는 인터넷 도메인 소켓을 다루는 것을 전제로 설명했지만, 유닉스 도메인 소켓에 대해 getpeername을 호출할 수도 있다. 상대편이 bind를 호출한 경우 이 함수는 상대편이 바인드한 파일이름을 반환한다. 그러나 상대편이 bind를 하지 않았다면, getpeername은 (패킹되지 않은) 빈 문자열을 반환할 수도 있고, 의미불명의 잡다한 데이터가 패킹된 문자열을 반환할 수도 있고, 에러가 발생한 것을 나타내는 undef를 반환할 수도 있으며, 또는 여러분의 컴퓨터가 재부팅될 수도 있다(가능성이 높고 바람직한 순서로 열거했다). 이런 걸 컴퓨터 업계에서는 "정의되지 않은 동작"이라고 부른다.

이렇게까지 과민하고 불신하는 것으로도 부족하다. 직접적으로 제어하지 않는 DNS 서버를 속이는 것조차도 가능하기 때문에, 호스트 이름을 사용자 식별이나 인증 과정에 사용해서는 안 된다. 정말로 세세한 부분까지 신경 쓰고 의심이 많은 사람이라면 암호학적으로 안전한 수단을 사용할 것이다.

더 알아보기

- *perlfunc*(1) 문서와 *Programming Perl* 29장에서 다루는 gethostbyaddr, gethostbyname, getpeername 함수
- 기본 모듈 Socket의 모듈에서 다루는 inet_ntoa 함수
- 기본 모듈 IO::Socket, Net::hostent 모듈 문서

17.8 자신의 이름과 주소 알아내기

문제

자신의 (완전한 형태로 된) 호스트 이름을 알고자 한다.

해결책

우선 자신의 (완전한 형태일 수도 아닐 수도 있는) 호스트 이름을 얻는다. 한 가지 방법은 기본 모듈 Sys::Hostname을 사용하는 것이다.

```
use Sys::Hostname;

$hostname = hostname();
```

또 다른 방법은 POSIX 모듈의 uname 함수를 사용하는 것이다.

```
use POSIX qw(uname);
($kernel, $hostname, $release, $version, $hardware) = uname();

$hostname = (uname)[1];             # 또는 한 항목만 뽑아낸다
```

호스트 이름을 IP 주소로 변환하고, 이 주소를 정식 이름으로 변환한다.

```
use Socket;                         # AF_INET의 경우
$address  = gethostbyname($hostname)
    or die "Couldn't resolve $hostname : $!";
$hostname = gethostbyaddr($address, AF_INET)
    or die "Couldn't re-resolve $hostname : $!";
```

논의

Sys::Hostname 모듈은 여러 시스템에서 이식성 있게 동작하고 호스트 이름을 잘 찾기 위해 시스템에 대한 정보들을 활용하도록 되어 있다. 이 모듈은 호스트 이름을 알아내기 위해 여러 가지 방법을 시도하는데 그 중에는 외부 프로그램을 실행하는 방법도 있다. 이런 경우 데이터가 오염될 수도 있다(레시피 19.1 참고).

반면에 POSIX::uname 함수는 POSIX 시스템에서만 동작하며, 우리가 검사하려는 $hostname 필드에 쓸 만한 값이 들어갈 거라는 보장도 없다. 하지만 많은 시

스템에서 제대로 된 값이 반환되며, Sys::Hostname과 달리 데이터가 오염될 우려도 없다.

이렇게 이름을 알아냈더라도, 그 이름에 도메인 이름이 나와 있지 않을 경우를 고려해야 한다. 예를 들어 Sys::Hostname이 `guanaco.camelids.org`가 아니라 `guanaco`라는 값을 반환할 수 있다. 이 문제를 해결하려면 `gethostbyname`을 사용해서 이름을 IP 주소로 변환하고 `gethostbyaddr`을 사용하여 다시 이름으로 변환한다. DNS의 도움을 받아서 전체 이름을 알 수 있는 것이다.

더 알아보기

- *perlfunc*(1) 문서와 *Programming Perl* 29장에서 다루는 `gethostbyname`, `gethostbyaddr` 함수
- 기본 모듈 Net::hostent, Sys::Hostname 모듈 문서

17.9 프로세스 복제 후 소켓 닫기

문제

`fork`로 프로세스가 복제된 프로그램이 있다. 이 프로그램에서 데이터 송신이 끝났다고 통신 상대편에게 알리기 위해 소켓에 대해서 `close`를 호출했지만, 상대방은 EOF나 SIGPIPE를 받지 못하고 있다.

해결책

`shutdown`을 사용한다.

```
shutdown(SOCKET, 0);                # 데이터 읽기를 끝냈다
shutdown(SOCKET, 1);                # 데이터 쓰기를 끝냈다
shutdown(SOCKET, 2);                # 이 소켓은 사용이 끝났다
```

IO::Socket 객체의 경우에는 다음처럼 할 수 있다.

```
$socket->shutdown(0);               # 데이터 읽기를 끝냈다
```

논의

`fork`로 프로세스를 분리하면 부모 프로세스에서 열린 파일핸들이 자식 프로세스로 복사되며, 이 중에는 소켓도 포함된다. 이 상태에서 파일이나 소켓에 `close`를 실행하면 현재 프로세스에 있는 복사본만 닫힌다. 다른 프로세스(부모 또는 자식)에서 그 소켓이 열린 채로 있다면 운영체제는 그 파일이나 소켓이 닫혔다고 간주하지 않는다.

데이터를 송신하는 소켓을 생각해 보자. 두 프로세스에서 이 소켓이 열린 상태에서 한 프로세스가 이 소켓을 닫더라도, 다른 프로세스 쪽에서는 이 소켓이 여전히 열려 있기 때문에 이 소켓은 운영체제에서 닫힌 것으로 처리되지 않는다. 다른 프로세스에서 이 소켓을 닫기 전에는 이 소켓에서 데이터를 읽고 있는 프로세스는 EOF를 받지 않는다. 이것은 혼란을 초래하거나 교착 상태를 야기할 수 있다.

이 문제를 방지하려면 fork로 프로세스를 분리한 다음 사용하지 않을 파일핸들을 close로 닫거나, shutdown을 사용한다. shutdown 함수는 close와 비슷하지만 더 강력하다. 즉, 다른 프로세스에 이 파일핸들의 복사본이 존재하더라도 파일핸들이 닫히도록 한다. 이제 어떤 프로세스가 이 파일핸들에서 데이터를 읽으려 하면 EOF를 받게 되고, 데이터를 쓰려고 하면 SIGPIPE 시그널을 받게 된다.

shutdown 함수에 인자로 넘기는 숫자값은 어느 방향의 접속을 닫을지 지정한다. 0은 데이터 읽기를 끝냈음을 의미한다. 소켓의 반대편에서 쓰기를 하려고 하면 SIGPIPE를 받게 된다. 1은 데이터 쓰기를 끝냈음을 의미한다. 소켓의 반대편에서 읽기를 하려고 하면 EOF를 받는다. 2는 읽기와 쓰기 모두 끝났다는 의미이다.

어떤 서버가 EOF가 들어오기 전까지 클라이언트의 요청을 받고, EOF를 받은 후에 응답을 보낸다고 상상해 보자. 클라이언트가 close를 호출하면 이 소켓은 더 이상 데이터 입출력에 사용될 수 없으며, 영원히 응답을 받지 못하게 된다. 이런 경우 클라이언트는 close 대신에 shutdown을 사용하여 접속의 한쪽 방향만 닫아야 한다.

```
print SERVER "my request\n";          # 데이터를 보낸다
shutdown(SERVER, 1);                  # EOF를 보낸다. 쓰기를 종료한다
$answer = <SERVER>;                   # 그렇지만 여전히 읽을 수는 있다
```

더 알아보기

- *perlfunc*(1) 문서와 *Programming Perl* 29장에서 다루는 close, shutdown 함수
- 시스템에 있는 *shutdown*(2) 매뉴얼 페이지

17.10 양방향 클라이언트 만들기

문제

telnet과 비슷하게 한 줄 입력하면 응답이 표시되고, 다시 한 줄 입력하면 응답이 표시되는 대화형 클라이언트를 만들고자 한다.

해결책

일단 연결되면 fork로 프로세스를 복제한다. 한 프로세스는 여러분이 입력한 내용만 읽어서 서버로 전송하고, 다른 하나는 서버의 출력만 읽어서 여러분에게 출력하도록 한다.

논의

클라이언트-서버 관계에서 어느 쪽이 말할 차례인지 판단하는 것은 어렵다. 싱글스레드로 해결하려면 4개의 인자를 받는 형태로 select를 사용해야 하며 코드를 만드는 것도 유지보수하는 것도 어려워진다. 하지만 멀티태스킹을 이용한 해결책을 쓰지 않을 이유가 없다. fork 함수를 사용하면 이 문제는 극적으로 단순해진다.

통신하고자 하는 서비스에 접속하고 나면 fork를 호출하여 프로세스를 복제한다. 이 두 개의 (거의) 동일한 프로세스는 각각 단순한 작업을 한다. 부모 프로세스는 소켓에서 받은 모든 데이터를 표준 출력으로 복사하고, 동시에 자식 프로세스는 표준 입력에서 받은 모든 데이터를 소켓으로 복사한다.

예제 17-4는 구체적인 코드이다.

예제 17-4. biclient

```
#!/usr/bin/perl -w
# biclient - fork를 사용하는 양방향 클라이언트
use strict;
use IO::Socket;
my ($host, $port, $kidpid, $handle, $line);

unless (@ARGV == 2) { die "usage: $0 host port" }
($host, $port) = @ARGV;

# 지정된 호스트의 포트로 tcp 접속을 한다
$handle = IO::Socket::INET->new(Proto     => "tcp",
                                PeerAddr  => $host,
                                PeerPort  => $port)
       or die "can't connect to port $port on $host: $!";

$handle->autoflush(1);              # 출력이 곧바로 송신되도록 한다
print STDERR "[Connected to $host:$port]\n";

# 프로그램을 쌍둥이처럼 완전히 같은 두 개의 프로세스로 분리한다
die "can't fork: $!" unless defined($kidpid = fork());
if ($kidpid) {
    # 부모 프로세스에서는 소켓을 표준 출력에 복사한다
    while (defined ($line = <$handle>)) {
        print STDOUT $line;
    }
    kill("TERM" => $kidpid);        # 자식 프로세스에 SIGTERM 시그널을 보낸다
}
else {
    # 자식 프로세스에서는 표준 입력을 소켓에 복사한다
    while (defined ($line = <STDIN>)) {
```

```
        print $handle $line;
    }
}
exit;
```

프로세스를 하나만 사용하면서 같은 일을 하려면 놀랄 만큼 어려워진다. 하나의 프로세스에서 두 개의 서로 다른 작업을 하는 코드를 만드는 것보다 두 개의 프로세스가 각각 하나의 작업을 하도록 코드를 만드는 쪽이 더 쉽다. 프로그램을 여러 제어 스레드로 쪼개어 멀티태스킹의 이점을 활용하면 어려웠던 문제가 훨씬 쉬워질 수 있다.

부모 프로세스의 if 블록에 있는 kill 함수는 원격 서버에서 접속의 한쪽 끝을 닫을 경우 곧바로 자식 프로세스(else 블록에서 실행 중인)에 시그널을 보내기 위해서 추가되었다. 따라서 서버가 종료될 경우 부모 프로세스가 곧바로 자식 프로세스를 제거하게 된다.

원격 서버가 한 번에 한 바이트씩 데이터를 보내고, 클라이언트 쪽에서는 줄바꿈 문자(아마도 영원히 오지 않을)를 기다리지 않고 곧바로 그 데이터를 처리해야 한다면 부모 프로세스의 while 반복문을 다음과 같이 바꾼다.

```
my $byte;
while (sysread($handle, $byte, 1) == 1) {
    print STDOUT $byte;
}
```

읽고자 하는 데이터 한 바이트마다 시스템 콜을 호출하는 것은 그다지 효율적이지 않을 수 있으나 설명하기 쉽고 꽤 잘 동작한다.

더 알아보기

- *perlfunc*(1) 문서와 *Programming Perl* 29장에서 다루는 sysread, fork 함수
- 기본 모듈 IO::Socket 모듈 문서
- 레시피 16.5
- 레시피 16.10
- 레시피 17.11

17.11 포크(fork)하는 서버

문제

새로운 클라이언트가 접속할 때마다 fork로 하위 프로세스를 분리해서 그 클라이언트를 처리하는 서버를 만들고자 한다.

해결책

accept 반복문 안에서 fork를 호출하고 $SIG{CHLD} 핸들러를 사용해서 자식 프로세스를 회수한다.

```
# SERVER 소켓을 설정하고 bind와 listen을 한다
use POSIX qw(:sys_wait_h);

sub REAPER {
    1 until (-1 == waitpid(-1, WNOHANG));
    $SIG{CHLD} = \&REAPER;                  # $]>= 5.002가 아닌 경우
}

$SIG{CHLD} = \&REAPER;
while ($hisaddr = accept(CLIENT, SERVER)) {
    next if $pid = fork;                    # 부모 프로세스
    die "fork: $!" unless defined $pid;     # 에러가 발생한 경우
    # 여기부터는 자식 프로세스
    close(SERVER);                          # 자식 프로세스에서는 사용하지 않는다
    # ... 처리를 한다
    exit;                                   # 자식 프로세스가 종료한다
} continue {
    close(CLIENT);                          # 부모 프로세스에서는 사용하지 않는다
}
```

논의

이 방법은 인터넷 도메인과 유닉스 도메인의 SOCK_STREAM 서버에서는 매우 일반적이다. 외부에서의 접속 요청이 들어올 때마다 서버의 복제본이 만들어져 그 요청을 전담 처리한다. 이 모델의 구체적인 동작은 다음과 같다.

1. 스트림 접속을 받아들인다.
2. fork로 서버의 복사본을 만들고 그 복사본에서 이 스트림을 통해 통신한다.
3. 1번으로 돌아간다.

SOCK_DGRAM 소켓에서는 통신하는 수단이 다르므로 이 기법이 사용되지 않는다. fork를 수행하는 데에 걸리는 시간을 고려하면 이 모델은 UDP 방식의 서버에서는 그다지 실용적이지 않다. 장시간 유지되고 상태 정보를 유지하는 접속을 다루는 대신에, SOCK_DGRAM 서버에서는 산발적으로 발생하는 데이터그램 묶음을 처리하며 보통은 상태 정보를 유지하지도 않는다. 이 경우의 동작 모델은 다음과 같다.

1. 데이터그램을 읽는다.
2. 데이터그램을 처리한다.
3. 1번으로 돌아간다.

자식 프로세스는 새로 만들어진 접속을 처리한다. 자식 프로세스에서 SERVER 소켓을 사용하는 일은 절대 없으므로 이 소켓은 곧바로 닫는다. 불필요한 것을 남기지 않으려는 의미도 있지만, 주된 목적은 부모(서버) 프로세스가 종료될 때 서버 소켓이 닫히도록 하려는 것이다. 만일 자식 프로세스에서 SERVER 소켓을 닫지 않는다면 부모 프로세스가 종료하더라도 운영체제에서 이 소켓이 열려 있다고 인식하게 된다. 자세한 내용은 레시피 17.9를 참고하라.

%SIG는 자식 프로세스가 종료한 후에 뒷정리를 확실히 하기 위해서 사용된다. 자세한 내용은 16장을 참고하라.

더 알아보기

- *perlfunc*(1) 문서와 *Programming Perl* 29장에서 다루는 fork, accept 함수
- 레시피 16.15
- 레시피 16.19
- 레시피 17.12
- 레시피 17.13

17.12 미리 포크하는 서버

문제

여러 클라이언트를 동시에 처리할 수 있는 서버를 만들고자 한다(레시피 17.11과 같다). 그런데 접속 요청들이 매우 빨리 와서, 그때마다 프로세스를 복제하자니 서버가 너무 느려진다.

해결책

마스터 서버에서 미리 자식 프로세스를 분리해두고 그 자식 프로세스들의 풀(pool)을 관리한다. 구체적인 코드는 예제 17-5를 참고하라.

예제 17-5. preforker

```
#!/usr/bin/perl
# preforker - 미리 포크하는 서버
use IO::Socket;
use Symbol;
use POSIX;

# SERVER 소켓을 마련하고 bind와 listen을 호출한다
$server = IO::Socket::INET->new(LocalPort => 6969,
                                Type      => SOCK_STREAM,
                                Proto     => 'tcp',
                                Reuse     => 1,
```

```
                                 Listen    => 10 )
    or die "making socket: $@\n";

# 전역 변수
$PREFORK                = 5;        # 관리할 자식 프로세스의 개수
$MAX_CLIENTS_PER_CHILD  = 5;        # 각 자식 프로세스에서 처리할 클라이언트 수
%children               = ();       # 키는 현재 자식 프로세스들의 ID이다
$children               = 0;        # 자식 프로세스의 현재 개수

sub REAPER {                        # 종료한 자식 프로세스를 처리한다
    $SIG{CHLD} = \&REAPER;
    my $pid = wait;
    $children --;
    delete $children{$pid};
}

sub HUNTSMAN {                      # SIGINT용 시그널 핸들러
    local($SIG{CHLD}) = 'IGNORE';   # 자식 프로세스들을 강제종료한다
    kill 'INT' => keys %children;
    exit;                           # 당당하게 종료한다
}

# 자식 프로세스를 분리한다
for (1 .. $PREFORK) {
    make_new_child();
}

# 시그널 핸들러를 설정한다
$SIG{CHLD} = \&REAPER;
$SIG{INT}  = \&HUNTSMAN;

# 인구 수를 유지한다
while (1) {
    sleep;                          # 시그널(자식 프로세스의 종료 등)이 오기를 기다린다
    for ($i = $children; $i < $PREFORK; $i++) {
        make_new_child();           # 자식 프로세스의 풀을 가득 채운다
    }
}

sub make_new_child {
    my $pid;
    my $sigset;

    # fork를 호출하기 위해서 시그널을 블록한다
    $sigset = POSIX::SigSet->new(SIGINT);
    sigprocmask(SIG_BLOCK, $sigset)
        or die "Can't block SIGINT for fork: $!\n";

    die "fork: $!" unless defined ($pid = fork);

    if ($pid) {
        # 부모 프로세스는 생성된 자식 프로세스를 등록한 후 리턴한다
        sigprocmask(SIG_UNBLOCK, $sigset)
            or die "Can't unblock SIGINT for fork: $!\n";
        $children{$pid} = 1;
        $children++;
        return;
    } else {
        # 자식 프로세스는 이 서브루틴에서 리턴할 수 *없다*
        $SIG{INT} = 'DEFAULT';      # 원래대로 SIGINT 시그널을 받으면 죽도록 한다
        # 시그널의 블록을 해제한다
        sigprocmask(SIG_UNBLOCK, $sigset)
```

```
                or die "Can't unblock SIGINT for fork: $!\n";

            # $MAX_CLIENTS_PER_CHILD에 도달할 때까지 접속을 처리한다
            for ($i=0; $i < $MAX_CLIENTS_PER_CHILD; $i++) {
                $client = $server->accept()     or last;
                # 접속을 사용해서 필요한 처리를 한다
            }

            # 뒤처리를 하고 종료한다
            # 다음 exit는 *매우* 중요하다. exit를 쓰지 않으면
            # 자식 프로세스 자체가 다시 다른 프로세스를 차례대로 만들게 되고,
            # 프로세스가 가득 차서 시스템이 중단될 때까지 fork를 반복할 것이다
            exit;
        }
    }
```

논의

코드의 양이 많지만 로직은 간단하다. 부모 프로세스는 클라이언트를 직접 처리하는 일이 없고, 대신 $PREFORK에 지정된 개수만큼 자식 프로세스를 생성하여 클라이언트를 처리하도록 한다. 부모 프로세스는 항상 자식 프로세스의 수를 기록하면서 자식 프로세스가 종료하면 다시 새로운 자식 프로세스를 생성하여 종료된 자식 프로세스를 대체한다. 자식 프로세스는 $MAX_CLIENTS_PER_CHILD 수만큼의 클라이언트를 처리한 다음 종료한다.

소개한 코드는 이 로직을 매우 직접적으로 구현한 것이다. 다소 복잡한 부분은 시그널 핸들러뿐이다. 부모 프로세스가 SIGINT를 가로채어 모든 자식 프로세스를 죽이도록 하기 위해 &HUNTSMAN이라는 시그널 핸들러를 만들고 그 처리를 하도록 하였다. 단, 이렇게 할 경우 자식 프로세스가 분리된 다음 동일한 핸들러를 사용하지 않도록 주의해야 한다. 그리고 POSIX 시그널을 사용해서 fork 실행 중에는 시그널이 블록되도록 설정한다(레시피 16.20 참고).

여러분이 만드는 프로그램에서 이 코드를 사용할 때는 make_new_child가 리턴하는 일이 없도록 신경 써야 한다. 이 서브루틴에서 리턴하게 되면 자식 프로세스가 새로운 부모가 되고 자기의 자식 프로세스를 생성하게 된다. 그러면 시스템이 프로세스로 가득 차 버리고, 시스템 관리자가 여러분을 찾아서 복도를 쿵쾅거리며 걸어오고, 여러분은 네 마리 말에 손발을 묶인 채로 왜 이 단락을 주의해서 읽지 않았었나 하고 후회하게 될지도 모른다.

Solaris를 비롯한 일부 운영체제에서는 여러 자식 프로세스가 동일한 소켓에 대해 accept를 호출할 수 없다. 이 경우 특정 시점에 오직 하나의 자식 프로세스만 accept를 호출하는 것을 보장하기 위해 파일 락킹을 사용해야 한다. 이 구현은 독자들의 과제로 남긴다.

더 알아보기

- *perlfunc*(1) 문서와 *Programming Perl* 29장에서 다루는 select 함수
- *fcntl*(2) 매뉴얼 페이지
- 기본 모듈 Fcntl, Socket, IO::Select, IO::Socket, Tie::RefHash 모듈 문서
- 레시피 17.11
- 레시피 17.12

17.13 포크하지 않는 서버

문제

서버에서 동시에 여러 접속을 처리하고자 한다. 그렇지만 각각의 접속을 처리하기 위해서 fork로 프로세스를 복제하고 싶지는 않다.

해결책

열려 있는 클라이언트를 배열로 관리한다. 읽을 수 있는 정보가 생기면 select를 사용해서 읽고, 하나의 클라이언트의 요청 전체를 읽은 후 그 클라이언트를 처리한다. 구체적인 코드는 예제 17-6에서 소개한다.

예제 17-6. nonforker

```
#!/usr/bin/perl -w
# nonforker - 포크하지 않고 여러 접속을 처리하는 서버
use POSIX;
use IO::Socket;
use IO::Select;
use Socket;
use Fcntl;
use Tie::RefHash;

$port = 1685;               # 이 값은 마음대로 바꿀 수 있다

# 포트를 listen한다
$server = IO::Socket::INET->new(LocalPort => $port,
                                Listen    => 10 )
  or die "Can't make server socket: $@\n";

# 빈 버퍼를 가지고 시작한다
%inbuffer  = ();
%outbuffer = ();
%ready     = ();

tie %ready, 'Tie::RefHash';

nonblock($server);
$select = IO::Select->new($server);

# 메인 루프: 읽기/접속 수락, 쓰기, 처리 준비 완료를 순서대로 확인한다
```

```
while (1) {
    my $client;
    my $rv;
    my $data;

    # 현재 있는 접속 중에 새로운 정보가 있는지를 확인한다

    # 읽거나 수락할 대상이 있는가?
    foreach $client ($select->can_read(1)) {
        if ($client == $server) {
            # 새로운 접속을 받는다

            $client = $server->accept();
            $select->add($client);
            nonblock($client);
        } else {
            # 데이터를 읽는다
            $data = '';
            $rv   = $client->recv($data, POSIX::BUFSIZ, 0);

            unless (defined($rv) && length $data) {
                # EOF일 테니, 클라이언트를 닫는다
                delete $inbuffer{$client};
                delete $outbuffer{$client};
                delete $ready{$client};

                $select->remove($client);
                close $client;
                next;
            }

            $inbuffer{$client} .= $data;
            # 버퍼 안에 있는 데이터 또는 방금 읽은 데이터에
            # 처리해야 할 요청이 완성되어 있는지 검사한다
            # 만일 있다면 처리해야 할 요청 부분을
            # $ready{$client}에 설정한다
            while ($inbuffer{$client} =~ s/(.*\n)//) {
                push( @{$ready{$client}}, $1 );
            }
        }
    }

    # 처리해야 할 완전한 요청이 존재하는가?
    foreach $client (keys %ready) {
        handle($client);
    }

    # 비워야 할 버퍼가 있는가?
    foreach $client ($select->can_write(1)) {
        # 송신할 데이터가 없다면 이 클라이언트는 지나친다
        next unless exists $outbuffer{$client};

        $rv = $client->send($outbuffer{$client}, 0);
        unless (defined $rv) {
            # 경고만 하고 다음 클라이언트로 넘어간다
            warn "I was told I could write, but I can't.\n";
            next;
        }
        if ($rv == length $outbuffer{$client} ||
            $!  == POSIX::EWOULDBLOCK )
        {
            substr($outbuffer{$client}, 0, $rv) = '';
```

```
            delete $outbuffer{$client} unless length $outbuffer{$client};
        } else {
            # 모든 데이터를 쓸 수 없었고, 그 이유가 블록되었기 때문인 것도 아니다
            # 이 클라이언트를 종료하고 다음 클라이언트로 넘어간다
            delete $inbuffer{$client};
            delete $outbuffer{$client};
            delete $ready{$client};

            $select->remove($client);
            close($client);
            next;
        }
    }

    # 대역 외 데이터인가?
    foreach $client ($select->has_exception(0)) {  # 인자는 타임아웃 값이다
        # 원한다면 대역 외 데이터를 여기서 처리한다
    }
}

# handle($client)은 계류 중인 $client의 요청을 모두 처리한다
sub handle {
    # 요청들은 $ready{$client} 안에 저장되어 있다
    # 출력을 $outbuffer{$client}으로 보낸다
    my $client = shift;
    my $request;

    foreach $request (@{$ready{$client}}) {
        # $request는 요청 하나의 텍스트이다
        # 응답 텍스트를 $outbuffer{$client}에 저장한다
    }
    delete $ready{$client};
}

# nonblock($socket)은 소켓을 논블록 모드로 바꾼다
sub nonblock {
    my $socket = shift;
    my $flags;

    $flags = fcntl($socket, F_GETFL, 0)
            or die "Can't get flags for socket: $!\n";
    fcntl($socket, F_SETFL, $flags | O_NONBLOCK)
            or die "Can't make socket nonblocking: $!\n";
}
```

논의

보다시피, 한 프로세스에서 여러 클라이언트를 동시에 처리하는 것은 각 클라이언트를 전담할 프로세스를 복제하는 방법보다 더 복잡하다. 서로 다른 접속들을 처리하기 위해 시간을 쪼개야 하고 데이터를 읽다가 블록되지 않도록 하다 보면 결국은 마치 운영체제가 하는 것과 비슷한 일들을 많이 하게 된다.

select 함수는 어느 접속에 읽히기를 기다리는 데이터가 있는지, 어느 접속에 써야 할 데이터가 있는지, 어느 접속에 아직 읽지 않은 대역 외 데이터가 있는지를 알려준다. 펄에 내장된 select 함수를 사용할 수도 있지만, 이러면 어느 파일핸

들이 사용할 수 있는지 확인하기 위해서 더 많은 작업을 해야 한다. 따라서 여기서는 기본 모듈 IO::Select를 사용한다.

fcntl을 사용하여 서버 소켓의 논블록 옵션을 켠다. 그러지 않으면 하나의 클라이언트에서 소켓 버퍼가 가득 찰 경우 그 버퍼가 빌 때까지 서버 전체가 동작을 멈추게 된다. 하지만 논블록 I/O를 사용한다는 말은 일부분의 데이터만 부분적으로 읽거나 쓰는 경우를 처리해야 한다는 말이 된다. 즉 <>를 써서 레코드 전체를 읽을 수 있을 때까지 블록하거나, print를 써서 레코드 전체를 송신할 수 없다. %inbuffer에는 클라이언트에서 읽어들인, 아직 다 완성되지 않은 명령문이 저장된다. %outbuffer에는 아직 송신하지 않은 데이터가 저장된다. %ready에는 처리되지 않은 메시지의 배열이 저장된다.

여러분의 프로그램에서 이 코드를 쓰려면 세 가지 작업을 해야 한다. 첫째로 IO::Socket::INET을 호출하는 부분에 여러분이 서비스할 포트 번호를 사용하도록 바꾼다. 두 번째로 inbuffer에서 ready 큐로 레코드를 옮기는 코드 부분을 수정한다. 현재는 각 행(\n으로 끝나는 텍스트)을 하나의 요청으로 간주하고 있다. 만일 여러분의 프로그램에서 요청이 행 단위로 오는 게 아니라면 이 부분을 바꿔야 할 것이다.

```
while ($inbuffer{$client} =~ s/(.*\n)//) {
    push( @{$ready{$client}}, $1 );
}
```

세 번째로 handle 서브루틴 안에 있는 반복문의 내용을 변경하여 요청에 대한 실질적인 응답을 생성하도록 한다. 간단히 에코(echo)하는 경우는 다음과 같은 식으로 할 수 있다.

```
$outbuffer{$client} .= $request;
```

에러 처리는 독자 과제로 남겨둔다. 현재는 읽기나 쓰기 도중에 에러가 발생하면 그 클라이언트의 접속을 종료시키도록 되어 있다. 그러나 너무 과한 면이 있다. EINTR이나 EAGAIN 같은 "에러"는 꼭 접속을 종료해야 할 이유가 되지 못하기 때문이다(select()를 사용할 때는 EAGAIN이 발생하는 일은 없겠지만).

더 알아보기

- *perlfunc*(1) 문서와 *Programming Perl* 29장에서 다루는 select 함수
- *fcntl*(2) 매뉴얼 페이지
- 기본 모듈 Fcntl, Socket, IO::Select, IO::Socket, Tie::RefHash 모듈 문서

- 레시피 17.11
- 레시피 17.12

17.14 스레드를 사용하는 멀티태스킹 서버 만들기

문제

운영체제의 스레드를 사용해서 하나의 프로세스에서 여러 클라이언트를 처리하는 서버를 만들고자 한다.

해결책

펄 버전 5.8.1 이상의 버전에서 threads.pm을 사용한다.

```
use threads;
use IO::Socket;
my $listen = IO::Socket::INET->new(
                                    LocalPort => $SERVER_PORT,
                                    ReuseAddr => 1,
                                    Listen => 10,
                                    );
sub handle_connection {
    my $socket = shift;
    my $output = shift || $socket;
    my $exit = 0;
    while (<$socket>) {
        # $_을 처리하고,
        # $output에 출력한다
        # 접속을 종료할 때는 $exit를 참으로 설정한다
        last if $exit;
    }
}
while (my $socket = $listen->accept) {
    async(\&handle_connection, $socket)->detach;
}
```

논의

펄의 스레드 기능은 현재도 개선되고 있지만, 버전 5.8.1부터는 쓰는 데 문제가 없다. 해결책에서 소개한 코드는 5.8.1보다 오래된 버전에서는 동작하지 않는다. 특히 펄 초기 버전에서는 threads.pm 모듈이 가정하는 현행의 "인터프리터 스레드" 시스템과는 완전히 다른 스레드 모델이 구현되어 있다.

클라이언트와의 접속을 처리하는 어려운 일들은 handle_connection 서브루틴에서 이뤄진다. 이 서브루틴은 인자로 클라이언트 소켓을 전달받는다. 이 서브루틴은 자신만의 스레드에서 수행되기 때문에 <$socket> 같은 블로킹 루틴을 호출할 수 있다. 하나의 스레드가 데이터를 읽다가 블록되더라도 다른 스레드들은 여전히 수행을 계속할 수 있다.

이 프로그램의 마스터 스레드는 소켓을 만들고 이 소켓에 대한 접속 요청을 받아들인다. 새로운 클라이언트에서 접속을 요청하면 마스터 스레드는 새로운 스레드를(async 함수를 호출하여) 만들어서 그 접속을 처리하도록 한다. 새로 만들어진 스레드는 생성될 때 주어진 서브루틴(여기서는 handle_connection)이 리턴하면 수행을 종료한다.

이 프로그램에서는 새로 만들어진 스레드에 대해 detach를 호출하였다. 스레드가 종료될 때 스레드가 사용하던 변수들에 대한 가비지 컬렉션이 확실하게 이뤄지고 클라이언트와의 접속이 닫히도록 하기 위함이다. detach를 호출하지 않았다면 종료된 스레드가 프로세스에 누적되기 때문에 결국에는 새 스레드를 만들 수 없게 된다.

더 알아보기

- 기본 모듈 threads.pm 모듈 문서
- 레시피 17.15

17.15 POE로 멀티태스킹 서버 만들기

문제

펄 5.8 스레드나 복잡한 논블로킹 I/O를 사용하지 않고서 한 프로세스에서 여러 클라이언트를 처리하는 서버를 만들고자 한다.

해결책

비선점형 멀티태스킹 프레임워크인 POE(CPAN에서 받을 수 있다)와 그 모듈에 딸린 POE::Component::Server::TCP 모듈을 사용한다.

```
#!/usr/bin/perl

use warnings;
use strict;

use POE qw(Component::Server::TCP);

# TCP 서버를 시작한다. 클라이언트의 입력은 한 번에 한 줄씩 콘솔에
# 로그로 기록되고 클라이언트에 에코된다

POE::Component::Server::TCP->new
  ( Port => $PORT_NUMBER,           # 리슨할 포트
    ClientInput => \&handle_input,  # 입력을 인자로 주어 호출할 메서드
  );

# 서버를 시작한다
```

```
$poe_kernel->run();
exit 0;

sub handle_input {
  my ( $session, $heap, $input ) = @_[ SESSION, HEAP, ARG0 ];
  # $session은 이 접속에 대한 고유한 POE::Session 객체이다
  # $heap은 이 접속의 콜백 간 저장 공간이다
  # 클라이언트에서 온 새 데이터는 $input에 들어있다. 줄바꿈은 삭제된다
  # 입력을 클라이언트에 그대로 되돌려주려면 간단히 다음처럼 한다
  $heap->{client}->put($input);
  # 그리고 콘솔에 로그를 남긴다
  print "client ", $session->ID, ": $input\n";
}
```

논의

POE는 소프트웨어 컴포넌트들로 구성된, 펄에서 사용할 수 있는 비선점 멀티태스킹 프레임워크이다. POE를 쓰기 위해서 펄 인터프리터를 스레드 지원 옵션을 넣어 재컴파일할 필요는 없다. 하지만 이벤트와 콜백의 개념을 바탕으로 프로그램을 설계해야 한다. 이 프레임워크에 대한 문서는 *http://poe.perl.org/*에서 얻을 수 있다.

POE를 운영체제처럼 생각하면 이해하기 쉽다. 예를 들어, POE에는 커널(어느 코드가 다음에 실행될지 결정하는 역할을 하는 객체)과 프로세스(*세션*이라고 불리고 객체로 구현된다)가 존재한다. POE 커널 객체는 `$poe_kernel` 변수에 저장된다. 이 변수는 여러분의 네임스페이스에 자동으로 임포트된다. 운영체제에서 각 프로세스에는 *힙(heap)*이라는 메모리가 할당되어 그 프로세스에서 사용하는 변수들이 저장된다. 이와 마찬가지로 세션에도 힙이 할당된다. 운영체제에서는 I/O 라이브러리에 의해서 버퍼를 거치는 I/O가 처리된다. POE에서는 *휠(wheel)* 핸들이라는 것이 데이터를 받거나 보내는 일을 처리한다.

서버, 클라이언트, 파서, 큐, 데이터베이스 등을 비롯한 빈번한 작업들을 하도록 된 세션(*컴포넌트*라고 불린다)들이 많이 미리 만들어져 있다. 프로토콜과 데이터 형식을 해석하는 복잡한 일은 이 컴포넌트들이 처리하므로, 여러분은 관심이 있는 코드, 즉 데이터를 가지고 무엇을 할 것인지 또는 어떤 데이터를 제공할 것인지만 만들면 된다.

POE::Component::Server::TCP 컴포넌트를 사용하면 서버 생성, 포트에 대한 리슨, 접속 수락, 클라이언트에서 오는 데이터 수신 등은 이 컴포넌트가 처리한다. 데이터를 수신할 때마다 여러분이 만든 코드가 컴포넌트에 의해 호출된다. 여러분은 요청을 해석하고 응답을 생성하는 코드를 만들어야 한다.

POE::Component::Server::TCP의 생성자를 호출할 때는 요청을 받을 포트를 `Port`로 지정하고, 입력을 처리하도록 여러분이 만든 코드를 `ClientInput`으로 지정한다. 이 외에도 다양한 옵션과 콜백을 지정할 수 있다. 특정한 인터페이스 주소에 대해서만 리슨하겠다면 Address를 써서 그 주소를 지정하고, 기본 행 단위 파서를 다른 것으로 변경하기 위해서는 ClientFilter를 사용한다.

여러분이 만든 클라이언트 입력 서브루틴이 호출될 때 여러 매개변수가 전달된다. 위 예제에서는 그중 세 개만 사용하였는데, 각각 이 접속을 나타내는 POE 세션 객체, 이 세션에서 사용하는 힙, 클라이언트에서 가장 최근에 보낸 입력이다. 처음 두 가지는 POE에서 어떤 세션을 호출하든 전달되는 표준 매개변수이며, 마지막 것은 서버 컴포넌트에서 제공한다.

handle_input의 첫 부분에 쓰인 대입문은 다소 낯설게 보일 수 있지만, 단지 @_ 배열의 슬라이스를 얻는 것이다. 이때 상수를 사용하여 메서드 인자들 중에 세션, 힙, 실제 입력의 위치를 지정하고 있다. POE에서 잘 쓰이는 기법인데, 이렇게 하면 POE 커널에서 실제 메서드 매개변수의 종류와 순서가 바뀌더라도 이전에 만든 코드에서 문제가 생기지 않는다.

```
my ( $session, $heap, $input ) = @_[ SESSION, HEAP, ARG0 ];
```

세션 힙에는 클라이언트와 통신할 때 사용할 수 있는 클라이언트 셀($heap->{client})이 포함되어 있다. 이 객체의 put 메서드는 데이터를 클라이언트로 되돌려 보낸다. 클라이언트의 IP 주소는 $heap->{remote_ip}를 통해서 접근할 수 있다.

콜백에서 수행하려는 작업이 시간이 걸리는 일이고, 같은 서버에 접속된 다른 클라이언트와의 통신을 느려지게 할 수 있는 경우에는 POE 세션을 사용하면 좋다. 세션은 이벤트 기반의 시스템이다. 시간이 걸리는 작업을 더 작은(아마도 더 빠른) 단위로 나누고, 각각을 독립적인 콜백으로 구현한다. 각 콜백에는 그것을 실행하게 되는 이벤트를 하나 이상 연결한다.

커널로 하여금 큐에 이벤트를 더 넣으라고 지정하는 것은 각 콜백의 책임이다. 이렇게 들어간 이벤트에 의해 다음 콜백이 실행된다(예를 들어, "데이터베이스에 접속하는" 함수에서는 이 함수가 종료된 후 "데이터베이스에서 데이터를 가져오는" 함수를 호출하도록 커널에 지시할 수 있다). 어떤 작업을 더 쪼갤 수 없는 경우라도, POE::Wheel::Run이나 POE::Component::Child를 사용하여 다른 프로세스 안에서 비동기적으로 실행되도록 할 수 있다.

POE에는 논블로킹 타이머, I/O 감시자 등 외부 조건에 따라 콜백을 실행할 수 있게 해 주는 여러 자원이 있다. 휠과 컴포넌트도 궁극적으로는 이런 기본적인 자원들로 만들어진다.

POE 프로그래밍에 관한 정보는 *http://poe.perl.org*에 공개되어 있다. 이 사이트에는 여러 장소에서 발표된 튜토리얼을 받을 수 있는 링크들도 있다. POE 프레임워크에 익숙해지려면 사고방식을 바꾸는 노력이 조금 필요할지 모르지만, 비동기 이벤트를 처리하는 프로그램(GUI나 네트워크 서버와 같은)이라면 POE만큼 이식성과 기능 면에서 강력한 것을 찾기 쉽지 않을 것이다.[2]

더 알아보기

- CPAN 모듈 POE, POE::Session, POE::Wheel, POE::Component::Server::TCP 모듈 문서
- *http://poe.perl.org/*
- 레시피 17.14

17.16 멀티홈 서버 만들기

문제

서버 프로그램으로 하여금 자신이 실행되고 있는 시스템에 여러 개의 IP 주소가 할당되어 있는 것을 인식하고, 각 주소마다 다른 작업을 할 수 있도록 만들고자 한다.

해결책

서버를 특정 주소에 결합하지 않고 INADDR_ANY에 결합한다. 다음으로 accept로 접속을 받아들인 다음에 클라이언트 소켓에 대해 getsockname을 사용해서 클라이언트가 어느 주소에 접속했는지를 확인한다.

```
use Socket;

socket(SERVER, PF_INET, SOCK_STREAM, getprotobyname('tcp'));
setsockopt(SERVER, SOL_SOCKET, SO_REUSEADDR, 1);
bind(SERVER, sockaddr_in($server_port, INADDR_ANY))
    or die "Binding: $!\n";

# 접속을 받아들이는 반복문
while (accept(CLIENT, SERVER)) {
    $my_socket_address = getsockname(CLIENT);
    ($port, $myaddr)   = sockaddr_in($my_socket_address);
}
```

논의

getpeername(레시피 17.7 참고)는 소켓에 연결된 원격지 주소를 반환하지만

2 (옮긴이) 근래에는 POE의 대체재로 AnyEvent 모듈이 주목을 받고 있다.

getsockname은 로컬 주소를 반환한다. 서버를 INADDR_ANY에 결합한 경우 시스템에 할당된 어느 주소로든 접속을 받아들이게 되므로 getsockname을 사용해서 클라이언트가 어느 주소에 접속했는지를 식별해야 한다.

IO::Socket::INET을 사용하는 경우에는 다음처럼 한다.

```
$server = IO::Socket::INET->new(LocalPort => $server_port,
                                Type      => SOCK_STREAM,
                                Proto     => 'tcp',
                                Listen    => 10)
    or die "Can't create server socket: $@\n";

while ($client = $server->accept()) {
    $my_socket_address = $client->sockname();
    ($port, $myaddr)   = sockaddr_in($my_socket_address);
    # ...
}
```

IO::Socket::INET->new에 로컬 주소를 지정하지 않은 경우, 소켓은 INADDR_ANY에 결합된다.

여러분이 만든 서버가 *특정한* 가상 호스트에 대한 연결만 받아들이도록 하려면 INADDR_ANY를 사용해서는 안 된다. 대신 그 특정 호스트의 주소에 결합한다.

```
use Socket;

$port = 4269;                       # 결합할 포트
$host = "specific.host.com";        # 이 가상 호스트에 대해서만 리슨

socket(Server, PF_INET, SOCK_STREAM, getprotobyname("tcp"))
    or die "socket: $!";
bind(Server, sockaddr_in($port, inet_aton($host)))
    or die "bind: $!";
while ($client_address = accept(Client, Server)) {
    # ...
}
```

더 알아보기

- *perlfunc*(1) 문서와 *Programming Perl* 29장에서 다루는 getsockname 함수
- 기본 모듈 Socket, IO::Socket 모듈 문서
- *Programming Perl* 16장과 *perlipc*(1) 문서의 "Sockets" 절

17.17 데몬 서버 만들기

문제

여러분이 만든 프로그램이 데몬으로 실행되도록 하고자 한다.

해결책

세세한 부분까지 신경 쓰는 성격이고 root 계정에서 실행하고 있다면, chroot를 사용해서 안전한 디렉터리로 이동한다.

```
chroot("/var/daemon")
    or die "Couldn't chroot to /var/daemon: $!";
```

fork를 한 번 한 후 부모 프로세스를 종료한다.

```
$pid = fork;
exit if $pid;
die "Couldn't fork: $!" unless defined($pid);
```

세 개의 표준 파일핸들을 닫기 위해서 그것들을 /dev/null에 대해 다시 연다.

```
for my $handle (*STDIN, *STDOUT, *STDERR) {
    open($handle, "+<", "/dev/null")
      || die "can't reopen $handle to /dev/null: $!";
}
```

이 프로그램이 실행된 제어 터미널과 연결을 끊고, 이 프로그램이 속해 있던 프로세스 그룹에서 빠져나온다.

```
use POSIX;

POSIX::setsid()
    or die "Can't start a new session: $!";
```

치명적인 시그널이 발생할 경우 그것을 가로채어 정상적으로 종료하라는 플래그를 설정한다.

```
$time_to_die = 0;

sub signal_handler {
    $time_to_die = 1;
}

$SIG{INT} = $SIG{TERM} = $SIG{HUP} = \&signal_handler;
# $SIG{PIPE}를 가로채거나 무시한다
```

실질적인 서버 코드를 반복문 안에 작성한다.

```
until ($time_to_die) {
    # ...
}
```

논의

POSIX 표준이 정해지기 전에는, 한 프로세스가 운영체제에 "나는 혼자 알아서 할 테니 가능한 한 간섭하지 말라"고 지정할 수 있는 방법이 운영체제마다 독자적으로 정해져 있었다. POSIX 덕에 이것이 더 명료해졌다. 하지만 여러분이 원한다면 여전히 각 운영체제에 특화된 방법도 이용할 수 있다.

chroot를 호출하는 것은 이러한 비 POSIX 호출의 한 예이다. 이것은 프로세스에서 /(루트 디렉터리)로 인식하는 디렉터리의 위치를 바꾼다. 예를 들어 chroot "/var/daemon"을 실행한 후 프로세스가 */etc/passwd* 파일을 읽으려고 하면, 이 프로세스는 */var/daemon/etc/passwd*를 읽게 된다. 물론 chroot가 적용된 프로세스에서 이후 읽을 파일들의 사본이 이 새로운 / 안에 있어야 한다. 예를 들어 해결책에 나온 프로세스는 파일 글로브 연산을 할 때 */var/daemon/bin/csh*가 필요할 것이다. 보안상의 이유로 chroot는 수퍼유저만이 실행할 수 있다. 여러분이 FTP 서버에 익명으로 로그인할 때도 이런 루트 디렉터리 변경이 이루어진다. 데몬이 되기 위해 이것이 꼭 필요한 것은 아니다.

운영체제는 자식 프로세스가 죽을 때 부모 프로세스가 기다리고 있기를 기대한다. 우리가 만들 데몬 프로세스는 그렇게 기다려 줄 특정한 부모 프로세스를 두지 않기 때문에, 부모 프로세스와의 상속 관계를 끊어야 한다. 이를 위해서 fork를 한 번 실행하고 나서 부모 프로세스를 종료한다. 이러면 이 자식 프로세스는 부모 프로세스를 실행한 프로세스와 연결되지 않게 된다. 그 다음 자식 프로세스는 부모 프로세스에게서 받은 파일핸들(STDIN, STDERR, STDOUT)을 닫기 위해서 그것들을 */dev/null*에 대해 다시 연다. 그리고 POSIX::setsid를 호출해서 부모 프로세스의 단말과의 관련성을 완전히 끊는다.

앞의 세 가지 파일핸들보다 더 큰 파일 기술자 번호에 해당하는 것들도 확실하게 닫고 싶다면, +<&=NUMBER와 같은 표기를 사용하여 기존의 시스템 파일 기술자를 펄 파일핸들과 연결하고, 그 핸들에 close를 호출하는 식으로 할 수 있다. 다음은 2보다 크고 256보다 작은 모든 파일 기술자를 닫는 예이다.

```
for (my $fd = 3; $fd < 256; $fd++) {
    open(my $handle, "+<&=$fd");         # XXX: 에러 검사를 하지 않고 있다
    close $handle;                       # XXX: 에러 검사를 하지 않고 있다
}
```

가능한 범위 내의 가장 큰 파일 기술자 번호를 추측하는 것보다 더 "올바른" 방법은 *getdtablesize*(3)을 호출하는 C 확장을 만드는 것이다. 이것은 독자들의 과제로 남겨둔다.

SIGINT 등의 시그널로 인해 프로세스가 즉시 죽어버리는 것(기본 동작)을 피하기 위해, %SIG를 사용해서 그런 시그널들을 가로채고 종료할 때가 되었다는 것을

알리는 플래그를 설정한다. 이제 우리가 작성할 메인 프로그램은 간단히 "죽지 않았다면 어떤 일을 해라"는 형태가 된다.

SIGPIPE 시그널은 특별하다. 이 시그널은 (반대쪽 끝단이 닫힌 파일핸들에 뭔가를 쓰려 할 때) 쉽게 발생하며, 이 시그널의 기본 핸들러는 사정을 봐주지 않고 프로그램을 종료시켜 버린다. `$SIG{PIPE} = 'IGNORE'`를 지정하여 그 시그널을 무시하도록 하거나, 따로 시그널 핸들러를 작성하여 적절히 처리하도록 해야 할 것이다.

더 알아보기

- 시스템에 있는 *setsid*(2), *chroot*(1) 매뉴얼 페이지
- *perlfunc*(1) 문서와 *Programming Perl* 29장에서 다루는 `chroot` 함수
- 유닉스 소켓 FAQ, *http://www.unixguide.net/network/socketfaq/*
- *UNIX Network Programming*

17.18 요청에 따라 서버 재시작하기

문제

`inetd`나 `httpd`처럼, HUP 시그널을 받으면 서버가 꺼졌다가 다시 시작되게 하고자 한다.

해결책

SIGHUP 시그널을 가로챈다. 시그널 핸들러 내부에서는 아무 일도 하지 않는 시그널 핸들러들을 설정하고 블록된 시그널들의 블록을 해제한 후, 프로그램을 다시 실행한다.

```
use POSIX qw(:signal_h sigprocmask);

my $SELF = "/path/to/my/program";
my @ARGS = @ARGV;    # 나중에 사용하기 위해서 저장해둔다

$SIG{HUP} = \&phoenix;

# 자신의 프로그램

sub phoenix {
  # 시그널들을 받아도 아무런 동작을 하지 않게 한다
  for my $nal (qw[ALRM CHLD HUP INT PIPE TERM]) {
    $SIG{$nal} = sub { };
  }

  # 시그널들을 다시 활성화한다
  my $s = POSIX::SigSet->new;
  my $t = POSIX::SigSet->new;
  sigprocmask(SIG_BLOCK, $s, $t);
```

```
    # 재시작한다
    print "Restarting\n";
    exec $SELF => @ARGS;
    die "Couldn't exec $SELF => @ARGS\n";
}
```

논의

"HUP 시그널을 받으면 재시작한다"고 말하는 건 쉽지만, 실제로는 복잡한 테크닉이 필요하다. 첫 번째로 자신의 프로그램 이름을 알아야 하는데 간단하게 알아낼 수는 없다. 예를 들어 `$0` 변수나 FindBin 모듈을 사용하는 것을 생각해 보자. 일반적인 프로그램이라면 이것으로 충분하지만, 중요한 기능을 수행하는 시스템 유틸리티라면 더 주의해야 한다. 왜냐하면 `$0`이 항상 올바른 값으로 설정되어 있다는 보장이 없기 때문이다. 또는 위의 예제처럼 파일이름과 인자를 프로그램 안에 직접 써둘 수도 있다. 하지만 이게 가장 편한 것만도 아니다. 아니면 프로그램 이름과 인자를 외부 파일에서 읽게 할 수도 있다(이 경우 파일 시스템의 보호 기능을 사용하여 파일의 내용이 함부로 변경되지 않도록 해야 한다).

시그널 핸들러는 반드시 `$SELF`와 `@ARGS`를 정의한 *후에* 설정하도록 주의하라. 그렇지 않을 경우, SIGHUP 시그널이 `restart`를 실행할 수 있게 되었는데 정작 실제 실행할 프로그램이 뭔지 알 수 없는 시점에 경쟁 상태가 일어난다. 결국 프로그램은 죽게 될 것이다.

시그널은 다루기 까다롭다. `exec`를 사용해서 프로그램을 다시 시작할 경우, 재시작된 프로세스는 부모 프로세스로부터 현재 블록된 시그널 목록을 상속받는다. 어떤 시그널 핸들러가 실행되는 동안 그 시그널은 블록된다. 따라서 시그널 핸들러가 단순하게 `exec`를 호출했다면 새로운 프로세스에서는 `SIGHUP`이 블록된 상태가 된다. 프로그램 재시작을 단 한 번만 할 수 있게 되어 버리는 것이다.

이 문제는 단순히 POSIX 모듈의 `sigaction`을 사용해서 `SIGHUP`의 블록을 해제하는 것만으로 해결되지 않는다. 이 프로그램에서 다른 시그널들(해결책의 `phoenix` 서브루틴 안에서 나열되고 있는 ALRM, CHLD 등)이 이미 블록되어 있거나 향후 블록될 수도 있다. 단순히 이 시그널들의 블록을 해제해 버리면, 여러분이 만든 SIGHUP 핸들러가 이 시그널들 때문에 실행 도중에 인터럽트될 수 있다. 따라서 아무런 해를 끼치지 않는 핸들러를 이 시그널들에 미리 할당해 두어야 한다. 그것이 `phoenix`에 포함되는 `foreach` 문이 하는 일이다.

어떤 서버는 SIGHUP을 받았을 때에 재시작할 필요가 없을 수도 있다. 그냥 설정 파일을 다시 읽는 것만으로도 충분하다.

```
$CONFIG_FILE = "/usr/local/etc/myprog/server_conf.pl";
$SIG{HUP} = \&read_config;
sub read_config {
    do $CONFIG_FILE;
}
```

어떤 서버는 아예 설정 파일이 변경되는지 감시하다가 자동으로 읽어 들이기도 한다. 이렇게 하면 굳이 여러분이 시그널을 보내려 애쓸 필요가 없다.

더 알아보기

- *perlfunc*(1) 문서와 *Programming Perl* 29장에서 다루는 exec 함수
- 레시피 8.16
- 레시피 8.17
- 레시피 16.15

17.19 복수의 입력 스트림 관리하기

문제

프로그램에 여러 개의 파일핸들 중에서 다음번 입력이 들어올 텐데, 그중 어느 파일핸들일지 알 수 없다. select()를 사용해 보았지만, 그러려면 버퍼를 쓰지 않는 입출력을 해야 하는데 이것을 처리하는 것이 너무 어렵다(게다가 코드도 너무 복잡해진다).

해결책

CPAN 모듈 IO::Multiplex를 사용한다. 이 모듈을 사용하면 소켓을 거쳐서 입력이 들어왔을 때 mux_input() 함수가 호출되며, 입출력 버퍼 처리가 자동으로 이뤄진다.

```
use IO::Multiplex;
$mux = IO::Multiplex->new();
$mux->add($FH1);
$mux->add($FH2); # ... 관리할 모든 파일핸들을 추가한다
$mux->set_callback_object(__PACKAGE__);  # 또는 객체
$mux->Loop();

sub mux_input {
  my ($package, $mux, $fh, $input) = @_;
  # $input은 파일핸들의 입력 버퍼에 대한 레퍼런스이다
  # ...
}
```

논의

여러 방향에서 오는 입력들을 select를 써서 관리할 수도 있지만, 복잡한 수고가

많이 들고 오류가 날 위험성도 많다. 예를 들어 입력 한 줄을 읽기 위해 <>를 사용할 수 없다. 클라이언트가 한 줄을 완전히 보냈는지(아니면 한 줄을 다 보내긴 할 것인지조차) 알 수 없기 때문이다. 그리고 print를 사용해서 소켓에 쓸 때도 출력 버퍼가 가득 차서 프로세스가 블록될 위험을 감수해야 한다. 따라서 논블로킹 I/O를 사용하고 버퍼를 직접 관리해야 한다. 결국 일이 걷잡을 수 없이 복잡해진다.

다행히도 복잡한 부분을 감출 방법이 있다. 바로 모듈이다. CPAN에 있는 IO::Multiplex 모듈은 논블로킹 I/O와 select를 처리해 준다. 어느 파일핸들을 감시할지 이 모듈에 지시하면, 새로운 데이터를 받았을 때 그 사실을 알려 준다. 그리고 print로 파일핸들에 쓸 수도 있고, 모듈이 그 데이터를 버퍼에 담고 블록되는 일 없이 출력해 준다. IO::Multiplex 객체는 파일핸들 풀을 관리한다.

어떤 파일핸들을 관리하도록 IO::Multiplex에 지시하려면 add 메서드를 사용한다. 그러면 논블로킹 I/O가 활성화되고 표준 입출력 버퍼링이 비활성화된다. IO::Multiplex가 관리하는 파일핸들에서 데이터가 들어오면 여러분이 선택한 객체나 클래스의 mux_input 메서드가 호출된다. mux_input를 어디에서 찾을지 지정할 때는 패키지 이름(콜백 함수가 클래스 메서드인 경우)이나 객체(콜백이 객체 메서드인 경우)를 IO::Multiplex의 set_callback_object 메서드에 넘긴다. 해결책에서 소개한 예제에서는 현재 패키지의 이름을 넘겼기 때문에 IO::Multiplex는 현재 패키지의 mux_input 메서드를 호출한다.

mux_input 콜백이 호출될 때 인자가 네 개 넘어온다. 첫 번째는 set_callback_object에 넘겼던 객체나 패키지 이름이다. 두 번째는 콜백을 호출한 IO::Multiplex 객체이다. 세 번째는 데이터가 수신된 파일핸들이다. 네 번째는 입력 버퍼에 대한 레퍼런스이다. 콜백 함수는 처리한 데이터를 버퍼에서 삭제해야 한다. 예를 들어 데이터를 한 줄씩 처리하는 경우 다음처럼 한다.

```
sub mux_input {
  my ($obj, $mux, $fh, $buffer) = @_;
  my ($line) = $$buffer =~ s{^(.*)\n}{ } or return;
  # ...
}
```

IO::Multiplex 모듈은 서버 소켓에 들어온 접속 요청을 accept로 수락하는 기능도 있다. 소켓을 결합해서 리슨할 준비가 되었다면(레시피 17.2 참고), 그 소켓을 IO::Multiplex 객체의 listen 메서드에 넘긴다.

```
use IO::Socket;
$server = IO::Socket::INET->new(LocalPort => $PORT, Listen => 10)
```

```
  or die $@;
$mux->listen($server);
```

새로 들어온 접속 요청이 수락되면 mux_connection 콜백이 호출된다. 그 밖에도 파일핸들을 완전히 또는 부분적으로 닫거나, 타임아웃이 걸렸을 때 호출되는 콜백 등 여러 가지 콜백이 있다. IO::Multiplex 객체를 제어할 수 있는 메서드들과 콜백의 전체 목록은 IO::Multiplex 문서에서 볼 수 있다.

예제 17-7은 IO::Multiplex를 사용한 단순한 채팅 서버이다. 로컬 호스트 주소의 포트 6901으로 접속할 수 있고 매우 기초적인 채팅 프로토콜이 구현되어 있다. 예제 17-8은 이 서버에 접속하는 클라이언트이다. 모든 클라이언트에는 "이름"이 있다. 이 이름은 /nick newname이라는 줄을 전송하여 변경할 수 있다. 이것 외의 입력된 텍스트 행들은 모두 서버에 연결된 모든 클라이언트에 보내지며, 이때 그 텍스트를 보낸 클라이언트의 이름이 앞에 붙는다.

이 예제를 테스트할 때는 한 창에서 서버를 실행하고, 다른 창 몇 개에서 각각 클라이언트를 실행한다. 한 창에서 무언가 입력하고 나머지 창에서 출력되는 것을 확인한다.

예제 17-7. chatserver

```
#!/usr/bin/perl -w
# chatserver - 매우 단순한 채팅 서버
use IO::Multiplex;
use IO::Socket;
use strict;
my %Name;
my $Server = IO::Socket::INET->new(LocalAddr => "localhost:6901",
                                   Listen    => 10, Reuse => 1,
                                   Proto     => 'tcp') or die $@;
my $Mux = IO::Multiplex->new();
my $Person_Counter = 1;
$Mux->listen($Server);
$Mux->set_callback_object(__PACKAGE__);
$Mux->loop();
exit;
sub mux_connection {
  my ($package, $mux, $fh) = @_;
  $Name{$fh} = [ $fh, "Person " . $Person_Counter++ ];
}
sub mux_eof {
  my ($package, $mux, $fh) = @_;
  delete $Name{$fh};
}
sub mux_input {
  my ($package, $mux, $fh, $input) = @_;
  my $line;
  my $name;
  $$input =~ s{^(.*)\n+}{} or return;
  $line = $1;
  if ($line =~ m{^/nick\s+(\S+)\s*}) {
```

```
    my $oldname = $Name{$fh};
    $Name{$fh} = [ $fh, $1 ];
    $line = "$oldname->[1] is now known as $1";
  } else {
    $line = "<$Name{$fh}[1]> $line";
  }
  foreach my $conn_struct (values %Name) {
    my $conn = $conn_struct->[0];
    $conn->print("$line\n");
  }
}
```

예제 17-8. chatclient

```
#!/usr/bin/perl -w
# chatclient - 채팅 서버에 연결하는 클라이언트
use IO::Multiplex;
use IO::Socket;
use strict;
my $sock = IO::Socket::INET->new(PeerAddr => "localhost:6901",
                                 Proto    => "tcp") or die $@;
my $Mux = IO::Multiplex->new();
$Mux->add($sock);
$Mux->add(*STDIN);
$Mux->set_callback_object(__PACKAGE__);
$Mux->loop();
exit;
sub mux_input {
  my ($package, $mux, $fh, $input) = @_;
  my $line;
  $line = $$input;
  $$input = "";
  if (fileno($fh) == fileno(STDIN)) {
    print $sock $line;
  } else {
    print $line;
  }
}
```

더 알아보기

- CPAN 모듈 IO::Multiplex 모듈 문서
- 레시피 17.1
- 레시피 17.2
- 레시피 17.20
- 레시피 17.21

17.20 프로그램: backsniff

이 프로그램은 포트에 접속하려는 시도를 로그에 기록한다. 유닉스 소켓을 통해서 접속하려는 시도를 기록하기 위해서 Sys::Syslog 모듈을 사용하며, 이때 LOG_

NOTICE 레벨과 LOG_DAEMON 기능을 적용한다. getsockname을 사용해서 어느 포트에 접속되었는지를 확인하고 getpeername을 사용해서 어느 컴퓨터가 접속했는지를 확인한다. 그리고 getservbyport를 사용해서 로컬 포트 번호(예를 들면 7)를 서비스 이름(예를 들면 "echo")으로 바꾼다.

이 프로그램은 시스템 로그 파일에 다음과 같은 형식의 항목을 기록한다.

```
May 25 15:50:22 coprolith sniffer: Connection from 207.46.131.141 to
207.46.130.164:echo
```

이 프로그램을 *inetd.conf* 파일에 다음과 같이 설치한다.

```
echo    stream  tcp nowait  nobody /usr/scripts/snfsqrd sniffer
```

이 프로그램의 코드를 예제 17-9에 나타낸다.

예제 17-9. backsniff

```
#!/usr/bin/perl -w
# backsniff - 특정 포트에 접속하려고 하는 시도를 로그로 기록한다
use strict;
use Sys::Syslog qw(:DEFAULT setlogsock);
use Socket;
# 자신의 포트와 주소를 식별한다
my $sockname        = getsockname(STDIN)
                      or die "Couldn't identify myself: $!\n";
my ($port, $iaddr) = sockaddr_in($sockname);
my $my_address      = inet_ntoa($iaddr);
# 서비스 이름을 얻는다
my $service = (getservbyport ($port, "tcp"))[0] || $port;
# 다음으로 원격 주소를 식별한다
$sockname           = getpeername(STDIN)
                          or die "Couldn't identify other end: $!\n";
($port, $iaddr)     = sockaddr_in($sockname);
my $ex_address      = inet_ntoa($iaddr);
# 그리고 정보를 로그에 기록한다
setlogsock("unix");
openlog("sniffer", "ndelay", "daemon");
syslog("notice", "Connection from %s to %s:%s\n", $ex_address,
        $my_address, $service);
closelog( );
```

17.21 프로그램: fwdport

여러분이 강력한 방화벽 안쪽에 있다고 상상해보자. 외부 어딘가에 여러분이 접속하고 싶은 서버가 있는데, 방화벽 시스템 위에서 실행되는 프로세스만이 그 서버에 접근할 수 있다. 서버에 접속할 때마다 매번 방화벽에 로그인하고 싶지는 않다.

예를 들어, 여러분이 다니는 회사의 ISP에서 뉴스 읽기 서비스를 제공하는데 메인 방화벽 시스템에서 접근하는 것만 가능하고 다른 주소에서 NNTP(Network

News Transfer Protocol) 접속을 하는 것은 불가능하다고 가정해보자. 방화벽 관리자 입장에서는 수십 명의 사람들이 방화벽에 로그인하는 것을 원하지는 않을 것이며, 그들이 각자 자신의 컴퓨터에서 뉴스를 읽거나 쓰도록 하고 싶을 것이다.

예제 17-10의 *fwdport* 프로그램은 이 문제를 범용적으로 해결한다. 이 프로그램은 외부 서비스 하나당 하나씩 필요한 개수만큼 실행할 수 있다. 이 프로그램은 방화벽에서 실행되면서 내부와 외부 양쪽과 통신할 수 있다. 누군가 외부 서비스를 사용하고 싶다면, 이 프락시에 접속하면 된다. 이 프락시는 그 사용자를 대신하여 외부 서비스에 접속한다. 외부 서비스 쪽에서 보면 이 접속은 방화벽에서 요청된 것이므로 문제없이 받아들이게 된다. 그 다음 이 프락시는 `fork`를 하여 두 개의 프로세스로 분리된다. 한 프로세스는 외부 서버에서 데이터를 받아서 내부 클라이언트로 보낸다. 다른 하나는 내부 클라이언트의 입력을 받아서 외부 서버로 전달한다.

다음과 같은 식으로 이 프로그램을 실행한다.

```
% fwdport -s nntp -l fw.oursite.com -r news.bigorg.com
```

이 명령은 이 프로그램을 NNTP 서비스용 서버처럼 동작하게 하여, *fw.oursite.com* 호스트의 NNTP 포트로 들어오는 로컬 접속을 기다리게 한다. 접속 요청이 들어오면 이 프로그램은 *news.bigorg.com*의 동일한 포트에 접속하고, 원격 서버와 로컬 클라이언트 사이에서 데이터 송수신을 중계한다.

다른 예제를 보자.

```
% fwdport -l myname:9191 -r news.bigorg.com:nntp
```

이 명령은 *myname*이라는 호스트의 9191 포트로 들어오는 로컬 접속을 대기하고, 접속하는 클라이언트를 *news.bigorg.com* 원격 서버의 NNTP 포트로 중계한다.

*fwdport*는 보는 시점에 따라서 서버와 클라이언트의 역할을 동시에 한다. 방화벽 안쪽에서 보면 서버이고, 바깥쪽의 원격 서버에서 보면 클라이언트이다. 이 프로그램은 이 장에서 다룬 대부분의 내용의 용례를 보여준다는 점에서 이 장을 잘 요약하고 있다. 서버의 동작, 클라이언트의 동작, 좀비가 된 자식 프로세스의 수집, 프로세스의 복제와 관리를 포함하여 많은 내용이 담겨 있다.

예제 17-10. fwdport

```
#!/usr/bin/perl -w
# fwdport -- 지정된 서비스의 프락시로 동작해서 데이터를 전달한다
```

```
use strict;                     # 사용할 변수들을 미리 선언하게 한다
use Getopt::Long;               # 옵션을 처리하기 위해서
use Net::hostent;               # 호스트 정보에 이름으로 접근하는 인터페이스
use IO::Socket;                 # 서버와 클라이언트의 소켓을 만들기 위해서
use POSIX ":sys_wait_h";        # 종료한 자식 프로세스를 회수하기 위해서

my (
    %Children,                  # 실행 중인 자식 프로세스의 해시
    $REMOTE,                    # 접속할 외부 서버
    $LOCAL,                     # 내부에서 들어올 접속을 리슨할 주소
    $SERVICE,                   # 서비스 이름 또는 포트 번호
    $proxy_server,              # accept()로 접속 요청을 받아들일 소켓
    $ME,                        # 이 프로그램의 베이스네임
);

($ME = $0) =~ s,.*/,,;          # 스크립트 이름에서 경로 이름을 제거하고 베이스네임만 남긴다

check_args();                   # 명령 행 스위치를 처리한다
start_proxy();                  # 이 서버를 실행한다
service_clients();              # 접속 요청이 들어오는 것을 대기한다
die "NOT REACHED";              # 여기에 도달할 수 없다
# getopts 라이브러리 확장 버전을 사용해서
# 명령 행 스위치를 처리한다
sub check_args {
    GetOptions(
        "remote=s"    => \$REMOTE,
        "local=s"     => \$LOCAL,
        "service=s"   => \$SERVICE,
    ) or die << EOUSAGE;
    usage: $0 [ --remote host ] [ --local interface ] [ --service service
EOUSAGE
    die "Need remote"                    unless $REMOTE;
    die "Need local or service"          unless $LOCAL || $SERVICE;
}

# 이 서버를 시작한다
sub start_proxy {
    my @proxy_server_config = (
      Proto     => 'tcp',
      Reuse     => 1,
      Listen    => SOMAXCONN,
    );
    push @proxy_server_config, LocalPort => $SERVICE if $SERVICE;
    push @proxy_server_config, LocalAddr => $LOCAL   if $LOCAL;
    $proxy_server = IO::Socket::INET->new(@proxy_server_config)
                    or die "can't create proxy server: $@";
    print "[Proxy server on ", ($LOCAL || $SERVICE), " initialized.]\n";
}

sub service_clients {
    my (
        $local_client,              # 외부로 접속하려는 내부 클라이언트
        $lc_info,                   # 로컬 클라이언트의 이름/포트 정보
        $remote_server,             # 외부에 접속하기 위한 소켓
        @rs_config,                 # 원격 소켓의 옵션을 저장할 임시 배열
        $rs_info,                   # 원격 서버의 이름/포트 정보
        $kidpid,                    # 각 접속마다 생성되는 자식 프로세스
    );

    $SIG{CHLD} = \&REAPER;          # 종료한 자식 프로세스를 회수한다

    accepting();
```

```
    # 여기에서 수락한 접속은 외부에 접속하기 위해 내부에서 요청한 것이다
    while ($local_client = $proxy_server->accept()) {
        $lc_info = peerinfo($local_client);
        set_state("servicing local $lc_info");
        printf "[Connect from $lc_info]\n";

        @rs_config = (
            Proto     => 'tcp',
            PeerAddr  => $REMOTE,
        );
        push(@rs_config, PeerPort => $SERVICE) if $SERVICE;

        print "[Connecting to $REMOTE...";
        set_state("connecting to $REMOTE");                # 아래를 참고
        $remote_server = IO::Socket::INET->new(@rs_config)
                         or die "remote server: $@";
        print "done]\n";

        $rs_info = peerinfo($remote_server);
        set_state("connected to $rs_info");

        $kidpid = fork();
        die "Cannot fork" unless defined $kidpid;
        if ($kidpid) {
            $Children{$kidpid} = time();      # 자식 프로세스의 시작 시각을 기억한다
            close $remote_server;             # 마스터 프로세스에서는 사용하지 않는다
            close $local_client;              # 마찬가지
            next;                             # 다른 클라이언트로 이동한다
        }

        # 이 시점에서 이 프로세스는 클라이언트의 입력을 처리하는 용도로
        # 분리된 자식 프로세스이다. 그러나 I/O를 쉽게 하기 위해서는
        # 같은 프로세스가 또 하나 필요하다

        close $proxy_server;                  # 슬레이브 프로세스에서는 사용하지 않는다

        $kidpid = fork();
        die "Cannot fork" unless defined $kidpid;

        # 이제 동일한 프로세스 두 개가 각각 동작하며 데이터를 전달한다.
        # 둘 이상의 제어 스레드를 사용하면 알고리즘이 매우 단순해지는 것을 알 수 있다

        # 이것은 fork를 실행한 부모이자, 마스터의 자식이다
        if ($kidpid) {
            set_state("$rs_info --> $lc_info");
            select($local_client); $| = 1;
            print while <$remote_server>;
            kill('TERM', $kidpid);      # 일이 다 끝났으면 자식도 종료한다
        }
        # 이것은 fork로 분리된 자식이자, 마스터의 손자이다
        else {
            set_state("$rs_info <-- $lc_info");
            select($remote_server); $| = 1;
            print while <$local_client>;
            kill('TERM', getppid());    # 일이 다 끝났으면 부모도 종료한다
        }
        exit;                           # 아직 살아있는 쪽에서 실행한다
    } continue {
        accepting();
    }
}
```

```
# HOST:PORT 형식의 보기 좋은 문자열을 생성해 주는 도우미 함수
sub peerinfo {
    my $sock = shift;
    my $hostinfo = gethostbyaddr($sock->peeraddr);
    return sprintf("%s:%s",
                    $hostinfo->name || $sock->peerhost,
                    $sock->peerport);
}

# $0을 다시 설정한다. 시스템에 따라서는 "ps"를 실행했을 때에
# 흥미로운 내용, 즉 $0에 설정한 문자열이 출력된다
sub set_state { $0 = "$ME [@_]" }

# set_state를 호출하는 도우미 함수
sub accepting {
    set_state("accepting proxy for " . ($REMOTE || $SERVICE));
}

# 누군가 죽었다. 죽은 자식이 더 남아있지 않을 때까지 모두 회수한다
# 이때 각 자식이 얼마나 오래 실행되었는지 확인한다
sub REAPER {
    my $child;
    my $start;
    while (($child = waitpid(-1,WNOHANG))> 0) {
        if ($start = $Children{$child}) {
            my $runtime = time() - $start;
            printf "Child $child ran %dm%ss\n",
                $runtime / 60, $runtime % 60;
            delete $Children{$child};
        } else {
            print "Bizarre kid $child exited $?\n";
        }
    }
    # System V와 4.2 사이에서 선택해야 했다면 진작에 사직했을 것이다 -- Peter Honeyman
    $SIG{CHLD} = \&REAPER;
};
```

더 알아보기

- *Getopt::Long*(3), *Net::hostent*(3), *IO::Socket*(3), *POSIX*(3) 매뉴얼 페이지
- 레시피 16.19
- 레시피 17.10

18장

P e r l C o o k b o o k

인터넷 서비스

이 "전화"라는 것을 통신 수단으로 진지하게 간주하기에는 결점이 너무 많다.
우리에게는 가치가 없는 기기이다.
— Western Union 사내 메모, 1876년

18.0 개요

소켓을 제대로 사용하는 것은 네트워크 통신을 하는 프로그램을 만드는 작업 중 일부에 지나지 않는다. 두 프로그램이 서로 통신할 수 있게 되었다면, 이제 *프로토콜(protocol)*이 필요하다. 이 프로토콜에 의해 각 프로그램은 언제 데이터를 보내도 될지 알 수 있다. 또한 프로토콜은 서비스의 어느 부분을 어느 프로그램이 담당할 것인지도 정확하게 정의한다.

자주 사용되는 인터넷 프로토콜의 목록을 표 18-1에 나타낸다.

프로토콜	의미	동작
FTP	File Transfer Protocol	원격 컴퓨터끼리 파일을 복사한다
telnet		원격 로그인을 한다
rsh와 rcp	Remote shell과 Remote copy	전자는 원격 로그인을 하고, 후자는 원격 컴퓨터끼리 파일을 복사한다
NNTP	Network News Transfer Protocol	유즈넷 뉴스를 읽고 게시한다
HTTP	Hypertext Transfer Protocol	웹상에서 문서를 전송한다
SMTP	Simple Mail Transfer Protocol	메일을 보낸다
POP3	Post Office Protocol	메일을 받는다

표 18-1 일반적인 인터넷 프로토콜

원격 컴퓨터에 접속하는 것과 같은 비교적 간단한 작업도 클라이언트와 서버 사이에 복잡한 협상 과정이 필요하다. 네트워크 서비스를 사용해야 할 때마다 펄로 이 프로토콜을 구현해야 한다면 결국에는 버그가 득실한 프로그램을 만들게 되거나 관리부서로 좌천되거나 어쩌면 둘 다 이뤄질지도 모른다.

다행히도 펄에는 이런 프로토콜을 구현한 모듈들이 있다. 대부분의 모듈은 서버보다는 클라이언트 쪽의 프로토콜을 구현하고 있다. 대부분의 클라이언트는 한 번에 하나의 질의만 만들면 되지만 서버는 여러 클라이언트를 처리할 수 있도록 하느라 코드가 매우 복잡해질 수 있기 때문이다. 그래도 CPAN에는 FTP(Net::FTPServer), HTTP(HTTP::Daemon, POE::Component::Server::HTTP), SMTP(POE::Component::Server::SMTP), IRC(POE::Component::Server::IRC) 등의 서버용 모듈들도 있다.

이런 모듈들의 대부분은 Net:: 계층으로 분류되어 있다. 이 Net:: 계층 아래 있는 모듈 중 자주 사용되는 것들은 펄 버전 5.8부터는 표준 배포판에 포함되어 있다. 이 장에서는 FTP를 사용해서 파일을 송수신하기 위해 Net::FTP를, 유즈넷 뉴스 게시물을 읽고 쓰기 위해 Net::NNTP를, 다른 컴퓨터와의 접속을 시뮬레이트하기 위해 Net::Telnet을, 다른 컴퓨터가 켜져 있는지 검사하기 위해 Net::Ping을, 메일을 받거나 보내기 위해 Net::POP3와 Mail::Mailer를 사용하는 방법을 소개한다. 그리고 CGI 프로토콜은 19장에서, HTTP는 20장에서 각각 다룬다.

최근에는 *웹 서비스*, 즉 웹의 HTTP 프로토콜을 사용하여 제공되는 서비스가 눈에 띄게 증가했다. 웹에 관해서는 19장, 20장과 21장에서 상세하게 다룰 예정이지만 이 장에서도 웹 서비스에 관해서 설명한다. 웹 서비스를 제공하는 주요 방법은 XML-RPC, SOAP, 그리고 REST 이렇게 세 가지이다.

XML-RPC는 원격 프로시저 호출을 하는 간단한 방법이다. XML-RPC 요청("이 메서드를 이런 인자를 가지고 호출하라")과 응답("이런 에러가 발생했다" 또는 "이것이 메서드의 반환값이다")을 HTTP, SMTP, Jabber 등의 프로토콜을 써서 보낼 수 있다. 펄 함수 호출을 네트워크를 통해 보내려면 XML로 표현해야 하는데 이 변환은 XMLRPC::Lite 모듈을 써서 할 수 있다.

SOAP은 XML-RPC보다 복잡하고, 더 객체지향에 가까운 기능과 예외 처리를 지원한다. 그리고 "문서 모드"도 지원하고 있기 때문에 응답을 부호화된 데이터 구조가 아닌 XML 문서로 받을 수 있다. 예를 들어 주문을 보냈을 때에 XML로 된 영수증을 받는 식이다. SOAP에는 XML-RPC보다 많은 내장 데이터형이 있고,

W3C 스키마를 사용하여 사용자 데이터형을 정의할 수도 있다. XML-RPC와 마찬가지로 SOAP도 여러 가지 프로토콜 위에서 쓸 수 있다. SOAP과 XML-RPC 둘 다 SOAP-Lite 배포판에 구현되어 있다.

REST(Representational State Transfer)는 웹 서비스를 앞의 두 개와 다른 방식으로 표현한다. 원격 프로시저 호출 구문을 작성하고 인자를 부호화하는 것은 시스템이 어떻게 구현되었느냐에 영향을 받지만, REST는 클라이언트가 특정한 자원에 접근하는 방법과 실제 구현이 분리되어 있다. REST에서는 URL은 객체의 주소이다. GET, POST, PUT, DELETE 같은 메서드를 사용해서 데이터의 추출, 상태 변경, 생성, 갱신, 삭제를 할 수 있다. 이것은 API나 인코딩 기능이라기보다는 설계 철학에 가까우므로 이 책에서는 다루지 않는다. REST에 관해서는 *Programming Web Services with Perl*(랜디 레이(Randy Ray), 파블 쿨첸코(Pavel Kulchenko) 저, O'Reilly)에서 소개하고 있다.

17장에서 저레벨 네트워크 통신에 사용한 IO::Socket 모듈은 그레이엄 바(Graham Barr)가 만들었는데, 여기서 언급한 모듈들 대부분은 이 IO::Socket 모듈을 이용하고 있다. 또한 Net::FTP, Net::NNTP, Net::POP3, Mail::Mailer 모듈을 만든 것도 그레이엄 바이다. Net::Telnet은 제이 로저스(Jay Rogers)가 만들었고, SOAP-Lite 툴킷은 파블 쿨첸코가 개발했다. 이들 덕분에 바퀴를 다시 발명하지 않아도 되니 감사하자!

18.1 DNS 간단히 검색하기

문제

어떤 호스트의 IP 주소를 알아내거나, 반대로 IP 주소를 가지고 이름을 알아내고자 한다. 이런 작업은 네트워크 서버가 클라이언트를 인증할 때나 클라이언트의 사용자가 호스트의 이름을 입력했을 때 수행된다. 펄에 있는 소켓 라이브러리를 쓸 때는 IP 주소를 사용하여야 한다. 또한 많은 서버들이 로그 파일에 IP 주소를 기록하지만, 그보다는 호스트 이름을 기록하는 게 분석 소프트웨어나 사람이 볼 때 더 유용하다.

해결책

`www.perl.com` 같은 이름이 있을 때, 이 이름에 해당하는 주소 모두를 알려면 `gethostbyname`을 사용한다.

```
use Socket;

@addresses = gethostbyname($name)   or die "Can't resolve $name: $!\n";
@addresses = map { inet_ntoa($_) } @addresses[4 .. $#addresses];
# @addresses 는 IP 주소의 리스트("208.201.239.48", "208.201.239.49")이다
```

첫 번째 주소만 필요하다면 inet_aton을 사용한다.

```
use Socket;

$address = inet_ntoa(inet_aton($name));
# $address는 하나의 IP 주소("208.201.239.48")다
```

"208.201.239.48" 같이 IP 주소를 알고 있는 경우에는 다음처럼 코드를 만들 수 있다.

```
use Socket;

$name = gethostbyaddr(inet_aton($address), AF_INET)
            or die "Can't resolve $address: $!\n";
# $name은 호스트 이름("www.perl.com")이다
```

논의

이 과정이 복잡한 이유는 사용하는 함수들이 단지 C 시스템 콜의 래퍼 함수이기 때문이다. 그래서 IP 주소를 아스키 문자열("208.146.240.1")에서 C에서 쓰는 데이터 구조로 변환해야 한다. 기본 모듈 Socket에 포함된 inet_aton 함수를 사용하면 아스키 문자열에서 패킹된 숫자 값으로 변환할 수 있다. inet_ntoa 함수를 사용하면 그 반대로 변환할 수 있다.

```
use Socket;
$packed_address = inet_aton("208.146.140.1");
$ascii_address  = inet_ntoa($packed_address);
```

gethostbyname 함수는 호스트 이름(또는 IP 주소)이 담긴 문자열을 인자로 받는다. 스칼라 컨텍스트에서는 inet_ntoa에 넘길 수 있는 형식으로 된 원격 IP 주소(또는 에러가 발생하면 undef)를 반환한다. 리스트 컨텍스트에서는 원소가 최소 다섯 개인 리스트(또는 에러가 발생하면 빈 리스트)를 반환한다. 이 리스트의 원소들은 다음과 같다.

첨자	의미
0	호스트의 정식 명칭
1	별명(스페이스로 구분된 문자열)
2	주소 타입(보통은 AF_INET)
3	주소 구조체의 길이(사용되지 않음)
4,5,...	주소 구조체

하나의 호스트 이름에는 여러 주소가 할당되어 있을 수 있다. 이것은 방문자가 많은 웹 사이트에서 자주 보이며, 부하를 분산시키기 위해 다수의 컴퓨터에서 동일한 웹 페이지를 제공한다. 이런 상황에서는 주소를 알려 주는 DNS 서버에서 주소를 번갈아 가며 선택하는 식으로 부하를 고르게 조절한다. 그런 서버에 접속하기 위해 IP 주소를 하나 골라야 한다면 첫 번째 주소를 선택하면 된다. 만일 그 주소가 제대로 동작하지 않는다면 다른 주소를 사용해 보라.

```
$packed = gethostbyname($hostname)
            or die "Couldn't resolve address for $hostname: $!\n";
$address = inet_ntoa($packed);
print "I will use $address as the address for $hostname\n";
```

서비스 접근을 허가할지 거부할지 판정할 때 호스트 이름을 사용하는 경우 주의해야 한다. 누구든 자신의 컴퓨터가 www.whitehouse.gov, www.yahoo.com, this.is.not.funny 등으로 식별되도록 자신의 DNS 서버를 설정할 수 있기 때문이다. 따라서 그 컴퓨터가 정말 그 이름을 사용하는지 확인하려면 gethostbyname을 사용하여 그 이름에 대응되는 주소의 목록을 받은 후 원래의 주소가 그 목록에 들어 있는지 대조해야 한다.

```
# $address는 검사할 IP 주소이다(예를 들어 "128.138.243.30")
use Socket;
$name    = gethostbyaddr(inet_aton($address), AF_INET)
               or die "Can't look up $address : $!\n";
@addr    = gethostbyname($name)
               or die "Can't look up $name : $!\n";
$found   = grep { $address eq inet_ntoa($_) } @addr[4..$#addr];
```

하지만 이 알고리즘을 사용하더라도 완전히 확신할 수는 없다. 이 기법을 회피하는 여러 가지 방법이 있기 때문이다. 심지어 패킷이 발송된 곳의 IP 주소마저도 위조될 수 있다. 따라서 인증을 할 때 네트워크 계층에 의존해서는 안 된다. IPv4 네트워크는 보안성을 제공하도록 설계되지 않았으므로, 인증이 문제가 된다면 항상 여러분이 직접(비밀번호나 암호화 기법을 사용하여) 해야 한다.

호스트에 대한 정보에는 별칭과 주소 이외의 것들도 있다. 이 정보에 접근하려면 CPAN에 있는 Net::DNS 모듈을 사용한다. 예제 18-1은 임의의 호스트의 MX(mail exchange) 항목을 받는 방법을 보여준다.

예제 18-1. mxhost

```
#!/usr/bin/perl -w
# mxhost - 호스트의 MX 레코드를 검출한다
use Net::DNS;
use strict;
my ($host, $res, @mx);
$host = shift or die "usage: $0 hostname\n";
```

```
$res = Net::DNS::Resolver->new();
@mx = mx($res, $host)
   or die "Can't find MX records for $host (".$res->errorstring.")\n";
foreach my $record (@mx) {
    print $record->preference, " ", $record->exchange, "\n";
}
```

다음은 이 프로그램의 출력 예이다.

```
% mxhost cnn.com
10 atlmail1.turner.com
10 atlmail4.turner.com
20 atlmail2.turner.com
30 nymail1.turner.com
```

inet_aton 함수는 호스트 이름 또는 IP 주소가 포함된 문자열을 인자로 받는다. 이 점은 gethostbyname과 같지만, 이 함수는 그 호스트의 첫 번째 IP 주소만 반환한다. 주소를 모두 얻으려면 코드를 추가해야 한다. Net::hostent 모듈을 사용하면 호스트 정보에 필드 이름을 사용하여 접근할 수 있다. 예제 18-2는 구체적인 사용방법이다.

예제 18-2. hostaddrs

```
#!/usr/bin/perl -w
# hostaddrs - 호스트 이름의 정당성을 확인하고 주소 목록을 표시한다
use Socket;
use Net::hostent;
use strict;
my ($name, $hent, @addresses);
$name = shift || die "usage: $0 hostname\n";
if ($hent = gethostbyname($name)) {
      $name      = $hent->name;              # 다를 경우를 대비
    my $addr_ref  = $hent->addr_list;
      @addresses = map { inet_ntoa($_) } @$addr_ref;
}
print "$name => @addresses\n";
```

다음은 이 프로그램의 출력 예이다.

```
% hostaddrs www.oreilly.com
www.oreilly.com => 208.201.239.37 208.201.239.36

% hostaddrs www.whitehouse.gov
a1289.g.akamai.net => 216.241.36.232 216.241.36.230
```

더 알아보기

- *perlfunc*(1) 문서와 *Programming Perl* 29장에서 다루는 gethostbyname, gethostbyaddr 함수
- CPAN 모듈 Net::DNS 모듈 문서
- 기본 모듈 Socket, Net::hostent 모듈 문서

18.2 FTP 클라이언트 만들기

문제

FTP 서버에 접속해서 파일을 전송하고자 한다. 예를 들어 자동으로 여러 파일을 한 번에 전송하거나, FTP 서버의 미러를 자동으로 만들고 싶을 수 있다.

해결책

Net::FTP 모듈을 사용한다.

```
use Net::FTP;

$ftp = Net::FTP->new("ftp.host.com")    or die "Can't connect: $@\n";
$ftp->login($username, $password)       or die "Couldn't login\n";
$ftp->cwd($directory)                   or die "Couldn't change directory\n";
$ftp->get($filename)                    or die "Couldn't get $filename\n";
$ftp->put($filename)                    or die "Couldn't put $filename\n";
```

논의

Net::FTP 모듈을 사용하는 과정은 세 단계로 구성된다. 서버에 *접속*하고 여러분의 신원을 *인증*하고 파일을 *전송*하는 것이다. FTP 서버와 상호작용하는 것은 모두 Net::FTP 객체의 메서드 호출을 통해 이루어진다. 이 메서드들은 에러가 발생하면 스칼라 컨텍스트에서는 undef를, 리스트 컨텍스트에서는 빈 리스트를 반환한다.

서버에 접속하려면 new 생성자를 사용한다. 에러가 발생하면 $@ 변수에 에러 메시지가 저장되고, new는 undef를 반환한다. new 생성자에 넘기는 첫 번째 인자는 FTP 서버 호스트의 이름이고, 그 뒤에는 선택적으로 옵션 이름과 값의 쌍을 넣을 수 있다.

```
$ftp = Net::FTP->new("ftp.host.com",
                     Timeout => 30,
                     Debug   => 1)
    or die "Can't connect: $@\n";
```

Timeout 옵션은 어떤 동작을 하다가 포기하고 에러를 반환하기 전까지 몇 초나 기다릴지 지정한다. Debug 옵션은 디버깅 레벨을 설정한다(0 이외의 값을 지정하면 수행하는 명령들의 내용을 STDERR에 복사한다). Firewall 옵션에는 FTP 프락시 시스템을 지정하는 문자열을 인자로 넘긴다. Port 옵션에는 사용할 포트 번호를 지정한다(기본값은 FTP 표준 포트인 21이다). 마지막으로 Passive 옵션을 참으로 설정하면 파일 전송이 패시브 모드에서 수행된다(일부 방화벽과 프락시에서는 이 설정이 필요하다). Firewall과 Passive 옵션은 각각 환경변수 FTP_FIREWALL과 FTP_PASSIVE의 값을 오버라이드하게 된다.

서버에 접속하고 나면 인증할 차례다. 보통은 login에 인자를 세 개까지 전달하여 호출한다. 인자들은 각각 사용자 이름, 비밀번호, 계정을 지정한다.

```
$ftp->login()
    or die "Couldn't authenticate.\n";

$ftp->login($username)
    or die "Still couldn't authenticate.\n";

$ftp->login($username, $password)
    or die "Couldn't authenticate, even with explicit username
            and password.\n";

$ftp->login($username, $password, $account)
    or die "No dice.  It hates me.\n";
```

인자가 하나도 없이 login을 호출하면 Net::FTP는 Net::Netrc 모듈을 사용하여 접속한 호스트에 대한 설정을 찾는다. 설정을 찾을 수 없다면 익명 로그인을 시도한다(사용자 이름으로 anonymous, 비밀번호로 -anonymous@가 사용된다). 비밀번호 없이 anonymous라는 사용자 이름을 사용하면 사용자의 메일 주소가 비밀번호로 사용된다. 세 번째 인자인 계정 인자는 대부분의 시스템에서 사용되지 않는다. 인증에 실패하면 login은 undef를 반환한다.

인증에 성공하고 나면 일반적인 FTP 명령을 이용할 수 있게 된다. 이 명령은 Net::FTP 객체의 메서드로 호출된다. get 메서드는 파일을 가져오고, put 메서드는 파일을 보낸다. 파일을 보내려면 다음과 같이 한다.

```
$ftp->put($localfile, $remotefile)
    or die "Can't send $localfile: $!\n";
```

두 번째 인자를 생략하면 로컬 파일과 같은 이름이 원격 파일에 부여된다. 파일핸들로부터 송신할 수도 있다(이 경우에는 원격 파일의 이름을 두 번째 인자로 반드시 지정해야 한다).

```
$ftp->put(*STDIN, $remotefile)
    or die "Can't send from STDIN: $!\n";
```

전송 도중에 인터럽트된 경우 원격 파일이 자동으로 삭제되지는 않는다. put 메서드는 전송에 성공하면 원격 파일의 이름을 반환하고, 에러가 발생하면 undef를 반환한다.

반대로 파일을 가져오려면 get 메서드를 사용한다. 성공하면 로컬 파일의 이름을 반환하고 에러가 발생하면 undef를 반환한다.

```
$ftp->get($remotefile, $localfile)
    or die "Can't fetch $remotefile : $!\n";
```

파일의 내용을 파일핸들로 받을 수 있다. 성공하면 그 파일핸들을 반환하고 에러가 발생하면 undef를 반환한다.

```
$ftp->get($remotefile, *STDOUT)
    or die "Can't fetch $remotefile: $!\n";
```

세 번째의 인자는 생략할 수 있고, 원격 파일 내의 오프셋을 나타내는 값을 지정한다. 그러면 그 오프셋부터 전송을 시작한다. 이때는 받아온 바이트들이 로컬 파일의 뒤에 덧붙여진다.

type 메서드는 파일 변환 모드를 변경한다. 인자로 문자열("A", "I", "E", "L" 중 하나)을 넘기면 이 메서드는 기존의 모드를 반환한다. ascii, binary, ebcdic, byte 메서드를 사용하면 각각에 대응하는 문자열을 인자로 하여 type이 호출된다. 에러가 발생하면(예를 들어 FTP 서버가 EBCDIC 모드를 지원하지 않는 경우), type과 방금 언급한 도우미 함수들은 undef를 반환한다.

cwd($remotedir)와 pwd로 현재 원격 디렉터리를 지정하거나 현재 값을 알아낸다. 둘 다 실행에 성공하면 참을 반환하고 실패하면 거짓을 반환한다. cwd("..")를 실행하면 cdup 메서드가 호출되고, 작업 디렉터리가 현재 디렉터리의 부모로 바뀐다. 인자를 지정하지 않고 cwd를 호출하면 루트 디렉터리로 바뀐다.

```
$ftp->cwd("/pub/perl/CPAN/images/g-rated");
print "I'm in the directory ", $ftp->pwd(), "\n";
```

mkdir($remotedir)과 rmdir($remotedir)로 원격 컴퓨터에서 디렉터리를 만들거나 삭제할 수 있다. 로컬 컴퓨터에서 빈 디렉터리를 만들거나 삭제할 때는 내장 함수인 mkdir과 rmdir를 사용한다. 루트에서 지정한 디렉터리에 도달하기 위해 거치는 중간 디렉터리를 한꺼번에 만들려면 mkdir에 두 번째 인자로 참 값을 전달한다. 예를 들어 */pub*, */pubgnat*, 그리고 */pub/gnat/perl* 디렉터리를 만들려면 다음처럼 한다.

```
$ftp->mkdir("/pub/gnat/perl", 1)
    or die "Can't create /pub/gnat/perl recursively: $!\n";
```

mkdir은 성공하면 새로 만들어진 디렉터리의 전체 경로를 반환하고, 실패하면 undef를 반환한다.

ls와 dir 메서드는 원격 디렉터리에 있는 파일들의 목록을 가져온다. 전통적으로 dir이 ls보다 더 상세한 목록을 보여주지만, 둘 다 표준 형식이 있는 건 아니다. 유닉스 시스템의 FTP 서버 대부분은 ls 메서드의 경우 *ls*의 출력을, dir 메서드의 경우 *ls -l*의 출력을 반환하지만 모든 FTP 서버에 적용된다는 보장은 없다. 이 메서드들은 리스트 컨텍스트에서는 서버에서 반환된 행들의 리스트를 반환한다. 스칼라 컨텍스트에서는 그런 리스트가 담긴 배열의 레퍼런스를 반환한다.

```
@lines = $ftp->ls("/pub/gnat/perl")
    or die "Can't get a list of files in /pub/gnat/perl: $!";
$ref_to_lines = $ftp->dir("/pub/perl/CPAN/src/latest.tar.gz")
    or die "Can't check status of latest.tar.gz: $!\n";
```

할 일을 다 마쳤을 때 제대로 끝내고 싶다면 `quit` 메서드를 사용한다.

```
$ftp->quit()    or warn "Couldn't quit.  Oh well.\n";
```

지금까지 소개한 메서드 외에도, 원격 파일의 이름을 변경하거나, 원격 파일의 소유권과 퍼미션을 변경하거나, 원격 파일의 크기를 확인하는 등 여러 가지 일을 하는 메서드들이 있다. 자세한 내용은 Net::FTP 모듈 문서를 참고하라.

다른 컴퓨터의 파일들을 미러링하려면 리 맥러플린(Lee McLoughlin)이 펄로 만든 *mirror*라는 우수한 프로그램을 사용한다. 이 프로그램은 *http://sunsite.doc.ic.ac.uk/packages/mirror/*[1]에 공개되어 있다.

더 알아보기

- 시스템에 있는 *ftp*(1), *ftpd*(8) 매뉴얼 페이지
- Net::FTP 모듈 문서

18.3 메일 보내기

문제

여러분의 프로그램에서 메일을 보내고자 한다. 어떤 프로그램은 디스크 영역 같은 시스템 자원을 모니터링하다가 디스크 공간이 부족해지면 담당자에게 통지한다. 또 CGI 스크립트의 작성자라면 "데이터베이스가 다운되었다"와 같은 에러 메시지를 사용자에게 표시하기보다는 데이터베이스 관리자에게 메일로 알리는 것을 선호할 것이다.

해결책

CPAN 모듈 Mail::Mailer를 사용한다.

1 (옮긴이) 현재는 http://sunsite.univie.ac.at/textbooks/mirror/에 있다.

```
use Mail::Mailer;

$mailer = Mail::Mailer->new("sendmail");
$mailer->open({ From    => $from_address,
                To      => $to_address,
                Subject => $subject,
              })
    or die "Can't open: $!\n";
print $mailer $body;
$mailer->close();
```

또는 직접 sendmail 프로그램을 사용한다.

```
open(SENDMAIL, "|/usr/lib/sendmail -oi -t -odq")
                    or die "Can't fork for sendmail: $!\n";
print SENDMAIL <<"EOF";
From: User Originating Mail <me\@host>
To: Final Destination <you\@otherhost>
Subject: A relevant subject line

Body of the message goes here, in as many lines as you like.
EOF
close(SENDMAIL)     or warn "sendmail didn't close nicely";
```

논의

여러분의 프로그램에서 메일을 보내는 방법은 세 가지이다. 첫 번째 방법으로는 일반적으로 메일을 보낼 때 사용되는, *Mail*이나 *mailx* 등의 외부 프로그램을 사용하는 것이다. 이런 프로그램은 MUA, *Mail User Agent*라고 불린다. 두 번째 방법은 *sendmail* 같은 시스템 레벨의 메일 프로그램을 사용하는 것이다. 이런 프로그램은 MTA, *Mail Transfer Agent*라고 불린다. 세 번째 방법은 SMTP(Simple Mail Transfer Protocol: 간이 메일 전송 프로토콜) 서버에 접속하는 것이다. 안타깝게도 표준으로 정해진 사용자 레벨 메일 프로그램이 따로 있지도 않고, *sendmail*도 표준이라고 할 수는 없으며, SMTP가 특별히 간단한 것도 아니다. CPAN 모듈 Mail::Mailer는 이런 복잡한 부분을 보완해 준다.

Mail::Mailer 객체를 만들기 위해 `Mail::Mailer->new` 생성자를 사용한다. `new`를 호출할 때 인자를 넘기지 않으면 기본값으로 정해진 방법(아마 *mail* 같은 프로그램)을 사용하여 메일을 전송한다. 다른 방법을 써서 메시지를 보내려면 *new*에 인자를 넘긴다. 첫 번째 인자는 전송 수단의 종류를 나타낸다(유닉스 메일 유저 에이전트를 사용한다면 `"mail"`, *sendmail*을 사용한다면 `"sendmail"`, SMTP 서버에 접속한다면 `"smtp"`). 두 번째 인자는 그 프로그램의 경로를 지정하며, 생략할 수 있다.

예를 들어, 기본 방법 대신 `sendmail`을 사용하도록 Mail::Mailer에 지시할 때는 다음처럼 한다.

```
$mailer = Mail::Mailer->new("sendmail");
```

mail 대신에 /u/gnat/bin/funkymailer를 사용하도록 지시할 때는 다음처럼 한다.

```
$mailer = Mail::Mailer->new("mail", "/u/gnat/bin/funkymailer");
```

SMTP를 사용하여 *mail.myisp.com*이라는 메일 서버에 접속하려면 다음처럼 한다.

```
$mailer = Mail::Mailer->new("smtp", "mail.myisp.com");
```

Mail::Mailer의 어느 부분에서든 에러가 발생하면 die가 호출된다. 예외가 발생했는지 검사하려면 메일을 보내는 코드를 eval 블록으로 감싸고 $@ 변수의 값을 검사한다.

```
eval {
    $mailer = Mail::Mailer->new("bogus", "arguments");
    # ...
};
if ($@) {
    # eval이 실패한 경우
    print "Couldn't send mail: $@\n";
} else {
    # eval이 성공한 경우
    print "The authorities have been notified.\n";
}
```

new 생성자가 해석할 수 없는 인자를 지정한 경우나, 인자를 생략했는데 기본적으로 쓸 수 있는 수단이 없는 경우라면 예외가 만들어진다. Mail::Mailer에 전송할 메시지 헤더를 지정하며 open 메서드를 호출하면 Mail::Mailer는 외부 프로그램을 실행하거나 SMTP 서버에 접속한다.

```
$mailer->open( { From    => 'Nathan Torkington <gnat@frii.com>',
                 To      => 'Tom Christiansen <tchrist@perl.com>',
                 Subject => 'The Perl Cookbook' } );
```

프로그램 또는 서버를 열 수 없는 경우 open 메서드가 예외를 던진다. open이 성공했다면 그 다음부터는 $mailer를 파일핸들처럼 다루어서 메시지 본문을 $mailer로 출력할 수 있다.

```
print $mailer << EO_SIG;
Are we ever going to finish this book?
My wife is threatening to leave me.
She says I love EMACS more than I love her.
Do you have a recipe that can help me?

Nat
EO_SIG
```

작업이 다 끝났으면 Mail::Mailer 객체에 대해 close 함수를 호출한다.

```
close($mailer)                    or die "can't close mailer: $!";
```

모듈을 쓰지 않고 여러분이 직접 *sendmail*을 사용해서 메일을 보내고 싶다면 다음과 같은 식으로 한다.

```
open(SENDMAIL, "|/usr/sbin/sendmail -oi -t -odq")
            or die "Can't fork for sendmail: $!\n";
print SENDMAIL << "EOF";
From: Fancy Chef <chef@example.com>
To: Grubby Kitchenhand <hand@example.com>
Subject: Re: The Perl Cookbook

(1) We will never finish the book.
(2) No man who uses EMACS is deserving of love.
(3) I recommend coq au vi.

Frank Wah
EOF
close(SENDMAIL);
```

이 코드는 open으로 다른 프로그램을 간단히 실행하는 예이다(레시피 16.4 참고). 시스템마다 sendmail이 저장된 경로가 다르므로 전체 경로를 지정해야 한다. 흔히 */usr/lib*이나 */usr/sbin* 등의 디렉터리에 있다. 여기서 sendmail에 지정하는 플래그는 마침표 하나만 있는 줄을 읽더라도 종료하지 말고(-oi), 메시지 헤더를 읽어서 수신자를 파악하고(-t), 메시지를 즉시 보내려 시도하지 말고 큐에 담도록(-odq) 지시한다. 마지막 옵션은 다수의 메시지를 (일괄적으로) 보낼 때 중요하다. 이 옵션이 없으면 시스템이 *sendmail* 프로세스들로 가득 차 버릴 것이다. 메시지를 즉시 보내려면(프로그램을 테스트하는 중이거나 긴급한 메일을 보내는 경우와 같이) 명령 행에서 -odq를 제외한다.

그리고 위의 코드에서는 print로 전체 메시지를 출력하면서 헤더와 본문 사이에 빈 줄을 넣어서 구분하였다. 줄바꿈 문자를 삽입할 때 쓰는 특별한 이스케이프 문자가 따로 없으므로(어떤 메일 프로그램에는 있기도 하다) 모든 텍스트는 쓰여진 그대로 사용된다. 헤더 항목 중 Date나 Message-ID 등은 *sendmail*에서 자동으로 추가되며, 보통은 여러분이 직접 만들지 말아야 한다.

어떤 펄 배포본(특히 윈도우나 맥 OS 9)에는 *sendmail*이나 *mail*이 없다. 이런 경우 여러분이 직접 사용할 수 있는 SMTP 서버를 찾아야 한다.

더 알아보기

- *perlfunc*(1) 문서와 *Programming Perl* 29장에서 다루는 open 함수

- 레시피 16.4
- 레시피 16.10
- 레시피 16.19
- 레시피 19.5
- SMTP 프로토콜을 기술하는 RFC 문서들. 특히 RFC 821, *Simple Mail Transfer Protocol*과 이 문서의 개정판 RFC 문서들
- CPAN 모듈 Mail::Mailer 모듈 문서

18.4 유즈넷 뉴스 메시지 읽거나 쓰기

문제

유즈넷 뉴스 서버에 접속해서 메시지를 읽거나 쓰고자 한다. 여러분이 만든 프로그램에서 정기적으로 뉴스그룹에 글을 올리거나[2], 뉴스그룹의 상황을 요약한 정보를 얻거나, 뉴스그룹에 글을 처음 올린 사람들을 찾아서 도움말과 환영 메시지를 보내줄 수도 있을 것이다.

해결책

Net::NNTP 모듈을 사용한다.

```
use Net::NNTP;

$server = Net::NNTP->new("news.host.dom")
    or die "Can't connect to news server: $@\n";
($narticles, $first, $last, $name) = $server->group( "misc.test" )
    or die "Can't select misc.test\n";
$headers  = $server->head($first)
    or die "Can't get headers from article $first in $name\n";
$bodytext = $server->body($first)
    or die "Can't get body from article $first in $name\n";
$article  = $server->article($first)
    or die "Can't get article $first from $name\n";

$server->postok()
    or warn "Server didn't tell me I could post.\n";

$server->post( [ @lines ] )
    or die "Can't post: $!\n";
```

논의

유즈넷은 분산형 전자게시판 시스템이다. 서버끼리 메시지를 교환해서, 각 서버

2 그런 경우에는 *http://www.panix.com/~pschleck/auto-faq/*에 게재된 Ian Kluft의 *auto-faq* 프로그램을 꼭 알아보라.

가 현재 제공하고 있는 뉴스그룹에 해당하는 모든 메시지가 그 서버에 있도록 보장한다. 각 서버에는 메시지가 해당 서버에 저장되는 기간을 정하는 만료 기준이 독자적으로 설정되어 있다. 클라이언트 뉴스 리더는 지정된 서버(보통은 사용자의 회사, ISP, 대학 등에 속해 있다)에 접속하여 기존의 게시물을 읽거나 새로운 글을 게시할 수 있다.

각 메시지(기사라고 부르기도 한다)는 헤더와 본문으로 구성되며 헤더와 본문 사이에는 빈 줄이 들어간다. 각 기사는 *메시지 ID* 헤더나 뉴스그룹 내의 *기사 번호* 두 가지 방법으로 식별할 수 있다. 기사의 메시지 ID는 메시지 자체에 저장되어 있으며, 어느 뉴스서버에서 기사를 읽었든지 간에 상관없이 고유한 값이라는 게 보장된다. 어떤 기사에서 다른 기사를 참조할 때 이 메시지 ID를 사용한다. 메시지 ID는 다음과 같은 형식으로 된 문자열이다.

```
<0401@jpl-devvax.JPL.NASA.GOV>
```

기사를 식별할 때 그 기사가 속한 뉴스그룹과 그 그룹 안에서 부여된 기사 번호를 사용할 수도 있다. 기사 번호는 각 뉴스서버가 독자적으로 부여하므로, 기사를 받아온 뉴스서버 안에서만 유효하다.

Net::NTTP의 생성자는 지정된 뉴스서버에 접속한다. 접속에 실패하면 `undef`를 반환하고 `$@`에 에러 메시지를 저장한다. 접속에 성공하면 새 Net::NNTP 객체를 반환한다.

```
$server = Net::NNTP->new("news.mycompany.com")
    or die "Couldn't connect to news.mycompany.com: $@\n";
```

접속이 완료된 후 뉴스그룹의 목록을 얻으려면 `list` 메서드를 사용한다. 이 메서드는 해시 레퍼런스를 반환하는데, 해시의 키는 뉴스그룹의 이름이며 키에 대응하는 값은 배열 레퍼런스이다. 이 배열에는 그 뉴스그룹에 있는 첫 번째 유효한 기사 번호, 마지막 기사 번호, 플래그 문자열이 담겨 있다. 플래그는 보통은 여러분이 게시물을 올릴 수 있다는 뜻의 `"y"`이지만 관리자가 미리 검토한 후 올리는(moderated) 그룹의 경우 `"m"`, 또는 이 그룹이 `"NAME"`이라는 그룹의 별칭이라는 걸 나타내는 `"=NAME"`일 수도 있다. 서버에 60,000개가 넘는 그룹이 있기도 해서, 전체 그룹의 목록을 가져오는 경우 시간이 걸릴 수 있다.

```
$grouplist = $server->list()
    or die "Couldn't fetch group list\n";

foreach $group (keys %$grouplist) {
    if ($grouplist->{$group}->[2] eq 'y') {
```

```
        # $group에 투고할 수 있다
    }
}
```

FTP에서 현재 디렉터리라는 개념이 있는 것처럼, NNTP에서는 현재 그룹이라는 개념이 사용된다. 현재 그룹을 지정하려면 group 메서드를 사용한다.

```
($narticles, $first, $last, $name) = $server->group("comp.lang.perl.misc")
    or die "Can't select comp.lang.perl.misc\n";
```

group 메서드는 네 개의 원소로 구성된 리스트를 반환한다. 이 원소들은 각각 그룹에 포함된 기사의 개수, 첫 기사 번호, 마지막 기사 번호, 그리고 그룹 이름이다. 그룹이 존재하지 않는 경우 빈 리스트를 반환한다.

기사를 가져오는 방법은 두 가지가 있다. 메시지 ID를 지정해서 article을 호출하는 방법과 group으로 그룹을 선택한 후 기사 번호를 지정해서 article을 호출하는 방법이다. 스칼라 컨텍스트에서 article은 행들로 이루어진 배열의 레퍼런스를 반환한다. 리스트 컨텍스트에서는 행들의 리스트를 반환한다. 에러가 발생하면 article은 거짓을 반환한다.

```
@lines = $server->article($message_id)
    or die "Can't fetch article $message_id: $!\n";
```

기사의 헤더나 본문을 가져오려면 head와 body 메서드를 사용한다. article과 마찬가지로 이 메서드들은 인자로 기사 번호나 메시지 ID를 받아서, 행의 리스트 또는 배열 레퍼런스를 반환한다.

```
@group = $server->group("comp.lang.perl.misc")
    or die "Can't select group comp.lang.perl.misc\n";
@lines = $server->head($group[1])
    or die "Can't get headers from first article in comp.lang.perl.misc\n";
```

기사를 올리려면 post 메서드를 사용하고, 인자로 행들의 리스트나 행의 배열 레퍼런스를 넘긴다. 이 메서드는 게시에 성공하면 참을, 실패하면 거짓을 반환한다.

```
$server->post(@message)
    or die "Can't post\n";
```

접속한 서버에 글을 올릴 수 있는지를 확인하기 위해서는 postok 메서드를 사용한다.

```
unless ($server->postok()) {
    warn "You may not post.\n";
}
```

전체 메서드 목록은 Net::NNTP의 문서를 참고하라.

더 알아보기

- Net::NNTP 모듈 문서
- RFC 977, *Network News Transfer Protocol*
- 시스템에 있는 *trn*(1), *innd*(8) 매뉴얼 페이지

18.5 POP3로 메일 읽기

문제

POP3 서버에서 메일을 받아오고자 한다. 이것을 응용하면 읽지 않은 메일에 대한 요약 정보를 만들거나, 원격 서버에서 내 컴퓨터 메일함으로 메일을 이동하거나, 인터넷 메일 시스템과 내 컴퓨터의 메일 시스템 간에 전환을 하는 프로그램을 만들 수 있다.

해결책

Net::POP3 모듈을 사용한다.

```
$pop = Net::POP3->new($mail_server)
    or die "Can't open connection to $mail_server : $!\n";
defined ($pop->login($username, $password))
    or die "Can't authenticate: $!\n";
$messages = $pop->list
    or die "Can't get list of undeleted messages: $!\n";
foreach $msgid (keys %$messages) {
    $message = $pop->get($msgid);
    unless (defined $message) {
        warn "Couldn't fetch $msgid from server: $!\n";
        next;
    }
    # $message는 행들이 담긴 배열의 레퍼런스이다
    $pop->delete($msgid);
}
```

논의

전통적으로 메일 서비스는 세 부분으로 구성된 시스템이다. *MTA*(Mail Transfer Agent, 예를 들어 *sendmail*과 같은 시스템 프로그램)이 메일을 스풀(*spool*)에 전달하고 *MUA*(Mail User Agent, 예를 들어 *mail* 같은 프로그램)가 스풀에 있는 메일을 읽어들인다. 이런 시스템은 메일이 대형 서버에 저장되고 사용자는 문자 입출력 기능만 있는 단순 터미널을 사용하여 메일을 읽던 시절까지 거슬러간다. 개인용 컴퓨터와 네트워크가 등장하면서, 스풀이 있는 컴퓨터가 아닌 다른 컴퓨터에서 Pine 같은 MUA를 실행하여 메일을 읽을 수 있게 해야 했다. 그 결과로 개발

된 것이 POP(Post Office Protocol)이다. 이를 통해 TCP/IP 세션을 거쳐서 효율적으로 메시지 목록을 보고, 메일을 읽고 지울 수 있게 되었다.

Net::POP3 모듈은 일종의 POP 클라이언트이다. 즉, 펄 프로그램이 MUA로서 동작할 수 있게 된다. Net::POP3를 사용하기 위한 첫 번째 절차는 새 Net::POP3 객체를 만드는 것이다. 이때 생성자 new에 POP3 서버의 이름을 넘긴다.

```
$pop = Net::POP3->new( "pop.myisp.com" )
    or die "Can't connect to pop.myisp.com: $!\n";
```

Net::POP3의 모든 함수는 에러가 발생한 경우 호출 컨텍스트에 따라 undef나 빈 리스트를 반환한다. 그리고 에러가 발생한 경우에는 에러의 메시지가 $! 변수에 저장되기도 하지만 함수에 따라서 그렇지 않은 경우도 있다.

이름과 값의 쌍을 써서, 생략 가능한 추가적인 인자들을 전달할 수 있다. 예를 들어 Timeout 매개변수는 모든 네트워크 조작에 적용되는 타임아웃 값을 초 단위로 지정한다.

```
$pop = Net::POP3->new( "pop.myisp.com",
                       Timeout => 30 )
    or die "Can't connect to pop.myisp.com : $!\n";
```

POP3 서버에 자신을 인증하려면 login 메서드를 사용한다. 이 메서드는 두 개의 인자로 사용자 이름과 비밀번호를 받지만, 둘 다 생략할 수 있다. 사용자 이름을 생략하면 현재 시스템의 사용자 이름이 사용된다. 비밀번호를 생략한 경우 Net::POP3에서 Net::Netrc를 사용하여 비밀번호를 검색한다.

```
defined ($pop->login("gnat", "S33kr1T Pa55w0rD"))
    or die "Hey, my username and password didn't work!\n";

defined ($pop->login( "midget" ))        # 비밀번호를 찾기 위해 Net::Netrc를 사용한다
    or die "Authentication failed.\n";

defined ($pop->login())                  # 현재 사용자 이름과 Net::Netrc를 사용한다
    or die "Authentication failed.  Miserably.\n";
```

login 메서드를 사용하면 비밀번호가 평문 그대로 네트워크를 통해 송신된다. 바람직하지 않은 방법이다. 따라서 apop 메서드를 대신 사용할 수 있다. 이 메서드는 login과 완전히 똑같이 동작하지만, 비밀번호를 암호화하여 보낸다.

```
$pop->apop( $username, $password )
    or die "Couldn't authenticate: $!\n";
```

인증에 성공하고 나면 list, get, 그리고 delete 메서드를 사용하여 스풀에 접근한다. list 메서드는 스풀에 있는, 아직 삭제되지 않은 메시지 목록을 보여준다.

이 메서드는 해시를 반환하는데, 해시의 각 키는 메시지 번호이고 값은 해당하는 메시지의 크기를 바이트 단위로 나타낸 것이다.

```
%undeleted = $pop->list();
foreach $msgnum (keys %undeleted) {
    print "Message $msgnum is $undeleted{$msgnum} bytes long.\n";
}
```

메시지를 가져오려면 메시지 번호를 지정해서 get을 호출한다. 이 메서드는 메시지에 포함된 행들이 담긴 배열의 레퍼런스를 반환한다.

```
print "Retrieving $msgnum : ";
$message = $pop->get($msgnum);
if ($message) {
    # 메시지를 성공적으로 가져왔을 경우
    print "\n";
    print @$message;                    # 메시지를 출력한다
} else {
    # 실패한 경우
    print "failed ($!)\n";
}
```

delete 메서드는 메시지에 삭제 표식을 붙인다. 삭제 표식이 붙은 메시지는 quit을 호출해서 POP3 세션을 종료할 때 메일함에서 지워진다. reset 메서드는 현재 세션에서 delete 메서드를 호출했던 것들을 취소한다. Net::POP3 객체가 소멸하는 바람에(예를 들어 그 객체를 가리키던 유일한 레퍼런스가 스코프를 벗어나는 경우) 세션이 종료되는 경우는 자동으로 reset이 호출된다.

여기까지의 설명하는 동안 메일을 *보내*는 방법이 언급되지 않았다는 것을 눈치챘을 것이다. POP3에서는 현재 존재하는 메일을 읽거나 지울 수만 있다. 새로운 메일을 보내려면 여전히 *mail*이나 *sendmail* 같은 프로그램을 사용하거나 SMTP를 선택해야 한다. 달리 말하면 여전히 레시피 18.3이 필요하다.

POP3가 하는 작업, 즉 메일 클라이언트와 메일 서버를 연결하는 것은 IMAP 프로토콜로도 할 수 있다. IMAP 쪽이 기능도 더 많고 규모가 매우 큰 사이트에서는 더 보편적으로 사용된다.

더 알아보기

- Net::POP3 모듈 문서
- RFC 1734, *POP3 AUTHentication command*
- RFC 1957, *Some Observations on Implementations of the Post Office Protocol*

18.6 telnet을 시뮬레이션하기

문제

여러분의 프로그램으로 *telnet* 접속을 시뮬레이션하여, 원격 컴퓨터에 로그인하여 명령을 실행하고 반환되는 내용에 응답하고자 한다. 이것은 다양하게 응용할 수 있다. 예를 들어 어떤 시스템이 *rsh*를 지원하지 않고, telnet으로 접속할 수는 있지만 그 안에서 스크립트를 실행할 수 없도록 되어 있다고 하자. 이 방법을 써서 그 시스템에서 수행할 작업을 원격에서 자동으로 처리할 수 있다. 또는 단순히 어떤 시스템의 Telnet 데몬이 제대로 실행되고 있는지 검사할 수도 있다.

해결책

CPAN 모듈 Net::Telnet을 사용한다.

```
use Net::Telnet;

$t = Net::Telnet->new( Timeout => 10,
                       Prompt  => '/%/',
                       Host    => $hostname );

$t->login($username, $password);
@files = $t->cmd("ls");
$t->print("top");
(undef, $process_string) = $t->waitfor('/\d+ processes/');
$t->close;
```

논의

Net::Telnet 모듈은 Telnet 프로토콜에 대한 객체지향 인터페이스를 제공한다. Net::Telnet->new를 사용하여 원격 컴퓨터에 접속하고, 그 결과로 생성된 객체를 가지고 메서드 호출을 사용하여 원격 컴퓨터를 대화식으로 조작한다.

new 메서드에는 해시를 초기화할 때처럼 이름과 값의 쌍으로 이루어진 매개변수를 전달한다. 여기서는 사용할 수 있는 매개변수 중 일부만을 다룬다. 가장 중요한 것은 Host인데, 텔넷 접속할 대상 컴퓨터를 나타낸다. 기본값은 localhost이다. 텔넷에서 일반적으로 사용되는 포트 말고 다른 포트에 접속하려면 Port 옵션으로 지정한다. 에러를 처리할 함수가 따로 있다면 그 함수의 레퍼런스를 Errmode 매개변수로 지정한다.

또 하나 중요한 옵션은 Prompt이다. Prompt로 지정한 패턴은 사용자가 로그인하거나 명령을 실행했을 때 그 처리가 완료된 것을 확인하기 위해서 Net::Telnet에서 사용된다. Prompt의 기본값은 다음과 같다.

```
/[\$%#>] $/
```

이것은 일반적인 유닉스 셸 프롬프트에 일치한다. 원격 컴퓨터의 프롬프트가 기본 패턴과 일치하지 않는 경우는 여러분이 따로 지정해 주어야 한다. 이때 잊지 말고 슬래시를 넣도록 한다.

Timeout을 사용하여 네트워크 동작이 오래 걸릴 경우 얼마나 기다린 후(초 단위) 실행을 포기할지를 지정한다. 기본값은 10초이다.

Net::Telnet 모듈에서 에러가 발생하거나 타임아웃에 걸리면 기본적으로는 예외가 생성되고, 이를 가로채지 않을 경우 에러 메시지가 STDERR로 출력되고 실행이 종료된다. 이런 동작을 변경하려면 서브루틴 레퍼런스를 Errmode 매개변수의 값으로 new에 넘긴다. 만일 코드 서브루틴이 아니라 "return"이라는 문자열을 Errmode의 값으로 지정하면 각 메서드는 에러가 발생한 경우 스칼라 컨텍스트에서는 undef, 리스트 컨텍스트에서는 빈 리스트를 반환한다. 이때 errmsg 메서드를 써서 에러 메시지를 뽑아낼 수 있다.

```
$telnet = Net::Telnet->new( Errmode => sub { main::log(@_) }, ... );
```

login 메서드는 사용자 이름과 비밀번호를 원격 컴퓨터로 송신한다. 이 메서드는 Prompt를 사용하여 로그인이 완료되었는지 검사하며, 원격 컴퓨터가 프롬프트가 포함된 응답을 보내주지 않으면 타임아웃에 걸린다.

```
$telnet->login($username, $password)
    or die "Login failed: @{[ $telnet->errmsg() ]}\n";
```

프로그램을 실행하고 그 출력을 수집하려면 cmd 메서드를 사용하며, 전송할 문자열을 인자로 넘긴다. 이 메서드는 명령을 실행하고 그 출력을 반환하는데 리스트 컨텍스트에서는 원소 하나에 출력문 한 줄이 담긴 리스트를 반환하고, 스칼라 컨텍스트에서는 출력문 전체를 하나의 긴 줄로 반환한다. 이 메서드는 Prompt를 받을 때까지 기다린 후 반환한다.

해결책에서처럼, print와 waitfor 메서드를 사용하여 명령문을 보내는 일과 출력을 받는 일을 분리할 수 있다. waitfor 메서드에는 인자로 한 쌍의 슬래시 사이에 펄 정규표현식이 담긴 문자열을 전달한다.

```
$telnet->waitfor('/--more--/')
```

또는 이름과 값으로 구성된 인자를 넘길 수도 있다. Timeout은 타임아웃 기본값을 오버라이드하기 위해서 사용한다. Match는 앞서 본 것과 같이 패턴 일치 연산자가 포함된 문자열을 지정한다. String은 검색할 문자열 리터럴을 지정한다.

```
$telnet->waitfor(String => 'greasy smoke', Timeout => 30)
```

waitfor는 스칼라 컨텍스트에서 호출하면 지정된 패턴이나 문자열이 검출될 경우 참을 반환한다. 그 외의 경우에는 Errmode에 지정된 동작을 실행한다. 리스트 컨텍스트에서는 두 개의 문자열을 반환한다. 각각 일치된 부분 바로 직전까지의 문자열과 일치된 텍스트 자체이다.

더 알아보기

- CPAN 모듈 Net::Telnet 모듈 문서
- RFC 854 ~ RFC 856 (이것들은 나중의 RFC에서 수정되었다)

18.7 원격 컴퓨터에 핑(ping) 보내기

문제

어떤 컴퓨터가 동작하고 있는지 확인하고자 한다. 네트워크나 시스템 모니터링 소프트웨어에서는 가용성을 검사하는 수단으로 ping 프로그램을 자주 사용한다.

해결책

기본 모듈 Net::Ping을 사용한다.

```
use Net::Ping;

$p = Net::Ping->new()
    or die "Can't create new ping object: $!\n";
print "$host is alive" if $p->ping($host);
$p->close;
```

논의

컴퓨터가 동작하고 있는지 확인하는 것은 말처럼 쉽지 않다. 컴퓨터에서 서비스가 실행되고 있지 않더라도 *ping* 명령에 응답하는 경우가 있으며, 곤란하게도 흔히 일어나는 일이다. 따라서 *ping*은 어떤 컴퓨터가 자신의 작업을 잘 수행하고 있는지가 아니라, 그 컴퓨터에 네트워크를 통해서 접근할 수 있는지 검사하는 것이라고 생각하는 게 좋다. 실제 서비스(Telnet, FTP, Web, NFS 등)를 수행하고 있는지 검사하려면 직접 그 서비스 이용을 시도해 보아야 한다.

해결책에서 소개한 코드에서 Net::Ping은 원격 컴퓨터의 TCP *echo* 포트(포트 번호 7)에 접속을 시도한다. 접속이 가능한 경우 ping 메서드는 참을 반환하고 그렇지 않은 경우에는 거짓을 반환한다.

다른 프로토콜 이름을 new에 인자로 넘겨서 그 프로토콜에 대해서 핑을 보낼 수 있다. 사용할 수 있는 프로토콜은 *tcp*, *udp*, *syn*, *icmp*(모두 소문자)이다.[3] UDP에 대한 핑은 원격 컴퓨터의 echo 포트(포트 번호 7)에 접속을 시도하고 데이터그램을 보낸 뒤 그 응답을 읽으려 시도한다. 그 컴퓨터에 접속할 수 없거나 응답 데이터그램을 받을 수 없거나 응답이 원래의 데이터그램과 다른 경우, 그 컴퓨터에 접근할 수 없다고 판정한다. ICMP 핑은 ICMP 프로토콜을 사용한다. *ping*(8) 명령과 같다. 유닉스에서 ICMP 프로토콜을 사용하려면 슈퍼유저여야 한다.

```
# 사용자가 루트가 아닌 경우는 TCP, 루트인 경우는 ICMP를 사용한다
$pong = Net::Ping->new( $> ? "tcp" : "icmp" );

(defined $pong)
    or die "Couldn't create Net::Ping object: $!\n";

if ($pong->ping("kingkong.com")) {
    print "The giant ape lives!\n";
} else {
    print "All hail mighty Gamera, friend of children!\n";
}
```

SYN에 대한 핑은 비동기형이다. 먼저 다수의 ping을 송신하고, 그 다음 ack 메서드를 반복하여 호출하며 응답들을 받는다. 이 메서드는 호스트 이름, 라운드 트립 시간, 그리고 응답한 IP 주소가 포함된 리스트를 반환한다.

```
$net = Net::Ping->new('syn');
foreach $host (@hosts) {
  $net->ping($host);
}
while (($host, $rtt, $ip) = $net->ack()) {
  printf "Response from %s (%s) in %d\n", $host, $ip, $rtt;
}
```

물론 대부분의 컴퓨터에서는 TCP 접속을 만드는 데에 1초 이상 걸리지 않는다. 만일 1초 이상 걸린다면 웹 페이지를 여는 일이 고통스러울 정도로 느릴 것이다. 라운드 트립 시간을 0초가 아니라 더 자세히 알아보려면 시간을 더 세밀하게 재는 수단이 필요하다. hires 메서드는 Time::HiRes(레시피 3.9 참고)를 사용하여 ACK 시간을 측정한다. 다음 코드는 높은 정밀도를 가진 타이머를 활성화한다(변경한 코드를 볼드체로 나타낸다).

```
$net = Net::Ping->new('syn');
$net->hires();               # 높은 정밀도를 가진 타이머를 사용한다
foreach $host (@hosts) {
  $net->ping($host);
}
while (($host, $rtt, $ip) = $net->ack()) {
```

3 (옮긴이) 최신 버전에서는 stream, external이 추가되었다.

```
  printf "Response from %s (%s) in %.2f\n", $host, $ip, $rtt;
}
```

$rtt 값이 초 단위로 저장되는 것은 마찬가지지만, 이제는 이 값에 소수점 이하의 값도 포함되며 밀리초 단위로 값을 나타낸다.

TCP를 사용해서 핑을 보내는 경우는 Net::Ping에서 사용할 포트 번호를 설정할 수 있다. 이러면 어떤 서비스가 존재하는지 검사할 수 있다. 하지만 제대로 된 산업용 모니터링 시스템이라면 이와 더불어 그 서비스가 정말 요청에 응답을 하는지도 검사할 것이다.

```
$test = Net::Ping->new('tcp');
$test->{port_num} = getservbyname("ftp", "tcp");
if (! $test->ping($host)) {
  warn "$host isn't serving FTP!\n";
}
```

이 ping 메서드들은 모두 검사에 실패하기 쉽다. 어떤 사이트는 라우터 단에서 ICMP 프로토콜을 필터링한다. 이런 경우 다른 프로토콜로 접속할 수 있음에도 Net::Ping은 그 컴퓨터가 꺼져 있다고 판정할 것이다. 마찬가지로 많은 컴퓨터에서는 TCP와 UDP의 *에코* 서비스를 꺼두기 때문에 TCP나 UDP에 대해 핑을 보내도 응답을 받지 못한다. 핑이 실패한 이유가 서비스가 비활성화되어 있어서인지, 필터링에 걸렸기 때문인지, 아니면 컴퓨터가 정말로 꺼져 있기 때문인지 구분할 방법은 없다.

더 알아보기

- CPAN 모듈 Net::Ping 모듈 문서
- 시스템에 있는 *ping*(8), *tcp*(4), *udp*(4), *icmp*(4) 매뉴얼 페이지
- RFC 792와 RFC 950

18.8 LDAP 서버에 접근하기

문제

LDAP(Lightweight Directory Access Protocol) 서버에서 정보를 가져오거나 갱신하고자 한다. 예를 들어 사내의 이메일 주소의 목록이 있는데 이 목록을 사용하여 각 사원들의 이름을 알아내고 싶다.

해결책

CPAN 모듈 Net::LDAP을 사용한다. 검색을 하려면 다음과 같이 한다.

```
use Net::LDAP;

$ldap = Net::LDAP->new("ldap.example.com") or die $@;
$ldap->bind();
$mesg = $ldap->search(base => $base_dn,
                      filter => $FILTER);

$mesg->code() && die $mesg->error;

foreach $result ($mesg->all_entries) {
    # $result를 사용해서 필요한 처리를 한다
}
$ldap->unbind();
```

논의

Net::LDAP 모듈은 LDAP 세션을 관리한다. 순수한 펄 모듈이라서 설치할 때 C 컴파일러는 필요 없다. 하지만 이 모듈을 효과적으로 사용하기 위해서는 LDAP에 관한 일반적인 내용과, 특히 질의 구문에 관한 지식이 필요하다. 처음으로 LDAP을 사용한다면 *http://www.onlamp.com/topics/apache/ldap*에 게재된 기사를 읽으면 도움이 된다.

LDAP 서버를 조작하는 것은 접속, 인증, 대화식 조작, 로그오프라는 네 단계로 구성된다. 그 중 대화식 조작에는 레코드의 검색, 추가, 삭제, 변경이 포함된다.

LDAP 서버에 접속하려면 `connect` 메서드를 사용하고, 곧바로 `bind` 메서드를 호출한다. `bind`를 호출하며 인자를 전혀 지정하지 않으면 익명 사용자로 LDAP 서버에 로그인하게 된다. 자신을 인증하려면 완전한 형태로 표기된 DN(Distinguished Name)과 비밀번호를 지정할 수 있다.

```
$ldap->bind("cn=directory manager,ou=gurus,dc=oreilly,dc=com",
            password => "timtoady") or die $@;
```

이 코드에서 사용자 이름과 비밀번호는 암호화되어 있지 않은 채로 네트워크를 통해 보내진다. 암호화하고 싶으면 `bind`에 `sasl` 매개변수를 전달하여, 인증할 때 Authen::SASL을 사용하게 한다.

`search` 메서드는 검색된 항목들의 집합이 들어 있는 객체를 반환한다. 해결책처럼 `all_entries`를 사용하여 모든 항목을 한꺼번에 읽을 수도 있고, 다음과 같이 한 번에 하나씩 읽어 들일 수도 있다.

```
$num_entries = $mesg->count();
for ($i=0; $i < $num_entries; $i++) {
  my $entry = $mesg->entry($i);
  # ...
}
```

항목이 저장된 스택에서 하나씩 빼올 수도 있다.

```
while (my $entry = $mesg->shift_entry) {
  # ...
}
```

각 항목은 하나의 객체이며, 이 객체에는 속성을 질의할 수 있는 메서드들이 있다.

```
foreach $attr ($entry->attributes) {
  @values = $entry->get($attr);
  print "$attr : @values\n";
}
```

항목에 대해 호출할 수 있는 메서드의 전체 목록은 Net::LDAP::Entry 문서를 참고하라. DN은 항목의 속성이 아니므로 어떤 항목의 DN을 얻으려면 dn 메서드를 사용한다.

```
$dn = $entry->dn;
```

항목을 검색할 때 기본이 되는 요소는 *베이스(base)*와 *필터(filter)*이다. 베이스는 검색할 트리의 꼭대기를 표시하고 필터는 어떤 레코드를 찾을지 지정한다.

```
$mesg = $ldap->search(base => "o=oreilly.com",
                      filter => "uid=gnat");
```

추가로 scope 매개변수를 사용하면 검색할 트리의 범위를 제한할 수 있다. 예를 들어 이 매개변수 값으로 "base"를 설정하면 트리의 베이스 노드만이 검색 대상이 된다. "one"을 설정하면 지정한 노드의 바로 아래 노드만이 검색 대상이 된다. 기본값은 "sub"이며, 지정한 노드 아래쪽에 있는 모든 노드를 의미한다.

검색뿐 아니라 관리도 할 수 있다. 예를 들어 add 메서드를 사용하면 LDAP 데이터베이스에 레코드를 넣을 수 있다.

```
$res = $ldap->add("cn=Sherlock Holmes, o=Sleuths B Us, c=gb",
       attr => [ cn    => ["Sherlock Holmes", "S Holmes"],
                 sn    => "Holmes",
                 mail  => 'sherlock@221b.uk',
                 objectclass => [qw(top person organizationalPerson
                                    inetOrgPerson)] ]);
$res->code && warn "Couldn't add record: " . $res->error;
```

레코드를 삭제할 수도 있다.

```
$res = $ldap->delete($DN);
$res && warn "Couldn't delete: " . $res->error;
```

강력한 modify 메서드를 사용하면 특정 DN의 정보에 영구적인 변경을 할 수 있다. 다음 예제를 살펴보고 더 자세한 내용은 Net::LDAP 모듈 문서를 참고하라.

```
$res = $ldap->modify("cn=Sherlock Holmes, o=Sleuths B Us, c=gb",
       add     => { phone => '555 1212' },
       replace => { mail  => 'sholmes@braintrust.uk' },
       delete  => { cn => [ 'S Holmes' ] });
```

더 알아보기

- CPAN 모듈 Net::LDAP 모듈 문서
- Net::LDAP 홈페이지, *http://perl-ldap.sourceforge.net/*

18.9 파일을 첨부하여 메일 보내기

문제

메일에 파일을 첨부하여 보내고자 한다. 예를 들어 PDF 문서를 메일로 보내고 싶다.

해결책

CPAN 모듈 MIME::Lite를 사용한다. 우선 여러 부분으로 구성된 메시지를 나타내는 MIME::Lite 객체를 만든다.

```
use MIME::Lite;

$msg = MIME::Lite->new(From    => 'sender@example.com',
                       To      => 'recipient@example.com',
                       Subject => 'My photo for the brochure',
                       Type    => 'multipart/mixed');
```

다음으로 attach 메서드를 사용해서 첨부 파일을 추가한다.

```
$msg->attach(Type        => 'image/jpeg',
             Path        => '/Users/gnat/Photoshopped/nat.jpg',
             Filename    => 'gnat-face.jpg');

$msg->attach(Type        => 'TEXT',
             Data        => 'I hope you can use this!');
```

마지막으로 메시지를 보낸다. 필요하다면 송신 방법을 지정할 수도 있다.

```
$msg->send();              # 기본값으로는 sendmail(1)을 사용한다
# 또는 다른 방법으로 송신한다
$msg->send('smtp', 'mailserver.example.com');
```

논의

MIME::Lite 모듈은 MIME 형식으로 부호화된 파일을 첨부한 메일을 만들고 발송한다. MIME은 Multimedia Internet Mail Extensions의 약자이며, 파일이나 문서를 첨부하는 표준 방법이다. 하지만 메일 메시지에서 첨부 파일을 뽑아내는 기능은 없다. 이에 관해서는 레시피 18.10을 참고하라.

MIME::Lite 객체를 만들고 첨부 파일을 추가할 때는 이름과 값 쌍들로 이루어진 매개변수 목록을 전달한다. 이 매개변수에는 메일 헤더(From, To, Subject 등)와 MIME::Lite에 적용할 고유한 옵션이 다 포함된다. 일반적으로 메일 헤더는 끝에 콜론을 붙여서 지정해야 한다.

```
$msg = MIME::Lite->new('X-Song-Playing:' => 'Natchez Trace');
```

하지만 표 18-2에 나열된 헤더들은 끝에 콜론을 붙이지 않아도 MIME::Lite에서 인식된다. 이 표에서 *는 와일드카드이다. 즉 Content-*에는 Content-Type이나 Content-ID 등이 포함되며 Dis-Content는 포함되지 않는다.

Approved	Encrypted	Received	Sender
Bcc	From	References	Subject
Cc	Keywords	Reply-To	To
Comments	Message-ID	Resent-*	X-*
Content-*	MIME-Version	Return-Path	
Date	Organization		

표 18-2 MIME::Lite 헤더

표 18-3은 MIME::Lite에 쓸 수 있는 전체 옵션 목록이다.

Data	FH	ReadNow
Datestamp	Filename	Top
Disposition	Id	Type
Encoding	Length	Resent-*
Filename	Path	

표 18-3 MIME::Lite 옵션

MIME::Lite 옵션들은 첨부할 내용(데이터)과 첨부 방법을 지정하기 위해서 사용된다.

Path

첨부할 데이터가 들어 있는 파일이다.

Filename

메시지를 읽는 쪽에서 파일을 저장할 때 기본값으로 사용될 파일이름이다. 이 옵션을 생략한 경우, Path 옵션(지정되었다면)에 지정된 파일이름이 사용된다.

Data

첨부할 데이터이다.

Type

첨부할 데이터의 Content-Type이다.

Disposition

inline이나 attachment이다. inline으로 지정하면 첨부한 데이터가 독립적인 첨부 파일이 아니라 메시지의 일부로 표시된다. attachment로 지정하면 데이터를 복호화하고 저장하는 옵션이 메일을 읽는 쪽 화면에 표시된다. 기껏해야 힌트 정도의 정보다.

FH

첨부할 데이터를 읽을 수 있는 열린 파일핸들이다.

콘텐츠의 타입을 나타내는 몇 가지 유용한 값이 있다. 예를 들어 TEXT는 text/plain을 의미하며 타입 옵션의 기본값이다. BINARY는 application/octet-stream을 의미하는 단축 표현이다. multipart/mixed는 첨부 파일이 포함된 메시지에 사용된다. application/msword는 마이크로소프트 워드 파일을 나타낸다. application/vnd.ms-excel은 마이크로소프트 엑셀 파일을 나타낸다. application/pdf는 PDF 파일을 나타낸다. image/gif, image/jpeg, image/png는 각각 GIF, JPEG, PNG 파일을 나타낸다. audio/mpeg은 MP3 파일을 나타낸다. video/mpeg은 MPEG 영상을 나타낸다. video/quicktime은 퀵타임(*.mov*) 파일을 나타낸다.

메시지를 보낼 때 사용할 수 있는 방법은 *sendmail*(1)과 Net::SMTP 두 개뿐이다. Net::SMTP를 사용하려면 send를 호출할 때 첫 번째 인자로 "smtp"를 지정한다. 나머지 인자는 Net::SMTP 생성자의 매개변수가 된다.

```
# 타임아웃을 30초로 설정한다
$msg->send("smtp", "mail.example.com", Timeout => 30);
```

MIME::Lite 객체를 두 개 이상 만들 계획이라면, send를 클래스 메서드로서 호출하여 메시지 송신 방법의 기본값을 변경할 수 있다는 걸 알아 두자.

```
MIME::Lite->send("smtp", "mail.example.com");
$msg = MIME::Lite->new(%opts);
# ...
$msg->send();                    # SMTP를 사용하여 송신한다
```

여러 메시지를 처리할 경우 ReadNow 매개변수도 살펴보라. 이 매개변수를 지정하면 첨부할 데이터를 메시지를 보내거나 쓰거나 문자열로 변환할 때가 아니라, 즉시 파일이나 파일핸들로부터 읽도록 한다.

이 모듈을 사용해서 할 수 있는 것은 메시지를 보내는 것만이 아니다. 최종적으로 만들어진 메시지를 문자열로 얻을 수도 있다.

```
$text = $msg->as_string;
```

print 메서드를 사용하면 메시지를 문자열 형식으로 파일핸들에 쓸 수 있다.

```
$msg->print($SOME_FILEHANDLE);
```

예제 18-3은 명령 행에서 지정한 이름의 파일을 첨부하여 메일로 보내는 프로그램이다.

예제 18-3. mail-attachment

```
#!/usr/bin/perl -w
# mail-attachment - 파일을 첨부 파일로 송신한다

use MIME::Lite;
use Getopt::Std;

my $SMTP_SERVER = 'smtp.example.com';           # 사용환경에 맞게 바꾼다
my $DEFAULT_SENDER = 'sender@example.com';      # 사용환경에 맞게 바꾼다
my $DEFAULT_RECIPIENT = 'recipient@example.com'; # 사용환경에 맞게 바꾼다

MIME::Lite->send('smtp', $SMTP_SERVER, Timeout=>60);

my (%o, $msg);

# 옵션을 처리한다

getopts('hf:t:s:', \%o);
$o{f} ||= $DEFAULT_SENDER;
$o{t} ||= $DEFAULT_RECIPIENT;
$o{s} ||= 'Your binary file, sir';

if ($o{h} or !@ARGV) {
    die "usage:\n\t$0 [-h] [-f from] [-t to] [-s subject] file ...\n";
}

# 메일을 만들어서 보낸다

$msg = new MIME::Lite(
    From => $o{f},
    To   => $o{t},
    Subject => $o{s},
    Data => "Hi",
    Type => "multipart/mixed",
);

while (@ARGV) {
  $msg->attach('Type' => 'application/octet-stream',
```

```
                'Encoding' => 'base64',
                'Path' => shift @ARGV);
}

$msg->send();
```

더 알아보기

- MIME::Lite 모듈 문서

18.10 메일에서 첨부 파일 뽑아내기

문제

MIME 형식의 첨부 파일이 포함된 메일 메시지를 받았다. 펄 프로그램으로 이 메일에서 첨부 파일을 추출하거나 그 밖의 처리를 하고자 한다.

해결책

CPAN에 있는 MIME-Tools 번들을 사용한다.

```
use MIME::Parser;

$parser = MIME::Parser->new();
$parser->output_to_core(1);      # 첨부 파일을 디스크에 쓰지 않는다

$message  = $parser->parse_data($MESSAGE);   # 해석할 수 없는 경우는 die()를 호출한다
# 또는
$message  = $parser->parse($FILEHANDLE);     # 해석할 수 없는 경우는 die()를 호출한다

$head     = $message->head();                # 객체 - 문서를 참고하라
$preamble = $message->preamble;              # 행들로 이루어진 배열의 레퍼런스
$epilogue = $message->epilogue;              # 행들로 이루어진 배열의 레퍼런스

$num_parts = $message->parts;
for (my $i=0; $i < $num_parts; $i++) {
  my $part         = $message->parts($i);
  my $content_type = $part->mime_type;
  my $body         = $part->as_string;
}
```

논의

형식상으로는 MIME 메시지는 오직 두 부분만으로 구성된다. 하나는 헤드(From이나 Subject 등의 헤더가 포함된)이고 다른 하나는 바디(메타데이터가 아닌 메시지 자체가 포함된)이다. 하지만 바디는 다시 세 부분으로 나뉜다. 첫 번째는 프리앰블(preamble, 첫 첨부 파일 앞에 위치한 텍스트), 두 번째는 일련의 첨부 파일들, 세 번째 부분은 에필로그(마지막 첨부 파일 뒤에 놓이는 텍스트)이다. 이 구조를 그림 18-1에 나타내었다.

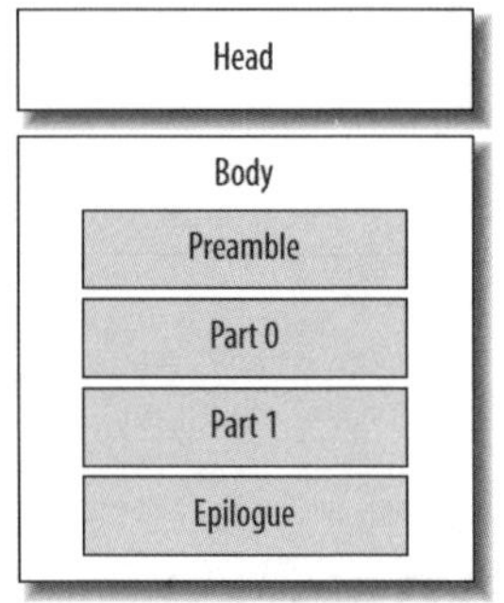

그림 18-1 MIME 메시지의 구조

해결책에서 소개한 예제에서는 MIME::Parser에서 기본적으로 첨부 파일을 디스크에 쓰도록 되어 있던 설정을 끄고 있다. 이렇게 설정하면 복호화된 첨부 파일을 메모리에 저장해야 하므로 메모리 사용량이 늘어나지만, 대신 첨부 파일이 더 이상 필요가 없을 때 임시 파일과 디렉터리를 지우는 정리 절차를 생략할 수 있다.

반대로 첨부 파일을 디스크에 쓰는 경우에는 output_to_core를 호출하는 부분을 바꿔서 첨부 파일을 저장할 디렉터리와 그 파일들에 붙일 이름을 지정하는 메서드를 호출한다. output_under 메서드를 사용해서 디렉터리를 지정하면 그 디렉터리 아래에 각 메시지마다 고유의 서브디렉터리가 만들어진다. 이 서브디렉터리에 각 메시지의 첨부 파일이 복호화되어 저장된다.

```
$parser->output_under("/tmp");
# 해석이 끝나면 /tmp/msg-1048509652-16134-0/foo.png 같은 파일이 만들어진다
```

output_dir을 사용해서 디렉터리를 지정하면 모든 첨부 파일이 그 디렉터리에 저장된다.

```
$parser->output_dir("/tmp");
# 해석이 끝나면 /tmp/foo.png 같은 파일이 만들어진다
```

해석이 끝난 다음에 임시 파일들을 지우려면 다음처럼 한다.

```
$parser->filer->purge;
```

해석 도중에 예외가 발생할 가능성이 있으므로, 뒷정리를 하려면 예외를 가로채도록 한다.

```
eval { $message = $parser->parse($FILEHANDLE) };
# ...
$parser->filer->purge;
```

첨부 파일을 디스크에 저장할지 여부와 무관하게, 각 첨부 파일의 open 메서드를 사용하면 일반적인 파일처럼 다룰 수 있다.

```
for (my $i=0; $i < $num_parts; $i++) {
  my $part = $message->parts($i);
  my $fh = $part->open("r") or die "Can't open for reading: $!\n";
  while (<$fh>) {
    # 현재 첨부 파일에서 한 줄을 읽어들인다
  }
}
```

MIME-Tools 배포판의 각 부분을 구성하는 클래스는 실제로는 여섯 종류가 있으며, 각각에 대한 자세한 문서도 있다. 우선 MIME::Tools의 매뉴얼 페이지를 읽어본 후 각 클래스의 자세한 설명을 살펴보라.

더 알아보기

- MIME::Tools 매뉴얼 페이지와 MIME-Tools 배포판에 관한 문서

18.11 XML-RPC 서버 만들기

문제

XML-RPC 웹 서비스 서버를 만들고자 한다.

해결책

CPAN에 있는 SOAP-Lite 배포판을 사용한다. 이 배포본에서 XML-RPC를 지원한다. XML-RPC 서버는 두 가지 방법으로 만들 수 있다. 다음은 독립형 서버이다.

```
use XMLRPC::Transport::HTTP;

$daemon = XMLRPC::Transport::HTTP::Daemon
          ->new(LocalPort => $PORT)
          ->dispatch_to('ClassName')
          ->handle();
```

그리고 다음은 CGI 스크립트 형태이다.

```
use XMLRPC::Transport::HTTP;

$daemon = XMLRPC::Transport::HTTP::CGI
          ->dispatch_to('ClassName')
          ->handle();
```

두 가지 방법 모두, 수신된 메서드는 dispatch_to 메서드에서 이름이 지정된 클래스의 메서드로 호출된다(이 클래스들이 아직 적재되어 있지 않은 경우에는 reguire로 적재할 수 있다).

```
package ClassName;

sub handler {
  my ($class, $arg_hash_ref) = @_;
  # ...
}
```

논의

SOAP-Lite 툴킷의 모듈은 펄 내부 데이터 구조를 XML 표현으로, 또는 그 반대로 변환한다. 다만 서버가 요청을 받았을 때 어느 메서드를 호출할지 결정하는 코드는 여러분이 만들어야 한다. 이렇게 XML-RPC 요청을 펄 함수와 연결하는 처리를 *디스패치(dispatch)*라고 한다.

해결책의 예제처럼 여러 메서드를 연결해서 호출하는 형식은 사뭇 이상해 보일 수 있다. XMLRPC::Lite에서는 값을 설정하는데 사용된 메서드는 그 메서드의 인보컨트(invocant)를 반환한다. 이렇게 하면 $daemon을 몇 번이나 반복해서 쓸 필요 없이 메서드들을 체인으로 연결할 수 있다.

```
$daemon = XMLRPC::Transport::HTTP::Daemon;
$daemon->new(LocalPort => $PORT);
$daemon->dispatch_to('ClassName');
$daemon->handle();
```

new 생성자에는 IO::Socket::INET 생성자 매개변수도 같이 넘길 수 있기 때문에 ReuseAddr => 1 같은 인자도 지정할 수도 있다.

해결책의 예제처럼 dispatch_to 메서드에 인자로 클래스 이름을 넘긴 경우 XML-RPC 서버는 그 클래스 안에서 메서드를 찾는다. 해결책의 서버는 ClassName.hasBeen 메서드(XML-RPC 메서드 이름은 일반적으로 두 번째 이후 단어들의 첫 글자를 대문자로 쓴다)에 대한 요청을 받으면, 그에 응답하기 위해서 ClassName->hasBeen 메서드를 실행한다.

dispatch_to에는 하나의 메서드 이름이나 메서드 이름의 리스트를 넘길 수도 있다. 이 이름들에는 패키지 이름을 명시할 수도 있고 생략할 수도 있다. 이렇게 하면 오직 이 메서드들만 실행할 수 있다고 지정하는 효과가 있다. 다음 코드는 main 패키지의 hasBeen과 willBe 메서드, MonkeySea 클래스의 canDo 메서드만이 유효하다고 지정한다.

```
$daemon->dispatch_to('hasBeen', 'willBe', 'MonkeySea::canDo')
```

마지막으로 dispatch_to에는 경로 이름(메서드 이름이나 클래스 이름의 경우처럼 생략할 수 있다)을 지정할 수도 있다. 이 경우 실행되는 동안 XMLRPC::Lite에서 어떤 모듈이 필요해지면 그 경로에서 찾아서 적재한다.

```
$daemon->dispatch_to('/path/to/exposed/modules', 'MyClass::API');
```

이 코드는 "*/path/to/exposed/modules* 디렉터리에 포함된 모든 모듈과 MyClass ::API를 XML-RPC를 통해서 호출할 수 있다"라는 의미이다. MyClass::API는 사전에 적재할 수도 있고, @INC 경로 안에 있을 수도 있다. 저 구문은 "*/path/to/exposed/modules* 디렉터리 아래에 있는 MyClass::API 모듈만 가져온다"는 의미가 *아니므로* 주의하라.

더 알아보기

- 레시피 18.12
- 레시피 18.13

18.12 XML-RPC 클라이언트 만들기

문제

XML-RPC 서비스 클라이언트를 만들고자 한다.

해결책

SOAP-Lite 배포판에 포함된 XMLRPC::Lite 모듈을 사용한다.

```
use XMLRPC::Lite;

$server = XMLRPC::Lite->proxy("http://server.example.com/path");
$result = $server->call('ClassName.handler', @ARGS);
die $call->faultstring if $call->fault;
print $call->result;
```

논의

하나의 XML-RPC 서버에서 여러 서비스를 제공할 수 있으며, 각 서비스는 메서드 이름으로 구별된다. 예를 들어 ClassName.handler는 서버 측의 ClassName->handler에 연결되며 A.B.method는 A::B->method에 연결된다. 그리고 call로 handler를 호출하는 것은 main->handler에 연결된다.

proxy 메서드에서는 서버의 실제 URL을 지정한다. CGI 서버를 사용하는 경우에는 다음처럼 proxy 메서드를 호출한다.

```
$server->proxy("http://server.example.com/path/to/server.cgi")
```

원격 메서드를 실행하는 방법은 세 가지이다. 첫 번째 방법은 직접 만든 XMLRPC::Lite 객체의 `call` 메서드를 사용하는 것이다. `call` 메서드의 첫 번째 인자는 원격 메서드의 이름이고, 남은 인자는 그 원격 메서드에 넘길 매개변수들이다.

```
$returned = $server
        ->call("getRecordByNumber", 12, { format => "CSV" })
        ->result;
```

원격 메서드를 호출하는 두 번째 방법은 XMLRPC::Lite 객체에 대해 그 원격 메서드를 호출하는 것이다. 원격 메서드의 이름이 XMLRPC::Lite 객체에서 제공되는 메서드와 겹치지 않을 때만 제대로 동작한다. 예를 들어 다음과 같이 할 수 있다.

```
$returned = $server
        ->getRecordByNumber(12, { format => "CSV" })
        ->result;
```

세 번째 방법은 *자동 디스패치(autodispatch)* 기능을 사용해서, 적재되지 않은 함수나 메서드를 호출하면 그것을 자동으로 XML-RPC 요청으로 변환하도록 하는 것이다. 다음과 같이 자동 디스패치 기능을 활성화한다.

```
use XMLRPC::Lite +autodispatch =>
  proxy => "http://server.example.com/path";

$returned = getRecordByNumber(12, { format => "CSV" });
```

자동 디스패치와 다른 방법들의 결정적인 차이는 자동 디스패치를 사용하면 결과가 자동으로 펄의 데이터 구조로 복호화된다는 것이다. 반면에 XMLRPC::Lite 객체를 사용하는 경우에는 XML-RPC 응답을 펄의 데이터 구조로 복호화하기 위해서 명시적으로 `result` 메서드를 호출해야 한다.

참고

- 레시피 18.11
- 레시피 18.14

18.13 SOAP 서버 만들기

문제

SOAP을 전송 수단으로 사용하는 웹 서비스를 만들고자 한다.

해결책

CPAN에 있는 SOAP-Lite 배포판을 사용한다. SOAP 서버는 두 가지 방법으로 만들 수 있다. 다음은 독립형 서버로 만드는 방법이다.

```
use SOAP::Transport::HTTP;

$daemon = SOAP::Transport::HTTP::Daemon
          ->new(LocalPort => $PORT)
          ->dispatch_to('ClassName')
          ->handle();
```

다음은 CGI 스크립트로 만드는 방법이다.

```
use SOAP::Transport::HTTP;

$daemon = SOAP::Transport::HTTP::CGI
          ->dispatch_to('ClassName')
          ->handle();
```

어떤 방법으로든, SOAP 클라이언트에서는 `dispatch_to`의 인자로 지정된 클래스에 있는 메서드들만 호출할 수 있다(이 클래스들이 아직 적재되지 않은 경우에는 `require`로 적재할 수 있다).

```
package ClassName;

sub handler {
  my ($class, $arg_hash_ref) = @_;
  # ...
}
```

논의

SOAP-Lite 툴킷에는 SOAP과 XML-RPC 모듈이 포함되어 있다. SOAP 서비스를 만드는 방법은 XML-RPC 서비스를 만드는 방법과 유사하다. SOAP에서 메서드 디스패치를 제어하는 방법도 XML-RPC와 같다. 자세한 내용은 레시피 18.11을 참고한다.

더 알아보기

- 레시피 18.11
- 레시피 18.14

18.14 SOAP 클라이언트 만들기

문제

SOAP 웹 서비스 클라이언트를 만들고자 한다.

해결책

SOAP-Lite 배포판에 포함된 SOAP::Lite 모듈을 사용한다.

```
use SOAP::Lite;

$server = SOAP::Lite
       ->uri("http://localhost/Namespace")
       ->proxy("http://server.example.com/path");
$result = $server->call('ClassName.handler', @ARGS);
die $call->faultstring if $call->fault;
print $call->result;
```

논의

하나의 SOAP 서버에서 여러 클래스의 메서드에 대한 원격 접근을 제공할 수 있다. 클라이언트에서 어느 클래스의 메서드를 실행하려 하는지는 uri 매개변수를 사용하여 지정한다. 인자 안의 호스트 이름은 별 상관없으며 경로 부분(클래스 이름)이 중요하다. 예를 들어 다음 두 URI는 같은 것으로 간주된다.

```
http://modacrylic.clue.com/GimpyMod
http://weenies.mit.edu/GimpyMod
```

XML-RPC와 마찬가지로 proxy 인자에는 서버 URL을 지정한다. 예를 들어 SOAP 서버가 CGI 스크립트로 만들어졌다면 proxy 호출은 다음처럼 할 수 있다.

```
$server->proxy("http://server.example.com/path/to/server.cgi");
```

원격 메서드를 실행하는 방법도 XML-RPC와 같다. 첫 번째 방법은 call 메서드를 사용하는 것이다.

```
$returned = $server
        ->call("getRecordByNumber", 12, { format => "CSV" })
        ->result;
```

두 번째 방법은 SOAP::Lite 객체의 메서드로 직접 호출하는 것이다.

```
$returned = $server
        ->getRecordByNumber(12, { format => "CSV" })
        ->result;
```

세 번째 방법은 autodispatch를 사용하는 것이다.

```
use SOAP::Lite +autodispatch =>
  uri   => "http://identifier.example.com/Namespace",
  proxy => "http://server.example.com/path";

$returned = getRecordByNumber(12, { format => "CSV" });
```

그리고 다음과 같이 객체지향 구문으로 쓸 수도 있다.

```
$returned = Some::Remote::Module->getRecordByNumber(12, { format => "CSV" });
```

더 알아보기

- SOAP에 관해서는 설명해야 할 것이 매우 많으므로 이 책에서는 일부만 다룬다. SOAP의 표준과 구현에 관한 포괄적인 안내서로는 제임스 스넬(James Snell), 파블 쿨첸코(Pavel Kulchenko), 더그 티드웰(Doug Tidwell)이 지은 *Programming Web Services with SOAP*(O'Reilly)과 랜디 레이(Randy Ray), 파블 쿨첸코가 집필한 *Programming Web Services with Perl*(O'Reilly) 두 권을 추천한다.
- 레시피 18.11
- 레시피 18.13

18.15 프로그램: rfrm

POP3 서버에 저장된, 자신에게 온 메시지의 목록을 가져와서 요약된 정보를 출력한다.

```
# ./rfrm
Nathan Torkington    Re: YAPC
Rob Brown            Re: Net::Ping syn round trip time
Rael Dornfest        Re: Book Proposal - Blosxom in a Nutshell
spam@example.com     Extend your ping times 633%!!!!
```

접속할 POP3 서버와 그 서버에서 인증에 사용될 사용자 이름과 비밀번호는 *~/.rfrmrc*라는 설정 파일에 다음과 같은 형식으로 저장한다.

```
SERVER=pop3.example.com
USER=gnat
PASS=I(heart)Perl
```

이 프로그램은 사용자의 *.rfrmrc* 파일을 여러분 외에 다른 사람이 읽거나 쓸 수 없도록 퍼미션이 설정되어 있는지 검사하고, 만일 그렇게 되어 있지 않다면 실행을 중단한다.

이 프로그램의 코드를 예제 18-4에 나타낸다.

예제 18-4. rfrm

```
#!/usr/bin/perl -w
# rfrm - POP 서버에 저장된 메일 메시지의 목록을 얻는다

use Net::POP3;
use strict;

my ($Pop_host, $Pop_user, $Pop_pass) = read_conf() or usage();
```

```
my $pop = Net::POP3->new($Pop_host)
  or die "Can't connect to $Pop_host: $!\n";
defined ($pop->login($Pop_user, $Pop_pass))
  or die "Can't authenticate\n";

my $messages = $pop->list
  or die "Can't get a list of messages\n";

foreach my $msgid (sort { $a <=> $b } keys %$messages) {
  my ($msg, $subject, $sender, $from);

  $msg = $pop->top($msgid, 0); # 배열 레퍼런스를 반환한다
  $msg = join "\n", @$msg;     # 이제 하나의 긴 문자열이 된다
  # From과 Subject 행을 추출해서 From의 내용을 줄인다
  $subject = $sender = '';
  if ($msg =~ /^Subject: (.*)/m) { $subject = $1 }
  if ($msg =~ /^From: (.*)/m)    { $sender  = $1 }
  ($from = $sender) =~ s{<.*>}{  };
  if ($from =~ m{\(.*\)}) { $from = $1 }
  $from ||= $sender;

  # 짧게 줄인 이 메시지의 요약 내용을 출력한다
  printf("%-20.20s %-58.58s\n", $from, $subject);
}

sub usage {
  die <<EOF ;
usage: rfrm
Configure with ~/.rfrmrc thus:
  SERVER=pop.mydomain.com
  USER=myusername
  PASS=mypassword
EOF
}

sub read_conf {
  my ($server, $user, $pass, @stat);
  open(FH, "< $ENV{HOME}/.rfrmrc") or return;

  # 만일을 위해서 검사한다
  @stat = stat(FH) or die "Can't stat ~/.rfrmrc: $!\n";
  if ($stat[2] & 177) {
    die "~/.rfrmrc should be mode 600 or tighter\n";
  }

  # 설정 파일을 읽어 들인다
  while (<FH>) {
    if (/SERVER=(.*)/) { $server = $1 }
    if (/USER=(.*)/)   { $user   = $1 }
    if (/PASS=(.*)/)   { $pass   = $1 }
  }
  close FH;

  # 모든 변수에 값이 들어 있어야 한다
  return unless $server && $user && $pass;

  return ($server, $user, $pass);
}
```

18.16 프로그램: expn과 vrfy

Net::SMTP를 사용하여 SMTP 서버와 통신하고, EXPN과 VRFY 명령을 사용해서 특정한 주소가 제대로 동작하는지 조사한다. 이 프로그램은 원격 SMTP가 EXPN과 VRFY 명령에 대해 의미 있는 정보를 반환해야만 제대로 동작한다는 점에서 완전하지 않다. 이 명령들은 스팸 발송자들이 이메일 주소를 수집하는 수단으로 흔히 사용되므로, 많은 서버에서 지원하지 않고 있다. 이 프로그램은 Net::DNS를 사용할 수 있다면 사용하지만, 이 모듈이 없어도 동작에는 지장이 없다.

이 프로그램은 `$0` 변수의 값(프로그램의 이름)을 확인해서 자신이 어떤 이름으로 실행되었는지 검사한다. *expn*으로 실행된 경우에는 EXPN 명령을 사용하고 *vrfy*로 실행된 경우에는 VRFY 명령을 사용한다. 하나의 프로그램을 두 가지 이름으로 설치하려면 링크를 사용한다 (링크를 사용할 수 없는 시스템에서는 그냥 예제 18-5의 프로그램 코드를 복사해서 서로 다른 이름으로 저장한다).

```
% cat > expn
#!/usr/bin/perl -w
...
^D
% ln expn vrfy
```

인자로 전자메일 주소를 받아서 그 주소를 대상으로 EXPN이나 VRFY를 실행했을 때 메일 서버에서 보낸 응답을 출력한다. Net::DNS가 설치되어 있는 경우에는 그 주소에 대한 DNS 항목에 메일 익스체인저(exchanger)로서 나열된 모든 호스트를 대상으로 처리를 시도한다.

다음은 Net::DNS가 설치되지 않은 경우의 출력 예이다.

```
% expn gnat@frii.com
Expanding gnat at frii.com (gnat@frii.com):
calisto.frii.com Hello coprolith.frii.com [207.46.130.14],
    pleased to meet you
gnat@mail.frii.com
```

다음은 Net::DNS가 설치된 경우 같은 주소에 대한 출력 예이다.

```
% expn gnat@frii.com
Expanding gnat at mail.frii.net (gnat@frii.com):
deimos.frii.com Hello coprolith.frii.com [207.46.130.14],
    pleased to meet you
Nathan Torkington <gnat@deimos.frii.com>

Expanding gnat at mx1.frii.net (gnat@frii.com):
phobos.frii.com Hello coprolith.frii.com [207.46.130.14],
    pleased to meet you
gnat@mail.frii.com
```

```
Expanding gnat at mx2.frii.net (gnat@frii.com):
europa.frii.com Hello coprolith.frii.com [207.46.130.14],
    pleased to meet you
gnat@mail.frii.com

Expanding gnat at mx3.frii.net (gnat@frii.com):
ns2.winterlan.com Hello coprolith.frii.com [207.46.130.14],
    pleased to meet you
550 gnat... User unknown
```

이 프로그램의 코드를 예제 18-5에 나타낸다.

예제 18-5. expn

```
#!/usr/bin/perl -w
# expn -- SMTP를 사용해서 메일 주소의 별칭 정보를 얻는다
use strict;
use Net::SMTP;
use Sys::Hostname;
my $fetch_mx = 0;
# 모듈 적재를 시도한다. 찾지 못하더라도 강제 종료하지 않는다
eval {
    require Net::DNS;
    Net::DNS->import('mx');
    $fetch_mx = 1;
};
my $selfname = hostname();
die "usage: $0 address\@host ...\n" unless @ARGV;
# "vrfy"와 "expn" 중 어느 이름으로 실행되었는지 확인한다
my $VERB = ($0 =~ /ve?ri?fy$/i)  ? 'VRFY' : 'EXPN';
my $multi = @ARGV > 1;
my $remote;
# 명령 행에서 지정된 주소들을 하나씩 처리한다
foreach my $combo (@ARGV) {
    my ($name, $host) = split(/\@/, $combo);
    my @hosts;
    $host ||= 'localhost';
    @hosts = map { $_->exchange } mx($host)     if $fetch_mx;
    @hosts = ($host)   unless @hosts;
    foreach my $host (@hosts) {
        print $VERB eq 'VRFY' ? "Verify" : "Expand",
            "ing $name at $host ($combo):";
        $remote = Net::SMTP->new($host, Hello => $selfname);
        unless ($remote) {
            warn "cannot connect to $host\n";
            next;
        }
        print "\n";
        if ($VERB eq 'VRFY') {
            $remote->verify($name);
        } elsif ($VERB eq 'EXPN') {
            $remote->expand($name);
        }
        last if $remote->code == 221;
        next if $remote->code == 220;
        print $remote->message;
        $remote->quit;
        print "\n" if $multi;
    }
}
```

19장

P e r l C o o k b o o k

CGI 프로그래밍

성공적인 도구라는 것은
만든 이가 꿈에도 생각하지 않았던 곳에 사용되는 도구이다
— 스티븐 C. 존슨(Stephen C. Johnson)

19.0 개요

환경이나 먹이의 변화에 잘 적응하는 생물이 있고 그렇지 않은 생물도 있다. 먹이를 잘 찾고 포식자들을 잘 피하는 종이 살아남아 왔다. 많은 과학자들에 의하면 수백만 년 전에 지구에 혜성이 충돌하여 거대한 먼지 구름이 대기를 뒤덮었다고 한다. 이로 인해 생긴 환경의 급격한 변화는 공룡을 한순간에 멸종시켰다. 반면 포유류 등의 다른 생물은 새로운 먹이를 찾아내었고 새로운 환경에서 생존경쟁을 시작하였다.

혜성이 선사시대 생물들의 환경을 바꾼 것처럼, 웹은 현대 프로그래밍 언어의 환경을 바꾸었다. 새로운 전망이 열렸고, 이러한 새로운 질서에 적응하지 못한 언어들도 있지만 펄은 분명히 살아남았다. 텍스트 처리에 강하고 시스템 내 여러 부분을 접합하는 데 효율적인 펄의 특성 덕에, 펄은 텍스트 기반의 프로토콜을 사용하여 정보를 제공하는 웹 작업에 금세 적응하였다.

아키텍처

웹은 일반적인 텍스트로 이루어져 있다. 웹 서버와 웹 브라우저는 HTTP(Hypertext Transfer Protocol)라는 텍스트 프로토콜을 사용하여 정보를 교환한다. 교

환되는 내용의 대부분은 HTML(Hypertext Markup Language)이라는 텍스트 마크업 시스템으로 부호화되어 있다. 텍스트에 기반을 둔 것이 웹을 유연하고 강력하게 만들어 결국 성공으로 이끌었다. 이렇게 웹에서는 일반 텍스트가 우세하지만 하나의 예외가 있으니, 바로 SSL(Secure Socket Layer) 프로토콜이다. SSL은 HTTP 같은 다른 프로토콜을 이진 데이터로 암호화함으로써 악의를 갖고 접근하는 공격자가 엿듣고 해독할 수 없게 한다.

웹 페이지를 식별할 때는 URL(Uniform Resource Locator)라는 명명 방식을 사용한다. URL은 다음과 같은 식으로 이루어진다.

```
http://www.perl.com/CPAN/
http://www.perl.com:8001/bad/mojo.html
ftp://gatekeeper.dec.com/pub/misc/netlib.tar.Z
ftp://anonymous@myplace:gatekeeper.dec.com/pub/misc/netlib.tar.Z
file:///etc/motd
```

첫 부분(`http`, `ftp`, `file`)은 *스킴(scheme)*이라고 불리며 파일을 어떻게 받아올 수 있는지 지정한다. 그다음 부분(`://`)은 호스트 이름이 이어진다는 것을 나타낸다. 호스트 이름을 어떻게 해석할지는 스킴에 따라 다르다. 호스트 이름 다음에는 문서의 *경로(path)*가 이어진다. 이 경로 정보를 *부분 URL(partial URL)*이라고도 한다.

웹은 클라이언트-서버 구조로 된 시스템이다. 넷스케이프(Netscape)나 링스(Lynx) 등의 클라이언트 브라우저가 아파치(Apache) 등의 웹 서버에게 문서(부분 URL로 지정한다)를 요청한다. 브라우저와 서버 사이에 오가는 이런 통신은 HTTP 프로토콜을 따른다. 대부분의 경우 웹 서버의 역할은 단지 파일의 내용을 클라이언트에 보내주는 것이지만, 때로는 다른 프로그램을 실행해서 그 결과를 HTML 텍스트나 이진 이미지, 또는 그 외의 다른 문서 형태로 반환할 수도 있다.

웹 서버에서 프로그램을 실행하는 방법은 두 가지가 있다. 요청을 처리하는 코드를 직접 웹 서버 프로세스에 집어넣는 방법과 외부 프로그램을 실행하여 그 응답을 받는 방법이다. 전자는 자바 서블릿이나 mod_perl(21장에서 다룬다)에서 사용하는 방법이고 후자는 CGI(Common Gateway Interface) 프로토콜에서 사용하는 방법이다. 후자의 경우 웹 서버는 CGI 프로그램(또는 *CGI 스크립트*라고도 부른다)을 실행하게 된다. 이 장에서는 CGI 프로그램을 다룬다.

웹 서버는 CGI 프로그램에 여러 정보를 전달한다. 어느 페이지가 요청되었는지, 어떤 값이 HTML 폼을 통해 전달되었는지, 어디에서 요청이 보내졌는지, 요청을 보낸 상대는 인증이 되었는지 등이다. CGI 프로그램의 응답은 헤더와 본문으로 구성된다. 헤더에서는 "HTML 문서를 반환한다", "GIF 이미지를 반환한다",

"아무것도 반환하지 않는다. 그 대신 다음 페이지로 이동해라"와 같은 응답을 한다. 본문에는 이미지 데이터, 일반 텍스트, HTML 등이 들어간다.

CGI 프로토콜을 제대로 구현하기란 쉽지 않기 때문에 잘못 구현하는 일도 자주 있다. 그래서 링컨 스타인(Lincoln Stein)이 작성한 CGI.pm이라는 훌륭한 모듈을 사용하는 것을 권한다. CGI 모듈은 여러 가지 편리한 함수를 제공한다. 서버가 보내는 정보에 접근하기 위한 함수나 서버의 요청에 따라서 올바른 CGI 응답을 만들기 위한 함수 등이다. 이 모듈은 매우 유용하며 CGI::Carp나 CGI::Fast 등의 도우미 모듈과 함께 기본 펄 배포판에 포함되어 있다. CGI 모듈에 관해서는 레시피 19.1에서 소개한다.

어떤 웹 서버는 펄 인터프리터가 내장되어 있다. 이 경우 펄이 문서를 생성할 때 새로운 프로세스를 시작할 필요가 없다. 내용이 변경되지 않고 접근 빈도가 낮은 페이지를 읽을 때 생기는 오버헤드는 눈에 띄지 않을 정도로 작으며, 초당 수회 요청되는 경우라도 마찬가지이다. 반면에 CGI 접근은 웹 서버가 실행되는 시스템의 속도를 떨어뜨린다. 21장에서는 아파치 서버에 내장된 펄 인터프리터인 mod_perl을 사용하여 오버헤드 없이 CGI 프로그램의 장점을 취하는 방법을 설명한다.

무대 뒤에서

문서를 동적으로 생성해야 할 때마다 웹 서버가 CGI 프로그램을 호출한다. CGI 프로그램이 계속 실행되고 있고 브라우저가 그 프로그램의 이 부분 저 부분을 그때그때 호출하는 식이 아니라는 것을 알아야 한다. CGI 프로그램에 해당하는 부분 URL 요청이 올 때마다 그 프로그램의 새로운 사본이 실행된다. 이 프로그램은 요청에 맞는 페이지를 만들고, 그 다음 종료된다.

브라우저는 여러 가지 *메서드(method)*라는 수단을 써서 문서를 요청한다. HTTP 메서드는 객체 지향 프로그래밍의 메서드와는 아무 관련이 없으니 혼동하지 않도록 하라. HTTP 메서드 중 가장 자주 사용되는 것은 GET 메서드로 문서를 요청하는 간단한 메서드다. HEAD 메서드는 문서에 관한 정보만을 제공하고 실제로 문서를 받지는 않는다. POST 메서드는 폼 데이터를 제출한다.

폼 데이터는 GET 메서드와 POST 메서드에서 부호화하여 보낼 수 있다. GET 메서드의 경우 데이터 값들은 URL에 직접 부호화되어, 다음과 같이 복잡해 보이는 URL이 된다.

```
http://www.perl.com/cgi-bin/program?name=Johann&born=1685
```

POST 메서드의 경우 데이터 값들은 별개의 부분으로 부호화되어서 클라이언트 브라우저가 서버에 보내는 HTTP 요청에 포함된다. 위에 나온 URL에 있는 폼 데이터 값들을 POST 메서드로 보낸다면 사용자와 서버, 그리고 CGI 스크립트에게 보이는 URL은 다음과 같은 모양이 된다.

```
http://www.perl.com/cgi-bin/program
```

GET 메서드와 POST 메서드는 또 다른 면에서 차이가 있다. *멱등성(idempotency)*이다. 간단하게 설명하면, 특정한 URL을 GET 메서드로 한 번 요청하든 여러 번 요청하든 아무 차이가 없어야 한다. HTTP 프로토콜 정의에 의하면 GET 요청은 브라우저나 서버나 중간에 있는 프락시 서버에서 캐시에 저장할 수 있다. POST 요청은 캐시될 수 없는데, 왜냐하면 각 요청이 독립적이고 중요하기 때문이다. 일반적으로 POST 요청은 서버의 상태에 어떤 변화를 가져오거나 서버 상태에 따라 결과가 달라진다(데이터베이스를 조회 또는 갱신하거나, 메일을 보내거나, 컴퓨터를 구매하거나).

서버가 받은 요청은 일반적으로 *접근 로그(access log)*라는 파일에 기록되어 나중에 웹 마스터가 분석할 수 있게 되어 있다. CGI 프로그램에서 에러가 발생할 경우, 그 에러 메시지는 기본적으로 브라우저까지 전달되지 않는다. 대신 이 에러는 서버에 있는 *에러 로그(error log)* 파일에 저장되며 브라우저는 단순히 "500 Server Error"라는 메시지를 받게 된다. 이 메시지는 CGI 프로그램이 제대로 수행되고 종료되지 못했음을 의미한다.

어떤 프로그램을 디버깅할 때라도 에러 메시지가 도움이 되겠지만 CGI 프로그램에서는 특히 효과적이다. 그러나 가끔은 CGI 프로그램을 만드는 사람에게 에러 로그에 접근할 권한이 없거나, 로그가 어디에 있는지조차 모를 수 있다. 에러 메시지를 더 편리한 장소에 저장하는 방법을 레시피 19.2에서 설명한다. 에러를 추적하는 방법은 레시피 19.3에서 다룬다.

레시피 19.8에서는 브라우저와 서버 사이에 실제로 어떤 정보가 교환되고 있는지 아는 방법을 소개한다. 불행히도 브라우저 중에는 HTTP 스펙을 올바르게 구현하지 않은 것도 있다. 이 레시피를 읽으면 여러분이 작성한 프로그램과 브라우저 중에 어느 것이 문제의 원인인지 판단할 수 있게 된다.

보안

CGI를 사용하면 누구든 여러분의 시스템에서 프로그램을 실행할 수 있게 된다.

물론 어느 프로그램이 실행될 것인지는 여러분이 결정하는 것이지만, 외부의 익명 사용자가 예기치 않은 값을 전송하여 그 프로그램을 교란시키고 잘못된 동작을 하게 할 수 있다. 따라서 웹에서는 보안이 중대한 관심사가 된다.

이에 대한 대책으로 아예 CGI 프로그램을 금지하는 사이트도 있다. 하지만 CGI 프로그램의 강력하고 유용한 기능을 사용해야만 하는 사이트에서는 어떻게든 CGI 프로그램의 보안을 확보해야 한다. 레시피 19.4에서는 안전한 CGI 프로그램을 만들 때 검토해야 할 사항을 정리하고, 안전하지 않은 데이터를 사용하는 사고를 막기 위한 펄의 오염 방지 기법에 대해서 간단하게 다룬다. 레시피 19.5에서는 어떻게 하면 CGI 프로그램에서 다른 프로그램을 안전하게 실행할 수 있는지 설명한다.

HTML과 폼

HTML 태그를 사용해서 폼을 만들고, 사용자는 그 폼에 값을 입력해서 서버에 보낼 수 있다. 폼에는 텍스트 입력 필드나 체크박스 등의 요소가 배치된다. CGI 프로그램은 일반적으로 HTML을 반환하므로 CGI 모듈에는 표부터 폼 구성 요소에 이르기까지 HTML을 작성하는 데에 필요한 도우미 함수들이 제공된다.

레시피 19.6과 레시피 19.10에서는 여러 번 호출하는 동안 값이 보존되는 폼을 만드는 법을 설명한다. 레시피 19.11에서는 하나의 CGI 스크립트에서 여러 가지 페이지를 만들거나 여러 페이지에서 오는 요청에 응답할 수 있는 방법을 설명한다. 제품 카탈로그나 주문 시스템 등을 만들 때 편리하게 쓰인다.

웹 관련 자료

웹에 관한 좋은 자료는 당연히 웹에도 많이 있다.

WWW 보안 FAQ

http://www.w3.org/Security/Faq/

웹 FAQ

http://www.boutell.com/faq

CGI FAQ

http://www.webthing.com/tutorials/cgifaq.html

HTTP 명세

http://www.w3.org/pub/WWW/Protocols/HTTP/

HTML 명세

http://www.w3.org/TR/REC-html40/

http://www.w3.org/pub/WWW/MarkUp/

CGI 명세

http://www.w3.org/CGI/

CGI 보안 FAQ

http://www.go2net.com/people/paulp/cgi-security/safe-cgi.txt

읽을 만한 책으로는 *CGI Programming with Perl*(스캇 구엘리히(Scott Guelich), 쉬시르 군다바람(Shishir Gundavaram), 건터 버즈닉스(Gunther Birznieks) 저, O'Reilly), *HTML & XHTML: The Definitive Guide*(척 무시아노(Chuck Musciano), 빌 케네디(Bill Kennedy) 저, O'Reilly), *HTTP: The Definitive Guide*(데이빗 골리(David Gourley), 브라이언 토티(Brian Totty) 등 저, O'Reilly)[1] 세 권을 추천한다.

19.1 CGI 스크립트 만들기

문제

HTML 폼 내용을 처리하는 CGI 스크립트를 만들고 싶다. 구체적으로는 폼의 내용에 접근하고 올바른 출력을 만들어 반환하고자 한다.

해결책

CGI 스크립트는 동적인 내용을 생성하기 위해 웹 서버가 실행하는 서버 측 프로그램이다. CGI 스크립트는 `STDIN`과 환경변수를 통해서 원격 클라이언트(사용자 브라우저)에서 부호화된 정보를 받아서, 올바른 HTTP 헤더와 본문을 생성하여 `STDOUT`으로 출력해야 한다. 표준 모듈인 CGI 모듈을 쓰면 예제 19-1에서 보이는 것처럼 입출력 부호화를 간단하게 처리할 수 있다.

예제 19-1. hiweb

```
#!/usr/bin/perl -w
# hiweb - CGI 모듈을 이용하여 웹 서버에서 전달된 정보를 복호화한다
use strict;

use CGI qw(:standard escapeHTML);
```

1 (옮긴이) 번역서로는 『HTTP 완벽 가이드』(이응준 정상일 옮김, 2014 인사이트)가 있다.

```
# 폼에서 인자를 얻는다
my $value = param('PARAM_NAME');

# 문서를 출력한다
print header(), start_html("Howdy there!"),
      p("You typed: ", tt(escapeHTML($value))),
      end_html();
```

논의

CGI는 단지 하나의 프로토콜이며, 웹 서버와 다른 프로그램 사이에 맺어진 공식적인 합의라 할 수 있다. 서버는 클라이언트 쪽에서 입력한 폼 데이터를 부호화하고 CGI 프로그램은 그 데이터를 복호화해서 출력을 만든다. CGI 프로토콜은 프로그램이 어떤 언어로 만들어졌는지 상관하지 않는다. 지금까지 여러 언어에서 CGI 프로토콜을 준수하는 프로그램이나 스크립트가 만들어져 왔다. C, shell, Rexx, C++, VMS DCL, Smalltalk, Tcl, Python 그리고 물론 펄 등.

CGI 명세는 어느 환경변수에서 어느 데이터(폼 매개변수 등)를 저장하고, 그 데이터를 어떻게 부호화할지 지정한다. 이론적으로는 CGI 프로토콜에 따라서 입력을 쉽게 복호화할 수 있어야 하지만, 실제로는 제대로 복호화하려면 놀라울 정도로 복잡해진다. CGI 모듈의 사용을 *강력하게* 권장하는 것은 이 때문이다. CGI 요건을 제대로 원활하게 처리하는 어려운 작업은 이미 끝났고, 여러분은 네트워크 프로토콜을 가지고 씨름할 필요 없이 프로그램의 핵심 부분을 작성하는 데에만 집중하면 된다.

CGI 스크립트를 호출하는 주된 방법은 두 가지이다. 둘 다 *메서드*라고 불리지만, 이 HTTP 메서드는 펄의 객체 메서드와는 별개이니 혼동하지 않도록 한다. HTTP GET 메서드는 문서를 가져올 때 사용되며, 사전을 검색하는 것 같이 동일한 요청은 동일한 결과를 받는다. GET 메서드는 폼 데이터를 URL에 넣는다. 이 말은 만들어진 URL을 북마크해 두고 편하게 재사용할 수 있다는 말이지만, 대신 요청의 크기 제한이 있다. HTTP POST 메서드는 폼 데이터를 요청과 별개로 전송한다. 크기에는 제한이 없지만, 북마크할 수 없다. 폼 정보를 이용하여 서버의 정보를 갱신하는 경우는 POST 메서드를 사용하여야 한다. 예를 들어 피드백을 메일로 송신하거나 데이터베이스의 항목을 변경하는 경우 등이다. 클라이언트 브라우저와 프락시 서버는 GET 요청의 결과를 자유롭게 캐시에 저장해도 되지만 POST 요청은 저장하면 안된다. GET 메서드는 크기가 작은 읽기 전용 요청을 보낼 때에 적합하다. 반면 POST 메서드는 데이터의 크기에 관계없이 사용할 수 있고, 데이터를 갱신하거나 피드백을 보낼 때도 사용할 수 있다. 이 때문에 CGI 모듈은 폼 데이터를 전송할 때 따로 지정하지 않는 한 POST 메서드를 사용한다.

드물게 예외가 있지만(주로 퍼미션이 관련되거나 작업이 대화식으로 이루어져야 하는 경우), 다른 프로그램으로 할 수 있는 일은 CGI 스크립트로도 대부분 할 수 있다. 예를 들어 결과를 일반 텍스트, HTML 문서, XML 파일, 소리 파일, 그림 파일 등 HTTP 헤더에 지정한 어떤 형태로도 보낼 수 있다. 그 외에도 클라이언트 브라우저를 다른 위치로 리다이렉트하거나 서버의 쿠키를 설정하거나 인증을 요구하거나 에러를 출력할 수도 있다.

CGI 모듈은 두 종류의 인터페이스를 제공한다. 가볍게 사용할 수 있는 절차형 인터페이스와 고급 사용자가 복잡한 처리를 할 수 있는 객체 지향 인터페이스이다. 거의 모든 CGI 스크립트가 간단한 절차형 인터페이스를 사용하지만, 안타깝게도 CGI 모듈 문서에 나오는 예제들은 객체 지향 인터페이스를 사용한다. 절차형 인터페이스를 사용하는 경우에는 `:standard` 임포트 태그를 사용해서 하위 호환성을 지원하도록 해야 한다. 임포트 태그에 관해서는 12장을 참고하라.

사용자가 입력한 폼 데이터를 읽어 들이려면 `param` 함수에 필드 이름을 넘긴다. 필드 이름이 "favorite"이라면 `param("favorite")`를 호출하면 그 필드의 값이 반환된다. 스크롤 리스트 같은 일부 폼 필드에서는 사용자가 두 개 이상의 옵션을 선택할 수 있다. 그런 필드의 경우 `param` 함수는 값의 리스트를 반환하므로 이 리스트를 배열에 넣을 수 있다.

다음은 세 개의 폼 필드에서 값을 읽어 들이는 스크립트의 예제이다. 마지막 필드는 여러 개의 값을 반환한다.

```
use CGI qw(:standard);
$who    = param("Name");
$phone = param("Number");
@picks = param("Choices");
```

인자 없이 `param` 함수를 호출하면, 리스트 컨텍스트에서는 유효한 폼 매개변수들의 리스트가 반환되고 스칼라 컨텍스트에서는 폼 매개변수의 개수가 반환된다.

사용자가 입력한 값을 읽는 것은 이게 전부이다. 이렇게 읽은 값을 가지고 원하는 작업을 한 후 적절한 형식으로 출력을 만들면 된다. 매우 쉬운 일이다. 일반적인 프로그램과 달리, CGI 스크립트의 출력은 특정한 형식으로 되어 있어야 한다. 먼저 헤더를 출력하고 빈 줄을 출력한 후에 나머지 출력을 내보낸다.

해결책에서 보인 것처럼 CGI 모듈은 입력뿐 아니라 출력을 할 때도 위력을 발휘한다. 이 모듈에는 HTTP 헤더와 HTML 코드를 생성하는 함수들이 있다.

header 함수는 헤더를 자동으로 만들어 준다. 따로 지정하지 않는 한 header 함수는 text/html 문서용 헤더를 만든다. 그러나 다음처럼 Content-Type을 바꾸거나 추가적인 헤더 매개변수를 지정할 수도 있다.

```
print header( -TYPE    => 'text/plain',
              -EXPIRES => '+3d' );
```

CGI 모듈은 HTML을 생성할 때도 사용할 수 있다. 사소하다고 생각할 수도 있지만 오히려 CGI 모듈의 진가는 여기서 발휘된다. 동적인 폼, 특히 쇼핑카트처럼 상태 정보를 저장해야 하는 폼을 쉽게 만들 수 있다. CGI 모듈에는 폼이나 표를 만드는 함수들도 있다.

폼을 출력할 때 HTML 출력에 들어있는 &, <, >, "와 같은 문자들은 그 문자를 의미하는 개체로 자동 치환된다. 사용자가 임의로 입력한 데이터를 그대로 출력할 때는 그런 치환이 이루어지지 않는다. 해결책에서 escapeHTML 함수를 임포트하여 사용한 것은 이 때문으로, 사용자가 특수문자를 입력하더라도 HTML에서 서식 에러가 발생하지 않도록 한다.

CGI 모듈에 있는 함수의 전체 목록과 그 호출 규칙에 관해서는 모듈 문서를 참고하라.

더 알아보기

- CGI 모듈 문서
- *http://www.w3.org/CGI/*
- 레시피 19.6

19.2 에러 메시지 리다이렉트하기

문제

CGI 스크립트에서 출력하는 경고와 에러 메시지를 따라가는 데에 어려움을 겪고 있다. CGI 스크립트에서 STDERR로 출력하는 것 때문에 서버가 혼란스럽다.

해결책

표준 펄 배포판에 포함된 CGI::Carp 모듈을 사용하여 STDERR로 출력되는 각 행의 시작 부분에 프로그램 이름과 현재 날짜를 추가한다. 필요하다면 경고와 에러 메시지를 파일에 저장하거나 브라우저로 보낼 수도 있다.

논의

CGI 스크립트에서 발생한 에러 메시지를 추적하는 것은 매우 귀찮은 작업이다. 서버의 에러 로그를 찾아내었더라도, 어느 메시지가 어느 CGI 스크립트에서 언제 발생한 것인지 판단할 수가 없다. 심지어 일부 불친절한 웹 서버는 Content-Type 헤더가 STDOUT으로 출력되기 전에 STDERR로 무언가 출력될 경우 스크립트를 중지해버리기도 한다. 이런 경우 경고만 떠도 문제가 될 수 있다.

이 문제를 해결하려면 CGI::Carp 모듈을 사용한다. 이 모듈을 쓰면 warn과 die 함수가(추가로 Carp 모듈의 carp, croak, cluck, confess 함수도) 안전하고 더 많은 정보를 제공하는 버전으로 바뀐다. 메시지는 여전히 서버의 에러 로그 파일로 보내진다.

```
use CGI::Carp;
warn "This is a complaint";
die "But this one is serious";
```

CGI::Carp를 다음처럼 사용하면 에러 메시지를 여러분이 선택한 파일에 기록할 수 있다. BEGIN 블록에 넣어서 컴파일 시점에 발생하는 경고도 가로채도록 했다.

```
BEGIN {
    use CGI::Carp qw(carpout);
    open(LOG, ">>/var/local/cgi-logs/mycgi-log")
        or die "Unable to append to mycgi-log: $!\n";
    carpout(*LOG);
}
```

치명적인 에러가 났을 때 그 메시지를 클라이언트 브라우저에 표시하도록 할 수도 있다. 이렇게 하면 여러분이 디버깅할 때는 편하지만, 최종 사용자가 쓸 때는 혼란스러울 수 있다.

```
use CGI::Carp qw(fatalsToBrowser);
die "Bad error here";
```

HTTP 헤더를 출력하기 전에 에러가 발생한 경우에도 CGI::Carp 모듈은 그 에러를 감지하고 무서운 500 Server Error를 회피하려 한다. 일반적인 경고는 서버의 에러 로그(혹은 carpout으로 지정한 곳)로 보내며, 메시지 앞에 프로그램 이름과 날짜가 추가된다.

더 알아보기

- 기본 모듈 CGI::Carp 모듈 문서
- 레시피 12.3에서 다루는 BEGIN에 관한 설명

19.3 500 Server Error 해결하기

문제

CGI 스크립트에서 500 Server Error가 발생한다.

해결책

논의 절에 나열된 목록을 확인한다.

논의

아래에 나열한 확인 목록은 유닉스를 대상으로 작성한 것이지만, 각 질문에 들어 있는 일반적인 원칙은 어느 시스템에든 해당된다.

웹 서버가 이 스크립트를 실행할 수 있는지 확인한다

*ls -l*로 소유권과 퍼미션을 확인한다. CGI 스크립트에 읽기와 실행 권한 비트가 적절하게 주어지지 않으면 웹 서버는 그 CGI 스크립트를 실행할 수 없다. 모든 사용자(최소한 서버가 CGI 스크립트를 실행할 때 부여 받은 자격의 사용자)가 스크립트를 읽고 실행할 수 있어야 한다. 여러분이 소유한 스크립트라면 *chmod 0755 scriptname*을 사용한다. 익명 웹 사용자로 지정된 사용자가 소유한 스크립트라면 *chmod 0555 scriptname*을 사용하는데, 이때는 여러분이 그 사용자 또는 슈퍼유저로 로그인된 상태여야 한다. 스크립트까지 도달하기 위해 거치는 모든 디렉터리들 역시 실행 권한 비트가 켜져 있어야 한다(만일 서버의 셸을 이용할 수 없는 경우라면, 대부분의 FTP 클라이언트는 업로드한 파일의 퍼미션을 바꾸는 기능을 지원하니 이를 이용한다).

웹 서버가 그 CGI 스크립트를 스크립트로서 인식하는지 확인한다. 대부분의 웹 서버에는 시스템 전체에 적용되는 *cgi-bin* 디렉터리가 있어서, 그 디렉터리 안에 있는 파일들은 모두 스크립트로서 실행될 수 있게 되어 있다. 어떤 서버는 *.cgi*나 *.plx* 등 특정 확장자로 끝나는 파일들을 CGI 스크립트로 인식한다. 어떤 서버는 GET 메서드로 접근하는 것만 허용하고 여러분이 폼에서 사용했을 POST 메서드는 허용하지 않기도 한다. 웹 서버의 매뉴얼과 설정 파일을 살펴보고, 웹 마스터에게 문의하거나 정 안 되면 기술 지원을 요청하라.

유닉스 시스템이라면 #! 행에 펄 실행 파일의 경로가 제대로 쓰여 있는지 확인한다. #! 행은 CGI 스크립트의 첫 번째 행이어야 한다. #! 행 앞에 빈 줄조차 있으면 안 된다. 어떤 운영체제에서는 이 행에 쓸 수 있는 글자 수를 매우 짧게 제한한다. 따라서 링크를 만들어야 할 수도 있다. 극단적인 예를 들자면 */opt/installed/third-party/software/perl-5.004/bin/perl*을 직접 쓰는 대신 */home/richhh/perl* 이라는 링크를 거는 식이다.

Win32 시스템이라면 펄 스크립트가 펄 실행 파일과 올바르게 연결되어 있는지 확인한다. 서버가 `#!` 행을 사용한다면 `#!` 행에 펄 경로가 제대로 적혔는지 확인한다.

CGI 스크립트가 작업에 필요한 퍼미션을 가지고 있는지 확인한다

CGI 스크립트가 실행될 때 어느 사용자의 권한으로 실행되는지 확인한다. 예제 19-2 같은 간단한 코드로 확인할 수 있다.

예제 19-2. webwhoami

```
#!/usr/bin/perl
# webwhoami - show web users id
print "Content-Type: text/plain\n\n";
print "Running as ", scalar getpwuid($>), "\n";
```

이 스크립트는 자신이 어느 사용자의 권한으로 실행되는지, 그 사용자의 이름을 출력한다.

CGI 스크립트가 접근하려 하는 자원들을 식별한다. 특별한 권한이 필요한 파일, 네트워크 접속, 시스템 콜 등을 나열해 본다. 그리고 CGI 스크립트를 실행하는 사용자가 그 자원에 접근할 수 있는지 확인한다. 디스크나 네트워크 할당량이 있는가? 파일에 접근하도록 허용되었는가? 섀도우 비밀번호 시스템에서 `getpwent`를 사용해서 암호화된 비밀번호 필드를 얻으려고 하지 않는가? (일반적으로 섀도우 비밀번호를 얻을 수 있는 것은 슈퍼유저뿐이다.)

스크립트가 데이터를 파일에 써야 될 경우 그 파일은 퍼미션을 `0666`으로 설정한다. 만일 그 파일의 소유자가 스크립트가 실행될 때의 유효 사용자 ID라면 `0644`로 설정하면 더 좋다. 파일을 새로 만들거나 기존 파일을 이동 또는 삭제하는 경우는 그 파일들이 있는 디렉터리에 대한 쓰기와 실행 퍼미션도 있어야 한다.

CGI 스크립트는 올바른 펄 코드로 작성되었는가

셸 프롬프트에서 CGI 스크립트를 실행해 보라. CGI 모듈을 쓰면 명령 행이나 표준 입력에서 CGI 스크립트를 실행하고 디버그할 수 있다. 다음 예문에서 `^D`는 EOF(end-of-file)를 나타내기 위해 입력하는 것으로 시스템에 따라 다를 수 있다.

```
% perl -wc cgi-script                        # 컴파일만

% perl -w  cgi-script                        # stdin으로 매개변수 입력
```

```
(offline mode: enter name=value pairs on standard input)
name=joe
number=10
^D
% perl -w  cgi-script name=joe number=10    # 임의의 입력 데이터로 실행하기
% perl -d  cgi-script name=joe number=10    # 마찬가지. 디버거로 실행

# csh에서 POST 메서드로 스크립트 실행
% (setenv HTTP_METHOD POST; perl -w cgi-script name=joe number=10)
# sh에서 POST 메서드로 스크립트 실행
% HTTP_METHOD=POST perl -w cgi-script name=joe number=10
```

서버의 에러 로그를 확인한다. 대부분의 웹 서버는 CGI 프로세스의 STDERR을 파일로 리다이렉트한다. 그 파일을 찾아서(*/usr/local/etc/httpd/logs/error_log*나 */usr/local/www/logs/error_log* 등에 있다. 아니면 그냥 관리자에게 물어보라), 경고나 에러 메시지가 기록되었는지 살펴보라.

펄의 버전은 최신인가? *perl -v*를 입력해서 확인하도록 한다. 5.004나 그 이후 버전을 쓰고 있지 않다면 업그레이드해야 한다. 5.003과 그 이전 버전에서는 버퍼 오버런을 막지 못하기 때문이다. 중대한 보안 문제와 연결되는 사안이다.

라이브러리의 버전은 최신인가? 라이브러리 파일들(주로 */usr/lib/perl5/*, */usr/local/lib/perl5/*, */usr/lib/perl5/site_perl* 등에 있다)을 대상으로 *grep -i version*을 실행하여 확인한다. CGI 모듈에서는(사실 아무 모듈에서든) 다음과 같이 버전을 확인할 수도 있다.

```
% perl -MCGI -le 'print CGI->VERSION'
2.49
```

웹 서버의 버전은 최신인가? 흔하진 않지만, 가끔 웹 서버에 있는 버그가 스크립트에 영향을 주는 경우도 있다.

-w 스위치 또는 `use warnings` 프래그마를 사용하는가? 초기화되지 않은 변수를 사용하거나 쓰기 전용 파일핸들에서 데이터를 읽는 등의 문제를 알 수 있게 해준다.

-T 플래그를 켰는가? 안전하지 않은 동작이라며 펄이 경고한다면 스크립트가 받는 입력이나 실행되는 환경에 대해 여러분이 잘못 판단하고 있는 것일 수 있다. 데이터 오염 방지 옵션을 사용하라(데이터 오염과 그 영향에 관해서는 레시피 19.4, *perlsec* 매뉴얼 페이지, *Programming Perl* 23장을 참고하고, 특히 웹에서 피해야 될 함정들에 대해서는 CGI Security FAQ를 참고하라).

`use strict` 프래그마를 사용하며 실행하는가? 이 프래그마를 쓰면 변수를 사용하

기 전에 반드시 선언해야 하고, 문자열은 반드시 인용 부호를 붙여야 하기 때문에 서브루틴 이름과 혼동될 우려가 없어진다. 그 외에도 여러 에러를 찾아낼 수 있다.

시스템 콜의 반환값을 항상 확인하는가? 많은 이들이 open이나 system, rename, unlink 등이 항상 정상적으로 동작한다고 믿는다. 이 함수들은 정상적으로 동작했는지 아닌지를 판별할 수 있는 값을 반환한다. 이 값을 꼭 확인하라.

여러분이 사용하는 라이브러리를 펄이 인식하는가? @INC(펄이 모듈과 라이브러리를 찾는 디렉터리들의 배열)를 출력하는 간단한 스크립트를 만들자. 그리고 라이브러리의 퍼미션을 조사하라(스크립트를 실행하는 사용자에게 읽기 권한이 있어야 한다). 한 시스템에서 다른 시스템으로 모듈을 그냥 복사해서는 안 된다. 대부분의 모듈에는 그 시스템에 맞게 컴파일된 요소가 포함되어 있기 때문이다. 이 요소들은 펄 라이브러리 디렉터리에 숨겨져 있다가 모듈을 사용할 때 자동으로 적재된다. 따라서 모듈은 복사하지 말고 직접 설치하도록 한다.

펄에서 경고나 에러가 출력되고 있는가? CGI::Carp(레시피 19.2 참고)를 사용하여 펄의 에러나 경고 메시지를 브라우저 또는 여러분이 접근할 수 있는 파일로 보내도록 한다.

CGI 프로토콜을 제대로 종료하는가?

클라이언트에 반환하는 텍스트나 이미지 앞에 HTTP 헤더가 먼저 나와야 한다. 헤더와 HTTP 본문 사이에는 반드시 빈 줄이 한 줄 있어야 한다. 또한 STDOUT은 버퍼가 자동으로 비워지지 않지만 STDERR은 바로바로 비워지므로, 스크립트가 STDERR에 경고나 에러 메시지를 출력하면 웹 서버 쪽에서 HTTP 헤더보다 그 메시지를 먼저 보고 서버 에러로 처리해버릴 수 있다. CGI 스크립트의 첫 부분(단 #! 행보다는 뒤에)에 다음 행을 추가해서 STDOUT도 버퍼가 바로바로 비워지도록 한다.

```
$| = 1;
```

환경 변수나 표준 입력을 직접 해석하여 입력 데이터를 복호화하려 하지 말라. 다양한 오류의 원인이 될 수 있다. 복잡한 프로토콜을 직접 구현하고서는 버그를 잡느라 고생하지 말고, 그런 일은 CGI 모듈에 맡기고 그 시간에 좋은 프로그램을 만들거나 슬래시닷[2]에서 글을 읽기를 권한다.

2 (옮긴이) *http://slashdot.org/*

다른 곳에 도움을 요청한다

이 장의 개요 절 마지막에 열거한 FAQ나 문서들을 살펴본다. 여러분이 어떤 시스템을 사용하든, 그 시스템에서 흔히 저지를 수 있는 실수를 했을 수 있다. 관련된 FAQ를 잘 읽어보고 "왜 기름이 떨어지면 자동차가 움직이지 않을까"와 같은 의문으로 고민하지 않도록 한다.

그럴 때는 주저 말고 친구에게 물어보라. 대부분 무언가 물어볼 수 있는 지인이 있을 것이며, 인터넷보다는 친구에게 묻는 것이 해결책을 찾는 지름길이 될 수 있다.

CGI 스크립트에 관한 질문(CGI 모듈, 쿠키 복호화, 사용자의 접속 위치 조사 등)이 있다면 `comp.infosystems.www.authoring.misc` 뉴스그룹에 글을 올려보도록 한다.

더 알아보기

- 레시피 19.2
- 8장 개요의 버퍼링 설명
- CGI FAQ, *http://www.webthing.com/tutorials/cgifaq.html*

19.4 안전한 CGI 프로그램 만들기

문제

CGI를 사용하면 외부 사용자가 원래 접근할 수 없었던 시스템 내 프로그램을 실행할 수 있게 된다. 따라서 모든 CGI 프로그램은 잠재적으로 보안상 위험이 있다. 이런 위험을 최소화하고자 한다.

해결책

- 오염 방지 모드를 사용한다 (#! 행에 -T 스위치를 지정한다).
- 무턱대고 데이터가 오염되지 않았다고 표시하지 않는다(논의 절 참고).
- 폼에서 반환된 값, 숨겨진 필드, 자바스크립트 코드에서 생성된 값 등 모든 데이터를 대상으로 유효성을 검사한다. 폼을 제출하기 전에 자바스크립트로 값을 검사하도록 했기 때문에 서버에 제출된 값들은 이미 검사를 받은 거라고 순진하게 생각하는 사람들이 많다. 전혀 그렇지 않다. 사용자는 간단히 이런 검사를 우회할 수 있다. 브라우저에서 자바스크립트를 비활성화하거나 폼을 다운로드한 후 자바스크립트를 고치는 식이다. 또한 20장에 나온 어느 예제를 사용해도 브라우저를 쓰지 않고 HTTP 통신을 할 수 있다.

- 시스템 콜의 반환값을 확인한다.
- 경쟁 상태(논의 절 참고)에 주의한다.
- use warnings와 use strict 프래그마를 사용하여 펄이 예상 밖의 동작을 하지 않도록 한다.
- 꼭 필요한 경우를 제외하고는 setuid를 사용하지 않도록 한다. 꼭 필요한 경우라도 setgid를 대신 사용하는 것이 좋지 않을지 검토하라. setuid root만은 절대로 사용하지 않도록 하자. setuid나 setgid를 어떻게든 사용해야만 한다면, 시스템에 setuid의 안전성이 보장되고 여러분이 이 의미를 충분히 안다면 모를까, 그 외에는 래퍼를 사용한다.
- 로그인 비밀번호, 신용카드 번호, 사회보장번호 등, 지역 신문 일면에 실려서는 안 될 데이터는 반드시 암호화한다. 이런 데이터를 다룰 때에는 SSL 같은 안전한 프로토콜을 사용한다. CGI가 HTTPS에서만 동작하도록 간단히 지정할 수 있다.

```
croak "This CGI works only over HTTPS"
  if $ENV{'SERVER_PORT'} && !$ENV{'HTTPS'};
```

  그리고 기밀 데이터를 메일로 보내는 것은 피한다. 사용자에게 기밀 데이터를 보내야 한다면 그 데이터를 표시하는 페이지의, *https*로 시작하는 URL을 메일로 알린다. 그리고 그 페이지는 비밀번호를 넣어야만 볼 수 있게 한다. 이 비밀번호를 사용자에게 알릴 때에도 메일이나 *http* 같이 안전하지 않은 프로토콜은 사용하지 않는다. 기밀 데이터는 꼭 필요한 경우에만 보관한다. 외부인이 부당하게 그 기밀 데이터에 접근할 가능성과 그 여파에 대해 고민하라.

논의

해결책에 나열한 항목 대부분은 어느 프로그램에나 적용할 수 있다. 보안이 최우선 사항이 아닌 경우라 해도 경고 기능을 사용하고 시스템 콜의 반환값을 확인하는 것은 좋은 일이다. use warnings 프래그마를 지정해 두면 스크립트에 미심쩍은 부분이 있을 때 경고가 뜬다. 예를 들어 정의되지 않은 변수를 제대로 값이 들어있는 것처럼 사용하거나, 읽기 전용으로 열린 파일핸들에 데이터를 쓰는 경우 등이다.

예기치 않은 셸 이스케이프를 제외하고 가장 흔히 보안에 위협이 되는 것은 조작된 값이 폼을 통해 제출되는 것이다. 누구나 간단하게 여러분이 만든 폼의 소스를 저장하고, 저장한 HTML을 편집한 후, 수정된 폼을 제출할 수 있다. 어떤 필드가 "yes"나 "no"만 반환하게 했더라도 사용자가 그 필드를 고쳐서 "maybe"를 반환하도록 할 수 있다. HIDDEN 형의 필드마저 손댈 수 있다. 폼의 데이터를 확인도 하지 않고 믿어 버리면 파일을 삭제하거나, 사용자 계정을 새로 만들거나, 비밀번호나 신용카드 번호를 메일로 보내는 것 같이 여러 가지 잘못된 동작을 하게 될 수 있다. 그렇기 때문에 CGI로 쇼핑카트 프로그램을 만든다면 숨겨진 필드에 저장된 데이터(가격 등)를 무턱대고 믿어서는 안 된다.

스크립트가 파일을 열거나 외부 명령을 실행할 때 그 파일의 이름을 폼에서 받은 값을 가지고 정한다면 더욱 심각하다. 위조된 값 때문에 엉뚱한 파일이 열릴 수 있다. 이런 상황에 대처하기 위해서 펄에는 오염 방지 모드가 있다. setuid가 적용되거나 오염 방지 모드 상태에서 실행되는 경우 프로그램 인자나 환경 변수, 디렉터리 목록, 파일들은 오염되었다고 간주된다. 오염된 데이터들은 외부에 영향을 끼치는 동작에 사용할 수 없다.

펄을 오염 방지 모드로 실행한 경우, 반드시 경로 변수를 우선 설정하여야 한다. 프로그램을 호출할 때 절대 경로로 파일이름을 적어도 마찬가지이다. 여러분이 실행한 프로그램이 다시 또 다른 프로그램을 상대 경로로 된 이름을 써서 호출하지 않는다는 보장이 없기 때문이다. 그 외에도 외부에서 넘어온 데이터들은 모두 안전을 위해서 오염을 제거하여야 한다.

예를 들어 오염 방지 모드에서 다음과 같은 코드를 실행한다고 하자.

```
#!/usr/bin/perl -T
open(FH, "> $ARGV[0]") or die;
```

이때는 다음과 같은 경고가 발생한다.

```
Insecure dependency in open while running with -T switch at ...
```

$ARGV[0](프로그램의 외부에서 넘어온 값이다)을 신뢰할 수 없기 때문이다. 오염된 데이터를 깨끗한 데이터로 바꾸는 방법은 정규표현식의 역참조를 쓰는 것뿐이다.

```
$file = $ARGV[0];                                    # $file은 오염되었음
unless ($file =~ m#^([\w.-]+)$#) {                   # $1는 오염되지 않았음
    die "filename '$file' has invalid characters.\n";
}
$file = $1;                                          # $file은 이제 깨끗함
```

오염된 데이터는 프로그램 외부 어느 곳에서든 올 수 있다. 예를 들어 프로그램 인자, 환경변수, 파일핸들이나 디렉터리 핸들을 읽은 결과, stat이나 로케일 정보 등이다. 오염된 데이터를 사용하면 위험하다고 간주되는 연산에는 system(STRING), exec(STRING), 역따옴표, glob, 읽기 전용 이외의 접근 모드를 지정한 open, unlink, mkdir, rmdir, chown, chmod, umask, link, symlink, -s 명령 행 스위치, kill, require, eval, truncate, ioctl, fcntl, socket, socketpair, bind, connect, chdir, chroot, setpgrp, setpriority, syscall 등이 있다.

흔히 발생하는 공격은 *경쟁 상태(race condition)*를 악용하는 것이다. 여러분이 한 동작을 하고 다른 동작으로 넘어가는 사이에 공격자가 끼어들어서 무언가를 변경함으로써 프로그램이 오작동하게 하는 것을 의미한다. 그 중 악명 높은 경쟁 상태는 구 버전의 유닉스 커널이 setuid 설정이 된 스크립트를 실행할 때 발생한다. 커널은 먼저 파일을 읽어서 어느 인터프리터를 실행할지 검사한다. 그 다음 setuid 설정이 된 인터프리터가 파일을 읽어 들인다. 이 두 동작 사이에 공격자가 스크립트를 자신의 것으로 바꿔칠 수 있었다.

겉보기에 위험해 보이지 않는 곳에서도 경쟁 상태가 발생할 수 있다. 다음 코드를 다수의 프로세스가 동시에 실행했다고 생각해보자.

```
unless (-e $filename) {                    # 잘못됨!
    open(FH, "> $filename");
    # ...
}
```

파일이 존재하는지를 검사하는 동작과 파일을 쓰기 위해 여는 동작 사이에 경쟁 상태가 발생한다. 파일에서 데이터를 읽고, 그 데이터를 갱신하고, 다시 원래 파일에 데이터를 쓰는 과정에도 비슷한 경쟁 상태가 발생할 수 있다.

누군가 이 파일을 중요한 파일(설정 파일 등)을 가리키는 링크로 바꿔버린다면 사태가 더욱 심각해진다. 이 경우 중요한 파일의 내용이 지워질 것이다. 이 문제를 피하는 좋은 방법은 sysopen 함수를 사용하여 내용을 지우지 않도록 하며 파일을 여는 것이다(레시피 7.1 참고).

setuid 설정된 CGI 스크립트는 웹 서버와 다른 퍼미션을 가지고 실행된다. 그 때문에 웹 서버의 권한만으로는 접근할 수 없는 자원(파일이나 섀도우 비밀번호 데이터베이스 등)에도 접근할 수 있다. 편리하지만 위험한 방법이다. 웹 서버의 낮은 권한만으로도 접근할 수 있는 파일들뿐 아니라 스크립트가 실행될 때의 권한에 해당하는 파일들까지 크래커가 접근할 수 있게 되기 때문이다. setuid root로 설정된 스크립트의 보안이 취약한 경우는 비밀번호를 변경하고, 파일을 삭제하고, 신용카드 번호를 읽어들이는 것과 같은 부정한 행위를 누구라도 할 수 있게 된다. CGI 프로그램의 권한은 가능하면 낮추도록 하자. 웹 서버는 보통 nobody라는 사용자의 권한으로 실행된다.

마지막으로 조금 무리한 부탁일지도 모르지만, 네트워크 트래픽이 흐르는 물리적인 경로에 신경 쓰도록 하자. 암호화하지 않은 접속을 통해 비밀번호를 송신하지는 않는지, 암호화하지 않은 비밀번호가 안전하지 않은 네트워크를 타고 다니고 있지는 않은지 말이다. 폼의 "비밀번호" 입력 필드는 다른 사람이 어깨 너머에서 비밀번호를 보는 것만 막아줄 뿐이다. 비밀번호가 오갈 때는 반드시 SSL을 사용하자. 보안에 신경이 쓰인다면 브라우저와 패킷 스니퍼(sniffer)를 실행해보라. 얼마나 쉽게 여러분의 트래픽을 복호화할 수 있는지 알 수 있을 것이다.

더 알아보기

- *Programming Perl* 16장의 "Talking to Yourself" 절
- *Programming Perl* 23장의 "Accessing Commands and Files Under Reduced Privilege" 절
- *perlsec*(1) 문서
- CGI와 HTTP 명세, CGI 보안 FAQ (이 장의 개요에서 다루고 있다.)
- CGI 모듈 문서의 "Avoiding Denial of Service Attacks" 절
- 레시피 19.5

19.5 셸 이스케이프 없이 외부 명령 실행하기

문제

사용자가 입력한 내용을 명령의 일부로 사용하되, 사용자가 셸을 속여서 다른 명령을 실행하거나 다른 파일을 들여다보는 것은 막고자 한다. 사용자의 입력을 검증하지 않고 그대로 명령 행으로 만든 하나의 문자열을 가지고 `system` 함수나 역따옴표를 사용하면 셸이 그대로 그 명령을 실행한다. 위험 가능성이 있다.

해결책

`system` 함수에 인자를 하나만 썼을 때와 달리, 인자를 리스트로 전달할 경우 셸 이스케이프가 적용되지 않는다. 사용자가 폼을 통해 입력한 값이 명령 행 인자에 들어가는 경우는 절대로 다음과 같이 해선 안된다.

```
system("command $input @files");             # 안전하지 않다
```

대신 다음과 같이 한다.

```
system("command", $input, @files);          # 더 안전하다
```

논의

펄은 원래 접착용 언어(glue language)로 설계되었으므로 다른 프로그램을 간단하게 호출할 수 있다. 때로는 너무 간단해서 문제다.

셸 명령을 실행하기만 하면 되고 그 출력을 굳이 저장할 필요가 없다면 system 함수를 인자가 여러 개인 형태로 호출하면 그만이다. 그러나 명령을 역따옴표로 실행하거나 파이프를 열어 실행할 때는 어떻게 할까? 역따옴표나 파이프는 system과 달리 인자가 여러 개인 형태 같은 게 없어서 곤란하다. 버전 5.8 이전에서 이 문제를 해결하는 방법은(버전 5.8과 그 이후 버전에 대해서는 나중에 설명한다) 직접 fork와 exec 함수를 호출하여 자식 프로세스를 만드는 것이다. 수고스럽지만 적어도 잘못된 셸 이스케이프 때문에 하루를 망치는 일은 없을 것이다.

CGI 스크립트에서 역인용부를 사용해도 안전한 것은 다음처럼 인자가 내부적으로 생성되는 경우뿐이다.

```
chomp($now = `date`);
```

하지만 다음 예제에서는 역인용부로 감싼 명령에 사용자가 입력한 값이 포함되어 있다.

```
@output = `grep $input @files`;
```

이런 경우는 훨씬 더 주의해야 한다.

```
die "cannot fork: $!" unless defined ($pid = open(SAFE_KID, "-|"));
if ($pid == 0) {
    exec('grep', $input, @files) or die "can't exec grep: $!";
} else {
    @output = <SAFE_KID>;
    close SAFE_KID;                  # $?에는 종료 상태값이 들어간다
}
```

위와 같이 쓸 수 있는 것은 exec가 system처럼 셸 이스케이프 걱정이 없는 호출 방식을 허용하기 때문이다. 인자가 리스트로 넘어오면 셸을 따로 호출하지 않으며, 따라서 셸 이스케이프가 발생하는 일도 없다.

open을 사용해서 명령을 실행할 때도 비슷하게 신경 써야 한다. 다음은 역따옴표나 파이프로 열어서 읽을 때 안전하게 하는 코드이다. 먼저 안전하지 않은 코드를 보자.

```
open(KID_TO_READ, "$program @options @args |");    # 안전하지 않다
```

아래의 코드는 더 복잡하지만 훨씬 안전하다.

```
# 앞에서와 마찬가지로 에러를 처리하는 부분을 추가한다
die "cannot fork: $!" unless defined($pid = open(KID_TO_READ, "-|"));

if ($pid) {   # 부모 프로세스
   while (<KID_TO_READ>) {
       # 여기에서 처리를 실행한다
   }
   close(KID_TO_READ)              or warn "kid exited $?";

} else {      # 자식 프로세스
   # 실행할 내용을 재설정한다
   exec($program, @options, @args)  or die "can't exec program: $!";
}
```

이번에는 쓰기용 파이프를 여는 법이다. 다음 코드는 안전하지 않다.

```
open(KID_TO_WRITE, "|$program $options @args");   # 안전하지 않다
```

다음 코드가 더 복잡하지만 더 안전하다.

```
die "cannot fork: $!" unless defined($pid = open(KID_TO_WRITE, "|-"));
$SIG{PIPE} = sub { die "whoops, $program pipe broke" };

if ($pid) {  # 부모 프로세스
   for (@data) { print KID_TO_WRITE $_ }
   close(KID_TO_WRITE)             or warn "kid exited $?";

} else {     # 자식 프로세스
   # 실행할 내용을 재설정한다
   exec($program, @options, @args)  or die "can't exec program: $!";
}
```

추가적으로 필요한 보안 대책을 "재설정한다"는 주석이 있는 부분에 추가한다. 환경변수를 변경하거나 임시적인 사용자 ID나 그룹 ID를 재설정하거나 디렉터리나 umask를 변경할 수 있다. 이런 변경은 자식 프로세스에서 수행되므로 부모 프로세스에는 영향을 끼치지 않는다.

딱히 자식 프로세스에서 재설정할 내용이 없고 사용하는 펄 버전이 5.8이나 그 이후 버전이라면, system과 exec에 리스트 인자를 넘길 때처럼 open에도 인자를 리스트로 넘길 수 있다. 이 경우 셸을 전혀 사용하지 않게 된다. 앞서 본 두 가지 예제는 다음처럼 고칠 수 있다. 먼저 읽기용 파이프의 예이다.

```
open(KID_TO_READ, "-|", $program, @options, @args)
    || die "can't run $program: $!";
```

쓰기용은 다음과 같다.

```
open(KID_TO_WRITE, "|-", $program, $options, @args)
      || die "can't run $program: $!";
```

여러분이 만든 스크립트가 setuid 설정된 외부 프로그램을 실행하고, 그 프로그램이 여러분이 넘겨준 데이터로 인해 잘못된 동작을 할 가능성이 있는 경우에는 이런 방법도 아무런 도움이 되지 못한다. 예를 들어 CGI 스크립트에서는 *sendmail*이라는 메일 프로그램을 흔히 사용하는데 이 프로그램은 setuid 설정이 되어 있다. *sendmail*이나 기타 setuid 설정된 프로그램을 호출하는 경우에는 그 위험성을 충분히 확인하도록 한다.

더 알아보기

- *perlfunc*(1) 문서와 *Programming Perl* 29장에서 다루는 system, exec, open 함수
- *Programming Perl* 16장의 "Talking to Yourself" 절
- *Programming Perl* 23장의 "Accessing Commands and Files Under Reduced Privilege" 절
- *perlsec*(1) 문서
- 레시피 16.1
- 레시피 16.2
- 레시피 16.3

19.6 HTML 도우미 함수를 사용하여 리스트와 테이블 만들기

문제

여러 리스트와 테이블을 만들어야 하는데 더 쉽게 만들고 싶다.

해결책

CGI 모듈은 여러 가지 편리한 HTML 도우미 함수를 제공한다. 이 함수에 배열 레퍼런스를 인자로 넘기면 그 배열의 각 요소에 함수가 적용된다.

```
print ol( li([ qw(red blue green)]) );
<OL><LI>red</LI><LI>blue</LI><LI>green</LI></OL>
@names = qw(Larry Moe Curly);
print ul( li({ -TYPE => "disc" }, \@names) );
<UL><LI TYPE="disc">Larry</LI> <LI TYPE="disc">Moe</LI>
    <LI TYPE="disc">Curly</LI></UL>
```

논의

CGI 모듈의 HTML을 만들어 주는 함수들을 사용하면 리스트나 테이블을 쉽게 만들 수 있다. 단순한 문자열을 넘기면 그 문자열의 HTML을 만들고, 배열 레퍼런스를 넘기면 각 요소의 HTML들을 만들어 준다.

```
print li("alpha");
<LI>alpha</LI>
print li( [ "alpha", "omega"] );
<LI>alpha</LI> <LI>omega</LI>
```

리스트용 도우미 함수는 :standard 임포트 태그를 지정하면 적재되지만, 테이블용 도우미 함수를 적재하려면 :html3를 따로 지정해야 한다. 그리고 <TR> 태그는 tr() 함수에 대응되어야 하겠지만 펄에 있는 tr/// 연산자와 중복되므로 테이블 행을 만들 때는 Tr() 함수를 쓴다.

다음 예제에서는 배열의 해시를 가지고 HTML 테이블을 만든다. 키는 행의 헤더가 되고 배열의 값들은 열로 들어간다.

```
use CGI qw(:standard :html3);

%hash = (
    "Wisconsin"  => [ "Superior", "Lake Geneva", "Madison" ],
    "Colorado"   => [ "Denver", "Fort Collins", "Boulder" ],
    "Texas"      => [ "Plano", "Austin", "Fort Stockton" ],
    "California" => [ "Sebastopol", "Santa Rosa", "Berkeley" ],
);

$\ = "\n";

print "<TABLE><CAPTION>Cities I Have Known</CAPTION>";
print Tr(th [qw(State Cities)]);
for $k (sort keys %hash) {
    print Tr(th($k), td( [ sort @{$hash{$k}} ] ));
}
print "</TABLE>";
```

위 코드로 다음과 같은 텍스트가 만들어진다.

```
<TABLE> <CAPTION>Cities I Have Known</CAPTION>
    <TR><TH>State</TH> <TH>Cities</TH></TR>
    <TR><TH>California</TH> <TD>Berkeley</TD> <TD>Santa Rosa</TD>
        <TD>Sebastopol</TD> </TR>
    <TR><TH>Colorado</TH> <TD>Boulder</TD> <TD>Denver</TD>
        <TD>Fort Collins</TD> </TR>
    <TR><TH>Texas</TH> <TD>Austin</TD> <TD>Fort Stockton</TD>
        <TD>Plano</TD> </TR>
    <TR><TH>Wisconsin</TH> <TD>Lake Geneva</TD> <TD>Madison</TD>
        <TD>Superior</TD></TR>
</TABLE>
```

동일한 출력을 print 문 하나만 써서 만들 수 있다. 다만 map을 사용해서 암묵적인 반복문을 만들어야 하므로 조금 복잡해진다. 다음의 출력문은 위와 동일한 출력을 만든다.

```
print table
        caption('Cities I have Known'),
        Tr(th [qw(State Cities)]),
        map { Tr(th($_), td( [ sort @{$hash{$_}} ] )) } sort keys %hash;
```

예제 19-3처럼 데이터베이스를 조회한 결과를 서식에 맞춰 출력할 때 특히 유용하다(데이터베이스에 대한 더 자세한 내용은 14장을 참고하라).

예제 19-3. salcheck

```
#!/usr/bin/perl
# salcheck - 급료를 확인한다
use DBI;
use strict;
use CGI qw(:standard :html3);

my $limit = param("LIMIT");

print header(), start_html("Salary Query"),
      h1("Search"),
      start_form(),
      p("Enter minimum salary", textfield("LIMIT")),
      submit(),
      end_form();

if (defined $limit) {
    my $dbh = DBI->connect("dbi:mysql:somedb:server.host.dom:3306",
        "username", "password")
        or die "Connecting: $DBI::errstr";
    my $sth = $dbh->prepare("SELECT name,salary FROM employees
        WHERE salary > $limit")
        or die "Preparing: ", $dbh->errstr;
    $sth->execute
        or die "Executing: ", $sth->errstr;

    print h1("Results"), "<TABLE BORDER=1>";

    while (my $row = $sth->fetchrow_arrayref()) {
           print Tr( td( $row ) );
    }

    print "</TABLE>\n";
    $sth->finish;
    $dbh->disconnect;
}

print end_html();
```

더 알아보기

- CGI 모듈 문서
- 레시피 14.9

19.7 다른 곳으로 리다이렉트하기

문제

다른 곳에서 페이지를 찾도록 클라이언트 브라우저에 지시하고자 한다.

해결책

일반적인 헤더 대신 리다이렉트를 지시하는 헤더를 보내고 종료하면 된다. 헤더의 끝에 줄바꿈을 추가하는 것을 잊지 않도록 하자.

```
$url = "http://www.perl.com/CPAN/";
print "Location: $url\n\n";
exit;
```

논의

CGI 프로그램에서 직접 문서를 생성할 필요가 없는 경우가 있다. 어딘가 다른 곳에 있는 문서를 가져가라고 알려주기만 하면 되는 경우이다. 이런 경우 HTTP 헤더에 `Location` 행을 추가하고 이동해야 할 곳의 URL을 붙인다. URL은 상대 URL이 아닌 절대 URL을 사용해야 한다.

보통은 해결책에 나온 정도로 충분하지만, CGI 모듈이 이미 적재되어 있다면 `redirect` 함수를 사용해보도록 한다. 쿠키를 만들고 설정하는 코드를 예제 19-4에 나타낸다.

예제 19-4. oreobounce

```
#!/usr/bin/perl -w
# oreobounce - 쿠키를 설정하고 브라우저를 리다이렉트한다
use CGI qw(:cgi);
use strict;

my $oreo = cookie( -NAME    => 'filling',
                   -VALUE   => "vanilla crème",
                   -EXPIRES => '+3M',     # M은 '달'을 나타낸다. m은 '분'
                   -DOMAIN  => '.perl.com');

my $whither  = "http://somewhere.perl.com/nonesuch.html";

print redirect( -URL     => $whither,
                -COOKIE  => $oreo);
```

다음과 같은 헤더가 만들어진다.

```
Status: 302 Moved Temporarily
Set-Cookie: filling=vanilla%20cr%E4me; domain=.perl.com;
    expires=Tue, 21-Jul-1998 11:58:55 GMT
Date: Tue, 21 Apr 1998 11:55:55 GMT
Location: http://somewhere.perl.com/nonesuch.html
Content-Type: text/html
<<여기에 빈 줄이 들어간다>>
```

예제 19-5는 클라이언트 브라우저의 이름을 확인해서, 에릭 레이먼드(Eric Raymond)의 *Jargon File* 편집판에 있는 그 브라우저에 관한 페이지로 리다이렉트시키는 프로그램이다. 이 예제는 레시피 10.17과는 다른 방법으로 스위치 구문을 만드는 좋은 예제이기도 하다.

예제 19-5. os_snipe

```
#!/usr/bin/perl
# os_snipe - 현재 OS에 관한 자곤 파일로 리다이렉트한다
$dir = 'http://www.wins.uva.nl/%7Emes/jargon';
for ($ENV{HTTP_USER_AGENT}) {
    $page  =    /Mac/            && 'm/Macintrash.html'
             || /Win(dows )?NT/  && 'e/evilandrude.html'
             || /Win|MSIE|WebTV/ && 'm/MicroslothWindows.html'
             || /Linux/          && 'l/Linux.html'
             || /HP-UX/          && 'h/HP-SUX.html'
             || /SunOS/          && 's/ScumOS.html'
             ||                     'a/AppendixB.html';
}
print "Location: $dir/$page\n\n";
```

모든 사용자를 항상 동일한 위치로 리다이렉트하는 게 아니므로 *os_snipe*는 리다이렉트할 곳을 동적으로 결정한다. 만일 항상 같은 곳으로 리다이렉트한다면 서버의 설정 파일에 정적으로 리다이렉트 구문을 넣는 게 더 낫다. 리다이렉트할 때마다 CGI 스크립트를 실행하는 것보다 효율적이다.

아무 출력도 생성하지 않을 경우에도 그 사실을 브라우저에 알려야 한다. 아무 곳으로도 리다이렉트하지 않는 것과는 다르다.

```
use CGI qw(:standard);
print header( -STATUS => '204 No response' );
```

위 코드는 다음과 같은 헤더를 생성한다.

```
Status: 204 No response
Content-Type: text/html
<<여기에 빈 줄이 들어간다>>
```

사용자가 어떤 폼을 제출했지만 해당하는 페이지에 아무 변경을 하지 않을 때 이런 응답을 보낼 수 있다.

콘텐츠가 없는데 Content-Type을 지정하는 것이 이상해 보일 수 있다. CGI 모듈이 그냥 그렇게 동작하는 것뿐이다. 여러분이 직접 코드를 만드는 경우 Content-Type은 필요없다. 하지만 빈 줄은 여전히 필수적으로 있어야 한다.

```
#!/bin/sh
cat <<EOCAT
Status: 204 No response

EOCAT
```

더 알아보기

- CGI 모듈 문서

19.8 가공되지 않은 HTTP 데이터를 디버깅하기

문제

CGI 스크립트가 브라우저와 통신할 때 이상하게 동작하는데, 아무래도 HTTP 헤더가 이상한 것 같다. 브라우저가 서버로 보낸 HTTP 헤더의 정확한 내용을 살펴보고자 한다.

해결책

모조 웹 서버를 만들어 브라우저와 통신한다. 예제 코드를 예제 19-6에 나타낸다.

예제 19-6. dummyhttpd

```
#!/usr/bin/perl -w
# dummyhttpd - HTTP 데몬을 시작하고 클라이언트가 보낸 내용을 출력한다

use strict;
use LWP 5.32;  # 적어도 이 이상의 버전이 필요
use HTTP::Daemon;
my $server = HTTP::Daemon->new(Timeout => 60, LocalPort => 8989);
print "Please contact me at: <URL:", $server->url, ">\n";

while (my $client = $server->accept) {
  CONNECTION:
    while (my $answer = $client->get_request) {
        print $answer->as_string;
        $client->autoflush;
  RESPONSE:
        while (<STDIN>) {
            last RESPONSE   if $_ eq ".\n";
            last CONNECTION if $_ eq "..\n";
            print $client $_;
        }
        print "\nEOF\n";
    }
    print "CLOSE: ", $client->reason, "\n";
    $client->close;
    undef $client;
}
```

논의

여러 브라우저를 놓고 어느 버전에 어떤 버그가 있는지를 파악해 두는 것은 어렵다. 브라우저가 오동작하여 서버에 올바른 정보를 전달하지 못하는 경우가 있다. 가상의 웹 서버를 준비해 두면 며칠씩 머리를 싸매지 않고 끝낼 수 있다. 과거를 돌이켜 보면 브라우저에는 쿠키를 잃어버리거나, URL 이스케이프 처리를 잘못하거나, 상태 표시줄을 잘못 표시하는 등 갖가지 버그가 있었다.

모조 웹 서버는 실제 웹 서버와 같은 장비에서 동작시키는 것이 좋다. 그러면 브라우저가 그 도메인에 속한 쿠키를 계속 보낼 수 있다. 브라우저가 원래 접속하

던 주소가 다음과 같다고 하자.

```
http://somewhere.com/cgi-bin/whatever
```

이 주소 대신 해결책의 new 생성자에서 지정한 대체 포트를 사용하도록 한다. 대체 포트를 사용하면 슈퍼유저가 아니더라도 웹 서버를 실행할 수 있다.

```
http://somewhere.com:8989/cgi-bin/whatever
```

브라우저 쪽에는 문제가 없고 서버 쪽이 의심스럽다면 *telnet*을 사용하여 원격 서버와 통신하는 것이 문제를 해결하는 지름길이 될 수 있다.

```
% telnet www.perl.com 80
GET /bogotic HTTP/1.0
<<blank line here>>
HTTP/1.1 404 File Not Found
Date: Tue, 21 Apr 1998 11:25:43 GMT
Server: Apache/1.2.4
Connection: close
Content-Type: text/html
<HTML><HEAD>
<TITLE>404 File Not Found </TITLE>
</HEAD><BODY>
<H1>File Not Found</H1>
The requested URL /bogotic was not found on this server.<P>
</BODY></HTML>
```

LWP 모듈이 설치되어 있다면 *lwp-request* 프로그램의 별칭으로 *GET*을 사용할 수 있다. 이 프로그램은 리다이렉트되는 과정을 추적해주므로 문제를 해결할 실마리를 발견할 수 있다. 예를 들면 다음과 같다.

```
% GET -esuSU http://mox.perl.com/perl/bogotic
GET http://language.perl.com/bogotic
Host: mox.perl.com
User-Agent: lwp-request/1.32

GET http://mox.perl.com/perl/bogotic --> 302 Moved Temporarily
GET http://www.perl.com/perl/bogotic --> 302 Moved Temporarily
GET http://language.perl.com/bogotic --> 404 File Not Found
Connection: close
Date: Tue, 21 Apr 1998 11:29:03 GMT
Server: Apache/1.2.4
Content-Type: text/html
Client-Date: Tue, 21 Apr 1998 12:29:01 GMT
Client-Peer: 208.201.239.47:80
Title: Broken perl.com Links

<HTML>
<HEAD><TITLE>An Error Occurred</TITLE></HEAD>
<BODY>
<H1>An Error Occurred</h1>
404 File Not Found
</BODY>
</HTML>
```

더 알아보기

- CGI 모듈 문서
- 레시피 19.9
- *lwp-request*(1)

19.9 쿠키 관리하기

문제

쿠키를 알아내거나 지정하여 세션이나 사용자 설정을 관리하고자 한다.

해결책

CGI 모듈을 사용하여 기존의 쿠키를 가져온다.

```
$preference_value = cookie("preference name");
```

새 쿠키를 만들려면 다음과 같이 한다.

```
$packed_cookie = cookie( -NAME    => "preference name",
                         -VALUE   => "whatever you'd like",
                         -EXPIRES => "+2y");
```

쿠키를 클라이언트 브라우저에 저장하려면 그 쿠키를 HTTP 헤더에 포함해야 한다. 보통은 header 함수나 redirect 함수를 사용하게 된다.

```
print header(-COOKIE => $packed_cookie);
```

논의

쿠키의 역할은 정보를 클라이언트 브라우저에 저장하는 것이다. 유닉스에서 넷스케이프를 사용한다면 *~/.netscape/cookies* 파일에 저장된 쿠키를 볼 수 있다. 다만, 이것은 현재 쿠키가 아니라 브라우저를 마지막으로 종료한 시점의 쿠키이다. 쿠키는 응용 프로그램별로 저장되는 사용자 설정이나 정보 전송을 돕는 수단으로 생각할 수 있다. 쿠키의 장점은 서버상의 여러 프로그램에서 공유할 수 있고, 브라우저를 종료해도 다음번 실행할 때까지 저장된다는 점이다.

하지만 쿠키는 트래픽 분석이나 클릭 추적 등 수상해 보이는 목적으로도 사용할 수 있다. 이 말을 듣고 어떤 독자들은 누가 자신의 데이터를 수집하는 건 아닌지, 자신의 웹 서핑 습관을 가지고 무슨 일을 할지 걱정이 되기도 할 것이다. 쿠키는 이동성이 없다. 여러분이 집이나 타인의 사무실에 있는 브라우저를 사용한다고 해서 여러분의 사무실에 있는 브라우저의 쿠키를 가져올 수는 없다는 이야기다. 어떤 브라우저에서든 항상 자신의 쿠키가 사용된다고 할 수는 없다. 이 뿐만 아니라 브라우저에 쿠키가 영원히 저장된다는 보장도 없다. 다음은 HTTP State Management Mechanism(RFC 2109)에서 발췌한 내용이다.

> 쿠키를 저장할 공간에는 한계가 있으므로, 사용자 에이전트는 새 쿠키를 저장할 공간을 확보하기 위해 사용된 지 가장 오래된 쿠키부터 삭제할 수 있다. 또한 각 서버별로 설정할 수 있는 쿠키의 최대 개수를 제한할 수 있다.

이론상으로는 브라우저가 언제든 쿠키를 삭제할 수 있지만, 세션에 관련된 쿠키나 최근에 사용된 장기간 유효한 쿠키를 멋대로 삭제할 경우 사용자는 매우 화가 날 것이다.

쿠키의 불안정한 특징을 고려하여 이를 너무 신용하지 않도록 한다. 쿠키는 상태 정보를 유지해야 하는 간단한 트랜잭션에 사용하고, 사용자의 프라이버시를 고려하여 트래픽 분석 등에 쓰는 것은 피하도록 하라.

예제 19-7은 사용자가 마지막으로 선택한 선택지를 기억하는 프로그램이다.

예제 19-7. ic_cookies

```
#!/usr/bin/perl -w
# ic_cookies - 쿠키를 사용하는 간단한 CGI 스크립트 예제
use CGI qw(:standard);

use strict;
my $cookname = "favorite ice cream";
my $favorite = param("flavor");
my $tasty    = cookie($cookname) || 'mint';

unless ($favorite) {
    print header(), start_html("Ice Cookies"), h1("Hello Ice Cream"),
          hr(), start_form(),
            p("Please select a flavor: ", textfield("flavor",$tasty)),
              end_form(), hr();
    exit;
}

my $cookie = cookie(
                -NAME    => $cookname,
                -VALUE   => $favorite,
                -EXPIRES => "+2y",
            );

print header(-COOKIE => $cookie),
      start_html("Ice Cookies, #2"),
      h1("Hello Ice Cream"),
      p("You chose as your favorite flavor `$favorite'.");
```

더 확장성 있는 방법은 랜덤하게 정해진 고유의 세션 식별자(`sprintf "%x-%x-%x", time(), $$, int rand 0x10000`와 같은 식으로 만드는)를 쿠키에 넣고, 이 값

을 그 세션에 관련된 상태 정보를 담고 있는 파일이나 데이터베이스 레코드에 연결시키는 것이다. 이때 해당 파일이나 데이터베이스 레코드에 접근하는 과정에 경쟁 상태가 발생하지 않는지 확인하라(레시피 19-4 참고). 또한 오래된 세션 파일을 정기적으로 삭제하고, 세션 쿠키가 서버에 존재하지 않는 경우를 처리할 수 있도록 한다. 이런 종류의 서버 쪽 데이터를 잘 구현한 펄 모듈이 이미 몇 가지 있다. 대표적인 것이 CGI::Session이다.

더 알아보기

- CGI, CGI::Session 모듈 문서
- 레시피 19.4
- RFC 2109

19.10 폼 데이터 유지하기

문제

마지막으로 제출되었던 값을 폼 필드에 기본값으로 표시하고자 한다. 예를 들어 Google(*http://www.google.com*)의 검색 대화상자에 기존에 검색했던 키워드들이 표시되는 식이다.

해결책

CGI 모듈의 HTML 도우미 함수를 사용하여 폼을 만든다. 이렇게 해서 만든 폼에는 기존 값이 기본적으로 표시된다.

```
print textfield("SEARCH");          # 기본값은 이전의 SEARCH 필드의 값
```

논의

다음의 예제 19-8은 현재 로그인한 사용자의 목록을 만드는 간단한 스크립트이다.

예제 19-8. who.cgi

```
#!/usr/bin/perl -wT
# who.cgi - who(1)를 실행해서 그 결과를 서식에 맞춰 출력한다

$ENV{IFS}='';
$ENV{PATH}='/bin:/usr/bin';

use CGI qw(:standard);

# 검색 폼을 출력한다
print header(), start_html("Query Users"), h1("Search");
print start_form(), p("Which user?", textfield("WHO")), submit(), end_form();
```

```
# 어떤 이름을 검색하고 있다면 그 검색 결과를 출력한다
$name = param("WHO");
if ($name) {
    print h1("Results");
    $html = '';

    # who를 호출하고 응답으로 보낼 텍스트를 만든다
    foreach (`who`) {
        next unless /^$name\s/o;            # $name에 일치하는 행만을 처리한다
        s/&/&amp;/g;                        # HTML을 이스케이프한다
        s/</&lt;/g;
        s/>/&gt;/g;
        $html .= $_;
    }
    # 일치하는 인물을 찾지 못했다면 메시지를 출력한다
    $html = $html || "$name is not logged in";

    print pre($html);
}

print end_html();
```

textfield를 호출하면 텍스트 입력 필드가 HTML로 만들어진다. 이 필드의 매개변수 이름은 WHO가 된다. 폼을 출력한 후, 이 스크립트가 실행될 때 WHO 매개변수 값이 지정되었는지 검사한다. 지정되었다면 *who* 명령의 출력에서 지정된 사용자에 관한 행을 찾는다.

더 알아보기

- CGI 모듈 문서
- 레시피 19.4
- 레시피 19.6

19.11 하나의 CGI 스크립트로 여러 화면 만들기

문제

하나의 CGI 스크립트에서 여러 페이지를 반환하고자 한다. 예를 들어 상품 데이터베이스를 관리하는 스크립트 하나를 만들어서 상품 추가와 삭제, 편집 등을 할 수 있는 폼을 표시하거나 그 폼이 제출되면 처리하도록 할 수 있다. 이런 멀티스크린 CGI 스크립트를 사용하여 기본적인 쇼핑카트 응용 프로그램을 만들 수 있다.

해결책

히든(hidden) 필드를 사용하여 현재 화면을 부호화한다.

논의

CGI 모듈을 쓰면 값을 유지하기 위한 히든 필드를 간단하게 만들 수 있다. hidden 함수는 히든 필드 HTML을 반환한다. 인자로 필드의 이름만 전달할 경우 그 필드의 현재값을 사용한다.

```
use CGI qw(:standard);
print hidden("bacon");
```

어느 페이지를 표시할지("전체 상품 목록 표시", "장바구니 상품 표시", "주문 확정" 등) 결정하기 위해 다른 히든 필드를 사용한다. 이 필드 이름을 .State라고 지어서 행여 나중에 State라는 필드를 추가하더라도(신용카드 청구 주소 등에 사용될 수 있다) 이름이 충돌하지 않도록 하자. 사용자가 이 페이지에서 저 페이지로 이동할 수 있도록, .State 필드에 이동할 페이지 이름을 넣고 제출 버튼을 만든다. 예를 들어 "체크아웃" 페이지로 이동하는 버튼을 다음과 같이 만들 수 있다.

```
print submit(-NAME => ".State", -VALUE => "Checkout");
```

이것을 함수로 래핑하면 타이핑하기 편해진다.

```
sub to_page { return submit( -NAME => ".State", -VALUE => shift ) }
```

어느 페이지를 표시할지 결정하려면 .State 매개변수를 확인한다.

```
$page = param(".State") || "Default";
```

각 페이지를 만드는 코드를 서로 다른 서브루틴으로 추가한다. 어느 서브루틴을 호출할지를 판단하기 위해 다음처럼 if ... elsif ... elsif를 길게 이어갈 수도 있다.

```
if ($page eq "Default") {
    front_page();
} elsif ($page eq "Checkout") {
    checkout();
} else {
    no_such_page();          # 존재하지 않는 .State를 받았을 때
}
```

하지만 너무 장황해서 보기에 좋지 않다. 해시를 사용해서 페이지 이름을 서브루틴에 대응시킨다. C 언어의 switch 문을 펄에서 구현하는 또 하나의 방법이다.

```
%States = (
    'Default'     => \&front_page,
    'Shirt'       => \&shirt,
    'Sweater'     => \&sweater,
    'Checkout'    => \&checkout,
```

```
    'Card'        => \&credit_card,
    'Order'       => \&order,
    'Cancel'      => \&front_page,
);

if ($States{$page}) {
    $States{$page}->();   # 해당 서브루틴을 호출한다
} else {
    no_such_page();
}
```

각 페이지마다 값이 영속적으로 보존되어야 할 필드들이 있을 수 있다. 예를 들어 사용자가 티셔츠를 주문하는 페이지에서는, 사용자가 구두를 주문하는 페이지로 넘어가더라도 앞서 주문한 티셔츠 수량이 계속 유지되어야 할 것이다. 이를 위해 각 페이지를 생성하는 서브루틴들을 호출하면서 인자로 이 페이지가 사용자가 현재 보고 있는 페이지인지 여부를 알려준다. 현재 페이지가 아니라면 그 서브루틴은 보존할 데이터를 담은 히든 필드만 반환한다.

```
while (($state, $sub) = each %States) {
    $sub->( $page eq $state );
}
```

eq 비교 연산자는 이 페이지가 현재 페이지라면 참을, 그렇지 않으면 거짓을 반환한다. 이제 페이지를 생성하는 서브루틴은 다음과 같은 모습이 된다.

```
sub t_shirt {
    my $active = shift;

    unless ($active) {
        print hidden("size"), hidden("color");
        return;
    }

    print p("You want to buy a t-shirt?");
    print p("Size: ", popup_menu('size', [ qw(XL L M S XS) ]));
    print p("Color:", popup_menu('color', [ qw(Black White) ]));

    print p( to_page("Shoes"), to_page("Checkout") );
}
```

이 서브루틴들은 모두 HTML을 생성하므로, 서브루틴들을 호출하기 전에 HTTP 헤더를 출력하고 HTML 문서와 폼을 시작해 둔다. 이렇게 하면 어느 페이지를 출력하든 표준으로 정해 놓은 헤더와 푸터[3]를 출력할 수 있다. 다음 예제에서 standard_header는 헤더를, standard_footer는 푸터를 출력하는 서브루틴이다.

3 (옮긴이) 이 문장에서 말하는 헤더는 HTTP 프로토콜 헤더가 아니라, 웹 사이트에서 어느 페이지를 보더라도 항상 동일한 내용이 표시되는 시작 부분을 의미한다. 예를 들어 헤더에는 그 사이트의 여러 페이지로 갈 수 있는 메뉴 바가 있고, 푸터에는 고객 상담 센터의 연락처가 적혀 있는 식이다.

```
print header("Program Title"), start_html();
print standard_header(), begin_form();
while (($state, $sub) = each %States) {
    $sub->( $page eq $state );
}
print standard_footer(), end_form(), end_html();
```

폼 안에서 가격을 부호화하지 않도록 한다. 가격은 히든 필드의 값을 사용하여 계산하되 올바른 값인지 확인하는 것도 잊지 말라. 예를 들어 사용자가 XXXXXXL 사이즈의 티셔츠를 주문한 경우 보유 중인 상품 목록과 대조하면 무엇인가 잘못되었다고 판단할 수 있다. 상품을 식별할 때는 어떤 문자열이라도 사용할 수 있다. "*sweater_xl_plain*" 같은 텍스트 문자열을 키로 하여 가격이 담긴 해시를 검색할 수도 있고 상품의 "SKU(Stock Keeping Unit)" 번호를 써서 외부 데이터베이스를 검색할 수도 있다.

히든 필드를 통해 숨겨진 데이터를 사용하는 게 쿠키를 사용하는 것보다 더 안정적이다. 브라우저가 쿠키를 지원하는지 여부에 의존하지 않기 때문이다. 이와 관련된 자세한 설명은 레시피 19.9를 참고하라. 다만 숨겨진 데이터를 사용할 때는 사용자가 따라갈 링크들을 일반적인 하이퍼링크가 아니라 폼 제출 버튼으로 구현해야 한다.

이 장 마지막에는 간단한 쇼핑카트 응용 프로그램 예제인 *chemiserie* 프로그램을 소개한다.

더 알아보기

- CGI 모듈 문서

19.12 파일 또는 메일로 폼 저장하기

문제

CGI 스크립트에서 전체 폼 내용을 파일로 저장하고 메일로 보내고자 한다.

해결책

폼을 저장하려면 CGI 모듈의 save_parameters 함수나 save 메서드를 사용하고, 인자에 파일핸들을 지정한다. 파일로 저장하려면 다음처럼 한다.

```
# 파일을 열고 배타적으로 락을 건다
open(FH, ">>/tmp/formlog")              or die "can't append to formlog: $!";
flock(FH, 2)                            or die "can't flock formlog: $!";
```

```
# 절차형 인터페이스를 사용하는 경우
use CGI qw(:standard);
save_parameters(*FH);                      # CGI::save

# 객체 지향 인터페이스를 사용하는 경우
use CGI;
$query = CGI->new();
$query->save(*FH);


close(FH)                                  or die "can't close formlog: $!";
```

메일 프로세스와 연결된 파이프 등을 통해서 저장하려면 다음처럼 한다.

```
use CGI qw(:standard);
open(MAIL, "|/usr/lib/sendmail -oi -t") or die "can't fork sendmail: $!";
print MAIL <<EOF;
From: $0 (your cgi script)
To: hisname\@hishost.com
Subject: mailed form submission

EOF
save_parameters(*MAIL);
close(MAIL)                                or die "can't close sendmail: $!";
```

논의

폼 데이터를 나중에 사용할 수 있도록 저장할 경우가 있다. CGI 모듈의 save_parameters 함수와 save 메서드를 사용하면 폼 매개변수들을 열려 있는 파일핸들에 쓸 수 있다. 이 파일핸들은 열려 있는 파일(해결책에 나온 코드처럼 가급적이면 추가 모드로 열고 락을 걸어둔다)이나, 메일 프로그램과 연결된 파이프 등에 결합할 수 있다.

파일에는 변수이름=값 형식으로 한 줄에 한 데이터씩 저장된다. 특수 문자들은 URL 이스케이프된다. 각 레코드는 등호 하나만 있는 행으로 구분된다. 이렇게 저장한 내용을 다시 읽어 들일 때는 CGI->new 메서드에 파일핸들을 인자로 지정하여 호출하는 것이 일반적이다. 뒤에서 설명하겠지만, 이스케이프되었던 것을 복원하는 등의 작업은 이 메서드가 자동으로 처리한다.

질의 정보를 저장하기 전에 추가로 어떤 정보를 덧붙이려면 param 함수(객체 지향 인터페이스를 사용하는 경우는 메서드)에 두 개 이상의 인자를 전달하여 폼 매개변수 값을 지정할 수 있다. 예를 들어 타임스탬프와 모든 환경변수를 저장하려면 다음처럼 한다.

```
param("_timestamp", scalar localtime);
param("_environs", %ENV);
```

일단 폼을 파일에 저장했으면 객체 지향 인터페이스를 사용하여 저장한 내용을 처리한다.

파일핸들에서 질의 객체를 불러오려면 new 메서드를 호출하면서 파일핸들을 인자로 전달한다. 이렇게 호출할 때마다 완전한 폼이 반환된다. 파일의 끝에 도달하면 아무 매개변수가 없는 폼이 반환된다. 다음은 예제 코드이다. "items request" 매개변수의 누적 합계를 계산하되, 폼이 *perl.com* 사이트에서 제출된 경우는 제외한다. 앞에서 폼을 파일에 저장할 때 _environs와 _timestamp 매개변수를 추가했던 것을 기억하라.

```
use CGI;
open(FORMS, "< /tmp/formlog")       or die "can't read formlog: $!";
flock(FORMS, 1)                     or die "can't lock formlog: $!";
while ($query = CGI->new(*FORMS)) {
    last unless $query->param();     # 파일의 끝에 도달
    %his_env = $query->param('_environs');
    $count  += $query->param('items requested')
                unless $his_env{REMOTE_HOST} =~ /(^|\.)perl\.com$/
}
print "Total orders: $count\n";
```

CGI 스크립트로 파일을 생성할 때는 늘 그렇듯이 여기서도 파일의 소유권과 퍼미션이 문제가 된다.

더 알아보기

- 레시피 18.3
- 레시피 19.3

19.13 프로그램: chemiserie

예제 19-9는 웹에서 티셔츠와 스웨터를 주문할 수 있게 해 주는 CGI 스크립트이다. 레시피 19.11에서 설명한 방법을 사용하고 있다. 출력되는 내용이 세련되지는 않았지만, 짧은 프로그램으로 멀티스크린을 제공하는 예를 보이기에는 충분하다.

shirt와 sweater 서브루틴에서는 각 상품에 해당하는 입력값을 확인하고 있다. 사용자가 어떤 식으론가 올바르지 않은 색상이나 크기를 전송할 경우 이 값은 올바른 값들 중 첫 번째 값으로 재설정된다.

예제 19-9. chemiserie

```
#!/usr/bin/perl -w
# chemiserie - 셔츠와 스웨터를 구입할 수 있는 간단한 CGI 스크립트
```

```
use strict;
use CGI qw(:standard);
use CGI::Carp qw(fatalsToBrowser);

my %States;                    # 페이지를 함수에 연관시키는 상태 테이블
my $Current_Screen;            # 현재 페이지
croak "This CGI works only over HTTPS"
  if $ENV{'SERVER_PORT'} && !$ENV{'HTTPS'};
# 신용카드 번호 같은 민감한 데이터를 다루기 때문에 HTTPS 사용을 강제한다
# 페이지와 함수를 해시화한다

%States = (
    'Default'     => \&front_page,
    'Shirt'       => \&shirt,
    'Sweater'     => \&sweater,
    'Checkout'    => \&checkout,
    'Card'        => \&credit_card,
    'Order'       => \&order,
    'Cancel'      => \&front_page,
);

$Current_Screen = param(".State") || "Default";
die "No screen for $Current_Screen" unless $States{$Current_Screen};

# 현재 페이지를 만든다

standard_header();
while (my($screen_name, $function) = each %States) {
    $function->($screen_name eq $Current_Screen);
}
standard_footer();
exit;

##############################
# 헤더, 푸터, 메뉴
##############################

sub standard_header {
    print header(), start_html(-Title => "Shirts", -BGCOLOR=>"White");
    print start_form(); # 파일 업로드 기능을 넣을 경우 start_multipart_form() 사용
}

sub standard_footer { print end_form(), end_html() }

sub shop_menu {
    print p(defaults("Empty My Shopping Cart"),
        to_page("Shirt"),
        to_page("Sweater"),
        to_page("Checkout"));
}

##########################
# 각 페이지의 서브루틴
##########################

# 기본 페이지
sub front_page {
    my $active = shift;
    return unless $active;
    print "<H1>Hi!</H1>\n";
    print "Welcome to our Shirt Shop!  Please make your selection from ";
    print "the menu below.\n";
```

```
    shop_menu();
}

# 셔츠를 주문할 수 있는 페이지
sub shirt {
    my $active = shift;
    my @sizes  = qw(XL L M S);
    my @colors = qw(Black White);
    my ($size, $color, $count) =
      (param("shirt_size"), param("shirt_color"), param("shirt_count"));

    # 데이터의 유효성을 확인한다
    if ($count) {
        $color = $colors[0] unless grep { $_ eq $color } @colors;
        $size  = $sizes[0]  unless grep { $_ eq $size  } @sizes;
        param("shirt_color", $color);
        param("shirt_size",  $size);
    }

    unless ($active) {
        print hidden("shirt_size")  if $size;
        print hidden("shirt_color") if $color;
        print hidden("shirt_count") if $count;
        return;
    }

    print h1("T-Shirt");
    print p("What a shirt!  This baby is decked out with all the options.",
        "It comes with full luxury interior, cotton trim, and a collar",
        "to make your eyes water!  Unit price: \$33.00");

    print h2("Options");
    print p("How Many?", textfield("shirt_count"));
    print p("Size?",  popup_menu("shirt_size",  \@sizes ),
        "Color?", popup_menu("shirt_color", \@colors));

    shop_menu();
}

# 스웨터를 주문할 수 있는 페이지
sub sweater {
    my $active = shift;
    my @sizes  = qw(XL L M);
    my @colors = qw(Chartreuse Puce Lavender);

    my ($size, $color, $count) =
      (param("sweater_size"), param("sweater_color"), param("sweater_count"));

    # 데이터의 유효성을 확인한다
    if ($count) {
        $color = $colors[0] unless grep { $_ eq $color } @colors;
        $size  = $sizes[0]  unless grep { $_ eq $size  } @sizes;
        param("sweater_color", $color);
        param("sweater_size",  $size);
    }

    unless ($active) {
        print hidden("sweater_size")  if $size;
        print hidden("sweater_color") if $color;
        print hidden("sweater_count") if $count;
        return;
    }
```

```
    print h1("Sweater");
    print p("Nothing implies preppy elegance more than this fine",
        "sweater.  Made by peasant workers from black market silk,",
        "it slides onto your lean form and cries out \"Take me,",
        "for I am a god!\".  Unit price: \$49.99.");

    print h2("Options");
    print p("How Many?", textfield("sweater_count"));
    print p("Size?",  popup_menu("sweater_size",  \@sizes));
    print p("Color?", popup_menu("sweater_color", \@colors));

    shop_menu();
}

# 현재 주문 내용을 확정하는 페이지
sub checkout {
    my $active = shift;

    return unless $active;

    print h1("Order Confirmation");
    print p("You ordered the following:");
    print order_text();
    print p("Is this right?  Select 'Card' to pay for the items",
        "or 'Shirt' or 'Sweater' to continue shopping.");
    print p(to_page("Card"),
        to_page("Shirt"),
        to_page("Sweater"));
}

# 신용카드 정보를 수집하는 페이지
sub credit_card {
    my $active = shift;
    my @widgets = qw(Name Address1 Address2 City Zip State Phone Card Expiry);

    unless ($active) {
        print map { hidden($_) } @widgets;
        return;
    }

    print pre(p("Name:          ", textfield("Name")),
              p("Address:       ", textfield("Address1")),
              p("               ", textfield("Address2")),
              p("City:          ", textfield("City")),
              p("Zip:           ", textfield("Zip")),
              p("State:         ", textfield("State")),
              p("Phone:         ", textfield("Phone")),
              p("Credit Card #: ", textfield("Card")),
              p("Expiry:        ", textfield("Expiry")));
    print p("Click on 'Order' to order the items.  Click on 'Cancel'
            to return shopping.");

    print p(to_page("Order"), to_page("Cancel"));
}

# 주문을 완료하는 페이지
sub order {
    my $active = shift;

    unless ($active) {
        return;
    }
```

```
    # 여기에서 신용카드 정보를 확인한다

    print h1("Ordered!");
    print p("You have ordered the following toppings:");
    print order_text();

    print p(defaults("Begin Again"));
}

# 현재의 주문 상황을 HTML로 반환한다
sub order_text {
    my $html = '';

    if (param("shirt_count")) {
        $html .= p("You have ordered ", param("shirt_count"),
                   " shirts of size ",  param("shirt_size"),
                   " and color ", param("shirt_color"), ".");
    }
    if (param("sweater_count")) {
        $html .= p("You have ordered ",  param("sweater_count"),
                   " sweaters of size ", param("sweater_size"),
                   " and color ", param("sweater_color"), ".");
    }
    $html = p("Nothing!") unless $html;
    $html .= p("For a total cost of ", calculate_price());
    return $html;
}

sub calculate_price {
    my $shirts   = param("shirt_count")   || 0;
    my $sweaters = param("sweater_count") || 0;
    return sprintf("\$%.2f", $shirts*33 + $sweaters * 49.99);
}

sub to_page { submit(-NAME => ".State", -VALUE => shift) }
```

20장

P e r l C o o k b o o k

웹 자동화

웹(거미줄). 그 모양은 감각적이며 논리적이고

그 질감은 우아하며 창조적이다.

이것이야말로 문체이고, 문학의 기초이다.

— 로버트 루이스 스티븐슨(Robert Louis Stevenson)

On some Technical Elements of Style in Literature(1885)

20.0 개요

19장에서는 CGI를 사용하여 브라우저의 요청에 따라서 문서를 생성하는 법을 살펴보았다. 이 장에서는 웹을 반대 방향에서 접근하는 법에 대해 다룬다. 여러분이 브라우저에 응답하는 것이 아니라 그를 대신해서 요청을 만들고 서버에서 반환된 문서를 처리한다. 네트워크 프로토콜과 문서 형식들은 복잡하고 제대로 이해하기 어려우므로 모듈을 최대한 활용하도록 하자. 어려운 부분은 모듈에게 맡기고 여러분은 하고자 하는 작업에 전념할 수 있다.

필요한 모듈은 다음 URL에 모두 나열되어 있다.[1]

```
http://search.cpan.org/modlist/World_Wide_Web
```

신용카드의 체크섬 계산, 넷스케이프나 아파치 서버 API와의 통신, 이미지맵 처리, HTML 유효성 검사와 MIME 조작 등을 하는 모듈들이 제공되고 있다. 이 장

1 (옮긴이) 현재는 *http://www.cpan.org/modules/by-category/15_World_Wide_Web_HTML_HTTP_CGI/*에서 볼 수 있다. 단 CPAN 사이트에서는 더 이상 모듈 목록을 카테고리별로 정리하지 않으므로 유의하라.

에서는 그런 모듈들 중에 libwww-perl 묶음(줄여서 LWP라 부른다)에 포함되는 중요한 모듈들을 주로 다룬다. LWP에 포함된 모듈 몇 가지를 표 20-1에 정리하였다.

모듈 이름	용도
LWP::UserAgent	WWW 사용자 에이전트 클래스
LWP::RobotUA	로봇 응용 프로그램 개발
LWP::Protocol	각종 프로토콜 스킴의 인터페이스
LWP::Authen::Basic	401과 407 응답의 처리
LWP::MediaTypes	MIME 타입 설정(text/html 등)
LWP::Debug	로그 모듈 디버깅
LWP::Simple	자주 사용되는 함수에 대한 간단한 절차형 인터페이스
HTTP::Headers	MIME/RFC822 형식의 헤더
HTTP::Message	HTTP 형식의 메시지
HTTP::Request	HTTP 요청
HTTP::Response	HTTP 응답
HTTP::Daemon	HTTP 서버 클래스
HTTP::Status	HTTP 상태 코드 (200 OK 등)
HTTP::Date	HTTP 날짜 형식 해석
HTTP::Negotiate	HTTP 콘텐츠 네고시에이션 산출
WWW::RobotRules	robots.txt 파일의 해석
File::Listing	디렉터리 목록 해석

표 20-1 LWP 모듈

HTTP::와 LWP::로 시작하는 모듈들은 서버에 문서를 요청하는 모듈이다. 예를 들어 LWP::Simple 모듈을 사용하면 서버에서 간단하게 문서를 받아올 수 있다. 하지만 이 모듈로는 HTTP 응답을 구성하는 개개의 요소에 접근할 수 없다. 이를 위해서는 HTTP::Request, HTTP::Response, LWP::UserAgent 모듈들을 사용한다. HTTP::와 LWP::으로 시작하는 모듈에 관해서는 레시피 20.1, 레시피 20.2, 레시피 20.10에서 소개한다.

HTML을 파싱하는 데 사용되는 HTML:: 모듈들은 한때는 LWP에 포함되어 배포되었으나 지금은 별도로 배포되고 있다. 이 모듈들은 HTML을 해석하는 데에 사용된다. 이 모듈들에 대해서는 레시피 20.3에서 레시피 20.7까지의 내용들과 더불어 *htmlsub*와 *hrefsub* 프로그램을 통해 살펴본다.

레시피 20.12에서는 정규 표현식을 사용하여 웹 서버에 저장된 로그 파일 필드를 복호화하는 방법과 그 필드를 해석하는 방법에 관해서 설명한다. 그리고 레시피 20.13에서는 정규 표현식과 Logfile::Apache 모듈을 사용하여 로그 파일의 데이터를 요약하는 두 가지 방법을 소개한다.

LWP 모듈들에 대한 자세한 내용은 *Perl & LWP*(션 버크(Sean Burke) 저, O'Reilly)를 참고하라. 예를 들어 HTML을 아스키로 변환하는 내용을 다루는 레시피 20.5, 쿠키를 사용하는 페이지를 가져오는 법을 다루는 레시피 20.14, 비밀번호로 보호되는 페이지를 가져오는 내용을 다루는 레시피 20.15 등에서 미처 설명하지 못한 내용들이 더 자세히 실려 있다.

20.1 URL의 내용 가져오기

문제

스크립트를 사용하여 어떤 URL에 있는 내용을 가져오고자 한다.

해결책

LWP에 속한 CPAN 모듈 LWP::Simple에 있는 `get` 함수를 호출한다.

```
use LWP::Simple;
$content = get($URL);
```

논의

적합한 라이브러리를 잘 고르면 만사가 편해진다. URL의 내용을 가져오는 작업에 최적인 라이브러리는 LWP 모듈이다. 해결책을 통해서 알 수 있듯 이런 작업을 아주 손쉽게 처리할 수 있다.

LWP::Simple의 `get` 함수는 에러가 발생하면 `undef`을 반환한다. 따라서 다음과 같이 에러가 발생했는지 검사할 수 있다.

```
use LWP::Simple;
unless (defined ($content = get $URL)) {
    die "could not get $URL\n";
}
```

다만 이걸로는 에러의 원인을 구체적으로 알 수는 없다. 이런 경우를 비롯하여 더 정교하게 처리할 필요가 있을 때는 LWP::Simple 이외의 다른 모듈을 사용해야 한다.

예제 20-1은 원격지의 문서를 받아오는 프로그램이다. 실패하면 에러 구문을 출력한다. 성공적으로 받아오면 문서의 제목과 문서의 크기(바이트 단위)를 출력한다. 모듈을 세 가지 사용하는데 그중 두 개는 LWP 모듈이다.

LWP::UserAgent

가상 브라우저를 만드는 모듈이다. new 생성자에서 반환된 객체를 사용해서 실제 요청을 만든다. 에이전트 이름을 "Schmozilla/v9.14 Platinum"이라고 설정하는 것은 원격 서버의 웹마스터가 나중에 로그를 보다가 신기한 브라우저를 부러워하게 만들려는 것이다. 웹 서버 중에는 에이전트의 이름이 무엇이냐에 따라 제대로 된 페이지 대신 "이 사이트를 보려면 인터넷 네비게이터 버전 12 이상이 필요합니다" 같이 짜증나는 문구를 표시하는 기분 나쁜 서버도 있다. 에이전트 이름을 설정하는 기능은 이럴 때 유용하게 쓰인다.

HTTP::Response

사용자 에이전트가 실제로 요청을 수행한 후 반환하는 객체 타입이다. 이 객체를 검사하여 에러 발생 여부나 문서의 내용을 얻을 수 있다.

URI::Heuristic

넷스케이프에서 사용되는 형태의 추측 알고리즘을 사용해서 부분 URL을 전체 URL로 확장하는 모듈이다. 예를 들면 다음과 같다.

단순	추측
perl	*http://www.perl.com*
www.oreilly.com	*http://www.oreilly.com*
ftp.funet.fi	*ftp://ftp.funet.fi*
/etc/passwd	*file:/etc/passwd*

단순하게 적힌 내용들은 URI 명세에 있는 형태가 아니기 때문에 올바른 URL로 인식되지 않는다. 넷스케이프는 이런 문자열이 나타내려던 URL을 추측한다. 다른 브라우저들도 넷스케이프와 비슷한 기능을 제공한다.

예제 20-1은 프로그램의 소스 코드이다.

예제 20-1. titlebytes

```
#!/usr/bin/perl -w
# titlebytes - 문서의 제목과 크기를 알아낸다
use strict;
use LWP::UserAgent;
use HTTP::Response;
```

```
use URI::Heuristic;
my $raw_url = shift                       or die "usage: $0 url\n";
my $url = URI::Heuristic::uf_urlstr($raw_url);
$| = 1;                                   # 각 행을 바로 화면으로 내보낸다
printf "%s =>\n\t", $url;
# 가상의 사용자 에이전트
my $ua = LWP::UserAgent->new();
$ua->agent("Schmozilla/v9.14 Platinum");
# 가짜 리퍼러로 로그 분석기를 괴롭힌다
my $response = $ua->get($url, Referer => "http://wizard.yellowbrick.oz");
if ($response->is_error()) {
  printf " %s\n", $response->status_line;
} else {
  my $content = $response->content();
  my $bytes = length $content;
  my $count = ($content =~ tr/\n/\n/);
  printf "%s (%d lines, %d bytes)\n",
    $response->title() || "(no title)", $count, $bytes;
}
```

실행하면 다음과 같은 식으로 출력된다.

```
% titlebytes http://www.tpj.com/
http://www.tpj.com/ =>
    The Perl Journal (109 lines, 4530 bytes)
```

"referer"는 "referrer"의 올바른 표기 같은 게 아니다. 사람들이 프로토콜을 만들 때 철자를 틀린 게 그대로 표준이 되어서 HTTP_REFERER 같이 쓰인다. 그냥 영어로 "referring" 등을 쓸 때는 "r"을 두 번 쓰는 게 맞다.

get 메서드의 첫 번째 인자는 URL이고, 그 뒤에는 헤더 필드 이름과 값의 쌍이 이어진다.

더 알아보기

- CPAN 모듈 LWP::Simple 모듈 문서
- LWP에 포함된 *lwpcook*(1)과 *lwptut*(1) 매뉴얼 페이지
- LWP::UserAgent, HTTP::Response, URI::Heuristic 모듈 문서
- 레시피 20.2
- *Perl & LWP*

20.2 폼 제출 자동화하기

문제

폼의 값을 CGI 스크립트로 보내는 프로그램을 만들고자 한다. 예를 들어 Amazon 사이트에서 특정 키워드가 제목에 들어간 책이나 특정한 저자의 책을 검색해서 신간이 나왔을 때 통보해 주는 프로그램을 만들 수 있다.

해결책

GET 메서드로 폼의 값을 보내는 경우는 LWP::Simple의 get 함수를 사용한다.

```
use LWP::Simple;
use URI::URL;

$url = url("http://www.amazon.com/exec/obidos/search-handle-url/index=books");
$url->query_form("field-author" => "Larry Wall"); # 필요한 만큼 매개변수를 지정한다
$page = get($url);
```

POST 메서드를 사용하는 경우에는 독자적인 사용자 에이전트를 만들고 내용을 적절하게 부호화한다.

```
use LWP::UserAgent;

$ua = LWP::UserAgent->new();
$resp = $ua->post("www.amazon.com/exec/obidos/search-handle-form",
                  { "url"            => "index-books",
                    "field-keywords" => "perl" });
$content = $resp->content;
```

논의

간단한 조작이라면 LWP::Simple의 절차형 인터페이스로 충분하다. 더 복잡한 조작을 하려면 LWP::UserAgent를 사용한다. 이 모듈이 제공하는 가상 브라우저 객체의 메서드를 호출한다.

질의 문자열은 다음과 같은 형식으로 구성된다.

```
field1=value1&field2=value2&field3=value3
```

GET 요청의 경우는 요청 URL 뒤에 이 내용이 부호화된다.

```
script.cgi?field1=value1&field2=value2&field3=value3
```

필드의 값은 적절하게 이스케이프되어야 한다. 예를 들어 arg 매개변수를 "this isn't <EASY> & <FUN>"으로 설정하면 다음과 같은 문자열이 만들어져야 한다.

```
http://www.site.com/path/to/
        script.cgi?arg=%22this+isn%27t+%3CEASY%3E+%26+%3CFUN%3E%22
```

URI::URL 객체의 query_form 메서드를 호출하면 폼 데이터가 자동으로 이스케이프된다. URI::Escape::uri_escape나 CGI::escape_html 함수를 사용해서 직접 이스케이프할 수도 있다. POST 요청의 경우 질의 문자열은 CGI 스크립트로 보내지는 HTTP 문서의 본문에 기재된다.

GET 요청으로 데이터를 보낼 때는 LWP::Simple을 사용할 수 있지만 이 모듈에는 POST 요청을 보낼 수 있는 인터페이스는 없다. 대신 `$ua->post` 메서드를 사용해서 요청을 만들어 보낸다.

프락시를 거쳐야 한다면 다음과 같이 사용자 에이전트에 프락시를 사용하도록 지정한다.

```
$ua->proxy('http' => 'http://proxy.myorg.com:8081');
```

프락시가 여러 프로토콜을 처리하게 되는 경우에는 첫 번째 인자로 배열 레퍼런스를 넘긴다.

```
$ua->proxy(['http', 'ftp'] => 'http://proxy.myorg.com:8081');
```

이러면 이 사용자 에이전트에서 보낸 HTTP 요청과 FTP 요청은 *proxy.myorg.com*의 포트 8081에 있는 프락시를 통해 전달되게 된다.

더 알아보기

- CPAN 모듈 LWP::Simple, LWP::UserAgent, HTTP::Request::Common, URI::Escape, URI::URL 모듈 문서
- 레시피 20.1
- *Perl & LWP*

20.3 URL 추출하기

문제

HTML 파일의 내용에서 URL을 모두 뽑아내고자 한다. 예를 들어 MP3 파일 목록이 게재된 페이지를 내려받았다고 하자. 이 페이지에서 MP3 파일들을 다운로드할 수 있는 URL들을 추출한 후에 그 중에서 좋아하는 MP3 파일만을 내려받는 프로그램을 만들 수 있다.

해결책

CPAN 모듈 HTML::LinkExtor를 사용한다.

```
use HTML::LinkExtor;

$parser = HTML::LinkExtor->new(undef, $base_url);
$parser->parse_file($filename);
@links = $parser->links;
foreach $linkarray (@links) {
```

```
    my @element = @$linkarray;
    my $elt_type = shift @element;                 # 요소 타입

    # 우리가 원하는 요소인지 검사할 수 있다.
    while (@element) {
        # 속성의 이름과 그 속성값으로 구성된 쌍을 한 번에 한 쌍씩 추출한다
        my ($attr_name, $attr_value) = splice(@element, 0, 2);
        # ... 여기에서 처리한다...
    }
}
```

논의

HTML::LinkExtor 모듈은 두 가지 사용법이 있다. 하나는 문서가 완전히 해석된 다음에 links 메서드를 호출해서 문서 안에 있는 모든 링크의 목록을 얻는 것이다. 또 하나는 new 생성자의 첫 번째 인자로 코드 레퍼런스를 넘기는 것이다. 그러면 문서가 해석되는 도중에 링크를 만날 때마다 코드 레퍼런스가 가리키는 함수가 그 링크를 인자로 하여 호출된다.

links 메서드는 링크 목록을 비워 버리므로, 해석이 끝난 문서에 대해 단 한 번만 호출한다. 이 메서드는 배열 레퍼런스를 반환한다. 이 배열의 각 원소들도 배열 레퍼런스이며, 이 배열의 첫 번째 원소는 HTML::Element 객체이고 나머지 원소는 속성의 이름과 속성 값의 쌍이 번갈아가며 나열된다. 다음 HTML을 보자.

```
<A HREF="http://www.perl.com/">Home page</A>
<IMG SRC="images/big.gif" LOWSRC="images/big-lowres.gif">
```

이 HTML의 경우는 다음과 같은 데이터 구조가 반환된다.

```
[
  [ a,   href   => "http://www.perl.com/" ],
  [ img, src    => "images/big.gif",
         lowsrc => "images/big-lowres.gif" ]
]
```

다음은 $elt_type과 $attr_name을 사용해서 이미지와 앵커들을 출력하는 예이다.

```
if ($elt_type eq 'a' && $attr_name eq 'href') {
    print "ANCHOR: $attr_value\n"
        if $attr_value->scheme =~ /http|ftp/;
}
if ($elt_type eq 'img' && $attr_name eq 'src') {
    print "IMAGE:  $attr_value\n";
}
```

MP3 파일의 링크만을 추출하려면 다음처럼 할 수 있다.

```
foreach my $linkarray (@links) {
    my ($elt_type, %attrs) = @$linkarray;
    if ($elt_type eq 'a' && $attrs{'href'} =~ /\.mp3$/i) {
```

```
        # mp3 파일의 URL이 저장된 $attrs{'href'}을 사용하여 작업을 한다.
    }
}
```

예제 20-2는 *file:///tmp/testing.html*이나 *http://www.ora.com/* 등의 URL을 인자로 받아서, 그 사이트에 링크된 URL들 중 중복된 것을 제거한 후 알파벳순으로 정렬하여 표준 출력으로 출력하는 프로그램이다.

예제 20-2. xurl

```
#!/usr/bin/perl -w
# xurl - URL에서 링크를 추출하고 정렬해서 출력한다
use HTML::LinkExtor;
use LWP::Simple;

$base_url = shift;
$parser = HTML::LinkExtor->new(undef, $base_url);
$parser->parse(get($base_url))->eof;
@links = $parser->links;
foreach $linkarray (@links) {
    my @element  = @$linkarray;
    my $elt_type = shift @element;
    while (@element) {
        my ($attr_name, $attr_value) = splice(@element, 0, 2);
        $seen{$attr_value}++;
    }
}
for (sort keys %seen) { print $_, "\n" }
```

이 프로그램에는 제약이 있다. `$base_url`을 인자로 하여 `get` 메서드를 실행한 결과에 리다이렉트가 있다면, `links`는 리다이렉트된 후의 URL 대신에 원래의 URL을 대상으로 동작한다. 이 문제를 해결하려면 LWP::UserAgent를 사용하여 문서를 가져온 후 응답 코드를 검사하여 리다이렉트가 있는지 검사한다. 리다이렉트할 곳의 URL이 있다면 그에 맞춰 HTML::LinkExtor 객체를 생성한다.

다음은 실행 결과의 예이다.

```
% xurl http://www.perl.com/CPAN
ftp://ftp@ftp.perl.com/CPAN/CPAN.html
http://language.perl.com/misc/CPAN.cgi
http://language.perl.com/misc/cpan_module
http://language.perl.com/misc/getcpan
http://www.perl.com/index.html
http://www.perl.com/gifs/lcb.xbm
```

메일이나 유즈넷 메시지에서는 URL이 다음처럼 표기되는 경우가 있다.

```
<URL:http://www.perl.com>
```

이런 메시지에서 URL을 추출하는 것은 간단하다.

```
@URLs = ($message =~ /<URL:(.*?)>/g);
```

더 알아보기

- CPAN 모듈 LWP::Simple, HTML::LinkExtor, HTML::Entities 모듈 문서
- 레시피 20.1

20.4 아스키를 HTML로 변환하기

문제

아스키 텍스트를 HTML로 변환하고자 한다. 예를 들어 메일 내용을 웹 페이지에 보기 좋게 표시하고자 하는 경우다.

해결책

예제 20-3처럼 간단한 부호화 필터를 사용한다.

예제 20-3. text2html

```
#!/usr/bin/perl -w -p00
# text2html - 일반 텍스트를 HTML로 부호화한다
# -p는 이 스크립트를 각 레코드에 적용하라는 의미이다
# -00는 한 단락이 한 레코드라는 의미이다

use HTML::Entities;
$_ = encode_entities($_, "\200-\377");

if (/^\s/) {
    # 공백문자로 시작하는 단락을 <PRE>로 감싼다
    s{(.*)$}        {<PRE>\n$1</PRE>\n}s;             # 쓰여진 그대로 출력
} else {
    s{^(>.*)}       {$1<BR>}gm;                       # 인용된 텍스트
    s{<URL:(.*?)>}  {<A HREF="$1">$1</A>}gs           # 삽입된 URL (좋음)
                    ||
    s{(http:\S+)}   {<A HREF="$1">$1</A>}gs;          # 추측한 URL (나쁨)
    s{\*(\S+)\*}    {<STRONG>$1</STRONG>}g;           # *볼드체* 표시
    s{\b_(\S+)_\b} {<EM>$1</EM>}g;                    # _이탤릭체_ 표시
    s{^}            {<P>\n};                          # 단락 태그를 추가한다
}
```

논의

임의의 일반 텍스트를 HTML로 변환하는 일반적인 해결책은 없다. 서식 정보를 표현할 방법이 너무 많고 서로 상충하기 때문이다. 입력이 어떤 형식으로 이루어졌는지 더 많이 알수록 서식을 더 잘 만들 수 있다.

예를 들어 입력으로 들어올 텍스트가 이메일 메시지라는 것을 안다면, 다음 블록을 추가하여 메일 헤더 부분의 서식을 만들 수 있다.

```
BEGIN {
    print "<TABLE>";
    $_ = encode_entities(scalar <>);
```

```
    s/\n\s+/ /g;  # 앞 줄과 이어지는 줄
    while ( /^(\S+?:)\s*(.*)$/gm ) {                # 헤더를 해석한다
        print "<TR><TH ALIGN='LEFT'>$1</TH><TD>$2</TD></TR>\n";
    }
    print "</TABLE><HR>";
}
```

CPAN 모듈 HTML::TextToHTML에는 헤더, 푸터, 들여쓰기, 표 등을 만들 수 있는 옵션이 있으니 참고하라.

더 알아보기

- CPAN 모듈 HTML::Entities, HTML::TextToHTML 모듈 문서

20.5 HTML을 아스키로 변환하기

문제

HTML 파일을 일반 아스키 형식으로 변환하고자 한다. 예를 들자면 웹 문서를 메일로 보내고자 하는 경우다.

해결책

*lynx*과 같은 외부 프로그램이 있다면 그것을 사용한다.

```
$ascii = `lynx -dump $filename`;
```

여러분이 만든 프로그램으로 처리하고 싶고, 썩 잘 처리되지 않아도 괜찮다면 HTML::FormatText 모듈을 사용한다(표나 프레임이 잘 변환되지 않는다).

```
use HTML::FormatText 2;
$ascii = HTML::FormatText->format_file(
  $filename,
  leftmargin => 0, rightmargin => 50
);
```

논의

위 예제에서는 HTML이 파일에 저장되었다고 가정한다. HTML이 변수에 들어 있다면 *lynx*에서 읽을 수 있도록 파일에 저장해야 한다. HTML::FormatText를 쓸 경우는 `format_string()` 메서드를 사용한다.

```
use HTML::FormatText 2;
$ascii = HTML::FormatText->format_string(
  $html_string,
  leftmargin => 0, rightmargin => 50
);
```

넷스케이프를 사용하고 있다면 "새 이름으로 저장" 메뉴에서 파일 형식을 "텍스트"로 지정하면 표도 잘 처리된다.

더 알아보기

- CPAN 모듈 HTML::TreeBuilder, HTML::FormatText 모듈 문서
- *lynx*(1) 매뉴얼 페이지
- 레시피 20.6

20.6 HTML 태그를 추출하거나 삭제하기

문제

문자열에서 HTML 태그를 삭제해서 일반 텍스트를 만들고자 한다. 예를 들어 문서의 색인을 만들 때 <B>나 <BODY>같은 태그는 색인에 들어가지 않기를 바라는 상황이다.

해결책

자주 인용되는 다음 해결책은 간단하지만 매우 단순한 HTML이 아니라면 제대로 동작하지 않는다.

```
($plain_text = $html_text) =~ s/<[^>]*>//gs;      # 잘못됨
```

처리 속도가 떨어지고 조금 복잡하지만 레시피 20.5에 나온 방법이 올바른 방법이다.

```
use HTML::FormatText 2;
$plain_text = HTML::FormatText->format_string($html_text);
```

논의

펄의 대표적인 격언 중에 "어떤 일을 하는 데에는 두 가지 이상의 방법이 있다"라는 말이 있다. 이런 여러 방법들은 속도나 유연성에 각각 일장일단이 있다. 충분히 단순한 HTML은 명령 행 호출로도 처리할 수 있다.

```
% perl -pe 's/<[^>]*>//g' file
```

하지만 이런 방법은 태그가 여러 줄에 걸친 경우는 처리할 수 없다.

```
<IMG SRC = "foo.gif"
     ALT = "Flurp!">
```

그래서 다음과 같이 하기도 한다.

```
% perl -0777 -pe 's/<[^>]*>//gs' file
```

또는 다음과 같은 스크립트로 똑같이 할 수 있다.

```
{
    local $/;               # 일시적으로 파일 전체를 한 번에 읽도록 한다
    $html = <FILE>;
    $html =~ s/<[^>]*>//gs;
}
```

하지만 특수한 문자가 포함되지 않은 아주 단순한 HTML이 아니라면 이 방법도 완벽하진 않다. 다음과 같은 HTML 예문에서는 해결이 불가능하다. (이런 예문과 같은 상황은 수없이 많다.)

```
<IMG SRC = "foo.gif" ALT = "A > B">
<!-- <A comment> -->
<script>if (a<b && a>c)</script>
<# Just data #>
<![INCLUDE CDATA [ >>>>>>>>>>>> ]]>
```

다음 텍스트처럼 HTML 주석문 안에 다른 태그가 들어있는 경우에도 실패한다.

```
<!-- This section commented out.
    <B>You can't see me!</B>
-->
```

이 문제를 제대로 해결하려면 CPAN에 있는 HTML 구문을 해석하는 루틴을 쓰는 방법밖에 없다. 해결책의 두 번째 코드는 이 방법의 예이다.

더욱 유연하게 해석하기 위해서는 HTML::Parser 클래스의 서브클래스를 만들고, HTML을 읽다가 나오는 텍스트 요소만 기록한다.

```
package MyParser;
use HTML::Parser;
use HTML::Entities qw(decode_entities);

@ISA = qw(HTML::Parser);

sub text {
    my($self, $text) = @_;
    print decode_entities($text);
}

package main;
MyParser->new->parse_file(*F);
```

다른 태그가 내부에 중첩되어 있지 않은 간단한 태그만 처리해도 된다면 다음과 같이 할 수도 있다. 다음 코드는 복잡하지 않은 HTML 문서에서 제목을 뽑아낸다.

```
($title) = ($html =~ m#<TITLE>\s*(.*?)\s*</TITLE>#is);
```

다시 말하지만, 정규 표현식을 사용하는 방법은 한계가 있다. 예제 20-4에서는 LWP를 사용하여 HTML을 더 제대로 처리하는 방법을 보여준다.

예제 20-4. htitle

```
#!/usr/bin/perl
# htitle - URL에서 HTML 제목을 뽑아낸다
use LWP;
die "usage: $0 url ...\n" unless @ARGV;
foreach $url (@ARGV) {
    $ua = LWP::UserAgent->new();
    $res = $ua->get($url);
    print "$url: " if @ARGV > 1;
    if ($res->is_success) {
        print $res->title, "\n";
    } else {
        print $res->status_line, "\n";
    }
}
```

출력 결과는 다음과 같다.

```
% htitle http://www.ora.com
www.oreilly.com -- Welcome to O'Reilly & Associates!

% htitle http://www.perl.com/ http://www.perl.com/nullvoid
http://www.perl.com/: The www.perl.com Home Page
http://www.perl.com/nullvoid: 404 File Not Found
```

더 알아보기

- CPAN 모듈 HTML::TreeBuilder, HTML::Parser, HTML::Entities, LWP::UserAgent 모듈 문서
- 레시피 20.5

20.7 깨진 링크 찾기

문제

어떤 문서 안에서 올바르지 않은 링크들을 찾고자 한다.

해결책

레시피 20.3에서 설명한 방법으로 각 링크를 추출한 후, LWP::Simple의 head 함수를 사용해서 그 링크가 존재하는지 확인한다.

논의

예제 20-5에서 링크 추출 방법을 응용하고 있다. 단순히 링크의 이름을 출력하는

것이 아니라, 링크에 대해서 LWP::Simple의 head 함수를 호출한다. HEAD 메서드는 원격 문서 전체가 아니라 메타 정보만 받아 온다. head 함수가 메타 정보를 얻을 수 없다면 링크가 깨져 있다고 판단하고 적절한 메시지를 출력한다.

이 프로그램에서는 LWP::Simple의 get 함수를 사용하므로, 프로그램 인자로 파일이름이 아니라 URL을 주어야 한다. 파일이름도 받을 수 있게 하려면 레시피 20.1에서 설명한 URI::Heuristic 모듈을 사용하라.

예제 20-5. churl

```
#!/usr/bin/perl -w
# churl - URL을 확인한다
use HTML::LinkExtor;
use LWP::Simple;
$base_url = shift
    or die "usage: $0 <start_url>\n";
$parser = HTML::LinkExtor->new(undef, $base_url);
$html = get($base_url);
die "Can't fetch $base_url" unless defined($html);
$parser->parse($html);
@links = $parser->links;
print "$base_url: \n";
foreach $linkarray (@links) {
    my @element  = @$linkarray;
    my $elt_type = shift @element;
    while (@element) {
        my ($attr_name, $attr_value) = splice(@element, 0, 2);
        if ($attr_value->scheme =~ /\b(ftp|https?|file)\b/) {
            print "  $attr_value: ", head($attr_value) ? "OK" : "BAD", "\n";
        }
    }
}
```

다음은 이 프로그램을 실행한 예이다.

```
% churl http://www.wizards.com
http://www.wizards.com:
  FrontPage/FP_Color.gif:  OK
  FrontPage/FP_BW.gif:  BAD
  #FP_Map:  OK
  Games_Library/Welcome.html:  OK
```

이 프로그램도 레시피 20.3의 HTML::LinkExtor 프로그램처럼 URL이 리다이렉트되어도 리다이렉트된 곳까지는 확인해주지 않는 한계가 있다.

더 알아보기

- CPAN 모듈 HTML::LinkExtor, LWP::Simple, LWP::UserAgent, HTTP::Response 모듈 문서
- 레시피 20.8

20.8 내용이 변경된 링크 찾기

문제

URL 목록이 있을 때, 최근에 내용이 변경된 URL들을 찾고자 한다. 예를 들어 최근에 변경된 링크가 위에 오도록 북마크를 정렬하고자 한다.

해결책

예제 20-6은 표준 입력에서 URL의 목록을 읽어서 각 URL을 날짜순으로 정렬해서 표준 출력으로 출력한다. 이때 URL 앞에 날짜를 표시한다.

예제 20-6. surl

```
#!/usr/bin/perl -w
# surl - 최종 변경일을 기준으로 URL을 정렬한다
use strict;
use LWP::UserAgent;
use HTTP::Request;
use URI::URL qw(url);
my %Date;
my $ua = LWP::UserAgent->new();
while ( my $url = url(scalar <>) ) {
    my $ans;
    next unless $url->scheme =~ /^(file|https?)$/;
    $ans = $ua->head($url);
    if ($ans->is_success) {
        $Date{$url} = $ans->last_modified || 0;  # 알 수 없는 경우는 0으로
    } else {
        warn("$url: Error [", $ans->code, "] ", $ans->message, "!\n");
    }
}
foreach my $url ( sort { $Date{$b} <=> $Date{$a} } keys %Date ) {
    printf "%-25s %s\n", $Date{$url} ? (scalar localtime $Date{$url})
                                     : "<NONE SPECIFIED>", $url;
}
```

논의

*surl*은 전통적인 필터 프로그램처럼 동작한다. 먼저 표준 입력으로부터 한 줄에 하나씩 URL을 읽는다(정확히는 ARGV에서 읽는다. @ARGV 배열이 비었다면 ARGV의 기본값으로 STDIN이 사용된다). 다음으로 HEAD 요청을 보내어 URL의 최종 변경일을 받아와서, URL을 키로 삼아 해시에 담는다. 그리고 해시를 값을 기준으로 정렬하여 URL을 날짜순으로 정리한다. 날짜가 저장될 때는 내부 형식으로 저장되지만 출력될 때는 localtime 형식으로 변환된다.

다음은 레시피 20.3의 *xurl* 프로그램을 사용하여 URL을 추출하고, 그 출력을 *surl*의 입력으로 전달하도록 실행한 예이다.

```
% xurl http://use.perl.org/~gnat/journal | surl | head
Mon Jan 13 22:58:16 2003  http://www.nanowrimo.org/
Sun Jan 12 19:29:00 2003  http://www.costik.com/gamespek.html
Sat Jan 11 20:57:03 2003  http://www.cpan.org/ports/index.html
Sat Jan 11 09:46:19 2003  http://jakarta.apache.org/gump/
Tue Jan  7 20:27:30 2003  http://use.perl.org/images/menu_gox.gif
Tue Jan  7 20:27:30 2003  http://use.perl.org/images/menu_bgo.gif
Tue Jan  7 20:27:30 2003  http://use.perl.org/images/menu_gxg.gif
Tue Jan  7 20:27:30 2003  http://use.perl.org/images/menu_ggx.gif
Tue Jan  7 20:27:30 2003  http://use.perl.org/images/menu_gxx.gif
Tue Jan  7 20:27:30 2003  http://use.perl.org/images/menu_gxo.gif
```

한 가지 일을 하는 작은 프로그램들을 조합해서 더 강력한 기능을 만들어 내는 것이야말로 좋은 프로그래밍의 특징이다. 더 나아가서 *xurl*이 URL이 아니라 파일을 읽어 동작하도록 하고, *xurl*, *churl*, *surl*의 입력으로 넘길 수 있게 URL의 내용을 웹에서 가져오는 또 다른 프로그램을 만들 수도 있을 것이다. 이 프로그램의 이름은 아마 *gurl*이 될지도 모르겠다(하지만 아쉽게도 이런 프로그램은 이미 존재한다). LWP 모듈 묶음에는 *lwp-request*라는 프로그램이 있고 *HEAD*, *GET*, *POST*라는 별칭을 써서 셸 스크립트에서 실행할 수 있다.

더 알아보기

- CPAN 모듈 LWP::UserAgent, HTTP::Request, URI::URL 모듈 문서
- 레시피 20.7

20.9 템플릿을 사용해서 HTML 만들기

문제

매개변수화된 템플릿을 외부 파일에 저장하고, CGI 스크립트에서 그 템플릿을 읽어 들인 후 템플릿 텍스트에 삽입된 이스케이프 부분을 여러분이 지정한 변수의 값으로 치환하고자 한다. 이렇게 함으로써 문서의 정적인 부분과 프로그램을 분리할 수 있다.

해결책

변수가 참조하는 값으로만 치환하는 경우는 아래 나온 `template` 함수를 사용한다.

```
sub template {
    my ($filename, $fillings) = @_;
    my $text;
    local $/;                      # 한 번에 읽기 모드 (undef)
    open(my $fh, "<", $filename) or return;
    $text = <$fh>;                 # 파일 전체를 읽어 들인다
    close($fh);                    # 반환값은 무시한다
```

```
    # 인용부로 둘러쌓인 단어를 %$fillings 해시의 값으로 치환한다
    $text =~ s{ %% ( .*? ) %% }
              { exists( $fillings->{$1} )
                      ? $fillings->{$1}
                      : ""
              }gsex;
    return $text;
}
```

이 함수가 처리하는 템플릿 파일은 다음과 같은 식으로 저장한다.

```
<!-- 직접 만든 template() 함수에서 사용할 simple.template 파일 -->
<HTML><HEAD><TITLE>Report for %%username%%</TITLE></HEAD>
<BODY><H1>Report for %%username%%</H1>
%%username%% logged in %%count%% times, for a total of %%total%% minutes.
```

데이터 파일이 위조되지 않게 안전하게 보관된다는 보장이 있으면 CPAN 모듈 Text::Template을 사용해서 완전한 펄 표현식을 확장할 수 있다. Text::Template에서 사용하는 데이터 파일은 다음과 같은 식으로 되어 있다.

```
<!-- Text::Template 모듈이 사용할 fancy.template 파일 -->
<HTML><HEAD><TITLE>Report for {$user}</TITLE></HEAD>
<BODY><H1>Report for {$user}</H1>
{ lcfirst($user) } logged in {$count} times, for a total of
{ int($total / 60) } minutes.
```

더 완벽한 템플릿 시스템을 사용하려면 Template Toolkit의 Template 모듈을 참고하자. 이 모듈에는 펄 스크립트와 mod_perl 인터페이스가 있다. 자세한 내용은 레시피 21.17에서 다룬다.

논의

CGI 스크립트의 출력을 매개변수로 제어할 수 있는 템플릿으로 만들면 여러 가지 장점이 있다. 프로그램과 데이터가 분리되기 때문에 디자이너 등 다른 사람이 프로그램을 건드리지 않고 HTML만 수정하게끔 할 수 있다. 게다가 두 프로그램이 동일한 템플릿을 공유할 수 있기 때문에 템플릿에서 스타일을 변경하면 두 프로그램의 출력에 곧바로 반영된다.

예를 들어 해결책에 나온 첫 번째 템플릿을 파일에 저장했다고 하자. 그리고 CGI 스크립트에 `template` 함수를 정의하고 `$username`, `$count`, `$total` 변수를 적절하게 설정했다면, 다음과 같이 간단하게 템플릿에 데이터를 넣을 수 있다.

```
%fields = (
            username => $whats_his_name,
            count    => $login_count,
            total    => $minute_used,
);

print template("/home/httpd/templates/simple.template", \%fields);
```

템플릿 파일에는 %%KEYWORD%%와 같이 키워드를 두 개의 퍼센트 기호로 감싸서 지정한다. 이 키워드는 template 함수의 두 번째 인자로 전달된 레퍼런스가 가리키는 %$fillings 해시에서 검색된다. SQL 데이터베이스를 사용하는 더 자세한 예를 예제 20-7에서 나타낸다.

예제 20-7. userrep1

```
#!/usr/bin/perl -w
# userrep1 - SQL 데이터베이스를 사용해서 사용자의 로그인 시간을 보고한다

use DBI;
use CGI qw(:standard);

# template() 함수는 해결책에 나온 것처럼 정의한다

$user = param("username")                     or die "No username";

$dbh = DBI->connect("dbi:mysql:connections:mysql.domain.com",
    "connections", "seekritpassword")         or die "Couldn't connect\n";
$sth = $dbh->prepare(<<"END_OF_SELECT")       or die "Couldn't prepare SQL";
    SELECT COUNT(duration),SUM(duration)
    FROM logins WHERE username='$user'
END_OF_SELECT

# 여기서는 로그인 유지 시간이 초 단위로 저장되었다고 가정한다
if (@row = $sth->fetchrow_array()) {
    ($count, $seconds) = @row;
} else {
    ($count, $seconds) = (0,0);
}

$sth->finish();
$dbh->disconnect;

print header();
print template("report.tpl", {
    'username' => $user,
    'count'    => $count,
    'total'    => $total
});
```

더 화려하고 유연하게 할 수도 있다. 해결책에 나온 두 번째 템플릿을 보자. CPAN 모듈 Text::Template을 사용하고 있다. 중괄호로 감싼 부분은 펄 코드로서 평가된다. 일반적으로는 여기에 간단한 변수 치환이 들어간다.

```
You owe: {$total}
```

하지만 다음과 같이 완전한 식을 사용할 수도 있다.

```
The average was {$count ? ($total/$count) : 0}.
```

예제 20-8은 이 템플릿을 사용하는 예이다.

예제 20-8. userrep2

```
#!/usr/bin/perl -w
# userrep2 - SQL 데이터베이스를 사용해서 사용자의 로그인 시간을 보고한다
use Text::Template;
use DBI;

use CGI qw(:standard);

$tmpl = "/home/httpd/templates/fancy.template";
$template = Text::Template->new(-type => "file", -source => $tmpl);
$user = param("username")                  or die "No username";

$dbh = DBI->connect("dbi:mysql:connections:mysql.domain.com",
    "connections", "secret passwd")        or die "Couldn't db connect\n";
$sth = $dbh->prepare(<<"END_OF_SELECT")    or die "Couldn't prepare SQL";
    SELECT COUNT(duration),SUM(duration)
    FROM logins WHERE username='$user'
END_OF_SELECT

$sth->execute()                            or die "Couldn't execute SQL";

if (@row = $sth->fetchrow_array()) {
    ($count, $total) = @row;
} else {
    $count = $total = 0;
}

$sth->finish();
$dbh->disconnect;

print header();
print $template->fill_in();
```

이 템플릿을 사용할 때는 보안에 주의해야 한다. 템플릿 파일에 쓰기 권한이 있는 사람이라면 누구라도 코드를 삽입하여 여러분의 프로그램에서 실행되도록 할 수 있다. 이런 위험을 줄이는 방법은 레시피 8.17을 참고하라.

더 알아보기

- CPAN 모듈 Text::Template, Template 모듈 문서
- 레시피 8.16
- 레시피 14.9

20.10 웹 페이지 미러링 하기

문제

웹 페이지를 로컬 시스템에 저장하되 항상 최신 내용으로 유지하고자 한다.

해결책

LWP::Simple의 `mirror` 함수를 사용한다.

```
use LWP::Simple;
mirror($URL, $local_filename);
```

논의

mirror 함수는 레시피 20.1에서 다룬 get 함수와 밀접한 관련이 있지만, 무조건 파일을 내려받는 게 아니라 파일이 변경된 경우에만 내려받는다. 이를 위해 mirror 함수는 GET 요청을 만들 때 If-Modified-Since 헤더를 추가한다. 서버는 파일이 그 시각 이후에 변경되지 않았다면 파일을 전송하지 않는다.

mirror 함수가 미러링하는 것은 트리 전체가 아니라 페이지 하나뿐이다. 여러 페이지를 한 번에 미러링하려면 이 레시피와 레시피 20.3을 함께 사용한다. 디렉터리 계층 전체를 미러링하려면 CPAN에서도 구할 수 있는 *w3mir* 프로그램이나 *ftp.gnu.org*에서 구할 수 있는 *wget* 같은 프로그램이 좋은 해결책이다.

하지만 이런 프로그램을 만들거나 사용할 때는 주의해야 한다! 자칫하면 여러분이 만든 프로그램이 인터넷에 있는 모든 페이지를 내려받으려 들기 쉽기 때문이다. 이것은 에티켓에 어긋날 뿐만 아니라, 동적으로 생성되는 페이지들이 있기 때문에 영원히 끝나지 않는 작업이 될 수도 있다. 자신의 웹 사이트를 통째로 내려받는 것을 원하지 않는 사람과의 분쟁이 생길 수도 있으니 주의하자.

더 알아보기

- CPAN 모듈 LWP::Simple 모듈 문서
- HTTP 명세, *http://www.w3.org/pub/WWW/Protocols/HTTP/*

20.11 로봇 만들기

문제

스스로 웹을 돌아다니는 스크립트(로봇)를 만들되, 로봇에 대한 원격 사이트의 정책을 준수하고자 한다.

해결책

LWP::UserAgent를 사용해서 직접 로봇을 만드는 대신 LWP::RobotUA 모듈을 사용한다.

```
use LWP::RobotUA;
$ua = LWP::RobotUA->new('websnuffler/0.1', 'me@wherever.com');
```

논의

로봇이나 웹 크롤러가 서버에 부담을 주는 일을 방지하기 위해, 웹 사이트에는 접근 규정을 적은 *robots.txt*라는 파일을 두도록 권장된다. 문서 하나를 내려받는 정도라면 큰 문제가 아니지만, 스크립트가 한 서버에서 다수의 문서를 받게 되면 그 사이트의 대역폭을 과점유할 수 있다.

웹을 돌아다니는 스크립트를 만들 때는 선량한 네티즌이 되는 것이 중요하다. 한 서버에서 너무 빈번하게 문서를 요청하지 않도록 하고, 그 서버에 있는 *robots.txt* 파일에 적힌 규정을 준수하여야 한다.

이런 점을 고려하면 LWP::UserAgent 대신 LWP::RobotUA 모듈을 사용하는 것이 에이전트를 만들기 더 쉽다. 이 모듈을 써서 만든 에이전트는 동일한 서버에 반복적으로 접근시키면 자동으로 데이터를 받는 속도를 늦춰준다. 또한 각 사이트의 *robots.xt* 파일을 확인해서 접근이 금지된 파일을 가져오려 하지는 않는지 검사한다. 그런 경우라면 다음과 같은 응답을 반환한다.

```
403 (Forbidden) Forbidden by robots.txt
```

다음은 LWP 모듈의 GET 프로그램을 사용해서 내려받은 *robots.txt* 파일의 예이다.

```
% GET http://www.webtechniques.com/robots.txt
User-agent: *
     Disallow: /stats
     Disallow: /db
     Disallow: /logs
     Disallow: /store
     Disallow: /forms
     Disallow: /gifs
     Disallow: /wais-src
     Disallow: /scripts
     Disallow: /config
```

http://www.cnn.com/robots.txt 파일의 내용은 더 흥미롭다. 크기가 매우 크며 리비전 관리 시스템(RCS)를 사용하여 버전이 관리되고 있다.

```
% GET http://www.cnn.com/robots.txt | head
# robots, scram
# $I d : robots.txt,v 1.2 1998/03/10 18:27:01 mreed Exp $
User-agent: *
Disallow: /
User-agent:     Mozilla/3.01 (hotwired-test/0.1)
Disallow:   /cgi-bin
Disallow:   /TRANSCRIPTS
Disallow:   /development
```

더 알아보기

- CPAN 모듈 LWP::RobotUA 모듈 문서
- *http://www.robotstxt.org/orig.html* 로봇의 적절한 동작에 관한 설명

20.12 웹 서버 로그 파일 해석하기

문제

웹 서버의 로그 파일에서 특정한 정보를 추출하고자 한다.

해결책

로그 파일을 다음처럼 분해한다.

```
while (<LOGFILE>) {
  my ($client, $identuser, $authuser, $date, $time, $tz, $method,
      $url, $protocol, $status, $bytes) =
  /^(\S+) (\S+) (\S+) \[([^:]+):(\d+:\d+:\d+) ([^\]]+)\] "(\S+) (.*?) (\S+)"
      (\S+) (\S+)$/;
  # ...
}
```

논의

위에 나온 정규 표현식은 공통 로그 형식(Common Log Format)에서 각 항목들을 추출한다. 공통 로그 형식은 대부분의 웹 서버가 준수하는 비공식 규격이다. 이 규격에서 정의된 필드의 목록을 표 20-2에 나타냈다.

필드	의미
client	브라우저가 있는 시스템의 IP 주소 또는 호스트 이름
identuser	IDENT(RFC 1413)의 반환값 (IDENT가 사용되는 경우)
authuser	로그인한 사용자(사용자 이름과 비밀번호로 인증한 경우)
date	요청 날짜 (01/Mar/1997 등)
time	요청 시각 (12:55:36 등)
tz	타임존(-0700 등)
method	요청 메서드(GET, POST, PUT 등)
url	요청에 포함된 URL (/~user/index.html 등)
protocol	HTTP/1.0 또는 HTTP/1.1
status	반환 상태값(200은 정상, 500은 서버 에러)
bytes	반환된 바이트 수(에러나 리다이렉트 등 전송된 문서가 없는 경우는 "-")

표 20-2 공통 로그 형식의 필드

로그 파일 형식에 따라서는 이 외에 리퍼러나 에이전트 정보가 포함될 수 있으므로, 그 형식에 맞춰서 정규 표현식을 살짝 바꾸면 된다. URL 필드는 추출할 때 주의가 필요하다. URL 안에 있는 공백은 이스케이프되지 않기 때문에 URL을 추출할 때 \S*를 사용할 수는 없다. .*을 사용하면 우선 문자열 전체에 일치된 후 나머지 패턴이 일치될 때까지 역탐색하게 된다. 해결책에서는 .*?과 앵커 $를 사용해서 패턴을 문자열의 끝에 고정되도록 하였다. 이렇게 하면 .*? 패턴이 아무 문자도 없는 빈 문자열에 우선 일치하였다가, 나머지 패턴이 일치될 때까지 한 글자씩 더해 나간다.

더 알아보기

- 공통 로그 형식(CLF) 명세, *http://www.w3.org/Daemon/User/Config/Logging.html*

20.13 서버 로그 처리하기

문제

서버 로그의 내용을 요약, 집계하려 하는데 설정을 바꿔 가며 쓸 수 있는 프로그램이 없다.

해결책

정규 표현식을 사용하여 직접 서버 로그를 해석하거나 CPAN에 있는 Logfile 모듈군을 사용한다.

논의

다음 예제 20-9는 아파치 웹 서버의 웹 로그 보고서를 생성하는 프로그램이다.

예제 20-9. subwww

```
#!/usr/bin/perl -w
# sumwww - 웹 서버 로그 요약하기

$lastdate = "";
daily_logs();
summary();
exit;

# CLF 파일을 읽어들여서 클라이언트 호스트별 히트 수와 대상 URL별 히트 수를 집계한다
sub daily_logs {
    while (<>) {
        ($type, $what) = /"(GET|POST)\s+(\S+?) \S+"/ or next;
        ($host, undef, undef, $datetime) = split;
        ($bytes) = /\s(\d+)\s*$/ or next;
        ($date)  = ($datetime =~ /\[([^:]*)/);
        $posts  += ($type eq POST);
```

```
        $home++ if m, / ,;
        if ($date ne $lastdate) {
            if ($lastdate) { write_report()     }
            else           { $lastdate = $date  }
        }
        $count++;
        $hosts{$host}++;
        $what{$what}++;
        $bytesum += $bytes;
    }
    write_report() if $count;
}

# 복사를 효율적으로 하기 위해 *타입글로브로 전역 변수의 별칭을 만든다
sub summary  {
    $lastdate = "Grand Total";
    *count   = *sumcount;
    *bytesum = *bytesumsum;
    *hosts   = *allhosts;
    *posts   = *allposts;
    *what    = *allwhat;
    *home    = *allhome;
    write;
}

# 호스트와 URL의 집계결과를 format을 사용하여 표시한다
sub write_report {
    write;

    # 총합 데이터에 추가한다
    $lastdate    = $date;
    $sumcount   += $count;
    $bytesumsum += $bytesum;
    $allposts   += $posts;
    $allhome    += $home;

    # 일별 데이터를 재설정한다
    $posts = $count = $bytesum = $home = 0;
    @allwhat{keys %what}   = keys %what;
    @allhosts{keys %hosts} = keys %hosts;
    %hosts = %what = ();
}

format STDOUT_TOP =
@|||||||||| @|||||| @||||||| @||||||| @|||||| @|||||| @|||||||||||||
"Date",     "Hosts", "Accesses", "Unidocs", "POST", "Home", "Bytes"
----------- ------- -------- -------- ------- ------- --------------
.
format STDOUT =
@>>>>>>>>>> @>>>>>> @>>>>>>> @>>>>>>> @>>>>>> @>>>>>> @>>>>>>>>>>>>>
$lastdate,  scalar(keys %hosts),
            $count, scalar(keys %what),
                             $posts,  $home,   $bytesum
.
```

다음은 출력 예이다.

```
    Date      Hosts  Accesses Unidocs   POST    Home         Bytes
----------- ------- -------- -------- ------- ------- --------------
19/May/1998     353     6447     3074     352      51       16058246
20/May/1998    1938    23868     4288     972     350       61879643
```

```
21/May/1998    1775    27872     6596    1064     376        64613798
22/May/1998    1680    21402     4467     735     285        52437374
23/May/1998    1128    21260     4944     592     186        55623059
Grand Total    6050   100849    10090    3715    1248       250612120
```

구체적인 정보가 필요하지 않다면 예제 20-10처럼 CPAN 모듈 Logfile::Apache를 사용해서 비슷한 프로그램을 만들 수 있다. 이 모듈은 Logfile 배포판(이 책을 쓰는 시점에서는 *Logfile-0.115.tar.gz*)에 다른 Logfile 모듈들과 함께 배포된다.

예제 20-10. aprept

```
#!/usr/bin/perl -w
# aprept - 아파치 로그로 보고서 만들기

use Logfile::Apache;

$l = Logfile::Apache->new(
    File  => "-",                   # STDIN
    Group => [ Domain, File ]);

$l->report(Group => Domain, Sort => Records);
$l->report(Group => File,   List => [Bytes,Records]);
```

new 생성자는 로그 파일을 읽어들여서 내부에서 인덱스를 만든다. File 매개변수를 통해 읽을 파일이름을, Group 매개변수를 통해 색인을 만들 필드들의 목록을 넘긴다. 사용할 수 있는 필드는 Date(요청을 받은 날짜), Hour(요청을 받은 시각), File(요청된 파일), User(요청에서 도출된 사용자 이름), Host(문서를 요청한 호스트의 이름), Domain("France"나 "Germany" 등으로 변환되는 Host)이다.

STDOUT으로 보고서를 출력하려면 report 메서드를 호출한다. Group 매개변수에 사용할 색인을 지정한다. 그리고 필요하다면 정렬 기준(조회수로 정렬하려면 Records, 전송 바이트 수로 정렬하려면 Bytes)을 지정하거나 어떤 내용을 출력할지(바이트 수별 또는 레코드 수별)를 지정한다.

출력 예제는 다음과 같다.

```
Domain                  Records
= == == == == == == == == == == == == == == ==
US Commercial          222 38.47%
US Educational         115 19.93%
Network                 93 16.12%
Unresolved              54  9.36%
Australia               48  8.32%
Canada                  20  3.47%
Mexico                   8  1.39%
United Kingdom           6  1.04%

File                               Bytes          Records
= == == == == == == == == == == == == == == == == == == == == == == ==
/                           13008  0.89%         6  1.04%
/cgi-bin/MxScreen           11870  0.81%         2  0.35%
```

```
/cgi-bin/pickcards          39431  2.70%         48  8.32%
/deckmaster                143793  9.83%         21  3.64%
/deckmaster/admin           54447  3.72%          3  0.52%
```

더 알아보기

- CPAN 모듈 Logfile::Apache 모듈 문서
- *perlform*(1)
- *Programming Perl* 7장

20.14 쿠키 사용하기

문제

웹 페이지를 받아 오려는데 서버가 쿠키를 사용하여 여러분을 추적하고 있다. 예를 들어 쿠키를 사용하여 여러분의 인증 내역을 기록하는 사이트가 있는데 올바른 쿠키를 보내지 않으면 로그인 화면을 통과할 수 없는 경우다.

해결책

LWP::UserAgent 모듈이 쿠키를 처리하게 한다. 프로그램이 실행 중에 사용할 쿠키를 다음과 같이 활성화한다.

```
$ua->cookie_jar({ });
```

또는 쿠키를 파일에 저장하여 다음 번 실행할 때 계속 사용할 수 있도록 한다.

```
$ua->cookie_jar({ file => "$ENV{HOME}/.cookies" });
```

논의

LWP::UserAgent는 기본적으로 `Cookie:` 헤더를 송신하지 않는다. 서버가 응답에 쿠키를 넣어 보낸 경우에도 마찬가지이다. LWP::UserAgent로 하여금 수신한 쿠키를 기록하고 적절할 때 보내도록 하려면 쿠키를 담을 특별한 "쿠키 병(cookie jar)"을 LWP::UserAgent 객체에 제공해야 한다. 이 쿠키 병은 HTTP::Cookies 객체로 구현한다.

`cookie_jar` 메서드에 HTTP::Cookies 객체를 전달하면 그 객체를 쿠키 병으로 사용하게 되고, 해시 레퍼런스를 전달하면 그 해시의 내용이 새로운 HTTP::Cookies 객체에 담긴다.

다른 매개변수가 없으면 HTTP::Cookies 객체는 쿠키를 메모리에 저장한다. 이

경우, 프로그램을 종료하면 그 쿠키는 더 이상 사용할 수 없게 된다. cookie_jar 메서드를 호출할 때 file 매개변수로 파일이름을 지정하면, 쿠키 병을 초기화하고 새로 만든 쿠키나 기존 쿠키를 갱신한 것을 그 파일에 저장한다. 이렇게 하면 다음에 프로그램을 실행할 때 이전의 쿠키를 계속 사용할 수 있게 된다.

쿠키를 사용하지 않으려면 아무 매개변수 없이 cookie_jar 메서드를 호출한다.

```
$ua->cookie_jar();
```

더 알아보기

- CPAN 모듈 LWP::UserAgent, HTTP::Cookie 모듈 문서

20.15 비밀번호로 보호된 페이지 받아오기

문제

LWP를 사용해서 웹 페이지를 가져오거나 폼을 제출하고 싶은데 웹 서버에서 인증을 요구한다.

해결책

LWP::UserAgent의 credentials 메서드를 사용해서 특정 영역에 로그인할 때 사용할 사용자 이름과 비밀번호를 설정한다.

```
$ua->credentials('http://www.perlcabal.com/cabal_only/',
                 'Secret Perl Cabal Files',
                 'username' => 'password');
```

논의

기본 인증 방식으로 보호된 웹 페이지에 브라우저가 접근하려면 그 인증 *영역(realm)*에 대한 사용자 이름과 비밀번호를 제공해야 한다. 영역이란 사용자가 어느 이름과 비밀번호를 제공해야 할지 결정하는 문자열이다. credentials 메서드는 특정 영역에 어떤 사용자 이름과 비밀번호를 송신할지 LWP::UserAgent에 지시한다.

불편하기는 하지만 URL에 사용자 이름과 비밀번호를 명시하는 방법도 있다.

```
http://user:password@www.example.com/private/pages/
```

이게 불편한 이유는 서버에서 반환된 문서에 들어있는 링크에는 이 사용자 이름과 비밀번호가 자동으로 명시되지 않기 때문이다. 이 방법에만 의존하면 처음부터 credentials 메서드를 사용하는 게 나았겠다고 생각할 수도 있다.

더 알아보기

- CPAN 모듈 LWP::UserAgent 모듈 문서

20.16 https:// 웹 페이지 가져오기

문제

보안 측면에서 안전한 SSL 접속을 통해 웹 서버와 통신하고자 한다. 예를 들어, 회사에서 쓸 소모품을 온라인으로 주문하는 일을 자동화하려는데 그 온라인 가게가 트랜잭션을 보호하기 위해 SSL을 쓰고 있는 상황이다.

해결책

Crypt::SSLeay를 설치한다. 그러면 LWP 모듈이 `https:` URL을 자동으로 지원해준다.[2] LWP를 다시 설치할 필요는 없다.

논의

LWP는 요청을 `https` 서버에 보낼 때 SSL 접속을 하기 위해 필요한 모듈이 설치되었는지 검사한다. LWP가 사용할 수 있는 모듈은 Crypt::SSLeay와 IO::Socket::SSL 두 가지이다. 둘 중 기능이 더 많은 Crypt::SSLeay가 선호된다. 다만 *http://www.openssl.org*에 있는 OpenSSL 라이브러리가 설치되어 있어야 한다.

더 알아보기

- CPAN 모듈 Crypt::SSLeay 모듈 문서
- libwww-perl 배포판에 포함된 *README.SSL* 파일

20.17 HTTP GET을 이어받기

문제

파일의 일부만 가지고 있는 상태에서, 이미 있는 부분을 다시 받지 않으면서 나머지 부분만 다운로드하고자 한다. 예를 들어 파일을 다운로드하다 도중에 끊겼을 때 나머지 부분을 마저 받고 싶은 경우다.

해결책

HTTP 1.1의 `Range` 헤더를 GET 요청에 넣는다.

2 (옮긴이) libwww-perl-6.02부터 LWP::Protocol::https 모듈도 설치해야 한다.

```
use LWP;
$have = length($file);
$response = $ua->get($URL,
                     'Range', "bytes=$have-");
# $response->content에 파일의 나머지 부분이 담겨있다
```

논의

Range 헤더를 써서 어느 바이트를 가져올지 지정할 수 있다. 0번째 바이트가 파일의 첫 바이트를 의미한다. 따라서 bytes=0-으로 지정하면 파일 전체를 가져온다.

시작과 끝을 지정할 수도 있다. "0-25"로 지정하면 파일의 첫 26바이트를 받게 된다. 파일의 중간 부분을 받을 때는 "26-99"와 같이 지정한다.

HTTP 1.1은 지원하지만 범위 지정은 지원하지 않는 서버도 있다. 이 경우 요청한 범위가 아니라 파일 전체가 전송된다. 범위 지정이 지원되는지 파악하려면 우선 HEAD 메서드를 사용하여 파일의 크기를 확인하고, 받아올 범위를 지정하며 GET 메서드를 사용한다. GET 응답으로 받은 본문의 크기가 파일의 전체 크기와 같다면, 범위를 지정한 게 무시되었다는 의미이다.

다음은 HTTP 1.1 명세에서 허용되는 범위 지정 방법이다.

[start]-	start 이후(start를 포함)
[start]-[end]	start에서 end까지(start와 end를 포함)
-[num]	마지막 num 바이트
[num]	첫 부분에서 num 바이트
0-0	첫 바이트
-1	마지막 바이트

HTTP 명세에 따르면 여러 범위를 나열해서 지정할 수도 있다("0-5,10-15,20-" 등). 이 경우 범위별로 나뉘어 구성된 응답이 반환된다.

더 알아보기

- LWP 모듈 문서
- HTTP 명세, *http://www.ietf.org/rfc/rfc2616.txt*

20.18 HTML 해석하기

문제

하나 이상의 웹 페이지에서 복잡한 정보를 추출해야 한다. 예를 들어 *CNN.com*이나 *news.bbc.co.uk* 등의 웹 사이트에서 뉴스 기사를 추출하는 경우이다.

해결책

데이터가 잘 정의되어 있다면 정규 표현식을 사용한다.

```
# <!-- story --> 와 <!-- /story --> 사이에 내용이 있다
if ($html =~ m{<!-- story -->(.*?)<!-- /story -->}s) {
  my $story = $1;
  # ...
} else {
  warn "No story found in the page";
}
```

그러나 HTML의 복잡한 패턴을 분석하지 않으면 인식할 수 없는 표나 데이터의 경우에는 파서(parser)를 사용한다.

```
use HTML::TokeParser;

my $parser = HTML::TokeParser->new($FILENAME)
    or die "Can't open $FILENAME: $!\n";
while (my $token = $parser->get_token()) {
    my $type = $token->[0];
    if    ($type eq 'S')  { ... }   # 시작 태그
    elsif ($type eq 'E')  { ... }   # 종료 태그
    elsif ($type eq 'T')  { ... }   # 텍스트
    elsif ($type eq 'C')  { ... }   # 코멘트
    elsif ($type eq 'D')  { ... }   # 선언
    elsif ($type eq 'PI') { ... }   # 명령 처리
    else { die "$type isn't a valid HTML token type" }
}
```

논의

HTML에서 정보를 추출하기 위해서는 정규 표현식이 편리하다. 그러나 HTML이 복잡해지고 추출할 정보의 양이 많아질수록 정규 표현식으로 대응하기 힘들어진다. 필드가 몇 개 없고 잘 정의되어 있다면 정규 표현식을 쓰는 것도 괜찮다. 그 외의 경우는 적절한 파서를 사용하라.

정규 표현식으로 HTML을 처리하는 예제로, 오라일리 출판사의 신간 목록을 뽑아내 보자. 신간 목록은 *http://www.oreilly.com/catalog/new.html*에 있지만 사이트 메뉴 막대와 출간 예정 서적의 목록도 같이 있기 때문에 단순히 모든 링크를 추출할 수는 없다.

그 페이지의 HTML은 다음처럼 되어 있다.

```
<!--  New titles  -->
<h3>New Titles</h3>
<ul><li><a href="netwinformian/">.NET Windows Forms in a
Nutshell</a> <em>(March)</em></li><li><a href="actscrptpr/">
ActionScript for Flash MX Pocket Reference</a> <em>(March)</em>
```

```
</li><li><a href="abcancer/">After Breast Cancer</a> <em>(March)
...
<li><a href="samba2/">Using Samba, 2nd Edition</a> <em>(February)
</em></li><li><a href="vbscriptian2/">VBScript in a Nutshell, 2nd
Edition</a> <em>(March)</em></li><li><a href="tpj2/">Web, Graphics
& Perl/Tk</a> <em>(March)</em></li></ul></td>
<td valign="top">
<!-- Upcoming titles -->
```

사실 이 책을 집필하는 시점에는 위에 나온 것보다 더 보기 흉해졌다. 신간 목록 부분에는 줄바꿈이 전혀 없이 전체가 한 줄로 되어 있다. 다행히 패턴 일치 검사는 간단히 할 수 있다. 먼저 신간 제목들의 HTML을 추출하고, 각 책의 링크를 추출한다. 이때 앵커를 사용해서 정규 표현식이 일치할 위치를 고정한다.

```
($new_titles) = $html =~ m{<!-- New titles -->(.*?)<!-- Upcoming titles -->}s
  or die "Couldn't find new titles HTML";

while (m{<li>            # 목록의 개별 항목
         <a\ href="
         ([^\"]+)        # 책의 링크 = $1 = 다음 따옴표 직전까지 모든 부분
         \">
         ([^<]+)         # 책의 제목 = $2 = </a> 직전까지 모든 부분
         </a>\ <em>\(
         ([^)]+)         # 월 = $3 = 괄호 안의 모든 부분
        }gx) {
  printf("%-1010s%s\n", $3, $2); # 필요하면 $1도 사용한다
}
```

출력 결과는 다음과 같다.

```
March     .NET Windows Forms in a Nutshell
March     ActionScript for Flash MX Pocket Reference
March     After Breast Cancer
...
February  Using Samba, 2nd Edition
March     VBScript in a Nutshell, 2nd Edition
March     Web, Graphics & Perl/Tk
```

이 문제를 정규 표현식으로 해결하는 것은 어렵다. 정규식은 문자 레벨에서 작업하는 것이기 때문이다. CPAN에 있는 HTML::TokeParser 모듈은 HTML 파일을 일련의 HTML 데이터의 집합으로 다룬다. 구체적으로는 시작 태그, 종료 태그, 텍스트, 주석문 등이다. 이 모듈은 복호화를 자동으로 해 주기 때문에 &를 &로 변환하는 일 등을 신경 쓰지 않아도 된다.

HTML::TokeParser의 new 생성자에는 파일이름, 파일핸들(또는 read 메서드를 제공하는 객체), 아니면 해석할 HTML 텍스트의 레퍼런스 중 하나를 인자로 넘긴다.

```
$parser = HTML::TokeParser->new("foo.html") or die;
$parser = HTML::TokeParser->new(*STDIN) or die;
$parser = HTML::TokeParser->new(\$html) or die;
```

파서 객체의 get_token 메서드를 실행할 때마다 배열 레퍼런스가 반환된다. 이 배열의 첫 번째 원소에는 시작 태그와 종료 태그 같이 토큰의 종류를 식별하기 위한 문자열이 담겨있다. 나머지 원소는 토큰의 종류에 따라 다르다. 보통은 시작 태그, 종료 태그, 텍스트, 주석의 네 종류의 토큰을 기억해두면 충분하다.

시작 태그의 토큰 배열에는 네 가지 값이 더 들어 있다. 태그 이름(소문자), 속성의 해시 레퍼런스(소문자로 된 속성 이름이 해시의 키), 태그 안에 나타난 순서대로 속성 이름이 소문자로 나열된 배열의 레퍼런스, 이 태그를 문서 텍스트에 적힌 그대로 저장한 문자열이다. 다음 HTML을 해석한다고 해보자.

```
<IMg SRc="/perl6.jpg" ALT="Steroidal Camel">
```

다음과 같은 토큰이 만들어진다.

```
[ 'S',
  'img',
  { "src" => "/perl6.jpg",
    "alt" => "Steroidal Camel"
  },
  [ "src", "alt" ],
  '<IMg SRc="/perl6.jpg" ALT="Steroidal Camel">'
]
```

종료 태그는 시작 태그에 비해서 변화의 여지가 적기 때문에 토큰의 구조도 간단하다. 종료 태그의 토큰에는 "E"(종료 태그임을 나타냄), 종료 대상 태그의 소문자 이름(body 등), 이 태그가 문서에 적힌 그대로 저장한 문자열(</BODY> 등)이 담긴다.

텍스트 태그의 토큰에는 세 개의 값이 저장된다. "T"(텍스트 토큰임을 나타냄), 텍스트, 항목을 복호화할 필요가 있는지를 나타내는 플래그(이 플래그가 거짓일 경우에만 복호화하라)이다.

```
use HTML::Entities qw(decode_entities);
if ($token->[0] eq "T") {
    $text = $token->[1];
    decode_entities($text) unless $token->[2];
    # $text를 처리한다
}
```

주석 토큰은 더 단순하다. 이 토큰에는 "C"(주석임을 나타냄)와 주석 텍스트가 담긴다.

토큰들을 가지고 해석하는 자세한 방법은 *Perl & LWP*(션 버크(Sean Burke) 저, O'Reilly)를 참고하라.

더 알아보기

- HTML::TokeParser 모듈 문서
- LWP 모듈 문서
- *Perl & LWP*

20.19 테이블 데이터 추출하기

문제

HTML 테이블의 데이터를 펄 데이터 구조로 바꾸고자 한다. 예를 들어 어떤 CPAN 모듈 저자의 모듈 목록에 변경된 내용이 있는지를 모니터링하고 싶다.

해결책

CPAN 모듈 HTML::TableContentParser를 사용한다.

```
use HTML::TableContentParser;

$tcp = HTML::TableContentParser->new;
$tables = $tcp->parse($HTML);

foreach $table (@$tables) {
  @headers = map { $_->{data} } @{ $table->{headers} };
  # table 태그의 속성을 해시의 키로 한다
  $table_width = $table->{width};

  foreach $row (@{ $table->{rows} }) {
    # tr 태그의 속성을 해시의 키로 한다
    foreach $cell (@{ $row->{cells} }) {
      # td 태그의 속성을 해시의 키로 한다
      $data = $cell->{data};
    }
  }
}
```

논의

HTML::TableContentParser 모듈은 HTML 문서에 들어 있는 모든 테이블을 펄 데이터 구조로 변환한다. 이 데이터 구조에는 HTML 테이블과 동일하게 세 가지 계층이 저장된다. 각 계층은 테이블, 행, 그 행에 담긴 셀 데이터이다.

테이블, 행, 데이터의 각 태그는 해시 레퍼런스로 표현된다. 각 해시의 키는 그 해시가 표현하는 태그의 속성에 대응한다. 그리고 테이블이나 행이나 셀의 내용을 값으로 하는 특수한 키도 있다. 테이블에서는 `rows` 키의 값이 행들로 구성된 배열의 레퍼런스이다. 행에서는 `cells` 키의 값이 셀들로 구성된 배열의 레퍼런스이다. 셀에서는 `data` 키의 값이 그 태그의 HTML 콘텐츠다.

다음과 같은 테이블이 있다고 하자.

```
<table width="100%" bgcolor="#ffffff">
  <tr>
    <td>Larry &amp; Gloria</td>
    <td>Mountain View</td>
    <td>California</td>
  </tr>
  <tr>
    <td><b>Tom</b></td>
    <td>Boulder</td>
    <td>Colorado</td>
  </tr>
  <tr>
    <td>Nathan &amp; Jenine</td>
    <td>Fort Collins</td>
    <td>Colorado</td>
  </tr>
</table>
```

parse 메서드는 다음 데이터 구조를 반환한다.

```
[
  {
    'width' => '100%',
    'bgcolor' => '#ffffff',
    'rows' => [
               {
                'cells' => [
                              { 'data' => 'Larry &amp; Gloria' },
                              { 'data' => 'Mountain View' },
                              { 'data' => 'California' },
                            ],
                'data' => "\n      "
               },
               {
                'cells' => [
                              { 'data' => '<b>Tom</b>' },
                              { 'data' => 'Boulder' },
                              { 'data' => 'Colorado' },
                            ],
                'data' => "\n      "
               },
               {
                'cells' => [
                              { 'data' => 'Nathan &amp; Jenine' },
                              { 'data' => 'Fort Collins' },
                              { 'data' => 'Colorado' },
                            ],
                'data' => "\n      "
               }
              ]
  }
]
```

데이터 태그에는 아직 태그와 HTML 개체들이 섞여 있다. 이것들을 원하지 않으면 레시피 20.6의 방법을 사용하여 직접 삭제하라.

다음 예제 20-11은 CPAN에서 특정 저자의 페이지를 받아서, 그 저자의 모듈들을 일반 텍스트로 출력한다. 관심 있는 저자가 새 모듈을 공개했을 때 그 소식을 통보해주는 시스템에 사용할 수 있다.

예제 20-11. dump-cpan-modules-for-author

```
#!/usr/bin/perl -w
# dump-cpan-modules-for-author - CPAN 저자의 모듈을 표시한다
use LWP::Simple;
use URI;
use HTML::TableContentParser;
use HTML::Entities;
use strict;
our $URL = shift || 'http://search.cpan.org/author/TOMC/';
my $tables = get_tables($URL);
my $modules = $tables->[4];    # 다섯 번째 테이블에 모듈 데이터가 있다
foreach my $r (@{ $modules->{rows} }) {
  my ($module_name, $module_link, $status, $description) =
      parse_module_row($r, $URL);
  print "$module_name <$module_link>\n\t$status\n\t$description\n\n";
}
sub get_tables {
  my $URL = shift;
  my $page = get($URL);
  my $tcp = new HTML::TableContentParser;
  return $tcp->parse($page);
}
sub parse_module_row {
  my ($row, $URL) = @_;
  my ($module_html, $module_link, $module_name, $status, $description);
  # extract cells
  $module_html = $row->{cells}[0]{data};  # HTML에 포함된 링크와 이름
  $status      = $row->{cells}[1]{data};  # 상태 문자열과 링크
  $description = $row->{cells}[2]{data};  # 설명
  $status =~ s{<.*?>}{  }g;
  # 모듈의 링크와 이름을 HTML에서 분리한다
  ($module_link, $module_name) = $module_html =~ m{href="(.*?)".*?>(.*)<}i;
  $module_link = URI->new_abs($module_link, $URL); # 상대 경로를 절대 경로로 바꾼다
  # 개체와 태그를 삭제한다
  decode_entities($module_name);
  decode_entities($description);
  return ($module_name, $module_link, $status, $description);
}
```

더 알아보기

- CPAN 모듈 HTML::TableContentParser 모듈 문서
- *http://search.cpan.org*

20.20 프로그램: htmlsub

이 프로그램은 HTML 파일 안에 있는 일반 텍스트에 대해서만 치환을 실행하는 프로그램이다. 다음과 같은 내용이 *scooby.html* 파일에 저장되어 있다고 하자.

```
<HTML><HEAD><TITLE>Hi!</TITLE></HEAD>
<BODY><H1>Welcome to Scooby World!</H1>
I have <A HREF="pictures.html">pictures</A> of the crazy dog
himself.  Here's one!<P>
<IMG SRC="scooby.jpg" ALT="Good doggy!"><P>
<BLINK>He's my hero!</BLINK>  I would like to meet him some day,
and get my picture taken with him.<P>
P.S. I am deathly ill.  <A HREF="shergold.html">Please send
cards</A>.
</BODY></HTML>
```

이 파일에 대해 *htmlsub*를 실행하여 "picture"라는 단어를 모두 "photo"로 바꿀 수 있다. 변경된 문서는 STDOUT으로 출력된다.

```
% htmlsub picture photo scooby.html
<HTML><HEAD><TITLE>Hi!</TITLE></HEAD>
<BODY><H1>Welcome to Scooby World!</H1>
I have <A HREF="pictures.html">photos</A> of the crazy dog
himself.  Here's one!<P>
<IMG SRC="scooby.jpg" ALT="Good doggy!"><P>
<BLINK>He's my hero!</BLINK>  I would like to meet him some day,
and get my photo taken with him.<P>
P.S. I am deathly ill.  <A HREF="shergold.html">Please send
cards</A>.
</BODY></HTML>
```

이 프로그램을 예제 20-12에 나타낸다.

예제 20-12. htmlsub

```
#!/usr/bin/perl -w
# htmlsub - HTML 파일 안에 있는 일반 텍스트를 치환한다
# from Gisle Aas <gisle@aas.no>

sub usage { die "Usage: $0 <from> <to> <file>...\n" }

my $from = shift or usage;
my $to   = shift or usage;
usage unless @ARGV;

# 치환 작업을 하는 HTML::Filter 서브클래스를 만든다

package MyFilter;
use HTML::Filter;
@ISA=qw(HTML::Filter);
use HTML::Entities qw(decode_entities encode_entities);

sub text
{
   my $self = shift;
   my $text = decode_entities($_[0]);
   $text =~ s/\Q$from/$to/go;       # 가장 중요한 부분
   $self->SUPER::text(encode_entities($text));
}

# 이제 저 클래스를 사용한다
package main;
foreach (@ARGV) {
    MyFilter->new->parse_file($_);
}
```

20.21 프로그램: hrefsub

*hrefsub*는 HTML 파일의 `<A HREF="..." >` 태그 안의 텍스트만 대상으로 치환을 실행하는 프로그램이다. 예를 들어 앞의 레시피에서 다룬 *scooby.html* 파일에서 *shergold.html*을 *cards.html*로 바꾸기 위해서는 다음처럼 한다.

```
% hrefsub shergold.html cards.html scooby.html
<HTML><HEAD><TITLE>Hi!</TITLE></HEAD>
<BODY><H1>Welcome to Scooby World!</H1>
I have <A HREF="pictures.html">pictures</A> of the crazy dog
himself.  Here's one!<P>
<IMG SRC="scooby.jpg" ALT="Good doggy!"><P
<BLINK>He's my hero!</BLINK>  I would like to meet him some day,
and get my picture taken with him.<P>
P.S. I am deathly ill.  <a href="cards.html">Please send
cards</A>.
</BODY></HTML>
```

HTML::Filter 모듈의 매뉴얼 페이지를 보면 BUGS 섹션에 다음과 같은 내용이 있다.

> 선언에 포함된 주석문은 그 선언문에서 삭제되고, 선언문 다음에 별개의 주석으로 삽입된다. `strict_comment()`를 활성화하면 "-\|-"가 들어간 주석문은 여러 개의 주석으로 분할된다.

예제 20-13에 나온 *hrefsub*는 치환할 때 `<A HREF="..." >` 태그 안의 a와 속성 이름을 소문자로 바꾼다. 만일 `$from`이 여러 단어로 이루어진 문자열인 경우, `MyFilter->text`에 넘어오는 문자열은 단어별로 분할되기 때문에 치환 대상이 되지 않는다. 텍스트 구획 전체를 읽기 전에는 문자열을 반환하지 않도록 하는 옵션이 HTML::Parser에 추가되는 것을 기다릴 수밖에 없다. 웹 서핑 중에 8비트짜리 Latin-1 문자가 이상하게 깨져서 불편했던 경험이 있을 텐데 *htmlsub*에서도 이런 문제가 있다.

예제 20-13. hrefsub

```
#!/usr/bin/perl -w
# hrefsub - HTML 파일의 <A HREF="..."> 필드 안의 내용을 치환한다
# from Gisle Aas <gisle@aas.no>

sub usage { die "Usage: $0 <from> <to> <file>...\n" }

my $from = shift or usage;
my $to   = shift or usage;
usage unless @ARGV;

# 치환 작업을 하는 HTML::Filter 서브클래스를 만든다
package MyFilter;
use HTML::Filter;
```

```
@ISA=qw(HTML::Filter);
use HTML::Entities qw(encode_entities);

sub start {
   my($self, $tag, $attr, $attrseq, $orig) = @_;
   if ($tag eq 'a' && exists $attr->{href}) {
           if ($attr->{href} =~ s/\Q$from/$to/g) {
               # $orig에 담긴 'href' 값의 범위를 알 수 있었으면 좋았겠지만
               # 그렇지 못하므로 $tag와 $attr을 가지고 태그를 다시 구성해야 한다
               my $tmp = "<$tag";
               for (@$attrseq) {
                   my $encoded = encode_entities($attr->{$_});
                   $tmp .= qq( $_="$encoded ");
               }
               $tmp .= ">";
               $self->output($tmp);
               return;
           }
   }
   $self->output($orig);
}

# 이제 클래스를 사용한다

package main;
foreach (@ARGV) {
        MyFilter->new->parse_file($_);
}
```

21장

P e r l C o o k b o o k

mod_perl

속도는 지혜가 인도할 때만 쓸모가 있다.

— 제임스 포(James Poe)

21.0 개요

mod_perl 프로젝트(*http://perl.apache.org/*)는 펄을 아파치 웹 서버에 통합하는 프로젝트이다. 이렇게 함으로써 아파치의 설정, 요청의 처리와 응답, 로그 파일 기록, 그 외 많은 작업을 펄로 할 수 있다.[1]

CGI를 쓸 때 성능이 저하되는 문제를 피하고자 mod_perl을 도입하는 사람들이 많아졌다. CGI 프로그램이 따로 있으면 요청이 있을 때마다 별개의 프로세스가 시작되는데, 이는 대부분의 운영체제에서 큰 부담이 된다. 커널에 있는 데이터 구조 다수를 복사해야 하고, 프로세스 바이너리를 적재하기 위해 파일 입출력 과정이 필요하기 때문이다. 요청을 많이 받게 되면 운영체제가 더 이상 새 프로세스를 만들 수 없게 되어 웹 서버(나아가 시스템 전체)가 응답하지 못하는 상태가 될 수 있다.

mod_perl은 펄 인터프리터를 아파치 프로세스에 내장한다. 항상 펄 인터프리터가 동작하고 있기 때문에 동적 콘텐츠를 생성할 때 별개의 프로세스를 시작할 필요가 없다. 여기에 Apache::Registry 모듈과 Apache::PerlRun 모듈이 계속 실행되고 있는 펄 인터프리터에 CGI 환경을 제공한다(레시피 21.12에서 상세하게 다룬다). 이렇게 하면 곧바로 CGI보다 우월한 성능을 낼 수 있게 된다(10~100배

1 (옮긴이) 엔진엑스(Nginx)의 경우에는 ngx_http_perl_module을 이용해서 펄을 엔진엑스 웹 서버에 통합할 수 있다. *http://nginx.org/en/docs/http/ngx_http_perl_module.html*을 참고하라.

나 성능이 향상된다는 보고도 있다). 하지만 이것만으로는 펄과 아파치가 통합되었다는 장점을 충분히 활용하지 못한다. 제대로 활용하기 위해서는 여러분이 독자적인 핸들러를 만들어야 한다.

핸들러

요청을 처리하는 각 단계에서 아파치가 펄에(또는 펄이 아파치에) 접근할 수 있기 때문에 요청을 받고 응답하는 사이클의 각 단계를 처리하는 코드를 여러분이 작성할 수 있고, 이 코드를 *핸들러(handler)*라고 한다. 핸들러를 사용할 수 있는 단계는 총 13가지이며, 각 단계마다 기본 핸들러가 있다(따라서 여러분이 13개의 핸들러를 다 만들 필요는 없다).

특정한 단계를 처리하는 핸들러를 설치하기 위해서는 먼저 코드를 작성하고 그 코드를 mod_perl에 적재하고, mod_perl이 그 코드를 호출하도록 지시하는 세 가지 작업을 해야 한다.

핸들러는 단순한 서브루틴이다. 아파치 요청 객체를 첫 번째 인자로 받고, 그 객체를 통해서 여러 가지 일을 한다. 구체적으로는 요청의 내용을 파악하고 그 요청에 관한 아파치의 정보를 변경하고, 에러를 로그에 기록하고, 응답을 만드는 일 등이다. 핸들러의 반환값에 따라 현재 단계에서 다른 핸들러를 써서 처리를 계속할지 현재 단계를 성공적으로 끝내고 다음 단계로 진행할지 아니면 현재 단계에서 에러를 내며 종료할지가 결정된다. 반환값은 Apache::Constants 모듈에 정의된 상수들이다.

핸들러 코드는 아파치의 *httpd.conf* 파일에 쓸 수도 있지만 따로 모듈로 만드는 편이 더 깔끔하다.

```
# MyApp/Content.pm 파일에 작성
package MyApp::Content;
use Apache::Constants ':common';

sub handler {
  my $r = shift;    # 요청 객체를 얻는다
  # ...
  return OK;        # 예를 들자면
}
```

서브루틴 이름은 아무렇게나 지을 수 있지만, mod_perl에서는 모든 핸들러 서브루틴 이름을 `handler`라고 짓고 각 핸들러를 서로 다른 모듈에 저장하면 편리하다. 따라서 콘텐츠를 생성하는 핸들러는 MyApp::Content 모듈에, 요청을 로그에 기록하는 핸들러는 MyApp::Logging 모듈에 담게 된다.

각 요청에 대한 처리가 끝날 때마다 펄 인터프리터가 종료되는 것이 아니므로 mod_perl을 사용할 때는 프로그램을 깔끔하게 만들어야 한다. 즉, 전역 변수 대신 렉시컬 변수(my로 선언하는 변수)를 사용하고, 작업이 끝난 파일핸들은 반드시 닫도록 한다(또는 렉시컬 파일핸들을 사용한다). 파일핸들을 닫지 않으면 프로세스가 다음번에 CGI 스크립트를 실행할 때까지 열린 상태로 남아 있게 된다(결과적으로 이미 열려 있는 파일핸들을 다시 열려고 하게 된다). 또한 값을 undef로 바꾸지 않은 전역 변수는 다음번 CGI 스크립트를 실행할 때 지난 번에 담겨 있던 값이 그대로 담겨 있게 될 것이다. mod_perl에 딸려 있는 *mod_perl_traps* 매뉴얼 페이지에는 mod_perl을 사용할 때 흔히 저지르는 잘못들이 설명되어 있다.

핸들러 모듈을 적재하기 위해서는 *httpd.conf* 파일에 PerlModule 지시자를 사용한다.

```
PerlModule MyApp::Content
```

이것은 펄 스크립트의 use처럼 모듈을 적재해서 실행한다. mod_perl에 핸들러 코드를 적재했다면 다음은 그 핸들러를 호출하도록 아파치에 지시한다.

httpd.conf 파일에서 다음 지시자들을 사용해서 핸들러를 설치한다.

```
PerlChildInitHandler
PerlPostReadRequestHandler
PerlInitHandler
PerlTransHandler
PerlHeaderParserHandler
PerlAccessHandler
PerlAuthenHandler
PerlAuthzHandler
PerlTypeHandler
PerlFixupHandler
PerlHandler
PerlLogHandler
PerlCleanupHandler
PerlChildExitHandler
PerlDispatchHandler
PerlRestartHandler
```

아파치의 실행 단계

요청에서 응답까지 거치는 각 단계를 이해하기 위해서는 아파치가 어떻게 동작하며 그 동작을 어떻게 설정하는지 어느 정도 알아야 한다. 아파치는 서버 프로세스(자식 프로세스)들의 풀을 유지하여 요청을 병렬로 처리한다. ChildInit 단계에서 자식 프로세스가 시작되고 ChildExit 단계에서 끝난다.

아파치가 클라이언트로부터 요청을 읽어들이면 곧바로 PostReadRequest Handler 핸들러가 호출된다. 아파치는 URL과 가상 호스트 이름을 추출하지만,

요청이 어느 파일에 대응되는지는 아직 확인하지 않는다. 따라서 *.htaccess* 파일에서 이 핸들러를 설치할 수는 없다. 마찬가지로 *httpd.conf* 파일의 <Location>, <Directory>, <Files> 섹션(또는 거기에 대응하는 <LocationMatch>, <DirectoryMatch>, <FilesMatch>)에서 설치할 수도 없다.

변환 단계에서는 수신한 요청을 복호화하고 URL에 대응되는 파일을 추측한다. 이 단계에서 여러분이 고유한 별칭이나 리다이렉트를 적용할 수 있다. 일단 아파치가 요청된 URL과 그에 대응되는 파일을 파악하고 나면 *httpd.conf* 파일의 <Location>, <Directory>, <Files> 섹션을 확인하고 *.htaccess* 파일을 찾기 시작한다. PerlTransHandler 지시자를 사용하여 변환 핸들러를 설치할 수 있다.

헤더 해석 단계는 이름에 오해의 소지가 있다. 헤더는 이미 해석되어 요청 객체에 담겨 있는 상태이다. 이 단계에서 하는 일은 일단 URL에 대응되는 파일을 알고 있는 상태에서 여러분이 헤더의 내용에 따라 적절한 동작을 할 수 있도록 기회를 주는 것이다. PostReadRequestHandler 핸들러에서 헤더를 검사할 수 있으나 파일은 아직 알 수 없다. PostReadRequestHandler는 서버 단위의 핸들러인 반면, HeaderParserHandler는 위치, 파일, 또는 디렉터리 단위의 핸들러이다. 이 단계부터 *httpd.conf* 파일 또는 *.htaccess* 파일의 어느 부분에서나 핸들러를 설치할 수 있다.

PerlInitHandler는 "사용 가능한 첫 번째 핸들러"를 가리키는 별칭이다. *httpd.conf* 파일의 <Location>, <Directory>, <Files> 섹션이나 *.htaccess* 파일의 아무 곳에 지정된 경우 PerlInitHandler는 PerlHeaderParserHandler의 별칭이다. 그 외 다른 곳에 지정된 경우는 PerlPostReadRequestHandler의 별칭이 된다.

그 다음은 권한 부여 단계와 인증 단계이다. PerlAccessHandler를 추가하여 사용자 이름과 비밀번호를 요구하지 않고도 접근을 제한할 수 있다. 인증 단계에서는 요청에 포함된 사용자 이름과 비밀번호를 복호화하여 현재 사용자가 올바른 사용자인지 판단한다. 권한 부여 단계에서는 사용자가 요청한 자원에 접근하도록 허가되었는지 판단한다. 아파치에서는 인증과 권한 부여 단계가 구별되어 있기 때문에 웹사이트의 여러 영역에서 하나의 사용자 데이터베이스를 공유하면서 영역마다 서로 다른 접근 권한을 줄 수 있다. 인증 핸들러와 권한 부여 핸들러를 작성하는 방법을 레시피 21.1에서 설명한다. 대부분의 사람들은 기본 인증을 계속 사용한다. 기본 인증은 단순히 비밀번호를 요청 헤더의 일부로 부호화한다. 보안성이 더 높은 인증 방법을 원하면 다이제스트 인증(모든 브라우저에서 동작하도록 구현하는 것이 어렵지만)을 사용하거나 간단히는 보안 서버에 *https://* URL을 사용하여 요청 전체를 암호화할 수 있다.

클라이언트가 요청한 문서에 접근하도록 허가되었음을 아파치가 확인하면 타입 결정 단계로 넘어간다. 이 단계에서 아파치는 *httpd.conf*와 *.htaccess* 파일을 검사하여 요청받은 파일이 특정한 Content-Type에 대응되는지 확인한다. 대응되지 않는다면 파일의 이름과 MIME 타입 목록을 참고하여 파일의 타입을 판단한다. PerlTypeHandler를 설치하여 여러분이 독자적으로 만든 타입을 인식하게 할 수 있다.

이 시점에 PerlFixupHandler를 사용하여 마지막으로 요청 내용을 조작할 수 있는 기회가 주어진다. 레시피 21.10에서 이를 이용하여, PerlHeaderParserHandler에서 삭제되었던 URL 일부를 다시 넣는 예제를 소개한다.

그 다음은 핸들러가 콘텐츠를 생성하여야 한다. 이것은 mod_perl에서 매우 보편적으로 이루어지는 일이라서, 콘텐츠 핸들러를 설치하는 지시자도 단순히 PerlHandler이다. 일단 콘텐츠가 생성되면 로그 기록 단계가 시작되고 보통 여기서 접근 로그 항목들이 기록된다. 물론 여러분이 로그 기록 코드를 따로 만들어서 아파치의 코드를 대체하거나 확장할 수 있다(예를 들어, 로그를 데이터베이스에 기록할 수 있다). 이것은 레시피 21.9에서 다룬다.

로그 기록 단계는 클라이언트와의 접속이 닫히기 전에 이루어진다. 응답이 전송된 후에 수행할 코드를 PerlCleanupHandler를 통해 설치할 수 있다. 로그 핸들러의 처리 속도가 느리면 접속이 열린 채로 있게 된다(또한 그 결과로 자식 프로세스가 응답을 더 기다리게 된다). 따라서 로그 기록이 오래 걸릴 우려가 있다면(I/O가 많이 발생하거나 해서) 기록 작업을 클린업 단계에서 수행하는 것이 mod_perl에서의 관례다. 무언가를 실제로 지우기 위해 클린업 단계를 거치는 경우는 드물다.

여기까지 주요 단계와 핸들러들을 설명하였다. 이 외에도 설치할 수 있는 핸들러가 있다. 이 장에서는 사용하지 않지만 PerlDispatchHandler는 각 단계별로 핸들러를 등록하는 수고를 줄여주는 핸들러로, 등록하면 모든 단계마다 호출된다. PerlRestartHandler는 아파치 서버가 재시작할 때마다 여러분이 작성한 코드를 실행한다.

mod_perl을 쓰기 시작할 때 겪는 어려움의 대부분은 CGI.pm을 써서 이미 할 수 있던 것들을 mod_perl로는 어떻게 할지 다시 배워야 하는 데서 나온다. 쿠키나 폼 매개변수는 순수하게 mod_perl만 사용해서는 다루기 힘들다. 레시피 21.2와 21.3에서 이런 간단해 보이는 문제를 다루고 있는 것은 그 때문이다.

자세한 참고자료

mod_perl용의 CPAN 모듈이 많이 있다. 사양하지 말고 마음껏 사용하자. 기존에 있던 모듈을 사용하다가 한계에 부딪힌 사람들은 그 모듈을 확장하거나 교체하기도 한다. 관례적으로 mod_perl 모듈들은 이름이 Apache::로 시작한다. 이 모듈들의 목록은 *http://search.cpan.org/modlist/World_Wide_Web/Apache*[2]에서 찾을 수 있다.

mod_perl 개발자용 참고자료도 많이 있다. API 레퍼런스는 *Writing Apache Modules in Perl and C*(더그 맥에천(Doug MacEachern), 링컨 스타인(Lincoln Stein) 저, O'Reilly) 한 권뿐이다. 비록 초기 버전의 mod_perl을 다루고 있지만, 오늘날 참고하기에도 적절하다.

mod_perl 환경에서 개발을 하고 있다면 *Practical mod_perl*(스타스 베크먼(Stas Bekman), 에릭 숄레(Eric Cholet) 저, O'Reilly)을 추천한다. 온라인 버전의 mod_perl 가이드(*http://perl.apache.org/guide*)를 새로 쓰고 보충한 것이다. *Apache Pocket Reference*(앤드류 포드(Andrew Ford) 저, O'Reilly)도 추천한다. mod_perl의 지시자와 메서드가 잘 정리되어 있다.

이 장의 내용을 간결하게 하기 위해서 여기서는 mod_perl에 대한 기초적인 질문만을 다루고 있다. 깊이 있는 질문들은 *mod_perl Developer's Cookbook*(제프리 영(Geoffrey Young), 랜디 코브스(Randy Kobes), 폴 린드너(Paul Lindner) 저, Sams)에서 다루고 있다. 이 책과 유사한 형식으로 되어 있는 훌륭한 참고서이다. 저자들이 관리하는 웹 사이트(*http://www.modperlcookbook.org*)에서 책의 내용 일부와 전체 소스 코드, 그 외 mod_perl 개발자를 위한 자료들을 볼 수 있다.

mod_perl 자체에도 매뉴얼이 포함되어 있다. 지시자에 관해서는 *mod_perl*(1)의 매뉴얼 페이지, 아파치 요청 객체에 호출할 수 있는 메서드에 관해서는 *Apache*(1) 매뉴얼 페이지를 참고하라. CGI 스크립트를 mod_perl로 옮길 경우는 *mod_perl_traps*(1) 매뉴얼 페이지를 반드시 보자. 매뉴얼만으로 해결되지 않는 경우에는 mod_perl 메일링 리스트가 유용하다. 질문을 하고 답을 들을 수 있을 뿐만 아니라 mod_perl의 최신 정보를 얻을 수도 있다. 메일링 리스트를 구독하는 방법에 관해서는 *http://apache.perl.org*를 참고하라.

2 (옮긴이) 이 번역서를 집필하는 시점에는 저 링크는 존재하지 않는다. 대신 *http://www.cpan.org/modules/00modlist.long.html#ID15_WorldWideW*에서 아래로 스크롤을 하면 "Apache PerlHandler modules" 절에서 모듈들의 목록을 볼 수 있다.

mod_perl2

이 장이 인쇄소로 넘어갈 때쯤 mod_perl 2.0의 개발이 마무리 되어가고 있었다. 이것은 Apache 2.0에 맞춰 새롭게 작성된 것이다. 1.0에서 2.0으로 넘어가며 달라진 점은 셀 수 없이 많으며 설정 지시자와 펄 클래스들도 영향을 받았다. 1.0의 핸들러 API를 모방하는 Apache::compat 모듈도 있지만, CGI를 모방하는 Apache::Registry와 마찬가지로 이런 에뮬레이션을 위해서는 비용이 들어간다. 성능과 유연성을 최대한으로 높이고자 한다면 2.0 API를 사용하도록 여러분의 모듈을 수정하라.

2.0의 큰 변화 중 하나는 스레드 지원이다. 한 번에 여러 아파치 프로세스를 실행하는 것뿐 아니라 각 프로세스 안에서 여러 스레드를 실행시킬 수 있다. 어떤 작업은 스레드를 이용하여 처리하는 게 더 쉽기도 하고 더 좋은 성능을 얻을 수도 있다. 그렇지만 스레드를 사용하는 코드, 특히 올바르게 동작하는 코드를 작성하기는 쉽지 않다.

mod_perl 2.0의 자세한 내용은 *http://perl.apache.org/docs/2.0/*을 참고하라.

21.1 인증

문제

사용자가 인증 과정에서 제공한 이름과 비밀번호를 검증하고자 한다.

해결책

`$r->get_basic_auth_pw`로 비밀번호를, `$r->connection->user`로 사용자 이름을 얻을 수 있다. 유효한 사용자 이름과 비밀번호라면 OK를 반환하고 유효하지 않으면 `$r->note_basic_auth_failure`를 호출하고 AUTH_REQUIRED를 반환하라.

```
package Your::Authentication::Package;
use Apache::Constants ':common';

sub handler {
  my $r = shift;

  return OK unless $r->is_main;     # 하위 요청의 경우는 넘어간다

  my ($res, $sent_pw) = $r->get_basic_auth_pw;
  if ($res != OK) {
    $r->note_basic_auth_failure;
    return $res;
  }

  my $user = $r->user;
```

```
  # 사용자 이름과 비밀번호를 확인하고, 일치하지 않는다면 $failed를 설정한다
  if ($failed) {
    $r->note_basic_auth_failure;
    return AUTH_REQUIRED;
  }
  return OK;
}
```

디렉터리 또는 파일들의 집합에 적용되는 핸들러를 설치한다.

```
# 영역(realm)
AuthName "Holiday Photos"
# 다음 줄은 변경하지 않도록 한다
AuthType Basic
PerlAuthenHandler Your::Authentication::Package
require valid-user
```

논의

영역은 브라우저가 사용자 이름과 비밀번호를 입력하라는 안내를 띄울 때 사용자가 보게 되는 부분이다. 예를 들어 영역을 "Holiday Photos"로 설정한 경우, 사용자에게 "Holiday Photos에 접근하기 위한 사용자 이름과 비밀번호를 입력하시오"라는 안내가 나간다. 인증 핸들러의 호출을 활성화하기 위해서는 require 지시자를 적어도 하나는 지정해야 한다.

$r->get_basic_auth_pw를 호출하면 클라이언트가 보낸 인증 관련 정보를 아파치가 처리한다. 따라서 $r->get_basic_auth_pw를 호출하기 전에 $r->user를 호출할 수는 없다(할 수야 있지만, 아무것도 반환되지 않는다).

$r->get_basic_auth_pw를 호출하면 두 개의 값이 반환된다. 상태 코드와 비밀번호이다. 상태 코드가 OK라면 브라우저가 인증에 동의하고 인증 정보를 제공한 것을 의미한다. 상태 코드가 DECLINED라면 해당 지역이 기본 인증으로 보호되도록 설정되지 않았거나 *httpd.conf* 파일에 AuthType이 지정되지 않은 경우이다. 상태 코드가 SERVER_ERROR라면 이 지역에 영역이 정의되지 않은 경우이다. 상태 코드가 AUTH_REQUIRED라면 브라우저가 기본 인증을 실패하거나 생략한 것이다. 여러분이 AUTH_REQUIRED를 반환하기로 결정하였다면 먼저 $r->note_basic_auth_failure를 호출하여, 아파치가 브라우저에 영역 정보를 보내도록 하여야 한다.

$r->get_basic_auth_pw에서 반환된 상태 코드를 참조하면, 브라우저가 이 페이지에 대한 인증 정보를 파악하는지 알 수 있다. 브라우저에서 인증 정보가 오지 않는 경우에는 "비밀번호가 없이는 접근할 수 없음"이라는 응답을 반환해야 한다.

그러기 위해서는 인증이 실패했음을 기록하고, $r->get_basic_auth_pw에서 얻은 AUTH_REQUIRED를 반환한다.

요청이 메인 요청인지를 검사하기 위해서 $r->is_main을 호출하였다. 아파치는 종종 하위 요청을 생성하며, 이런 하위 요청에 대하여 인증을 확인하는 과정(속도가 느릴 가능성이 큰)을 거칠 필요는 없다. 그래도 딱히 보안이 약해지지는 않는다. 어차피 메인 요청에 대한 인증이 실패하면 콘텐츠 핸들러가 실행되지 않기 때문이다. 이렇게 하위 요청에 대한 인증을 생략함으로써 재귀적인 처리나 POST 데이터를 여러 번 해석하는 등의 골치 아픈 문제를 피할 수 있다.

더 알아보기

- Apache.pm 매뉴얼 페이지
- *Writing Apache Modules with Perl and C*
- *mod_perl Developer's Cookbook*의 레시피 13.3

21.2 쿠키 설정하기

문제

클라이언트에 응답을 보낼 때 쿠키를 같이 넣어 보내고자 한다.

해결책

CPAN에 있는 Apache::Cookie 모듈을 사용한다. 콘텐츠 핸들러에서 새 쿠키를 만들어서 헤더에 첨부한다.

```
use Apache::Cookie;
$cookie = Apache::Cookie->new($r,
                              -name    => "cookie name",
                              -value   => "its value",
                              -expires => "+1d" );
$cookie->bake;
```

콘텐츠를 생성하기 전에 헤더를 송신하는 것을 잊지 않도록 한다.

```
$r->send_http_header;
$r->print("...");
```

논의

Apache::Cookie 모듈은 쿠키를 표현하는 문자열을 만든다. 쿠키의 유효 기간을 지정하기 위해서는 다음 형식 중 하나를 사용한다.

```
+30s                              지금부터 30초
+10m                              지금부터 10분
+1h                               지금부터 1시간
-1d                               하루 전
now                               지금
+3M                               지금부터 3개월
+10y                              지금부터 10년
Thursday, 25-Apr-1999 00:30:31 GMT  지정한 시각
```

쿠키의 매개변수를 변경하고 나면 bake 메서드를 호출한다. 이러면 현재 상태의 쿠키가 mod_perl의 향후 응답에 추가된다. bake 메서드를 호출한 이후에 쿠키 객체에 변경을 가하더라도 그 변경은 mod_perl이 전송하는 헤더에 반영되지 않는다.

아파치가 관리하는 헤더는 두 가지 종류가 있다. 에러 헤더와 일반 헤더이다. 혼동스러울 수 있지만, 에러 헤더는 응답 코드가 에러인 경우이든 아니든 상관없이 항상 전송된다. 일반 헤더는 응답이 성공인 경우에만 반환된다. Apache::Cookie는 쿠키를 에러 헤더 안에 설정하기 때문에 리다이렉션 응답의 경우에도 쿠키가 전송된다.

CGI::Cookie 모듈은 같은 인터페이스를 제공하지만 순수하게 펄로만 작성되어서 속도가 느리므로, XS 모듈인 Apache::Cookie를 사용할 수 없을 때만 사용하도록 한다. CGI::Cookie 모듈을 사용하려면 코드에서 "Apache::Cookie" 부분을 "CGI::Cookie"로 바꾸고, new를 호출할 때 인자 목록에서 요청 객체는 제외해야 한다. 그리고 bake 메서드를 호출할 수 없으며, 대신 다음과 같이 한다.

```
$r->err_headers_out->add("Set-Cookie", $cookie->as_string);
```

err_header_out 메서드가 아니라 err_headers_out 메서드를 사용하는 이유는 후자의 경우 하나의 헤더에 대해서 여러 값을 넣을 수 있기 때문이다. 즉, err_headers_out 메서드를 사용하면 헤더를 송신하기 전에 기존 값에 새로운 값을 추가할 수 있다. 만일 우리가 서로 별개인 쿠키 세 개를 설정하고자 한다면 이 메서드를 세 번 사용할 것이다. 반면에 err_header_out 메서드는 헤더를 추가하지 않고 항상 대체해 버린다.

더 알아보기

- CPAN 모듈 CGI::Cookie, Apache::Cookie 모듈 문서
- 넷스케이프 쿠키 명세, *http://web.archive.org/web/20041109024502/http://wp.netscape.com/newsref/std/cookie_spec.html*
- *mod_perl Developer's Cookbook*의 레시피 3.7
- Apache.pm 매뉴얼 페이지

21.3 쿠키 값 접근하기

문제

클라이언트에서 쿠키에 넣어서 보낸 값을 확인하고자 한다.

해결책

CPAN에 있는 Apache::Cookie 모듈을 사용하여 쿠키 객체의 해시를 저장한다. 이 객체는 클라이언트가 보낸 헤더에서 가져온다.

```
use Apache::Cookie;
$ac = Apache::Cookie->new($r);
%all_cookies = $ac->parse();
```

이제 이 해시의 각 원소는 쿠키 하나를 나타내는 객체이다.

```
$one_cookie = $all_cookies{COOKIE_NAME};
```

이 객체를 사용하여 쿠키의 값을 확인한다.

```
$one_cookie->value()      $one_cookie->name()
$one_cookie->domain()     $one_cookie->path()
$one_cookie->expires()    $one_cookie->secure()
```

논의

브라우저에서 어떤 쿠키를 보냈는지 확인하려면 해시 원소를 대상으로 exists를 사용한다.

```
unless (exists $all_cookies{chocolate}) {
  $r->header_out(Location => "http://www.site.com/login");
  return REDIRECT;
}
```

단순히 참, 거짓 여부를 따져서는 안 된다.

```
unless ($all_cookies{chocolate}) {  # 나쁨
```

빈 문자열이나 0도 올바른 쿠키 값이지만, 이 값들은 펄에서 거짓으로 판정되어 버린다. 자세한 내용은 1장의 개요 절을 참고하라.

CGI::Cookie는 Apache::Cookie 대신에 사용할 수 있는 순수한 펄 모듈이다. 이 모듈을 써서 쿠키의 해시를 얻는 방법은 Apache::Cookie와 약간 다르다.

```
use CGI::Cookie;
%all_cookies = CGI::Cookie->fetch;
```

이렇게 얻은 쿠키의 해시는 Apache::Cookie를 써서 얻은 것과 동일하게 쓸 수 있다.

더 알아보기

- *Writing Apache Modules with Perl and C*
- 레시피 20.14
- *mod_perl Developer's Cookbook*의 레시피 3.7
- Apache.pm 매뉴얼 페이지
- CPAN 모듈 CGI::Cookie, Apache::Cookie 모듈 문서

21.4 브라우저에 리다이렉트 지시하기

문제

브라우저에 리다이렉트하라는 지시를 보내고자 한다.

해결책

`$r->header_out`을 사용하여 Location 헤더를 설정한 후, REDIRECT를 반환한다.

```
$r->header_out(Location => "http://www.example.com/somewhere");
return REDIRECT;
```

논의

Location 헤더를 설정하고 REDIRECT를 반환하면 클라이언트는 이동해야 할 새 페이지의 주소를 알게 된다. 이것을 외부 리다이렉트라고 말한다. 브라우저(아파치 입장에서 외부)가 새 페이지를 요청하는 처리를 수행하기 때문이다. 리다이렉트될 URL은 부분적인 URL이 아니라 완전한(`http` 등도 같이 포함된) URL이어야 한다.

내부 리다이렉트는 아파치가 같은 사이트 내의 다른 페이지를 전송하는 것이다. 브라우저는 페이지가 바뀐 것을 인식하지 못한다. 따라서 그 페이지 안에 있는 상대 경로로 된 링크는 망가질 수도 있다. 내부 리다이렉트를 요청하기 위해서는 다음과 같이 한다.

```
$r->internal_redirect($new_partial_url);
return OK;
```

아파치는 내부 리다이렉트를 새로운 요청인 것처럼 다룬다. 이 새 요청에 대해 요청 사이클의 각 단계가 다시 호출된다. Location 헤더와 달리 `internal_redirect`는 부분적인 URL만을 인자로 받는다. `internal_redirect`를 호출한 다음에는 OK를 반환하는 것 외에 다른 로직이 들어가면 안 된다.

더 알아보기

- *Writing Apache Modules with Perl and C*
- 레시피 19.7
- *mod_perl Developer's Cookbook*의 레시피 8.5
- Apache.pm 매뉴얼 페이지

21.5 헤더 확인하기

문제

클라이언트가 보낸 헤더의 값을 알고자 한다.

해결책

`$r->header_in` 메서드를 사용한다.

```
$value = $r->header_in("Header-name");
```

논의

예를 들어, 클라이언트가 선호하는 언어(Accept-Language 헤더에 담겨 전송된다)가 무엇인지 알아내려고 한다고 하자.

```
if ($r->header_in("Accept-Language") !~ /\ben-US\b/i) {
  $r->print("No furriners!");
  return OK;
}
```

두 개 이상의 헤더에 접근하려는 경우에는 `$r->headers_in` 메서드를 사용한다. 이 메서드는 모든 클라이언트의 요청 헤더의 내용을 키와 값의 리스트로 반환하며, 보통은 이 리스트를 해시에 할당하여 사용한다.

```
%h = $r->headers_in;
if ($h{"Accept-Language"} !~ /\ben-US\b/i) {
  $r->print("No furriners!");
  return OK;
}
```

더 알아보기

- *Writing Apache Modules with Perl and C*
- *mod_perl Developer's Cookbook*의 레시피 3.4
- Apache.pm 매뉴얼 페이지

21.6 폼 매개변수 접근하기

문제

클라이언트가 제출한 폼 필드의 값을 알고자 한다.

해결책

폼의 각종 매개변수에 접근하려면 POST 매개변수에는 $r->content를 사용하고, GET 매개변수에는 $r->args를 사용한다.

```
%post_parameters = $r->content;
%get_parameters  = $r->args;
```

$r->content는 하나의 요청에 대하여 한 번만 호출할 수 있다. 첫 번째 호출했을 때 모든 POST 데이터가 읽혀 없어지기 때문이다.

CPAN에 있는 Apache::Request 모듈의 $r->param 메서드를 사용하면 GET으로 받았든 POST로 받았든 상관없이 지정한 매개변수에 접근할 수 있다.

```
use Apache::Request;

sub handler {
  my $r = Apache::Request->instance(shift);
  my @param_names = $r->param;
  my $value       = $r->param("username");  # 값 하나
  my @values      = $r->param("toppings");  # 다수의 값들
  # ...
}
```

논의

Apache::Request를 사용하지 않고 폼 매개변수를 처리하려고 하면, 여러 번 나오는 값을 처리할 때 문제가 된다. 예를 들어, MULTIPLE 속성을 지정한 SELECT 목록 필드의 경우, 같은 매개변수의 항목들을 반복해서 보낸다. 이것을 해시에 담으면 그 항목들 중 하나만 남게 된다. Apache::Request 모듈에서는 여러 번 제출되는 매개변수를 배열에 넣음으로써 이 문제를 해결한다.

핸들러에 POST로 전달된 폼 매개변수가 문제가 되는 경우도 있다. 아파치에서는 한 핸들러가 POST 데이터를 읽어버리면 다른 핸들러가 다시 읽을 수 없다. 따라서 POST 폼 매개변수를 처리하는 경우는 나중에 다른 핸들러에서 같은 매개변수에 접근할 경우를 대비해서 복호화된 매개변수를 보관해 두는 것을 권장한다. instance 생성자가 이 작업을 해준다. 두 핸들러가 각각 instance 생성자를 호출하는 경우, 두 번째로 호출한 핸들러는 첫 번째 핸들러가 만들어놓은 Apache::Request 객체를 받게 되며 이 객체에는 이미 폼 매개변수들이 복호화되어 있다.

Apache::Request의 `$r->param` 인터페이스는 CGI 모듈의 매개변수 해석 인터페이스를 기반으로 하고 있다.

더 알아보기

- Apache.pm 매뉴얼 페이지
- *Writing Apache Modules with Perl and C*
- *mod_perl Developer's Cookbook*의 레시피 3.5
- Apache::Request 매뉴얼 페이지
- 레시피 20.2

21.7 업로드된 파일을 받기

문제

업로드된 파일을 mod_perl 핸들러를 써서 처리하고자 한다. 예를 들어 이미지 갤러리에 그림 파일을 올리는 경우다.

해결책

핸들러 내에서 Apache::Request 모듈에 있는 `$r->upload` 메서드와 `$r->param` 메서드를 사용한다(다음 코드에서는 파일 업로드 필드의 이름이 `fileParam`이라고 가정했다).

```
use Apache::Request;

my $TEN_MEG = 10 * 2 ** 20;       # 10 메가바이트
sub handler {
  my $r = Apache::Request->new(shift,
                              DISABLE_UPLOADS => 0,
                              POST_MAX        => $TEN_MEG);
  $r->parse;
  my $uploaded_file = $r->upload("fileParam");
  my $filename      = $uploaded_file->filename;  # 파일이름
  my $fh            = $uploaded_file->fh;        # 파일핸들
  my $size          = $uploaded_file->size;      # 크기(바이트 단위)
  my $info          = $uploaded_file->info;      # 헤더
  my $type          = $uploaded_file->type;      # Content-Type
  my $tempname      = $uploaded_file->tempname;  # 임시 이름
  # ...
}
```

논의

Apache::Request는 기본적으로는 업로드된 파일 데이터를 처리하지 않는다. 파일이 읽히면 일단 메모리에 보관되는데 요청이 끝난 후에 그 메모리가 제대로 운

영체제에 넘겨지지 않을 수 있기 때문이다. 파일 업로드를 가능하게 설정할 경우 (DISABLE_UPLOADS를 거짓으로 설정한다) 받아들일 수 있는 파일 크기의 상한값을 설정하라. 그래야 악의를 가진 공격자가 데이터 스트림을 무한정 보내서 시스템의 메모리를 고갈시키는 것을 막을 수 있다. 최대 파일 크기는 바이트 단위로 POST_MAX에 설정한다(해결책의 코드에서는 10M로 설정하였다).

$r->upload 메서드는 POST로 전송된 파일 데이터를 처리하고 Apache::Upload 객체를 반환한다. Apache::Upload 객체에는 업로드된 파일의 정보에 접근하기 위한 메서드들이 다음과 같이 정의되어 있다.

메서드	반환값
fh	업로드된 데이터를 읽을 수 있는 파일핸들
filename	클라이언트에서 제공한 파일이름
info	클라이언트에서 보낸 HTTP 헤더가 담긴 Apache::Table 객체
name	업로드된 파일이 담기었던 폼 필드의 이름
size	업로드된 파일의 크기(바이트 단위)
tempname	Apache::Request가 임시로 부여한 파일이름
type	업로드된 파일에 대하여 클라이언트에서 제공한 Content-Type 정보

$r->upload는 하나의 요청에 한 번만 호출할 수 있다. 첫 호출에 POST 데이터가 모두 읽혀 소모되기 때문이다. 때로는 여러 핸들러가 하나의 업로드 파일에 접근할 필요가 있는데, 한 핸들러가 파일을 읽고 파일이름을 어딘가 저장하면 다른 핸들러가 그 이름에 접근하는 식으로 핸들러끼리 알아서 조정되지는 않는다. 이런 경우에는 각 핸들러에서 요청 객체를 인자 리스트에서 직접 빼내는 대신에 Apache::Request 모듈의 $r->instance 메서드를 사용하여 요청 객체를 얻도록 한다.

```
use Apache::Request;
# ...
sub handler {
  my $r = Apache::Request->instance(shift,
                                    DISABLE_UPLOADS => 0,
                                    POST_MAX        => 10 * 2**20);
  # ...
}
```

더 알아보기

- *Writing Apache Modules with Perl and C*

- *mod_perl Developer's Cookbook*의 레시피 3.8
- Apache.pm 매뉴얼 페이지

21.8 데이터베이스 접근 속도 향상시키기

문제

mod_perl 핸들러 안에서 DBI 모듈을 사용하는데, 요청을 처리할 때마다 데이터베이스 서버에 접속하느라 웹 응용프로그램의 속도가 용납할 수 없을 만큼 느려진다.

해결책

DBI 모듈을 적재하기 전에 Apache::DBI 모듈을 적재하면 사용자에게 영향을 주지 않으면서 데이터베이스 접속을 캐시에 저장할 수 있다.

```
use Apache::DBI;
use DBI;
```

논의

많은 사이트가 *httpd.conf* 파일에서 Apache::DBI 모듈을 불러옴으로써 다른 어떤 모듈보다도 먼저 적재하고 있다.

```
PerlModule Apache::DBI
```

Apache::DBI 모듈은 `DBI->connect` 메서드를 가로채어, 기존의 열린 핸들에 이번 요청과 같은 접속 정보가 있다면 그 기존 핸들을 반환한다. 또한 이 모듈은 `$dbh->disconnect` 메서드가 접속을 닫지 못하게 한다. 이런 원리로 여러분이 만든 코드의 다른 부분을 전혀 수정할 필요 없이 기존 프로그램의 제일 앞에 `use Apache::DBI`를 추가하기만 하면 된다.

Apache::DBI 모듈은 아파치의 자식 프로세스 하나하나마다 데이터베이스 로그인을 위한 연결을 각각 만든다. 때에 따라서는 데이터베이스 서버의 설정을 바꿔서 최대 접속 수를 늘려야 할 수도 있다. 상용 데이터베이스 시스템의 경우 클라이언트 라이선스를 추가로 구매해야 할 수도 있다.

이렇게 동시 접속 수를 늘리다 보면 Apache::DBI가 가장 좋은 선택이 아니게 될 수 있다. 예를 들어 사이트의 이용자 각각이 자신의 데이터베이스에 로그인할 수 있게 허용하는 경우, 현재 이용 중인 사용자 수와 현재 실행되고 있는 *httpd* 프로세스의 수를 곱한 수만큼의 접속이 동시에 필요하게 되고, 이 값은 서버에서 지원하는 개수보다 클 수 있다. 이와 비슷하게 아파치의 자식 프로세스가 동시에 다수 동작하는 경우에도 서버가 지원하는 것보다 더 많은 수의 데이터베이스 접속이 열릴 수 있다.

데이터베이스 접근을 최적화하는 방법은 요청들을 일괄 처리하는 것이다. 예를 들어 로그를 데이터베이스에 기록하는 경우 로그 정보를 누적하다가 다섯 번이나 열 번에 한 번만 데이터베이스를 갱신하는 식이다.

또는 정보를 클라이언트에서 캐시로 저장하는 방법도 있다. 예를 들어서 데이터베이스에 사용자 ID와 실명을 대응시켜 저장하였고 이 대응 내용이 절대 바뀔 일이 없다면, 핸들러 내에서 영구히 저장되는 해시를 써서 현재까지 질의했던 ID와 그에 해당하는 이름들을 보관하라. 이렇게 하면 같은 정보를 반복해서 데이터베이스에서 검색하는 일을 피할 수 있다. 이 해시가 메모리를 너무 많이 차지하는 사태를 피하려면 CPAN에 있는 Tie::Cache::LRU 모듈을 사용하거나, 캐시가 특정한 크기에 도달하면 사용한 지 가장 오래된 항목을 지우도록 직접 구현할 수도 있다.

더 알아보기

- CPAN 모듈 Apache::DBI, Tie::Cache::LRU 모듈 문서
- Apache.pm 매뉴얼 페이지
- *mod_perl Developer's Cookbook*의 레시피 2.11과 2.12

21.9 아파치 로그 기능 커스터마이즈

문제

아파치가 요청 내역을 로그에 기록하는 방법을 변경하고자 한다. 예를 들어 URL별 접속 수를 데이터베이스에 저장하거나 사용자별 로그를 남길 수 있도록 하고 싶다.

해결책

PerlLogHandler를 지정하여 핸들러를 설치한다.

```
PerlModule Apache::MyLogger
PerlLogHandler Apache::MyLogger
```

핸들러에서는 요청 객체에 대하여 메서드를 호출해서 요청에 관한 정보를 얻는다. 아래 코드에서 `$r`은 요청 객체이고 `$c`는 `$r->connection`을 써서 얻은 접속 정보 객체이다.

```
$r->the_request                 GET /roast/chickens.html HTTP/1.1
$r->uri                         /roast/chickens.html
$r->header_in("User-Agent")     Mozilla-XXX
$r->header_in("Referer")        http://gargle.com/?search=h0t%20chix0rz
$r->bytes_sent                  1648
$c->get_remote_host             208.201.239.56
$r->status_line                 200 OK
$r->server_hostname             www.myserver.com
```

논의

아파치는 클라이언트에 응답을 전송한 후 로그 핸들러를 호출한다. 여기서 클라이언트의 IP 주소, 헤더 정보, 상태값, 심지어 응답 콘텐츠 등 요청과 응답의 각종 매개변수에 완전히 접근할 수 있다. 요청 객체에 대하여 메서드를 호출하여 이런 정보에 접근한다.

정보를 텍스트 파일에 기록하기 전에 몇몇 값을 이스케이프 처리해야 할 수도 있다. 공백이나 줄바꿈, 따옴표 등 때문에 파일의 서식이 망가질 수 있기 때문이다. 이런 경우 유용한 함수 두 개를 소개한다.

```
# 줄바꿈과 큰따옴표를 이스케이프한 문자열을 반환한다
sub escape {
  my $a = shift;
  $a =~ s/([\n\"])/sprintf("%%%02x", ord($1))/ge;
 return $a;
}

# 줄바꿈, 공백, 큰따옴표를 이스케이프한 문자열을 반환한다
sub escape_plus {
  my $a = shift;
  $a =~ s/([\n \"])/sprintf("%%%02x", ord($1))/ge;
  return $a;
}
```

CPAN에 있는 로그 모듈은 Apache::Traffic과 Apache::DBILogger이다. Apache::Traffic을 사용하면 *httpd.conf* 파일에 기술된 웹 서버 디렉터리에 소유자 문자열(사용자 이름, UID 또는 임의의 문자열)을 지정할 수 있다. 아파치가 해당 디렉터리 안에 있는 파일들을 서비스할 때 Apache::Traffic 모듈은 DBM 데이터베이스를 구성한다. 이 데이터베이스에는 각 소유자별로 그 소유자의 디렉터리에 대한 날짜별 조회수와 전송된 바이트량이 기록된다.

Apache::DBILogger는 더욱 일반적인 인터페이스를 제공하며 각 조회를 테이블에 신규 항목으로 기록한다. 이 테이블에는 데이터를 전송한 가상 호스트, 클라이언트의 IP 주소, 사용자 에이전트(브라우저), 날짜, 전송된 바이트 수 등의 칼럼이 있다. 이 테이블과 적절한 색인 및 질의문을 사용하면 여러분의 웹 사이트에서 오가는 트래픽에 관한 거의 모든 질문에 답할 수 있다.

로그 핸들러가 동작하는 시점은 아파치가 클라이언트와의 접속을 닫기 전이다. 그러므로 로그 기록에 시간이 많이 걸리는 연산을 사용한다면 이 단계에서 하지 말라. 그 대신 PerlCleanupHandler를 사용해서 로그 핸들러를 설치하여 접속이 닫힌 이후에 핸들러가 실행되도록 하라.

더 알아보기

- *Writing Apache Modules with Perl and C*
- *mod_perl Developer's Cookbook*의 16장
- CPAN 모듈 Apache::Traffic, Apache::DBILogger 모듈 문서
- Apache.pm 매뉴얼 페이지

21.10 URL에 정보를 투명하게 넣기

문제

세션 ID와 같은 정보를 URL에 넣고 싶은데, 상대 경로 URL을 만들 때 이런 추가 데이터를 어떻게 처리할지 고민하고 싶지는 않다.

해결책

세션 ID를 URL의 시작 부분에 담는다.

```
http://www.example.com/ID/12345678/path/to/page
```

PerlTransHandler에서 이 세션 ID를 추출하여 pnote에 넣는다. pnote는 이번 요청을 처리하는 다른 펄 핸들러에서 접근할 수 있는 해시 항목이다.

```
sub trans {
  my $r = shift;

  my $uri = $r->uri();
  if ($uri =~ s{/ID/(\d{8})}{}) {
    $r->pnotes("ID", $1);
  }
  $r->uri($uri);
  return DECLINED;
}
```

PerlFixupHandler에서 URL을 복구한다.

```
sub fixup {
  my $r = shift;

  my $id = $r->pnotes("ID");
  if ($id) {
    $r->uri("/ID/$id" . $r->uri);
```

```
  }
  return DECLINED;
}
```

콘텐츠 핸들러에서 pnote를 가지고 정보를 얻는다.

```
use Apache::URI;

sub content {
  my $r = shift;
  my $id = $r->pnotes("ID");

  unless ($id) {
    $id = join(('', map { int rand 10 } (1..8));
    my $uri = Apache::URI->parse($r);
    $uri->path("ID/$id" . $uri->path);
    $r->header_out(Location => $uri->unparse);
    return REDIRECT;
  }
  # $id를 사용한다

  return OK;
}
```

논의

클라이언트 입장에서는 웹 페이지의 URL이 *http://www.example.com/ID/12345678/path/to/page.html*이라고 인식한다. PerlTransHandler는 요청을 가로채어 아파치가 이 요청을 실제 파일의 위치로 변환하기 전에 */ID/12345678* 부분을 삭제한다. 그리고 콘텐츠 핸들러가 동작하기 직전에 PerlFixupHandler가 이 세션 ID를 다시 삽입한다. 콘텐츠 핸들러가 `$r->uri`를 호출할 때는 ID가 포함된 URI를 얻는다.

PerlTransHandler와 PerlFixupHandler에서 DECLINED를 반환하고 있는데, 이는 설치되어 있는 다른 변환 핸들러나 복구 핸들러들도 실행되어야 한다는 것을 의미한다. 만일 PerlTransHandler에서 OK를 반환한다면, 아파치는 그 뒤에 있는 변환 핸들러들은 호출하지 않을 것이다. PerlFixupHandler의 경우는 DECLINED과 OK 둘 중 어느 것을 반환하더라도 복구가 성공적으로 이뤄졌으며, 다른 복구 핸들러들도 실행됨을 의미한다.

이 해결책에서는 핸들러가 내보내는 HTML을 따로 살펴보진 않고 있고, 따라서 세션 ID는 상대 경로로 적힌 링크를 타고 갈 때만 유지된다. HTML 안에 절대 경로로 적힌 링크(`HREF="/elsewhere/"`)가 있다면 이 링크를 타고 갈 때는 ID 정보를 잃게 되고 다시 생성해야 할 것이다.

더 알아보기

- *mod_perl Developer's Cookbook*의 레시피 12.3
- 레시피 21.11

21.11 mod_perl과 PHP 간의 통신

문제

mod_perl과 PHP를 사용하여 사이트를 만들고자 한다. 예를 들어, 인증과 로그 기록은 mod_perl을 사용하고 실제 콘텐츠 생성은 PHP를 사용할 수 있는 경우다. 하지만 이를 위해서는 Perl과 PHP가 어떤 값들을 공유해야 한다. 그래야 mod_perl에서 인증에 성공한 사용자 이름이 무엇인지를 PHP 콘텐츠 핸들러에서 파악할 수 있을 것이다.

해결책

아파치 노트를 사용한다. 펄에서는 간단히 다음처럼 하면 된다.

```
$main = $r->main || $r;
$main->notes($KEY => $VALUE);
$VALUE = $main->notes($KEY);
```

PHP에서는 다음처럼 한다.

```
apache_note($KEY, $VALUE);
$VALUE = apache_note($KEY);
```

논의

*노트(note)*는 아파치 요청에 첨부되는 문자열 값이다. 핸들러 사이에서 정보를 주고받을 때 노트를 사용하는 것이 가장 좋으며, 심지어 서로 다른 프로그래밍 언어로 만들어진 핸들러 사이에서도 마찬가지이다. 각각의 요청은 서로 다른 노트들이 첨부되어 있으므로 펄 쪽에서 언제나 메인 요청을 식별한 후 그 메인 요청을 사용하여 PHP 코드와 정보를 교환하도록 하라.

`$r->notes` 메서드와 `$r->pnotes` 메서드를 혼동하지 않도록 한다. 후자는 펄 모듈에서만 사용할 수 있는 메서드다.

더 알아보기

- 레시피 21.10

21.12 CGI에서 mod_perl로 옮기기

문제

CGI 스크립트가 너무 빈번하게 호출되어 웹 서버의 성능이 용납할 수 없을 정도로 떨어진다. mod_perl을 사용해서 속도가 빨라지게 하고자 한다.

해결책

Apache::Registry 또는 Apache::PerlRun을 사용한다.

```
PerlModule Apache::Registry
# 또는 Apache::PerlRun
PerlModule CGI
PerlSendHeader On

Alias /perl/ /real/path/to/perl/scripts/
<Location /perl>
SetHandler  perl-script
PerlHandler Apache::Registry
# 또는 Apache::PerlRun
Options ExecCGI
</Location>
```

논의

해결책에서는 URL이 */perl/*로 시작하는 요청에 대응되는 파일은 /real/path/to/perl/scripts/에 있고, Apache::Registry가 요청을 처리한다고 아파치에 지시한다. Apache::Registry는 CGI 환경에서 이 요청들을 실행한다. `PerlModule CGI`는 CGI 모듈을 미리 적재하도록 하며, `PerlSendHeader On`은 대부분의 CGI 스크립트를 `mod_perl`을 통해서 처리하도록 지시한다.

여기서는 */perl/* 경로가 */cgi-bin/*와 유사하게 동작하도록 설정하였다. `.cgi` 확장자가 일반적인 CGI 스크립트를 가리키는 것처럼 `.perl` 확장자가 `mod_perl` CGI 스크립트임을 알리기 위하여 아파치 설정 파일에 다음과 같이 추가한다.

```
<Files *.perl>
SetHandler  perl-script
PerlHandler Apache::Registry
Options ExecCGI
</Files>
```

웹 서버가 스크립트를 별개의 프로그램으로 실행하는 경우와 달리, mod_perl에서는 스크립트가 종료되어도 펄 인터프리터는 종료되지 않는다. 그 때문에 스크립트가 반복적으로 실행될 때 전역 변수가 정의되지 않은 상태로 초기화된다는 보장이 없다. `warnings` 프래그마와 `strict` 프래그마를 사용하면 이런 종류의 스크립트에서 나타나는 여러 나쁜 습관을 체크할 수 있다. 이 외에도 주의할 점들이 있는데 이것은 *mod_perl_traps* 매뉴얼 페이지를 참조하라.

Apache::PerlRun 핸들러를 사용하면 이런 몇 가지 함정에 대처할 수 있다. 이 모듈은 Apache::Registry와 비슷하지만 컴파일된 모듈을 캐시에 저장하지는 않는다. 따라서 여러분의 CGI 프로그램이 어설프게 만들어져서 변수를 초기화하지 않거나 파일핸들을 닫지 않더라도 문제가 되지는 않으면서, 여전히 매 요청마다 새 프로세스를 만들지는 않기 때문에 처리 속도에서 이득을 볼 수 있다. 이 모듈을 사용하려면 Apache::Registry라고 적힌 부분을 Apache::PerlRun으로 대체하라.

여러분이 만든 스크립트는 선적재(preload)되지 않기 때문에 각 웹 서버 프로세스마다 별도의 사본을 유지하게 된다. 프로세스들이 이 스크립트 코드를 공유하도록 하려면 스크립트가 아파치 설정 과정 도중에 적재되도록 하라. Apache::Registry Loader 모듈을 쓰거나 *httpd.conf* 파일의 PerlModule 섹션, 또는 *startup.pl* 파일을 써서 그렇게 할 수 있다.

더 알아보기

- Apache.pm 매뉴얼 페이지
- CPAN 모듈 Bundle::Apache, Apache, Apache::Registry, Apache::Registry Loader, Apache::PerlRun 모듈 문서
- *http://perl.apache.org*
- *http://perl.apache.org/faq/*에 있는 mod_perl FAQ
- *mod_perl*(3)과 *cgi_to_mod_perl*(1)의 매뉴얼 페이지
- *mod_perl Developer's Cookbook*의 레시피 2.1에서 2.5까지

21.13 핸들러 간에 정보 공유하기

문제

핸들러 간에 정보를 공유하고 싶은데, 전역 변수를 쓰려니 이 변수가 프로세스가 실행되는 동안 전역적으로 존재하기 때문에 매 요청이 끝났을 때 자동으로 정리되지 않는다.

해결책

아파치의 pnote(펄 노트)를 사용한다.

```
# 어떤 핸들러에서
$r->pnotes("Name", $name);

# 다른 핸들러에서
$name = $r->pnotes("Name");
```

논의

아파치 모듈들은 노트를 사용해서 서로 정보를 교환한다(레시피 21.11 참고). 아파치 노트는 요청에 첨부되어 있는 해시처럼 동작한다. 이 해시에 어느 핸들러는 키

와 값을 저장하고, 다른 핸들러는 나중에 그 값을 읽는다. 펄 노트 역시도 요청 객체에 첨부된 해시라고 말할 수 있지만 펄 노트는 펄 핸들러에서만 사용할 수 있다.

pnote를 설정하려면 키와 값을 **$r->pnotes** 메서드에 넘긴다. pnote에서 값을 얻으려면 키만 넘긴다. 다음처럼 복잡한 데이터 구조도 넣을 수 있다.

```
$r->pnotes("Person", { Name => "Nat",
                       Age  => 30,
                       Kids => 2 });
# 나중에
$person = $r->pnotes("Person");
```

객체를 넣을 수도 있다.

```
$person = new Person;
$person->name("Nat");
$person->age(30);
$person->kids(2);

$r->pnotes(Person => $person);

# 나중에

$person = $r->pnotes("Person");
# $person은 같은 객체의 레퍼런스이다
```

더 알아보기

- *mod_perl Developer's Cookbook*의 레시피 8.11
- Apache::Table
- Apache 매뉴얼 페이지의 pnotes 메서드

21.14 변경된 모듈을 새로 읽어들이기

문제

mod_perl 모듈을 업데이트했는데, 아파치에 반영하려면 웹 서버를 다시 시작해야 한다.

해결책

Apache::StatINC(mod_perl에 포함되어 있다)를 사용하면 코드가 디스크에서 변경되면 자동으로 다시 적재되도록 할 수 있다.

```
PerlModule Apache::StatINC
PerlInitHandler Apache::StatINC
```

또는 CPAN에 있는 Apache::Reload 모듈을 사용하여 특정한 모듈만 감시할 수 있다.

```
PerlModule Apache::Reload
PerlInitHandler Apache::Reload
PerlSetVar ReloadAll Off
PerlSetVar ReloadModules "Example::One Example::Two Example::Three"
```

논의

Apache::Reload 모듈에는 Apache::StatINC의 기능이 포함되어 있다. 간단히 다음과 같이 쓰기만 해도 Apache::StatINC 모듈과 똑같이 동작한다.

```
PerlModule Apache::Reload
PerlInitHandler Apache::Reload
```

각 요청의 처리가 시작될 때 Apache::Reload 모듈은 현재 적재된 모든 모듈의 타임스탬프를 확인해서 모듈이 변경되었는지를 확인한다. 요청이 들어올 때마다 모든 모듈을 검사하는 것은 이용자가 많은 사이트에서는 부담스러운 작업이므로 Apache::Reload 모듈에서는 지정한 모듈만 변경 여부를 검사하고 새로 불러오도록 할 수 있다.

더 알아보기

- Apache::StatINC와 Apache::Reload 모듈 문서
- *mod_perl Developer's Cookbook*의 레시피 8.1
- mod_perl 가이드, *http://perl.apache.org/guide*

21.15 mod_perl 응용프로그램 벤치마크 측정하기

문제

여러분이 만든 프로그램의 속도를 향상시킬 아이디어가 있는데, 정말 도움이 될지 확신이 없다.

해결책

Apache::Timeit을 사용하여 콘텐츠 핸들러가 실행하는 데 걸린 시간을 잴 수 있다.

```
PerlModule Apache::Timeit
PerlFixupHandler Apache::Timeit
```

더욱 자세하게 분석하려면 CPAN에 있는 Apache::DProf 모듈을 사용한다.

```
PerlModule Apache::DProf
```

논의

Apache::Timeit 모듈은 *http://perl.apache.org/dist/contrib/Timeit.pm*에서 얻을 수 있다.[3]

이 모듈은 콘텐츠 핸들러를 실행하는 데 걸린 시간을 에러 로그에 기록한다. 로그를 확인해서 평균 시간을 계산해보면 어느 페이지를 생성할 때 시간이 더 오래 걸리는지 알아내고 그 이유를 고민할 수 있다.

코드를 파고들어 가서 콘텐츠 핸들러 내의 어느 부분에서 시간을 가장 소요하는지 알려면 Apache::DProf 모듈을 사용한다. 이 모듈은 표준(버전 5.8 기준) 모듈인 Devel::DProf 모듈을 아파치와 mod_perl에 연결한다.

Apache::DProf 모듈은 펄 모듈이 서브루틴을 실행할 때 걸리는 시간을 기록한다. 이 기록은 ServerRoot 디렉터리 아래 *dprof/$$/tmon.out*($$는 아파치의 자식 프로세스의 프로세스 ID) 파일에 저장된다. 이 파일은 아파치 자식 프로세스가 생존하는 동안 실행된 모든 펄 서브루틴에 대한 내용이 담긴다. 요청 하나에 대해서만 분석하고 싶다면 *httpd.conf* 파일에 MaxRequestsPerChild 지시자를 설정한다.

```
MaxRequestsPerChild 1
```

파일이 저장될 디렉터리는 여러분이 직접 만들고 권한을 주어야 한다.

```
$ cd $APACHE_SERVER_ROOT
$ mkdir logs/dprof
$ chmod 777 logs/dprof
```

출력 내용을 분석하려면 *dprofpp* 프로그램을 사용한다.

```
$ dprofpp -r dprof/13169/tmon.out
Total Elapsed Time = 89.93962 Seconds
         Real Time = 89.93962 Seconds
Exclusive Times
%Time ExclSec CumulS #Calls sec/call Csec/c  Name
 0.01   0.010  0.010      1   0.0100 0.0100  Apache::Reload::handler
 0.00   0.000 -0.000      1   0.0000      -  Apache::DProf::handler
 0.00   0.000 -0.000      1   0.0000      -  MP002::trans
 0.00   0.000 -0.000      1   0.0000      -  MP002::fixup
 0.00   0.000 -0.000      1   0.0000      -  MP002::content
```

*dprofpp*는 기본적으로 CPU 시간을 표시하며, -r 옵션을 지정하면 경과 시간을 표시한다. mod_perl 응용프로그램에서는 이 차이가 중요하다. 입출력 등 CPU를 사용하지 않는 작업 때문에 사용자가 지연을 느끼는 경우가 자주 있기 때문이다.

*dprofpp*에는 시간 측정 데이터를 정교하게 다룰 수 있는 다양한 옵션이 있다.

3 (옮긴이) 이 책을 번역하는 시점에 저 링크는 존재하지 않는다. 대신 *http://apache.spinellicreations.com/perl/contrib/Timeit.pm*에서 얻을 수 있다.

예를 들어 -R 옵션을 지정하면 한 패키지 내에 있는 익명 서브루틴들의 소요 시간을 하나로 합치지 않고 개별적으로 표시한다. -l 옵션을 지정하면 서브루틴을 정렬할 때 소요 시간이 아니라 호출된 횟수를 기준으로 정렬한다. 전체 옵션 목록은 *dprofpp*의 매뉴얼 페이지를 참고하라.

더 알아보기

- *mod_perl Developer's Cookbook*의 레시피 9.12
- CPAN 모듈 Apache::DProf 모듈 문서
- 기본 모듈 Devel::DProf 모듈 문서
- *dprofpp*(1) 매뉴얼 페이지
- *Programming Perl* 20장의 "The Perl Profiler" 절

21.16 HTML::Mason으로 템플릿 만들기

문제

내용을 표시하는 기능(HTML 서식 작성)을 로직(펄 코드)에서 분리하고자 한다. 여러분의 웹 사이트는 많은 컴포넌트로 이루어져 있는데 그 컴포넌트 간의 차이는 조금밖에 없다. 따라서 공통된 요소를 추출하고, 템플릿을 써서 페이지를 생성하고자 한다. 다만 하나의 마스터 템플릿 안에 "이 페이지에서는 이것을 출력하고, 다른 페이지에서는..."과 같은 조건문이 잔뜩 들어가는 일은 피하려 한다.

해결책

HTML::Mason 컴포넌트와 상속을 사용한다.

논의

HTML::Mason(간단히 Mason이라고 부르기도 한다)은 템플릿을 만드는 데 펄의 강력한 기능을 제공한다. Mason을 사용하여 만든 웹 사이트의 기본 단위는 컴포넌트이며, 출력을 생성하는 파일이다. 이 파일은 HTML일 수도, 펄일 수도 있고 또는 둘이 섞여 있을 수도 있다. 컴포넌트는 인자를 받을 수 있고, 임의의 펄 코드를 실행할 수 있다. Mason의 기능은 다양하며, 자세한 내용에 관해서는 *http://masonhq.com*이나 *Embedding Perl in HTML with Mason*(데이브 롤스키(Dave Rolsky), 켄 윌리엄스(Ken Williams) 저, O'Reilly, 온라인판 *http://masonbook.com*)에서 볼 수 있다.

Mason은 CGI, mod_perl, 웹이 아닌 프로그램 등 어느 것과 함께 사용해도 잘 동작한다. 그러나 이 레시피의 목적상, 여기서는 mod_perl과 같이 사용하는 방법을 살펴본다. 이 레시피의 나머지 부분에서는 Mason을 가지고 무엇을 할 수 있는지, 웹 사이트를 어떻게 만들 수 있는지 감을 잡을 수 있게 몇 가지 예제를 소개한다. 여기서 다루지 않은 테크닉과 주의사항이 많이 있으니 앞서 언급한 웹 사이트나 책을 꼭 읽어보도록 하라.

설정

CPAN에서 HTML-Mason 배포판을 설치하고 *httpd.conf* 파일에 다음 설정을 추가한다.

```
PerlModule HTML::Mason::ApacheHandler
<Location /mason>
  SetHandler perl-script
  PerlHandler HTML::Mason::ApacheHandler
  DefaultType text/html
</Location>
```

이렇게 하면 `/mason`으로 시작하는 모든 URL은 Mason에 의해 처리된다고 mod_perl에게 지시한다. 따라서 `/mason/hello.html`을 요청한 경우에는 문서 디렉터리에 있는 *mason/hello.html* 파일이 컴파일되고, Mason 컴포넌트로서 실행되게 된다. DefaultType 지시자를 지정하면 컴포넌트 이름에서 *.html*을 생략할 수 있다.

다음으로 컴파일이 끝난 컴포넌트를 저장하기 위한 캐시 디렉터리를 만든다. 캐시를 사용함으로써 Mason의 실행속도가 빨라진다.

```
cd $SERVER_ROOT
mkdir mason
```

이어서 컴포넌트를 담는 *mason* 디렉터리를 만든다.

```
cd $DOCUMENT_ROOT
mkdir mason
```

이것으로 "Hello, World" 준비는 끝이다. *mason/hello*에 다음 코드를 만든다.

```
Hello, <% ("World", "Puny Human")[rand 2] %>
```

아파치를 다시 시작하고, *mason/hello* 페이지를 띄워보자. 이 페이지를 새로 고칠 때마다 "Hello, World"와 "Hello Puny Human" 중 하나가 무작위로 표시될 것이다. 잘 되지 않는다면 Mason의 FAQ(*http://search.cpan.org/~drolsky/HTML-Mason/lib/HTML/Mason/FAQ.pod*)를 참고하라. 흔히 접하게 되는 문제들 대부분에 대한 답이 나와 있다.

Mason의 문법

Mason의 컴포넌트에는 네 종류의 새로운 마크업을 사용할 수 있다. 치환, 펄 코드, 컴포넌트 호출, 블록 태그가 그것이다. 치환에 관해서는 "Hello World" 예제에서 이미 보았다. <% ... %> 구문은 그 안의 내용을 펄 코드로 간주하여 실행한 후 그 결과를 구문이 있던 자리에 삽입한다.

행의 시작 부분에 %가 있다면, 그 행은 펄 코드로 간주된다.

```
% $now = localtime;   # 내장된 펄 코드
This page was generated on <% $now %>.
```

치환에는 대부분의 펄 코드를 쓸 수 있기 때문에, 위의 코드는 다음처럼 더 간단하게 할 수도 있다.

```
This page was generated on <% scalar localtime %>.
```

위의 어떤 코드든 *footer.mas*에 저장하면 다음과 같은 간단한 구문으로 그 코드를 내장할 수 있다.

```
<& footer.mas &>
```

이것이 컴포넌트 호출의 예이다. Mason은 이 컴포넌트를 실행하고 그 결과를 호출한 쪽 문서에 삽입한다.

블록 태그는 컴포넌트 안에서 여러 영역을 정의한다. <%perl> ... </%perl>은 펄 코드를 나타낸다. %로 시작하는 행은 그 한 줄만 펄 코드이지만, <%perl> 블록 안에는 몇 줄이든 코드를 쓸 수 있다.

<%init> ... </%init> 블록은 펄의 INIT 블록처럼 나머지 중심 코드보다 먼저 실행된다. 각종 정의와 초기화, 데이터베이스 연결 등의 과정을 컴포넌트 아래쪽에 적어 주 로직에서 떨어뜨려 놓을 수 있다.

<%args> ... </%args> 블록에서는 컴포넌트에 전달되는 인자를 정의한다. 추가적으로 기본값을 줄 수 있다. 예를 들어 *greet.mas*에 다음과 같이 쓰여 있다고 하자.

```
<%args>
   $name => "Larry"
   $town => "Mountain View"
</%args>
Hello, <% $name %>.  How's life in <% $town %>?
```

이것을 다음과 같이 호출한다.

```
<& greet.mas &>
```

출력 결과는 다음과 같다.

```
Hello, Larry.  How's life in Mountain View?
```

컴포넌트를 호출할 때 인자 옵션을 줄 수 있다.

```
<& greet.mas, name => "Nat", town => "Fort Collins" &>
```

출력 결과는 다음과 같다.

```
Hello, Nat.  How's life in Fort Collins?
```

기본값이 지정되어 있기 때문에 인자들 중 일부만 넘겨줄 수도 있다.

```
<& greet.mas, name => "Bob" &>
```

출력 결과는 다음과 같다.

```
Hello, Bob.  How's life in Mountain View?
```

인자 블록은 Mason 컴포넌트가 폼 매개변수에 접근하는 방법으로도 쓰인다. 폼이 다음과 같이 되어 있다고 하자.

```
<form action="compliment">
  How old are you?  <input type="text" name="age"> <br />
  <input type="submit">
</form>
```

아래는 위 폼의 매개변수를 받는 *compliment* 컴포넌트의 예제이다.

```
<%args>
  $age
</%args>
Hi.  Are you really <% $age %>?  You don't look it!
```

객체

모든 Mason 컴포넌트에서 `$m` 변수에 접근할 수 있다. 이 변수에는 HTML::Mason ::Request 객체가 담겨있다. 이 객체의 메서드를 이용하여 Mason이 제공하는 기능에 접근할 수 있다. 예를 들어 리다이렉트할 때는 다음처럼 한다.

```
$m->redirect($URL);
```

변수 `$r`은 mod_perl 요청 객체이다. 이걸 사용하면 Mason 핸들러에서 아파치 쪽의 정보와 기능에 접근할 수 있다. 예를 들어 클라이언트 IP 주소를 알기 위해서는 다음처럼 한다.

```
$ip = $r->connection->remote_ip;
```

autohandler

Mason을 통해서 페이지를 요청하면 단순히 그 페이지의 코드를 실행하는 것 외에도 더 많은 일을 할 수 있다. Mason은 컴포넌트의 루트에서 요청된 페이지까지의 각 디렉터리를 확인해서 *autohandler*라는 컴포넌트를 찾는다. 이것은 *래핑 체인(wrapping chain)*을 형성한다. 이 체인의 시작은 최상위 단계의 autohandler이고, 체인의 끝은 요청된 페이지이다. 이제 Mason은 체인의 시작 부분에 있는 코드를 실행한다. 각 autohandler는 "체인에 다음 컴포넌트의 출력을 여기에 삽입하라"고 지시할 수 있다.

신문사 사이트를 상상해보자. 어느 기사를 보든지 변하지 않는 부분이 있다. 상단 배너, 무작위로 선택되는 광고, 왼쪽에 표시되는 섹션 목록 등이다. 그러나 실제 기사 부분의 텍스트는 기사마다 다르다. Mason으로 이런 사이트를 만들기 위해 다음과 같은 디렉터리 구조를 사용한다.

```
/sports
/sports/autohandler
/sports/story1
/sports/story2
/sports/story3
```

개개의 기사 파일은 기사의 내용만을 담고 있다. autohandler는 배너, 광고, 내비게이션 바 등이 있는 페이지를 생성한 후, 특정 기사의 내용을 삽입하기 위해 다음 코드를 실행한다.

```
% $m->call_next;
```

이것은 체인에 있는 다음 컴포넌트(기사)를 호출하고 그 컴포넌트의 출력을 여기에 삽입하도록 Mason에 지시한다.

컴포넌트의 체인을 만드는 이런 방법을 *상속*이라고 한다. 상속을 구현하는 방법은 autohandler만이 가능한 것은 아니다. 컴포넌트 안에서 부모를 지정할 수도 있다.

```
<%flags>
  inherit = 'parent.mas'
</%flags>
```

이렇게 하면 한 디렉터리에 여러 형태의 콘텐츠를 두고, 포함되는 컴포넌트 쪽에서 자신을 둘러싸는 페이지(즉 부모)를 지정할 수 있다.

dhandler

때로는 실제 페이지들이 모두 동적으로 생성되지만 마치 한 디렉터리에 그 페이지들이 따로따로 존재하는 것처럼 보이게 만들고 싶을 때가 있다. 예를 들어, 데이터베이스에 저장된 글들을 다음과 같이 URL을 통하여 접근할 수 있도록 하는 경우다.

```
/sports/1
/sports/2
/sports/3
```

Mason에서 이 URL들에 해당하는 페이지를 동적으로 생성하는 방법은 *sports* 디렉터리 안에 *dhandler*라는 컴포넌트를 두는 것이다. *dhandler* 컴포넌트는 다음과 같은 호출을 통해 누락된 페이지(여기서는 1,2,3)에 접근한다.

```
$m->dhandler_arg
```

이제 이것을 사용하여 데이터베이스에서 기사를 얻어낸 후 페이지 템플릿에 삽입할 수 있다.

더 알아보기

- *mod_perl Developer's Cookbook*의 레시피 15.11
- *Embedding Perl in HTML with Mason*
- *http://www.masonhq.com*과 *http://www.masonbook.com*

21.17 Template Toolkit으로 템플릿 만들기

문제

내용을 표시하는 기능(HTML 서식 작성)을 로직(펄 코드)에서 분리하고자 한다. 디자이너를 비롯하여 펄을 모르는 사람도 템플릿을 편집할 수 있도록 하고 싶다.

해결책

Template Toolkit과 Apache::Template을 사용한다.

논의

TT2(Template Toolkit)은 웹 페이지뿐 아니라 템플릿이 필요한 어떠한 종류의 텍스트에도 사용할 수 있는 범용 템플릿 시스템이다. Apache::Template 모듈은 응답으로 보내질 페이지를 TT2를 사용해서 만드는 아파치 콘텐츠 핸들러이다. TT2의 가장 큰 장점은 변수, 반복문, 데이터 구조를 다루는 간단한 언어를 제공한다는 것이다. 펄 대신에 이 언어를 사용하여 데이터를 표시하는 로직을 만들 수 있다. 언어가 간단해서 펄을 모르는 사람도 쉽게 읽고 쓸 수 있다.

이 레시피에서는 버전 2의 템플릿 툴킷을 사용한다. HTML::Mason의 경우와 마찬가지로, TT2의 기능은 매우 풍부하여 여기에서 모두 다룰 수는 없다. 이 레시피에서는 TT2의 구문과 기능 중 중요한 부분 일부만 간단히 소개한다. 템플릿 툴킷의 자세한 내용은 *http://www.template-toolkit.org*에 있는 문서나, *Perl Template Toolkit*(대런 채임벌린(Darren Chamberlain), 데이브 크로스(Dave Cross), 앤디 워들리(Andy Wardley) 저, O'Reilly)을 참고하기 바란다.

설정

CPAN에서 Template Toolkit과 Apache::template 모듈을 설치하고, *httpd.conf* 파일에 다음 설정을 추가한다.

```
PerlModule Apache::Template

TT2EvalPerl On
TT2Params all

TT2IncludePath /usr/local/apache/htdocs/tt2

<Location /tt2>
  SetHandler perl-script
  PerlHandler Apache::Template
  DefaultType text/html
</Location>
```

TT2EvalPerl 지시자를 쓰면 템플릿 안에 TT2 언어뿐 아니라 펄 코드도 넣을 수 있다. TT2Params는 템플릿에서 폼 매개변수, 아파치 환경변수, 아파치 노트, 쿠키 등에 접근을 할 수 있도록 Apache::Template에 지시한다. TT2IncludePath는 우리가 작성한 템플릿 안에 삽입하도록 지시한 템플릿들을 어디에서 찾는지를 지정한다. 마지막으로 서버의 */tt2* 영역을 TT2가 생성하는 페이지를 사용하는 곳으로 지정한다.

구문

템플릿은 평범한 HTML 파일이며, 다만 `[% ... %]` 태그에 담긴 지시자가 들어있다. 태그의 시작과 끝을 나타내는 표식은 입맛대로 변경할 수 있지만 실제로 변경해서 쓰는 일은 드물다. 홑화살괄호 대신 대괄호를 쓰기 때문에 템플릿 지시자와 HTML 태그가 혼동될 우려가 없으며, HTML 편집기로 템플릿을 편집할 때도 안심할 수 있다.

다음은 간단한 템플릿이다.

```
<b>This is how you count to three:</b>
[% FOREACH i = [1 .. 3] %]
  [% i %] ...
[% END %]
Wasn't that easy?
```

TT2가 이 템플릿을 실행하면, 다음과 같은 출력물을 만들게 된다.

```
<b>This is how you count to three:</b> 1 ... 2 ... 3 ... Wasn't that easy?
```

이 템플릿을 *tt2/count* 파일에 저장하고 브라우저에서 이 파일에 해당하는 URL에 접속해 보라.

FOREACH 반복문은 TT2 지시자의 한 예이다. 변수 i는 반복자이고 =의 우변에 있는 목록에서 값을 순서대로 가져온다. 모든 TT2 블록이 그렇듯이 반복문도 END 지시자로 끝난다. TT2 코드의 변수에는 $, @, % 같은 타입 기호는 붙이지 않는다.

변수나 표현식의 값을 출력하려면 간단히 [% ... %] 태그로 둘러싸면 된다. 그렇지만 이 태그 안에는 펄 코드는 넣을 수 없고 TT2 구문만 쓸 수 있다.

펄 코드

펄을 실행하고자 하는 경우에는 PERL 지시자를 사용한다.

```
[% PERL %]
  my @numbers = (1 .. 3);
  print join(" ... ", @numbers);
[% END %]
```

PERL 블록 안에서 출력된 내용은 최종 문서의 일부가 된다. PERL 블록은 use strict 아래에서 실행되기 때문에 렉시컬 변수를 사용하는 것이 좋다.

이러한 렉시컬 변수는 앞 예제에서 반복자로 쓰였던 i와 같은 TT2 변수와 별개이다. 펄 변수의 값을 TT2 코드에서 접근하거나, 그 반대로 TT2 변수를 펄에서 접근하기 위해서는 *stash*를 사용하면 된다. *stash*는 TT2에서 쓰는 심벌 테이블로, PERL 블록 쪽에서는 자동으로 존재하게 되는 $stash 변수를 써서 접근할 수 있다.

```
[% PERL %]
  my @numbers = (1 .. 3);
  my $text = join(" ... ", @numbers);
  $stash->set(counting => $text);
[% END %]
Here's how you count to three: [% counting %].  Wasn't that easy?
```

보통은 비즈니스 로직(데이터베이스에서 값을 뽑는 등)에 펄 코드를, 데이터 표시 로직(테이블을 만드는 등)에 TT2 코드를 사용한다. 펄 코드에서 비즈니스 로직의 결과(데이터베이스에서 뽑아낸 값 등)를 TT2 변수에 넣어서 데이터 표시 로직에서 그 값을 템플릿에 담을 수 있게 한다. 실제로는 많은 사람들이 TT2EvalPerl 설정을 비활성화하고 펄 코드를 템플릿에서 아예 분리하는 것을 선호한다. 이렇게 비즈니스 로직과 데이터 표시 로직을 엄밀하게 나누는 경우에는 Apache::Template을 수정하여 펄 코드를 불러오고 데이터를 *stash*에 저장하도록 해야 한다.

TT2 변수를 TT2 안에서 초기화할 수도 있다.

```
[% text = "1 ... 2 ... 3" %]                          <!-- 문자열 -->
[% names = [ "Larry", "Tom", "Tim" ] %]               <!-- 배열  -->
[% language = { Larry => "Perl 6",                    <!-- 해시  -->
                Tom   => "Perl 5",
                Tim   => "Latin" } %]
[% people = { Larry => { Language => "Perl 6",  <!-- 중첩된 구조 -->
                         Town     => "Mountain View" },
              Tom   => { Language => "Perl 5",
                         Town     => "Boulder" } } %]
```

비슷하게, *stash*를 통해 펄 코드에서 TT2 쪽의 값을 뽑아낼 수 있다.

```
[% FOREACH i = [1 .. 3] %]
  [% PERL %]
    my $number = $stash->get("i");
    $stash->set(doubled => 2*$number);
  [% END %]
  [% doubled %] ...
[% END %]
2 ... 4 ... 6 ...
```

PERL 블록 안에서 use로 모듈을 불러올 수도 있다. 하지만 아파치가 시작될 때 모듈을 불러오는 것이 더 효율적이다. 이를 위해서는 PERL 블록에서 `use Some::Thing`이라고 적은 부분을 지우고 *httpd.conf* 파일에 `PerlModule Some::Thing`이라고 적는다.

데이터 구조

*stash*를 사용하면 스칼라, 배열, 해시, 심지어 서브루틴까지도 TT2 코드에서 다룰 수 있다. 다음은 배열을 정의하고 접근하는 예이다.

```
[% names = [ "Nat", "Jenine", "William", "Raley" ] %]
The first person is [% names.0 %].
The first person is Nat.
```

점(.) 연산자는 데이터 구조의 이름과 접근하려는 필드를 구분한다. 해시에서도 마찬가지이다.

```
[% age = { Nat => 30, Jenine => 36, William => 3, Raley => 1.5 } %]
Nat is [% age.Nat %] (and he feels it!)
Nat is 30 (and feels it!)
```

펄과 달리 TT2 코드에서는 접근하려는 배열 원소의 위치나 해시 키를 [ ] 또는 { }로 둘러싸지 않는다. TT2 코드의 간단함을 엿볼 수 있는 예로, 프로그래머가 아닌 사람도 쉽게 수정할 수 있는 이유이기도 하다. 또한 실제 데이터 구조가 무엇인지 숨겨져 있기 때문에 age.1은 배열, 해시, 객체 어느 것이든 이용해서 구현할 수 있으며 어느 구조를 쓰느냐에 따라 템플릿을 고칠 필요가 없다.

첨자가 다른 변수에 들어 있다면 $를 사용한다.

```
[% age = { Nat => 30, Jenine => 36, William => 3, Raley => 1.5 } %]
[% name = "Nat" %]
Nat is [% age.$name %] (and he feels it)
Nat is 30 (and feels it!)
```

FOREACH를 써서 배열이나 해시를 순회할 수 있다.

```
[% FOREACH name = names %]
  Hi, [% name %]!
[% END %]
Hi, Nat! Hi, Jenine! Hi, William! Hi, Raley!

[% FOREACH person = age %]
  [% person.key %] = [% person.value %].
[% END %]
Nat is 30. Jenine is 36. William is 3. Raley is 1.5.
```

해시 반복자에 key나 value 메서드를 호출하면 현재 키와 값을 얻을 수 있다. 또한 TT2에서는 루프 안에서 loop 변수를 쓸 수 있는데, 이 변수를 써서 현재 몇 번째 반복인지, 이번이 첫 반복인지 또는 마지막 반복인지 등을 알 수 있다. 표 21-1은 loop 변수의 메서드들과 그 의미이다.

메서드	의미
size	리스트의 원소의 개수
max	마지막 원소의 첨자 번호(size-1)
index	현재의 반복 첨자. 0에서 max까지
count	반복 횟수. 1에서 size까지 (즉 index + 1)
first	이번이 첫 번째 반복이라면 참
last	이번이 마지막 반복이라면 참
prev	리스트의 이전 항목을 반환
next	리스트의 다음 항목을 반환

표 21-1 loop 변수의 메서드

다음은 테이블을 만들면서 행의 색을 번갈아가며 바꾸는 코드이다.

```
[% folks = [ [ "Larry",  "Mountain View" ],
             [ "Tom",    "Boulder"       ],
             [ "Jarkko", "Helsinki"      ],
             [ "Nat",    "Fort Collins"  ] ] %]
<table>
[% FOREACH row = folks %]
  <tr [% IF loop.index % 2 %]
          bgcolor="#ffff00"
      [% ELSE %]
          bgcolor="#ffff80"
      [% END %] >
  [% FOREACH col = row %]
    <td>[% col %]</td>
  [% END %]
  </tr>
[% END %]
</table>
```

서브루틴

이런 식의 테이블을 많이 만들어야 한다면 이 코드를 하나의 서브루틴으로 만드는 게 좋다. TT2 구문에서는 서브루틴은 하나의 *블록*이다. 다음은 매개변수를 받지 않는 단순한 블록의 예이다.

```
[% BLOCK greet %]
  Hello, world!
[% END %]
```

이것을 호출하려면 INCLUDE 지시자를 사용한다.

```
[% INCLUDE greet %]
```

다음은 범용으로 쓸 수 있는 HTML 테이블 루틴이다.

```
[% BLOCK table %]
  <table>
  [% FOREACH row = array %]
    <tr [% IF loop.index % 2 %]
            bgcolor="#ffff00"
        [% ELSE %]
            bgcolor="#ffff80"
        [% END %] >
    [% FOREACH col = row %]
      <td>[% col %]</td>
    [% END %]
    </tr>
  [% END %]
  </table>
[% END %]
```

이 `table` 블록을 호출하여 `folks` 배열을 출력하게 하려면 다음과 같이 한다.

```
[% INCLUDE table array=folks %]
```

다른 템플릿을 삽입하기

템플릿 안에 정의한 블록을 호출하는 것과 같은 구문을 사용해서 다른 파일을 불러와 실행할 수 있다.

```
[% INCLUDE "header.tt2" %]
```

INCLUDE 되는 파일은 TT2 템플릿으로 간주된다. TT2 지시자가 들어있지 않은 파일을 삽입할 때는 INSERT를 쓰는 게 더 빠르다.

```
[% INSERT "header.html" %]
```

INSERT 되는 대상 파일은 TT2에서 별다른 처리를 하지 않는다. 그 파일의 내용이 고스란히 최종 문서의 일부로 삽입된다.

변수	내용
uri	현재 페이지의 URI가 담긴 문자열
env	환경변수 해시
params	폼 매개변수 해시
pnotes	아파치 요청의 pnote 해시
cookies	쿠키 해시
uploads	Apache::Upload 객체 배열

표 21-2 Apache::Template에 있는 TT2 변수

매개변수

Apache::Template에는 여러분이 사용하는 웹 환경의 여러 요소에 대응되는 TT2 변수가 있다. 표 21-2는 그런 변수들의 목록이다.

다음과 같은 폼이 있다고 하자.

```
<form action="consult">
  Whose city do you want to look up?
  <select name="person">
    <option value="larry">Larry</option>
    <option value="tom">Tom</option>
    <option value="nat">Nat</option>
  </select><p>
  <input type="submit">
</form>
```

폼 매개변수 person에는 사람의 이름이 들어있다. *consult* 템플릿에서 다음과 같이 쓸 수 있다.

```
[% cities = { larry => "Mountain View",
              tom   => "Boulder",
              nat   => "Fort Collins" } %]

[% name = params.person %]
[% name %] lives in [% cities.$name %]
```

플러그인

템플릿 툴킷에는 많은 플러그인이 있다. 그 중에도 특히 편리한 것이 DBI 플러그인이다.

```
[% USE DBI('dbi:mysql:library', 'user', 'pass') %]

[% FOREACH book = DBI.query( 'SELECT title,authors FROM books' ) %]
  [% book.authors %] wrote [% book.title %]<br>
[% END %]
```

이 플러그인을 USE 지시자를 써서 불러오면 TT2 변수 DBI를 사용해서 SQL 질의를 실행할 수 있다. query 메서드는 행들로 이뤄진 배열을 반환하며, 각 행은 칼럼 이름과 값을 연결한 해시로 이루어져 있다.

HTML 플러그인도 편리하다. HTML에 맞게 이스케이프된 문자열을 반환한다.

```
[% USE HTML %]

[% string = 'Over -----> Here' %]
Look [% HTML.escape(string) %]
Look Over -----> Here
```

더 알아보기

- CPAN 모듈 Template, Apache::Template 모듈 문서
- *http://www.template-toolkit.org*
- *Perl Template Toolkit*
- *mod_perl Developer's Cookbook*의 레시피 15.9

22장

P e r l C o o k b o o k

XML

나는 오묘하게 만들어진 작은 세계

육체의 원소들과 천사의 영혼으로 이루어졌네

— 존 던, 신성한 소네트

22.0 개요

XML(Extensible Markup Language) 표준은 1998년에 발표되었고, 곧바로 책의 내용이나 함수 호출 인자 등 거의 모든 종류의 데이터를 표현하고 교환할 때 사용하는 표준 규격이 되었다.

XML의 선조라고 할 수 있는 SGML(Standard Generalized Markup Language)을 비롯한 과거의 다른 "표준" 데이터 형식들이 실패한 반면 XML은 성공하였다. 여기에는 세 가지 이유가 있다. 이진 데이터가 아닌 텍스트 기반이라는 점과 복잡하지 않고 단순하다는 점, 그리고 외견이 HTML과 비슷하다는 점이다.

텍스트

XML이 등장하기 30년 전부터 유닉스에서는 주로 텍스트를 사용하여 사람과 컴퓨터가 상호작용을 하였다. 따라서 어떤 시스템에서도 읽고 쓸 수 있도록 보장된 것은 텍스트 파일 뿐이다. XML도 텍스트이기에 프로그래머는 기존 시스템에서도 XML 형식의 출력물을 쉽게 만들 수 있다.

단순함

뒤에 나오는 것처럼 XML을 둘러싼 환경에는 복잡한 요소가 많이 있지만 XML

자체는 매우 단순한 규격이다. XML 문서에 들어갈 수 있는 요소는 매우 적지만, 그런 기본 구성 요소를 기반으로 매우 복잡한 시스템을 만들 수 있다.

HTML

XML이 HTML인 것은 *아니지만*, 둘 다 SGML을 근간으로 하고 있다. XML과 HTML은 겉보기에는 매우 비슷하기 때문에, 웹에 데이터를 올리기 위해 HTML을 배웠던 프로그래머들이 XML을 쉽게 익히고 받아들일 수 있었다.

문법

예제 22-1은 간단한 XML 문서이다.

예제 22-1. 단순한 XML 문서

```
<?xml version="1.0" encoding="UTF-8"?>
<books>
  <!-- Programming Perl 3ed -->
  <book id="1">
    <title>Programming Perl</title>
    <edition>3</edition>
    <authors>
      <author>
        <firstname>Larry</firstname>
        <lastname>Wall</lastname>
      </author>
      <author>
        <firstname>Tom</firstname>
        <lastname>Christiansen</lastname>
      </author>
      <author>
        <firstname>Jon</firstname>
        <lastname>Orwant</lastname>
      </author>
    </authors>
    <isbn>0-596-00027-8</isbn>
  </book>
  <!-- Perl & LWP -->
  <book id="2">
    <title>Perl &amp; LWP</title>
    <edition>1</edition>
    <authors>
      <author>
        <firstname>Sean</firstname>
        <lastname>Burke</lastname>
      </author>
    </authors>
    <isbn>0-596-00178-9</isbn>
  </book>
  <book id="3">
    <!-- Anonymous Perl -->
    <title>Anonymous Perl</title>
    <edition>1</edition>
    <authors />
    <isbn>0-555-00178-0</isbn>
  </book>
</books>
```

얼핏 보기에 XML은 HTML과 매우 비슷하다. HTML처럼 요소(<book> </book> 등), 개체(&나 < 등), 주석문(<!-- Perl & LWP --> 등)이 있다. 그러나 HTML과는 달리 표준 요소들이 정의되어 있지는 않고, 단지 최소한의 개체(작은따옴표, 큰따옴표, 홑화살괄호, 앰퍼샌드 등)들만 정의되어 있다. XML 표준에서 명시하는 것은 단지 요소를 둘러싸는 <나 >와 같은 문법 구성 부속들뿐이다. *어휘*를 만드는 것은 여러분에게 달려 있다. 즉, books나 authors와 같은 요소 이름이나 속성 이름을 결정하고 그것들이 어떻게 중첩되는지 설정하는 것은 여러분의 몫이다.

XML의 시작 요소와 종료 요소는 HTML과 유사하다.

```
<book>
</book>
```

빈 요소(시작 태그와 종료 태그 사이에 텍스트나 다른 요소가 없는 것)의 경우 다음과 같이 표기하는 것도 가능하다.

```
<author />
```

다음과 같이 요소에는 속성이 있을 수 있다.

```
<book id="1">
```

HTML과 달리 XML에서 요소, 개체, 속성은 대소문자를 구분한다. 예를 들어 <Book>과 <book>은 서로 다른 요소의 시작 태그이다. 속성은 작은따옴표나 큰따옴표로 둘러싸야 한다(id='1' 또는 id="1"). 요소 이름과 속성 이름에는 유니코드 문자, 언더바, 하이픈, 점, 숫자를 사용할 수 있다. 다만 첫 글자는 유니코드 문자나 언더바로 시작해야 한다. 콜론은 네임스페이스에만 사용할 수 있다(아래 "네임스페이스" 절을 참고하라).

공백 문자는 주의해 써야 한다. XML 명세에는 마크업 문자 외에는 모두 내용물이라고 규정하고 있다. 따라서 (이론적으로는) 예제 22-1에서 태그들 사이에 있는 줄바꿈 문자나 들여쓰기에 사용된 공백 문자들은 텍스트 데이터이다. 대부분의 XML 파서는 공백 문자를 그대로 처리할지 적절히 넘어갈지(즉 줄바꿈과 들여쓰기 부분은 무시할지) 선택할 수 있도록 되어 있다.

XML 선언

예제 22-1의 첫 줄은 XML *선언(declaration)*이다.

```
<?xml version="1.0" encoding="UTF-8" ?>
```

이 선언은 생략할 수 있다. XML에서는 버전 1.0과 UTF-8 인코딩이 기본값이기 때문이다. encoding 속성에서 문서의 유니코드 인코딩 방식을 지정한다. XML 파서 중에는 어떤 유니코드 인코딩도 처리할 수 있는 것도 있지만, 아스키와 UTF-8만 처리할 수 있는 것도 있다. 이식성을 높이기 위해서 XML 데이터는 UTF-8로 만들도록 하자.

처리 명령

선언과 비슷한 것으로 *처리 명령(Processing instruction)*이 있다. 이것은 XML 처리기에 사용되는 명령이다. 예를 들어 다음과 같은 것이다.

```
<title><?pdf font Helvetica 18pt?>XML in Perl</title>
```

처리 명령의 일반적인 구조는 다음과 같다.

```
<?target data ... ?>
```

XML 처리기가 처리 명령을 검출하면 target을 확인한다. 처리기가 인식하지 못하는 대상이라면 무시한다. 따라서 XML 파일 한 개에 여러 다른 처리기에 대한 명령문을 같이 넣을 수 있다. 예를 들어, 이 책의 내용이 담긴 XML 소스에는 책을 HTML로 변환하는 프로그램에 사용될 명령문과 PDF로 변환하는 프로그램에 사용될 명령문이 같이 들어있을 수 있다.

주석문

XML 주석문의 구문 형식은 HTML과 동일하다.

```
<!-- ... -->
```

주석문 텍스트에 --가 들어갈 수는 없다. 따라서 주석문은 중첩되지 않는다.

CDATA

개체를 인코드하기 위해 신경 쓰는 일 없이 간편하게 텍스트를 XML 문서에 넣고 싶을 때가 있다. 이런 리터럴 블록을 XML에서는 *CDATA*라고 부른다.

```
<![CDATA[여기에 리터럴 텍스트가 들어감]]>
```

이런 세련되지 않은 구문은 XML의 기원이 SGML이란 것을 보여주는 흔적이다. <![CDATA[에서]]>까지의 내용은 모두 리터럴 데이터가 되고, 그 안에 쓰인 XML 마크업 문자(<나 & 등)은 별다른 의미가 없는 평범한 문자로 쓰인다.

예를 들어, 다수의 XML 마크업 문자가 포함된 예제 코드를 CDATA 블록에 넣을 수 있다.

```
<para>The code to do this is as follows:</para>
<code><![CDATA[$x = $y << 8 & $z]]>
```

정형 XML

XML 문서가 제대로 해석될 수 있도록 보장하기 위해서 XML 문서를 만들 때 지켜야 할 최소한의 규칙이 몇 가지 있다. 다음 목록은 *Perl & LWP*(에릭 T. 레이(Erik T. Ray), 제이슨 매킨토시(Jason McIntosh), O'Reilly)에서 발췌한 것이다.

- 최상위 요소(예제 22-1에 있는 books)가 반드시 있어야 하며, 단 하나여야 한다.
- 콘텐츠의 모든 요소에는 시작 태그와 종료 태그가 있어야 한다.
- 모든 속성에는 값이 있어야 하고, 각 값은 인용부호로 감싸져야 한다.
- 요소들끼리 서로 엇갈려 겹치면 안 된다.
- 마크업 문자(<, >, &)는 마크업 이외의 용도로는 사용할 수 없다. 즉, `<title>Perl & LWP</title>`라고 쓸 수는 없다. &는 개체 참조를 나타내는 용도로만 쓸 수 있기 때문이다. 다만 CDATA 섹션은 유일하게 이 규칙에 예외이다.

XML 문서가 위의 규칙을 모두 만족하면 "정형(well-formed) 문서"라고 한다. XML 표준을 준수하는 XML 파서는 정형 문서를 해석할 수 있어야 한다.

스키마

XML 문서를 처리하는 프로그램은 크게 두 부분으로 나뉜다. XML 파서와 프로그램 로직이다. XML 파서는 XML 마크업을 조작하고, 프로그램 로직은 텍스트와 요소, 그리고 그것들의 구조를 식별한다. 정형 문서는 XML 파서가 해석할 수 있는 것이 보장되지만, 그렇다고 해서 요소들의 이름이 올바르고 요소들이 올바르게 중첩되었다는 게 보장되는 것은 아니다.

예를 들어 다음의 두 가지 XML 코드는 동일한 정보를 서로 다른 방법을 써서 코드로 만들고 있다.

```
<book>
  <title>Programming Perl</title>
  <edition>3</edition>
  <authors>
    <author>
      <firstname>Larry</firstname>
      <lastname>Wall</lastname>
    </author>
```

```
    <author>
      <firstname>Tom</firstname>
      <lastname>Christiansen</lastname>
    </author>
    <author>
      <firstname>Jon</firstname>
      <lastname>Orwant</lastname>
    </author>
  </authors>
</book>

<work>
  <writers>Larry Wall, Tom Christiansen, and Jon Orwant</writers>
  <name edition="3">Programming Perl</name>
</work>
```

데이터 구조가 서로 다르기 때문에 한쪽의 XML에서 책의 제목을 추출하는 코드를 작성해도("book 요소의 내용물을 얻어서, 그 안에서 title 요소의 내용을 찾으라"), 이 코드는 다른 쪽의 XML에 대해서는 동작하지 않는다. 이런 이유로 요소나 속성이나 개체, 그리고 이것들을 사용하는 방법에 대한 명세를 작성해 두는 것이 일반적이다. 이런 명세를 이용하면 여러분이 작성한 프로그램이 다룰 수 없는 XML이 생기는 문제를 피할 수 있다. 이러한 명세를 나타내기 위한 형식에는 DTD와 스키마가 있다.

DTD는 XML이 SGML에서 발전하는 과정에서 등장한 것으로, 스키마보다 더 오래되었고 제약이 많은 형식이다. DTD는 XML로 작성되어 있지 않기 때문에 DTD를 처리하기 위해서는 별도의(그래서 복잡한) 파서가 필요하다. 그리고 다목적으로 쓰기 힘들다. "`book`요소에는 `title`, `edition`, `author`, `isbn` 요소가 하나씩 임의의 순서로 포함되어 있어야 한다"고 쓰는 것만으로도 매우 귀찮다.

이 때문에 최신 콘텐츠 명세들은 스키마 형식을 채용하고 있다. XML을 비롯하여 여러 가지 관련 규격을 결정하는 월드 와이드 웹 컨소시엄(W3C, World Wide Web Consortium)에서는 XML 스키마(*http://www.w3.org/TR/xmlschema-0/*)라 불리는 표준을 제정하였다. XML 스키마는 현재 가장 널리 사용되는 스키마 언어이다. 그러나 내용이 복잡하고 문제점도 있다. XML 스키마의 라이벌은 OASIS 그룹이 제정한 RelaxNG이다. 자세한 내용은 *http://www.oasis-open.org/committees/relax-ng/spec-20011203.html*을 참고하라.

펄 모듈 중에는 스키마를 다루는 것도 여럿 있다. 스키마를 가지고 하는 가장 중요한 일은 XML 문서를 스키마에 대조해서 *검증하는* 것이다. 레시피 22.5에서는 XML::LibXML 모듈을 사용하여 검증하는 방법을 소개한다. XML::Parser 모듈은 XML 검증을 지원하지 않는다.

네임스페이스(Namespace)

XML 특성 중에서도 특히 편리한 것은 요소가 중첩될 수 있다는 것이다. 이를 통해 하나의 문서 안에 다른 문서를 캡슐화할 수 있다. 예를 들어, 구입 주문서를 메일 메시지에 첨부해서 보내기 위해 다음과 같은 코드를 만들었다고 하자.

```
<mail>
  <header>
    <from>me@example.com</from>
    <to>you@example.com</to>
    <subject>PO for my trip</subject>
  </header>
  <body>
    <purchaseorder>
      <for>Airfare</for>
      <bill_to>Editorial</bill_to>
      <amount>349.50</amount>
    </purchaseorder>
  </body>
</mail>
```

이것만으로도 동작하지만 하나라도 잘못되면 곧바로 문제가 발생한다. 예를 들어, 주문서에 수신처를 표시하기 위해 <bill_to>가 아닌 <to>를 사용한 경우, <to>라는 요소가 두 번 나오게 된다. 결과적으로 문서는 다음과 같이 구성된다.

```
<mail>
  <header>
    <to>you@example.com</to>
  </header>
  <body>
    <to>Editorial</to>
  </body>
</mail>
```

이 문서에서는 to를 서로 다른 두 가지 목적으로 사용하고 있다. 이것은 프로그래밍에서 서로 다른 두 모듈이 동일한 이름의 전역 변수를 사용할 때 발생하는 문제와 유사하다. 프로그래머가 다른 모듈에서 쓰이는 변수 이름을 피해서 지을 수는 없다. 그러기 위해서는 모든 모듈의 변수를 다 알아야 하기 때문이다.

이 문제의 해결책은 프로그래밍의 경우와 같다. 네임스페이스를 사용하는 것이다. 네임스페이스는 하나의 XML 어휘집 안에서 요소와 속성 이름 앞에 고유하게 부여하는 일종의 접두어이다. 이를 사용하면 다른 어휘집 안에 적힌 요소들과 이름이 겹치는 것을 피할 수 있다. 네임스페이스를 사용해서 앞의 주문서 이메일 예문을 다시 작성하면 다음과 같이 만들 수 있다.

```
<mail xmlns:email="http://example.com/dtds/mailspec/">
  <email:from>me@example.com</email:from>
  <email:to>you@example.com</email:to>
```

```
    <email:subject>PO for my trip</email:subject>
    <email:body>
      <purchaseorder xmlns:po="http://example.com/dtd/purch/">
        <po:for>Airfare</po:for>
        <po:to>Editorial</po:to>
        <po:amount>349.50</po:amount>
      </purchaseorder>
    </email:body>
  </mail>
```

xmlns:prefix="URL" 형식의 속성을 써서 이 속성이 붙은 요소의 콘텐츠에 적용되는 네임스페이스를 지정한다. 위 예제에서 네임스페이스는 email과 po 두 가지이다. email:to 요소와 po:to 요소는 다른 요소로 간주되고, 프로그램에서 처리할 때 혼동되지 않는다.

XML::Parser나 XML::LibXML을 포함하여, 펄로 만들어진 대부분의 XML 파서가 네임스페이스를 지원한다.

변환

XML 해커들의 즐거운 취미 하나는 XML을 다른 것으로 변환하는 일이다. 예전에는 전용 프로그램을 사용해서 변환하였는데 이런 프로그램은 특정한 XML 어휘집을 인식할 수 있으며, 그 어휘집을 사용하는 XML 파일을 다른 타입의 XML이나 HTML, PDF 등 완전히 다른 파일 형식으로 변환할 수 있었다. 이런 변환 작업이 빈번하게 이뤄졌기 때문에, 변환 엔진을 특정 변환 작업과 분리하려는 시도가 이뤄졌다. 그 결과 등장한 것이 XSLT(XML Stylesheet Language for Transformations)라는 새로운 명세이다.

XSLT를 이용하여 XML을 다른 형태로 변환하기 위해서는 스타일시트를 만들어야 한다. 스타일시트에는 "입력 XML에 *this*라고 쓰여 있다면 *that*을 출력한다"와 같이 기술된다. 반복과 분기를 사용할 수 있고 요소를 식별할 수도 있다("book 요소를 검출했다면 그 안에 포함된 title 요소의 내용만을 출력하라"는 식으로 할 수 있다).

Perl에서 XML을 변환할 때는 XML::Sablotron이나 XML::XSLT 모듈도 가끔 쓰이지만, XML::LibXSLT 모듈을 사용할 때 가장 잘 된다. 레시피 22.7에서 XML::LibXSLT의 사용법을 설명한다.

경로

XML을 위한 새로운 어휘집과 도구들 중에서 가장 유용한 것은 아마도 XPath일 것이다. XPath는 XML 구조를 위한 정규 표현식이라고 할 수 있다. 검색하고자 하는 요소를 지정("`book` 안의 `title`")하면 XPath 처리기는 일치하는 요소의 포인터를 반환한다.

XPath 표현식은 다음과 같은 형태이다.

```
/books/book/title
```

슬래시를 사용해서 검사 항목을 구분한다. XPath에는 속성, 요소, 텍스트를 검사하거나 노드의 부모나 형제 노드를 식별하기 위한 구문이 있다.

XML::LibXML 모듈은 XPath를 잘 지원한다. 레시피 22.6에서 XML::LibXML 모듈의 사용법을 다룬다. XPath는 레시피 22.8에 나오는 XML::Twig 모듈에서도 사용할 수 있다.

펄과 XML의 역사

초기에는 펄로 XML을 해석하기 위해서는 정규 표현식을 사용하는 방법밖에 없었다. 이 방법은 에러가 발생하기 쉽고 정형 XML을 해석할 때도 실패하곤 했다(예를 들어 CDATA 섹션 등). 펄로 된 진짜 XML 파서라 할 수 있는 것은 XML::Parser가 처음이었다. 이것은 제임스 클라크(James Clark)의 C 라이브러리인 *expat*의 펄 인터페이스로 래리 월이 개발하였다. 대부분의 다른 언어(특히 Python이나 PHP)에서도 제대로 동작하는 첫 번째 XML 파서는 *expat*을 포장한 래퍼였다.

XML::Parser는 원래 프로토타입이었다. XML 문서의 구성요소를 펄에 넘기는 동작 방식은 실험적인 것이었고 수년에 걸쳐 발전시킬 계획이었다. 그러나 XML::Parser가 펄로 된 *유일한* XML 파서였기 때문에 XML::Parser를 사용한 응용프로그램들이 금세 만들어졌고, 인터페이스를 고치는 것이 불가능하게 되어 버렸다. XML::Parser는 독자적인 API를 제공하기 때문에 여러분이 직접적으로 사용하면 안 된다.

XML::Parser는 이벤트 기반의 파서이다. "요소의 시작"이나 "텍스트"나 "요소의 종료"같은 이벤트가 발생했을 때 호출될 콜백을 등록해두면 XML::Parser가 XML 파일을 해석하다가 그 콜백을 호출함으로써 여러분의 코드에 무엇이 발견되었는지를 알려준다. 이벤트 기반의 해석은 XML 분야에서는 매우 일반적이었지만, XML::Parser는 독자적인 이벤트들을 정의하고 있고, 표준 SAX(Simple API for XML) 이벤트를 사용하지 않는다. 이런 이유로 XML::Parser를 직접적으로 사용하지 않는 것을 권한다.

XML::SAX 모듈은 XML::Parser나 그 밖의 여러 가지 XML 파서를 감싸는 SAX 래퍼를 제공한다. 문서를 실제로 해석하는 것은 XML::Parser이지만 여러분은 XML::SAX를 사용하는 코드를 작성한다. XML::SAX는 XML::Parser 이벤트와 SAX 이벤트 사이의 변환을 담당한다. 또한 XML::SAX에는 순수하게 펄로 만들어진 파서도 내장되어 있어서, XML::SAX를 사용하는 프로그램은 XS 모듈을 컴파일할 수 없는 환경을 비롯하여 어떤 펄 시스템에서도 동작한다. XML::SAX는 2레벨 SAX API 전체를 지원하므로 네임스페이스 등의 기능도 이용할 수 있다.

XML을 해석하는 또 다른 보편적인 방법은 트리 데이터 구조를 만드는 것이다. XML 문서 안에서 B 요소가 A 요소의 내부에 있다면 트리에서는 B가 A의 자식이 된다. 그런 트리 데이터 구조를 다룰 수 있는 표준 API가 DOM(Document Object Model)이다. XML::LibXML 모듈은 GNOME 프로젝트에 있는 *libxml2* 라이브러리를 사용하여 빠르고 효율적으로 DOM 트리를 만든다. 이 모듈은 빠르며 XPath와 스키마 검증도 지원한다. XML::DOM 모듈은 XML::Parser를 백엔드로 사용해서 DOM 트리를 만들려는 시도였다. 그러나 대부분의 프로그래머들은 속도가 더 빠른 XML::LibXML을 더 선호한다. 레시피 22.2에서도 XML::DOM 모듈이 아니라 XML::LibXML 모듈을 다룬다.

요약하면, 이벤트 방식으로 처리하려면 XML::SAX와 XML::Parser를(XML::Parser 대신에 XML::LibXML을 사용할 수 있다), DOM 트리를 만드는 경우나 검증을 하는 경우에는 XML::LibXML을 사용한다.

참고자료

XML 명세 자체는 간단하지만 네임스페이스, 스키마, 스타일시트 등의 명세는 그렇게 간단하지만도 않다. 다행히도 이런 기술을 습득하는 데에 도움이 되는 좋은 책들이 많이 출판되었다.

- XML 전체의 개요를 파악하려면 *Learning XML*(에릭 T. 레이(Erik T. Ray), O'Reilly)과 *XML in a Nutshell, 2nd Edition*(엘리엇 러스티 해롤드(Elliotte Rusty Harold), W. 스콧 민스(W.Scott Means), O'Reilly)을 읽어 보라.
- XML 스키마에 관해서는 *XML Schema*(에릭 반 더 빌트(Eric van der Vlist), O'Reilly)를 읽어 보라.
- 스타일시트와 변환에 관한 예제, XSLT의 자세한 내용에 관해서는 *XSLT*(더그 티드웰(Doug Tidwell), O'Reilly), *XSLT Cookbook*(살 맨가노(Sal Mangano),

O'Reilly)을 읽어 보라.

- XPath에 관해서는 *XPath and XPointer*(존 E. 심슨(John E. Simpson), O'Reilly)를 읽어 보라.

공식 명세서를 읽는 고통을 즐기는 취향이라면 W3C의 웹사이트(*http://www.w3c.org*)에 접속해 보라. W3C가 제정한 표준과 초안들의 전문을 읽을 수 있다.

22.1 XML을 해석하여 데이터 구조로 변환하기

문제

XML 파일의 구조와 내용에 대응되는 펄 데이터 구조(해시와 배열이 조합된 형태)를 얻고자 한다. 예를 들어, 어떤 설정 파일을 나타내는 XML이 있을 때 `$xml->{config}{server}{hostname}`이라고 써서 `<config><server><hostname>...</hostname>`의 내용에 접근하고 싶은 경우다.

해결책

CPAN의 XML::Simple 모듈을 사용한다. XML이 파일에 쓰여 있는 경우에는 그 파일의 이름을 `XMLin`에 넘긴다.

```
use XML::Simple;
$ref = XMLin($FILENAME, ForceArray => 1);
```

XML이 문자열 안에 있는 경우에는 그 문자열을 `XMLin`에 넘긴다.

```
use XML::Simple;
$ref = XMLin($STRING, ForceArray => 1);
```

논의

XML::Simple을 사용하여 예제 22-1의 XML을 해석하면 다음과 같은 데이터 구조가 만들어진다.

```
{
    'book' => {
      '1' => {
        'authors' => [
          {
            'author' => [
              {
                'firstname' => [ 'Larry' ],
                'lastname'  => [ 'Wall'  ]
              },
              {
                'firstname' => [ 'Tom' ],
```

```
                'lastname'  => [ 'Christiansen' ]
              },
              {
                'firstname' => [ 'Jon' ],
                'lastname'  => [ 'Orwant' ]
              }
            ]
          }
        ],
        'edition' => [ '3' ],
        'title'   => [ 'Programming Perl' ],
        'isbn'    => [ '0-596-00027-8' ]
      },
      '2' => {
        'authors' => [
          {
            'author' => [
              {
                'firstname' => [ 'Sean' ],
                'lastname'  => [ 'Burke' ]
              }
            ]
          }
        ],
        'edition' => [ '1' ],
        'title'   => [ 'Perl & LWP' ],
        'isbn'    => [ '0-596-00178-9' ]
      },
      '3' => {
        'authors' => [ {  } ],
        'edition' => [ '1' ],
        'title'   => [ 'Anonymous Perl' ],
        'isbn'    => [ '0-555-00178-0' ]
      },
    }
}
```

XML::Simple의 기본적인 기능은 다른 요소를 포함하고 있는 요소를 해시로 바꾸는 것이다. 하나의 요소에 같은 이름의 요소가 여러 번 포함되는 경우(위의 예제의 book처럼), 그 중복된 요소들은 해시의 배열로 변환된다. 다만 그 중복되는 요소들이 속성값에 의해 고유하게 식별된다면(여기서는 id 속성처럼) 배열이 되지 않는다.

기본적으로는 id, name, key 중 하나의 속성이 요소에 포함되어 있다면, XML::Simple은 그 속성을 요소의 식별자로 가정한다. 이 설정은 XMLin 함수의 KeyAttr 옵션을 써서 바꿀 수 있다. 예를 들어 KeyAttr에 빈 리스트를 설정하면 요소의 배열을 속성값이 키인 해시로 변환하는 것을 막을 수 있다.

```
$ref = XMLin($xml, ForceArray => 1, KeyAttr => [ ]);
```

이런 동작을 더 자세하게 조정하려면 요소의 이름과 그 요소의 식별자 속성을 대응시키는 해시를 넘겨준다. 예를 들어, book 원소의 id 속성값을 키로 하는 해시를 만들기 위해서는 다음처럼 한다.

```
$ref = XMLin($xml, ForceArray => 1, KeyAttr => { book => "id" });
```

ForceArray 옵션을 쓰면 데이터 구조 안에 원소 한 개짜리 배열들을 생성한다. 이 옵션이 없는 경우에는 원소 한 개짜리 배열은 간결하게 스칼라로 변환된다.

```
'3' => {
  'authors' => { },
  'edition' => '1',
  'title' => 'Anonymous Perl',
  'isbn' => '0-555-00178-0'
},
```

이런 형식이 읽기는 더 쉽지만, 프로그래밍은 어려워진다. 반복해서 나타나는 요소가 하나도 없다는 것을 *알고 있다면* ForceArray를 지정하지 않아도 된다. 그러나 어떤 요소는 반복해서 나타나고 어떤 요소는 그렇지 않다면 ForceArray 옵션을 지정하여 데이터 구조가 일관성을 유지하도록 할 필요가 있다. 어떤 경우는 데이터를 바로 가져올 수 있고 어떤 경우는 배열 안에서 찾아야 한다면 코드가 복잡해진다.

XML::Simple 모듈에는 XML로부터 만들어지는 데이터 구조를 조절할 수 있는 옵션들이 있다. 자세한 내용은 이 모듈의 매뉴얼 페이지를 참고하라. XML::Simple 모듈이 효과를 발휘하는 경우는 설정 파일처럼 아주 잘 구조화된 데이터를 처리하는 경우뿐이다. 데이터 구조라기보다는 문서에 더 가까운 XML에 대해 사용하기에는 불편한 점이 많고, 처리 명령이나 주석문 같은 XML의 기능도 지원하지 못한다. 따라서 극히 단순한 XML인 경우를 제외하면 XML을 해석할 때는 DOM이나 SAX를 사용하는 것을 권장한다.

더 알아보기

- CPAN 모듈 XML::Simple 모듈 문서
- 레시피 22.10

22.2 XML을 DOM 트리로 변환하기

문제

DOM(Document Object Model)을 사용하여 XML 파일을 변환한 트리에 접근하여 읽거나 내용을 변경하고자 한다.

해결책

CPAN에 있는 XML::LibXML 모듈을 사용한다.

```
use XML::LibXML;
my $parser = XML::LibXML->new();
my $dom    = $parser->parse_string($XML);
# 또는
my $dom    = $parser->parse_file($FILENAME);
my $root   = $dom->getDocumentElement;
```

논의

DOM은 XML 파스 트리(parse tree)를 표현하는 클래스들로 구성된 프레임워크이다. 각 요소가 트리의 각 노드가 되며, 이 노드들을 대상으로 여러 가지 연산을 수행한다. 예를 들어 자식 노드(이 경우는 또 다른 XML 요소)를 검색하거나 자식 노드를 추가하거나 노드를 다른 위치로 이동하는 것 등이다. parse_string, parse_file, parse_fh(파일핸들) 모두 DOM 객체를 반환하며, 이 객체를 사용하여 트리의 노드를 검색할 수 있다.

예제 22-2에 나오는 코드는 예제 22-1에 있는 books XML에서 제목들을 추출하는 한 가지 방법을 보여준다.

예제 22-2. dom-titledumper

```
#!/usr/bin/perl -w
# dom-titledumper -- DOM을 사용하여 books 파일에 포함된 제목을 표시하기

use XML::LibXML;
use Data::Dumper;
use strict;

my $parser = XML::LibXML->new;
my $dom = $parser->parse_file("books.xml") or die;

# title 요소를 모두 찾아 낸다
my @titles = $dom->getElementsByTagName("title");
foreach my $t (@titles) {
    # <title> 요소 안의 텍스트 노드를 얻고, 그 값을 출력한다
    print $t->firstChild->data, "\n";
}
```

getElementsByTagName 메서드는 특정 태그 이름에 해당하는 요소들의 리스트를 반환한다. 여기서는 title 요소의 리스트를 얻은 후, 그 내용을 알기 위해 각 title 요소를 순회한다. 어느 title 요소든 그 내용은 텍스트 하나 뿐인 걸 알고 있기 때문에 첫 번째 자식 노드가 텍스트라고 간주하고 그 내용을 출력한다.

노드가 텍스트 노드인지 확실히 확인하려면 다음처럼 한다.

```
die "the title contained something other than text!"
  if $t->firstChild->nodeType != 3;
```

이것으로 첫 번째 자식 노드가 타입 3(텍스트)인 것을 확인할 수 있다. 표 22-1은 숫자로 표현되는 LibXML의 노드 타입들이다. 이 값은 nodeType 메서드가 반환한다.

노드 타입	숫자 값
요소	1
속성	2
텍스트	3
CDATA 섹션	4
개체 참조	5
개체	6
처리 명령	7
주석문	8
문서	9
문서 타입	10
문서 조각(fragment)	11
노테이션(notation)	12
HTML 문서	13
DTD 노드	14
요소 선언	15
속성 선언	16
개체 선언	17
네임스페이스 선언	18
XInclude 시작	19
XInclude 종료	20

표 22-1 LibXML의 노드 타입

새 노드를 만들고 삽입하거나 기존 노드를 이동 또는 삭제함으로써 파스 트리를 변경할 수도 있다. 예제 22-3는 무작위로 생성한 price 값을 각 book 요소에 추가하는 예제이다.

예제 22-3. dom-addprice

```
#!/usr/bin/perl -w
# dom-addprice -- price 요소를 books에 추가한다

use XML::LibXML;
use Data::Dumper;
use strict;
```

```
my $parser = XML::LibXML->new;
my $dom = $parser->parse_file("books.xml") or die;
my $root = $dom->documentElement;

# "book" 요소의 목록을 얻는다
my @books = $root->getElementsByTagName("book");

foreach my $book (@books) {
  my $price = sprintf("\$%d.95", 19 + 5 * int rand 5); # 랜덤한 가격
  my $price_text_node = $dom->createTextNode($price);  # <price>의 콘텐츠
  my $price_element   = $dom->createElement("price");  # <price>를 만든다
  $price_element->appendChild($price_text_node);       # 콘텐츠를 <price>에 넣는다
  $book->appendChild($price_element);                  # <price>를 <book>에 넣는다
}

print $dom->toString;
```

createTextNode와 createElement를 사용해서 새로운 태그 price와 그 콘텐츠를 만든다. 그 다음 appendChild를 사용해서 그 태그를 현재의 book 태그의 기존 콘텐츠 뒤에 삽입한다. toString 메서드가 문서를 XML 형식으로 출력해 주며, 이런 식으로 DOM을 이용한 XML 필터를 쉽게 만들 수 있다.

XML::LibXML::DOM의 매뉴얼 페이지에는 XML::LibXML에서 지원하는 DOM의 기능이 간단하게 정리되어 있다. 그리고 DOM 클래스(XML::LibXML::Node 등)의 매뉴얼 페이지도 소개하고 있다. 각 클래스의 매뉴얼 페이지에는 DOM 객체의 메서드 목록이 나열되어 있다.

더 알아보기

- XML::LibXML::DOM, XML::LibXML::Document, XML::LibXML::Element, XML::LibXML::Node 모듈 문서

22.3 XML을 SAX 이벤트로 변환하기

문제

XML 파서에서 SAX 이벤트들을 얻고자 한다. DOM 트리를 만드는 파서보다 이벤트 기반의 해석 방법이 더 빠르고 메모리 소비량도 적다.

해결책

CPAN에 있는 XML::SAX 모듈을 사용한다.

```
use XML::SAX::ParserFactory;
use MyHandler;

my $handler = MyHandler->new();
my $parser = XML::SAX::ParserFactory->parser(Handler => $handler);
```

```
$parser->parse_uri($FILENAME);
# 또는
$parser->parse_string($XML);
```

핸들러 클래스(이 예제에서는 MyHandler)를 만들어 이벤트를 처리하는 로직을 넣는다.

```
# MyHandler.pm에 만든다
package MyHandler;

use base qw(XML::SAX::Base);

sub start_element {   # 메서드 이름은 SAX에 명시되어 있다
  my ($self, $data) = @_;
  # $data는 Name이나 Attributes 등의 키를 가진 해시이다
  # ...
}

# 그 외 메서드로는 end_element()나 characters() 등이 있다

1;
```

논의

SAX를 이용하는 XML 처리기는 세 부분으로 나뉜다. SAX 이벤트를 만드는 XML 파서, 각 이벤트에 응답하는 핸들러, 그리고 파서와 핸들러를 연결하는 부분이다. XML 파서로는 XML::Parser, XML::LibXML, 그리고 XML::SAX에 포함되어 있고 순수하게 펄로 만들어진 XML::SAX::PurePerl 등을 사용할 수 있다. XML::SAX::ParserFactory 모듈은 자동으로 파서를 선택하고, 그 파서를 핸들러에 연결한다. 핸들러는 XML::SAX::Base를 상속하는 클래스의 형태이다. 연결 부분은 위 해결책에 나온 프로그램이다.

XML::SAX::Base 모듈에는 XML 파서가 여러분이 작성한 핸들러를 대상으로 호출하는 여러 가지 메서드의 원형이 있다. 표 22-2에 이런 메서드들을 정리하였는데, 이 메서드들은 *http://www.saxproject.org/*의 SAX1과 SAX2 규격에 정의된 것이다. 펄로 구현할 때는 더 펄다운 데이터 구조가 사용되며, 이에 관해서는 XML::SAX::Intro의 매뉴얼 페이지를 참고하기 바란다.

start_document	end_document	characters
start_element	end_element	processing_instructions
ignorable_whitespace	set_document_locator	skipped_entity
start_prefix_mapping	end_prefix_mapping	comment
start_cdata	end_cdata	entity_reference

notation_decl	unparsed_entity_decl	element_decl
attlist_decl	doctype_decl	xml_decl
entity_decl	attribute_decl	internal_entity_decl
start_dtd	end_dtd	external_entity_decl
resolve_entity	start_entity	end_entity
warning	error	fatal_error

표 22-2 XML::SAX::Base의 메서드

요소를 표현하는 데이터 구조와 속성을 표현하는 구조, 두 가지가 가장 빈번하게 쓰인다. start_element와 end_element에 매개 변수로 넘기는 $data는 해시 레퍼런스다. 이 해시의 키와 그 의미를 표 22-3에 나열하였다.

키	의미
Prefix	XML 네임스페이스 접두어 (예: email:)
LocalName	접두어 부분을 제외한 요소 이름 (예: to)
Name	완전한 형태의 요소 이름 (예: email:to)
Attributes	요소의 속성들이 저장된 해시
NamespaceURI	이 요소의 XML 네임스페이스의 URI

표 22-3 XML::SAX의 요소 해시

속성 해시에는 각 속성을 나타내는 키가 있다. 이 키는 "{namespaceURI}attrname" 같은 형태이다. 예를 들어 현재 네임스페이스 URI가 *http://example.com/dtds/mailspec/*이고 속성 이름이 msgid라면, 속성 해시에 있는 키는 다음과 같다.

```
{http://example.com/dtds/mailspec/}msgid
```

속성값은 어떤 해시이다. 이 해시의 키와 그 의미를 표 22-4에 나열하였다.

키	의미
Prefix	XML 네임스페이스 접두어 (예: email:)
LocalName	접두어 부분을 제외한 속성 이름 (예: to)
Name	완전한 형태의 속성 이름 (예: email:to)
Value	이 속성의 값
NamespaceURI	이 속성의 XML 네임스페이스의 URI

표 22-3 XML::SAX의 속성 해시

예제 22-4는 SAX 이벤트를 사용해서 책 제목들을 목록으로 표시한다. SAX를 이용하는 경우 XML 문서 내의 어느 지점을 지나고 있는지 항상 파악하고 있어야 하므로 DOM을 사용한 방법보다 더 복잡하다.

예제 22-4. sax-titledumper

```
# TitleDumper.pm 파일
# TitleDumper.pm -- books 파일에 있는 제목들을 표시하는 SAX 핸들러
package TitleDumper;
use base qw(XML::SAX::Base);

my $in_title = 0;

# title 요소에 들어갈 때는 $in_title 값을 증가시킨다.
sub start_element {
  my ($self, $data) = @_;
  if ($data->{Name} eq 'title') {
    $in_title++;
  }
}

# title 요소에서 나갈 때는 $in_title 값을 감소시키고, 줄바꿈을 출력한다
sub end_element {
  my ($self, $data) = @_;
  if ($data->{Name} eq 'title') {
    $in_title--;
    print "\n";
  }
}

# 현재 title 요소 내부에 있는 상태라면 수집하는 모든 텍스트를 출력한다
sub characters {
  my ($self, $data) = @_;
  if ($in_title) {
    print $data->{Data};
  }
}

1;
```

XML::SAX::Intro 모듈의 매뉴얼 페이지에 XML::SAX을 이용한 파싱에 대해 잘 소개되어 있다.

더 알아보기

- *Perl & LWP* 5장
- CPAN 모듈 XML::SAX, XML::SAX::Base, XML::SAX::Intro 모듈 문서

22.4 요소 또는 텍스트를 간단히 수정하기

문제

XML 일부분에 필터를 적용하고자 한다. 예를 들어, 문서의 본문 일부를 치환

하거나 XML 문서에 나온 모든 책에 가격 항목을 추가하거나 <book id="1">을 <book><id>1</id>로 바꾸는 식이다.

해결책

CPAN에 있는 XML::SAX::Machines 모듈을 사용한다.

```
#!/usr/bin/perl -w

use MySAXFilter1;
use MySAXFilter2;
use XML::SAX::ParserFactory;
use XML::SAX::Machines qw(Pipeline);

my $machine = Pipeline(MySAXFilter1 => MySAXFilter2); # 필요하면 더 추가한다
$machine->parse_uri($FILENAME);
```

레시피 22.3에서 했던 것처럼 XML::SAX::Base를 상속하는 핸들러를 작성한다. 그 다음 SAX 이벤트가 필요할 때마다 슈퍼클래스에 있는 적절한 핸들러를 호출한다.

```
$self->SUPER::start_element($tag_struct);
```

논의

SAX 필터는 SAX 이벤트를 받아들이고 새로운 SAX 이벤트를 발생시킨다. XML::SAX::Base 모듈은 핸들러 객체가 필터로서 호출되었는지를 감지한다. 필터로 호출되었다면 XML::SAX::Base의 각 메서드는 SAX 이벤트를 체인의 다음 필터로 넘긴다. 핸들러 객체가 필터로 호출된 게 아니라면 XML::SAX::Base의 메서드는 SAX 이벤트를 처리하기만 하고 다시 방출하지는 않는다. 이를 이용하여 이벤트를 생성하는 것도 이벤트를 처리할 때처럼 간단히 할 수 있다.

XML::SAX::Machines 모듈은 필터의 체인을 만들어 준다. 이 모듈의 Pipeline 함수를 불러온 후 다음과 같이 한다.

```
my $machine = Pipeline(Filter1 => Filter2 => Filter3 => Filter4);
$machine->parse_uri($FILENAME);
```

XML 파일을 해석하는 과정에서 발생한 SAX 이벤트는 먼저 Filter1로 보내진다. Filter1은 어떠한 처리를 하고 나서 다시 이벤트(처음 받았던 이벤트와 다를 수도 있다)를 Filter2에 보내고, Filter2는 Filter3에, 그리고 Filter3는 Filter4에 이벤트를 보낸다. 마지막 필터인 Filter4는 수신한 SAX 이벤트를 출력하거나 어떤 처리를 하여야 한다. 타입글로브의 레퍼런스를 인자로 넘기면 XML::SAX::Machines는 그 타입글로브에 속한 파일핸들에 XML을 출력한다.

예제 22-5는 예제 22-1에서 다룬 XML 문서에서 book 요소의 id 속성을 새로운 id 요소로 변환하는 필터이다. 예를 들어 <book id="1">는 <book><id>1</id>로 바뀌게 된다.

예제 22-5. filters-rewriteids

```
package RewriteIDs;
# RewriteIDs.pm -- "id" 속성을 요소로 바꾼다

use base qw(XML::SAX::Base);

my $ID_ATTRIB = "{}id";   # 처리하려는 속성의 해시 엔트리
sub start_element {
    my ($self, $data) = @_;

    if ($data->{Name} eq 'book') {
        my $id = $data->{Attributes}{$ID_ATTRIB}{Value};
        delete $data->{Attributes}{$ID_ATTRIB};
        $self->SUPER::start_element($data);

        # <id> 태그를 만들기 위해 새로운 요소의 매개변수 데이터 구조를 만든다
        my $id_node = {};
        %$id_node = %$self;
        $id_node->{Name} = 'id';     # 네임스페이스를 고려해야 할 경우 더 복잡해진다
        $id_node->{Attributes} = {};

        # <id>$id</id>를 만든다
        $self->SUPER::start_element($id_node);
        $self->SUPER::characters({ Data => $id });
        $self->SUPER::end_element($id_node);
    } else {
        $self->SUPER::start_element($data);
    }
}

1;
```

예제 22-6은 XML::SAX::Machines를 사용하여 *books.xml*을 처리하는 파이프라인을 만들고 변환된 XML을 출력하는 연결부이다.

예제 22-6. filters-rewriteprog

```
#!/usr/bin/perl -w
# rewrite-ids -- RewriteIDs SAX 필터를 호출해서 id 속성을 요소로 바꾼다

use RewriteIDs;
use XML::SAX::Machines qw(:all);

my $machine = Pipeline(RewriteIDs => \*STDOUT);
$machine->parse_uri("books.xml");
```

예제 22-6의 출력은 다음과 같다(중요한 부분만 표시).

```
<book><id>1</id>
    <title>Programming Perl</title>
 ...
<book><id>2</id>
```

```
    <title>Perl &amp; LWP</title>
  ...
```

XML을 *new-books.xml* 파일로 저장하려면 XML::SAX::Writer 모듈을 사용한다.

```
#!/usr/bin/perl -w

use RewriteIDs;
use XML::SAX::Machines qw(:all);
use XML::SAX::Writer;

my $writer = XML::SAX::Writer->new(Output => "new-books.xml");
my $machine = Pipeline(RewriteIDs => $writer);
$machine->parse_uri("books.xml");
```

`Output` 매개변수로 스칼라 레퍼런스, 배열 레퍼런스, 파일핸들도 넘길 수 있다. 스칼라 레퍼런스를 넘기면 그 스칼라 값에 XML이 추가된다. 배열 레퍼런스를 넘기면 배열에 XML이 추가되며 이때 SAX 이벤트 하나당 배열 원소가 하나씩 늘어난다. 파일핸들을 넘기면 그 파일핸들로 XML이 출력된다.

더 알아보기

- XML::SAX::Machines 모듈과 XML::SAX::Writer 모듈 문서

22.5 XML을 검증하기

문제

지금 처리하고 있는 XML이 DTD 또는 XML 스키마를 준수하고 있는지 확인하고자 한다.

해결책

DTD를 준수하는지 검증하려면 XML::LibXML 모듈을 사용한다.

```
use XML::LibXML;
my $parser = XML::LibXML->new;
$parser->validation(1);
$parser->parse_file($FILENAME);
```

W3C 스키마를 준수하는지 검증하려면 XML::Xerces 모듈을 사용한다.

```
use XML::Xerces;

my $parser = XML::Xerces::DOMParser->new;
$parser->setValidationScheme($XML::Xerces::DOMParser::Val_Always);

my $error_handler = XML::Xerces::PerlErrorHandler->new();
$parser->setErrorHandler($error_handler);

$parser->parse($FILENAME);
```

논의

XML::LibXML 모듈의 기반인 *libxml2* 라이브러리는 XML을 해석할 때 검증도 할 수 있다. 검증 기능을 활성화하기 위해 이 파서의 `validation` 메서드를 사용한다. 이 책을 집필하는 시점에는 XML::LibXML 모듈은 DOM 해석을 할 때만 검증할 수 있고, SAX 기반의 해석을 할 때는 검증할 수 없다.

예제 22-7은 예제 22-1에 있는 *books.xml*에 대한 DTD이다.

예제 22-7. validating-booksdtd

```
<!ELEMENT books (book*)>
<!ELEMENT book (title,edition,authors,isbn)>
<!ELEMENT authors (author*)>
<!ELEMENT author (firstname,lastname)>
<!ELEMENT title (#PCDATA)>
<!ELEMENT edition (#PCDATA)>
<!ELEMENT firstname (#PCDATA)>
<!ELEMENT lastname (#PCDATA)>
<!ELEMENT isbn (#PCDATA)>

<!ATTLIST book
  id     CDATA     #REQUIRED
>
```

XML::LibXML로 이 DTD를 해석하기 위해서는 다음 행을 *books.xml* 파일에 추가한다.

```
<!DOCTYPE books
  SYSTEM "books.dtd">
```

예제 22-8은 해석과 검증을 하는 간단한 실행부이다.

예제 22-8. validating-bookchecker

```
#!/usr/bin/perl -w
# bookchecker - books.xml 파일을 해석하고 검증한다

use XML::LibXML;

$parser = XML::LibXML->new;
$parser->validation(1);
$parser->parse_file("books.xml");
```

문서의 검증이 끝나도 아무것도 출력되지 않는다. XML::LibXML 모듈은 문서를 성공적으로 해석을 한 후 DOM 구조로 변환하고, 이 구조는 프로그램이 종료될 때 조용히 소멸된다. 그렇지만 *books.xml* 파일을 고치면 XML::LibXML이 XML의 오류를 검출했을 때 에러를 출력하는 것을 볼 수 있다.

예를 들어, `id` 속성을 `unique_id`로 바꾸면 다음 에러 메시지가 출력된다.

```
'books.xml:0: validity error: No declaration for attribute unique_id
of element book
    <book unique_id="1">
                       ^
books.xml:0: validity error: Element book does not carry attribute id
    </book>
          ^
' at /usr/local/perl5-8/Library/Perl/5.8.0/darwin/XML/LibXML.pm line
405.
 at checker-1 line 7
```

XML::LibXML은 알 수 없는 속성과 태그를 보고해주는 일은 잘 한다. 하지만 요소의 순서가 잘못된 경우는 잘 알려주지 못한다. *books.xml*을 올바른 상태로 되돌린 후 title 요소와 edition 요소의 위치를 바꿔보자. 그러면 다음 메시지가 나온다.

```
'books.xml:0: validity error: Element book content does not follow the
DTD
    </book>
          ^
' at /usr/local/perl5-8/Library/Perl/5.8.0/darwin/XML/LibXML.pm line
405.
 at checker-1 line 7
```

이 메시지에서는 book 요소의 무엇인가가 DTD를 준수하지 않았다는 것은 알려주지만, 정확히 DTD의 어느 부분을 어떻게 위반하였는지는 알려주지 않는다.[1]

이 책의 집필 시점에는 SAX를 사용할 때 검증을 하거나 W3C 스키마에 대조해서 검증하는 경우에는 XML::Xerces를 사용하여야 한다. 두 경우 모두 (그리고 RelaxNG 검증도) XML::LibXML에 추가될 예정이지만 이 책을 발행하는 현재는 아직 사용할 수 있는 상태가 아니다.

다음은 DOM 트리를 만들 때에 XML::Xerces를 사용해서 DTD 검증을 하는 예제이다.

```
use XML::Xerces;

# 항상 검증을 실시하는 신규 파서를 만든다
my $p = XML::Xerces::DOMParser->new();
$p->setValidationScheme($XML::Xerces::DOMParser::Val_Always);

# 해석에 실패했다면 비정상 종료하게 한다
my $error_handler = XML::Xerces::PerlErrorHandler->new();
$p->setErrorHandler($error_handler);

$p->parse($FILENAME);
```

스키마를 준수하는지 검증하려면 스키마의 위치와, 그 스키마를 사용해야 한다는 것을 XML::Xerces에 전달하여야 한다.

1 (옮긴이) 이 책을 번역하는 시점에 사용한 버전은 DTD에 명시된 순서와 실제 XML 파일에 나열된 순서를 보여준다.

```
$p->setFeature("http://xml.org/sax/features/validation", 1);
$p->setFeature("http://apache.org/xml/features/validation/dynamic", 0);
$p->setFeature("http://apache.org/xml/features/validation/schema", $SCHEMAFILE);
```

setValidationScheme에는 다음 세 가지 값을 넘길 수 있다.

```
$XML::Xerces::DOMParser::Val_Always
$XML::Xerces::DOMParser::Val_Never
$XML::Xerces::DOMParser::Val_Auto
```

기본값은 전혀 검증하지 않음이다. 항상 검증으로 설정할 경우 파일에 DTD나 스키마가 정의되어 있지 않은 경우에는 에러가 발생한다. 자동으로 설정하면 파일에 DTD나 스키마가 정의되어 있고, 그 DTD나 스키마에 대한 검증이 실패한 경우에만 에러가 발생한다.

XML::Xerces를 사용하기 위해서는 Apache Xerces C++ XML 파싱 라이브러리가 필요하다. 이 라이브러리는 *http://xml.apache.org/xerces-c*에서 얻을 수 있다. 이 책을 집필하는 시점에는 XML::Xerces 모듈을 쓰려면 옛 버전(1.7.0)의 Xerces 라이브러리가 필요했고 모듈 문서도 매우 빈약했다. 이 모듈이 동작하는 방식을 이해하기 위해서는 C++ 라이브러리의 문서를 읽어보고 XML::Xerces 배포판의 *samples/* 디렉터리에 있는 예제를 참고해야 한다.

더 알아보기

- CPAN 모듈 XML::LibXML 모듈 문서
- *http://xml.apache.org/xerces-c/*
- *http://xml.apache.org/xerces-p/*

22.6 XML 문서 안의 요소와 텍스트 검출하기

문제

XML의 특정 부분을 검출하고자 한다. 예를 들어 alt 텍스트에 "monkey"가 들어있는 img 태그를 찾아서, 그 이미지를 포함하고 있는 a 태그의 href 속성을 찾는 식이다.

해결책

XML::LibXML을 이용하고 XPath 표현식을 구성하여 원하는 노드를 검색한다.

```
use XML::LibXML;

my $parser = XML::LibXML->new;
$doc = $parser->parse_file($FILENAME);
my @nodes = $doc->findnodes($XPATH_EXPRESSION);
```

논의

예제 22-9는 예제 22-1에 있는 책 XML에서 제목들을 추출하는 방법을 보여준다.

예제 22-9. xpath-1

```
#!/usr/bin/perl -w

use XML::LibXML;

my $parser = XML::LibXML->new;
$doc = $parser->parse_file("books.xml");

# title 요소들을 찾는다
my @nodes = $doc->findnodes("/books/book/title");

# title 요소의 텍스트를 출력한다
foreach my $node (@nodes) {
  print $node->firstChild->data, "\n";
}
```

DOM의 getElementsByTagName과 findnodes의 차이는 전자는 요소 이름만 가지고 요소를 식별한다는 점이다. XPath 표현식은 원하는 노드를 찾기 위해서 XPath 엔진이 거쳐가는 일련의 순서를 지정한다. 예제 22-9의 XPath 식은 "문서의 꼭대기에서 시작해서 books 요소로 들어가고, 그 안에 book 요소로 들어간 후, 다시 title 요소로 들어간다"고 지정하고 있다.

이 차이는 중요하다. 다음 XML 문서를 보도록 하자.

```
<message>
  <header><to>Tom</to><from>Nat</from></header>
  <body>
    <order><to>555 House St, Mundaneville</to>
           <product>Fish sticks</product>
    </order>
  </body>
</message>
```

여기에서는 두 개의 to 요소가 있다. 하나는 header 안에 있고, 또 하나는 body 안에 있다. 이때 $doc->getElementsByTagName("to")라고 지정하면 양쪽의 to 요소를 다 가져오게 된다. XPath 식으로 "/message/header/to"라고 지정하면 헤더의 to 요소만을 출력할 수 있다.

XPath 식은 텍스트 대신 XML 구조를 대상으로 동작하는 정규 표현식이라 할 수 있다. 정규 표현식과 마찬가지로 XPath 식에 명시할 수 있는 것들이 많이 있다. 위에서 했던 것처럼 "이 노드의 자식 노드를 찾아서 그 노드로 이동한다"는 간단한 것뿐만 아니라 훨씬 더 많은 것을 명시할 수 있다.

books로 돌아와서 다른 항목을 추가해 보자.

```
<book id="4">
  <!-- Perl Cookbook -->
  <title>Perl Cookbook</title>
  <edition>2</edition>
  <authors>
    <author>
      <firstname>Nathan</firstname>
      <lastname>Torkington</lastname>
    </author>
    <author>
      <firstname>Tom</firstname>
      <lastname>Christiansen</lastname>
    </author>
  </authors>
  <isbn>123-345-678-90</isbn>
</book>
```

저자가 Tom Christiansen인 책을 모두 찾아 보자. 간단하게 다음처럼 할 수 있다.

```
my @nodes = $doc->findnodes("/books/book/authors/author/
        firstname[text()='Tom']/../
        lastname[text()='Christiansen']/
        ../../../title/text()");

foreach my $node (@nodes) {
  print $node->data, "\n";
}
```

우선 `firstname`이 `"Tom"`이고 `lastname`이 `"Christiansen"`인 `author`를 찾고, `title` 요소로 되돌아와서 자식 노드인 텍스트 노드를 얻는다. `title` 요소로 되돌아오는 또 다른 방법은 "`book` 요소를 다시 만날 때까지 밖으로 나간다"는 것이다.

```
my @nodes = $doc->findnodes("/books/book/authors/author/
      firstname[text()='Tom']/../
      lastname[text()='Christiansen']/
      ancestor::book/title/text()");
```

XPath는 매우 강력한 시스템이다. 여기에서는 아주 조금만 다루었다. XPath에 대한 자세한 내용은 *XPath and XPointer*(존 E. 심슨(John E. Simpson), O'Reilly)나 *http://www.w3.org/TR/xpath*에 있는 W3C 명세를 참고한다. 경험 많은 사용자라면 CPAN에 있는 XML::LibXML::XPathContext 모듈을 살펴보라. 자신만의 XPath 관련 함수를 펄로 만들 수 있을 것이다.

더 알아보기

- XML::LibXML 모듈과 XML::LibXML::XPathContext 모듈 문서
- *http://www.w3.org/TR/xpath*
- *XPath and XPointer*

22.7 XML 스타일시트 변환 처리하기

문제

XML 스타일시트를 사용하여 XML을 다른 형식으로 변환하고자 한다. 예를 들어 스타일시트를 사용해서 XML 파일로부터 HTML을 생성하는 식이다.

해결책

XML::LibXSLT 모듈을 사용한다.

```
use XML::LibXSLT;

my $xslt       = XML::LibXSLT->new;

my $stylesheet = $xslt->parse_stylesheet_file($XSL_FILENAME);
my $results    = $stylesheet->transform_file($XML_FILENAME);

print $stylesheet->output_string($results);
```

논의

XML::LibXSLT 모듈은 GNOME 프로젝트에서 나온, 빠르고 강력한 *libxslt* 라이브러리를 기반으로 하고 있다. 변환 작업은 우선 XSL 소스에서 스타일시트 객체를 만들고 그 객체를 사용해서 XML 파일을 변환하는 순서로 이루어진다. 필요하다면 이 과정을 여러 단계로 나눌 수도 있다. 예를 들어 XSL이 파일에 저장되어 있지 않고 동적으로 생성되는 경우에는 이렇게 절차를 나누는 것이 편리하다.

```
use XML::LibXSLT;
use XML::LibXML;

my $xml_parser  = XML::LibXML->new;
my $xslt_parser = XML::LibXSLT->new;

my $xml         = $xml_parser->parse_file($XML_FILENAME);
my $xsl         = $xml_parser->parse_file($XSL_FILENAME);

my $stylesheet  = $xslt_parser->parse_stylesheet($xsl);
my $results     = $stylesheet->transform($xml);
my $output      = $stylesheet->output_string($results);
```

출력 내용을 파일로 저장하려면 output_file을 사용한다.

```
$stylesheet->output_file($OUTPUT_FILENAME);
```

이와 비슷하게, 출력 내용을 이미 열려 있는 파일핸들에 쓰려면 output_fh를 사용한다.

```
$stylesheet->output_fh($FILEHANDLE);
```

변환 엔진에 매개변수를 넘길 수 있다. 예를 들어 각 페이지 하단에 꼬리말을 붙이고 싶다면 다음처럼 한다.

```
$stylesheet->transform($xml, footer => "'I Made This!'");
```

인용 처리가 이상해 보이는 것은 XSLT 엔진이 따옴표로 둘러싼 값을 요구하기 때문이다. 위의 예에서 큰따옴표는 이 값이 문자열이란 것을 펄에게 알리는 용도로 쓰였고 작은따옴표는 XSLT 엔진에게 알리는 용도로 쓰였다.

XSLT에서 사용할 수 없는 데이터도 가져올 수 있다(데이터베이스에서 얻는다든지). 그리고 펄을 사용하여 실행 시점에 XSLT 데이터를 조작할 수도 있다. 예제 22-10의 파일을 보도록 하자. 여러 언어로 된 제목 태그를 사용하고 있다.

예제 22-10. test.xml

```
<list>
  <title>System</title>
  <TituloGrande>Products</TituloGrande>
  <sublist>
    <SubTitleOne>Book</SubTitleOne>
  </sublist>
</list>
```

예제 22-1에 있는 *test.xsl*이라는 XSLT 템플릿에서 펄 함수 match_names를 호출하고자 한다.

예제 22-11. test.xsl

```
<?xml version="1.0" encoding="UTF-8"?>
<xsl:stylesheet
  xmlns:xsl="http://www.w3.org/1999/XSL/Transform" version="1.0"
  xmlns:test="urn:test">
<xsl:template match="/">

  <xsl:variable name="matched" select="test:match_names('title |
titulo | titre | titolo', . )" />
  <xsl:for-each select="$matched">
    <xsl:copy-of select="." />
  </xsl:for-each>

</xsl:template>
</xsl:stylesheet>
```

match_names 함수의 인자는 정규 표현식과 노드 리스트이며, 반환값은 노드 리스트 객체가 된다. 인자를 처리할 때와 반환할 값을 만들 때 XML::LibXML::NodeList 모듈의 메서드를 사용한다. match_names 서브루틴은 예제 22-12에 나와 있다.

예제 22-12. match_names 서브루틴

```
sub match_names {
  my $pattern = shift;
  my $nodelist = shift;
  my $matches = XML::LibXML::NodeList->new;
  foreach my $context ($nodelist->get_nodelist) {
    foreach my $node ($context->findnodes('//*')) {
      if ($node->nodeName =~ /$pattern/ix) {
        $matches->push($node);
      }
    }
  }
  return $matches;
}
```

만든 함수를 XSLT 템플릿에서 사용하기 위해서는 XML::LibXSLT의 register_function 메서드를 사용해서 그 함수를 등록한다. 예제 22-10의 템플릿을 처리하는 경우라면 다음처럼 한다.

```
use strict;
use XML::LibXML;
use XML::LibXSLT;

my $xml_parser = XML::LibXML->new;
my $xslt_parser = XML::LibXSLT->new;

sub match_names { ... }   # 예제 22-10 참고
$xslt_parser->register_function("urn:test", "match_names", \&match_names);
my $dom = $xml_parser->parse_file('test.xml');
my $xslt_dom = $xml_parser->parse_file('test.xsl');
my $xslt = $xslt_parser->parse_stylesheet($xslt_dom);
my $result_dom = $xslt->transform($dom);
print $result_dom->toString;
```

클로저를 사용하여 XSLT에서 펄 변수에 접근하게 할 수 있다. 다음은 아파치 요청 객체에 접근하는 예제다.

```
$xslt->register_function("urn:test", "get_request",
                         sub { &get_request($apache_req,@_) } );
```

XSLT 함수 get_request(register_function의 두 번째 인자에 이름이 적혀 있음)는 펄 서브루틴 get_request(세 번째 인자인 익명 서브루틴 코드 안에 적혀 있음)를 호출할 때, XSLT 함수에 전해진 인자들 앞에 $apache_reg를 덧붙여서 전달한다. 이것을 사용하여 HTTP 폼 매개변수가 포함된 노드 리스트를 반환하거나 DBI 데이터베이스 질의를 래핑할 수 있다.

더 알아보기

- XML::LibXSLT 모듈과 XML::LibXML 모듈 문서

22.8 사용할 수 있는 메모리보다 더 큰 크기의 파일 처리하기

문제

크기가 큰 XML 파일을 다루고자 하는데 DOM 등의 트리 형태를 구성하려 해도 크기가 너무 커서 메모리에 읽어 들일 수가 없다.

해결책

트리를 만드는 대신에 SAX(레시피 22.3 참고)를 사용하여 이벤트를 처리한다. 아니면 XML::Twig 모듈을 사용하여 문서의 내용 중 처리하려는 부분만 (XPath 표현식으로 지정한다) 트리로 만들 수 있다.

```
use XML::Twig;

my $twig = XML::Twig->new( twig_handlers => {
                               $XPATH_EXPRESSION => \&HANDLER,
                               # ...
                             });
$twig->parsefile($FILENAME);
$twig->flush();
```

DOM을 다룰 때와 같이 핸들러 내에서 다양한 함수를 호출할 수 있지만 트리에 들어가는 것은 XPath 표현식에 의해 식별되는 요소(그리고 그 요소 안에 포함된 것들)뿐이다.

논의

DOM 모듈은 문서 전체를 트리로 변환한다. 문서의 일부만 사용하는 경우에도 마찬가지다. 반면 SAX 모듈은 트리를 만들지 않는다. 하려는 작업이 문서의 구조에 의존한다면 여러분이 직접 그 구조를 관리하여야 한다. XML::Twig 모듈은 두 가지 방법의 절충안을 제공한다. 파일의 내용 중 관심이 있는 일부분만 DOM 트리로 만드는 것이다. 한 번에 한 부분씩만 처리하기 때문에 파일이 매우 크더라도 메모리에 들어갈 수 있는 크기로 나누어 처리해 나갈 수 있다.

예를 들어 *books.xml*(예제 22-1)에서 책의 제목을 출력하기 위해 다음처럼 할 수 있다.

```
use XML::Twig;

my $twig = XML::Twig->new( twig_roots => { '/books/book' => \&do_book });
$twig->parsefile("books.xml");
$twig->purge();

sub do_book {
  my($title) = $_->find_nodes("title");
  print $title->text, "\n";
}
```

XML::Twig는 각각의 book 요소마다 그 콘텐츠에 대해 do_book을 호출한다. 이 서브루틴은 title 노드를 찾고 그 노드의 텍스트를 출력한다. 파일 전체를 DOM 트리로 만드는 것이 아니라 한 번에 하나의 book 요소만 저장한다.

XML::Twig가 DOM과 XPath를 얼마나 지원하는지는 XML::Twig의 매뉴얼 페이지를 참고하라. 완전하지는 않지만 계속 발전하고 있다. XML::Twig는 XML을 해석할 때 XML::Parser를 사용한다. 그 때문에 노드에 대해 사용할 수 있는 함수들은 XML::LibXSLT의 DOM 파서가 제공하는 함수들과 약간 다르다.

더 알아보기

- 레시피 22.6
- XML::Twig 모듈 문서

22.9 RSS 파일을 읽고 쓰기

문제

RSS(Rich Site Summary) 파일을 만들거나 다른 응용프로그램이 만든 RSS 파일을 읽고자 한다.

해결책

기존의 RSS 파일을 읽어 들이려면 CPAN의 XML::RSS 모듈을 사용한다.

```
use XML::RSS;

my $rss = XML::RSS->new;
$rss->parsefile($RSS_FILENAME);

my @items = @{$rss->{items}};
foreach my $item (@items) {
  print "title: $item->{'title'}\n";
  print "link: $item->{'link'}\n\n";
}
```

RSS 파일을 만들려면 다음처럼 한다.

```
use XML::RSS;

my $rss  = XML::RSS->new (version => $VERSION);
$rss->channel( title       => $CHANNEL_TITLE,
               link        => $CHANNEL_LINK,
               description => $CHANNEL_DESC);
$rss->add_item(title       => $ITEM_TITLE,
               link        => $ITEM_LINK,
               description => $ITEM_DESC,
               name        => $ITEM_NAME);
print $rss->as_string;
```

논의

RSS는 현재까지 0.9, 0.91, 1.0, 2.0, 이렇게 네 가지 버전이 있다. 버전마다 기능이 다르므로, 어느 버전을 사용할 것인가에 따라 메서드와 매개변수가 달라진다. 예를 들어, RSS 1.0은 RDF를 지원하며 더블린 코어(Dublin Core) 메타데이터(*http://dublincore.org/*)를 사용한다. 호출할 수 있는 메서드와 없는 메서드에 대해서는 모듈 문서를 참고하라.

XML::RSS는 XML::Parser를 사용하여 RSS를 해석한다. 불행히도 모든 RSS 파일이 정형 XML인 것은 아니다. 또 올바르지 않은 XML일 수도 있다. CPAN의 XML::RSSLite 모듈은 RSS를 덜 엄격하게 해석한다. 이 모듈은 정규 표현식을 사용하며 올바르지 않은 XML을 훨씬 더 잘 받아들인다.

예제 22-13에서는 XML::RSSLite 모듈과 LWP::Simple 모듈을 사용해서 The Guardian의 RSS 피드를 내려받고, 각 항목을 검사하여 상세 설명에 관심 있는 키워드가 포함된 항목만 출력한다.

예제 22-13. rss-parser

```
#!/usr/bin/perl -w
# guardian-list -- 키워드에 일치하는 Guardian지 기사들의 목록을 표시한다

use XML::RSSLite;
use LWP::Simple;
use strict;

# 원하는 키워드의 목록
my @keywords = qw(perl internet porn iraq bush);

# RSS를 가져온다
my $URL = 'http://www.guardian.co.uk/rss/1,,,00.xml';
my $content = get($URL);

# RSS를 해석한다
my %result;
parseRSS(\%result, \$content);

# 키워드를 가지고 정규 표현식을 만든다
my $re = join "|", @keywords;
$re = qr/\b(?:$re)\b/i;

# 일치하는 항목의 리포트를 출력한다
foreach my $item (@{ $result{items} }) {
  my $title = $item->{title};
  $title =~ s{\s+}{ };  $title =~ s{^\s+}{}; $title =~ s{\s+$}{};

  if ($title =~ /$re/) {
    print "$title\n\t$item->{link}\n\n";
  }
}
```

다음은 예제 22-13의 코드를 실행해서 나오는 출력 예이다.

```
UK troops to lead Iraq peace force
        http://www.guardian.co.uk/Iraq/Story/0,2763,989318,00.html?=rss

Shia cleric challenges Bush plan for Iraq
        http://www.guardian.co.uk/Iraq/Story/0,2763,989364,00.html?=rss
```

이 출력을 XML::RSS와 조합하여 필터를 통과한 항목들에 대한 RSS 피드를 새로 만들 수 있다. 모든 과정을 XML::RSS를 써서 하는 것이 더 쉬울 수도 있지만 지금처럼 하면 두 모듈을 다 사용해 볼 수 있다. 예제 22-14는 최종 프로그램이다.

예제 22-14. rss-filter

```
#!/usr/bin/perl -w
# guardian-filter -- Guardian의 RSS 피드를 키워드를 써서 걸러낸다
use XML::RSSLite;
use XML::RSS;
use LWP::Simple;
use strict;

# 원하는 키워드의 목록
my @keywords = qw(perl internet porn iraq bush);

# RSS를 가져온다
my $URL = 'http://www.guardian.co.uk/rss/1,,,00.xml';
my $content = get($URL);

# RSS를 해석한다
my %result;
parseRSS(\%result, \$content);

# 키워드에서 정규 표현식을 만든다
my $re = join "|", @keywords;
$re = qr/\b(?:$re)\b/i;

# 새로운 RSS 피드를 만든다
my $rss = XML::RSS->new(version => '0.91');
$rss->channel(title       => $result{title},
              link        => $result{link},
              description => $result{description});

foreach my $item (@{ $result{items} }) {
  my $title = $item->{title};
  $title =~ s{\s+}{};  $title =~ s{^\s+}{}; $title =~ s{\s+$}{};

  if ($title =~ /$re/) {
    $rss->add_item(title => $title, link => $item->{link});
  }
}
print $rss->as_string;
```

다음은 이렇게 만든 RSS 피드의 예다.

```
<?xml version="1.0" encoding="UTF-8"?>

<!DOCTYPE rss PUBLIC "-//Netscape Communications//DTD RSS 0.91//EN"
           "http://my.netscape.com/publish/formats/rss-0.91.dtd">

<rss version="0.91">
```

```
<channel>
<title>Guardian Unlimited</title>
<link>http://www.guardian.co.uk</link>
<description>Intelligent news and comment throughout the day from The Guardian
newspaper</description>

<item>
<title>UK troops to lead Iraq peace force</title>
<link>http://www.guardian.co.uk/Iraq/Story/0,2763,989318,00.html?=rss</link>
</item>

<item>
<title>Shia cleric challenges Bush plan for Iraq</title>
<link>http://www.guardian.co.uk/Iraq/Story/0,2763,989364,00.html?=rss</link>
</item>

</channel>
</rss>
```

더 알아보기

- XML::RSS 모듈과 XML::RSSLite 모듈 문서

22.10 XML 만들기

문제

어떤 데이터 구조를 XML로 변환하고자 한다.

해결책

XML::Simple 모듈의 XMLout 함수를 사용한다.

```
use XML::Simple qw(XMLout);

my $xml = XMLout($hashref);
```

논의

XMLout 함수는 데이터 구조를 인자로 받아서 그 구조로부터 XML을 만든다. 서적 데이터 일부를 만드는 예제를 아래에 나타낸다.

```
#!/usr/bin/perl -w

use XML::Simple qw(XMLout);

$ds =  {
    book => [
              {
                id      => 1,
                title   => [ "Programming Perl" ],
                edition => [ 3 ],
              },
```

```
                {
                  id      => 2,
                  title   => [ "Perl & LWP" ],
                  edition => [ 1 ],
                },
                {
                  id      => 3,
                  title   => [ "Anonymous Perl" ],
                  edition => [ 1 ],
                },
              ]
  };

print XMLout($ds, RootName => "books" );
```

출력 결과는 다음과 같다.

```
<books>
  <book id="1">
    <edition>3</edition>
    <title>Programming Perl</title>
  </book>
  <book id="2">
    <edition>1</edition>
    <title>Perl &amp; </title
  </book>
  <book id="3">
    <edition>1</edition>
    <title>Anonymous Perl</title>
  </book>
</books>
```

변환 규칙은 다음과 같다. 어떤 것을 속성 값이 아니라 텍스트 데이터로 만들고 싶으면 그것을 배열에 넣는다. books를 최상위 요소로 지정하기 위해 XMLout 함수에 RootName 옵션을 사용한 것을 눈여겨보자. 최상위 요소 없이 XML을 만들려면 undef 또는 빈 문자열을 지정한다. 기본값은 opt이다.

각 해시의 id 항목은 XML에서 속성이 되었다. 이것은 XMLout이 기본적으로 id, key, name 세 필드는 속성으로 변환하도록 되어 있기 때문이다. 이렇게 동작하지 않도록 하려면 다음과 같이 한다.

```
XMLout($ds, RootName => "books", KeyAttr => [ ]);
```

XMLin(레시피 22.1 참고)과 마찬가지로, 특정 요소에 속성이 될 해시 항목을 지정할 수 있다.

```
XMLout($ds, RootName => "books", KeyAttr => [ "car" => "license" ]);
```

이것은 car 해시의 license 필드를 속성으로 만들도록 XMLout에 지시한다.

XML::Simple 모듈은 하이픈으로 시작하는 해시 키(-name 등)는 내부적으로 쓰기 위한 프라이빗 키이므로 XML 출력에 표시하지 말아야 한다는 관례를 준수한다.

더 알아보기

- XML::Simple 모듈 문서
- 레시피 22.1

찾아보기

기호, 숫자

D

E

F

G

H

Q

R

S

T

U

V

W

X

ㄹ

ㅎ